A GLOBO
CONCORRÊNCIA
1985•1998

ERNESTO RODRIGUES

A GLOBO
CONCORRÊNCIA
1985•1998

VOLUME 2

autêntica

Copyright © 2025 Ernesto Rodrigues
Copyright desta edição © 2025 Autêntica Editora

Todos os direitos desta edição reservados pela Autêntica Editora Ltda. Nenhuma parte desta publicação poderá ser reproduzida, seja por meios mecânicos, eletrônicos, seja via cópia xerográfica, sem a autorização prévia da Editora.

EDITORAS RESPONSÁVEIS
Rejane Dias
Rafaela Lamas

EDITOR CONVIDADO
Ricardo Pereira

REVISÃO
Deborah Dietrich
Lívia Martins
Lorrany Silva

PROJETO GRÁFICO E CAPA
Diogo Droschi
(sobre imagem
de Adobe Stock)

PESQUISA ICONOGRÁFICA
Ludymilla Borges

DIAGRAMAÇÃO
Guilherme Fagundes
Waldênia Alvarenga

Dados Internacionais de Catalogação na Publicação (CIP)
(Câmara Brasileira do Livro, SP, Brasil)

Rodrigues, Ernesto
  A Globo : concorrência : 1985-1998 / Ernesto Rodrigues. -- 1. ed. -- Belo Horizonte, MG : Autêntica Editora, 2025. -- (A Globo ; v. 2)

  Bibliografia.
  ISBN 978-65-5928-498-6

  1. Televisão - Aspectos sociais - Brasil 2. Televisão e política - Brasil 3. TV Globo - História I. Título. II. Série.

24-240977   CDD-302.23450981

Índices para catálogo sistemático:
  1. Brasil : TV Globo : Televisão : História : Sociologia 302.23450981

Cibele Maria Dias - Bibliotecária - CRB-8/9427

Belo Horizonte
Rua Carlos Turner, 420
Silveira . 31140-520
Belo Horizonte . MG
Tel.: (55 31) 3465 4500

São Paulo
Av. Paulista, 2.073, Conjunto Nacional
Horsa I . Salas 404-406 . Bela Vista
01311-940 . São Paulo . SP
Tel.: (55 11) 3034 4468

www.grupoautentica.com.br
SAC: atendimentoleitor@grupoautentica.com.br

*Para os profissionais cujos nomes nunca puderam ser lidos
direito nos créditos dos programas da Globo.*

SUMÁRIO

O LIVRO 15

TÍTULO		TEMA	ÁREA	PÁG.
Força total	**CAPÍTULO 18**	A Globo entra com força na eleição indireta de Tancredo Neves	JORNALISMO	17
Estado de choque		A cobertura da agonia do presidente muda o jornalismo da Globo	JORNALISMO	23
O longo adeus		Notícia, drama e mistificação se misturam no capítulo final da primeira tragédia política coberta pela televisão brasileira	JORNALISMO	26
Os coronéis eletrônicos		O preço político da expansão da Globo pelo interior	POLÍTICA	30
Aniversário de luxo		*Grande Sertão: Veredas* desafia os preconceitos contra a televisão	DRAMATURGIA	36
A fábrica		A produção das novelas se torna uma linha industrial	DRAMATURGIA	42
O fardo		Tempos de arrogância, o subproduto da hegemonia da Globo	PODER	48
Antitérmicos		As tentativas da emissora de melhorar a relação com os brasileiros	PODER	51
Ilusões douradas	**CAPÍTULO 19**	A minissérie *Anos Dourados* encanta a classe média	DRAMATURGIA	57
Perdão, caretas		A minissérie *Armação Ilimitada* desafia a estética e o moralismo	DRAMATURGIA	60
Misto-frio		O Woodstock que não deu certo na telinha	ENTRETENIMENTO	64
Desafinados inesquecíveis		*Chico & Caetano*: o melhor da música, apesar da crítica	ENTRETENIMENTO	67
O velho Brasil		A censura, agora sem farda, resiste	POLÍTICA	72
A greve do cruzado		A Globo embarca em outra cruzada política que não deu certo	JORNALISMO	75
Abaixo os cancelamentos		A área comercial da Globo blinda a emissora no caos econômico	COMERCIAL	80
Novela de época		*Roda de Fogo* incendeia a indignação com os políticos	DRAMATURGIA	84

TÍTULO		TEMA	ÁREA	PÁG.
O trator	**CAPÍTULO 20**	A polêmica que faltou sobre a venda da NEC para Roberto Marinho	PODER	89
O que é que a Bahia tem		A troca da TV Aratu pela TV Bahia vista de dentro da Globo	PODER	94
Beijinhos, beijinhos		O fenômeno Xuxa inaugura um outro tipo de TV para as crianças	ENTRETENIMENTO	99
Despedidas		*Balão Mágico*: lágrimas de marmanjos garantidas	ENTRETENIMENTO	108
Pepinos mexicanos		Copa de 1986: derrota em campo e uma TV alugada às pressas	ESPORTE	111
O dia da bandeira		Ayrton Senna conquista o Brasil na ressaca do futebol	ESPORTE	116
O amargo gosto de ser pequeno		Telemontecarlo: o sonho europeu de Roberto Marinho	PODER	118
Desastre à italiana		Berlusconi reage à Globo no estilo da máfia	PODER	125
Adio		Agnelli chega tarde para ser sócio de Roberto Marinho	PODER	128
Abaixo o Gordo		Jô Soares sai da Globo e Boni não perdoa	AUDIÊNCIA	130
Marília e Roberto	**CAPÍTULO 21**	*O Primo Basílio* conquista até a crítica	DRAMATURGIA	135
A nova ordem		A censura militar desaparece e Roberto Marinho decide botar no papel o que a Globo pode ou não botar no ar	DRAMATURGIA	139
Censura é a mãe		Dramaturgia da Globo busca novos critérios	DRAMATURGIA	143
Amadorismo		A história do veto do Bradesco à série "comunista" de Dias Gomes	COMERCIAL	146
Duas faces		O que o dono da Globo queria na Constituinte de 1988	JORNALISMO	152
Fora do ar		Como funcionava o *lobby* da emissora em Brasília	PODER	157
Com licença, Chico		Os "cassetas" chegam e incomodam Chico Anysio	ENTRETENIMENTO	159
Riso descontrolado		A revolução atrevida do *TV Pirata*	ENTRETENIMENTO	163
Raízes	**CAPÍTULO 22**	"Odete Roitman", a musa da maldade brasileira	DRAMATURGIA	168
Plantão inesquecível		O que tinha uma certa Lily a ver com o Bateau Mouche?	JORNALISMO	177
Canhão		Collor, a nova suspeita sobre a Globo	JORNALISMO	181

TÍTULO	TEMA	ÁREA	PÁG.
Coração e cabeça	Os dois lados de Roberto Marinho	PODER	186
De Avilan a Tangará	Lula e Collor invadem as novelas da Globo	DRAMATURGIA	191
Voo inaugural	A primeira campanha presidencial na TV até começou bem	JORNALISMO	197
A escuridão da Ilha 10	O que aconteceu na edição do debate entre Lula e Collor	JORNALISMO	204
A fatura	Os Marinho descobrem que TV não é jornal em cobertura de eleição presidencial	JORNALISMO	213
O outro gordo	Faustão chega e transforma os domingos	ENTRETENIMENTO	216
Perdão, Jorge Amado	*Tieta* faz história na televisão, e bem diferente do original	DRAMATURGIA	224
O ano que não queria terminar	A cobertura do fim da União Soviética	JORNALISMO	230
Bozolândia	A vaidade explode nos bastidores da Globo	DRAMATURGIA	240

CAPÍTULO 23

TÍTULO	TEMA	ÁREA	PÁG.
Pânico na TV	O abalo histórico provocado por *Pantanal*	AUDIÊNCIA	250
A conta da guerra	*Rainha da Sucata* sofre e estica, mas vence no Ibope	DRAMATURGIA	259
Vazante	Os heróis e vilões do novo horário nobre	AUDIÊNCIA	264
O voo da barata	O desafio jornalístico de cobrir o caos do Plano Collor	JORNALISMO	269
Injusta causa	Os bastidores da demissão de Armando Nogueira	PODER	274
Bem amigos	Crise na cabine: Senna e Galvão contra Piquet e Reginaldo	ESPORTE	279
Teste de humildade	Copa de 1990: a Globo sente o gostinho da pobreza	ESPORTE	282

CAPÍTULO 24

TÍTULO	TEMA	ÁREA	PÁG.
Um novo tempo que começou	Dois mexicanos atropelam o horário nobre da Globo	AUDIÊNCIA	288
Mocinha ou bandida?	*O Dono do Mundo* choca os caretas do Brasil	DRAMATURGIA	290
Cirurgia de emergência	Gilberto Braga tenta salvar sua heroína	DRAMATURGIA	295

CAPÍTULO 25

TÍTULO	TEMA	ÁREA	PÁG.
Perdas edificantes	*Aqui Agora*, do SBT, tira audiência da Globo	JORNALISMO	299
Um bispo no xadrez	Igreja Universal entra na disputa do Ibope	AUDIÊNCIA	303
O outro povo na TV	Regina Casé parte para a periferia e é criticada	ENTRETENIMENTO	305
A mãe de todas as notícias	Globo investe milhões na Guerra do Golfo	JORNALISMO	310
Sucessão: Temporada 1	Os irmãos Marinho começam a demitir Boni	PODER	316
Humor é o casseta	*Casseta & Planeta* sacode os limites do humor na televisão	ENTRETENIMENTO	324
A graça no ar	"Organizações Tabajara": o sucesso do esculacho	ENTRETENIMENTO	331
Exames de sangue	A violência urbana invade a grade da Globo	JORNALISMO	338
O que é isso, companheiro?	*Anos Rebeldes* surpreende até a esquerda	DRAMATURGIA	345
Traições e bicicletas	Collor se afasta e Globo lidera o massacre de Alceni Guerra na mídia	PODER	355
O fim da solidão	*Você Decide*, o primeiro *BBB* da Globo	ENTRETENIMENTO	361
Demorou	Cobertura tardia do fiasco de Collor custa caro	JORNALISMO	370
A virada	Ficção e jornalismo contra o presidente na tela da Globo	JORNALISMO	373
Capítulo mortal	O choque da morte de Daniella Perez	DRAMATURGIA	383
O padrão era outro	A Vênus Platinada também tinha corrupção	PODER	388
Hu! Hu! Há!... Hu! Hu! Há!	*Fantástico* muda para continuar sendo o *Fantástico*	JORNALISMO	395
O editor sobrenatural	Novos tempos: nada de doença ou cascata no domingo à noite	JORNALISMO	401
Renascimentos	A volta por cima de Benedito Ruy Barbosa	DRAMATURGIA	410

CAPÍTULO 26 spans from "Humor é o casseta" to "Traições e bicicletas".
CAPÍTULO 27 spans from "O fim da solidão" onwards.

TÍTULO	TEMA	ÁREA	PÁG.
Aquela manhã de domingo	A perda de Senna, ao vivo, na tela da Globo	ESPORTE	415
Choro de jornalista	Os bastidores do primeiro *Fantástico* sem Ayrton	JORNALISMO	418
Engasgos no ar	A cobertura do adeus dos brasileiros a Senna	JORNALISMO	421
A diferença de um segundo	A cota da Globo na herança maldita de Rubens Barrichello	ESPORTE	426
Torcidas e distorcidas	O esporte da Globo entre a notícia, a paixão e a soberba	ESPORTE	430
A hora da verdade	O tetra da seleção opõe "pachecos" a viúvas de 1982 na redação da Copa de 1994	ESPORTE	433
Um tijolaço pela culatra	Brizola ataca Roberto Marinho, ao vivo, no *Jornal Nacional*	JORNALISMO	439
Desfalque	A Globo aposta no Papa-Tudo e se dá mal	PODER	443
A eleição invisível	Fernando Henrique se elege na urna e na tela	JORNALISMO	446
Um PC pra chamar de seu	Imprensa escrita não aceita levar furo da Globo	JORNALISMO	453
Pátria de quem?	Uma novela expõe o racismo brasileiro e causa polêmica	DRAMATURGIA	462
Quero ver quem fala	Um país diferente tira o sono de Gilberto Braga	DRAMATURGIA	469
Vai entender	*Mulheres de Areia* sacode o horário das seis	DRAMATURGIA	473
O balanço da academia	A teledramaturgia chega ao *campus* e divide	DRAMATURGIA	476
Sonhos de classe média, alta	A comédia da vida privada na tela da Globo	DRAMATURGIA	485
Pecados da capital	Tentações de Brasília derrubam Alberico de Sousa Cruz	JORNALISMO	488
"Baixo Guta"	Estrelas do elenco da Globo ficam órfãs de sua "mãe"	DRAMATURGIA	499

CAPÍTULO 28 · CAPÍTULO 29

TÍTULO	TEMA	ÁREA	PÁG.
A fita roubada	Desaparecidos da ditadura chegam ao horário nobre	JORNALISMO	505
A turma de sempre	Sucessão de Alberico define jornalismo da Globo no século 21	JORNALISMO	510
O irmão mais velho	A chegada de Evandro Carlos de Andrade à Globo	JORNALISMO	516
Desencontro marcado	Roberto Irineu começa a fatiar o poder de Boni	PODER	519
Tela quente	*Engraçadinha* incendeia o horário nobre	DRAMATURGIA	523
A vida como ela era	A volta gloriosa de Nelson Rodrigues à tela da Globo	DRAMATURGIA	528
A volta do que não foi	Daniel Filho retorna sem o poder do passado, mas brilhando	DRAMATURGIA	532
Chega de realidade	*A Próxima Vítima*: um novo "quem matou" mobiliza o Brasil	DRAMATURGIA	537
Quem riu no final	A inacreditável amargura d'*Os Trapalhões*	HUMOR	542
Revolução industrial	Brizola tenta atrapalhar a inauguração do Projac	DRAMATURGIA	548
A batalha de Curicica	A Globo fica longe da Zona Sul e mais perto de Hollywood	DRAMATURGIA	551
A ocupação do Benedito	*O Rei do Gado* faz história e confunde os críticos	DRAMATURGIA	556
A sucessora	Angélica herda os baixinhos de Xuxa e alguns problemas	ENTRETENIMENTO	568
Bancadas em chamas	Os egos jornalísticos se afloram na sucessão do *Jornal Nacional*	JORNALISMO	574
Planos e contraplanos	Regras antigas caducam e novos desafios sacodem o jornalismo da Globo	JORNALISMO	584
Intervenção federal	O *Bom Dia Brasil* dá adeus a Brasília	JORNALISMO	590
New York, New York	A aposta de Paulo Henrique Amorim antes de sair da Globo	JORNALISMO	594

CAPÍTULO 30 (rows 1–9)
CAPÍTULO 31 (rows 10–17)

TÍTULO	TEMA	ÁREA	PÁG.
Véspera do pesadelo	*A Indomada*: novela pra pensar, mas só um pouquinho	DRAMATURGIA	598
Videocassetadas	Faustão vai ao fundo do poço contra a banheira do Gugu	ENTRETENIMENTO	601
Legião estrangeira	O fim do século chega antes nos escritórios internacionais	JORNALISMO	608
A Copa do Mundo dos boatos	A Globo toma um drible da boataria na cobertura do futebol	ESPORTE	621
Distância polêmica	Reeleição de FHC passa em branco no *Jornal Nacional*	POLÍTICA	631
Barraco na cobertura	*Folha* e Globo vão às ruas por causa do PT	JORNALISMO	638
Adeus em capítulos	Boni é demitido sem festa e com mágoa por todos os lados	PODER	643
Aviso-prévio	Os irmãos Marinho às vésperas de duas décadas de altos e baixos	AUDIÊNCIA	652

CAPÍTULO 32

Índice onomástico 655

Referências bibliográficas 669

O LIVRO

– Ainda existe aquele programa dos desaparecidos políticos?

A pergunta, feita pelo diretor Carlos Schroder em meio ao terremoto provocado na redação da Globo nos dias que se seguiram à substituição de Alberico de Sousa Cruz por Evandro Carlos de Andrade no comando do jornalismo da emissora, me pegou de surpresa em julho de 1995, quando eu era coordenador do escritório da Globo em Londres.

Tecnicamente, não deveria mais existir cópia alguma de um *Globo Repórter* censurado internamente, que eu tinha roteirizado e dirigido cinco anos antes, entre agosto e setembro de 1990, a partir de uma investigação feita pelo repórter Caco Barcellos sobre a ocultação, no Cemitério de Perus, periferia de São Paulo, de corpos de presos políticos assassinados. A única hipótese era a de que a fita com a edição finalizada do programa tivesse sido roubada.

O desfecho desse episódio, assim como o de outras centenas de histórias, a maioria delas inédita, dos bastidores da Globo entre 1985 e 1998, estão neste *A Globo: Concorrência*, segundo volume da trilogia que escrevi, a partir do cotejo do conteúdo de mais de quatrocentos depoimentos de atores, jornalistas, executivos, diretores, roteiristas, produtores, administradores, publicitários, profissionais de marketing, programadores, engenheiros e artistas da emissora com a bibliografia que organizei, baseada em fontes independentes que incluíram os principais jornais e revistas do país, existentes ou extintos; colunistas e pesquisadores especializados em televisão; sites e livros sobre a Globo; biografias de personagens importantes da história da emissora; programas de TV e documentários, teses e ensaios acadêmicos que considerei relevantes; e o conteúdo de mais de uma centena de entrevistas inéditas que fiz com protagonistas e testemunhas importantes da história da Globo.

Esta obra não tem nenhuma ligação editorial ou financeira com o Grupo Globo. Embora eu tenha tido permissão expressa dos irmãos Roberto Irineu, João Roberto e José Roberto Marinho para um acesso independente e irrestrito ao acervo de depoimentos do Memória Globo por meio de um contrato, não há, no documento, cláusula alguma que estabeleça qualquer tipo de contrapartida de minha parte, nem supervisão editorial ou poder de veto de quem quer que seja sobre o conteúdo do livro. Em nenhum momento, portanto, os originais foram submetidos a qualquer pessoa ou instância do Grupo Globo, incluindo os três irmãos Marinho, aos quais agradeço pela confiança e nos quais reconheço o espírito jornalístico.

No primeiro volume, *A Globo: Hegemonia*, lançado em novembro de 2024, procurei reconstituir as origens, o crescimento e a consolidação da liderança e da presença absoluta da emissora na vida brasileira, no período compreendido entre 1965 e 1984. Neste segundo volume, o livro resgata os altos e baixos da Globo na travessia de 1985 a 1998, período histórico em que o Brasil passou por grandes transformações na política, na economia e no perfil social, econômico e cultural dos telespectadores. O terceiro volume, *A Globo: Metamorfose*, com previsão de lançamento para o segundo semestre de 2025, cobrirá o período entre a virada do século e o início da década de 2020, época em que a emissora se viu obrigada a promover mudanças profundas em todas as suas áreas, da tecnologia ao conteúdo, para manter a liderança num cenário de transformações radicais impostas pela internet, pelas redes sociais e pelas novas plataformas de informação e entretenimento.

Na identificação das fontes dos episódios que reconstituo no livro, o uso de asterisco junto aos nomes dos protagonistas indica que as informações relatadas em seguida são originárias do acervo de depoimentos do Memória Globo. E, qualquer que seja a origem da informação, as aspas são usadas para transcrições literais de depoimentos gravados, enquanto o travessão indica que os diálogos são uma reconstituição feita a partir das entrevistas.

Longe de estabelecer veredictos, esta trilogia pretende levar o leitor a uma viagem reveladora e instigante na qual ele compreenda um pouco mais e tire suas próprias conclusões sobre o extraordinário impacto que a Globo teve, nos últimos sessenta anos, em todos os aspectos da vida brasileira. Duas frases ilustram, respectivamente, o objetivo e o desafio da empreitada:

Do poeta Carlos Drummond de Andrade:

"Há uma vida sem a justiça dos prêmios".

Do professor e economista Eduardo Gianetti:

"Ser grande é ser mal-entendido".

Ernesto Rodrigues
Março de 2025

CAPÍTULO 18

Força total

Daquela vez, seria como mandava o figurino, desde o início da cobertura. E teria até mais do que o bom jornalismo recomenda. Ia ser possível combinar, com o comando do *Jornal Nacional*, um sincronismo, com precisão de segundos, dos momentos de frases estratégicas do candidato, ao vivo, no palanque, com o instante em que os apresentadores do *JN*, na bancada, abrissem espaço para as imagens e os sons dos comícios da campanha.

"A Globo decidiu acompanhar tudo com transmissões ao vivo e foi uma experiência extraordinária porque aí, ao contrário do início das campanhas das diretas, a gente estava ao lado da causa mais popular, da causa melhor, digamos assim. Combinava-se em que bloco do jornal ia entrar o *flash* ao vivo do comício para que, naquele momento, Tancredo estivesse falando. Então, tinha sempre quase que um 'Vai!' que a gente dava para organização do comício: 'Olha, está na hora de botar o Tancredo.'"

Pouco antes do "Vai!" da Globo, como lembrou Gilnei Rampazzo*, editor regional da emissora em Brasília, quem quer que estivesse discursando, no palanque do comício, era interrompido e afastado para que o governador Tancredo Neves ocupasse o microfone e defendesse, por trinta ou quarenta segundos, sua candidatura indireta à Presidência da República.

A disputa agora era com o então deputado federal Paulo Maluf, candidato da ditadura, pelos votos do colégio eleitoral que reuniria deputados federais, senadores e delegados das assembleias legislativas estaduais no Congresso Nacional no dia 15 de janeiro de 1985. E Roberto Marinho, que fora praticamente forçado a aceitar que a Globo cobrisse, ainda que tardiamente, a campanha das Diretas Já, daquela vez apoiava, com vontade, não apenas o candidato, mas o tipo de eleição, por achar, segundo o filho João Roberto*, que "o melhor era que a eleição fosse indireta mesmo, para depois se passar para uma eleição direta, já com uma democracia mais institucionalizada".

Para o dono da Globo, portanto, não fora difícil apoiar a candidatura de Tancredo, lançada pelo PMDB em junho de 1984 e transformada, logo depois, com a adesão dos dissidentes do PDS contrários a Paulo Maluf, na coligação batizada de Aliança Democrática. De sua parte, Tancredo também não queria encrencas com Marinho. O mantra que adotaria, já depois de eleito, durante a formação de seu governo, segundo Mario Sergio Conti, em seu *Notícias do Planalto*, não deixaria dúvidas:

– Eu brigo com o ministro do Exército, mas não com Roberto Marinho.

Nas ruas do país, porém, na mesma época do lançamento da candidatura de Tancredo, os repórteres da Globo ainda tinham de conciliar o orgulho de trabalhar com uma liberdade inédita em coberturas de teor político com os riscos decorrentes da antipatia de parte da população por comportamentos anteriores da emissora de Marinho.

No dia 19 de junho daquele ano, por exemplo, ao chegar em Volta Redonda, no sul do estado do Rio, para cobrir a primeira greve geral na Companhia Siderúrgica Nacional (CSN) desde o golpe de 1964, o repórter André Luiz Azevedo[*] viveu uma situação emblemática que, no primeiro momento, foi empolgante:

"Foi uma experiência maravilhosa. Uma greve importantíssima, a CSN, um símbolo do país. E eu lá, sozinho, fazia a minha reportagem, minhas entrevistas e meus textos sem nenhuma pressão, ninguém falando no meu ouvido. Fazia tudo e mandava, as reportagens entrando no ar sempre da maneira mais correta e eu pensando assim: 'Estou fazendo história, fazendo aqui a primeira grande cobertura de uma greve nacional'".

O lado problemático da experiência começou, segundo André, quando boa parte dos grevistas, liderados por um sindicato à época comandado pelo PDT, interpretou como "tentativa de desmobilizar a greve" uma reportagem que ele tinha feito para o *Jornal Hoje*, em tom de "filme do neorrealismo italiano", sobre a solidariedade de esposas, filhas e namoradas que tinham mandado comida para os maridos, pais e namorados em greve dentro da siderúrgica. Resultado: André teve de deixar a cidade às pressas, sob ameaça de linchamento de um grupo de metalúrgicos, aos gritos de "o povo não é bobo, abaixo a Rede Globo".

"A lição que a Globo tomou no episódio da campanha das diretas", nas palavras de Gilnei Rampazzo, "condicionou, de certa forma, o comportamento que ela passou a ter no episódio da campanha e da eleição do Tancredo". A emissora cobriu, ao vivo, tanto a convenção que indicou Tancredo quanto a do PDS, na qual Maluf venceu o coronel Mário Andreazza, ex-ministro do governo Médici. Mas a diferença foi a cobertura dos comícios de Tancredo, que, além de terem sido muito maiores e mais frequentes que os eventos tímidos e constrangidos da campanha de Maluf, foram realizados e documentados pela Globo em tons, climas e cores que repetiram a mobilização das Diretas Já.

Até os críticos reconheceram, como lembrou em 2024 a este autor o então editor-chefe do *JN*, Fabbio Perez, que guardou para o resto da vida a carta que Armando Nogueira recebeu em 30 de outubro de 1984 do jornalista Alberto Dines, e que compartilhou com os editores do telejornal. Na carta, Dines disse que "virou obrigação cívica acompanhar o *JN*" pela "extraordinária façanha de resistência contra a corrupção e a força bruta", acrescentando:

"Graças ao telejornalismo da Globo, estas eleições, apesar de indiretas, estão sendo vigiadas pela sociedade inteira".

Em outro trecho, Dines absolveu Armando, antecipadamente, de "não estar sendo suficientemente imparcial e isento como gostaria", dizendo que a equipe do *JN* estava sendo "até razoavelmente equidistante", considerando que, daquela vez, "como na Segunda Guerra Mundial", todos os jornalistas estavam "diante da grande luta entre o bem e o mal, a decência e a indecência", em um momento histórico em que a ética não era "abstração".

E aconteceu, a partir das 9h56 da manhã de 15 de janeiro de 1985, no plenário da Câmara dos Deputados, o que a maioria dos jornalistas da Globo e das outras emissoras queria muito que tivesse acontecido oito meses e vinte dias antes, durante a votação da Emenda Dante de Oliveira: um a um, parlamentar por parlamentar, voto a voto, os integrantes do Colégio Eleitoral disseram, ao vivo, para todo o Brasil, diante do microfone de apartes, qual dos dois candidatos estavam escolhendo para ser presidente da República. No final, deu Tancredo, com 480 votos, contra os 180 de Maluf.

O que aconteceu de verdade com Tancredo antes, durante e depois de sua internação, na noite de 14 de março, véspera da posse, a imprensa só descobriria aos poucos e com muita dificuldade. E só seria cabalmente confirmado vinte anos depois, em abril de 2005, quando o *Fantástico* entrevistou praticamente todos os médicos e especialistas de Brasília e de São Paulo que cuidaram do presidente eleito. Foi quando eles confessaram, com todas as letras, terem participado de uma operação premeditada de despiste e desinformação.

Na matéria especial dirigida por Luiz Fernando Ávila e sustentada por declarações e confissões gravadas com os médicos, o repórter Ernesto Paglia mostrou que, um ano antes de ser eleito, Tancredo já vinha tomando um coquetel de oito remédios, fornecidos por seu farmacêutico de São João del-Rei, para controlar febres e tremores causados por crises constantes de bacteremia, e tinha poucas chances de sobreviver já em 14 de março, ao ser internado no Hospital de Base do Distrito Federal, com um diagnóstico de tumor benigno infectado.

Os médicos que o operaram, convencidos pelo entorno de Tancredo de que sua posse e a do vice José Sarney estariam ameaçadas, ou pela doença ou pelos generais do governo Figueiredo, falsificaram um laudo, identificando o problema como "diverticulite aguda perfurada". E mentiram, deliberadamente, sobre o real estado de saúde do presidente eleito, insistindo na mentira até mesmo quando a *Folha de S.Paulo* de 21 de março descobriu e publicou que a doença era um tumor benigno.

E mais: quando Tancredo foi embarcado para São Paulo, no dia 26 de março, em estado ainda mais grave devido a um processo infeccioso intestinal pós-cirúrgico que exigiu uma transfusão de três litros de sangue apenas durante o voo entre Brasília e o Instituto do Coração, seu intestino já não funcionava mais e seus pulmões estavam irremediavelmente tomados pela fibrose que levaria à sua morte, no dia 21 de abril, pelo que a medicina posteriormente passaria a identificar como "síndrome da resposta inflamatória sistêmica".

Poucos souberam desses fatos com clareza, ao longo do chamado "calvário" que o país acompanhou, principalmente pela Globo, nos 38 dias que separaram a primeira internação da morte de Tancredo. E pouquíssimos à época sabiam dos bastidores políticos daquele período, também reconstituídos com detalhes inéditos só muitos anos depois, em reportagens como a publicada pelo jornalista Ricardo Noblat no *Observatório da Imprensa* em 15 de março de 2005.

Naquela noite de 14 de março, de acordo com a reconstituição de Noblat, Tancredo chegara a suplicar ao médico Renault de Mattos para assinar o termo de posse como presidente antes de ser operado, prometendo ao cirurgião Francisco Pinheiro Rocha até assinar um documento, isentando-o de qualquer culpa, caso o atraso da internação fosse fatal. Outra: Tancredo só aceitou ser levado para o Hospital de Base porque mentiram para ele, dizendo que seria apenas para receber um soro.

José Sarney, Ulysses Guimarães e o general Leônidas Pires Gonçalves, então escolhido para ser o novo ministro do Exército, decidiram o que aconteceria com o Brasil em uma das suítes do quarto andar do Hospital de Base, segundo Noblat, enquanto um médico e Tancredo Augusto Neves, o filho, vagavam pelos corredores do hospital, com Tancredo deitado em uma maca e coberto até a cabeça por um lençol, à procura do centro cirúrgico certo onde o presidente eleito seria operado. E quando encontraram, o centro cirúrgico, lotado por mais de trinta pessoas, a maioria políticos vestidos de cirurgião, era uma mistura do que muitos classificaram como "circo" com o que o filho de Tancredo chamou de "inferno de Dante".

Ainda naquela noite, a discussão sobre o destino político do Brasil se deslocaria para a Granja do Ipê, nos arredores de Brasília, onde Ulysses Guimarães e o então senador Fernando Henrique Cardoso souberam, pelo ministro Leitão de Abreu, chefe da Casa Civil, que o general Walter Pires, então ministro do Exército, naquele momento favorável a uma prorrogação do mandato do general Figueiredo, desistira de consultar o Alto Comando do Exército sobre a ideia, depois de saber que todos os ministros do último governo da ditadura, incluindo Leitão de Abreu e ele, já estavam exonerados, em ato publicado precocemente, naquele dia, por engano, no *Diário Oficial*.

Na noite de 14 de março de 1985, a instantes do início daquela que seria a mais longa e dramática cobertura da história da Central Globo de Jornalismo, se algum jornalista que estava em Brasília sabia das dimensões de gravidade do que estava acontecendo com Tancredo, não publicou nem transmitiu a informação, fosse na Globo ou em qualquer outro veículo.

Carlos Monforte* até soubera, por Aécio Neves, 25 anos, neto e então secretário particular de Tancredo, que o avô não estava "se sentindo bem" na véspera da posse. E Glória Maria, destacada para registrar a presença do presidente eleito em uma missa na Igreja Dom Bosco, também tinha percebido que ele "estava mal". Mas ninguém viu motivos para que todos fossem convocados às pressas para a redação, ou, menos ainda, para se começar a sacudir o país com plantões do *Jornal Nacional*.

Alexandre Garcia*, à época repórter político da Manchete, no depoimento que deu em fevereiro de 2004, quase um ano antes, portanto, do furo de reportagem do colega Ernesto Paglia com os médicos de Tancredo, disse, como dissera na véspera da votação das diretas, que já sabia. Mas não identificou a fonte e, principalmente, não revelou a data em que soube do que chamou de "a verdadeira história do Tancredo":

"Na verdade, Tancredo se matou porque ele sabia que estava doente desde o dia 16 de janeiro e porque tinha um assessor militar, que hoje encontrou sua verdadeira vocação, está escrevendo livros de ficção, que convenceu Tancredo de que, se ele demonstrasse alguma fraqueza física, haveria golpe militar. O Tancredo se automedicou, tomou todos os antibióticos possíveis e imagináveis, estava com infecção generalizada, quando foi hospitalizado já era tarde para a idade dele, estava com septicemia".

Nem Alexandre nem qualquer outro jornalista ou chefe importante da Globo estava na redação da emissora em Brasília, praticamente vazia quando soou o alarme; e Cecília Maia, uma repórter iniciante – "totalmente inexperiente e que nunca na vida tinha feito uma entrada ao vivo", nas palavras de Gilnei Rampazzo* –, saiu correndo para o Hospital de Base com uma equipe assim que chegou a informação de que Tancredo tinha sido internado. Ainda no início do que Gilnei chamou de "uma carreira bonita" na Globo, Cecília, segundo ele, não foi bem:

"Foi uma tragédia, um caos. A entrada em rede foi um desastre. Ela entrou perguntando: 'E aí, posso falar?' quando já estava no ar".

O substituto de Cecília no tumulto que se formou com o acúmulo de jornalistas, políticos e curiosos na porta do Hospital de Base, o experiente Sergio Motta Mello, ex-correspondente internacional, também não estava bem. Seu desempenho, ao dar as primeiras informações, estava parcialmente comprometido por um fator que afetou a maioria das pessoas que, a exemplo do então governador mineiro Hélio Garcia, correram para o hospital trocando as pernas: o alto teor de álcool que se espalhara pelas festas e restaurantes da capital naquela véspera de posse, como lembrou Gilnei:

"Foi todo mundo para a gandaia, beber, conversar, encontrar amigos de fora, a gente de São Paulo, muita gente do Rio".

A Globo foi a primeira emissora a dar a notícia da internação, mas as horas seguintes, segundo Gilnei, seriam "uma noite absolutamente infernal e caótica":

"Ao mesmo tempo que você precisava, desesperadamente, de informações sobre o real estado de saúde do Tancredo, você precisava também saber se ia ter a posse, se não ia ter a posse, como ia ser a posse, se ia ter Tancredo na posse, enfim, e isso tudo rolando numa noite, depois da meia-noite e a gente desesperado, atrás de informação".

Também foi pela Globo, ainda na noite de 14 de março, durante o *Jornal da Globo*, que o país teve pelo menos uma sinalização institucional, em meio à perplexidade geral com o cenário político imprevisível que se formara: uma entrevista, ao repórter Pedro Rogério*, do constitucionalista Afonso Arinos de Melo Franco, que estava em Brasília para a posse de Tancredo:

"O doutor Afonso Arinos foi o primeiro jurista, o primeiro homem de peso a dizer que quem tomaria posse era o vice José Sarney. Essa entrevista foi importante, eu diria até decisiva, para a disseminação dessa tese, que era a tese correta, em contraposição à dos que advogavam a posse do doutor Ulysses Guimarães, que era o presidente da Câmara. O próprio Ulysses não queria, nunca quis, e quando ele viu a entrevista do doutor Afonso Arinos, corporificou mais nele essa ideia de que realmente não era ele, era o presidente Sarney".

O Brasil amanheceu no dia 15 de março com um presidente eleito internado; um vice a caminho do Congresso Nacional para tomar posse; e o presidente tecnicamente ainda em exercício deixando o Palácio do Planalto pelos fundos, determinado a não passar a faixa presidencial ao sucessor, mais ou menos como faria Jair Bolsonaro, primeiro presidente de origem militar eleito desde a ditadura, ao voar para a Flórida em dezembro de 2022.

Os jornais impressos de todo o país, naquela manhã, "se tornaram velhos", como observou Alberico de Sousa Cruz*, falecido em maio de 2022, aos 84 anos, e à época diretor de telejornais comunitários da CGJ. Antônio Britto*, que àquela altura já tinha trocado o cargo de editor regional da Globo em Brasília pela posição de porta-voz e futuro ministro do governo Tancredo Neves, tinha antecipado:

"As pessoas vão acordar pra ver a festa linda que vai ser. Sai um militar, entra o povo. E aí vão se surpreender, achando que as televisões enlouqueceram. Estarão todas transmitindo de um hospital. Em vez de democracia, vai se falar de diverticulite".

Estado de choque

Ninguém aguentava mais. E começaram a surgir até boatos estapafúrdios que eram levados ao *briefing* diário de Antônio Britto com a imprensa, no final da tarde, entre eles o de que Tancredo Neves estaria recebendo um tratamento baseado em ervas, levadas ao InCor por indígenas.

Na última semana de março, cerca de quinze dias depois da internação de Tancredo no Hospital de Base do Distrito Federal, os jornalistas agora concentrados na sala de imprensa e nos arredores do InCor, em São Paulo, para acompanhar o tratamento – mesmo sem ter acesso às evidências que só se tornariam públicas anos depois, com as revelações e confissões detalhadas dos médicos que cuidaram do presidente eleito –, já estavam convictos de que ele ia morrer a qualquer momento. O problema, na lembrança de Britto, era combinar com milhões de brasileiros em estado de alerta para o próximo plantão do *Jornal Nacional*:

"A primeira coisa que eu pensei foi: como é que a gente vai administrar a frustração popular?".

Foi por conta dessa preocupação que, na manhã do dia 25 de março, quando Tancredo ainda estava no Hospital de Base, Britto disse ter sido a favor da produção jornalística de uma foto supostamente tranquilizadora que, com o desenrolar dos acontecimentos, se tornaria emblema de uma enganação histórica: no momento em que posava para o fotógrafo Gervásio Baptista, sentado numa cadeira de rodas, vestindo robe de chambre sobre o pijama, com uma echarpe em volta do pescoço e cercado pela mulher, Risoleta, e pelos médicos, Tancredo estava sofrendo os primeiros sintomas da grave hemorragia, também escondida pelos médicos, e que determinaria sua transferência às pressas para São Paulo.

Hemorragia causada, segundo Luís Mir, autor do livro *O paciente: o caso Tancredo Neves*, lançado em 2010, por "um erro técnico na sutura da primeira cirurgia". Na lembrança de Britto, "aquele foi um momento muito duro":

"A gente teve que conviver com a maluquice da foto da melhora e a notícia da piora. Eu, descendo no elevador para levar as fotos para os jornalistas, e, subindo, o cara que ia atender a nova emergência que tinha acontecido".

A partir do dia 26 de março, já em São Paulo e depois do episódio da foto, Carlos Nascimento* e outros repórteres da Globo tiveram de administrar a preferência do comando do jornalismo da emissora, evidente nas orientações de Alice-Maria, pelo otimismo delirante do médico Henrique Walter Pinotti, um respeitado gastroenterologista da Universidade de São Paulo.

Participante da segunda cirurgia de Tancredo, ao ser escolhido pela família do presidente para comandar o tratamento em São Paulo, segundo a impressão geral dos repórteres da cobertura, Pinotti passou a trocar o currículo impecável pela vaidade, assim que acendiam as luzes e câmeras das equipes de televisão que o entrevistavam. Alberico de Sousa Cruz* não tinha dúvidas:

"Ele queria, na verdade, era aparecer. Era um bom médico, não tenho a menor dúvida disso, mas o negócio dele era televisão. Então, o *Jornal Nacional* ele adorava, adorava".

Pinotti, em Brasília, em uma das primeiras entrevistas à Globo nas quais contrapunha um sorriso de monge à angústia generalizada ao seu redor, chegara a dizer que Tancredo poderia assumir a presidência em duas semanas. André Luiz Azevedo*, deslocado do Rio para a cobertura em Brasília, descreveu o médico como "uma pessoa muito vaidosa" e também "um maluco, com uma visão totalmente cor-de-rosa da situação":

"Eu não acho que ele estava mentindo. Acho que ele acreditava. E foi naquele período inicial, quando estava todo mundo muito otimista".

Depois, já em São Paulo, gravando com Carlos Nascimento, Pinotti insistiu que o presidente ia sobreviver. E quando Alice-Maria soube que Antônio Britto tinha considerado a declaração de Pinotti "uma temeridade", devido ao real estado de saúde do presidente, ela ligou para o então editor regional de São Paulo, Raul Bastos, e determinou:

– Olha, no *Jornal Nacional*, hoje, não tem o Britto. É a palavra do doutor Pinotti. Vocês estão matando o Tancredo e o médico está dizendo que o Tancredo vai sobreviver.

Sem ter como argumentar, Nascimento resolveu conversar com Britto para articular uma forma de driblar a ordem que recebera de Alice, na hora de entrar ao vivo no *JN*:

– Britto, hoje você está fora porque a Alice disse que hoje você não entra. Hoje o negócio aqui é com o Pinotti.

– Mas não é possível! Olha, hoje o homem já está com febre de novo!

– Mas eu não posso desobedecer a Alice. Vamos fazer o seguinte: quando eu estiver ao vivo, na frente do InCor, você vem, para do meu lado e fica olhando para mim, para a câmera. E aí eu não vou poder deixar de te entrevistar.

– Combinado.

E aconteceu: no *JN* daquela noite, logo depois da exibição da reportagem que incluía a declaração otimista de Pinotti sobre uma iminente recuperação de Tancredo, Antônio Britto estava, "por acaso", ao lado de Nascimento, ao vivo, para dizer:

– Olha, infelizmente devo informar que o presidente piorou de novo, a situação é grave.

Alice, contrariada, ligou para Raul Bastos logo depois daquele *JN*, dizendo-se "traída" por Nascimento. Bastos, segundo Nascimento, atuou então como um "embaixador" para explicar à direção, no Rio, que não havia se tratado de quebra de confiança, mas de uma informação necessária:

– Alice, não houve traição. A situação do Tancredo é ruim. Ele infelizmente vai morrer.

Ao longo dos 26 dias de cobertura no InCor, além de dedicar a Tancredo Neves uma média de quinze minutos diários no *Jornal Nacional*, e tempos semelhantes nos outros telejornais de rede da emissora, a Globo montou, em São Paulo, um esquema de prontidão chefiado por Luís Edgar de Andrade para entrar no ar assim que Tancredo morresse, e que incluiu até simulações de plantões da equipe, com leitora de scripts prontos, exibição de dezenas de conteúdos pré-editados e checagem de equipamentos.

Para Carlos Tramontina*, um dos repórteres que participaram intensamente da cobertura, a equipe da CGJ aprendeu muito, naqueles dias dramáticos, sobre a necessidade do telejornalismo de "falar de coisas complicadas de maneira que fossem compreendidas pela população":

"As pessoas ficavam esperando os nossos telejornais para saber quais eram os níveis de potássio e de creatinina no organismo do presidente".

Para Nascimento, que a partir daquela cobertura passaria a ser tratado, para sempre, nas ruas do país, como "o homem do Tancredo", foi a primeira vez, na história da Globo, em que a emissora "perdeu o controle sobre as notícias, fatos e acontecimentos":

"Até então, e muito em função do regime militar, todas as coberturas eram programadas, dosadas. Sabia-se o que ia acontecer, o que dizer, como fazer. No caso Tancredo, fugiu do figurino, era um presidente da República doente, ninguém sabia se ele ia viver, se ia morrer".

Nascimento, principalmente, foi derrubando, dia após dia, com sua experiência prévia de radialista, alguns dogmas da Central Globo de Jornalismo, ao permanecer ao vivo, diante da câmera, na frente do InCor, por dois, três, às vezes cinco minutos, em exibições memoráveis de improviso, um recurso até então virtualmente proibido aos repórteres da emissora, na hora de traduzir um tratamento clínico cujos detalhes, sempre que dependesse dos médicos, o tempo mostraria, eram deliberadamente mal explicados, às vezes contraditórios e, não raro, mentirosos:

"Muitas vezes se esperava que eu fosse entrar no *Jornal Nacional* para dizer que o Tancredo ia sobreviver, que ele estava bem, e eu entrava dizendo que ele estava mal, que estava piorando. Isso dava arrepios na alta direção da TV Globo, mas era a verdade".

Citado nominalmente na "Carta aos colegas", memorando interno com elogios de Armando Nogueira para a equipe ao final da cobertura, por ter sido "exemplar no seu papel de repórter", Nascimento seria procurado, ao final daquela maratona, por Roberto Irineu, emissário e também avalista de um convite de José Sarney para que ele se tornasse o novo porta-voz da Presidência da República. A resposta:

– Quero continuar sendo repórter. Chegou a hora de tratarmos dos assuntos que estavam proibidos.

O longo adeus

Foi inesquecível como a manhã de 24 de agosto de 1954, quando o rádio espalhou pelo país a notícia de que Getúlio Vargas tinha se matado com um tiro no peito, em seu quarto no Palácio do Catete. O impacto também remeteu ao 22 de novembro de 1963, quando, mais uma vez pelo rádio, o Brasil soube do assassinato do presidente americano John F. Kennedy em Dallas, no Texas. Comoção semelhante as gerações posteriores só viveriam na perda de Ayrton Senna, que na manhã daquele mesmo 21 de abril de 1985, horas antes da morte de Tancredo Neves, tinha vencido seu primeiro grande prêmio de Fórmula 1, debaixo de um temporal, no circuito de Estoril, em Portugal.

"Lamento informar que o excelentíssimo senhor presidente da República Tancredo de Almeida Neves faleceu nesta noite, no Instituto do Coração, às dez horas e vinte e três minutos."

De nada adiantaram, para aliviar o baque, os 38 dias em que todos, família, políticos, jornalistas e a população em geral, aos poucos, foram se preparando para o desfecho amargo do que se imaginava que seria um capítulo festivo e redentor da política brasileira, depois de 21 anos de ditadura militar. Milhões jamais se esqueceriam da intensa emoção provocada pela primeira frase do comunicado lido por Antônio Britto, sozinho e contido, na mesa de palco do auditório do InCor, na noite daquele domingo que coincidiu com o feriado de Tiradentes.

Nunca um parágrafo tão formal e asséptico provocara tantas lágrimas. E pelo menos parte da explicação residia no fato de que, àquela altura, estava em curso outro capítulo, este da história da televisão brasileira, e no qual a Globo, principalmente, pelo alcance territorial e pela audiência hegemônica, depois de se consolidar na dramaturgia, no entretenimento e no esporte, usava todo o seu aparato tecnológico e seus profissionais de telejornalismo para documentar um momento dramático da história do país, agora sem o obstáculo da censura.

Não existiam *smartphones*.

Estava começando a "maioridade" do telejornalismo da Globo, como escreveu Armando Nogueira na "Carta aos colegas" que enviou à equipe. Àquela altura, já estavam gravadas, na história e na memória dos brasileiros, as imagens da festa pela vitória de Tancredo no Colégio Eleitoral em 15 de janeiro, quando milhares de pessoas, ensopadas pela chuva e pela euforia, transformaram a tempestade que caiu sobre a Esplanada dos Ministérios numa metáfora poderosa do alívio da nação. Protegida da chuva por uma gigantesca bandeira do Brasil, a multidão pacífica e parcialmente vestida de verde e amarelo subira a rampa do Congresso Nacional para celebrar o fim da ditadura, e não para defender sua volta com fúria e estupidez, como aconteceria, no mesmo local, 38 anos depois, no dia 8 de janeiro de 2023.

As imagens que se tornariam inesquecíveis a partir da notícia da morte de Tancredo seriam acompanhadas, ao vivo, em todo o país, em casa, pelas vitrines de lojas de eletrodomésticos, em espaços públicos, em locais de trabalho e em qualquer outro lugar onde existisse um televisor ligado. E o marco inicial, na abertura do *Jornal Nacional* especial de quatro horas de duração que se seguiu ao *Fantástico* daquele 21 de abril, foi a versão do Hino Nacional cantada por Fafá de Belém, a "musa" das Diretas Já, e ilustrada por imagens do presidente e de pessoas humildes sofrendo, entre lágrimas e orações por ele.

Nos dias seguintes à morte de Tancredo, a programação da Globo eternizaria momentos igualmente marcantes, como o cortejo espontâneo das milhares de pessoas que lotaram as avenidas de São Paulo no trajeto do caixão entre o InCor e o Aeroporto de Congonhas; o beijo de gratidão aos paulistanos, lançado por Risoleta Neves da porta do Boeing presidencial, instantes antes da partida para Brasília; a subida solene da rampa do Palácio do Planalto, Tancredo morto dentro da urna, e o mundo político, perplexo, à sua espera para o velório no Salão Nobre; o trágico tumulto que provocou cinco mortes e mais de duzentos feridos, antes da vigília no Palácio da Liberdade, em Belo Horizonte; e o adeus dos conterrâneos, no cenário histórico emblemático de São João del-Rei.

O investimento jornalístico que a emissora fez no funeral, entre os dias 21 e 24 de abril, não foi recebido com os mesmos elogios feitos à sua cobertura médica. A *Folha de S.Paulo*, jornal que dedicou 45 páginas e três capas monotemáticas sobre Tancredo Neves no mesmo período, repetindo o apetite predominante em toda a imprensa escrita brasileira, não chegou a criticar a Globo em editorial, como na época das Diretas Já. Mas um de seus colunistas, Marcos Augusto Gonçalves, por exemplo, criticou o fato de a emissora "recorrer fartamente às analogias bíblicas e ao uso de expressões do campo semântico da mitologia religiosa", acrescentando:

"O que superou qualquer expectativa foi a exacerbação, o transbordamento do transe místico e hipocondríaco que inundou o país".

Gonçalves também criticou a inserção de uma cruz cristã na vinheta em verde e amarelo da cobertura da Globo, assim como o poema recitado por Chico Anysio no qual o humorista chamou o presidente morto de "São Tancredo". Newton Rodrigues, outro colunista da *Folha*, lamentou:

"Mitificar Tancredo é um meio grosseiro de mistificar a Nação. Ambos merecem tratamento melhor".

As críticas mais frequentes foram as feitas ao texto e às metáforas de duas edições do *Globo Repórter*, ambas a cargo do repórter Ronald de Carvalho, futuro diretor editorial da Central Globo de Jornalismo, a primeira delas exibida logo após o sepultamento de Tancredo, na noite de 24 de abril, e a segunda quatro meses depois, sob o título sugestivo de "Romaria a Tancredo":

"E aqui acaba a viagem. A última viagem de Tancredo Neves a São João del-Rei [...] Podemos estar certos de que o povo não corre atrás da morte. Hoje, Tancredo Neves é a mais viva presença a nos iluminar nessa caminhada possível. Uma caminhada modesta, sem utopia, sem revanchismo, sem exagero. Uma caminhada que iremos realizar, custe o que custar".

Textos como esse, lido pelo apresentador Eliakim Araújo no final do programa do dia 24, alimentariam futuras interpretações acadêmicas inspiradas pelo olhar do ideólogo marxista italiano Antonio Gramsci, para quem "o poder das classes dominantes é garantido fundamentalmente pela hegemonia cultural que as classes dominantes conseguem exercer sobre as dominadas, através do controle do sistema educacional, das instituições religiosas e dos meios de comunicação".

Entrevistado pela professora Cássia Rita Louro Palha, que analisou, sob a ótica de Gramsci, as duas edições do *Globo Repórter* com o objetivo de identificar "o papel estratégico da televisão brasileira na arena política nacional" e na "transição conservadora que se seguiu, rearticulando os grupos dominantes", Jorge Pontual, à época diretor do programa, ponderou:

"Naquele momento, Tancredo virou um símbolo da cidadania, da democracia, da própria nação e isso acabou resultando, de fato, numa santificação do personagem. Mais ainda quando ele morreu e fizemos um programa que foi ao ar em seguida ao enterro. Nessas condições, seria difícil não santificar".

Mônica Labarthe, chefe de produção do *Globo Repórter* à época, não negou, em 2022, que o objetivo, de resto óbvio para ela, era mesmo fazer uma analogia da tragédia de Tancredo, um mineiro de São João del-Rei que estava entrando para a história como líder da volta da política à vida brasileira após duas décadas de ditadura, à tragédia de Tiradentes, o alferes de Vila Rica que se tornou ícone da Inconfidência Mineira. Mas ressalvou:

"Não deu tempo de fazer política. Aquele *Globo Repórter* do dia 24 foi finalizado praticamente a minutos da exibição, por quatro editores diferentes, um para cada bloco, e que certamente não tiveram tempo para combinar sofisticadas estratégias conceituais".

Apesar do volume histórico do noticiário produzido pela mídia brasileira sobre o drama de Tancredo, houve um assunto que nem a Globo nem qualquer outro veículo da chamada grande imprensa sequer tocou durante toda a cobertura, e que era de pleno conhecimento no circuito Brasília-Belo Horizonte-São João del-Rei: o relacionamento de catorze anos de Tancredo com sua secretária, Antônia Gonçalves.

Segundo Plínio Fraga, autor do livro *Tancredo Neves, o príncipe civil*, Antônia teve de recorrer a amigos como o embaixador Paulo Tarso Flecha de Lima para visitar o presidente no InCor. De acordo com Flecha de Lima, Tancredo "dependia muito dela e ela o defendia muito", além de "conhecer a vida dele melhor que Dona Risoleta e qualquer um dos filhos". Ainda segundo Plínio Fraga, a família tentou impedir a aproximação de Antônia na hora do velório, mas, persistente, ela entrou "de mãos dadas com Fernando Henrique Cardoso e José Aparecido de Oliveira". As câmeras mostraram Antônia no velório, mas ninguém ousou informar ou escrever que, além de secretária, ela também era amante do presidente.

O fechamento do túmulo de Tancredo, momento final daquela cobertura de 42 dias em que Armando Nogueira viu sua equipe "sustentar uma impiedosa batalha com a vertigem dos fatos" e conseguir ser "fiel à vocação do veículo, transmitindo as informações na justa medida da emoção, a um passo do sensacionalismo", ainda ensejaria a derrubada de mais um dogma, este não apenas da Central Globo de Jornalismo, mas da própria televisão.

Foi quando o coveiro João Aureliano, indiferente ao fato de o país inteiro estar parado à sua volta, quieto, no cemitério, e ao vivo, diante de milhões de televisores, não abriu mão de caprichar em cada uma das lentas e cuidadosas raspadas que deu, com sua pá, no cimento fresco do túmulo do presidente.

Um minuto, dois minutos, cinco minutos, oito minutos, tomados apenas pelo som das raspas da pá. Carlos Nascimento, então responsável pela narração, angustiado com a cena, resolveu dizer algumas palavras, mas foi imediatamente desautorizado por uma voz no fone de ouvido:

– A única hora que não é para falar é agora! Deixa, deixa!

Era Boni, acompanhando tudo no *switcher* da emissora no Rio de Janeiro. E autorizando, pessoalmente, o que muitos apostariam que ele jamais permitiria: o mais longo, respeitoso e estranho silêncio da história das transmissões ao vivo da Globo.

Os coronéis eletrônicos

"Eu levava a procuração do velho num bolso e um contrato de afiliada no outro. Era um negócio em que eu ficava com o chicote na mão."

Evandro Guimarães, único executivo da Globo que teve procuração pessoal de Roberto Marinho ao longo dos mais de trinta anos em que trabalhou na emissora, entre 1979 e 2011, disse na entrevista a este autor que tinha enchido os olhos de Marinho, a quem tratava como "velho" tal qual um filho preocupado em proteger o pai, com os ótimos resultados financeiros do "aperto de parafusos" que dera, a partir de 1981, na gestão da "BV", o sistema de bonificações mantido pela emissora com a elite das agências de publicidade do país.

Cinco anos depois, agora como diretor da Central Globo de Afiliadas, a missão de Evandro seria outra: sair pelo país e mapear o território nacional do ponto de vista técnico e comercial, em busca de parceiros confiáveis aos quais a Globo cederia sua programação, em troca de 50% do faturamento local de publicidade que eles obtivessem. Naquele projeto de expansão que duraria mais de uma década, 150 viagens por ano, em média, a interlocução de Evandro, em vez de se dar com os generais da ditadura que estava ficando para trás, seria, quase sempre, com os "coronéis eletrônicos" da política brasileira que a tinham apoiado.

Evandro, de certo modo, criaria minas de ouro da noite para o dia, ao fazer surgir, do nada, quase que instantaneamente, um mercado local de anunciantes de TV e uma unidade de telejornalismo, em cidades ou microrregiões que, até então, recebiam o sinal da Globo via antenas parabólicas, o que não rendia um centavo sequer para a família Marinho, além de ganhos insignificantes para os empresários de comunicação regionais. Era o início de um processo pelo qual, a partir de 1987, a Globo agregaria cerca de cinquenta novas afiliadas à sua rede, dobrando seu faturamento em poucos anos:

"Peguei o filé-mignon, uma época em que você tinha tudo para implantar emissoras. De quarenta afiliadas, a Globo passou, em poucos anos, a ter mais de cem emissoras com o nosso sinal. Tinha lugar onde, se eu não inaugurasse a TV, o sinal da Globo certamente seria pirateado".

Em sua entrevista ao autor em janeiro de 2022, aos 78 anos, Evandro disse que os cerca de dez anos em que foi diretor da Central Globo de Afiliadas permitiram que ele conhecesse de perto, como poucos, o poder, a fortuna, a ética, os segredos e as encrencas aparentes e ocultas de praticamente todas as oligarquias empresariais e políticas do interior do Brasil.

Foi quando ele aprendeu, também, a identificar quem mandava, quem obedecia, quem era corrupto e quem punha em risco o patrimônio das famílias que passaram a deter o privilégio de serem afiliadas da Globo. Não por outro motivo, disse na entrevista, ocupou uma vice-presidência da emissora e gozou de uma condição reconhecida como única por muitos de seus colegas executivos da emissora: a de intérprete autorizado e assíduo conselheiro de Roberto Marinho.

A maior dificuldade, à parte os desafios do enquadramento técnico e comercial das afiliadas aos padrões da rede, era o fato de Evandro, como representante da Globo, não poder controlar o jornalismo das emissoras. A prática era expressamente proibida pelo Código Brasileiro de Telecomunicações e qualquer iniciativa de Roberto Marinho para fazer constar, no contrato com as afiliadas, uma cláusula de controle editorial, seria um presente para os críticos do "monopólio global".

A lembrança do que acontecia em algumas afiliadas, nos anos que antecederam à chegada de Evandro àquela Central, do ponto de vista de quem trabalhava na redação do *Jornal Nacional*, de acordo com o editor Ronan Soares*, era preocupante:

"Tinha muito ladrão, picareta, o cara ligado em contrabando, e tudo que a Globo naturalmente não aceitou, rejeitou com o tempo".

Picaretagens à parte, o problema mais comum e permanente seria mesmo o que os trabalhos acadêmicos de comunicação social classificariam de "coronelismo eletrônico", fenômeno que Antonio Athayde*, antecessor de Evandro Guimarães na direção da Central Globo de Afiliadas, também conheceu de perto:

"Você tinha as emissoras do Nordeste, não só operando em condições muito difíceis, naquela época, como também pertencentes a políticos. Eram emissoras cujo objetivo não era ganhar dinheiro com televisão, mas usar do prestígio de afiliada da Rede Globo".

O editor Ricardo Pereira, antes de iniciar, na Globo, uma carreira de 33 anos que incluiu os cargos de editor-chefe do *Esporte Espetacular* e de editor-executivo do *Fantástico* e do *Jornal Nacional*, conheceu, como repórter da afiliada TV Sergipe, a lógica e a dinâmica do coronelismo eletrônico no Nordeste. Foi quando o deputado Augusto Franco, proporcionalmente o mais votado do país nas eleições de 1982, mesmo não sendo dono de emissora de TV, fez valer sua fama de "dono de Sergipe" junto ao comando da afiliada da Globo, assim que soube que uma matéria de Pereira incriminava e ameaçava o mandato de prefeito de um aliado seu do interior do estado.

Pereira conseguira, com a oposição local ao prefeito, documentos que provavam que ele tinha se filiado ao partido de Franco, o PDS, fora do prazo determinado pela legislação eleitoral, o que significava que, tecnicamente, ele teria de ser cassado. Quando voltou para Aracaju com a documentação e procurou a Polícia Federal, Pereira conseguiu a informação que faltava:

"O delegado ficou surpreso com o fato de eu estar com uma cópia da ficha de filiação do prefeito, mas confirmou que o caso estava sendo investigado. Só que logo após a exibição da reportagem pelo telejornal local da TV Sergipe, recebemos ordem para não ir adiante na cobertura e o caso não mais seguiu em frente".

Pereira ainda estava trabalhando na TV Sergipe quando, meses depois do episódio, o deputado Augusto Franco resolveu agilizar ainda mais o *modus operandi* coronelista e comprou de uma vez a afiliada da Globo, até então pertencente ao grupo da TV Aratu, à época outra afiliada da Globo que tinha, claro, entre seus sócios, o político Luís Viana Neto, então vice-governador da Bahia.

O equilíbrio que Evandro pedia, nos telejornais locais das afiliadas, era regularmente ignorado com um drible jornalístico: os "capitalistas locais" e políticos com quem lidava geralmente eram proprietários, também, de jornais e emissoras de rádio que faziam, sem qualquer controle, segundo ele, o "serviço sujo de politicagem" que, por sua vez, virava "notícia" regional que o telejornalismo da afiliada não poderia ignorar, diziam para ele, em nome da "credibilidade jornalística".

Foi o que aconteceu, por exemplo, lembrou Evandro, no Ceará, durante a chamada "era Jereissati", quando a TV Verdes Mares, afiliada da Globo desde 1974 e braço de mídia do Grupo Edson Queiroz, do qual também faziam parte o *Diário do Nordeste* e a TV Diário, começou a "bater" nos políticos Tasso Jereissati e Ciro Gomes, o primeiro também dono de emissora, uma afiliada do SBT, e casado com Regina, filha de Edson Queiroz:

"Eu informei aos afiliados que aquela era uma campanha inaceitável. A pancadaria passou, então, para os outros veículos da família, e a TV alegou que estava apenas registrando jornalisticamente a disputa política".

O Rio Grande do Norte, outro exemplo de Evandro, recebia sinal da Globo Recife até Aluízio Alves, então senador e ministro da Administração da Nova República, ganhar uma concessão de Sarney para montar a afiliada TV Cabugi. Não deu outra: quando a família do senador e adversário local Lavoisier Maia também ganhou uma concessão, do mesmo Sarney, e montou uma afiliada do SBT, um mês depois da inauguração, Evandro teve de embarcar para Natal para pedir à família Alves que parasse de usar a TV Cabugi como arma política e eleitoral.

Assim como o capixaba Fernando Aboudib Camargo, hoteleiro, fazendeiro e investidor proprietário de sete afiliadas à Globo nos estados do Rio de Janeiro, Minas Gerais e Rio Grande do Norte, Segisnando Alencar*, dono do Sistema Clube de Comunicação, rede regional de afiliadas da Globo no Piauí, era um caso raro de concessionário de TV que não era político. Em seu depoimento, disse ter enfrentado dificuldades semelhantes às de Evandro, num estado onde, embora alcançasse 70% de cobertura territorial, tinha de lidar com pressões resultantes do "fracionamento" partidário e eleitoral em mais de cem cidades piauienses:

"O político quer mandar, chega e diz: 'Manda exibir essa matéria aí'. Eu dizia: 'Não pode'. Já tive governador sentado na cadeira do *Bom Dia Piauí* que começou a falar e eu mandei cortar. Ele disse que não ia sair do estúdio e eu tive de deixar o governador falando sozinho para ele não saber que estava sendo cortado".

Quando o problema se repetia pela terceira ou quarta vez, o que aconteceu dezenas de vezes, em várias afiliadas, Evandro enviava um jornalista de confiança da Globo para acompanhar os movimentos das redações, incluindo, por exemplo, o das afiliadas pertencentes à Rede Mirante, da família Sarney, no Maranhão, que promoviam, nas emissoras de São Luís, Bacabal, Santa Inês, Balsas e Imperatriz, "ataques pesados" contra o adversário político Epitácio Cafeteira, sócio na afiliada maranhense do SBT:

"Uma das paradas enormes que tive foi com o senhor José Sarney. Era muito difícil conseguir um tratamento equilibrado, no noticiário da emissora, para Epitácio Cafeteira, grande inimigo dele".

Não foram poucos também os afiliados que tentaram envolver Roberto Marinho pessoalmente nas disputas políticas regionais, em reuniões na sede da emissora no Jardim Botânico. A resposta do dono da Globo, segundo Evandro, era passar a bola, muitas vezes na frente do interessado, como aconteceu em março de 1983, num dia em que ele viu o então governador Jader Barbalho "afundar na poltrona".

Dono de uma afiliada à rede SBT no Pará, Barbalho, mencionando "recomendações" de Ulysses Guimarães e de outros caciques do PMDB, pedira a reunião com Marinho para se candidatar a substituir uma afiliada da Globo no estado que à época enfrentava dificuldades financeiras. Resposta de Marinho, segundo Evandro:

– Olha, quem cuida desses assuntos, para que eu não cometa injustiças ou me guie por simpatias pessoais, é o rapaz aqui, o Evandro. Nós investimos muito nele e temos de prestigiá-lo.

Nem sempre, também, Marinho, no alto da torre de seu império, era corretamente informado sobre suas afiliadas. Evandro lembrou que "assanhavam muito o velho com intrigas", como no dia em que alguém disse ao dono da Globo que uma afiliada de Barra Mansa, estado do Rio, tinha veiculado um ataque pesado do político José Nader contra o jornal *O Globo* e seu proprietário. Indignado, Marinho fez com que Evandro interrompesse compromissos em São Paulo, onde estava, e voasse imediatamente para o Rio:

– Evandro, você tem que dar uma punição exemplar a essa afiliada.
– Doutor Roberto, essa emissora não é nossa.

Nem tudo era baixaria. Havia, entre outras poucas afiliadas, as da família Sirotsky, proprietária da Rede Brasil Sul, a RBS, que à época, com suas doze emissoras no Rio Grande do Sul e em Santa Catarina, estabeleceu um padrão de comportamento considerado "ultraprofissionalizado" tanto por Antonio Athayde quanto pelo sucessor Evandro e pelos filhos de Roberto Marinho. O que não significava que, mesmo entendendo "a total necessidade de um distanciamento político absoluto", não tenha havido muita briga, como disse Nelson Sirotsky*, filho do fundador Maurício Sirotsky Sobrinho e presidente do grupo até 2021:

"Nós sempre reivindicamos, pressionávamos, brigávamos com Buzzoni, brigávamos com o Boni, com o Walter Clark. Brigávamos com todos, para quê? Sem destruir essa magnífica capacidade de produção que a Globo tem nacionalmente, brigávamos para adicionar a essa magnífica capacidade de produção o conteúdo local".

Nelson se referia à disposição de a RBS ser "a mais chata" entre as afiliadas, na determinação de ocupar todos os espaços possíveis pela produção local, como o *Jornal do Almoço*, principal programa da RBS, que entrou no ar em 6 de março de 1972, quando ainda não havia espaço na programação da Globo para telejornais locais no horário do meio-dia.

João Roberto Marinho, na entrevista ao autor em junho de 2023, colocou, junto com a RBS, na categoria das "afiliadas que não deram problemas", as do Grupo Coutinho Nogueira, dono das EPTV de Campinas, Ribeirão Preto, São Carlos e do Sul de Minas; a TV Paranaense; e as afiliadas do Triângulo Mineiro, do Mato Grosso e de Goiás. Mas o que predominava era o que mostravam, diariamente, os monitores da Central de Operações Comerciais da Globo sediada em São Paulo.

Além de garantir o zelo com os 50% a que a emissora tinha direito em cada comercial exibido pelas afiliadas em todo o país, as gravações da programação realizadas por aquela Central permitiam que a equipe de Evandro monitorasse o comportamento editorial da área de jornalismo das emissoras. E foi esse monitoramento que deu a ele a dimensão das dificuldades que enfrentou ao longo de mais de uma década:

"Foi um milagre eu ter conseguido corrigir 30%, se tanto, dos casos de politização partidária dos telejornais locais, em mais de quarenta afiliadas nas quais tive que intervir pessoalmente".

Os 30% de êxito Evandro atribuiu à criação, por ele, em comum acordo, primeiro com Armando Nogueira e, depois, com o sucessor dele na CGJ, Alberico de Sousa Cruz, de expedições de jornalistas às afiliadas problemáticas, não para interferirem na produção do noticiário local, mas para fazer uma radiografia dos problemas e necessidades das redações. Ironicamente, trabalhariam, segundo Evandro, nessas intervenções brancas que duravam de uma a duas semanas, profissionais como Woile Guimarães, Wianey Pinheiro e Raul Bastos, entre outros que sairiam da mesma Globo, na sequência da crise interna provocada, em 1989, pela edição exibida pelo *Jornal Nacional* do debate entre Lula e Collor.

"A demanda podia ser a necessidade de uma câmera de qualidade ou um curso urgente de qualificação profissional dos repórteres e editores da afiliada. A título de sugestão ou mostrando a ponta do chicote do contrato, chegamos a botar jornalistas em afiliadas que não tinham, no mercado local, profissionais de televisão razoáveis."

Controlar a contaminação política e eleitoral nas afiliadas passaria a ser, a partir da virada do ano 2000, missão regular da chamada "Caravana do Bodão", um programa de controle de qualidade e de intervenções mais ou menos contundentes que seria coordenado, nas décadas seguintes, pelo editor de jornalismo Marco Antônio Rodrigues*, o Bodão, e que em época de eleições, como ele contou em 2007, ganhava o nome de "corregedoria":

"Em muitas emissoras os proprietários são políticos. Candidatos... Eleição é o nosso calcanhar de Aquiles. A gente monta em São Paulo o que a gente chama de corregedoria. Em toda eleição, municipal, estadual, toda eleição, uma equipe assiste a todos os telejornais, de todas as emissoras, diariamente. Para detectar possíveis excessos e corrigi-los a tempo".

À parte o controle da politicagem de sempre, Bodão, a partir de 2003, como gerente de jornalismo das afiliadas, acumularia a função de comentarista de futebol do SporTV com a missão de implantar, Brasil afora, em expedições mensais semelhantes às criadas por Evandro Guimarães nos anos 1980, e agora com o auxílio de "estrelas do jornalismo da Globo", o modelo de telejornal *SPTV* pela Globo São Paulo. Tinha carta branca de outro Evandro, o então diretor de jornalismo Evandro Carlos de Andrade, falecido em junho de 2001, aos 69 anos, para fazer o que fosse necessário:

"A linha editorial do jornalismo das emissoras afiliadas pertence à TV Globo. Ela dita as normas, a conduta, toda a linha editorial. Sou mais um negociador do que um jornalista. A gente coloca diretores de jornalismo de nossa confiança e repórteres de rede em todas as emissoras. Eu faço a negociação com o patrão, com o dono da afiliada, para ter um gerente de jornalismo da nossa confiança, que atenda a ele, mas que atenda também à rede".

Em 2022, 35 anos depois do início daquela jornada de expansão da rede de emissoras da Globo, a avaliação de Evandro Guimarães era de que os mecanismos contratuais para controlar a politicagem no jornalismo das afiliadas pertencentes a políticos e que convergiram para a institucionalização da "Caravana do Bodão" melhoraram "80%" em relação à sua época:

"Eu peguei um quadro horrível. E o doutor Roberto, ao contrário do que muitos pensam, embora nunca tenha sido um homem que desprezasse uma oportunidade de ganhar dinheiro, nunca contribuiu para agravar essa situação".

João Roberto Marinho, substituto do pai na relação com políticos e governos a partir de meados dos anos 1990, concordou, acrescentando que Roberto Marinho teve de se adaptar ao perfil de sócios potenciais que existia na época, pouco ou nada propenso a um jornalismo local feito com equilíbrio, sem favorecer os candidatos do dono da afiliada ou prejudicar seus adversários políticos:

"Com o pessoal mais político, você indo para o Nordeste não tinha opção. Eram praticamente todas as concessões de televisão. Então nós convivemos e até hoje impomos certos padrões para o jornalismo e a operação das estações. Muito fruto do trabalho do Evandro Guimarães a gente conseguiu impor e, com o passar dos anos, fomos ficando cada vez mais rigorosos".

Com ACM, porém, como se verá num dos capítulos que se seguem, a história seria um pouco diferente.

Não confundir ACM com a sigla da Associação Cristã de Moços.

Aniversário de luxo

– Psiu, psiu, psiu, Tonico, Tonico!

Tony Ramos estava na agência do Banco Itaú da Rua Jardim Botânico onde a Globo pagava seus funcionários. Era Walter Avancini.

– Tonico, queria que você lesse *Grande sertão: veredas*.

– Por quê?

– Sei lá, rapaz, estou pensando em você para o Riobaldo.

– Eu, o Riobaldo jagunço? Eu, rapaz de origem espanhola de Toledo, portuguesa de Guimarães, italiano da Toscana, você vai propor um jagunção, rapaz? Não tem jeito!

Foi também com o olhar voltado para o interior que num dos projetos que fizeram parte das comemorações do vigésimo aniversário da Globo, a volta das séries brasileiras, em vez dos estúdios refrigerados e das conhecidas paisagens rurais e urbanas do eixo Rio-São Paulo, a emissora preferiu mandar cerca de duas mil pessoas se embrenharem, por noventa dias, em locações do chamado Paredão de Minas, distrito do município de Buritizeiro, sertão de Minas Gerais. No lugar de uma obra linear e palatável para a televisão, a direção da emissora optou por produzir, naquele cenário, uma surpreendente adaptação de *Grande sertão: veredas*, romance experimental modernista de João Guimarães Rosa, considerado um dos livros mais importantes e, também, um dos mais difíceis da literatura brasileira.

Desde o início, o diretor Walter Avancini, como ficou claro em depoimento seu divulgado pela Globo na época, estava imbuído, assim como o roteirista Walter George Durst, do que chamou de "visão missionária" e, sabendo das limitações do que chamou de "processo industrial" da televisão, disse que já ficaria satisfeito se conseguisse transmitir o percentual "excelente" de 15% do romance de Guimarães Rosa. As críticas dos intelectuais à ousadia também já estavam na conta do diretor:

"Com mais tempo, talvez eu chegasse a uns 30%. Com o tempo ideal, quiçá 40% do que essa obra pede, o que seria uma margem maravilhosa para quem conhece o gabarito de Guimarães Rosa. Mas são muito poucos os que conhecem e não foi para estes que fiz o programa. Assim, não importa que se frustrem. Eu também me frustro. O que me importa é que a grande maioria do público, que jamais teve qualquer contato com Guimarães Rosa, sinta um pouco do prazer de conhecê-lo".

Para quem trabalhava na Globo, a minissérie que levou ao ar o romance que se passa no início do século 20 e acompanha a história de "Riobaldo", personagem que acabou mesmo sendo interpretado por Tony Ramos, nas andanças em que ele se torna uma espécie de intérprete do sertão, acompanhado pelo amigo "Diadorim", papel de Bruna Lombardi, foi especialmente marcante o fato de a produção ter sido feita, inteiramente, fora dos estúdios da emissora. E viver, na pele, a combinação da aridez das locações com o estilo implacável de direção de Avancini, foi uma experiência impossível de ser esquecida para muitos da equipe. Caso do diretor de produção Ary Nogueira*, que chegou a ser internado num hospital com a pressão nas alturas e achando que ia morrer:

"A médica que me olhou nem acreditava que eu estava em pé. Desde 1985, eu tomo remédio para pressão, o que foi deflagrado por esse evento. Quer dizer, é muito difícil, para mim, esquecer *Grande Sertão: Veredas*, esquecer o Avancini".

Para Tony Ramos, o desafio de tornar a linguagem de Guimarães Rosa compreensível para os telespectadores da TV aberta e, ao mesmo tempo, respeitar a obra, somou-se a uma rotina que incluiu tomar soro antiofídico para se proteger das cobras, dormir em casas de pau a pique que a Globo alugou de moradores da região, emagrecer oito quilos e ainda fazer aulas de equitação, rastejamento militar e tiro. Gravar, nas margens dos rios do Sono e São Francisco e em outros lugares "dos mais admiráveis nesse mundo", as lutas dos bandos de jagunços repletas de tramas com vinganças, amores e mortes, levaria Tony a rever regularmente as fitas da minissérie, para lembrar um momento decisivo de sua vida profissional:

"Aquele foi um dos marcos divisórios da minha carreira. Eu vinha de trabalhos importantes como *O Astro*, *Pai Herói* e *Baila Comigo*, mas ali deixei de viver somente o galã. Foi com esse papel que tudo se tornou possível para mim".

A decisão de Avancini de escolher, para o papel de "Diadorim", Bruna Lombardi, futura escritora então com 33 anos e cujo rosto já era muito conhecido não apenas como atriz de novelas, mas também como um dos "símbolos sexuais" da época, foi controversa. Daniel Filho, que em sua autobiografia descreveu a minissérie como "um trabalho maravilhoso de pesquisa, de persistência" sobre um romance que ele próprio considerava "inadaptável", foi um dos que consideraram um erro a escolha de Bruna, não como atriz, mas pelo papel de uma personagem que finge ser homem e se mistura aos jagunços para fugir do destino da mulher sertaneja, infeliz e marginalizada:

"Avancini me vendeu, com grande dificuldade, a escolha de Bruna Lombardi para o papel de 'Diadorim'. O grande conflito é a paixão entre os dois 'jagunços'. Ao se saber de antemão tratar-se de uma mulher, some o enredo principal. Mas Avancini defendia que, na televisão e com a distância entre gravação e exibição, o segredo seria revelado de qualquer maneira. Melhor seria uma linda e conhecida atriz no papel de homem. Era a visão dele, e bem defendida. Concordei".

Bruna, em entrevista ao jornal *O Globo* em dezembro de 2017, quando o canal Viva exibiu *Grande Sertão: Veredas*, lembraria que, pelo menos no set de gravação da minissérie, no qual ela circulava quase todo o tempo caracterizada como "Diadorim", sua interpretação não deixou dúvidas:

"Lá, eu andava no meio dos jagunços de verdade. Teve um dia em que um deles fez xixi do meu lado e fui reclamar com o Avancini. Ele disse que aquele homem jamais faria isso se achasse que eu era mulher".

Na direção oposta da escolha de Bruna pensavam alguns críticos como José Geraldo Couto. Em retrospecto sobre a minissérie publicado pela *Folha de S.Paulo* em fevereiro de 2010, ele considerou a decisão de Avancini "um grande erro de *casting*", não, também, por "supostas deficiências da atriz" ou pelo trabalho que ela fez "com brio e competência", mas pelo fato de o personagem exigir "um perfil mais ambíguo, para não dizer andrógino, de preferência, alguém desconhecido dos telespectadores". E acrescentou:

"Bruna Lombardi, além de ter um dos rostos mais lindos e delicadamente femininos que se conhecem, já era uma celebridade".

A abordagem de Couto foi representativa de uma postura predominante nas manifestações da crítica da imprensa escrita sobre a minissérie, situada entre o elogio quase contrafeito e a distribuição de pedradas de indignação, como acontecia sempre que a teledramaturgia da Globo se atrevia a buscar inspiração nos originais da literatura brasileira ou universal. Primeiro, o crítico da *Folha* contextualizou, dizendo que a crítica à escolha de Bruna não anulava os méritos da série, "a começar pela atuação matizada de Tony Ramos como 'Riobaldo'", acrescentando:

"Rubens de Falco como 'Joca Ramiro', José Dumont como 'Zé Bebelo' e sobretudo 'Tarcísio Meira', como o demoníaco 'Hermógenes', demonstraram-se escolhas muito acertadas. No mais, transparece um grande esforço de produção, em termos de locações, figuração, figurinos etc.".

Depois do "etc." vieram as pedras: Couto criticou a abolição da narração em primeira pessoa por "Riobaldo" como um fator que "dilui muito a densidade do relato" e, numa época em que séries que revolucionaram a televisão como a norte-americana *Família Soprano* já tinham até terminado, decretou uma distância para ele intransponível entre a televisão e o cinema, em termos de qualidade:

"Como a grandeza da epopeia roseana não está na quantidade de cavalos e de tiros, mas no coração do drama humano, ainda não foi dessa vez que se chegou lá. [...] Avancini diz que concebeu a adaptação pensando no grande público iletrado, que não tinha lido nem viria a ler o livro. É a partir desse propósito declarado que a obra deve ser avaliada. Vamos combinar que a grandeza e o brilho do original nunca serão alcançados. Mesmo porque, para uma transposição audiovisual à altura do texto, seriam necessários os talentos conjugados de um Sergio Leone, um Akira Kurosawa e um Glauber Rocha".

A combinação era outra para um gênio do texto, o poeta Carlos Drummond de Andrade. Em entrevista ao jornal *O Globo* em 23 de novembro de 1985, ao comentar *Grande Sertão: Veredas*, a minissérie, Drummond sugeriu:

"Havia três sertões. O de Guimarães Rosa é uma criação verbal, literária. O sertão de Walter Avancini é uma criação de imagens em movimento, televisiva.

O sertão mineiro, de verdade, dificilmente terá a magia da literatura ou da televisão. A imaginação criadora é uma feiticeira inesgotável e deixa-nos fascinados pela beleza, vibração e sensibilidade da obra de arte que é o seriado".

Não por causa dos críticos, mas por falta de orçamento, a comemoração dos vinte anos da Globo acabou ficando sem uma das quatro minisséries previstas originalmente para o horário das 22h15, como aconteceu, ao longo de 1985, com os 25 capítulos de *Grande Sertão: Veredas*, os trinta de *Tenda dos Milagres* e os trinta de *O Tempo e o Vento*. A quarta produção seria *Mad Maria*, adaptação do livro homônimo do escritor amazonense Márcio Souza sobre a construção da ferrovia Madeira-Mamoré, entre 1907 e 1912.

Ary Nogueira*, que também seria o diretor de produção de *Mad Maria*, explicou que as três minisséries que foram ao ar, "além de escaparem do tempo", tinham ficado muito caras. Um exemplo que ele deu de despesa que nem chamava muita atenção no orçamento das novelas da emissora, mas que assustou por se tratar de uma minissérie, foi a que teve de ser feita em *O Tempo e o Vento*: a produção cenográfica de uma figueira centenária, elaborada para caracterizar a ação do tempo e do vento ao longo dos 150 anos de história cobertos pela minissérie:

"Foi feita uma maquete e essa árvore tinha dez toneladas, uma base de cimento e ferro revestida e adereçada. As folhas iam mudando de acordo com a mudança das estações. A árvore era parte da narrativa da história".

Além da figueira, o cenógrafo Mário Monteiro foi convocado para a construção de uma cidade cenográfica de quarenta mil metros quadrados em Pedra de Guaratiba, no Rio de Janeiro, exatamente como Erico Verissimo a descreveu no livro, com as mesmas ruas largas, as mesmas quadras e o sol marcando a passagem do tempo sobre as casas.

Em *Tenda dos Milagres*, gravada na cidade de Cachoeira, na Bahia, a Globo fez um investimento descrito pelo ator Gracindo Jr.* como "monstruoso": retirou todas as antenas dos tetos das casas da cidade e todos os postes das ruas onde haveria ação, com o compromisso de recolocar tudo no lugar depois das gravações. O ganho extra da emissora, segundo o ator, foi a adesão da população da cidade, "que virou a grande figuração da história".

Para quem estranhasse o corte de uma minissérie por falta de orçamento na Globo, emissora cujas cifras de sua central de produção à época eram sempre notícia pelos valores milionários investidos nas novelas, o ator e diretor Paulo José* deu uma explicação em sua entrevista em 2000. Para ele, episódios como o cancelamento de *Mad Maria* eram sintomas de um problema mais estrutural e recorrente da teledramaturgia da Globo, e que ele chamou de "tendência de mexicanização":

"Toda vez que se faz minissérie, ela está sempre correndo o risco de não ser feita mais, porque é um certo luxo da televisão. Felizmente existe, sempre, o desejo de fazer, de experimentar, que acaba até vencendo certos problemas de ordem econômica. Mas quando se faz análise de custo de minissérie, ela é sempre antieconômica, não é interessante. Na ponta do lápis, não vale a pena".

Custos à parte, havia também o desafio das minisséries de conquistar o interesse do telespectador por uma dramaturgia mais complexa como a da transposição, para a televisão, de obras como *Grande sertão: veredas* ou a primeira parte da trilogia de Erico Verissimo sobre a formação do Estado do Rio Grande do Sul. Daniel Filho chegou a achar, segundo José de Abreu*, ator de *O Tempo e o Vento*, que a explicação para a baixa audiência da minissérie, à parte o fato de ter estreado na noite seguinte à morte de Tancredo Neves, estava no fato de a história ter sido contada de forma não cronológica.

Dois anos depois, Daniel voltou a exibir *O Tempo e o Vento*, na ordem mais cronológica possível, e mandou inserir indicações clássicas de "um século antes..." e "um século depois" nos momentos em que era impossível evitar saltos de tempo na narrativa. Um comentário de sua empregada, durante a reapresentação da minissérie, mostrou que ele estava errado:

– Seu Daniel, o que é século mesmo?

Em 1988, no balanço que fez das duas primeiras décadas da dramaturgia da Globo em seu livro *Antes que me esqueçam*, Daniel deixou claro que tinha motivos tanto para comemorar quanto para lamentar:

"Sim, estamos muito longe de ser o que éramos na aparência. Acho que a gente começa agora a engatinhar no *show business*, e que ainda não alcançamos – estamos perto, é verdade – a maturidade profissional. Essa vizinhança da maturidade só veio com a TV Globo. Nas outras televisões nunca conseguimos fazer o *show business*. Ou os homens fazem o *business* ou nós fazemos o *show*. Parece impossível juntar as duas coisas. Ou porque eram mal administradas ou porque são apenas artísticas, sem o aspecto da viabilidade financeira. A grandiosidade que a TV Globo adquiriu está totalmente fora dos padrões do Brasil ou da América Latina. A Globo, na verdade, é uma emissora acima do tamanho do país onde a gente vive".

O país a que Daniel se referia era o mesmo cuja "fotografia" acabara de ser feita em uma pesquisa sobre a seca realizada em 1984 pelo projeto Nordestinos, parceria da Central Globo de Comunicação com treze universidades do nordeste brasileiro, e na qual a dramaticidade de algumas entrevistas não escapou ao olhar jornalístico do diretor Luiz Lobo*, executivo da emissora envolvido no projeto. Uma das entrevistas que o marcaram para sempre foi a de uma senhora que tinha em casa um televisor a cores, mas não dispunha de uma geladeira. O que levou o entrevistador a perguntar:

– Mas, Dona Maria, a senhora tem televisão e não tem geladeira?

– É que quando eu ligo a televisão tem sempre alguma coisa. Quando eu abro a porta da geladeira, às vezes não tem nada.

A fábrica

Nos estúdios onde eram gravadas as novelas da Globo, não houve tempo, em 1985, para comemorações dos vinte anos da emissora. O ritmo da linha de produção continuava de dar medo até em veteranos como o ator Reginaldo Faria, já com a experiência de mais de dez novelas, e à época um dos protagonistas de *Ti-Ti-Ti*, sucesso do horário das sete da noite em que fazia o papel do costureiro "Jacques Leclair". O estresse de Reginaldo com o ritmo industrial das novelas tinha sido ainda maior sete anos antes, em 1978:

– Reginaldo, você está se drogando?

– Não! Daniel, o que é isso? Eu, me drogando?

– Você está drogado.

– Bom, só se é o remédio que eu tomei.

– Então é o remédio que você tomou. Você não pode gravar dessa maneira. Não pode. Vai para casa, resolva esse problema e amanhã a gente grava essa cena.

A conversa acontecera quando Reginaldo, então com 41 anos, na véspera de contracenar pela primeira vez com Sônia Braga, 28, no set da novela *Dancin' Days*, ficou tão nervoso que procurou um neurologista cuja receita exagerada de calmante o deixou "um pouco retardado e enrolando um pouco a língua", a ponto de Daniel Filho chamá-lo num canto do estúdio.

Acostumado ao ritmo e à linguagem do cinema como ator, e tendo sido também um diretor que não dispunha de estúdio e quase sempre usava apenas uma câmera em locações como apartamentos emprestados, botequins, carros particulares e táxis, ele contava com as pausas para troca de posição de câmera e ajustes de iluminação para respirar e se preparar para o take seguinte:

"Quando entrei para a televisão e comecei a perceber como era o esquema, fui ficando apavorado. No estúdio, você tem três ou quatro câmeras. Se no cinema você trabalha para uma câmera, na televisão as câmeras trabalham para você. E você trabalha o texto inteiro. Então, não tem a parada, nada disso, novela é direto. Então aquilo foi me deixando apavorado".

O veterano Ary Fontoura*, ao descrever a rotina industrial que a produção de novelas da Globo já havia incorporado, às vésperas de a emissora comemorar duas décadas de dramaturgia no ar, foi de uma franqueza incomum na categoria:

"Uma novela é uma bíblia: cada capítulo tem 45 páginas, duzentos capítulos, nove mil páginas. São dez meses de trabalho. Como organizar isso de tal maneira que você possa fazer a grande cena da sua vida? Você escolhe: 'São 35 cenas e eu vou fazer essa aqui. Essa vai ficar boa'. As outras 34 você faz de acordo com o figurino. Pode ser diferente? Não".

O diretor Wolf Maya* estranhou muito, em 1979, ao começar a trabalhar na Globo, primeiro como ator da novela *Memórias de Amor* e, dois anos depois, dividindo com Reynaldo Boury a direção de *Ciranda de Pedra*. Ao pedir uma reunião com o elenco para fazer uma leitura dos capítulos, foi surpreendido pela resposta de um dos atores, em meio a bocejos:

– Tá louco, cara? Ler texto, em televisão? Televisão você grava!

Era o que Wolf chamou de "arte mais solitária do mundo", na qual atores e atrizes pegavam os textos na emissora, iam para casa, decoravam os diálogos sozinhos e, ao se encontrarem no set de gravação no dia seguinte, travavam um diálogo mais ou menos assim:

– Como é que vai? Eu sou seu amante...

– Eu sou sua amada. Vamos gravar?

Escandalizado, Wolf decidiu que, nas novelas que fosse dirigir, o elenco faria "pelo menos uma leitura" dos capítulos:

"No teatro, são meses de preparação, de estudo, de concentração, de entendimento, para você fazer uma grande cena. A televisão atropelava tudo isso. Eu achei um absurdo. Sempre estabeleci esse conceito de ler, estudar".

Nem sempre daria tempo. Walter Carvalho, consagrado fotógrafo do cinema brasileiro, por exemplo, algum tempo depois da experiência que teve em 1996 com *O Rei do Gado*, seu primeiro trabalho como diretor de fotografia de novela, gostava de citar, entre irônico e resignado, a definição do gênero telenovela feita pelo filho, o também fotógrafo Lula Carvalho:

– Novela são duas pessoas falando que param de falar quando uma terceira abre a porta.

A frase foi citada por Walter, em conversa com o autor George Moura, sob impacto da lógica inegociável de custo e tempo da linha de produção de novelas da Globo, e que permaneceu mais ou menos a mesma, tanto em 1985, tempo das instalações apertadas e congestionadas do Jardim Botânico, quanto na década de 2020, a era dos modernos Estúdios Globo, onde o diretor José Luiz Villamarim, ao ser apresentado a um estúdio cenografado, disse em entrevista a este autor que tinha sempre a mesma pergunta engatilhada:

"Eu perguntava: 'Quero ver onde está a porta desse cenário'. Era o que eu sempre dizia, porque a porta é onde todo mundo entra para falar alguma coisa.

É assim que funciona o cotidiano de uma novela. A porta, portanto, é de extrema importância na construção da cenografia".

A conta era a seguinte: 60% das cenas tinham de ser gravadas em estúdio, 30% em cidade cenográfica e apenas 10% em locações. Só assim para se atingir a meta da emissora de gravar cerca de quarenta cenas de estúdio por jornada de trabalho da equipe, e entre quatro e seis externas, dependendo da complexidade, no mesmo período.

Uma vez entregues os capítulos à produção das novelas, o desafio ou pesadelo seguinte, desde os tempos pioneiros de *Selva de Pedra*, em 1972, e incluindo, por exemplo, a falação generalizada de muitas cenas de *Avenida Brasil*, em 2012, sempre foi a obrigação do elenco da emissora de memorizar os diálogos. Ary Fontoura*, de novo, sabia que os atores não tinham saída:

"Em novela, se você não chegar quase pronto, não acontece. Porque, como ensaiar setenta atores em 35 cenas, num expediente que começa às oito e fecha às oito? É uma fábrica. É o apito que começa, o apito que interrompe pro lanche, volta e acabou! É uma indústria!"

E nada de dálias, pontos eletrônicos, como no México, e muito menos *teleprompter*, como nos Estados Unidos. No máximo, como lembrou Carlos Vereza*, o texto na mão apenas na primeira marcação de câmera, para o ator lembrar o que já tinha que estar decorado, em jornadas de estúdio que podiam chegar, segundo ele, a trinta cenas por personagem, por dia. Sistema que, por sinal, levou Tarcísio Meira* a reivindicar, em 2005, um verbete no *Livro Guinness dos Recordes*:

"Ninguém decorou tantas falas quanto eu. Com certeza, algum ator, mexicano provavelmente, terá feito mais novelas do que eu, terá falado mais palavras do que eu. Mas não terá decorado tantas quanto eu, porque eles não decoram, eles usam ponto eletrônico. Não decoram, porque tem aquele negócio de segredo industrial sobre o que vai acontecer na novela. Os atores recebem o script na hora que vão gravar. É por isso que, nas novelas mexicanas, existem aquelas pausas quilométricas em que o cara olha, faz cara de nada, parece que ele está querendo dizer alguma coisa, mas não diz nada. Aquilo é uma pausa para ele ouvir o que tem que falar".

Para a atriz Renata Sorrah*, as vantagens dramatúrgicas de não se ter que fazer "cara de nada", ao atuar com os textos da novela na ponta ou ao menos por perto da língua, tiveram um preço. E um dos diretores que cobraram mais caro, como não poderia deixar de ser, foi o sempre implacável Walter Avancini:

"A gente decorava em casa, mas com o texto na mão. Aí, o Avancini falou: 'Tira o texto'. Aquilo era uma bengala, porque você não tem tempo de decorar feito no teatro, onde você fica três meses decorando e aquilo entra em você.

Na televisão, você decora em casa, passa o final de semana decorando e você vai lá, fala, representa e joga fora. Aquilo não pode ficar em nenhum banco da sua memória porque senão você explode. Mas foi muito bom, foi melhor para os atores".

O modelo de memorização adotado pelos atores brasileiros, de acordo com Vereza, deixaria perplexos muitos profissionais de emissoras estrangeiras que passaram a visitar o complexo de produção do Projac a partir do final dos anos 1990. O que não quer dizer que alguns astros do elenco da Globo sempre tenham dado conta da decoreba. Em 2004, por exemplo, José Wilker*, às vésperas de estrear na novela *Senhora do Destino*, mas envolvido com projetos de teatro e cinema que incluíram a ida ao Festival de Cannes, não decorou as falas de seu personagem, o ex-bicheiro "Giovanni Improtta" criado por Aguinaldo Silva:

"Eu gravava no dia da minha volta de Cannes. E me lembro de estar indo para o Projac com os scripts no banco do lado, e que eu não tinha lido. Minha secretária tinha marcado as falas para mim. O sinal fechava, eu dava uma olhada e seguia. Cheguei no Projac e pensei: 'Caramba, não fiz a lição de casa'".

Sentindo-se obrigado a dizer algo para o diretor Wolf Maya, Wilker mentiu. Disse que tinha estudado o personagem e que "Giovanni Improtta" lembrava um político nordestino que "falava com muitos pronomes". Tudo mentira, mas, para surpresa de Wilker, Wolf concordou com a ideia de mudar o palavreado do personagem. O ator então pegou o script e inseriu pronomes em várias falas de "Giovanni". Gravou as cenas previstas, mas em casa, arrasado, desabafou com a mulher, a atriz Guilhermina Guinle:

– Gui, eu perdi o dia hoje porque eu só fiz merda na gravação, ridículo o que eu fiz. Vou pedir para o Wolf pra regravar amanhã. Estou com vergonha de mim, vou estudar, vou ler essa novela, isso não se faz, eu não tenho mais idade para fazer isso.

No dia seguinte, nova surpresa quando Wilker foi abrir o coração com Wolf Maya:

– Wolf, me desculpe por ontem, desculpe, vamos fazer de novo, eu queria regravar.

– Não! Eu adorei, mostrei para o Aguinaldo, ele adorou, vamos fazer assim.

Estavam nascendo o bordão "felomenal", a expressão "Vou me pirulitar-me" e o ditado "Há malas que vêm de trem!", entre outros delírios verbais do bicheiro interpretado por Wilker que ficariam na lembrança dos telespectadores de *Senhora do Destino*. Aquele segundo dia de gravação, no entanto, acabou sendo um novo teste para a capacidade Wilker de memorizar textos:

"Aí, foi outro choque porque eu tinha passado a noite me preparado para fazer o contrário daquilo. Só ia aproveitar o 'felomenal', que já estava no texto.

E tive um segundo dia também ruim: fiquei tentando imitar o que eu tinha feito no dia anterior, tendo me preparado para fazer outra coisa".

A atriz Cássia Kis* também viveria, em 1997, na novela *Por Amor*, uma situação-limite causada pela combinação explosiva de quatro fatores: uma noite de insônia com a filha Maria; a tradição de Manoel Carlos de entregar os capítulos em cima da hora, no caso, duas horas antes da gravação; a obrigação de decorar uma cena de intermináveis onze páginas em que sua personagem, a secretária "Isabel Lafayette", dialogava com o fazendeiro "Arnaldo", interpretado pelo ator Carlos Eduardo Dolabella; e a constatação de que Dolabella não tinha estudado nem decorado suas falas. Resultado:

"Nossa, foi uma loucura. Lá pelas tantas, na cena, eu fiquei tão desesperada que comecei a brigar com o Dolabella, a gritar com ele, subir em cima da mesa. Eu derrubei tudo que estava em cima da mesa, enfiei o dedo na cara dele, disse que, na próxima, eu nunca mais trabalharia com ele".

Em 1987, Nuno Leal Maia*, antes de fazer de sua incapacidade de decorar as falas de seu personagem, o bicheiro "Tony Carrado", um dos sucessos da novela *Mandala*, também entrou em parafuso com a obrigação de memorizar os textos:

"Comecei a errar tudo e o Marcílio Moraes começou a jogar os erros no personagem e tudo começou a tomar uma dimensão, assim, que escapou do meu controle [...] Mas novela é duro porque você tem a semana inteira, aqueles seis capítulos, um bloco de seis capítulos. Aí, quando chegava sexta-feira, você pensava: 'Pô, agora vou dar uma relaxada no fim de semana'. Mas quando chegava em casa, eram mais seis capítulos para você decorar. Pô, era só eu falando na novela. Não tinha fim de semana, não tinha nada".

Marília Pêra*, a propósito, chamou atenção, em 2001, para um lado que ela considerava negativo na exigência de memorização de textos nos estúdios da Globo: o desnível de preparação ou de talento no elenco das novelas, o que, no caso dela, acabava fazendo com que fosse ao ar apenas uma fração da qualidade de seu trabalho:

"O que ia para o ar, meu, era 5% do que poderia ter ido, porque, quase sempre, na primeira vez que você gravava, era muito melhor. E quando um colega ou quando alguns colegas não sabem o texto, o que acontece? Você diz a sua fala e o colega não sabe o texto [...] Vendo qualquer cena na televisão, eu sei quando isso está acontecendo, mas acho que o público comum, não".

Ary Fontoura* assinaria embaixo, de olhos fechados. Especialmente no dia em que interpretou uma cena de dez minutos de diálogos memorizados que considerou uma das melhores de sua vida, na pele do personagem "Nonô Corrêa", o sovina inspirado na peça *O Avarento*, de Molière, e que fez sucesso na novela *Amor com Amor se Paga*, exibida pela Globo em 1984, no horário das seis da tarde.

A cena, um momento em que "Nonô" se emocionava com um menino de rua a quem havia dado um lar, levara um dos câmeras às lágrimas e deixara o estúdio paralisado pela emoção até explodir em gritos e aplausos, assim que o comando "Corta!" soou nos alto-falantes, ao final daqueles dez minutos de interpretação. Ary nunca tinha visto "tanto respeito" por "um ator fazendo seu trabalho, no final de um dia cansativo". Mas aí o diretor Jayme Monjardim chegou ao estúdio, e não era para cumprimentá-lo:

– Ary, tenho uma má notícia pra lhe dar.
– E qual é?
– A cena não valeu.
– Não valeu a cena? Mas são dez minutos de cena! Não valeu quanto?
– Não valeu no princípio.
– E por que você não cortou?
– Porque eu deixei você ensaiar...
– E você acha que eu vou conseguir repetir isso tudo novamente, com a mesma emoção?
– Você que sabe...
– Eu que sei, não! Espera aí! Eu sou um ator dirigido. Eu nunca vejo um trabalho meu, Jayme. Eu quero saber onde está o erro da cena.

O problema, segundo Ary, era um pequeno microfone, redondo e prateado, que, pendurado pelo teto, aparecia discretamente acima de um quadro, junto à parede, no fundo da cena.

– É esse o defeito da cena?
– É.
– Ah, não. Desculpe, boa noite. Tchau!

A cena não foi repetida. No dia seguinte, Ary voltou para a "fábrica" e trabalhou normalmente.

Na estatística do "chão de fábrica" de todos os tempos, nos bastidores da Central Globo de Produção, pelo menos até 2023, um dos mais consagrados pares românticos da história das novelas da Globo ocupava, por coincidência, os dois extremos, no que diz respeito à capacidade, ou não, do elenco da emissora de memorizar os textos das novelas e minisséries.

Antonio Fagundes sempre foi considerado um prodígio de memorização, capaz de decorar longos diálogos com apenas uma leitura atenta do texto, momentos antes da gravação, sem nunca ter que levar o script para casa. E Regina Duarte, até então, tinha sido a única atriz, em cinquenta anos da história da emissora, que precisou e sempre foi regularmente autorizada a ter o privilégio de um ponto eletrônico.

O fardo

Luiz Cláudio Latgé*, futuro executivo da Central Globo de Jornalismo, então repórter iniciante da emissora, 23 anos de idade na época, estava na esquina das avenidas Graça Aranha e Almirante Barroso, centro do Rio de Janeiro, no dia 18 de fevereiro de 1986, na cobertura do rescaldo do trágico incêndio do Edifício Andorinhas, que no dia anterior provocara a morte de 21 pessoas e deixara cinquenta feridos, quando um transeunte se aproximou dele e do cinegrafista que o acompanhava e fez um comentário agressivo que resultou no que o próprio Latgé chamou de "uma briga horrorosa".

Baseado na informação divulgada por uma rádio do Rio de que a Globo tinha ajudado a "propagar" o incêndio com o vento das pás do helicóptero do qual um cinegrafista da emissora tinha gravado imagens dos últimos cinco andares do prédio em chamas, o homem cobrava uma suposta responsabilidade da emissora pela tragédia.

Na véspera, era Latgé quem estava no helicóptero da Globo do qual o cinegrafista Álvaro Santana, sentado e amarrado na porta lateral da aeronave, filmara, de longe, o drama dos ocupantes do Andorinhas. Mas o helicóptero que se aproximara a metros do terraço para tentar, inutilmente, o resgate das pessoas, e cujas pás realmente provocaram o aumento das chamas durante alguns momentos, ao longo das cinco horas de duração do incêndio, era outro e estava a serviço dos bombeiros e médicos.

Os hidrantes mais próximos estavam secos e as mangueiras não alcançavam os andares superiores. Além disso, oficiais do Corpo de Bombeiros informaram à imprensa, naquele dia, que a instituição estava sem dinheiro, com soldados despreparados e com o expediente matinal nos quartéis suspenso por economia com os gastos do almoço. Mas a história que repercutiu nas ruas do Rio, como lembrou Latgé, era a do helicóptero da Globo:

"Aí, você tem a dimensão de como a Globo está viva na vida das pessoas".

Latgé, como qualquer outro profissional que passasse a possuir, mesmo sem ostentar, um crachá de qualquer departamento da emissora, em 1986, momento em que a empresa acabava de completar duas décadas de existência, a maior parte do tempo na liderança absoluta de audiência, começava a ter que conviver com uma espécie de comportamento bipolar dos brasileiros em relação à Globo. Um enigma antropológico, feito de admiração e desconfiança, deslumbramento e antipatia, confiança e suspeita, amor e ódio.

Em novembro, a desconfiança, a antipatia, a suspeita e o ódio contidos no lado B daquela relação aflorariam num episódio maior e mais assustador para quem trabalhava na Globo de Brasília, quando o "badernaço", grave tumulto que tomou conta da Esplanada dos Ministérios, depois de uma manifestação contra o Plano Cruzado II, alterou a maneira como a emissora cobriu aquele acontecimento.

Era a mesma Globo que, mal contendo o entusiasmo, também em fevereiro daquele ano, com sua audiência hegemônica, primeiro noticiara as medidas e fatos que tinham feito a população se empolgar com o Plano Cruzado I, e que, meses depois, levara os brasileiros a se sentirem traídos pelo golpe eleitoral do governo Sarney, ao descobrirem, também pelos telejornais da Globo, que um grande arrocho na economia fora represado para que o PMDB vencesse as eleições de novembro.

"A Globo deu aquilo, o fiscal do Sarney, e aí pipocou fiscal do Sarney pelo país inteiro. Aí, a vaca foi indo pro brejo, até que quando acabou e se lançou o Plano Cruzado II houve o 'badernaço'. Foi uma coisa maluca, começou a estação rodoviária, a esplanada foi enchendo, enchendo e as pessoas começaram a quebrar carro, quebrar ônibus, colocar fogo em carros, em loja, em ônibus e foi virando um caos a cidade."

Gilnei Rampazzo*, à época editor regional da Globo em Brasília, lembrou que as equipes da emissora também sofreram naquele dia:

"Embora a gente tenha feito um esforço muito grande em mostrar tudo da melhor maneira possível, nossas equipes começaram a ser hostilizadas também. E aí, entre ter uma matéria e colocar uma equipe em risco, é claro que você acaba optando por não colocar a equipe em risco".

Para Geneton Moraes Neto*, então editor do *Jornal da Globo*, o que as equipes de Brasília tinham enfrentado era resultado da soma do golpe, entre aspas, segundo ele, que o governo Sarney dera no eleitor, com "um resquício da campanha das Diretas Já, aquela má vontade da opinião pública com a TV Globo". Para o jornalista Luiz Lobo*, executivo da Central Globo de Comunicação, a emissora vivia, ao chegar aos vinte anos, "um fenômeno muito estranho":

"A Globo era líder inconteste de audiência, queridíssima do público enquanto tela e ao mesmo tempo detestada pela população por uma série de razões, inclusive por uma certa arrogância que ela tinha por ser hegemônica. A emissora custou muito a se engajar nas Diretas Já e houve uma reação popular. O povo gritava 'o povo não é bobo, abaixo a Rede Globo'".

Para muitos, dentro da emissora, não havia o que fazer. Mais do que resultado da notória antipatia política e ideológica da esquerda brasileira, pelos anos de alinhamento da Globo com a ditadura e, na sequência, com o conservadorismo impopular do governo Sarney, aquela má vontade, para eles, era um fardo inevitável, um subproduto inerente ao gigantismo de uma rede poderosa de televisão, imersa, com sua reluzente competência, num país com índices sofríveis de cidadania, educação e distribuição de renda.

– Doutor Roberto, a Globo é muito arrogante.

João Carlos Magaldi, diretor da Central Globo de Comunicação, falecido em junho de 1996, aos 69 anos, achava, ao contrário de muitos colegas, que algo poderia ser feito e, também em 1986, segundo Luiz Lobo, mandou uma carta para o dono da emissora na qual, além de alertar Marinho para a imagem de arrogância que a Globo passava para a opinião pública, fez uma advertência:

"O Magaldi chamou a atenção do doutor Roberto para o fato de que a Tupi já havia sido hegemônica e desapareceu, a TV Rio havia sido hegemônica e desapareceu, e que a hegemonia não garantia o futuro. Disse que a Globo devia procurar um caminho de convivência com o público, mantendo a qualidade do seu produto, mas se aproximando mais do público, em vez de tratá-lo de uma forma que tinha uma certa arrogância".

Reverenciado com carinho por Roberto Irineu[*] como "um personagem central da história da Globo", ao lado, e não abaixo, de Walter Clark, Boni, Daniel Filho e Joe Wallach, por ter sido, com sua formação publicitária, "quem realmente criou o Padrão Globo de Qualidade", segundo o filho mais velho de Roberto Marinho, Magaldi foi também quem propôs ao dono da Globo a criação, em 1977, da Fundação Roberto Marinho, entidade que se dedicaria a centenas de projetos nas áreas de educação, cultura, patrimônio e meio ambiente.

Com o slogan "Nosso passado está vivo, ajude a conservá-lo" e inicialmente focada na preservação da memória nacional, através da revitalização e restauração de monumentos históricos e da criação de museus e espaços culturais, a fundação, perto de completar dez anos de atuação, apesar de estar cumprindo os objetivos aos quais se propunha, estava longe de conseguir equilibrar, sozinha, a relação contraditória dos brasileiros com a Globo.

A exemplo da emissora, a fundação, mesmo se envolvendo em projetos de maior alcance como o da parceria com a Fundação Padre Anchieta, mantenedora da TV Cultura, na produção e exibição do *Telecurso 2º Grau* para todo o país, também era criticada por movimentos sociais, grupos de esquerda e intelectuais, que consideravam seus outros programas voltados apenas para as camadas mais privilegiadas da população, em vez de serem direcionados "a uma educação crítica e emancipatória", para citar os termos de um trabalho acadêmico sobre a instituição.

Dentro da própria direção da Globo, como na sala de Evandro Guimarães, Joaquim Falcão, professor, educador, imortal da Academia Brasileira de Letras e presidente da Fundação Roberto Marinho entre 1980 e 2000, tinha seus críticos. No caso de Evandro, cuja atuação na área institucional da empresa em Brasília tinha de "conversar" com a fundação, a crítica, segundo ele contou a este autor, era à dificuldade de propor a Falcão projetos mais voltados para a realidade contemporânea brasileira:

"O Joaquim Falcão é uma pessoa que nasceu para ser um nobre, que sabia escrever, tinha conhecimento, mas não sabia nada de Brasil, nunca deve ter ido num botequim em toda a vida".

Fogo amigo à parte, os adversários mais passionais da Globo levantavam suspeitas até em relação à gestão financeira da fundação, não levando em conta, nesse caso, nas palavras de um executivo da Globo, a "estupidez absoluta" que seria a empresa arriscar cometer malfeitos contábeis ou fiscais com os recursos públicos e privados que administrava e que eram insignificantes, se comparados aos valores do faturamento da emissora. Uma diferença de milhões para bilhões de reais, respectivamente.

Magaldi, de qualquer modo, achava que a Globo precisava de algo maior que a Fundação Roberto Marinho para ficar de bem com os brasileiros.

Antitérmicos

– Vocês têm um canhão de comunicação, um instrumento de uma enorme potência, e não usam a favor da criança.

A provocação surpreendente era de John Donohue, americano de origem irlandesa e então representante do Unicef no Brasil, durante uma reunião com Magaldi e Luiz Lobo*, na sede do Jardim Botânico, em 1986.

Até então, a única ação da Globo mais voltada para realidade social imediata do Brasil, antes da carta de alerta contra a arrogância de Magaldi para Roberto Marinho, acontecera em 1985, no rastro da seca devastadora que atingiu várias regiões do Nordeste ao longo de treze anos, a partir de 1972. Era o projeto Nordestinos, coordenado por Paulo Gil Soares, em parceria com universidades da Bahia, Sergipe, Pernambuco, Rio Grande do Norte, Paraíba, Ceará e Piauí, e que reuniu uma comitiva de 22 professores que percorreram treze mil quilômetros, em contato direto com mais de quarenta mil pessoas nas comunidades, para levantar e apresentar soluções técnicas alternativas e viáveis para os problemas da região.

Importante, sim, mas, para Magaldi, ainda faltava um grande programa que não fosse para a Globo fazer o que sabia fazer, ganhar muito dinheiro. Daí sua resposta a Donohue, de primeira, segundo Luiz Lobo:

– E vocês têm um canhão, que é um organismo das Nações Unidas para defender a criança e não me consta que vocês saibam usá-lo, pelo menos no Brasil.

Tensão no ar, risos constrangidos de ambos os lados. E Donohue propôs:

– Então nós precisamos aprender a trabalhar.

– Vamos trabalhar. Vamos fazer alguma coisa juntos e usar os dois canhões. A imagem do Unicef no Brasil é de vendedora de cartão de Natal. Vocês só aparecem no fim do ano, vendendo cartão de Natal para angariar dinheiro.

Donohue assimilou o tranco e, em pouco tempo, as equipes da Globo e do Unicef estavam definindo as linhas mestras do *Criança Esperança*, que se tornaria o mais importante projeto de responsabilidade social da história da Globo, e que arrecadaria, até agosto de 2022, segundo a emissora, mais de 430 milhões de reais em doações para serem repassados a mais de três mil instituições dedicadas aos interesses de crianças e dos adolescentes.

O que, como sempre, não impediria que a campanha do *Criança Esperança*, uma das marcas mais citadas em teorias conspiratórias no elenco de suspeitas contra a Globo, fosse alvo da desconfiança de alguns setores da sociedade, não importariam as medidas de transparência que a emissora adotaria no futuro a cada edição da campanha.

Dentro da própria Igreja Católica, por exemplo, devido à disputa política e ideológica entre grupos que atuavam nas pastorais subordinadas à Conferência Nacional dos Bispos do Brasil (CNBB), haveria divergências sobre se seria recomendável ou não a Pastoral da Criança, criada e então dirigida pela médica Zilda Arns, ser beneficiária dos recursos do *Criança Esperança*.

De acordo com o livro *Zilda Arns: uma biografia*, na primeira assembleia nacional dos coordenadores da pastoral em que o acordo com a Globo foi posto em discussão, realizada em Curitiba, em 1995, um grupo de católicos mais à esquerda se mostrou disposto a lutar contra a assinatura do contrato. Elson Faxina, assessor de Zilda e autorizado pela irmã de Dom Paulo Evaristo Arns, contou em entrevista a este autor que defendeu o contrato com uma mistura de humor e pragmatismo:

– Vai depender de vocês! Tem que decidir agora. Entre os donos dos meios de comunicação do Brasil não há nenhum santo, gente. Todos são seres humanos que também têm seus problemas. Agora, se a gente quiser assinar acordo só com santo, quando a gente morrer a gente assina lá no céu. Enquanto estivermos na Terra, tem que assinar com seres humanos que estão por aí.

Deu certo. Ao final da negociação, em números exatos, a Pastoral da Criança passaria a receber, sem a intermediação do Unicef, 27% de tudo que fosse arrecadado em cada campanha do *Criança Esperança*. Zilda Arns, por baixar a taxa trágica de mortalidade infantil do Brasil e de outros países para níveis europeus com seu trabalho à frente dos agentes comunitários da pastoral, seria indicada ao Prêmio Nobel da Paz de 2006, perdendo a disputa para o bengalês Muhammad Yunus, conhecido como o "banqueiro dos pobres".

Não mudaria nada na Globo: em 2000, logo ao assumir a direção da Central Globo de Comunicação, o jornalista Luis Erlanger, de acordo com a entrevista a este autor para o livro *Zilda Arns: uma biografia*, foi informado de que Roberto Marinho descartava qualquer possibilidade de a Globo desembarcar do *Criança Esperança*, usando sempre a mesma frase:

– Nós estamos devolvendo um pouco daquilo que o público nos dá.

Não por outra razão, Erlanger recebeu a missão de continuar cumprindo um desejo pessoal do dono da Globo de que a emissora fosse sempre o maior contribuidor privado da Pastoral da Criança e, em 2006, ao explicar a preferência, também na entrevista para a biografia de Zilda Arns, brincou com os boatos e suspeitas sobre o *Criança Esperança*:

"A gente roubava, no sentido bíblico, para a Pastoral da Criança. Já era uma conquista da doutora Zilda. E a Globo sempre fazia questão de garantir um percentual fixo para ela. Aí vinha o Unicef questionando e nós dizíamos 'a gente não interfere, mas vai ficar muito desconfortável se esse dinheiro não for para a doutora Zilda, ainda mais porque, tradicionalmente, são recursos que já fazem parte da base orçamentária da Pastoral'".

No outro extremo do arco de interesses afetados pela área da Globo que, a exemplo do que aconteceria aos poucos, em todo o mundo corporativo, passou a ser chamada de "responsabilidade social", estavam os anunciantes da emissora. De acordo com Luiz Lobo, a Nestlé, um dos maiores, foi educadamente convencida a aceitar que a Central Globo de Comunicação veiculasse uma campanha contra o leite em pó, com um anúncio cujo teor ele próprio duvidou que Magaldi aprovasse:

"A Nestlé passou cinquenta anos dizendo que o leite em pó era melhor. E nós fizemos um anúncio muito agressivo. Eu fiquei espantado de o Magaldi topar. Dizíamos: 'O leite da gata é melhor para o gatinho, o leite da cadela é melhor para o cachorrinho, e o leite em pó é melhor para o industrial'".

Era uma época em que menos de dez crianças em cada cem mamavam no peito da mãe. Orgulhoso, Lobo disse que a campanha institucional mostrando que o leite materno não era fraco, além de ajudar a reverter aquela estatística, contribuiu para diminuir a mortalidade infantil e "botar o Brasil no caminho de um país civilizado".

Na área governamental, a equipe dirigida por Magaldi também enfrentaria resistências, como a da reunião ocorrida em Brasília em 1986 e na qual o então ministro da Saúde, Roberto Santos, negou-se a dar apoio a uma campanha de prevenção da aids que seria veiculada na Globo pela CGCom.

Naquele dia, antes de deixar o prédio do ministério, Luiz Lobo* ainda insistiu, na presença de mais de vinte pessoas:

– Ministro, nunca na história da humanidade uma doença foi 100% letal. Até a peste negra só matou metade dos contaminados. Agora, todas as pessoas que ficam contaminadas pelo HIV estão morrendo. É 100% letal. E tem que tomar providência enquanto está no início, enquanto está começando.

– O senhor quer saber de uma coisa? Eu vou lhe dizer uma coisa em particular: eu acho até bom que a aids tenha entrado no Brasil, porque está matando os veados.

Lobo disse que recolheu o material da apresentação, agradeceu a reunião e, antes de deixar a sala, respondeu:

– Ministro, quando começar a morrer filho da puta eu volto, porque aí o senhor deverá estar preocupado.

Ao retornar ao Rio, Lobo fez um relato da reunião para Magaldi, que não teve outra resposta:

– Você sabe que está demitido.

– Não tem problema. Não é a primeira vez.

– Vai lá em cima e conte ao doutor Roberto antes que contem a ele.

Lobo disse que, ao entrar na sala de Marinho, logo percebeu que o ministro já tinha ligado e pedido sua cabeça. O dono da Globo, segundo ele, ficou calado por um tempo até dizer:

– A sua resposta foi muito desaforada, mas foi ótima.

A campanha, mesmo sem contar com a estrutura de apoio que Lobo propusera que fosse montada nos postos do Ministério da Saúde espalhados pelo país, foi veiculada e acabou sendo reconhecida pela Organização Mundial de Saúde como a melhor iniciativa de mídia, na época, na prevenção da doença.

Em 2006, duas décadas depois da carta de Magaldi para Roberto Marinho, o tamanho e a força do "portfólio de responsabilidade social" da Globo, ainda que incapaz de erradicar a desconfiança e a antipatia de alguns setores da opinião pública, principalmente em relação ao jornalismo da emissora, incluiria, além do *Criança Esperança*, os projetos Amigos da Escola e Ação Global, além dos programas *Globo Universidade*, *Globo Educação*, *Globo Ciência* e *Globo Ecologia*. A então diretora-geral Marluce Dias da Silva, ao se reunir com o diretor da CGCom responsável pelos programas da área, Albert Alcouloumbre Jr.*, ficou surpresa quando ele disse:

– Nenhuma emissora do mundo tem um portfólio de ação social consistente como o da Globo, ainda mais se considerarmos que se trata de uma emissora privada com uma audiência e um alcance que nenhuma emissora como a Globo tem.

Marluce arregalou os olhos e provocou:

– E por que você não sai dizendo isso por aí?

– É o que faço.

Pouco tempo depois, com o apoio de Marluce, Albert começaria a participar de eventos, congressos e seminários do terceiro setor na Europa e nos Estados Unidos nos quais confirmaria, pessoalmente, o que até para ele, inicialmente, parecia uma bravata corporativa.

Fosse num seminário da BBC em Londres ou em eventos do terceiro setor realizados, na virada do século, em São Francisco, Barcelona ou Bogotá, Albert se depararia com plateias impressionadas com suas palestras sobre os números e a amplitude das ações de responsabilidade social da Globo, em especial o espaço gratuito aberto nos intervalos comerciais da emissora para filmes institucionais de entidades meritórias, hospitais, ONGs e outras instituições que, consideradas em grupo, tinham se tornado o maior anunciante da televisão brasileira em tempo de veiculação.

Muita gente de fora do Brasil, mesmo trabalhando em televisão, não entendia como era possível a Globo manter as veiculações gratuitas. Luís Lara*, ex-diretor da CGCom, explicava, no ano 2000, duas décadas antes de se tornar praticamente inaceitável que uma grande empresa pudesse existir sem uma agenda de responsabilidade social no mercado de televisão, o que parecia que só a Globo e a televisão mexicana faziam na época:

"Nos Estados Unidos, só a TV pública faz TV pública. A televisão privada cobra. É incapaz de botar um anúncio de vacinação. Não existe isso, nada é de graça".

A pergunta que faziam, no exterior, quando os executivos da CGCom apresentavam os programas de responsabilidade social da Globo como convidados, em congressos e reuniões da Organização Mundial de Saúde, da Organização Mundial do Trabalho e de outras instituições era sempre a mesma, segundo Lara:

– O que a Globo espera ganhar com isto?

A resposta, todos sabiam dentro da Globo, continuava passando pelo esforço de atenuar a velha e teimosa relação dos brasileiros com a emissora, aquele enigma feito de admiração e desconfiança, deslumbramento e antipatia, confiança e suspeita, amor e ódio.

A partir de 2009 e principalmente após a substituição de Luis Erlanger pelo publicitário Sergio Valente no comando da Central Globo de Comunicação, em 2013, a área de responsabilidade social da emissora, segundo um ex-executivo que acompanhou os processos decisórios e o fluxo de recursos da Central, sofreria um crescente processo de desidratação que só se agravaria, na década seguinte, com os drásticos ajustes orçamentários impostos pelo projeto de enxugamento da empresa denominado Uma Só Globo.

Coincidência ou não, seria nessa época, marcada mais pelas mudanças de cores e formas na identidade visual da emissora do que por ações de proteção de sua imagem institucional, que uma nova expressão depreciativa se juntaria ao velho slogan "o povo não é bobo, abaixo a Rede Globo", no baú de suspeitas e ataques contra a empresa: "Globolixo".

CAPÍTULO 19

Ilusões douradas

Gilberto Braga* tinha 14 para 15 anos quando, na virada dos anos 1960, ao descobrir que uma Coca-Cola comprada na mítica pérgula do Copacabana Palace não custava muito mais do que em qualquer lugar do Rio de Janeiro, preferiu frequentar a piscina do hotel mais famoso do Brasil em vez de ficar jogando conversa fora no botequim da esquina. Mas, ao contrário do estilo e da temática das novelas que o celebrizaram e cujo conteúdo teve forte influência do que ele chamou de "vivência no mundo dos ricos", foram os tempos modestos de sua adolescência no bairro carioca de Vila Isabel que inspiraram *Anos Dourados*, minissérie de vinte capítulos exibidos ao longo do mês de maio de 1986, fenômeno de audiência e um dos marcos de um período de hegemonia dos valores, dramas e contradições da classe média brasileira no horário nobre da Globo.

Apesar do horário das dez da noite, *Anos Dourados* atingiu média de 37 pontos na Grande São Paulo, façanha que nenhuma outra produção do gênero alcançaria, à frente, entre outras, de minisséries como *Grande Sertão: Veredas*, com seus 28 pontos; *Lampião e Maria Bonita*, 22; *Memorial de Maria Moura*, 36; *Riacho Doce*, 31; *O Pagador de Promessas*, 31; e *O Primo Basílio*, com 27 pontos. Não por acaso, foi no Rio de Janeiro que José de Abreu*, que viveu o personagem "Major Dornelles", percebeu a força da audiência da minissérie:

"Foi uma loucura, *Anos Dourados* parou o Brasil. Começava por volta de dez e meia da noite e o Rio de Janeiro ficava mais silencioso, dava para ouvir o plim-plim da Globo na cidade inteira".

Para criar os personagens da minissérie cujo ponto de partida era o romance da normalista "Lurdinha", vivida por Malu Mader, com "Marcos", estudante do Colégio Militar interpretado por Felipe Camargo, filho da desquitada "Glória", papel de Betty Faria, Gilberto promoveu reuniões individuais com amigas e amigos mais velhos, entre eles o então diretor de redação d'*O Globo*, Evandro Carlos de Andrade. E não se esqueceu do diálogo que teve com ele quando o jornalista o provocou, ao ver as mulheres "mais avançadas" que estavam sendo consultadas:

– Gilberto, veja lá o que você está aprontando, porque, pelo nível das mulheres que eu vi sair daqui, você convidou só as mulheres que nós chamávamos naquela época de galinhas. Você não chamou as cagonas.

– Evandro, fica frio que, para escrever a sua mulher, reprimida da época, eu não preciso de ajuda, eu sei escrever.

Nívea Maria* recordou, com orgulho, em 2008, seu papel como "Beatriz", personagem que é traída pelo marido, o "Major Dornelles", e vai à luta para reconstruir a vida de uma forma que "era muito" a história da própria mãe, que ela tinha perdido na época da minissérie:

"Aquela sociedade mentirosa, com aqueles casais que viviam na mentira, que tinham amantes, mas que viviam de aparência".

Na lembrança de Malu Mader*, na época com 20 anos e no início de um namoro com o ator Taumaturgo Ferreira, dez anos mais velho que ela e intérprete do personagem "Urubu", Gilberto Braga revelou, em *Anos Dourados*, um "faro" para "antever uma onda", uma "necessidade de volta ao romantismo, ao afeto seletivo", relacionada, segundo ela, à descoberta da aids, mesmo "numa época já de auge de liberação sexual". Malu percebia, ao sair de casa, na época da exibição da minissérie, os "olhares cúmplices" de "senhoras de cinquenta e tantos anos" que tinham a idade de sua "Lurdinha" quando jovens. E disse ter levado ao pé da letra um "grande toque" que recebeu de Daniel Filho, antes do início das gravações de momentos românticos com Felipe Camargo:

"Eu já namorava uma pessoa anos mais velha do que eu, já tinha uma vida sexual ativa. O Daniel falou: 'Cuidado para não olhar essa personagem com olhos de agora'. Isso porque, na minissérie, quando o Felipe encostava na mão, era quase que um orgasmo. Ou seja, era típico daquela época, quando tudo demorava muito a acontecer".

Filha de um oficial do Exército, Malu viveu uma personagem que remetia à sua própria infância e adolescência de classe média, época em que não tinha "a imagem que depois veio a ter a coisa do militarismo no Brasil". Mas o veterano José Lewgoy*, intérprete do personagem "Brigadeiro Campos", um moralista que vivia um conflito com o genro mas questionava a ditadura, disse ter tido orgulho de "humanizar os personagens, sem perder nada do que havia de desagradável no caráter deles" e "sem nenhum espírito de vingança":

"Eu considero uma das melhores séries da Globo. Os militares da Aeronáutica, os brigadeiros me paravam na rua dizendo que queriam me cumprimentar porque eu não tinha sido vingativo. Bem assim! Diziam que eu os tinha feito como eles eram. Isso para mim era um dos melhores elogios que eu podia receber".

Não foram apenas os brigadeiros que perceberam. Mesmo tendo sido basicamente uma história de amor, *Anos Dourados*, como destacou a pesquisadora e historiadora Mônica Almeida Kornis, em trabalho apresentado em junho de 2011 com a proposta de "examinar os formatos e as estratégias narrativas de configuração de uma memória da história do regime militar brasileiro pela Rede Globo", foi a primeira minissérie ambientada no passado então recente do Brasil.

A minissérie, segundo Mônica, seguiu uma tendência "mais explícita nesse sentido do que no cinema" e mostrou "uma polarização entre pais e filhos, centrada num conjunto de referências não só comportamentais, mas também de natureza política em relação à vida brasileira durante o governo Juscelino Kubitschek". Ela observa ainda que, com narração em *off*, *Anos Dourados* "refere-se à radicalização política, à repressão e à clandestinidade" nos segundos finais do último episódio, ao mostrar o destino dos personagens "Claudionor", vivido por Antonio Calloni, e "Pedrinho", interpretado pelo jovem Daniel Fontoura:

"Não há uma dramatização em torno da informação, ela é pontual, mas organiza o campo da direita e da esquerda de uma conjuntura politicamente polarizada: um dos jovens nos anos 1950, 'Claudionor', se tornou um general de direita, lotado no Centro de Informações do Exército, e 'Pedrinho', irmão bem mais novo da heroína 'Lurdinha', se tornou estudante de arquitetura, foi preso durante uma das manifestações estudantis de 1968 e virou um desaparecido político".

Malu e outros do elenco lamentaram que, devido ao horário de exibição, e diferentemente do público de classe média e alta, a maioria dos telespectadores das classes C e D não tenha podido assistir à *Anos Dourados*, pela necessidade de dormir cedo para trabalhar. Tratava-se de um público que só se tornaria preocupação real e estratégica da Globo a partir da virada do século, quando passaria a influenciar cada vez mais o conteúdo da TV aberta, enquanto as classes média e alta, aos poucos, começariam a migrar para a TV por assinatura e, depois, para as plataformas da internet.

À parte suas novelas de gente rica para o estratégico horário das oito da noite, Gilberto Braga ainda faria muito sucesso junto ao público que podia dormir mais tarde, seis anos depois, em 1992, com *Anos Rebeldes*, outra minissérie de final de noite na Globo que mesclaria romance com dramas da história recente do país em que muitos filhos da classe média brasileira pereceram. Mas desde sua estreia como autor de televisão, Gilberto, ex-crítico de teatro d'*O Globo* e contemporâneo de Yan Michalski, crítico do *Jornal do Brasil*, já não alimentava ilusões quanto à necessidade de suas histórias serem acessíveis ao chamado "grande público" da TV aberta. A preocupação com a inteligibilidade começaria, inclusive, pela própria maneira como ele decidiu que seu nome apareceria nos créditos:

"Meu nome de verdade é Gilberto Tumscitz. Braga é o nome da minha mãe, mas eu fui registrado só com o nome do meu pai. Cheguei a assinar meus primeiros programas na Globo como Gilberto Tumscitz e só assinei Braga na primeira novela, porque aí ia aparecer chamada e eu achei que ficava esquisito: 'Vem aí uma novela de Gilberto Tumscitz, dirigida por Ziembinski, com Sura Berditchevsky e criticada por Yan Michalski', não é? Não ficava bom!".

Perdão, caretas

Na outra extremidade das temáticas da classe média urbana brasileira da época, ecoando o que o ator e diretor Jorge Fernando* chamou de "último grito de liberdade sexual" antes do estrago geracional que a aids ainda causaria no Brasil e no resto do mundo, o horário nobre da Globo também abria espaço, desde maio de 1985, para uma ousadia que deixaria boquiabertos muitos telespectadores evangélicos da emissora dos anos 2020: um programa que, logo no primeiro episódio, mostrava a atriz Andréa Beltrão, então com 20 anos, completamente nua, com tarjas pretas acompanhando suas intimidades enquanto ela se movimentava em cena.

"A gente queria brincar com tudo que era proibido. Não podia ter gente pelada na televisão? A gente botava as pessoas nuas e ainda sacaneava a censura."

Nelson Motta*, em mais uma de suas participações especiais em capítulos importantes da indústria cultural do Brasil na segunda metade do século 20 e um dos autores do programa *Armação Ilimitada*, revelou em 2002 que suas filhas não acreditavam e achavam que ele estava exagerando quando contava as ousadias "inconcebíveis" dos quarenta capítulos do seriado exibido nas noites da Globo, primeiro mensalmente, depois em edições quinzenais, entre maio de 1985 e dezembro de 1988, e que mostravam as aventuras de dois surfistas que dividiam oficialmente, sem problemas, a mesma namorada:

"Se passar *Armação Ilimitada* hoje vai ser um susto, sim. É muito mais careta hoje em dia. Dá para passar na TV a cabo, só às onze da noite".

Num episódio que muitos certamente considerariam ousado quatro décadas depois, já em tempos de afirmação de temáticas identitárias no enredo das novelas da Globo, por exemplo, Andréa Beltrão, a "Zelda Scott", jornalista, filha de um pai comunista e recém-chegada da França, divide a cama de casal do estúdio de TV abandonado onde mora com "Juba", papel de Kadu Moliterno, e "Lula", interpretado por André de Biasi, sócios da prestadora de serviços

Armação Ilimitada. Depois de ganhar um beijo de "Zelda", agradecida por ter sido salva pelos dois de um afogamento no mar, "Lula" muda de assunto:

– Zelda, tenho um assunto sério para falar com você...

Ela percebe que vem saia justa e se desloca para o pé da cama, na defensiva:

– Já sei o que é. A resposta é não. Eu não quero casar, não quero juntar, não quero viver com nenhum de vocês dois.

Os dois se surpreendem e "Juba" pergunta:

– Você não quer saber mais da gente?

– Quero. Mas quero os dois!

"Juba" e "Lula", eufóricos, a abraçam e a beijam, um de cada lado. E "Zelda" comemora:

– Ai, eu adoro vocês!

A ideia de um triângulo amoroso consentido, segundo a maioria das fontes, foi uma alusão ao filme *Jules e Jim: Uma Mulher para Dois*, de François Truffaut. Mas o cantor e ator Evandro Mesquita, um dos que participaram do seriado, disse ter ouvido de Daniel Filho que a inspiração foi a banda Blitz, fenômeno musical da época, liderada por Evandro e as cantoras Fernanda Abreu e Márcia Bulcão.

Qualquer que tenha sido a inspiração, não era só nudez e bigamia: logo no primeiro programa, "Um Triângulo de Bermudas", "Juba" despencava de um penhasco durante um "racha" de motocicleta e morria, para ressurgir no final do episódio, desculpando-se com o público e dizendo que era tudo brincadeira, "só um seriado de televisão". Em outro episódio, ambientado num cenário de ficção científica que remetia aos diálogos do protagonista do filme *2001: Uma Odisseia no Espaço* com o computador "HAL 9000", "Zelda" é interpelada pela voz com sotaque baiano do computador "Rá", sem se dar conta de que está nua, com as tarjas pretas:

– Zelda, como um computador baiano em conflito de geração, vou tomar conta dessa nave e voltar para Santo Amaro da Purificação.

– Que maluquice é essa, "Rá"? A Terra não existe mais, quanto mais Santo Amaro! Onde é que estão os meninos? Eu preciso deles, urgente!

Ao perguntar, "Zelda" percebe que está nua e esbraveja:

– Ah! Cadê a minha roupa? Seu computador tarado! Vou te desligar! Vou te desplugar para sempre!

Assim, com histórias baseadas em temas da atualidade e na vida dos jovens das grandes cidades, com roteiros que brincavam com todos os clichês dos filmes de ação, ficção científica e aventura da época, *Armação Ilimitada* abusava, no texto e na imagem, de linguagens experimentais, e com um humor anárquico inédito na teledramaturgia brasileira.

Em apenas um minuto de ação, num dos episódios, outro exemplo, o ator Francisco Milani, no papel do "Chefe" de "Zelda" na redação de um jornal, ao ser chamado por ela de "nazista", vive em cena três situações diferentes: na primeira, caracterizado como Hitler, antecipando a interpretação antológica do ator Bruno Ganz no filme *A Queda! As Últimas Horas de Hitler*, de 2005, e ao mesmo tempo imitando *O Grande Ditador*, de Charles Chaplin, com um chute num globo terrestre, Milani berra num alemão caricato incompreensível contra uma reportagem de "Zelda". Logo depois, fantasiado de porco, em sua mesa, liga para ela para dizer que a matéria é uma "porcaria". Finalmente, quando "Zelda", com o telefone sem fio disparando faíscas, reclama e diz que "Chefe" está "uma pilha", Milani reage aos gritos, fantasiado como uma enorme pilha "Raioceu". Tudo em um minuto.

Em sua origem, porém, o seriado não foi uma unanimidade na Central Globo de Produção. Derivado, segundo Euclydes Marinho*, do chamado *Projeto Surfe*, proposto por Kadu Moliterno e André de Biasi a Boni para ser um programa de aventuras de dois surfistas heróis "meio James Bond" que solucionavam problemas e crimes, o projeto teve um primeiro tratamento que não convenceu Daniel Filho:

"O Daniel então me deu carta branca para montar uma outra equipe e eu chamei o Antonio Calmon, que entrou na Globo nesse momento, a Patricya Travassos e o Nelson Motta [...] Só que criamos uma outra coisa que ia muito além do universo dos surfistas. O André e o Kadu, inclusive, não gostaram muito no início, não acharam graça, porque havia muita brincadeira, muita piada, muitas inovações na linguagem narrativa".

Ainda assim, foram poucos os que embarcaram de primeira no seriado cujo título, surgido numa conversa de Daniel Filho com Euclydes Marinho e Nelson Motta, fazia um jogo de palavras com "ar", "mar" e "ação", associados à gíria "armação", que surgia na época. Boni, por exemplo, segundo Nelson, "ficou meio cabreiro" ao ser apresentado à nova versão em que os protagonistas centrais passaram a ser "Juba", "Lula", "Zelda" e "Bacana", o menino órfão adotado pelo trio e interpretado pelo jovem ator Jonas Torres. O próprio Guel Arraes*, antes de aceitar dirigir inicialmente apenas o primeiro episódio, ensaiou uma recusa, quando, nas palavras de Daniel, "ainda estava querendo fazer Maiakovski":

"Eu olhava o tema e dizia: 'Pô, Daniel, eu não tenho nada a ver com surfista, como é que eu vou fazer programa de surfe, eu não sou nem carioca'".

O primeiro diretor escalado para o seriado, Marcos Paulo, não demorou mais que uma reunião de leitura do roteiro do primeiro episódio para declinar, segundo Euclydes:

"O Marcos terminou a reunião com cara de quem não tinha gostado. Não havia achado a menor graça em nenhuma piada".

Com o tempo, ao longo de suas quatro temporadas, *Armação Ilimitada* contaria com um time de autores que incluiu, entre outros, além de Antonio Calmon, Patricya Travassos e Euclydes Marinho, Daniel Más, Mauro Rasi, Maria Carmem Barbosa e Guel Arraes. E com diretores, como Ignácio Coqueiro, José Lavigne, Paulo Afonso Grisolli e o próprio Guel Arraes, na direção-geral. O ponto de virada, segundo Nelson Motta, foi a conquista, pelo seriado, do "Prêmio Ondas" de melhor série para televisão, concedido em 1987 pela Sociedade Espanhola de Rádio e Televisão, em Barcelona:

"Aí teve grande homenagem na sala do Boni, e todo mundo passou a amar o *Armação Ilimitada*".

A reação inicial dos telespectadores não foi diferente. Houve, no começo, um estranhamento com aquela linguagem marcada pela determinação de Daniel de agradar ao público jovem, num momento em que, segundo ele, os clipes da então revolucionária MTV "destruíam" o formato tradicional dos programas musicais, e os *games* começavam a entrar em cena no mercado, com o console Atari e o jogo Pac-Man. Era um programa que, segundo o próprio "bruxo" Homero Icaza Sánchez, um consultor historicamente não muito afeito a ousadias, usava uma narrativa em que "o telespectador ia completando o raciocínio", e cuja trilha sonora alternava temas como a ópera *Carmen*, de Bizet, com o rock "Nós vamos invadir sua praia", da banda Ultraje a Rigor.

Nelson Motta percebeu o choque com aquele "corpo estranho" dentro da Globo na reação do próprio pai, um homem na casa dos 60 anos, mas também "um cara superligado e moderno":

– Meu filho, não entendi absolutamente nada.

E não foram apenas os sessentões: Andréa Beltrão, logo após o primeiro episódio, voltou triste para casa depois de uma festa "onde tinha muito jornalista, muita gente influente", e na qual as pessoas se referiram a *Armação Ilimitada* como "um programa esquisito, uma coisa sem pé nem cabeça em que ninguém entende nada, tudo picotado, cheio de música, uma coisa estranhíssima", a maioria convicta de que o seriado seria "um fracasso retumbante". Mas foi também na própria família que ela sentiu qual seria o futuro do programa:

"Aconteceu que as crianças amaram e as crianças são mais rápidas, muito mais rápidas. E elas não têm preconceito. E o programa começou a fazer um sucesso avassalador com as crianças. E, aí, a gente se firmou na grade da programação por causa do público infantil e também porque tinha o Jonas Torres, que era um gênio de 7 anos, que carregava o programa também brilhantemente".

Os episódios foram se sucedendo e participar de *Armação Ilimitada* passou a ser, nas palavras do ator Diogo Vilela*, por exemplo, "a coisa mais chique que existia", equivalente a "ser convidado para o Oscar". O que explica as participações, ao longo dos anos, de estrelas do elenco da Globo como Paulo José, Miguel Falabella, Luiz Fernando Guimarães, os quatro Trapalhões, Lucélia Santos, Regina Casé, Marco Nanini e até, quem diria, Chico Anysio.

O sucesso custaria a Kadu Moliterno três costelas fraturadas, dois caninos perdidos, treze pontos na perna e um atropelamento em cena, por sua decisão e a de André de Biasi de dispensar dublês. Por outro lado, muitos telespectadores jamais descolariam o nome "Juba" de sua carreira, como ele lembrou no depoimento que deu em 2006:

"A partir de *Armação Ilimitada*, eu passei a ser chamado de 'Juba'. Até hoje é assim. Há pouco tempo fiz um médico em uma novela, *Porto dos Milagres*, e na rua diziam: 'Olha o doutor Juba ali'".

O seriado acabou, segundo Kadu, por conta dos planos e expectativas pessoais dos protagonistas e também pelos efeitos da passagem do tempo. Os dois, André e Kadu, até queriam continuar com "Lula" e "Juba", mas Andréa, com medo de sua carreira estagnar em "Zelda Scott", foi fazer teatro. E a "balançada" mais forte, segundo Kadu, aconteceu quando o "Bacana" de Jonas Torres começou a perder a aura de criança:

"Ele era a coisa mais gracinha do mundo, mas a voz mudou e apareceram algumas espinhas".

Misto-frio

Para satisfação inconfessa de quem se incomodava com a intrigante capacidade de Nelson Motta estar sempre no lugar certo e na hora certa, não confundir com "dia D e hora H", ele diria, em praticamente todos os eventos culturais relevantes do Brasil a partir dos anos 1970; houve um projeto da Globo que teve seu dedo, mais uma vez envolvendo a "juventude dourada" do Rio de Janeiro, em que as coisas não foram nada bem: o programa *Mixto Quente*, assim mesmo, com a grafia propositalmente errada, em alusão à palavra inglesa *mix*, de "mistura".

A ideia, em janeiro de 1986, segundo Nelson, era "dar sequência ao Rock in Rio", o primeiro, realizado exatamente um ano antes, e que para ele continuava "bombando" e inspirando o lançamento de uma banda de rock atrás da outra, na base de "uma por semana", na trilha aberta durante o festival por grupos brasileiros como Os Paralamas do Sucesso, a Blitz, o Barão Vermelho e o Kid Abelha, entre outros. Agora seria um programa ao vivo, nos finais de tarde de domingo, "todo mundo tocando de verdade e de graça para milhares de garotos na areia, sem *playback*", num grande palco montado na Praia do Pepino, em São Conrado, Zona Sul do Rio.

O primeiro Rock in Rio tinha sido o motivo autodeclarado de Nelson para trocar a Itália, onde estava morando, pelo Brasil, no início de 1985. Queria testemunhar o momento em que o rock brasileiro descontou um "atraso de quase vinte anos" e "explodiu" nas apresentações das bandas nacionais que brilharam no evento originário da futura e milionária franquia do publicitário Roberto Medina, e cuja transmissão pela Globo, "exemplar", segundo Nelson, tinha sido dirigida por Aloysio Legey:

"Foi a partir do Rock in Rio que o rock Brasil surgiu, em rede nacional, horário nobre, com uma força enorme com a geração de Lobão, Lulu Santos, Ritchie, Cazuza, Arnaldo Antunes, Marina Lima e outros. A música dessa geração explodiu popularmente foi com o Rock in Rio".

O festival que botou o rock na grade da Globo também tinha sido marcante para as então jovens repórteres que integraram a equipe de cobertura da emissora, Ilze Scamparini* e Leilane Neubarth*, as duas com a mesma idade, 27 anos. Ilze, mesmo reconhecendo pertencer a uma "pós-geração Woodstock", disse que queria viver "algo semelhante" ao lendário festival americano e chegou a quebrar as regras de sobriedade dos repórteres de rede da Globo, usando um par de óculos "psicodélico" em suas reportagens.

Leilane confessou ter sucumbido, no início, aos críticos que à época defendiam que os jovens deveriam, na verdade, participar de um evento político concomitante ao Rock in Rio – a votação do Colégio Eleitoral que elegeria Tancredo Neves presidente do Brasil:

"Aquilo me dava uma sensação assim: 'Gente, que absurdo isso, a gente vai dar destaque para uma coisa que é uma alienação, tanta coisa importante acontecendo na política e a gente aqui dando destaque para um bando de roqueiros, para a música, esse bando de jovens malucos reunidos'".

Leilane até foi para o primeiro dia de trabalho no festival "com uma má vontade imensa", mas a ficha caiu na hora em que ela chegou à "Cidade do Rock" montada em Jacarepaguá, Zona Oeste do Rio, e se deparou com a estrutura que reuniria mais de um milhão e trezentas mil pessoas ao longo de dez dias, entre 11 e 20 de janeiro:

"Foi absolutamente imediata a minha paixão, eu mudei de opinião na hora em que eu entrei e observei que, na verdade, aquilo era uma reunião, não era uma alienação, as pessoas estavam ali, estavam pensando, era um ambiente muito legal, muito bonito".

Nelson Motta, para citar uma expressão futura, também sonhava ter um Woodstock pra chamar de seu:

"Claro, durante a ditadura não podia ter nenhum festival de multidão porque os militares tinham a maior paranoia. Não podia juntar meia dúzia de jovens que já podia dar confusão. E aí, em 1985, a eleição do Tancredo foi durante o Rock in Rio. Eu me lembro de que eu dei a notícia, terminei uma edição do Rock in Rio dizendo: 'Boa noite, presidente Tancredo Neves'".

Tudo muito bom, tudo muito bem, mas com o *Mixto Quente*, um ano depois, pelo menos em termos de audiência, não rolou. Embora apresentando num cenário que Nelson Motta, supervisor musical do programa, considerou incomparável em beleza, "com o pôr do sol, a Praia do Pepino, a Pedra da Gávea e Ipanema, Leblon e o Arpoador formando o fundo de palco", e a participação de talentos como Gal Costa e Rita Lee junto com as bandas brasileiras de rock, os índices do Ibope em todo o país foram tão baixos que, embora com previsão de apresentar catorze edições, a direção da Globo resolveu antecipar o fim do programa, exibindo-o apenas em oito domingos, a partir das cinco da tarde, entre 5 de janeiro e 23 de fevereiro de 1986.

Curiosamente, segundo um retrospecto sobre o *Mixto Quente* feito pelo jornal *O Globo* em 7 de maio de 2014, o que todos esperavam, pela tradição, que não desse certo, funcionou e muito: Tim Maia, além de eletrizar a plateia de cerca de oito mil pessoas com o som contagiante de sua Banda Vitória Régia, não só foi pontual como, segundo o jornal, pôde ser visto, no meio do show, dando um recado ao diretor de TV:

– Ele falou pra eu cantar três e me mandar. Eu não vou embora hoje! Vou ficar até amanhã. Eu não mandei eles me colocarem aqui!

A participação, no programa, da equipe de entrevistas da produtora Olhar Eletrônico, de Marcelo Tas e do futuro cineasta Fernando Meirelles, diretor de *Cidade de Deus* e de outros filmes, acabou abrindo espaço para uma saia justa inesperada, ao vivo, para todo o Brasil. Marcelo Nova, cantor da banda Camisa de Vênus, foi ao ar, profético, em relação ao próprio *Mixto Quente*:

– Acho que a Globo tem essa característica, me parece que ela é uma empresa que tem como norma observar o gosto médio e nunca arriscar.

Roberto Talma, supervisor-geral do programa, também teve de enfrentar, segundo *O Globo*, outra saia justa, na hora da apresentação do grupo punk brasiliense Detrito Federal, liderado pelo vocalista Alex Podrão. Era uma das bandas convocadas pelo então jovem jornalista Tom Leão, uma espécie de consultor de underground do *Mixto Quente* que também escalou os punks paulistanos do grupo Cólera e do ainda pouco famoso Capital Inicial. Talma desabafou:

– Como é que eu vou botar no ar um cara chamado Podrão?

Lulu Santos, também segundo a reportagem d'*O Globo*, ficou "muito assustado com a violência da plateia" e se viu obrigado a interromper o show para dar um contra em "uns malucos *ultraviolence*". Tudo ao vivo e em cores fortes, para todo o Brasil. Conclusão do jornal:

"Não havia cenários, os músicos tocavam quase sempre com pouca roupa, em clima de praia, e jatos d'água esfriavam os ânimos da galera, que acorreu em massa às gravações e congestionou São Conrado, onde morava o ex-presidente João Figueiredo, o que forçou, posteriormente, uma transferência estratégica das gravações para a Praia da Macumba".

Para completar os percalços do programa, Raul Seixas, segundo o jornal, "muito longe da sua melhor forma e amparado pelo parceiro Paulo Coelho", não ajudou muito:

"Pra mim o rock'n'roll morreu em 1959".

Três anos depois, a partir de 26 de março de 1989, a condução da travessia dos finais de tarde de domingo no Brasil, na tela da Globo, passaria a ser responsabilidade do apresentador Fausto Silva, com seu *Domingão do Faustão*. Boa parte da classe média, alvo principal dos anunciantes do programa, ia assistir, mas sempre reclamando muito.

Por 32 anos.

Desafinados inesquecíveis

Em sua coluna na *Folha de S.Paulo* de 22 de setembro de 2023, o jornalista Ruy Castro, biógrafo de Carmem Miranda e autor de *Chega de saudade: a história e as histórias da bossa nova*, entre outros livros e textos que o credenciavam, à parte seu sincero desprezo pelo rock, como um dos maiores especialistas em música popular brasileira, apresentou aos leitores os cantores e compositores que, segundo ele, compunham o que chamou de "constelação" da cena musical do país naquele momento:

"A sra. Jojo Todynho, famosa desde 'Que Tiro Foi Esse?'; a sra. Tati Quebra Barraco, estrela do doc 'Sou Feia, Mas Tô na Moda', sucesso na TV Al Jazeera; o sr. Wesley Safadão, pioneiro do forró eletrônico com 'Ar-Condicionado no 15'; o sr. L7nnon, sensível rapper; a sra. Bibi Babydoll, com seu hit 'Automotivo Bibi Fogosa' no topo do Spotify ucraniano; a sra. Karol Conká, dona do irresistível mix de trap, pop-rap, hip-hop, reggaeton e pagodão baiano; e a sra. Ana Frango Elétrico, estourando nas paradas com 'Me Chama de Gato Que Eu Sou Sua'".

Exatos 37 anos antes, entre abril e dezembro de 1986, quando exibiu, no horário das nove e meia da noite, uma vez por mês, às sextas-feiras, o programa *Chico & Caetano*, a Globo conseguiu reunir, em encontros musicais gravados no Teatro Fênix, no Jardim Botânico, entre outros, Tom Jobim, Cazuza, Elizeth Cardoso, Elza Soares, Evandro Mesquita, Gilberto Gil, João Bosco, Jorge Ben Jor, Legião Urbana, Luiz Caldas, Maria Bethânia, Os Paralamas do Sucesso, Paulinho da Viola, Rita Lee e os estrangeiros Astor Piazzolla, Mercedes

Sosa, Pablo Milanés e Silvio Rodríguez. Chico Buarque e Caetano Veloso, além de anfitriar, também cantaram.

Concebido por Daniel Filho, dirigido por Roberto Talma e com criação e roteiro de Nelson Motta, como não poderia deixar de ser, o programa tinha uma roteirista colaboradora, Maria Carmem Barbosa*, que não hesitou em confessar que não tinha o que fazer em *Chico & Caetano*:

"Era um roteiro que, pelo amor de Deus, eu não escrevia nada: só escolhia as músicas. Trabalhava com o Nelsinho Motta, olha que delícia! Era um luxo, o luxo do luxo".

Ao recordar o momento de *Chico & Caetano* em perspectiva, tendo como referência o ano em que deu sua entrevista, 2002, época em que o *Programa do Ratinho*, na concorrência, e o *Big Brother Brasil*, da própria Globo, dominavam as preocupações da emissora com audiência, Nelson Motta*, obviamente sem imaginar que a MPB teria, duas décadas depois, uma "constelação" do quilate da que seria descrita por Ruy Castro em 2023, lamentou:

"Num certo sentido houve até uma involução. É só você ver um programa como o *Chico & Caetano*. É inconcebível você imaginar isso no horário nobre em uma televisão aberta no Brasil. Você seria um louco. Não digo nem o *Chico & Caetano* hoje em dia, mas o que correspondesse ao *Chico & Caetano*, artistas dessa profundidade, dessa qualidade".

Pouco mais de três anos antes de Nelson, em dezembro de 1999, Daniel Filho, também olhando em retrospectiva, em entrevista para a *Folha de S.Paulo*, citou *Chico & Caetano* como um programa que só foi possível, no horário nobre da Globo, porque foi ao ar oito anos antes da mudança do perfil da audiência da TV aberta que seria causada pela explosão do consumo de televisores, a partir do Plano Real, em 1994:

"Desde o início do Plano Real, a TV não pôde mais apostar somente em programas de prestígio. Há dez ou quinze anos, a audiência era classe A e B. Hoje, o *Chico & Caetano* seria destroçado por um desses programas populares. Não daria certo. O público hoje não é o ideal para experimentações".

Sim, em 1986 aconteceu o de sempre com Tim Maia: em 15 de agosto, dia de gravação da quinta edição do programa, ele não compareceu ao Teatro Fênix como estava previsto, o que levou a equipe de produção a alterar a estrutura do programa, exibindo trechos de um ensaio empolgante ocorrido na véspera e que, por desencargo, alguém teve a ideia salvadora de gravar. Houve, também, como lembrou Maria Carmem, um surpreendente barraco do bandoneonista e compositor argentino Astor Piazzolla com Chico Buarque:

"O Piazzolla mandou uma música para o Chico Buarque botar a letra, e o Chico nunca fez. Quando os dois se encontraram, Piazzolla deu-lhe uma bronca, parecia um pai brigando com o filho. Foi meio constrangedor. E o Chico com aquele jeitinho meiguinho dele".

Ruídos de bastidores à parte, Nelson Motta só tinha boas lembranças do programa:

"Caetano não teve nenhum problema em ser convencido. O Chico é ultratímido, cabreiro, detesta essas coisas, mas era muito amigo do Daniel, amigo meu também. Então, convencemos o Chico a fazer [...] Tão lindo o Chico com aquela timidez toda, o mulherio enlouquecia. O Chico, ali, com quarenta anos, era uma coisa de louco!".

A crítica do *Jornal do Brasil*, o então preferido da elite concentrada na Zona Sul do Rio, no entanto, não teria tanto entusiasmo ao longo da temporada, ainda que ninguém tenha tido coragem de questionar a qualidade das criações e do repertório dos artistas participantes. Convidada para acompanhar a gravação do primeiro programa, no dia 14 de março, duas semanas antes da exibição, a jornalista Diana Aragão escreveu para o *JB* uma reportagem cujo título, "*Chico & Caetano*, todo mês um festival de arte na TV", antecipava um texto no qual, mesmo registrando os erros de gravação, ela destacava o momento em que os dois artistas "de cabelos cortados, lindos" cantaram o antológico arranjo em que juntaram as músicas "Cotidiano" e "Você não entende nada".

Diana também registrou a disposição do entusiasmado Roberto Talma de dirigir "mais quarenta programas" iguais àquele, e finalizava com uma frase de Caetano:

"Agora somos nós, eu e Chico, que já vimos tudo isso, mais maduros, numa TV mais madura, fazendo um programa imaturo".

Na reportagem que a jornalista Olivia Gonçalves escreveu sobre aquela noite para *O Globo*, e que só seria publicada no dia da estreia do programa, 25 de abril, ela apostava que quando Chico Buarque aparecesse cantando "Você não entende nada" e um *close* do cantor tomasse conta do vídeo, com ele dizendo "e quero que você venha comigo", além de Caetano, todos os telespectadores atenderiam ao que Olivia chamou de "irresistível convite para embarcar numa viagem de 40 minutos de pura emoção".

Em nova reportagem para o *JB*, mais uma vez sobre os bastidores e também publicada antes da estreia de *Chico & Caetano* na Globo, agora sobre o segundo programa, Diana mudou um pouco o tom. Foi menos paciente com a confusão da produção, o atraso de uma hora e o erros constantes que levaram Chico a desistir de um dueto com o cantor de salsa americano Willie Colón, mas ainda finalizou dizendo que "apesar da demora, tudo valeu". Em 24 de abril, porém, véspera da exibição do primeiro programa, o colunista Zózimo Barrozo do Amaral já avisou, também no *JB*:

"Os colunistas de TV estão encontrando a maior dificuldade para comentar o programa *Chico & Caetano*, que irá ao ar amanhã. Está difícil falar bem".

Não deu outra. Na resenha do *JB*, Miriam Lage primeiro tratou *Chico & Caetano* como "um dos programas mais ambiciosos da Globo", destacando o acerto "em cheio" na escolha do formato com tantas estrelas e que não perdeu tempo com "conversas fiadas", e no qual a música tinha sido "a vedete do espetáculo". Depois, porém, observou que "entre altos e baixos", *Chico & Caetano* não conseguiu "um resultado melhor que o médio"; elogiou Maria Bethânia, observou que Rita Lee estava "desafinada" no dueto apresentado pelas duas cantoras e atirou:

"Chico já não consegue disfarçar a sua falta de intimidade com os truques da televisão e derrapa feio em 'Último Blues', completamente desafinado. Mesmo em 'Brejo da Cruz' não coloca bem a voz. Num musical, o mínimo que se espera é afinação".

"Ibope confirma a decepção."

Com esse título, na edição de 29 de abril do *JB*, Diana Aragão e Miriam Lage assinaram uma reportagem em que, ao alertarem para o risco de um novo "desastre", se o programa mantivesse o formato da estreia, mostraram que a audiência da Globo, no Rio, tinha caído durante a exibição do primeiro *Chico & Caetano*. Foi de 69% para 54% entre o final do capítulo de *Selva de Pedra*, *remake* estrelado por Tony Ramos e Fernanda Torres, e o início do programa, e caiu para 44% na meia hora seguinte, beneficiando a novela *Dona Beija*, da Manchete, com Maitê Proença e uma audiência recorde de 30%, também no Rio. Ouvido por Diana e Miriam, Chico culpou a Globo:

"Tô pagando um preço por esses onze anos de ausência [...] O saldo é positivo porque passa imperfeições, mas passa também a emoção que falta à televisão, principalmente na Globo".

Maria Bethânia também foi ouvida pelo *JB* e defendeu Chico das críticas que foram feitas à sua desafinação, num programa que muitos telespectadores jamais esqueceriam exatamente pelo dueto feito por ele e Milton Nascimento na música "O que Será? (À flor da pele)", e cuja introdução, cantada por Milton, como as câmeras mostraram, deixou Chico de olhos arregalados, entre a emoção e a perplexidade:

"O Chico está cantando como sempre cantou, até um pouco mais. Não se pode exigir de Chico um falsete de Milton Nascimento".

No mês seguinte, com o título "Redenção", Miriam Lage, na resenha do segundo *Chico & Caetano* para o *JB*, em vez de dissecar um desastre, escreveu que o programa "pagou o que ficou devendo na estreia e ainda deu troco". Após destacar as presenças de Astor Piazzolla e Tom Jobim e finalizou:

"Com seriedade profissional e bom gosto, o último *Chico & Caetano* foi um sucesso. É o tipo de coisa que sempre teve tudo pra dar certo".

Daquela vez, no entanto, o Ibope não confirmou o sucesso percebido pelo *JB*. A audiência continuou baixa e quem fez barulho, naturalmente, foi a Rede Manchete, com um anúncio, no mesmo *JB*, em que celebrou o fato de *Dona Beija*, no mesmo horário daquela sexta-feira, 16 de maio, ter conquistado o primeiro lugar, com um *share* de 36 pontos contra 31 de *Chico & Caetano*. O anúncio, compreensivelmente, não fazia a ressalva de que o salto de audiência da novela, em São Paulo, por exemplo, fora bem mais modesto: de 5 para 10 pontos.

A instabilidade do *JB* e da crítica em geral continuaria até o último programa, quando Cora Rónai, em matéria publicada no "Caderno B" no dia 26 dezembro, depois de alfinetar Chico Buarque pelo fato de o compositor já vir estando presente em trilhas de novelas da Globo e, desse modo, ter "provado" que suas relações com a emissora "não estavam tão estremecidas assim", fez um balanço do programa *Chico & Caetano*:

"Em abril, finalmente mudado o Brasil, mudado Chico, mudada a Globo, e a acertada presença de Caetano (além de um cachê milionário), a grande união foi ao ar com estardalhaço. Talvez pelo namoro excessivamente longo, talvez porque as glórias que vêm tarde já vêm frias, não foi um bom casamento. O público não se emocionou como devia frente a tantos ingentes esforços, enquanto a crítica, de modo geral, torcia o nariz".

Luiz Gleiser, à época editor de criação da divisão de novos formatos e responsável pelo desenho da produção de programas da Central Globo de Produção, identificou *Chico & Caetano* como exemplo de uma época em que "as narrativas da TV Globo estavam um pouco à frente do Brasil" e na qual a liderança absoluta de audiência permitiu que a emissora, num momento que ele considerou "glorioso", ousasse levar uma programação "altamente civilizatória para o Brasil".

Roberto Talma* não escondeu que guardou "muita mágoa" das torcidas de nariz da crítica:

"Era um programa lindo, bem-feito. Era malhado todo o mês pela imprensa. Quando saiu do ar, eles se tocaram. É aquela coisa, no Brasil dar certo é uma ofensa pessoal, mesmo. Não tem jeito. A primeira vez que eu escutei isso foi por parte do Tom Jobim".

Entre as teses de ofensa pessoal e de implicância da crítica, Carlos Augusto Montenegro, diretor do Ibope, em entrevista ao *Jornal do Brasil* em 25 de maio de 1986, constatou que o sucesso de *Dona Beija* contra *Chico & Caetano* foi um fenômeno até então nunca registrado pelo instituto:

"De segunda à sábado, no horário nobre, eu jamais tinha visto alguém chegar tão perto da Globo no horário noturno".

Montenegro até comemorou o fenômeno como uma forma de o Ibope se livrar das acusações de trabalhar com amostragens viciadas:

"Nossa amostra não mudou e com ela detectamos a fantástica audiência de *Roque Santeiro*, o deslocamento do público para *Dona Beija* e o aumento de aparelhos ligados em *Anos Dourados*, com índices só alcançados na época que a Globo exibia a novela das 22 horas".

Na mesma entrevista ao *JB*, Rubens Furtado, superintendente comercial da Rede Manchete, em mais um momento de entusiasmo com o desempenho da emissora de Adolpho Bloch no Ibope, apostou:

"A Manchete foi a única que se preparou para competir com a Globo".

O velho Brasil

Merda!
Merda pra você!
Desejo merda!
Merda pra você também
Diga merda e tudo bem
Merda toda noite e sempre, amém

O programa *Chico & Caetano* também teve um incidente que mostrou que a sociedade brasileira ainda não tinha se transformado numa gigantesca Ipanema, como muitos pareciam estar sonhando na Central Globo de Produções, naquele primeiro ano completo da Nova República. Foi quando o então diretor da Divisão de Censura e Diversões Públicas, Coriolano Fagundes, censurou o número final do primeiro programa no qual os artistas participantes, entre eles Rita Lee e Cazuza, acompanharam Caetano na interpretação de "Merda", sua canção inspirada na maneira como os artistas de teatro sempre se cumprimentavam antes de entrar em cena.

Na época, como registrou o *Jornal do Brasil*, Nelson Motta ficou indignado com a censura e disse que, em 1986, "nenhuma pessoa do Brasil, sem uma boa dose de hipocrisia, poderia se ofender ao ver um artista dizer a palavra 'merda'", acrescentando:

"A música tinha sido escolhida para o encerramento do programa justamente para mostrar a liberdade que a gente vive hoje".

Nem tanto. No ano anterior, já durante o governo Sarney, uma tentativa de fazer humor com personagens masculinos travestidos de mulheres na novela das sete *Um Sonho a Mais*, de Daniel Más e Lauro César Muniz, contando com a participação da sexóloga "Olga Del Volga", personagem criado pelo ator e figurinista Patrício Bisso, levou a Censura Federal a pressionar a Globo a desidratar, até fazer desaparecerem os personagens "Anabela", vivido por Ney Latorraca, falecido em dezembro de 2024, aos 80 anos, "Florisbela", interpretado por Marco Nanini, e "Clarabela", papel do ator Antônio Pedro.

A censura política tinha ficado para trás, com a saída dos militares do poder, mas, na área dos costumes e do comportamento, só era possível ousar, na prática, no horário das dez, como aconteceu com a minissérie *Rabo de Saia*, exibida pela Globo entre outubro e novembro de 1984 e que conquistou 50 pontos de Ibope, o que à época significava vinte milhões de telespectadores. Ao final de seus vinte capítulos, como observou o pesquisador Nilson Xavier em seu site, "não houve quem não perdoasse" o mulherengo "Quequé", personagem também de Ney Latorraca que declarava amar todas as três mulheres que mantinha com a mesma intensidade e em meio a muitas estripulias extraconjugais.

No horário da novela das oito, no entanto, enquanto centenas de milhares de brasileiros saíam às ruas para pedir eleições diretas para presidente da República, Cassiano Gabus Mendes, autor da novela *Champagne*, exibida entre outubro de 1983 e maio de 1984, era obrigado pela Censura Federal a mudar o perfil do advogado ladrão "João Maria", interpretado por Antonio Fagundes, fazendo com que ele parasse de cometer pequenos furtos e trambiques. Entre outros cortes de cenas e diálogos da novela, a Censura também vetou a cena do suicídio do personagem "Jurandir", vivido por Mauro Mendonça e a gravidez de "Verônica", papel de Maria Isabel de Lizandra. Exasperado com as restrições, Cassiano desabafou em uma entrevista:

"Eles não querem que se mexa com a realidade, com o que vemos diariamente por aí. Desse jeito, vamos acabar na Idade Média e terei que escrever sobre Santa Rita de Cássia".

A situação tinha ficado ainda pior quando a ação da Censura Federal passou a ser modulada pela contrariedade do então ministro da Justiça, Ibrahim Abi-Ackel, aliado notório de Paulo Maluf na disputa indireta da sucessão do general Figueiredo, depois que ele foi informado de que Roberto Marinho havia dito ao deputado que não o apoiaria "nem em público nem em particular", como revelou a *Veja*, em detalhada reconstituição de um encontro de quatro horas de Maluf com o dono da Globo na mansão do Cosme Velho.

Uma das primeiras vítimas das represálias de Abi-Ackel foi a novela *Transas e Caretas*, escrita por Lauro César Muniz e exibida entre janeiro e julho de 1984 no horário das sete da noite, contando a história de uma rica empresária vivida por Eva Wilma e seus dois filhos, interpretados por Reginaldo Faria e

José Wilker. O alvo principal do vaivém proposital de textos aprovados e cenas cortadas pela Censura foi o personagem "Renato", papel de José de Abreu* e cujo romance com "Ana", uma mulher casada, maltratada pelo marido violento e interpretada por Aracy Balabanian, foi considerado "inadequado" pela Censura:

"Quando começou essa briga do Ministério da Justiça com a Globo, eles aprovavam o texto, a Globo gravava, e quando mandava a fita gravada, eles cortavam".

No auge dos atritos de Abi-Ackel com a Globo, segundo a *Veja*, houve até um incidente em que o ainda ministro fez uma ameaça explícita a Antônio Britto, à época editor regional de jornalismo em Brasília:

– Rezem para Maluf perder porque, se ele ganhar, nos liquidamos com a Globo.

Depois da ameaça, antes de Abi-Ackel deixar o governo, ainda segundo a *Veja*, o então secretário da Receita Federal, Francisco Dornelles, sobrinho de Tancredo Neves, desconfiou de que havia uma "arapuca" armada na alfândega do Aeroporto do Galeão, no Rio, destinada a criar embaraços a Roberto Marinho, que voltava de uma viagem à Europa. Pelo telefone, Dornelles sugeriu a Roberto Irineu que ele orientasse o pai a desembarcar no Galeão "apenas com a roupa do corpo".

Maluf perdeu, Tancredo morreu, Sarney assumiu e, dois anos depois, em 1986, Silvio de Abreu* se vingou. Autor de *Cambalacho*, sua primeira novela sem a censura nos moldes truculentos da ditadura, o autor se inspirou numa denúncia de corrupção contra Abi-Ackel para criar a trama em que os trambiqueiros "Leonarda Furtado", a "Naná" interpretada por Fernanda Montenegro, e seu compadre "Jerônimo Machado", o "Gegê" vivido por Gianfrancesco Guarnieri, são parceiros nos cambalachos que "Naná" faz para sobreviver e manter os estudos no exterior de sua filha "Daniela", papel de Cristina Pereira:

"Foi aquela história do ministro Abi-Ackel ter feito contrabando de pedras preciosas. Eu não sei se isso foi provado, se não foi provado, se ele fez ou se ele não fez, mas aquela história que na época todo mundo falava que tinha acontecido, eu comecei a falar: 'Imagina um país onde o ministro da Justiça faz contrabando de pedras preciosas'. E aí fui elaborando uma trama em cima do caráter meio trambiqueiro que parecia ser uma marca do povo brasileiro".

Silvio se referia a uma reportagem do *Jornal Nacional* de agosto de 1985 na qual dois americanos radicados no Brasil, o advogado Charles Hayes e o estudante Mark Lewis, acusaram Abi-Ackel de integrar uma rede internacional de contrabandistas de pedras preciosas. Segundo as denúncias, durante sua passagem pelo Ministério da Justiça, e mesmo depois de sua gestão, Abi-Ackel teria acobertado atividades ilegais da Empresa Brasileira de Mineração, Importação e Exportação quando se tornou procurador da companhia, por sua vez acusada de contrabandear gemas brasileiras para os Estados Unidos e outros países do exterior.

Abi-Ackel à época alegou que o noticiário da Globo era motivado pelos problemas que a emissora enfrentara com a Censura em sua gestão e, no final, as denúncias de contrabando não chegaram a se transformar em inquérito na Polícia Federal, que considerou "pouco fundamentadas" as provas apresentadas contra o ex-ministro.

Em *Cambalacho*, Silvio de Abreu pôs em discussão, sem problemas com a Censura Federal, no horário das sete da noite, a "moral do país" e o que seria, como lembrou o pesquisador Nilson Xavier, "inconcebível" em tempos de repressão: "o comportamento condescendente dos brasileiros frente a falcatruas e à corrupção". Já a canção "Merda", gravada para ser exibida, na mesma época, no final da estreia do programa *Chico & Caetano*, foi proibida. O próprio Nelson Motta, no entanto, ao comentar, em 2002, a reação que teve na época à censura, reconsiderou:

"Seria um absurdo às nove horas da noite, seria ofensivo o Brasil inteiro assistindo a uma cena dessas. Houve muito exagero, porque estava todo mundo naquela euforia, aquela ressaca de liberdade, de democracia".

E ainda faltava acontecer outra ressaca, a mais amarga da Nova República.

A da economia.

A greve do cruzado

"A ordem era caçar duas mil cabeças de boi gordo. Então nós fomos pra lá, ficamos sabendo mais ou menos onde é que ia ser, chegamos lá e aquilo foi tudo uma trapalhada, uma palhaçada, desde o começo. Isso eu posso falar com toda seriedade: foi uma palhaçada."

A missão dada pelo *Jornal Nacional* ao repórter Tonico Ferreira* em outubro de 1986, sete meses depois do lançamento do Plano Cruzado pelo presidente Sarney, e quando o congelamento de preços estabelecido pelo governo para derrubar a hiperinflação herdada do governo Figueiredo já fazia água por todos os cantos da economia, era cobrir a autoproclamada "operação de guerra" da Polícia Federal, da Superintendência Nacional de Abastecimento, a finada Sunab, e da Receita Federal contra pecuaristas, os avós do agronegócio do século 21, acusados de boicotar o plano no município de Itapura, situado no extremo oeste de São Paulo.

Em outra frente daquela cobertura, Carlos Nascimento* constatou, na região de São Manuel e de Lençóis Paulista, também no interior de São Paulo, que "tudo que o Plano Cruzado tinha feito foi represar preços":

"Eu lembro muito bem: fui fazer matérias nas quais os juros eram zero no financiamento agrícola. Então tinha gente comprando tratores adoidado naquela região. Os agricultores comprando dois, três, quatro tratores e, alguns meses depois, os juros estavam em 30% ao mês e os caras começaram a devolver os tratores. Eu fiz a reportagem da compra e a da devolução".

Àquela altura, as equipes de reportagem da Globo estavam acompanhando operações semelhantes em Sidrolândia, Mato Grosso do Sul, e Santa Isabel do Ivaí, no Paraná. Mas em Itapura, além de constatar que os agentes do governo não tinham seguido a determinação de fazer o depósito prévio do pagamento pelos animais confiscados a um pequeno criador tido injustamente como um "especulador flagrado em abuso de poder econômico", Tonico descobriu, alertado por caminhoneiros experientes, que o gado desapropriado era "boi magro", imprestável para o corte e para o abastecimento imediato, como se pretendia:

"Aquilo tudo foi uma encenação política que teve consequências políticas, porque, afinal, o PMDB elegeu várias pessoas naquele momento".

Nas redações da Globo, o Plano Cruzado, pelo menos no início, de acordo com Gilnei Rampazzo, editor regional de jornalismo da emissora em Brasília, foi "um grande momento, uma coisa emocionante de se ver", quando o congelamento dos preços provocou "uma reação popular que ninguém imaginava que pudesse acontecer". O fato de as pessoas irem para a rua para fiscalizar os preços, segundo ele, influenciou a maneira como a emissora entrou na cobertura:

"A Globo entrou pra valer, apoiando o Plano Cruzado, entrou com tudo. E o povo estava feliz com aquilo e então também foi uma coisa boa de fazer, a gente sentia que estava do lado da causa correta [...] Foi aí que nasceram os famosos fiscais do Sarney".

Gilnei referia-se ao dia 1º de março daquele ano, quando o *Jornal Nacional* garantiu um lugar na história do país para Omar Marczynski, o cidadão de Curitiba que, em nome "do povo" e de José Sarney, "o presidente da Nova República", fechou as portas de um supermercado de Curitiba que tinha reajustado os preços de margarina, pó de café, fraldas descartáveis e de mais de trinta outros produtos.

Nas redações da concorrência, havia jornalistas contrariados com o plano econômico e com a cobertura. Alexandre Garcia*, conhecedor profundo dos governos Médici, Geisel e Figueiredo, viu sinais de "ditadura das piores" na execução do plano econômico da Nova República:

"Fiscais do Sarney prendiam gerentes de supermercados, de farmácias, sem ordem judicial, o sujeito era ameaçado de ser linchado na rua; a Polícia Federal entrava nos campos de metralhadora para prender boi gordo, sem ordem judicial, plena ditadura, ditadura das piores, em que as pessoas são presas sem acusação formada, uma maluquice, e ninguém falou nada, ninguém diz nada".

No caso de Beth Costa, então editora de economia do *Jornal Nacional*, militante do Partido dos Trabalhadores e indemissível por ser presidente do Sindicato dos Jornalistas do Município do Rio de Janeiro, a crítica, feita em sua entrevista ao documentário *Muito Além do Cidadão Kane*, era contra um noticiário que, segundo ela, procurava blindar a crise do governo Sarney com a inflação na casa dos dois dígitos ao mês:

"Abriam o jornal com o locutor dizendo assim: 'Sai o índice da inflação do mês. A caderneta de poupança vai render 30, 40%'. Tirava o peso negativo do índice da inflação e o transformava numa coisa positiva, quanto as pessoas que tinham poupança iam ter de rendimento".

O clima na redação piorou de vez em dezembro de 1986, a ponto de provocar uma inédita greve dos jornalistas da Globo, não por melhores salários, mas uma greve política, de protesto contra o governo Sarney. Aconteceu logo depois da edição do Plano Cruzado II, quando ficou patente que o governo decidira sustentar artificialmente o congelamento de preços até as eleições em 15 de novembro para, desse modo, aproveitar a popularidade restante do primeiro Plano Cruzado e fazer o PMDB eleger os governadores dos principais estados e quase dois terços da Câmara dos Deputados, do Senado e das assembleias legislativas estaduais.

Lançado sem o menor pudor seis dias depois da eleição, o Plano Cruzado II congelou salários, promoveu uma liberação parcial de preços de produtos e serviços que estavam congelados, autorizou reajustes negociados de aluguel e aumentou tarifas de serviços públicos, entre outras medidas que desencadearam protestos, como o violento "badernaço" ocorrido em Brasília no dia 27 daquele mês. Num só dia, houve reajustes de 60% no preço da gasolina, de 120% nas contas de telefone e energia, de 100% nas bebidas e de 80% nos preços dos automóveis.

Na redação da Globo no Rio, a greve política de um dia teve grande adesão de uma equipe de jornalistas que ainda sentiam o constrangimento de serem cobrados nas ruas pela falta de uma cobertura à altura das Diretas Já no início da campanha, dois anos antes. Alguns editores, entre eles este autor, à época integrante da equipe do *Jornal da Globo*, não concordaram com as decisões da assembleia de algumas dezenas de jornalistas que aprovou a greve, e que, em seu momento mais inflamado, chegou a discutir uma proposta de uma comissão invadir a sala de Boni para exigir uma mudança na linha editorial da emissora. Na véspera da greve, porém, diante das evidências de que produtores, repórteres e editores estavam mesmo aderindo, Alice-Maria convocou todos os jornalistas que ocupavam cargos de chefia para uma reunião, em sua sala.

O recado era claro: a emissora não admitiria a adesão dos chefes ao movimento. Geneton Moraes Neto*, à época editor do *Jornal da Globo* e participante da reunião, lembrou de uma discussão, na frente de Alice, entre o então editor-chefe do *Jornal Nacional*, Jefferson Barros, e Paulo Henrique Amorim, à época colunista de economia do *JN*. Jefferson, a favor da greve, conhecido entre os colegas pelo estilo apaixonado, justificou sua adesão ao movimento:

– O que aconteceu foi um estupro eleitoral.

Paulo Henrique, segundo Geneton, tomou uma posição "abertamente contra a paralisação":

– A gente não pode parar. Jornalista fazer greve é que nem um médico no hospital, você chegar lá com sua mãe para tomar soro e o médico dizer: "Não, eu estou em greve porque o Plano Cruzado não funcionou".

Alice-Maria insistiu:

– Olha, vocês vêm trabalhar...

E o próprio Geneton se manifestou, antecipando sua adesão à greve:

– Olha, eu vou conversar com o pessoal aqui embaixo na redação, mas a posição lá era de parar todo mundo.

No dia da greve, com a adesão de chefes como Jefferson Barros, Luizinho Nascimento, Geraldo Mainenti, Ives Tavares, Geneton e outros, os diretores da Central Globo de Jornalismo tiveram de descer para redação da Rua Lopes Quintas e editar o *Jornal Nacional* usando reproduções de fotos de agências de notícias no lugar das imagens de TV que não puderam ser produzidas. Naquela greve, os jornalistas que pararam se deram conta de que, sem a adesão dos radialistas, que formavam o chamado "chão de fábrica" da emissora, qualquer greve com o objetivo forçar a Globo a sentar à mesa de negociação fracassaria.

Geneton* disse em seu depoimento que, para quem assistiu o *JN* em casa, como ele, "foi quase como se não estivesse acontecendo nada na TV Globo". No final, depois de uma onda de boatos, incluindo o de que Roberto Marinho praticamente fecharia a CGJ e mandaria embora a maior parte dos jornalistas da emissora, mantendo apenas o *Jornal Nacional*, a maioria dos demitidos, incluindo Luizinho Nascimento e o próprio Geneton, acabaria sendo recontratada.

Não só naquele momento, mas sempre, e mais do que greve dos jornalistas, o que mais assustava a direção da empresa era a possibilidade de paralisação da categoria dos radialistas, esta, sim, capaz de deixar a emissora fora do ar, por incluir de motoristas a operadores de *switcher*, e por estar espalhada por praticamente todas as áreas técnicas e operacionais da Globo.

Foi o que aconteceu, aliás, em São Paulo, dias antes da greve dos jornalistas, quando uma paralisação da maioria dos 370 radialistas da emissora na capital paulista, no caso por razões salariais, impediu o funcionamento da Globo São Paulo por dois dias, entre 13 e 15 de novembro, inviabilizando a cobertura das eleições na cidade e obrigando a Globo a transmitir, para a Grande São Paulo, a cobertura eleitoral e a programação de rede que ia ao ar pela afiliada de Bauru, no interior do estado.

Meses antes, em agosto de 1985, tinha acontecido o maior e mais bem-sucedido movimento reivindicatório da história da Globo: sete sindicatos, representando radialistas, jornalistas, artistas e técnicos, rodoviários, publicitários, telefônicos e músicos, uniram-se em torno de uma série de reivindicações que lotaram assembleias realizadas em um clube do bairro do Horto, perto da sede do Jardim Botânico. A mobilização, que levou a direção da emissora a negociar e a ceder em vários pontos para evitar a greve, incluiu uma passeata de funcionários que deu a volta no quarteirão ao redor da empresa com faixas que ironizavam, respectivamente, uma das novelas e o slogan da Globo: "Chega de ti-ti-ti" e "O que pinta de novo pinta (na luta) da Globo".

O primeiro susto da direção da Globo com os radialistas tinha sido uma greve-relâmpago ocorrida no início dos anos 1970, antes da adoção preventiva, pela emissora, de um sistema de redundância pelo qual a Globo do Rio e a de São Paulo passaram a funcionar de modo espelhado na programação de rede, podendo, em caso de incêndio, greve, atentado ou pane elétrica, uma substituir a outra instantaneamente, sem que o telespectador, em qualquer parte do Brasil, sequer perceba.

A greve-relâmpago aconteceu depois do segundo incêndio na Globo do Rio, ocorrido em outubro de 1971, quando um grupo de cerca de vinte operadores de VT que sabiam ser o "coração" da emissora por terem condições, se quisessem, de deixá-la fora do ar por um bom tempo antes que a empresa conseguisse reagir, cruzou os braços por melhores salários no pátio interno da sede do Jardim Botânico.

Informado do movimento por um supervisor da área técnica, Boni pediu que uma comissão de cinco representantes dos operadores fosse até sua sala para uma reunião da qual também participaria o então diretor de engenharia da emissora, Adilson Pontes Malta. Ouvidas as reivindicações, Boni, menos por simpatia à causa operária do que pela perspectiva inaceitável de a Globo ficar fora do ar, determinou que o diretor as atendesse.

Na volta ao pátio, porém, os operadores que integravam a comissão foram informados por Adilson de que seriam sumariamente demitidos. Na mesma hora, para a surpresa do diretor, eles resolveram voltar à sala de Boni, que, contrariado com a atitude de Adilson Pontes Malta, determinou, ali mesmo, um aumento. No caso de Hugo Garcia, um dos operadores, entrevistado pelo autor em junho de 2022, o salário passou de 2 mil para inesquecíveis 5 mil e 290 cruzeiros. Um aumento de 164,5%.

E o "coração" da Globo não parou de bater.

Abaixo os cancelamentos

Para o autor Silvio de Abreu* foi uma complicação: a uma semana da estreia de *Cambalacho*, novela que, em suas palavras, falava o tempo todo de dinheiro e da "falta de caráter do brasileiro", o país, de repente, mudou de moeda e "ficou honesto de um dia para o outro", com os "fiscais do Sarney" zelando pelo congelamento de preços nas feiras livres e supermercados:

"A novela não tinha nada disso. Mostrava justamente o oposto, o que acabou virando parte da comédia. Além disso, algumas cenas de *Cambalacho* tiveram de ser adaptadas, pois os personagens faziam referência a valores cotados em cruzeiro, a moeda anterior".

A solução da Central Globo de Produção foi mostrar, na tela, durante a exibição dos capítulos iniciais da novela, a conversão de valores de cruzeiros para cruzados, a nova unidade monetária que entrara em vigor no período entre o início das gravações e a estreia de *Cambalacho*, no dia 10 de março de 1986.

Já para Ricardo Scalamandré, então diretor da Central Globo de Comercialização (CGC) e, como tal, responsável por decisões cruciais que a empresa teria de tomar naquele momento em que o Plano Cruzado provocava um abalo sem precedentes na economia do país, não foi tão simples. Na época do lançamento do plano, o país se defrontava com uma expectativa de inflação ascendente que atingira uma taxa anual de 517% nos meses de janeiro e fevereiro de 1986, de acordo com a Fundação Getulio Vargas.

Mais do que um *case* de marketing ou gestão empresarial, mas sem deixar de sê-lo, o que aconteceu na CGC, logo depois do anúncio do plano pelo então ministro da Fazenda Dilson Funaro, no dia 28 de fevereiro, foi mais um episódio decisivo na construção da blindagem comercial que, ao longo das décadas seguintes, manteria a Globo, no caso a apenas a TV Globo, muito lucrativa, independentemente da interminável deterioração socioeconômica que se daria no Brasil, da perda histórica de audiência da TV aberta e até da aventura da Globopar no mercado de TV a cabo, um negócio que deixaria o Grupo Globo perigosamente próximo da falência, no início da década de 2000.

Scalamandré convocou todos os diretores e gerentes da área comercial da Globo para uma reunião no hotel Sheraton, Zona Sul do Rio. E, logo na abertura, como lembrou um deles, Ugo Santiago, em entrevista a este autor, Scalamandré já deu uma ideia do tamanho da encrenca:

"Senhores, estamos aqui pelo seguinte: temos uma folha de papel em branco. A economia está congelada por catorze meses. O que fazemos?".

A partir do momento em que o Plano Cruzado fora anunciado, os executivos de venda da Globo estavam passando por situações como a que viveu Marcelo Assumpção*, futuro diretor da CGC e à época contato de um grupo de clientes anunciantes que incluía a empresa Zetaflex, uma das maiores fabricantes de toldos e coberturas do país. Marcelo ainda estava reunido com o cliente, quando foi alcançado pelo chefe, por telefone:

– Marcelo, Marcelo, você já fechou negócio?

– Estou fechando.

– Não feche, porque agora tem um tal de Plano Cruzado, a inflação vai ser zero, vai acabar a hiperinflação, aqui vai virar a Suíça.

– O que é isso? Em que mundo você está? Você está em Marte, na Lua?

– Não feche o negócio.

Ugo Santiago foi um dos executivos de vendas que saíram da reunião do hotel Sheraton com a orientação de Scalamandré de comunicar às agências de publicidade e anunciantes que o desconto concedido até a véspera do Cruzado pela Globo, com "o fim da inflação por decreto", diminuiria em 90%. Todos os contratos de publicidade com a emissora teriam que ser refeitos.

E mais: exatamente quando a concorrência começava a naufragar em meio aos problemas financeiros decorrentes das medidas do Plano Cruzado, Scalamandré, testemunha do poder da Globo no período curto e traumático em que cuidara da área comercial do SBT, propôs ao comando da empresa um palavrão chamado "incancelabilidade": uma nova cláusula de relacionamento da Globo com as agências de publicidade e os anunciantes que, dando certo, como deu, multiplicaria o já poderoso faturamento da emissora, deixando-a em condições de saúde financeira ainda mais distantes em relação aos balanços das redes concorrentes.

A cláusula de não cancelamento era inspirada, como lembrou o próprio Scalamandré em entrevista a este autor em fevereiro de 2022, em mudança semelhante que estava ocorrendo no mercado internacional de hotelaria e de aviação comercial:

"Nos anos 1980, não era difícil viajantes cancelarem reservas de hotel na véspera do dia marcado, sem ter que dar satisfações ou pagar qualquer valor, em qualquer cidade do mundo, não importava o número de estrelas do hotel.

CAPÍTULO 19 · 81

Isso mudou. Da mesma forma, as agências de publicidade, no caso do Brasil, cancelavam anúncios reservados na Rede Globo na última hora sem ter que pagar nada".

Scalamandré deu como exemplo a agência Almap, quando ainda se chamava Alcântara Machado, e que na época chegara a comprar espaço para a Volkswagen, sua cliente, em nada menos que 52 semanas do *Fantástico*, programa sempre muito disputado em lançamentos de grandes campanhas publicitárias:

"Na verdade, era um recurso para evitar que a concorrência pudesse veicular naqueles intervalos. Na véspera, a agência ia cancelando a reserva".

A reunião decisiva em que Scalamandré propôs o incancelável foi no Rio, com a participação de Roberto Irineu, Boni, Miguel Pires Gonçalves, superintendente financeiro, e Evandro Guimarães, à época gestor do programa de incentivo às agências conhecido como BV, de bonificação de volume.

"Eu disse: proponho que, a partir do mês que vem, a Globo não venda mais comercial que possa ser cancelado. Aí, o Evandro reagiu com um chilique: 'Não vai dar certo. As agências vão chiar. Não vamos ter mais autorização e vai ser um inferno'. Não adiantou. Evandro acabou ficando sozinho e o passo seguinte foi a convocação de uma grande reunião com toda a equipe do Comercial".

A Globo então comunicou ao mercado que copiaria a prática adotada na aviação comercial da época: na hora e no dia marcados, a emissora "decolaria" com o avião praticamente vazio, se fosse o caso, com muitos assentos desocupados, mas inapelavelmente vendidos para as agências que os tinham reservado. Seria o fim do que se poderia chamar de pedaladas: de um lado, os mapas de inserções de mentirinha dos anunciantes, e, da parte dos veículos, Globo incluída, o sistema "leva o espaço da grade quem pagar mais". Willy Haas*, que no futuro também comandaria a área comercial da emissora, explicou:

"Em alta demanda, as agências mandavam um monte de mapas frios para garantir o espaço para seus clientes e depois começava a cair reserva. Em contrapartida, o que os veículos faziam? Chegava um cliente de última hora e, pagando melhor, ele ficava com o espaço. Com o incancelável, nós dissemos: 'Nós não cancelamos e vocês também não cancelam'".

No início do primeiro e fatídico mês de vigência da incancelabilidade, Scalamandré tremeu: as reservas de espaço das agências caíram 70%. Mas, à medida que o mês foi passando, as compras agora incanceláveis foram sendo feitas, até os números do final daqueles trinta dias mostrarem que o espaço efetivamente comprado pelas agências tinha sido o mesmo dos meses anteriores. Restaria às agências acatar à nova regra ou, simplesmente, caso a ignorassem, cancelando unilateralmente as reservas, não uma pendenga judicial da

Globo, mas a impossibilidade de anunciar novamente na emissora. Ou espernear, como o publicitário responsável pela conta do lubrificante Bardahl, em conversa com Scalamandré:

– Ricardo, nem casamento é incancelável!

Observada do ponto de vista das agências e anunciantes, a área comercial da Globo, ao adotar a incancelabilidade, parecia uma muralha sólida e intransponível, mas, nos bastidores, as divergências entre Scalamandré e Evandro Guimarães exigiram a intervenção do próprio João Roberto Marinho, que, para manter os dois na empresa, chamou de volta, para ocupar a superintendência comercial, Antonio Athayde, que estava na Itália, dando sinais claros de exasperação com a experiência de ser diretor da Telemontecarlo, emissora comprada por Roberto Marinho. Ao comentar o desfecho que resultou na situação de trabalhar praticamente ao lado de Evandro Guimarães, Scalamandré brincou: "Evandro e eu viramos amiguinhos de infância".

Por sua vez, Evandro, que não era exatamente um monge franciscano de humildade, segundo alguns autoproclamados "evandrólogos" da direção da Globo, não sem dizer que conseguiu prazos menos traumáticos para as agências se adaptarem, reconheceu que a cláusula de não cancelamento foi uma medida correta:

"Foi uma bobagem minha. Ricardo Scalamandré tinha razão. A gente ficou meio trincado quando ele foi para o SBT e quis levar outros profissionais do comercial da Globo. O Ricardo é bastante estrela, mas é boa gente".

E os prazos de pagamento durante o Plano Cruzado?

Antes do plano, o prazo de pagamento dos anúncios veiculados pelas emissoras era de 30 dias, fora o mês da veiculação. Na prática, a Globo passou a vender à vista, concedendo 15 dias de "prazo operacional" para que agência e cliente conferissem se as exibições faturadas haviam ocorrido conforme os pedidos de inserção. Salles Neto, dono da revista *Meio & Mensagem*, disse em entrevista a este autor que "o único veículo que tinha poder para mudar a regra era a Globo":

"Com a inflação galopante, a Globo estava perdendo dinheiro e resolveu, sem aviso-prévio, que todos os pagamentos deveriam ser feitos no prazo de 15 dias, fora a quinzena".

Salles Neto estava na sala de Antonio Athayde, o novo superintendente comercial da Globo, logo depois da entrada em vigor da nova diretriz, quando um executivo da área financeira da emissora entrou dizendo que um grande anunciante não ia pagar pelo novo sistema. Athayde, segundo Salles, não hesitou:

– Se ele não pagar, entra com um protesto judicial e corta o crédito dele na Globo.

Foi inútil o executivo da área financeira alertar que se tratava de um dos maiores anunciantes do país:

– É bom que seja um anunciante grande porque, se eu bater num pequeno, vão dizer que eu bati porque o cara é pequeno. O mercado tem que saber que mudou. E acabou.

No décimo andar da sede da Globo no Jardim Botânico, a família Marinho não teria maiores motivos para preocupação com a empresa, em meio a mais uma tempestade na economia do país. Do lado de fora, os preços dispararam, o governo desistiria de controlá-los, restabelecendo a indexação e, já em janeiro de 1987, a inflação atingiria 16,8%.

Em maio, cinco meses após a edição do Plano Cruzado II, Dilson Funaro seria substituído por Luiz Carlos Bresser-Pereira no Ministério da Fazenda.

Novela de época

Não foi um acontecimento exatamente inédito na cena urbana brasileira quando Guido Mantega, então ex-ministro da Fazenda dos governos Lula e Dilma Rousseff e citado em várias delações da Operação Lava Jato como responsável por arrecadar dinheiro para o PT e para campanhas presidenciais, sofreu agressões verbais, chamado de "bandido", "ladrão" e "filho da puta" ao ser reconhecido, no final de 2015, em três redutos da classe média alta paulistana: os restaurantes Aguzzo, em Pinheiros, e Trio, na Vila Olímpia, e o Hospital Albert Einstein, onde ele acompanhava o tratamento contra o câncer da mulher, a psicanalista Eliane Berger Mantega, que morreria dois anos depois, vencida pela doença.

Situação semelhante tinha acontecido em dezembro daquele mesmo ano, no Leblon, reduto da classe média alta carioca, quando Chico Buarque, notório apoiador de Lula e Dilma, ao deixar um restaurante com um grupo de amigos, foi chamado de "merda" e "ladrão", além de ser incentivado a se mudar para Cuba ou Paris por um grupo no qual se destacava o fazendeiro paulista Guilherme Gaion Junqueira Motta Luiz, que, dias depois, alvo de queixa-crime feita por Chico, pagou dois mil reais de multa para não ser processado por ele, após publicar ofensas no Facebook.

Em 1986, quase trinta anos antes daquelas cenas de agressividade contra figuras públicas à época identificadas por grande parte da classe média brasileira com a corrupção denunciada pelo juiz Sergio Moro e pelos procuradores da 13ª Vara Federal de Curitiba, os atores Hugo Carvana*, Cecil Thiré e Carlos Kroeber, ao se encontrarem para jantar numa churrascaria da Zona Sul do Rio, viveram uma situação semelhante à de Mantega e Chico Buarque, quando clientes indignados protestaram contra a presença dos três, alguns determinados a deixar o restaurante.

Diferentemente, porém, das hostilidades de 2015 – então turbinadas pelo noticiário abundante produzido na época pela imprensa brasileira em geral e, de forma especialmente intensa, pelo *Jornal Nacional*, sobre as operações de Moro e dos procuradores –, o que deflagrou a indignação moral na churrascaria, em 1986, foi a reunião, na mesma mesa, de "Paulo Costa", político governista da época da ditadura, "Mário Liberato", advogado frio dedicado a descobrir brechas na lei para o patrão poderoso, e "Werner Benson", executivo preconceituoso e sem escrúpulos. Eram três vilões corruptos, interpretados, respectivamente, por Carvana, Thiré e Kroeber, em *Roda de Fogo*, novela escrita por Lauro César Muniz e Marcílio Moraes exibida pela Globo no horário das oito e meia da noite, entre agosto daquele ano e março de 1987.

Não era *Jornal Nacional*. Era "novela das oito".

E pra terminar
Quem vai colar
Os tais caquinhos
Do velho mundo

Com uma abertura marcante ao som de "Pra Começar", cantada por Marina Lima, *Roda de Fogo*, primeira trama oriunda da Casa de Criação Janete Clair, grupo que incluía o poeta Ferreira Gullar e que teve como missão oferecer ideias para novelas e seriados sob orientação de Dias Gomes e Daniel Filho, chamaria a atenção de críticos e acadêmicos, na época da exibição e no futuro, pelo significado que teve no período em que foi exibida.

Em texto publicado em junho de 2021, Christian Edward Cyril Lynch, professor do Instituto de Estudos Sociais e Políticos da UERJ, por exemplo, elencou personagens e temas que, além de impensáveis na tela da Globo na época da ditadura, ajudam a explicar o apelido de "novela da Nova República" dado ao folhetim:

"O grosseiro ex-policial 'Anselmo Santos' (Ivan Cândido), que serve ao esquema do protagonista 'Renato Villar' interpretado por Tarcísio Meira, é um assassino profissional ligado a grupos de extermínio. Já o refinadíssimo mordomo de 'Mário Liberato' (Cecil Thiré), 'Jacinto Meirelles' (Cláudio Curi), é ex-torturador. Enquanto a alta sociedade está vinculada ao passado da ditadura militar, o núcleo de classe média representa as aspirações de abertura, liberdade, igualdade e honestidade. Dele fazem parte a juíza 'Lúcia Brandão' (Bruna Lombardi); o jornalista 'Gilberto' (Rodolfo Bottino); a secretária 'Vera Santos'

(Cláudia Magno), filha de 'Anselmo'; a família abandonada por 'Renato Villar', chefiada por 'Joana Garcez' (Yara Cortes), dona de botequim e descendente de anarquistas espanhóis; e a filha de 'Joana', 'Maura' (Eva Wilma), que participara da luta armada e havia sido presa e torturada".

Em cena lembrada por Lynch, "Maura", que na novela passa por um tratamento devido às sequelas das sessões de tortura que sofreu, passeia nos jardins de uma clínica italiana levando consigo *Brasil: nunca mais*, livro-inventário dos horrores contra os direitos humanos praticados pela ditadura. Lynch recorda ainda uma frase de "Maura" que mostra que, como representante de "uma antiga esquerda revolucionária", ela estava reconciliada com os valores democráticos:

– É um Brasil novo que está aí. Parece democracia de verdade. Meu voto foi minha resposta aos meus torturadores.

Não era *Jornal Nacional*. Era "novela das oito".

Para orgulho de Tarcísio Meira, na entrevista que deu à *Veja* na época em que *Roda de Fogo* foi ao ar, durante o governo Sarney, PMDB no poder, abrigando tucanos do futuro PSDB, e com o PT na oposição:

"A liberdade que temos nessa novela nunca nos foi dada antes. Acho importante que as novelas abordem temas fortes, não necessariamente atuais, mas que contribuam para consciência do telespectador. Acho que essa é uma responsabilidade social das novelas. Gostaria de ter feito há dez anos uma novela que mostrasse que a canalhice e a corrupção reinam no país, que mostrasse o que é o poder do dinheiro e como ele pode corromper, mas nunca pude".

Em outro ensaio sobre *Roda de Fogo*, este publicado em junho de 2021 no caderno "Ilustríssima" da *Folha de S.Paulo* sob o título "Por que *Roda de Fogo*, do fim da ditadura, seria novela impensável na era Bolsonaro" e com o subtítulo informando que a novela matava o herói, escancarava a crítica à tortura e discutia corrupção com elenco maduro "em intriga de ares *noir*", a jornalista Úrsula Passos faz uma observação condimentada com uma ironia às novelas de Manoel Carlos que fariam sucesso na Globo na virada do século 21:

"Ao dar o *play*, já se nota que há algo de estranho no reino desta novela. Nada de dondocas disputando um homem com a mãe, fartos cafés da manhã no ensolarado Leblon, discursos com lições de moral. Ela é grave. É cheia de jogos de claro e escuro como em pinturas. Homens na faixa dos 50 anos estão sempre de terno e gravata segurando copos de uísque, e a morte do protagonista é certa. O primeiro capítulo começa com um voo sobre Brasília e a primeira coisa dita, por uma voz feminina, é 'presidente da República'".

Citado por Úrsula Passos, o poeta Décio Pignatari, em artigo publicado na *Folha* em 24 de outubro de 1986 sob o título "Roda República", dá um testemunho do impacto que teve ao ver, pela primeira vez, um capítulo do "novo furor tele-ideológico da Terra dos Papagaios":

"Vagamente, consegui perceber que estamos assistindo à telenovela simbólica da morte da 'Velha República' e da parturição da 'Nova'".

Marcílio Moraes, também entrevistado por Úrsula, mesmo reconhecendo que "o momento era da redemocratização e a ditadura estava muito próxima", ressalvou que a novela não tinha sido pensada por Lauro e ele com a simbologia apontada por Pignatari:

"Essa metáfora tão bem concertada não havia. Em arte tem dessas coisas, o público vê o que o autor nem sabe que estava fazendo".

Apesar do sucesso da metáfora dos novos tempos celebrada pelos intelectuais, faltou combinar com o telespectador, uma espécie de autor invisível que, ao longo da história da dramaturgia da Globo, nem sempre esteve em sintonia total com quem escrevia as novelas da emissora.

No caso de *Roda de Fogo*, o desencontro começou quando "Renato Villar", o empresário bem-sucedido e inescrupuloso que Lauro pretendia "matar" no último capítulo, foi se tornando, aos poucos e à revelia do autor, um herói dos telespectadores, após descobrir que tinha um câncer incurável, acabar com um casamento de fachada, mergulhar num intenso romance com a juíza que daria o veredicto sobre suas falcatruas e se transformar num benfeitor da sociedade.

Surgiu até um movimento para que o protagonista, embora um símbolo do país corrupto e reprimido que estava ficando para trás, não morresse no final, como lembrou Tarcísio, na entrevista à *Veja*:

"É curioso que, apesar de todas as besteiras que 'Renato Villar' fez, como mandar matar e roubar dólares, o público não quer que ele morra ou vá para a cadeia. Acho que, no fundo da sociedade brasileira, as pessoas esperam que os criminosos recuperem, que voltem a ser úteis. Sempre que saio na rua as pessoas me dizem: 'Não vá morrer!'".

O próprio juiz "Marcos Labanca", personagem de Paulo Goulart, magistrado de muito prestígio, antagonista de "Renato" e chefe admirado por "Lúcia", a juíza substituta interpretada por Bruna Lombardi chamada de "Sergio Moro de saia" por Moraes em 2021, passou de mocinho para bandido. Apesar de estar do lado da lei, "Labanca" começou a ser visto com antipatia pela maioria dos telespectadores, por estar atrapalhando o romance de sua subordinada com o réu corrupto fulminado pelo câncer.

A paixão em forma de acordo de leniência entre "Renato" e "Lúcia" também gerou reações indignadas, como a de um advogado de 74 anos de Miracema, no interior fluminense, que pediu na Justiça a proibição da exibição da novela, pelo fato de *Roda de Fogo* supostamente ferir a dignidade e constituir "achincalhe ao Poder Judiciário, além de ridicularizar a nobre função do juiz". O que constrangeu o solicitante foi, segundo o *Jornal do Brasil*, a cena em que os personagens de Bruna e Tarcísio fizeram sexo na casa de praia do empresário, refúgio do casal, "em deplorável intimidade".

Na véspera do último dos 179 capítulos, a capa do caderno "Ilustrada" mostrava uma pesquisa do Datafolha feita com moradores de São Paulo que apontava que 65% dos que seguiam a novela queriam um final feliz, "Renato" vivo e com "Lúcia", enquanto 32% preferiam, nas palavras de Úrsula Passos, "que o salafrário morresse". A reportagem citava Daniel Filho:

"Não podíamos começar uma novela prometendo que o camarada vai morrer e ele não morrer. Batalhei violentamente para ter essa morte".

Lauro César Muniz*, muito satisfeito com a repercussão de *Roda de Fogo* entre intelectuais como Eugênio Bucci e em publicações que incluíram até o jornal francês *Le Monde*, embora reconhecendo a pressão, as cartas que chegavam à Globo e até reclamações dirigidas à direção da emissora pedindo que "Renato Villar" não morresse, disse que houve uma "reunião linda" em que Boni, convicto de que o público ia entender e aceitar, bateu o martelo, decidindo que o personagem ia mesmo morrer. Lauro comemorou:

"Matar aquele personagem era uma coisa que era sofrida, uma coisa que me doía muito, mas era a única coisa lógica e decente para se fazer. Qualquer outra coisa seria mágica demais, uma coisa indigna até, um *happy ending* forçado para deixar aquele personagem vivo".

Em 24 de março de 1987, dia seguinte ao último capítulo de *Roda de Fogo*, assim como "Renato" e "Lúcia", tudo da novela de Lauro César Muniz, óbvio, deixou de existir. Os vilões corruptos "Paulo Costa", "Mário Liberato" e "Werner Benson" também desapareceram, claro, junto com seus crimes e falcatruas, permitindo que Hugo Carvana, Cecil Thiré e Carlos Kroeber pudessem voltar a jantar juntos na Zona Sul do Rio sem serem hostilizados.

Naquele momento, a Nova República, heroína oculta da novela, apenas começava a enfrentar, aos tropeços, as décadas dramáticas de desafios e obstáculos ao sonho de progresso, justiça e liberdade que ela vislumbrou com o fim da ditadura. Promessa de fortes emoções e muita controvérsia.

Não seria "novela das oito". Seria *Jornal Nacional*.

CAPÍTULO 20

O trator

Dois episódios marcantes e simultâneos do mundo da política e dos negócios no Brasil, na segunda metade dos anos 1980, e nos quais os protagonistas foram Roberto Marinho e Antonio Carlos Magalhães – provavelmente os dois homens mais poderosos do país após o fim da ditadura e a morte de Tancredo Neves –, tiveram como testemunha próxima Evandro Guimarães, então executivo da Globo responsável pela gestão dos contratos da emissora com suas afiliadas: a compra da empresa NEC do Brasil por Marinho, em 1986, e o contrato de afiliação que a Globo assinou em janeiro de 1987 com a TV Bahia, emissora na qual a família de ACM tinha participação.

Na entrevista inédita que deu a este autor em abril de 2022, Evandro disse que teve duas certezas na ocasião. Uma era a de que Marinho jamais deixaria passar a oportunidade do "negócio espetacular" que foi adquirir, por apenas dois milhões de dólares, o controle acionário da empresa que era a única fornecedora de estações de micro-ondas fixas no país e, consequentemente, detentora do monopólio de equipamento e montagem, no território nacional, das chamadas rotas de micro-ondas da estatal Embratel.

A outra certeza era a de que ACM, todo-poderoso detentor da caneta que firmava as outorgas das concessões de rádio e TV do Brasil à época em que ocupou o Ministério das Comunicações, no governo Sarney, também nunca deixaria passar, "com sua insuportável eficiência", qualquer chance de usar o poder que tinha para se tornar, ele próprio, um afiliado da Globo.

A versão predominante em qualquer pesquisa sobre a compra da NEC pelo dono da Globo em fontes como o Centro de Pesquisa e Documentação de História Contemporânea da Fundação Getulio Vargas (CPDOC/FGV) ou o livro *Biografia da televisão brasileira*, por exemplo, além de publicações e artigos de críticos, inimigos e concorrentes de Marinho, entre eles o *Jornal do Brasil*, é a que descreve os capítulos finais da operação de venda da NEC para Marinho, e nos quais Mário Garnero, dono do grupo Brasilinvest e então detentor do controle acionário da empresa pelo fato de ser o sócio brasileiro da multinacional japonesa, foi forçado pelo então ministro ACM a vender sua participação na empresa. O site da FGV, por exemplo, diz:

"Acusado de desfalque pela matriz japonesa, o proprietário anterior da NEC e da financiadora Brasilinvest, Mário Garnero, viu o governo suspender encomendas e pagamentos e, sem seu principal cliente, acabou vendendo a empresa às Organizações Globo por menos de um milhão de dólares, além de transferências de ações. Com o consequente restabelecimento das encomendas e pagamentos por parte do governo, a NEC do Brasil passou a valer, segundo avaliação dos próprios japoneses, 350 milhões de dólares".

A truculência com que ACM agiu para tirar Garnero da NEC foi tal que, em 1992, no relatório final da segunda das duas CPIs instauradas no Congresso Nacional para investigar a venda da empresa, o relator, deputado Luiz Carlos Santos, do PMDB de São Paulo, além de enquadrar o então ministro por "impedir, ou tentar impedir, mediante violência, ameaça ou assuadas, o regular funcionamento de Comissão Parlamentar de Inquérito", deixou registrado que ACM "ultrapassou os limites de sua autoridade, os preceitos da lei e os termos contratuais", ao determinar a suspensão dos pagamentos de obras já entregues pela NEC do Brasil às empresas do Sistema Telebras".

O próprio Rômulo Villar Furtado, à época poderoso braço direito de ACM na secretaria-executiva do Ministério das Comunicações, reconheceu, em entrevista aos realizadores do filme *Muito Além do Cidadão Kane*, de 1993:

"Muitas pessoas acharam que foi injusto. Eu acho que foi injusto. Não porque era uma organização pura. Muitas outras organizações impuras não foram atingidas tão duramente quanto a Brasilinvest naquela época".

As motivações de ACM, no episódio, inspirariam diferentes interpretações no futuro. O verbete da FGV sobre o caso, por exemplo, limita-se a informar, sem tirar conclusões:

"Na mesma época, Roberto Marinho encerrou o contrato da TV Aratu, que durante dezoito anos retransmitira a Globo em Salvador. A TV Bahia, de propriedade de parentes e amigos de Antonio Carlos Magalhães, foi escolhida como nova emissora da Globo".

A maioria das reportagens menciona suspeitas sobre a natureza da compra da NEC pelas Organizações Globo, que teriam contado com a ajuda de ACM, que em troca recebeu a afiliação da Globo. E o livro *Biografia da televisão brasileira* afirma, sem especificar fontes, em sua edição digital, que "entre venda e compra de ações pela Globo, houve um importante lucro financeiro, retribuído em forma de um acordo de parceria com a TV Bahia, que, do dia para a noite, herdou a programação que todo mundo estava acostumado a assistir no estado e que garantia a liderança absoluta ao canal 4".

Evandro Guimarães, como executivo da Globo que seria o representante de Roberto Marinho no conselho de administração da NEC, contou uma história com algumas diferenças relevantes em sua entrevista, a começar pelo papel desempenhado por ACM no episódio. Segundo ele, a "mão pesada" do governo Sarney na questão, em 1986, não era a de Antonio Carlos Magalhães, mas a do então ministro do Exército, general Leônidas Pires Gonçalves:

"Era o Leônidas quem liderava as pressões dentro do governo para que Garnero vendesse sua participação. Os militares consideravam a NEC absolutamente estratégica, pela capacidade que eles queriam ter, obsessivamente, desde os primeiros anos da ditadura, de controlar a interligação do país. O Leônidas, inclusive, tinha chefiado o Comando Militar da Amazônia e sabia da importância das micro-ondas".

Não por coincidência, o coronel Hygino Corsetti, líder e mentor histórico da política nacionalista de telecomunicações adotada pela ditadura, depois de participar da introdução do sistema telefônico de discagem direta a distância (DDD), da implantação da TV em cores e da criação da Telebras, tinha sido presidente do conselho diretor da mesma NEC do Brasil, ao passar para a reserva, em 1971.

A NEC atuara no Brasil com capital exclusivamente japonês de 1968 a 1982, e tinha sido um grande negócio para o empresário Mário Garnero: o acordo da Brasilinvest com a NEC Corporation tinha sido incentivado pelo governo militar e se tornara realidade no final de 1981, quando os japoneses, obedecendo à exigência governamental de sócio brasileiro, transferiram, sem ônus, o controle acionário para ele, com direito recíproco de rescisão do acordo em caso de insolvência de uma das partes.

Qual seria, então, a razão dos militares para quererem tanto que Mário Garnero saísse da empresa? Segundo Evandro, não eram os militares. Eram os sócios japoneses, dispostos a sair do Brasil, inconformados que estavam com o fato de Garnero usar a exigência legal de controle acionário brasileiro na NEC para mandar e desmandar na empresa com apenas 2% das ações:

"O Garnero era uma espécie de laranja nacional oficial. Os militares queriam que a NEC ficasse no Brasil, mas os acionistas japoneses tinham decidido que, com o Mário Garnero na empresa, eles deixariam o país. Queriam uma pessoa séria no lugar do dono da Brasilinvest".

No relatório final da segunda CPI da NEC, o deputado Luiz Carlos Santos constata que o relacionamento entre Garnero e os japoneses "jamais primou pela tranquilidade, devido a uma permanente disputa pelo controle da empresa, com denúncias mútuas de subfaturamentos, superfaturamentos, contrabando de equipamentos, tentativas de impedir transferência de tecnologia e desvio de recursos". Os documentos da CPI também confirmam que a reformulação da empresa por Garnero, afastando os japoneses dos cargos gerenciais, acirrou ainda mais a disputa interna.

A oportunidade para a NEC Corporation se livrar de Garnero surgiu logo nas primeiras horas do governo Sarney, em 18 de março de 1985, quando o já empossado ministro da Fazenda Francisco Dornelles, cumprindo determinação prévia do tio, o presidente eleito Tancredo Neves, naquele momento internado no Hospital de Base do Distrito Federal, de desmontar o que muitos em Brasília diziam ser uma "bomba-relógio" deixada pelo general Figueiredo para a Nova República, decretou a liquidação extrajudicial da Brasilinvest, acusando a empresa de falta de liquidez e de desvio de recursos para empresas-fantasmas no exterior.

Com a liquidação da Brasilinvest, os sócios japoneses passaram a exigir saída de Garnero da NEC. Foi quando ACM, atendendo, segundo Evandro, aos interesses dos militares do governo Sarney, entrou em cena determinando que o então presidente da Telebras, Almir Vieira Dias, suspendesse todos os pagamentos devidos pela Telebras à NEC do Brasil, incluindo os referentes a equipamentos já entregues, sob a alegação de que a estatal era proibida de manter relações comerciais com um grupo em situação de concordata, como era o caso da Brasilinvest de Garnero.

Outra justificativa para a suspensão imediata dos pagamentos da Telebras à NEC seria apresentada durante a futura CPI pelo secretário-executivo Rômulo Villar Furtado. Em seu depoimento, ele disse que a medida foi uma forma de evitar que Garnero usasse o dinheiro para enfrentar a falência de sua Brasilinvest.

Foi só depois de abril de 1985, quando Garnero, com a Brasilinvest concordatária, viu-se forçado a assinar com a NEC Corporation um protocolo pelo qual os japoneses ficavam formalmente autorizados a procurar um novo sócio brasileiro, que, segundo Evandro, tiveram início as negociações da multinacional com possíveis novos sócios brasileiros. A empresa, na época, não era só telefonia. Tinha outras atividades que exigiam uma equipe de cerca de 750 engenheiros, segundo os documentos da CPI.

Entre os interessados em substituir Garnero e sua empresa estavam, também segundo o relator da CPI, os bancos Itaú e Nacional, a Modatta, a SID/Sharp de Matias Machline e os grupos Cataguases, Caemi/Antunes e Odebrecht. A Globo era representada, na fila, pela Comar, precursora da holding financeira Globopar que concentrava investimentos da família Marinho em dezenas de empresas de vários setores da economia, incluindo a corretora Roma, associada na época ao ABC, maior banco de investimentos do mundo árabe. Ainda assim, de acordo com Evandro, a Globo não era a favorita nos bastidores de Brasília:

"Se dependesse dos militares do governo Sarney, a Globo não era a solução preferida, depois da série de atritos envolvendo a censura de novelas da emissora durante o governo do general Figueiredo e, principalmente, depois da adesão de Roberto Marinho a Tancredo Neves contra o Paulo Maluf, o candidato dos militares na eleição do Colégio Eleitoral em 1985".

A Globo, segundo Evandro, passou a ser a preferida, mas dos japoneses, só no segundo semestre de 1986, depois de meses de disputas internas na NEC durante os quais Garnero rompeu unilateralmente o acordo assinado com a NEC Corporation e chegou a retomar o controle da empresa por via judicial, até ser finalmente obrigado a vender sua participação, quando a interrupção dos pagamentos da Telebras determinada por ACM levou a própria NEC do Brasil a pedir concordata.

Pesou a favor da Globo junto à NEC Corporation, no negócio fechado em outubro de 1986, mais do que os dois milhões de dólares que, segundo Evandro, Roberto Marinho "aportou" no acerto com Garnero, o alto prestígio que a emissora tinha no mercado do Japão, como maior cliente mundial da poderosa Sony, e como compradora respeitada por vários outros fornecedores de tecnologia japoneses.

Também ajudou o fato de o filho do general Leônidas, o executivo Miguel Pires Gonçalves, substituto de Joe Wallach na superintendência administrativa e financeira da Globo por indicação do banqueiro José Luiz de Magalhães Lins, ter participado das negociações entre o então presidente da NEC do Brasil, Hervé Berlandez Pedrosa, e Roberto Marinho.

Pelo lado da Globo, houve ainda um fator que pesou na decisão de Marinho, embora o próprio Evandro tenha ressalvado que nada foi mais importante que os ganhos decorrentes do "negócio espetacular" feito pelo patrão: a extrema preocupação dos diretores da Central Globo de Engenharia com o risco de a crise acionária da NEC resultar na perda, pela emissora, de uma hora para a outra, da cobertura nacional de sua programação, por falta de manutenção das estações da Embratel.

No jargão dos engenheiros do setor, as rotas de micro-ondas da Embratel, importadas e montadas pela NEC do Brasil, "olhavam uma para outra", geralmente do alto de morros e serras, interligando o país a cada cinquenta quilômetros. E, além de usuária das rotas da Embratel, a Globo também era cliente da NEC, por ter uma rota própria de micro-ondas entre o Rio e São Paulo.

Fechado o negócio, a Brasilinvest transferiu o controle acionário da NEC do Brasil para a Comar, holding da Globo, em 23 de dezembro de 1986. E, três dias depois, também de acordo com o relatório final da segunda CPI sobre o caso, a Telebras retomou o pagamento e as encomendas à NEC, o que, aos poucos, permitiu que a empresa voltasse a ficar rentável.

Tudo a ver.

Seis anos depois da operação, no relatório da segunda CPI da venda da NEC, que acabou não sendo votado por causa da crise provocada pelo *impeachment* do então presidente Fernando Collor, o deputado Luiz Carlos Santos enquadraria Garnero no mesmo crime de ACM, no caso, por ter afirmado que perdeu dinheiro no episódio "quando ficou comprovado documentalmente que ele obteve ganhos na entrada e na saída de sua associação com o grupo japonês". O relator também acusou Garnero de usar a CPI para obter publicidade e apoio político à sua demanda judicial para anular a transação.

Em 1999, treze anos depois de ser comprada por Marinho, a NEC do Brasil, com queda no faturamento, prejuízos e dívida crescente acumulados no rastro da abertura do mercado de telecomunicações, da privatização do Sistema Telebras e da entrada no Brasil de operadoras europeias e norte-americanas, levaria os filhos de Marinho a venderem o controle acionário da empresa de volta para a NEC Corporation. De acordo com reportagem de Elvira Lobato publicada pela *Folha de S.Paulo* em 31 de julho daquele ano, depois de quase um ano de negociações, a Globopar deixou a empresa por cinquenta milhões de dólares, menos da metade da cifra cogitada no início das negociações, segundo as fontes da repórter, uma especialista no setor.

As então chamadas Organizações Globo, às voltas com um alto endividamento externo, à época estimado em dois bilhões de dólares, também já estavam se desfazendo de ativos que não fossem diretamente relacionados à comunicação, sua atividade principal.

Mas e a história da TV Aratu?

O que é que a Bahia tem

Qual teria sido, então, o papel do ministro Antonio Carlos Magalhães no episódio da venda da NEC para a Globo? Apenas o de forçar a saída de Mário Garnero da NEC, asfixiando o caixa do empresário com a suspensão de pagamentos da Telebras? Somente atender ao desejo dos militares liderados pelo general Leônidas de afastar o empresário que era rejeitado pelos sócios japoneses da NEC? Eugênio Bucci, no perfil que escreveu sobre Roberto Marinho, perguntou:

"Terá havido aí um discreto tráfico de influência?".

Como explicar a coincidência de a rede de emissoras ligadas à família de ACM na Bahia passar a transmitir a programação da Globo, substituindo a

TV Aratu, apenas três meses depois de Roberto Marinho passar a ser o controlador brasileiro da NEC? Como não relacionar os dois fatos, levando-se em conta a amizade que existia entre o dono da Globo e o ministro, a importância estratégica do Ministério das Comunicações para os negócios da emissora e a "insuportável eficiência" de ACM na construção de seu poder na política brasileira?

"Eu estava muito próximo, no fogo ardente. E essa história nunca foi contada direito."

Evandro Guimarães revelou, em sua entrevista a este autor, uma sucessão de fatos que não foram levados em conta nos relatos jornalísticos que sempre estabeleceram uma relação direta de causa e efeito entre a compra da NEC pela Globo e a substituição da TV Aratu pela TV Bahia como afiliada da emissora. O fim da afiliação da Aratu à Globo começou a se desenhar, segundo ele, não no gabinete de ACM em Brasília, mas na sede do Jardim Botânico, no Rio, em março de 1985, sem qualquer participação ou conhecimento do chefão político baiano, dias antes da posse que não haveria de Tancredo Neves na Presidência da República.

O encontro, segundo Evandro, foi entre Roberto Marinho e Luís Viana Neto, um dos sócios da afiliada de mais de dezoito anos na Bahia e de quem o dono da Globo também era padrinho, por conta de sua amizade com o pai do visitante, o senador e líder político Luís Viana Filho. Suplente do pai no Senado, Viana Filho disse ao dono da Globo que tinha recebido, do então ministro Haroldo Corrêa de Mattos, titular da pasta das Comunicações no governo do general Figueiredo, uma concessão de TV para a cidade de Itabuna, sul da Bahia, a 440 quilômetros de Salvador, e ofereceu sociedade a Marinho.

Para o dono da Globo, a oferta significava a possibilidade de a emissora parceira da Bahia aumentar a receita publicitária no sul do estado e também de ampliar a cobertura jornalística da emissora na região. Até então, a TV Aratu, embora só cobrisse a região metropolitana de Salvador, recebia o rateio das verbas nacionais de publicidade da Globo proporcionais a todo o estado da Bahia.

O que Viana Neto não disse, segundo Evandro, ao agir e falar como controlador da Aratu, foi que, naquele momento, estava em curso um sério litígio entre ele e os outros sócios e executivos da emissora, um deles o engenheiro paulista Alberto Maluf, profundo conhecedor de televisão, muito respeitado por Boni e àquela altura deixando a afiliada. O dono da Globo não sabia, portanto, que, ao aceitar a proposta de Viana Neto, estaria excluindo os outros sócios da TV Aratu da composição da nova afiliada com sede em Itabuna.

Dias depois do encontro de Marinho com Viana Neto, em mais uma das reuniões regulares que tinha no Rio com Evandro Guimarães, o dono da Globo estava animado com a nova parceria, descrevendo-a como "um negócio muito bom" e no qual não teria que fazer nenhum desembolso de capital. Evandro sentiu-se então no dever de dar a má notícia:

– Doutor Roberto, estou espantado porque o Luís Viana tem três sócios e eles não vão gostar da subdivisão de território sem que tudo seja acordado com eles. E nós não podemos parecer a esses três sócios, que ainda são nossos parceiros, que somos desleais.

Perplexo, Marinho mandou a secretária ligar para Viana Neto e foi direto na conversa telefônica presenciada por Evandro:

– Volte aqui para me explicar direitinho o que você me propôs. Isso é uma armadilha?

Viana Neto, para surpresa do dono da Globo, disse que não podia ir ao Rio por estar "ocupado com a política". Marinho então desligou e deu uma ordem para Evandro:

– Peça desculpas aos sócios, mas nós vamos romper com esse parceiro. Como eu posso ter sócios que não conheço, que nunca vieram aqui sequer pra me cumprimentar?

Evandro disse que chegou a tentar amenizar a situação, levantando a possibilidade de um novo acordo que incluísse os quatro sócios da Aratu e Roberto Marinho. Resposta:

– Perdi o entusiasmo com esses nossos amigos da Bahia.

Antes do rompimento e de partir para o que seria uma longa batalha jurídica com a Globo, os três sócios de Viana Neto na TV Aratu ainda tentaram se acertar com Marinho numa reunião, também no Rio, cujo momento marcante, testemunhado por Evandro, foi a "resposta magoada" do dono da Globo que deixou os interlocutores "mudos e gelados":

– Eu já tenho opinião formada sobre esse relacionamento de tantos anos com vocês. Infelizmente a gente não se viu nesse período.

O contrato de Marinho com a Aratu já ia vencer em 1985, mas não se cogitava tirar a Globo do ar na Bahia. Autorizado pelo patrão, Evandro disse que partiu para o estado com a intenção de procurar, em movimentos sigilosos, um parceiro que, ao contrário do que seria tido como líquido e certo no futuro, não fosse a então recém-fundada TV Bahia, controlada pela família de Antonio Carlos Magalhães. A preocupação de Marinho, logo no início do governo Sarney, segundo Evandro, era a de que "passar a afiliação para o ministro tinha repercussões ruins em todos os níveis".

Àquela altura, a TV Bahia, cuja outorga à família Magalhães fora oficializada nas horas finais do governo Figueiredo, em 10 de março, dias antes de o outorgado ACM tomar posse no Ministério das Comunicações, era uma afiliada da Rede Manchete que tinha acabado de entrar no ar. Evandro nem considerava a emissora, em suas incursões sigilosas no mercado baiano ao longo de 1985, mas chegou a avaliar a compra, pela Globo, da afiliada da Bandeirantes em Salvador, e também a aquisição da TV Itapoan, que acabaria sendo posteriormente comprada pelo bispo Edir Macedo, dono da Rede Record.

A falta de opções satisfatórias entre as emissoras estabelecidas no estado levou então Evandro a protocolar, junto ao Ministério das Comunicações, uma solicitação de estudo técnico para a criação de um canal em Salvador que pudesse ser implantado por um novo parceiro da Globo na Bahia. Foi exatamente nesse momento, segundo ele, e não antes, por causa da alegada troca de favores relacionadas à venda da NEC do Brasil, que ACM, informado pela área técnica do ministério, ficou sabendo da falta de opções de Roberto Marinho para transmitir o sinal da Globo no estado:

"Foi aí que ACM entrou no processo, justificando a escolha da TV Bahia como uma forma de evitar a influência, no estado, de seu grande inimigo Waldir Pires, na época ministro da Previdência Social e a quem ACM chamava de comunista".

Sempre autorizado por Marinho, "para ganhar tempo e não ter que cair nas mãos de ACM", Evandro se veria obrigado a prorrogar o contrato com a TV Aratu: em 24 de fevereiro de 1986, ao mesmo tempo que manifestava o interesse de não renovar seu contrato de afiliação com a Aratu, a Globo prorrogou seu termo final para 20 de janeiro de 1987, onze meses depois. ACM, enquanto isso, pressionava o dono da Globo que, também de acordo com Evandro, resistiu muito no início:

"O doutor Roberto sabia claramente que era muito inconveniente integrar a TV Bahia à Rede Globo. Chegou a dizer isso ao Antonio Carlos e contou pra mim o desconforto na hora em que falou que não ia contemplar o pedido dele. Mas não houve jeito. No final, não houve mesmo condições técnicas para a criação de um novo canal de TV em Salvador".

Na longa batalha política e jurídica que precedeu a troca de afiliadas na Bahia, e que incluiu até um período de três dias em que tanto TV Aratu quanto TV Bahia transmitiram a programação da Globo, os adversários de ACM usaram, como argumento central, a suspeita de ligação entre a compra da NEC do Brasil e a afiliação concedida à emissora da família Magalhães.

Luís Viana Neto, o artífice do negócio da TV Aratu que o dono da Globo considerou uma traição em 1985, eleito deputado federal em 1986 e agora integrado ao grupo político de Waldir Pires, o grande inimigo de ACM no estado, chegou a liderar uma comitiva a Brasília com outros dezenove parlamentares para reclamar com o presidente Sarney. Inútil. Em 6 de julho de 1987, a TV Bahia seria autorizada a retransmitir, em definitivo, a programação da Globo.

Ao longo de sua gestão no Ministério das Comunicações, entre 1985 e 1990, ACM só faria aumentar seu poder, favorecendo não apenas políticos com as concessões de rádio e TV, mas também jornalistas próximos ao poder, líderes evangélicos e membros do governo como o próprio Rômulo Villar Furtado, por dezesseis anos o segundo homem na hierarquia e que se tornou proprietário de oito emissoras de rádio e de cinco de TV. Além de dezenas de empresas de comunicação, entre elas a Abril e a Globo.

No caso da Globo, foram quatro concessões no interior de Minas, São Paulo e Rio de Janeiro que a família Marinho venderia anos depois para seus sócios locais. Na corrida pelas concessões para canais a cabo e por assinatura, também pilotada por ACM a partir de 1988, o governo Sarney outorgaria concessões para 101 empresários, entre eles Roberto Marinho.

Ao contrário do dono da Globo, que sempre manteria silenciosa discrição sobre a história da afiliação da TV Bahia, ACM, uma fonte sempre festejada, em *on* e em *off*, de repórteres e editores importantes da grande imprensa brasileira, nunca demonstrou muito interesse em separar o papel de amigo do de ministro no desfecho do episódio. No perfil escrito por Eugênio Bucci sobre Marinho, e no qual o autor cita, como fonte, o livro *Notícias do Planalto*, de Mario Sergio Conti, ACM diz que a transferência da programação da Globo para a TV Bahia "era uma ideia anterior, um antigo desejo de Roberto Marinho", acrescentando:

"Isso vinha de muito antes. O Roberto já tinha me prometido. Os meninos até não queriam muito, porque achavam que ia dar fato político. Como deu".

Em 2023, na entrevista que deram a este autor, Roberto Irineu e João Roberto Marinho, dois dos "meninos", sorriram, negaram que tenham se manifestado contra a troca de afiliadas na Bahia e disseram não ter condições de confirmar ou desmentir que o pai tivesse prometido a afiliação a ACM. João Roberto acrescentou:

"O ACM era mais passional. Ele tinha uma amizade com o papai. Talvez isso desse a sensação de que ele merecia um tratamento um pouco melhor. Mas a gente tratava o ACM como qualquer outro político. Não foi talvez o tratamento especial que ele queria, mas isso era o normal da relação nossa com políticos".

Por mais que ACM gostasse de não desmentir as histórias de poder cataclísmico que ele e Roberto Marinho teriam ou não protagonizado na cena política e empresarial da Nova República, o dono da Globo, mesmo depois de assinar contrato com a TV Bahia, continuaria tentando, segundo Evandro, manter uma distância segura, até nas relações comerciais, do amigo que era espaçoso na mídia.

No início de 1989, por exemplo, ao autorizar Evandro a renovar o contrato com a TV Bahia, Marinho recomendou que o novo período de vigência, em vez dos cinco anos desejados por ACM, ainda ministro das Comunicações e então candidato a governador da Bahia, fosse de acordo com o modelo "promissória de dois anos, dois anos e meio", o preferido pelo dono da Globo.

Na época, ACM se recuperava de um infarto e de uma consequente cirurgia que durara mais de nove horas, o que levou Evandro a fazer uma visita de cortesia ao ministro num quarto do Instituto do Coração, em São Paulo. Ao ver Evandro, ACM, ainda intubado e impossibilitado de falar, apenas ergueu a mão, acenando com os cinco dedos espalmados. Evandro devolveu o aceno e André Magalhães, sobrinho e executivo da família, tratou logo de traduzir:

– Ele quer um contrato de cinco anos.

Beijinhos, beijinhos

Ao entrar na sala do então diretor-geral da TV Globo, Carlos Schroder, em dezembro de 2014, sem saber que seria demitida, após 28 anos de contrato com a emissora, Maria da Graça Meneghel, 51 anos completados em 27 de março daquele ano, já tinha acrescentado o sobrenome Xuxa à sua certidão de nascimento.

Era uma forma de vincular, de forma definitiva, à sua história pessoal, o que já tinha sido chamado de "o maior empreendimento do entretenimento infantojuvenil ibero-americano", devido a façanhas como a de seu programa ter alcançado, diariamente, mais de 100 milhões de telespectadores no Brasil, na Argentina, na Espanha e nos Estados Unidos, entre outros prodígios produzidos pela atriz, apresentadora, cantora, empresária e ex-modelo na Globo, na indústria fonográfica e no cinema. Coisa de 1,3 bilhão de reais em suas contas bancárias, segundo uma estimativa do site UOL feita em 2023 e baseada em levantamento da revista *Forbes*.

Daquela vez, a pedido de Schroder, ao contrário do que ocorria em reuniões anteriores, Xuxa estava sozinha. O encontro era um desconfortável desdobramento de outro, ocorrido um ano antes, e no qual o diretor-geral da Globo tinha apresentado resultados de audiência e análises internas preocupantes segundo as quais o programa *TV Xuxa*, que ela então apresentava desde 2005, diário no início e semanal a partir de 2008, estava ficando no meio do caminho entre o interesse das crianças do momento e o dos jovens adultos que haviam crescido sob efeito do histórico *Xou da Xuxa*, entre 1986 e 1992. Schroder reproduziu a proposta que fez à "rainha dos baixinhos" em entrevista a este autor, em julho de 2022:

– Vou te tirar do ar e vou dar um ano para você me entregar um projeto.

Dias depois, em 25 de janeiro de 2014, quando o *TV Xuxa* saiu do ar, como fora combinado entre os dois, Xuxa se despediu de seu público alegando "problemas de saúde" e dizendo que ia cuidar da mãe. Seguiram-se novos encontros com Schroder nos quais, segundo ele, Xuxa não apresentou o projeto pedido. Nove meses depois, ela propôs um programa destinado ao público LGBT que teria a participação de Ivete Sangalo e seria baseado numa atração da televisão americana. Schroder não achou que seria um conteúdo promissor em TV aberta e, em nova reunião realizada em setembro de 2014, foi direto ao ponto:

– Você tem mais três meses. Se você não apresentar nada, eu não vou renovar o seu contrato.

Passado o último prazo, no dia e na hora marcados, Xuxa se sentou à frente de Schroder e ouviu o que ela mesma, em várias entrevistas, reconheceria não imaginar que pudesse ouvir:

– Xuxa, eu disse que, se você não me apresentasse um projeto novo, eu não renovaria seu contrato. Você está entendendo o que eu estou dizendo?

No instante seguinte, Schroder viu, diante de seus olhos, o que já tinha deixado outros interlocutores da apresentadora impressionados, em situações anteriores: os gestos e as reações genuinamente infantis da apresentadora em situações de estresse. Sem dizer uma palavra, segundo ele, Xuxa "desabou" e começou a chorar descontroladamente:

"Ela parecia uma criança".

Maurício Sherman[*], considerado por colegas da televisão o "inventor" de Xuxa, tivera a mesma sensação 31 anos antes, no estúdio do *Clube da Criança*, da Rede Manchete, no Rio, berço do fenômeno que mudaria de forma radical o conceito brasileiro de programas infantis de televisão, ao observar a maneira como a estreante, então com 20 anos, relacionava-se com as crianças:

"Gravamos um, dois programas com ela e os filhos de funcionários. Aí, a partir do quinto, sexto, sétimo programas, comecei a observar que as crianças ficavam fascinadas com a Xuxa. E a Xuxa não tinha a menor consideração com elas. Começava a brincadeira 'escravos de Jó' e ela dizia: 'Ah, sai daí! Você não sabe jogar, não; vai embora, sai daqui!', 'Olha, não gostei de você, não, você também não é; vem cá você, sai, sai!'. Ela tratava as crianças com a maior desconsideração".

Os flagrantes de Xuxa, ao tentar organizar as crianças no palco do *Clube da Criança*, de tão inusitados, se tornariam memes décadas depois, na internet. Já acostumada a se ver na rede à beira de perder a paciência, dizendo "senta lá, Cláudia" para uma pequena participante do programa, Xuxa, em palestra que deu em 2022, na Bienal do Livro de São Paulo, disse que seu comportamento merecia até um estudo:

"Tem cenas em que eu brinco mais que as crianças [...] Eu não me via como adulta, eu me achava como igual. Isso devia ser estudado. Eu queria que as crianças gostassem de mim, me achassem bacana, que me vissem como um brinquedo, uma irmã mais velha. Mas eu realmente não estava preparada, vou ter que dar o braço a torcer para quem me xinga. A Sasha dizia 'Mãe, você era muito louca, olha as coisas que você fazia'. Eu disse: 'Tem muita coisa que você ainda não viu'".

De acordo com o que disse a própria Xuxa, em entrevista ao repórter Tiago Coelho que lastreou um detalhado perfil da apresentadora publicado em abril de 2023 pela revista *Piauí*, Sherman* disse que ela tinha "a sensualidade de Marilyn Monroe, o sorriso de Doris Day e uma coisa do Peter Pan", referência à síndrome incorporada à psicologia que trata de adultos que adotam comportamentos infantis e inseguros que os impedem de amadurecer normalmente.

O diretor, no entanto, confessou que a ideia de criar um programa a partir da identidade de Xuxa com "o pensamento e a dimensão mental das crianças" era algo que nem passava por sua cabeça na estreia da apresentadora na Manchete, em 14 de junho de 1983. Muito menos alguns meses antes, quando ele trabalhava na Bandeirantes e, também incumbido de produzir um programa infantil para a emissora, conheceu e convidou Xuxa imediatamente, levando em conta critérios não apenas diferentes, mas impublicáveis no século 21. Naquele ano, Xuxa posara nua pela primeira vez na *Playboy*, edição de dezembro, e, ao passar pela Bandeirantes para divulgar a revista, chamou atenção de Sherman:

"Baseado nas minhas experiências anteriores com o *Capitão Aza*, programa infantil que eu tinha feito na Tupi, assim como no da Neide Aparecida, que também era um programa infantil, o formato já estava desenhado na minha cabeça: eu queria uma apresentadora que tivesse um forte apelo, entre sensual e sexual, que fosse uma mulher muito bonita. Porque em quase todas as experiências que eu tinha feito com programas infantis eu notava que as crianças ficavam deslumbradas com as pessoas bonitas e gostosas".

A mãe de Xuxa, Alda Meneghel, que acompanhou a filha à Bandeirantes quando Sherman oficializou o convite para ela atuar no novo programa, desconfiou e, segundo ele, quis explicações:

– Eu sou a mãe da Xuxa. O senhor quer a minha filha para um programa infantil?

– Sim!

– Pois não. Está bem, eu vou voltar, eu vou trazer ela.

Alda nunca mais apareceu com a filha na Bandeirantes. E só muito tempo depois, quando ela e Sherman se encontraram novamente, Xuxa já no auge do sucesso, o diretor soube o que tinha acontecido:

– Escuta, por que é que você sumiu?

– Sabe o porquê? Eu pensei: como é que ele vai convidar a minha filha para fazer um programa infantil? Eu pensei que você queria levar ela pra cama, que era só um pretexto.

Alda tinha suas razões. Em entrevista à *Veja*, edição de 22 de janeiro de 2021, Xuxa revelaria que, aos 17 anos, antes dos contatos com Sherman na Bandeirantes e na Manchete, quando fez figuração no humorístico *Planeta dos Homens*, foi assediada por um diretor da Globo cujo nome ela só revelou em abril de 2022, ao ser entrevistada no podcast Papagaio Falante: Paulo Araújo, que, além de ter sido diretor, também participou de novelas e fez o papel de "Agostinho", na primeira versão do seriado *A Grande Família*.

"Ouvi do diretor que, se não transasse com ele, não precisava voltar. Não voltei".

Xuxa se tornou apresentadora quase a contragosto ou, no mínimo, com muitas dúvidas sobre se queria mesmo fazer TV. E, a julgar pelo relato de Sherman, a televisão brasileira e os milhões de fãs que Xuxa conquistaria por décadas passaram a dever a Pelé, seu namorado na época, além dos gols e glórias do futebol, também a opção dela pela carreira de apresentadora. Isso porque, na época do convite de Sherman, Xuxa ainda hesitava entre os estúdios de TV e os de fotografia, a ponto de o diretor resolver ligar para Pelé, então com 46 anos, para pedir ajuda e receber uma resposta animadora:

– Olha, tenho o maior interesse que a Xuxa faça isso. Porque eu estou a fim de me casar com ela, quero ter um filho com ela e, para mim, seria muito bom que ela ficasse aqui em vez de ficar viajando e eu atrás dela.

Xuxa então assinou com a Manchete tentando conciliar os dois caminhos profissionais. No início, trabalhava em Nova York durante a semana e retornava ao Rio para gravar, nos sábados e domingos, os programas que a Manchete exibiria na semana seguinte. Foi, no entanto, a Ford Models, agência com a qual tinha contrato, que exigiu que ela escolhesse a carreira que pretendia seguir. De acordo com Sherman, Xuxa acabou optando pela Manchete ainda hesitante e, assinado o contrato, com data marcada para o início das gravações, arrependeu-se, em nova conversa com ele:

– Ah, não vou mais não. Vou ficar presa aqui para fazer programa infantil. E eu não gosto muito de criança, criança me chateia.

Sherman disse que não hesitou em ligar para Pelé, que, segundo ele, garantiu:

– Deixa comigo que eu boto ela no avião. Ela vai sim.

Pelé levantou a bola, Maurício Sherman marcou um gol de placa no *Clube da Criança* e, três anos depois, em junho de 1986, quem comprou o passe de Xuxa, pagando três vezes o que ela ganhava na Manchete, foi Mário Lúcio Vaz, então diretor de produção da Central Globo de Produção, seguindo orientação de Boni, que, ao repórter da *Piauí*, disse também ter percebido que Xuxa "não era coisa de adulto falando com criança nem era adulto imitando criancinha, era natural, falava de igual para igual".

De quebra, Boni e Mário Lúcio concretizavam, com a contratação de Xuxa, o troco encomendado dois anos antes por Roberto Marinho à recusa de Adolpho Bloch em dividir, com a Globo, a transmissão do Carnaval do Rio em 1984. Com um detalhe: o dono da Globo, ao tirar da Manchete sua principal estrela, estava devolvendo em dobro a desfeita do agora ex-amigo, considerado "um pai" por Xuxa, como ela mesmo revelou à *Piauí*:

"Minha relação com meu pai nunca foi muito boa. E eu tinha o seu Adolpho como um pai, uma família".

A partir da transferência para a Globo, ao tomar conta da grade de programação de rede da emissora das oito ao meio-dia, de segunda a sábado, o fenômeno Xuxa cresceu de forma exponencial com a conquista da audiência de milhões de telespectadores de todas as idades. Em oposição radical aos programas infantis que substituiu na Globo e que, em alguma medida, embutiam preocupações pedagógicas e educativas, além da cenografia e dos figurinos inspirados no teatro e nas histórias infantis tradicionais, o *Xou da Xuxa*, do conceito à apresentadora, principalmente nos primeiros anos, seria despudorado em sua infantilidade de playground, sempre embalada por músicas que quebrariam recordes sucessivos da indústria fonográfica brasileira.

Hoje vai ser uma festa
Bolo e guaraná
Muito doce pra você
É o seu aniversário
Vamos festejar
E os amigos receber

Cercado de merchandising por todos os lados e com anunciantes fazendo fila para ocupar seus seis ou sete intervalos comerciais diários, o programa era desenhado de modo que as crianças pudessem brincar livremente por todo o espaço, como se estivessem numa festa de aniversário cujo clímax era o momento em que todos cantavam "Parabéns da Xuxa", música que, durante muitos anos, varreria das festas infantis do Brasil a planetária "Parabéns pra você". Outra canção emblemática do programa, "Ilariê", lançada em 1988, entraria para o Guinness Book, o livro de recordes, como o disco infantil mais vendido do mundo, com a marca de 3,2 milhões de cópias.

Antes da estreia, a nova apresentadora chegara a medir forças com Boni, que em sua entrevista a este autor em 2023, explicou que, na verdade, não estava querendo contrariar uma regra imposta por Roberto Marinho e que proibia o uso de nome de artistas nos programas da emissora. Entre o veto do patrão e a exigência da nova estrela de ter seu nome na marca do programa, Boni criou duas alternativas intermediárias: *Xuxa Xou* ou *Xou da Xuxa*, que acabou sendo o escolhido pela apresentadora. E antes de conseguir a autorização do dono da Globo, Boni ainda teve de vencer mais um obstáculo:

– Boni, mas "Xou" tem um erro de português...

– Não é um erro de português, doutor Roberto. Show é uma palavra inglesa.

Em outro movimento de afirmação, Xuxa não aprovou um programa-piloto gravado de acordo com o que considerou ser o Padrão Globo de Qualidade, pedindo, no lugar, um cenário inspirado nos gibis da Turma da Mônica e que seria criado por Reinaldo Waisman, então braço direito do criador Mauricio de Sousa.

Xuxa também encomendou a nave da cor do carro da personagem "Penélope Charmosa", do desenho *Corrida Maluca*, para "pousar" no estúdio na abertura e ir embora no final do programa, todos os dias, depois de se despedir de duzentas crianças em delírio com o bordão "beijinho, beijinho, tchau, tchau".

Diante das câmeras, Xuxa abdicava radicalmente da maturidade, sempre à distância do mundo dos adultos, como uma espécie de cúmplice travessa dos "baixinhos", às vezes escorregando no infantiloide, mas confirmando a síndrome de Peter Pan diagnosticada precocemente por Sherman. Como Xuxa lembraria na entrevista a Tiago Coelho, "Peter Pan" também era o nome de uma música cedida por Rita Lee ao primeiro disco da série *Xou da Xuxa*, lançado em 1986:

"A letra diz: 'Areia da grossa, areia da fina, areia me faça ficar pequenina'. Eu estava começando na Globo. Ninguém apostava que o disco fosse fazer sucesso. Ninguém queria me dar uma música para gravar. Eu era conhecida como um símbolo sexual naquela época. E a Rita disse que só via uma menina em mim".

Para misturar brincadeiras, atrações musicais, números circenses, quadros especiais e a exibição de desenhos animados como *He-Man*, *She-Ra*, *Scooby-Doo*, *Os Flintstones*, *Thundercats* e *Caverna do Dragão*, Xuxa contava com auxiliares que se tornariam ícones queridos das crianças brasileiras, principalmente as nascidas entre a segunda metade dos anos 1970 e meados da década de 1980:

as paquitas, com suas roupas inspiradas em soldadinhos de chumbo; "Dengue", o enorme mosquito cheio de braços; e o baixinho "Praga", com sua fantasia de tartaruga. O fato de todas as paquitas serem louras e brancas de olhos claros chamaria atenção do jornal *The New York Times* em 1990, em reportagem na qual o autor observou:

"O ídolo do Brasil é uma loura e algumas pessoas perguntam por quê".

O guarda-roupa de Xuxa, embora estivesse longe do minimalismo dos camarins do mundo da moda e do estúdio fotográfico da *Playboy*, não seria exatamente um monumento ao recato, tanto no estilo quanto na quantidade. Apenas nos primeiros dois anos e meio do programa, segundo o site oficial da Globo, ela já havia se apresentado com 759 modelos diferentes, criados pela figurinista Sandra Bandeira, e que revelavam a queda especial de Xuxa por botas, ombreiras e pelas minissaias ousadas com viés de alta que se tornariam alvo dos críticos e especialistas que à época acusaram o *Xou da Xuxa* de ser indutor de uma sexualização precoce dos "baixinhos".

Seriam seis anos e meio de recordes de audiência e de faturamento, realimentados pela multiplicação de produtos, eventos e negócios gerados pela idolatria de Xuxa, como o filme *Lua de Cristal*, bilheteria de cinco milhões de espectadores, e a versão do programa em língua espanhola, *El Show de Xuxa*, que chegaria a ser transmitida para dezessete países da América Latina pela emissora argentina Telefe.

Os negócios cresceriam tanto que acabariam inviabilizando o próprio *Xou da Xuxa* em dezembro de 1992, quando a apresentadora e a Globo optaram por formatos mais convenientes aos respectivos interesses, e que sairiam de uma linha de montagem à parte da Central Globo de Produção, com títulos que sempre combinariam alguma palavra com o nome da apresentadora: os semanais *Paradão da Xuxa* (1992), *Xuxa* (1993), *Xuxa Hits* (1995), *Planeta Xuxa* (1997), *Conexão Xuxa* (2007) e *Xuxa Park* (1994-2001); e os programas diários *TV Xuxa*, no ar entre 2005 e 2014, e *Xuxa no Mundo da Imaginação*, este de cunho educativo para crianças de até 10 anos, concebido com a ajuda de educadores e profissionais especializados, e exibido de segunda a sexta, entre 2002 e 2004. Além de cerca de vinte especiais de Natal, igualmente identificados como franquias Xuxa.

Depois de um início assertivo no qual, além de impor à Globo o tipo de programa que queria, levou a emissora a demitir o diretor do programa *Planeta dos Homens* que a tinha assediado em 1980, Xuxa decidiu permanecer no que poderia ser chamado de "modo Peter Pan": deixou a direção artística de seus programas inteiramente nas mãos de Marlene Mattos e a administração de seus negócios com o advogado Luiz Cláudio Lopes Moreira, especializado em direito autoral e *show business*. Nas palavras de um dos executivos da Globo ouvidos pelo autor, mesmo que quisesse, "Xuxa não tinha repertório para negociar os contratos".

Marlene, ex-secretária de Maurício Sherman na Manchete, soberana absoluta da franquia Xuxa nos estúdios da Globo, algumas vezes faria o papel de escudo da apresentadora, como em 1988, no dia em que, ao reagir a um artigo d'*O Pasquim* que citava uma crítica do então presidente da Conferência Nacional dos Bispos do Brasil (CNBB), Dom Luciano Mendes de Almeida, à "sexualização", à "propaganda de produtos para as crianças" e à participação de Xuxa "num filme pornográfico", respondeu:

"A Igreja fica de portas fechadas enquanto fiéis morrem de fome".

Ao longo dos anos, no entanto, caberia ao advogado Luiz Cláudio o trabalho de contenção de danos à imagem da fada brincalhona que encantava a criançada na tela da Globo. O que significou, ainda na década de 1980, por exemplo, processar a revista *¡Hola!* por uma capa em que Xuxa aparecia com os seios à mostra ao lado de Pelé na praia espanhola de Ibiza; impedir a realização de um leilão de doze fotos de Xuxa nua em uma livraria do Rio em julho de 2002; e abrir um processo contra o Google, para excluir de sua ferramenta de busca imagens de Xuxa nua e remover qualquer associação de seu nome e sua imagem com o termo "pedofilia".

A preocupação com a palavra "pedofilia" tinha a ver com uma batalha do advogado de Xuxa, que foi bem mais complexa que remover, do imaginário público, os ensaios fotográficos que antes, durante e depois do namoro com Pelé tinham incendiado a imaginação de milhões de brasileiros, incluindo um rapaz de São Paulo que se apaixonaria por ela chamado Ayrton Senna.

A briga era para proibir a exibição do filme *Amor, estranho amor*, de Walter Hugo Khouri, um longa estrelado por Vera Fischer e Tarcísio Meira que ganhou a fama de pornográfico, apesar de ter sido liberado para maiores de 14 anos. Xuxa participara do filme em 1982, aos 18 anos, interpretando uma prostituta de 15 que se entrega a um menino ainda mais novo. Em seu depoimento, Vera Fischer[*] deu uma ideia do tamanho do desafio de Xuxa e de seu advogado:

"A Xuxa quis interditar o filme para os baixinhos não verem, mas todos os baixinhos já tinham pegado o filme na locadora".

O "reinado" de Xuxa também incluiria uma relação ambígua da apresentadora com a mídia e os fãs. Tendo sempre à mão o argumento do direito à privacidade para interromper essa relação na hora que quisesse, ela promoveria, ao longo dos anos, uma interminável brincadeira de "puxa-empurra" principalmente com a imprensa de celebridades, deixando vazar informações quase sempre envoltas em mistério, mas também instigantes, sobre episódios de sua intimidade, como o namoro com Ayrton Senna; o projeto de ser mãe com a ajuda do ator, apresentador e ex-modelo Luciano Szafir; o evento de marketing em que se transformou o nascimento da filha Sasha em 1998, no caso em parceria com a Central Globo de Jornalismo; e a estranha sondagem matrimonial com jeito de *business plan* a que foi submetida por ninguém menos do que Michael Jackson, em 2009.

A história com Michael Jackson, a exemplo de outras, só seria revelada por Xuxa alguns anos depois, com lacunas. Mas o autor George Moura, convidado por Mário Lúcio Vaz para discutir com Xuxa a realização de um documentário sobre a vida da apresentadora, disse em sua entrevista a este autor que foi tomado pela incredulidade ao saber de alguns detalhes da abordagem do cantor. Contou que o avião de Michael buscou Xuxa no Rio e a levou para a mítica propriedade do astro em Neverland, no condado de Santa Bárbara, na Califórnia, Estados Unidos, para um encontro que durou cerca de duas horas.

Michael depois serviu pipoca e assistiu a um filme com Xuxa. Houve ainda um jantar, antes que ela fosse para a suíte reservada para ela na mansão. E, após passar mais um dia em Neverland, Xuxa voltou para o Brasil no jato do cantor. Cinco dias depois, segundo o relato feito por ela a George e Mário Lúcio, recebeu um telefonema do empresário do cantor com uma proposta:

– Michael está num momento de transformação da vida dele, pensando também em ter uma penetração na América Latina e ele escolheu você. Quer se casar contigo.

Impressionado com a história, que terminou com Xuxa dizendo ao emissário de Michael Jackson que não aceitava a proposta e que só se casaria com uma pessoa que amasse, George propôs:

– Xuxa, essa história tem que abrir o documentário.

– Isso eu não conto.

George argumentou que não dava para fazer um documentário chapa-branca, Xuxa não mudou de ideia e o projeto nunca aconteceu.

Seria só depois do trauma da demissão, na sala de Carlos Schroder, em 2014, que Xuxa aprofundaria uma mudança radical de comportamento cujos primeiros indícios tinham surgido na entrevista surpreendente que ela dera ao *Fantástico* dois anos antes, em 2012, aos 49 anos, já num momento final de sua carreira na Globo. Na entrevista, ela inaugurou um período de franqueza desconcertante em que contou, em detalhes que causaram comoção no país, os abusos sexuais de que foi vítima na infância por parte de vários homens, incluindo o namorado de sua avó e o melhor amigo de seu pai.

Outras entrevistas e momentos públicos viriam, na Globo e em outros veículos de imprensa, nos quais, em vez de cultivar a velha síndrome de Peter Pan, Xuxa se mostraria engajada na luta contra a violência doméstica, o machismo, a pedofilia e o preconceito contra minorias identitárias. E em 2023, nos 60 anos da apresentadora, a série *Xuxa, o Documentário*, com direção artística por Pedro Bial, seria outro marco da mudança.

Na série, Xuxa, considerada por Bial o "maior ícone pop da história do Brasil", reconheceu que foi um erro tentar impedir a exibição do filme *Amor, estranho amor*; teve um encontro de reconciliação diante das câmeras com o ator Marcelo Ribeiro, que fez o papel do menino com quem ela filmou a cena erótica; e se arrependeu de ter dado tanto poder a Marlene Mattos, sugerindo que perdeu dinheiro por causa dela e trocando acusações com a ex-diretora, também diante das câmeras e de Bial.

Uma das acusações, negada por Marlene, remetia ao dilema do início da carreira da própria Xuxa na televisão:

"A Marlene odiava crianças".

Despedidas

Depende de nós
Quem já foi ou ainda é criança
Que acredita ou tem esperança
Quem faz tudo pra um mundo melhor

Se dependesse de muitos pais e mães de norte a sul do país, e também de Simony, Ferrugem, Fofão, Tob, Mike, Jairzinho e do humorista Castrinho, protagonistas da última temporada do infantil *Balão Mágico*, programa que ocupou os finais de manhã da Globo entre março de 1983 e junho de 1986, saindo do ar para dar espaço ao *Xou da Xuxa*, a abertura e o encerramento da temporada de 1984, que mostravam palhaços e malabaristas passeando sob uma lona de circo, ao som da inesquecível canção de Ivan Lins e Vitor Martins, continuaria a reverberar e a provocar uma ou outra lágrima marmanja ainda por muito tempo nos lares brasileiros.

Num tempo em que, em vez de links com as redes sociais da internet, o cenário, modesto, costumava ficar parcialmente tomado por pequenas montanhas de cartas enviadas pelos telespectadores mirins, o *Balão Mágico*, dirigido por Rose Nogueira e Eddy Newton com supervisão de Nilton Travesso, além de contar histórias criadas pela diretora em parceria com a poetisa Lúcia Vilares, apresentava o conteúdo de sempre: desenhos animados que marcaram gerações como *Pernalonga*, os eternos *Flintstones*, *Smurfs*, *Popeye*, *Bam-Bam e Pedrita*, *Zé Colmeia*, *He-Man*, *Mulher-Aranha*, *Flash Gordon*, *Superamigos* e *Homem Pássaro*. O jeito de embalar, no entanto, estava com os dias contados.

Na época, a programação infantil da Globo, fiel a um conceito mais lúdico e delicado, se comparado ao estilo moderno e frenético que estava para ser implantado com a chegada de Xuxa à emissora, tinha uma estética e um conteúdo que dialogavam claramente com os gostos e preferências culturais e musicais predominantes na classe média urbana brasileira safra 1980, e sem maiores preocupações com a audiência das classes C, D e E. Como, de resto, aliás, acontecia nos outros espaços da grade da emissora.

Uma evidência do olhar mais sofisticado dos infantis da era pré-Xuxa na Globo foi o premiado *Plunct, Plact, Zuuum*, musical exibido em 1983, na linha dos anteriores *Vinicius Para Criança: A Arca de Noé*, exibido em 1980, *A Arca de Noé II*, em 1981, e *Pirlimpimpim*, em 1982. Reapresentado três vezes, uma raridade na Globo, e base para a produção de um disco histórico e de uma segunda edição exibida em março de 1984, *Plunct, Plact, Zuuum* contava a saga de um grupo de crianças que, proibidas de fazer as coisas de que gostam e aflitas com os medos e as ansiedades próprios da idade, planejam fugir de casa para realizar seus sonhos e, ao sair em busca de um mundo mais livre e com mais fantasia, encontram um marioneteiro interpretado pelo humorista José Vasconcellos que começa a contar-lhes histórias de aventura.

Além de ir ao ar em pleno horário nobre, logo depois da novela das oito, *Plunct, Plact, Zuuum* contou com a participação de diversos artistas também identificados com públicos mais exigentes, entre eles Jô Soares, que interpretou um mestre-cuca cantando a música "Planeta Doce"; Eduardo Dussek, o "Mestre da Matemática", com a música "1+1 É Bom Demais"; Raul Seixas, intérprete do número musical "O Carimbador Maluco"; e Maria Bethânia, a fada que protagonizou um momento marcante da história dos musicais da Globo com "Brincar de Viver", canção de Guilherme Arantes que, a exemplo de "Depende de Nós", arrebatou milhões de telespectadores de todas as idades.

> *Quem me chamou?*
> *Quem vai querer voltar pro ninho?*
> *E redescobrir seu lugar*
> *Pra retornar e enfrentar o dia a dia*
> *Reaprender a sonhar*
>
> *Você verá que é mesmo assim*
> *Que a história não tem fim*

Continua sempre que você responde: sim
À sua imaginação
À arte de sorrir cada vez que o mundo diz: não

Programas como aquele não seriam mais produzidos para o horário nobre da Globo. Sem chance. E até o mais longevo infantil da emissora, o *Sítio do Picapau Amarelo*, a exemplo do *Balão Mágico*, também saiu da grade de programação em 1986, ano da chegada de Xuxa, mesmo não sendo, no caso, para abrir espaço para a nova apresentadora da casa. De modo especial, o ator e diretor Gracindo Jr. foi uma das testemunhas do adeus ao *Sítio*.

Convidado por Geraldo Casé, no final de 1985, para ser um dos diretores de uma nova fase do *Sítio do Picapau Amarelo*, sem que ambos, Casé e ele, soubessem que o programa estava prestes a ser tirado do ar no início de 1986, Gracindo se encantou ao chegar ao sítio de Barra de Guaratiba, Zona Oeste do Rio, onde, a partir de 1977, a Globo gravara os quase setenta episódios da adaptação feita pela emissora à obra de Monteiro Lobato. E, ao encontrar a atriz Zilka Salaberry, intérprete absoluta da personagem "Dona Benta", Gracindo se deu conta de que a locação se misturara ao romance:

"Era um lugar lindo e virou mesmo o *Sítio do Picapau Amarelo*. A planta colocada ali havia quinze anos já tinha crescido, já tinha dado flor, já tinha dado fruto. A Zilka conhecia todas as galinhas, todas. E fazia bolo. Era um lugar fantástico para se abrir uma câmera para gravar. Um sossego, exatamente o clima do Monteiro Lobato".

Gracindo até sabia da polêmica extraoficial sobre "sai o *Sítio*, não sai o *Sítio*" que corria nos bastidores da Globo, paralelamente ao projeto da emissora de dar uma "mexida" e de criar "uma estética voltada para o ano 2000" para o programa que, perto de completar uma década no ar, tinha sido deslocado para o final da tarde, horário ingrato da grade em que a concorrência era o coquetel de baixaria, assistencialismo e violência exibido diariamente pelo programa *O Povo na TV*, do SBT.

O próprio Geraldo Casé*, no entanto, ainda acreditava na sobrevivência do programa, ao propor uma modernização da linguagem e a adoção dos "códigos cotidianos" das crianças dos anos 1980.

– Casé, não se preocupe com a audiência. Preocupe-se em fazer o melhor programa infantil que você puder.

Essa orientação de Boni, dada a Casé no início da produção do *Sítio*, em 1977, e que ele considerou "um grande presente" de sua vida na televisão, pelo apoio que recebeu da direção para fazer "um conteúdo respeitoso à faixa etária que assistiria ao programa", já não valia mais em 1985:

"O Boni me chamou e disse: 'Casé, o *Sítio* está perdendo audiência'. E eu não saí arrasado da conversa. Saí pensando no que tinha acontecido".

Ao analisar o cenário da TV aberta daquele momento, em novembro de 2001, mesmo sem dispor de dados mais precisos sobre a perda de audiência do *Sítio* em relação ao programa *O Povo na TV* em 1985, Casé* apontou mais um indício, entre os muitos que já vinham ocorrendo, da lenta mas persistente mudança tectônica em curso no perfil médio do telespectador brasileiro durante os anos 1980, a chamada "década perdida" da economia brasileira. Um fenômeno que só seria inteiramente percebido muito tempo depois, ao ser analisado na perspectiva de décadas, e que Casé ilustrou com uma imagem do que para ele estava acontecendo nas casas:

"No momento em que a concorrência começou a botar um programa que atendia uma outra faixa de poder aquisitivo muito mais baixo e de nível muito menor de conhecimento e de expectativa que são as empregadas, as domésticas, *O Povo na TV* entrou em cima do *Sítio*. Então, é muito mais fácil uma babá, uma pessoa ligar naquele programa do que naquele que é da faixa etária da criança, que não vai chiar, não vai dizer nada. E fica por isso mesmo".

Ao falar dos últimos momentos do *Sítio*, Casé lembrou o costume do apresentador d'*O Povo na TV*, Wilton Franco, de puxar, diariamente, contrito, pontualmente às seis da tarde, a oração da Ave Maria, em meio às barbaridades do programa. E deu um aviso a Edwaldo Pacote, supervisor do *Sítio*:

– Pacote, eu posso fazer com que o *Sítio* volte a ter a faixa etária a que ele está proposto, mas não vou botar a "Dona Benta" pra rezar a Ave Maria e falar alguma coisa diferente. Não vou fazer esse programa. Vou fazer outra coisa.

Não houve necessidade. Geraldo Casé não precisou se violentar, Gracindo Jr. acabou dirigindo apenas dois episódios, inesquecíveis para ele, e o programa teve seu último capítulo exibido no final da tarde de 31 de janeiro de 1986.

Uma segunda versão do *Sítio* iria ao ar na Globo a partir de 2001, mas em capítulos diários de quinze minutos. E dentro do programa *Bambuluá*, apresentado por Angélica.

A herdeira de Xuxa.

Pepinos mexicanos

Fosse no Brasil dos anos 2020, visto em seu balé delirante entre as pessoas, no meio de uma rua movimentada do país, e vestido de bandeira do Brasil dos pés à cabeça, ele poderia até ser confundido com um bolsonarista em êxtase com o eventual fechamento do Supremo Tribunal Federal pelo Exército.

Mas o ano era 1986, o mês era maio e ele era apenas o inofensivo e desajeitado "Arakem", avesso de galã sempre cercado de lindas mulheres que a Globo usou nas vinhetas do chamado "aquecimento" da cobertura da emissora na Copa do Mundo daquele ano, no México. Uma espécie de precursor do infalível bloco Olodum das futuras transmissões comandadas por Galvão Bueno.

Interpretado pelo documentarista e ator acidental José Antônio de Barros Freire, originalmente personagem de uma campanha de lançamento da programação da Globo naquele ano, "Arakem", ao ser convocado pela emissora para ser uma espécie de mascote da torcida brasileira e também um provocador bem-humorado dos adversários da seleção, era um dos trunfos de uma cobertura em que a Globo, por não ter exclusividade na transmissão dos jogos, não queria dar chance a novos sustos com a audiência dos concorrentes.

A Manchete, que embora à época estivesse longe de representar um perigo real e imediato à hegemonia da Globo, se transformara num assunto desconfortável em algumas salas do Jardim Botânico, e ainda gastava por conta do milionário investimento com o qual Adolpho Bloch, além de adquirir equipamentos de última geração, tinha autorizado a contratação de uma respeitável equipe de profissionais nas áreas de jornalismo, entretenimento e esportes, boa parte deles proveniente da Globo. E passados apenas dois anos do baile de audiência que dera na cobertura do Carnaval carioca de 1982, a Manchete tinha dado outro susto na Globo durante a cobertura das Olimpíadas de Los Angeles, quando ambas tiveram acesso às imagens e Luiz Gleiser*, à época um dos contratados pela Manchete, recebeu uma missão inicialmente assustadora do chefe Pedro Jack Kapeller, o Jaquito:

– Olha só, decidimos que você vai dirigir as Olimpíadas com a TV Globo.
– Mas eu não entendo um prego de esporte!
– Mas você fala inglês...

A missão de comandar a cobertura de Los Angeles, entre 28 de julho e 12 de agosto de 1984, parecera ainda mais difícil quando Gleiser chegou aos Estados Unidos, dois meses antes da abertura dos jogos, para a primeira reunião de compartilhamento do *pool* de transmissões por satélite com a equipe da Globo:

"O pessoal da Globo era tudo veterano, só tinha fera. Minha equipe era de 32 pessoas e a da Globo tinha mais de 130".

Ainda assim, a nova façanha de audiência fora possível porque Gleiser usara a única arma daquela batalha que a Manchete tinha de mais e a Globo tinha de menos: espaço na grade de programação. Ao se dar conta de que a grade da Manchete à época contava apenas com o programa *Bar Academia*, "jornalismo pra cacete" e filmes, Gleiser fez uma proposta que Rubens Furtado, então diretor-geral da emissora, aprovou na hora:

"Eu disse ao doutor Rubens que a gente ia gastar dinheiro de qualquer jeito, mostrei a ele que teríamos um canal de satélite direto e propus que fizéssemos uma programação basicamente só de Olimpíada. Mal sabíamos nós, em 1984, que estávamos prenunciando a TV por assinatura, que só chegaria ao Brasil em 1991".

Deu certo. Após amargar 2 pontos de audiência na transmissão da cerimônia de abertura em Los Angeles, a Manchete, ao se transformar no autoproclamado "canal das Olimpíadas" e levar ao ar praticamente todas as competições disponíveis no *pool* de satélite para o Brasil, na lembrança de Gleiser, chegaria a dar piques de até 20 pontos no Ibope.

Independentemente dos índices do Ibope, mais uma vez, a Globo viu-se na obrigação de correr atrás do prejuízo de audiência, mesmo com uma cobertura que incluíra, nos meses anteriores à competição, dois programas especiais sobre as provas seletivas de atletismo, ginástica e natação. Como lembrou o diretor Luizinho Nascimento*, a cobertura intensiva da Manchete e a resposta positiva do telespectador fizeram a Globo mudar de ideia em plena Olimpíada:

"A gente foi para lá não preocupado em transmitir Olimpíada muito maciçamente. Foi mais uma estrutura de telejornalismo. Íamos transmitir os jogos que envolvessem o Brasil. Mas, no meio da cobertura, Boni chegou em Los Angeles e mudou a orientação: a gente teve que dar muita Olimpíada".

De uma hora para outra, a ordem era transmitir tudo e Glória Maria, uma das integrantes da equipe da Globo, por exemplo, teve de acompanhar até competição de hóquei na grama, segundo Luizinho. O problema, porém, na lembrança de Luiz Fernando Lima, futuro diretor de esportes e à época um dos repórteres enviados a Los Angeles, era algo que seria inaceitável no departamento a partir daquela Olimpíada: falta de planejamento.

"De repente a Globo decidiu que tinha que ter mais Olimpíada no ar do que estava planejado. Então tinha tudo de menos, planejamento de menos. Não tinha narrador suficiente. Num certo momento, deu a largada da maratona em Los Angeles e pegaram a primeira pessoa disponível, o repórter Ricardo Menezes. E o Ricardo foi pra dentro da cabine narrar a maratona".

Na Copa do México, as coisas seriam definitivamente diferentes.

Àquela altura, o esporte já tinha uma presença maior e mais constante na grade de programação da Globo e, de acordo com Telmo Zanini*, um dos chefes de redação da então chamada "divisão de esportes", já começara a valer, na emissora, uma forte mentalidade empresarial baseada em planejamentos anuais e quadrienais, feitos a partir dos projetos criados pela área comercial para captar as verbas publicitárias cada vez maiores que os grandes anunciantes passaram a destinar aos eventos esportivos.

A Globo retomava de vez, e para valer não só no México em 1986, mas em oito edições da Copa do Mundo que os brasileiros acompanhariam pela emissora até 2022 – exceção feita à Copa de 1990, inviabilizada pelo confisco do Plano Collor –, o modelo arrasa-quarteirão de cobertura que tinha sido inaugurado de forma espetacular e fora atingido em cheio em 1982, quando a seleção italiana eliminou precocemente o Brasil no fatídico 3 x 2 do Estádio Sarriá, em Barcelona.

O modelo incluiria, sempre, com ou sem exclusividade dos direitos de transmissão, a obsessão da Globo por recursos e conteúdos que só ela poderia oferecer, o uso da melhor tecnologia de transmissão disponível no momento e, para a contrariedade de uma parte dos telespectadores, uma abordagem mais de torcida organizada do que de jornalismo esportivo, sempre muito perto da seleção, perto até demais, para os críticos, onde quer que ela estivesse. Galvão Bueno, segundo Zanini, gostou:

"O Galvão, como parte interessada, mas também vendo que aquilo é importante, também deu muita força. Então, a gente conseguiu esse formato e, qualquer jogo, qualquer amistoso que você fazia, a gente tinha uma equipe forte que ia junto com a seleção".

Visto do ponto de vista da concorrência, o estilo de intensa paixão que se tornaria regra nas coberturas e narrações esportivas da Globo até o século 21, com o tempo também inspiraria críticas como a do repórter Juarez Soares*, que deixou a emissora em 1982, logo depois da Copa da Espanha, e fez em 2007 uma sugestão irônica aos narradores:

"Como espectador, eu acho, e agora é uma coisa pessoal, e é de todo narrador, acho que todo narrador tinha de fumar. Tinha de fumar! Os caras falam tanto! Mas eles falam tanto que levam qualquer um à loucura! O narrador não para de falar. Ele tem de respirar. Então fuma, pega o cigarro, acende, deixa a bola correr um pouco para o cara que está sentado no sofá respirar, para ele tirar as próprias deduções".

Cerca de 120 profissionais, entre jornalistas, técnicos, engenheiros, produtores e comentaristas, além dos narradores Galvão Bueno, Osmar Santos e Luiz Alfredo, foram enviados pela Globo ao México sob comando de Armando Nogueira e do diretor de esportes na época, Leonardo Gryner. A equipe contaria com um satélite exclusivo, para entrada de entrevistas ao vivo a qualquer momento da programação, e duas câmeras exclusivas para acompanhar o comportamento do público e dos torcedores brasileiros durante os jogos.

Na área tecnológica, a novidade da Globo naquela Copa seria o software que ganhou o nome de Tira-Teima, uma espécie de "avô" do futuro VAR (*Video*

Assistant Referee), que conseguia paralisar a imagem de uma jogada e ajudar os então técnicos convidados Zagallo e Rubens Minelli e esclarecerem lances polêmicos durante os intervalos das partidas. O modo torcedor da Globo, na Copa do México, além das vinhetas bem-humoradas do personagem "Arakem", o "Golman", contaria com uma pequena revolução nos estúdios até então comportados da Central Globo de Jornalismo: o apresentador Fernando Vannucci assumiria de forma escancarada o papel de torcedor, com improvisos, brincadeiras, camisetas temáticas e até uma corneta, na hora de dar as últimas da seleção brasileira.

O que ninguém imaginava em 1986 era que, logo no dia da estreia, uma outra rasteira viesse da Itália, agora não da seleção italiana, mas de Silvio Berlusconi, o empresário bilionário e futuro primeiro-ministro que, em guerra aberta para impedir que prosperasse em seu país o projeto europeu que Roberto Marinho iniciara em 1985 com a compra de uma pequena emissora monegasca chamada Telemontecarlo, usou o grande poder que tinha junto à União Europeia de Radiodifusão (UER) para impedir que a Globo recebesse o sinal da Copa. Coisa de "bandido", segundo Dionísio Poli, que à época, convocado por Marinho, já tinha trocado a direção da área comercial da Globo no Brasil pelo comando do projeto Telemontecarlo.

Resolvido a tempo o problema do acesso às imagens, na verdade uma breve escaramuça de Berlusconi contra a Globo, o projeto de cobertura da emissora sofreu, junto com todas as outras redes de televisão do mundo que estavam no México, os efeitos do caos completo que tomou conta do International Broadcast Center (IBC), o centro de imprensa da Copa então sob responsabilidade da rede mexicana Televisa. O *switcher* central do IBC deixou de funcionar de uma hora para outra e poucas emissoras puderam transmitir corretamente. A Globo, segundo Leonardo Gryner, foi uma das poucas que conseguiram escapar:

"A gente já estava desconfiando que os mexicanos não fossem entregar um bom serviço e contratamos uma saída direta do nosso sinal dos estúdios da Globo no IBC para o Rio. Começou a Copa do Mundo, o áudio da BBC foi parar na Dinamarca, o da Dinamarca foi parar na Áustria, e isso ficou assim durante 3 dias".

Pressionado pelas emissoras europeias da UER e também ouvindo sugestão de Leonardo Gryner em nome da Globo, o então presidente da Fifa, João Havelange, responsável pela entrega do IBC à Televisa, rede que tinha entre seus sócios seu aliado político Guillermo Cañedo, integrante do comitê executivo da Fifa e presidente do comitê organizador daquela Copa, trocou o comando do centro de imprensa. Para a Globo, no entanto, fora da Cidade do México, ainda existiam alguns fios desencapados.

Para acompanhar de perto a seleção brasileira, que mais uma vez disputou as oitavas de final na mesma Guadalajara da Copa de 1970, a Globo optou por alugar uma emissora inteira, com estúdio pronto e todos os recursos necessários, já existente dentro da Universidade de Guadalajara e então "desligada" pelo fato de todos estarem em férias escolares durante a Copa. Ainda assim, faltando menos de uma semana para o início da Copa, Gryner viu-se obrigado a importar às pressas da fabricante americana Scientific Atlanta, e mandar buscar na fronteira com o Texas, duas antenas de micro-ondas que os mexicanos tinham prometido e não entregaram.

Quando tudo parecia estar enfim resolvido em termos técnicos, Sócrates caminhou de forma displicente e bateu fraco na bola, facilitando a defesa do goleiro Joël Bats. Minutos depois, o zagueiro Júlio César acertou uma bomba na trave. E o Brasil foi eliminado, nos pênaltis, de mais uma Copa, dessa vez jogando contra a França, nas quartas de final, diante de 65 mil torcedores que lotaram o estádio Jalisco, em Guadalajara, no dia 21 de junho. A campeã daquela Copa, para completar, seria a Argentina de Maradona, em uma final contra a Alemanha de Rummenigge.

Mais uma grande cobertura de Copa da Globo murchava antes do *gran finale*.

Mas naquela mesma tarde de 21 de junho, um sábado, a 3.600 quilômetros de Guadalajara, no *paddock* improvisado nas ruas de Detroit para o GP dos Estados Unidos de Fórmula 1, em meio à festa e às cuidadosas provocações dos técnicos e engenheiros da Renault que tinham acompanhado a partida que classificou a França, Ayrton Senna, piloto da equipe Lotus, alvo das brincadeiras e cliente insatisfeito do motor francês, registrou. Ia ter troco no dia seguinte.

Em *close*, na tela da Globo.

O dia da bandeira

Quando alinhou com sua Lotus-Renault na *pole position* para o Grande Prêmio de Detroit na manhã seguinte à derrota do Brasil para a França na Copa do México, Ayrton ainda estava às vésperas de se transformar num dos maiores fenômenos de audiência da história da Globo. Mas já em 1983, três anos antes, ao se tornar a sensação da Fórmula 3 inglesa, ele tinha sido motivo de uma disputa entre a Globo, detentora dos direitos de transmissão da Fórmula 1, e a Bandeirantes, cujo diretor de esportes da época, o piloto Reinaldo Campello, havia comprado da BBC o direito de transmitir a Fórmula 3 ao vivo para o Brasil, pagando cinco mil dólares por corrida. Um troco.

Campello, em entrevista para a biografia *Ayrton: o herói revelado*, escrito por este autor, disse que tinha chegado a alimentar o sonho de usar as corridas de Senna na Fórmula 3 para disputar audiência com as transmissões de Fórmula 1 da Globo nas manhãs de domingo. Isso até Bernie Ecclestone, o já poderoso presidente da Formula One Constructors' Association (FOCA), no estilo truculento que imporia aos negócios da categoria nas décadas seguintes, entrar em cena com uma manobra típica de mafioso: usou o jeitinho inglês para impedir que o sinal das transmissões das corridas de Ayrton na Fórmula 3 saísse dos autódromos ingleses para as antenas da Bandeirantes no bairro do Sumaré, em São Paulo. E ponto.

Restara à Bandeirantes o direito de exibir "compactos" das corridas de Fórmula 3 e acabou sendo a Globo, parceira de Ecclestone, a emissora que transmitiu para o Brasil, pela primeira vez, ao vivo, uma corrida da Fórmula 3 inglesa. E logo a corrida que seria a consagração de Senna, virtual campeão da categoria, no dia 2 de outubro de 1983, em Silverstone.

A transmissão da Globo foi precedida de um investimento de produção muito semelhante ao que a emissora vinha fazendo à época na Fórmula 1, num ano, aliás, em que Nelson Piquet conquistaria seu bicampeonato: reportagens especiais sobre Ayrton, participação da equipe de repórteres do escritório da emissora em Londres, entrevistas ao vivo com a família Senna, comentários de Reginaldo Leme e narração de Galvão Bueno. Todos certos de que o Brasil tinha uma nova estrela do esporte.

Faltou, no entanto, combinar com o inglês Martin Brundle, que venceu a corrida e fez Senna, o segundo colocado, esperar até a última prova do campeonato para efetivamente conquistar o título. Contratempos à parte, foi uma dupla da Globo formada por Reginaldo Leme e pelo cinegrafista Sergio Gilz que registrou, com exclusividade, na manhã de 19 de julho daquele ano, no autódromo de Donington Park, o primeiríssimo momento em que Ayrton entrou no *cockpit* de um Fórmula 1, a Williams-Ford do então campeão Keke Rosberg, e deu um show imediato, baixando em quatro décimos o recorde da pista.

Três anos depois do teste histórico em Donington, logo depois de cruzar a linha de chegada em primeiro no Grande Prêmio de Detroit de 1986, e sabendo que milhões de brasileiros estavam tomados pela tristeza, decepcionados com a derrota para a seleção da França, Ayrton viu um torcedor agitando uma pequena bandeira brasileira por trás do alambrado e encostou a Lotus, tomando o cuidado para não deixar o motor morrer, e gesticulou, pedindo que o torcedor lhe desse a bandeira.

Daquele ponto em diante, ele passou bem próximo de todas das câmeras de TV do circuito, olhando para as lentes e agitando vigorosamente a bandeira, sabendo que os brasileiros estavam acompanhando aquela volta de comemoração ao som do "Tema da Vitória", a música que a Globo usava quando pilotos brasileiros venciam na Fórmula 1 e que nos anos seguintes se tornaria um hino inseparável de suas façanhas.

Era tarde de domingo no Brasil, o país inteiro imerso na ressaca da inesperada eliminação da seleção de Telê Santana. E o gesto simpático daquele rapaz tímido de São Paulo ficou na memória de muita gente que não dava a menor atenção para Fórmula 1. Naquela época, o publicitário Washington Olivetto, segundo contou em entrevista a este autor, não achava fácil separar o que era genuíno e o que era estratégia profissional nas atitudes de Ayrton:

"Senna tinha o que precisava na Fórmula 1 de sua época: uma disciplina fantástica e a percepção de que estava num negócio que contém esporte. Além disso, conseguiu provocar a adoração do mito, sendo um padrão da doçura absoluta, de bondade, de capacidade de luta. E mais o estilo destemido. Tudo o que se espera de um ídolo e, junto com isso, uma visão comercial muito grande. Ele misturava tudo de uma maneira que era praticamente impossível saber onde terminava uma coisa e onde começava a outra".

Celso Itiberê, um dos poucos jornalistas brasileiros que acompanharam toda a carreira de Senna na Fórmula 1, já tinha percebido, antes do gesto da bandeira em Detroit, que Senna era "fiel ao torcedor" e, ao contrário de Piquet, sentia uma certa responsabilidade:

"Ayrton precisava da torcida para poder vencer, para abrir grandes espaços para ele na mídia. Mas também havia sentimento. As coisas caminhavam paralelamente".

Depois da Copa de 1986, o personagem "Arakem" foi aposentado e José Antônio de Barros Freire voltou, satisfeito, à sua carreira de documentarista.

Na tela da Globo, enquanto Ayrton Senna vivesse, não haveria ninguém mais capaz de encantar os telespectadores ao empunhar a bandeira do Brasil, antes que ela dividisse o país, trinta anos depois, de forma radical e traumática, por causa da política.

O amargo gosto de ser pequeno

O convidado, sem saber qual era o exato motivo do jantar, na cobertura localizada na Via di Santa Maria dell'Anima, proximidades da Piazza Navona, em Roma, num início de noite de dezembro de 1985, cinco meses depois de Roberto Marinho comprar 90% da pequena Telemontecarlo, ponto de partida de sua tentativa de se tornar uma potência também do mercado internacional de televisão, era o filho Roberto Irineu, acompanhado de Dionísio Poli, diretor da nova emissora da família.

O anfitrião, do outro lado da mesa, era Silvio Berlusconi, futuro primeiro-ministro italiano, à época dono do Canale 5 e de outras cinco emissoras, e até então um comprador assíduo de novelas e programas exportados pela Globo. De acordo com o relato de Roberto Irineu, os três trocaram amenidades até o momento em que um assessor de Berlusconi entrou na sala e anunciou:

– Ganhamos!

O anfitrião perguntou:

– Quanto custou?

– Menos do que o senhor me autorizou a gastar.

No instante seguinte, Berlusconi virou-se para Roberto Irineu e disse:

– A partir de hoje, vocês estão ilegais na Itália.

O assessor tinha acompanhado, no Palazzo Montecitorio, sede do Parlamento italiano, a menos de um quilômetro dali, a sessão em que havia sido aprovada a primeira das mais de cem medidas legislativas ou jurídicas que, segundo Roberto Irineu, seriam articuladas a partir daquele momento por Berlusconi e seus aliados na política e no judiciário da Itália, com o objetivo expresso de inviabilizar a produção e as transmissões da Telemontecarlo no país.

Eram as primeiras pedras no caminho de um projeto malsucedido de expansão internacional da Globo que se arrastaria por cerca de uma década. Uma exceção contidamente celebrada pelos adversários de Roberto Marinho, em cinco décadas de êxitos empresariais da emissora. E um empreendimento que, por uma questão de horas, poderia ter tido outro destino com a entrada, como sócia da Globo no negócio, da Fiat, então comandada por Gianni Agnelli, o homem mais rico da história italiana moderna.

Sim, a história que ficou, reverberada internamente na Globo por Boni e seus aliados, e ecoada em matérias da imprensa brasileira, é a de que a Telemontecarlo foi uma aventura irresponsável patrocinada por Roberto Irineu, então com 37 anos, quase à revelia do pai, e na qual alguns executivos importantes da emissora foram retirados a contragosto da tranquilidade de suas salas no comando da empresa e mandados à Itália para enfrentar as emissoras do magnata Silvio Berlusconi e tentar, inutilmente, botar de pé uma pequena rede da Europa a um custo irrecuperável que teria ficado em torno de duzentos milhões de dólares.

Não foi bem assim, a julgar pelas linhas e entrelinhas de alguns depoimentos dados por protagonistas do episódio ao Memória Globo, e também de acordo com entrevistas inéditas feitas por este autor. Muito da desinformação a respeito do episódio da Telemontecarlo, como reconheceu Roberto Irineu, se deveu ao fato de ele próprio, o pai e o irmão João Roberto manterem em sigilo absoluto, ao longo do desgastante projeto italiano, um projeto bem mais ambicioso que o de investir em "uma rede menor que a menor das redes concorrentes da Globo no Brasil". Sabiam do projeto maior, segundo Roberto Irineu, além dos Marinho, Dionísio Poli, José Roberto Filippelli, à época responsável pela venda de programas e novelas da emissora na Europa, e Luiz Eduardo Borgerth, então diretor internacional da Globo.

Antes da cena de filme de máfia no apartamento de Berlusconi, quando Roberto Irineu e Dionísio Poli foram avisados pelo gângster da política italiana sobre o chumbo grosso que já tinha sido disparado contra o empreendimento da Globo no país, o filho mais velho de Marinho já vinha negociando uma sociedade com o lendário Gianni Agnelli, todo-poderoso da Fiat, empresa que controlava quase 5% do PIB da Itália, não apenas uma sociedade com a Globo na Telemontecarlo para disputar o mercado publicitário do país, mas, principalmente, a participação dessa sociedade, como representante da Itália, numa espécie de consórcio europeu de redes privadas de televisão de cuja criação Roberto Irineu era participante e que então vinha sendo articulada por grandes grupos de comunicação do continente, entre eles a rede alemã RTL, o grupo espanhol El País, a portuguesa SIC e os franceses do grupo Lagardère.

A ideia de comprar uma emissora na Europa ganhara corpo dentro da família Marinho, segundo o jornalista Ricardo Pereira*, um dos executivos da Globo convocados para o projeto Telemontecarlo, num momento em que grandes empresários de comunicação, como o magnata da mídia britânica Robert Maxwell e o australiano Rupert Murdoch, entre outros, tentavam entrar no mercado de mídia do continente, de olho nas oportunidades que à época estavam surgindo com o fim dos monopólios estatais de televisão em vários países, entre eles a França, a Espanha e a Itália.

A escolha da Telemontecarlo como primeiro passo para internacionalização desejada pelos Marinho foi decorrente de uma sugestão feita a Roberto Irineu por José Roberto Filippelli. Na lembrança de Dionísio Poli*, protagonista central do negócio, foi "um desejo obstinado do próprio Roberto Marinho", a partir do momento em que o filho Roberto Irineu se reuniu em Roma com diretores da estatal italiana RAI, detentora de 10% da Telemontecarlo, para negociar a compra de 90% da emissora pela Globo.

"O doutor Roberto tinha essa ideia de ter uma rede de televisão na Europa, até porque sua origem era italiana. A avó dele era calabresa e ele tinha um certo orgulho dessa origem."

A ideia era transmitir conteúdos com a marca da Globo principalmente para os cerca de doze milhões de telespectadores do norte da Itália, a região mais rica do país, a partir do transmissor da Telemontecarlo localizado no Principado de Mônaco. E o máximo que Dionísio afirmou ter conseguido, nas "enfáticas recomendações" feitas "juntamente com o Boni" de que o negócio não fosse feito, foi deixar o dono da Globo hesitante.

Isso até o final de julho de 1985, uma semana antes da compra, quando, acompanhado de Poli e preocupado menos com o investimento e mais com uma possível hostilidade dos políticos italianos à presença de uma emissora estrangeira no país, Marinho teve uma reunião na sede do partido da Democracia Cristã, em Roma, com Ciriaco De Mita, líder político importante e futuro primeiro-ministro. A impressão, segundo relato feito por ele a Roberto Irineu, não foi das melhores:

"O De Mita, bem *blasé* e refestelado na poltrona, se limitou a uma frase quando papai quis saber se teria segurança em relação a eventuais leis que pudessem inviabilizar o projeto da Telemontecarlo. Disse: 'Não vai acontecer'".

Ainda indeciso, o dono da Globo convocou Poli e um executivo da RAI para um jantar em Roma, numa das sete mesas do Papa Giovanni, restaurante na Via dei Sediari, ao final do qual optou, finalmente, por seguir em frente. Roberto Irineu, que não participou das duas reuniões, ao lembrar aquele momento, disse que só tinha uma certeza: não ia contrariar o *feeling* do pai, qualquer que fosse a decisão. Poli*, no entanto, pelo que disse em sua entrevista ao Memória Globo, não teve a mesma atitude. Garantiu que tentou argumentar contra e ficou com a certeza de que a vaidade pesou bastante na decisão de Marinho:

"O doutor Roberto foi à Itália algumas vezes. Ele era um homem vaidoso [...] e se sentia um cara importante. Acabou fechando o negócio, apesar de eu e o Boni, que também foi para lá uma certa ocasião, termos mostrado a ele os números e dito que não ia funcionar".

Nas palavras usadas por Poli, Marinho chamou Boni e o próprio Poli de "dois idiotas" quando eles argumentaram que, apenas para começar, seriam necessários investimentos da ordem de duzentos milhões de dólares:

"Ele achou que nós éramos loucos. Falou: 'Com vinte milhões de dólares a gente faz essa televisão'. Então, tudo bem, o negócio foi fechado, mas foi um erro causado pela vaidade".

Em sua entrevista a este autor em fevereiro de 2025, Roberto Irineu, surpreso ao tomar conhecimento, quase 40 anos depois, do relato de Poli, duvidou com veemência de que o pai pudesse ter tido aquela reação e garantiu que Poli, ao contrário do que disse, ficou entusiasmado com a proposta de ser diretor da Telemontecarlo. Roberto disse ainda que o pai à época já tinha "separado" cem milhões de dólares para o projeto na Itália, acrescentando:

"Meu pai jamais aceitaria Poli e Boni nos cargos que tinham na Globo se os considerasse idiotas".

Para se entender o tipo de empreitada na qual Marinho estava se lançando naquele verão de 1985, Ricardo Pereira*, que ainda naquele ano seria transferido do escritório da Globo em Londres para comandar o jornalismo da Telemontecarlo em Roma, propôs uma reflexão:

"Imaginem o que aconteceria se amanhã chegasse um empresário italiano na fronteira do Brasil com o Paraguai, montasse ali uma televisão em língua portuguesa, virasse as antenas para o Brasil e começasse a vender publicidade em São Paulo. Era isso".

A então chamada Télé Monte Carlo era uma pequena rede fundada e baseada em Mônaco que, embora dispondo de repetidoras em grande parte da península italiana, tinha perdido boa parcela de seu público com a entrada, na disputa de audiência com a RAI, com o Canale 5 e com as outras emissoras pertencentes ao grupo Fininvest, de Berlusconi. Em sua entrevista a este autor, Roberto Irineu disse que os 80% do controle da Télé Monte Carlo, oficialmente passados à Globo em 4 de agosto de 1985, foram comprados pelo valor simbólico de um dólar, com a RAI mantendo seus 10% e os antigos proprietários ficando com os 10% restantes. A suposta pechincha, segundo ele, devia-se ao fato de que praticamente tudo teria de começar do zero:

"A Telemontecarlo era só uma licença, que estava em nome da RAI e tinha um transmissor vagabundo que não servia para nada em Mônaco e que ninguém queria. O que a Telemontecarlo tinha de valor, para quem entendia de televisão, era a condição de membro da União Europeia de Radiodifusão (UER), e, com isso, vinha o acesso à Copa do Mundo, às Olimpíadas, ao noticiário de televisão e aos programas especiais da marca Eurovisão por um preço subsidiado ridiculamente barato. E o preço era pequeno porque a participação de mercado e de audiência da Telemontecarlo eram insignificantes em relação à das outras emissoras da UER. Além disso, a Telemontecarlo tinha também direito de transmitir para a Itália".

Faltava combinar com a maioria dos diretores da Globo no Brasil, a começar por Boni, que, em sua entrevista a este autor em 2023, enfatizou sua incredulidade com a informação de Roberto Irineu de que a Telemontecarlo poderia ser comprada pelo preço simbólico de um dólar:

"Achei mirabolante. Fiquei com um pé atrás. E depois falei com o Roberto Irineu que não ia participar porque não acreditava no projeto. Foi uma conversa nossa que ele tornou pública".

Para o diretor Mauro Rychter*, que ao ser contratado para o projeto Telemontecarlo já não trabalhava mais na Globo e estava cuidando de sua produtora no Rio, "todos os executivos estavam com a vaca na sombra, ganhando uma grana da boa, e ninguém pensava em sair para aquela aventura em Roma". Entre eles estava Dionísio Poli, que, em depoimento inédito ao jornalista Fernando Portela, lembrou ter sido obrigado por Roberto Marinho, e não pelo filho, até por impensável, inclusive, a trocar o poderoso cargo de superintendente de comercialização da Globo pela direção da pequena Telemontecarlo:

"Como eu era, eu sou italiano, o doutor Roberto achou que eu era o cara. Eu não queria, eu não tinha a menor intenção de voltar a viver na Itália. Eu estava muito bem no Brasil. Integrado, casado com uma brasileira, com filhos brasileiros, amigos brasileiros. Quer dizer, eu tinha virado brasileiro, definitivamente. E o velho primeiro me convidou; depois, praticamente, me obrigou".

Para Roberto Irineu, Poli estava apenas valorizando a sua posição ao dizer que não queria ir para a Itália. Coincidência ou não, o próprio Poli* disse que cobrou de Marinho um "salário sério" pelo "sacrifício". Boni, então vice-presidente de Operações, não estava entre os convocados a participar diretamente do comando da Telemontecarlo, mas, a pedido de Marinho, foi com ele à Itália para avaliar o projeto. Em sua entrevista a este autor, Boni disse que acabou ficando mais de dois meses trancado num escritório alugado pela Globo em Roma para fazer um levantamento, com a ajuda de Giorgio Pagliari, engenheiro italiano da Globo Rio, do diretor da RAI Vittorio Boni e de José Roberto Filippelli.

"Depois de correr o país levantando quais seriam as emissoras que poderiam transmitir o sinal da Telemontecarlo, Pagliari disse que a rede não existia. Além disso, os televisores italianos eram do tipo 'pressetado'. Em vez de seletor, tinham quatro botões de apertar que serviam para os três canais da RAI e mais uma emissora, geralmente do Grupo Berlusconi. Era um projeto inviável".

Os dados preocupantes do levantamento, e que seriam ignorados pelo dono da Globo ao comprar a emissora, foram a base de um episódio relatado por Boni cujo enredo os três filhos de Marinho, nas entrevistas a este autor em 2023, negaram com veemência que tenha acontecido. Em mais de uma oportunidade, Boni disse a interlocutores como o apresentador Carlos Nascimento*, entre outros, que promoveu um almoço com o patrão e os filhos em Roma durante o qual, junto com os talheres, as louças e os cristais, ofereceu a eles cópias personalizadas de um dossiê devastador de sua autoria sobre erros estratégicos que estariam sendo cometidos na compra da Telemontecarlo. Ao desmentir a história contada por Boni, Roberto Irineu, na entrevista a este autor em fevereiro de 2025, acabou fazendo uma revelação:

"Não houve essa reunião com a família. O Boni sabotou mesmo. E sabotou porque pediu uma participação acionária alta na Telemontecarlo que nós não aceitamos porque ele já participava dos lucros da Globo. Foi por não ter tido papel direto e, por esta razão, não se beneficiar da empreitada, que Boni bateu no projeto e aconselhou seus liderados a fazerem o mesmo".

O filho mais velho de Marinho também concordou com os que viram, na hostilidade de Boni ao projeto Telemontecarlo, uma tentativa de fragilizar ou retardar o que ele, Boni, considerava um movimento dos herdeiros em direção à sucessão do dono da Globo, então com 81 anos. Movimento que incluiria a ida de João Roberto Marinho, que estava n'*O Globo*, para a Globo, substituindo Roberto Irineu na vice-presidência da emissora, a pedido do irmão.

A artilharia de Boni pesou contra, mas foi a romaria de executivos da Globo enviados por Marinho à Itália para avaliar a Telemontecarlo, semanas depois da compra da emissora, que deixou claro para Roberto Irineu que ele era um dos poucos entusiastas do projeto, talvez pelo fato de praticamente ninguém na emissora saber da parceria que ele articulava em paralelo para entrar junto com Gianni Agnelli no consórcio europeu de redes privadas de televisão. Outra evidência do clima de insatisfação no comando da Globo com o negócio foi o tom da conversa de Ricardo Pereira, já transferido para Roma, e mais um dos executivos que não sabiam da parceria em curso entre a Globo e a Fiat, ao convidar Mauro Rychter* para trabalhar na Itália, em janeiro de 1986:

– Mauro, o Roberto Irineu está aqui e tem a missão de tomar conta da Telemontecarlo. Está aqui perdido, não entende nada de televisão. Achou que os executivos todos da Globo iam ajudar ele a montar a televisão e todo mundo deu banana pra ele. Ele ficou meio vendido nessa história, completamente sozinho. E o pai em cima dele, imagina!

Ainda que preocupado, embora reconhecendo que os executivos da Globo tinham suas razões, ao argumentarem que a compra representava um risco desnecessário para a emissora, Ricardo fez uma conta simples para demonstrar o potencial financeiro da empreitada:

"Se a Globo conquistasse 10% do mercado italiano de publicidade, esses 10% equivaleriam a 60% ou 70% do que a Globo estava faturando no Brasil".

Na arena política, além do apoio prometido pessoalmente a Marinho pelo líder da Democracia Cristã Ciriaco De Mita, a Globo teria até a inusitada acolhida do Partido Comunista Italiano, verbalizada pelo então deputado Antonio Bernardi, que saudou a chegada da emissora brasileira ao país como um antídoto contra a rede do direitista Berlusconi e "uma alternativa ao esquema americano".

Para os executivos e gestores da Globo, no entanto, pesavam mais os riscos de montar uma rede de televisão em outro país e ainda tendo, na concorrência, fora a poderosa RAI, um empresário sedutor cuja fortuna nascera de relações suspeitas com a Cosa Nostra e cuja perspicácia nos negócios se confundia com seu poder de subornar juízes e políticos. Dionísio Poli resumiu para Fernando Portela a tempestade que se armou à época no horizonte:

"Não tinha chance. Já existia o Berlusconi e na época existia o Bettino Craxi, secretário-geral do Partido Socialista. Apesar de uma participação pequena do partido dele no Parlamento, era um cara duríssimo, não tinha governo sem ele. Craxi usava um poder de chantagem gigantesco e era muito amigo do Berlusconi, muito amigo. Ninguém nunca chegou a provar definitivamente, mas ele era seriamente corrompido pelo Berlusconi. Então eu percebi que esta era a regra do jogo: o Berlusconi ia mandar, ia continuar mandando na televisão".

Mas Roberto Marinho queria e ponto.

Estava começando um período em que a Globo passaria vergonha, mas bem longe do olhar dos brasileiros.

Desastre à italiana

"Foi como se uma emissora paraguaia chegasse ao Brasil para concorrer com a Globo."

Antes mesmo das armadilhas de Berlusconi, já nos primeiros dias, executivos da Globo como o diretor Antonio Athayde, autor do desabafo, acostumados à arquitetura e aos números poderosos do império de Marinho no Brasil, tiveram de submeter os respectivos egos a um processo violento de humildade.

Um exemplo, na lembrança de Mauro Rychter, foi a área operacional, na verdade um apartamento de três quartos que funcionava como um estúdio improvisado onde mal cabiam os cenários, ligado por cabos a um *switcher* montado dentro de um *trailer* que ficava sempre encostado num dos estúdios da RAI, em Roma.

Faturar ali com publicidade, no começo, segundo Rychter, nem pensar: "A gente ia nas agências de publicidade pedindo, pelo amor de deus, que nos dessem filmes de bons patrocinadores para a gente exibir de graça. E usávamos filmes da Mido, Rolex e de grifes italianas de primeira linha pra ter intervalos e poder trocar a câmera ou para alguém ir ao banheiro. Quem assistia achava que a Telemontecarlo era o maior sucesso, com aqueles comerciais maravilhosos de empresas de petróleo e de carros. Mas não entrava um centavo".

E com um agravante, percebido também nos primeiros dias, segundo Rychter, quando ele, Poli, o próprio Roberto Irineu e mais alguns poucos técnicos italianos, estes a quilômetros da experiência das equipes da Globo no Brasil, tentaram montar a nova grade de programação e levar ao ar o primeiro telejornal diário da emissora:

"Ninguém falava italiano. Ninguém. Foi uma aventura completamente maluca".

Athayde, deslocado da direção de afiliadas no Brasil para o comando da área comercial na Itália, confessou ter ficado especialmente abalado com a missão de se relacionar com o mercado publicitário concentrado em Milão:

"Fui o primeiro brasileiro que apareceu na sede da Telemontecarlo na cidade. Foi uma experiência esquisita: sem falar a língua, fui chegando lá, representando um comprador estrangeiro. Como os milaneses são pessoas sofisticadas, acho que me viram um pouco como um índio chegando lá. Foi uma experiência que, se a gente tivesse pensado um pouco, concluiria que era destinada a não dar certo".

O próprio Mauro Rychter, no entanto, ressalvou, em seu depoimento, que a situação insustentável dos primeiros dias deu lugar a um outro cenário, bem mais animador, quando o investimento da família Marinho começou a aparecer, por exemplo, na mudança da emissora, ainda em 1986, para um prédio e um estúdio próprios no bairro Balduina, na parte alta de Roma.

Com o tempo, o arsenal de novelas e minisséries da Globo começou a ser exibido pela Telemontecarlo, com alguns conteúdos tendo seus títulos originais mantidos, caso de *Gabriela* e *Dancin' Days*, e outros traduzidos, como *Giungla di Cemento* (*Selva de Pedra*), *La padroncina: Il cammino della libertà* (*Sinhá Moça*), *Adamo contro Eva* (*Guerra dos Sexos*), *Potere* (*Roda de Fogo*) e *Società a irresponsabilità illimitata* (*Armação Ilimitada*).

Sem ameaçar a RAI, a líder de audiência, mas competindo com as emissoras de Berlusconi, a grade da Telemontecarlo também incluiria alguns enlatados americanos, o programa infantil *Il paese della cuccagna* (*A Terra da Abundância*), produzido no Brasil; o telejornal *TMC News*; e jogos do Campeonato Brasileiro e da seleção, além das corridas do Mundial de Fórmula 1. Tudo embalado por um conceito gráfico claramente inspirado no padrão criado pelo designer Hans Donner no Brasil. Teve até uma apresentadora das atrações esportivas, Alba Parietti, cujas pernas a transformaram num símbolo sexual dos italianos. Rychter chegou a acreditar:

"A Telemontecarlo mudou, ficou uma coisa mais profissional. A gente contratou todas as pessoas que tinha que contratar. A emissora se aprumou e estava começando a andar direito. Mas aí veio o Berlusconi".

E foi com dinamite.

À parte mobilizar seus aliados e cúmplices na Justiça e no Parlamento italiano, Berlusconi, segundo Athayde, esteve por trás de ações que incluíram até a explosão de retransmissores da Globo no país. A sabotagem, de acordo com Rychter, era feita com uma espécie de bomba-relógio:

"Eles escolhiam as antenas e botavam lá a bomba programável, quietinhos, para ela estourar só depois do começo do inverno, quando ninguém conseguia chegar lá pra trocar a antena ou consertar. Tivemos antenas que ficaram fora do ar por seis meses, no sul da Itália. E a gente não tinha o que fazer".

Quando não era possível dinamitar, os sabotadores de Berlusconi, segundo Athayde, iam até os transmissores da emissora e alteravam a posição da antena de forma imperceptível, mas o suficiente para deixar o sinal da Globo com "uma qualidade horrorosa". Nas cidades italianas, na época do ano em que se fazia a aferição da audiência das emissoras de TV, os "antenistas", técnicos que normalmente prestavam serviços aos edifícios ajustando as antenas coletivas, eram contratados pelo esquema Berlusconi para mover dolosamente as antenas para que os televisores dos apartamentos deixassem de "pegar" o sinal da Telemontecarlo.

Outros obstáculos criados pelo invisível exército de Berlusconi incluíram, segundo Rychter, batidas rigorosas e demoradas da polícia italiana, exatamente na rota dos motociclistas que tinham de levar as edições produzidas no escritório de Roma para as instalações da Telemontecarlo em Mônaco, de onde a programação era transmitida. O que deixava furioso, e também impotente, o diretor de engenharia Herbert Fiuza, outro integrante da força expedicionária de executivos da Globo enviada à Itália por Roberto Marinho.

E não seria apenas Berlusconi, segundo Roberto Irineu: a proprietária de uma pequena afiliada da Telemontecarlo na Sicília, por exemplo, inconformada com a rescisão de um contrato pela equipe da Globo, mandou dois homens armados ao escritório de vendas então ocupado por Roberto Irineu e Dionísio Poli no bairro romano de Aventino, com a missão de forçá-los a assinar a renovação. Diante da situação, Roberto Irineu disse a este autor que esticou a conversa até alguém ter tempo de avisar a brigada antiterror da polícia italiana, que, armada com fuzis e metralhadoras, prendeu os dois em flagrante.

Em outubro de 1987, em mais um dos muitos episódios que levaram Athayde a dizer que "a Globo foi para a Itália fazer televisão e acabou montando um grande departamento jurídico", a programação da Telemontecarlo seria retirada do ar em suas afiliadas Canale 7 Roma e Canale 21 Roma, por força de uma contestação jurídica do direito da emissora de realizar transmissões ao vivo no território italiano. Feita, claro, pelo conglomerado Fininvest.

Apenas em honorários de advogados, a Globo gastou um milhão de dólares, só em 1987. Dionísio Poli, sozinho, foi acusado em 104 processos, 96 deles penais e que, se transformados em condenações, somariam vinte anos de cadeia. E não faltaria nem mesmo uma tentativa de Berlusconi de "quebrar a perna" de Roberto Irineu em Roma, sondando o próprio Poli*, italiano nascido numa pequena vila entre Bolonha e Florença, para a diretoria de suas emissoras. Àquela altura, Ricardo Pereira, um insuspeito aliado de Roberto Irineu, mesmo convicto de que existiam boas razões para o negócio, reconheceu:

"A Itália tem a máfia, tem a Igreja Católica e tinha o maior partido comunista do Ocidente. Quer dizer: um país em que essas três organizações convivem é um país complicado. Um amigo meu americano, jornalista da CBS, quando eu fui morar em Roma, me deu um conselho: lembrar todo dia de manhã, quando estivesse fazendo a barba, que Maquiavel era italiano e que é um exercício de maquiavelismo morar naquele país".

Observador externo tarimbado daquele cenário, Roberto Colaninno, empresário italiano, ex-presidente da Telecom e da Piaggio, dona da marca Vespa, dimensionou, em entrevista à revista *Carta Capital*, em 2001, o desafio que a Globo enfrentou na época:

"Teria sido mais fácil comprar o Vaticano".

Adio

A reunião foi no escritório da Fiat em Roma, no início de 1987, quando Berlusconi já tinha transformado a Telemontecarlo num pesadelo para o comando da Globo na Itália e no Brasil. Roberto Irineu tinha sido convocado para uma reunião com Gianni Agnelli e Cesare Romiti, sendo este o representante dos acionistas da Fiat, para ser informado que eles tinham uma resposta definitiva que o filho mais velho de Roberto Marinho vinha esperando havia mais de um ano: depois de uma demora no fluxo de decisões decorrentes do fato de a Fiat estar à época sob intervenção da Mediobanca, um gigante financeiro semiprivado equivalente ao BNDES brasileiro, a montadora italiana estava disponível para comprar 50% da Telemontecarlo. Tornava-se, enfim, realidade a única chance de sobrevivência do projeto de Roberto Marinho na Itália: ter, como contraponto a Berlusconi, o sócio poderoso conhecido no país como *L'Avvocato*, "o advogado".

Foi quando também houve um desencontro fatal.

Agnelli, segundo Roberto Irineu, não avisou que, naquele exato momento, o presidente da Fiat no Brasil, Giorgio Tagliavini, estava fazendo o mesmo comunicado, pessoalmente, a Roberto Marinho, na sede da Globo, no Rio de Janeiro:

"Sem que eu soubesse, com o intuito de fazer uma surpresa e para homenagear o papai e não ter que dar aquele tipo de notícia por telefone, o Agnelli tinha mandado o Tagliavini sair da sede de Betim, em Minas, para o Rio e comunicar a decisão no mesmo horário, e isso sem que eu tivesse tempo de preparar o papai ou de preparar o João Roberto para explicar tudo a ele. Foi uma falta de sorte danada".

Agnelli não sabia que o estado de espírito predominante na família Marinho, àquela altura, era outro, após investir no sofrido sonho europeu um valor que Roberto Irineu calculou já estar, àquela altura, na casa dos cem milhões de dólares:

"Papai já estava muito agastado, perdendo muito dinheiro e sendo sabotado por todos os lados. Nada estava acontecendo de acordo com os planos dele.

Estava cansado e não aguentava mais, dizendo: 'Vamos vender. Vamos fazer qualquer coisa pra ir embora'".

Logo depois da reunião na Fiat, quando, feliz e orgulhoso, Roberto Irineu ligou de seu apartamento em Roma para o Rio para dar a notícia a João Roberto, "o desastre já estava feito". Na manhã seguinte, chamado novamente à sede da Fiat em Roma, ele ouviu do próprio Agnelli qual tinha sido a resposta do pai quando Giorgio Tagliavini comunicou a decisão da empresa de fazer o negócio:

– Eu não quero vender 50%. Eu quero vender 100%.

O negócio acabou de vez quando Agnelli acrescentou:

– Roberto, seu pai quer vender 100%, mas não queremos ser donos de uma televisão sozinhos. Queremos ser sócios da Globo. É diferente. Sinto muito.

A família Marinho começaria a desembarcar da Telemontecarlo em janeiro de 1994, numa reunião na qual os representantes da Globo foram, mais uma vez, Roberto Irineu e Dionísio Poli, estando do outro lado da mesa, no segundo andar de um *palazzo* de Roma onde ficavam os escritórios da dupla, os representantes do Grupo Ferruzzi, conglomerado com negócios em praticamente todos os setores da economia italiana, interessados em controlar 51% do capital da emissora. Em 1998, os Marinho venderiam os 49% restantes ao mesmo grupo.

E assim acabou o projeto cujo desfecho frustrante, em raro desabafo feito anos depois à então diretora Marluce Dias da Silva, Roberto Irineu endereçou também a "uns imbecis e ignorantes que não tiveram visão e que perderam uma grande oportunidade de internacionalização da Globo na hora certa". Excluindo, a propósito, Roberto Buzzoni, Armando Nogueira, Ricardo Pereira, Herbert Fiuza, Mauro Rychter e Clóvis Prates, diretor de programação da Globo Minas enviado à Itália na época, executivos que Roberto Irineu fez questão de nomear em 2023 para demonstrar sua gratidão pelo apoio que deram à Telemontecarlo.

Ao longo dos anos, Roberto Marinho seria poupado de um ônus que foi sempre pendurado mais na conta de Roberto Irineu, principalmente nos relatos de Boni e de outros executivos da Globo, pela utilidade da versão segundo a qual o projeto foi "uma aventura irresponsável" do filho do patrão, que, aos poucos, estava desidratando o poder do próprio Boni no comando da emissora.

Em 2023, ao reconhecer que houve uma certa "pretensão" da família e que o "grande erro" foi a Telemontecarlo não ter tido em sua direção "um executivo italiano como presidente-executivo, capaz de se movimentar e de dar os melhores conselhos", Roberto Irineu disse que "o tempo todo, do início ao fim, em todos os momentos", a Telemontecarlo foi um projeto da família, nunca um "voo solo" seu. O apoio dos filhos a Roberto Marinho, na época, segundo ele, foi o mesmo que eles continuariam dando a tudo que o dono da Globo decidiu fazer com seu império "até perto do ano 2000":

"Ele construiu e ele podia fazer o que quisesse com o que construiu".

Referindo-se à série da HBO de grande sucesso do início dos anos 2020 na qual "Logan Roy", o patriarca de um império de comunicação interpretado pelo ator Brian Cox enfrenta uma disputa imoral e fraticida entre os quatro filhos pelo comando do conglomerado, o irmão João Roberto, ao lado de Roberto Irineu na entrevista, garantiu:

"Aqui nunca vai ter *Succession*".

Abaixo o Gordo

A nenhum ator, atriz ou celebridade da Globo era vetado fazer publicidade, mas havia uma linha divisória intransponível guarnecida de forma radical pela área comercial da emissora, qualquer que fosse o prestígio, salário ou padrinho que estivesse na outra ponta da conversa: o contratado da emissora só poderia aparecer nos anúncios como pessoa física, sem qualquer citação visual, de texto ou de figurino a personagens que protagonizasse nos programas ou novelas da casa.

Regina Duarte, por exemplo, jamais poderia aparecer num anúncio de qualquer produto como a "Viúva Porcina" da novela *Roque Santeiro*, personagem considerado, contratualmente, propriedade intelectual da emissora. O mesmo valia para artistas de outras redes cujos anúncios fossem programados para exibição na Globo. Uma única e histórica exceção acontecera numa campanha das sandálias Havaianas protagonizada por personagens de Chico Anysio.

No segundo semestre de 1987, Jô Soares tinha sido contratado para estrelar uma grande campanha das tintas Suvinil, com tudo dentro do figurino estabelecido pela área comercial. Mas havia um problema, e não era o anúncio em si: na mesma época, por sugestão do Carlos Alberto de Nóbrega, Silvio Santos fizera a Jô uma proposta para levar seu programa para o SBT, com uma oferta financeiramente irrecusável, e o humorista, de acordo com o que conta no segundo volume de sua autobiografia *O livro de Jô*, tinha respondido que só conversaria para valer se também pudesse fazer, no SBT, um programa de fim de noite.

A julgar pelas duas autobiografias, a de Jô e a de Boni, o desejo do astro do *Viva o Gordo* de ter um programa nos moldes dos *talk shows* americanos não era segredo para a direção da Globo. Boni diz em seu livro que, ao discutir a ideia com Jô, aceitou fazer um *talk show* de segunda a sexta na Globo como ele queria, mas sem a garantia que Jô também exigira de que o programa entrasse no ar, no máximo, às onze e meia da noite. O argumento de Boni para Jô, reproduzido em seu livro:

– Quem manda no horário da Globo é a Globo. A última que quis mandar no horário da Globo foi a Glória Magadan e você sabe no que deu. Além do mais, tem dia que temos futebol, a possibilidade de eventos, e eu não posso garantir isso.

Em seu livro, Jô diz que, depois de informar Boni sobre a conversa preliminar com Silvio Santos, a reação do vice-presidente da Globo foi mais categórica, no sentido de que não havia espaço para *talk shows* na grade da emissora. Ainda assim, esperou quinze dias, o dobro do prazo pedido por Boni, por uma contraproposta que não houve, antes de assinar com o SBT e tornar pública o que ele chamou de "a mudança mais importante" de sua vida. Em sua entrevista a este autor em 2023, Boni disse que sua reação indignada se deveu ao fato de Jô ter feito uma reunião com ele na Globo já de contrato assinado com Silvio Santos:

"Eu considerei um caso de traição. Ao se reunir comigo, o Jô queria transferir a culpa dele pra mim, dizendo que não tinha dado certo a conversa com o Boni. E eu botei ele pra fora da minha sala e disse: 'Você me traiu. Eu quero te matar. Você está aqui falando comigo, mas já assinou com o Silvio Santos. Enquanto eu estiver na TV Globo, você não bota mais os pés aqui'. Eu sabia: o Hilton Marques, que trabalhava com o Jô, tinha me avisado: 'Não adianta, Boni, ele já assinou com o SBT'".

– Athayde, quero te dizer que o Jô Soares está saindo da Globo, está indo para o SBT.

– Puxa, Boni, que pena, o Jô Soares!

– Pois é, mas a pena não é essa, não. A pena é que ele, a partir de hoje, não entra mais nos intervalos comerciais da Rede Globo.

Antonio Athayde*, então recém-chegado da Telemontecarlo e já no cargo de superintendente de comercialização da Globo, sabia que Jô era garoto-propaganda da Suvinil e que os filmes estrelados por ele para serem exibidos ao longo de três meses pela emissora faziam parte de uma campanha "absolutamente milionária" que incluía até cartazes e bonecos inspirados em Jô Soares distribuídos por todos os revendedores de tintas do Brasil. E ficou preocupado:

– Boni, a gente está com uma campanha aqui da Suvinil, além de outras, que são com o Jô Soares.

– Athayde, o Jô não entra mais nos intervalos comerciais da Rede Globo.

Restaria a Athayde convidar a equipe da agência Salles/Interamericana para um almoço em que daria a notícia do veto e no qual foi informado, como já esperava, de que a campanha inteira teria de ser jogada fora:

"Era uma campanha que, sem a Globo, não existiria. Não adiantava pegar todo o dinheiro e botar na concorrência. Simplesmente não funcionaria".

CAPÍTULO 20 · 131

Já tinha acontecido uma reação semelhante de Boni com a atriz Marília Pêra* entre 1973 e 1974, quando ela teve a ousadia de pedir rescisão de seu contrato com a emissora por estar "esgotada por emendar uma novela na outra, gravando vinte horas por dia e ainda fazendo teatro junto, sem férias", e acabou sofrendo um sumiço, "por castigo", da Globo que só seria afrouxado anos depois, com sua participação especial "ainda na base do cachê" no seriado *Quem Ama Não Mata*, em 1982, e com o novo contrato, a partir de sua atuação na novela *Brega & Chique*, em 1987.

No caso do veto a Jô Soares, no entanto, Boni estava tão "alucinado", palavra de Jô, que fez até uma ameaça insólita que depois tentou amenizar, dizendo, sem convencer, que tinha sido uma brincadeira:

– Jô, já mandei tirar todos os teus comerciais do ar. Chamadas do teu novo show no Scala 2, também esquece. Aqui nessa telinha você não aparece mais e estou vendo com os advogados para você nunca mais usar a palavra "gordo".

Jô faria questão de deixar registrado, em seu livro de memórias, o troco público que deu ao veto de Boni à exibição de seus anúncios na Globo. No caso, citando um texto da coluna que passou a assinar no *Jornal do Brasil*, edição de dia 30 de abril de 1988:

"Com um impecável senso de oportunidade, a TV Globo escolheu exatamente o momento da Constituinte no Brasil para inaugurar sua 'Lista Negra'. Quem sair da emissora, sem ter sido mandado embora, corre o risco de não poder mais trabalhar em comerciais, sob a ameaça de que estes não serão lá veiculados. Como a rede detém quase que o monopólio do mercado, os anunciantes não ousam nem pensar em artistas que possam desagradá-la".

Em outro trecho, Jô criticou Boni em pessoa:

"É triste que nesse momento, em que se escreve diariamente a Democracia no Congresso, uma empresa que é concessão do Estado cerceie impunemente o trabalho do artista brasileiro, de um modo geral já tão mal remunerado. Finalmente, eu gostaria de dizer que Silvio Santos foi tremendamente injusto quando chamou Boni, numa entrevista, de '*office boy* de luxo'. Nenhum *office boy* consegue guardar tanto rancor no coração".

A reação agressiva de Boni, além de chocar muita gente na emissora, incomodou Roberto Marinho, que estava na Europa durante a crise e, surpreendido pelas circunstâncias da saída de Jô, convidou o humorista e a mulher, Flávia, para um jantar na mansão do Cosme Velho, durante o qual disse que tinha pedido "explicações internas" na Globo. Em seu livro, Jô disse que "foi um deus nos acuda":

"O Roberto Marinho quis demonstrar que não haveria nenhuma perseguição contra mim na Globo. Como amigo fraterno, o Bonifácio me pediu desculpas. Finalmente, caía a ficha: eu havia feito uma opção profissional, não havia nada de pessoal contra ele ou contra a emissora".

Desculpas e jantar de desagravo à parte, na hora da disputa pela audiência com Jô Soares na concorrência, ninguém, do Cosme Velho ao Jardim Botânico, ousou intervir quando Boni decidiu mexer até na estratégia anual de programação da Globo para promover o massacre, na nascente, do humorístico *Veja o Gordo*, que Jô tentou viabilizar no SBT. Na lembrança de Athayde, um pacote de *blockbusters* de Hollywood, trunfos certos de Ibope numa época em que não havia TV a cabo e muito menos *streaming* no Brasil, e cuja exibição estava prevista só para a programação especial de fim de ano da Globo, foi "descarregado" no horário do humorístico de Jô no SBT:

"Quando o Jô estreou no SBT, o Boni mandou botar no *Tela Quente* a série de filmes *Jornada nas Estrelas*, um atrás do outro, em abril. Ele dizia que o mal tinha de ser cortado pela raiz. O Jô então tomou Hollywood na cabeça já nas três primeiras semanas e esse programa dele nunca mais se firmou".

O massacre que levaria *Veja o Gordo* a durar menos que dois anos foi confirmado pelos índices de audiência da época, citados no livro *A deusa ferida: por que a Rede Globo não é mais a campeã absoluta de audiência*: o humorístico teve média de 8 pontos, contra os 40 que *Viva o Gordo* costumava obter na Globo. Ao mesmo tempo, uma pesquisa do Datafolha mostrou que a audiência mais popular migrou em massa do *Veja o Gordo* para o *Tela Quente*, da Globo. E não foram apenas filmes poderosos em audiência. O diretor Roberto Talma* também foi convocado para incluir um especial de Roberto Carlos na chuva de bombas contra Jô Soares:

"A gente queria neutralizar a estreia do Jô no SBT. Eu fui para Los Angeles e gravei com o Roberto Carlos em três dias. Saí do Rio numa quarta-feira. Fiquei lá quinta e sexta. Sábado eu voltei, domingo eu cheguei e segunda foi ao ar o programa. No dia da estreia do Jô no SBT".

"Magoadíssimo" com Jô e com o diretor Max Nunes, como reconheceu em seu livro, Boni apostou que o *Jô Soares Onze e Meia* também não ia emplacar e chegou a saborear o apelido de "Jô a Qualquer Hora" que alguém deu ao *talk show* pelo fato de a atração quase nunca ir ao ar no SBT no horário não apenas previsto no contrato, mas inscrito no próprio título do programa. A amigos como o publicitário Washington Olivetto, Boni chegou a prever:

– Ele não vai ter gente para entrevistar.

Jô teve. Não só entrevistados, mas Ibope, 11 pontos em média. E mais: de acordo com o Datafolha, o *Jô Soares Onze e Meia* levou para o SBT uma audiência mais qualificada, ao mesmo tempo que fez a emissora de Silvio Santos perder penetração e ver sua média de audiência cair de 20% para 11% no Rio e de

28% para 16% em São Paulo. Ou seja: em termos de perfil de audiência, o *talk show* de Jô era uma espécie de ilha da Globo cercada de SBT por todos os lados.

Tanto que, no segundo semestre de 1989, cerca de um ano depois da estreia no SBT, haveria uma conversa cujo momento central Jô Soares reproduziu em seu livro:

– Gordinho, está na hora de você voltar. Agora temos espaço na grade pra colocar o seu programa de entrevistas.

– Mas, Bonifácio, eu acabei de me mudar pro SBT, eu não posso largar o Silvio na mão.

Diante da resposta, Boni tentou o mesmo argumento que usou com sucesso para tirar Regina Duarte da TV Excelsior em 1969, quando ela disse que não poderia deixar a emissora no meio de uma novela:

– Isso é problema dele.

– É, mas eu assimilei o problema dele, não tem como eu sair agora.

Seriam mais de onze anos, com 6.927 entrevistas, num total de 2.309 edições do *Jô Soares Onze e Meia*, antes da volta de Jô à Globo.

A propósito, Washington Olivetto, cuja agência W/Brasil à época era detentora da conta de publicidade da emissora de Silvio Santos, aproveitou o surpreendente desempenho do *talk show* de Jô nas três noites de segunda-feira em que Boni despejou a franquia *Jornada nas Estrelas* no horário nobre para esmagar o humorístico *Veja o Gordo*. Amigos, amigos, clientes à parte, Olivetto criou um de seus famosos anúncios para o SBT:

"A Globo vai ter que passar *Jornada nas Estrelas* todas as noites".

CAPÍTULO 21

Marília e Roberto

– Não faço de jeito nenhum, Daniel! Não faço de jeito nenhum!

Marília Pêra* fez questão de repetir a resposta quando, em meados de 1988, Daniel Filho propôs que ela interpretasse a empregada "Juliana", personagem central da adaptação em forma de minissérie de dezesseis capítulos que a Globo ia fazer de *O Primo Basílio*, clássico da literatura portuguesa ambientado na Lisboa do final do século 19 e no qual Eça de Queiroz conta a história do envolvimento amoroso entre os primos "Luísa", que seria interpretada por Giulia Gam, e "Basílio", vivido por Marcos Paulo, com Tony Ramos no papel de "Jorge", o marido traído.

"Eu não queria fazer porque o modo como o Eça descreve essa mulher aos 40 anos, os olhos apertados, o nariz que parece um focinho, cabelos brancos, dentes estragados, boca de traça. Eu disse: 'Ah, eu não quero fazer essa mulher horrorosa! Não quero, não quero!'"

Daniel insistia com Marília, lembrando que "Juliana", pela intensidade do papel da mulher frustrada que vê na chantagem de "Luísa" uma oportunidade de escapar do destino amargo de serviçal ao qual estava condenada, era o personagem preferido do cineasta espanhol Luis Buñuel, ícone venerado do cinema europeu daquela época. Mas a atriz, às vésperas de uma das maiores interpretações de sua carreira na televisão, resistia:

"Eu precisava desenvolver todo o tempo os maus sentimentos. É uma mulher que vive dos maus sentimentos, uma pobre coitada, uma desgraçada, uma injustiçada da vida que por ressentimento não consegue nunca sair do poço de lama onde ela vive. E eu tinha que desenvolver a inveja, a maldade. Fiquei assim, por muito tempo, dizendo não. Depois acabei aceitando e foi um inferno para mim".

O "inferno" de Marília começou junto com as gravações da minissérie e, de certa forma, foi uma encomenda de Daniel Filho para o maquiador Eric Rzepecki e para a figurinista Beth Filipecki*. Em seu depoimento, Beth disse ter recebido a missão do diretor de transformar Giulia Gam numa personagem luminosa, inspirada numa das mulheres retratadas pelo pintor simbolista austríaco Gustav Klimt:

"Era uma menina reluzente, de luz, loira, sentada. O Daniel queria que ela fosse como luz. Então fiz um desenho para a 'Luísa' com a mesma aura de luz, loira, exatamente da mesma forma".

Na outra cadeira do camarim, Marília tentava resistir com o que chamou de "o maior distanciamento possível", sem se envolver muito com a personagem que, ela sabia, a faria sofrer. Mas era difícil:

"Eu sofri muito. Eu olhava para as roupas da Giulinha, que vinham sempre cor-de-rosa, azulzinhas, florezinhas, e as minhas vinham verde-musgo, cinza-chumbo, tudo fechado, preto, cabelo e maquiagem. O Eric fazia uma maquiagem horrenda em mim. Então, eu chorava muito, eu não queria fazer".

José de Abreu*, intérprete do invejoso "Julião Zuzarte", parente distante de "Jorge" em *O Primo Basílio*, reconstituiu, em seu depoimento, um desabafo que testemunhou de Marília, "mistura de atriz com personagem", aos prantos, durante as gravações:

– Eu não aguento essa roupa de urubu! Não deixa o meu marido me ver com essa roupa! A Giulia Gam tem dez camareiras ao lado. A saia dela tem um monte de saia embaixo. E eu com essa roupa!

Em seu livro *O circo eletrônico: fazendo TV no Brasil*, ao lembrar as dificuldades que teve com Marília, Daniel Filho, em mais uma demonstração do implacável pragmatismo com que lidava com as emoções dos atores do elenco da Globo, revelou:

"Marília estava passando por dificuldades na sua vida particular que a maldade e a feiura de 'Juliana' só faziam aumentar. Expressar essas características foi difícil para a versátil Marília, que representa o personagem conforme o momento que está vivendo. Apesar de ser excelente atriz, ela interfere no personagem de acordo com as suas emoções. O diretor tem que perceber e contornar".

"*Cada riso deles é uma ofensa à vida que eu levo, uma afronta aos meus poucos trapos.*"

O desempenho de Marília, em momentos como a cena em que "Juliana" se entrega a um desabafo ressentido diante da alegria apaixonada de "Luísa" e "Basílio", seria tão forte que até Gilberto Braga, autor da adaptação do romance, junto com a eterna parceira Leonor Bassères, estranhou quando o diretor Reynaldo Boury*, a pedido de Daniel, mostrou a ele os primeiros episódios editados:

– Boury, eu não estou entendendo bem. Eu fiz uma comédia e o Daniel fez um drama disso aqui. Fiz uma comédia, o personagem da Marília Pêra era um personagem cômico. E o Daniel mudou tudo, fez uma personagem muito dura para a Marília Pêra, muito má.

Em outra sala da Globo, a preocupação com a produção de *O Primo Basílio*, antes da exibição que aconteceria entre 9 de agosto e 2 de setembro, era outra:

– Daniel, eu quero ver tudo que tiver de beijo e abraço d'*O Primo Basílio*.

– Mas, doutor Roberto, se eu juntar todos os beijos e abraços, vão ficar muitos beijos e abraços.

– Eu sei que vai ficar muito beijo. Eu sei que tem história no meio, eu sei todas as histórias, mas eu quero ver todos os beijos e abraços que tem no *Basílio*.

Obediente, Daniel* montou, para assistir junto com Marinho, um copião de cerca de 25 minutos com uma colagem de cenas de beijos, abraços e sequências que sugeriam relações sexuais entre os personagens de Giulia Gam e Marcos Paulo. Ainda que em outro contexto, Daniel e Marinho viveriam uma situação semelhante à da antológica sequência final do filme *Cinema Paradiso*, lançado naquele ano na Itália pelo diretor Giuseppe Tornatore.

No filme, o protagonista, ao voltar já adulto à terra natal onde tivera uma infância marcada pela amizade com o projecionista do único cinema da cidade, emociona-se ao assistir a um copião deixado para ele pelo amigo já falecido, e que também era uma sequência de cenas de amor e paixão que tinham sido cortadas, no passado, pela censura italiana.

Ao assistir à colagem das cenas de intimidade de *O Primo Basílio* junto com o patrão, na sala da presidência da Globo, Daniel não demorou a perceber que Marinho, então com 84 anos, tinha lido não apenas o romance adaptado por Gilberto Braga, mas vários outros livros de Eça de Queiroz, por volta dos anos 1920, quando era um adolescente então impactado pelas ousadias do universo temático do escritor português:

– Não está muito forte, Daniel?

– Não, doutor Roberto.

Marinho, mesmo assim, decidiu ficar com a fita e, no dia seguinte, segundo Daniel, continuou preocupado com a cena que sugeria um momento de sexo oral recebido por "Luísa":

"Ele pediu delicadamente ao Boni que eu não ficasse chateado, mas ele queria que eu cortasse aquele pedacinho. Então, em homenagem à juventude do doutor Roberto, foi cortado aquele pedacinho. Curiosamente, as outras cenas, em que não se alterou um fotograma sequer, eram bem mais ousadas. O corte não fez falta, a sugestão da cena ficou".

Tanto ficou que a cena foi destacada pela crítica Bia Abramo, em coluna sobre a minissérie, publicada pela *Folha de S.Paulo* em dezembro de 2007, onze anos depois da exibição de *O Primo Basílio*:

"Uma curiosidade: à época em que foi exibida a minissérie, causou um certo *frisson* uma cena em que Luísa atinge o orgasmo com sexo oral. Hoje, a cena parece estranhamente lírica e, de certa forma, inocente".

Em sua análise, Abramo foi também de uma generosidade rara em seus textos sobre a dramaturgia da Globo ao falar da "ótima adaptação" na qual Gilberto Braga e Leonor Bassères, segundo ela, "aproveitaram bem a exuberância descritiva do escritor ao recriar ambientes sociais e personagens":

"Neste *O Primo Basílio*, o trabalho de adaptação dá um ritmo televisivo ao romance sem sacrificar a complexidade da trama".

Na mesma linha, na época da exibição, foi a resenha do jornalista Ingo Ostrovsky, que em artigo no *Jornal do Brasil* de 7 de agosto disse que a minissérie era, para ele, "um espetáculo único, uma verdadeira aula de produção, edição e direção", não tinha "parentesco com qualquer coisa que já se viu no ar" na TV brasileira. Também no *JB*, onde a exceção foi Cora Rónai, que elogiou a produção e as imagens, mas sentiu falta de um "cozinheiro de gênio" como Walter Avancini, o jornalista esportivo Roberto Porto, conhecido como um "eciano fanático", mesmo com alguns reparos, elogiou a adaptação:

"*O Primo Basílio*, da TV Globo, como diria o próprio Eça, é de se ver. É de se ver e ouvir".

E foi boa também de lembrar, para todos os que participaram da minissérie. Gilberto Braga*, à época escrevendo a histórica *Vale Tudo* e feliz por ter "perdido o complexo de que escritor de televisão era um profissional menor", comemorou o salto de qualidade temático que deu ao trocar autores que costumava adaptar para o horário da novela das seis, e que "não admirava assim loucamente", pelo desafio e o prazer de adaptar "uma grande obra-prima de um dos melhores escritores da língua portuguesa":

"Eu tentei me colocar na posição do Eça de Queiroz e ver assim como é que ele escreveria, se estivesse vivo e escrevendo para a TV Globo. Tentei apagar o meu temperamento de escritor para usar o dele, com o qual eu tenho muita afinidade".

Daniel Filho comemorou o fato de a preparação que impôs ao elenco, para "afinar" a equipe com uma leitura dos dezesseis capítulos que durou cerca de cinco dias, ter passado a ser uma prática em projetos posteriores da dramaturgia da emissora, e que, mesmo não podendo ser uma rotina na produção "industrial" das novelas, foi muito importante para a formação dos novos diretores da Central Globo de Produções.

O Primo Basílio acabou sendo boa de lembrar, também, para a própria Marília Pêra, cuja "Juliana" deixou assombrados colegas do elenco como José de Abreu*, além de levar a figurinista Beth Filipecki a constatar, maravilhada, a metamorfose da pessoa sombria e cinzenta da "Juliana" de Marília, que "ganhou aos poucos a luz dela" quando, por força da chantagem imposta à patroa, as roupas em tons alegres e tecidos leves usadas por "Luísa" passaram a ser usadas por "Juliana".

Bia Abramo, em sua análise, elogiou a capacidade de Giulia de "levar com segurança a personagem da menina leviana à mulher atormentada", e a precisão e a consistência de Tony Ramos em seu personagem "quase trágico", mas destacou, como "grande trunfo" da minissérie, "uma certa inflexão contemporânea na construção da personagem 'Juliana', para a qual contribuiu, e muito, a interpretação excepcional de Marília Pêra".

Na entrevista que deu em 2011, 23 anos distante dos dias difíceis de sua vida pessoal que coincidiram com o convite de Daniel Filho para interpretar a empregada infeliz de *O Primo Basílio*, Marília Pêra* não tinha nenhum motivo para discordar:

"Depois foi muito bom para mim. Eu soube que há muitas escolas de teatro que usam o DVD d'*O Primo Basílio* para estudar o que eu fiz ali. Então, foi um bem enorme que o Daniel me fez, no correr do tempo. Foi isso que ficou na minha história: uma interpretação que as pessoas param para olhar".

A nova ordem

"O casamento é uma tragédia em dois atos, civil e religioso."

A frase não é de nenhum personagem de novela, minissérie ou de autor da dramaturgia da Globo. É do jornalista Apparício Fernando de Brinkerhoff Torelly, também conhecido por Apporelly e pelo falso título de nobreza de Barão de Itararé, pioneiro do humorismo político brasileiro falecido em 1971. Foi ela, a frase, que levou Roberto Marinho, aos 20 anos, a propor ao pai, Irineu Marinho, em 1924, a contratação de Torelly pelo jornal *O Globo*, segundo o dono da Globo fez questão de lembrar, na entrevista que deu à repórter Regina Echeverria, do jornal *O Estado de S. Paulo*, e que foi publicada em 5 de maio de 1990.

O perfil menos conservador, do ponto de vista comportamental, no qual Marinho procurou se encaixar na rara entrevista, ficou perceptível em outro momento quando, ainda falando sobre casamento, ele fez um comentário sobre o agitado currículo matrimonial de José Roberto, o filho caçula:

"O mais novo, o Zé Roberto, é um rapaz brilhante, inteligente, movimentado um pouco demais para o meu gosto. Casou-se não sei quantas vezes, mas eu não posso falar porque vou me casar pela terceira vez. Mas eu tenho 85 anos, ele tem 40".

O tom de Marinho era outro em 29 de setembro de 1988, vinte dias após o último capítulo de O Primo Basílio, a minissérie cujas cenas de amor e sexo, em atitude rara, fizera questão de assistir antes da exibição, e a uma semana da promulgação, pelo Congresso Nacional, da "Constituição Cidadã" que removeria da legislação brasileira o entulho autoritário da ditadura de 1964, incluindo a censura.

Ao assinar pessoalmente, naquele dia, um dos raros memorandos internos que mandou distribuir na Globo, ao longo da história da emissora, e cujo título era "Sensibilidade e responsabilidade", Marinho, mesmo reconhecendo os benefícios do "clima de euforia e de liberdade" gerado pela nova Carta e pela eliminação de "qualquer tipo de censura artística, jornalística, de expressão de todos os meios de comunicação", fez uma advertência:

"A família é, de forma inequívoca, a mais confiável instituição do país".

A frase, síntese de uma pesquisa feita à época no Brasil pela agência de publicidade Standard, Ogilvy & Mather, citada no memorando, era um dos argumentos a partir dos quais o dono da Globo estabelecia uma espécie de código de conduta que entraria em vigor, na emissora, junto com a nova Constituição.

Ele também dizia, no documento, ser importante considerar que "as redes de TV americanas perderam audiência quando quiseram criar uma programação 'estritamente familiar' que, no fundo, era uma programação censurada". Mas em seguida voltava ao tom de advertência, lembrando aos diretores da Globo que "os excessos" poderiam provocar "uma reação negativa" no público telespectador.

De forma explícita, Marinho determinou, naquele memorando, a eliminação imediata, nos conteúdos dramatúrgicos da emissora, de qualquer traço de "linguagem vulgar, termos de baixo calão, cenas de erotismo vulgar e violência exacerbada, citações depreciativas ou maldosas a pessoas reais, religiões, nacionalidades e minorias raciais". Acrescentou que nenhum programa da Globo, à exceção dos jornalísticos, poderia ser produzido a partir daquele momento sem que a respectiva sinopse e o seu formato fossem submetidos a Boni, o vice-presidente de operações, "a tempo de serem aprovados por escrito".

Marinho também enfatizava, no documento, a responsabilidade direta de Daniel Filho, como diretor-geral da Central Globo de Produção, e dos diretores executivos subordinados a ele, pelo conteúdo dos programas. Ao mesmo tempo, autorizava a Central Globo de Programação (CGPG), então dirigida por Roberto Buzzoni, a "eventualmente indicar ou efetuar alterações no produto", sempre que fosse detectada "alguma falha no controle da produção". Estabelecia ainda que, "para a avaliação do produto a ser exibido", a CGPG deveria receber os programas com antecedência mínima de 72 horas em relação à data de exibição.

Sexo, aborto, drogas, bissexualismo e incesto.

Não se sabe, a partir das fontes próximas de Roberto Marinho, se os problemas causados por esse coquetel de temas delicados tiveram alguma relação direta com o inédito memorando de condutas enviado às diretorias da empresa pelo dono da Globo em setembro de 1988, mas não seria surpresa para ninguém, na emissora, se tivessem. Alguns meses antes do memorando, *Mandala*, novela exibida entre outubro de 1987 e maio de 1988, no horário das oito e meia da noite, tinha, em sua sinopse, ainda que de forma dissimulada, todos esses ingredientes. Parecia um teste disfarçado, intencional ou não, do alcance da abertura política.

Produzida durante o começo do fim da Divisão de Censura de Diversões Públicas do Ministério da Justiça, após vinte anos de vetos e cortes incontornáveis dos censores do governo militar, e inspirada na tragédia *Édipo Rei*, de Sófocles, *Mandala* tinha, como protagonista do incesto da trama, ninguém menos que Vera Fischer*. Ambientada em dois momentos da história do Rio de Janeiro separados por 25 anos, contava a história em que o "Édipo" interpretado por Felipe Camargo, 27 anos, matava, sem saber, o pai "Laio", vivido por Perry Salles, e se apaixonava, também sem saber, pela própria mãe, a "Jocasta" de Vera Fischer, então com 38 anos.

Não deu outra: *Mandala*, dirigida por Roberto Talma, escrita por Dias Gomes e concluída por Marcílio Moraes e Lauro César Muniz, enfrentaria uma série de problemas com a Censura Federal ainda vigente, que chegou a vetar a sinopse inteira da novela, alegando que seus temas eram impróprios para o horário das oito e meia da noite.

A direção da CGP só conseguiu que a sinopse fosse liberada após ter se comprometido a fazer importantes alterações no original. E, mesmo com a novela no ar, a censura voltaria a agir, proibindo um momento fundamental da trama, o beijo entre Vera e Felipe Camargo, sob a alegação de que a cena seria "muito agressiva".

Só depois de muita conversa, a equipe da Globo conseguiu permissão para exibir o beijo, ao argumentar, com os censores, que "Jocasta" e "Édipo", na hora do beijo, não sabiam que eram mãe e filho. Desde o início, porém, Vera não tinha dúvidas de que seria uma novela complicada:

"Ela se chamando 'Jocasta' e ele 'Édipo', não dá para mostrar no Brasil a história real do jeito que é; não porque eles se apaixonam, mas pela culpa. Na peça de Sófocles, ele arranca os olhos e ela se enforca, que era o castigo dado pelos deuses. E não podia ter isso. Então, a gente esteve a novela inteira sempre um afastado do outro. Havia um interesse, um fascínio pela mãe, pelo filho e tal, mas só teve um beijo no final da novela e olhe lá".

Os censores também exigiram alterações nos dezesseis primeiros capítulos da novela que, como não poderia deixar de ser, num texto de Dias Gomes, tinham forte conotação política: os personagens da jovem "Jocasta", interpretada por Giulia Gam, e de seu pai, o militante comunista "Túlio", papel de Gianfrancesco Guarnieri, eram apresentados na trama durante o Brasil de agosto de 1961, época da renúncia de Jânio Quadros e da Campanha da Legalidade, liderada por Leonel Brizola para garantir a posse de João Goulart na Presidência da República.

Ao fazer, em 2017, um inventário dos temas delicados da novela, o colunista Daniel Castro, da *Folha de S.Paulo,* lembrou que, além do filho, "Jocasta" também provocava desejos sexuais em seu próprio irmão, "Creonte", interpretado por Gracindo Jr. A presença da bissexualidade na novela era percebida, ainda que de forma não explícita, segundo o colunista, na relação dos personagens "Argemiro", interpretado por Carlos Augusto Strazzer, e "Laio", vivido por Perry Salles. E as drogas apareciam na história do personagem "Hans", interpretado por Marcos Breda.

A necessidade de amenizar a novela, como lembrou o crítico e pesquisador Nilson Xavier, acabou abrindo espaço para o sucesso do personagem "Tony Carrado", vivido Nuno Leal Maia, que chamava sua amada "Jocasta" de "minha deusa", sempre ao som da música "O amor e o poder", e conquistou o público com frases inusitadas como "Depois da tempestade vem a ambulância"; "Tu pensa que eu estava deslizando no macio?"; e "Vê se tu vai decorar necrotério, que dá mais certo!".

Além do coquetel de pepinos temáticos, *Mandala* seria cenário de um outro tipo de conteúdo dramático, este à revelia dos autores e da direção da emissora, e fora do âmbito da Censura Federal: o início da relação amorosa entre Vera Fischer, até então casada com o ator e colega de elenco Perry Salles, e Felipe Camargo. Um casamento que seria conturbado e que, em 1995, teria uma espécie de *spin-off* nos bastidores da novela *Pátria Minha*, cheio de traições, agressões físicas mútuas, atrasos e desentendimentos de Vera e Felipe com colegas do elenco, como Tarcísio Meira e Lilia Cabral, problemas que levariam Boni e o diretor Mário Lúcio Vaz a determinarem que o autor Gilberto Braga, a contragosto, "matasse" os personagens interpretados pelo casal num incêndio.

– Bota uma folhinha de parreira.

Essa foi a solução imposta por um censor à abertura criada pela dupla de designers Hans Donner e Nilton Nunes* para *Brega & Chique*, outra novela produzida e exibida pela Globo entre abril e novembro de 1987, período de lusco-fusco regulatório que precedeu a extinção oficial da Censura Federal, e que tinha por objetivo cobrir parcialmente a bunda do modelo Vinícius Manne, apresentada aos telespectadores do horário das sete da noite ao som de "Pelado", sucesso da banda Ultraje a Rigor.

A inserção da folha de parreira foi até providenciada, mas, em vez de resolver, complicou ainda mais a situação, segundo Nilton Nunes, quando um censor assistiu à nova versão da abertura da novela:

– Aí não dá. A folha de parreira com a forma do mapa do Brasil não dá. Está parecendo o mapa do Brasil.

Após negociações, a versão original foi liberada e voltou a ser exibida como no primeiro capítulo, com a bunda do modelo desnuda na tela. Uma solução mais rápida para um problema mais simples do que o enfrentado por Carlos Lombardi*, autor de *Bebê a Bordo*, outra novela das sete que esteve no ar em 1988 e que tinha uma personagem, a "Sininho", jovem desligada interpretada por Carla Marins, em cena quase sempre com uniformes que remetiam às normalistas libidinosas de Nelson Rodrigues, e que, segundo o autor, tornou-se obsessão de um censor "particularmente tarado":

"Ele não podia ver a Carla Marins que saía cortando, porque ele achava ela a coisa mais tesuda que ele já tinha visto na vida. Então, lidar com censura desse tipo é lidar com a tara de cada um. Eu odiava ir para Brasília, porque toda vez que eu ia para Brasília era por causa dessa tara dele com a Carla Marins".

Censura é a mãe

A maneira como as emissoras brasileiras se prepararam para os novos tempos variava. Silvio Santos, o concorrente mais próximo de Roberto Marinho, por exemplo, em entrevista à *Folha de S.Paulo* em fevereiro de 1988, simplificava a questão do controle de conteúdo de sua televisão com uma frase:

"Eu sou concessionário, um *office boy* de luxo do governo. Faço aquilo que posso para ajudar o país e respeito o presidente, qualquer que seja o regime".

No caso da Globo, o esboço do que prevaleceria a partir do fim da censura oficial estava delineado no memorando que Roberto Marinho enviara aos diretores da emissora em 29 de setembro de 1988, e cujo conteúdo, ao ser, como sempre, vazado para a imprensa, inspirou, dias depois, um artigo sem assinatura d'*O Pasquim* que mudou até o ramo de atividade do dono da Globo ao atacar a nova ordem:

"Tendo o governo acabado com a censura, o poderoso empresário do setor financeiro decidiu criar uma censura particular com procedimentos que repetem a pior fase do governo".

Daniel Filho*, no depoimento que deu em 2000, doze anos depois do memorando, não achava que a questão, no final dos anos 1980, fosse tão simples:

"A censura era como um pai que não nos deixava sair de casa, não é? A gente tinha a desculpa do pai. Quando veio a abertura, foi como se o filho pudesse dizer palavrão no meio da sala [...] Acho que até hoje não foi encontrado um meio-termo de código de ética com o que deve ou não ser falado na televisão. Acho que é uma maioridade que nós próprios, da televisão, temos que achar".

Na falta de um código de ética ou da "maioridade", tanto Boni quanto Daniel e diretores como Herval Rossano, entre outros profissionais da Globo, à época costumavam se agarrar à imagem das respectivas mães, pais e filhos reunidos numa sala fictícia, diante de um televisor, para estabelecer um limite sobre o que a televisão em geral e a Globo em particular poderiam ou não transmitir para os lares brasileiros. Daniel, mesmo sem a receita, tinha uma certeza:

"Eu acho que tem que ter uma ética na televisão. Eu não posso mostrar na televisão alguma coisa que eu não consiga ver confortavelmente ao lado da minha mãe e do meu pai".

Herval Rossano*, em 2001, além de também recorrer à família para estabelecer um padrão, achava que a dramaturgia da emissora ainda não tinha encontrado a "medida certa":

"Com o fim da censura, é obvio, nós extrapolamos um pouco, não é? A televisão é uma intrusa, ela entra dentro da sua casa sem pedir permissão. Então a gente tem que tomar um determinado cuidado com determinados assuntos e determinadas cenas e determinado visual. Não só para dramaturgia, mas até para comerciais, na minha opinião, tem que haver um certo cuidado, um certo respeito. Toda a vez que faço alguma coisa na televisão eu penso que tenho uma filha".

Na mesma época, a autora Denise Bandeira*, ao enfatizar que quem escrevia para televisão também assumia "a responsabilidade de saber o que está falando para um número enorme de pessoas", tinha poucas certezas. Uma, mais pessoal, era a de que não se sentia capaz de assistir, "nunca, nem no cinema", ao filme *A Escolha de Sofia*, eternizado pela cena em que a personagem de Meryl Streep é obrigada a escolher qual dos dois filhos pequenos iria para a câmara de gás de um campo de concentração. Outra certeza de Denise era a de que nem tudo que Nelson Rodrigues, por exemplo, escreveu nos originais que ela e outros autores adaptaram para o quadro "A Vida Como Ela É", exibido pelo *Fantástico* em 1996, poderia ser mostrado na televisão:

"Veja bem, é Nelson, nosso ídolo, nosso gigante, mas alguns temas a gente nem discutia e dizia: 'Claro que não vamos fazer essa adaptação!'. Eu não vou fazer a história de uma criança que é enterrada viva, de um bebê que é enterrado vivo. Não se pode fazer isso. É uma coisa escabrosa demais para ser mostrada na televisão".

Mais vinte anos se passariam e, em entrevista exibida pelo programa *Roda Viva*, da TV Cultura, em 15 de setembro de 2020, portanto a 32 anos de distância do memorando com as diretrizes de Roberto Marinho para a dramaturgia da Globo após o fim da censura da ditadura, Boni, aos 84 anos, continuava sem uma palavra definitiva sobre a maioridade pretendida por Daniel Filho, no que dizia respeito ao estabelecimento de limites claros quanto ao tipo de conteúdo que a Globo e outras emissoras de TV aberta podiam ou não mostrar. Restava, também para ele, como sempre, quem?

"Não conte na TV o que você não possa contar para sua mãe."

O conselho, Boni disse ao *Roda Viva* ter recebido em 1950 do humorista e diretor Manoel de Nóbrega. Mas a mãe de Boni, a jornalista, psicóloga e escritora Kina de Oliveira, não era exatamente um padrão de comportamento materno diante de uma tela: em 2009, aos 94 anos de idade, Dona Kina mantinha, segundo o filho, um blog na internet.

Deixando a mãe de lado na história, Eugênio Bucci registrou, no apêndice final de *Videologias: ensaios sobre televisão*, livro que escreveu em parceria com Maria Rita Kehl e que foi lançado em 2004, sua convicção sobre o que aconteceu na televisão brasileira depois do fim da censura da ditadura de 1964:

"A censura no Brasil existe sim, só não é feita pelo Estado, e sim pelas emissoras e por seus donos, que sonegam determinados assuntos ao público. Ou seja, de um certo modo, vivemos sob a privatização também da censura".

Certo de que era chegada a hora de se pensar nos "direitos do telespectador" e com o propósito de "abrir campo para que se pensem formas criativas de permitir a entrada do telespectador no poder que envolve a televisão", Bucci tinha uma proposta para o Brasil, à época um país com quarenta milhões de lares com pelo menos um televisor, e que, segundo ele, só se conhecia pela televisão, veículo que não sofria "nenhuma contestação" e que "dava sempre a primeira e a última palavra e, mais que isso, a primeira e a última imagem sobre todos os assuntos".

No final do livro, convencido de que o telespectador brasileiro não era ouvido, consultado ou tivesse a quem se queixar, sempre à mercê do que as emissoras resolviam pôr no ar, Bucci propôs dez "direitos do telespectador", entre eles os de "ser informado de modo independente, recebendo os dados necessários para que forme sua própria opinião"; "estar protegido do sensacionalismo que potencializa a violência e a criminalidade"; "ser respeitado em sua condição religiosa, sexual, étnica, ideológica ou de nacionalidade"; "escolher o que entra ou não entra na TV de sua própria casa"; e "telefonar, mandar faxes, cartas ou e-mails para as emissoras – e para os anunciantes – e ser bem atendido e obter respostas satisfatórias".

Bucci também registrava, com um otimismo cuidadoso, na introdução do apêndice, que "os entusiastas da TV interativa" anunciavam, em 2004, o surgimento de "uma democracia digital festiva e revolucionária para amanhã ou depois de amanhã".

O mundo, à época do lançamento de *Videologias: ensaios sobre televisão*, ainda estava longe de ser sacudido pela tempestade distópica das redes sociais que desintegrariam ou debilitariam de forma considerável o poder hegemônico da televisão em todo o planeta. E nem começara a discutir o controle da sociedade e dos estados nacionais sobre plataformas da internet como Google, YouTube, Facebook, Twitter (o futuro X), Instagram, Telegram e TikTok; o poder de bilionários do mundo digital como Elon Musk, Bill Gates, Mark Zuckerberg e Jeff Bezos; e o impacto avassalador dos algoritmos e aplicativos de inteligência artificial em praticamente todos os aspectos da vida humana.

O tempo mostraria que a televisão aberta, vinte anos depois do alerta feito no livro de Bucci e Kehl, diferentemente do gigante ideológico do século 20 que mal sabia ou queria controlar o próprio conteúdo, estaria mergulhada em uma luta inglória, nos quatro cantos do planeta, para sobreviver no mundo digital. Assim, meio sem pai nem mãe.

Mas 2020 ainda ia demorar, principalmente no Brasil.

Amadorismo

A internet estava longe no horizonte, mas, enquanto o país não decidia, na Constituinte instalada em 1º de fevereiro de 1987, o que queria ser, o dono da Globo não tinha dúvidas.

Quem esteve por perto dos acontecimentos no comando da Globo no eixo Rio-São Paulo no final da primeira semana de abril de 1988, constatou, sem erro: por trás de Roberto Marinho – homem culto e leitor sensível de Eça de Queiroz, perfil tolerante em matéria de moral e comportamento, patrão respeitoso que tratava os empregados como companheiros, homem de imprensa carinhoso com seus comunistas, empreendedor arrojado e competitivo da mídia brasileira e empresário pragmático que se fortaleceu durante os anos de chumbo da ditadura –, existia, acima de tudo e antes de mais nada, um capitalista convicto e implacável diante de movimentos e propostas mais radicais da esquerda.

Era uma sexta-feira, dia em que seria exibido pela Globo, no horário das dez e meia da noite, o quarto episódio da minissérie *O Pagador de Promessas*, versão para a TV da peça de Dias Gomes que, adaptada para o cinema por Anselmo Duarte, conquistara a Palma de Ouro do Festival de Cannes de 1962. A história de "Zé do Burro", o homem humilde que enfrenta a intransigência da Igreja Católica ao tentar cumprir a promessa feita em um terreiro de candomblé de carregar uma pesada cruz de madeira, tinha sido ampliada por Dias Gomes, a pedido de Boni, para ser contada em doze episódios de cinquenta minutos dirigidos pela cineasta Tizuka Yamasaki. Em entrevista ao semanário *O Pasquim*, em 1991, Dias explicou:

"A peça tinha um desfecho com o personagem diante da igreja com uma cruz querendo entrar, e se passam apenas doze horas até ele morrer. Não tinha como continuar a história. Só podia voltar ao 'pratrasmente', como diria 'Odorico'. Então, fui pegar a origem do 'Zé do Burro'. Eu não sabia de onde ele tinha vindo. Era do interior da Bahia. Procurei pelas características, pelo perfil psicológico do personagem, descobri de onde ele poderia ter vindo e cheguei à conclusão de que ele só poderia ser da região de Canudos, onde havia o fanatismo arraigado, onde correu muito sangue, com uma enorme tradição de luta do camponês, e onde há grande problema de terra".

Naquele momento, ferviam em Brasília, nos debates e votações da Constituinte, conflitos de toda ordem de interesses, incluindo os da então recém-fundada União Democrática Ruralista, a UDR, entidade de apoio aos fazendeiros parlamentares precursores da bancada ruralista do Congresso Nacional, e que, três décadas antes da chegada do bolsonarismo ao campo, reunia setores do agronegócio e grandes proprietários rurais contrários à reforma agrária e em sobressalto com uma onda de ocupação de terras em curso no interior do país.

Os acréscimos que se fizeram necessários à história que levava uma hora e quinze minutos para ser contada no teatro ficaram evidentes já nos três primeiros episódios da minissérie, que era patrocinada com exclusividade pelo Bradesco. Dias Gomes, além de contar a origem da promessa do protagonista interpretado pelo ator José Mayer, o sofrimento de seu burro de carga depois de uma queda, mostrava o lugar em que o personagem vivia, a ação dos grileiros, as violentas invasões de terra e a luta de "Padre Eloy", um religioso interpretado por Osmar Prado, notoriamente identificado com a corrente progressista da Igreja Católica. Entre os novos personagens, havia também um jovem militante pela reforma agrária chamado "Lula", irmão de "Zé do Burro", papel de Diogo Vilela. Era Dias Gomes na veia.

A tempestade começara no final da noite de quinta-feira, 7 de abril, quando o vice-presidente Roberto Irineu recebeu uma ligação "desesperada" do então diretor de marketing do banco, Luiz Carlos Trabuco, a quem tinha vendido a ideia do patrocínio da minissérie, de acordo com a entrevista de Roberto Irineu a este autor:

– Roberto, o pessoal aqui do banco está em pânico. Está dando uma confusão danada. Os fazendeiros estão pressionando o Bradesco.

A crise explodiu no início da tarde do dia seguinte, na sede comercial da Globo em São Paulo, quando um dos integrantes da equipe da emissora que atendia ao Bradesco entrou, lívido, na sala do então superintendente Antonio Athayde* com a notícia:

– Athayde, o Bradesco cancelou o patrocínio da série, não entra mais hoje o patrocínio do Bradesco.

– Olha, você sabe que o patrocínio é incancelável. A Globo não vai aceitar isso.

Na dúvida, Athayde ligou para Luiz Sales, presidente da Salles/Interamericana, agência de publicidade que detinha a conta do Bradesco:

– Athayde, você tem que tirar isso do ar. Eu vou perder a conta.

– Mas o que houve?

– É o Bradesco, é o doutor Amador Aguiar. Ele quer cancelar a série de qualquer jeito, porque é uma série de esquerda e o Bradesco não aceita um negócio desse.

Ao conversar com Boni sobre aquela situação inusitada, Athayde descobriu que a solução não passava pelo vice-presidente de operações. Em sua entrevista a este autor em 2023, Boni explicou que, por princípio, ele não poderia ficar ouvindo interferências da área comercial em conteúdos da Central Globo de Produção. Por isso, orientou Athayde para que ele conversasse com Roberto Irineu, já sabendo, na voz do próprio Dias Gomes, de um complicador da crise que caberia a ele, Boni, enfrentar:

– Se mexerem no meu trabalho, eu vou embora.

A ligação seguinte de Athayde foi para João Roberto Marinho, no Rio:

– Olha, João, vamos ter que atuar no alto nível, porque não dá para a gente aceitar um negócio desses. Você imagina a repercussão de a Globo ter de cancelar um patrocínio por pressão de anunciante? Isso não existe!

– Mas o que a gente pode fazer?

– João, talvez você possar dar uma ligada para o Amador Aguiar.

– Athayde, fala você com o papai...

O dono da Globo já tinha conhecimento da profunda irritação do fundador do Bradesco, então com 84 anos, e estava igualmente contrariado não apenas com Boni, responsável pela encomenda da minissérie a Dias Gomes, mas também com Roberto Irineu, no caso, segundo ele contou a este autor, duplamente, já que o filho vice-presidente, além de ter sido quem vendeu a ideia do patrocínio ao Bradesco, também defendera que a Globo não cedesse às pressões do banco e mantivesse intacto o conteúdo da minissérie.

Ao seguir a orientação de João Roberto e ligar para o dono da Globo, Athayde percebeu que a crise já estava depositada no seu colo:

– Athayde, eu não vou telefonar para o Amador Aguiar. Ele está muito velho para ter uma conversa dessas comigo no telefone. Então, faça o seguinte: pegue um helicóptero, vai lá e me liga quando você resolver.

Ainda naquela tarde, Athayde, Luiz Sales e Gilberto Leifert, diretor da Central Globo de Relações com o Mercado, foram de helicóptero até a famosa sede do Bradesco na Cidade de Deus, a de Osasco, na Grande São Paulo, onde foram recebidos por Amador Aguiar e toda a diretoria do banco, no também famoso e amplo salão sem divisórias onde funcionava o comando da instituição, todos sentados em torno de uma grande mesa com tampo de vidro. Luiz Trabuco, futuro presidente do conselho de administração do banco, tentava conter o pânico. Leifert, em entrevista a este autor, contou que "a tensão era grande" e que cada um ali tinha um desafio:

"Athayde estava empenhado em evitar dois precedentes: o cancelamento da campanha e a interferência editorial do Bradesco; Luiz Sales, em não perder a maior conta de sua agência; e Trabuco, em resolver da melhor maneira um problema que havia chegado à cúpula do banco. Eu seria útil se o plano de Athayde fosse adiante".

Não foi. Athayde e Leifert logo se deram conta de que seria impossível Amador Aguiar concordar em não interferir no conteúdo da minissérie:

– Athayde, isso é inaceitável. O Bradesco não pode patrocinar um programa como esse, um programa de esquerda.

Restaria a Athayde defender pelo menos a manutenção do patrocínio, não sem antes ouvir um longo sermão anticomunista raiz durante o qual Aguiar pediu e recebeu, várias vezes, o apoio verbal dos diretores do banco, uma série de "é verdade, seu Amador", como se todos estivessem respondendo a uma chamada oral em sala de aula. O plano B foi então posto na mesa:

– Olha, seu Amador, eu já conversei com o Boni. Realmente a minissérie está um pouco desvirtuada. Os autores, roteiristas, eles são de esquerda, e essas coisas são comuns num meio da comunicação. Mas o Boni não tinha visto a série e vai fazer uma edição, vai tirar as coisas que ele considera mais agressivas.

Antes e depois daquela crise, incidentes semelhantes ecoaram nos bastidores da emissora: um deles teve origem em uma reportagem dos anos 1980 sobre corrupção de dois gerentes do Banco Nacional cuja exibição a direção do banco, à época patrocinador do *Jornal Nacional*, tentou impedir, sem sucesso, segundo Carlos Nascimento*, autor da matéria. Ao comentar o que no futuro se chamaria *firewall*, a separação entre a redação do jornalismo e a área comercial, Nascimento disse, em entrevista a este autor:

"A redação ficava na Praça Marechal Deodoro e o departamento comercial na Alameda Santos, em São Paulo. Só nos encontrávamos uma vez por ano, na festa de Natal. E uns não conheciam os outros".

Houve também uma "refrega" de Armando Nogueira* com a Coca-Cola cujo desfecho, contrário à tentativa de censura da anunciante, ele não detalhou, em seu depoimento ao Memória Globo. O mesmo Armando enfrentara, em julho de 1973, a empresa aérea Varig, poderosa durante a ditadura, quando o *JN*, na cobertura que se seguiu ao acidente com o Boeing 707 que matou 122 pessoas ao cair perto do aeroporto de Orly, na França, abriu espaço para o noticiário sobre a suposta falta de máscaras de oxigênio no avião, e sobre líderes sindicais dos aeroviários que denunciavam uma alegada transformação dos comissários de bordo da companhia em "garçons", com prejuízo para a segurança dos voos:

"A Varig ficou indignada, protestou em documento, carta, fez uma campanha muito forte contra mim e o departamento comercial ficou ao meu lado e disse para a Varig: 'Pode cancelar, não precisa anunciar mais na Globo, nós não precisamos do dinheiro de vocês'. Eu guardo as melhores recordações da convivência com o departamento comercial".

A diferença, no episódio da censura do Bradesco à minissérie *O Pagador de Promessas*, além do apoio irrestrito que o anunciante recebeu do próprio dono da emissora, era a dimensão da ingerência, já que Amador Aguiar só aceitou a proposta de manter o patrocínio quando Athayde ofereceu a ele um privilégio inédito na história das relações da Globo com seus anunciantes: o de um representante do banco, no caso, Luiz Carlos Trabuco, a partir daquele momento, poder assistir, diariamente, na sala do diretor de programação da Globo em São Paulo, Luiz Guimarães, na Praça Marechal Deodoro, o capítulo que seria exibido a cada noite. E com direito de "sugerir" mudanças.

Tudo acertado, Athayde ligou para o patrão:

– Doutor Roberto, aqui está tudo resolvido.

– Eu não disse, Athayde, que você iria resolver tudo?

Gilberto Leifert, presente em todas as sessões até o último dia de exibição dos episódios, garantiu que, em nenhum momento, na ilha de edição aberta ao Bradesco na sede da emissora em São Paulo, o banco precisou usar Trabuco, o diretor, contra a minissérie ou o patrocínio. Muito porque, no Rio, o próprio Boni comandaria uma sucessão de cortes profundos que reduziriam, de doze para oito, os episódios originais finalizados entre janeiro e fevereiro daquele ano e que, segundo Athayde, realmente tinham ficado guardados até abril, sem que ninguém da direção assistisse antes da estreia. O personagem "Lula", que Diogo Vilela* disse ter interpretado às lágrimas em alguns momentos, foi uma das vítimas do serviço que Boni* disse ter feito sem hesitação:

"A censura d'*O Pagador de Promessas* foi uma censura do doutor Roberto. Ele foi duro, como foi em outras ocasiões".

Boni, pessoalmente convencido de que Dias Gomes tinha "exagerado", disse, em 2023, que, determinados a manter o autor na Globo e, ao mesmo tempo, tranquilizar a diretoria do Bradesco e acalmar Roberto Marinho, ele e Roberto Irineu passaram a avaliar, previamente, diálogos, personagens e episódios que fossem potencialmente problemáticos, como as referências explícitas da obra às incorporadoras Sérgio Dourado e Lopes, à época símbolos da especulação imobiliária no Rio de Janeiro, e submeter a ideia de corte ou alteração a Dias Gomes:

"Até o final, o que queríamos evitar era que o Dias fosse embora. E foi ele quem deu a última palavra, sempre, e foi por isso que houve momentos em que ele preferiu cortar o capítulo inteiro em vez de fazer cortes ou alterações".

Mas o dono da Globo queria mais. Estava tão contrariado que publicou, em 10 de abril, no jornal *O Globo*, um editorial no qual tentou justificar a censura imposta pela própria Globo à minissérie como um ato de defesa da "integridade" da obra de Dias Gomes. O autor respondeu em seguida, através de uma nota publicada pelo *Jornal do Brasil* sob o título "Dias abre fogo contra a Globo", e na qual chamou o editorial de "uma obra-prima de humor":

"Não fosse a sua linguagem acadêmica eu até sugeriria que fosse incluído no *TV Pirata*. Alegar a defesa da integridade da minha obra mutilando essa mesma obra é um achado de *nonsense* digno de Woody Allen".

Ao fim e ao cabo, versão censurada exibida, Amador Aguiar satisfeito e patrocínio mantido pelo Bradesco, Marinho, segundo Boni*, quis saber:

– Boni, fez diferença?

– Doutor Roberto, fez diferença aqui, internamente; lá fora, não. Porque *O Pagador de Promessas*, para quem tinha assistido no cinema, foi completo.

– Eu não falei que o Dias Gomes tinha traído ele mesmo?

Na entrevista de 1991 ao *Pasquim*, o autor fez um balanço diferente do episódio, ao responder à pergunta sobre se a censura à minissérie tinha sido "por medo da classe média ou do grande povão":

"Eles não imaginam que uma história na televisão vai explodir o país. Eles acham apenas que é uma petulância um cara começar a dizer essas coisas a respeito deles. A exploração no campo, no Brasil, é uma verdade, e quando você leva isso para a ficção, parece que está fazendo uma denúncia para a História. É uma coisa que os atinge moralmente".

Ainda mais em Brasília.

Duas faces

"Se eu botar um boneco no meu lugar, ou um robô que me leve para qualquer lugar, eles vão receber o robô. Vai chegar lá um robozinho e ele será atendido, pela força da empresa, pelo prestígio da Globo."

Assim Toninho Drummond*, diretor da emissora por 39 anos, primeiro como editor de jornalismo e depois como diretor regional, descreveu o poder que a Globo tinha na capital do país. Como executivo, "um mágico, muito hábil e leal à empresa" além de "discreto como um gato", na descrição feita a este autor por Evandro Guimarães, outro diretor que atuou por muitos anos na área institucional da empresa em Brasília; Drummond, muito querido por Roberto Marinho e pelos filhos Roberto Irineu e João Roberto, era o ponto de encontro ou intersecção de duas faces da Globo na capital que eram igualmente poderosas, mas separadas, ainda que não excludentes.

Uma Globo era pública por natureza, acessível a qualquer cidadão pela TV, subordinada aos princípios gerais e universais do jornalismo e cheia de rostos conhecidos. A outra Globo, discreta por estratégia, atuava sem câmeras na defesa do modelo comercial da televisão brasileira baseado nas leis e regras do mercado, e só podia ser identificada com a ajuda dos crachás prateados de seus executivos.

A Globo mais conhecida utilizava de sua inigualável estrutura de televisão para cobrir os fatos jornalísticos que a família Marinho e mais ninguém considerava serem os mais relevantes para a sociedade brasileira, com os conhecidos bônus e ônus decorrentes dessa linha editorial. A Globo mais discreta e seus executivos usavam a extraordinária capacidade dissuasória da emissora para atuar nas três instâncias de poder em Brasília, num *lobby* preventivo contra, basicamente, três tipos de iniciativas legislativas, jurídicas ou governamentais: tentativas de estabelecer proibições na propaganda, projetos de controle dos meios de comunicação e qualquer tipo de oneração para o setor de radiodifusão.

Durante a Constituinte, época em que o diretor regional da Globo em Brasília era Afrânio Nabuco, o jornalista Alexandre Garcia* era um dos rostos que compunham a face popular da emissora na capital, por causa da crônica que passou a apresentar no *Fantástico* assim que foi contratado, a partir de 1988, e na qual fazia uma edição bem-humorada e irreverente das gafes, dos atos falhos e das besteiras parlamentares captadas ao longo da semana pelos cinegrafistas da emissora, nos salões e corredores do poder da cidade.

Antes da Globo, Garcia tinha sido repórter do *Jornal do Brasil*, diretor da TV Manchete em Brasília, subsecretário de imprensa da Presidência da República no governo do general Figueiredo e pré-candidato a deputado federal pelo PDS, partido de sustentação da ditadura. O emprego e os planos de carreira política tinham acabado em novembro de 1980, quando ele foi demitido do Palácio do Planalto após uma entrevista à revista masculina *Ele & Ela* na qual, além de posar para o fotógrafo de peito nu sob o lençol, contou em detalhes como foi sua iniciação sexual.

As crônicas dominicais de Garcia flagravam apenas peraltices regimentais e pecadilhos demagógicos dos integrantes da corte de Brasília. Nada grave que resultasse em processos de decoro no Congresso, muito menos inquéritos como os que o Ministério Público abriria e os tribunais das três instâncias julgariam em profusão e em rito sumário a partir dos anos 2000, impulsionados pelas forças-tarefa da Polícia Federal que inundariam o noticiário político do país, nos anos em que o Partido dos Trabalhadores estaria no poder.

A crônica de Garcia às vezes provocava acidentes matrimoniais como o que aconteceu quando o marido da deputada capixaba Rose de Freitas resolveu sair de casa, depois de ver, no *Fantástico*, a mulher comemorar uma votação com um beijo no deputado Bernardo Cabral, então relator da Constituinte. Outro mal-estar foi a reação semelhante de Lu Alckmin em casa, ao ver o marido Geraldo, futuro vice-presidente da República e à época deputado, morder uma maçã que estava na mão da deputada cearense Moema Santiago, no plenário da Câmara dos Deputados.

Quando o assunto sério do momento foi, por exemplo, o rombo da Previdência Social, a imagem do então ministro Raphael de Almeida Magalhães durante uma reunião, sentado de pernas cruzadas e com um furo na meia, foi ao ar no *Fantástico* acompanhada de um comentário em que Garcia dizia que "o rombo" da Previdência era "o calcanhar de Aquiles" do ministro. Segundo o Memória Globo, o ministro teria ganhado uma dúzia de meias de presente depois da exibição do programa.

Eram saias-justas sem maiores consequências. Até porque o custo-benefício de aparecer na Globo nas noites de domingo era tão vantajoso que os constituintes e autoridades, mesmo sabendo que virariam piada na segunda-feira, não hesitavam em se posicionar em ângulos favoráveis para as câmeras da emissora durante as sessões, sonhando com uma figuração de *papagaio de pirata*, não importava muito o motivo.

Isso antes que os tempos mudassem em Brasília e o temor do flagrante os levasse a desenvolver uma tática semelhante à dos técnicos de futebol: tapar cuidadosamente a boca nas conversas de plenário, para evitar que os cinegrafistas da Globo registrassem imagens que viessem a permitir a leitura labial de eventuais flagrantes do que Caetano Veloso batizou de "tenebrosas transações" em sua clássica "Podres Poderes".

Não só das crônicas inofensivas de Garcia vivia a Globo, na época da Constituinte. Havia também uma numerosa equipe de repórteres, produtores e editores da CGJ, nas redações de Brasília, do Rio e de São Paulo, dedicada não a fazer graça, mas a produzir notícia.

Livres da censura dos coronéis da ditadura, os profissionais da emissora mal tinham tido tempo de respirar após a instauração da Nova República para tentar restaurar o filme queimado do jornalismo da Globo em duas décadas de noticiário político censurado e governista. Logo se viram diante de um desafio adicional para o qual a maioria dos críticos da "falta de profundidade" do telejornalismo, na imprensa e na academia, nunca deu muita importância: a dificuldade da TV aberta não só de conquistar, mas, principalmente, de manter a audiência numa cobertura como a da Constituinte de 1988. Um problema que o repórter político Álvaro Pereira* resumiu com uma pergunta:

"Como produzir, diariamente, na Constituinte, uma cobertura que era muito chata e cheia de termos muito técnicos, uma matéria em linguagem coloquial que pudesse ser compreendida por aquele público que acabou de assistir à novela das sete e está se preparando para assistir à novela das oito?".

Qualquer editor da Globo ou de outra emissora de TV aberta do Brasil sabia que noticiário político quase sempre afugentava a audiência. Naquele momento, porém, desaguava no Congresso Nacional, com as manifestações e caravanas de grupos e entidades da sociedade civil nas galerias, corredores e gabinetes, uma demanda reprimida de liberdade, justiça social e de avanços civilizatórios que seriam, ao mesmo tempo, a marca registrada e a senha dos obstáculos que a nova Carta encontraria para se tornar uma realidade na vida dos cidadãos.

Não havia, no ar, mesmo considerando o espaço mais generoso dado à política pela Rede Bandeirantes naquela época, nada sequer parecido com a cobertura extensiva que seria rotina no século 21 para os assinantes de canais de TV por assinatura como a Globonews, a Band News, a Record News e a CNN Brasil, ou para simples usuários das plataformas da internet. O noticiário sobre a Constituinte, na Globo, ao longo de vinte meses, limitou-se basicamente aos telejornais *Bom Dia Brasil*, *Jornal Hoje*, *Jornal Nacional* e *Jornal da Globo*, sem contar os programas jornalísticos locais e regionais sobre o assunto.

O então diretor de telejornais de rede, Alberico de Sousa Cruz*, tinha uma explicação que passava pela certeza de todos, na emissora, de que era impensável querer convencer Boni ou Roberto Buzzoni, diretor da Central Globo de Programação, a abrir espaço na grade, horário nobre nem pensar, para um mergulho mais profundo nas questões da Constituinte:

"Nós não tínhamos ainda a capacidade de discutir a Constituição. Nós tínhamos a capacidade de informar o que estava sendo discutido. Era difícil porque nós vivíamos, naquela época, de telejornais, e telejornais que eram informativos. Os grandes assuntos como Previdência Social, por exemplo, nós não tínhamos como discutir nos telejornais. Não tínhamos programas de entrevistas".

Para os críticos do campo da esquerda desconfiados da Globo, era uma opção ideológica. Para quem trabalhava nas redações da emissora, um desafio intrínseco à natureza da TV aberta, e que foi enfrentado por profissionais como Leticia Muhana*, futura executiva da Globosat, e Renée Castelo Branco, ex-editora do *Jornal Nacional* e futura editora da Globonews, ambas à época trabalhando na Globo Rio e responsáveis por programas e quadros especiais locais dedicados a explicar, didaticamente, o que estava sendo discutido na Constituinte. Entusiasmo, segundo Renée, era o que não faltava:

"Todo dia entrava uma vinhetinha na qual alguém falava o que esperava da Constituinte. Foi o período da tal da Nova República, de uma imensa esperança no Brasil. A gente realmente acreditava que tudo dali pra frente ia ser diferente".

Até foi. Mas, entre os jornalistas da Globo que cobriram os debates e as votações, os sentimentos variaram. Ronan Soares*, à época editor-executivo do *Jornal Nacional*, disse que a nova Constituição, apesar de passar a ter um pouco mais da "cara do povo", foi prejudicada por um componente "demagógico" que resultaria em situações "sem saída". E citou o jurista Saulo Ramos, então consultor-geral da república no governo Sarney, para quem a nova Carta foi "ideal, mas não concreta", razão pela qual teve de ser "consertada" ao longo dos anos.

Para Álvaro Pereira, o novo texto "concedeu enormes direitos ao trabalhador" que, no entanto, devido a "decisões que na época já se mostraram fora da realidade" levariam os empresários a se queixarem do chamado "custo Brasil". Para Silvia Faria*, futura diretora de jornalismo da Globo entre 2012 e 2020 e à época repórter especial d'*O Globo*, foi uma Constituição "muito detalhista que amarrou muito, regulamentou muito grande parte da vida nacional", mas com uma ressalva:

"Também avançou muito, principalmente na parte de direitos humanos, que era uma coisa que o Brasil deixava a desejar, como um país que estava saindo há muito pouco tempo de um regime ditatorial. Foi a parte que foi, assim, mais louvada da nossa Constituição. Mas ela foi democraticamente debatida, decidida, foi, assim, uma vitória, a forma como o processo político se deu, profundo debate, para um país tão ainda recém-nascido, digamos assim, depois dos anos do regime militar".

Roberto D'Ávila*, outro futuro integrante da equipe da Globonews e à época deputado constituinte pelo PDT, disse que embora tenha adquirido "um olhar mais generoso" para os políticos e para o que viu no Congresso Nacional naqueles vinte meses, "separando, evidentemente, o joio do trigo", foi um retrato do país, em todo os sentidos:

"O Congresso é a representação mais fiel do que é um país: há ladrão, vagabundo, gente inteligente. Burro não há porque não chegaria lá. E há também gente séria. Há de tudo no Congresso".

A coluna de Garcia* continuaria no ar no *Fantástico* até 1994. Mas seu poder, na emissora, só aumentaria depois da Constituinte: passaria a ser comentarista, apresentador e, no período entre 1990 e 1995, diretor de jornalismo da Globo em Brasília. Dezessete anos depois da Constituinte, em 2004, ele não faria um balanço entusiasmado:

"Seja qual tenha sido o resultado, não foi também a Constituição que vinha salvar o país de botar feijão com arroz na mesa como prometiam. A Constituição do cidadão, Constituição isso e aquilo que acabou causando um déficit tremendo na Previdência, mas foi um fato marcante, um grande fato".

Em setembro de 2022, momento crítico em que o presidente Jair Bolsonaro conspiraria abertamente contra a democracia para tentar se manter no poder, às vésperas da eleição presidencial, incitando o povo contra o Supremo Tribunal Federal e questionando o sistema de apuração de votos da Justiça Eleitoral, entre outras iniciativas golpistas e eleitoreiras, o *Jornal Nacional* levou ao ar a série *Brasil em Constituição*.

Em 23 episódios, exibidos entre 29 de agosto e 28 de setembro, a equipe chefiada por William Bonner resgataria o papel da Carta de 1988 em conquistas como a garantia dos direitos individuais; as liberdades religiosa e de expressão; os direitos dos povos indígenas, dos idosos e de pessoas com deficiência; a proteção ao meio ambiente; o tratamento do racismo como crime; o direito universal à saúde; e uma série de direitos trabalhistas, além da independência e harmonia entre os três poderes da República.

Àquela altura, Alexandre Garcia, fora da Globo desde dezembro de 2018, era um dos mais notórios apoiadores de Bolsonaro na TV e nas redes sociais, inclusive na defesa de tratamentos sem comprovação científica para a Covid-19.

Fora do ar

E havia os profissionais da emissora que não frequentaram a Constituinte nem para fazer graça nem para produzir notícias, mas para defender tanto propostas incontroversas com o carimbo da Globo, como os artigos relativos a direitos da criança originários da petição popular de um milhão e meio de assinaturas apoiada por uma campanha da Central Globo de Comunicação, quanto para resguardar, contra a vontade da esquerda em geral e de algumas instituições e ONGs em particular, os interesses estratégicos da empresa e dos demais grupos do setor de rádio e televisão.

Caso da manutenção da autorregulamentação como instrumento para combater e impedir a publicidade enganosa ou abusiva, da luta contra a criação de qualquer órgão ou conselho de controle da programação das emissoras de rádio e TV e do *lobby* contra iniciativas políticas, governamentais ou legislativas potencialmente prejudiciais ao setor de radiodifusão no Brasil.

Um dos executivos da Globo era o advogado e publicitário Gilberto Leifert, contratado pela emissora no início de 1988 para ser responsável pelas relações da emissora com o mercado publicitário, o que incluía atuar como observador na Constituinte. Ex-diretor do Conselho Nacional de Autorregulamentação Publicitária, o Conar, e ex-executivo da agência de publicidade MPM, Leifert até então trabalhava em Brasília como diretor de atendimento da Semprel, agência de relações governamentais de Saïd Farhat, empresário e ex-ministro de Comunicação Social do governo Figueiredo, com a missão de combater iniciativas de proibição da propaganda. Em entrevista a este autor em 2022, disse que se sentia confortável com a filosofia de trabalho da Semprel, que, ao contrário de alguns métodos em vigor na capital, resumia-se a uma espécie de slogan informal, em *off*:

"Não arrumamos mulheres para autoridades, não carregamos malas pretas e não fazemos coquetéis".

Nos corredores da Constituinte, Leifert já era até sinônimo de um artigo que ele mesmo elaborara por iniciativa própria e que acabou sendo proposto e aprovado pelos constituintes, o artigo 22, cujo inciso XXIX reserva, privativamente ao Congresso Nacional, a competência para legislar sobre propaganda comercial:

"Os veículos de comunicação e o mercado publicitário respiraram aliviados. Na época, havia uma possibilidade real de eles terem de lidar com múltiplas legislações, nos três níveis da Administração Pública, sobre anúncios de cigarros, defensivos agrícolas, alimentos, medicamentos e bebidas alcoólicas".

Em decorrência do inciso elaborado por Leifert, a partir de 1988, câmaras municipais, prefeituras, assembleias legislativas, governadores, a Agência

Nacional de Vigilância Sanitária (Anvisa) e outros órgãos não mais puderam legislar sobre propaganda. Leifert explicou a dimensão do alívio da Globo e dos demais veículos de comunicação:

"Graças a esse dispositivo, houve uma blindagem do intervalo comercial nacional nas emissoras de rádio e TV, além das edições de jornais e revistas de circulação nacional. De outro modo, um mesmo comercial de televisão ou anúncio impresso, que seria livremente veiculado, por exemplo, em São Paulo, teria de sofrer alterações por força de uma eventual lei municipal da cidade de Salvador, e ainda ser vetado, quem sabe, por uma lei estadual do Paraná. Seria praticamente impossível mandar criar e produzir um comercial diferente para cada praça".

Começava, com o trabalho em Brasília, um de trinta anos de Leifert na diretoria da emissora, à frente da Central Globo de Relações com o Mercado. Depois, sem sair da Globo e contando sempre com uma unanimidade encabeçada pela família Marinho no mercado publicitário, Gilberto presidiria o próprio Conar por vinte anos a partir de 1998.

Antes de Leifert, Saïd Farhat e de outros combatentes das empresas de mídia brasileira nas trincheiras ideológicas e regulatórias de Brasília, um outro personagem tinha sido fundamental para que os veículos, agências e anunciantes do mercado publicitário brasileiro tivessem a voz poderosa que tiveram no embate com as propostas e modelos de controle social da comunicação propostas pela esquerda na Constituinte de 1988.

O personagem decisivo entrou em cena em 1979, quando Petrônio Corrêa, presidente da agência MPM, Luiz Fernando Furquim, diretor do Grupo Pão de Açúcar, e Dionísio Poli, então superintendente comercial da Globo, faziam o desenho final do que seria o Conar e trabalhavam com a ideia inicial de que a entidade fosse uma fundação, como a Associação Brasileira de Imprensa, a ABI, mas com participação do governo. O Conar teria 21 representantes do setor, distribuídos entre agências de publicidade, veículos e anunciantes, e dois do governo.

Na época, assim como as novelas, os anúncios para veiculação na TV também tinham de ser aprovados pela Censura Federal, em Brasília, o que significava interferência em conteúdo, muitos atrasos e perda de dinheiro para a Globo. Em seu depoimento ao CPDOC da Fundação Getulio Vargas em 2004, Petrônio contou que, durante a modelagem institucional do Conar, foi convidado por Dionísio Poli para uma conversa "inesquecível" com Roberto Marinho no Rio de Janeiro:

– Senhor Petrônio, nós não queremos. Nós, dos veículos, achamos que não tem que ter governo nesse negócio.

– Mas, doutor Roberto, são dois conselheiros do governo. Tem 21 conselheiros da iniciativa privada.

– Não. Daqui a alguns meses ou um ano vão fazer alteração de estatuto: em vez de dois, eles vão ter seis; depois, em vez de seis, vão ter doze e, no fim, vão ter maior número do que nós.

– Mas, doutor Roberto, nós não temos dinheiro para montar o Conar.

– Então, faz o seguinte: de quantos meses o senhor precisa para montar?

– Uns seis meses.

– Então, durante seis meses, tudo o que for necessário para montar o Conar, as Organizações Globo pagam. Sem dar limite, ouviu?

Dito e feito. Em 5 de maio de 1980, Petrônio Corrêa, pela Associação Brasileira das Agências de Propaganda (Abap); Luiz Fernando Furquim, pela Associação Brasileira de Anunciantes (Aba); Roberto Marinho, pela Associação Nacional de Jornais (ANJ); Carlos Cordeiro de Mello, pela Associação Brasileira de Emissoras de Rádio e Televisão (Abert); Pedro Jack Kapeller, pela Associação Nacional de Editores de Revistas (Aner); e Carlos Alberto Nanô, pela Central de Outdoor, subscreveram o estatuto social do Conselho Nacional de Autorregulamentação Publicitária, que passaria a funcionar no quinto andar do prédio número 34 da Rua 7 de abril, no centro de São Paulo.

O texto final do estatuto do Conar, escrito por João Luiz Faria Netto, diretor-executivo da Associação Nacional de Jornais, então presidida por Roberto Marinho, estabeleceu também a participação, no Conselho, de representantes da sociedade civil, como jornalistas, profissionais liberais e líderes de diversas entidades.

Mas ninguém do governo.

Cinco anos antes do fim da ditadura.

Oito anos antes da promulgação da Constituinte de 1988.

Com licença, Chico

O produtor Ruy Mattos, encarregado da negociação em nome da Globo, na reunião realizada na sede da emissora no Jardim Botânico, início de 1988, olhou firme para Cláudio Besserman Vianna, o Bussunda, então com 25 anos, e Claudio Manoel*, 29, representantes dos jovens humoristas do grupo Casseta & Planeta, cujo show semanal no Jazzmania, em Ipanema, havia se transformado em programa cult de gente importante da Zona Sul carioca, incluindo Boni e Daniel Filho. E fez a proposta, em tom mais teatral do que de ameaça:

– Olha, não pensem que no primeiro contrato neguinho vai sair arrebentando. Primeiro contrato é experiência, é padrão. A proposta não é negociável. É cinquenta e acabou!

Até então, mesmo fazendo sucesso com as publicações de humor dos dois grupos que haviam se unido sob a marca Casseta & Planeta, um deles formado pelos universitários Bussunda, Claudio Manoel, Beto Silva, Hélio de La Peña e Marcelo Madureira, e o outro integrado pelos redatores Reinaldo Figueiredo, Hubert Aranha e Cláudio Paiva, estes à época colaboradores d'*O Pasquim*, todos viviam no aperto, pegavam ônibus para trabalhar na redação improvisada num galpão emprestado situado perto da Praça Onze, centro do Rio, e, segundo Claudio Manoel, almoçavam diariamente num restaurante cujo proprietário, um caso raro de marketing de sinceridade radical, proclamava servir "o segundo melhor frango assado do bairro". Uma vida na dureza, portanto, que tinha até trilha sonora diária, um rap criado por Bussunda:

"Ganho quinze de salário, gasto oito de aluguel, vou pra casa do caralho, vou morar em Padre Miguel".

Ainda assim, Cláudio não aceitou, de primeira, a proposta salarial da Globo:
– Pô, a gente não estava preparado para nada inegociável. Temos de falar com os outros. Vou me reunir com eles e depois te dou retorno.

Surpreso, Ruy Mattos emendou:
– Então tá, moleque, é o seguinte: sessenta e não tem mais conversa!
– Bom, se não tem mais conversa...

Cláudio e Bussunda tiveram de se controlar até sair do prédio da Globo para poderem celebrar, aos gritos, eufóricos e incrédulos, os salários espetaculares que todos passariam a receber. Era o início dos 24 anos em que, em parceria com os artistas e profissionais da emissora, eles revolucionariam os programas de humor da Globo, primeiro nos bastidores, como redatores do *TV Pirata*, exibido entre abril de 1988 e dezembro de 1992, e depois como protagonistas, nos diferentes formatos que seriam criados pela turma do *Casseta & Planeta*:

"A gente saiu gritando e foi comemorar comendo na Praça Onze, no segundo melhor frango assado do bairro, onde a gente pedia sempre um prato padrão, que era um preço, e tinha um outro que era mais caro, que era com direito à sobremesa. A gente nunca tinha pedido. Então, a gente comemorou com a sobremesa, que era gelatina".

A chegada dos "cassetas" à Globo, porém, não foi muito engraçada.

Antes de contratar o grupo, Boni[*], fã imediato do Bussunda nos shows da trupe, tinha a intenção de levar logo ao ar um programa com os "cassetas" já no vídeo, mas, depois de alguns testes, constatara que eles ainda estavam "um pouco verdes" para atuar diante das câmeras. Ajudou na decisão de Boni o fato de o tom do verde ter sido intensamente acentuado, antes mesmo dos testes, por Chico Anysio[*], à época humorista supremo restante na Globo, após a ida de Jô Soares para o SBT.

Convidado a participar da reunião em que Daniel Filho, Carlos Manga e o diretor de núcleo Paulo Ubiratan conheceram as ideias apresentadas por Cláudio Paiva para o que viria a ser o primeiro *TV Pirata*, Chico detonou:

"O Manga disse uma frase e o Daniel disse outra. O Daniel disse: 'Não há como ir ao ar'. O Manga disse: 'Vai para o ar na terça e na sexta a Rede Globo sai do ar'".

Em 2000, ao lembrar o momento da chegada dos "cassetas" à Globo, Chico atribuiu a si um crédito que os outros envolvidos na história não reconheceram: o de ter "salvado" o projeto dos "cassetas" na Globo, ao pedir a Paulo Ubiratan, logo depois daquela reunião, que mandasse para ele "todos os disquetes" do novo programa para que ele fizesse "um trabalho de filtragem" e mandasse de volta à direção "um trabalho profissional maravilhoso".

Depois de receber os disquetes, Chico disse ter passado cerca de vinte dias "só arrumando os textos", separando os que poderiam ser exibidos mensalmente, semanalmente, de vez em quando ou nunca. E concluiu sua "contribuição" com um relatório para Daniel Filho ao qual anexou uma tirinha de Luis Fernando Verissimo publicada à época no *Jornal do Brasil* que terminava com a afirmação de que "tem uma hora que tem que chamar profissional":

"Separei tudo, cortei, diminui, arrumei. E os melhores textos eram do *Casseta* e nenhum estava no programa, nenhum. Estava disposto a colaborar. Aí, o Cláudio Paiva disse que comigo não trabalhava".

Pudera, diriam os outros, todos. Os textos apresentados por Cláudio Paiva e modificados na intervenção radical de Chico Anysio tinham sido preparados durante uma semana em que a equipe dos "cassetas" se trancara na casa de Claudio Manoel* e produzira, virando noites, "um calhamaço" com todas as ideias que o grupo tinha tido ao longo de 1987, boa parte delas influenciada pelos autores ingleses do *Monty Python* e pelos americanos do *Saturday Night Live*. O que estava em jogo na atitude de Chico, para Claudio Manoel, na crise que levaria até o diretor responsável pelo novo programa, Guel Arraes, a pedir demissão da Globo, não eram as ideias do grupo:

"O Chico Anysio tinha a pretensão, perante o Boni, de ser meio um coordenador-geral de humor, com a saída do Jô, porque ele já dava uma supervisionada nos *Trapalhões*. Queria uma Central Globo de Humor para dirigir".

Em 2023, em sua entrevista a este autor, Boni confirmou que o desejo de Chico de comandar os conteúdos de humor da emissora era antigo:

"O problema era que tinha de combinar com o Jô Soares. Sempre fui toureando, dizendo: 'Chico, deixa isso pra lá, você vai arrumar dor de cabeça'. Quando o Jô saiu, eu fiquei sem saber o que fazer. Ele se insinuou e eu disse pra ele que ia estudar o caso. Nunca foi oficializado, mas ele pretendeu ser supervisor dos cassetas".

Na mesma época, ousadia pouca era bobagem, um mutirão de sete publicitários, convidados por Carlos Manga para propor um novo formato de programa ao próprio Chico Anysio, tinha resultado num piloto com o nome provisório de *Vapt-Vupt*, por conter histórias curtas e muitas vinhetas, tinha sido rechaçado por Chico sem a menor cerimônia. Como lembrou, em entrevista a este ator, em 2022, o redator João Bosco Franco, um dos integrantes do grupo:

"Na reunião na sala do Mário Lúcio Vaz, a gente fez uma apresentação para o Chico e um redator de vários programas dele, o Ayres Vinagre. Eles não falaram uma só palavra. Pegaram o texto e levaram embora. Quinze dias depois, voltaram e apresentaram a versão do *Vapt-Vupt* deles, cheia de piadas de duplo sentido, personagens antigos que o Chico queria ressuscitar. Foi um mal-estar geral".

Mal-estar que, no caso dos "cassetas", terminou quando, segundo Claudio Manoel, Boni "meio que afastou as pretensões do Chico" e reconduziu o Guel e o Cláudio Paiva com autonomia total sobre o projeto:

"Daquele vestibular inicial que a gente entregou no calhamaço, todos os quadros foram produzidos e exibidos".

Foi também quando o projeto passou a se chamar *TV Pirata*. A Chico Anysio restou, mesmo ao abordar o assunto numa entrevista gravada doze anos depois da estreia de *TV Pirata*, em 2000, continuar sendo Chico Anysio:

"Eu gosto deles e não gosto do programa deles porque eu não gosto do modo como eles fazem o programa, tá? [...] Não tenho nada a ver com isso, não é meu o programa. Como dizia o português: o navio não é meu, pode afundar".

O *TV Pirata*, ao contrário, decolou. E fez história ao reunir a turma do Casseta & Planeta a escritores consagrados como Luis Fernando Verissimo; a autores do teatro apelidado pela imprensa de "besteirol" como Mauro Rasi, Vicente Pereira, Pedro Cardoso e Felipe Pinheiro; e a um elenco de atores de teatro e televisão até então não identificados como comediantes clássicos, caso de Marco Nanini, Louise Cardoso, Ney Latorraca, Debora Bloch, Diogo Vilela, Claudia Raia, Guilherme Karan, Cristina Pereira, Regina Casé e Luiz Fernando Guimarães, estes dois últimos ex-integrantes, como a redatora Patricya Travassos, do lendário grupo de teatro Asdrúbal Trouxe o Trombone.

Em tempo: o produtor Ruy Mattos, que negociou o salário dos "cassetas" na chegada do grupo à Globo, virou "Naná", personagem obcecado em cortar todos os custos do *TV Pirata*.

Riso descontrolado

Hoje eu tenho um recado especial para os turistas estrangeiros: Don't come to Brazil! Don't come to Brazil! Everything good you know about Brazil is a lie of Rede Globo of Television. Is manipulation! Mister TV Globo and Manoel Carlos want to say the Leblon is special, *mas não é!* Don't come to Brazil! Don't *vale a pena!* That's my appellation for you, *okey*?

Óculos tipo John Lennon, barba por fazer, casaco de guerrilheiro atravessado no peito por uma alça de bolsa capanga de mochileiro, sentado à frente de uma estante caótica apinhada de livros e bugigangas, ao lado de um cartaz com a mensagem "Não à Globo", o blogueiro nordestino interpretado por Marcelo Adnet, inimigo mortal da emissora e propagador de todas as teorias conspiratórias envolvendo a TV da família Marinho, foi um dos personagens de maior sucesso do *Tá no Ar: a TV na TV*, humorístico exibido pela Globo entre 2014 e 2019.

Dezesseis anos antes de Adnet, em 1988, os redatores do *TV Pirata* não iam tão longe na irreverência e no esculacho, a ponto de usar as críticas reais à época feitas à Globo por setores da opinião pública como tema de um quadro fixo do programa.

O *TV Pirata* até satirizou o jornalismo da emissora, no quadro "Casal Telejornal", apresentado por Regina Casé e Luiz Fernando Guimarães diretamente do balcão da cozinha de um apartamento de classe média, enquanto ambos resolviam seus assuntos domésticos. A sátira, a propósito, não era com William Bonner e Fátima Bernardes, que ainda não estavam na bancada do *Jornal Nacional*, mas com o casal Eliakim Araújo e Leila Cordeiro, à época apresentadores do *Jornal da Globo*. "Adelaide Catarina", repórter à beira de um ataque de nervos vivida por Deborah Bloch, também era inspirada na equipe de jornalismo da Globo.

O programa também parodiou as novelas de sucesso da emissora, como na versão "casseta" de *Roda de Fogo*, a antológica "Fogo no Rabo", cuja chamada a identificava como "a primeira novela brasileira sem Paulo Gracindo". E com "Que Gay Sou Eu?", sátira à novela *Que Rei Sou Eu?* na qual Pedro Paulo Rangel, Luiz Fernando Guimarães e Ney Latorraca formavam o trio de gays que vivia num reino imaginário, na época da Revolução Francesa. Mexeu também com o projeto *Criança Esperança* com o quadro "Fiança Esperança". Nada, porém, que chegasse perto da ousadia de Adnet, ao satirizar um trauma de décadas da emissora.

O que o *TV Pirata* fez no final dos anos 1980 que a equipe do *Tá no Ar: a TV na TV* nem sonharia em fazer, mesmo três décadas depois, aconteceu em outros núcleos temáticos do programa. A atriz Marisa Orth*, que também integrou o elenco, protagonizou, por exemplo, uma espécie de combo identitário que seria impensável nos anos 2020:

"Foi muito difícil fazer, era uma negra gordona, tipo aquela que aperta o espartilho da 'Scarlett O'Hara' em *E o Vento Levou*, sulista americana. Só que ela era judia também. Então, além de ser preta, gorda, ela, a 'Mãe Sara', também tinha sotaque judeu. Eu não sei se alguém riu, tá? Eu ria muito".

TV Pirata era um programa cuja equipe de figurino criou até um macacão de espuma com enchimento no traseiro, peitos e braços enormes, e com um fecho-ecler para vestir, para ser usado pelos vários personagens gordos do humorístico. "Piada em Debate", obsessão nas redes sociais dos anos 2020, era apenas o nome de um quadro que a atriz Louise Cardoso ancorava para explicar e discutir detalhes de piadas mostradas anteriormente no programa.

O recurso do *blackface* era usado, ainda que de modo explicitamente exagerado e farsesco, por atrizes e atores brancos para personagens negros dos quadros do programa, numa época em que o elenco de atores afrodescendentes da emissora era mínimo, e o de humoristas negros, à exceção de Helio de La Peña, virtualmente inexistente. Louise Cardoso, por exemplo, usou o macacão da equipe de figurino para engordar e *blackface* para interpretar "Dona Dedeia", uma mãe de santo trambiqueira.

"Black Notícias" não tinha nada a ver, óbvio, com lugar de fala, expressão inexistente na época: era outro quadro, este inspirado no *JN* e no qual os apresentadores "Hipólito Hip-Hop", papel de Guilherme Karan, e "Rap Rapeize", interpretado por Luiz Fernando Guimarães, davam as notícias ao som do hip-hop. Nos créditos finais do "Black Notícias", a relação de nomes que aparecia talvez não fosse recomendável no futuro: edição de "James Brown", câmera de "Billy Biscate", armação de "Paulo Muamba" e segurança de "Walter Negão".

O Centro de Valorização da Vida (CVV), entidade de apoio emocional voluntário e gratuito na prevenção do suicídio, também virou paródia do *TV Pirata*, num quadro em que Ney Latorraca fez o papel de um homem desesperado ao telefone que a atendente interpretada por Cristina Pereira tentava salvar, perguntando qual era o problema dele:

– Problema? Minha mãe é uma alcoólatra, meu pai é homossexual e meu irmão é toxicômano...

– Calma, moço, não fica assim. O senhor é tão jovem, tem uma vida inteira pela frente. O Brasil é um país do futuro!

Uma versão caricata do comportamento que no século 21 seria identificado e severamente condenado na cena cultural como "machismo estrutural" inspirava o quadro *TV Macho*, sátira ao programa *TV Mulher*, marco das manhãs da Globo já então fora do ar, e no qual o âncora "Zeca Bordoada", um troglodita interpretado por Guilherme Karan, sempre coadjuvado por "Paulo

Tesourão", costureiro bronco vivido por Ney Latorraca, tinha um modo peculiar de se apresentar:

Boa noite, pessoal da maromba, rapaziada macha do Brasil! Estamos mais uma vez aqui com um programa feito para você que é macho de verdade. Por quê? Tá com alguma dúvida? Então desliga logo esse televisor, antes que eu vá aí e parta a tua cara, sua bicha!

Eclético, o *TV Pirata* tinha o "Balança, Mas Não Sobe", paródia do antigo humorístico *Balança Mas Não Cai* que, como o nome antecipava, era um quadro só de piadas de duplo sentido. Mas também criou o "Casal Neura", com Luiz Fernando Guimarães e Louise Cardoso fazendo a versão para a TV dos personagens neuróticos do cartunista Glauco Villas Boas, publicados em tiras de quadrinhos na *Folha de S.Paulo*.

Bussunda*, ao lembrar em 2002 o quadro "As Presidiárias", reconheceu não saber como tinha sido possível o *TV Pirata* levar ao ar aquela sátira dos filmes "B" de presídio que proliferavam em canais pobres de TV da época:

"A gente ficou assim: 'Vamos fazer um personagem para a Claudia Raia', mas aí alguém disse: 'Mas a Claudia Raia de gostosa todo mundo já faz, então vamos fazer uma sapata' [...] E aí surgiram aquelas presidiárias e a 'Tonhão' da Claudia era uma presidiária sapata. Agora, honestamente, eu vi outro dia, era muito barra pesada, cara, ela era uma lésbica, num presídio, que ficava tentando comer as outras meninas o tempo todo".

Os perfis do "elenco" do presídio diziam tudo: "Tonhão", personagem de Claudia, fora "condenada a 28 anos por ter seduzido e estuprado 456 alunas do Educandário das Normalistas Carmelitas"; "Olga de Castro", papel de Cristina Pereira, era "militante duplo-esquerdista do PCCPC (Partido Comunista Comunista Pra Caramba); "Isabelle Duffon de Montpellier", interpretada por Louise Cardoso, era "filha de um poderoso banqueiro internacional, presa e condenada a pedido do próprio pai"; "Cristiane F.", papel de Deborah Bloch, era "drogada, prostituta, alcoolizada, vadia, mal paga e torcedora do Botafogo"; e "Dona Solange", interpretada por Regina Casé, era "uma portuguesa de bigode e seios enormes". Claudia lembrou que "Tonhão", no final, "podia tudo":

"O 'Tonhão' abria a braguilha e tirava o órgão masculino para fora, era uma loucura! Era tão absurdo! Eu fazia barba!".

Controversas ou não, as gargalhadas começavam durante as gravações dos quadros e personagens, e eram tão intensas e frequentes que provocavam atrasos na produção. Claudia, que até tinha sido vetada no início pela direção do *TV Pirata* sob o argumento de "não fazer parte da mesma praia" do grupo, antes de ser imposta por Daniel Filho e acabar se tornando mais uma da turma, mal conseguia gravar um quadro de "super-heróis" no qual ela era a única mulher:

"O Nanini fazia um 'Superman' velho, sempre exausto, a musculatura acabada e com osteoporose. Uma maravilha. O Diogo Vilela fazia o 'Robin' que era meio gay, que era meio caso do 'Batman', papel do Guilherme Karan, que fazia uma bicha carteirona, enrustida. Era muito engraçado! O Luiz Fernando fazia o 'Homem Elástico' e o Ney Latorraca o 'Aquaman'. Você não pode avaliar! Era o último quadro que a gente gravava e a gente só ria. E o Guel dizendo: 'Gente, são duas horas da manhã! Vamos acabar de gravar'".

– Faz o "Barbosa" aí!

Vinte anos depois da estreia do mais lembrado personagem da *TV Pirata*, Ney Latorraca ainda se veria, às vezes no meio da rua, instado a repetir os trejeitos do personagem que, salvo por um ou outro reparo a uma ou outra prática de etarismo, ao contrário de outros tipos mais tóxicos do humorístico dos "cassetas", talvez continuasse acolhido pelas plateias politicamente corretas das décadas seguintes.

Fenômeno de popularidade, "Barbosa" era um velho cativante de olhar sonso, sempre de braguilha aberta e suspensórios, e que passava ao largo das histórias da paródia "Fogo no Rabo" como um completo e inofensivo idiota, fazendo bicos cada vez mais protuberantes com os lábios, sempre a repetir, como um bebê levado, a última palavra ou expressão que ouvia de seus interlocutores, qualquer que fosse. Qualquer que fosse.

A exemplo das primeiras reações do público mais tradicional ao seriado *Armação Ilimitada*, alguns criticaram o *TV Pirata* por ser elitista, hermético e "rápido demais". Chico Anysio*, insistente, argumentava, a propósito, que sua empregada não entendia. Outros, independentemente da posição no espectro ideológico, consideravam o programa grosseiro e apelativo. O "bruxo" das pesquisas Homero Icaza Sánchez* reclamava que *TV Pirata* "era deboche e não humorismo". E Paulo Silvino*, comediante veterano dispensado pelos diretores do humorístico num chá de cadeira que considerou humilhante, odiava o *TV Pirata* a ponto de pedir que seus xingamentos ficassem registrados no Memória Globo. Ficaram. "Viadagem."

Feridas à parte, para Claudio Manoel os tempos de hegemonia da Globo ajudaram bastante no sucesso do programa que Guel Arraes* definiu como "uma poderosa e bem-humorada crônica da semana":

"Na época, a TV aberta também era diferente, a relação com as pessoas era bem diferente. Você não tinha TV a cabo, você não tinha internet. Então, a TV aberta era o lazer de todo mundo, mesmo. Então, você tinha um feedback dos seus amigos, seus amigos assistiam, todo mundo assistia".

O tempo mostraria que nem tudo continuaria engraçado naquele formato que Boni considerou "mais avançado que o *Faça Humor, Não Faça Guerra*".

Mas, na visão de Regina Casé*, por exemplo, *TV Pirata* foi a origem de todos os programas de humor que ocupariam a grade da Globo nas décadas que viriam:

"Fora todos os meus programas que saíram dali, *Programa Legal, Brasil Legal, Muvuca* e *Na Geral*, tem *A Grande Família, Os Normais, Casseta & Planeta* e todas as outras coisas que foram saindo de humor. Todas estavam ali já latentes na *TV Pirata*".

Para os "cassetas", o próximo passo seria não apenas escrever, mas interpretar o que escreviam na frente das câmeras. E para ganhar a "cancha de palco" que tornaria realidade o programa *Casseta & Planeta, Urgente!* a partir de 1992, Marcelo Madureira* lembrou que valeram muito os shows que o grupo continuou apresentando Brasil afora, enquanto *TV Pirata* fazia sucesso na tela da Globo.

Um dos shows, ideia que Boni deu a Gilberto Leifert*, diretor de relações com o mercado da Globo, foi a apresentação do espetáculo *A Noite dos Leopoldos*, nome do show dos "cassetas", na festa do prêmio Profissionais do Ano para os publicitários do Norte-Nordeste, realizada num hotel de Maceió, em 1990.

Não se tem notícia de nenhum protesto dos convidados nem da família Collor, então proprietária da afiliada da Globo no estado de Alagoas, contra o esquete com um personagem dos "cassetas" em especial, naquela noite:

"Cheirando Collor de Mello".

CAPÍTULO 22

Raízes

– Essa gente não morre assim, não. Estão acostumados a conviver com bactéria a vida inteira. Vivem dentro de bactérias. Estão mais do que imunizados.

Depois da negação da necessidade de cuidados com a saúde dos brasileiros pobres, veio o pedido, antes de mais um retorno da Europa:

– Você reserva para mim a suíte presidencial de um desses hotéis limpinhos aí. De preferência que não tenha um bando de mendigos na porta tentando agarrar a gente.

No desembarque, a reação:

– E eu que pensei que alguma coisa tivesse mudado nesse país! Mas, é só botar o pé no Galeão, você já começa a sentir esse calor horroroso, gente horrível no caminho, uma gente feia, parada, esperando uns ônibus caquéticos, o dólar a trezentos...

Quem seria capaz de dizer algo assim?

– Essa terra não tem jeito! Esse povo não vai pra frente. As pessoas aqui não trabalham! Só se fala em crise nesse país. Um povo preguiçoso! Isso aqui é uma mistura de raças que não deu certo!

E o comentário sobre os indígenas e os negros?

– Isto é banzo, minha filha! Coisa de índio e negro! E você pensa que alguém aprende alguma coisa em universidade brasileira? Você quer se apresentar ao mercado de trabalho com um diploma assinado em tupi-guarani?

Sobre os nordestinos...

– Falar de Nordeste antes da hora do jantar me faz perder o apetite.

E a solução para a criminalidade?

– A única solução para a violência é a pena de morte. E, para ladrão, para assaltante, cortar a mão em praça pública. Se cortasse a mão dessa gente, diminuiria o índice de violência nesse país. Não tenha a menor dúvida.

Não. Embora parecido, não era o famoso comentário sobre a população de rua feito pela primeira-dama Bia Doria, mulher do então governador paulista

João Doria, que, em conversa gravada e postada no dia 3 de julho de 2020 com a socialite Val Marchiori, disse ser contra dar marmita aos pobres, argumentando que a rua era "um atrativo" que os sem-teto de São Paulo precisavam ser convencidos a abandonar.

Também não era, apesar do teor semelhante, o comentário igualmente famoso do general Hamilton Mourão, então candidato a vice-presidente da República, e que em 6 de agosto de 2018 declarou que o "caldinho cultural" do Brasil incluía a "indolência" dos povos indígenas e a "malandragem" dos negros africanos.

Da mesma forma, apesar da semelhança, não era Jair Bolsonaro, que, em 5 de abril de 2017, como pré-candidato a presidente, ao visitar uma comunidade quilombola, disse que "o afrodescendente mais leve lá pesava sete arrobas" e que "nem para procriador ele serve mais"; que num de seus discursos como deputado federal disse que no Nordeste não era possível conseguir uma pessoa para trabalhar como empregado doméstico porque "o voto do idiota" era "comprado pelo Bolsa Família"; e que, em 26 de março de 2020, já como presidente da República, ao negar que a pandemia da Covid-19 representasse um perigo para a população, disse:

"O brasileiro tem que ser estudado. Ele não pega nada. Você vê o cara pulando em esgoto ali. Ele sai, mergulha e não acontece nada com ele".

As frases, na verdade, eram de uma personagem, criada por Gilberto Braga três décadas antes de a socialite, o general e o presidente deixarem escapar alguns espasmos da ideologia que invadiria o enredo da política do país na segunda década do século 21.

Era "Odete Roitman", destaque absoluto de *Vale Tudo*, novela exibida pela Globo no horário das oito da noite entre maio de 1988 e janeiro de 1989, e uma interpretação inesquecível da atriz Beatriz Segall no papel que a maioria dos críticos e telespectadores consideram ter sido o da maior vilã da história das telenovelas brasileiras. Foi com ela que Gilberto, livre da mordaça de vinte anos de ditadura militar, mexeu com os brios da sociedade brasileira, ao mergulhar com vontade na discussão sobre a corrupção e a falta de ética historicamente impregnadas no cotidiano do país.

Ao longo de 204 capítulos, os diretores Ricardo Waddington, Paulo Ubiratan e Dennis Carvalho, sob supervisão de Daniel Filho, mobilizariam os telespectadores com um contraponto dramatúrgico que tinha, num extremo, a viúva milionária e malvada que, vivendo em Paris, só voltava ao Brasil, país que odiava, em casos de extrema necessidade, sempre humilhando os subordinados e submetendo os filhos a todo tipo de manipulação, e, no outro extremo, a íntegra "Raquel Accioli", personagem de Regina Duarte, mãe da inescrupulosa "Maria de Fátima" interpretada por Gloria Pires.

O resultado, nas palavras de Mauricio Stycer, crítico de TV da *Folha de S.Paulo* e biógrafo de Gilberto Braga, por exemplo, foi "um tratado magistral sobre o Brasil da segunda metade dos anos 1980 e também uma aula sobre a arte do folhetim".

Não me convidaram
Pra essa festa pobre
Que os homens armaram
Pra me convencer
A pagar sem ver
Toda essa droga
Que já vem malhada
Antes de eu nascer

A voz de Gal Costa era ao mesmo tempo atrevida e indignada na noite de 16 de maio de 1988, quando milhões se surpreenderam com o impacto da estreia da abertura de *Vale Tudo*, um clipe estonteante que mesclava a apresentação das estrelas do elenco com imagens fragmentadas de manifestações embandeiradas, florestas, animais silvestres, futebol, seca, miséria, favelas e prédios do governo em Brasília.

Não me ofereceram
Nem um cigarro
Fiquei na porta
Estacionando os carros
Não me elegeram
Chefe de nada
O meu cartão de crédito
É uma navalha

Por coincidência, naquela mesma noite, o cantor e compositor Cazuza, autor da música "Brasil", o tema da abertura, voaria com os pais para Boston, nos Estados Unidos, para o início do tratamento contra a aids, doença que tiraria sua vida em pouco mais de dois anos. João Araújo*, pai de Cazuza e diretor da Som Livre, gravadora responsável pela versão de Gal Costa, mesmo tendo se afastado propositalmente da produção musical da abertura para evitar conversas sobre "o paizinho está fazendo isso ou aquilo", fez questão de assistir à estreia com o filho e a mulher Lucinha, antes de os três seguirem para o aeroporto. O impacto daquela abertura, segundo ele, foi resultado de uma intervenção de Boni:

"O Boni não tinha a abertura que ele queria. As músicas que chegam pra ele não estavam traduzindo o espírito da novela, uma novela forte. Precisava haver um quê de rebeldia que ele não está sentindo nas músicas. Quando, de repente, levaram para ele, ainda gravada de uma forma muito artesanal, essa música 'Brasil', ele ficou apaixonado: 'É esta! Vocês têm de gravar isso aí'. Colocou todo mundo no estúdio, gravou com os músicos e ficou uma loucura. Não havia nada mais forte que aquele refrão".

Brasil!
Mostra tua cara
Quero ver quem paga
Pra gente ficar assim
Brasil!
Qual é o teu negócio?
O nome do teu sócio?
Confia em mim!

Logo no primeiro capítulo, na cena de pouco mais de três minutos que ficou famosa, protagonizada por Regina Duarte, Gloria Pires e Sebastião Vasconcelos – este no papel de "Salvador", pai de "Raquel" –, "Maria de Fátima" tenta convencer o avô, um veterano e honesto funcionário da Receita Federal, a receber suborno de um amigo dela para deixar entrar ilegalmente no país "meia dúzia de videocassetes".

A discussão que se seguiu entre os três personagens seria não apenas uma síntese da trama de Gilberto Braga, mas também uma amostra dos sentimentos que passariam a aflorar regularmente no cenário político real do Brasil, da eleição de Fernando Collor em 1989 à de Jair Bolsonaro em 2018, com picos pontuais durante o Mensalão, a Operação Lava Jato e as manifestações de 2013. E o desabafo que "Maria de Fátima" faz no final da cena, contrariada com a recusa ao suborno por parte do avô, a quem ela chamou ironicamente de "o último homem honesto do Brasil", se tornaria material inflamável nas décadas que viriam:

– Esse é um país de trambiqueiros. Vai conseguir o quê com sua honestidade? Acabar com os assaltantes, pivetes, marajás, político ladrão e com os colarinhos-brancos que estão dando golpes de milhões de dólares?

A inspiração de Gilberto para escrever *Vale Tudo*, primeiro folhetim em que definiu o tema antes mesmo de ter uma história para contar, foi um episódio que ele mesmo viveu e que, de certo modo, antecipou outro fenômeno decorrente da volta da democracia ao dia a dia dos brasileiros: famílias divididas, em maior ou menor grau de intensidade, em torno de questões da política.

No caso de Gilberto, foi um momento de tensão durante um jantar em que seu padrinho, um delegado de polícia, mesma profissão de seu pai, foi chamado de "medíocre" e de "babaca" por um dos parentes que integravam a mesa. O que levou o autor a perguntar:

– Ué, por que ele é medíocre e babaca?

– Ah, porque ele foi delegado em Foz do Iguaçu e em Belém e ele podia estar rico. Todo mundo que foi delegado em Foz do Iguaçu e Belém tem apartamento na Vieira Souto e ele não tem nada, é pobre.

Até o fim da trama, sete meses depois, a determinação de Gilberto de denunciar a impunidade dos corruptos poderosos seria sempre enfatizada. No caso do último capítulo, com outra cena que entrou para a história da dramaturgia da Globo: a famosa "banana" para a cidade do Rio de Janeiro que o personagem "Marco Aurélio", vice-presidente do grupo "Roitman", homem desonesto e inescrupuloso interpretado por Reginaldo Faria, manda da cabine do jato executivo em que foge do país. Reginaldo* assim descreveu o sentimento que teve com a cena:

"Foi um personagem muito forte, porque ele representava o desejo de muito brasileiro em dar a banana não para o país, não para a terra, não para isso aqui que é maravilhoso, mas para a liderança, para os nossos líderes, pela descrença nesses líderes".

Regina Duarte* fez mais do que celebrar uma personagem importante, ao falar sobre *Vale Tudo* na entrevista que deu em 2005: deu ali algumas opiniões que ajudam a explicar o capítulo controverso que ela abriria em sua biografia anos depois, ao se tornar uma apaixonada eleitora e colaboradora de Jair Bolsonaro:

"Acho que o Brasil precisa dessa discussão. Precisava e continua precisando. Acho que a gente está sempre precisando discutir a ética e os valores e o que é certo, o que é errado, um comportamento moral adequado e civilizado [...] Porque a gente vive numa terra do vale-tudo, onde as pessoas vivem situações impunes e acho que a novela sacudiu um pouco as mentes a respeito desse fato de a gente estar tendo o tempo todo que lidar com impunidade, com negligência e fragilidade moral mesmo".

Ética e corrupção à parte, para Regina, encarar o papel da mulher separada do marido que tentava ganhar a vida honestamente vendendo sanduíches na praia foi uma angustiada interrogação, depois do sucesso então recente e espetacular de sua "Viúva Porcina" em *Roque Santeiro*:

"Eu pensei: 'Meu Deus! E agora? O que eu faço? O que vem por aí? Como é que eu realizo alguma coisa sem sentir que eu estou fazendo menos ou que eu estou andando para trás?'. Mas com a 'Raquel Accioli' imediatamente eu percebi que não precisava ter medo da continuidade da minha carreira. Ao mesmo tempo, o que seria da pobre da minha 'Raquel' se eu não tivesse uma antagonista, uma vilã do porte da 'Maria de Fátima'?".

Pois é. Gloria Pires, bonita, sonsa e charmosa, conseguiu construir uma "Maria de Fátima" tão ambiciosa e doentiamente necessitada de ascensão social que até Roberto Marinho foi envolvido num confuso pedido de intervenção na novela, sugerido a ele pelo próprio cardeal arcebispo do Rio, Dom Eugênio Sales, e que começou com um telefonema do dono da Globo para Boni*, no qual o tratamento foi diferente do "Estás ocupado aí?" que Marinho usava para convocar conversas sem maior importância com seu principal executivo:

– Sobe aqui. Nós temos um problema grave, essa galinha da Gloria Pires.

Ao reconstituir o episódio e a conversa, Boni disse que Marinho não costumava se referir aos nomes dos personagens dos atores da Globo. Estava falando, portanto, do casamento, na verdade um clássico golpe do baú que a "Maria de Fátima" de Gloria Pires estava aplicando na família "Roitman", ao se casar com "Afonso", o filho de "Odete" interpretado por Cássio Gabus Mendes:

– Essa menina sem vergonha, que rouba a mãe, uma verdadeira galinha. Ela não pode se casar na igreja. Uma pessoa com esse caráter não pode se casar na igreja. Então, tem uma cena próxima aí, e o cardeal falou comigo, então ela não pode se casar na igreja.

– Doutor Roberto, não é assim; na Igreja Católica ninguém se casa ou descasa por caráter. Acho que o senhor deve ligar para o cardeal e dizer que se ela não pode se casar na igreja porque é mau-caráter, o senhor, que é bom-caráter e é casado mais de uma vez, tem direito de revalidar o seu casamento na igreja.

Marinho fez uma pausa e, segundo Boni, reagiu com bom-humor ao argumento, desistindo da intervenção em *Vale Tudo*. Dois dias depois, no entanto, temendo problemas com o cardeal, Boni resolveu botar Daniel Filho a par da situação e pedir:

– Daniel, vai sobrar pra gente. Pelo sim, pelo não, tira esse casamento da igreja. Faz esse casamento da "Fátima" em algum lugar, na casa dela, sei lá.

– Boni, já foi para o ar, a "Fátima" já se casou na igreja, isso já foi, não tem mais como mexer, foi na semana passada.

Sem alternativas, Boni preferiu não fazer nenhum movimento e esperar uma nova ligação de Marinho. Ela aconteceu, mas o tratamento, na convocação, foi diferente:

– Estás ocupado aí?

Boni subiu e foi recebido pelo dono da Globo às risadas:

– Rapaz, o problema do casamento da galinha não era na novela *Vale Tudo*.

Era o humorístico *TV Pirata* que, em suas sátiras sempre concomitantes às novelas de sucesso da própria Globo, anunciara nas chamadas da programação, e também já tinha exibido, uma sátira às bodas de "Maria de Fátima" de *Vale Tudo* com uma cerimônia de núpcias de uma galinha de verdade. Até o cardeal deu risadas, segundo Roberto Marinho.

Já o que tinha de dar problemas de verdade com a censura em *Vale Tudo*, problemas deu.

Pela primeira vez, uma novela da Globo discutiu, de forma explícita, uma relação homoafetiva, no caso entre as personagens "Laís" e "Cecília", vividas por Cristina Prochaska e Lala Deheinzelin, respectivamente. Diálogos entre elas tiveram de ser reescritos, depois do corte de uma cena em que as duas relatavam à personagem "Heleninha", papel de Renata Sorrah, o preconceito que sofriam. A morte de "Cecília", no entanto, Gilberto Braga esclareceu que não foi obra da Censura Federal:

"Em *Vale Tudo* há um folclore. É o caso das lésbicas. A história que eu contei é exatamente igual à que queria contar. Não houve censura. Não houve alterações. Quando criei a personagem de Lala sabia que ela morreria. Isso eu sempre planejei".

Não se preocupe, quando terminar a novela da Globo você vai ver Rambo.

O aviso, que permaneceu num slide estático na tela do SBT, em todo o país, por cinquenta minutos, na noite de 26 de agosto de 1988, enquanto a Globo exibia em sequência os capítulos 90 e 91 de *Vale Tudo*, dava uma medida da repercussão e da audiência obtidas pela novela ao longo de sua exibição. A ponto de a Globo, naquela noite, cometendo quase uma heresia para a época, exibir dois capítulos seguidos de *Vale Tudo* para impedir que a rede de Silvio Santos obtivesse êxito no horário nobre com a exibição do filme *Rambo: Programado Para Matar*, com Sylvester Stallone.

Silvio preferiu à época um recuo tático de "Rambo", atrás do slide estático em sua rede, a ter que enfrentar, com seu brucutu, no campo de batalha do Ibope, a personagem que, nas palavras de Pedro Diniz, crítico de moda da *Folha de S.Paulo*, "reproduziu a nobreza pútrida em colares de pérolas, ombreiras voluptuosas e um senso de elegância em tecido de *tweed* que se tornaria estereótipo".

"Foi uma alegria. A Beatriz Segall faz uma aristocrata como ninguém. Ela sabe descer uma escada."

Assim o autor Aguinaldo Silva*, que formou com Leonor Bassères a dupla de colaboradores de Gilberto Braga na novela, celebrou, em 2011, a personagem que a figurinista Helena Gastal também se deliciou em vestir:

"A Beatriz Segall tinha 61 anos na época, mas também a coloquei de joelhos de fora, porque 'Odete Roitman' era uma mulher que seduzia os homens, gostava de garotão. Era chique, mas havia sempre um convite nas entrelinhas. Ela tinha que ser elegante e sedutora ao mesmo tempo".

O papel de "Odete", no entanto, por pouco não foi para outra atriz:

– Chega de botar a Beatriz Segall no lugar de grã-fina!

Foi com essa moldura que um suposto veto de Daniel Filho chegou aos ouvidos de Beatriz*, já depois de ela ter aceitado o convite de Gilberto, que por sua vez decidira esperar o fim da temporada da peça teatral *O Manifesto*, que ela estava à época encenando com o ator Cláudio Corrêa e Castro no Rio e em São Paulo, para tê-la na novela:

"Começaram as fofocas do tipo 'não é você que vai fazer, o Daniel não quer você' e eu desisti".

Em março de 1988, no entanto, ao se encontrarem para mais uma apresentação da peça, Cláudio, também integrante do elenco da Globo e já escalado para um papel na novela como "Bartolomeu", um velho redator de jornal, contou a Beatriz que, durante uma reunião com a equipe, o próprio Daniel Filho surpreendera a todos, incluindo Gilberto Braga, ao confirmar que, sim, o papel de "Odete Roitman" seria dela.

Sete meses depois, no início das duas últimas semanas da novela, quando o país já sabia que a vilã ia morrer a qualquer momento, Beatriz Segall* foi procurada pelo publicitário Washington Olivetto para autorizar do uso de sua imagem num anúncio de oportunidade do Comitê de Divulgação Institucional do Seguro (Codiseg), a ser publicado no dia seguinte nos jornais *O Globo* e *Jornal do Brasil*. Sem mencionar nomes, mostrando apenas a imagem de "Odete Roitman", o título do anúncio seria:

Nunca se sabe o dia de amanhã. Faça seguro.

Beatriz* lembrou que deu uma gargalhada, autorizou o anúncio e, pelo equivalente a 290 mil reais, a Globo deixou sua personagem viva por mais 24 horas, à revelia dos autores. A partir do capítulo 193, que enfim mostrou "Odete" caída e morta sob um rastro de sangue que ia de um quadro na parede ao chão, no lavabo de um apartamento não identificado, os brasileiros se lançariam em uma das mais contagiantes loterias de "quem matou" da história da emissora.

Dois milhões e meio de cartas foram mandadas ao concurso patrocinado pela Nestlé, fabricante do caldo de galinha Maggi, e que distribuiu prêmios num total equivalente a 3,6 milhões de reais para quem acertasse a identidade do assassino. A lista de suspeitos era de pedir senha e incluía "César", o amante de "Odete" interpretado por Carlos Alberto Riccelli, os filhos "Heleninha" e "Afonso", o jornalista "Bartolomeu", o "Marco Aurélio" de Reginaldo Leme, a própria "Raquel Accioli", a filha "Maria de Fátima" e, como sempre, o mordomo da história, no caso, o personagem "Eugênio", papel de Sérgio Mamberti.

– Você vai matar a "Odete Roitman".

Cássia Kis, que interpretava a personagem "Cecília", mulher de "Marco Aurélio", soubera pelo diretor Dennis Carvalho, mais de dois meses antes, com a recomendação de que mantivesse absoluto sigilo, que seria a assassina:

"Lá pelas tantas, fiquei na dúvida se ainda seria mesmo a pessoa a matar. Mas o Dennis manteve o segredo até o último dia, 6 de janeiro, meu aniversário, por sinal, quando foi todo mundo para o estúdio A da emissora. Ele reuniu o elenco, a imprensa na porta, e disse que quem havia matado 'Odete Roitman' era a 'Leila'. O resto do elenco podia ir embora. E fomos gravar a tal da cena. Gravamos às seis da tarde e a novela ia ao ar às oito da noite".

O capítulo final revelou, em uma das cenas que mais seriam repetidas em toda a história da Globo, que "Odete" havia sido morta por acidente, com três tiros disparados pela personagem "Leila", que apertou o gatilho pensando que o vulto feminino por trás da divisória do lavabo era "Maria de Fátima", que ela suspeitava estar tendo um caso com o marido "Marco Aurélio". Mas era "Odete" quem tinha ido ao apartamento suspeito, e para tramar mais uma falcatrua com o executivo pilantra.

Para Gilberto Braga*, falecido em 2021, aos 75 anos, a experiência com *Vale Tudo*, novela que a Globo venderia para mais de trinta países, só fez aprofundar um sentimento que ele passou a ter a partir de *Dancin' Days*, e que definiu como de "muito ciúme pela televisão não ser tratada com o respeito e o carinho com que o cinema é tratado":

"Cinema é nobre e televisão é o quê? Bandalheira? Quando comecei, isso ficou muito claro no início do meu depoimento, eu não era um consumidor de televisão, como eu continuo não sendo, mas entrei para a televisão me sentindo assim uma pessoa de passagem, que queria ficar em televisão para ir para alguma coisa, no caso cinema, que eu considerava mais nobre. Foi a partir do sucesso de *Dancin' Days* que eu comecei a pensar: 'Por que eu não fico em televisão? Por que televisão não é nobre? Se tanta gente vê, se tanta gente gosta, se é tanto assunto?'. Eu, como criador, cada dia valorizo mais televisão".

Nos primeiros anos após o sucesso estrondoso de sua personagem, Beatriz Segall*, falecida em 2018, aos 92 anos, chegaria a se incomodar com o "fantasma" de "Odete Roitman" em sua carreira, recusando entrevistas sobre o assunto e só aceitando papéis bem distantes do padrão de maldades que consagrou em *Vale Tudo*. Com o tempo, porém, ela reconsiderou e, em 2001, deixou registrada sua impressão pessoal sobre o castigo final recebido pela mais malvada das vilãs da teledramaturgia brasileira:

"Não houve um crítico de televisão que percebesse, não houve um jornalista que escrevesse a esse respeito: na verdade, o grande castigo da 'Odete Roitman' não foi ser assassinada, porque, para começo de conversa, ela foi assassinada sem querer. A outra vai lá para matar a 'Maria de Fátima' e mata a 'Odete'. Então, não foi esse o castigo dela. A morte nem sempre é um castigo assim tão grande. O grande castigo que a fez sofrer mesmo, que a fez pagar por alguns pecados dela, foi a paixão que ela teve pelo 'César', personagem do Riccelli".

Em suma: uma personagem mulher, racista, completamente sem caráter, preconceituosa, integrante da elite opressora, sofrendo por causa de uma incontrolável atração sexual por um homem branco mais jovem e adúltero, muito corrupto e, também, por assim dizer, irresistível.

Mas isso foi em 1988.

Plantão inesquecível

Sábado, 31 de dezembro. Foi da pior maneira possível que o *Réveillon* de 1988 ficou na lembrança de um grupo heterogêneo de profissionais da Globo.

Ilze Scamparini* conseguira o cenário ideal para a reportagem do *Fantástico* em que pretendia contrapor a comemoração da passagem de ano de pessoas comuns, os turistas, evangélicos e seguidores do candomblé que lotavam as areias de Copacabana, à dos milionários: a festa oferecida pela viúva Lily Monique de Carvalho em seu triplex de frente para o mar na mesma praia, com tudo do bom e do melhor para comer e beber, ao som de duas orquestras de cordas, e inaugurada quando a viúva de 67 anos entrou em cena para receber os convidados:

"Aquela mulher linda, era uma senhora maravilhosa, desce as escadas com um vestido, parecia uma sereia, um diamante enorme, uma coisa assim, realmente, uma belíssima festa, uma coisa maravilhosa".

Logo após ser filmada pelo cinegrafista que acompanhava Ilze, a viúva do milionário Horácio Carvalho surpreendeu a repórter, apontou para um dos convidados e, peralta, saboreou a fofoca. Era Roberto Marinho, 84 anos, prestes a deixar que se tornasse público o que pouquíssimos sabiam naquele momento e que Lily chamaria de seu "segundo império": a relação amorosa que, em perfil publicado pela revista *Piauí* em janeiro de 2007 por Danuza Leão, amiga íntima de Lily, nascera de uma paixão "eloquente como um carro de bombeiros a caminho de um grande incêndio".

A menos de cinco quilômetros do triplex de Lily, em algum ponto da escuridão da Baía de Guanabara, o repórter Renato Machado*, longe de seus vinhos e óperas, e o cinegrafista Lúcio Rodrigues, ambos completamente enjoados, ou mareados, a bordo de uma traineira sacudida pelo mar mexido, mal tinham conseguido cumprir a missão de enriquecer o contraponto da reportagem de Ilze para o *Fantástico*, com o ponto de vista de quem assistira, do mar, à queima de fogos do *Réveillon* de Copacabana:

"Quando nós saímos da Marina da Glória as ondas já estavam muito altas. Atravessamos a Barra para ir em direção a Copacabana e a traineira subia mais de um metro e meio por causa das ondas. Não tinha nem como filmar. Todo o barco passou mal".

A repórter Sandra Moreyra*, grávida de seu primeiro filho, Ricardo, e também de plantão naquele *Réveillon*, estava em casa, com previsão de trabalhar só na manhã seguinte. O colega Chico José*, protagonista absoluto das aventuras jornalísticas submarinas da Central Globo de Jornalismo, embora morasse em Recife, também estava no Rio naquele dia.

Boni* comemorava, com seus vinhos e seus amigos, um ano emblemático da fase que ele considerou "o auge" da Globo, o final dos anos 1980, tempo de liderança absoluta de audiência e de uma programação da qual ele tinha "muito orgulho". Roberto Buzzoni*, diretor da Central Globo de Programação, pelos mesmos motivos, acompanhava o *Réveillon* de casa, sem maiores preocupações com os índices do Ibope.

Naquela noite, depois de mais um capítulo da novela *Vale Tudo*, a Globo tinha exibido um *Globo de Ouro Especial* com a participação de artistas como Lulu Santos, Cazuza, Titãs, Os Paralamas do Sucesso, Fábio Jr. e Xuxa. Logo depois, viera a tradicional transmissão ao vivo da Corrida de São Silvestre, em São Paulo, intercalada por mensagens bem-humoradas pré-gravadas pelo elenco do *TV Pirata*, que naquele ano tinham substituído a contagem regressiva que a emissora costumava fazer na virada do ano. E ainda seriam exibidos um compacto do festival Hollywood Rock e o clássico *A Noviça Rebelde*. Na concorrência, Fausto Silva fizera seu último show de *Réveillon* na Bandeirantes, antes de iniciar seus 32 anos de contrato com a Globo.

No prédio da sede da Globo no Jardim Botânico, a equipe de plantão da Central Globo de Engenharia vivia um plantão tranquilo. A transmissão da Corrida de São Silvestre, apesar das "zonas de sombra" que sempre dificultavam o sinal das câmeras no centro de São Paulo, tinha transcorrido sem maiores problemas.

Tudo começou a mudar quando se espalhou a notícia de que uma embarcação de pescadores que estavam acompanhando a queima de fogos em Copacabana estava à deriva. A história, no entanto, era outra: os pescadores estavam testemunhando, a poucos minutos do início de 1989, algo que era e continuaria sendo rotina nos rios da Amazônia.

O Bateau Mouche IV, uma embarcação de turismo, superlotado, com 142 pessoas a bordo, tinha virado com o casco para cima, depois de adernar no mar agitado. Os passageiros que estavam no convés superior se jogaram ou foram lançados ao mar, mas os que estavam no salão principal ficaram aprisionados no interior do barco. Aos dez minutos de 1989, o Bateau Mouche IV foi a pique.

Ilze Scamparini tinha descido do triplex de Lily Monique de Carvalho para fazer as gravações na areia de Copacabana, mas a câmera que sua equipe estava usando dera defeito. Ao voltar para a redação da Globo para trocar o equipamento, ficou sabendo do naufrágio e, como outros repórteres de plantão naquela noite, seguiu direto para o píer do Iate Clube do Rio de Janeiro, no bairro da Urca, enseada de Botafogo, local onde a tragédia da morte de 55 pessoas, entre elas a atriz Yara Amaral, ficaria visível no meio da madrugada.

Aos poucos, milhões de brasileiros em todo país, boa parte deles sintonizados na Globo enquanto festejavam, foram sendo tomados pelo choque com as circunstâncias da tragédia. Era ainda um tempo em que eram mais os jornalistas, pelo dever de informar, e os policiais ou militares, pela missão de controlar o acesso, e não anônimos portadores de celulares conectados em tempo real ao Facebook, X (antigo Twitter), Instagram, WhatsApp e TikTok, que decidiam o que deveria ou não ser mostrado para o público em geral:

"E aí que eu vi, pela primeira vez, corpos de afogados. Inclusive, vi que quem é preto fica branco, uma coisa horrível, horrível. Aí, fiquei trabalhando naquilo, mandando *flashes* atrás de *flashes*, por sete horas".

O que Ilze e outros repórteres viram, no píer de um dos clubes da elite do Rio de Janeiro, foi processado e traduzido pela repórter Ermelinda Rita* para os ouvintes da rádio CBN, num relato que dá uma ideia do tipo de imagem que correria pelas redes sociais se aquele trágico *Réveillon* tivesse acontecido nos anos 2020.

Ermelinda percebeu que os corpos que chegavam e eram estendidos no píer, entre eles os de algumas bailarinas do show a bordo do Bateau Mouche IV tinham as roupas rasgadas, sinal de que, no desespero, a maioria sem saber nadar, as pessoas tinham se agarrado, umas puxando as outras, algumas com chumaços de cabelo nas mãos, as faces congeladas por expressões de horror. O mobiliário de madeira e mármore do barco, pesado, mas ilegalmente solto para acomodar muita gente, tinha atingido gravemente muitas vítimas antes mesmo do afogamento fatal.

Sandra Moreyra*, por ser uma das repórteres de rede da Globo Rio acostumada a coberturas pesadas sobre a violência da cidade, fora convocada no meio da madrugada e, mesmo grávida "de barrigão", dispôs-se a ir ao píer para fazer *flashes* ao vivo. Ela e o cinegrafista que a acompanhava não mostravam detalhes dos corpos, como os descritos por Ermelinda Rita aos ouvintes da CBN. Mas não precisava:

"Nunca vi uma coisa assim. Eu tinha vontade de chorar a cada minuto porque era um horror. Chegaram famílias inteiras afogadas. Era um lugar aonde também chegavam pessoas que logo saíam chorando, depois de reconhecer os mortos. E a gente ia dando a lista das pessoas que tinham sido identificadas".

Sandra seguiu nos *flashes* sem se tocar de que sua imagem, grávida, só agravava a tragédia. E acabou sendo mandada de volta para casa pela chefia, depois que a redação da Globo começou a receber ligações de telespectadores indignados:

– Tirem essa grávida daí! Tirem essa grávida daí!

Renato Machado e Lúcio Rodrigues, por estarem embarcados na traineira que os levara até as águas de Copacabana e, portanto, próximos do Iate Clube do Rio de Janeiro, tinham sido os primeiros jornalistas a chegar ao píer e a registrar a chegada dos corpos. E, antes de voltar para a redação com o material exclusivo, Renato ainda viveu uma experiência difícil:

"Tinha um conhecido meu lá embaixo da lona também. Era um amigo do meu pai que estava lá. Quando eu vi a carteira de identidade, resolvi escapar da mulher dele, que eu vi que estava ali procurando o marido. Foi uma coisa dantesca, uma cena dantesca".

Nas primeiras horas da manhã de domingo, 1º de janeiro, além de impactado pela tragédia, Boni, nas palavras de Buzzoni, "queria morrer" com o que estava vendo não na tela da Globo, mas da Manchete: *flashes* com imagens próximas, feitas de uma lancha pertencente a Adolpho Bloch, dono da emissora, mostravam, em detalhes, o trabalho dos bombeiros e mergulhadores da Marinha no ponto da baía próximo à pedra do Pão de Açúcar onde o Bateau Mouche IV tinha naufragado.

Enquanto isso, a Globo, embora tivesse instalado câmeras para transmissão ao vivo em quatro pontos da orla e mantivesse um link com um cinegrafista a bordo de um helicóptero, não conseguia mostrar praticamente nada, após seguir a recomendação da Central Globo de Engenharia de que a captação de imagens, por barco, no mar ainda agitado, não teria qualidade. O resultado, mais um drible de Davi contra Golias, também deixou Buzzoni fora do sério:

"Nós fizemos tudo e esquecemos do barco. Nós tínhamos helicóptero, mas estávamos muito longe. Eles iam e pegavam. Por não ter recursos, a Manchete improvisou de uma forma excepcional. Pediu o barco emprestado para o dono da empresa e foi lá. Nós podíamos ter alugado ou ter pedido o barco do doutor Roberto, qualquer coisa. Alugamos helicóptero, colocamos câmeras, colocamos link no helicóptero. Chegou a Manchete, botou a câmera nas costas do cinegrafista. Não fazia mal que balançasse. Pegasse só takes fechados. Só descobrimos isso na hora da cobertura".

O consolo da Globo na segunda-feira, 2 de janeiro, foi, também, de certa forma, a improvisação excepcional que aconteceu quando a equipe da emissora que apoiava o mergulho do repórter Chico José e do cinegrafista Wandick Acácio na área do naufrágio, para filmar o Bateau Mouche IV no fundo da baía, ignorou a proibição imposta por um capitão da Marinha que chefiava as buscas. O oficial, segundo Chico José, até chegou a embarcar na lancha da Globo para interromper a operação, mas quando viu as imagens que chegavam a um monitor ligado por cabo à câmera de Wandick no fundo do mar, mudou de ideia:

"Ele ficou vendo o Bateau Mouche e, de acordo com os que estavam no barco, sua reação foi mais de admiração. Lá no fundo, nós entramos, gravamos a imagem com os corpos ainda dentro e eu procurei feito um louco o nome do barco, que estava inclinado, e encontramos. Era fundamental eu ter o nome Bateau Mouche para mostrar à noite no *Jornal Nacional*. Foi o grande diferencial naquela cobertura".

Quase dois anos depois do naufrágio, em sentença que causaria indignação na opinião pública, os onze denunciados seriam absolvidos pelo juiz Jasmim Simões Costa, que aceitou a tese da defesa de que "os réus não atuaram dolosa ou culposamente, não previram o naufrágio, nem era ele previsível nas circunstâncias". Seria o início de uma disputa por justiça e indenização que duraria mais de trinta anos e que incluiria a fuga, para a Espanha, dos empresários Álvaro Pereira da Costa e Faustino Vidal, donos do Bateau Mouche IV.

O material gravado pela equipe de Ilze Scamparini no triplex de Copacabana, naquele *Réveillon* de sonho que mostrava quem era o novo namorado de Lily Monique de Carvalho, futura Lily Marinho, não foi ao ar.

O casamento duraria 14 anos.

Canhão

O diálogo foi curto e durou apenas alguns segundos.

Era também um insulto que muitos brasileiros guardariam na memória e uma parte deles levaria para a cabine de votação, um ano e sete meses depois, em 15 de novembro de 1989, no primeiro turno da primeira eleição presidencial no país depois do fim da ditadura militar.

Gravada numa calçada próxima à sede do governo de Alagoas, no centro da capital, Maceió, e exibida em rede nacional pelo *Globo Repórter* na noite de 2 de abril de 1987, a cena mostrou o momento em que o repórter Chico José se aproximou de um dos integrantes de uma fila de dobrar quarteirão, formada por centenas de funcionários públicos, a maioria gente simples, convocados para uma espécie de recadastramento com o qual o novo governador do estado, empossado duas semanas antes, pretendia identificar, para demitir, os funcionários fantasmas do estado:

– O que você faz?
– Nada.

Chico então perguntou para outro integrante da fila, que estava logo atrás:
– E você?

Sem hesitar, sorriso cínico, o fantasma assumido respondeu, apontando para o colega da frente:
– Eu ajudo ele.

O tema central daquele *Globo Repórter* eram as dificuldades dos governadores e prefeitos com o empreguismo e a ineficiência em seis estados, mas o que causou grande repercussão, junto aos telespectadores e à opinião pública, foram aquele e outros momentos documentados por Chico José e pelo cinegrafista que o acompanhava na fila dos fantasmas do serviço público. E Fernando Collor de Mello, 37 anos, o então recém-empossado governador alagoano que prometia acabar com os "marajás", termo que ele e a imprensa local usavam para se referir aos funcionários fantasmas que ganhavam altos salários no estado.

Aquele programa, uma então rara incursão do *Globo Repórter* na reportagem política depois do longo drama de Tancredo Neves, em 1985, à parte a cobertura da emissora nas eleições para governador, em novembro de 1986, seria uma evidência inédita para todos, imprensa escrita, políticos, marqueteiros, cientistas sociais, teóricos da comunicação e os próprios jornalistas da emissora, sobre o que Eugênio Bucci chamou de "peso desproporcional" da Globo no cenário político brasileiro, agora que não mais estava submetida à censura dos militares.

Para muita gente, nas universidades, redações e botequins, não foi apenas mais uma edição do *Globo Repórter*, mas o primeiro ato da campanha que levaria Collor à Presidência da República. O então diretor de telejornais de rede, Alberico de Sousa Cruz*, suspeito por suas então notórias conexões com políticos do *establishment*, tentando minimizar, dizia que o programa foi "corretíssimo" jornalisticamente, e que sua participação, entendida por alguns como parte de uma conspiração, limitou-se a um telefonema para Collor, pedindo apoio em Maceió para a produção daquele *Globo Repórter*.

O experiente Toninho Drummond*, diretor da Globo em Brasília, fazia uma aposta que remetia ao início da carreira de Collor como prefeito indicado de Maceió, na época da ditadura:

"Se a bandeira da luta contra os marajás fosse do Miguel Arraes, por exemplo, ele jamais teria o espaço que, durante dois anos, antes da eleição presidencial, toda a mídia deu para Collor, com seus 38 anos, menino rico, ilustrado, nomeado pelos milicos".

De nada adiantariam, para esclarecer as circunstâncias que cercaram aquele *Globo Repórter*, os depoimentos dos próprios profissionais que participaram do programa. A maioria deles diria, por exemplo, que não era rotina produzir programas sobre política, tema que continuava delicado na casa, mesmo depois do fim da ditadura. Menos ainda um programa que envolvia políticos de diferentes correntes, como a então prefeita de Fortaleza, Maria Luiza Fontenele, do Partido dos Trabalhadores, o governador eleito de Rondônia, Jerônimo Santana, do PMDB, e Fernando Collor, que, além de filiado à época ao PMDB, partido de Sarney, era um dos sócios da TV Gazeta, afiliada da Globo em Alagoas.

É pra valer mesmo? Essa seria, diante de uma pauta política como aquela, pelas implicações passadas dos temas políticos na emissora, a pergunta automática da maioria dos repórteres, produtores e editores com um mínimo de experiência na Globo da época. Houve também quem desconfiasse, como Sérgio Chapelin*, apresentador do programa, à época pouco disposto a elogios à gestão de Armando Nogueira, desde a perda de seu lugar na bancada do *Jornal Nacional*. Chapelin não perguntou se o programa era "pra valer", mas disse ter recebido uma recomendação de um chefe que não identificou para "não economizar" no tom da narração:

"Eu simplesmente não sabia que ali devia estar começando, acredito, a campanha para presidência do Fernando Collor de Mello [...] Eu recebi esse pedido. Não foi uma ordem, mas uma recomendação de que eu não me economizasse. Mas eu realmente não sabia o que se pretendia. Eu disse: 'Ótimo'. Fiz o meu trabalho, procurei fazer como me foi recomendado, sem me economizar. E foi um furacão".

Ao interpretar o texto de abertura do bloco do *Globo Repórter* sobre Alagoas, Chapelin foi enfático, mas, para quem estava acostumado com suas narrações, não abandonou a sobriedade, sua marca registrada, em contraposição ao tom mais monumental de Cid Moreira, seu ex-colega de bancada do *JN*:

Alagoas é um estado pequeno. Tem apenas dois milhões e trezentos mil habitantes. Mas em matéria de escândalos no serviço público, Alagoas leva o campeonato. O novo governador, Fernando Collor de Mello, empossado há quinze dias, está atacando de frente o problema. E foi justamente uma decisão do governador que permitiu ao Globo Repórter *flagrar uma situação escandalosa de empreguismo.*

Em 2004, Jorge Pontual*, futuro correspondente da Globo e da Globonews em Nova York, à época editor-chefe do *Globo Repórter*, autor da pauta dos marajás e responsável final pelo texto lido por Chapelin e pela edição do programa, não viu sentido em suspeitas como a levantada pelo apresentador. Disse que tudo começou com uma denúncia, seguida de uma atitude "absolutamente corriqueira" em qualquer redação profissional: a checagem das denúncias e documentos, e a ida a campo da equipe, que, no caso, confirmou que "tudo aquilo era verdade":

"A orientação era ir fundo na denúncia, na investigação. Em quase todos os estados havia a mesma situação de funcionários fantasmas que recebiam sem trabalhar, era escandalosa a situação. É claro que o Collor usou isso na campanha dele, mas foi um trabalho jornalístico. Não era uma coisa política, como se a gente estivesse participando de uma campanha do Collor. Depois eu li em algum lugar que eu é que tive a ideia de fazer, como se eu tivesse alguma coisa a ver com o Collor. Não foi assim que aconteceu".

Não era absurdo especular, na época, em apoio a teóricos como Eugênio Bucci, sobre a possibilidade de que estivesse sendo posto em marcha um poderoso projeto político-eleitoral liderado, subliminarmente, pela maior rede de televisão do país.

Afinal, por que uma emissora capaz de fazer um país inteiro odiar "Odete Roitman" ou se apaixonar por Ayrton Senna não seria capaz de levar o eleitor a odiar ou a amar um candidato a presidente? Por que uma rede de TV que conseguia fazer empresas investirem dezenas de milhões de dólares em campanhas publicitárias que duravam segundos, em seus intervalos, não saberia conquistar a simpatia da sociedade para uma determinada plataforma política-eleitoral? Quem poderia negar o impacto decisivo, na hora do voto, do que fosse dito e mostrado pela Globo em seus programas jornalísticos campeões de audiência, ao longo de toda uma campanha presidencial?

Eram perguntas que estariam no ar, junto com o sinal da Globo, quando começasse a cobertura da eleição de 1989. Em que momento, por exemplo, em um país democrático e com liberdade de imprensa, Fernando Collor de Mello deixaria de ser uma notícia jornalística legítima para ser considerado um candidato da emissora? Quem definiria esse limite? O que informar e o que deixar de fora, na hora de mostrar, nos telejornais e programas da Globo, os movimentos de Collor durante a disputa presidencial?

No caso de um compromisso de equilíbrio da emissora na cobertura, como administrar, na grade do jornalismo da Globo, o espaço para Collor, Lula, Leonel Brizola, Mário Covas e Ulysses Guimarães, para citar apenas cinco dos 22 candidatos a presidente da República que se apresentaram e fizeram campanha em 1989? Como se comportar, jornalisticamente, na hora de noticiar, por exemplo, a pesquisa do Ibope que, em 28 de junho de 1989, mostrou

Collor com 43% das intenções de voto, seguido de longe, muito longe, por Brizola, com 11%, e Lula, com 8%?

O resto da grande imprensa, na época, não teve que se preocupar muito com as respostas. A conta, meio no automático, já estava espetada na comanda da Globo, junto com Time-Life, Proconsult, Diretas Já e outros episódios negativos da história da emissora. Era a conta da hegemonia, que voltaria turbinada na famosa edição do debate de final de campanha entre Collor e Lula. Enquanto isso, os jornais e revistas de circulação nacional, além da Rede Bandeirantes, cairiam dentro, para não mais sair, ao longo de mais de um ano, na pauta do "caçador de marajás". E sem ter que apresentar certificado de legitimidade jornalística para o que produziam e publicavam.

Apenas três dias depois do *Globo Repórter* dos marajás, o *Jornal do Brasil* publicou uma reportagem sobre o governador cujo título era "Furacão Collor". No dia 15 de abril, a *Veja* tinha como segunda chamada de capa o título "Funcionalismo: a praga dos marajás", reportagem em que Collor, por suas ações no combate aos "marajás" de Alagoas, foi personagem, apresentado como um ex-malufista convertido ao PMDB, e fotografado em seu gabinete. Na edição seguinte, em 22 de abril, a *Veja* dedicou a ele uma longa entrevista no espaço nobre de suas páginas amarelas.

Em outubro daquele ano, nova entrevista, desta vez para a revista *Playboy*, da Editora Abril. E, em 22 de dezembro, Collor ganhou mais de seis páginas em matéria na revista *Senhor*, então dirigida por Mino Carta, futuro publisher da revista *Carta Capital*, e na qual, além de comparar Sarney a um ditador sul-americano, o então governador disse, antecipando Bolsonaro, que "às vezes" tinha vontade de ser candidato à Presidência da República para "acabar com a bandalheira, a ineficiência, a roubalheira e a podridão".

Em 23 de março de 1989, início do ano da eleição presidencial, e onze meses depois do *Globo Repórter* sobre os funcionários fantasmas, a *Veja* dedicou uma capa a Collor, então apontado como um dos quatro políticos mais admirados do país, segundo pesquisas eleitorais da época, e apresentado em foto posada à frente de um quadro histórico do Palácio dos Martírios, sede do governo alagoano, sob o título "Caçador de marajás".

Àquela altura, como lembrou Chico José* em 2008, uma parte dos marajás de Alagoas continuava intocável:

"Entraram na justiça, alguns ganharam, outros não conseguiram ganhar tudo, mas foram ficando. E tinha um deles, que era o que ganhava mais, que gozava e dizia: 'Meu salário é esse mesmo, eu reconheço que eu sou um marajá, só que a lei está do meu lado'".

Aí, já não interessava mais pra ninguém.

Mas e o dono da Globo? Quais eram as suas ordens, no ano da primeira eleição presidencial livre no Brasil, desde a fundação da emissora?

Coração e cabeça

Foi em Moscou, durante a cobertura da tentativa de golpe de estado contra o presidente Mikhail Gorbachev, entre 19 e 21 de agosto de 1991, a mais de onze mil quilômetros de distância da sala de Roberto Marinho, no décimo andar da sede do Jardim Botânico, que Pedro Bial* viveu uma experiência duplamente inusitada: a censura interna a uma reportagem que seria histórica, ao mostrar, no *Fantástico*, que, sim, era verdade que o Partido Comunista Brasileiro (PCB) recebia dinheiro da União Soviética; e a explicação de que o veto se devia à intenção de Alberico de Sousa Cruz, então diretor da CGJ, de não aborrecer o dono da Globo com a revelação da história.

Bial e o cinegrafista Sergio Gilz, à época baseados no escritório da Globo em Londres, testemunhavam, na sequência da crise política no país, e com reportagens diárias para o *Jornal Nacional*, uma "caça aos comunistas" promovida pelos próprios moscovitas durante a qual Gilz filmou cenas antes impensáveis, como a miséria dos apartamentos comunais de Moscou e um cidadão comum chutando a porta do edifício Lubianca, a sede da até então temida KGB, lugar onde o medo fazia até a calçada em frente ao prédio ficar sempre vazia.

Paralelamente à explosão da ira popular, como Bial lembrou em entrevista a este autor em novembro de 2023, estavam sendo postos à disposição de qualquer interessado documentos que revelavam, além dos privilégios ocultos e abusos de toda ordem dos burocratas dirigentes da então moribunda União Soviética, uma série de registros sobre o movimento comunista internacional em vários países, ao longo do século 20. Com a ajuda da produtora russa Irina Galidsyna, Bial descobrira uma preciosidade jornalística: provas incontornáveis de que o Partido Comunista Brasileiro (PCB) tinha recebido remessas de dinheiro da URSS:

"Cheguei lá no tal arquivo que, pela primeira vez, abriram para a gente, e tinha as evidências da última remessa, para o Roberto Freire, do dinheiro do PC soviético para o PCB usar nas eleições de 1989, recebido em Lisboa. Estava tudo lá".

O passo seguinte de Bial foi ligar para Geneton Moraes Neto, então editor-executivo do *Fantástico*, pessoa à época mais indicada a ser procurada, na CGJ, por ser, nas palavras de Bial, "um jornalista quase historiador" que obviamente "adorou" quando soube que o "ouro de Moscou" tinha mesmo existido. Bial, inclusive, passaria depois para William Waack, que escreveu o livro

Camaradas, uma grande investigação sobre o assunto, os documentos que desmentiam o discurso de décadas dos comunistas brasileiros de que o partido não era financiado pela União Soviética.

A reportagem chegou a ser programada para exibição, mas, assim que a equipe do *Fantástico* procurou o deputado federal Roberto Freire, então líder PCB da Câmara Federal, para uma entrevista complementar ao furo de reportagem, Bial soube, por Geneton, que Alberico não aprovara a exibição da matéria:

"O Alberico mandou um recado para eu pegar leve. Acho que o Roberto Freire tinha ligado para ele, tinha pedido para que eu pegasse leve. Eu falei que não estava pegando nem leve nem pesado, mas apenas traduzindo um país inteiro com uma maré anticomunista. Não adiantou. Para os comunistas do Brasil, aquilo era muito chato".

Bial soube, também por Geneton, que Marinho e o líder comunista Luiz Carlos Prestes, companheiros de geração, de inimigos que eram, tinham se reconciliado e que, num encontro então recente dos dois, o dono da Globo se comprometera a apoiar a criação de um acervo histórico sobre o PCB. Em novembro de 2023, conhecendo a raposa política que Alberico sempre foi, e já tendo escrito uma biografia de Roberto Marinho, Bial não tinha dúvida do que aconteceu por trás da censura interna à reportagem sobre o "ouro de Moscou":

"Certamente foi o Alberico querendo fazer um afago em Roberto Marinho para evitar o que achava que seria um aborrecimento para ele. Isso era típico do Alberico. Eu duvido, acho que o Roberto Marinho jamais vetaria uma matéria como aquela do ouro de Moscou".

Até porque Bial, depois de uma conversa com Evandro Carlos de Andrade, que sucederia a Alberico no comando da CGJ a partir de 1995, sabia o que o dono da Globo achava dos comunistas, à parte a competência dos militantes que trabalhavam no seu jornal e o encontro sentimental dos dois velhos e inconciliáveis adversários políticos no fim da vida:

"Fiquei sabendo pelo Evandro que o Roberto Marinho, na democratização brasileira, início da década de 1980, estava convicto de que o comunismo ia triunfar no mundo, morria de medo. Depois, fiquei sabendo que isso era um pensamento muito, muito comum na elite, entre os grandes empresários".

Mas e o Brizola?

"Eu costumo dizer que Roberto Marinho é uma espécie de Stalin das comunicações em nosso país. Quem não concorda com ele, ele manda para a Sibéria, a Sibéria do gelo, a Sibéria do esquecimento."

Declarações como essa que Leonel Brizola deu para os produtores do filme *Muito Além do Cidadão Kane*, de 1993, assim como muitas outras do mesmo calibre trocadas pelos dois ao longo dos anos, eram rotina. Daí a surpresa de Alberico*, também no início dos anos 1990, já diretor da CGJ, uma manhã de segunda-feira, quando, segundo seu depoimento ao Memória Globo, deu retorno a uma ordem para ligar com urgência para o patrão:

– Você viu o *Fantástico* de ontem, Alberico?

– Doutor Roberto, eu vi só uma parte. E vi essa que fez o senhor estar querendo falar comigo.

– Então você me espere aí, não almoce, me espere aí.

Ríspido como nunca tinha sido com Alberico, de acordo com o relato do diretor, Marinho, à época chegando aos 90 anos, estava inconformado com uma reportagem do *Fantástico* da véspera em que Neusinha Brizola, filha do então governador do Rio e protagonista de várias situações anteriores de escândalo público e envolvimento com drogas, atacara o pai durante uma entrevista na qual, ainda segundo Alberico, estava sob efeito de álcool:

– Você me surpreendeu. Você deixar, você botar no ar essa entrevista da Neusinha Brizola contra o pai, é uma indignidade, Alberico. Você não pode entrar em briga de família. Televisão não foi feita pra isso. Olha, se eu não te conhecesse, eu te demitiria, porque isso não se faz.

Ficava muito claro: o cordial adversário político de Brizola e de Prestes era a pessoa física. A jurídica geralmente brotava, inconfundível, quando, em vez de pessoas, eram ideias com as quais o dono da Globo não concordava, ou, de forma ainda mais contundente, quando se tratava de conteúdo que ameaçasse seus negócios ou interesses. Como em outra manhã de segunda-feira, também do início dos anos 1990, quando Antonio Athayde*, então superintendente comercial da Globo, recebeu ordem de ligar para o patrão com urgência:

– Onde é que você está, Athayde?

– Estou em São Paulo, doutor Roberto.

– Venha para o Rio imediatamente.

No início da tarde, ao entrar na sala de Marinho na sede da emissora, Athayde assistiu, mais de uma vez, a um anúncio de mobilização da classe operária pago pela Central Única dos Trabalhadores, a CUT, entidade sindical então combativa ligada ao PT, e que no futuro se acomodaria em repartições dos governos Lula e Dilma Rousseff. Alguém que Athayde não conseguiu identificar tinha buzinado para o patrão: o anúncio fora veiculado em rede nacional duas vezes, uma no último intervalo do *Fantástico* do dia anterior, outra no primeiro intervalo do *Bom Dia Brasil* daquela segunda-feira.

– Athayde, esse comercial não poderia ter passado na Globo de jeito nenhum!

– Doutor Roberto, eu vou usar os meus argumentos: esse comercial não vai ter repercussão nenhuma, porque foi exibido apenas duas vezes.

Enquanto Athayde argumentava, Marinho, inconformado, via e revia o anúncio cheio de palavras de ordem contra o patronato, gravado numa fita e exibido num monitor de TV de sua sala:

– Não é possível um comercial desse.

– Doutor Roberto, graças a Deus não vai ter repercussão nenhuma, porque se a exibição de apenas dois comerciais fosse suficiente, a Globo não ganhava dinheiro. É por isso que todo dia repetem os mesmos comerciais em todos os programas da Globo. É porque propaganda só funciona pela repetição, doutor Roberto.

O argumento balançou Marinho, que encerrou a conversa, contrafeito, com uma advertência:

– Que isso nunca mais aconteça! Essa televisão é minha e aqui não passa comercial desse tipo.

Após deixar a sala, depois da reunião que considerou a mais difícil que teve com o dono da Globo em duas décadas de trabalho na empresa, Athayde passou pela sala de João Roberto, que se limitou a comentar:

– Athayde, foi difícil te segurar, viu?

O que não mudou a convicção de Athayde de que "se a Globo recusasse a exibição daquele comercial, a CUT iria para cima dos jornais, os jornais iam fazer reportagens e o desgaste para a emissora seria muito maior".

Marinho raramente era envolvido na análise prévia de conteúdos da área comercial, segundo Gilberto Leifert, diretor de relações com o mercado da emissora por três décadas. Segundo ele, mensagens sensíveis ou "estridentes", notadamente as de cunho político, as que insultassem autoridades ou que a elas imputassem crimes, eram avaliadas e, conforme o teor, levadas ao conhecimento de João Roberto. A ideia era evitar que a família Marinho fosse surpreendida pela veiculação e, "vendida", pudesse ficar exposta a clamor social, reclamações ou medidas judiciais, sem ter ideia do que tinha ido ao ar.

Isso na área comercial, em qualquer tempo. No âmbito da Central Globo de Jornalismo, em 1989, os movimentos do dono da Globo durante a campanha presidencial, a presença foi muito maior. No perfil que escreveu de Marinho, publicado pela *Folha de S.Paulo* em 2003, no dia seguinte à morte do empresário, Mario Sergio Conti, que em seu *Notícias do Planalto* revelou bastidores da emissora ocorridos entre a campanha e o *impeachment* de Collor, registrou sua visão sobre como o dono da Globo estava se posicionando no início da campanha presidencial de 1989:

"Em 1989, Roberto Marinho queria apoiar a campanha de Jânio Quadros à Presidência. Mas Jânio ficou doente e não saiu candidato. Tentou então apoiar Orestes Quércia, que preferiu que Ulysses Guimarães fosse o candidato do PMDB. Ficou sem candidato. Uma situação perigosa, pois Leonel Brizola era candidato e tinha chances reais de vencer. Tinha horror a Brizola. Nada de pessoal. Só que o político garantira que, eleito, seu primeiro ato seria acabar com o poder da Globo. 'Eu quero apoiar alguém que ganhe do Brizola', disse inúmeras vezes. Por sugestão de Jorge Serpa, deu ampla divulgação ao discurso de despedida do Senado de Mário Covas, que assumiu a candidatura dos tucanos. Não gostava de Covas nem de suas ideias, que achava conservadoras e nacionalistas. E não achava que tivesse condições de vencer Brizola".

O nome Fernando Collor de Mello nem aparece no parágrafo e existia uma explicação. Segundo Alberico, por exemplo, no início, Marinho não queria nem receber o novo governador de Alagoas:

"O doutor Roberto não tinha muita paciência com ele. Achava ele um menino, aquela coisa, pretensioso, e no fundo, também, o doutor Roberto não gostava muito da família Collor. Teve divergências comerciais com o pai dele em certa época".

Alberico se referia ao episódio, relatado no primeiro volume desta trilogia, ocorrido em 1965, e no qual o pai de Collor, senador Arnon de Mello, num gesto que foi considerado "uma traição" por Marinho, abandonou uma sociedade que ambos tinham, temendo ser prejudicado pela guerra em curso, à época, entre o dono da Globo e o então ex-governador Carlos Lacerda.

Além dessa conta do passado, Leopoldo, irmão de Fernando, havia sido demitido do cargo de diretor regional da Globo em São Paulo pelo que Evandro Guimarães*, ao confirmar o problema para este autor, chamou de "projetos comerciais paralelos". Apenas Pedro, o outro irmão, que viria a ser responsável por denúncias que iam ferir de morte o governo do futuro presidente Collor, merecia a admiração de Marinho, por seu desempenho como administrador à frente da afiliada TV Gazeta.

Collor também não era o "candidato d'*O Globo*", como disse Evandro Carlos de Andrade, à época diretor de redação do jornal da família Marinho, na entrevista que deu a Geneton Moraes Neto pouco antes de morrer, e na qual disse que o apoio do dono da Globo ao tucano Mário Covas era pra valer:

"O candidato do doutor Roberto era o Mário Covas. Era ele que o doutor Roberto sonhava ver na Presidência da República. Quando não se viabilizou, no segundo turno, na alternativa Collor ou Lula, aí o doutor Roberto partiu para um apoio firme até para o Collor, mas antes não".

A julgar pelas revelações de Conti, no perfil escrito para a *Folha*, à medida que Collor foi crescendo nas pesquisas, o dono da Globo foi colocando de lado suas restrições ao "filho do Arnon" que considerava "um playboy inconsequente", com "mau gosto de usar camisas de punhos dobrados", e passando a considerá-lo "dinâmico" e "preparado".

Na entrevista que deu a Regina Echeverria, do jornal *Estado de S. Paulo*, em 5 de maio de 1990, já com Collor empossado na Presidência, a concessão à discreta simpatia, feita por Marinho durante a reta final da campanha, tinha se transformado em entusiasmo. E o motivo da revisão radical dos sentimentos de Marinho em relação aos Collor estava, poucos discordariam, na última frase da resposta que o dono da Globo deu a Regina Echeverria sobre seu posicionamento naquela eleição:

"Eu era amicíssimo do pai de Collor, o Arnon, pai desse menino. Quando começaram as eleições, ele, mal começou, veio aqui conversar comigo. Não me disse 'Olha, vou ser candidato', nada disso. Ele é muito simpático. Daí por diante comecei a conversar mais com ele. Ele só topou o debate quando ficou em condições. No primeiro, ele não foi feliz. No segundo, foi muito feliz. As coisas começaram a empretejar quando Brizola trouxe seu contingente de votos para o Lula".

Pura pessoa jurídica.

De Avilan a Tangará

Bastava estar distante dos andares superiores do prédio da Rua Lopes Quintas, onde Brizola e Lula eram sussurros cuidadosos, para que o visitante, ao percorrer as salas, os corredores e os estúdios das centrais de Jornalismo e Produção, sentisse quase como se estivesse em comitês de campanha dos dois principais candidatos da esquerda naquela eleição. E não eram apenas bótons, broches, adesivos ou pequenos suvenires a atestarem a adesão da maioria dos funcionários da emissora aos candidatos "inimigos do patrão", e a contrariar teorias mais fantasiosas sobre uma emissora inteira, da portaria à presidência, a serviço de Collor.

Um contingente considerável de artistas do elenco da emissora passou a frequentar regularmente o palco dos comícios de Lula no segundo turno, quando Brizola passou a apoiar o petista contra Collor. Ao mesmo tempo, a equipe de TV do PT se inspirava na própria identidade visual da Globo para ilustrar o horário eleitoral gratuito do partido com uma logotipia inspirada no "plim-plim", criando "programas" da Rede Povo como o *Povo Repórter*, para reportagens, e o *Povo de Ouro*, "musical" para clipes e jingles, e com uma semelhança tal que levou o designer Hans Donner a entrar na Justiça, inutilmente, contra a campanha. Perto da munição usada pelos bolsonaristas contra a "Globolixo" nas redes sociais do século 21, aquela jogada de marketing político do PT era quase um afago.

Olê-olê-olê-olá, Lula! Lula!

O diretor Guel Arraes, um dos apoiadores de Lula, chegou a procurar o marqueteiro Paulo de Tarso Santos para oferecer a colaboração da equipe do programa *TV Pirata*, com roteiros para a campanha petista. Mas foram os roteiros escritos para as novelas produzidas pela Globo naquele ano que, à revelia dos autores, embaralharam de vez ficção e realidade, e inspiraram interpretações cheias de significados não apenas político-partidários, mas também eleitorais, em polêmicas alimentadas no corpo a corpo da campanha e na imprensa escrita. Ninguém nem sonhava com algo como YouTube ou TikTok naquela época.

Para Mauro Alencar, mestre e doutor com especialização em Teledramaturgia Brasileira e Latino-Americana pela Universidade de São Paulo, *Que Rei Sou Eu?*, novela de Cassiano Gabus Mendes exibida no horário das sete da noite pela Globo entre fevereiro e setembro de 1989, foi "um dos melhores textos da teledramaturgia brasileira de todos os tempos", disse em entrevista ao programa Globo Universidade. Mas a crítica de Cassiano à caótica sociedade brasileira, através de uma paródia que aludia à Revolução Francesa em produção ambientada em 1786, foi também uma espécie de personagem da campanha presidencial de 1989.

"O Reino de Avilan declarou guerra à minha candidatura!"

A afirmação de Collor, em seu programa eleitoral de 27 de setembro, ilustrava a forma como, de acordo com a tese *A Rede Globo e o seu Repórter: imagens políticas de Teodorico a Cardoso*, da historiadora da Universidade Federal Fluminense Cássia Rita Louro Palha, o candidato foi sistematicamente identificado com o personagem "Jean Pierre", interpretado por Edson Celulari, e que dá um fim à corrupção mantida no fictício Reino de Avilan às custas da miséria do povo, da instabilidade financeira, dos sucessivos planos econômicos que impunham o congelamento de preços, da moeda desvalorizada que mudava de nome, da elevada carga de impostos e da corrupção dos governantes. Uma paródia inconfundível da realidade brasileira.

Embora tendo sido o que Mauro Alencar chamou de "um verdadeiro espetáculo de entretenimento" que evidenciou, em seus 185 capítulos, o talento do diretor Jorge Fernando, *Que Rei Sou Eu?*, projeto antigo de Cassiano que em 1977 Boni e Daniel Filho tinham considerado "absolutamente fora de propósito", segundo Daniel, tinha personagens que eram referências quase diretas aos seus "representantes" na política brasileira, como lembrou o pesquisador e crítico Nilson Xavier:

"A 'Rainha Valentine' interpretada por Tereza Rachel remetia ao então presidente José Sarney; o 'Conselheiro Vanoli', papel de Jorge Dória, ao político baiano Antonio Carlos Magalhães; o bondoso conselheiro 'Bergeron', vivido por Daniel Filho, ao então ministro da Fazenda Dilson Funaro; e o bruxo 'Ravengar' interpretado por Antônio Abujamra, ao general Golbery do Couto e Silva, ex-chefe do Gabinete Civil do governo do general João Figueiredo".

Entre tantas semelhanças com a realidade, continuou Xavier, não faltaram vozes a acusar a novela, na figura do herói "Jean Pierre", de ser um veículo a mais para conduzir Collor à Presidência da República. Elmo Francfort, em seu livro *Gabus Mendes, Grandes Mestres do Rádio e Televisão*, afirma, no entanto, que essa nunca foi a intenção do autor. Cassiano pretendia, segundo Francfort, que o personagem de Edson Celulari "representasse o povo brasileiro, cansado de sofrimento e querendo justiça e igualdade social a todos".

Roberto Talma*, produtor-executivo de *Que Rei Sou Eu?*, também não dava impressão de estar cumprindo uma missão política da emissora. Era mais um desabafo, um sentimento de indignação pessoal:

"Lembro o que estava acontecendo: a corrupção total, não é? Quer dizer, isso aqui é uma coisa tradicional, isso faz parte da gente. Nós inventamos, eu acho, a corrupção. E na época tinha muito isso".

O desfecho que Cassiano criou para *Que Rei Sou Eu?* seria inimaginável na dramaturgia da Globo em anos de eleição no século 21: o povo invade o Palácio, não o do Planalto, como em 8 de janeiro de 2023, mas o de Avilan. Em seguida, elimina os opressores, confisca os baús da nobreza e toma o poder, invertendo o fato histórico no qual se baseou, a Tomada da Bastilha, que, exatos duzentos anos antes, acabara com a monarquia na França, e "elege" o herói galã "Jean Pierre" o novo rei de Avilan. Na cena final, exibida em 16 de setembro, dois meses antes do primeiro turno da eleição presidencial, e pela primeira vez na novela, o nome do reino fictício foi substituído pelo do Brasil, para que "Jean Pierre" proclamasse:

"Ninguém vai mais explorar o trabalho do pobre. Agora quero que gritem comigo: viva o Brasil!".

Conspiraria, no entanto, contra a tese de alguns de que naquele ano a dramaturgia da Globo estivesse submetida a uma estratégia político-eleitoral de apoio a Collor, além da negativa dos autores e diretores envolvidos, em reiteradas declarações sobre a natureza exclusivamente pessoal e autoral da escolha de seus temas e personagens, o fato de que entre janeiro e agosto de 1989, também em plena campanha, *O Salvador da Pátria*, novela escrita por Lauro César Muniz com a colaboração de Alcides Nogueira e Ana Maria Moretzsohn para o horário das oito e meia da noite, tenha mobilizado o eleitorado em outro sentido, política e eleitoralmente oposto ao do público que aplaudiu *Que Rei Sou Eu?*.

O protagonista, em vez de galã justiceiro inimigo dos corruptos, era "Sassá Mutema", homem simplório e analfabeto do sertão de Minas Gerais interpretado por Lima Duarte que, a partir de um crime em que ele é glorificado por ter matado uma pessoa execrada em "Tangará", a mesma cidade fictícia da novela *O Casarão*, torna-se um herói local, apaixona-se pela professora que o alfabetiza, a "Clotilde" vivida por Maitê Proença, chega a prefeito da cidade e, aos poucos, vai entendendo o mundo que o cerca, a malícia e a maldade dos homens.

Com um personagem desse quilate e uma abertura em que "Sassá" subia a rampa do Palácio do Planalto ao som da música "Amarra o teu arado a uma estrela", composta e interpretada por Gilberto Gil, à época vereador do PMDB em Salvador, não demorou para que o protagonista despertasse antipatias profundas no campo conservador, a começar por Roberto Marinho, que, segundo o autor Alcides Nogueira*, "não suportava a novela, achava que era uma propaganda do Lula".

Caberia a Daniel Filho, principalmente, administrar o mau humor de Marinho e tourear, no outro extremo, os porta-vozes da esquerda que, mesmo satisfeitos com a identificação de "Sassá Mutema" com Lula, achavam que Lauro César Muniz* deveria, em suas palavras, "dar um tratamento mais condigno ao personagem", por entenderem que ele era mostrado como uma pessoa "muito manipulável":

"A direita dizia que eu estava sendo manipulado pelo PT e o PT execrava a novela com críticas ferozes, achando que eu estava diminuindo, menosprezando, tentando denegrir a imagem do Lula. Era uma situação terrível".

Na dissertação de mestrado intitulada "Representações das eleições de 1989 e cultura política na telenovela *O Salvador da Pátria*", a historiadora Bruna Dias Cangussu fez, em 2016, uma análise dos personagens "Sassá Mutema", "Severo Toledo Blanco", o poderoso político conservador com toques de modernidade interpretado por Francisco Cuoco, e "Juca Pirama", radialista ambicioso e demagogo de ultradireita vivido por Luis Gustavo:

"'Severo' é associado a Collor, que viria dentro da proposta neoliberal, ou seja, salvar o país da corrupção, do estado inflado e da dívida externa, propondo um capitalismo verdadeiro. "Sassá" também vira salvador da pátria e quer libertar o povo de 'Tangará' da opressão feita por 'Juca Pirama' e 'Severo Blanco'. Como era boia-fria, de origem humilde e analfabeto, ele é associado ao candidato Lula, que, por sua vez, utiliza o discurso da telenovela para fazer oposição ao candidato Collor".

De fato: no dia 14 de agosto, por exemplo, a *Folha de S.Paulo* registrou um momento em que, durante uma entrevista, Lula primeiro atacou a Globo:

"Assim como o PT desmascarou o Plano Cruzado em 1986, agora vai desmontar a farsa do Plano Collor armado pela Rede Globo".

Em seguida, valendo-se da identificação que muitos faziam de sua pessoa com "Sassá Mutema", e do mesmo modo com que Collor se aproveitou de *Que Rei Sou Eu?*, Lula também pegou carona na novela da Globo:

"Vocês não veem semelhança entre Collor e 'Severo Blanco'?".

O Salvador da Pátria também tinha sido engolida pela disputa eleitoral. E Alcides Nogueira se deu conta do fenômeno no dia em que, a caminho de uma visita aos pais em Botucatu, interior de São Paulo, passou por um barranco pichado com o slogan "Sassá Mutema para presidente":

"Como na Rede Globo toda novela acaba sendo balizada por pesquisas, por grupos de discussão, em determinado momento as pessoas realmente começaram a se incomodar com a questão política. Então, houve uma mudança, mas não tão radical quanto as que vi acontecer em outras novelas. O 'Sassá' ficou só na prefeitura, não chegou à presidência".

Sim, a ideia original de Lauro César Muniz, como ele contou aos autores do livro *A seguir, cenas do próximo capítulo*, era que "Sassá" fosse cooptado para ser candidato a vice-presidente de um político ligado a um cartel de drogas de Medelín que, ao ser assassinado, abriria o caminho para o vice "Sassá" assumir o governo e, no final da história, desmantelar a organização criminosa e se tornar um bom governante.

Mas o clima "kafkiano" que envolveu a novela e que incluiu, segundo Lauro, uma ligação telefônica do então ministro da Justiça Oscar Dias Corrêa a Roberto Marinho advertindo que ele, Lauro, ia "eleger o próximo presidente da República", fez com que o núcleo político da novela não ultrapasse os limites do município de "Tangará". Em entrevista à *Folha*, em maio de 2002, Lauro revelou:

"Acharam que o 'Sassá Mutema' fazia apologia à esquerda. Assim, acabou vindo uma pressão na emissora para que a trama fosse mudada. Tive de abandonar o aspecto político da história e focalizar apenas o policial".

Com o desenrolar da novela, tanto a direita quanto a esquerda, segundo Lauro, "estavam com medo da coisa". E quem não gostou nada dos novos caminhos da trama foi Lima Duarte, que, em dezembro de 1993, em entrevista à *Veja*, definiu "Sassá" como "um personagem completo, épico, um capiau com dimensão de *Hamlet*, do *Macbeth*, que foi muito mal administrado". Em 2011, ressalvando que sempre quis fazer outra vez tudo que fez em cena, Lima* acrescentou:

"Eu me sinto meio vendilhão, eu me sinto meio mercadoria, meio negociando com os meus sentimentos e talento [...] Eu gostaria de fazer completo, de fazer direitinho, mas ele se perdeu pelo meio da novela porque, bobagem, acharam que era o Lula".

Não era exatamente uma bobagem. O próprio Lima Duarte revelaria, em março de 2006, uma prova do impacto político e eleitoral de seu personagem, em entrevista à repórter Laura Mattos, da *Folha de S.Paulo*. Disse que, durante a exibição de *O Salvador da Pátria*, chegou a considerar um convite do PSDB para ser o candidato a vice-presidente da República na chapa de Mário Covas:

"O PSDB me convidou para uma reunião com José Serra, José Richa, Fernando Henrique e Covas. Nunca havia me passado isso pela cabeça, estava envolvido com a Maitê. O plano era contratar a Maitê e Chitãozinho e Xororó para comícios e lançar a candidatura no *Fantástico*. Acho que ganharíamos. Fui consultar minha filha, que disse: 'Sai dessa. Vão te destruir'".

Na época da entrevista de Lima a Laura Mattos, Lula, o candidato beneficiado pelo personagem em 1989, era o presidente da República, já em campanha para se reeleger; e Lima, a séculos de distância dos tempos em que todos os artistas da Globo pareciam petistas contra Collor, deu um testemunho radical, versão meio artístico, da rivalidade irreconciliável que marcaria a relação entre tucanos e petistas:

"'Sassá' era muito maior que o Lula. [...] Odeio Lula porque faz uma glamourização da ignorância, contra o que tenho lutado a vida toda. Também sou 'analfa', fui criado como ele na roça, mas, puxa vida, descobri o encanto por trás da palavra escrita, a magia. Num país carente de conhecimento, ele não pode ter esse procedimento. É um imbecil, um idiota, um ignorante".

Marília Pêra não fez parte do elenco de *O Salvador da Pátria*, não participou de comícios a favor de Lula e, assim como Claudia Raia, integrou o grupo bem menor de artistas do elenco da Globo que declararam apoio a Collor. Acabou, por isso, sendo vítima da hostilidade de militantes do PT que chegaram a comprar ingresso no Teatro Brigadeiro, em São Paulo, para tumultuar, usando camisas e distintivos da campanha de Lula, o espetáculo *Elas por Ela*, um musical em que Marília homenageava grandes cantoras brasileiras.

O momento crítico aconteceu durante uma passeata da campanha de Lula que passava em frente do teatro, na Avenida Brigadeiro Luís Antônio, e um grupo de petistas resolveu invadir o local para hostilizar a atriz, obrigando os próprios seguranças do partido a formarem uma barreira para impedir a agressão. Lá dentro, ainda no camarim, Marília entrou em pânico, mas, dias depois, gravou, serena, uma mensagem que entrou no horário eleitoral de Collor na TV:

"Nessas eleições, por favor, não patrulhe. Não se deixe patrulhar. Não perca seus amigos por causa de diferenças ideológicas que talvez sejam temporárias.

Não brigue. Não vamos brigar. Pense que o importante é um Brasil melhor. Nessas eleições, eu vou votar em Fernando Collor de Mello. E você vota em quem você tiver vontade de votar".

Cancelamento, na época, era apenas um substantivo, masculino e ainda não tóxico, que designava o ato ou efeito de cancelar alguma coisa, não pessoas.

"Centrão", desde a Constituinte de 1987, dois anos antes, já era o nome dado ao agrupamento de políticos fisiológicos do Congresso Nacional que dominaria as máquinas e cargos dos governos de tucanos, petistas e bolsonaristas nas décadas seguintes.

Voo inaugural

O encontro aconteceu no terraço da sede do Jardim Botânico, onde a Central Globo de Jornalismo montava extensões da redação em contêineres climatizados, na manhã de 15 de dezembro de 1989, o dia seguinte à edição do *Jornal Nacional* que exibiu, faltando 48 horas para o segundo turno da eleição presidencial, um compacto do último debate realizado na noite anterior entre os candidatos Fernando Collor de Mello, do PRN, e Luiz Inácio Lula da Silva, do PT. Mônica Labarthe, à época chefe de redação do *Globo Repórter*, encontrou Ronald de Carvalho, editor de política da CGJ, e achou que devia comentar um fato ocorrido com ela na véspera.

Mônica, de acordo com a entrevista que deu a este autor em fevereiro de 2022, não assistira ao *JN*, por estar em uma ilha de edição da emissora, envolvida com a finalização da tradicional retrospectiva que o *Globo Repórter* exibia todo final de ano. Mas, ao chegar em casa, tarde da noite, o marido Dalmo, um executivo do mercado financeiro que, segundo ela, "não queria ver Lula eleito de jeito nenhum", a recebeu com uma frase de espanto:

– Se o Brasil fosse um país sério, Roberto Marinho teria perdido a concessão após essa edição do debate pelo *JN*.

Mônica mal tinha acabado de relatar o diálogo que tivera com o marido e Ronald emendou de primeira:

– É verdade. E eu deveria ser preso.

A gravidade do que Ronald de Carvalho tinha feito, e não por conta própria, como insistiria posteriormente, mesmo sendo desmentido por praticamente todas as testemunhas conhecidas do episódio, ficara evidente já a partir dos créditos finais do *Jornal Nacional* daquele dia, com o início imediato de outro debate, este envolvendo protagonistas e testemunhas dos bastidores da edição, pesquisadores, políticos e jornalistas, todos determinados a reconstituir o que aconteceu, descobrir quem fez o quê na redação da Globo na ocasião e, principalmente, dimensionar o impacto que aquele *JN* teve, ou não, na eleição de Collor, dois dias depois.

Em comum, ao longo dos anos, quase todos os participantes da discussão sobre a edição do debate recorreram à metáfora do futebol, como se Lula e Collor tivessem se enfrentado num estádio, alguns mencionando placares, para ilustrar as várias convicções, na busca de respostas para duas perguntas básicas: a primeira, bem mais simples e fácil, era sobre quem tinha perdido o debate: Lula, indiscutivelmente, inclusive para ele próprio. A segunda, bem mais polêmica, era sobre como a Globo tinha mostrado o resultado no *Hoje* e, principalmente, no *Jornal Nacional* do dia 15.

O problema da metáfora futebolística era que nem Collor nem Lula fizeram gols reais e categóricos que pudessem constar em uma espécie de súmula no final da "partida". Sim, houve catimba, golpes abaixo da cintura, furadas constrangedoras, alguns dribles e cotoveladas marcantes, mas não gols concretos, incontestáveis e, principalmente, aceitos pelos dois lados da polêmica, como no futebol. O que não significa, também, que tivesse havido um empate. A metáfora do futebol é que era insuficiente e inconclusiva, além de, lá no fundo, cômoda para as duas "torcidas" que se enfrentavam naquela interminável mesa-redonda.

Pouco mais de vinte anos antes, em 1º de setembro de 1969, logo depois dos créditos finais do primeiro *Jornal Nacional*, um de seus criadores, Armando Nogueira, ao comemorar o êxito da complexa operação técnica e jornalística que levara ao ar, pela primeira vez, o telejornal que seria o mais influente e poderoso do Brasil, dera um grito, mistura de alívio e orgulho:

– O Boeing decolou!

A metáfora do jato da empresa americana, por décadas sinônimo de competência, complexidade tecnológica e hegemonia na aviação comercial, para muitos profissionais da Globo, seria mais adequada para explicar o grave acidente que aconteceria com o "Boeing" da cobertura da emissora nos momentos finais da disputa entre Lula e Collor.

A exemplo do Boeing, a cobertura da Globo tinha decolado com carga total em agosto de 1989: uma complexa estrutura de produção de blocos de noticiário diários do *JN*, duas pesquisas eleitorais por semana fornecidas pelo Ibope e um programa diário, o *Palanque Eletrônico*, exibido entre 28 de agosto e 8 de setembro, no qual os principais candidatos à Presidência foram entrevistados por Alexandre Garcia, auxiliado por Carlos Monforte, Lillian Witte Fibe, Joelmir Beting e Paulo Henrique Amorim.

Com o fiasco da apuração lerda e controvertida das eleições gerais de 1982 ainda fresco na memória de todos, e autorizada pela Justiça Eleitoral e pelos

22 partidos participantes da eleição, a emissora montara um sistema próprio de contagem de votos, paralelo ao do Tribunal Superior Eleitoral, e que envolveu, segundo o livro *Jornal Nacional: a notícia faz história*, cerca de dez mil pessoas, entre apuradores, digitadores, analistas e pessoal de apoio, todos conectados a uma central de computadores localizada em Porto Alegre.

Diferentemente das distorções que tinham manchado a cobertura da emissora no pleito de 1982, a Globo optou por um plano de voo diferente: apresentaria sua própria totalização dos resultados da eleição e a previsão de vitoriosos só depois de ter, de maneira balanceada, tanto os números das capitais quanto os do interior. Foram ainda produzidos e finalizados, assim que os candidatos do segundo turno foram definidos, um *Globo Repórter* sobre Lula, com Ernesto Paglia, e outro sobre Collor, com Domingos Meirelles, para exibição, só o programa do vitorioso, como aconteceu, quando a eleição fosse decidida.

No dia a dia da campanha, a emissora adotara, no *Jornal Nacional*, um sistema de rodízio que privilegiava os principais candidatos, levando em conta não apenas a popularidade, mas também a história política, como aconteceu com o candidato do PMDB, Ulysses Guimarães, que, embora com índices muito baixos nas pesquisas, teve muito mais exposição no telejornal do que, por exemplo, os candidatos Eudes de Oliveira Mattar, do PLP, e Armando Corrêa da Silva, do PMB. Eudes e Armando quem?

A cobertura tinha sido um voo relativamente tranquilo, sem nenhuma grande controvérsia relacionada à Globo durante o primeiro turno. Entre os candidatos líderes das pesquisas, cuja presença no *Jornal Nacional* se dera por meio de um sistema de rodízio aceito por todos, a turbulência mais marcante e, de resto, já esperada, acontecera no dia 6 de setembro, quando Leonel Brizola, no último bloco do telejornal, acusou a Globo de ter seu próprio candidato à eleição, insinuando que a emissora favorecia Collor no noticiário, o que levara Alexandre Garcia a fazer um desmentido no ar e reclamar que Brizola, com a denúncia, estava aumentando seu tempo e burlando o sistema de rodízio acordado com as campanhas.

Era possível, também, perceber, durante a cobertura, que tanto Armando quanto Alberico monitoravam de perto o trabalho dos repórteres da emissora. Preocupado com o equilíbrio nas reportagens, Armando, conhecedor do poder das imagens e do uso político delas em eleições, chegou a determinar:

"Fiz o meu diagnóstico e estabeleci o seguinte, singelamente: nas matérias, os dois candidatos saltam ou embarcam sempre nos mesmos veículos; se o Lula aparecer saltando de um táxi, o Collor vai aparecer saltando de um táxi; se o Collor aparecer saltando de um jatinho, o Lula vai aparecer saltando de um jatinho, porque ele não vai de automóvel do Rio, nem de São Paulo a Manaus, ele vai de jatinho".

Alberico, a certa altura da campanha, mandou chamar Ilze Scamparini*, preocupado com uma suposta parcialidade da repórter no tratamento jornalístico dado a Collor:

"Alberico me chamou e disse: 'Ilze, ele está reclamando de você'. Disse que eu tinha feito uma matéria dizendo que a República nunca tinha passado por Alagoas, e mostrando todas as tristezas daquele estado. 'Estão reclamando que vocês estão pegando só o lado negativo'. Eu falei: 'Não, a gente está mostrando uma realidade'".

A primeira escala daquela cobertura terminara em 17 de novembro, quando a emissora concluiu o trabalho de apuração do primeiro turno e projetou, no *JN*, a vitória de Collor com cerca de vinte milhões de votos, antecipando que o segundo lugar estava indefinido entre os candidatos Lula e Brizola, que efetivamente protagonizariam uma disputa histórica, ambos oscilando entre 15% e 17% das intenções de voto.

Com a passagem de Lula para o segundo turno, as turbulências só aumentariam. Em 12 de dezembro, faltando dois dias para o último debate do segundo turno, Collor apresentou, em seu programa eleitoral na TV, uma acusação da enfermeira Miriam Cordeiro, ex-namorada de Lula e mãe de sua filha Lurian. Na gravação, Miriam disse que, durante a gravidez, Lula oferecera dinheiro para que ela abortasse e ainda acusou o ex-namorado de ser "racista".

No dia seguinte, a pergunta era se o *JN* trataria o assunto e, em tratando, como seria a abordagem. Na edição do dia 13, o telejornal exibiu uma entrevista em que a jornalista Maria Helena Amaral, ex-assessora de Collor, denunciava que Miriam Cordeiro havia recebido dinheiro do PRN para aparecer no programa eleitoral do partido. Na mesma edição, a ex-namorada de Lula afirmou que participou do programa espontaneamente.

Uma nova tempestade, surgida no horizonte da campanha eleitoral na manhã de 11 de dezembro, três dias antes do último debate, desabou no noticiário quando o empresário Abilio Diniz, então presidente do Grupo Pão de Açúcar, foi sequestrado a caminho de seu escritório, na esquina das ruas Sabuji e Seridó, Jardim Europa, em São Paulo. Os sequestradores exigiam um resgate de trinta milhões de dólares.

A partir do momento em que a polícia descobriu, nas investigações, que a quadrilha, formada por quatro chilenos, três argentinos, dois canadenses e um brasileiro, tinha ligações com o MIR, Movimento de Esquerda Revolucionária, do Chile, e até o momento em que todos eles se entregaram, ao serem descobertos em uma casa no bairro do Jabaquara, na véspera do segundo turno da eleição, o comando da CGJ sofreu pressões tanto para noticiar quanto para omitir uma informação que, se divulgada pela Globo, seria uma bomba.

Algumas autoridades policiais de São Paulo estavam deixando vazar, de forma deliberada, para a imprensa, sem assumir a autoria, a informação de que o Partido dos Trabalhadores teria envolvimento com o sequestro de Diniz, e que alguns integrantes da quadrilha estavam até usando camisetas do PT, o que posteriormente os sequestradores negariam, no processo que resultou na condenação deles a penas entre 26 e 28 anos de reclusão, e durante o qual disseram ter sido torturados por policiais e forçados por eles a vestirem camisetas do PT, antes de serem apresentados à imprensa.

Woile Guimarães*, à época diretor de telejornais regionais da emissora e baseado em São Paulo, foi um dos executivos pressionados, no caso em uma ligação telefônica do ex-governador e então secretário de Segurança do estado, Luiz Antônio Fleury Filho, horas antes do *JN* do dia 16:

– Olha, Woile, tenho aqui, eu sei que foi o PT que fez.

– Bom, secretário, se o senhor sabe que foi o PT que foi o culpado pelo sequestro do Abilio Diniz, o senhor grava isso? Vou mandar uma equipe para gravar.

– Não, veja bem...

– O senhor grava ou não grava?

– Não tenho certeza, tenho informação.

– Pois é, nós também temos várias especulações, várias informações aqui. Agora, o senhor grava isso para mim?

Fleury não gravou. Assim como o então diretor da Polícia Federal, Romeu Tuma, que também ligou para Woile:

– Olha, foi o PT, foi o PT.

– O senhor grava? Vou mandar uma equipe aí gravar.

– Não, veja bem, temos informações e tal...

Ao lembrar as tensões daquela noite, Woile disse que, ao sintonizar o *Jornal do SBT*, que entrava no ar antes do *Jornal Nacional*, teve uma surpresa:

"Estava lá, atribuído ao PT, tudo direitinho, na voz do senhor Boris Casoy. O jornal está aí para quem quiser ver".

De acordo com o livro *Jornal Nacional: a notícia faz história*, João Roberto Marinho determinou a Armando Nogueira e Alberico que a notícia sobre as camisetas do PT só deveria ser dada se alguma autoridade, Fleury, Tuma ou o então ministro da Justiça, Saulo Ramos, a confirmasse. E a única informação que o *JN* daquele dia deu sobre aquela clássica *fake news* de campanha, à parte

CAPÍTULO 22 · 201

a cobertura normal do desfecho do sequestro, feita pela repórter Isabela Assumpção, foi uma nota de uma frase:

"O ministro da Justiça, Saulo Ramos, disse agora à noite que o sequestro do empresário Abilio Diniz não tem nada de político".

E tome nuvens de ansiedade na cobertura: Lula, que no início de dezembro, de acordo com o Ibope, estava 8 pontos atrás de Collor, baixara a diferença para 1 ponto na semana do último debate, feito que muitos analistas atribuíram ao seu bom desempenho no primeiro debate, realizado em 3 de dezembro. O baque levara Collor a contar até com a consultoria de um marqueteiro de última hora:

– Collor, você é um homem elegante, bonito, arrumadinho, penteadinho. O Lula, desarrumado, estava gordinho, barbicha, fumador de charuto. Você vai ser massacrado por ele: o pessoal quer cuidar, ele é o filhinho, precisa de proteção materna, cuidado e tal. Você é um galã. Você tem que desmanchar esse cabelo, puxar a gravata, tem que chegar cansado, você tem que fazer o seguinte: as pessoas têm que ter pena de você, não podem ficar com pena só do Lula.

Era Boni*, às vésperas do segundo debate, atendendo a um pedido de outro executivo da Globo, o então superintendente financeiro Miguel Pires Gonçalves, que, por sua vez, segundo Boni, tinha sido procurado pela então assessora econômica do candidato, Zélia Cardoso de Mello, em busca de "uns palpites em relação ao debate do Collor com o Lula". Outra das "indicações puramente de marketing" que Boni disse ter dado para Collor foi a de que ele usasse, de uma forma mais eficiente, "uma pasta fininha" cujo conteúdo os assessores dele, Collor, espalharam, de propósito, para chegar na campanha adversária, e que seria um dossiê com denúncias documentadas contra Lula:

"Não sei o que estava dentro daquela pasta porque não fui eu que fiz, foi a Zélia. Mas recomendei que ela engordasse a pasta com bastante coisa".

A "coisa", segundo informações que chegariam depois do debate ao editor Carlos Absalão*, um dos integrantes da equipe da Globo na cobertura, era a nota fiscal da compra de um aparelho de som "três em um" que Lula dera de presente para Zezé, uma jornalista de Brasília que ele tinha namorado. Na semana do debate, a namorada e o presente tinham sido o assunto de uma ligação anônima para a mulher do candidato, Marisa Letícia, que, indignada, teria passado uma noite inteira em briga feia com o marido, situação que, segundo Gilberto Carvalho, um dos coordenadores da campanha, até Frei Betto, amigo de Lula, teve dificuldade de administrar.

Lula estava péssimo na véspera do debate. Palavras de Gilberto Carvalho, na entrevista a este autor em março de 2022. Um plano de deixar o candidato dois dias sem agenda, recuperando-se da campanha desgastante, segundo ele, não fora cumprido. Na última hora, em mais um sintoma do que Gilberto chamou de "um certo amadorismo do comando da campanha", prevaleceu a ideia de um encontro com Dom Luciano Mendes de Almeida, na sede da Conferência Nacional dos Bispos do Brasil (CNBB), em Brasília.

Resultado: Lula voltou para São Paulo de madrugada, muito cansado, desgastado com o envolvimento da filha Lurian e a necessidade de gravar um depoimento de última hora para o programa do PT no horário eleitoral. Sem contar sua irritação com o fato de, no dia anterior, o terem mandado fazer campanha em Paraopeba, cidade do interior de Minas com pouco mais de vinte mil habitantes. "Uma campanha desarrumada", nas palavras do futuro ministro petista.

– Alberico, estou chegando de Brasília. Fiquei lá numa reunião com os bispos, uma chatice, até quatro horas da manhã, Alberico! Esse povo não tem jeito, marcaram isso pra mim. Todo mundo que estava lá vai votar em mim. Eu não consegui um voto a mais! Agora estou arrasado, vou pra casa descansar um pouco.

Era Lula, com José Dirceu, Aloizio Mercadante e Frei Betto, por volta das sete da manhã do dia 14 de dezembro, o dia do debate, no hangar de uma empresa de táxi aéreo, no aeroporto de Congonhas, segundo relato de Alberico de Sousa Cruz[*], que também desembarcara de um jatinho, vindo de Brasília, e se espantara com o fato de o candidato do PT não estar se preparando para enfrentar Collor logo mais à noite, no estúdio da Rede Bandeirantes.

E veio o debate.

E Lula foi mal. Palavras, mais uma vez, de Gilberto Carvalho, para quem o candidato saiu do estúdio "perplexo", como "um lutador de boxe grogue depois de um direto no queixo". Poucos petistas, segundo Gilberto, tiveram coragem de dizer que ele tinha se saído bem no debate, enquanto o comando da campanha avaliava que Collor se saíra melhor, além de deixar Lula muito tenso com a menção ao tal aparelho de som "três em um".

Houve ainda uma grande discussão no comando da campanha na qual os responsáveis pela agenda do candidato foram duramente criticados. E Lula o tempo todo muito bravo, segundo Gilberto, porque sabia que não tinha ido bem, como ele mesmo disse aos repórteres que o aguardavam, na manhã seguinte, no portão de sua casa em São Bernardo do Campo:

"Eu poderia ter sido mais incisivo e fazer mais denúncias".

Em graus diferentes de intensidade, entre a relutância e a euforia, em placares que iam de goleadas a resultados apertados, praticamente todos os profissionais da Globo, mais ou menos como aconteceu no resto da imprensa, achavam que Collor tinha se saído melhor. Entre eles, Armando Nogueira[*];

Boni*; Marcelo Matte*, à época editor-chefe do *Jornal da Globo*; Alexandre Garcia*, principal comentarista político da Globo na cobertura da eleição; William Bonner*, então apresentador do *Fantástico*; Amauri Soares*, futuro diretor-geral da TV Globo nos anos 2020, à época um dos editores da CGJ em São Paulo; Evandro Carlos de Andrade*, diretor de redação d'*O Globo* e futuro diretor da CGJ; João Roberto Marinho*; e o irmão Roberto Irineu*.

Junto com a avaliação realista sobre o debate, a maioria dos líderes petistas, segundo Gilberto Carvalho, resignara-se com um sentimento mais ou menos generalizado de que, afinal, Lula tinha conseguido ir longe demais, ao vencer Leonel Brizola no primeiro turno por uma margem apertadíssima de votos. Sem falar na espécie de alívio que um deles manifestou e que Gilberto descreveu com uma frase:

"O medo de ganhar e de não ter condições de montar um governo".

Na mesma manhã, preocupado com a edições que os telejornais da Globo fariam do debate da noite anterior, Collor, de acordo com o livro *Notícias do Planalto*, encarregou os então deputados Renan Calheiros, Cleto Falcão e Alceni Guerra de conversar com Alberico. Os três viajaram para o Rio e, para marcar a reunião, disseram que queriam colocar um sistema de apuração paralela montado por Alceni à disposição da CGJ. O encontro foi no piano-bar do Hotel Caesar Park, em Ipanema, mas Alberico, que em versões futuras diria que nem estava no Rio, disse a Conti que mudou de assunto em todos os momentos em que os três enviados de Collor tentaram falar sobre a edição que o JN faria do debate.

Estava chegando a hora da decolagem mais arriscada do "Boeing" da Globo naquela cobertura.

A escuridão da Ilha 10

– A orientação é fazer uma edição com o pior do Lula e o melhor do Collor.

No meio da tarde de 15 de dezembro, a Ilha 10, localizada no chamado "corredor do ENG" da área operacional da Central Globo de Jornalismo, segundo andar do prédio da emissora na Rua Von Martius, Jardim Botânico, foi onde Ronald de Carvalho deu ao editor Octavio Tostes as coordenadas que derrubariam a cobertura que a emissora vinha fazendo da eleição presidencial, reforçando ainda mais a metáfora criada por Armando Nogueira em 1969, na estreia do *Jornal Nacional*.

A exemplo da cabine de comando de um Boeing, a Ilha 10 funcionava na penumbra, iluminada apenas pelo brilho de visores e monitores, além dos botões vermelhos e brancos das máquinas Sony de edição na bancada à frente de duas cadeiras onde ficavam o editor de texto, no caso, Tostes, e o editor de imagem, responsável pela operação do equipamento, naquele dia Chico Tambasco, separados do "corredor do ENG" por um blindex grosso que expunha totalmente o que acontecia ali.

Para as dezenas de pessoas que diariamente editavam as matérias dos telejornais da emissora naquela área, era só parar junto ao blindex, pelo lado do corredor, como muitos, inclusive este autor, fizeram, discretamente, naquele 15 de dezembro, para saber quem estava na Ilha 10 e, com algum esforço, ter uma ideia do que estava sendo editado ali.

Tostes, em alguns relatos da imprensa identificado como um mero apertador de botões na equipe do *JN*, era um jornalista culto, engajado no debate ético da profissão, respeitado pelos colegas por seu embasamento acadêmico e identificado com a esquerda não dogmática que à época discutia novos caminhos, após o colapso soviético. Qualquer contemporâneo dele no *JN* sabia que ele entendia muito mais de televisão que Ronald, egresso recente e nostálgico da crônica política dos jornais, além de candidato frustrado a repórter de vídeo da emissora, e Alberico, editor também da mídia impressa que chegara a Globo já como chefe, sem experiência relevante em edição de televisão.

Tostes revelou o teor da ordem recebida de Ronald de Carvalho no depoimento que deu ao Memória Globo em 3 de novembro de 2003, integralmente ratificado por ele na entrevista a este autor em maio de 2020, durante a pandemia da Covid-19, cinco meses antes de morrer, vítima de um infarto, aos 62 anos. Ele sabia o que significava cumprir à risca aquela ordem que o próprio Ronald, na conversa do dia seguinte com Mônica Labarthe, consideraria, ainda que metaforicamente, merecedora de um mandado de prisão.

Além de Tostes, todos os editores experientes da CGJ sabiam que mostrar "o pior do Lula e o melhor do Collor" no *JN* daquela noite, a dois dias da eleição, com o país dividido e em parte desconfiado da Globo, era como dar uma guinada radical a oitocentos quilômetros por hora, para a direita ou para esquerda, não importa, na rota de um Boeing, a dez mil metros de altitude. A estrutura de sustentação do avião simplesmente se desintegraria no ar, antes de cair, como aconteceu, por exemplo, na tragédia do Boeing da Gol que teve sua asa atingida por um jato Legacy, em 2006.

No caso do "Boeing" do *JN*, não era difícil para quem à época trabalhava na redação da Globo imaginar que a estrutura de sustentação, no caso, a audiência cativa de dezenas de milhões de telespectadores do telejornal, então formada por eleitores de Collor e de Lula, também se partiria, como se partiu, com "um inequívoco dano à imagem da TV Globo" que seria reconhecido e lamentado, no futuro, por João Roberto Marinho, que, em seu depoimento para o livro *Jornal Nacional: a notícia faz história*, considerou o episódio "um momento muito duro" para a família e a empresa, então empenhadas, segundo ele, em um "trabalho isento" que procurou "ajudar o eleitor a fazer suas escolhas".

Era o preço da hegemonia, ou do monopólio, como muitos incorretamente preferiam chamar, que a Globo, com sua audiência gigantesca, tinha de pagar naquela noite e não pagou, ao se pretender capaz de resumir um debate de quase três horas em uma matéria de seis minutos, para um país prestes a se dividir nas urnas e não mais calado pelo falso silêncio da ditadura. E com o agravante fundamental, pelo que se viu no ar, de não se sentir obrigada a mostrar nada que Lula tivesse feito de bom durante o debate.

– O que você está fazendo?
– A edição do debate.
– Mas ela já está pronta, é a mesma do *Hoje*.
– Não foi essa a orientação que recebi do Ronald e do Alberico.
– Então é com você!

O diálogo aconteceu, de acordo com Tostes, entre quatro e cinco da tarde, quando Wianey Pinheiro, o Pinheirinho, editor regional da CGJ em São Paulo, naquele dia no Rio, representando o diretor Armando Nogueira no comando da edição do debate, entrou na Ilha 10. Pinheirinho, que em seu depoimento ao livro de Conti confirma o diálogo, com diferenças de horário e de frases que não mudam o teor da conversa, ficou transtornado ao ver um trecho de cerca de dois minutos da edição que mostrava "Collor massacrando Lula". Chegou a querer subir até o sexto andar da emissora para "encher o Alberico de porrada", antes de ser levado por colegas para um deixa-disso no pátio do terraço do prédio da Rua Von Martius.

Cerca de oito horas antes, Pinheirinho era responsável, também, pela edição final do compacto do debate que fora ao ar no *Jornal Hoje* e cujo conteúdo, editado a partir do cotejo de suas próprias anotações com as do então editor de política do *JH*, Carlos Peixoto, contando ainda com a participação de Carlos Amorim, então editor de Brasil do noticiário de rede, e alterações em três momentos feitas a pedido de Alberico, mostrava, na avaliação dos envolvidos na edição, o que era jornalisticamente correto: que Collor tinha se dado melhor do que Lula no debate da noite anterior.

Foram 3 minutos e 11 segundos para Collor e 2 minutos e 49 segundos para Lula, sendo a diferença de 22 segundos a favor de Collor impossível de ser eliminada por causa do tamanho das frases. Uma edição que Carlos Peixoto[*] disse ter sido executada com o objetivo de dar "um tratamento equilibrado" ao assunto, com a participação de "uma redação extremamente rica de valores pessoais e profissionais", e sem que ele tenha sofrido qualquer tipo de "ingerência" ou "pressão". Armando Nogueira* tinha gostado:

– A edição ficou ótima. Coloque essa mesma versão do debate no *Jornal Nacional*.

Não seria assim. A partir do momento em que o *Hoje* exibiu a versão do debate editada sob a responsabilidade de Pinheirinho, a Globo expôs, segundo uma parte dos que deram entrevistas sobre o episódio, um erro que contribuiria para a derrubada da cobertura da emissora naquele dia decisivo. Mesmo levando-se em conta que, no caso do *Hoje*, o erro não poderia, nem de longe, ser comparado à encomenda jornalisticamente criminosa que seria feita, de forma deliberada, para o *Jornal Nacional*, horas depois, por Ronald de Carvalho, a Octavio Tostes, na Ilha 10 do "corredor do ENG".

O compacto do *Hoje* omitira, para os críticos da edição, os momentos em que o desempenho de Lula fora ruim, contrariando a impressão predominante na Globo, na imprensa em geral e na opinião pública de que o candidato do PT tinha perdido o debate. Ao contrário dos que ficaram satisfeitos com a edição do *Hoje*, como Armando, Alice-Maria, Woile Guimarães, Pinheirinho, Carlos Amorim, Carlos Peixoto e, inicialmente, João Roberto Marinho, não incluindo na conta os majoritários e explícitos simpatizantes de Lula na redação da CGJ, estavam descontentes Roberto Marinho, Roberto Irineu, Boni, Alexandre Garcia, Marcelo Matte e João Roberto Marinho, este depois de assistir à edição do *JN*, entre outros, todos convictos, em diferentes graus de intensidade, que o compacto do *Hoje* não tinha refletido a inequívoca vitória de Collor no debate.

Gilberto Carvalho, em sua entrevista a este autor em 2022, não se lembrava de a edição do *Hoje* ter sido um assunto relevante no comando da campanha do PT ao longo daquele dia, quando, segundo ele, todos ainda tentavam se recuperar do mau desempenho do candidato. Lula não tinha do que reclamar do *Hoje*. Os que apoiavam Collor, dentro e fora da redação da Globo, tinham.

Estava criado o álibi para um grave delito jornalístico.

A partir dos depoimentos de todos os protagonistas do episódio, os ouvidos pelo Memória Globo, os citados nas várias fontes externas e os que falaram com este autor até 2023, é possível concluir que o *JN* daquele dia, mais uma vez, parecia um Boeing, com a diferença de que, na cabine de comando, piloto e copiloto, em total desentendimento, estavam tomando decisões contraditórias sobre como atravessar uma tempestade.

O "piloto" Armando Nogueira, que tinha o apoio dos "tripulantes" Alice-Maria e Wianey Pinheiro, estava sendo flagrantemente desobedecido pelo "copiloto" Alberico de Sousa Cruz, este autorizado pelo proprietário do "avião", Roberto Marinho, e obedecido com furor pelo "navegador" Ronald de Carvalho. Octavio Tostes era o "engenheiro de bordo" que sabia que o Boeing ia cair.

Também seria possível organizar, entre profissionais da Globo da época, uma fila de testemunhas oculares de que praticamente nada aconteceu, naquele 15 de dezembro, da maneira como Alberico descreveu. Soavam totalmente absurdas, para qualquer jornalista da CGJ com a cognição em dia naquela época, a afirmação dele ao Memória Globo de que não teve qualquer envolvimento com as edições do debate para o *JH* e o *JN*; sua garantia de que não deliberou sobre os telejornais daquele dia com Roberto Marinho ou com qualquer outro executivo da emissora; e sua insistência na alegação de que, naquela tarde histórica da cobertura não estava no prédio da Globo no Rio, mas na sede da emissora em São Paulo, dedicado apenas "aos números" das pesquisas sobre a corrida presidencial, atitude que também não combinava, de jeito nenhum, com a vocação e a experiência com política que o levariam a conquistar e, também a perder, anos depois, o comando da CGJ. Em sua entrevista a este autor em 2023, Boni garantiu:

"Eu falei com o Alberico logo depois do *JN*. Ele estava na sala dele na emissora, no Rio".

– Põe aquele negócio da sub-raça.

A ordem, de acordo com o depoimento de Tostes ao Memória Globo, foi de Ronald de Carvalho, entre uma e outra subida à sala de Alberico no sexto andar da sede da emissora, durante a edição do compacto do *JN*. O trecho, que acabou sendo mesmo inserido na edição, mostrava um deslize de Lula durante o debate, ao querer dizer que a fome transformava os nordestinos em sub-raça, o que acabou dando a sensação de que ele, um nordestino, considerava os conterrâneos uma sub-raça. Tostes não hesitou:

"Não havia da parte do Ronald e do Alberico qualquer preocupação com isenção. Foi uma edição manipulada [...]. Alberico esteve comigo duas vezes: uma na Ilha 10, no meio da tarde, e, depois, quando assistiu o VT pronto na Ilha 7, no início do corredor, onde a edição foi finalizada, e deu o ok para o VT subir às quinze para as oito, fora do *deadline*".

A maioria das testemunhas cujos depoimentos ao Memória Globo foram consultados por este autor, e que desmentiram a versão marciana de Alberico, também não levou muito a sério a insistência com que Ronald isentou o chefe de qualquer responsabilidade sobre a edição do debate para o *JN*, e a forma veemente com que ele a assumiu, sozinho, como se sua atuação no episódio tivesse sido um exercício de sabedoria editorial, o que contrariava totalmente seu conhecido perfil de executor obediente e aflito de ordens da direção da CGJ.

Armando Nogueira, até sua morte, em março de 2010, aos 83 anos, em praticamente todas as declarações e entrevistas que deu, e nas quais responsabilizou Alberico pela edição, nem citou o nome de Ronald de Carvalho. O próprio Tambasco* desmentiu Ronald, lembrando um diálogo que teve com ele na Ilha 10, ainda durante a edição do compacto do *JN*:

"Eu fiquei surpreso porque li uma matéria há pouco tempo em que o Ronald assumiu toda edição do debate. Não foi isso. É mentira. Ao contrário, na época, ele negou totalmente a responsabilidade. Ele falou: 'Não sou eu'. E riu: 'São eles lá em cima. Eu só estou levando'".

Entre "eles", segundo Boni, não estava Roberto Marinho. O dono da Globo, de acordo com Boni, nem viu a edição do *JN*, apenas mandou corrigir o que ele vira mais cedo no *Hoje*:

"As pessoas, para atenderem aos desejos do doutor Roberto, deram uma larga vitória, de larga margem para o Collor, muito maior do que a real que tinha acontecido no debate".

Convicção semelhante tinha Conti em seu livro, *Notícias do Planalto*, para quem a responsabilidade pela edição foi de Alberico e Ronald, pois "nem Roberto Marinho nem seus filhos" ordenaram, segundo ele, que Collor tivesse mais tempo do que Lula na versão final:

"Roberto Marinho mandou que se fizesse a compactação para evidenciar que Collor vencera, mas não revogara a decisão tomada do início do segundo turno: os candidatos deveriam ter o mesmo tempo de exposição nos telejornais da Rede Globo".

Quando o *JN* entrou no ar, Lula falou sete vezes e Collor, oito, uma fala a mais que o adversário. No total, Lula falou 2 minutos e 22 segundos, e Collor, 3 minutos e 34 segundos, ou seja, 1 minuto e 12 segundos a mais que o candidato do PT. Alice-Maria, como contou na raríssima entrevista que deu para o livro *Jornal Nacional: a notícia faz história*, disse que tomou um susto:

"A matéria do *JN* não tinha nada a ver com a do *Hoje*. Alberico ignorou a orientação que recebera. Tinha traído a confiança de Armando e alterado completamente a edição".

Em 2023, ao reiterar que foi Alberico quem comandou a edição e descartar a possibilidade de os Marinho terem visto o material antes de a matéria ir ao ar, Boni disse que, logo depois do encerramento do *JN*, teve de conter o impulso que Armando Nogueira, indignado, teve de ligar para Alberico, "o que poderia piorar ainda mais a situação". Foi ele, Boni, quem ligou para a sala de

Alberico no sexto andar do prédio da Rua Lopes Quintas, no Jardim Botânico, a 450 quilômetros de São Paulo:

– O que aconteceu, Alberico? Quem foi que fez isso?
– Estou cumprindo ordens do doutor Roberto, Boni.

"A Globo se rendeu de uma maneira declarada ao governo Collor."

Em entrevista à *Folha de S.Paulo*, quatro meses depois da eleição, no início de abril de 1990, seguida de sua demissão por justa causa, Pinheirinho, além de acusar a emissora, diria que Alberico vinha sendo "o principal articulador dos interesses do novo governo dentro da Globo", e "desde os primórdios da campanha".

Era o início de um processo em que todos os executivos de confiança de Armando Nogueira sairiam da Globo. E quem trabalhava no *JN* à época sabia que, inseparável daquela inédita crise na hierarquia de comando do jornalismo da emissora sobre o que iria ou não ao ar no *JN*, num dia crucial da cobertura da campanha presidencial, estava em curso, também, desde o fim da ditadura, uma disputa interna pelo poder na Central Globo de Jornalismo.

De um lado, sob a liderança de Armando, a diretora-executiva Alice-Maria, Pinheirinho, editor regional de São Paulo, não por acaso os executivos alijados da edição do debate, e mais Woile Guimarães, diretor nacional baseado em São Paulo teoricamente no mesmo nível hierárquico de Alberico, ambos logo abaixo de Alice, e o editor regional de Brasília, Gilnei Rampazzo. Todos deixariam a Globo.

Do outro lado, Alberico, diretor de telejornais de rede, à época da eleição ainda convivendo com escolhidos de Armando e Alice na maioria dos cargos de chefia dos programas e telejornais da central, e com uma relação cada vez mais próxima com Carlos Schroder, então produtor do *Hoje* que trabalhara com ele como coordenador de produção de rede, e Ronald de Carvalho, editor de política da rede. Assim que Alberico substituísse Armando em 1990, Schroder, futuro diretor-geral da Globo, seria promovido a diretor de produção da CGJ, e Ronald a diretor editorial.

Alberico tinha, como arma principal, um prestígio crescente com o dono da Globo, confirmado por Roberto Irineu e João Roberto a este autor. Marinho, também de acordo com os filhos, apreciava a desenvoltura de Alberico em política e com os políticos, qualquer um deles, incluindo Collor e Lula. Em seu livro, Conti registra que o dono da Globo também vinha se incomodando cada vez mais com sinais evidentes de exaustão no comportamento de Armando, depois de duas décadas à frente do jornalismo da Globo e, mais do que nunca, sem a paciência que nunca tivera com a política e os políticos.

O que não impediria Armando* de reagir, indignado, ao assistir ao *JN*, na companhia de Boni, ambos em Angra dos Reis, e constatar que suas orientações tinham sido totalmente ignoradas:

"O Alberico, à minha revelia, mandou fazer alterações das quais eu só tomei conhecimento no ar. Então, eu estava diante de um caso típico de deslealdade, de traição profissional, traição funcional".

Ao reencontrar os colegas na redação, entre eles o editor Ricardo Pereira*, depois da exibição do compacto do debate no *JN*, a dupla da Ilha 10 estava devastada. Tambasco, segundo Pereira, tentava disfarçar o constrangimento com um riso nervoso:

– Nunca fiz um serviço tão sujo na minha vida.

Tostes, uma personalidade intensa e transparente, estava destruído. Trocou apenas o adjetivo:

– Isso não é jornalismo. É o serviço mais sórdido que fiz na minha vida.

Ao mesmo tempo, Pereira e outros integrantes da equipe do *JN* que não escondiam a preferência eleitoral, exibindo no peito bótons do PT, ao atenderem à sinfonia de chamadas que a central telefônica da Globo transferia para a redação, nem precisavam dizer "alô":

– Filhos da puta!
– Manipuladores!
– Que vergonha o que vocês fizeram!

O "Boeing" tinha caído. Internamente, o sentimento predominante era o de jornalistas como William Bonner*, à época apresentador do *Fantástico* e para quem o *JN*, ao tentar corrigir a "edição maluca" do *JH* que só mostrou o que ele chamou de os "melhores momentos" dos candidatos, deixando de mostrar que o vencedor foi Collor, errou ao fazer parecer que Lula tinha sofrido "uma goleada humilhante". Havia poucas exceções como Marcelo Matte*, editor-chefe do *Jornal da Globo*, que elogiou e concordou com tudo que Ronald de Carvalho disse e fez.

Houve ainda alguns colegas minoritários na CGJ que ensaiaram propor uma moção para expulsar Octavio, ele mesmo, Octavio Tostes, e não, por exemplo, Ronald ou Alberico, do Sindicato dos Jornalistas Profissionais do Município do Rio de Janeiro. A ideia não prosperou, mas Tostes, ex-diretor do sindicato, foi o único do grupo de envolvidos formado por ele, Alberico, Ronald, Pinheirinho, Alice e Armando, a comparecer à Comissão de Ética da entidade, a partir de um requerimento-denúncia do PT.

Cancelamento ainda era um fenômeno analógico àquela época, e quem conhecia Tostes, como Ricardo Pereira, Cristina Aragão, Carlos Peixoto,

Luiz Cláudio Latgé e outros editores da CGJ, entre eles este autor, sabia que Octavio não precisava de lições de ética: desde os créditos finais daquele *JN*, ele já tinha mergulhado na dolorosa reflexão cujo resultado deixaria registrado no depoimento que deu ao Memória Globo em novembro de 2003:

"A edição mancha a história da Globo e, em escala muito menor, mas gravíssima no nível individual, é uma nódoa na minha carreira. Mesmo podendo consolar a consciência com a certeza de que em nenhum momento eu formulei nada, apenas cumpri ordens, não me eximo da responsabilidade de jornalista por ter feito aquilo. E é porque não me eximo que compartilho essa responsabilidade com os coautores que me deram as ordens: Ronald de Carvalho e Alberico de Sousa Cruz".

No comando da campanha de Lula, a reação dos petistas, segundo Gilberto Carvalho, era uma mistura de desespero com revolta. O partido chegaria a mover uma ação contra a emissora no TSE, pedindo que novos trechos do debate fossem apresentados no *JN* antes da eleição como "direito de resposta", mas o recurso foi negado. A partir daquele momento, houve, no PT, o que Gilberto Carvalho chamou de "inversão da curva" e "a Globo passou a ser considerada inimiga".

Na imprensa, o *Jornal do Brasil*, eterno concorrente, acusou a emissora de não resistir "à tentação de exibir um discutido espetáculo de facciosismo jornalístico", acrescentando que a emissora "exigiu que seus editores, pelo menos uma vez, manipulassem a informação" com "uma versão completamente distorcida do debate". O prejuízo virou escândalo quando a *Folha de S.Paulo* do dia da eleição, 17 de dezembro, um domingo, tornou pública a opinião do próprio Boni sobre a edição do debate:

"Eu achei que a edição não correspondeu à realidade do debate. A edição favoreceu ao Collor e a realidade foi outra. O Collor ganhou, mas não ganhou dessa margem absoluta como apareceu no *Jornal Nacional*".

Na segunda-feira, dia 18, Boni abriu a *Folha* e viu que o jornal já tinha uma resposta do próprio dono da Globo ao seu comentário:

"O Boni pode entender muito de televisão, mas ele não entende nada de política".

Ao chegar na emissora, incomodado com a situação, Boni* foi direto para a sala de Marinho e os dois tiveram um diálogo assim reproduzido por ele:

– Doutor Roberto, o senhor podia ter me chamado particularmente e ter me dado uma espinafrada pessoal, mas não na *Folha*.

– Mas foi no mesmo lugar onde você espinafrou.

– Não, eu não citei o seu nome, doutor Roberto, eu falei da edição. Se fosse para falar com o senhor, eu teria falado em particular. Mas agora eu quero saber se o senhor quer me demitir.

– Você está louco? Eu falei que você entende de televisão, como é que eu quero demitir você? Está tudo bem assim, mas só que, de política, falo eu.

– Está bom, está tudo bem.

Para a Globo, o tempo mostraria, nem tanto.

A fatura

– Você não vai dizer que o Collor ganhou...

– Vou dizer, sim.

Roberto Irineu não tinha conseguido se conter e interceptara a caminhada do presidente do Ibope, Carlos Augusto Montenegro, num corredor não muito distante da Ilha 10 do "corredor do ENG", em direção ao estúdio especial montado para a cobertura das eleições em que daria uma entrevista, ao vivo, no final da tarde de 17 de dezembro, segundo turno da eleição presidencial, menos de 48 horas depois do *Jornal Nacional* que exibira o desastroso compacto do último debate entre Collor e Lula.

O Ibope tinha produzido, na parte da manhã, uma pesquisa de boca de urna com cerca de mil entrevistados. Lula vencia com 80% nas capitais e perdia para Collor no interior. Na soma, Collor vencia por 3 ou 4 pontos. Para Roberto Irineu, não fazia sentido correr aquele risco. Os votos já estavam nas urnas. Mas Montenegro tinha uma segurança tão grande que queria afirmar, ao vivo, para todo o país, que Collor estava eleito, ainda faltando cerca de seis dias, e não horas, para a finalização da contagem das urnas, em tempos ainda de voto impresso.

Roberto Irineu estava "em pânico" porque morava no Rio, onde oito em cada dez pessoas tinham votado em Lula. Aí, chega "um maluco" pra dizer, na televisão dele, que Collor ganhou. E pior: era o mesmo "maluco" que media a audiência da televisão dele. Seria, portanto, um risco gigantesco de "perda total de credibilidade".

– Você tem certeza?

– Absoluta.

O episódio, revelado por Montenegro e confirmado por Roberto Irineu nas entrevistas que ambos deram a este autor, dão uma ideia do estrago que os seis minutos da edição do *JN* dedicados ao último debate dos candidatos tinham provocado na imagem e na credibilidade da Globo. E o pior: assim que a emissora anunciou a vitória de Collor, com 53,03% dos votos, contra os 46,97% dados a Lula, a imprensa e a opinião pública abriram outra discussão, dessa vez sobre qual teria sido a responsabilidade da Globo e de seu principal telejornal na diferença de 11,06%, ou 4.014.403 eleitores, que levou Fernando Collor de Mello ao Palácio do Planalto.

Nos dois extremos do arco da discussão, não havia debate, mas certezas. No caso da Globo, havia os que, como passageiros e tripulantes de um Boeing, no silêncio climatizado da cabine pressurizada, e sem perceber que o barulho das turbinas do lado de fora é ensurdecedor, recusavam-se a reconhecer a existência de subprodutos negativos da hegemonia da emissora. Ignoravam a impossibilidade de a emissora, na época, ser discreta ou não ser percebida. Subestimavam o impacto de sua audiência e, principalmente, negavam relevância à discussão.

Caso de Evandro Carlos de Andrade, que, na entrevista a Geneton Moraes Neto, disse que a discussão sobre a influência da edição do *JN* no resultado das urnas de 1989 era "uma bobagem, uma besteira, só uma justificativa para se continuar falando mal da TV Globo". E do repórter e apresentador Heraldo Pereira*, que disse ao Memória Globo que "o público formador de opinião não queria que o candidato Collor ganhasse a eleição, queria que o candidato Lula ganhasse a eleição". E ponto.

No extremo à esquerda da polêmica, onde a certeza, muitas vezes emoldurada em calhamaços acadêmicos intimidadores, era a de que a população brasileira era e continuaria sendo uma massa de autômatos impotentes completamente dominados pelo monstro orwelliano do Jardim Botânico, e, sem levar em conta outras variantes como as que são computadas pelos institutos de pesquisa, a vitória de Collor já estava decidida pelo "sistema" desde a exibição do *Globo Repórter* sobre os marajás de Alagoas, em 2 de abril de 1987. E muito provavelmente engendrada por remanescentes secretos do grupo Time-Life ainda incrustados no comando da emissora.

A meio caminho, num espaço mais arejado de discussão, havia os que, como Boni*, achavam, admitindo não ter como provar, que não foi a edição do *JN* que elegeu Collor porque "menos pessoas viram o *Jornal Nacional* do que as que assistiram o debate inteiro", e porque "a audiência somada do debate transmitido durante quase três horas por todas as redes foi muito maior que a do *Jornal Nacional*". Argumento com o qual discordava, por exemplo, o petista graúdo Gilberto Carvalho, também admitindo não ter como provar, e para quem "não havia como comparar o efeito do simples acompanhamento do debate com o de uma edição muito bem-feita, enxuta, impactante e realizada por profissionais competentes na arte de resumir e sintetizar os fatos".

Complicado.

A ficha tinha caído, finalmente, para a família Marinho. Roberto Irineu, João Roberto e José Roberto Marinho, na época, decidiram que a Globo, com o tamanho, a audiência e a influência que tinha, simplesmente não podia levar ao ar certos conteúdos que as outras emissoras, por serem pequenas, levavam, sem maiores problemas. Resumos ou compactos de debates entre candidatos em eleições majoritárias, em qualquer esfera, nunca mais.

João Roberto, que com o tempo chegaria à conclusão de que as edições do *JN* e do *Hoje* estavam "erradas" e que "uma exagerou para um lado e a outra ficou aquém para o outro", debitou os dois erros à "inexperiência de todos", na época, com "a primeira eleição para presidente na era da televisão de massa".

Alice-Maria olhou para o passado, imaginou o futuro e deu a sua opinião sobre aqueles seis minutos do *JN*:

"Aquela matéria não mudou o resultado da eleição. Eu não acredito. Mas aquela matéria certamente mudou a história da TV Globo".

CAPÍTULO 23

O outro gordo

As tardes de domingo do Brasil, em julho de 1988, quando Boni e Daniel Filho tiveram a conversa decisiva na sede da Globo que resultaria na contratação do apresentador Fausto Silva – à época com 38 anos e estrela de um programa anárquico da Bandeirantes que se tornara fenômeno de audiência das madrugadas –, eram de um tempo em que não existia internet, TV por assinatura, *streaming* ou telefone celular, e máquina de fax era uma raridade. O que existia era o VHS e, por causa dele, as videolocadoras. Os shoppings não abriam, e, para milhões, o domingo, basicamente, era missa, culto, futebol, botequim, não necessariamente nessa ordem, e televisão. Aberta.

A travessia dos finais de tarde de domingo, em meio ao banzo que, sem distinção de região ou classe social, tomava conta de boa parte dos lares brasileiros, era, portanto, uma avenida aberta e praticamente exclusiva de possibilidades de audiência para a televisão. O problema, nas palavras de Daniel, segundo Faustão, era o fato de não ser a Globo que estava liderando o Ibope naquele horário:

– Olha, Fausto, a TV Globo tem só um horário em que ela não consegue ganhar há mais de quinze anos, que é o domingo à tarde. Foram várias tentativas pra ganhar a audiência, desde a saída do Silvio Santos. Então, a gente está com esse horário, que é um horário de desafio. Se você quiser outro horário, tudo bem.

Boni, que tinha sido alertado sobre o potencial de Faustão pelo autor Cassiano Gabus Mendes, fã do apresentador tanto pelo programa que ele comandava na Rádio Bandeirantes quanto pela irresistível bagunça do *Perdidos na Noite* nas madrugadas da concorrência, emendou:

– Eu te acho um gênio, porque você faz um programa sem produção nenhuma, e aqui você vai ter a produção da TV Globo.

Faustão não hesitou:

– Já que querem desafio, vamos fazer um desafio no domingo à tarde.

Aquela reunião, que sacramentou a ida de Faustão para a Globo e, de certa forma, definiu o enredo das décadas seguintes na disputa de audiência aos domingos da televisão brasileira, talvez não fosse nem necessária, e Faustão talvez nem adquirisse a importância que adquiriu com o tempo se, cinco meses antes, tivesse sido diferente o desfecho de outro encontro, este entre Silvio Santos e Roberto Marinho. Jô Soares, à época contratado do SBT, contou os bastidores em sua autobiografia:

"O Silvio Santos tinha uma bronca danada do Boni. Ele teve um problema grave nas cordas vocais, ficou ameaçado de não conseguir mais fazer seu programa aos domingos e o único cara que ele achava que poderia substituí-lo era o Gugu Liberato, que estava na Globo. Ele foi até o Boni disposto a pagar a multa de rescisão do contrato do Gugu, uma fortuna, mas o Boni não topou".

Gugu, antes de assinar com a Globo, sentindo-se sem perspectivas na emissora em que o patrão era, também, o principal apresentador de auditório, tinha tomado a iniciativa de procurar a emissora carioca, que à época informou, oficialmente, que seu salário seria de setecentos mil cruzados mensais. Em contraproposta milionária, Silvio Santos multiplicara o valor do salário por dez, e Gugu, ainda assim, pressionado por Boni, hesitara.

Na reunião com Marinho, ocorrida no Rio, Silvio pediu e conseguiu que o dono da Globo abrisse mão do contrato que a emissora tinha assinado, em julho de 1987, com Gugu, até então apresentador do bem-sucedido *Viva a Noite*, do SBT, sendo ressarcido pela multa prevista e pelas despesas que a Central Globo de Produção até já tinha feito, e que incluíram a construção de cenários para um programa dominical que o novo contratado ia comandar, nas tardes de domingo, enfrentando, no Ibope, o próprio Silvio Santos e seu programa.

No final, depois da conversa de Silvio com Marinho, Gugu fez um novo acordo que, além das vantagens financeiras da contraproposta, garantiu a ele novos espaços na grade do SBT, e a condição de herdeiro oficial do auditório de Silvio nas tardes de domingo. Gugu seria mais que isso a partir de 1993, quando, ao estrear o programa *Domingo Legal*, tornou-se o grande rival e, em algumas temporadas, o algoz de Faustão na guerra do Ibope aos domingos.

Contrato assinado, Faustão estreou na Globo no Carnaval de 1989, convocado às pressas para comandar o *Camarote do Faustão*, recurso de última hora da emissora para tentar vencer a disputa da audiência, nos intervalos do desfile, com a Manchete, ainda forte na cobertura do samba, quatro anos depois de transmitir, sozinha, o primeiro Carnaval do sambódromo do Rio, humilhando a Globo nos índices do Ibope. Luiz Gleiser*, que propôs a Boni usar Faustão "até para ver como ele funcionaria no ar", dirigiu o novo contratado nos dois dias do desfile, catorze horas por noite, e ficou impressionado:

"Fausto arrasou. Foi maravilhoso e divertidíssimo trabalhar com ele. Demos uma porrada de audiência na Manchete exatamente com o mesmo programa, só que, nos intervalos, eles tinham o jornalismo deles, e nós o nosso, com o Fausto".

Em 26 de março de 1989, com a estreia do *Domingão do Faustão*, nome inventado por Daniel Filho, o ex-repórter esportivo que iniciara a carreira na Rádio Centenário, interior de São Paulo, e se tornara conhecido em Campinas, inaugurou uma relação de amor e ódio dos telespectadores que só seria comparável, em dimensão e permanência, à que eles também começariam a cultivar, alguns anos depois, em relação ao narrador Galvão Bueno.

Com poucos meses no ar, o *Domingão* desbancaria, da liderança de dezesseis anos no Ibope das tardes de domingo, o *Programa Silvio Santos*, até então imbatível com suas brincadeiras, gincanas, disputas musicais e entrevistas desconcertantes, intercaladas com pausas regulares para distribuição de dinheiro em espécie, lançado por seu inoxidável apresentador para o auditório, sempre lotado quase que só com mulheres. Um modelo de negócio sustentado pelos carnês do Baú da Felicidade, empresa pertencente a Silvio Santos e cuja receita relegava, à categoria de mero complemento de caixa, o faturamento resultante da inserção de anúncios nos intervalos do SBT.

Do ponto de vista de conteúdo, Faustão deixava para trás a receita do *Perdidos na Noite*, programa de auditório que era cult da classe média, criado por ele em 1984 e que, segundo críticos como Fernando de Barros e Silva, em análise publicada pela *Folha de S.Paulo* em julho de 1996, se dedicava a "escancarar a avacalhação e explorar a porcaria como 'verdadeiros achados', atos quase 'subversivos' cuja espontaneidade rivalizava e punha a nu tudo o que havia de almofadinha, de postiço, de encenação nos programas similares das emissoras ricas".

Ao contratar Faustão, segundo a mesma análise de Barros e Silva, a Globo, "sempre atenta, tratou de neutralizá-lo, incorporando o apresentador ao seu time, como fez com os redatores do *Planeta Diário* e, em certa medida, com o humor até então difícil de digerir de Regina Casé". O resultado, "mercadologicamente muito bem-sucedido", segundo o crítico, foi "a pasteurização da baixaria e a normalização do escracho, que perderam a 'ingenuidade' de quem não tem compromisso com nada para ingressar na 'era científica' de quem está sob o fogo cerrado da hiperconcorrência".

E nunca mais ia parar: assim que entrou no ar, na Globo, Faustão se transformou num personagem obrigatório, para o bem e para o mal, da indústria de entretenimento do país, e, também, um alvo rotineiro da antipatia da maioria dos intelectuais brasileiros. Uma parte deles pertencia às mesmas confrarias que, alguns anos antes, em prestigiadas narrativas antropológicas, depois de assistir à *Discoteca do Chacrinha*, passava o pano em seu cardápio musical montado muitas vezes na base do jabá, no comportamento preconceituoso de Chacrinha em cena, e no tratamento humilhante que o "Velho Guerreiro" impunha aos calouros e convidados de seu programa, ao "comandar a massa" e continuar "dando as ordens no terreiro".

Diante das críticas, Faustão passaria décadas reagindo, em cena e ao vivo, de duas maneiras distintas e, de certo modo, contraditórias:

"Criança: se você não estudar, vai acabar trabalhando na televisão, domingo, de pé e falando durante quatro horas".

"Domingão do Faustão, um programa tão inútil quanto o anjo da guarda da família Kennedy."

"Esqueça a chateação do seu vizinho assistindo à TV do Roberto Marinho."

De um lado, sempre grato pela audiência e pela "paciência" do telespectador, com frases antológicas sobre a inutilidade do que estava levando ao ar, e críticas atrevidas, diante das câmeras, às falhas técnicas do então consagrado Padrão Globo de Qualidade durante seu programa, Faustão encarnaria uma versão calculada da irreverência que o consagrara no *Perdidos na Noite*.

Com toques de Nelson Rodrigues em suas provocações, ele exploraria o impasse existencial em curso, na hora do programa, em milhões de sofás de norte a sul do país, envolvendo genros aproveitadores, sogras impiedosas, parentes inconvenientes, donas de casa resignadas e "pais de família" mergulhados na ressaca ou no torpor das tardes de domingo, além de muita gente culta que, igualmente desafiada pela intransponibilidade do horário e do dia, assistia, mas para odiar o programa. E para quem cobrava o Faustão sem limites dos tempos das madrugadas da Bandeirantes, ele responderia:

"Eu tive o mínimo juízo de adequar minha comunicação e o meu jeito ao público. Eu saí de uma butique de adulto, de uma sex shop para um grande supermercado. Então, aí eu tive que dar uma mudada".

De outro lado, "ô loco, meu", ao mesmo tempo que se tornaria um insuperável garoto-propaganda de projetos milionários da área de marketing e merchandising da Globo, Faustão faria do palco do programa, homenagem que poucos brasileiros ilustres da época recusaram, um púlpito recheado de superlativos e pieguices sobre os entrevistados, sempre apresentados como integrantes de um suposto panteão de "grandes figuras humanas do Brasil", num tom de desagravo que muitos deles não pediam ou nem precisavam. Nas palavras usadas por Barros e Silva para definir o que ele chamou de uma espécie de "sobremesa obrigatória dos almoços familiares de domingo", eram dois personagens:

"Da apologia da sacanagem à exaltação dos valores da família, a passagem é imediata, sem escalas, e não provoca qualquer reação adversa. É por isso que

Faustão pode ser ao mesmo tempo politicamente incorreto e carola, permissivo e conservador, escrachado e 'pai de família', sempre contando com a aceitação bovina do público. Mas isso não é mesmo a cara do Brasil?".

Como jornalista de formação sempre atento aos acontecimentos da semana, Faustão* também acionaria, regularmente, seu modo "cidadão indignado", para desancar, de forma veemente e agressiva, políticos, governantes e poderosos, mas sem mencionar os nomes, como fazia no *Perdidos na Noite*:

"Nunca fiz terapia, porque não tem divã do meu tamanho. O meu terapeuta é o meu espelho, porque eu não pago nada e, quando ele enche o meu saco, eu o encho de porrada. Então, diante da minha autoterapia, eu descubro que o que aconteceu comigo foi o seguinte: quando estou com o microfone na mão, eu me julgo estar em maioria e agrido todo mundo".

Sempre monitorado, ou vigiado, pela crítica, o *Domingão* deflagraria, desde o início, inúmeras polêmicas na imprensa, a começar pela adoção do corpo de baile, uma reedição das controversas chacretes dos anos 1970, famosas por terem sua anatomia captada em ângulos às vezes ginecológicos pelos operadores de câmera da *Discoteca do Chacrinha*. No caso do programa de Faustão, o corpo de baile inicialmente foi composto por profissionais ligadas a academias de dança e aeróbica que ocupavam a arquibancada do Teatro Fênix, no Jardim Botânico, e levaram o mesmo Barros e Silva a aproveitar o quique da bola:

"Basta lembrar o que eram as chacretes, gorduchas, desengonçadas, cafonas, atraentes apenas na medida em que eram grotescas. Pois bem. No *Domingão*, a indolência e a languidez daquelas senhoras cederam lugar aos gestos militares de adolescentes esquálidas, cujos sorrisos metálicos e coreografias mecanizadas competem com qualquer fábula de George Orwell".

Faustão* reconheceu que a aeróbica foi mesmo "um desastre" e, depois de chegar a contemplar uma ideia de Boni, "um erro raro dele", de incluir homens no corpo de baile, partiu, levando ao delírio, contido ou não, milhões de marmanjos esparramados em sofás por todo o território nacional, para a montagem de um grupo próprio do programa, com quarenta dançarinas coreografadas, algumas delas futuras contratadas de agências internacionais de modelos como a Ford, a Mega e a Merlin.

Ao longo de 32 anos, seriam 1.659 edições do *Domingão do Faustão*, ao vivo e também com blocos pré-gravados, milhares de apresentações musicais com artistas do Brasil e do exterior, e cerca de quarenta quadros que fariam o telespectador rir, chorar e, em algumas atrações que o próprio Faustão considerou "péssimas", olhar para o chão, incrédulo. Entre os bem-sucedidos, seriam marcas do domingo, para mais de uma geração, quadros como "Jogo da Velha", "Videocassetadas", "Pegadinha do Faustão", "Olimpíadas do Faustão",

"Arquivo Confidencial", "Sexolândia", "Se vira nos 30", "Dança dos Famosos" e "Dança no Gelo".

Teria existido uma fórmula do Faustão? Para o humorista Paulo Silvino*, que chegou a ser convidado para integrar a equipe de redatores do programa, na sequência de decepções que ele fez questão de registrar, antes de deixar a emissora, a fórmula era o próprio Faustão:

"Escrever o quê para o Faustão? Ôrra, meu? Pentelhinho? Não há o que escrever para o Faustão".

Em estatística feita em 2019, exatos trinta anos depois da estreia, por integrantes da equipe do programa chefiados por Luciana Cardoso, os números do *Domingão do Faustão*, segundo o próprio, computada uma média de 160 minutos por edição, em 52 domingos por ano, seriam "assustadores". Exemplo: até aquele ano, tinham sido exibidas mais de oitocentas mil videocassetadas, uma atração tão poderosa no Ibope que em 2023 ganharia um espaço nobre e estratégico: a contagem regressiva para a abertura do programa no *Domingão com Huck*, substituto de Faustão.

"Pegadinha", nome inventado pelo apresentador, se tornaria verbete de dicionário; "Sexolândia" fez, por oito anos, entre 1990 e 1998, algo que Faustão*, em 2001, disse que ninguém à época conseguia mais: "discutir sexo com humor"; "Se vira nos 30", espécie de torneio semanal de artistas de rua e de escolas, ideia que durou apenas uma temporada na televisão americana, ficou em cena, no *Domingão*, por dez anos; e "Arquivo Confidencial", mergulho dominical lacrimejante na vida particular de artistas e celebridades da Globo, criado em 1995, nunca mais seria abandonado, até o programa acabar.

Sempre ligado ao noticiário, Faustão faria inúmeras parcerias com a Central Globo de Jornalismo em domingos importantes, como o da conquista do tetra da seleção em 1994, quando o apresentador fez uma tabelinha ao vivo com Fátima Bernardes; trágicos como o da morte de Ayrton Senna, no mesmo ano; dramáticos como os que coincidiram com as manifestações de junho de 2013; e polêmicos como o da entrevista feita por ele com Luciano Huck em janeiro de 2018, e cujo conteúdo levaria um ministro do Tribunal Superior Eleitoral (TSE) a intimar os dois a responderem à acusação de abuso de meio de comunicação e de poder econômico, em benefício da pré-candidatura de Huck à Presidência da República.

Pelo que diria e mostraria na tela da Globo, Faustão também estaria no centro de várias polêmicas que incluíram um comentário gordofóbico sobre um ator mirim em 2019; uma cena controversa, em 2009, envolvendo Rafael Pereira dos Santos, o "Latininho", um personagem minúsculo; uma frase considerada racista em 2014, quando Faustão disse que uma dançarina que acompanhava a cantora Anita tinha "cabelo de vassoura de bruxa"; e a exibição, em 2011, do quadro "Sushi Erótico", no qual os atores Márcio Garcia, Mateus Rocha e Oscar Magrini comeram sushi servido nos corpos de três modelos nuas e cobertas apenas por iguarias da culinária japonesa, momento de baixaria aguda na guerra de audiência contra o *Domingo Legal* de Gugu Liberato e que será tratado mais à frente por este livro.

"Errrrou!"

Mesmo em queda histórica de audiência, junto com a TV Aberta, Faustão seria um frequentador assíduo e involuntário da internet no século 21, com memes como o "Errrrou!", criado em 2000, a partir de uma reação sua durante um quadro de perguntas e respostas, o "Sufoco". Outro meme famoso, "Tá pegando fogo, bicho!", nasceria em 2005, após a explosão de uma churrasqueira que funcionava por controle remoto, durante o quadro "Os Inventores". Faustão* explicou como superava os erros do programa:

"Quando não dá certo, é que nem loja de judeu em Nova York: três meses, não deu lucro? Fecha e vai embora. O Boni já falava isso. O grande segredo é você sair rápido, de fininho, que ninguém lembra".

Nem sempre. Estando por três décadas no ar, ou o equivalente a mais de 270 mil horas, por baixo, Faustão não escaparia de algumas gafes monumentais e inesquecíveis, como as de "matar" a atriz Renée de Vielmond, "ressuscitar" o escritor Ariano Suassuna e expor, em 2005, durante uma edição do quadro "Arquivo Confidencial" e sem antes alertar Maitê Proença, que o pai da atriz havia assassinado a mãe dela.

Outra saia justa envolveria Tim Maia e o humorista Bussunda*, este antes de ser contratado pela Globo, convidado de Faustão, na esteira do sucesso dos shows de teatro do grupo Casseta & Planeta. Sem saber que o cantor, mais uma vez, tinha marcado e não comparecera ao *Domingão* na semana anterior, Bussunda foi instado a fazer, e fez, uma paródia de Tim Maia no palco do programa:

"Eu era fanzoca do Tim Maia. Eu acho que eu fui a mais shows do Tim Maia do que ele. A gente foi fazer uma paródia e não sabia, viemos a saber depois, que o Tim Maia tinha furado com o Faustão na semana anterior. A gente entrou, foi legal, o público recebeu muito bem, foi bacana. Só que o Tim Maia ligou para o Teatro Fênix falando que ia dar um tiro na minha cabeça. E, a partir daí, o Tim Maia morreu e eu nunca conheci ele".

O desempenho do *Domingão do Faustão* e de seu apresentador no Ibope, pelo fato de a segunda metade do domingo ter sido, de longe, durante quatro décadas, o território mais crítico e arriscado para a Globo na disputa de audiência do horário nobre com as outras redes, tornou-se a vitrine mais monitorada pelos críticos e colunistas da imprensa que, também ao longo de décadas, se dedicariam a retratar, alguns com incontido entusiasmo, o fim da hegemonia da emissora.

Vistos na perspectiva de décadas, os números do programa no Ibope se assemelhariam a uma prova das "Olimpíadas do Faustão", com as crises e os mutirões internos provocados pelos recordes negativos e sucessivos na disputa com o *Domingo Legal* de Gugu Liberato, entre 1996 e 2002; o rodízio traumático de diretores e de forças-tarefas para levantar a audiência, até a reconquista da liderança entre 2002 e 2009; e a queda irreversível nos índices entre 2010 e 2020, até o dia 6 de junho de 2021, última edição do programa, quando Faustão saiu de cena, substituído por Tiago Leifert, sem ter tido oportunidade de se despedir dos telespectadores.

Embora Tiago tenha feito questão de conversar com Faustão antes de dizer à Globo se aceitava ou não substituí-lo, o desenlace com a emissora foi tão ruim que a rescisão, segundo o colunista Daniel Castro, do site Notícias da TV, foi imediata e proposta pelo apresentador, descontente com a redução do tempo e com outras mudanças que a emissora queria introduzir no programa.

Nenhuma das crises e derrotas de audiência impediriam Faustão, com seus "olhos, ouvidos e bolsos abertos para clientes", nas palavras de um ex-executivo da área comercial da Globo, e seus contratos de salário e merchandising administrados pelo empresário e advogado Luiz Schmidt, de construir uma das maiores fortunas pessoais, entre todas as que surgiram no embalo do sucesso e do poder econômico da Globo. Diante das câmeras, em maio de 2021, ele daria um sinal exterior dessa riqueza, ao apresentar o programa ostentando, no pulso, um Roger Dubuis Excalibur Quatuor avaliado em mais de um milhão de dólares, cerca de seis milhões de reais pelo câmbio à época.

Longe das câmeras, Fausto encaixou, no roteiro da elite paulistana, seus almoços em forma de churrasco e jantares com pizza na mansão do Jardim Guedala projetada pelo arquiteto Marcos Tomanik e na qual reunia artistas da Globo e da concorrência, alguns da velha-guarda, jornalistas esportivos e jogadores de futebol, colunistas de televisão, publicitários e pesos-pesados do empresariado como Moise Safra, Antônio Ermírio de Moraes, os presidentes do Bradesco Márcio Cypriano e Luiz Carlos Trabuco, e Carlos Jereissati. Além de Boni e outros executivos da Globo como Willy Haas e Gilberto Leifert, ambos da área comercial. E com um detalhe: costumava fazer a refeição antes da chegada dos convidados, para, depois, poder circular pelas mesas e dar atenção a cada um deles.

Em janeiro de 2022, seis meses depois de romper com a Globo, Faustão, que já tinha um lugar na história da televisão brasileira como "o homem que tirou o domingo de Silvio Santos", voltaria à Band, não para uma reedição do *Perdidos na Noite*, claro, e não, também, surpreendentemente, para apresentar um programa semanal. *Faustão na Band* seria um programa diário, com as mesmas características do que ele fazia na Globo, e no qual o apresentador, "com seu caos hipnótico", de acordo com a resenha feita por Henrique Artuni para a *Folha de S.Paulo*, transportou os espectadores para "um estranho domingo em plena segunda". O programa, que duraria apenas um ano e meio, além de mostrar "uma figura gigante, e dono do talvez melhor domínio de palco na TV", deixou em Artuni uma impressão a mais:

"Assistir ao Faustão continua a nos jogar no mesmo transe: o bombardeio de um Brasil colorido, estrelado, ruidoso e que esconde suas feridas sob a superfície conciliadora de um domingo à tarde".

Perdão, Jorge Amado

– Deu zebra, só pode ter dado zebra.

Foi o que pensou o diretor Reynaldo Boury* no final da noite de um domingo de junho de 1989, quando foi convocado, junto com o também diretor Paulo Ubiratan e o produtor Mariano Gatti, para estar na emissora às dez da manhã do dia seguinte, e não era preciso dizer "sem falta", para "uma reunião na sala do Bonifácio".

O tenso ano de 1989 ainda não tinha terminado na Central Globo de Produções, com a campanha presidencial fervendo e muita expectativa em relação à novela que, em menos de dois meses, substituiria a bem-sucedida e polêmica *O Salvador da Pátria*. Seria *Barriga de Aluguel*, trama de Gloria Perez sobre a disputa por uma criança entre uma mulher e uma mãe de aluguel que contratou.

Seria.

Logo no começo da reunião, Boni perguntou e já respondeu:

– Bom, vocês estão pensando que vão fazer *Barriga de Aluguel*? Não vão, essa novela não pode ser novela das oito, não vai dar certo essa novela. A novela é boa, é bem escrita, o tema é ótimo, mas não é para novela das oito. Vamos botar ela mais para frente às seis da tarde.

– Mas, Boni, o elenco está pronto, tem vinte capítulos já escritos, locações arrumadas, os cenários estão ficando prontos, figurino...

– Não, vocês vão fazer esta novela aqui.

Boni abriu uma gaveta, pegou um livro que para Boury parecia ter cerca de quinhentas páginas, botou em cima da mesa e continuou:

– É essa novela que vocês vão fazer: *Tieta*.

Boury, Ubiratan e Gatti se entreolharam:

– Ele está brincando, não é? Boni, é brincadeira, não é?

– Não, não, é essa novela que vocês vão fazer.

Boury e Ubiratan ainda tentaram dissuadir o chefe da ideia, lembrando que a atriz Betty Faria já havia comprado os direitos do romance de Jorge Amado para fazer uma minissérie cujo roteiro já estava até sendo desenvolvido pelo autor Doc Comparato. Boni não pareceu estar preocupado com o suposto obstáculo:

– Vocês se virem, tem que ser *Tieta*, vai ser *Tieta*. Podem ir embora, vão, vocês estão perdendo tempo aqui, vão cuidar da vida.

Atônitos, os três deixaram a sala, a quarenta dias da estreia de uma novela que, segundo Boury, "já estava praticamente pronta, produzida, só faltando gravar", e partiram para a correria da pré-produção do que seriam os 196 capítulos da trama escrita por Aguinaldo Silva que, entre agosto de 1989 e março de 1990, com média geral de 65 pontos no Ibope, se tornaria um dos maiores sucessos da história das novelas da Globo. Mesmo com um problema apontado por Aguinaldo e que causaria espanto à maioria dos críticos literários e intelectuais, se, claro, eles se interessassem pelo assunto televisão: a literatura era insuficiente.

"O romance, como foi escrito, renderia apenas uma minissérie de no máximo trinta capítulos."

Adaptar a obra de Jorge Amado, apesar de suas 656 páginas, representou, para Aguinaldo e seus colaboradores Ricardo Linhares e Ana Maria Moretzsohn, um desafio que já fora enfrentado por outros autores da Globo, em outras versões de obras literárias para a televisão, incluindo *Gabriela*, do mesmo Jorge Amado: a necessidade de desenvolver mais, e de forma mais profunda, isso mesmo, profunda, em televisão, personagens às vezes secundários ou circunstanciais do livro. Como explicou Aguinaldo em entrevista a *O Estado de S. Paulo*, às vésperas do último capítulo de *Tieta*, em 1990:

"Se eu não viajasse em cima dos personagens do Jorge Amado, não poderia escrever os 196 capítulos exigidos pela TV Globo. Ainda bem que o Jorge Amado tem espírito democrático".

A mesma reportagem do *Estadão* conferiu: o personagem de Marcos Paulo, "Arturzinho", alvo de um assassinato que embalou o "quem matou" do capítulo final de *Tieta*, sequer existia no livro original. Diversos papéis também ganharam importância na novela, como "Juracy", personagem de Ana Lúcia Torre, no livro apenas uma moradora de "Santana do Agreste", e "Dona Amorzinho", papel marcante de Lilia Cabral, uma simples viúva na obra original. Houve ainda mudanças no romance entre o "Osnar" de José Mayer e a "Tieta" de Betty Faria, e a valorização do papel de Luciana Braga, a "Maria Imaculada", uma das prostitutas da "Casa da Luz Vermelha", que ganhou destaque na novela por ter sido vendida ao coronel "Artur da Tapitanga" vivido por Ary Fontoura. Ricardo Linhares* explicou:

"Do romance de Jorge Amado, só usamos, na verdade, o nome Tieta e as personagens 'Tieta' e 'Perpétua'. Quase todo o resto nós inventamos, porque o livro, apesar de grosso, não tinha história suficiente para uma telenovela. Nós precisávamos de vários núcleos, e fomos criando a partir do universo de Jorge Amado, que é muito rico. Respeitamos o universo dele para criar as tramas paralelas".

O ator e diretor Paulo José*, um profissional conhecido também por ser um pensador da relação entre as novelas e a cultura brasileira, considerava a adaptação de *Tieta*, diferentemente da novela mexicana, para ele "um folhetim vagabundo feito para empregadas domésticas", um exemplo clássico de como a novela brasileira levava, para a cultura de massa, o melhor dos melhores autores da literatura brasileira. A fórmula?

"É que a gente trata nossa cultura superior com o desrespeito que ela merece."

Em vez de retratar personagens e conflitos sociais do Brasil daquele momento através dos heróis e vilões que mobilizaram telespectadores e eleitores, como aconteceu nas fictícias "Avilan" e "Tangará", de *Que Rei Sou Eu?* e *O Salvador da Pátria*, respectivamente, Aguinaldo, Linhares e Moretzsohn fizeram o que o autor chamou de "uma metáfora da volta da liberdade de expressão às novelas brasileiras": percorreram outro território, o dos eternos vícios e virtudes da alma humana residentes na fictícia "Santana do Agreste", cidade cenográfica de dez mil metros quadrados construída em Guaratiba, Zona Oeste do Rio de Janeiro, e formada por 46 prédios, duas igrejas, oito ruas, duas praças, um grande circo abandonado e quinze ruínas. Mangue Seco, pequena vila praiana de pescadores no extremo norte do litoral baiano, também foi cenário de momentos marcantes de *Tieta*.

– Mistééééério!
– Te-tchau!
– Nos trinques!
– Ciniiiiiira!
– Eta lelê!
– U-u!

Não seria nem necessário rever as cenas. Bastava lembrar, como fez Nilson Xavier, algumas expressões que marcaram, entre elas duas ou três que permaneceram no cotidiano dos brasileiros depois da novela: o bordão da personagem "Dona Milu" de Miriam Pires; a despedida da "Tonha" de Yoná Magalhães; a expressão de que estava tudo bem para "Timóteo", o personagem de Paulo Betti;

o sinal de censura que a "Amorzinho" de Lilia Cabral fazia para a amiga "Cinira", vivida por Rosane Gofman, cada vez que ela pensava em sexo e tinha um ataque de tremedeira; a famosa interjeição da protagonista "Tieta"; e o som de "Modesto Pires", papel de Armando Bógus, toda vez que queria, em seu colo, a amante "Carol" vivida por Luiza Tomé.

Núcleos à parte, nada seria mais forte, na novela, que a trama central de Jorge Amado, a história de "Tieta", mulher que, depois de ser expulsa de "Santana do Agreste" pelo pai, irritado com seu comportamento liberal e sob influência das intrigas da irmã "Perpétua", reaparece na cidade 25 anos depois, rica, exuberante e decidida a se vingar das pessoas que a maltrataram. Em texto publicado pela *Folha de S.Paulo* em janeiro de 2021, durante o governo Bolsonaro, com o setor cultural sob ataques reacionários e obscurantistas do presidente, a repórter Úrsula Passos, ao saudar a possibilidade de *Tieta* ser assistida pelo *streaming*, escreveu:

"Nada melhor do que acompanhar a afrontosa Betty Faria nesses tempos em que parte do mundo parece querer viver em 'Santana do Agreste'. Não à toa a conservadora da história escrita nos anos 1970 por Jorge Amado se chama 'Perpétua'".

A irmã de "Tieta", a "Perpétua" interpretada por Joana Fomm, e que a figurinista Helena Gastal* definiu como "uma 'Mary Poppins do cangaço'" por causa da roupa preta, do sapato abotinado e do guarda-chuva sempre à mão, se tornaria uma das mais lembradas vilãs da história da teledramaturgia da Globo, ao protagonizar, com a "Tieta" de Betty Faria, cenas antológicas que Aguinaldo Silva* disse ter criado para que fossem uma espécie de "briga de *Tom & Jerry* levada às últimas consequências":

– Eu posso provar! "Tieta" é quem cuida das rampeiras!

– Finalmente a gente chegou aonde eu queria...

O bate-boca entre "Perpétua" e "Tieta", no altar da igreja de "Santana do Agreste", diante dos fiéis, e que precedeu a famosa sequência que termina com a protagonista arrancando a peruca da irmã, foi uma das muitas cenas da novela que ficaram na lembrança dos telespectadores. Nos bastidores, para Joana Fomm*, o difícil era parar de rir:

"O trabalho contagiou a todos e acho que foi a novela em que mais se riu. O Paulo Betti, não tinha cena que ele não me fizesse cair na gargalhada. Eu tinha que refazer dez, vinte cenas porque ele tinha uma cara de pau incrível. O Bógus não conseguia olhar para mim. Ele olhava, ria. Não conseguia olhar".

– E tu não sabe o que aconteceu com "Tieta"?

Bastava uma pergunta como essa, feita com sotaque baiano cantado, por "Timóteo", personagem de Paulo Betti, para que a mesa de bilhar do "Bar do

Crescente", onde ele passava a limpo a vida de "Santana do Agreste" com os outros autoproclamados "cavaleiros do Apocalipse" vividos por José Mayer, Reginaldo Faria e Roberto Bonfim, se transformasse num palco de conversas e sequências cujo humor ajudava a explicar a audiência espetacular de *Tieta*, que estreou com média de 70 pontos na Grande São Paulo, atingindo 78 pontos no último capítulo.

O quarteto do "Bar do Crescente", porém, tornou-se uma memória não muito boa para dois atores: Reginaldo Faria, o "Ascânio", um dos "cavaleiros do Apocalipse", não gostou do papel por achar o personagem "fraco e sem nenhum poder de decisão". E Osmar Prado*, primeiro escalado para ser o "Timóteo" que consagraria Paulo Betti, envolvido com uma peça de teatro, recusou o papel, perdeu o emprego e amargou um longo castigo na emissora. Um erro cometido "por ímpeto", reconheceu Osmar em sua entrevista.

Entre as ótimas lembranças, uma das personagens que, com ou sem a devida vênia de Jorge Amado, foram desenvolvidas de forma bem mais profunda que no livro pelos autores da novela, foi "Carmosina", a solteirona virgem que a intérprete Arlete Salles* considerou "talvez o melhor personagem" de sua longa carreira na televisão, com a vantagem de poder falar livremente com todo o seu sotaque pernambucano, e inspirada nas muitas "Carmosinas" de verdade que conheceu no Recife:

"Carmosina é inesquecível, é um personagem terno, lírico, poético, íntegro, bonito. Uma solteirona virgem que não conhecia o sexo, invicta, como dizia o Dias Gomes, mas inquieta, esperando ainda o amor, a paixão".

Lilia Cabral*, no início da novela, quis "matar" o diretor Paulo Ubiratan por ter sido escolhida para o papel de "Amorzinho", a viúva casta que formava, com "Cinira", a dupla de pupilas beatas de "Perpétua":

"Eram dois urubus, Rosane Gofman e eu, e o Paulo dizia exatamente isso: 'Eu quero as duas vestidas como urubus'. Em vez de glamour, eu fui para o fundo do poço, com a cabeça igual a uma avestruz, escondida, com uma meia longa. Na sinopse havia só uma linha para 'Amorzinho' e 'Cinira', não tinha nada escrito. Aí, pensei assim: 'Quem é esse personagem? O que vai acontecer com elas?'. E foi um dos personagens mais queridos que eu tenho na lembrança, na minha vida, em termos de reconhecimento".

Tieta também foi um marco por entrar em temáticas inimagináveis na televisão do século 21. Aguinaldo Silva dizia que queria testar, com a novela, os limites do moralismo da sociedade brasileira, e o catálogo de temas difíceis e controversos que ele expôs na adaptação do livro de Jorge Amado começava pela situação de pedofilia envolvendo o coronel "Artur de Tapitanga" de Ary Fontoura, que seduzia as jovens menores de idade que ele chamava de "rolinhas", oferecendo comida e alfabetização:

"Eu não podia deixar de usar, mas eu transformei aquilo meio que em Joãozinho e Maria. Tinha uma menina que se rebelava contra aquilo e acabava destruindo o coronel. Foi uma maneira de não fugir ao tema que não era meu, era do livro, mas ao mesmo tempo não chocar as pessoas".

Um levantamento dos temas pesados levados ao ar pela novela, feito pelo site Notícias da TV, ao noticiar a chegada de *Tieta* ao catálogo do Globoplay em junho de 2020, lembrou que um deles, motivo de críticas à emissora por parte de representantes da Igreja Católica, era a situação de incesto ocorrida quando "Tieta", disposta a se vingar da irmã "Perpétua", seduzia o filho dela, "Ricardo", um seminarista interpretado por Cássio Gabus Mendes. Outra personagem lembrada pelo site e que talvez ficasse de fora das sinopses dos anos 2020 era a "Mulher de Branco", uma ninfomaníaca interpretada por Claudia Alencar e que, em noites de lua cheia, insatisfeita com o marido adúltero, saía pela cidade e o traía com diversos homens.

E houve um tipo de comportamento em *Tieta* que só ficou pesado muitos anos depois.

Quase três décadas antes de se tornar o alvo mais famoso da versão brasileira do movimento Me Too, e de não ter seu contrato renovado com a Globo após ser acusado de conduta imprópria pela figurinista Susllem Tonani na emissora, o ator José Mayer foi um dos destaques de *Tieta*, a ponto de ser premiado com o Troféu Imprensa de melhor ator de 1989, juntamente com Lima Duarte, pela novela *O Salvador da Pátria*, e exatamente por sua interpretação do garanhão "Osnar", criador de cabras, um dos "cavaleiros do Apocalipse" do "Bar do Crescente", tido como o homem mais bem-dotado da cidade e com uma fila de mulheres querendo checar pessoalmente suas dimensões íntimas.

Em 2002, bem antes de despencar do estrelato, abatido em voo por cancelamentos de todos os calibres, Mayer* era só leveza ao lembrar o personagem ao qual ele acrescentou, por conta própria, a mania de sungar as calças, em homenagem ao diretor Paulo Ubiratan, que sungava na vida real:

"Fiquei com aquele chapéu amarfanhado, vivido, arranquei aquelas penas, enfiei ele na cabeça. Ficou a marca do personagem. E ele ficou um pouco definido por isso, por um chapeuzinho muito malandro e esse gesto de sungar as calças e se apalpar, porque ele era um bem-dotado".

A resposta do público, na época, para Mayer, foi "fantástica" e se devia, segundo ele, ao fato de "Osnar" ser "muito leve, muito divertido, muito safado". O "sucesso excepcional" chegou a se transferir para a peça *Perversidade Sexual em Chicago*, de David Mamet, com a qual Mayer rodou o país sob direção de José Wilker, na mesma época da novela:

"Era uma peça difícil, ácida, agressiva mesmo, e nós abarrotamos todos os teatros, abarrotamos. Saía gente pelo ladrão. Claro que muito mais em função do sucesso da novela de *Tieta*. Em Recife, por exemplo, um desaforado na plateia, bem no meio do espetáculo, a gente falando aquelas coisas pesadas, aqueles palavrões todos, ele gritou do meio da plateia: 'Cadê Osnar, cadê Timóteo?'. Uma loucura".

O "Osnar" de Mayer e outros semelhantes que faria nas novelas, sempre cercado de mulheres apaixonadas, inspiraria até o personagem de um garanhão insaciável que bufava como um cavalo, interpretado pelo humorista Hubert, no programa *Casseta & Planeta*. O próprio José Mayer fez questão de agradecer, segundo o "casseta" Claudio Manoel*, durante uma gravação do humorístico:

– Eu queria agradecer muito a vocês pela propaganda. Minha vida sexual melhorou muito depois que vocês começaram a fazer essa divulgação.

Eta lelê!

O ano que não queria terminar

"Ainda vai levar algum tempo para certas linhas de bonde serem restabelecidas aqui na cidade de Berlim."

A frase do apresentador Celso Freitas, na abertura de um episódio do *Globo Repórter* especial de quatro partes sobre os cinquenta anos do início da Segunda Guerra Mundial, tinha sido gravada pelo cinegrafista Sergio Gilz na segunda semana de setembro de 1989, à frente de um trecho do muro que interrompia os trilhos de bonde incrustrados entre os paralelepípedos daquela rua, e que se estendia por mais de 140 quilômetros, mantendo Berlim Ocidental cercada por todos os lados pela Alemanha Oriental, um país satélite da União Soviética. A linha de bonde interrompida era, à época, um dos muitos símbolos, na paisagem berlinense, da permanência da Guerra Fria, quase cinco décadas depois do fim do maior conflito armado da história.

Celso Freitas; Gilz; este autor, diretor daquele *Globo Repórter*; o chanceler alemão Helmut Kohl; o presidente da Alemanha Oriental, Egon Krenz; o presidente soviético Mikhail Gorbachev; o colega americano George H. W. Bush; e, muito provavelmente, o resto dos seres humanos do planeta não imaginávamos que, dois meses depois daquela gravação, em 9 de novembro de 1989, o Muro de Berlim começaria a deixar de existir em milhares de pedaços de concreto que se transformariam em suvenires, abrindo caminho para o fim da União Soviética, no mais importante capítulo da segunda metade da história do século 20.

A Central Globo de Jornalismo, por conta do aniversário de cinquenta anos da invasão da Polônia pelos nazistas em 1º de setembro de 1939, e mantendo a tradição de tentar acompanhar as grandes redes americanas e as emissoras britânicas na cobertura internacional clássica, tinha comprado um material de arquivo sobre a Segunda Guerra Mundial da CBS para adaptá-lo em quatro edições do *Globo Repórter*. E, dias antes da gravação com Celso Freitas em Berlim, em 28 de agosto, outra equipe da emissora estivera na Polônia, não pela efeméride da guerra, mas por causa de um movimento e de um líder que pareciam ser uma trovoada, apenas um prenúncio, ainda, da tempestade que varreria a Europa Oriental: o sindicato Solidariedade e seu presidente Lech Wałęsa.

– *...brazylijska telewizja...*

A 520 quilômetros de Berlim, dentro de um carro, o repórter Pedro Bial, praticamente estreando como correspondente internacional e quase vencido pelo sono da vigília, desconfiou que tinha ouvido as palavras "Brasil" e "televisão" no meio de uma frase em polonês de Wałęsa na cobertura da missa seguida pelo então já tradicional comício dominical do líder do sindicato Solidariedade para mais de duas mil pessoas, ao lado da igreja de Santa Brígida, na cidade portuária de Gdansk. Com a ajuda da produtora Bel Bicalho e de Mario, o produtor polonês que acompanhava a equipe, ficou sabendo da íntegra:

– A televisão brasileira está me enchendo o saco há não sei quantas semanas. Então está bem, eu vou dar uma entrevista, mas vai ser aqui e agora, na frente de vocês.

Bial, então aos 31 anos, fora designado para Londres por Armando Nogueira, como forma de mantê-lo na Globo, depois de uma proposta tentadora que o jovem repórter dedicado a assuntos culturais do *Jornal Hoje* recebera de Walter Clark para trabalhar na pequena TV Corcovado. De certa forma, Armando tinha furado a fila de candidatos aos escritórios internacionais da emissora, naquele momento liderada pelo gaúcho Carlos Dornelles, o preferido dos diretores Alice-Maria e Alberico de Sousa Cruz. Na bagagem para Londres, Bial levara, também, uma dúvida dos editores do *Jornal Nacional* sobre se ele seria capaz de se adaptar ao padrão de duração das reportagens do telejornal, sempre em torno de um minuto e meio, estourando dois minutos. Dúvida que se mostrara procedente, quando algumas das primeiras matérias que ele mandou de Londres acabaram não sendo exibidas pelo *JN*.

Instantes depois da tradução da frase de Wałęsa, Bial, Bel Bicalho, autora dos vários bilhetes com o pedido de entrevista, e o produtor Mario já estavam ao lado do líder do Solidariedade, no centro do palanque, filmados pelo cinegrafista Sergio Gilz. Bial então confirmou a opinião de Paulo Francis, à época comentarista da Globo e integrante da equipe da emissora enviada à Polônia, de que perguntava como se estivesse fazendo um agrado, quando, na verdade, estava "baixando as calças" do entrevistado:

– Quem foi mais importante para o Solidariedade, o Papa ou Gorbachev?

Assim, de primeira. A reação do público, misto de riso nervoso e espanto com o pedido de comparação entre o papa polonês João Paulo II, simpatizante explícito do Solidariedade, e o presidente que tentava reformar, sem quebrar, o império soviético, era uma *ciasna spódniczka* – se fosse para traduzir literalmente "saia justa" para o polonês. Mas Wałęsa, esperto, respondeu com outra pergunta:

– Quem é o maior? O grande mestre do xadrez ou o campeão de boxe? Ambos são campeões, mas em categorias diferentes.

Bial emendou com a pergunta do século:

– Pode haver justiça social numa economia de livre mercado?

– Até hoje, só a economia de mercado provou funcionar. O que não significa que tudo seja bom. A sociedade polonesa não quer construir o capitalismo sem crítica. A Polônia quer construir um sistema polonês, sem os erros do sistema capitalista nem do socialista.

A terceira pergunta remetia diretamente à campanha presidencial à época já em ebulição no Brasil:

– Nós temos um sindicalista que é também candidato à Presidência da República. Teria algum conselho a dar a esse sindicalista?

– Ele deve se conduzir como eu: aproveitar as chances e permanecer fiel às suas origens.

No total, foram três minutos e dez segundos de uma entrevista exclusiva que Bial considerou "antológica". Ninguém reclamou do tempo da reportagem. Nenhum dos outros candidatos a presidente, incluindo Collor, ao que se saiba, queixou-se publicamente da relação feita pelo repórter entre Wałęsa e Lula. E os anos que viriam mostrariam que Bial, contrariando os editores que torceram o bigode para o seu estilo de reportagem, contribuiria, e muito, para enriquecer o texto do *Jornal Nacional*.

A história do século 20 estava avançando de forma tão rápida e surpreendente naquele final de 1989 que, em 9 de novembro, apenas dois meses depois de Celso Freitas gravar em Berlim Ocidental para o *Globo Repórter*, em frente ao trecho em que a linha de bonde era interrompida pelo muro de concreto armado com seus três metros e meio de altura por um e meio de espessura, o repórter Silio Boccanera estava sendo filmado pelo cinegrafista Paulo Pimentel não à frente, mas em cima do muro, em seu trecho que entrou para a história, junto com milhares de berlinenses em festa pelo seu fim, após um gigantesco e irreversível mal-entendido entre as autoridades da Alemanha Oriental sobre o que seria apenas uma abertura restrita e controlada para visitas dos alemães orientais ao lado capitalista.

Boccanera e Pimentel nem tinham tido tempo de se alojar num hotel. Foram direto do aeroporto para a do Portão de Brandemburgo, onde havia até um praticável providenciado pela prefeitura de Berlim Ocidental para as centenas de repórteres, cinegrafistas e fotógrafos de todas as partes do mundo que não paravam de chegar à cidade. Em 2004, Boccanera*, fiel ao seu estilo distante e reservado que, para sua contrariedade, inspirou até um personagem de Chico Anysio, o "Túlio Bocanegra", afirmou que a ideia de escalar o muro foi mais de Pimentel do que dele, mas reconheceu:

"Há uma certa tendência, um certo lugar-comum, clichê, de dizer 'esse é um momento histórico', mas tem horas que é indiscutível que o momento é histórico, e a gente sabia que aquele momento certamente era".

Antes, porém, de entrar para a história do telejornalismo brasileiro, falando do alto do muro de Berlim, de lado e com as mãos no bolso de seu sobretudo caqui, Boccanera, e não Pedro Bial, como muitos brasileiros lembrariam erroneamente, viveu, logo ele, um ex-correspondente de jornal que não escondia um certo desprezo pelo telejornalismo, o drama de ter que repetir o texto mais de dez vezes para a câmera de Pimentel, que estava a mais de vinte metros de distância, no praticável dos jornalistas. E não era por incapacidade de memorizar: eram as interferências, na transmissão do microfone sem fio afixado na lapela de seu sobretudo, dos sinais de rádio emanados no local pelas estações da Stasi, a polícia secreta da Alemanha Oriental. No final, estaria tudo lá, como seria de se esperar de um texto de Boccanera:

Poucas vezes é possível testemunhar um acontecimento e ter certeza de que a História com "H" maiúsculo está sendo escrita diante de seus próprios olhos. Este é certamente um desses momentos, em ritmo de batucada, de alegria, na beira do Muro de Berlim. As pessoas estão aqui comemorando a abertura do Muro de Berlim. Há poucos dias, uma pessoa que tentasse atravessar o muro, do outro lado de Berlim para cá, poderia ser fuzilada pelos guardas de fronteira. Hoje isso aqui parece uma rua de pedestres. O Muro de Berlim, em si, ainda está aqui, mas em espírito ele já desapareceu.

Começava um período em que a Alemanha se tornaria uma pauta constante do escritório da Globo em Londres. Só que a cobertura de outro momento importante do século 20 no país, no dia 3 de outubro de 1990, menos de um ano após a queda do Muro, acabaria deixando uma ponta de frustração tanto para Bial quanto para Geneton Moraes Neto, à época editor-executivo do *Jornal Nacional* encarregado da gravação da escalada com as manchetes de abertura e entusiasta da oportunidade histórica de o *JN* entrar, ao vivo, da frente do Portão de Brandemburgo, exatamente no momento da reunificação, meia-noite em Berlim, oito da noite, horário de Brasília.

Seria, como foi, a primeira transmissão jornalística internacional ao vivo para o *Jornal Nacional*, mas havia um problema: o editor-chefe do *JN* naquele dia, Marcelo Matte, era interino e, nos preparativos, ao telefone, já fizera um comentário desconfiado que incomodou Bial quando ele perguntou:

– Quanto tempo eu tenho para o vivo?

– Quanto tempo você segura?

– Meu irmão, eu estou aqui na unificação alemã!

Matte, vencido pela obsessão por "limpeza" operacional que imperava na Globo, acabaria não autorizando a abertura do *JN* ao vivo, direto de Berlim, durante a festa de um milhão de alemães em meio a fogos de artifício, por considerá-la arriscada para os padrões da emissora, e por ser coordenada por telefone na base do "vai", com o famoso *delay*, mesmo estando esse trabalho a cargo de Kristina Michahelles, uma editora do *JN* que falava alemão fluentemente. A ideia original era um script em que Cid Moreira ou Sérgio Chapelin, este de volta à bancada do telejornal, abrissem aquele *JN* histórico com uma chamada que já estava mais ou menos pronta na cabeça de Geneton:

– Oito da noite no Brasil, zero hora do dia 3 de outubro de 1990! O *Jornal Nacional* começa agora, direto de Berlim, no momento exato da reunificação da Alemanha. Do Portão de Brandemburgo, fala, ao vivo, o repórter Pedro Bial.

Não foi assim. Com a decisão de Matte de empurrar a operação ao vivo para o "miolo" do *JN*, posição em que uma falha operacional seria menos comprometedora, Bial perdeu o direito jornalístico de dizer que estava falando de Berlim no momento zero da nova Alemanha, e teve de usar, nos primeiros segundos da abertura de sua entrada ao vivo, uma frase que ele lamentaria para sempre, antes de antecipar, para os telespectadores brasileiros, uma síntese da qual nenhum dos jornais do planeta poderia escapar, e só no dia seguinte:

Há exatamente meia hora a Alemanha é uma só nação. Berlim, a capital da nova Alemanha unificada, está tomada pelo povo. Pelo menos um milhão de pessoas estão nas ruas e todos querem passar sob o Portão de Brandemburgo para celebrar a unidade nacional. À meia-noite, foi um delírio: além do entusiasmo popular, todos os sinos começaram a tocar e os fogos de artifício coloriram a noite de lua cheia. Até agora, nenhum incidente mais grave foi relatado. Houve pequenos confrontos entre grupos de extrema-esquerda e neonazistas, mas as agressões foram somente verbais. Apesar da grande multidão e da enorme bebedeira de muitos, a comemoração está sendo pacífica. A nova Alemanha é a menor da história em tamanho, mas é uma superpotência econômica, a economia mais poderosa da Europa, a terceira do mundo, atrás somente dos Estados Unidos e do Japão. No discurso que fez hoje à noite para os alemães, o chanceler Helmut Kohl disse que essa Alemanha será diferente de todas as outras do passado. E que será um país amante da liberdade e da paz. O mundo todo espera que assim seja. Pedro Bial, de Berlim, a capital da Alemanha Unida, ao vivo, para o Jornal Nacional.

Foi uma operação feita com o que Bial chamou de "a coordenação mais precária do mundo", e na qual "deu tudo certo, ficou tudo superlimpo no ar". Ao lembrar aquele *JN* e dizer que teve a sensação de "mostrar a História" na "operação de guerra" que foi "botar o Bial ao vivo no *Jornal Nacional*", Matte* não fez referência à sua decisão de não abrir o *JN* com a transmissão ao vivo de Berlim. Para quem, como ele, queria saber quanto tempo ao vivo Bial "segurava", a entrada tinha durado exatos um minuto e vinte e dois segundos. Dentro, portanto, do tempo médio recomendado para as reportagens destinadas ao *JN*.

Só que ao vivo, texto memorizado e, claro, sem *teleprompter*.

Nas primeiras férias que passaria no Rio depois daquela cobertura, Bial se deu conta de que uma telespectadora, em especial, tinha ficado muito impactada com os acontecimentos em Berlim: a avó Irmgard Viebig, que, muito velhinha, se despedira na partida de Pedro para Londres dizendo que tinha perdido o interesse de viver, ao final de uma existência marcada pelo testemunho sofrido da hiperinflação e da ascensão do nazismo na Alemanha. Ela era outra pessoa, depois de ter visto o neto mostrar o país ressurgido das ruínas do também chamado "Muro da Vergonha":

– Eu não acreditei, não acreditei! Quero viver mais dez anos para continuar vendo as coisas!

A Alemanha não seria apenas uma cobertura de efemérides.

Bial, Boccanera e, alguns anos depois, William Waack, antes do tsunami da internet e fiéis à tradição dos escritórios de Londres e de Nova York de produzirem um conteúdo jornalístico internacional de qualidade desde os anos 1970, enquanto, no Brasil, as outras editorias do *JN* apenas sobreviviam sob a mordaça da censura da ditadura, fariam uma série de reportagens sobre o *der Mauer ein kopf*, ou "o muro na cabeça", expressão que identificava os obstáculos políticos, culturais e econômicos que dificultariam a unificação, depois de quase cinquenta anos de separação entre as duas Alemanhas.

Para William Waack*, que em 1996, aos 44 anos, trocaria a posição de correspondente europeu da *Veja* baseado em Berlim pela de integrante da equipe de jornalistas do escritório da Globo em Londres, a Alemanha unificada, longe de ser um tema desafiador para o currículo que fizera dele um dos mais respeitados repórteres brasileiros, foi um dos cenários onde ele enfrentou um desafio que muitos dos seus colegas da imprensa escrita, ainda olhando o telejornalismo de cima do bigode, consideravam intransponível:

"Eu vinha da imprensa escrita, com uma longa bagagem pelos países comunistas, com uma vontade muito grande de trazer para a televisão a minha experiência de cobertura dessa transformação. E estava experimentando muito com câmera, ainda. Essa reportagem sobre o 'muro na cabeça' era baseada num fato já reconhecível ali, que embora o muro físico tivesse caído, as diferenças entre os dois lados da Alemanha continuavam intactas na cabeça das pessoas".

Waack se referia a uma matéria que fez sete anos depois da queda do muro, em novembro de 1996, logo depois de ser contratado pela Globo, e na qual registrou o cotidiano de uma família que Boccanera tinha acompanhado em outra reportagem feita em 1989, dias depois da abertura. Era um tempo em que Waack ainda tentava se entender com a radical obrigação de acondicionar, em minutos, seu grande conhecimento de política, economia e história. E sem nunca esquecer outra regra inegociável da televisão: o uso de personagens para, em suas palavras, fulanizar o conteúdo das matérias:

"Foi quase como se você, artificialmente, criasse personagens para um romance ou para uma novela, ou para uma minissérie. Na cena final, eu os levo exatamente no ponto onde eles passaram o muro pela primeira vez, na noite de 9 de novembro de 1989, o centro destruído durante a Guerra Fria, que era uma terra de ninguém, um grande terreno baldio, com ruínas que eram ruínas do que aconteceu na política da Europa de 1945 a 1989. Era uma aula de história, aquilo ali: o bunker do Hitler ainda tinha restos, o muro ainda existia, ou seja, do fim da Segunda Guerra Mundial, a Guerra Fria inteira, até o fim do Muro de Berlim, aquela paisagem física estava ali, evidente. Eles atravessam essa paisagem física".

No final de 2009, já como âncora do *Jornal da Globo* e muito mais familiarizado com a linguagem do telejornalismo, Waack localizaria, mais uma vez, em Berlim, a mesma família da reportagem de Boccanera e produziria, com os personagens, pai, mãe e filha, uma outra "aula de história" da qual se orgulharia, no depoimento que deu ao Memória Globo:

"Vinte anos depois, eu os levo, com o mesmo ponto de passagem, irreconhecível, uma praça moderníssima, com metrô de superfície que parece filme de ficção científica, com aquela arquitetura na qual os alemães tentam se livrar da grandiosidade decadente e perigosa, ou da grandiosidade identificada com o fascismo e o nazismo, e tentam, através da arquitetura, apresentar-se para o mundo como um país simpático, cosmopolita, moderno, avançado e desvinculado de paixões políticas, de xenofobia, de racismo ou de radicalismo de qualquer tipo".

Àquela altura, Waack já estava muito mais à vontade não apenas com a exigência de personagens para fulanizar as reportagens de televisão, mas com a imensa utilidade que a "regrinha" básica do telejornalismo teve no caso da família alemã que a Globo acompanhou ao longo daqueles vinte anos traumáticos e cheios de mudanças:

"A história os alcança de novo [...] E, neste mundo, eles estão perdidos, eles estão no mesmo lugar onde o mundo pra eles deixou de ser um e passou a ser outro. E esse mundo outro não é mais o mundo em que eles podem andar, eles não reconhecem mais a paisagem à volta deles. É muito boa, essa cena, essa cena final em que eu me despeço deles, como repórter, e os deixo, me afasto, e deixo os três ali, tentando se achar".

A reportagem foi ao ar no *Jornal da Globo*. E nem seria preciso explicar a Waack por que uma matéria mais reflexiva e menos *hard news* como aquela não tinha lugar no script do *Jornal Nacional*. Ele já estava plenamente adaptado à régua de minutos e segundos do telejornalismo.

O ano de 1989 ainda teria surpresas para o mundo e para a equipe da Globo em Londres em pleno Natal, não apenas por causa da Alemanha sem Muro de Berlim mostrada por Boccanera; da Polônia sacudida pelo sindicato Solidariedade radiografada por Bial; do êxodo em massa, para o Ocidente, de milhares de cidadãos do Leste Europeu e acompanhado pelo repórter Carlos Dornelles na fronteira da Áustria com a Hungria; ou da chamada "Revolução de Veludo", a deposição pacífica do governo comunista da Checoslováquia, liderada pelo poeta Václav Havel em dezembro daquele ano e testemunhada, também, por Bial.

Quando todos do escritório de Londres achavam que poderiam celebrar em casa, com as respectivas famílias, aquele ano inacreditável da história e, por consequência, do jornalismo, novos acontecimentos, agora acrescidos de sangue, morte e perigo, levariam Bial, Gilz, o produtor Jaime Brito, o operador de áudio Luis Carlos Nóbrega de Assis, o Pipo, e a editora de imagem Suzy Altman a um tipo de reportagem diferente nas ruas da Romênia, o único país, na derrocada do Pacto de Varsóvia, onde o títere de Moscou, o ditador Nicolae Ceausescu, fora tirado do poder à força e executado, junto com a mulher, no meio da rua, ao vivo, em transmissão da televisão estatal romena. Mais uma cobertura marcante para Bial:

"Ceausescu estaria para cair. Era como dizer que Fidel fosse renunciar, que estavam derrubando o Fidel em Cuba. Quando chegamos a Bucareste, o Ceausescu já tinha sido executado, em pleno 25 de dezembro. Tinha sido o presunto de Natal dos romenos".

Naquela cobertura, marcada pela circunstância de a equipe ter de atuar num país tomado pelo caos, com cidadãos armados pelas ruas fazendo justiça com fuzis Kalashnikov e um governo provisório instalado numa das salas da emissora de TV estatal, a equipe liderada por Bial em Bucareste respeitou dois procedimentos fundamentais para qualquer correspondente de televisão, de qualquer país, em coberturas de guerras e conflitos. Um deles, eterno, explica o fato de apenas a Globo, entre centenas de emissoras do mundo, meter-se, de certa forma, a acompanhar, na época, as inglesas BBC e ITN e as americanas ABC, CBS e NBC, não em todas, mas em muitas coberturas: era dinheiro. Muito dinheiro, segundo Bial:

"Você não podia ter orçamento nesse tipo de cobertura. Tinha que levar muitos dólares, *cash*. O mínimo de segurança que você conseguia, nessas horas, era ter dinheiro para sair de todo tipo de situação. Era um cenário sempre imprevisível".

À parte um bom punhado de milhares de dólares, *cash*, na bagagem, e uma retaguarda a postos em Londres para mandar mais dinheiro, outro procedimento fundamental nas coberturas arriscadas daquela época, soaria quase incompreensível para telespectadores e jornalistas que, nos anos 2020, se acostumariam com a rotina de reportagens e entradas ao vivo, via internet, no *Jornal Nacional* e na GloboNews, por exemplo, do freelancer Gabriel Chaim, direto dos territórios libertados do terror do Estado Islâmico, na Síria; do cenário da Ucrânia invadida pela Rússia de Putin; ou das cidades devastadas por Israel na Faixa de Gaza, depois dos ataques terroristas do Hamas em outubro de 2023.

Em 1989, os obstáculos para cobrir conflitos em países periféricos, isolados e tecnologicamente atrasados como a Polônia e a Romênia começavam pela necessidade de se embarcar, além dos jornalistas com a câmera, o estoque de fitas, microfones e outros equipamentos periféricos, uma pesada ilha de edição que costumava ser montada num dos quartos da equipe do hotel da cidade de destino.

Foi assim que Bial fez uma reportagem inusitada sobre a noite de Natal em Bucareste: no que inicialmente parecia ser a revelação de algo arriscado como um eventual dossiê secreto dos crimes de Ceausescu, ou uma base da resistência ao seu governo, a reportagem mostrou que o perigoso segredo dos personagens era uma árvore de Natal, até então um símbolo capitalista proibido na Romênia.

Naquele tipo de cobertura, uma vez produzida a reportagem na rua, gravada a narração pelo repórter e editada a matéria no hotel, tudo dentro de um prazo factível para a exibição no *JN* do dia e descontado o fuso horário de quatro ou cinco horas entre a Europa e o Brasil, o desafio seguinte era do produtor da equipe, de conseguir, nunca sem aflição e muitas vezes com interlocutores que não falavam nem inglês, alguns minutos de operação da central técnica da emissora de TV mais próxima para gerar a matéria para a torre da British Telecom, em Londres.

Se a transmissão chegasse à British Telecom, os técnicos ingleses "rebatiam" o material ou para o escritório londrino da Globo ou direto para as antenas da emissora no Rio, mas desde que a transmissão ocorresse dentro da janela contratual diária de quinze minutos de geração, o chamado *feed* de satélite que a Globo recebia, no Rio, de Londres e também de Nova York.

Não sendo cumprido o enredo de suspense, os escritórios internacionais da Globo tinham de se resignar com um breu absoluto entre a América do Sul e o Hemisfério Norte, uma escuridão de imagens de 24 horas até o *feed* do dia seguinte, à época só atenuável pelas telefotos, e que só começaria a deixar de existir a partir de meados dos anos 1990, quando as agências Reuters e Associated Press Television News (APTN) aumentaram o número e a duração das transmissões diárias para a América Latina e baratearam a compra exclusiva de sinal de satélite pelas emissoras, um custo inconcebível nos anos 1980 e que a Globo só consideraria pagar, talvez, no caso da morte do Papa.

Vencidas todas as etapas internacionais, para que o trabalho da equipe da Globo, mergulhada em cenários longínquos como as ruas escuras e sem dono de Bucareste, chegasse ao telespectador do *Jornal Nacional*, restava ainda o teste final de avaliação da reportagem, no "aquário" da chefia do telejornal, na redação do Jardim Botânico, sempre à luz da temperatura do noticiário do país.

Se fosse um dia carregado de notícias importantes ou fortes nas editorias de economia, de política ou de Brasil, as reportagens internacionais, mesmo as de coberturas exclusivas continuadas como a das transformações da Europa no final de 1989, nem sempre escapavam, depois da "estreia" com o estardalhaço da exclusividade da Globo, da sina de serem as primeiras a serem "derrubadas" e "liberadas" logo em seguida para exibição no *Jornal da Globo*, no fim da noite.

O *Jornal Nacional* que arrumasse espaço em 19 de agosto de 1991.

O que pode ser considerado o último capítulo daquele 1989 interminável aconteceria em um ano e nove meses depois da queda do Muro de Berlim, quando os moscovitas, surpreendidos pela presença de tanques nas ruas da capital da então União Soviética, souberam, pela televisão estatal, que o presidente Mikhail Gorbachev, líder da Perestroika e da Glasnost, as reformas que à época derretiam por dentro o estado comunista, fora impedido de governar por "questões de saúde", e que um "Comitê de Estado de Urgência" formado por conhecidos integrantes da linha dura stalinista havia tomado o poder.

Mais uma vez a dupla Pedro Bial e Sergio Gilz seria premiada por estar no lugar certo e no momento certo, ainda que a pauta que os levara a também estar nas ruas de Moscou naquele dia não tenha sido exatamente a de testemunhar de forma tão certeira o último suspiro de poder do Partido Comunista da

URSS. Os dois tinham chegado no dia anterior, um domingo, e na manhã de segunda-feira tomariam um avião para a Sibéria, onde gravariam um *Globo Repórter* sobre o Gulag, o sistema de campos de trabalhos forçados para criminosos, presos políticos e qualquer cidadão que se opusesse ao regime:

"A gente acordou na segunda e o país estava fechado, o Gorbachev estava sumido. Fui com o Gilz para a rua e estávamos em frente à estátua de Félix Dzerzhinski, o criador da Tcheca, que veio ser a KGB, a polícia secreta, e o pessoal começou a subir na estátua para amarrar uma corda. De repente, chega um guindaste, alguém acorrenta o cara e eles arrancam a estátua, o Gilz filmando tudo. Uma imagem fortíssima. Depois vieram todas as televisões do mundo pedir o flagrante da derrubada da estátua para nós".

A pauta do *Globo Repórter*, óbvio, mudou imediatamente: Bial, sem tempo para dormir, foi convocado a dar um testemunho ao programa sobre a reação popular que tomara as ruas de Moscou e revertera o golpe engendrado pelo PC soviético. Combinou com a direção do programa que gravaria um texto, falando para a câmera, com duração entre dez e quinze minutos, para ser gerado e editado no Rio com as imagens de Gilz e as das agências internacionais.

Um momento, em especial, ficaria na memória de muitos telespectadores que assistiram àquele *Globo Repórter*: embargado pela emoção e o cansaço, Bial se deixou impactar pela fulminante experiência de correspondente internacional que tivera ao longo daqueles dois anos inesquecíveis do século 20:

"Estou moído, minha cabeça e meu corpo estão exaustos, mas meus olhos não se cansam de ver a História".

Bastaria uma noite bem-dormida em Moscou para que ele retomasse a construção do que seriam três décadas de protagonismo nas áreas de jornalismo, cultura e entretenimento da Globo.

Só não fez novela porque não quis.

Bozolândia

Quando Roberto Irineu* embarcou para uma viagem de negócios em Londres, no início dos anos 1990, levando o filho mais velho Roberto Marinho Neto, então chegando aos 10 anos de idade, a família e os porta-vozes da Globo já mentiam deliberadamente sobre os números da emissora. Desde o início de 1982, quando a empresa fora homenageada pelo Conselho Internacional de Televisão, em cerimônia realizada em Nova York, todos os porta-vozes da empresa diziam, nas entrevistas, que a Globo era a quarta maior emissora do mundo.

Não era bem isso. Um levantamento analisado à época por Roberto Irineu e pelo então diretor da Central Globo de Comunicação, João Carlos Magaldi, indicava que a emissora, na verdade, detinha a audiência das redes americanas, ABC, NBC e CBS, somadas. E como ficaria, nas palavras de Roberto Irineu, "um pouco presunçoso demais" usar aqueles números, ele e Magaldi haviam criado o que ambos passaram a chamar de "média ponderada para fins promocionais". A explicação do então vice-presidente da emissora:

"Na verdade, nós éramos a primeira do mundo em cobertura simultânea, a primeira do mundo em produção própria e a primeira do mundo em audiência. Mas éramos a décima do mundo em faturamento e, provavelmente, a oitava em lucro. Ou seja: éramos a número um do mundo em várias categorias, mas em outras não, principalmente no faturamento, em função do tamanho reduzido do mercado brasileiro".

Robertinho, que ouvia por alto os números da empresa nas conversas em família, quis fazer o tour básico de Londres naquela viagem, enquanto o pai trabalhava, e teve como guia José Roberto Filippelli, o chefe do escritório comercial da Globo para negócios no continente europeu. Ao se aproximarem dos portões do Palácio de Buckingham para assistir à tradicional troca de guarda, programa turístico obrigatório, os dois se deram conta de que a cerimônia não ia acontecer.

Filippelli então se aproximou de um guarda para se informar sobre a razão do cancelamento e, quando voltou com a explicação de aquele era um dia sem troca de guarda, Robertinho reagiu, incrédulo:

– Eles sabem quem é o meu avô?

Em abril de 1990, ao completar 25 anos, a Globo, com suas então nove emissoras próprias e 63 afiliadas, empregando 8.600 funcionários e detendo 72% do mercado publicitário, informava um faturamento, no ano anterior, de 596 milhões de dólares. A maneira como o neto de Roberto Marinho percebia aquela fase da história da Globo, final dos anos 1980, início dos anos 1990, e que Boni[*] considerou "um momento glorioso não só em termos de audiência, mas também de qualidade de produto", não comprometia a estratégia da "média ponderada para fins promocionais" adotada por Roberto Irineu e por Magaldi. Era orgulho de neto, circunscrito ao convívio familiar.

Difícil era controlar o chamado "espírito de Bozó", inspirado no personagem arrogante de Chico Anysio, e que às vezes emergia em oportunidades como a reportagem "Todos os homens de Daniel Filho", publicada pela *Folha de S.Paulo* em 13 de fevereiro de 1988, e na qual alguns diretores da Central Globo de Produção foram personagens.

Primeiro, o jornal assoprou, afirmando que "a primazia da Globo sobre as demais redes de televisão" se media objetivamente pelo Ibope e que, nesse sentido, o que ocorria, no dia a dia da disputa, era "um massacre da Rede Globo". Depois, mordeu, observando que "o sucesso permanente e aparentemente inquebrável" se refletia no temperamento dos diretores executivos da Central Globo de Produção, "pessoas muito vaidosas e megalomaníacas" que não conheciam muito bem "o sentido da palavra derrota nem da palavra impossível", ignoravam a concorrência, alimentavam "um certo desprezo por cineastas" e "louvavam" o Padrão Globo de Qualidade.

A *Folha* não estava mentindo. Diferentemente, porém, da vida de luxo e de alto consumo dos executivos da era Walter Clark, e que seria celebrada no futuro por um deles, Luiz Eduardo Borgerth, no livro *Quem e como fizemos a TV Globo*, alguns dos diretores chefiados por Daniel Filho entrevistados pelo jornal tornaram públicos alguns arroubos de natureza profissional.

Paulo Afonso Grisolli, um paulista à época com 53 anos, formado em direito e que trabalhara nas principais redações da imprensa antes de começar a fazer televisão, então à frente da direção-executiva 1 da CGP e responsável pela bem-sucedida *Armação Ilimitada*, entre outros programas, disse à *Folha*:

"Às vezes me pergunto como é que um país como o Brasil pode ter a quarta maior rede de televisão do mundo. Falta uma real concorrência à Globo".

Roberto Talma, aos 38 anos, diretor da executiva 3 e à época com um currículo que incluía sucessos como *Saramandaia*, *Baila Comigo*, *Anos Dourados* e *Brega & Chique*, além de musicais como *Chico & Caetano* e *Tina Turner*, foi paternal ao lamentar, precocemente, o tempo diria, "a queda da qualidade da Rede Manchete". E apostou:

"Nenhuma emissora, fora a Globo, tem competência para a continuidade de novelas. Não basta fazer uma ou duas, você só emplaca na quarta ou na quinta".

O veterano Maurício Sherman, chefe da executiva 5, então com 55 anos e um currículo declarado de mais de três mil programas em passagens pela Tupi, Excelsior, Bandeirantes, Manchete e Globo, à época responsável pelo *Chico Anysio Show*, ironizou:

"O que atrapalhou o cinema novo foi o povo que não ia ver os filmes".

Paulo Ubiratan, com participações na direção de êxitos como *Feijão Maravilha*, *Água Viva*, *Guerra dos Sexos* e *Roque Santeiro*, à época na reta final para a estreia do histórico *TV Pirata*, e acrescentando "quatro pontes de safena" aos seus 41 anos, ao informar a idade, foi mais longe:

"Você lê as entrevistas com os diretores de cinema e são sempre umas obras-primas. Vai ver o filme, é uma merda".

Ubiratan, que morreria dez anos depois, vítima de um infarto agudo, aproveitou a entrevista à *Folha* para explicitar um sentimento de injustiça que era comum entre os diretores da CGP:

"Aqui a gente só é responsável pelo fracasso e o sucesso fica com o elenco, o diretor, etc. *Roque Santeiro* foi um enorme sucesso que não foi atribuído a mim, embora eu tenha dirigido os primeiros trinta capítulos da novela".

Nenhum executivo entrevistado pela *Folha* naquela reportagem tornou público o próprio salário, mas o jornal estimou, à época, que o valor se situava em torno de 500 mil cruzados, equivalentes a cerca de 60 mil reais mensais. A *Folha* não sabia, mas acima desses diretores, em números confirmados por Boni na entrevista a este autor em 2023, os salários dos altos executivos da Globo que não costumavam dar entrevistas eram maiores, muito maiores, a começar pelo do próprio vice-presidente de operações: 4% do lucro líquido da Globo.

Seguiam-se os ganhos de Armando Nogueira, 0,8%; Adilson Pontes Malta, diretor da Central Globo de Engenharia, 0,8%; Daniel Filho, 0,8%; Antonio Athayde, superintendente de comercialização, 0,4%; Ricardo Scalamandré, também diretor da área comercial, 0,2%; e Octávio Florisbal, então diretor de marketing e futuro diretor-geral da emissora, 0,1%. Considerando-se que o lucro líquido da Globo à época girava ainda na casa de várias centenas de milhões de dólares anuais, era só fazer as contas para se vislumbrar a distância dos salários da emissora em relação à média do mercado brasileiro.

Outra reportagem da época, esta do *Jornal do Brasil*, edição de 30 de junho de 1987, revelava que, na área da dramaturgia, fervia uma polêmica ardida em torno das atividades da Casa de Criação Janete Clair, criada em 1985 por Daniel Filho e Dias Gomes, e que funcionava num sobrado da Rua Corcovado, no Jardim Botânico, para selecionar e elaborar roteiros para as produções da emissora. Três autores e então ex-colaboradores, Paulo Cesar Coutinho, Gonçalves César e Mario Prata, denunciaram plágio, avaliações autoritárias, imposição de ideias e opiniões, exclusão dos não afinados com Daniel Filho e furto de projetos e sinopses.

Paulo Cesar Coutinho disse que não recebeu crédito por ideias aproveitadas no seriado *Armação Ilimitada*; Gonçalves César afirmou que o personagem "Renato Villar", da novela *Roda de Fogo*, foi uma ideia dele também não reconhecida; e Mario Prata acusou a Casa de ter uma "mentalidade de CPC", referindo-se ao Centro Popular de Cultura, organização de esquerda associada à União Nacional dos Estudantes e criada em 1962 com o objetivo de criar e divulgar a chamada "arte popular revolucionária".

Doc Comparato, fundador da Casa, mesmo admitindo que ela tinha mudado suas características, passando a fazer apenas sinopses, rebateu as acusações na mesma reportagem, acrescentando que o projeto tinha revelado autores como Ricardo Linhares, Eloy Araújo, Regina Braga e Ana Maria Moretzsohn. E Dias Gomes, em artigo publicado também pelo *JB* uma semana depois, negou com veemência as acusações contra a casa batizada com o nome de sua mulher; disse que o projeto estava cumprindo seus objetivos, citando o reconhecimento de Boni; e criticou os autores das denúncias, dizendo que Mario Prata teve um texto jogado no lixo por Daniel e chamando Gonçalves César de "desequilibrado mental e megalomaníaco".

Polêmicas autorais à parte, não ter uma boa relação com Daniel Filho era um problema sério na Central Globo de Produção, como explicou Carlos Lombardi*, ao lembrar a "geladeira" com que foi "premiado" em 1984, depois da novela *Vereda Tropical*, uma estreia sua como autor que, apesar do sucesso, acabou exigindo supervisão diária do colega Silvio de Abreu. Em 2008, Lombardi disse que teve de esperar quatro anos até ver aprovada uma nova sinopse sua, inicialmente chamada *A Filha da Mãe*, e à qual Boni deu o nome de *Bebê a Bordo*, um sucesso de audiência:

"Eu nunca tive relações muito fáceis com o Daniel Filho. Então, nas épocas em que ele mandava, lá ia eu para a geladeira, e com certa frequência. Tivemos uma briga homérica quando eu estava com o projeto de *Uga Uga*, e eu me lembro que falei: 'Dá o casaquinho que lá vou eu para o freezer de novo'".

O diretor Jorge Fernando*, que dividiu a direção da mesma *Vereda Tropical* com Guel Arraes, também atribuiu a Daniel uma decisão que impactou negativamente sua carreira em 1985:

"Quando acabou *Vereda Tropical*, acharam por bem dividir eu e Guel Arraes e o Daniel falou, na época, que não podia ter dois Pelés no mesmo time. Só que a partir daí o Guel ficou com o filé e eu fiquei com o chã, porque ele fez *Armação Ilimitada*, milhões de projetos mensais, e eu continuei com os meus capitulozinhos diários em que você arrisca muito mais do que num programa semanal ou num programa mensal".

Entre uma novela e outra, sobravam anseios artísticos e pessoais não correspondidos nos bastidores da CGP, como os confessados pelo ator Cláudio Cavalcanti*, que não perdoou o diretor Paulo Ubiratan por tê-lo afastado da experiência de direção de novelas, oferecendo, em troca, um papel menor em *O Salvador da Pátria*, o do chantageador "Eduardo Correa".

José de Abreu* reconheceu que contou com "o beneplácito do Daniel" para ter o contrato renovado com a Globo, após "criar atritos com muitas partes" e que resultaram em represálias "misteriosas", como a de receber, dos técnicos, microfones de qualidade inferior, na hora das gravações. Um momento difícil, segundo Abreu, aconteceu quando Talma o convocou para interpretar "Major Dornelles", um dos principais personagens da minissérie *Anos Dourados*:

"Foi difícil porque eu era feio, eu era considerado um ator feio, sempre fui. Vilão rústico, como dizia o Herval Rossano. Eu sou prognata, eu tenho a arcada invertida. Isso, num perfil, não é mesmo muito agradável aos olhos, para um galã. E era um mocinho o 'Major Dornelles'. Mas o Talma bancou e a direção da Globo topou".

Longe dos olhos da imprensa, da portaria para dentro do prédio da Globo no Jardim Botânico, especialmente nos andares e estúdios frequentados pelo *star system* já consolidado na CGP, era muito difícil, para alguns artistas, resistir à tentação do estrelismo:

"Eu passei nove meses de salto, tive gravidez psíquica, tive uma *garçonnière*, um apartamento em Copacabana onde tive caso com dois garotos. Enlouqueci, eu enlouqueci! Chegava mais cedo na Globo para pegar todo o figurino da Sylvia Bandeira. Pegava antes todas as coisas, porque era o mesmo número que ela calçava. As mulheres ficavam com ódio de mim. Fui capa de todas as revistas vestido de noiva".

O relato é de Ney Latorraca*, que, em 1985, aos 41 anos, foi o protagonista de *Um Sonho a Mais*, novela das sete em que interpretou cinco disfarces de seu personagem, o milionário "Antonio Volpone", entre eles o da executiva "Anabela Freire", inspirada na interpretação de Dustin Hoffman no filme *Tootsie*, de 1982:

"A roupa que a 'Anabela' exigiu, eu pedi, veio de fora, de Paris. Não gostei da roupa. Tiveram que regravar tudo. Ficou todo mundo me esperando. Pirei, olha que loucura. Depois, teve a gravidez psíquica, a 'Anabela' andava assim pelo estúdio: 'Ah, meu neném'. Personagem, né? Que loucura, minha nossa senhora! A única pessoa que ficou do meu lado foi Maitê Proença, que entendeu a minha loucura. Eu passava vestido de noiva, ela falava assim: 'Você está linda hoje, linda, está arrasando'. Tinha prótese e tudo. O elenco, a Susana Vieira olhava com um ódio para mim, querendo me matar, né?".

No livro *Muito Além do Script*, Latorraca confessa que também ficou contrariado com o fato de seu guarda-roupa ser "paupérrimo" perto do de Marco Nanini, que fazia o papel de "Mosca", empregado de "Volpone", e que provocou a interrupção das gravações das cenas iniciais da novela no Cairo, capital do Egito, até encontrar uma roupa que o agradasse:

"Achei uma túnica branca bordada a ouro, igual à que tinha visto no filme *Morte no Nilo*, de 1978, com Bette Davis e também filmado no mesmo hotel do Cairo. Convenci Talma a criar minha primeira cena saindo de uma banheira preta de mármore cheia de espuma, a descer de um avião com a música do Caetano Veloso ao fundo. Fiz tantas exigências que Talma acabou brigando comigo".

Em 2007, Latorraca* reconheceu que, também nos dias de gravação no Cairo, brigou, de propósito, com uma atriz egípcia especialista em dança do ventre que a emissora tinha contratado para participar da novela:

"Ela tinha uma pança que ficava balançando. Eu, de 'Volpone', ficava olhando para ela e dizendo: 'Maravilhosa!'. Aí eu impliquei com ela. Falei: 'Não quero gravar mais'. Voltei para o quarto. Ficamos quatro dias, eu trancado no quarto assim: 'Não gravo com essa mulher balançando esse negócio aí. Ou ela me respeita, ou isso não vai dar certo!'. A equipe toda no Cairo, todo mundo, o Talma enlouquecido".

O teatro brasileiro, pelo menos, ficaria devendo, à assumida "piração" de Latorraca nos bastidores da Globo, um dos maiores fenômenos de sua história, quando Marília Pêra, vendo o que o próprio Ney chamou de "hospício" em curso em *Um Sonho a Mais*, convidou o ator e o colega Marco Nanini para encenarem a peça *O Mistério de Irma Vap*, escrita pelo americano Charles Ludlam, e na qual a dupla assombraria as plateias do país por onze anos, ao se revezar em oito personagens e trocar de roupa, em segundos, 54 vezes por sessão.

Dez anos depois da "piração" de Latorraca, um outro barraco de bastidores ultrapassaria os limites da CGP para cair nas páginas da imprensa quando Boni, seguindo sugestão do diretor Mário Lúcio Vaz, decidiu que os personagens de Vera Fischer e Felipe Camargo, à época vivendo um casamento conturbado, "morreriam" num incêndio para poderem ser afastados da novela *Pátria Minha*. Motivo: atrasos constantes e brigas com colegas de elenco, especialmente Tarcísio Meira, cuja decisão de não comparecer às gravações com Vera teve como resposta uma entrevista da atriz ao jornal *Notícias Populares*, na qual ela chamou o ator, então com 60 anos, de "velho caquético". Em entrevista ao caderno "Ela", d'*O Globo*, em 2 de fevereiro de 2025, Vera, aos 73 anos, lembrou daqueles tempos com um desabafo:

"Atores e atrizes envergonhados usam drogas dentro de casa. Eles se drogam, se batem, traem uns aos outros, mas ninguém fica sabendo. Comigo, era na rua. Não porque eu queria, mas porque acontecia. A imprensa via muitas coisas, mas também aumentava um pouco. Então, ficou aquela coisa: 'Ela é a drogada, a maluca'. E os outros eram os bonzinhos".

"Eu não tenho uma lista de atores e de atrizes, assim, fáceis de trabalhar."

A frase foi do figurinista Lessa de Lacerda*, que disse ter passado anos a fio tendo de lidar com chiliques de atrizes e atores que sempre reclamavam dos figurinos. Para o diretor Willem van Weerelt*, os "grandes nomes" da Globo eram mais fáceis na hora de gravar do que artistas que ele chamou de "meia-boca", "aqueles que não têm a humildade do pequeno, nem a humildade do grande, só têm insegurança". Tony Ramos, um dos "grandes" da Globo em todos os tempos e em qualquer resenha, tinha alergia à cultura do *star system* da emissora:

"Esse tal glamour da profissão, eu acho um saco isso. Não existe glamour, glamour para mim é de mentirinha. Glamour se faz de fora para dentro, né, os agentes de imprensa, os não sei o quê. Não, não, não! Não compliquem a minha vida! Eu quero ela simples, suave, eu quero ir para Toscana todo ano, eu quero ir lá para Búzios de vez em quando lá e ficar lá quietinho, quero receber meus amigos em casa. Eu não suporto a exposição além do que já sou exposto no meu trabalho, essa melancólica obrigação de estar na mídia".

Para Malu Mader*, uma parte dos colegas "queria criar um mito de si mesmo, um folclore pessoal e alimentava isso radicalmente":

"Tem gente que gosta de gerar loucura. E aí é muito simples, é uma opção que você faz na sua vida. Você sai praticamente fantasiada, de salto, muito maquiada, chamando atenção, com seguranças. O que eu acho estranho, aí sim, é quando isso passa para lugares obscuros do ser humano. Em alguém que é mais doentio, ou muito frágil, isso toma proporções de loucura, aí é assustador. Eu não gosto de fã que fica chorando demais quando encontra. Acho meio constrangedor".

Irene Ravache*, a "Leonora" de *Sassaricando*, novela das sete exibida pela Globo entre 1987 e 1988, viveu uma situação inusitada decorrente de sua exposição pública, ao acompanhar uma prima em uma consulta com uma cirurgiã plástica. Depois de atender à prima, a médica olhou para Irene, então com 43 anos, e deu início a um diálogo insólito:

– E você?
– Eu o quê?
– Você tem muita coisa para fazer.
– Estou satisfeita, por enquanto está bom.
– Mas você não olha essas atrizes lindas?

Era uma referência a atrizes do cinema americano. Irene continuou:

– Sabe o que acontece? Eu gosto de Katharine Hepburn, eu gosto de Bette Davis, e elas não são propriamente um padrão de beleza.

Decepcionada, a médica encerrou a consulta não solicitada com uma frase que Irene não esqueceu:

– Você tem filhos? Nenhum filho gosta de ter mãe feia.

No contingente de atores que, muito pelo contrário, diziam só ter a agradecer pelo privilégio de integrar o elenco da Globo, Edson Celulari*, não por acaso ainda sendo escalado em 2023, aos 65 anos, como um dos protagonistas de *Fuzuê*, a 99ª novela das sete da história da emissora, disse em 2012 que a melhor frase para definir seu ofício era de um ícone do cinema mundial:

"O Marcello Mastroianni disse: 'Esse ofício de ser ator é incrível, você só conhece mulheres bonitas, você conhece lugares pelo mundo todo, você come muito bem, bebe muito bem, tem até salário'".

Lilia Cabral*, outra veterana que disse ter entrado para o elenco da Globo se sentindo mais uma fã em êxtase do que uma estrela, e ainda escalada pela emissora em 2023, também em *Fuzuê*, disse, em 2009, que "não sabia o que fazer" quando começou a trabalhar na emissora e deu de cara com Glória Menezes nos estúdios:

"Eu dei de cara também com o Marcos Paulo, que enfeitou todas as folhas de um caderno antigo. Eu falava assim, olhando para a foto pequena dele grudada na página: 'Ele ainda será meu, ele ainda será meu'. E eu estava dentro da televisão, com essas pessoas todas ao meu redor, de verdade: Débora Duarte, Antonio Fagundes. Quando, aos 19, 20 anos, eu ia parar e pensar que estaria diante dessas pessoas, vivendo com elas, contracenando com elas? Jamais!".

Pelos corredores da CGP também se cruzavam trajetórias que iam do infortúnio ao sucesso surpreendente. Em 1990, Marcos Caruso*, por exemplo, viu-se diante de um teste clássico da vaidade para um artista quando, totalmente dedicado ao teatro, escrevendo, dirigindo e atuando, mas sem dinheiro, recebeu um convite para trabalhar no programa de Natal da apresentadora Angélica, dirigido por Jayme Monjardim, na Rede Manchete. No especial, Angélica seria filha de Claudio Marzo, que tinha um motorista, que era o papel oferecido a Caruso. A então mulher de Marcos, a atriz Jussara Freire, reagiu:

– Você vai ser motorista do Claudio Marzo? Vai fazer figuração na Rede Manchete?

– Eu vou. Qual o problema?

– Mas você foi autor de novela do Jayme Monjardim. E agora você vai ser motorista do carro do Claudio Marzo, com duas falinhas com a Angélica?

Em 2016, já tendo no currículo papéis marcantes como o personagem "Leleco" da novela *Avenida Brasil*, de 2012, Caruso comemorou o fato de não precisar mais de aceitar papel de motorista, como aconteceu no especial de Angélica, mas ressalvou:

– Até os meus 55 anos, mesmo já estando na Globo, eu não recusava.

Ser motorista de Tarcísio Meira, o "Renato Villar", protagonista da novela *Roda de Fogo*, em 1986, deixou de ser motivo de constrangimento para se tornar uma oportunidade para Osmar Prado* voltar ao elenco da Globo e "mexer com o imaginário do machista brasileiro", quando ele soube que "Tabaco", o personagem, teria de fazer mágicas para manter relacionamentos simultâneos com três mulheres, interpretadas por Claudia Alencar, Carla Daniel e Inês Galvão, sem que elas soubessem. E deu tão certo, segundo ele, que fizeram até queixa nos bastidores da novela, dizendo que "o personagem estava fazendo sucesso demais":

"Um dia fui convocado para uma reunião na sala do Paulo Ubiratan e pensei: 'Deve ser para isso. Deve ser para avisar que eu estou fora'. E a minha surpresa foi o contrário: era uma reunião com o autor Lauro César Muniz, o Dennis e as três atrizes. Diante do sucesso do 'Tabaco', eles queriam criar o maior número possível de situações, para consolidar o sucesso do personagem".

Susana Vieira* guardou, daqueles tempos de hegemonia absoluta das novelas da Globo, uma lembrança reveladora do culto ao *star system* da emissora, e que ocorreu a ela depois do dia em que embarcou num helicóptero para gravar numa fazenda em Vassouras, interior do estado do Rio, junto com Lima Duarte, Francisco Cuoco, Regina Duarte e Betty Faria:

"Aí, anos depois eu fiquei pensando: olha só que irresponsabilidade, botar todos os protagonistas em um helicóptero. Quando esses helicópteros começaram a cair, como aconteceu com o Ulysses Guimarães, eu ficava pensando: 'Como é que a gente subia cinco protagonistas da mesma novela em um só helicóptero? Ninguém se tocava que se caísse acabava com a novela?'".

Na noite de 27 de março de 1990, não seria, ainda bem, uma queda de helicóptero. Mas o *star system* da "quarta maior emissora do mundo" entraria em polvorosa, da direção ao elenco, quando o índice de audiência da Globo no Ibope, em pleno horário nobre, caiu drasticamente em São Paulo e ficou perigosamente baixo no resto do país, enquanto os números da Rede Manchete cresciam de forma inédita e ameaçadora.

Era o primeiro capítulo de *Pantanal*.

CAPÍTULO 24

Pânico na TV

– Daniel, pelo amor de deus, tira isso de perto de mim! Eu não posso ver isso. É uma tortura, é uma tortura!

O motivo do pânico da autora Maria Carmem Barbosa*, na noite inesquecível do início de abril de 1990 em que ela estava no apartamento do diretor Daniel Filho, Zona Sul do Rio, era um pequeno monitor de doze polegadas que, em vez de mostrar imagens, exibia números e abreviaturas que atestavam as dimensões inéditas de um terremoto em curso no horário nobre da televisão brasileira, e cuja primeira vítima era *Delegacia de Mulheres*, minissérie escrita por ela e que mostrava os dramas e desafios de uma unidade feminina da polícia voltada exclusivamente para a defesa da mulher.

Era a primeira vez que o *people meter*, sistema eletrônico de medição de audiência com o qual, desde 1985, o Ibope vinha comprovando a liderança hegemônica da Globo, em meio a suspeitas e teorias conspiratórias alimentadas pelas redes concorrentes, materializava, de forma traumática, de dois em dois minutos, uma situação que nem Maria Carmem, nem Daniel ou qualquer outro autor ou diretor da Globo tinha enfrentado em um quarto de século de existência da emissora: assim que entrava no ar a novela *Pantanal*, fenômeno de audiência da Rede Manchete, a Globo começava a perder pontos.

A implantação do *people meter*, sistema à época sem similares no mundo em precisão e instantaneidade, só fora possível ao Ibope no Brasil, em 1985, porque o país era muito atrasado em cobertura telefônica. Explicação: o sistema, nos Estados Unidos, captava a audiência através da rede de telefonia fixa do país e que, na época, cobria 95% das residências norte-americanas. Uma chamada automática, feita durante a madrugada, registrava, através de um aparelho conectado ao televisor da residência, os canais escolhidos ao longo do dia e, na manhã seguinte, o Instituto Nielsen, equivalente americano ao Ibope na medição de audiência, produzia, para as redes americanas, o relatório chamado *Overnight*, com os índices da TV aberta durante as últimas 24 horas.

No Brasil, o sistema teria que ser diferente e, acidentalmente, acabaria se tornando muito mais preciso e dramático quando os técnicos do Ibope, ao tentarem implantar o *people meter*, deram-se conta de que a porcentagem de telespectadores do país que tinham linhas fixas de telefone, numa época em que celular era ainda uma extravagância tecnológica, ficava na casa de 20%, o que inviabilizaria completamente uma amostragem representativa, como era a do *Overnight* americano. A solução seria adquirir e instalar centenas de linhas telefônicas privadas, as chamadas LPs, em domicílios indicados previamente pelos métodos de amostragem estatística do Ibope.

Foi o que fez Carlos Augusto Montenegro, então com 36 anos e já substituindo o pai, Paulo de Tarso Montenegro, no comando do instituto. Ao fazê-lo, como contou na entrevista que deu a este autor, ele se deu conta de que o investimento na compra das cerca de mil LPs que seriam acopladas aos televisores escolhidos, por critérios estatísticos, na área da Grande São Paulo, principal mercado publicitário do país, daria ao Ibope muito mais: a condição de registrar, consolidar e transmitir, a cada dois minutos, e não apenas uma vez por dia, como nos Estados Unidos, a audiência instantânea da TV aberta. Era o começo de temporadas ininterruptas de agonia e êxtase nos *switchers* das emissoras brasileiras.

Em 1987, três anos depois da instalação do sistema, convidado para almoçar com Adolpho Bloch na sede da Manchete na Rua do Russel, no bairro carioca da Glória, e bem antes da eclosão do fenômeno *Pantanal*, Montenegro ouviu a queixa que passara a fazer parte de suas conversas com os concorrentes à época regularmente massacrados pela Globo no *people meter* do instituto:

– Montenegro, eu não acredito no Ibope.

O argumento de Bloch era o de que tinha feito uma pesquisa com seis amigos e sócios do Country Club, reduto da elite do Rio de Janeiro, e todos tinham assistido e se encantado com um concerto de música clássica que a Manchete exibira na véspera:

– Como pode a pesquisa do Ibope ter dado traço, zero, Montenegro?

– Seu Adolpho, zero não significa ninguém. Significa menos de 1%.

Dois anos depois, já em meio à tempestade que *Pantanal* começava a provocar na audiência do horário nobre, convidado para outro almoço no prédio da Rua do Russel, Montenegro cobrou do dono da Manchete um reconhecimento da importância daquele sistema que podia ser perverso ou consagrador, dependendo do resultado da audiência instantânea que o novo brinquedo do Ibope oferecia:

– Está vendo, seu Adolpho? Quando se tem um produto, a audiência aparece.

– Meu filho, agora eu acredito em você.

Na Globo, em abril de 1990, ninguém ousou desconfiar do estrago provocado por *Pantanal* e registrado pelo sistema, conhecido internamente pelo enganoso diminutivo de "reloginho", e que era exibido nos terminais instalados em todos os *switchers*, ao lado dos monitores que mostravam a programação da concorrência, e também nas salas e residências de diretores poderosos da emissora como, por exemplo, Daniel Filho.

A minissérie *Delegacia de Mulheres*, que estreara às nove e meia da noite de 27 de março, mesmo dia e horário da estreia de *Pantanal*, até tinha começado bem, no embalo da audiência espetacular da última semana de *Tieta*, marcando 42 pontos no Ibope de São Paulo contra discretos 13 da então nova novela da Manchete. Quinze dias depois, o "reloginho" mostraria que algo tinha mudado no comportamento dos telespectadores.

A saga escrita por Benedito Ruy Barbosa sobre a família "Leôncio", e com a qual o diretor Jayme Monjardim inundaria o horário nobre até dez de dezembro daquele ano, em 223 capítulos cheios de planos abertos, sequências longas, externas exuberantes do pantanal mato-grossense e personagens misteriosos e sensuais como "Juma", a mulher que virava onça interpretada por Cristiana Oliveira, já era um fenômeno que, além de derrubar o Ibope de *Delegacia de Mulheres*, praticamente determinara o fim do programa *TV Pirata*, ao bater o humorístico da Globo por 23 a 12.

O impacto provocado por *Pantanal*, portanto, não atingia diretamente a estratégica novela das oito e meia da Globo, *Rainha da Sucata*, que, ao final de 177 capítulos exibidos entre 2 de abril e 27 de outubro de 1990, obteria a expressiva média geral de 61 pontos no Ibope. As vítimas diretas e fatais de *Pantanal*, na Globo, seriam os programas da chamada "linha de shows", que entravam no ar por volta de nove e meia da noite, e que seriam vencidos em 54% dos dias de embate em São Paulo, e em 71% dos confrontos no Rio, entre março e dezembro daquele ano, período em que a novela da Manchete obteve surpreendentes médias finais de 26% e 27%, respectivamente, nas duas cidades.

O pânico de Maria Carmem Barbosa no apartamento de Daniel Filho, vendo o "reloginho" antecipar o fim prematuro de sua *Delegacia de Mulheres*, fora só o começo de um pesadelo que afetaria várias centrais da Globo, e marcaria o início de uma guerra inédita pelos pontos no Ibope no horário nobre, além de deflagrar uma disputa de interpretações, na mídia e na opinião pública, para o fenômeno *Pantanal*.

De um lado da polêmica, a Manchete, compreensivelmente, comemorava os inúmeros picos de liderança de audiência conquistados, sem dar muita importância para o fato de, às vezes, na média, os programas da linha de shows da Globo continuarem na liderança do Ibope.

No meio, com uma queda incontida para o lado da Manchete, preferindo, nas palavras de Nilson Xavier, "endossar as novidades de *Pantanal*" e nem sempre preocupada em explicar o que eram picos e o que eram médias, em termos de audiência, boa parte da imprensa expunha, ao máximo, o tremor histórico que a emissora hegemônica estava sofrendo, além de passar a impressão, como lamentaria Silvio de Abreu, de que havia um confronto direto entre *Rainha da Sucata* e *Pantanal*:

"As duas nunca concorreram, mas a imprensa só publicava comparações. Tinha noites em que eu chegava aos 70 pontos de pico e, mais tarde, o Benedito atingia 40. Aí só falavam dele!".

Alcides Nogueira*, colaborador de Silvio na autoria de *Rainha da Sucata*, também sentiu o peso do entusiasmo da imprensa com a novela da Manchete:

"Claro que *Pantanal* também era ótima, tinha toda uma experimentação de linguagem que o Jayme Monjardim estava fazendo com o Benedito, mas, só porque era uma novela da Manchete, toda a mídia começou a promovê-la em detrimento de *Rainha da Sucata*. E tudo isso porque *Rainha da Sucata* era da Globo".

A crítica Cora Rónai, em matéria publicada na edição de 21 de maio do *Jornal do Brasil* com o título "A vez do controle remoto", não escondeu sua satisfação ao afirmar que a Globo, havia tempos, perdera "o faro para o novo" e, por mais que se esforçasse, havia se tornado "incapaz" de fazer o que quer que fosse para "fugir ao seu pasteurizado padrão de qualidade, das novelas ao jornalismo, tão insosso quanto bem-produzido", acrescentando:

"A estrela de *Pantanal* é a Globo, que ainda está muito pouco à vontade no papel de Manchete".

No outro extremo do debate, os executivos da Globo davam mais importância às médias do que aos picos e faziam questão de ressalvar que o "reloginho" de audiência instantânea do Ibope refletia apenas os índices da Grande São Paulo. O próprio Roberto Marinho, em declaração à revista *Veja*, desdenhou:

"A novela não é essa estrela que a Manchete diz ter ascendido. Ela não é um sucesso absoluto coisa nenhuma, pois para conseguir sucesso real seria preciso colocar no ar uma novela no mesmo horário das da Globo, e vencê-las".

Boni, em entrevista ao *Jornal do Brasil*, edição de 23 de junho, apesar de reconhecer alguns méritos da novela da Manchete como "a simplicidade da história", ia na mesma linha do patrão:

"*Pantanal* é uma novela mais lida na imprensa do que vista na TV. A referência que a Globo usa é a mesma aceita pelas empresas de publicidade e anunciantes, ou seja, a medição eletrônica do Ibope. Em números redondos, o Ibope constata que *Rainha da Sucata* tem 59% de audiência, *Mico Preto*, 53, *Gente Fina*, 36, e *Pantanal*, 28".

Marinho e seu mais poderoso executivo, com um discurso ainda desacostumado com a humildade, preferiam não reconhecer que a Globo estava mesmo sendo obrigada a promover mexidas radicais em sua grade e nos horários dos programas, exatamente para garantir as médias de audiência favoráveis no Ibope. Regina Varella, coordenadora de programação e mídia da Central Globo de Programação, por exemplo, contou a este autor que até batizou as duas gastrites que teve na época com os nomes de "Pantanal" e "Carrossel", depois de se ver obrigada a programar algo até então impensável na emissora: noventa minutos diretos de conteúdo, no horário nobre, sem intervalo comercial.

Houve mexidas ainda mais radicais como a de 27 de maio, quando a Globo lançou a minissérie *Desejo* em pleno domingo, logo depois do *Fantástico*, conseguindo uma boa audiência contra um especial da Manchete sobre o ator Paulo Gorgulho, o então intérprete de "José Lucas de Nada", o filho perdido de "José Leôncio" em *Pantanal*, e superando, também, um dos filmes da franquia *Rambo*, exibido pelo SBT no mesmo horário.

"Eu não me deito com livros, eu preciso de amor, de paixão, eu não vou pra cama com livros."

A frase, um dos momentos marcantes da elogiada interpretação que Vera Fischer deu na minissérie a Anna Emília Ribeiro, mulher do escritor Euclides da Cunha, autor do clássico *Os Sertões*, interpretado por Tarcísio Meira e morto a tiros no Rio, em agosto de 1909, por Dilermando de Assis, amante de Anna vivido pelo ator Guilherme Fontes, não foi suficiente. *Desejo*, primorosa reconstituição de um dos mais célebres crimes passionais da história do Brasil, escrita em 17 capítulos por Gloria Perez e dirigida por Wolf Maya e Denise Saraceni, com média de 25%, não foi uma concorrente capaz de vencer os 27,5% de *Pantanal* na disputa do Ibope.

Embora não intencional e praticamente não percebida pelos telespectadores, ganhou um significado a mais, no esforço de guerra de *Desejo* contra *Pantanal*, a participação do próprio filho caçula de Roberto Marinho, José Roberto, então com 35 anos, como intérprete do avô, o jornalista Irineu Marinho, que em agosto de 1909 cobriu a morte de Euclides da Cunha, de quem também era muito amigo.

Em sua entrevista a este autor, em 2023, José Roberto confessou a grande dificuldade que sentiu para fingir naturalidade e saber o que fazer com as mãos, os pés e o olhar, principalmente quando teve de se mostrar solene e triste diante de Vera Fischer, para quem só conseguia sorrir, dada a incontornável beleza da atriz, então com 39 anos:

"Tinham simpatia por mim e me escalaram para fazer o papel do meu avô. Eu sou muito parecido com ele. Cheguei lá todo duro e me vestiram um fraque. A primeira cena que tive que fazer foi caminhar contra a câmera. E foi muito difícil. Depois teve a cena em que eu contracenei com o morto interpretado por Tarcísio Meira. E tinha uma fala apenas que eu decorei. Eu disse: 'Já providenciei o coche. Agora tem que providenciar o vagão fúnebre'. Uma frase horrorosa. Mais pra agente funerário".

A disputa continuaria em 31 de julho, quando, para enfrentar a estreia da minissérie *Riacho Doce* na Globo, a Manchete emendou, logo após *Pantanal*, o ousado longa-metragem *A Dama do Lotação*, com Sônia Braga, vencendo no "reloginho" com médias de 28 a 22 no Rio, e de 21 a 17 em São Paulo. Baseada na obra de José Lins do Rego, escrita por Aguinaldo Silva e Ana Maria Moretzsohn com colaboração de Márcia Prates, tendo Paulo Ubiratan como principal diretor, *Riacho Doce* teve seus 40 capítulos gravados a toque de caixa nos estúdios do Rio e em locações paradisíacas do arquipélago de Fernando de Noronha, em mais uma tentativa de conter a novela-fenômeno da Manchete.

Conseguiu média de 31%, contra ainda indigestos 21% de *Pantanal*, com a história de "Vó Manuela", mulher mística e poderosa interpretada por Fernanda Montenegro, e que exercia domínio total sobre o neto "Nô" vivido por Carlos Alberto Riccelli, um homem que tinha o "corpo fechado" contra o amor de qualquer mulher. A convocação, mais uma vez, de Vera Fischer, musa absoluta do Brasil naquele momento, para viver um tórrido romance com "Nô", foi tão decisiva e explorada que gerou polêmicas na imprensa e no meio artístico sobre os limites da nudez na televisão.

As cenas de sexo, numerosas tanto em *Pantanal* e no filme de Sônia Braga quanto em *Riacho Doce*, inspiraram reportagens como a que o *Jornal do Brasil* publicou na época sob o título "Guerra das peladas", e reações como a de um juiz de menores de Recife que multou a Globo e a Manchete por considerar que as duas redes tinham sido desrespeitosas com os "mínimos valores morais".

Até com uma novela de 115 capítulos, *Araponga*, paródia de filmes antigos de espionagem inicialmente pensada para substituir *Rainha da Sucata* no horário das oito e meia, escrita por Dias Gomes, Lauro César Muniz* e Ferreira Gullar, e considerada "a maior porcaria" por Homero Icaza Sánchez*, a Globo tentaria enfrentar *Pantanal* a partir de 15 de outubro, perdendo já na estreia e deixando, talvez como único legado, apenas o nome, "araponga", como um novo sinônimo da língua portuguesa para personagens do mundo dos espiões.

Como lembrou Nilson Xavier, além de enfrentar *Pantanal* "em sua fase de maior repercussão, com uma legião de fãs apaixonados", os autores de *Araponga*, trama que teve como protagonista um policial federal trapalhão saudoso dos tempos da ditadura interpretado por Tarcísio Meira, basearam a história num cenário mundial que estava se transformando em tempo real, com o fim da União Soviética e da Guerra Fria. Lauro César Muniz* disse que todos foram pegos de surpresa:

"Começamos a escrever a novela no início de 1990 e *Araponga* só foi ao ar em outubro daquele ano. Nesse processo todo de trabalho, o mundo mudou".

Os revezes impostos por *Pantanal* ao horário da linha de shows da Globo, o tempo mostraria, seriam apenas uma parte do problema. A novela mexeu tanto com a emissora que, de acordo com Flávio Ricco e José Armando Vannucci, autores do livro *Biografia da televisão brasileira*, o então diretor de produção Mário Lúcio Vaz chegou a procurar Benedito Ruy Barbosa em casa para pedir que ele terminasse a trama no capítulo 100. A justificativa para o pedido inútil não poderia ser mais simples e sincera:

– Benedito, você está complicando a gente.

Uma das complicações decorrentes do chamado "efeito *Pantanal*", a advertência em forma de aviso-prévio que a direção da Central Globo de Produções fez aos "cassetas" que comandavam o programa *TV Pirata*, uma das atrações do horário da linha de shows, acabou acelerando, segundo Claudio Manoel*, o processo que levaria o grupo à criação de outro humorístico que faria história:

"Quando aconteceu o naufrágio não só do *TV Pirata*, mas de toda a grade, por causa de *Pantanal*, a gente recebeu a incumbência de pensar em um novo projeto. O *TV Pirata* ia ser descontinuado e quem não tivesse um novo projeto na grade, miau! Então, realmente, era uma necessidade imperativa a gente correr atrás. E aí, no final de 1990, a gente já propôs um piloto chamado *Casseta & Planeta Urgente*".

Até Chico Anysio teve de mudar, em meio à guerra contra *Pantanal*. Seu *Chico Anysio Show*, humorístico que desde 1982 vinha sendo apresentado às quintas-feiras, no horário da linha de shows, e que também passara a sofrer derrotas no Ibope na disputa com a novela da Manchete, saiu do ar no início de agosto e a "Escolinha do Professor Raimundo", quadro tradicional do *Chico Anysio Show* que tinha um bom desempenho nos cerca de quinze minutos em que enfrentava *Pantanal*, foi transformado em um programa à parte de cerca de trinta minutos que, a partir de 4 de agosto, passou a ser transmitido nas noites de sábado, também no horário da linha de shows, e com um bom desempenho em relação à Manchete.

■ Na porta do InCor, em São Paulo, sem tempo para consultar a chefia, Carlos Nascimento precisava de muito improviso e de bem mais do que os trinta segundos de praxe para informar milhões de brasileiros sobre a doença de Tancredo Neves. Acabou mudando para sempre o comportamento dos jornalistas da Globo nas grandes coberturas.

■ Palácio do Planalto, 15 de março de 1985: no adeus a Tancredo, desfecho da até então maior e mais longa cobertura jornalística montada pela Globo desde sua fundação, os brasileiros foram testemunhas, próximas como nunca, de um dos capítulos mais dramáticos da história brasileira.

Marcelo Prates/Agência O Globo

Bruna Lombardi como "Diadorim", em *Grande Sertão: Veredas* (1985), foi uma das surpresas da minissérie dirigida por Walter Avancini, que desafiou os preconceitos da intelectualidade contra a televisão em geral e contra a Globo em particular.

Malu Mader e Felipe Camargo, o casal encantado de *Anos Dourados* (1986), fenômeno de audiência e um dos marcos de um período de hegemonia dos valores, dramas e contradições da classe média brasileira no horário nobre da Globo.

Símbolo de poder e arrogância da Nova República, Antonio Carlos Magalhães nunca fez questão de confirmar ou desmentir, em suas entrevistas, uma versão bem diferente da que ficou para a história sobre como sua família se tornou dona de uma afiliada da Globo na Bahia. Nem ele nem os jornalistas.

Antonio Nery/Agência O Globo

■ Para os que acompanharam de perto o fenômeno que mudou radicalmente o conceito de programa infantil na TV brasileira, o sucesso de Xuxa Meneghel estava no fato de ela também se comportar como uma criança diante das câmeras.

Fernando Pereira/Agência O Globo

■ Ayrton Senna, no pódio do Grande Prêmio do Brasil de 1991, quase desfalecendo após mais uma vitória épica: o mais pranteado dos heróis adotados pela Globo garantia à emissora índices de Ibope como os do *Jornal Nacional* e mudou o script das manhãs de domingo do Brasil.

■ Marluce Dias da Silva, contratada pelos irmãos Marinho como superintendente-executiva em 1991, enfrentou a liderança mitológica, o legado incomparável e a hostilidade nem sempre bem-humorada de Boni nos anos em que ela desmontou, peça por peça, a estrutura de poder que ele comandou por três décadas na Globo.

■ Os donos do Bradesco não gostaram do que viram nos primeiros episódios de *O Pagador de Promessas*, exibida pela Globo em 1988 e estrelada por José Mayer. Ameaçaram cancelar o patrocínio dessa versão mais politizada em forma de minissérie, feita por Dias Gomes, a partir da peça teatral homônima que escreveu. Para contornar a crise, a direção da emissora, em decisão rara, convidou um diretor do banco para acompanhar os cortes em uma ilha de edição.

■ Diogo Vilela, Cristina Pereira, Debora Bloch, Louise Cardoso, Pedro Paulo Rangel e Ney Latorraca fizeram parte do elenco que fez da *TV Pirata* uma revolução nos programas de humor da televisão brasileira – para incontido desconforto de Chico Anysio.

■ Beatriz Segall chegou a desistir de "Odete Roitman", a personagem de *Vale Tudo* (1988) que se tornaria a musa suprema da maldade brasileira, quando soube que havia um veto contra o nome dela. E Daniel Filho salvou seu currículo de um grande equívoco ao desistir do veto.

■ Collor versus Lula em 1989: na edição do debate, o telejornal *Hoje* não mostrou todos os tropeços de Lula, e o *Jornal Nacional*, com uma edição notória e premeditadamente desequilibrada a favor de Collor, destruiu, no último ato, uma cobertura de campanha na qual, velhas desconfianças à parte, a Globo até então não tinha sofrido maiores questionamentos.

Orlando Brito/Abril Comunicações S.A.

▪ Alberico de Sousa Cruz, personagem central no desfecho da cobertura da eleição de 1989, tinha uma habilidade e um apetite por política que eram muito apreciados por Roberto Marinho, e que foram decisivos quando o dono da Globo o promoveu ao lugar de Armando Nogueira no comando do jornalismo. Mas Alberico acabou caindo principalmente porque os irmãos Marinho acharam que ele se aproximava dos políticos mais do que devia.

■ O que parecia mais difícil Fausto Silva conseguiu logo depois de estrear na Globo, em 1989: vencer Silvio Santos no Ibope. O que poucos esperavam era que Gugu Liberato, o pupilo de Silvio, se tornasse o grande adversário do *Domingão do Faustão* na travessia das tardes de domingo.

Arquivo pessoal Sergio Gilz

■ Pedro Bial e Sergio Gilz em Bucareste, no Natal de 1989, durante a cobertura da derrubada violenta do ditador romeno Nicolau Ceausescu. Apenas um dos inúmeros capítulos decisivos do século 20 que os correspondentes da Globo cobriram, lado a lado com colegas da Europa e dos Estados Unidos, surpresos com a presença de uma TV brasileira na cobertura.

■ O maior revés de audiência da história da Globo, sofrido por ser o primeiro e desnorteante pelo tempo que durou, começou no final de março de 1990 e surgiu na tela embalado por imagens deslumbrantes do interior do Brasil e pela beleza selvagem de "Juma", personagem de Cristiana Oliveira na novela *Pantanal* (1990), da Rede Manchete.

■ Regina Duarte, Tony Ramos e Glória Menezes fizeram parte da tropa de choque que a Globo reuniu em *Rainha da Sucata* (1990) para enfrentar o pesadelo da novela *Pantanal*, em capítulos que às vezes duravam o tempo de um longa-metragem.

■ A mexicana *Carrossel* (1991), com seu elenco infantil que turbinou o SBT no Ibope, virou sinônimo de gastrite entre profissionais da Globo, ainda mal refeitos do trauma da disputa de audiência com *Pantanal*.

■ *O Dono do Mundo* (1991), depois do início desconcertante envolvendo os personagens de Antonio Fagundes e Malu Mader, passou para a história da teledramaturgia brasileira mais como um fiasco da Globo diante dos folhetins mexicanos da concorrência do que como uma sofisticada ousadia temática de Gilberto Braga que não deu certo em razão do conservadorismo do telespectador brasileiro.

Alexandre Sassaki/Abril Comunicações S.A.

▪ Tanto no estúdio com Ernesto Paglia quanto em campo, com as equipes enviadas ao Oriente Médio na primeira Guerra do Golfo, entre 1990 e 1991, o jornalismo da Globo, além do controle mentiroso da informação que já se esperava pelo lado da ditadura iraquiana, teve de enfrentar a censura explícita e sem rodeios dos militares dos Estados Unidos, então chamados de "a maior democracia do Ocidente".

Pantanal também causou estresse na Central Globo de Jornalismo, onde o *Globo Repórter*, outra atração tradicional do horário da linha de shows da emissora, à época sofrendo, também, na disputa do segundo lugar com o humorístico *A Praça é Nossa*, exibido pelo SBT, balançou e quase saiu do ar, logo nas primeiras semanas de Alberico de Sousa Cruz* como diretor da Central Globo de Jornalismo. Segundo ele, ao dar o aviso-prévio, Boni não aliviou:

– Alberico, vou tomar uma decisão para que você não sofra o ônus dela. Você vai assumir agora e o programa, o melhor que a gente tinha, está nos dando uma audiência pífia e eu vou tirá-lo do ar.

Para tentar reerguer o *Globo Repórter* com temas mais jornalísticos, Alberico disse ter pedido a Boni, e conseguido, três meses ao final dos quais a alternativa de tirar o programa do ar seria abandonada pela direção da emissora. Convocado, porém, para o esforço geral das centrais da Globo contra *Pantanal*, Alberico, além de mandar a CGJ produzir séries jornalísticas para o *Jornal Nacional* que Boni posteriormente reconheceu terem sido importantes, resolveu propor um formato novo: o *Jornal Nacional Especial*, ideia que o vice-presidente de operações aprovou, mas que durou apenas uma edição. Ao lembrar o que posteriormente chamou de "petulância" de "mexer com um santuário como o *JN*", Alberico também não aliviou:

"Eu lancei pra ver se até combatia um pouco a novela *Pantanal*. O projeto do *Jornal Nacional Especial* era lindo: quatro repórteres que precisavam ter rapidez, porque o programa, de meia hora, tinha de ir ao ar no dia em que acontecia o fato. E o primeiro programa que nós fizemos, justamente pra tentar segurar *Pantanal*, foi sobre o dia do meio ambiente. Fizemos um programa belíssimo e a audiência foi uma merda".

Na boca do caixa da área comercial da Globo, à época lidando com outro vendaval chamado Plano Collor, e então detentora, segundo a Fundação Getulio Vargas, de 75% do total de verbas publicitárias destinadas à televisão no país, o "efeito *Pantanal*", ao longo dos quase nove meses em que a novela esteve no ar em 1990, seria praticamente insignificante, de acordo com Willy Haas* e Ugo Santiago, respectivamente diretor e executivo de vendas da emissora em São Paulo.

De acordo com Willy, o sucesso de *Pantanal* não foi acompanhado por rios de dinheiro na conta da Manchete simplesmente porque a emissora de Adolpho Bloch apenas teve de entregar, ao longo do ano, um "estoque" de inserções que fora vendido previamente ao mercado por preços e com descontos compatíveis com a audiência pequena da emissora, antes de sua novela-fenômeno entrar no ar.

Além disso, como lembrou Santiago, as centrais da área comercial da Globo, ao longo dos anos, já tinham conseguido desvincular a curva do faturamento da curva de audiência da TV aberta brasileira, fazendo da emissora a destinatária praticamente exclusiva dos altos investimentos do mercado publicitário em produtos para as classes A e B:

"A gente não perdia nenhum ponto de *share* do mercado publicitário com *Pantanal*. Alguns anunciantes que não eram tão fiéis à Globo botaram dinheiro na novela porque queriam uma alternativa, mas o dinheiro que não entrou para nós foi muito mais um estrago emocional do que financeiro".

À frente da Central Globo de Programação, Roberto Buzzoni[*] também participou ativamente do "estica e puxa" a que a emissora submeteu sua grade por meses a fio, durante a guerra contra *Pantanal*, só não concordando nunca, por princípio, com qualquer alternativa que envolvesse reprises de conteúdos. Suas razões:

"A televisão tem que tomar um cuidado. O produto mais perecível que existe é o produto de televisão. Você acabou de transmitir um jogo de futebol, morreu. O resultado está lá. Se você colocar de novo, ele é velho, ele já existiu. Se você fizer um show de televisão, a mesma coisa. Você pode até gostar de assistir a uma reprise e todos nós temos aí, por exemplo, o DVD do Pavarotti. O que acontece? A gente só exibe o Pavarotti para mostrar para os amigos como é que funciona o nosso *home theater*. Aí você bota o Pavarotti e, dois minutos depois, tira, porque ninguém vai ficar sentado assistindo".

Vista de fora da Globo, a disputa de audiência excitaria tanto a imprensa que o *Jornal do Brasil*, em sua edição de 8 de maio, noticiou na primeira página, sob o título "Golpes de surpresa na guerra da audiência" e com uma foto da bancada do *Jornal Nacional*, sem ter mais nada a informar em suas seções internas, que o telejornal tinha sofrido um "alongamento" para durar uma hora e dez minutos e, desse modo, "empurrar *Rainha da Sucata* para mais tarde a fim de enfrentar *Pantanal*".

Dois dias depois, o mesmo *JB* registrou que a manobra da Globo de alongar *Rainha da Sucata* e tirar do ar o musical *Globo de Ouro* para exibir em seu lugar o *blockbuster Mad Max 2* tinha resultado numa vitória contra *Pantanal* por 36 a 30. Na mesma edição, o jornal publicou uma reportagem em que o dono do "reloginho" do Ibope, Carlos Augusto Montenegro, resumia o que estava acontecendo na TV aberta brasileira:

"Noto que nunca houve uma preocupação tão grande da Globo. Ela está retirando do ar uma programação recém-lançada, jogando filmes caríssimos no lugar, estendendo o jornal por uma hora".

Ao que o *JB* concluiu:

"Não adianta tapar o sol com a peneira. A TV Globo, desde que assumiu a liderança isolada da televisão brasileira, nunca perdeu tanto, por tanto tempo".

A conta da guerra

O comando da Globo tentaria dissimular nas entrevistas e notas para a imprensa, mas o enfrentamento de *Pantanal* desencadearia, sim, alterações importantes, também, nos horários e na duração do *Jornal Nacional* e de *Rainha da Sucata*, folhetim que retratava o universo dos novos-ricos e da decadente elite paulista, a partir da tensão entre a emergente "Maria do Carmo", interpretada por Regina Duarte, e a falida "Laurinha Figueroa", papel de Glória Menezes.

A novela, além da obrigação de manter a liderança no Ibope e contribuir na luta contra *Pantanal*, teria a missão de coroar, com uma audiência vitoriosa, as comemorações dos 25 anos do início das transmissões da Globo. De quebra, a emissora teria que fazer bonito naquela que seria sua primeira novela do horário das oito e meia ambientada na cidade de São Paulo.

Para o autor Silvio de Abreu, ao adotar o aumento gradual da duração dos capítulos de *Rainha da Sucata* como forma de combater *Pantanal*, a Globo mudou para sempre o formato de suas novelas:

"Como a Manchete nunca começava *Pantanal* antes do fim de *Rainha da Sucata*, a gente esticava o capítulo para que a novela deles começasse cada vez mais tarde e perdesse a publicidade do horário nobre. Foi com *Rainha da Sucata* que as novelas aumentaram muito de tamanho, na Globo. Antes, o capítulo de uma novela das oito e meia tinha, sem os intervalos, pouco mais de trinta minutos de duração. Começava às oito e meia e terminava pontualmente às nove e meia".

Alcides Nogueira*, colaborador de Silvio na autoria da novela, junto com José Antonio de Souza, nunca esqueceria:

"Eu e o Silvio escrevíamos praticamente um longa-metragem por dia porque, às vezes, o capítulo ia até onze e meia da noite ou meia-noite. Era uma coisa louca. Se me perguntarem, eu nem lembro porque era muita história. A gente tinha que inventar, inventar!".

Roberto Talma*, titular de uma das direções-executivas da Central Globo de Produção e responsável por *Rainha da Sucata*, dera entrevista dois anos antes lamentando a "queda de qualidade" da Manchete. Com *Pantanal* no ar, confessou:

"Nós começamos a fazer capítulos de 60 minutos, 65 minutos. Você não sabe o que é isso! Uma hora, uma hora e cinco de produção. Era uma loucura! No meio da novela, lá pelo capítulo 25 ou 30, a gente percebeu que tinha que esticar a montagem e aumentou ainda mais. Ficava uma hora e meia no ar, pra neutralizar, diminuir a força de *Pantanal*. E, mesmo assim, eles foram muito bem".

Jorge Fernando*, diretor-geral da novela, também sofreu com o mutirão contra o fenômeno de audiência da Manchete:

CAPÍTULO 24 · 259

"*Rainha da Sucata* foi uma novela meio sacrificada por causa disso: 'Tira a comédia, põe a comédia! Tira o drama, põe o drama!'. Tudo é meio sofrido quando você não acerta de cara. Foi uma novela na qual, no início, a gente sofreu com o tom e o tempo de duração dos capítulos. E acho que *Pantanal* assustou. Foi o primeiro grande susto que a gente teve no horário nobre".

À parte o aumento do tempo dos capítulos, a novela também sofreu, no início, o que Daniel Filho chamou, em seu livro *O circo eletrônico: fazendo TV no Brasil*, de "sufoco", referindo-se a uma mistura problemática de gêneros que só seria corrigida mais tarde por Silvio de Abreu, e a uma espécie de congestionamento de papéis fixos e participações especiais do elenco estelar que incluiu, além das protagonistas Regina Duarte e Glória Menezes, Fernanda Montenegro, Antonio Fagundes, Renata Sorrah, Marília Pêra, Claudia Raia, Gracindo Jr., Ilka Soares, Cleyde Yáconis, Tony Ramos, Paulo Gracindo, Andréa Beltrão, Claudia Ohana, Mauricio Mattar, Marcello Novaes e Gerson Brenner.

Preocupado, Daniel chegou a convocar o veterano ator, produtor e diretor Fabio Sabag* e pediu que ele interviesse na finalização dos capítulos, mesmo sob protestos de Silvio, que só ficava sabendo das alterações com a novela no ar, para reeditar cenas que estivessem "muito arrastadas e lentas", e usasse sempre a personagem de Regina Duarte como arma na guerra contra *Pantanal*:

"O Daniel disse: 'A Regina tem que aparecer nos finais e nos inícios de bloco, temos que mexer nisso'. Então eu pegava o capítulo montado, ia marcando, cronometrando e tinha capítulo, às vezes, em que eu tirava até oito minutos. Além disso, mudava a posição das cenas da Regina: ela sempre fechava e abria os blocos".

Em entrevista a este autor em 2022, Silvio disse que não queria ser transferido para o horário das oito e meia, mas Boni não lhe dera opção, depois de a sinopse de *Araponga* ter sido vetada como substituta de *Tieta*. Teve então de escrever a sinopse de *Rainha da Sucata* em um mês, quando o tempo normal era de seis meses.

Silvio, aliás, definiu como "um inferno" a confluência dos quatro acontecimentos que rodearam sua vida no primeiro semestre de 1990: a perda do irmão Ubaldo para o câncer; o trauma na Globo com a audiência de *Pantanal*; a suspeita de que sua novela fora uma "encomenda" para apoiar o Plano Collor; e o "estresse absoluto" de, pela primeira vez, ter de usar um computador para escrever os 177 capítulos da trama:

"Meu irmão estava morrendo e eu comecei a atrasar os capítulos porque não tinha como escrever aquilo sozinho. Foram dois meses horríveis".

Antes de Alcides Nogueira*, à época estremecido com Daniel Filho, ser autorizado a colaborar com Silvio, Gilberto Braga* foi uma testemunha próxima do drama do autor com a doença do irmão, ao ajudá-lo a escrever doze dos capítulos iniciais:

"Silvio acordava, ia para o hospital, ficava um pouco com o irmão, voltava para casa, escrevia a novela, ia ao hospital de novo. Enfim, a vida dele estava um caos, e a novela, atrasada. Como nós somos muito amigos, eu me ofereci para ajudá-lo".

Perda pessoal e *Pantanal* à parte, *Rainha da Sucata* estreou em meio ao que Silvio classificou de "uma forte campanha negativa da mídia", nascida da coincidência de o início da novela ter acontecido menos de uma semana depois do lançamento do Plano Collor, quando o governo reteve os depósitos bancários e limitou em cinquenta cruzados o saque em dinheiro vivo:

"Minha situação era a seguinte: eu estava fazendo uma novela na qual uma mulher tinha dinheiro e os outros queriam o dinheiro dela. Era uma história de corrida do ouro, atrás do dinheiro. Se o dinheiro de todo mundo estava preso no banco, como é que eu podia explicar essa novela para o público?".

Como na trama todos negociavam com dólar e aplicavam no *overnight*, operação bancária praticamente proibida pelo Plano Collor, a solução para atualizar a novela foi produzir novas cenas e as incluir nos trinta primeiros capítulos, mostrando que os personagens viviam no Brasil dos primeiros dias do governo Collor, mas "jamais dizendo se o plano era bom ou ruim", segundo Silvio.

Não adiantou. Velhas contas a pagar da Globo tinham voltado à mesa com o Plano Collor. Em 26 de abril, menos de um mês depois da estreia de *Rainha da Sucata*, cerca de cem manifestantes pertencentes a um "comitê pela democratização dos meios de comunicação" que dizia congregar 63 entidades, entre elas o sindicato dos radialistas do Rio, a central sindical petista CUT e a União Nacional dos Estudantes, tinham feito um protesto com cartazes, faixas e megafones na frente da sede da Rua Lopes Quintas, e depositado, na porta da emissora, uma coroa de flores com a mensagem: "Que o monopólio da informação vá arder no inferno". Silvio de Abreu sentiu o clima:

"A crítica começou a dizer que essa novela foi feita para defender o Plano Collor, que a TV Globo me mandou fazer a novela para defender o Plano Collor, o que era um absurdo e uma bobagem, mas isso foi crescendo e começou a provocar uma antipatia muito grande com relação a novela".

Para complicar a vida de Silvio, *Pantanal* também passou a tratar do governo Collor, mas de forma crítica, como lembrou o autor Benedito Ruy Barbosa[*]:

"Eu mexi com as coisas mais sérias que estavam acontecendo. Por exemplo, o bloqueio do dinheiro da poupança. Eu fui em cima disso, o governo tomando os bois dos fazendeiros pra manter o mercado da carne, uma vergonha o que fizeram, entende? Eu escrevia aquilo com indignação".

O estigma de *Rainha da Sucata* duraria anos. Sob o título "Novela que defendeu Plano Collor volta", o repórter Ismael Fernandes noticiou, na edição da *Folha de S.Paulo* de 27 de fevereiro de 1994, que *Rainha da Sucata* estaria de volta ao ar no programa *Vale a Pena Ver de Novo*. E, ao justificar o título, Fernandes afirmou que "nos primeiros capítulos, 'Maria do Carmo' dava lições de moral nos que se sentiam prejudicados com o Plano Collor".

Nem tudo seria estresse nos bastidores e mau humor de parte da imprensa em relação à novela na qual a Globo investiu todos os recursos de que dispunha para enfrentar, indiretamente, o sucesso de *Pantanal*. Para uma atriz estreante, em especial, houve um momento inesquecível nas semanas que antecederam a estreia:

– Figurante! Figurante é outra sala!

O grito e o forte sotaque polonês do maquiador Eric Rzepecki pegaram de surpresa Marisa Orth*, à época uma atriz de teatro de 26 anos formada pela Escola de Arte Dramática da USP, a instantes de seu primeiro trabalho na televisão, e paralisada, na porta de um apartamento do Hotel Eldorado, em São Paulo, então parcialmente ocupado pelas equipes de produção de *Rainha da Sucata*. E não tinha sido o grito do famoso maquiador da Globo que a deixara paralisada:

"Quando eu entrei, estavam lá, sendo maquiadas pelo senhor Eric Rzepecki, Fernanda Montenegro, Marília Pêra, Glória Menezes, Regina Duarte, Renata Sorrah, Nicette Bruno e Aracy Balabanian. Todas elas, juntas. Eu considerava Fernanda e Marília, e acho até hoje a Marília das melhores atrizes do mundo. Sem erro. Fernanda, pau a pau. Glória e Regina, duas grandes atrizes. E Regina Duarte, pra mim, na época, era a mulher mais famosa do mundo, estrelíssima de televisão. E mais a Nicete, mais Renata Sorrah, mais Aracy Balabanian. Fiquei lá, na porta, travada".

Demorou algum tempo para Marisa processar o que estava acontecendo, até se lembrar de responder à ordem de Rzepecki:

– Eu não sou figurante. Eu vou fazer a noiva do Antonio Fagundes.

Foi quando aquela seleção poderosa de mulheres convocadas para a novela reagiu, quase em coro, referindo-se à personagem "Eunice Moreiras", a "Nicinha", filha de "Seu Moreiras", dono, na novela, da maior quitanda do bairro de Santana:

– Ah! É você?

A identificação imediata do personagem de Marisa, para Rzepecki, foi como uma senha que o levou a convocar a assistente Inês e, depois de observar a jovem atriz por um tempo, determinar:

– Vai, faz os dois olhos dela igual, afina o nariz e dá um queixo para ela.

Marisa, em 2017, disse que jamais esqueceria a reação de Eric Rzepecki e também a sensação de ser a personagem de Mia Farrow no filme *A Rosa Púrpura do Cairo*, de Woody Allen, ao ser acolhida pelas grandes atrizes que integravam o elenco de *Rainha da Sucata*:

"Eu estava com a mesma idade que a Globo. Tinha passado minha vida vendo novela. E, de repente, entrei na tela. Sensação de *A Rosa Púrpura do Cairo*, mesmo! E até hoje falo a mesma coisa para todo mundo que me maquia. Sento para o maquiador e digo: 'Faz favor: dois olhos iguais, me afina o nariz e me dá um queixo'".

Para muitos telespectadores, a adúltera insaciável "Nicinha" de Marisa também seria inesquecível por ter sido, nas palavras da atriz, "um dos personagens mais desavergonhados da teledramaturgia brasileira", "uma destruidora de lares profissional que só queria farra, romance e loucura", e que levava o próprio pai, interpretado por Flávio Migliaccio, a lamentar como era duro "ter uma filha biscate":

"Por fazer essa propaganda descarada de 'eu quero ser a outra', parece que existia um raio-x na rua: eu andava na rua e percebia, entre as mulheres, quem era traída e quem era a traidora. Às vezes, eu era agredida no supermercado, as pessoas jogavam o carrinho contra o meu. Aí vinham outras que eu nem precisava perguntar. Uma senhora, avançados anos, me disse: 'Venho sendo a outra há sessenta anos, e é uma vida muito boa'. Elas iam se confessar para mim. Foi um papel muito louco e foi muito forte. Nesse papel, eu conheci o que era ser famosa. Isso foi em 24 horas".

Do meio para o final, principalmente depois de Silvio de Abreu, em suas palavras, "aprender que novela das oito precisa ser mais dramática que a novela das sete", *Rainha da Sucata* desmentiria os que apostaram num fiasco. Duas atrizes já famosas, Regina Duarte e Glória Menezes, apesar do que Nilson Xavier chamou de excessos de cafonice de "Maria do Carmo" e de *finesse* de "Laurinha Figueroa", respectivamente, "colocaram suas personagens entre as mais marcantes da história da teledramaturgia brasileira". "Laurinha" virou até nome de grife no Rio de Janeiro, tamanho o sucesso da vilã interpretada por Glória.

Aracy Balabanian, destaque maior do elenco, foi uma unanimidade entre críticos e pesquisadores, com sua memorável "Dona Armênia", a mãe passional de visual extravagante e sotaque carregado que misturava armênio e português no trato com seus "três filhinhas" interpretados por Gerson Brenner, Marcello Novaes e Jandir Ferrari. E ainda houve o surpreendente capítulo final, citação obrigatória em qualquer antologia, no qual "Maria do Carmo" e "Laurinha Figueroa" se engalfinham no alto de um edifício. Antes de arrancar o brinco de "Maria do Carmo" e se atirar do alto do prédio para incriminar a rival, "Laurinha" grita:

– Eu nunca vou ser feliz com o Edu, mas você também não vai, sua sucateira ordinária!

Foi a primeira cena explícita de suicídio em uma novela da Globo. Média de 69% no Ibope de São Paulo. E um susto danado, seis anos depois, para Bruna, a neta que chamava Glória Menezes de Góia, quando passou em frente à TV na hora do programa *Vale a Pena Ver de Novo* e viu a avó estatelada no chão, na cena final de *Rainha da Sucata*, e começou a gritar:

– A Góia morreu! A Góia morreu!

Glória Menezes teve de repetir várias vezes, para a neta, ao telefone:

– Não, Bruna, está tudo bem. Foi só de brincadeira.

Vazante

Restariam duas perguntas a serem respondidas: como a Globo tinha conseguido jogar fora, como logo se soube, a oportunidade de produzir e exibir *Pantanal*? E como a Manchete perdeu a oportunidade de se consolidar como uma concorrente, depois do sucesso da trama que, além das façanhas nos índices do Ibope da chamada segunda faixa do horário nobre, passaria a frequentar a maioria dos rankings das melhores novelas brasileiras de todos os tempos?

"Logo no primeiro capítulo, eu me senti culpado de não ter lido a sinopse e de ter acreditado cegamente nos meus pupilos."

A frase de Boni, na entrevista que deu a este autor em dezembro de 2023, foi coerente com sua conhecida postura de não negar a responsabilidade final pelo veto à produção da novela que foi proposta a ele em 1989 por Benedito Ruy Barbosa, mas de também incluir os "pupilos" Herval Rossano, então diretor do núcleo de dramaturgia das seis da tarde, e Daniel Filho, principal executivo da Central Globo de Produção, no *making of* do equívoco que ele, Boni, cometeu, quando recebeu uma espécie de ultimato de Benedito:

– Boni, fiz quatro novelas seguidas e tenho um ano de férias para tirar. Quero saber quais são os planos da Globo para mim.

– Outra novela...

– Eu não faço nenhuma outra novela aqui se não for *Pantanal*, e a sinopse está lá embaixo, com os dezesseis primeiros capítulos.

– Lá vem você com *Pantanal* de novo...

– Só faço novela se for *Pantanal*. Nem estou discutindo salário. Se vocês não quiserem, vou fazer na Manchete.

Naquela conversa de 1989, reconstituída no livro *Biografia da televisão brasileira*, Benedito já estava contrariado com o fato de ser um autor a quem Boni e Daniel Filho não confiavam novelas das oito e meia, restringindo suas ideais e tramas à faixa inofensiva das seis da tarde. À parte o veto no horário nobre, Benedito também tinha se desgastado durante um processo tumultuado de avaliação da sinopse de *Pantanal* que incluíra até uma violenta discussão com Herval Rossano a bordo de um avião executivo.

A briga acontecera durante o voo que levou os dois e mais um grupo de profissionais da CGP para um sobrevoo da Lagoa das Garças e de outros cenários então alagados da fazenda do cantor sertanejo Sérgio Reis, no município de Campo Grande, Mato Grosso do Sul, onde a Manchete gravaria 90% das cenas de *Pantanal*. Benedito* sabia que a cheia era momentânea e não se conformou com as conclusões de Rossano:

"Eu queria encher ele de porrada [...] Quando começamos a voar em cima daquilo e que olhei pra baixo, falei: 'Estou perdido'. Bateram quase duas mil fotos lá e evidente que o relatório disso foi um desastre. Pantanal na cheia é uma coisa horrível, é só mato e água, você não vê nem jacaré, some tudo, até parece um milagre da natureza, você não vê nada".

Em entrevista à *Folha de S.Paulo* em março de 2022, Boni disse que Rossano, a seu pedido, chegou a fazer novas avaliações fora do período das cheias no Pantanal e, mesmo assim, sempre com o apoio de Daniel Filho, mantivera a opinião de que a produção da novela teria "um custo inestimável":

"Ele apresentou um orçamento inviável e as gravações demandariam uma semana de produção para cada capítulo, em uma época em que a gente conseguia gravar três capítulos no mesmo tempo".

Em 2012, o ator Marcos Palmeira*, doze anos de depois de interpretar, na versão original de *Pantanal* exibida pela Manchete, "Tadeu", o filho que se achava renegado de "José Leôncio", e dez anos antes de fazer o papel do próprio "José Leôncio", na versão produzida e exibida pela Globo em 2022, lembrou um fator que, segundo ele, inviabilizaria a produção da novela pela emissora em 1990:

"Aquilo nunca ia dar certo na Globo, porque os atores não iam aceitar. Eu fiquei lá, me joguei, fiquei cinco meses lá. Foi incrível, mas nos primeiros quatro meses era banho frio, dormia todo mundo junto, as mulheres num quarto, os homens num outro quarto, era tudo embolado. Não ia dar certo".

Antes do desfecho que levaria Benedito a oferecer *Pantanal* à Manchete, houve ainda propostas de se transformar o projeto em minissérie e também de ambientar a novela em uma fazenda carioca ou paulista, para facilitar a produção. Diante das negativas de Benedito, Boni, em sua entrevista a este autor em 2023, disse que ainda propôs, sem sucesso, adiar a produção por alguns meses.

Benedito acabou sendo liberado, com a condição de que, se *Pantanal* não desse certo, voltaria, tiraria um ano de férias e em seguida escreveria um novo folhetim para a Globo. De acordo com o livro *Biografia da televisão brasileira*, Boni levou Benedito até a porta de sua sala, apertou-lhe a mão e lhe desejou boa sorte, para logo depois corrigir:

– Metade da sorte. Se eu der inteira, você me ferra.

Mais de três décadas depois, Boni continuaria oscilando entre dois balanços, mais contraditórios do que complementares, sobre o fenômeno *Pantanal*. Num deles, reconheceu que foi responsável por uma "uma avaliação de conforto" que poderia ter sido refeita, e que deveria ter seguido o conselho de Homero Icaza Sánchez, que recomendou *Pantanal* enfaticamente como "uma novela imperdível que a Globo tinha de fazer". No outro balanço, optou pela ironia:

"Foi uma das piores novelas de Benedito Ruy Barbosa. Era uma novidade pelos cenários, pela beleza do Pantanal. Mas ele já tinha escrito a mesma história em quatro ou cinco novelas anteriores dele".

Na entrevista que deu a este autor em setembro de 2023, José Roberto Marinho, o filho mais novo do fundador da Globo, não quis ironizar. Disse que foi "positivo" o que aconteceu na emissora durante o ano de 1990:

"Achei bom a Globo levar aquele susto. Foi bom para o pessoal ficar esperto e não se achar infalível. E foi também uma bela história, uma história espetacular. Foi uma lição pra gente".

E as lições de *Pantanal* para a Manchete?

Um episódio contado em 2022 a este autor pelo publicitário Lula Vieira e ocorrido numa das salas da sede da emissora na Rua do Russel, em uma das noites de 1990 em que o *Jornal Nacional* foi "esticado" para evitar a perda de audiência para *Pantanal* no horário nobre, foi revelador do tamanho do desafio que a rede de Adolpho Bloch teria pela frente para poder continuar desafiando a hegemonia da Globo. Aconteceu quando o então diretor comercial da Manchete, David Klabin, reclamou:

– Que absurdo! A Globo não sabe ser segundo lugar.

Bloch, que acompanhava o desempenho das duas redes no "reloginho" do Ibope juntamente com outros executivos da emissora, discordou, profético:

– Não. Nós é que não sabemos ser primeiro lugar.

O mesmo Adolpho Bloch, cerca de um ano antes, ao se reunir com Benedito Ruy Barbosa* e Jayme Monjardim, então já diretor de dramaturgia da Manchete, para conhecer a sinopse de *Pantanal* e negociar uma possível produção da novela pela emissora, era outro:

– Não quero saber quanto que você ganha na Globo. Eu te pago três vezes mais pra você vir fazer essa história aqui. Eu banco a história.

– Então eu já estou aqui.

Um ano depois, apesar dos índices históricos no Ibope, a Manchete já começava a enfrentar uma realidade que, de certa forma, estava prevista nas avaliações de Herval Rossano sobre a inviabilidade financeira e logística da produção de *Pantanal*. E, a cada dia que passava, quanto mais o tempo avançasse, o argumento de Boni de que "*Pantanal* não se pagava", lembrado por ele a este autor em 2023, ficaria mais evidente, o que contribuiria para minimizar, em seu currículo de gênio, o erro que ele próprio assumiu ter cometido em 1984, ao vetar aquele projeto de "custo inestimável" que só a Globo, com sua estrutura incomparavelmente maior e mais poderosa que a da Manchete, poderia assumir e realizar sem ficar com as finanças abaladas.

Na tela, à medida que os capítulos foram avançando, a Manchete começou a esticar a novela, facilitando a vida da Globo. Thiago Stivaletti, jornalista, crítico de cinema, "noveleiro alucinado" e ex-integrante do caderno "TV Folha", percebeu:

"Sim, no meio da história havia lindos *travellings* dos rios e dos tuiuiús voando ao som da linda trilha incidental de Marcus Viana. Com o sucesso, porém, uma novela que devia ter 180 capítulos acabou tendo 216. A história foi ficando ralinha, ralinha e os tuiuiús passaram a dominar uns vinte minutos por capítulo. Parecia descanso de tela de computador".

Os bastidores da dramaturgia da Manchete, na época de *Pantanal*, a exemplo de outras áreas da emissora que inicialmente tinham atraído profissionais da própria Globo, também começavam a expor sinais preocupantes da desorganização e da falta de planejamento e de dinheiro que levariam a emissora à falência nove anos depois. Um exemplo do caos administrativo que tomou conta da emissora foi a situação vivida por José de Abreu*, um dos atores do elenco da Globo que tinham arriscado continuar a carreira na Manchete, e também um dos personagens urbanos de *Pantanal* que foram desaparecendo, desidratados pelo sucesso dos núcleos temáticos situados nas locações pantaneiras da novela.

Convocado por Jayme Monjardim para participar da gravação, em Fernando de Noronha, da minissérie de oito capítulos *O Canto das Sereias*, exibida em julho de 1990, Abreu fez o papel do protagonista, o escritor "Ulisses", e recebeu ordens para permanecer no arquipélago e nada mais:

"A Manchete me esqueceu lá por seis meses, e eu esperando para trabalhar".

Pantanal acabou, a novela *A História de Ana Raio e Zé Trovão* estreou na Manchete e Abreu continuou esquecido, a ponto de ter tempo para ajudar Paulo Ubiratan, Reynaldo Boury e Luiz Fernando Guimarães, diretores da concorrente

Riacho Doce, a não repetirem, nas gravações da minissérie da Globo, as mesmas locações do arquipélago usadas pela Manchete em *O Canto das Sereias*, e para ser um auxiliar voluntário dos funcionários do Ibama na recepção dos visitantes e na contagem do número de tartarugas e golfinhos que frequentavam as praias de Noronha.

Enquanto isso, no continente, executivos do mercado publicitário como Washington Olivetto entre outros donos de agência, já sabiam, como Olivetto contou a este autor, que a Manchete não teria fôlego para garantir a continuidade da audiência de *Pantanal*, em meio a dificuldades até para pagar o próprio Monjardim, segundo Olivetto. E foi sem saber da crise na emissora que José de Abreu resolveu ligar para Monjardim para falar sobre o futuro:

– Jayme, acabou *Pantanal*, eu não voltei. Começou a nova novela.
– Gente, eu esqueci de você! Você ainda é funcionário da Manchete?
– Três anos. Você me contratou, tá maluco?
– Volta pra cá já.
– Já, não. Me dá uma semana, para eu me despedir dos amigos.

Se a Manchete viveu um êxito que se revelaria breve e enganoso ao final de nove meses, e a Globo tomou um susto que antecipou uma concorrência que seria bem mais desafiadora do que a que tinha enfrentado em seus primeiros 25 anos de existência, Benedito Ruy Barbosa, a partir do momento em que *Pantanal* entrou no ar na Manchete, passou a ser uma prova viva da importância que uma troca de emprego, se feita na hora certa, pode ter na vida de qualquer profissional.

"A Globo tinha medo de me colocar no horário das oito. Há tempos eu queria fazer novelas fortes."

No auge do sucesso de *Pantanal*, ao explicar ao *Jornal do Brasil* o motivo pelo qual resolvera sair da Globo, Benedito referia-se a um tempo em que era confinado ao horário das seis da tarde; tinha protagonizado crises internas como a que aconteceu em 1979, quando se recusou a espichar a novela *Cabocla*, e a que se seguiu à sua decisão, no mesmo ano, de não atender ao pedido da direção da Globo para que escrevesse o último capítulo da problemática *Os Gigantes*, novela das oito que custou a demissão do autor Lauro César Muniz; e ainda guardava uma antiga mágoa com a recusa, pela emissora, de levar à frente a sinopse de *Os Imigrantes*, novela que acabara sendo produzida e exibida pela Bandeirantes em 1981.

Pantanal mudou tudo. Ao voltar para a Globo em 1991, depois de provocar um vendaval na emissora do Jardim Botânico, Benedito, além de receber sinal verde de Boni para escrever novelas para o horário das oito e meia da noite, levaria junto, como lembrou em 2000, um novo tipo de narrativa dramatúrgica:

"A resposta que eu dava quando achavam que *Pantanal* era muito lenta, eu dizia: 'Olha, eu estou contando uma história no ritmo das águas pantaneiras, do voo do tuiuiú, do linguajar daquela gente. Não posso correr'. As novelas, na época, estavam ficando muito clipe, videoclipe, pá-pá-pá. Não! Deixa eu ouvir a palavra, deixa eu ouvir o verbo, veja como é tudo tão bonito! Então as pessoas falavam: 'Ah, é um *relax* ver *Pantanal*'. Você sentava na poltrona, pegava o uisquinho lá, chorava, torcia, vibrava e, ao mesmo tempo, relaxava".

Em setembro de 2022, 34 anos depois de Benedito voltar de uma viagem de férias à fazenda do amigo Sérgio Reis no pantanal mato-grossense com uma sinopse na cabeça cujo primeiro título era *Amor Pantaneiro*, a revista inglesa *The Economist* achou que valia contar, para seus leitores ao redor do mundo, a história de um *remake* extraordinário:

"Desde que a nova *Pantanal* estreou em março, legiões de jovens passaram a acompanhá-la na TV e online. Pais e avós que se lembram da novela original também se ligaram. No auge, a novela foi assistida por mais de um terço dos brasileiros, ou 77 milhões de pessoas. Até mesmo alguns apoiadores do presidente de direita, Jair Bolsonaro, que tendem a pensar que a TV Globo é tendenciosa contra ele, sucumbiram [...] Em vez de Benedito Ruy Barbosa, hoje com 90 anos, quem comanda é seu neto Bruno Luperi. A redefinição geracional valeu a pena" (tradução deste autor).

O voo da barata

Quem tinha idade e renda para ter conta bancária jamais esqueceria. E quem era criança, de alguma maneira, sofreria o impacto, a partir do momento em que milhões de brasileiros começaram a parar diante da televisão, em casa, no trabalho ou nas vitrines das lojas de eletrônicos em todo o país, no início da tarde de 16 de março de 1990, o dia seguinte à posse de Fernando Collor de Mello na Presidência da República. O país mudava drasticamente, no auditório do Ministério da Fazenda, em Brasília, a cada frase da então recém-empossada Zélia Cardoso de Mello, durante a apresentação do chamado "Plano Brasil Novo", ou "Plano Collor", um dos maiores palavrões da história econômica do país.

Para acabar com uma inflação mensal que estava girando na casa dos 80%, índice equivalente, por exemplo, a 25 vezes a meta anual que o Conselho Monetário Nacional estabeleceria, três décadas depois, para 2023, Collor tinha feito exatamente o que dissera, com estardalhaço, durante a campanha eleitoral que Lula faria, se fosse eleito: um confisco.

Da noite para o dia, o governo reteve 80% das aplicações financeiras de curtíssimo prazo, o *overnight*, limitou a cinquenta mil cruzados o saque bancário e da poupança e determinou mudanças profundas nas políticas de salários, preços, tabelas, tarifas, fundos, câmbio, importação, subsídios, tributação e aluguéis, além extinguir onze empresas estatais.

Para se ter uma ideia da dimensão do que estava sendo anunciado, os jornais *Folha de S.Paulo* e *O Globo*, por exemplo, produziriam, respectivamente, 30 e 22 páginas para as respectivas edições de sábado, 17 de março, depois de as redações dos dois jornais terem tido a tarde e a noite daquela sexta-feira caótica para processar o que a própria *Folha* classificaria de "um fracasso de marketing misturado à incompetência e à falta de simpatia da equipe de economistas liderados pela ministra Zélia Cardoso de Mello".

Joelmir Beting[*], Paulo Henrique Amorim e Lillian Witte Fibe, os três comentaristas de economia da Globo a postos no estúdio da emissora em Brasília, e a então repórter Ana Paula Padrão, posicionada no auditório do Ministério da Fazenda e conectada por um link ao *switcher* comandado pelo editor regional Gilnei Rampazzo, não tiveram horas ou minutos: assim que rolassem, na tela, os créditos de mais um capítulo da novela *Pão-Pão, Beijo-Beijo*, a reprise da vez no programa *Vale a Pena Ver de Novo*, eles teriam que entender e explicar, em tempo real, para milhões de telespectadores, o que estava acontecendo.

– Joelmir, sinto informar que você vai ter que sobreviver com cinquenta mil a partir de hoje.

O comentário de Amorim, ao vivo, diante das câmeras, logo no início da cobertura, resumia a perplexidade de todos diante da medida mais impactante anunciada por Zélia e pelos outros integrantes da equipe econômica do novo governo. Joelmir não estava esperando:

"Eu não podia imaginar que o governo pudesse fazer coisa semelhante. A câmera cortou para mim e eu estava boquiaberto. Não era de cara de espanto. Era de pavor".

Era um tempo em que nem as equipes de engenharia nem os jornalistas da Globo ou de qualquer emissora brasileira estavam acostumados com a desenvoltura operacional que o telejornalismo nacional só começaria a ter cerca de quinze anos depois, com a criação de canais fechados de notícias 24 horas como a GloboNews, e para os quais a tarefa de manter uma transmissão ao vivo por horas a fio se tornaria rotina.

Na Globo de 1990, ainda mais em uma operação realizada fora da sede no Rio, tudo que fosse ao vivo e sem um script prévio era motivo de apreensão. E com um agravante: naquele dia, nem o poder que às vezes dava à Globo a vantagem de se preparar previamente para a cobertura de eventos com base em informações privilegiadas fizera a diferença: na véspera do anúncio do Plano, de acordo com o relato de Boni ao livro *Notícias do Planalto*, um encontro ocorrido às oito da noite entre ele, Alberico de Sousa Cruz e Zélia na Academia de Tênis, em Brasília, tinha sido inútil.

Boni tentara obter informações da ministra sobre o Plano, argumentando que a Globo precisava se preparar para a cobertura, mas ela foi irredutível e não deu nenhuma informação, levando-o, na manhã seguinte, irritado e chamando Zélia de "uma casca-grossa", a fazer uma previsão para Alberico:

– Vai dar cagada. Esses economistas não têm ideia do que é televisão, de como atingir o público. Vou voltar para o Rio.

E deu. Na lembrança de Gilnei, "as medidas eram tão inusitadas, tão malucas, geraram tanta perplexidade que o próprio governo não teve dúvida em se instalar no prédio da Globo". Ele se referia à participação do então presidente do Banco Central, Ibrahim Eris, do secretário de Política Econômica, Antonio Kandir, e do presidente do BNDES, Eduardo Modiano, nas inúmeras rodadas de perguntas feitas por Beting, Amorim e Witte Fibe. Para os repórteres que saíram a campo com a missão de mostrar os impactos do Plano, como no caso de Tonico Ferreira*, em São Paulo, não foi diferente:

"Eu estava entrevistando o presidente da Bolsa de Valores de São Paulo, e falei: 'Mas, então, quer dizer que cada um tem só cinquenta mil no banco?'. Ele disse: 'Pois é'. Aí, chegou uma hora, ele falou assim: 'Espera um pouco, Tonico'. Pegou o telefone, ligou para a casa dele e disse assim: 'Ninguém gasta nada, ninguém gasta nada! Não pode gastar. Não pode gastar porque o dinheiro foi cassado'. Foi uma loucura".

E ia piorar. Para os brasileiros que, por falta de dinheiro ou costume, não se informavam pelos jornais, num tempo em que a estrutura de produção jornalística da maioria das rádios praticamente já não existia e ainda faltavam cinco anos para a internet comercial começar a funcionar timidamente no país, o Brasil amanheceu no dia 17, um sábado, ainda mais confuso e estressado.

Cerca de dez milhões de cidadãos começariam a correr para as agências bancárias assim que o expediente abrisse na segunda-feira, muitos deles revoltados, como lembrou o cinegrafista Luiz Quilião*, ao relatar uma reportagem com um prefeito do Sul do país que, desesperado com o bloqueio da verba do município, invadiu uma agência da Caixa Econômica Federal com um trator.

Os telefones das sedes e afiliadas da Globo em todo o Brasil não paravam de tocar já no sábado, deixando a redação de São Paulo em "polvorosa", nas palavras da editora Cristina Piasentini*. Na Globo de Brasília, como lembrou Ana Paula Padrão*, perguntavam tudo, "de como quitar a última parcela de uma dívida até o que fazer para pagar uma cirurgia urgente". No Rio, a então produtora Marita Graça* não sabia o que dizer às pessoas:

"Eu não entendia nada de economia naquela época. Mas até pra quem não entendia estava claro que aquilo era um absurdo: botar a mão na poupança das pessoas".

Para Mônica Waldvogel, que também participou da cobertura e, além de entrevistar Zélia, foi testemunha de uma espécie de mutirão dos assessores em socorro da ministra nos muitos momentos em que ela se mostrou insegura ao longo da programação da Globo, "a cada declaração dela, a contradição só aumentava":

"Foi quando houve um *insight* do que seria aquele governo. Estavam fazendo um plano extremamente violento, sem que tivessem se preparado para as repostas mais óbvias ou básicas para a vida das pessoas".

A julgar pelo editorial publicado pelo *Globo* na edição daquele sábado, o dono da Globo fora dormir na véspera apoiando, com determinação, o plano do candidato que apoiara na eleição e que seu jornal e sua rede de televisão ainda tentavam entender e explicar. Sob o título "Imperativo moral", o editorial dizia:

"Mais que mudanças estruturais e operacionais, assiste-se à instalação de uma postura moralizante e voltada para a eficiência. Ao assumi-la, o Estado se aproxima da Nação [...]. Quem não atender à convocação explícita dos atos do Executivo federal estará seguindo um caminho diferente daquele que a Nação escolheu. Diferente e conflitante".

Ronan Soares*, editor-executivo do *Jornal Nacional*, tinha certeza de que Marinho não tinha informação sobre as medidas centrais do Plano:

"Ele não foi informado sobre o Plano Collor. O Plano Collor foi uma bomba para todo mundo. Muita gente que apoiou o Collor deixou de o apoiar no dia em que saiu o plano econômico dele. Ele queria fazer uma jogada tipo Jânio Quadros, popular, de mexer com a sociedade, balançar o coreto".

Uma evidência de que a Globo também teve de se adequar ao Plano foi a oferta, feita pela anunciante McDonald's a Willy Haas*, à época diretor comercial da emissora em São Paulo: dinheiro vivo, proveniente das milhares de compras em *cash* nas lojas da franquia espalhadas pelo país. Outro marco às avessas na história da emissora, por conta do Plano Collor, foi lembrado pelo cinegrafista Newton Quilichini* em 2015:

"Foi a primeira vez, em 45 anos, que atrasou o salário na Globo. Mandaram um comunicado assim: 'Desculpe, mas não vamos poder pagar hoje. Só vamos poder pagar daqui cinco dias'. Todas as pessoas que tinham dinheiro no banco a Dona Zélia tomou".

Para Gilnei, à época à frente da que seria sua última cobertura de peso na emissora, antes de pedir demissão do cargo de editor regional em Brasília em solidariedade a Armando Nogueira, por maior que fosse o apoio de Marinho a Collor, e por mais notórias que tivessem se tornado as relações do comando do jornalismo da emissora, via Alberico de Sousa Cruz, com o novo presidente, depois da eleição, a Globo não tinha como não colocar toda a sua estrutura e seu poder de informar a serviço da população, perplexa com as medidas do novo governo.

Naquele sábado, uma edição do telejornal *Bom Dia Brasil* começou com a ministra Zélia sendo entrevistada por Lillian Witte Fibe e Carlos Monforte no estúdio da emissora em Brasília e, de certa forma, só terminou no início da noite para dar lugar ao *Jornal Nacional*, após um dia inteiro de entradas ao vivo que atropelaram várias vezes a grade de programação da emissora, e nas quais Zélia e os integrantes da equipe econômica se alternaram diante das câmeras.

Foi ao longo desse dia que Lillian*, ex-repórter da *Folha de S.Paulo*, *Gazeta Mercantil* e Rede Bandeirantes que já trabalhara na Globo e fora contratada novamente por Alice-Maria em 1987 para integrar a editoria de economia da Globo, protagonizou momentos marcantes ao incorporar, ao vivo, a perplexidade e a indignação dos telespectadores, cobrando mais clareza de Zélia nas respostas. Um momento em especial, lembrado por Lillian, aconteceu quando a ministra começou a fugir de uma resposta sobre qual seria a correção da caderneta de poupança naquele mês:

"Pela regra, a poupança deveria ser corrigida pelos 84% de inflação, a última herança do governo Sarney. Eles não iam dar os 84% e ela não queria dizer. Então eu fiquei perguntando: 'Mas, por favor, eu não entendi. Se eu não entendi, o telespectador talvez também não tenha entendido'. E ela brigava comigo, dizendo que já tinha respondido. Ela não tinha respostas para nada. Aquele plano era sem pé nem cabeça, como a história veio provar".

Carlos Absalão*, então editor-chefe do *Jornal Nacional*, tinha uma explicação para a forma como os telespectadores se identificaram com Lillian:

"Ela participava das entrevistas apavorada, como se ela estivesse com as economias dela em risco, e na realidade todas as nossas economias estavam em risco".

Lillian se surpreendeu e chegou a ficar assustada com a maneira como as pessoas, muitas à beira do desespero com os impactos do Plano em suas vidas, sentiam-se representadas por ela e a cumprimentavam em locais públicos, por ter "enfrentado" Zélia. Num voo de Brasília para São Paulo, Lillian chegou a ser homenageada pelo comandante e pela tripulação como se fosse uma heroína.

Mal sabiam os fãs, no caso, que Lillian, naquele voo, estava abandonando a cobertura do Plano Collor e voltando para casa, após ter um comentário cortado no *Jornal Nacional* por Paulo Henrique Amorim, à época o principal editor de economia da emissora. Decisão que ela reconsiderou, ao ser convencida pelo chefe Wianey Pinheiro, em São Paulo, de que uma crise com Amorim naquele momento enfraqueceria ainda mais a situação do grupo de executivos da CGJ ligados a Armando Nogueira que ainda tinha esperança de enfrentar Alberico na luta interna pelo poder.

Não ia adiantar.

Injusta causa

Os "cassetas" Claudio Manoel* e Bussunda, a exemplo de outros milhões de brasileiros pegos de surpresa pelo confisco anunciado em 16 de março, estavam chegando à sede da Globo no Jardim Botânico três dias depois, para pedir uma orientação na tesouraria da emissora sobre seus salários, e Claudio quase não acreditou:

– Caramba! Roberto Marinho e Fidel Castro juntos na portaria da Lopes Quintas!

O líder comunista cubano tinha participado da posse de Collor e vinha de outro encontro, ocorrido na véspera, em São Bernardo do Campo, no ABC Paulista, com o petista Luiz Inácio Lula da Silva, candidato derrotado por Collor. Transformara a entrada social da Globo num local de concentração de jornalistas, artistas e empregados da emissora excitados com sua presença.

A jornalista Leticia Muhana*, por exemplo, foi uma das dezenas de funcionários que, sabendo do encontro, concentraram-se na área da portaria, imersos no que ela chamou de "um misto de curiosidade e atingimento de sonho" para ver o encontro do comandante com Marinho, "um ícone da direita":

"O Fidel era um ídolo pra todos nós da redação [...] Foi uma experiência, foi espetacular, e só o fato de ele ter passado pela recepção diante daquelas dezenas de jornalistas, artistas e produtores foi uma experiência pra cada um de nós inesquecível".

De acordo com entrevistas que Marinho daria posteriormente ao jornal *O Estado de S. Paulo* e à revista *IstoÉ*, o encontro, ocorrido com as cortinas fechadas como medida de prevenção contra eventuais franco-atiradores, e o tempo todo acompanhado por "oito robustos cubanos", entre eles o que experimentou, antes de Fidel, um licor que foi oferecido durante o almoço a dois, deixou no passado a animosidade de décadas do jornal *O Globo* à revolução liderada por Castro, e também eventuais preocupações de Marinho de contrariar, com o encontro, os militares que apoiara durante a ditadura brasileira. E renderia uma retribuição em 1993, quando Fidel mandou seis flamingos de presente para o jardim da mansão do Cosme Velho.

"Fidel é muito inteligente, uma figura impressionante. Não o critico. Tem seus pecados, mas talvez já tenha pagado por eles."

Para o dono da Globo, à época com 85 anos, estava tudo bem, naquele início de 1990, até com Lula, a quem ele escrevera uma carta em que contestou cordialmente críticas pessoais que recebera do petista durante o último debate do segundo turno da campanha presidencial, e na qual incluiu conselhos para que ele não caísse na tentação de "repetir a cantilena demagógica de Leonel Brizola", este sim, um eterno desafeto de Marinho. Para completar a satisfação com o momento, o candidato que o dono da Globo apoiara estava em seus primeiros dias de governo, ainda longe do fracasso do recém-lançado Plano Collor e da crise que em 1992 o levaria a renunciar para se antecipar a um *impeachment*.

Quatro andares abaixo da sala em que Marinho recebeu Fidel, duas semanas depois da passagem do líder cubano pela emissora, um capítulo de 25 anos da história do jornalismo da Globo começaria a ser encerrado com amargura e lágrimas.

Mônica Labarthe*, então chefe de redação do *Globo Repórter*, indignada com o que chamou de "traição geral" na redação da emissora, foi quem ajudou a amiga Alice-Maria Tavares Reiniger, 45 anos, até então diretora-executiva da Central Globo de Jornalismo, a encaixotar, aos prantos, seus pertences, na sala que passaria a ser ocupada por Ronald de Carvalho, o editor de política que, quatro meses antes, executara, a mando de Alberico de Sousa Cruz, então diretor de telejornais de rede, a edição distorcida e para muitos criminosa do último debate entre Collor e Lula, exibida pelo *Jornal Nacional* em 15 de dezembro de 1989.

Alice-Maria tinha sido demitida por ordem de Marinho, junto com Wianey Pinheiro, que dois dias antes, ao desistir do enfrentamento com Alberico, dera uma entrevista à repórter Sônia Apolinário, da *Folha de S.Paulo*, na qual denunciava um conluio entre Alberico, a Globo e Fernando Collor durante a campanha presidencial de 1989. Foi nesse momento, também, que outros integrantes do grupo que disputava o poder com Alberico, entre eles Marcelo Vaz, executivo da CGJ em São Paulo, Gilnei Rampazzo, diretor regional em Brasília, e Luis Gonzales, editor de eventos, pediram demissão.

No Rio, o caldo tinha entornado quando Alice-Maria e Armando Nogueira tentaram resistir às determinações de um memorando do dono da Globo com data de 27 de março e pelo qual, segundo Mario Sergio Conti, em seu *Notícias do Planalto*, ambos cederiam a Alberico o comando do *Jornal Nacional*, do *Hoje*, do *Jornal da Globo* e do *Bom Dia Brasil*, ficando com a supervisão dos programas *Fantástico*, *Globo Repórter*, *Globo Esporte* e *Globo Rural*. De acordo com Evandro Carlos de Andrade*, quando Armando tentou restabelecer o poder de Alice-Maria no *JN*, Alberico não aceitou e apostou alto, pedindo demissão ao dono da Globo:

"O doutor Roberto não aceitou o pedido de demissão do Alberico. Isso criou um impasse. O Armando pediu demissão. O doutor Roberto não quis dar demissão ao Armando, mas quis que ele passasse a ser um diretor-adjunto, não mais diretor da CGJ. O Armando não aceitou e saiu".

Segundo o livro de Conti, ao saber do impasse nos bastidores da CGJ, o presidente Collor convidou ostensivamente Alberico, supostamente demissionário, para um almoço com os jornalistas Cláudio Humberto e Belisa Ribeiro em Brasília.

Armando iria às lágrimas em conversas com Boni, decepcionado com a forma, surpreendente para ele, como o dono da Globo levou a cabo sua substituição no comando da CGJ. Apesar de já estar sendo ignorado por Marinho, que passara a despachar assuntos da central com Alberico desde a eleição presidencial, além de preferir sua companhia na posse de Collor em Brasília, Armando esperava ser nomeado diretor de esportes da emissora, pedido feito várias vezes e, segundo entrevista de Boni a este autor em 2023, várias vezes recusado:

"O pessoal achou que o Armando era caro demais para ficar no esporte e ele estava profundamente triste porque tinha convicção de que seria atendido. Ficou muito amargurado com o que considerou uma ingratidão da família Marinho, pois não se achava um mero funcionário a ser substituído. Tinha sido uma pessoa que sofrera impactos além de sua obrigação profissional. Achava que merecia mais do que os Marinho sempre foram com seus empregados: cordiais, corretos e confiáveis. Nunca imaginou que um dia fosse sair da TV Globo".

Na entrevista que deu a Geneton Moraes Neto, Evandro revelou ter sentido "amargura" com o que achou que foi um "procedimento incorreto" de Alberico no episódio, e que o levou a ficar muito tempo sem falar com ele. Já Alberico*, em 2003, oito anos depois de já ter sido substituído, e pelo próprio Evandro, no comando da CGJ, faria um comentário curioso sobre o chefe que substituiu e que passou a chamá-lo de "traidor", com a solidariedade dos jornalistas da emissora que não participaram da "traição geral" mencionada por Mônica Labarthe:

"O Armando foi uma pessoa correta comigo, sabe? Eu tenho agradecimento a ele pela parte que ele me ajudou, me formando, me orientando, e tenho divergências muito grandes com a forma de o Armando agir. O Walter Clark dizia sempre que o que atrapalhava o Armando era a preguiça. O doutor Roberto também se queixava muito disso, pra mim. Que o Armando não trabalhava".

Poucos discordavam, de executivos íntimos dos Marinho como Evandro, Carlos Schroder e Boni a editores e produtores do chamado "chão de fábrica" da CGJ, além de autores externos que escreveram sobre os bastidores do jornalismo da Globo na época, que Armando, ao se mostrar, nas palavras de Evandro, "cansado e desinteressado de estar à frente", facilitou o atropelamento público que sofreu de Alberico durante a cobertura da campanha presidencial de 1989. O que não queria dizer, para muitos, de Boni a colegas da CGJ como a editora Renée Castelo Branco*, por exemplo, que Armando, para ela um jornalista "completamente envolvido com a profissão", merecesse a fama de "preguiçoso".

Em sua entrevista a este autor em 2023, Boni também discordou dos que se divertiam com o apelido de "Neném Dodói" e com o suposto demérito de Armando por "não saber tocar gaita direito", entre outros senões encostados, à época, ao currículo do então invejado detentor do maior salário de jornalista do Brasil, disparado:

"Existe uma visão distorcida do Armando Nogueira. Acho que ele foi um mártir. Levava chicotada do doutor Roberto, minha e do pessoal de esquerda. Todas as coisas ruins foram atribuídas a ele. Foi o mais leal funcionário que eu tive até hoje. Foi maravilhoso com todo mundo e inclusive com o Alberico".

A amargura de Armando com o dono da Globo foi ainda maior, segundo Boni, devido à necessidade de Roberto Irineu intervir "para que a *love letter* fosse um pouco mais generosa do que havia sido estabelecido pelo pai", e que somaria, segundo Conti, um milhão de dólares em parcelas mensais, ao longo de três anos. Também de acordo com Conti, Marinho disse que considerou a oferta "justa", assim como a "bela" indenização cujo valor o filho considerou insuficiente. E ficou "decepcionado" com o fato de Armando ter chorado, o que para Marinho foi um sinal de "falta de hombridade".

Nas páginas d'*O Pasquim*, concentrado tradicional de hostilidades do "pessoal de esquerda" à Globo, a troca de Alice-Maria por Ronald de Carvalho foi interpretada pelo colunista João Carlos Rabello como uma recompensa ao "collorido" que editou o debate entre Lula e Collor. Rabello, porém, criticou Alice, dizendo que, embora competente, ela nunca tinha sido "flor que se cheirasse" e não podia ser transformada em "heroína", porque o *JN*, segundo ele, sempre foi "puxa-saco do governante de plantão". No mesmo jornal, Fausto Wolff ironizou:

"Jornalistas de todo o país estão justamente indignados com a brutalidade com que o senhor Roberto Marinho tratou seu Armando Nogueira. Afinal, Armando alugou sua pena e sua alma ao poder por 25 anos e não podia ser dispensado em troca de uns míseros dois milhões de dólares".

Boni continuaria discordando em 2023: disse que críticas como a de Wolff eram uma injustiça a mais ao papel de Armando, "um defensor absoluto da liberdade de imprensa, um sonhador":

"A gente sabia o seguinte: ou nós gerenciávamos a situação da censura ou então acabava tudo".

Em 1996, seis anos depois de ajudar Alice-Maria a empacotar seus pertences ao ser demitida da Globo, Mônica Labarthe* se emocionaria com a volta da amiga à emissora, a convite do agora diretor da Central Globo de Jornalismo, Evandro Carlos de Andrade, para cuidar da implantação da GloboNews, que se tornaria o mais bem-sucedido canal por assinatura de telejornalismo do país nas décadas seguintes.

Inconformado com a maneira com que Mario Sergio Conti tratou a demissão de Alice-Maria e Armando Nogueira em seu livro, ao afirmar, por exemplo, que Armando, um dos criadores do *Jornal Nacional*, "não tinha a vibração com noticia típica dos jornalistas", Evandro fez uma reunião na redação do Rio para defender, às lágrimas, a importância dos dois na história da emissora.

Para Evandro e outros contemporâneos de Armando na CGJ, não se podia ignorar sua vibração pelo jornalismo, principalmente o esportivo. Em 1988, por exemplo, durante a Olimpíada de Seul, ao explodir a notícia de que o atleta Ben Johnson tinha sido flagrado por *doping* após vencer Carl Lewis na disputa dos 100 metros rasos, um texto indignado de Armando, lido por Cid Moreira no *Jornal Nacional*, não parecia ter sido escrito por um burocrata da palavra sem entusiasmo pelo jornalismo:

"Se vocês encontrarem por aí esse moço com a medalha de ouro no peito, por favor, chamem a polícia [...] Em fração de segundo, o malandro passou a mão na joia do outro e fugiu em louca disparada, corria tanto que bateu o recorde mundial de velocidade [...] Essa multidão de bíceps, tríceps e quadríceps que assombraram o mundo há poucos dias é tudo artificial, Ben Johnson comprou na farmácia da esquina. Devolve a medalha, malandro!".

O próprio Lula, na condição de presidente da República e certamente ouvindo os jornalistas de sua equipe, ao homenagear Armando quando o ex-diretor da CGJ morreu de câncer aos 83 anos, em março de 2010, escreveu:

"Ele tinha talento de sobra que lhe permitiu atuar em diferentes mídias, sempre com o mesmo brilho e a mesma preocupação com a qualidade do texto e da informação".

Quanto a Alice-Maria, pouco se falava na CGJ sobre seu texto, e pouco se sabia de sua cultura política, da capacidade editorial ou de suas ideias sobre os rumos do telejornalismo. O que impressionava nela eram a habilidade e a dedicação, como guardiã do padrão técnico e operacional do jornalismo da emissora, além de sua sensibilidade para a gramática das imagens, nos programas e telejornais da CGJ. Como constatou um egresso do jornalismo impresso, ao contar um episódio ocorrido logo depois de sua contratação pela emissora:

"Quase na hora de o *Jornal Nacional* entrar no ar, alguém perguntou em uma ilha de edição: 'Quanto tempo falta?'. Outra pessoa disse: 'Falta um minuto pra entrar no ar'. Aí esse alguém falou assim: 'Então temos muito tempo'. E esse alguém era a Alice-Maria. Eu nunca poderia imaginar que um minuto fosse muito tempo!".

Era Alberico, em 1980, começando na Globo.

Bem amigos

"Um casamento sem sexo. E em crise."

Assim Galvão Bueno definiu, em entrevista dada a este autor em 2003, a crise que explodiu em setembro de 1990 nos bastidores da diretoria de esportes da Globo, durante o fim de semana do Grande Prêmio da Espanha de Fórmula 1, no circuito de Jerez de La Frontera, e que resultou no estremecimento de sua amizade de duas décadas com o colega Reginaldo Leme, e em simultâneos mal-entendidos que tiveram, como consequência, um sério rompimento entre o então campeão mundial Ayrton Senna e Reginaldo.

A relação entre Galvão e Reginaldo, cada vez mais afetada pela inimizade sem volta entre Senna e Nelson Piquet, chegara a um momento crítico em Jerez, e um dos motivos fora a recusa de Ayrton em conceder, a Reginaldo, uma entrevista que tinha sido encomendada a ele para um *Globo Repórter* sobre os quarenta anos de criação da Fórmula 1, um programa especial cujo personagem principal seria o próprio Senna.

Nem Reginaldo nem Galvão revelaram o que disseram um para o outro naquele momento, mas fato é que, na manhã de sábado, 29 de setembro, o narrador garantiu aos brasileiros que o rodeavam no *paddock* de Jerez que jamais voltaria a dividir uma cabine de transmissão com Reginaldo. E Ayrton, ao saber do rompimento de Galvão com o velho parceiro, prometeu:

– Ah é? Então também não falo mais com ele.

Aquela crise começara com as insinuações feitas dois anos antes por Piquet sobre uma suposta homossexualidade de Senna, ao responder a uma provocação feita por Ayrton no final da tarde de 6 de março de 1988, véspera dos então tradicionais testes de pneus da Fórmula 1 na pista de Jacarepaguá, na Zona Oeste do Rio de Janeiro.

A uma pergunta do então correspondente de Fórmula 1 do *Jornal do Brasil*, Sérgio Rodrigues, sobre a razão de seu "sumiço", Senna, em vez de dizer que tinha passado dez dias na casa que o amigo Galvão Bueno alugara em Búzios, resolveu cutucar o fato de Piquet ser à época um tricampeão contestado, por ter vencido a temporada anterior com apenas três vitórias, somadas a sete segundos lugares, e também por ter sido beneficiado pelas trapalhadas de outro rival, o inglês Nigel Mansell, seu companheiro na então poderosa equipe Williams:

"Eu tinha que dar aos outros uma chance de aparecer um pouco. Afinal, não fazia sentido o cara ser tricampeão e eu continuar sendo assunto. Já que ninguém gosta muito dele, o único jeito era eu sumir para que ele pudesse aparecer um pouco".

Piquet, no dia seguinte, coerente com o histórico de declarações irresponsáveis, não raro grosseiras e preconceituosas que colecionaria ao longo da vida, chamou o repórter Eloir Maciel, também do *Jornal do Brasil*, e, ecoando boatos e piadas que ele mesmo, Piquet, vinha disseminando em *off*, sem apresentar provas, no *circo* da Fórmula 1, sobre Senna e um amigo de infância chamado Júnior, ditou a resposta que inaugurou uma polêmica que se tornaria obsessão para muitos brasileiros:

"Senna estava desaparecido por esses meses não foi para me deixar aparecer. Foi para não ter que explicar à imprensa brasileira por que não gosta de mulher".

Nelson Piquet já não era levado muito a sério pela confraria multinacional de pilotos, chefes de equipe, mecânicos, projetistas e jornalistas da Fórmula 1, isso três décadas antes de voltar às manchetes do Brasil como "piloto" voluntário do Rolls-Royce do presidente Jair Bolsonaro e, depois, como fiel depositário de joias milionárias suspeitas das quais o ex-capitão tentou se apossar ao dar adeus ao Palácio da Alvorada. Fora do Brasil, portanto, o episódio de Jacarepaguá não teria nem a sombra do impacto que provocou na opinião pública e na mídia do Brasil.

Diferentemente de alguns veículos da imprensa escrita brasileira, a Globo, por determinação da direção, após registrar, discretamente, a decisão de Senna de processar Piquet, medida que não teria efeito prático após os respectivos advogados atuarem na Justiça do Rio, ignoraria de vez o assunto, tanto nas transmissões das corridas da Fórmula 1 quanto nos telejornais e programas esportivos da emissora. Até e depois da morte de Ayrton, em 1994.

Fora das câmeras, nos bastidores da emissora, porém, ao longo das temporadas de 1988, 1989 e 1990, o veneno destilado a partir da formação de duas duplas cada vez mais distantes e desconfiadas uma da outra no *paddock* da Fórmula 1, Senna e Galvão de um lado, Piquet e Reginaldo do outro, provocaria momentos críticos na cobertura estratégica e milionária mantida à época pela Globo, no vácuo da carreira espetacular de Ayrton.

Senna acabaria dando a entrevista ao *Globo Repórter* logo após conquistar a *pole position* para aquele GP da Espanha, mas para o amigo Galvão Bueno, longe de Reginaldo. Àquela altura, o rompimento das duas estrelas da transmissão de Fórmula 1 da Globo tinha chegado à direção da emissora, à qual Galvão endereçara um pedido expresso para que Reginaldo fosse substituído, como forma de garantir um bom relacionamento de Ayrton com a emissora. De seu lado, Reginaldo abandonara sua conhecida habilidade política e passara criticar, de forma cada vez mais aberta, a dupla Senna e Galvão.

Quando muitos na redação da Globo já apostavam que Reginaldo não resistiria, surgiu uma solução que evidenciou o poder que Ciro José, diretor de esportes, amigo de Reginaldo e dono de ótimas ligações com Bernie Ecclestone, o então "poderoso chefão" da Fórmula 1, tinha nas questões do esporte na emissora: manter Reginaldo nos comentários e assuntos da Fórmula 1 que não exigissem um contato direto dele com Senna, deixando para outros repórteres da equipe de esportes da Globo a missão de acompanhar Ayrton.

Três semanas depois, em 21 de outubro, a crise interna que a Globo conseguia esconder dos telespectadores voltaria à superfície durante o dramático GP do Japão disputado no autódromo de Suzuka, e em cuja largada Senna sagrou-se bicampeão, ao bater de propósito na Ferrari do rival Alain Prost a mais de 250 quilômetros por hora, na curva do final da reta dos boxes.

Galvão Bueno tinha narrado a corrida da sede da Globo no Jardim Botânico, pelo sistema *off tube*, acompanhando, através de um monitor, dentro de um estúdio, as imagens geradas do Japão. No fone de ouvido, tinha as vozes do coordenador da transmissão, Marco Mora, e de Reginaldo Leme, que estava em Suzuka.

Piquet vencera a prova após o acidente de Senna e Prost, seguido por Roberto Moreno, seu companheiro na equipe Benetton-Ford, mas antes da execução do hino brasileiro e da entrega dos troféus, a transmissão da Globo voltou a ficar ameaçada quando Reginaldo, ao vivo, resolveu elogiar Piquet e criticar Senna pela controvertida manobra que lhe garantira o segundo título. Foi o bastante para Galvão, logo após chamar o intervalo comercial que antecedeu a cerimônia do pódio, deixar o estúdio e sair esbravejando pelo corredor da emissora:

– Eu não volto para fazer o pódio!

Marco Mora teve pouco mais de dois minutos, o tempo dos comerciais, para convencer Galvão a voltar ao estúdio:

– Volta lá, Galvão. Volta lá. Vocês têm que se entender. Vocês estão confundindo as coisas.

Galvão acabou aceitando o conselho.

A divisão de cobertura continuaria no ano seguinte e resultaria na contratação, a partir de 1992, de um jornalista fixo e exclusivo para acompanhar Senna: Roberto Cabrini, escolhido por já ter à época experiência de cobertura na Fórmula Indy, por dominar o inglês e por ser portador de uma obstinação que costumava se situar no limite da inconveniência.

Em entrevista a este autor em 2003, Reginaldo celebrou o fato de Ciro José e Roberto Buzzoni, diretor da Central Globo de Programação, o terem defendido na crise com Senna e Galvão:

"Não tive a possibilidade de provar a minha isenção na sequência, mas houve algo de muito positivo da Globo nesse episódio: o Senna e quem quer que seja que tenha provocado a coisa sentiu que eu continuei lá".

Também em 2003, ao fazer um retrospecto daqueles dias difíceis que contribuíram para que deixasse a Globo em 1992, para se lançar num projeto que durou cerca de um ano como narrador, apresentador e diretor de esportes da rede paranaense OM, futura CNT, Galvão concluiu que Ciro José estava certo ao manter Reginaldo na cobertura. Acatar a exigência de tirar Regi da cobertura, para Galvão, seria o equivalente à emissora ceder a uma suposta exigência de Cid Moreira para que Sérgio Chapelin, seu então companheiro de bancada no *Jornal Nacional*, fosse substituído.

Galvão atribuiu parte do agravamento da crise ao temperamento tímido e "travado" de Reginaldo, mas reconheceu que, juntamente com Ayrton, pintou "um monstro muito maior do que a realidade":

"Foi uma grande infantilidade de todo mundo. Foi ruim pra todo mundo. E demorou porque o Ayrton era tinhoso".

A reconciliação entre Senna e Reginaldo só aconteceria na festa que celebrou a vitória heroica de Ayrton no Grande Prêmio do Brasil de 1991, quando, em meio a uma comemoração na pista de uma boate de São Paulo, Senna, ao ser avisado que Regi estava no local, interrompeu uma dança com Adriane Galisteu, a modelo que seria sua última namorada, para oferecer uma taça de champanhe ao repórter que tinha acompanhado todos os momentos de sua carreira.

Teste de humildade

Nessun dorma! Nessun dorma!

A voz poderosa do tenor Luciano Pavarotti, ao interpretar o trecho mais famoso da ópera *Turandot*, de Giacomo Puccini, diante de uma plateia de milhares de pessoas, nas ruínas grandiosas das termas de Caracala, em Roma, durante a festa que marcou a abertura da Copa da Itália, em junho de 1990, foi um dos símbolos mais fortes de um Mundial que, se não apresentou o melhor do futebol do planeta, foi um sucesso financeiro, comercial e de organização.

Não para a Globo, atingida em cheio, como todas as empresas e cidadãos brasileiros, pelo Plano Collor, naquele momento já a caminho do naufrágio.

O retrato da situação da emissora, como lembrou o então produtor João Ramalho*, ficou nítido em Roma, às vésperas da competição, quando a equipe precursora da Globo chegou ao prédio onde a Fifa tinha montado o Centro de Imprensa da Copa e encontrou um andar inteiro com salas, reservadas e pagas, mas vazias, com a identificação da Globo. Apenas duas daquelas salas seriam efetivamente ocupadas pela equipe, com uma estrutura técnica que não ia muito além de uma cabine para transmissões em *off tube* e duas ilhas de edição.

Era uma vergonha. Oito anos depois de impressionar o mundo das transmissões esportivas ao instalar uma emissora com quase duzentos profissionais no centro de imprensa da Copa da Espanha, e outros quatro anos após driblar o fiasco da falta de estrutura da Copa do México alugando, às pressas, uma pequena estação de TV local, a Globo, por conta do Plano Collor, via-se obrigada a cobrir o Mundial da Itália com uma estrutura mais modesta até que a que tinha instalado na Copa da Argentina, em 1978. Na lembrança do então chefe de redação Telmo Zanini*, o Plano Collor foi "um flagelo" para a cobertura que, inicialmente, previa o envio de algumas dezenas de profissionais à Itália:

"Com o Plano Collor, não havia dinheiro. No primeiro ajuste, a empresa ia mandar treze ou catorze pessoas. Por fim, houve um esforço muito grande e fomos em 26 ou 28 pessoas que se concentraram mais na seleção brasileira, e contando com muita coisa feita no Brasil".

Hedyl Valle Jr., então coordenador da equipe enviada a Roma, às vezes obrigado a exercer a função de técnico de iluminação, chegou a queimar os dedos algumas vezes, ao tentar ajustar a posição das lâmpadas incandescentes. Apesar dessa e de outras dificuldades inimagináveis, todos os integrantes, entre eles Luiz Fernando Lima*, então repórter e futuro diretor de esportes da emissora, Ilze Scamparini, Ernesto Paglia, Fernando Vannucci e Arnaldo Cezar Coelho, este em sua primeira copa como comentarista de arbitragem, usaram o uniforme da Globo. Todos menos Pelé, comentarista contratado, e que, ao ser instado por João Ramalho* a também vestir a camiseta da emissora, abandonou, por um instante, sua eterna e incompreensível humildade:

– Por quê? Se eu não vestir, as pessoas não vão saber quem sou eu?

A falta de recursos era tanta que não havia maquiador, apenas o *pancake*, um produto que exigia saber como usar para que tudo saísse conforme o esperado, e que, no caso de Galvão Bueno, era aplicado em seu rosto por Lúcia, sua primeira mulher. Sem ninguém a quem recorrer, logo nos primeiros dias, Arnaldo Cezar Coelho pegou o pote de *pancake* e se trancou num dos banheiros do centro de imprensa. Ao voltar, foi alvo de uma das primeiras das inúmeras provocações bem-humoradas de que seria "vítima" ao longo de sua carreira na Globo quando João Ramalho observou:

– Arnaldo, você está parecendo uma gueixa.

A situação não era muito diferente para as outras redes brasileiras, e a pindaíba era tal que Globo, Manchete e Bandeirantes acertaram entrar em acordo para fazer um *pool* diário de produção de imagens comuns e compartilhar as instalações da central técnica de transmissão de reportagens para as respectivas sedes no Brasil.

Nem sempre daria certo. Numa das transmissões ao vivo em *pool*, na cidade de Asti, onde a seleção brasileira estava concentrada, o cinegrafista da vez era da Manchete e, desrespeitando o acordo entre as três redes de que nenhum profissional, de nenhuma delas, poderia ser mostrado naquele tipo de transmissão ao vivo, enquadrou um repórter da Manchete falando ao microfone no final de uma panorâmica que registrava a saída do ônibus da delegação brasileira do hotel. Quase saiu briga no andar dos brasileiros, no centro de imprensa, quando o repórter da Manchete apareceu, ao vivo, na Globo.

A parceria compulsória das redes brasileiras gerou, também, segundo João Ramalho, momentos de pura espionagem. Para não serem "furados", colegas da Manchete que passavam para "tomar um café" na sala a que ficou reduzida a redação da Globo na Itália, por exemplo, espichavam tanto os olhos para o quadro-negro em que eram mostradas as pautas do dia da emissora que Hedyl resolveu preparar uma armadilha: agendou, no quadro-negro, uma reportagem que Ilze Scamparini e José Dantas fariam sobre um "Encontro Pelé/Maradona" que nunca ocorreu à beira de um lago italiano. No dia seguinte, a Manchete desperdiçou uma equipe tentando encontrar os dois craques.

Para Luiz Fernando Lima, o ápice da humilhação e do estresse impostos à equipe da Globo naquela Copa aconteceu no dia 3 de julho, em Nápoles, logo depois do jogo dramático de semifinal em que a Argentina eliminou a Itália na disputa de pênaltis. Lima e o cinegrafista Daniel Andrade, apenas os dois, sem produtor no apoio logístico e sem auxiliar técnico para carregar fitas, tripé e bateria, tinham conseguido a façanha de estar no vestiário da seleção argentina.

A instantes da chegada do time de Maradona ao vestiário, Daniel alertou que a bateria estava chegando ao fim, o que levou Lima a vestir o pesado cinturão de baterias e empreender uma corrida alucinada para trocá-las por baterias carregadas, e que incluiu contornar a pé o estádio de Nápoles, discutir e quase brigar, na hora de voltar ao vestiário, com policiais italianos decepcionados com a derrota acompanhados de cães igualmente mal-humorados, até se dar conta do preço daquela improvisação: a constatação de que tinha buscado o tipo errado de bateria. Daniel precisava de uma nova bateria para sua câmera, não para a iluminação.

"Consegui descer a rampa do estádio de Nápoles e chegar no vestiário da Argentina, onde me deparo com uma cena do Maradona e companhia, os caras na maior festa, abrindo champanhe e o Daniel Andrade me esperando ansiosamente pelas baterias da câmera. Não era bateria de luz. Então ficamos nós dois ali, olhando a festa da Argentina."

A decepção foi tamanha com a impossibilidade de registrar um segundo que fosse da festa argentina que Lima, primeiro, teve uma discussão pesada com o diretor de esportes Ciro José. Depois, sentou num meio-fio próximo ao estádio e começou a chorar.

Para completar, nas oitavas de final, em 24 de junho, no Estádio delle Alpi, em Turim, aos 35 minutos do segundo tempo, Maradona descobriu uma brecha entre Ricardo Gomes e Dunga, e deu um passe espetacular para Claudio Caniggia driblar Alemão e o goleiro Taffarel para marcar 1 a 0 para a Argentina e levar o Brasil à sua quinta derrota consecutiva em Copas desde o tricampeonato no México. Vinte anos sem sequer chegar a uma final.

Apesar da frustração da torcida, de alguns momentos constrangedores da cobertura que incluíram intervenções infelizes e equivocadas de Chico Anysio como comentarista esportivo improvisado, e da falta de dinheiro generalizada imposta à Globo naquela Copa, nada abalaria o poder e os benefícios que a emissora continuaria desfrutando no comando da Fifa nas décadas seguintes, principalmente por causa das sólidas relações da família Marinho e dos altos executivos da Globo, Boni inclusive, com João Havelange, o inoxidável presidente da entidade entre 1974 e 1998.

Relações cujo padrão ficaria explícito, para os jornalistas da emissora, em agosto de 1992, durante as Olimpíadas de Barcelona, quando uma doença súbita e misteriosa tirou Havelange de circulação por várias semanas, aos 76 anos, atiçando o apetite sucessório de seus então contidos adversários no Comitê Executivo da Fifa. Na definição de João Ramalho*, ao traduzir uma orientação que a diretoria de esportes recebeu na época do comando da Globo, "o mundo precisava saber que João Havelange não estava morrendo".

O repórter Décio Lopes, então com 21 anos, e o cinegrafista Cleber Schettini, convocados para fazer a reportagem encomendada pela direção, foram orientados a estar prontos para entrevistar Havelange às sete da manhã, na piscina do condomínio em que o presidente da Fifa morava em São Conrado, Zona Sul do Rio. E, catorze anos depois da reportagem, na entrevista que deu a este autor, o espanto de Décio continuava.

Faltando quinze minutos para a hora marcada, um assessor de Havelange levou Décio e Cleber para a beira da piscina do condomínio. Exatamente às sete da manhã, o presidente da Fifa surgiu do outro lado da piscina e, depois de tirar o roupão azul e ficar só de sunga, caminhou até onde estavam Décio e Cleber, acompanhado do assessor, que entregou a Décio um pedaço de papel. Quando o repórter ainda tentava entender o que estava acontecendo, Havelange explicou:

– Estas são as perguntas que você vai me fazer. Vou responder primeiro em português, depois em francês. Não faça nenhuma pergunta que não esteja no papel.

Décio, incrédulo com aquele súbito desmoronamento dos princípios básicos da relação entre um jornalista e seu entrevistado, ainda tentava ler o que estava escrito no papel quando Havelange completou:

– As imagens vocês fazem agora.

Instantes depois, o cartola mais poderoso do século 20 dava braçadas solenes e solitárias na piscina, acompanhado cuidadosamente pelas lentes de Schettini. Cerca de dez minutos depois, saiu da água e sentou numa das mesas da piscina. A um sinal de olhar de Havelange, Décio e Cleber se aproximaram para a entrevista cujo script foi rigorosamente cumprido. Perguntas sobre corrupção na Fifa, autoritarismo na entidade e mercantilização do futebol, nem pensar. Os temas foram o costume de Havelange de nadar todas as manhãs, seu nível de preparo físico e sua eterna paixão pelo futebol e pela natação. E sem qualquer menção à palavra "doença".

Encerrada a entrevista, Havelange se levantou, vestiu o roupão azul e subiu de volta para o apartamento sem dar uma palavra. O material renderia uma discreta nota no programa *Globo Esporte* daquele dia. Horas depois, a Globo geraria a imagem para a agência Reuters, que a distribuiu para centenas de clientes nos cinco continentes onde estavam algumas centenas de delegados com direito a voto na Fifa, os reais destinatários que interessavam a Havelange e, por tabela, à Globo.

"Havelange tem apenas duas ambições a realizar. A primeira é tornar-se o primeiro presidente póstumo da Fifa. A segunda, organizar a copa mundial dos embriões."

O comentário do jornalista inglês Brian Glanville, um dos críticos históricos de Havelange, sobre as sucessivas e polêmicas reeleições sem oposição do dirigente brasileiro no comando da Fifa, foi publicado no livro *Como eles roubaram o jogo*, de David Yallop, este um inimigo declarado e desvairado de Havelange.

Na Globo, nem pensar. Havelange, com o poder monolítico que à época só fazia consolidar no comando das regras e dos negócios da Fifa, era o avalista oculto da parceria da entidade com a emissora, não apenas nos direitos de transmissão da Copa do Mundo e das Olimpíadas, nesse caso por conta do poder decisivo que tinha no Comitê Olímpico Internacional (COI), mas também nos contratos da Globo com a Confederação Brasileira de Futebol (CBF), que no ano anterior passara a ser presidida pelo então genro de Havelange, Ricardo Teixeira, dirigente que comandaria o futebol brasileiro por mais de vinte anos.

À parte o benefício de ser a escolha natural, nos contratos da CBF, pela visibilidade incomparável que daria aos campeonatos e patrocinadores da entidade, a Globo, em várias ocasiões, à medida que seus projetos comerciais esportivos crescessem e se tornassem milionários, pagaria o benefício dos direitos de transmissão com o silêncio ou a omissão das suas equipes de esportes e de jornalismo, nas inúmeras ocasiões em que Ricardo Teixeira e seus parceiros seriam acusados de grossa corrupção na gestão do futebol brasileiro.

CAPÍTULO 25

Um novo tempo que começou

– Bota pra quebrar!

Era um início de noite do primeiro semestre de 1991, na redação do Jardim Botânico, quando Geneton Moraes Neto*, então editor-executivo do *Jornal Nacional*, responsável pelas chamadas com os destaques do dia que entravam nos intervalos de rede da emissora, e também pela escalada, a abertura com as manchetes do *JN*, percebeu que alguém estava de olho no script aberto em seu terminal de computador.

– Bota pra quebrar!

O dono da voz era Ronald de Carvalho, executor assumido da edição do debate entre Collor e Lula na eleição presidencial de 1989, agora na condição de diretor editorial da Central Globo de Jornalismo, o segundo, na hierarquia que passara a ser comandada por Alberico de Sousa Cruz.

Daquela vez, não era pra "botar pra quebrar" com algum malfeito jornalístico contra Lula ou o Partido dos Trabalhadores, à época estabelecidos e contrariados na oposição ao governo Collor. O problema do *JN* e de Geneton era a dupla formada por *Chaves* e *Chapolin*, seriados mexicanos com os quais o SBT vinha infernizando a vida da direção da Globo, ao utilizar os dois programas como coringas sempre muito eficientes na missão de arrancar nacos importantes de audiência da Globo ao longo do dia, especialmente na faixa de programação situada entre as quatro da tarde e nove da noite:

"Eu passei algum tempo da minha vida em que minha principal ocupação era não deixar o *Chaves* e o *Chapolin* incomodarem a TV Globo. Eram os nossos grandes inimigos do outro lado. Na Globo, criaram até um outro horário de chamada, uma miniescalada do *JN* que durava cerca de dois minutos e entrava no último intervalo da novela das sete, para prender o pessoal da novela ao jornal".

– Bota pra quebrar!

A razão da excitação de Ronald, faltando poucos minutos para a miniescalada do *JN* daquele dia entrar no ar, era a inclusão, nas manchetes, de uma notícia que acabara de chegar à redação e que, em outros tempos, talvez nem entrasse no jornal: um homem tinha jogado ácido no rosto da ex-namorada, dentro de um ônibus, e existiam imagens que, pressionado pelo ritmo da operação, Geneton não assistiu, antes de pedir ajuda ao editor de imagem que trabalhava com ele na montagem dos *teasers*, trechos curtos e fortes de imagens que ilustravam a miniescalada:

– Corre lá, tira o *teaser* desse negócio e manda lá pra cima.

O *teaser* durou poucos e terríveis segundos no ar, mostrando o rosto da mulher, desfigurado pelo ácido. Uma imagem chocante, uma comoção tão imediata que, ainda naquela noite, um repórter da *Folha de S.Paulo* tentaria falar com alguém da redação da Globo com uma pergunta na ponta da língua: até que ponto o *JN* abriria mão da qualidade editorial em sua luta contra a concorrência do SBT? Em 2005, Geneton* tinha uma resposta:

"Nesse caso específico do ácido, eu assumo a culpa porque eu era responsável pela chamada e não tive nem tempo de ver a imagem antes. Isso porque, naquela correria de preparar as escaladas do *Jornal Nacional*, você nem sempre via todas as imagens, a verdade é essa. Claro que o editor de imagem viu e separou a imagem, mas você, como editor da escalada, nem sempre conseguia ver. É assim que traduzo aquela recomendação de botar pra quebrar".

Aquele incidente na redação do *JN*, ao envolver logo Geneton, um dos editores mais respeitados e talentosos da CGJ em décadas, além de ser um sintoma preocupante de uma redação pressionada e com os nervos esgarçados por causa dos dois enlatados mexicanos, foi um dos muitos episódios que, naquele início da década de 1990, em qualquer que fosse o departamento ou central da Globo, evidenciaram o fim da hegemonia que a emissora de Roberto Marinho conquistara e exercera, de forma absoluta, beirando o monopólio, ao longo dos seus primeiros 25 anos de existência.

Estavam começando os dez anos de uma espécie de adaptação de todas as áreas da Globo ao fim da hegemonia absoluta. Uma década que seria dissecada e detalhada na pesquisa feita por Gabriel Priolli, Silvia Helena Simões Borelli e cinco colaboradores, e que resultaria, em 2000, no livro *A deusa ferida: por que a Rede Globo não é mais a campeã absoluta de audiência*. Baseado em um sólido levantamento de dados e informações do Ibope, da própria Globo, das agências de pesquisa e publicidade Marplan e DPZ, de veículos da grande imprensa brasileira e de teses e dissertações do meio acadêmico, o livro permitiu aos seus autores chegar a algumas verdades incontestáveis sobre o que aconteceria com a Globo durante a década de 1990.

Sim, a Globo perderia audiência e de forma constante, ao longo da década, devido a fatores internos e externos. A audiência perdida não se concentraria em uma única concorrente, mas se distribuiria por diversas emissoras. Apesar das perdas, a Globo seguiria liderando, "bem à frente das demais", não sendo possível se antecipar, com segurança, em 2000, um momento no futuro em que alguma concorrente a ultrapassaria, ou mesmo se isso aconteceria algum dia.

Não só o espaço das telenovelas, mas também o horário nobre e a programação geral da Globo, constatou o livro, estariam "mergulhados no paradoxo dos indícios de audiência, enfrentando preocupantes curvas descendentes desde o início dos anos 1990". Como exemplo, o livro apontou a perda de 20% em pontos de audiência das novelas das oito e meia da noite, entre 1989 e 1994. O *Jornal Nacional* e a novela das sete também sofreriam, no mesmo período, perdas de 25% e 18,3%, respectivamente. E só em São Paulo, de acordo com os dados do livro, a Globo perderia, na década, 16,5 pontos percentuais. Algo equivalente à perda de três Bandeirantes de audiência.

Emoção é o que não faltaria nos anos 1990.

Na Globo e na concorrência.

Mocinha ou bandida?

De repente, no meio do quarto capítulo, exibido na noite de 23 de maio de 1991, a novela perdeu nada menos do que nove pontos no Ibope. Como lembrou o psicanalista Tales Ab'Sáber, ao analisar o fenômeno no artigo intitulado "O dia que o Brasil esqueceu", publicado pela *Folha de S.Paulo* em outubro de 2003, "sem aviso-prévio e nenhum sinal identificável, no mesmo instante e ao mesmo tempo, milhões de pessoas mudaram o canal que assistiam em seu aparelho de televisão ou, simultaneamente, a desligaram [...] e uma parcela significativa do público amante de novelas de televisão e da grande mãe de todas as novelas, a Rede Globo de Televisão, se recusou abertamente a seguir assistindo a uma delas".

Foi o maior equívoco de Boni*, segundo ele mesmo, em se tratando de decisões sobre novelas para o horário das oito e meia da noite. E aconteceu quando ele deu sinal verde para a sinopse de *O Dono do Mundo*, novela de Gilberto Braga que, em sua primeira semana, além da queda alarmante na audiência, provocou uma indignação pública sem precedentes em 25 anos de história da dramaturgia da Globo. Um equívoco que começou numa conversa dos dois, alguns meses antes, na casa de Boni, em Angra dos Reis:

– Boni, eu acho que as novelas estão repetitivas. E a gente tinha de fazer uma coisa diferente, desmistificar o herói, de maneira dramática.

A frase antecedeu, segundo Boni, em sua entrevista a este ator, a apresentação de uma sinopse que prometia ser, a exemplo de *Dancin' Days* e *Vale Tudo*, mais uma emocionante implosão produzida por Braga em pleno horário nobre, na fronteira ética e moral entre ricos, pobres e remediados do Brasil: "Felipe Barreto", um cirurgião plástico bem-sucedido interpretado por Antonio Fagundes, casado com "Stella", papel de Gloria Pires, no dia do casamento de seu funcionário "Walter", vivido por Tadeu Aguiar, aposta com um amigo que levará para a cama, antes do marido, a professora "Márcia", noiva virgem interpretada por Malu Mader. Para concretizar o plano, "Felipe" presenteia o casal com uma viagem de lua de mel ao Canadá, vai junto, sob a alegação de que viaja a negócios, consegue afastar "Walter" do hotel e seduz "Márcia".

Boni tinha gostado da sinopse, mas expressara preocupação não com o "Felipe" de Antonio Fagundes, um crápula machista completo, extraído do mesmo armário de vilanias de onde Braga já tirara personagens terríveis e irresistíveis como "Odete Roitman" e "Maria de Fátima", de *Vale Tudo*, e que somente numa sinopse da Globo do século 21 talvez fosse vetado, dada a alta toxicidade de seu machismo. De acordo com Artur Xexéo e Mauricio Stycer, em *Gilberto Braga: o Balzac da Globo*, além de Sérgio Marques, que achou a história "cruel", Daniel Filho, depois de ler a sinopse, disse para Boni e depois repetiu em reunião com Gilberto e Dennis Carvalho na qual o autor chegou às lágrimas:

"Como você vai torcer pelo casal? Dois escrotos. Essa novela é muito ruim, Gilberto. Quem vai se interessar pela história de um cara que aposta que vai ter uma lua de mel com a garota. Eu não quero assistir uma novela em que o tema é esse".

Boni tinha gostado da sinopse, mas expressara preocupação ao reconstituir a conversa na entrevista que deu a este autor em 2023, como sempre combinando a humildade de confessar erros com a inclusão de coadjuvantes na perícia técnica de seus escorregões, era com o fato de "Márcia", a noivinha suburbana ingênua da história, deixar-se seduzir pelo canalha. Daí a proposta que fez a Braga para que, na trama, a personagem de Malu fosse dopada com um comprimido, cena que Boni disse ter chegado a pedir que Daniel Filho produzisse, e que justificaria, para o telespectador, o fato de ela trair o noivo com seu patrão em plena lua de mel.

– Não, Boni. Isso é novela convencional. Eu queria testar outros caminhos.
– Ok, Gilberto, vamos testar caminhos.

Malu Mader* era, desde o início, uma entusiasta apaixonada pela sinopse, do jeito que ela tinha sido escrita pelo autor, e estava disposta a entrar "com gás total" na novela em que sua personagem, depois de ser enganada por "Felipe", se vingaria e conseguiria até mandá-lo para a prisão, sem, no entanto, evitar a paixão que ainda sentiria pelo cirurgião:

"Eu amava essa ideia de um sujeito sórdido, machista, nojento, que vai usar a ingenuidade daquela menina tão pura, tão dócil. E pensei: 'Acho que essa novela vai ser uma porrada'".

Até a noite daquela quinta-feira, ainda que com a audiência em discreto viés de baixa desde a estreia, quando marcou 48 pontos no Ibope, a novela vinha sendo até elogiada pela crítica. O "Caderno B" do *Jornal do Brasil*, por exemplo, saudara *O Dono do Mundo* como "uma nova candidata à mania nacional", com elogios à abertura "chiquérrima" baseada no balé antológico do personagem de Charlie Chaplin com o globo terrestre, no clássico do cinema *O Grande Ditador*, e à trilha sonora que contava com músicas de Tom Jobim, Luiz Melodia, Caetano Veloso e João Gilberto.

Elogiado pela coluna de TV d'*O Globo* com uma nota dez, acompanhada da certeza da colunista Lúcia Leme de que a novela já tinha "emplacado", Braga, na primeira semana, era só orgulho com o folhetim que escrevia com a colaboração de Leonor Bassères, Ângela Carneiro, Sérgio Marques e Ricardo Linhares, e que tinha na direção-geral Dennis Carvalho, com assistência dos então jovens diretores Mauro Mendonça Filho e Ricardo Waddington.

Mas havia também um ponto de interrogação: antes mesmo de a novela começar a ser produzida, a exemplo de Boni, o escritor e jornalista Luiz Carlos Maciel, um dos analistas que o diretor de produção Mário Lúcio Vaz tinha contratado à época para fazer diagnósticos sigilosos das sinopses e roteiros que disputavam orçamento e espaço na grade da Globo, já tinha alertado, em relatório enviado à direção da CGP, que a personagem de Malu Mader seria um problema.

Após a estreia da novela, um alerta sobre a octanagem da trama já tinha soado: um incidente ocorrido em um restaurante do Rio em 22 de maio, dia seguinte ao segundo capítulo, quando, de acordo com o jornal *O Globo*, Antonio Fagundes foi surpreendido por uma senhora que o agarrou pelo colarinho, indignada com as atitudes de "Felipe", como se estivesse a exigir que seu personagem fosse punido. A reação mais forte e inesperada, no entanto, ainda estava para acontecer.

Na noite de 23 de maio, os números se mantinham satisfatórios no "reloginho" do Ibope quando "Felipe", àquela altura da trama prestes a desistir da tentativa de tirar a virgindade de "Márcia", depois de criar, inutilmente, situações e intrigas para afastá-la do noivo, foi até a porta ver quem tinha tocado a campainha de seu quarto, no hotel do Canadá. E era a própria personagem de Malu, 25 anos, à época ninfeta suprema da mídia brasileira, insinuante e já tomada pela sedução, no início da sequência de menos de dois minutos que terminaria na cama do personagem de Fagundes*, 42 anos, então um símbolo sexual de milhões de brasileiras.

Como Boni temia, foi um choque. De uma hora para outra, como lembraria Fagundes duas décadas depois, "não existia mais uma mocinha na novela". Em entrevista dada à *Folha de S.Paulo* em outubro de 2010, dezenove anos depois, Braga revelou que os grupos de discussão, organizados na época pela Globo para diagnosticar a perda de 13 pontos de audiência nos quatro primeiros dias de exibição da novela, apontaram "Márcia" como "uma galinha", enquanto "Felipe Barreto" estava "cumprindo seu papel". E concluiu:

"Achei que estava criando um monstro repugnante, mas o público ficou do lado dele. Foi a reação de uma sociedade machista".

No dia seguinte à exibição do quarto capítulo, o *Jornal do Brasil* noticiou que a Delegacia Especializada em Crimes Contra a Mulher de Belo Horizonte tinha fechado, na capital mineira, a agência Eros & Cia, por publicar um anúncio no jornal *Estado de Minas* "leiloando" uma virgem de 18 anos por um lance inicial de 200 mil cruzeiros, valor que passaria para 250 mil no dia seguinte.

O anúncio era uma ação de "marketing" inspirada na trama central de *O Dono do Mundo*, disse, em depoimento na delegacia, o soldado PM reformado Cícero Ramos, representante da Eros & Cia, que organizava encontros e cobrava quinze mil cruzeiros dos clientes, metade para ele, metade para as moças. A ideia do leilão, segundo Cícero, surgira depois de um "debate" sobre a novela da Globo que ele próprio promoveu com as "funcionárias" da empresa.

Para Boni, as repercussões negativas da cena em que "Márcia" se deixou seduzir por "Felipe" eram decorrentes do "erro" de Gilberto Braga de "querer proteger um personagem que tinha de ser um vilão total do começo até o fim da novela":

"Protegendo um, ele atrapalhou o outro. Destruiu a personagem da Malu em função de preservar o personagem do Fagundes. Foi um erro absoluto porque o *plot* inicial foi diferente do que tinha sido proposto na sinopse".

Braga*, a julgar pelas várias entrevistas que deu sobre a rejeição inicial sofrida pela novela, não concordava totalmente com Boni. Ele não negava que o comportamento dos protagonistas tenha sido chocante para a parcela machista do público, e que tinha criado "uma heroína de quem o público não gostava e um vilão que o público admirava", mas identificava um problema a mais naquela trama em que daria sequência à trilogia com a qual discutiu a ética e a moral do brasileiro, iniciada em 1988, com *Vale Tudo*, e que seria finalizada em 1994, com *Pátria Minha*:

"Eu acho a primeira semana de *O Dono do Mundo* a melhor coisa que eu já fiz na vida. Eu acho muito forte, muito bom, embora totalmente errada como novela de televisão porque é muito cruel, muito penosa para o pobre ver.

CAPÍTULO 25 · 293

Era uma coisa séria sobre luta de classes, pobre levando porrada e não tendo como se defender. A audiência começou a cair e eu tive que mudar tudo, ficou uma bela porcaria".

O problema principal, como explicou Braga em 2001, foi a maneira como as classes C e D, e não a elite, acompanharam muitas cenas da novela, como a da advertência que a personagem "Karina Dumont", interpretada por Maria Padilha, fez à própria empregada doméstica, para ele "algo muito cruel e difícil de ouvir para a pessoa pobre":

"Olha, esse vaso aqui custa mais do que um ano do teu salário, se você quebrar vai pagar".

Para críticos como a antropóloga Esther Hamburger, em artigo publicado pela *Folha de S.Paulo* em 2003, *O Dono do Mundo* era Gilberto Braga, mais uma vez, atuando "no fio da navalha entre a crítica moral – que reforça a existência do tapete vermelho, separando o universo dos 'astros' do cotidiano das formiguinhas – e o cinismo que justifica o vale-tudo". E com a competência apontada à época, na mesma *Folha*, pela colunista Barbara Gancia, de ser um dos poucos autores de novela que sabia, "de cor e salteado", como os ricos se portavam na vida real.

A ponto de o socialite, playboy e então herdeiro milionário Jorginho Guinle reclamar, no *JB*, que, em *O Dono do Mundo*, Braga "retratou a alta sociedade apenas pelo seu lado ruim e mesquinho". E de Zózimo Barrozo do Amaral, colunista do mesmo jornal, recomendar que o autor e Marilu Pitanguy, mulher do famoso cirurgião Ivo Pitanguy, associado por alguns ao personagem "Felipe Barreto", não fossem convidados para a mesma mesa, pelo menos enquanto durasse a novela.

A falta de ética do personagem de Fagundes também incomodaria alguns cirurgiões que chegaram a encaminhar reclamações à Globo, assim como o Conselho Regional de Profissionais de Relações Públicas do Rio de Janeiro, contrariado com "Vanda", personagem de Lucinha Lins que plantava notas falsas em colunas sociais, e políticos ligados à cidade fluminense de Barra Mansa, inconformados com o fato de o lugar ter sido retratado na novela "como um local acometido por verminoses e dengue". Reações que, para analistas como Tales Ab'Sáber, em seu texto sobre *O Dono do Mundo*, certificavam uma qualidade, jamais um defeito:

"O fato de Gilberto Braga não ter desvirtuado o poder sádico e cínico da parcela de elite que lhe interessava observar – que nada aprende no espaço dramático e histórico da novela, negando a ela, e a nós, qualquer redenção imaginária possível – faz parte da grandeza da obra, tanto quanto o choque e o curto-circuito na esfera pública que ela realizou".

Mesmo saudado pela intelectualidade, Braga*, no entanto, achava que poderia "pegar um pouco mais leve" em *O Dono do Mundo*, para que a novela "deixasse de ser asfixiante". Tanto que, em 2009, ao ser indagado por André Bernardo e Cintia Lopes, autores do livro *A seguir, cenas do próximo capítulo*, sobre o que mudaria na novela, respondeu:

"Hoje eu saberia reescrever o início sem causar rejeição. Mas depois de ter errado, fica mais fácil, não é? Bastava não ser tão pessimista, cruel e sombrio. Quer dizer, podia ser, mas tinha de ter mostrado uma possibilidade de luz no fim do túnel".

Cirurgia de emergência

Estava mais do que claro, com o baque de *O Dono do Mundo* e o então recente sufoco de *Rainha da Sucata*, que, diferentemente do que acontecia na década de 1980, a margem de segurança de audiência que permitia à Globo cometer equívocos em sua dramaturgia, sem maiores preocupações com a concorrência, tinha diminuído drasticamente.

Diagnóstico feito, a rapidez do conserto, quando uma novela não dava certo, segundo Boni contou a este autor, sempre foi "uma das grandes qualidades da dramaturgia da Globo". No caso de *O Dono do Mundo*, o diagnóstico que prevaleceu, depois do desabamento de nove pontos no "reloginho" do Ibope no quarto capítulo da novela, foi o dele, Boni:

"O nosso trilho das novelas, na época, era entre 40% e 60% do Ibope. Menos de 40% era para tirar do ar. A novela anterior, *Meu Bem, Meu Mal*, tinha deixado uma média de 52% e 54%. No primeiro capítulo de *O Dono do Mundo*, foi uma audiência comum a todas as novelas, 48, 50 pontos. No segundo, caiu para 44%. Deu então aquela mergulhada no quarto capítulo. Pensei: 'O pessoal não acertou o caminho'. E disse para o Daniel: 'Vamos consertar isso em uma semana'".

Demoraria mais um pouco. E a decisão, trinta anos antes dos movimentos *Me Too* e *Não é Não*, foi a de que "Márcia", e não o canalha machista "Felipe", teria de passar por "maus bocados", antes de ser perdoada pelos telespectadores. Palavras de Leonor Bassères, em entrevista ao *Jornal do Brasil*, edição de 6 de junho, já no período de contenção dos danos de audiência sofridos pela novela.

Bassères e os outros colaboradores de Braga, àquela altura, já trabalhavam na missão de providenciar o que a autora chamou de "meia-sola" no roteiro: explicar, aos telespectadores chocados, entre outras mudanças, que a personagem de Malu "não era uma ninfomaníaca fria e vulgar", mas "uma moça frágil com um marido assexuado e que não resistiu a uma forte sedução":

"No Brasil, mulher só se torna vítima em caso de estupro, de sangue ou de tapa na cara. Ninguém entendeu a violência sofrida por 'Márcia'. O público acha que ela deu a virgindade porque quis e ainda traiu um marido tão bonzinho [...]. O jeito é botar a mulher pra comer o pão que o diabo amassou".

Braga passaria oito meses, em suas palavras, "tentando fazer com que gostassem de 'Márcia'", mas as mudanças para reabilitar a personagem de Malu junto ao público, ao longo dos 198 capítulos da novela, de acordo com as críticas predominantes da época, funcionariam apenas parcialmente. Mesmo após castigos como o sofrimento da personagem de perder o bebê gerado na noite de sedução no hotel do Canadá e, principalmente, o momento pós-roteirizado de fúria no qual, agora indignada com as mentiras, ao saber da aposta sórdida que levara "Felipe" a seduzi-la em plena lua de mel, a heroína em reabilitação se vingaria, cortando o rosto dele com um bisturi.

A alternativa do bisturi, por sinal, foi menos problemática para justificar o comportamento de "Márcia", na noite fatal, do que o uso criminoso de um comprimido para dopá-la, solução dramatúrgica inicialmente sugerida a Braga por Boni e que, se adotada, certamente aumentaria ainda mais a encrenca da Globo com a classe médica, já incomodada com as maldades do personagem de Fagundes, um crápula de jaleco.

"Felipe", por sua vez, ao longo do processo de correção de rumos da trama, quanto mais cretino e charmoso se mostrasse, mais continuaria a ser o vilão querido e definitivo da maioria dos telespectadores, até o fim da novela. Fagundes[*], ao lembrar os ajustes feitos por Braga depois da rejeição do público à personagem de Malu, fez um balanço entusiasmado do desfecho do folhetim que, em suas palavras, "terminou muito bem":

"O que o Gilberto fez? Transformou aquele crápula monstruoso no maior santo da história da telenovela brasileira. 'Felipe' virou um médico maravilhoso, extraordinário, que ajudava as pessoas. Ele ficou uma coisa chata, de tão bonzinho que era. E, por causa disso, a personagem da 'Malu' se apaixona por ele e ele, teoricamente, também se apaixona por ela. Até que, no fim da novela, você descobre que era tudo mais uma mentira dele".

A reviravolta, como observou Nilson Xavier, foi tão radical que, assim como "Márcia", a empresa Golden Cross, que aproveitara a fase de bom caráter de "Felipe" para contratar Fagundes como garoto-propaganda de seu plano de saúde, também acabou enganada, no caso, por Gilberto Braga. E assim que a novela revelou que a fase "santa" de "Felipe" era apenas mais uma farsa, viu-se obrigada a substituir às pressas sua campanha publicitária por outra em que o mesmo Fagundes se distanciava do personagem, com um novo slogan: "Vida real não é novela".

No final, mesmo após ter sido obrigado a adequar o folhetim à caretice predominante no público do horário nobre, Braga, em entrevista ao *JB*, disse ter se resignado com a necessidade de dar uma virada na novela:

"Acho que demos a volta por cima. Claro que eu pessoalmente nunca achei a novela tão interessante quanto continuo achando os capítulos iniciais rejeitados".

Tanto que faria, da última cena, um momento de coerência do personagem que mais admirava, e que o colunista Xico Sá, da *Folha de S.Paulo*, considerou "um ato de vingança contra a audiência conservadora" e "o mais legítimo e brasileiro escárnio de elite": "Felipe", na subida ao altar para se casar novamente, agora com a filha quase adolescente de um milionário do interior do Brasil, virou-se para a câmera, deu uma piscada de olhos e, malandro, soltou a última fala de *O Dono do Mundo*:

"E é virgem!".

A única coisa que a nossa professorinha dá é audiência. Viu, Felipe?
Para combater a novela de maior audiência da Globo, o SBT traz as novelas de maior audiência no globo.

Os anúncios provocadores publicados na imprensa pelo SBT celebravam o feito de audiência que, na Globo, se transformara em alerta máximo quando os monitores do "reloginho" do Ibope, nos *switchers* da emissora, começaram a mostrar que os pontos de audiência perdidos por *O Dono do Mundo* estavam sendo transferidos não para uma, mas para duas novelas mexicanas do SBT: *Carrossel*, trama infantil que se tornaria um fenômeno, e *Rosa Selvagem*, ambas lançadas um dia depois de *O Dono do Mundo*, e exibidas uma atrás da outra, a partir das oito e meia da noite.

Com as duas enlatadas mexicanas no ar, a disputa entre Globo e SBT passara de um placar de 54 a 6 na semana anterior para preocupantes 46 a 12 na semana das respectivas estreias, principalmente por causa da cena fatídica do quarto capítulo de *O Dono do Mundo* em que a Globo perdeu nove pontos de uma só vez, em questão de minutos. E isso quando as equipes da emissora, mal refeitas do trauma imposto por *Pantanal*, que chegara ao fim na Manchete havia pouco mais de cinco meses, já estavam às voltas com a tática de guerrilha da rede de Silvio Santos para minar a audiência da Globo com os seriados *Chaves* e *Chapolin*.

Fernanda Montenegro*, intérprete elogiada de "Olga Portela", mãe do personagem de Fagundes, lamentou a "histeria" e o "nervosismo por resultados" que tomaram conta dos bastidores da Globo, por causa dos "meninos mexicanos" de *Carrossel*, segundo ela "um subproduto inferior ao extremo" que não podia ser comparado, de forma alguma, com *O Dono do Mundo*, "uma novela maravilhosa, perfeita". Inútil. Não dava para ignorar o desempenho da também chamada "novela-criança" do SBT.

Folhetim infantil argentino cuja versão mexicana, adaptada por Valentín Pimstein, fazia sucesso mundial ao retratar o cotidiano de uma escola com uma narrativa simplória e diálogos pueris em torno de conflitos clichês de toda espécie, *Carrossel* ficaria no ar, no SBT, até 21 de abril de 1992. E voltaria à grade da emissora em 2012, em adaptação que teria nada menos que 310 capítulos, feita por Íris Abravanel, mulher de Silvio Santos, e cuja reprise, dez anos depois, já em pleno reinado das redes sociais, seria acusada de propagar uma coleção de impropriedades, entre elas machismo, misoginia, racismo, gordofobia, antissemitismo, aporofobia, homofobia e xenofobia.

O *Jornal do Brasil*, edição de 14 de junho de 1991, em reportagem sobre os efeitos, no Ibope, da combinação da audiência baixa da novela de Gilberto Braga com o sucesso de *Carrossel*, revelou que a Globo, a exemplo do que acontecera meses antes, na guerra contra *Pantanal*, estava adotando a tática de esticar o telejornal, no caso, para que o *JN* terminasse junto com *Carrossel*, evitando um indesejado embate direto entre a mexicana do SBT e *O Dono do Mundo*.

Na mesma matéria, o *JB* observou que a pauta do *JN*, em busca de audiência, passara a ter "mais sangue e drama", citando, entre as reportagens que mudaram o tom e as cores do telejornal, a história chocante do homem que jogou ácido na namorada dentro de um ônibus e cuja chamada provocara protestos na imprensa; a localização de uma mãe que abandonara o filho no lixo em Santa Catarina; e a recuperação dos doentes que ganharam órgãos transplantados de uma estudante assassinada em São Paulo. Tudo para tentar, e conseguir, salvar *O Dono do Mundo*, que chegaria ao fim em 4 de janeiro de 1992 com uma média final no Ibope considerada satisfatória de 44 pontos.

Não adiantou muito.

A novela seria lembrada quase sempre, na imprensa, mais como um fiasco diante de enlatadas mexicanas do que como uma sofisticada ousadia temática que não deu certo diante do conservadorismo do telespectador brasileiro. O próprio Gilberto Braga, em momento de franqueza sobre sua relação de amor e ódio com o ofício de autor de novelas, não insistiu em culpar o público pelo fiasco durante uma entrevista à *Folha de S.Paulo* em outubro de 2010:

"Corrigir foi muito complicado. Escrevi quase toda a novela deprimido. Novela é feita para vender sabonete. A ação é interrompida a cada dez minutos para os comerciais. É diferente de um romance".

Na mesma entrevista, ainda que desanimado, Braga também insistia que os trabalhos escritos para a TV eram obras literárias, posição que defendera sob aplausos, ao discursar na Academia Brasileira de Letras, acrescentando que se sentia incomodado com alguns "setores intelectuais" que consideravam as novelas "um subproduto cultural". Título da reportagem: "Novela é feita para vender sabonete".

O abalo provocado por *Carrossel* no horário nobre da Globo foi, também, capa da revista *Veja*, que, na edição da segunda semana de junho de 1991, depois de criticar a dublagem e os temas da novela do SBT, destacou que o folhetim conquistara as crianças e, em seguida, os pais, com problemas cotidianos como deveres escolares, racismo e dificuldades de aprendizado. Assim como o *JB*, a *Veja* chamou atenção para o fato de a média de audiência do SBT, ao saltar de 6% para 21%, ter provocado, por tabela, uma queda de 54% para 41% na audiência do *Jornal Nacional*.

A revista também fez elogios à Globo, lembrando que cada capítulo de *O Dono do Mundo* custava trinta mil dólares, enquanto o de *Carrossel* custava dez mil. Destacou ainda que a Globo era cara porque produzia 80% de sua programação. E revelou que, por causa da recessão da época, a emissora tinha tido um prejuízo estimado de vinte milhões de dólares nos cinco primeiros meses de 1991. Mas avisou:

"A crise pegou as outras emissoras pelo pé. Elas podem fazer uma *Pantanal* ou exibir *Carrossel*, mas precisariam de dinheiro, talento e experiência para fazer uma programação diária de competência e qualidade. E isso, a Globo tem".

Entrou no final da reportagem.

Perdas edificantes

No calor daquela nova ofensiva do SBT na guerra do Ibope, uma derrota líquida, certa e de algum modo prevista e precificada, sem maiores traumas, pela área comercial da Globo, confirmava-se: a perda de uma legião de telespectadores das classes C, D e E, à época não tão estratégicas para o faturamento da emissora como as classes A e B, e que se tornariam fãs inseparáveis, por décadas, das novelas mexicanas e dos seriados *Chaves* e *Chapolin*, conteúdos que praticamente nunca mais sairiam da grade da rede de Silvio Santos, em inúmeras temporadas, *remakes* e reprises.

Mas houve outro programa que incomodou, também lançado pelo SBT naquele histórico maio de 1991, e com o qual Silvio Santos, a exemplo do que fizera nos anos 1980 com o assustador *O Povo na TV*, tentou ampliar ainda mais sua audiência junto às classes de menor poder aquisitivo: um tipo de conteúdo que a Globo tinha abandonado, com juras à classe média de nunca mais produzir, depois de usá-lo para se consolidar na liderança do Ibope nos anos 1970.

O *Aqui Agora*, telejornal popularesco que durante alguns anos espalhou gastrite por vários departamentos da Globo, chegaria à façanha de uma audiência média de 20 pontos em 1994, época em que a média do *Jornal Nacional*, por exemplo, oscilava entre 40 e 45 pontos. E teve no seu comando inicial um executivo que, trinta anos depois, estaria à frente da Globo em sua batalha de sobrevivência contra os *streamings* multinacionais do século 21.

Três décadas antes de se tornar diretor dos Estúdios Globo, acumulando, em 2023, o novo cargo com o de diretor do canal TV Globo, Amauri Soares, então com 25 anos, era o editor-chefe do *Aqui Agora* no *switcher* do SBT, no dia 20 de maio de 1991. À época recém-saído da Globo de São Paulo, para onde voltaria menos de cinco meses depois, ao perceber que "não havia interesse do SBT na montagem de um projeto sólido de jornalismo", Soares contou, na entrevista que deu a este autor, que ficou impressionado:

"Ao final do primeiro mês, o *Aqui Agora* já tinha mais de 12 pontos, no segundo, mais de 20 e, no começo do terceiro mês, já tinha 25 pontos de audiência, brigando com o *JN*. Tinha virado um fenômeno de mídia".

Assim que estreou, no estratégico limiar do horário nobre, com um título quase homônimo ao do *Aqui e Agora* exibido pela TV Tupi em 1979 e um formato inspirado no programa argentino *Nuevediario*, o *Aqui Agora* passou a alterar o placar do "reloginho" do Ibope ao captar e exibir, sem os cuidados éticos vigentes, por exemplo, no jornalismo da Globo, flagrantes pesados de violência urbana da Grande São Paulo, num momento em que o país frequentava o noticiário internacional por causa de seus altos índices de desrespeito aos direitos humanos. Como observou Octavio Tostes em 2005, em seu ensaio intitulado "De volta ao futuro", o *Aqui Agora* se tornaria modelo de programas futuros como *Cidade Alerta*, *Repórter Cidadão* e o *Brasil Urgente*:

"O sucesso em audiência levou outras emissoras a repetirem a fórmula, com o problema das cópias que perdem para o original. Matriz e reproduções não escaparam da armadilha do sensacionalismo, de forte apelo junto ao público por explorar os aspectos dramáticos de um fato, mas de pouca valia para ajudá-lo a compreender as causas, o contexto e o desdobramento das notícias".

Compreensão, contexto e desdobramentos não fariam falta para largas parcelas das classes C, D e E, atraídas pelo formato ágil, dinâmico e cru do programa, e no qual os repórteres levavam à beira do absurdo o chamado "jornalismo participativo", permitindo-se até serem reféns de criminosos ou testemunhas de mortes ao vivo. Entre eles, jornalistas originários do esporte como Roberto Cabrini e profissionais de rádio como o veterano Gil Gomes e César Tralli, futuro repórter e apresentador da Globo.

Com a participação, também, de veteranos como Jacinto Figueira Júnior, o controvertido "Homem do Sapato Branco", definido por seu biógrafo, o crítico Mauricio Stycer, como "o inventor do mundo cão na televisão brasileira"; do boxeador Maguila, na função de comentarista de economia (é isso mesmo que você leu); com muita fofoca do meio artístico e com um quadro de defesa do consumidor que alavancaria a carreira política de Celso Russomanno, o *Aqui Agora* chegaria a picos de audiência de 50 pontos na Grande São Paulo.

A receita de audiência do programa também conteria graves efeitos colaterais: antes que ele fosse tirado do ar em 1997 por Silvio Santos, sempre implacável com qualquer programa de sua rede que perdia audiência, e não por causa do relato que se segue, o *Aqui Agora* provocaria um dos maiores escândalos da história do telejornalismo brasileiro ao mostrar, no final da manhã do dia 5 de julho de 1993, a imagem do suicídio de Daniele Alves Lopes, uma jovem de 16 anos que se jogou do sétimo andar de um prédio no centro de São Paulo, em queda livre de 25 metros.

Ao longo da existência do programa, na disputa com a Globo pelos índices do Ibope na Grande São Paulo, termômetro "paulistano" que a imprensa costumava transpor automaticamente para outras regiões do país, não raro levando a erros importantes, para mais ou para menos, sobre a audiência real dos programas, o *Aqui Agora* seria notícia por alguns picos espetaculares que atingiu e por médias surpreendentes de dois dígitos que manteve em alguns períodos, sem, no entanto, ameaçar a liderança da Globo.

Em 1993, por exemplo, a *Veja* mostrou que o SBT chegou a dividir o *Aqui Agora* em duas partes para enfrentar a Globo. Na primeira, no embate do horário das seis da tarde, o programa perdeu de 60 a 13 para a novela *Mulheres de Areia*. Na segunda parte, o *Aqui Agora* foi melhor, ao enfrentar o telejornal local *SPTV 2ª Edição* e o *Jornal Nacional*, mas também perdeu: 43 a 24 para o *SPTV 2ª Edição*, e 47 a 21 para o *JN*.

Ao lembrar, em sua entrevista a este autor em 2023, os anos em que a Globo enfrentou o *Aqui Agora*, Boni, com uma tranquilidade que não exibia nos tempos em que fazia cobranças implacáveis e às vezes aterrorizantes, organograma abaixo, por qualquer tropeço da Globo no Ibope, disse que, a exemplo de *O Povo na TV*, o ocaso do programa do SBT era uma questão de tempo:

"Por quanto dura a ameaça de um concorrente? No caso do *Aqui Agora*, nós não podíamos entrar naquele campo de apelação do programa. O que fizemos? Nada. Achávamos que o público ia se enjoar dele e o programa ia perder 80% da audiência com o tempo. O que aconteceu? Saiu do ar".

Não foi assim tão simples. A Globo fez bem mais que nada. Não fosse uma correção de rumos determinada pelo próprio Boni, o estrago do *Aqui Agora* na audiência da Globo, muito provavelmente, poderia ter sido bem maior. E não o foi porque em 9 de julho de 1990, dez meses antes da estreia do programa do SBT, a emissora estreara, no lugar dos telejornais *SPTV* e *Hoje*, na capital e em cerca de quinhentos municípios paulistas, e com uma segunda edição mais curta às 19h45m, o *São Paulo Já*, programa jornalístico especialmente voltado para os interesses dos telespectadores do estado mais poderoso do Brasil. E com uma diferença fundamental para o *Aqui Agora*, como ressaltaram os autores do livro *A deusa ferida*:

"A diferença é que enquanto os programas populares procuravam resolver os problemas de uma pessoa, os jornais locais da Globo intermediavam os problemas de uma comunidade, considerando um conjunto de moradores de um bairro, da sociedade em geral, do cidadão consumidor, do contribuinte".

Aquela mudança, em que o jornalismo deixava de ser apenas um complemento das novelas e passava a ser o produto mais competitivo da emissora, ainda era decorrente da onda de choque provocada por *Pantanal*, na opinião de Carlos Augusto Montenegro, diretor-executivo do Ibope, em entrevista ao *Jornal do Brasil*, em junho de 1990:

"Se não fosse *Pantanal*, a Globo poderia continuar na mesma. Uma liderança muito tranquila leva à acomodação, mas *Pantanal* apressou o investimento em jornalismo. E a audiência somada, nos horários dos telejornais da Globo, SBT, Bandeirantes e Manchete, é de 78%. As pessoas querem se informar".

Ancorado e chefiado por Carlos Nascimento, com seis boletins de três minutos ao longo da tarde, entre suas duas edições, o *São Paulo Já* permaneceria na grade paulista da Globo por seis anos, até sair do ar, quando seu formato "estadual" não resistiu à convivência com o modelo vigente no resto da emissora, baseado na divisão entre o jornalismo local, feito para a cidade onde fica a emissora Globo, e o de rede nacional.

Mas novidades como a linguagem descontraída e acessível; a opção por muito conteúdo cidadão ao vivo; o uso de helicóptero para cobertura de trânsito; a previsão de meteorologia mais precisa e sofisticada; e a pauta atenta ao público feminino do horário do almoço, entre outros ingredientes do *São Paulo Já*, seriam incorporadas pelo *Hoje* e pelos demais telejornais da Globo.

O *Aqui Agora* viraria passado em 1997, mas o desafio de enfrentar, sem licença para o elitismo e com o mínimo de perdas – o que os autores do livro *A deusa ferida* chamaram de "tensão entre padrão de qualidade e programa popularesco", fenômeno que nos anos 1970 tinha gerado até uma campanha contra a "baixaria" na televisão –, estava de volta, e agora para nunca mais sair, na mesa das decisões estratégicas da Globo:

"Historicamente, a Rede Globo sempre perde audiência nas conjunturas de popularização do veículo. A Globo sempre obteve maior audiência no Rio de Janeiro do que em São Paulo, principalmente por causa da concorrência de emissoras paulistas e seus programas popularescos".

E ia complicar ainda mais quando a religião entrasse no meio.

Um bispo no xadrez

"A Justiça brasileira e o império econômico da Igreja Universal do Reino de Deus."

A chamada cartola, equivalente da televisão ao título da imprensa escrita, foi lida, na abertura do *Globo Repórter* exibido em 1990, pelo apresentador Celso Freitas, 24 anos antes de deixar a Globo e se transferir para a Rede Record para se tornar o principal âncora da emissora.

De forma incisiva, em tom de solene denúncia jornalística, mas no fundo contrafeita, a Globo, naquela noite, também apresentava, aos seus telespectadores, além de uma reportagem-denúncia sobre corrupção, o novo concorrente que acabara de se juntar, na disputa do mercado da TV aberta brasileira, aos donos das redes Manchete, Bandeirantes e SBT:

"A polícia quer saber de onde vem tanto dinheiro. Em treze anos, anunciando um caminho para entrar no reino de deus, ele construiu um império. Mas de onde veio o dinheiro que permitiu ao bispo Edir Macedo, em tão pouco tempo, juntar para ele e para a igreja um patrimônio de milhões de dólares?".

Seguia-se um perfil do bispo feito pela repórter Isabela Assumpção, que o descrevia como um ex-funcionário público católico que se tornara dono de uma igreja pentecostal à época proprietária de 830 templos no Brasil, América Latina, Europa e EUA, estabelecidos em espaços que iam de pequenos salões nas favelas cariocas a "templos suntuosos no distrito de Manhattan", todos funcionando sob inspiração de um lema atribuído a Macedo: "o dinheiro é uma ferramenta sagrada de deus".

Um dos ataques inaugurais de uma guerra surda na qual, por mais de trinta anos, Globo e Record se enfrentariam, no vídeo e em outras frentes, com acusações, processos e estratégias agressivas de programação, o programa mostrou imagens dos momentos em que Macedo esteve detido em uma delegacia do Rio, e fez uma descrição do milionário patrimônio pessoal do bispo, com destaque para a compra da Record por 45 milhões de dólares em novembro de 1989, e para operações financeiras suspeitas que incluíam a acusação de que havia um milhão de dólares de um narcotraficante colombiano sendo lavados, no total pago por Macedo à família Machado de Carvalho, proprietária anterior da emissora.

O *Globo Repórter*, elogiado à meia-boca pela *Folha de S.Paulo* por "fazer bom jornalismo contra concorrente", documentou uma cena marcante: a fila de obreiros da Universal, carregando grandes sacos de dinheiro recolhido dos fiéis durante um culto que lotou o estádio do Maracanã. Também mostrou que uma menina supostamente curada de sua paralisia por Macedo, no culto realizado no estádio, voltara a usar uma órtese para as pernas no dia seguinte. De seu lado, durante os cultos, os pastores da Universal, ainda sem dispor de uma emissora poderosa no ar, começaram a aconselhar os fiéis a não assistirem à programação da "rede diabólica".

A hostilidade mútua se devia ao fato de a compra da Record por Macedo, também descrita na biografia de Paulo Machado de Carvalho, *O Marechal da Vitória: uma história de rádio, TV e futebol*, escrita por Tom Cardoso e Roberto Rockmann, ter sido "um negócio que mudou o mapa da comunicação no Brasil, com reflexos, é claro, na política do país", como observou Mauricio Stycer em 2019. Em sua coluna, uma resenha sobre as revelações do livro *O reino: a história de Edir Macedo e uma radiografia da Igreja Universal*, do jornalista Gilberto Nascimento, Stycer, que também trata do episódio em *Topa tudo por dinheiro*, sua biografia de Silvio Santos, resumiu:

"Trinta anos depois, ainda há dúvidas sobre como se deu exatamente esta transação milionária. Por ter envolvido dois vendedores, Silvio Santos e a família Machado de Carvalho, vários intermediários, dois prepostos do comprador, além de assessores das três partes, esta é uma história com muitas versões, confusa e, infelizmente, pouco transparente".

Apresentado no livro de Gilberto Nascimento como "o único brasileiro a controlar uma igreja, uma rede de TV, um partido político e a sociedade em um banco", Macedo, segundo o autor, teria contado com uma ajuda "fundamental" do então presidente Fernando Collor, que teria pressionado Silvio Santos, um dos então proprietários da Record, a ajudar o bispo quando faltou dinheiro na hora de fechar o negócio. De acordo com um ex-bispo da Universal entrevistado por Nascimento, Collor teria dito ao dono do SBT:

– Silvio, quem está comprando a TV sou eu. É para mim que o Macedo está comprando.

Verdadeira ou não a história sobre um presidente da República ser sócio oculto de uma rede de televisão, fato é que o mapa da TV aberta brasileira passaria mesmo a ter um novo desenho a partir de 1990. E com uma configuração inusitada de mercado, composta por uma rede que seria parcialmente sustentada pelos dízimos de uma igreja evangélica, a Record; outra, o SBT, cuja receita seria sempre turbinada por receitas como o Baú da Felicidade, a Tele Sena e o *Show do Milhão*; uma terceira, a Bandeirantes, em parte financiada pela sublocação de espaços de sua grade de programação; e a Globo, única das quatro maiores redes que era sustentada integralmente por receita publicitária.

Algum problema?

Para Pedro Bial*, apesar do modelo heterodoxo de receita das redes brasileiras, não deveria haver nenhum drama ou alarme, dentro ou fora da Globo, com o fim da condição próxima do monopólio com a qual a emissora da família Marinho vinha dominando o mercado, absoluta, em seus primeiros 25 anos de existência. Com a experiência de quem conheceu e acompanhou a evolução da TV no mundo, Bial explicou a este autor:

"O que havia antes, no Brasil, era totalmente anormal. O normal é que a audiência seja compartilhada. Quer dizer, você tem nos Estados Unidos as três redes, elas brigam entre si e não existe país nenhum no mundo que mantenha, como a gente tinha, 80, 90% de liderança, sempre. Não! É briga! Uma hora você ganha, outra hora você perde".

A preocupação de Bial* em maio de 2001, ao comentar as investidas popularescas do SBT contra a Globo no início dos anos 1990, à parte a apreensão com a qualidade dos conteúdos, era com a sustentabilidade do mercado de quatro grandes redes de TV no Brasil:

"O que eu acho curioso é o seguinte: será que a economia brasileira sustenta isso? Como é que vai ser? Será que o SBT vai deixar de ser só popularesco? Quando é que a concorrência, eu aqui falando como profissional, vai me ajudar a renovar o contrato com a Globo?".

Duas décadas depois, em 2023, as quatro grandes redes continuariam no ar.

E Bial na Globo, sem nenhuma oferta atraente da concorrência.

O outro povo na TV

Em pleno horário nobre, toda semana, na linha de shows das noites de terça, uma galeria de protagonistas desconhecidos, pobres, a maioria nordestinos ou negros, muitos sem dentes, ninguém famoso, zero glamour, em locações sem o menor charme e na maior felicidade, em supostos "programas de índio" e mesmo assim com um bom Ibope na tela da Globo?

Como assim?

E mais: personagens em sua maioria pertencentes às classes sociais que à época estavam, pelo menos em parte, trocando a Globo pelos enlatados mexicanos do SBT, viviam situações engraçadas e saborosas diante das câmeras, ao mostrarem como levavam a vida ou se divertiam, em lugares praticamente desconhecidos dos telespectadores da emissora líder de audiência.

Quem os apresentava eram Regina Casé* e Luiz Fernando Guimarães, ícones da geração de jovens descolados da elite intelectual e artística da Zona Sul do Rio de Janeiro, surgida a partir do fim da ditadura e que brilhara nos palcos em grupos de vanguarda como o antológico Asdrúbal Trouxe o Trombone.

O *Programa Legal*, mistura semanal de ficção humorística e documentário, exibido entre abril de 1991 e dezembro de 1992, foi um exemplo de como a Globo, no início daquela década em que sofreria perdas inéditas, junto com os ganhos de sempre, continuaria olhando para cima, em busca de formatos ousados e sofisticados, ao mesmo tempo que enfrentava os ataques da concorrência, vindos da planície do popularesco. O que também não quer dizer que tenha sido fácil para Regina e o antropólogo Hermano Vianna emplacarem a ideia do programa:

"Depois de ter feito o *TV Pirata*, eu já estava na televisão um tempo, e quando mostrava o piloto do *Programa Legal*, eu e o Hermano andando para todo lado com aquilo debaixo do braço, todo mundo dizia: 'Isso nunca vai passar na televisão!'".

Dois fatores ajudaram: Regina era considerada, pela direção, com base em pesquisas realizadas por agências de publicidade, uma atriz "diagonal", ou seja, uma artista que era querida por todas as faixas de idade, das crianças aos idosos, e, por isso, a pessoa mais indicada do elenco da Globo para estar à frente de um programa que, em alguma medida, ocupasse o espaço deixado pelo extinto *TV Pirata*, uma das vítimas fatais de *Pantanal*, e também um programa em que ela brilhara de forma espetacular.

O outro fator que ajudou foi a existência, na Central Globo de Produção, do núcleo comandado por Guel Arraes, que tinha estado à frente de inovações como a série *Armação Ilimitada* e o *TV Pirata*, e cuja missão, na estrutura de entretenimento da emissora, décadas antes da invenção e posterior banalização da expressão "fora da caixa", era exatamente a de acreditar em projetos artisticamente ousados e até certo ponto arriscados, em termos de audiência.

Ou não?

O núcleo Guel Arraes, em especial, era uma unidade da emissora em que, ao longo dos anos, se concentrariam interpretações reveladoras do olhar desconfiado da intelectualidade para a Globo. Caso, por exemplo, da interpretação da doutora em sociologia pela USP Maria Eduarda da Mota Rocha, que em seu trabalho de 2013 intitulado "O Núcleo Guel Arraes, da Rede Globo de Televisão, e a consagração cultural da 'periferia'", aspas dela, sugeria que o núcleo onde o *Programa Legal* se tornaria realidade não era bem um espaço de vanguarda criativa:

"Era indicativo da emergência de uma nova estrutura de sentimentos predominante entre artistas e intelectuais desde cedo socializados pela indústria cultural, e que ganharam espaço profissional a partir da década de 1980, em contraste com a geração anterior, marcada por uma estrutura de sentimentos de brasilidade revolucionária".

A missão de Guel, para a doutora Maria Eduarda, era muito mais uma manobra de uma suposta sobrevivência estratégica da emissora do que um espaço de criatividade. O objetivo do núcleo, segundo ela, seria o de "fornecer à Globo um espaço de experimentação e uma legitimidade muito necessários no contexto de crescente contestação de seu poder, tanto no mercado televisivo quanto na sociedade civil".

Outra medida do olhar de muitos intelectuais para a Globo, esta da época em que o *Programa Legal* foi produzido, foi a associação feita pelo psicanalista Tales Ab'Sáber, em seu já citado ensaio sobre a novela *O Dono do Mundo*, entre o poder político de Roberto Marinho no primeiro ano do governo Collor e a famosa abertura da novela, a sequência do filme *O Grande Ditador* em que imagens de mulheres substituem os países no globo terrestre, à época entendida como uma antecipação irônica e sutil do protagonista machista e sem escrúpulos interpretado por Antonio Fagundes:

"Na época da emergência do arrogante arrivismo apleboisado e bufo do primeiro tempo do governo Collor, com seu desprezo pelo dinheiro popular, *O Dono do Mundo* tinha início com sua cifrada referência a ditadores absolutos e satisfeitos, que confundiam seu poder com o melhor da cultura local, a muito carioca, mas também universal, música de Tom Jobim [...] É surpreendente que o sistema de autocensura da emissora tenha deixado passar uma tão clara notação irônica diante da sua própria estrutura de poder, que fazia suas peripécias no próprio país".

Regina sabia que o olhar bem-humorado e alegre do *Programa Legal* para a periferia – território e palavra que alguns críticos passariam a negar, com veemência, a ela e à Globo, o direito de frequentar ou explorar artisticamente –, seria encrenca na certa com os intelectuais. Mas dizia estar preparada para carregar o que chamou de "cruz da alienação":

"Todos os outros programas, também de documentário, principalmente na época em que a gente começou o *Programa Legal*, eram assim: como é terrível ser travesti! Como tem porrada no baile funk! Como não sei o quê! E o *Programa Legal* era o contrário, era um programa afirmativo. Por isso, a gente carrega uma cruz que é a cruz ou da alienação ou do pouco aprofundamento. Mas eu estou acostumada com essa cruz desde o Asdrúbal, que era Zona Sul, não sei o quê. Então, nem esquento".

O próprio Guel* – filho de Miguel Arraes, ex-governador de Pernambuco perseguido pela ditadura e exilado – não se encaixava muito no figurino que setores da intelectualidade de esquerda esperavam que ele tivesse, ao voltar ao Brasil, depois de onze anos. "Exilado de segunda geração" que tinha se integrado bem à "vida francesa" e até sentira medo de voltar ao país no tempo dos generais, Guel disse, em entrevista à *Folha de S.Paulo* de janeiro de 1996, que ficou até feliz quando soube que o sobrinho Eduardo Campos, futuro governador de Pernambuco que morreria num acidente aéreo em 2014, durante sua campanha à Presidência da República, queria ser político:

"Foi um certo alívio saber que alguém da família mantém o mesmo sentimento do meu pai. De certa forma, elimina um sentimento de culpa que eu tinha por não estar envolvido com a política".

Em vez de ter sido "socializado pela indústria cultural", Guel* disse em 2001 que nem tinha televisão em casa na França e "mal via cinema americano em Paris". Ao se mudar do exílio da Argélia para Paris aos 18 anos, matriculara-se no Comitê do Filme Etnográfico da Universidade de Paris e chegara a colaborar com o cineasta Jean-Luc Godard, em um projeto sobre "a formação da autoimagem de Moçambique após a independência de Portugal". Queria fazer documentários de cinema ao voltar para o Brasil, mas o fato de a atividade ser "muito intermitente" no país o levara para a televisão:

"Todo dia eu sento e escrevo ou sento e filmo, há vinte anos. Então, a televisão virou para mim uma salvação profissional. Eu pensava que ia achar um país muito sisudo, muito carrancudo, depois de muitos anos de ditadura, e na verdade era um país muito animado. Então, tudo meio que me bagunçou. Eu achava que eu ia fazer documentário e terminei entrando na televisão".

– Puxa, Guel, eu e o Hermano, a gente vai em tanto lugar, a gente vai a mil eventos, casamento cigano, festa de Nossa Senhora Aparecida, e podia fazer um programa em que eu iria aos lugares aonde vou normalmente, e lá eu mostraria a música que eles cantam e ouvem, a dança que eles dançam, a comida que eles comem, o Carnaval que eles brincam, a escola de samba em que eles saem.

Foi mais ou menos assim, na lembrança de Guel, que Regina, já avisando que não queria propor nada de "revolucionário, inovador ou transgressor", falou com ele pela primeira vez sobre o que viria a ser o *Programa Legal*. A ideia, segundo ela, era "levar a televisão para a rua" e mostrar como um "programa de índio" poderia se tornar "uma aventura interessante e divertida", a partir de uma cuidadosa pauta jornalística que seria mesclada com a ficção a cargo de Regina e de Luiz Fernando, tudo editado com agilidade, em ritmo acelerado e com alta quantidade de informação. O perfil da equipe, nas palavras da atriz, é que seria um pouco diferente:

"Do que a TV Globo precisa mais? De quem não quer trabalhar na TV. De quem fala que detesta a TV Globo".

E assim seria toda terça, ao longo de vinte meses, com redação de Hubert, Pedro Cardoso, André Waissman e Marcelo Tas, colaboração de Jorge Furtado e Luis Fernando Verissimo e direção de Guel Arraes e Belisário Franca. Ora como personagens fictícios de humor, ora em enquetes jornalísticas no estilo "povo-fala", Regina e Luiz Fernando seriam coringas infiltrados em cenários e temáticas diversas, algumas delas tradicionais como os bailes de debutantes, o mundo do samba e as festas de São João, e outras à época praticamente ignoradas pela televisão, como os bailes funk do Rio, o universo brega dominado por ícones como Odair José, Waldick Soriano, Gilliard e Sidney Magal, e a música sertaneja ainda em sua fase pré-industrial, entre outros temas.

Haveria até um programa que acabou sendo impossível de fazer e que seria produzido em Brasília, onde Regina e Luiz Fernando mostrariam o "lado místico" da capital federal. O problema: a equipe começou a gravar entrevistas com deputados antes de ser autorizada, o que levou a direção do Congresso Nacional expulsar os dois das dependências da Câmara e do Senado, sob a alegação de que o que eles faziam era "um programa de deboche".

O *Programa Legal* acabaria saindo do ar em 29 de dezembro de 1992, em meio a boatos, negados por Regina, de que o casal de apresentadores tinha brigado:

"De jeito nenhum, jamais. Briga que a gente tem é briga de irmão mesmo. A relação com ele é igual à de irmão. Eu pedi para acabar. Eu não queria mais fazer as ceninhas, as enquetes de humor. Não que eu achasse ruim, mas o meu interesse foi crescendo para outro lado. Eu já estava no *Brasil Legal*".

Regina se referia ao segundo de uma série de programas seus que, durante três décadas, alguns bem-sucedidos e outros nem tanto junto ao público e à crítica, a transformariam no principal foco, ou alvo, dos questionamentos que críticos de TV, acadêmicos e intelectuais em geral fariam sobre a legitimidade, a autenticidade e os objetivos supostamente ocultos da Globo em suas iniciativas de programação baseadas em temas, personagens ou fenômenos populares.

Brasil Legal (1995-1998), *Muvuca* (1998-2000), *Um Pé de Quê?* (2001-2011), *Central da Periferia* (2006) e *Esquenta!* (2011-2017), todos comandados por Regina e, de alguma forma, versões da proposta dela de "levar a televisão para a rua", despertariam intensas polêmicas sobre o que só posteriormente seria definido como "lugar de fala". Em 2020, por exemplo, o título da tese de doutorado de Ohana Boy Oliveira pela Universidade Federal Fluminense já adiantava a pegada: "Aspectos da colonialidade do saber, do poder e do ser: uma análise das performances de Regina Casé em sua trajetória televisiva".

Na introdução da tese, cujo propósito expresso era "superar a mediação cultural que apaga os conflitos e faz com que as desigualdades pareçam ser apenas diferenças", a doutoranda se propôs a "uma análise crítica decolonial" dos programas de Casé, através da metáfora da grade de programação da Globo, "pensando a mesma como ferramenta que aprisiona o outro no lugar do exótico; como formato que organiza a programação da televisão e faz uma seleção do que deve ser visto; e como uma teia que possibilita o desenvolvimento de uma personagem que representa uma mulher-máquina da emissora".

Fora do ambiente acadêmico, a "mulher-máquina da emissora" enfrentaria escrutínios menos civilizados, como Regina lembrou, em entrevista à colunista Patrícia Kogut, do jornal *O Globo*, em 2023, ao relatar os ataques que sofreu por sua atuação no comando do programa *Esquenta!*, a partir de 2011:

"O estigma do *Esquenta!* era: 'Regina só anda com bandido'. Diziam: 'O *Esquenta!* é programa de maconheiro, macumbeiro, veado, bandido'. Porque, para eles, funkeiro e bandido são sinônimos. Só que o cara que aparecia lá, ninguém sabia o nome. Eles sabem o meu. Então, todo preconceito contra cada uma dessas pessoas fazia um funil e um ralo e vinha para mim. A vida da gente era ruim pra caramba. De embate na rua".

Desde o *Programa Legal*, o pioneiro, era assim e assim continuaria. E não era só a palavra periferia que tinha um significado muito especial para Regina Casé:

"Eu não falo comunidade, eu falo favela. Porque favela vem carregada com a história das pessoas".

A mãe de todas as notícias

O *Jornal Nacional* tinha terminado havia poucos minutos, mas a redação da Central Globo de Jornalismo, no Rio, continuava em alerta máximo, na noite de 15 de janeiro de 1991. A novela *Pantanal* tinha acabado na Manchete havia pouco mais de um mês, o Rio estava a três dias de reunir quase duzentas mil pessoas no Maracanã para a abertura do *Rock in Rio II* e faltavam apenas três semanas para o Carnaval, mas o que interessava, naquela noite, no Brasil e no mundo, era o que estava para acontecer a qualquer momento em Bagdá, capital do Iraque, situada a mais de onze mil quilômetros de Brasília, e onde já era madrugada.

Àquela altura, os camelôs do centro do Rio vendiam máscaras de Carnaval de olhos vazados com os rostos do ditador iraquiano Saddam Hussein e do presidente americano George H. W. Bush, o pai, personagens centrais do conflito iminente que despertara um misto de temor e excitação em escala mundial, com a entrada em ação, pela primeira vez, desde o fim da Guerra do Vietnã, em 1975, da trilionária máquina de guerra dos Estados Unidos. Bem antes, portanto, de as potências mundiais começarem a ser atacadas e desafiadas pelo terrorismo islâmico, em sua violenta resposta ao envolvimento de americanos e soviéticos na guerra interminável entre xiitas e sunitas, em todos os quadrantes do Oriente Médio.

Estava para começar a chamada Operation Desert Storm, ou Operação Tempestade no Deserto, a primeira guerra da história a ser transmitida ao vivo, via satélite, e a expectativa, no Brasil, era tanta que a Globo, na intensa produção de "aquecimento" da cobertura, chegara a exibir uma matéria sobre especulações de que a invasão da coalizão militar liderada pelos americanos para libertar o Kuwait, ocupado desde agosto do ano anterior pelas tropas de Saddam Hussein, tinha sido prevista por Nostradamus, o astrólogo e vidente francês. O ditador iraquiano, de acordo com o texto sobre Nostradamus narrado por Wiliam Bonner, às vésperas do início da guerra, seria o "sétimo anticristo", depois de Nero, o imperador romano, e de Adolf Hitler, entre outros capetas. E acrescentara:

"Esse novo anticristo já foi confundido com o aiatolá Khomeini, mas parece se encaixar melhor na figura de Saddam Hussein".

O editor-executivo Geneton Moraes Neto*, que naquele 15 de janeiro permanecera mobilizado na redação depois do *Jornal Nacional*, tinha um sonho de muitos anos: poder um dia entrar, soberano, no *switcher* do controle-mestre que transmitia o sinal da Globo para todo o país, interromper a novela das oito bem no meio de um capítulo com um plantão e "tirar Tarcísio Meira do ar" com o *slide* do *JN* e uma notícia espetacular na voz de um locutor de cabine. Nada contra o ator ou as novelas. Pura fantasia de jornalista que ele realizou naquela noite:

"Aí o cara interrompeu a novela. Puff! Meteu o dedo lá e entrou aquele *slide* do *JN*. Aí foi arrepiante. O Bonner leu uma frase só".

Não foi uma novela de Tarcísio Meira que Geneton tirou do ar. Foi uma de Lima Duarte, *Meu Bem, Meu Mal*, interrompida exatamente às 20h40m42s para que William Bonner, à época apresentador do *Jornal da Globo*, lesse a nota curta baseada num despacho da agência de notícias espanhola EFE que tinha sido "pescado" num terminal de computador por Aníbal Ribeiro, àquela época apenas um dedicado editor do *JG*, já desnecessário como leva e traz entre a redação e os militares da ditadura:

Atenção! Agências internacionais acabam de informar: começou o bombardeio aéreo de Bagdá. Novas informações daqui a pouco.

Logo após o sonho realizado, precedido de uma vinheta sonorizada por tambores estonteantes na qual um barril de petróleo era atravessado por uma baioneta, Geneton viveria um breve e intenso pesadelo, ao ligar para o escritório da Globo em Nova York e acionar o então correspondente Paulo Henrique Amorim, já de plantão, para combinar uma entrada ao vivo sobre os desdobramentos da guerra que tinha acabado de começar:

– Que guerra, Geneton?

As redes americanas e a CNN, que Amorim acompanhava atentamente, não tinham dado nada ainda. Tinham sido furadas e Geneton não sabia, por estar baseado na informação da EFE, uma agência de notícias considerada de segundo time e às vezes descuidada com a precisão das informações. E exatamente por isso Geneton gelou:

"Aí eu parei, fiquei amarelo, branco, azul e pensei: 'Meu deus do céu, se eu interrompi a novela para dizer que começou e não começou a guerra, eu tenho de fazer uma operação plástica e nunca mais apareço aqui'".

Foi um alívio Geneton descobrir, logo depois, que a EFE estava certa e que sim, tinha mesmo começado a guerra à qual Saddam Hussein dera previamente o nome de "a mãe de todas as batalhas", e que duraria apenas 41 dias, primeiro com cinco semanas de um intenso bombardeio aéreo que devastou o território iraquiano, e depois com uma batalha no deserto do Kuwait que durou menos de cem horas e na qual o exército do ditador seria massacrado.

Nos bastidores da Globo, era o "momento de mostrar que as coisas estavam diferentes", como reconheceu Alberico de Sousa Cruz*, referindo-se à sua então recente e controversa promoção como substituto de Armando Nogueira no comando da CGJ:

"Gastei dois milhões. Autorizei todas as despesas sem saber se tinha poder pra isso ou não. Ninguém nunca me cobrou por uma razão muito simples: deu certo. Na Globo, quando as coisas dão certo, ninguém te incomoda".

Só em transmissões via satélite, segundo Carlos Schroder*, diretor de produção da central na época, o investimento, entre a invasão, em agosto de 1990, e o cessar-fogo, em março de 1991, passaria de um milhão de dólares, sem contar o estúdio à parte de onde o repórter Ernesto Paglia ancorou os "blocos de guerra" do *JN* como se estivesse caminhando pelo mapa do Oriente Médio.

Daquele estúdio especial, recurso que até então a Globo só costumava usar em eleições, Copas e Olimpíadas, Paglia apresentava reportagens e matérias produzidas por uma "editoria de guerra" formada por editores da redação do Rio, e que incluíam detalhadas descrições dos aviões, tanques, mísseis e foguetes disponíveis dos dois lados da guerra; análises de Roberto Godoy, especialista em assuntos militares do jornal *O Estado de S. Paulo*; simulações de batalhas; e também a ancoragem das entradas dos escritórios da emissora em Londres e Nova York, e da equipe enviada aos cenários do conflito: os repórteres Silio Boccanera, Carlos Dornelles e Pedro Bial; os cinegrafistas Sergio Gilz, Paulo Zero e Luiz Demétrio Furkim; e os produtores Edson Nascimbeni e Bel Bicalho. Resultado: de uma hora para outra, com a intensificação da cobertura, os telespectadores brasileiros começaram até a especular, parecendo futebol, em casa, no trabalho ou no botequim, sobre as chances de êxito ou fracasso de armas como os bombardeiros "invisíveis" F-117 dos americanos, os caças Mig-29 iraquianos e os mísseis Patriot, Tomahawk e Scud.

Mas houve um problema: toda vez que os correspondentes enviados pela Globo à zona do conflito eram chamados, eles estavam sempre muito longe de Bagdá ou do deserto do Kuwait invadido. Ninguém entrava ou saía, fosse da Globo, das redes americanas, da BBC ou de qualquer outra emissora. E nem adiantava entrar porque não haveria transmissão por satélite, impossibilitada pela destruição das instalações de telecomunicações de Bagdá pelos foguetes e bombas dos americanos, logo no início dos ataques.

Apenas os correspondentes da CNN Peter Arnett, John Holliman e Bernard Shaw, que estavam no Hotel Al-Rashid, centro de Bagdá, quando os ataques aéreos começaram, tinham condições de transmitir ao vivo a partir da capital iraquiana. Fariam história no telejornalismo porque, ironia tecnológica, eram os únicos que não dependiam das transmissões por satélite: dispunham de uma linha por cabo telefônico instalada previamente no hotel.

Anteriormente, na cobertura de conflitos e guerras, incluindo a do Vietnã, os correspondentes tinham uma certa autonomia que, delimitada pela combinação de dinheiro no bolso, alguma coragem pessoal, conhecimento do assunto e um mínimo de sorte, permitia algum grau de independência. Não na Guerra do Golfo, quando, ao controle mentiroso da informação que já se esperava pelo lado da ditadura iraquiana, juntou-se a censura explícita e sem rodeios dos militares da maior democracia do Ocidente. Silio Boccanera*, enviado pela Globo à região, retido no Catar e depois em Amã, capital da Jordânia, a quase 1.400 quilômetros de Bagdá, junto com Luiz Demétrio, resumiu a frustração:

"Os famosos mísseis que o Saddam Hussein disparava para atingir Israel, e atingiu, passavam por cima. Nós não víamos, eles passavam por cima. Na Guerra do Golfo, a coisa estava controlada de tal forma que você só fazia o que eles autorizavam".

Para piorar a situação dos jornalistas, o comando da coalizão tinha controle absoluto sobre a grande novidade jornalística daquela guerra: as imagens impressionantes dos ataques ditos "cirúrgicos", lançados contra o território iraquiano e o deserto do Kuwait, captadas por câmeras digitais instaladas nos aviões e nos próprios mísseis e foguetes. Show digital à parte, os sinais do sangue, da morte e da destruição daquela guerra com jeito de videogame só começariam a aparecer depois dos 41 dias do conflito, com a retirada iraquiana do Kuwait e o recuo das tropas da coalizão, sem avançar até Bagdá, como muitos esperavam e não aconteceu.

Tendo chance, o comando da CGJ manteria sua tradição de não fazer feio na cobertura internacional, mesmo quando comparada à que era feita à época pelas redes dos Estados Unidos e da Europa. No caso de Guerra do Golfo, como lembraram Pedro Bial* e Schroder, a direção da emissora recorreu a Fidel Castro, através do embaixador de Cuba no Brasil, para que ele conseguisse, com Saddam Hussein, vistos de entrada no Iraque para Bial e para o cinegrafista Sergio Gilz:

"Cheguei no dia em que a guerra acabou. Uma tempestade de areia deixou Bagdá inteira imersa num nevoeiro. Eu tinha visto Bagdá antes da guerra, uma cidade linda, rica, bonita, moderna e, ao mesmo tempo, ancestral. E essa nuvem era estranha. Lembro da última frase da matéria desse dia, citando o filme do Fellini, o *Noites de Cabíria*: 'Essa luz estranha sobre Bagdá, noite estranha'".

A visão maior do impacto da guerra só seria mostrada, na Globo, dez anos depois, em 2000, quando os então correspondentes Edney Silvestre* e Helio Alvarez registraram os efeitos do embargo imposto ao Iraque após a euforia da Operação Tempestade no Deserto. Além de descobrir uma fábrica de vacinas que, secretamente, também produzia armas químicas e biológicas, Edney e Helio relataram "o número impressionante de casos de leucemia e de crianças com tumores malignos no cérebro, que, segundo as autoridades iraquianas, seriam causados por radiação, por bombas lançadas pelos aliados americanos e ingleses":

"O povo do Iraque sofria muito. Eles sofriam, primeiro, com a tirania do Saddam Hussein, e, depois, porque não tinham acesso às coisas mais básicas, de mercurocromo a cordas para violino. Era difícil saber quem era pró-Saddam e quem era contra Saddam porque todas as pessoas que nós conhecemos tinham um parente que tinha sido torturado ou morto nas prisões".

Israel, como sempre aconteceu na cobertura do Oriente Médio, da fundação do país em 1948 ao ataque terrorista do Hamas respondido com o massacre de milhares de palestinos da Faixa de Gaza no final de 2023, foi um cenário importante na Guerra do Golfo, no caso, como alvo dos mísseis Scud lançados pelo Iraque, dentro da estratégia de Saddam Hussein de arrastar o estado judeu para o conflito.

Importante, sim, mas o correspondente Carlos Dornelles, que, em junho de 1989, por exemplo, testemunhara, nas ruas de Teerã, momentos históricos como o velório do aiatolá Khomeini, no meio de uma multidão de muçulmanos que cantavam e se autoflagelavam até sangrar, teve pouco a fazer em Tel Aviv naquela guerra, além de registrar a quase inutilidade dos obsoletos foguetes iraquianos de fabricação soviética, diante da barragem protetora de mísseis montada pelos israelenses no entorno das cidades do país.

Foi em Tel Aviv, porém, que a Globo teve concorrência brasileira, em uma cobertura que, no caso do telejornal *TJ Brasil*, do SBT, limitou-se a combinar material das agências com a participação de seu correspondente em Nova York, Hermano Henning, ex-repórter da Globo. Foi a Rede Manchete que, além de contar com o correspondente Luiz Carlos Azenha em Nova York, mandou para Israel Renato Machado*, correspondente da Globo em Londres em dois períodos, primeiro entre 1983 e 1989, depois entre 2011 e 2016, e então um dos profissionais que tinham deixado a emissora na época da demissão de Armando Nogueira e Alice-Maria.

Ao embarcar para Tel Aviv com cinco mil dólares, o equivalente ao aluguel de uma picape por cinco dias na zona conflagrada, Renato* disse ter sentido o que era cobrir uma guerra sem dinheiro:

"A gente não tinha dinheiro para o satélite, não tinha dinheiro para nada. Aluguei *cameraman* local e aproveitava o rabo do satélite das agências WTN, APTN ou da Visnews, que não custava nada, para enviar o material a tempo do *Jornal da Manchete*. A Globo tinha uma organização lá, alugava salas, tinha o Carlos Dornelles cobrindo os palestinos, o Bial em Amã, na Jordânia, o Silio no Catar, o Paulo Henrique Amorim em Washington, e eu era o único da outra televisão que era a TV Manchete, uma pobre concorrente".

Sabendo que não tinha como enfrentar a estrutura de produção da Globo montada em Tel Aviv pela produtora Bel Bicalho, ex-colega de coberturas importantes em sua primeira temporada no escritório da emissora em Londres, Renato convenceu a chefe Alice-Maria, outra integrante do grupo de jornalistas da Globo contratados pela Manchete, de que o melhor era aproveitar a falta do que mostrar para entrevistar o maestro indiano Zubin Mehta, então diretor artístico da Orquestra Filarmônica de Israel:

– Olha, Alice, hoje é sexta-feira e aqui não está acontecendo nada. O Saddam Hussein não está mandando míssil para cá, porque aqui tem palestino. Ele não vai matar árabes. Então, eu vou fazer o seguinte: eu vou fazer uma entrevista com o Zubin Mehta.

Antes do que seria um momento de sorte, desperdiçado por causa da pindaíba, Renato comprou e saboreou, com seu cinegrafista israelense, "um vinho maravilhoso das colinas de Golan chamado Yarden". Depois, armou o set da entrevista no décimo sétimo andar do hotel em que o maestro estava hospedado, com duas câmeras, poltrona e iluminação afinada. E exatamente às seis da tarde, horário marcado com Zubin Mehta e também hora do *shabat*, começaram a soar as sirenes de Tel Aviv. Era mais um ataque de foguetes Scud de Saddam Hussein, chance, enfim, de um furo jornalístico:

"O maestro evidentemente não apareceu e nós fomos para a sacada e vimos chegar os foguetes, os mísseis".

Foi quando a falta de verba para um cinegrafista brasileiro fez a diferença contra Renato: o israelense contratado, em vez de gravar o testemunho jornalístico de Renato, em primeiro plano e usando máscara contra gases, tendo ao fundo os mísseis lançados por Saddam Hussein, só queria saber de filmar os foguetes no céu de Tel Aviv:

"Eu queria registrar, gravar uma passagem e o israelense não entendeu isso. Ele queria gravar o míssil, não queria um brasileiro na frente da câmera. Então ficou aquela discussão. Eu tirei a máscara contra gases e tentei gravar com o míssil caindo atrás de mim. Não consegui".

Ao final daquela guerra na qual os americanos gastaram 61 bilhões de dólares que se somaram a outros 52 bilhões pagos por várias nações árabes, 190 soldados aliados tinham sido mortos em combate direto contra militares iraquianos, segundo fontes oficiais. O resto das 379 baixas sofridas pela coalizão foi resultado de acidentes ou do chamado fogo amigo. Já as perdas sofridas pelas forças de Saddam Hussein, segundo as estimativas mais citadas, teriam ficado entre vinte mil e 35 mil soldados mortos em combate. Outras investigações estimaram que 3.500 civis morreram devido aos ataques aéreos e outros cem mil sofreram em consequência da guerra.

O balanço jornalístico da Globo? Para Schroder, valeu cada dólar investido naquela cobertura em que a emissora foi uma das poucas que mandaram equipes à região durante toda a crise, da invasão do Kuwait à retirada das tropas iraquianas:

"Era quase cinematográfico fazer aquilo, era uma parafernália. Mas deu resultado, a audiência subiu. Especialmente, acho que mais do que resultado operacional, foi um resultado de prestígio para a emissora".

Outras crises e guerras eclodiriam na região, nas décadas seguintes, e sempre com cobertura da Globo, na distância mais próxima possível. Só que, nas ruas de comércio popular do Rio de Janeiro, às vésperas do Carnaval, Saddam Hussein seria substituído, nas máscaras de olhos vazados, por outro personagem oriundo do trágico impasse geopolítico e religioso do Oriente Médio.

Osama bin Laden.

Sucessão: Temporada 1

Ainda ecoava, em todos os escalões da Globo, a história do filhote de tartaruga que Roberto Marinho, já a caminho dos 80 anos, ganhou de presente e educadamente recusou, sob o argumento de que não queria se apegar e sofrer na hora da morte do bichinho, pertencente a uma espécie que podia viver até um século. E todos, na emissora, sabiam do costume de Marinho de tratar o próprio falecimento apenas como uma possibilidade, e não como uma certeza inexorável, com uma premissa que ficou famosa: "Se eu um dia vier a faltar". Mas alguns episódios, ocorridos principalmente a partir de 1990, ano de seu 86º aniversário, sinalizaram que outro grande desafio da Globo, naquela década difícil que estava começando, seria o de atravessá-la sem ter, no comando, o fundador.

Antonio Athayde*, por exemplo, lembrou de uma espécie de apagão que o dono da Globo sofreu na época, depois de encarar uma viagem que começou no Canadá, onde recebeu um prêmio, acompanhado de Regina Duarte e de outros convidados, e seguiu direto para a Itália, ainda na época em que a Telemontecarlo pertencia a ele, onde enfim resolveu dormir. O problema:

"Ele dormiu e não acordava mais. Cerca de 48 horas, uma coisa! Ficou todo mundo ultrapreocupado. Aí, ele acordou e os médicos italianos disseram: 'Olha, ele não tem absolutamente nada, foi só cansaço, porque ele fez aquelas coisas que não devia fazer: saiu do Rio, foi para o Canadá, recebeu o prêmio, pegou um avião, foi para a Itália'".

Na volta ao Brasil, de acordo com Athayde, Marinho fez outro check-up, e, fiel à sua conhecida teimosia em desafiar os limites impostos pela idade, resolveu surpreender a diretoria da Globo em plena reunião do comitê executivo:

"Ele entrou na sala de reunião, coisa que aliás ele não fazia, por não gostar de reunião de mais de duas pessoas, e disse: 'Olha, quero dar uma excelente notícia para vocês: eu estou muito bem, estou feliz da vida. Estou com vontade de dançar'. Aí deu uma dançadinha na sala e foi embora".

Vitalidade semelhante à que exibiu em outra viagem, na mesma época, esta ao Japão, para visitar os sócios japoneses da NEC, acompanhado pela agora namorada Lily Monique de Carvalho, e que foi testemunhada por Décio Camões Leal, um dos diretores da companhia no Brasil, encarregado de montar a agenda e cicerone o casal em Tóquio. Em uma das manhãs em que foi buscar o dono da Globo no hotel para mais um compromisso, Décio o encontrou jogando um videogame fascinado, concentrado e sem dar mostras de que abandonaria o console tão cedo.

Na mesma época, porém, Boni revelou a este autor que testemunhou várias "sonecas" de Marinho ao final de almoços que tiveram, e das quais o dono da Globo despertava constrangido, só relaxando ao ouvir do interlocutor que era perfeitamente normal fazer uma *siesta* depois de refeições agradáveis como aquelas. E Roberto Buzzoni*, diretor da Central Globo de Programação, percebeu, ao ser convocado à sala do patrão, que Marinho o recebeu tratando-o inicialmente como se ele fosse Antônio Carlos Yazeji, executivo das Organizações Globo, e que, ao se dar conta do equívoco, em vez de desfazer a confusão, levou até o fim a conversa, como se estivesse mesmo muito interessado em saber como estavam a vida e os projetos de Buzzoni.

"Papai foi perdendo as capacidades que a idade vai tirando. E os diretores começaram a nos procurar. Estavam aflitos. Ele tinha perdido o discernimento e a gente queria protegê-lo, não deixar as pessoas se aproveitarem dele. Havia todo um sistema para monitorar a agenda dele. Tinha gente que o procurava querendo vender quadros porque ele era colecionador e gostava de pintura."

A preocupação de José Roberto Marinho, revelada em sua entrevista a este autor em setembro de 2023, não era diferente da que afligia Roberto Irineu e João Roberto, para quem o pai "tinha perdido um pouco as defesas dele", o que passara a exigir, cada vez mais, como eles lembraram na entrevista que deram a este autor, um "circuito de proteção" que incluía uma intensa vigilância de Walter Poyares, assessor pessoal de Marinho, depois acompanhado por José Aleixo, um diretor financeiro da emissora, com muitos anos de casa e da mais estrita confiança, e que a pedido de João Roberto deixou seus afazeres na empresa para passar os dias ao lado de Marinho, guardando máxima discrição.

Os filhos não sabiam necessariamente tudo que o pai combinava, por exemplo, com o mítico lobista Jorge Serpa e outros interlocutores poderosos que o procuravam. Mas João Roberto confessou a uma amiga que desconfiava:

– Cada vez que uma dessas figuras se reunia com o papai a gente temia que o Brasil pudesse ficar um pouco pior depois da conversa.

Um outro tipo de apreensão os irmãos compartilharam quando Mario Sergio Conti passou a frequentar a intimidade de Marinho, durante a produção de seu *Notícias do Planalto*. Antes de conhecerem os fatos relatados sobre o pai no livro, e que em 2023 Roberto Irineu e João Roberto consideraram fiéis à realidade, os herdeiros da Globo ficaram preocupados. Para a mesma amiga da família, era como se eles ficassem o tempo todo se perguntando:

– O que será que o papai está falando com o Conti?

No andar da presidência, na sede do Jardim Botânico, de acordo com o que disseram a este autor Roberto Irineu e João Roberto, imperava a determinação dos filhos de que o dono da Globo fosse poupado ao máximo de qualquer sinal de que o futuro da empresa, sem ele no comando, já estava sendo intensamente discutido. Em outras instâncias da direção da emissora, porém, a discussão já tinha se tornado uma disputa encardida cujos estilhaços chegaram, por exemplo, à convenção anual da área comercial da emissora, em março de 1990, num resort do interior de São Paulo.

Como acontecia todos os anos, centenas de funcionários da área de vendas da emissora em todo o país estavam reunidos para uma mistura de prestação de contas da área; apresentação de *cases* vitoriosos; distribuição de prêmios que incluíam viagens para o exterior; e uma oportunidade rara de os escalões inferiores conviverem, em clima de férias de verão, com os altos executivos da Globo.

Pouco antes da abertura do evento, um helicóptero pousou no resort, tendo a bordo Boni, Roberto Buzzoni e Pedro Carvalho, este último talvez o maior amigo de Roberto Irineu e integrante do conselho de administração da empresa. Segundo uma das testemunhas, quando o então superintendente comercial Antonio Athayde se aproximou para receber o trio, que ia ocupar os principais lugares da mesa do evento, Boni entregou a ele um envelope e fez um comentário que deixou boquiabertos os executivos da emissora que estavam por perto:

– Tem aí uma mensagem do Roberto Irineu para a convenção, mas eu não vou ler. Não leio mensagem de analfabeto.

Boni negou o destempero na entrevista que deu a este autor em 2023, endereçando-o ao capítulo folclórico da história da Globo em que estão armazenadas algumas lendas e invenções, boas e ruins, em torno de sua figura; mas o episódio aconteceu, sim, segundo as testemunhas de sua chegada ao resort. Seu estado de espírito, na época, em relação ao protagonismo então cada vez maior dos filhos do patrão, Roberto Irineu à frente, era semelhante ao que o levara, dez anos antes, em 1980, a esticar a corda e procurar João Saad, dono da Rede Bandeirantes, disposto a deixar a Globo junto com o que chamou de "meu grupo".

O movimento em direção à Band, como Boni revelou em seu depoimento publicado pela revista *Piauí* em 2011, foi uma resposta sua à decisão de Roberto Marinho de contratar o então jovem economista Miguel Pires Gonçalves como superintendente administrativo da emissora, no lugar de Joe Wallach, que, ao deixar a Globo naquele ano para voltar aos Estados Unidos, recomendara, também segundo Boni, que o cargo fosse extinto. E mais do que ter que dividir poder com "um jovem inexperiente que chegou logo se metendo", depois de ser indicado a Marinho pelo banqueiro José Luiz de Magalhães Lins, o que levou Boni a procurar a Band, ele disse à *Piauí*, foi o motivo da contratação, revelado pelo advogado Miguel Lins:

"Ele me contou que o doutor Roberto havia pedido ao José Luiz alguém com um perfil autoritário, 'capaz de me controlar administrativamente com uma torquês na minha orelha'".

Ao saber das conversas de Boni com o dono da Bandeirantes, Marinho decidiu promovê-lo do cargo de superintendente de produção e programação ao de vice-presidente de operações, deixando-o ao lado de Roberto Irineu e João Roberto, ambos vice-presidentes que já integravam o comitê executivo da Globo, com Miguel Pires Gonçalves uma posição abaixo dos três.

Boni já tinha esticado a corda uma outra vez, em 1977, meses depois da demissão de Walter Clark, quando o próprio Roberto Irineu, então com 31 anos, passou a trabalhar na emissora, nomeado pelo pai como vice-presidente executivo. Na época, a revista *Veja*, edição de 16 de novembro daquele ano, captura boatos segundo os quais a nomeação de Roberto Irineu teria levado Boni à decisão de sair da Globo, por não aceitar intermediários em sua relação com Marinho.

Boni à época não negou os boatos e aceitou até conjecturar, para a revista, sobre um convite que teria recebido da rede CBS, por indicação do amigo Jorge Adib, então diretor da Viacom, empresa que distribuía os produtos da emissora americana no Brasil:

"Encaro a possibilidade desse convite mais como um interesse de intercâmbio de experiências e conhecimento. Sabidamente o fenômeno da TV Globo é fruto de um trabalho coletivo. De nada adiantaria eu ir pra lá sem poder contar com toda essa equipe que me tem auxiliado em onze anos de TV Globo, o que, convenhamos, dificulta as negociações de parte a parte".

Na mesma entrevista, porém, depois de ressalvar que considerava justo não ter nenhum profissional acima dele no comando da Globo, deixou uma porta aberta para um convívio com Roberto Irineu, dizendo que o filho mais velho do patrão era "o caminho natural e perfeito":

"Ele acabou de fazer um longo curso de administração na ABC americana e tem todo o nosso apoio. Ele será o empresário com o qual e para o qual trabalharemos".

Isso para a *Veja* e seus leitores. E também para o jornal *O Estado de S. Paulo*, em junho de 1998, quando disse que nunca tinha passado por sua cabeça "fazer algo que contrariasse os interesses dos acionistas, dos donos da empresa". A julgar, porém, pela conversa que Boni disse ter tido em 1977 com Roberto Irineu, a caminho de um almoço em Nova York, e cujo momento central ele reproduziu para o autor em 2023, o filho mais velho de Roberto Marinho começaria na empresa como vice-presidente, mas sem mexer com o poder de Boni. A ponto de perguntar:

– Boni, eu vou ser bem recebido?

– Tapete vermelho. Desde que você não seja o Walter Clark, que ficava com as glórias e não queria trabalhar.

Cerca de catorze anos depois, o convívio que nos primeiros anos se transformaria no que ambos, Boni e Roberto Irineu, descreveram, em suas entrevistas a este autor, como uma amizade fraterna com direito até a férias familiares conjuntas, já tinha sido chamuscado pelas cinzas do fiasco da Telemontecarlo. Nas palavras de Boni:

"Depois da Telemontecarlo, nossa relação ficou mais distante. Éramos colegas de todo final de semana estarmos juntos, sair de barco, viajarmos juntos. Tínhamos afinidades gastronômicas".

O projeto fracassado da rede de televisão na Europa, além de azedar a relação, também estava na origem de um período de conflitos e desconforto entre Marinho e o filho mais velho, "o pai achando que o filho não tinha feito o que ele pediu e o filho achando que o pai não tinha lhe dado o apoio necessário", segundo uma testemunha dos acontecimentos do décimo andar da emissora.

Rescaldos da Itália à parte, a corda que Boni voltava a esticar em 1990, com atitudes como a que tomara na chegada à convenção da área comercial, era um pouco diferente: tinha, na outra extremidade da corda, num ponto de pega à frente do que era segurado por Roberto Marinho e, sem que ele percebesse com muita clareza, pelas mãos firmes de Roberto Irineu, João Roberto e José Roberto. Os três já estavam movidos, já havia algum tempo, por um pacto de união que jamais permitiria, nas décadas seguintes, que qualquer trinca na família levasse a Globo ao destino a que a família fraticida de Assis Chateaubriand condenara o império dos Diários Associados, ali do lado, no capítulo anterior da história da televisão brasileira.

O instrumento dos herdeiros para assumir, de fato e de direito, o comando da Globo, inicialmente não foi Marluce Dias da Silva, futura superintendente-executiva e diretora-geral, como ela afirmou a este autor, mas o marido dela, o professor Eurico Carvalho, coordenador do mestrado de administração da Fundação Getulio Vargas (FGV) que João Roberto conhecia das consultorias que ele tinha realizado, a partir de 1982, no jornal *O Globo* e, depois, na Globo, com o projeto RG84.

João Roberto foi o representante da família Marinho no almoço em que convidou Eurico para substituir Miguel Pires Gonçalves na superintendência administrativa e comandar uma "mudança estrutural profunda" na Globo, ao mesmo tempo que os acionistas criavam uma holding do grupo, a Globopar, que seria comandada por Miguel. Eurico atuaria no mesmo nível hierárquico de Boni e do então superintendente comercial Octávio Florisbal. Mas declinou e sugeriu:

– A Marluce pode ser uma solução. Ela é capaz de fazer o que vocês estão querendo.

Marluce, a ex-assistente então já casada com Eurico, sabia do almoço, mas disse a este autor que desconhecia tanto o convite quanto a indicação feita pelo marido. Dias depois, foi convidada para uma reunião com Roberto Irineu no Jardim Botânico. Inicialmente, quando ele explicou que o desejo dos irmãos era de que ela cuidasse da "área do Miguel", ou seja, da área administrativa da Globo, com o mesmo salário dele, ela quis recusar, lembrando a experiência de 1982 com o projeto RG84, considerada por ela complexa e assustadora. Mas acabaria aceitando o cargo inicial de superintendente-executiva.

Durante a consultoria do projeto RG84, Marluce já tinha provocado duas reações distintas no comando da Globo: uma resistência de vários diretores ao que um deles descreveu como "ânimo intervencionista" e um encantamento dos filhos de Roberto Marinho com seu estilo que mais tarde, já na empresa, seria definido, por críticos e admiradores, como "hipnótico".

Contribuiu para a tomada efetiva das rédeas do negócio pelos herdeiros da Globo a impressão que Marluce teve, em suas conversas posteriores com o próprio Roberto Marinho, de que, a exemplo do que fizera na saída de Joe Wallach em 1980, o dono da Globo continuava determinado, em 1990, a não permitir que Boni assumisse o comando das áreas financeira, administrativa e comercial da emissora. Marinho, segundo ela, enquadrava Boni na categoria dos "artistas malucos" que ele liderava e que tinham de ser acompanhados de perto.

Marinho também não se opôs à iniciativa dos filhos de substituir Miguel Pires Gonçalves no comando administrativo da Globo, transferindo-o para a Globopar, porque estava convencido, como disse depois a Marluce, de que o executivo, contratado em 1980 exatamente para acompanhar de perto os movimentos de Boni e sua turma de "artistas malucos", também se deixara seduzir pelo carisma do então vice-presidente de operações. O que Boni confirmou, em seu depoimento à *Piauí*, ao dizer que, depois de levarem cerca de quatro anos para parar de se estranharem, ele e Miguel, "um profissional competente, culto e com uma extraordinária visão de futuro", tornaram-se grandes amigos.

Independentemente dos instrumentos e nomes da mudança, do ponto de vista de rentabilidade, a Globo tinha adquirido, segundo Roberto Irineu, mas em proporções milionárias, o mesmo padrão do jornal *O Globo* naquela época:

"Era um jornal militar: um, dois, um, dois, um dois... Ou seja: lucro de um milhão, dois milhões, um milhão, dois milhões. Pagava a despesa da família e se guardava um pouquinho pra investir e estava bom".

Quando Marluce aceitou o convite, em 1991, não bastassem as perdas de audiência para o SBT, em meio ao acirramento da disputa dos índices do Ibope, a Globo vinha do pior resultado financeiro em dez anos, com prejuízos da ordem de vinte milhões de dólares, acumulados de janeiro a agosto, e que já começavam a afetar a qualidade da dramaturgia da emissora.

Exemplo: na minissérie *Desejo*, que fez parte da contraofensiva da Globo contra o fenômeno *Pantanal*, não havia dinheiro para reconstruir a épica batalha de Canudos, relatada por Euclides da Cunha, e o diretor Wolf Maya*, sem condições de "abrir câmera", viu-se obrigado a apenas simular o conflito com uma *steadicam,* mostrando, "tipo Glauber Rocha", apenas takes fechados de corpos, fumaça e pedaços de bandeira. Mostradas em *flashback*, as cenas foram feitas pela diretora Denise Saraceni, num espaço de apenas cem metros quadrados, sem sequer um disparo de canhão e com apenas quinze figurantes.

Antes, ainda em 1988, a produção da minissérie *O Primo Basílio* fora obrigada a cancelar gravações em Portugal, a usar muito o efeito *chroma key* em estúdio e a levar às últimas consequências o conceito da chamada "baixa produção", sinônimo de criatividade compulsória por falta de dinheiro. A revista *Veja*, atenta como sempre aos sinais vitais da Globo, ao documentar a dureza geral nos orçamentos da emissora, deu como exemplo uma cena da novela *Perigosas Peruas* cujo roteiro original previa que a atriz Silvia Pfeifer seria vítima de um terremoto em São Francisco, nos Estados Unidos, e que, no final das contas, acabou sendo resolvida com um providencial acidente de carro.

Para completar o cenário daquele momento histórico em que os filhos de Roberto Marinho começavam a tomar conta de verdade da Globo, a situação do Brasil também estava batendo à porta da empresa. Em menos de dez anos, os brasileiros tinham convivido com sete planos econômicos e quatro moedas diferentes, nenhum deles ou delas capaz de pôr fim ao encarecimento dos produtos básicos, à recessão, à desvalorização cambial e a uma inflação que, no final de 1990, primeiro ano do governo Collor, estaria na casa de 20% mensais.

Foi desse cenário de crise generalizada na economia do país, na primeira reunião do comitê executivo da Globo com participação de Marluce como superintendente-executiva, na presença dos três irmãos Marinho, que Boni pinçou com detalhes o fato de ela ter sido diretora de Recursos Humanos e Organização da Mesbla, a icônica loja de departamento que tinha acabado de falir, para perguntar se a jovem executiva ia "brincar de lojinha" na emissora.

Começava um discurso que Boni e seus aliados na emissora entoariam, por anos a fio, para lembrar a participação de Marluce na gestão da Mesbla, até a saída definitiva dele da Globo em 1998. Na mesma época, em um dos primeiros almoços do comitê executivo de que participou, Marluce resistia tenazmente ao incentivo de um dos comensais para que experimentasse mais um dos vinhos que Boni levara para a reunião:

– Não posso. Se eu experimentar outro vinho, vou ficar tonta.

Àquela altura, Boni não estava disposto ao risco de esticar a corda mais uma vez com os donos da Globo. Restaria fustigar:

– Tonta você já é.

CAPÍTULO 26

Humor é o casseta

– Fala sério!

Os "cassetas" deixaram a sala de Boni muito contrariados, "querendo quebrar tudo", na lembrança de Cláudio Besserman Vianna, o Bussunda*. Era o início de 1992, tempo de alta ansiedade no comando da Globo com o assédio da concorrência no Ibope, e o vice-presidente de operações não tinha gostado nada do programa com o qual o grupo dos então ex-redatores do *TV Pirata* estrearia o *Casseta & Planeta, Urgente!*, novo humorístico mensal que passaria a ocupar a linha de shows da emissora nas noites de terça-feira. Argumento de Boni, segundo Bussunda:

– O cara que chega em casa nove e meia da noite e liga a televisão não quer aprender coisas legais, ele não quer se informar, ele quer se divertir. Tem que ser piada, piada e piada!

Difícil de acreditar, para muitos, mas verdade: junto com as piadas, no programa de cerca de quarenta minutos que tiveram que refazer para a estreia que aconteceria em 28 de abril, para ficar no ar por dezoito anos, até 2010, Bussunda, Hubert Aranha, Claudio Manoel, Helio de La Peña, Reinaldo Figueiredo, Marcelo Madureira e Beto Silva tinham incluído uma reportagem de quase vinte minutos produzida na favela da Rocinha, Zona Sul do Rio, na qual mostravam um videoclube, uma escola de informática e, nas palavras de Bussunda, "as coisas legais que aconteciam na favela em uma época em que só se falava de violência".

Não era o que Boni queria. E ainda bem, acrescentaria Bussunda*, em 2002, época em que o programa, devido ao grande sucesso, já havia se tornado semanal desde março de 1999:

"A gente saiu revoltado, mas resolvemos fazer do jeito que o Boni mandou e deu certo até hoje. Eu acho que ele tinha toda a razão".

Com o alvará carimbado por Boni, os ex-universitários que tinham brilhado na redação do *TV Pirata* decidiram ser fiéis apenas ao lema "jornalismo-mentira e humorismo-verdade", seguindo o conselho do diretor José Lavigne de ir para a frente das câmeras e contar apenas com a experiência dos shows de humor que faziam. No dia seguinte à estreia, na sala de Roberto Marinho, segundo a biografia *Bussunda: a vida do casseta*, escrita por Guilherme Fiuza, Boni, feliz com o fato de o programa ter superado os 30 pontos no Ibope, encontrou o dono da Globo satisfeito, mas também apreensivo:

– Boni, eu acho pesado. Vai ser sempre assim?

– Não, doutor Roberto. Quando os rapazes ficarem mais à vontade vai piorar um pouquinho.

Ninguém escaparia. Passados trinta anos da estreia, depois de fazer história na televisão brasileira ao levar gerações de telespectadores às gargalhadas, o *Casseta & Planeta, Urgente!* também se tornaria um marco polêmico de como essas mesmas gerações se descobririam discutindo como se comportar diante do tipo de humor que o grupo fazia.

– Aí, *negão*, documento! Ou então a gente te bota na caçapa!

O *negão*, no quadro do programa, era interpretado por Pelé, em participação especial no programa no qual o rei do futebol tentava convencer um PM negro ignorante vivido por Helio de La Peña* de que ele era mesmo Pelé, e não um bandido.

No programa e no quadro que fizeram para o *Fantástico* até 1997, além de expor, a seco e a serviço exclusivo do riso, o que no futuro, no caso do quadro com Pelé, seria classificado como racismo estrutural, os "cassetas" transportaram, das ruas para o horário nobre da Globo, sem escalas no pudor ideológico ou na culpa política, o humor de pegadinhas cultivado à época principalmente pela juventude urbana do Brasil, e cuja molecagem predileta eram as armadilhas sexistas que levavam os incautos a se verem na súbita condição, ou "suspeita", de serem homossexuais.

Como no dia em que os "cassetas" aproveitaram uma ola da torcida em dia de Maracanã lotado para Beto Silva, do gramado, gritar "Aí, boiola!" e, logo em seguida, diante do aceno para ele dos milhares de torcedores que faziam a ola, emendar com a pegadinha transgressora em vigor, na época, em muitas turmas de rua ou de escola do país:

"Só chamei um! Só chamei um!".

Outra pegadinha de sexo clássica da época ganhou até uma versão estrangeira, interpretada por Bussunda no especial que os "cassetas" gravaram na Itália em 1993. Vestido com as cores da seleção brasileira, ele se aproximou de uma dupla de policiais italianos e perguntou se eles conheciam um certo "Mário". Depois do esperado *"Cosa Mario?"* de um dos policiais, Bussunda emendou, misturando português com italiano:

"*Aquele que ha te acarcato atra di armario*".

Para fustigar outra categoria, a que Helio de La Peña* chamou de "gaúchos mal-humorados", com a ressalva de que não foi o *Casseta & Planeta, Urgente!* que inventou as piadas sobre a proximidade do machão gaúcho com a "boiolagem", mas dentro do raciocínio de que "quando você é muito macho, os opostos acabam se esbarrando", o programa resolveu, segundo ele, "fazer as pazes" com os gaúchos em uma suposta viagem ao Rio Grande do Sul. Na edição, porém, La Peña e Marcelo Madureira entraram num Fusca cor-de-rosa e, no corte para a cena seguinte, desembarcaram no meio de uma passeata gay em São Paulo:

"E a gente ficava perguntando para as pessoas: 'Há quanto tempo você é gaúcho?'; 'Sua mãe sabe que você é gaúcho?'; 'Quando você resolveu se assumir gaúcho?'. E o Brasil inteiro, menos o Rio Grande do Sul, riu muito dessa piada".

Em outra frente de provocações no campo da sexualidade, os "cassetas" criariam, em 1998, o quadro "Diário de um Macho", no qual, duas décadas antes de Jair Bolsonaro se tornar um ídolo dos marombeiros e afins, Claudio Manoel interpretava "Carlos Maçaranduba", professor e dono de uma academia de artes marciais para quem civilidade era "coisa de boiola" e que, junto com o amigo "Ulson Montanha" vivido por Bussunda, desmoralizava os brucutus da musculação com um bordão multiuso:

– Vou dar porrada!

Para Bussunda*, neste caso, não era só humor. "Maçaranduba", segundo ele, era um "idiota completo" exatamente para ridicularizar "os fortões, os jiujiteiros que à época estavam fazendo um monte de besteiras, batendo em todo mundo na noite e sendo heróis de uma geração de garotos".

A ridicularização do machismo não impediria que em 2003 a Associação da Parada do Orgulho LGBT de São Paulo negasse credenciais de cobertura para a equipe, por entender que o *Casseta & Planeta, Urgente!*, além de ser homofóbico, não fazia jornalismo. Por outros motivos, quem também não gostava do programa que expunha com uma franqueza inédita os clichês e preconceitos que os gays sofriam no Brasil, e também sua resistência mordaz e bem-humorada à discriminação, era o "Bruxo" das pesquisas Homero Icaza Sánchez*. Em 2001, ele criticou os "cassetas", mas errou no prognóstico:

"Eu tenho uma teoria de que o problema do humorismo da televisão brasileira é o homossexualismo. Os autores de programas humorísticos, quando não têm solução, inventam um veado. Automaticamente. E tentaram fazer isso com mulheres, inclusive. O que está acontecendo é que o nível do humorismo caiu, na minha opinião. Em televisão, caiu. *Casseta & Planeta* não é humorismo. Às vezes é humorismo. 60% é deboche. Isso não mantém um programa, na minha opinião".

Na onda contrária ao programa, a cantora Sandy, ao assinar com a Globo em 2001, fez um acerto preventivo e de resto eficiente contra investidas do programa. Foi o que os "cassetas" descobriram ao criarem "Estrela Virgem", paródia da novela *Estrela Guia* que exploraria a polêmica da época sobre a virgindade de Sandy, 17 anos, então estrelando no folhetim como "Cristal", paixão do motoqueiro "Charles" interpretado por Rodrigo Santoro.

Chamados para uma reunião com o diretor Mário Lúcio Vaz, os "cassetas" souberam que o pai de Sandy, o também cantor Xororó, tinha imposto, como condição para que a filha atuasse na novela, uma cláusula que proibia o *Casseta & Planeta, Urgente!* de fazer paródias com ela, e o quadro "Estrela Virgem", por isso, acabou não indo ao ar. Claudio Manoel*, que tinha um bom relacionamento com a família de Sandy, relevou. Marcelo Madureira, não:

"Eu defendo que aquilo foi uma jogada de marketing, das geniais, da assessoria da Sandy: a Britney Spears começou a vender aquela coisa de virgindade, e a Sandy resolveu embarcar nessa onda. Não fomos nós que inventamos essa coisa de virgindade da Sandy; foi ela. Nós só fizemos piadas sobre o fato, não inventamos o fato. Foi um momento delicado ali. E eu entendo a posição da TV Globo. Entendo a própria posição da Sandy. Mas quem está na chuva é para se molhar".

Todos os clichês, obsessões, tabus, piadas, lendas e trocadilhos relacionados à condição feminina sofreriam, ao longo da história do programa, o que para alguns era uma releitura atrevida e bem-humorada e, para outros, uma reafirmação grosseira do machismo da turma. Isso numa época em que a preocupação com o que no futuro se chamaria "lugar de fala" era muito mais logística e pragmática do que conceitual ou ética.

Faltava mulher, e muito, no *Casseta & Planeta, Urgente!*. Na frente e atrás das câmeras. E a chegada, em 1994, da então apresentadora da MTV Maria Paula, ao elenco de sete homens, num programa que teve em seu time de doze roteiristas apenas uma redatora, Claudia Souto, se não livrou o *Casseta & Planeta, Urgente!* do carimbo de machista, pelo menos ajudou a resolver um problema de escalação de elenco que seria inimaginável na Globo do século 21: a falta de atrizes para os papéis femininos.

Até então, as tentativas de incluir pelo menos uma mulher no elenco não tinham dado muito certo, primeiro com Dóris Giesse, em 1992, e depois com Kátia Maranhão, em 1993, ambas originárias do jornalismo e nem sempre dispostas a interpretar certos papéis previstos nos roteiros. Com a chegada de Maria Paula, o programa ganhou, nas palavras de La Peña*, "o alívio de ter uma figura feminina". Bussunda* também comemorou:

CAPÍTULO 26 · 327

"A Maria Paula chegou da MTV topando todas, se integrou muito bem ao grupo e faz personagens femininos que a gente nunca teve. Nossos personagens femininos eram travestis, todos".

Na sátira da política nacional, o problema dos "cassetas" foi com a esquerda. Depois de paródias antológicas com os presidentes Itamar Franco, interpretado por Reinaldo com seu "Devagar Franco"; Fernando Henrique, com os personagens "Ficando Henrique Nervoso" e "Folgado Henrique Cardoso", entre outras variações, sempre a cargo de Hubert; e Lula, parodiado por Bussunda como "Luiz Inércio Lula da Silva", "Lula-lá" e outros personagens, "a coisa ficou um pouco complicada nos últimos anos, depois que o PT chegou no poder", nas palavras de La Peña*, em 2013:

"Começou uma leitura de que a gente não estava fazendo as brincadeiras por ter uma liberdade para fazê-las e sim porque a gente estava sendo pautado pela direção da Globo para dar um cacete no governo do PT. Como era um programa bastante expressivo, popular, conhecido e tudo, eles começaram a identificar o *Casseta & Planeta* como se fosse a voz da Globo. Esse tipo de leitura mal-humorada e distorcida atrapalhou bastante e a gente começou até a reduzir a nossa brincadeira política por conta disso".

Em um dos quadros que incomodaram setores da esquerda, Bussunda fazia piada com a então conhecida "língua presa" de Lula, a dificuldade de pronúncia da letra "s" que resulta no som da letra "f". Um problema que Lula atenuaria até quase não ser mais percebido e cuja exploração, pelos humoristas em geral, seria tratada no futuro como capacitismo, a discriminação de pessoas portadoras de algum tipo de deficiência física. Num dos episódios do quadro "Nossa Língua Portupresa", com o "Professor Pasqualula", mistura da figura do então presidente com a do famoso professor de português Pasquale Cipro Neto, a frase a ser estudada era:

"O Zé Dirceu ficou ressabiado porque não sabia que o sabiá sabia assobiar".

Na hora de analisar aquela sentença cheia de "esses", ou "efes", o "Pasqualula" de Bussunda reage contrariado:

"Como vocês podem ver, isso é uma oração que não é nem adversativa e nem substantiva. É uma oração *sacaneativa*. É *sacaneativa* porque é de difícil *prenúncia*, pois tem muito *efe*: *efe* de *falficha*, *efe* de *falário*, *efe* de *foda*... limonada. Falar esse monte de *efe* é *foda*. E não é limonada".

Sem hesitar, a exemplo da piada com Pelé, o programa também fazia humor no fio desencapado dos preconceitos de raça, expondo-os ao invés de evitá-los, em quadros irreverentes como o que foi apresentado em 1997, e no qual o "casseta" Claudio Manoel, caracterizado como o ministro dos transportes em seu gabinete, interrompe várias vezes a suposta programação de uma emissora para uma série de pedidos de desculpas, um atrás do outro.

No primeiro pronunciamento, o "ministro" pede desculpas à população negra "pela infeliz comparação entre o rei Pelé e o asfalto"; no segundo, dirigido "à valorosa nação indígena", ele se desculpa por tê-la chamado de "um bando de preguiçosos" no comunicado aos negros; e no terceiro, destinado "à nobre estirpe dos orientais", ele se penitencia por ter discriminado os asiáticos como pessoas indesejáveis, ao pedir desculpas aos indígenas, terminando por xingar a categoria de ministros "que só falam besteira".

Divertido? Desconcertante? Agressivo? Repulsivo?

Muitos discutiam, mas era um tempo em que, diferentemente do que aconteceria na guerra identitária dos anos 2020, poucos defendiam proibição, censura, cancelamento ou boicote. Elogiados por terem "uma boa formação de leitura e escreverem muito bem" pelo próprio Chico Anysio, um desafeto quase imediato quando a trupe chegou à Globo em 1988, os "cassetas", em análise feita pela jornalista Bia Abramo em 2008, na *Folha de S.Paulo,* faziam humor em uma época em que, segundo ela, "nem havia como ser politicamente correto" pelo fato de o Brasil estar "saindo de um período em que nem mesmo os direitos básicos de democracia estavam garantidos":

"A correção política à americana era como que um luxo distante dos países desenvolvidos. O que esse grupo talentosíssimo de comediantes fazia era sim expor o nervo das fraturas sociais brasileiras – o machismo, o racismo, o sexismo, a profunda divisão e hostilidade entre as classes – e, ao mesmo tempo, não aderir a nenhum dos projetos conciliatórios, despejando o mesmo sarcasmo às soluções da esquerda e da direita".

Os porta-vozes da direita, que ganhariam mais espaço na mídia brasileira só a partir de 2010, hibernavam, de certa forma, durante a existência do *Casseta & Planeta, Urgente!*. Já na esquerda, era perceptível, em artigos da imprensa e nos espaços acadêmicos, um desconforto com o sucesso popular do programa. Enquanto o Ibope indicava que uma parcela considerável dos pobres e remediados estava se divertindo com a própria desgraça, contrariando o roteiro marxista de sua emancipação e rindo antes da hora, em vez de se indignar, quem sofria, junto com segmentos da classe média, eram intelectuais como Eugênio Bucci, que, em artigo publicado pela *Folha de S.Paulo* em setembro de 2002, afirmou que "na TV, a função do humor parece ser não a de superar, mas a de aprofundar a dor".

Em seu artigo, Bucci dizia que naquela época não existia, no Brasil, um programa de humor que pudesse ser "posto à altura de Chaplin, de Woody Allen ou do grupo Monty Python", ressalvando que "Retrato Falado", o quadro à época apresentado por Denise Fraga no *Fantástico*, "talvez" tivesse "alguma leveza", e que *Os Normais*, estrelado por Fernanda Torres e Luiz Fernando Guimarães, também exibido com sucesso pela Globo na época, embora tivesse, nos diálogos, "uma inteligência acima da média", era "grosso", faltando-lhe "a delicadeza sem a qual a graça não flutua". Sobre os "cassetas", especificamente, Bucci disse:

"Há quem diga que *Casseta & Planeta* mudou esse cenário. Não mudou. *Casseta & Planeta* é o melhor humorístico da TV brasileira, de longe, mas, como os outros, é preconceituoso e violento. A gente vê, a gente ri, mas a gente sabe: *Casseta & Planeta* não é um programa politicamente incorreto, é só um programa reacionário".

Marcelo Madureira*, o integrante geralmente mais disposto a entrar na polêmica sobre o programa, deixou claro em 2005 que o grupo, como uma trupe de humor, não se via encarregado de outro projeto que não fosse o da "esculhambação":

"Nós somos pagos para isso. É isso que a sociedade espera da gente. Nós temos um alvará da sociedade brasileira para isso, para esculhambar. Na hora em que deixarmos de cumprir nosso papel, aí está mal para nós. Então, de certa forma, eu me sinto autorizado. É o que se espera da minha pessoa. Doa a quem doer, venha de onde vier – é obrigação de humorista".

E doeu, com ações na Justiça contra o programa que não tiveram maiores consequências, como no caso da Polícia Militar de Diadema, em São Paulo, cujos integrantes a reportagem da Globo flagrou praticando extorsão seguida de espancamento e assassinato em 1997; a ex-procuradora Jorgina de Freitas, responsável por fraudes milionárias contra o INSS nos anos 1980; o empresário Artur Falk, apelidado de "Artur Desfalque" por ter sido condenado em 2005 por crimes contra o sistema financeiro; e o juiz Nicolau dos Santos Neto, tratado como "Juiz Nicolalau" pelo programa, após desviar recursos milionários para a construção do Fórum Trabalhista de São Paulo, nos anos 1990.

Outras reações aconteceram em espaços da imprensa como o do crítico de cinema Inácio Araujo, da *Folha de S.Paulo*, em resposta a um comentário feito por Marcelo Madureira em 2008, quando os "cassetas" se aventuraram na sétima arte, sem o sucesso da TV, com o filme *Casseta & Planeta: Seus Problemas Acabaram!!!*. Na época, Madureira tinha dito, durante uma entrevista, que "Glauber Rocha é uma merda". Em sua resenha sobre o filme dos "cassetas", Inácio encaixou o desagravo:

"Talvez Marcelo Madureira ainda não tivesse visto *Casseta & Planeta: Seus Problemas Acabaram!!!*, que renovou o conceito de 'merda', cinematograficamente falando. [...] Tudo é tão canhestro no cinema do grupo de humoristas que não poderia ser comparado nem a Renato Aragão, cujo talento quase sempre apanhou do cinema, embora se manifestasse na TV. Nem muito menos às boas chanchadas de Oscarito e Grande Otelo, ou a Mazzaropi. Já Glauber é outro planeta".

A defesa determinada do programa não impediria que Madureira guardasse "uma triste lembrança", um caso que ele até começou a contar com humor para os entrevistadores do Memória Globo, antes de ficar sério:

"Foi um acontecimento profundamente infeliz. Ninguém lembra, mas há muitos anos, mas muitos anos atrás, a cidade do Rio de Janeiro estava muito violenta. Vocês não vão acreditar, mas era muito violenta, tinha balas perdidas por tudo que era canto".

A história era sobre a noite em que o *Jornal Nacional* noticiou a morte trágica, por bala perdida, de uma criança do bairro carioca do Grajaú e foi impossível, por razões operacionais da Globo, alterar, em cima da hora, o conteúdo da edição do *Casseta & Planeta, Urgente!* que continha várias piadas exatamente sobre bala perdidas. Sem fazer piada, Madureira explicou:

"Nosso programa seria exibido naquele dia cheio de piadas de balas perdidas, uma coisa não intencional. Nós jamais faríamos piada de bala perdida naquela circunstância, naquele dia, naquele momento. E eu nunca vou esquecer isso. Eu fiquei completamente transtornado. A minha vontade, se eu pudesse, era tirar, dizer: 'Não vamos exibir o programa!'. Mas tem que exibir. O show tem que continuar. E, na verdade, não somos culpados pelas balas perdidas. Enfim, foi triste isso".

A graça no ar

Jô Soares, Renato Corte Real, Luiz Carlos Miele, Berta Loran e Agildo Ribeiro, entre outros, já tinham feito algo parecido entre 1973 e 1975, no humorístico quinzenal *Satiricom*, em quadros curtos de dois minutos em média que parodiavam telenovelas, clássicos do cinema, programas de auditório, telejornais e programas radiofônicos.

Assim como eles, mais do que em qualquer outro tema ou personagem, foi na televisão, e, de modo especial, na própria Globo, que os "cassetas", todos pertencentes ao que Madureira chamou de "primeira geração educada na frente da TV", buscaram inspiração, ao longo da existência do *Casseta & Planeta, Urgente!*.

As paródias de novelas, por exemplo, mesmo classificadas por críticos como Bucci como "sátira chapa-branca" dedicada a "fazer propaganda engraçadinha das estreias da Globo", fariam tanto sucesso, com reflexos poderosos no próprio Ibope dos folhetins, que autores como Manoel Carlos se tornaram "agentes infiltrados" dos "cassetas" nos núcleos de dramaturgia da emissora:

"Nós temos nossa rede de espiões. Com Manoel Carlos é ótimo. Ele mesmo manda e discute. É ótimo. Com um ou outro isso é uma complicação. Mas a maioria, pelo contrário: já até interviemos na novela e discutimos, brincamos. Hoje recebemos dicas da produção. E pegamos, às vezes, de onde o capítulo parou, prosseguimos dali".

Tony Ramos, ao interpretar o saxofonista "Téo", na novela *Mulheres Apaixonadas*, em 2003, inspiraria uma piada inesquecível do programa dos "cassetas" por ser um homem muito peludo. Reinaldo*, intérprete do intérprete Tony, divertiu-se ao lembrar do exagero dos "cassetas" com os pelos do ator:

"A gente o chamava de vários nomes: 'Pelodony Ramos', 'Lobisony Ramos', porque ele tinha um excesso de pelos na mão, no braço, pelo saindo pelo pescoço. Tinha cabelo saindo do saxofone. Em todo lugar por onde ele passava, ficava um monte de cabelo. A empregada reclamando: 'Pô, não é possível'. Mas o Tony Ramos adorava".

O Tony e praticamente todo o elenco da emissora. E, segundo Reinaldo*, pelo fato de o quadro durar apenas alguns minutos por semana, exibido dentro do *Casseta & Planeta, Urgente!*, surgiu uma concorrência, nos bastidores da emissora, entre atrizes e atores que sonhavam ser caracterizados pelo programa:

"A gente não conseguia encaixar todos os personagens na nossa paródia. Aí os atores que ficaram de fora, a gente cruzava com eles lá no Projac e eles: 'Pô, mas o meu personagem não vai aparecer? Não vai ser sacaneado também? Que sacanagem, pô!'".

E tome trocadilhos, da infâmia ao hilariante, com os títulos de novelas: "Esculachos de Família" (*Laços de Família*, 2000), "O Silicone" (*O Clone*, 2001), "Porco com Vinagres" (*Porto dos Milagres*, 2001), "Semelhança" (*Esperança*, 2002), "Mulheres Recauchutadas" (*Mulheres Apaixonadas*, 2003), "A Merreca" (*América*, 2005), "Sem Hora pro Intestino" (*Senhora do Destino*, 2004), "Paraíso do Bilau" (*Paraíso Tropical*, 2007), "Suas Taras" (*Duas Caras*, 2007) e "Com a Minha nas Índias" (*Caminho das Índias*, 2009).

Em "Baleíssima", paródia da novela *Belíssima*, exibida entre 2005 e 2006, tempo em que o tratamento dado pela televisão aos gordos ainda não era tão vigiado como seria nos anos 2020, o programa imitou a abertura da novela de Silvio de Abreu com uma vinheta em que Bussunda, 110 quilos ou mais, vestido de mulher e com seus contornos roliços contidos por uma *lingerie* preta, lançava um olhar insinuante para a câmera, enquanto o locutor dizia:

"Você pode perder uns quilinhos, mas não pode perder 'Baleíssima'".

A força dos personagens criados pelo programa a partir das novelas era tanta que em 2001 os "cassetas" acabariam até induzindo, sem querer, um diagnóstico oftalmológico do ator Marcos Palmeira, o "Guma" da novela *Porto dos Milagres*, inspirador do personagem "Culma" interpretado por Hubert da paródia "Porco dos Vinagres". Aconteceu quando, por conta própria, no primeiro capítulo do quadro, Hubert resolveu que seu personagem seria estrábico e atuou o tempo todo com os olhos revirados. Claudio Manoel* até estranhou:

– Por que você vai fazer estrabismo? O cara não é estrábico.

– Mas não é engraçado?

"Porco dos Vinagres" foi ao ar e, só alguns anos depois, quando a atriz Luana Piovani entrou no elenco do *Casseta & Planeta, Urgente!* durante a gravidez de Maria Paula, ela contou à equipe que, na época em que a paródia esteve no ar, Marcos Palmeira, então seu namorado, ficou transtornado com a imitação, começou a pesquisar e acabou consultando um oftalmologista que diagnosticou que ele sofria de "estrabismo psicológico". O cineasta Zelito Viana, pai de Marcos Palmeira, até agradeceu a Claudio Manoel e aos outros "cassetas" pela descoberta do problema.

Outra fonte de inspiração na televisão eram as próprias chamadas da grade de programação da Globo. No caso do programa *Linha Direta*, na época em que era apresentado por Marcelo Rezende, um locutor, imitando o estilo de Dirceu Rabelo, considerado "a voz da Globo", promoveu o "Galinha Direta", apresentando Hubert como o repórter "Marcelo Galinha Rezende", fantasiado de galo junto à porta arrombada de um galinheiro, dizendo:

"No programa de estreia, vamos investigar por que o pinto do meu pai fugiu com a galinha da vizinha".

"Fucker & Sucker", quadro em que Hubert e Reinaldo, respectivamente, interpretavam dois policiais americanos imbecis que formavam "uma dupla de dois tiras", era apresentado, na chamada, como "o primeiro enlatado americano fabricado no Brasil". Em outra chamada, a voz do ator Francisco Milani satirizou o seriado *Mulher*, apresentado entre 1998 e 1999:

"*Mulé*, o seriado que só vai ao ar naqueles dias".

O jornalismo da Globo também não escapava. Desde o quadro do *Fantástico*, os "cassetas" já contavam com a participação de personagens cujos originais famosos eram facilmente identificáveis: "Chicória Maria", "Ótima Bernardes", "Pedro Miau", "Celso Fritas", "Leilane Beckenbauer", "Maurício Kibrusco", "Jeca Camargo", "Corisco José", "Cassandra Iceberg", "Galo Barcelos" e "Bonitón Moraes Neto", entre outros.

As técnicas do telejornalismo também entravam na paródia: Hubert, entrevistando um "cineasta americano" com os traços de Quentin Tarantino, durante

CAPÍTULO 26 · 333

uma filmagem em uma favela brasileira, fez uma sátira das entrevistas com estrangeiros. Primeiro, a pergunta em português:

"Essa gravação reflete a preocupação social?".

Depois, a "tradução" em inglês para o entrevistado estrangeiro:

"*Is the book on the table?*".

"Seus problemas acabaram!"

Mais de duas décadas antes de as compras online pela internet se tornarem um dos maiores negócios do planeta, os precursores jurássicos e picaretas de Jeff Bezos no comércio remoto, aquelas empresas quase sempre suspeitas que atuavam no sistema de televendas "ligue já" oferecendo produtos supostamente milagrosos em espaços comprados nos canais da TV brasileira, inspiraram a criação das "Organizações Tabajara", um dos maiores sucessos da história do *Casseta & Planeta, Urgente!*.

Com base na narração superlativa, nas promessas de satisfação que agrediam a inteligência do telespectador e na profusão de bônus agregados à compra de produtos com nomes americanizados e de qualidade em geral discutível que dominavam esse tipo de comércio, os "cassetas" soltaram a imaginação e criaram um estoque antológico de gerigonças com as mais inusitadas utilidades e funções, sempre tomando o cuidado de não usar nomes de produtos verdadeiros.

O "portfólio" das "Organizações Tabajara" mereceria até uma exposição retrospectiva, criada em 2002 pelas designers Valerie Tomsic e Rafaela Wiedemann, com projeto cenográfico de Juliana Carneiro. Entre os produtos destacados pelo site do Memória Globo, não é difícil perceber que, ao lado de invenções hilariantes e inofensivas como o "Meleca Disfarceitor", "uma cobertura de papelão para limpar o nariz no trânsito sem ser percebido pelo motorista do carro ao lado", e outras que dispensavam ficha técnica como o "Super Turbo Plus Tony Ramos Hair Aspirator", o "Social Canapé Apanhator", a camiseta "Bandido Embelezeitor" e o "Automatic Respondeitor", os "cassetas" manteriam seu humor nas fronteiras da polêmica.

O "Personal Pintovision", por exemplo, era um espelho retrovisor para gordos poderem ver os próprios "documentos". No caso da "Camapulta Tabajara", tratava-se de uma invenção inspirada num comentário do não menos polêmico colunista Paulo Francis sobre o que ele considerava ser "a cama perfeita", e cujo argumento de venda seria um convite para encrenca nas redes sociais do século 21:

"Você bebeu demais e acordou ao lado de um jaburu? Então é só usar a mistura de cama e catapulta para ejetá-la longe. Grátis, uma fronha para tapar a cara dela caso você queira um tempo a mais".

O "vídeo educativo" chamado "Como Ganhar Mulheres Sendo Feio, Pobre e Sem Carro" incluía táticas como a de dizer "Dá pra mim, pelo amor de Deus!"; o "Up Peitos" prometia resolver o problema dos seios caídos; e o "Maridocard" era um "cartão de milhagem para maridos" que pontuava práticas domésticas dos marmanjos, como trocar fraldas e levantar a tampa da privada, com recompensas que, na pontuação máxima, incluíam o direito do usuário de "mandar mulher e sogra para uma colônia de férias no Iraque".

O "conglomerado" "Tabajara" também passaria a contar com muitas "subsidiárias", entre elas a "Universidade Tabajara", que oferecia supostos cursos de Medicina Ilegal, Falta de Educação Física, Ciências Boiológicas, Administração de Empresas Fantasmas, Artes Cínicas e Deformação de Atores, este com um "módulo especial" para mulheres cujo título não deixava de ser um olhar para o que também às vezes acontecia dentro da própria Globo: "Seja a mulher do diretor e consiga todos os papéis".

Outra instituição brasileira, o futebol, esteve na mira dos "cassetas" com o inacreditável "Tabajara Futebol Clube", uma subsidiária esportiva da "organização" cuja façanha era nunca ter vencido uma partida, tendo perdido até para um time de botão. Com os fracassos espetaculares do time formado pelo próprio elenco do programa e completado por pessoas com nanismo, figurantes e até uma vaca, os "cassetas" satirizavam o culto nacional ao futebol, completando o serviço com o ufanista "Gavião Bueno", inesquecível paródia do locutor Galvão Bueno feita por Hubert com seus "erres" intermináveis.

Críticos dos dirigentes do futebol brasileiro de uma forma como nunca puderam ser nem a diretoria de esportes da emissora, nem a Central Globo de Jornalismo, os "cassetas" incomodaram personalidades do esporte como os cartolas em geral e o vascaíno Eurico Miranda em particular; o técnico Dunga, cuja hostilidade ao programa inviabilizou a ida do *Casseta & Planeta, Urgente!* à Copa da África, em 2010; e Zagallo, que em 1998 se recusou a participar de uma gravação do programa ao se ver parodiado por Reinaldo como "Zé Galo", sendo posteriormente "brindado" com o lançamento, pelas "Organizações Tabajara", do "Xarope Zagallo", oferecido através de um vídeo com a famosa entrevista em que ele disse:

"Vocês vão ter que me engolir!".

A cada "produto" ou quadro novo do *Casseta & Planeta, Urgente!* correspondiam algumas resenhas na imprensa nas quais certos colunistas tratavam o programa com armas do mesmo calibre das usadas pelos "cassetas". Em novembro de 1997, por exemplo, Fernando de Barros e Silva, então editor-adjunto de opinião da *Folha de S.Paulo,* antecipando em décadas o tiroteio pesado que explodiria nas redes sociais em torno dos teores ideológicos na produção cultural do país, questionou a popularidade do humorístico e apoiou a qualificação de "quase fascistas", dada três anos antes aos "cassetas" pelo colega de jornal Marcelo Coelho:

"É um fato. Tudo que se pareça com preconceito, intolerância ou selvageria entra no cardápio da turma. Mas eles, desde o princípio, nunca foram 'populares', sempre se dirigiram de modo mais ou menos cifrado a uma classe média urbana, sobretudo carioca. O sucesso nacional, via Globo, talvez esteja relacionado ao fato de que o brasileiro simplório lá no fundo aprecia um racismo mitigado, ou 'cordial'".

Barros e Silva, remetendo a Chico Anysio, Jô Soares e Agildo Ribeiro, afirmou no mesmo artigo que os "cassetas" representavam "um choque de realidade numa área que era dominada até há pouco por três ou quatro figurões que praticavam um humor ao mesmo tempo popularesco e pomposo". E ressalvou, nostálgico:

"No humor televisivo estamos substituindo uma forma de preconceito por outra, mais moderninha. Pode parecer passadismo, mas que saudades da graça inofensiva, simples e no entanto genial de um 'Didi Mocó' trapalhão".

Bussunda*, em 2002, respondeu a críticas como a de Barros e Silva primeiro dizendo que não via "a menor graça em fazer televisão para poucos". Seu sonho era ter uma "maquininha" que dissesse quais assuntos valeria a pena o programa abordar, sempre levando em conta uma "lei" respeitada por todos na equipe e que excluía, já de primeira, assuntos que não tivessem sido tratados no *Jornal Nacional*, no *Fantástico*, no *Big Brother Brasil* ou nas novelas:

"A gente ganharia muito tempo de vida, porque a gente perde muito tempo discutindo essas coisas. O público de televisão, do horário nobre, não é um público que lê jornal. Ele não está inteirado dos fatos tanto assim. Você não pode fazer piada de Gerald Thomas no programa, por exemplo. Na nossa *homepage* pode, porque é um público mais seletivo. A questão da audiência limita a criatividade, sim".

Acima de tudo, Bussunda tinha um argumento e um olhar que o afastavam ainda mais do universo estético e ideológico de boa parte dos articulistas da imprensa que escreviam sobre a Globo e seus programas:

"Olha, com toda a sinceridade, eu amo televisão, sempre gostei, eu adoro fazer televisão, adoro ver televisão".

A perda traumática de Bussunda, por um infarto aos 44 anos, durante a cobertura da Copa do Mundo da Alemanha, em 2006, marcaria o início do fim não muito risonho do projeto *Casseta & Planeta*. Um período de quatro anos definido como "muito complicado" por Claudio Manoel* e cujo conteúdo

Bia Abramo descreveu, na *Folha*, em 2008, como o de um programa "se arrastando, com piadas velhas, audiência em declínio, falta geral de vigor e de ideias".

– Eu acho que tem que dar uma parada. Eu prefiro parar Pelé do que parar Garrincha. Prefiro parar eu decidindo do que alguém falar: "Ah, não dá mais, vocês estão velhos, vocês acabaram".

A resignação com que os outros "cassetas" concordaram com a ideia de acabar com o programa, apresentada durante uma reunião do grupo em 2010, no rastro da queda de 37 para 23 pontos no Ibope da Grande São Paulo a partir de 2006, surpreendeu o próprio Claudio Manoel, autor da proposta. Mas o plano de parar como Pelé seria abandonado ou pelo menos marcado por toques de amargura e decadência como os do fim de Garrincha.

Dois anos depois, em 2012, o grupo tentou emplacar uma nova versão do programa com o nome *Casseta & Planeta Vai Fundo*, trocando a receita anterior por um formato monotemático que incluiria convidados especiais como Ronaldo Fenômeno e o ator Wagner Moura. Não adiantou. O programa estreou em 30 de março, uma sexta-feira, com péssimos 15 pontos no Ibope, o que levaria a direção da Globo a retirar os "cassetas" do ar definitivamente em dezembro daquele ano.

Sem o humor atrevido e irreverente que no passado conseguia arrancar risadas ainda que compulsórias ou contrafeitas até dos mais severos adversários do programa, restariam só críticas, sempre ladeira abaixo, como a de Tony Goes, em resenha publicada pela *Folha de S.Paulo* em abril de 2012. Para ele, os "cassetas" àquela altura tinham sido "domesticados pela TV"; os textos não possuíam mais "o veneno dos primeiros tempos"; nenhum dos integrantes era "exatamente bom ator"; os novos integrantes do elenco como a então ex-vencedora do *Big Brother Brasil* Maria Melilo e a atriz Miá Mello não tinham funcionado. E mais, ou menos:

"Os 'cassetas' permanecem um grupinho fechado, machista feito o clube do Bolinha e com um estilo que começa a ficar datado. O público talvez concorde: a estreia deu só 15 pontos, o que é pouco para o padrão global".

Antes do fiasco da versão *Vai Fundo*, ainda na fase entre a morte de Bussunda e o fim do *Casseta & Planeta, Urgente!*, Bia Abramo já percebia, em sua coluna publicada pela *Folha* em maio de 2009, para onde os ventos começavam a soprar:

"As provocações ao politicamente correto perderam o vigor. Talvez seja hora de pensar que o teor subversivo de afrontar o 'bem pensar' já desapareceu no ralo da história".

Profética. Pouco mais de um ano depois, em novembro de 2010, a notícia de que o *Casseta & Planeta, Urgente!* ia sair do ar levaria o programa para o topo dos *trending topics* do Twitter (hoje X) em todo o mundo, e havia mais *haters* do que fãs da trupe na rede. A maior parte dos usuários, segundo cálculos feitos pela *Folha de S.Paulo,* comemorou o fim do programa no estilo "casseta", sem dó nem piedade. Exemplos:

"O *Casseta & Planeta* vai acabar em dezembro? Amém, Jesus!".

"Isso é um sonho se tornando realidade."

"A frase 'seus problemas acabaram' nunca fez tanto sentido."

Ao fazer um balanço de quase duas décadas do grupo na tela da Globo, Claudio Manoel* estava orgulhoso de ter inspirado novos humoristas, como o argentino Diego Guebel, criador do humorístico *CQC*, e os realizadores do programa *Pânico*, da Rede Bandeirantes:

"A gente pariu muito filho da gente mesmo, teve uma sucessão aí de gente que faz coisa muito parecida com a gente, inclusive na internet. Os caras do *Pânico* já pediram desculpa várias vezes dizendo: 'Foi mal, mas a gente copiou mesmo'".

Influência que Reinaldo* fez questão de transferir, em parte, a outro grupo que antecedeu e inspirou os "cassetas": o Monty Python, trupe que estreou na televisão britânica em 1969 e que faria história com seu humor repleto de *nonsense*, sátira e humor negro:

"Isso é normal, em arte é assim mesmo, um artista se inspira no outro. A gente se inspirou muito no Monty Python, quando a gente começou".

Marcelo Adnet, Marcius Melhem e Maurício Farias, criadores do programa *Tá no Ar: a TV na TV*, que seria exibido pela Globo entre 2014 e 2019, por exemplo, não discordariam de Reinaldo.

Mas tanto Adnet quanto outros humoristas que surgiriam na virada do século herdaram, da viagem sem limites dos "cassetas" às verdades da alma brasileira, o pepino hamletiano de estabelecer limites, divisas e fronteiras para os novos mergulhos. Mais importante do que fazer rir, no insondável e imprevisível ofício de humorista, seria não ofender. E Bussunda talvez dissesse:

– Fala sério!

Exames de sangue

Fantástico Sirene.

Na lembrança da então repórter Leilane Neubarth*, o *Show da Vida* ganhara até apelido, tamanha a quantidade de reportagens de polícia, algumas sangrentas, que passaram a integrar o script a partir de junho de 1991, depois de Silvio Santos reciclar um quadro antigo de seu programa como uma atração à parte do SBT, rebatizá-lo como *Topa Tudo Por Dinheiro* e plantar a novidade no horário das sete da noite de domingo, para disputar os pontos do Ibope com *Os Trapalhões* e com a primeira hora do *Show da Vida*:

"*Fantástico Sirene* porque era ambulância e polícia, ambulância e polícia, ambulância e polícia, matéria de saúde, polícia, polícia, polícia e eu nunca gostei de fazer matéria de polícia, sempre foi a minha grande dificuldade".

Os dezessete anos em que o jornalista José-Itamar de Freitas estivera à frente do *Fantástico*, três como coordenador de jornalismo e os catorze seguintes como diretor-geral, começaram a acabar assim que o novo programa do SBT entrou no ar, com suas *pegadinhas* produzidas por câmeras escondidas, intercaladas pela inusitada distribuição de dinheiro em forma de aviõezinhos lançados para a plateia por Silvio Santos. Um formato que tinha muito do próprio Silvio Santos, segundo Maurício Stycer, autor de uma biografia do apresentador empresário cujo título, não por acaso, também é *Topa Tudo Por Dinheiro*:

"Silvio não inventou o assistencialismo na televisão, mas merece o crédito por ter aperfeiçoado a técnica de explorar a miséria alheia. Ele transformou isso numa brincadeira que, no fundo, ri da própria situação absurda que mostra na TV [...] Ou há algo mais básico e primário do que jogar notas de dinheiro para o alto, deixando que as colegas de auditório se estapeiem por elas?".

Com índices na casa dos 20 pontos em viés de alta e ameaçando se aproximar do patamar médio de 40 pontos que a Globo detinha à época no horário, o *Topa Tudo Por Dinheiro* estava provocando, no *Fantástico*, efeito semelhante ao que os seriados *Chaves* e *Chapolin* produziam à época no *Jornal Nacional* durante a semana, levando o telejornal a frequentes escorregões no tom e na abordagem da violência urbana brasileira. Domingo após domingo, a luz vermelha estava acendendo nos *switchers* do Jardim Botânico.

Era o começo de uma fase tensa em que o *Fantástico*, agora sob o comando de Carlos Amorim, o escolhido de Alberico de Sousa Cruz para ser o novo diretor-geral, flertaria seriamente com recursos típicos do arsenal popularesco da concorrência, para tentar "segurar", este era o termo, a liderança no Ibope.

Por decisão de Boni, o caminho para a revista eletrônica da qual ele tinha orgulho de ter sido o criador seria abrir espaço, no script, para muito jornalismo voltado para os problemas urbanos, com reportagens de denúncia, cobertura de casos policiais e flagrantes da violência das grandes cidades brasileiras, de preferência os de São Paulo. E uma evidência da determinação do novo comando de enfrentar os aviõezinhos de Silvio Santos com munição policial foi a contratação do então editor-chefe do *Aqui Agora*, Amauri Soares*, futuro diretor do canal TV Globo e dos Estúdios Globo nos anos 2020, para reforçar a redação do *Fantástico* no Rio.

Amauri chegou, segundo Leilane, com a fama de "garoto-prodígio" do novo *Fantástico*, que àquela altura já não contava mais com o olhar de

Armando Nogueira e Alice-Maria, ambos bem mais experientes em televisão do que Alberico, mas demitidos por Roberto Marinho. E não importou muito, como o próprio Amauri* lembrou em 2001, o fato de ele, na época de sua contratação pela emissora, já estar em rota de colisão com a direção do SBT, exatamente por não conseguir impor um jornalismo mais profissional ao concentrado tóxico-policialesco que era o *Aqui Agora*.

Não adiantou o *Fantástico* vestir uma farda, trincar os dentes e apertar o gatilho, apostando em um formato que, na opinião de Geneton Moraes Neto*, agora repórter do programa, "talvez tenha errado um pouco na dosagem, com muita polícia e pouco entretenimento". Em 22 de setembro daquele ano, três meses depois da saída de Itamar, o desastre: o *Topa Tudo Por Dinheiro* conseguiria vencer a Globo no Ibope por 36 a 31. Pior: no domingo seguinte, outra vitória, ainda mais expressiva, 41 a 29.

Àquela altura, nos bastidores da CGJ, em meio ao estresse da disputa de audiência, Amorim tentava deixar Alberico e os diretores Ronald de Carvalho e Carlos Schroder à margem das decisões, dificultando até o acesso deles às senhas do script do *Fantástico* ao longo da semana, e apostando em uma relação direta com Boni, a quem tinha de submeter, semanalmente, os conteúdos do programa.

Deu tudo errado, dentro e fora da Globo.

Com menos de um ano no cargo, ainda em 1992, e sem conseguir levantar a audiência como Boni queria, Amorim seria afastado da direção-geral do programa, que passaria a viver uma situação que Geneton definiu como "à deriva", no período em que Fabbio Perez ocupou apenas formalmente o cargo de diretor-geral interino, José-Itamar de Freitas foi reconvocado para fazer uma "supervisão" e o chefe de redação Luiz Cláudio Latgé tocou, de fato, o *Fantástico*, até o início da histórica reformulação que Luizinho Nascimento promoveria no programa a partir de 1993.

A explicação para a queda na audiência seria, então, a violência excessiva no cardápio do *Fantástico* no período em que Amorim estivera no comando? Em 2023, ao ser instado pelo autor a comentar as razões das mudanças e as responsabilidades naquela crise, Boni, ao dar mais um de seus arroubos assertivos sobre o poder imperial que detinha na época, acabou autorizando a conclusão de que o culpado pela crise do programa havia sido ele mesmo:

"Eu sempre recebia e conversava diretamente com todos os envolvidos no *Fantástico*. Mas na Globo ninguém achava coisa nenhuma de nada. Quando havia dúvidas, se eu não tinha certeza de uma decisão, eu me reunia com o grupo ou recorria às pesquisas. No caso específico, a mudança foi determinada por resultados das pesquisas".

Existia uma rejeição enorme dos telespectadores em relação à violência. A conclusão estava em uma das pesquisas mencionadas por Boni e que chegou às mãos de Latgé*:

"Pela avaliação da pesquisa, a gente tinha de botar uma cachoeira caindo porque o que o povo gostava era de ver paisagem bonita, meio ambiente. Na pesquisa, as pessoas diziam que rechaçavam a violência".

Será?

Embora convicto de que "vários programas que tentaram a fórmula de explorar a violência duraram pouco tempo, até o telespectador perceber que ele não é obrigado a ver aquilo", Latgé sabia que o público médio do *Fantástico* e da Globo não era tão avesso à violência na tela como as respostas àquela pesquisa sugeriam. Para ele, "a verdade é que as pessoas não gostariam de ver violência, mas a violência está presente no dia a dia".

Não era apenas a violência do cardápio do programa, em busca de audiência. Era também a violência do país. E se houvesse necessidade de um fato daquela época para comprovar que os telespectadores não eram assim tão refratários ao assunto, ele aconteceu em 2 de outubro de 1992, uma sexta-feira em que o repórter Caco Barcellos* fez parte de uma cobertura histórica:

"Jamais vou esquecer o buraco do elevador onde eles jogavam os sobreviventes. Alguns feridos foram jogados para uma sala, jogados para os cachorros que acabaram de matar alguns. E aqueles horrores [...] os presos me ajudaram a chegar até as celas onde haviam sido metralhados e ali estavam os primeiros indícios de massacre. Os orifícios provocados pelas balas eram todos indicativos de tiros praticados de fora pra dentro do xadrez, nunca uma marca de dentro pra fora, como eles sempre dizem".

Caco Barcellos e o cinegrafista Newton Quilichini* viram de perto e registraram, no dia seguinte, 3 de outubro, para o *Jornal Nacional*, e para o *Fantástico*, no dia 4, o resultado dos cerca de 3.500 tiros disparados pela tropa de choque da Polícia Militar do Estado de São Paulo, ao intervir com cães, bombas e armas pesadas para acabar com uma rebelião na Casa de Detenção de São Paulo, no bairro do Carandiru, matando 111 detentos, ferindo 35 e confirmando a condição do Brasil como um dos países mais violentos do planeta. Latgé, como Caco, também não se esqueceu:

"Aquela audiência do Carandiru foi uma audiência espetacular, embora todo mundo tenha apertado o botão da pesquisa e dito: 'Eu rechaço isso!'. Todo mundo quer saber".

Não seria essa a convicção da revista *Veja*, que em sua edição de 10 de fevereiro de 1993, quatro meses depois do massacre do Carandiru, ao entrar na polêmica sobre o que a televisão deveria ou não exibir, afirmou, sem especificar datas e índices, que a então perda de audiência do *Jornal Nacional* se devia "ao excesso de cenas de violência", acrescentando que uma pesquisa do Instituto Brasileiro de Análises Sociais e Econômicas, o Ibase, revelara o que para muitos brasileiros era óbvio: que as cenas de violência eram mais frequentes nos telejornais do que nas novelas. A revista também buscou a opinião de Daniel Filho, à época fora da Globo, sobre a cobertura do massacre na Casa de Detenção de São Paulo:

"Não sei se para se indignar com tamanha barbaridade o telespectador precisava ver aquelas cenas tão horrorosas."

Daniel, a *Veja* e milhões de brasileiros não tinham visto nada: as cenas exibidas pelo *JN* e pelo *Fantástico*, como lembrou Caco, tinham sido apenas um momento de exposição descuidada da atuação ilegal, violenta, clandestina e rotineira da PM paulista que ele tinha acabado de denunciar em seu livro *Rota 66: a história da polícia que mata*, um best-seller que se tornaria leitura obrigatória para uma compreensão maior das questões relacionadas à segurança pública e aos direitos humanos no Brasil:

"Dois grupos que invadiram o Carandiru mataram, num dia, o que eles matavam num mês, 111 pessoas. E à frente desses dois grupos estavam dois oficiais denunciados no livro. Um era o quarto colocado na lista dos maiores matadores da polícia e o outro, o quinto colocado na mesma lista. Foi um caso emblemático, porque até então a imprensa nacional pouco se preocupava com esses crimes praticados pela Polícia Militar. Com o massacre do Carandiru, as coisas mudaram porque enfim a imprensa internacional toda considerou aquilo um absurdo, um escândalo sem precedentes".

Houve quem, na época, à boca pequena e ainda sem dispor do lugar de fala que seria chancelado por Bolsonaro nos anos 2010, dissesse que a chacina não era mesmo assim tão grave e merecedora de tanto destaque na imprensa, por se tratar da morte de 111 criminosos. Pois nove meses depois do massacre do Carandiru, em 23 de julho de 1993, haveria uma espécie de resposta sinistra da PM do Rio de Janeiro à selvageria dos "colegas" de São Paulo.

A Igreja da Candelária, local histórico de manifestações populares pela democracia durante a ditadura militar, seria palco de um episódio no qual as intenções da Central Globo de Jornalismo de evitar coberturas chocantes da violência urbana sem perder audiência bateriam de frente com outro banho de sangue inevitável do ponto de vista jornalístico: a execução de oito meninos de rua por PMs, em represália pelo fato de dois deles, no dia anterior, terem quebrado o vidro de uma viatura policial em protesto contra a detenção de outros dois menores.

"A tragédia dos meninos da Candelária é também a tragédia de mães que há algum tempo perderam os filhos para a rua."

A matéria do repórter Marcelo Canellas* sobre as mães, durante o enterro dos meninos assassinados, fez parte da intensa cobertura que os telejornais da Globo e o *Fantástico* dedicaram à chacina, e que abordou a prisão dos militares suspeitos; a proteção dada à testemunha que sobreviveu, ferida, à matança; a mobilização das entidades que trabalhavam com meninos de rua; e a entrevista de Paulo Henrique Amorim, então correspondente da Globo em Nova York, com o diretor da America's Watch, organização de defesa dos direitos humanos que já tinha investigado a chacina do Carandiru.

E tome sangue na tela: o país mal havia assimilado a barbárie da Candelária e, 37 dias depois do massacre dos meninos, em 29 de agosto, a repórter Sônia Bridi* e o cinegrafista Lúcio Rodrigues, ao chegarem à redação da Globo no Rio, de volta de uma matéria, viram-se obrigados a ter uma intensa discussão com um chefe na qual, mais uma vez, a orientação do comando da emissora de se tentar fazer uma cobertura policial sóbria e diferenciada em relação ao estilo "mundo cão" de certos programas da concorrência entrara em choque com a realidade da violência urbana do Brasil:

– Essa imagem não pode.

O chefe intermediário, cujo nome Sônia preferiu omitir, tentava impedir a inclusão, na reportagem, da cena que Lúcio tinha captado e que rodaria o mundo: 22 corpos de moradores da favela de Vigário Geral, nenhum deles com antecedentes criminais, enfileirados em macas metálicas à espera dos rabecões do Instituto Médico Legal, e cercados por centenas de pessoas. Tinham sido executados horas antes por um grupo de extermínio com participação de PMs, como vingança pela morte de quatro soldados da corporação no dia anterior, durante uma emboscada armada por traficantes da região. Sônia* comprou a briga com o editor:

"Naquela época havia um padrão, assim: é muito chocante você mostrar corpos, é desnecessário. Mas se você tem 22 mortos em uma favela executados por policiais, a sangue-frio, gente tomando cervejinha no bar, assistindo ao jogo do Brasil, e criança atrás de aparelho de televisão, essa imagem precisa ser vista. Você não precisa mostrar os detalhes dos corpos, mas é uma imagem muito emblemática".

A imagem entrou no *Jornal Nacional* e no *Fantástico*, inaugurando uma cobertura que teria repercussão internacional e que renderia a Sônia, pelo simples fato de ser a repórter da Globo destacada para acompanhar o caso, dois episódios assustadores que ela não incluiu nas matérias que fez sobre os Cavalos Corredores, como era conhecido o grupo de extermínio que assassinou os moradores de Vigário Geral. No primeiro episódio, ocorrido no meio da rua, na Zona Sul do Rio, um policial se aproximou dela e comentou:

CAPÍTULO 26 · 343

– Depois recebe um tiro, quem vai dizer que não é bala perdida?

No segundo, ao sair do condomínio da Barra da Tijuca onde morava, Sônia teve seu carro fechado por outro veículo, ocupado por homens que ela não teve dúvidas de que eram policiais militares à paisana, apenas para que um deles chegasse na janela e mostrasse que nem o fato de ela ser uma conhecida repórter da poderosa Globo a livraria de uma ameaça que a encheu de pavor:

– Sua filha estuda na Oficina da Criança, não é?

Até o fechamento da edição deste livro, ainda não tinha acontecido uma chacina em bairros de classe média e alta das grandes cidades brasileiras que pudesse dar uma ideia do escopo de cobertura que um fato dessa magnitude mereceria na Globo, nas redes de TV concorrentes, nas revistas semanais e nos jornais de grande circulação do país.

De concreto, no rastro do trágico atraso social do país, a oferta de violência, ao longo dos anos 1990, continuaria embrulhando muitos estômagos e superando, em doses crescentes e dramáticas, até a demanda dos programas policialescos nacionais e locais das redes concorrentes da Globo. E, apesar da orientação para que suas equipes fizessem sempre uma cobertura policial mais cidadã e menos chocante, a Globo seria regularmente arrastada, às vezes escorregando feio, para os cenários sangrentos da guerra civil não declarada das cidades brasileiras.

Inclusive para mostrar, com inúmeras reportagens e programas, nas décadas seguintes, que, por motivos diversos, nenhum dos policiais militares acusados e condenados pelas chacinas do Carandiru, Vigário Geral e Candelária cumpriria pena na prisão. E que o script da barbárie seria mantido e até superado em 6 de maio de 2021, na operação policial mais letal da história da cidade do Rio de Janeiro até então, e na qual pelo menos 29 moradores da favela do Jacarezinho, Zona Norte do Rio, foram mortos durante uma operação policial em que um agente da Polícia Civil tinha morrido baleado.

Para Latgé, a presença da Globo nesse tipo de cobertura, à parte a disputa de audiência e os críticos e acadêmicos que nunca fizeram muita questão de diferenciar a abordagem limítrofe da emissora do viés sensacionalista e fascista adotado de forma escancarada por alguns concorrentes, explica-se pelo que ele chamou de "uma concessão, um voto de confiança do telespectador":

"O telespectador diz assim: 'TV Globo, você pode entrar na minha casa e dizer o que acontece de importante lá fora. Não importa se tem Eldorado dos Carajás ou Carandiru, se é isso que está acontecendo, você me conta, porque eu tenho de saber o que está acontecendo'".

O novo normal da guerra de audiência aos domingos, nos anos 1990, acabaria se consolidando com o *Fantástico* se mantendo quase sempre na liderança nas médias do Ibope, e sem ter que baixar o preço de suas inserções publicitárias, as mais caras do mercado, mas agora sempre mordido pela concorrência do SBT e, mais à frente, também da Record. O *Topa Tudo por Dinheiro* mudaria de lugar na grade a partir de 1995, passando a derrubar ou fragilizar a audiência da Globo no horário imediatamente posterior ao *Fantástico*, até a emissora recuperar a liderança do final das noites de domingo com o humorístico *Sai de Baixo*, em 1996.

Silvio Santos, depois de provocar a crise que mudou os rumos do *Fantástico* e derrubou dois diretores do programa, José-Itamar de Freitas e Carlos Amorim, continuaria distribuindo dinheiro no auditório e divertindo seu público com o ridículo alheio flagrado por câmeras escondidas, mesmo depois de tirar do ar o *Topa Tudo Por Dinheiro*, em outubro de 2001. De acordo com uma estimativa do blog Oráculo, da revista *Superinteressante*, citada no livro de Mauricio Stycer, até maio de 2014, o dono do SBT já havia arremessado 34.800 aviõezinhos, feitos com notas de vinte, cinquenta e cem, num total de 1,972 milhão de reais.

Nos dias de semana, o serviço pesado, ou sujo, do SBT, ficava com o *Aqui Agora*.

O que é isso, companheiro?

Mais cedo ou mais tarde ia acontecer. E quando aconteceu, entre 14 de julho e 14 de agosto de 1992, a primeira incursão explícita da dramaturgia da Globo no Brasil da ditadura instaurada no país em março de 1964, à parte a média de 24 pontos no Ibope, considerada boa para o horário das dez e meia da noite, esteve longe de ser um encontro agradável entre a emissora e uma parcela considerável dos militantes e simpatizantes de esquerda localizados no eleitorado, nos meios acadêmicos e nas redações da imprensa escrita do país.

Pelo contrário: a exibição e as reações à minissérie *Anos Rebeldes*, história de amor escrita por Gilberto Braga sobre jovens de classe média que têm a vida impactada pelos anos de chumbo que se seguiram ao golpe militar, revelaram que o sentimento predominante em relação à Globo, naqueles setores da opinião pública, era uma mistura forte na qual se alternavam rejeição, antipatia e desconfiança.

Prenúncio: em junho daquele ano, semanas antes da estreia, quando chegou à imprensa a informação de que Gilberto estava reescrevendo alguns dos vinte capítulos da minissérie, Frei Betto, uma respeitada liderança de esquerda, publicou, na edição do jornal *O São Paulo*, sob o título "Verdade da História e hipocrisia das estórias", uma crônica na qual concluiu que a obra seria censurada, como "no período em que sob o regime militar a versão oficial dos fatos importava mais que os fatos". E apostou:

"A novela (*sic*) poderá omitir torturas, desaparecimentos e crimes cometidos por militares e policiais brasileiros contra os direitos humanos, mas não apagará a memória das vítimas sobreviventes e dos familiares dos mortos, assim como uma queima de arquivos patrocinada por Ruy Barbosa não baniu da História o horror de 320 anos de escravidão [...] À consciência ética dos autores e artistas, fica a questão: em que medida o salário e o emprego justificam a cumplicidade com a hipocrisia de histórias que deturpam e encobrem a verdade histórica?".

A revista *Veja*, também antes da estreia, considerou que *Anos Rebeldes* representava "um teste para a TV brasileira", depois do corte de quatro capítulos da minissérie *O Pagador de Promessas*, em abril de 1988, "na mesma época em que o tema reforma agrária esquentava os debates na Constituinte", e deixou no ar a dúvida sobre se a Globo iria "bancar até o fim a ousadia de colocar diante de trinta milhões de telespectadores" questões até então "limitadas aos livros de história e às notícias de jornais".

O então deputado Alfredo Sirkis, autor de *Os carbonários*, uma das obras nas quais Gilberto buscou base histórica, juntamente com o livro *1968: o Ano Que Não Terminou*, de Zuenir Ventura, também estava preocupado com uma possível censura da Globo, não apenas como autor, mas também por inspirar, segundo muitos, o protagonista "João Alfredo", papel que seria interpretado por Cássio Gabus Mendes:

"Sei que *Anos Rebeldes* não é uma obra política, mas uma história de amor ambientada nos anos de chumbo. Só que este pano de fundo tem que ser honesto. Não se pode atenuar o terror que foi aquela época, em termos de repressão e cerceamento da liberdade".

Gilberto passou a ter "desprezo" por Frei Betto, como relatou em 2000 no livro *Anos Rebeldes: os bastidores da criação de uma minissérie*, pelo fato de o jornalista e frade franciscano ligado ao Partido dos Trabalhadores nunca ter se retratado pelo "artigo horrível" em que fez "críticas ridículas" sem saber o que tinha sido efetivamente modificado em *Anos Rebeldes*. Outra indignação de Gilberto se devia ao fato de muitos, principalmente no campo da esquerda, ignorarem que a ideia da minissérie foi dele e não da Globo.

Não adiantava explicar que, em sua origem, a história era uma obra autoral, e não parte de uma suposta estratégia de sobrevivência da família Marinho, a partir da premissa delirante de que a Globo estaria prestes a naufragar junto com Collor, o presidente que a emissora tinha apoiado. O ator Fábio Assunção*, à época testemunha da boataria que cercou a produção da minissérie, sentiu:

"Às vezes falam da TV Globo como se fosse um cara que coordena, como se fosse um deus, e nós fazemos as cenas, entendeu? A gente vai fazer uma cena e tem lá um diretor [...] Esse cara é da sociedade, esse diretor que está nos dirigindo é um cara que vai à padaria, que vai à banca, que está lendo jornal, que está acompanhando a sociedade, não é a TV Globo, como uma entidade".

Gilberto Braga*, por seu perfil pessoal, não era exatamente um frequentador de padarias e bancas de jornais, mas garantiu que foi nas ruas, e não nas salas da direção da emissora, que nasceu a ideia da minissérie:

"Foi uma ideia do público. Depois de fazer *Anos Dourados*, era impressionante o número de pessoas que eu encontrei e que diziam para mim assim: 'Agora você tem que fazer *Anos Rebeldes*'. Davam já o título, inclusive. Aí um dia me deu um estalo, assim, de que tipo de história podia ser e fui à luta, gostei muito".

Não que tenha sido fácil emplacar *Anos Rebeldes* junto ao comando da Globo. Ainda reverberava, e mal, nas salas de criação da dramaturgia da emissora, a intervenção sucupirana a que a direção da emissora se submetera em abril de 1988, quando, pressionada pelo patrocinador, o banco Bradesco, determinou cortes de capítulos inteiros na minissérie *O Pagador de Promessas*, escrita por Dias Gomes. Daí, por sinal, a conclusão do próprio Gilberto, também no livro *Anos Rebeldes: os bastidores da criação de uma minissérie*, de que sua assumida alienação política talvez tenha sido decisiva para que Boni comprasse a ideia e a levasse à consideração da família Marinho:

"Não acredito que dessem sinal verde, por exemplo, para Dias Gomes fazer uma minissérie sobre a época".

Gilberto* fazia sempre questão de deixar claro, também, para quem quisesse ouvir, que não era mais um integrante da célula cultural formada por comunistas que Roberto Marinho abrigava em suas empresas e que, nas palavras da jornalista Laura Mattos, em texto publicado pela *Folha de S.Paulo* em outubro de 2021, dias depois da morte de Braga, "teve suas intenções revolucionárias incorporadas e diluídas pela indústria cultural". Por isso, o autor recorreu a Sérgio Marques, um amigo que tinha participado do movimento estudantil dos anos 1960:

"Aí o Sérgio fez junto comigo e me ensinou tudo. Eu não seria capaz de fazer sozinho, eu estudei muito o período, li um monte de livros e foi ótimo também ver que eu sou capaz, estudando, de escrever sobre um assunto que eu não conheço. Mas o que eu conhecia mesmo ali era daquelas peruas da praia, que ficavam falando besteira".

E assim nasceu a história do triângulo amoroso formado por "Edgar", papel em que Marcelo Serrado interpreta um estudante ambicioso que disputa o amor de "Maria Lúcia", personagem de Malu Mader, com o "João Alfredo" de Cássio Gabus Mendes, cujo envolvimento com o movimento estudantil o leva a entrar para a luta armada, onde encontra a personagem que marcaria a minissérie: "Heloísa", interpretação memorável de Cláudia Abreu como a filha de um poderoso banqueiro financiador do golpe militar interpretado por José Wilker. Tudo historicamente contextualizado por painéis documentais em preto e branco, criados pelo cineasta Silvio Tendler a partir de uma pesquisa em imagens de época, fotografias e recortes de jornais.

Enquanto a suspeita rondava a emissora, o desafio de fazer ficção, e logo na Globo, com um trauma ainda tão recente da sociedade brasileira levou Gilberto e o diretor Dennis Carvalho, preocupados com a fidelidade da reconstituição histórica, a convocar, para o trabalho de preparação do elenco da minissérie, atores de esquerda da emissora como Francisco Milani, Mário Lago, Gianfrancesco Guarnieri, Stepan Nercessian e Bete Mendes. Na lembrança de Ricardo Linhares*, que colaborou com Gilberto no roteiro, junto com Ângela Carneiro, todos os personagens da minissérie foram baseados em entrevistas, livros e pessoas reais:

"Às vezes, agrupávamos duas ou três pessoas para formar um personagem. Apesar de fictícia, a trajetória de todos na minissérie teve base na vida real".

No caso de Bete Mendes, a participação dela nos workshops com o elenco, alguns marcados por momentos de emoção e dor, deveu-se ao fato de, como militante do grupo de extrema esquerda VAR-Palmares, ela ter sido violentamente torturada, aos 21 anos de idade, pelo notório coronel do Exército Carlos Alberto Brilhante Ustra em 1970, nos porões do DOI-CODI, em São Paulo.

Mesmo para atrizes já veteranas como Norma Blum*, então com 53 anos, a experiência de interpretar, no caso dela, "Valquíria", a mãe do personagem "João Alfredo", foi amedrontadora, por tê-la transportado para uma época em que amigos foram assassinados:

"A gente tinha vivenciado aquilo na pele, toda aquela história dos *Anos Rebeldes*. Então, era um terreno onde eu não queria estar pisando muito, porque eu achei que ia mexer, para além da atriz, com a minha pessoa. Mas foi muito bom ter feito, foi ótimo, porque foi quase como se eu tivesse exorcizado todo um período da minha vida".

Malu Mader, então com 26 anos, ao interpretar o papel de uma jovem avessa à política que amadurece ao longo da história, viveu uma situação inusitada: filha, na vida real, do coronel do Exército Rubens Tramujas Mader, um oficial que apoiou a ditadura nos primeiros anos, na minissérie sua "Maria Lúcia" era filha de um jornalista filiado ao Partido Comunista Brasileiro (PCB) interpretado por Geraldo Del Rey:

"Eu falei que queria meu pai como pesquisa para o trabalho. De alguma forma, ele participou daquilo, mas quando viu os rumos que o golpe ou a revolução, dependendo, não é, tinha tomado, ele se retirou porque é um sujeito humanista acima de tudo [...] Por outro lado, ele continuava sendo um cara de direita, de posições rígidas [...] Foi, para mim, pessoalmente, uma oportunidade também de acertar contas ali com meu pai a respeito da profissão dele, da opção dele, do jeito que ele foi, do jeito que ele via o cenário político".

Caminhando contra o vento
Sem lenço, sem documento
No Sol de quase dezembro
Eu vou!

Assim que *Anos Rebeldes* entrou no ar no horário de dez e meia da noite, com uma abertura ao som do hino caetanista "Alegria, Alegria", os telespectadores começaram a se dar conta de que algo inédito estava acontecendo. Tratada por Laura Mattos, no perfil que ela escreveu de Gilberto, como "uma das mais poderosas da teledramaturgia brasileira", a cena em que a "Heloísa" de Cláudia Abreu abre a camisa diante do pai, o banqueiro "Fábio" vivido por Wilker, e mostra os seios queimados por cigarro, após ter sido presa e torturada, "é de perder o fôlego":

"Com a cena das marcas de tortura de Cláudia Abreu, a da morte de sua personagem, metralhada por um militar, e tantas outras, a série teve impacto nunca alcançado pelas diversas iniciativas institucionais da Globo para se reabilitar politicamente, desde tentativas de driblar os fatos e reescrever a história, passando por revisões mais equilibradas e até chegando ao reconhecimento sincero de alguns erros. Foram o talento de Gilberto Braga e a força da teledramaturgia que combateram, de uma forma inédita, teses simplistas que embasavam o slogan 'o povo não é bobo'".

No mesmo perfil, ao contextualizar a época da minissérie, um tempo em que "a ferida estava ainda mais aberta", Laura lembrou que a Globo foi "a primeira a se tornar uma rede nacional, cresceu mais do que as outras e ganhou poder sem precedentes", acrescentando que "sobrou para ela ser 'a TV da ditadura', ainda que, mais do que as concorrentes, tenha dado espaço a críticas políticas, especialmente nas telenovelas, e sofrido pressão via censura".

Três décadas antes, a revista *Veja* não foi tão compreensiva. Em matéria assinada por Silvio Giannini, em sua edição de 15 de julho, fez um elogio crítico, ou uma crítica elogiosa, a *Anos Rebeldes*, na mesma linha da própria *Folha de S.Paulo* e de outros veículos dos anos 1990 cujos editores e colunistas costumavam atribuir apenas à Globo o ônus de um apoio e de uma submissão aos generais que, em graus e duração diferentes, foi de toda a chamada grande imprensa brasileira.

"Esta é a primeira vez que uma emissora de TV se dispõe a levar ao ar uma tragédia que não apareceu sequer em seus telejornais na época – no início por causa da censura, e mais tarde, pela falta de interesse de seus dirigentes. *Anos Rebeldes* é um espetáculo polêmico numa televisão que tem obsessão pelo consenso, pela crítica chapa-branca e pela qualidade da produção".

Com a repercussão, na imprensa, das cenas fortes de *Anos Rebeldes*, Gilberto Braga se sentiu especialmente recompensado por uma nota publicada no *Jornal do Brasil* e na qual o colunista Zózimo Barrozo do Amaral anotou:

"E o Frei Betto, hein? Queimou a língua".

Na academia, houve até quem confessasse ter sido surpreendido com o mergulho da Globo no tema da ditadura. Dimitri Pinheiro, mestre em sociologia pela USP, por exemplo, em artigo sobre a minissérie publicado em 2020, deu uma medida do impacto inicial de *Anos Rebeldes* nos *campi*:

"Dada a usual suspeição política que recai sobre a Rede Globo e seus programas, *Anos Rebeldes* dificilmente poderia ser mais desconcertante. Põe em tela uma representação da ditadura militar em que os mocinhos são guerrilheiros que sequestram um embaixador suíço para libertar presos políticos, e o magnata, dono de um conglomerado empresarial, figura como vilão, constituindo uma mostra bem-acabada do potencial 'democrático' do melodrama".

Passada a surpresa inicial, porém, os olhares das ciências humanas para a minissérie se tornariam mais críticos. O próprio Dimitri Pinheiro, no parágrafo seguinte ao registro do desconcerto, faz uma dissecação gramsciana sobre a minissérie com base em Ismail Xavier, outro estudioso do tema, dizendo que "em sua performance como instância maior de administração da consciência pública [...] a Rede Globo conta a história dos anos de ditadura sem mencionar o papel e a cumplicidade dos meios de comunicação, incluindo o seu, no processo de controle político e social no período". E indica, citando a professora doutora em história Mônica Almeida Kornis, também da USP, a ausência dos "trabalhadores rurais" na trama:

"A história do período se transfigura sob chave moral e individualizada, similar em diversos momentos aos moldes do 'drama doméstico'. Não por acaso, a narrativa praticamente reduz os trabalhadores rurais e urbanos a figurantes, concentrando todo o foco de atenção na luta deflagrada pelo setor radicalizado da pequena e da alta burguesia contra o regime militar e em defesa de um ideal difuso de justiça social (figurado sobretudo por referências à questão agrária)".

Kornis, em seu trabalho "As 'revelações' do melodrama, a Rede Globo e a construção de uma memória do regime militar", aprofunda a dissecação de supostas omissões de *Anos Rebeldes*, como se a minissérie do horário nobre da Globo fosse um filme político ou devesse almejar essa condição. Ressalta, por exemplo, a ausência, na trama, das "propostas do movimento" e da representação de outras correntes de esquerda da época, além dos "conciliadores" do "Partidão", apelido do PCB:

"O conflito político é uma luta exclusiva de elementos radicalizados das classes médias e altas contra um governo, sem identidade, sem nomes – há uma única menção ao presidente Ernesto Geisel no ano de 1974 – nas quais as decisões políticas tal como o Ato Institucional n.º 5 não possuem autores. [...] O processo de radicalização é individualizado, sem que sejam explicitadas as propostas do movimento. A diversidade de tendências de esquerda também é reduzida à dicotomia entre o Partido Comunista – conciliador e com um militante adulto – e a luta armada – radical e jovem, apesar da adesão do pai de um dos jovens a essa vertente".

Em outros trabalhos acadêmicos futuros como o intitulado "O papel da Rede Globo na memória da história nacional", do professor Sandro Gonzaga, apresentado 24 anos depois de *Anos Rebeldes*, em um encontro de historiadores realizado no Rio Grande do Sul, a minissérie continuaria sendo descrita como "uma oportunidade espetacular para que a Rede Globo se eximisse da responsabilidade pela manipulação da informação que possibilitou a eleição de um governo corrupto".

Em sua tese de doutorado em história defendida em 2008, a professora Cássia Louro Palha, da Universidade Federal Fluminense, associaria a produção da minissérie a "uma rearticulação de forças onde a Rede Globo poderia se manter no topo dos acontecimentos".

O jornalista Eugênio Bucci, em entrevista dada em 1997 a Rogério Sottili e Ricardo Azevedo, e citada no trabalho de Dimitri Pinheiro, atribuiu a *Anos Rebeldes* o mérito de levar, para a televisão, o tema da guerrilha, que era um "tabu no telejornalismo", mas também atacou, sem citar explicitamente, por desnecessário, a Central Globo de Jornalismo:

"Existe uma contradição na televisão brasileira que faz com que o telejornal seja mais mentiroso do que a novela".

Em nome da precisão histórica, na aferição do tempo em que os colegas jornalistas que trabalharam na redação da Globo teriam passado mentindo para os telespectadores sobre a ditadura, nem Bucci, em 1997, nem Dimitri Pinheiro, em 2019, sabiam ou acharam relevante registrar que, em 1995, três anos depois de *Anos Rebeldes* ir ao ar, o *Globo Repórter* exibiu, e o *Jornal Nacional* noticiou, o primeiro documentário da TV aberta brasileira sobre os desaparecidos da ditadura instalada em 1964: uma investigação sobre a ocultação de cadáveres de presos políticos em uma vala clandestina do Cemitério de Perus, em São Paulo. E que, um ano depois, em 1996, a emissora voltou ao vergonhoso Caso Riocentro para mostrar, com uma investigação inédita, em outro *Globo Repórter*, a farsa dos militares para tentar esconder a autoria do atentado terrorista.

Bucci, também citado por Cássia Louro Palha, não cobrou Gilberto Braga pela ausência da "proposta do movimento" ou pela falta de uma representação mais precisa das correntes de esquerda que brigavam entre si no combate à ditadura, assim como disse ser "evidente" que não havia "um cérebro maquiavélico controlando cada respiração de cada galã de novela" na emissora. Mas afirmou:

"Existe uma inflexão geral pós-ditadura, pós-fracasso de Collor na Rede Globo cujo sentido é acomodar a Globo e preservar seu poder dentro de uma nova correlação de forças na sociedade. *Anos Rebeldes* é uma passagem lógica, mesmo que não premeditada, desta nova inflexão que pode incluir a presença mais frequente da oposição no noticiário ou até mesmo Lula falando no *Fantástico*".

Inflexões gerais à parte, como registraram Artur Xexéo e Mauricio Stycer em sua biografia de Gilberto Braga, três dias depois da estreia, o Exército divulgou uma nota intitulada "A história que não foi contada". Direcionada aos que classificava como "revisionistas de plantão", a nota, assinada pelo chefe do Centro de Comunicação Social do Exército, general Gilberto Serra, por ordem do então ministro Carlos Tinoco, não mencionava a minissérie, mas o recado pareceu claro:

"Momentos de um passado recente que tiveram sua origem na revolução democrática de 1964 – movimento que, cumpre enfatizar, foi deflagrado pelo clamor popular, a exigir a preservação de uma Nação ameaçada pelo passionalismo ideológico – vêm sendo escritos segundo ótica deturpada, porquanto tendenciosa".

Como não seria de se estranhar, ainda mais considerando-se a temática de *Anos Rebeldes*, houve muita suspeita e especulação, na época da exibição, sobre cortes nos capítulos da minissérie. E eles aconteceram mesmo. Começando pelas decisões de conteúdo que foram tomadas pelo próprio Gilberto Braga e das quais ele não se arrependeu:

"Houve lá um problema e estavam sem novela das oito. E várias vezes me propuseram: 'Você acha que dá para usar essa história e fazer a novela das oito?'.

Eu digo: 'De modo nenhum, essa história não pode ser novela das oito, tem que ir depois de dez da noite e em minissérie. É muito triste'".

Opções de horário à parte, o dono da emissora, ao dar autorização para que *Anos Rebeldes* fosse produzida, fez questão de determinar a um de seus assessores, o jornalista, ex-editor e colunista d'*O Globo* Cláudio Mello e Souza, que lesse e avaliasse algumas partes consideradas mais delicadas do roteiro. O que deixou Gilberto "muito tenso", segundo seu depoimento no livro *Anos Rebeldes: os bastidores da criação de uma minissérie*, especialmente com um "parecer" em que Mello e Souza dizia que ele estava "carregando demais nas tintas políticas" entre o décimo e décimo quarto capítulos da minissérie:

"Fato é que a partir do final do oitavo capítulo entramos em dezembro de 1968, exatamente quando foi decretado o AI-5. A partir dali, a situação geral do Brasil mudou muito. Era natural que a série ficasse mais pesada, precisávamos acompanhar a realidade. Até então as coisas não eram tão sinistras. Cláudio deu o sinal amarelo. Boni conversou comigo e pediu que reescrevêssemos".

Um dos trechos modificados, como Gilberto lembrou em entrevista à colunista Cristina Padiglione publicada pela *Folha de S.Paulo* em abril de 2017, foi o de uma cena em que os personagens de Malu Mader e Cássio Gabus Mendes são parados em uma blitz com o carro cheio de panfletos de protesto e são levados ao muro para uma revista policial. No texto do roteiro, o policial separava as pernas de "Maria Lúcia" com o cassetete, levando-o "quase à altura da calcinha, insinuando abuso sexual":

"Cortamos essa parte com medo de que achassem forte demais. Isso foi uma pena, mas o produtor é a Globo, o autor precisa ter uma certa humildade".

Gilberto* disse que, mesmo depois de três ou quatro episódios terem ido ao ar, ele continuava preocupado não mais por medo de ter que fazer novos cortes, mas por causa do assédio da imprensa "querendo saber se houve censura interna" e do risco de alguma entrevista prejudicar a minissérie:

"Eu não queria falar desse assunto. Meu grande medo era que cortassem a morte de 'Heloísa'. Eu não ia pôr lenha na fogueira".

Cássio Gabus Mendes* confirmou que, durante as gravações, "foi modificada uma sequência ou outra, numa ação da direção, só para não agredir", mas nada que mudasse radicalmente o texto dos capítulos que ele e o resto do elenco tinham recebido meses antes:

"Não existiu censura interna nem externa em *Anos Rebeldes*. Eu estou dizendo isso, e estava lá fazendo desde o primeiro dia".

A dramaturgia da Globo voltaria a produzir outros conteúdos sobre fatos políticos do Brasil na segunda metade do século 20, como a minissérie *Agosto*, de 1993, escrita por Jorge Furtado e Giba Assis Brasil, baseada no romance homônimo de Rubem Fonseca e que misturava ficção e realidade durante a crise que resultou no suicídio de Getúlio Vargas, em 1954; e *Incidente em Antares*, minissérie exibida em 1994, escrita por Charles Peixoto e Nelson Nadotti, e inspirada na obra homônima de Erico Verissimo. Mas nenhuma minissérie ou novela da Globo ecoaria de maneira tão imediata no cenário político como *Anos Rebeldes*, qualquer que tenha sido a medida do seu impacto.

A coincidência da mensagem heroica e romântica dos personagens de *Anos Rebeldes* com o espírito também rebelde que brotou em parte da juventude das classes média e alta das grandes cidades brasileiras em relação ao presidente Fernando Collor inspirou um debate, nos meios acadêmicos, sobre como os dois fenômenos se entrelaçaram.

Na academia, nenhum autor, como era de se esperar, imagina, cravou que o movimento dos *caras-pintadas* nasceu por inspiração de uma minissérie da Globo. A conclusão predominante foi a de que *Anos Rebeldes* contribuiu para aquecer o entusiasmo da resposta que a juventude bem-nascida do país deu a Collor, quando ele cometeu a besteira de pedir ao povo que fosse às ruas em defesa de seu governo e o que aconteceu foi exatamente o contrário. Zuenir Ventura, na época, disse que tudo aconteceu na hora certa:

"Gilberto Braga consegue devolver o valor essencial daquele momento, que é a paixão. E acho que a grande atualidade da série, principalmente para os políticos, é mostrar que a política pode ser ética".

Para Cássio Gabus Mendes, mesmo considerando o fato de praticamente todos os vinte capítulos, por serem muito longos e trabalhosos, terem sido gravados com a minissérie no ar, até à última semana, o que aconteceu foi uma coincidência com o momento que o país estava passando:

"Não é que o país tenha passado por isso por causa da minissérie, nem a minissérie por causa do país. Não é isso. A minissérie tinha sua proposta exata, muito clara e desenhada há tempos, de mostrar aquele momento muito importante da nossa história".

Para Malu Mader, foi a primeira vez em que ela sentiu "o poder positivo que a televisão podia ter na vida das pessoas":

"Isso porque a gente sempre ouve: 'Ah, televisão é como se fosse uma subarte'. E eu sempre fiz televisão como quem faz teatro, como quem faz cinema, como se reconhecesse naquilo uma importância tremenda. E pude ver que, sim, que a gente podia fazer alguma coisa legal, ter uma interferência positiva".

Bucci, em outra citação por Cássia Louro Palha, disse ser verdade que "a reabilitação do esquerdista dentro do repertório global, que detém de alguma forma o imaginário nacional, e a sua promoção à condição de protagonista da ficção, há um estímulo importante para que a juventude de consumidores/telespectadores sinta-se convidada ao heroísmo". E completou, deixando a mordida para o final:

"É verdade também que a série influiu bastante na maneira como a imprensa cobriu as manifestações estudantis pelo *impeachment*. O jornalismo ligou televisão e fato, a tentação era irrecusável. Mas eu não iria além disso. As manifestações da juventude aconteceriam com ou sem *Anos Rebeldes*, com variações em seu marketing e seus emblemas. De minha parte, seja como for, não espero da Globo que ela conte a minha história. Eu quero o contrário".

José Wilker*, um ator que, mesmo tendo se tornado um dos astros do elenco da Globo, jamais se afastou do teatro, do cinema e também do debate crítico sobre a produção cultural brasileira de seu tempo, sintetizou:

"*Anos Rebeldes* é um programa de televisão. É entretenimento, sim, sem dúvida alguma. É também uma historinha de amor, quem fica com quem, quem come quem, e tem o fundo da História. Isso não diminui em nada".

Traições e bicicletas

– Doutor Roberto, Fernando quer nos tirar aquilo que Arnon nos deixou.

O ano de 1991 estava terminando quando o dono da Globo entrou em sua sala, no décimo andar da sede do Jardim Botânico, onde a matriarca dos Collor de Mello e os filhos Pedro e Ana Luiza já o aguardavam, acompanhados por Evandro Guimarães, diretor responsável pelo relacionamento da emissora com suas afiliadas. Dona Leda, 74 anos, foi direto ao assunto: queria, segundo Evandro revelou a este autor, "providências" contra o filho presidente da República. Surpreso, Marinho virou-se para Evandro e perguntou:

– O que significa isso?

Começava a ficar fora de controle o incêndio familiar deflagrado pela disputa, entre os irmãos Pedro e Fernando Collor de Mello, da exclusividade para transmitir e participar da receita com publicidade da Globo em Alagoas, e cujo desfecho litigioso resultaria na entrevista-bomba que Pedro daria à revista *Veja* cinco meses depois, em 27 de maio de 1992, com denúncias intransponíveis sobre o esquema de corrupção comandado por Paulo César Farias, operador da campanha de Collor à presidência. Para Evandro, foi nesse dia que também começou a minguar de vez, ainda que bem devagar, o apoio do dono da Globo ao presidente.

– O Fernando quer ser dono sozinho!

Pedro estava indignado com o irmão e, desde meados de dezembro de 1991, vinha deixando seus interlocutores na imprensa saberem que tinha um dossiê contra PC Farias e que estava disposto a publicá-lo. Na reunião, foi Evandro quem explicou que PC, a pedido de Fernando Collor, ia comprar a TV Alagoas, então afiliada da Rede Manchete no estado, e que, em seguida, o presidente ia pedir a Marinho, e estava convencido de que conseguiria, a transferência da programação da emissora da TV Gazeta, afiliada pertencente à família Collor, para a TV dos Farias.

O irmão de PC, Augusto Farias, com as bênçãos do presidente da República, e seguindo à risca o receituário dos coronéis eletrônicos que dominavam quase todo o mercado de comunicação do país, estava à frente da montagem de uma rede estadual que transformaria sua família num sério concorrente da Organização Arnon de Mello.

– Então essa questão da programação depende de mim, certo, Evandro?

O dono da Globo conhecia os Collor de Mello havia décadas, e o convívio incluía o dissabor com nuances de traição de 1965, quando o patriarca Arnon de Mello abandonou a sociedade que fizera com ele em um projeto imobiliário no Parque Lage, Zona Sul do Rio, com medo de represálias, no auge do rompimento de Marinho com o então governador Carlos Lacerda. Diante da resposta afirmativa de Evandro, Marinho levantou-se e, antes de deixar os quatro em sua sala, olhou sério para Dona Leda e os filhos, e perguntou:

– Vocês acham que o Fernando vai me obrigar a fazer isso?

Evandro se encarregaria de dizer a Dona Leda e aos filhos que a Globo não faria nenhuma mudança contratual "por razões políticas". Menos de um ano depois de ter a garantia da parceria, em 17 de setembro de 1992, a mãe de Collor sofreria três paradas cardíacas e entraria em um coma profundo irreversível que durou mais de dois anos, até sua morte, em fevereiro de 1995, dois meses depois de perder o filho Pedro, morto de câncer aos 42 anos.

A família Collor, que se unira em torno de Fernando nos tempos em que ele se tornou um fenômeno eleitoral como "caçador de marajás", acabaria se entendendo, pelo menos para se ajustar aos padrões administrativos, técnicos, comerciais e editoriais exigidos das afiliadas pela Globo. Isso até outubro de 2023, quando os filhos de Roberto Marinho decidiriam entrar na Justiça para encerrar a parceria de 48 anos com a Organização Arnon de Mello, substituindo-a pelo Grupo Asa Branca, então já um parceiro da Globo em Caruaru, no interior de Pernambuco. Motivo: em maio daquele ano, Fernando Collor, em sua enésima encrenca com a lei, tinha sido condenado pelo Supremo Tribunal Federal por ter recebido vinte milhões de reais para viabilizar irregularmente contratos da estatal com a empresa UTC Engenharia.

Depois daquela reunião de Dona Leda e os filhos com Marinho, antes mesmo da virada do ano, no dia 11 de dezembro de 1991, durante uma recepção para cerca de novecentos convidados na embaixada brasileira em Roma, na visita oficial que o então presidente Collor fez à Itália, Roberto Irineu*, que foi ao evento por insistência do então presidente da Fiat, Gianni Agnelli, mesmo tendo advertido o ex-futuro sócio da Globo na Telemontecarlo de que as relações da família Marinho com o presidente brasileiro não estavam boas, revelou ter sido hostilizado "de forma grosseira" logo na entrada do coquetel. Primeiro pelo diplomata Marcos Coimbra, cunhado do presidente e chefe da Casa Civil, e depois pelo próprio Collor:

"O Collor passa por mim, vira as costas – está cumprimentando todo mundo –, não me cumprimenta e passa a cumprimentar a seguir. Eu fiquei passado".

Passado e determinado a não ir ao almoço que o próprio Gianni Agnelli ofereceria no dia seguinte à comitiva brasileira, depois do encontro do presidente com o Papa João Paulo II, decisão que Roberto Irineu acabaria abandonando quando Agnelli insistiu, dizendo que o convite era dele, e não de Collor. E, ao contrário do que acontecera no coquetel, quem ficou constrangido, segundo Roberto Irineu, foi Collor, com a atenção e o lugar de honra na mesa dados ao herdeiro da Globo pelo empresário italiano.

À parte a briga familiar que ameaçava os negócios de Marinho em Alagoas, o dono da Globo também estava contrariado, desde 1989, com o papel que Collor desempenhara, primeiro como presidente eleito e, posteriormente, já instalado no Palácio do Planalto, na viabilização de um negócio que representaria uma ameaça em escala nacional à hegemonia da Globo: a compra da Rede Record pelo bispo Edir Macedo, dono da Igreja Universal do Reino de Deus.

Para completar o rol de contrariedades do dono da Globo com as incursões de Collor no mercado de televisão em parceria com o empresário brasiliense Paulo Octávio, Marinho também ficara muito aborrecido quando soube, em 1990, que o presidente, através de PC Farias, estava financiando uma sociedade do empresário paranaense José Carlos Martinez, tesoureiro da campanha de Collor e dono da Rede OM, futura CNT, com a Rede Record, esta já sob controle da igreja de Edir Macedo. Palavra do então diretor da Central Globo de Afiliadas e Expansão Evandro Guimarães:

"Não houve um rompimento, mas um afastamento progressivo. Até porque do outro lado estavam Lula e o PT, que continuavam não sendo opção para Roberto Marinho".

A Central Globo de Jornalismo, sob o comando de Alberico de Sousa Cruz, até o início daquele dezembro de 1991, e antes que o caldo da política engrossasse de vez em Brasília com o processo de *impeachment* que resultaria na renúncia de Collor no segundo semestre de 1992, vinha mantendo, diante dos seguidos fiascos da política econômica e da crescente impopularidade do presidente, uma cobertura não tão barulhenta que pudesse ser interpretada como um rompimento por parte de Roberto Marinho, e também não totalmente omissa, a ponto de autorizar a conclusão de que o apoio da emissora a Collor era cego ou incondicional.

A exceção, gritante, com uma intensidade e um tom que só seriam superados, e no caso, de longe, pelo comportamento futuro da emissora durante o Mensalão e a Operação Lava Jato, era a cobertura que a Globo, assim como os principais jornais e revistas semanais do país, vinha fazendo das denúncias de corrupção que envolviam o então ministro da Saúde de Collor, o médico pediatra paranaense Alceni Guerra, parceiro da médica Zilda Arns nos projetos de saúde básica da Pastoral da Criança, entre outros destaques de seu currículo de sanitarista.

De estrela dos primeiros meses do governo Collor, incentivado pelo próprio presidente a pensar "em termos nacionais" na hora de gerir os 4,5 bilhões de dólares do orçamento dos CIACs, os centros integrados de atendimento à criança e ao adolescente, versão federal dos CIEPs que o então governador Leonel Brizola vinha implantando no estado do Rio, Alceni viu sua vida profissional e pessoal se transformar num inferno a partir de 4 de dezembro de 1991, quando o jornal *Correio Braziliense* publicou uma reportagem que denunciava uma compra superfaturada de vinte mil bicicletas pelo Ministério da Saúde.

Ao longo dos cinquenta dias que se passaram entre a denúncia do *Correio Braziliense* e a demissão do ministro, no dia 23 de janeiro, de acordo com análise feita da cobertura por Eugênio Bucci no livro *Sobre ética e imprensa*, "o suspeito Alceni foi apresentado como culpado condenado" pela grande imprensa. No caso específico da Globo, ninguém, dentro ou fora da emissora, tinha dúvida de que o fato de Collor ter designado Alceni como interlocutor de sua aliança política com Brizola era a explicação para o inusitado tom adjetivado e carregado de suspeita e ironias das matérias do *Jornal Nacional* sobre o ministro.

Alceni guardou daqueles dias, além de humilhações como a que sofreu ao ser perseguido e fotografado por jornalistas, durante um passeio de bicicleta com o filho de 12 anos, em um parque de Brasília, um *clipping* da fritura que sofreu na mídia, nos onze meses que se seguiram ao anúncio da licitação das bicicletas. Foram, segundo ele, 29 horas de telejornais da Globo, tempo de vídeo equivalente ao de uma novela de duzentos capítulos, e outras 104 horas de telejornais das outras emissoras, somadas. Em uma das reportagens, por exemplo, o repórter Alexandre Garcia apareceu com um guarda-chuva e montado em uma bicicleta.

À parte os ataques cirúrgicos encomendados por Marinho contra o ministro que estava se entendendo com Brizola, sem maiores estilhaços nas outras áreas do governo Collor, circulava, entre os jornalistas das redações da Globo no Rio e em Brasília, a informação de que Alberico tinha um interesse a mais na participação da CGJ no massacre que Alceni sofria na mídia. Uma história, também citada por Mario Sergio Conti em seu livro *Notícias do Planalto*, e que chegou a Collor, levando o presidente a alertar Alceni, por desconfiar, como escreveu Conti, que "a virulência dos ataques do *JN* pudesse ser explicada pela disputa entre o jornalista e o ministro pela primazia da amizade da deputada Rita Camata".

Acusado de comprar 23.500 bicicletas, mochilas e guarda-chuvas por preços acima dos de mercado, o ministro também teve de responder por denúncias de superfaturamento na compra de seringas, vacinas, filtros e outros medicamentos. E sete meses depois de sua demissão, ainda seria submetido a um insulto concebido pela professora da filha Ana Sofia, então com 4 anos, na festa do Dia dos Pais na escola: Ana recebeu o pai vestida com roupas de um homem adulto, calça e mangas dobradas, e portando um cartaz cheio de colagens com as piores reportagens sobre o caso.

Como registrou a *Folha de S.Paulo* em sua edição de 31 de dezembro de 1998, nenhuma denúncia contra Alceni ficou de pé. E não houve qualquer documento que o incriminasse. O Ministério Público, ainda segundo a *Folha*, não formalizou qualquer denúncia contra ele, pedindo o arquivamento do inquérito que tinha vasculhado sua vida bancária e seus atos como ministro. E, em dezembro de 1992, o Supremo Tribunal Federal levou seu processo a julgamento, isentando-o de todas as acusações e absolvendo-o por unanimidade.

O que não ganhou destaque, na época, na Globo ou nos outros veículos da grande imprensa, foi o que Conti informou em seu livro: como responsável final pela construção de 5.300 CIACs, Alceni foi procurado pelas grandes empreiteiras do país e um grupo delas, não identificado pelo autor, ofereceu ao então ministro catorze milhões de dólares "por fora", a serem pagos em três parcelas: a primeira no ato, a segunda quando ele lançasse sua candidatura ao governo do Paraná em 1994 e a terceira durante a campanha eleitoral.

Alceni, segundo Conti, além de recusar a oferta, manteve o valor de quatrocentos dólares por metro quadrado construído de CIACs, estabelecido pela área técnica do Ministério, aceito apenas pela Andrade Gutierrez e recusado pelas outras empreiteiras, que boicotaram a licitação, lideradas pela empreiteira baiana OAS. Ainda segundo o livro de Conti, citando entrevista de Alceni ao *Jornal do Brasil*, o ministro foi pressionado a nomear, para cuidar das licitações da Fundação Nacional de Saúde, João Mata Pires, irmão de César Mata

Pires, um dos três donos da OAS e casado com uma filha do senador Antonio Carlos Magalhães, que, por sua vez, durante a fritura do ministro, chegou a chamar Alceni de "lixo" em reportagens da época.

Em entrevista a este autor para o livro *Zilda Arns: uma biografia*, lançado em 2018, Alceni disse que a intensidade da cobertura negativa que recebeu se devia especialmente ao fato de ele ter atuado com desenvoltura na articulação da aproximação de Collor com Brizola, mas esclareceu:

"Na assessoria do doutor Roberto Marinho, havia um sentimento de que eu pudesse estar promovendo Brizola para futuro candidato a presidente da República. Confesso com muita humildade que o meu candidato a presidente da República era eu mesmo".

Duas décadas depois do suposto "escândalo" das bicicletas, em setembro de 2022, o *Jornal Nacional* incluiria uma história em que Alceni Guerra era o personagem principal, num capítulo da série *Brasil em Constituição*, projeto de resgate da memória das constituições e do impacto delas na vida do país, exibido pela Globo num momento em que o então presidente Jair Bolsonaro conspirava antecipadamente contra o resultado das eleições que seriam realizadas naquele ano. Alceni era outra pessoa, na reportagem.

Deputado pelo PFL do Paraná durante a Constituinte de 1988, Alceni tinha defendido a licença e a importância de o marido ter o direito de acompanhar a mulher na hora do parto, proposta recebida com piadas machistas de vários deputados, incluindo uma do próprio presidente da Câmara, Ulysses Guimarães. E foi quando Alceni ocupou a tribuna, às lágrimas, e contou o drama que sua esposa vivera no ano anterior, ao sofrer um sério acidente anestésico após o parto da filha Ana Sofia, que seu projeto foi aprovado, em meio a pedidos públicos de desculpas de Ulysses e de outros deputados.

No episódio do *JN*, Alceni, aos 77 anos, emocionou-se ao rever a reportagem da Globo sobre seu discurso e ao receber, no cenário de entrevistas da série, a filha Ana Sofia, então uma psicanalista de 35 anos. Durante a reportagem, não houve qualquer referência, dele ou dos âncoras do programa, aos acontecimentos de dezembro de 1991.

Antes, em 2014, depois de ter retornado à vida pública como prefeito da cidade paranaense de Pato Branco e deputado federal, Alceni falou a este autor das humilhações do que chamou de "massacre das bicicletas" com um sorriso resignado nos lábios. A alegria só iluminou seu rosto quando comemorou o sucesso do projeto de saúde pública que acalentou, na época em que estava no Ministério da Saúde:

"Hoje todos os 350 mil agentes de saúde no Brasil usam bicicletas".

CAPÍTULO 27

O fim da solidão

"Você está assistindo a um programa de televisão sozinho, na sua casa. Você sabe que tem milhões de pessoas assistindo junto com você. E você não tem a consciência física daquilo. Aquilo é uma abstração. Cinquenta milhões de espectadores, o que é isso? Nada! É uma abstração. Mas quando você tem um programa interativo e te jogam em um tema moral terrível sobre o qual você mesma não sabe o que faria, e você vê a resposta das pessoas, ora, é claro que isso é uma coisa superatraente."

Não era, ainda, alguém se rendendo ao enésimo *paredão* da interminável franquia do *Big Brother Brasil* nos anos 2020. Era a autora Denise Bandeira*, em julho de 2001, ao falar da novidade que começou a fazer parte da grade da emissora a partir da noite de 8 de abril de 1992, e na qual, pela primeira vez, a Globo permitiu que o telespectador não apenas opinasse *a posteriori*, em pesquisas *quali*, sobre os conteúdos de sua dramaturgia: ele passaria a ter o poder de decidir, na hora, ao vivo, através de uma ligação telefônica do tipo 0800, como as histórias deveriam terminar.

"Bastava ligar e decidir. A votação começava já no fim do primeiro bloco e vencia o final escolhido pela maioria. Foram 323 dilemas, em oito anos de sucesso e polêmica."

O *Almanaque da TV Globo*, assim como Denise, referia-se à estreia do *Você Decide*, o segundo programa de teledramaturgia de maior duração da história da Globo, atrás apenas do seriado *A Grande Família*, com suas catorze temporadas. Em comum com os *reality shows* que encheriam a televisão mundial de celebridades esquecíveis de vida curta a partir da virada do ano 2000, o *Você Decide* tinha a interatividade, que à época se tornou possível com um sistema telefônico que processava dezenas de milhares de ligações por minuto, capacidade de interação que aumentaria exponencialmente uma década depois, nas votações do *BBB*.

Quem decidia quais os temas, tramas e dilemas do programa, e como seriam os dois desfechos oferecidos ao público, décadas antes de a indústria de entretenimento em geral se tornar refém resignada das pautas do Facebook, Twitter (hoje X), Instagram e outras redes sociais, eram, ainda, os autores da emissora. E quem interpretava as histórias, qualquer que fosse o final escolhido pelo telespectador, eram e atores e atrizes, entre eles Antonio Fagundes, o primeiro apresentador, que na noite da estreia, depois de explicar como funcionaria a votação, antecipou o que Paulo José, diretor-geral do *Você Decide*, pretendia que fosse "uma radiografia moral do brasileiro":

"O mundo está cheio de histórias. Histórias reais, histórias imaginadas. Mas existem algumas histórias especialmente polêmicas, onde fica difícil separar entre o correto e o errado. Entre o belo e o maldito. É dessas histórias que trata o nosso programa. Histórias sempre contadas no limite entre o certo e o incerto. No final, você decide".

Seria quase sempre muito difícil decidir, desde o primeiro episódio. *Em Nome do Filho*, escrito por Geraldinho Carneiro, que também foi supervisor dos roteiros do programa por oito anos, colocou o telespectador diante do dilema de um delegado que vê a gravação de um assalto e reconhece o filho como assaltante. À pergunta sobre se o policial deveria prender o filho, 4.017 telespectadores disseram que sim, e 2.014 decidiram que não, em amostragem que saltaria para mais de cem mil ligações por programa nas semanas seguintes. Uma espécie de viralização, ainda analógica.

À medida que o programa avançou, como se observa no histórico dos episódios feito por Nilson Xavier em seu site, a "radiografia moral" desejada por Paulo José começou a mostrar resultados e tendências surpreendentes, e que, no caso de algumas que apontavam um caminho oposto ao da futura doutrina do politicamente correto, só seriam explicitadas sem maiores pudores nas trincheiras políticas e ideológicas das redes sociais do século 21.

Em 6 de junho de 1992, por exemplo, no episódio "Achados e Perdidos", no qual um publicitário desempregado e em sérias dificuldades financeiras se vê diante da possibilidade de ficar com uma pasta com cem mil dólares que um colega deixara com ele, pouco antes de morrer subitamente num voo de São Paulo para o Rio, a decisão da maioria foi a de que o personagem, interpretado por Diogo Vilela, ficasse com o dinheiro para solucionar seus problemas financeiros. Um choque.

O então ministro da Economia do governo Collor, Marcílio Marques Moreira, considerou o resultado "antiético" e o atribui ao "espírito galhofeiro do brasileiro". Argumentou ainda que o povo brasileiro tinha "formação moral religiosa", era "trabalhador" e, no fundo, "rejeitava a Lei de Gerson", referindo-se ao slogan publicitário que pregava "levar vantagem em tudo" e que o ex-craque jamais conseguiria descolar de sua biografia. Até políticos de Brasília, para o espanto de setores do eleitorado, deram entrevistas indignadas ao *Jornal do Brasil* contra a decisão dos telespectadores. Críticas que levariam Paulo José a dar uma entrevista ao jornal *O Estado de S. Paulo*, na qual ofereceu outra explicação para o veredito:

"Não se pode exigir valores de um colégio suíço a uma pessoa que tem dificuldades de comprar pão e leite. Estamos vivendo em um estado selvagem, onde as necessidades primárias prevalecem [...] Vivemos sendo assaltados por emendas e medidas econômicas. Vivemos uma crise de valores e a corrupção está estampada nas altas esferas do poder. O programa apenas reflete, não induz a qualquer julgamento".

Duas décadas antes do movimento Me Too, nova surpresa no episódio "Tudo Pela Arte", exibido em 21 de julho daquele ano: a maioria dos telespectadores que ligaram, 41.739 votos, decidiu que "Lena", uma atriz de novelas que resolve montar uma peça de teatro sem dinheiro e pede ajuda para um empresário, deveria, sim, aceitar o convite de passar uma noite com ele, como forma de garantir o patrocínio.

Escandalizada com a derrota e os 35.133 votos na linha da resistência ao assédio sexual no trabalho, a diretoria do Sindicato dos Atores de São Paulo divulgou uma carta enviada a Roberto Marinho com um protesto contra o *Você Decide*, e na qual acusou o programa de ter mostrado "uma imagem errada" e disseminado "a ideia repugnante de que, para trabalhar, o ator deve antes passar por uma cama".

As surpresas continuariam e uma delas seria desconcertante para a própria Globo semanas depois, em 12 de agosto, quando a emissora instalou "telões interativos" em várias capitais do país, com atores da emissora ao vivo, no papel de repórteres, para incentivar a participação popular na decisão sobre o final do episódio "A Cantada"; a pergunta era se a personagem interpretada pela atriz Luiza Tomé, assediada pelo patrão, deveria ceder às investidas dele em troca de um cargo alto, ou denunciar o abuso.

O que ninguém esperava era que, da concentração popular em torno do telão interativo instalado no centro de Vitória, no Espírito Santo, surgisse uma jornalista da cidade que se aproximou de Patrícia França, dublê de atriz e repórter encarregada das entrevistas, e revelou, ao vivo, ter sido vítima de assédio semelhante ao do episódio por parte de um assessor da Fundação Roberto Marinho:

"Tratava-se de um assessor. Vulgarmente falando, como eu não abri as pernas, as portas da fundação também não se abriram para mim".

A entrevista da jornalista, que levou a Fundação Roberto Marinho a divulgar nota em que repudiou "práticas abusivas" e se comprometeu a apurar o caso, acabou influenciando bastante a votação naquele *Você Decide*:

54.002 telespectadores optaram pela denúncia do assédio e outros 22.857 prefeririam o "não".

Um sinal do pensamento intelectual, sociológico e cultural predominante na época do lançamento do *Você Decide*, um *Zeitgeist* oposto ao dos anos 2020, foi o conflito vivido por Denise Bandeira*, integrante da equipe de autores do programa por quatro anos, na hora de roteirizar um episódio claramente inspirado na revelação, na época, do caso do cineasta Woody Allen com a filha adotiva de Mia Farrow, sua ex-mulher.

Denise, como Geraldinho e outros roteiristas como Antonio Carlos da Fontoura e Tiago Santiago, sabia que quanto menos a opinião pessoal pesasse na hora de escrever, mais equilibrados e fortes ficariam os dilemas éticos, matéria-prima básica do *Você Decide*. Autointitulada "fã de carteirinha" de Woody Allen, ela reconheceu que ficou "confusa" com o caso. Não conseguia entender como um homem que para ela "seria capaz de conquistar qualquer mulher que quisesse no mundo, da mais obscura até uma Julia Roberts", pudesse "escolher justo a filha da mulher dele".

Para Denise, existiam "duzentas explicações psicanalíticas" que poderiam ser usadas para justificar a atitude de Allen. Mas, em busca de equilíbrio e de um distanciamento de suas próprias convicções feministas, em atitude oposta ao exercício do conceito de lugar de fala cuja adoção seria incentivada e festejada no futuro, ela acabou se perdendo:

"Dentro de mim eu sabia que tinha um lado muito grande que achava que não era ético fazer isso, que eu não gostava disso, daquela história. Tive muito cuidado em não deixar que esse meu lado prevalecesse na hora de fazer a ficção. Então, o que eu fiz? Acho que eu acabei manipulando ao contrário. Defendi tanto o romance da menina com o cara que o público votou maciçamente a favor dele. Acabei, sem querer, manipulando para não defender o meu ponto de vista".

Outros tempos, sim. Mas, também, velhas e permanentes encruzilhadas éticas e morais, como a do episódio exibido em 7 de outubro de 1992, no qual um ex-carrasco nazista, criminoso de guerra escondido por décadas, com identidade falsa, na região serrana do Rio de Janeiro, salvava um menino de um afogamento nas águas de um riacho. Sem que ninguém da produção do *Você Decide* soubesse ou se desse conta, o programa, além de ter sido exibido em uma data importante da religião judaica, não por acaso escolhida para o futuro ataque terrorista do grupo Hamas contra Israel em 2023, terminou com o público optando por um final no qual prevalecia a gratidão do menino, e não a denúncia do passado genocida do velho que o salvou. Geraldinho não se esqueceu:

"No dia seguinte, detonaram a TV Globo. Todos os rabinos, todos os homens importantes de São Paulo, Rio de Janeiro, telefonaram e disseram: 'Isso é uma agressão, isso é uma violência'. Aí o Mário Lúcio Vaz me chamou na sala dele e eu falei: 'Mário o que nós vamos fazer?'. Ele disse: 'Nada, nessas horas é melhor a gente enfiar a cabeça na areia e esperar a onda passar'. E acabou essa história. A história do dia em que o Brasil escolheu mais errado".

Outra religião, a católica, e um de seus dogmas, o do sigilo absoluto do sacramento da confissão, também estiveram no centro de outra polêmica provocada pelo *Você Decide*, no episódio "Justiça de Deus", história em que um homem, ao se confessar com um padre interpretado pelo ator Carlos Vereza, diz que cometeu um assassinato. A maioria apertada dos telespectadores, 27.417 telefonemas, votou pela denúncia do assassino, contra 23.376 votos em defesa do sigilo da confissão. Na lembrança de Paulo José*, o fato de o padre contar um segredo de confessionário foi um "fato escandaloso":

"Nossa! A Cúria ficou desesperada. Disseram: 'Vocês não podem mexer no sacramento da confissão! Como é que a televisão acaba com o sacramento da confissão? E a confiança que você tem no padre para a sua confissão, desaparece também?'".

Longe do horário das novelas e de sua temática muito mais vigiada pelo comando da emissora, o diretor Herval Rossano* disse ter "caído duro para trás", às vezes "horrorizado", com decisões dos telespectadores, entre elas a que prevaleceu na história de uma professora que aproveitou uma chance de matar, sem ser incriminada, o jovem que a tinha violentado; e a de um filho que internou a mãe doente em um asilo, em vez de cuidar dela. Mas Herval também tinha orgulho de episódios como o do programa para ele "histórico" no qual a maioria dos telespectadores foi favorável, isso no início dos anos 1990, a que um casal de lésbicas enfrentasse o preconceito e mantivesse a relação:

"Tratei de temas mais ousados, homossexualismo masculino, homossexualismo feminino, hermafroditismo, cleptomania, relacionamento de marido e mulher, filhas que flagram o pai com outra mulher e outros problemas sociais que era necessário que fossem discutidos, e com todo apoio da alta direção da Globo. Foi fascinante, e eu fiquei muito triste quando saí do programa, não gostei de ter saído".

Ao longo de oito anos, decisões desafiadoras quase nunca faltariam na hora de discar o 0800: um casal de advogados que se apaixonam um pelo outro ao disputarem o comando de uma empresa e depois descobrem que são irmãos; um jogador de vôlei portador do vírus da aids que sofre um corte com sangue durante uma partida decisiva e não sabe se continua em quadra ou sai para preservar os colegas do time; um presidiário que hesita entre uma chance de fuga e a espera da iminente anulação de sua pena; um jogador de futebol, escalado para bater um pênalti decisivo na partida que pode acabar com a carreira de seu pai, técnico do time adversário; e um médico que tem em suas mãos, em uma cirurgia de emergência, a vida da ex-amante que tenta arruinar seu casamento.

Com o tempo, a equipe de autores criaria, para um time de diretores que incluiu Jorge Fernando, Wolf Maya, Roberto Talma, Roberto Farias, Tizuka Yamasaki, Fábio Barreto, Marcos Paulo, Dennis Carvalho e José Wilker, dilemas inspirados em obras da literatura brasileira e estrangeira, e em filmes como *A Noite dos Desesperados*, do diretor Sydney Pollack, e *Cães de Aluguel*, de Quentin Tarantino, além de múltiplas tramas em torno de adultérios de todo tipo e, não poderia faltar, uma história dilacerante sobre duas mães que tiveram seus filhos trocados na maternidade.

O que não queria dizer que a qualidade de realização de tantos mergulhos dramatúrgicos fosse sempre satisfatória como no caso do episódio "Na Marca do Pênalti", que até concorreu ao Prêmio Emmy. Herval, embora orgulhoso das cerca de 150 edições que encarou e dirigiu "sem medo", lembrava do *Você Decide* como "um programinha difícil, uma história por semana, uma cenografia por semana, captar interesses, se basear em notícias de jornal, buscar tramas, arrumar um elenco e desenvolver semanalmente". Fabio Sabag* se queixou da queda de qualidade, segundo ele, a partir do momento em que o programa "ficou mais preso a uma historiazinha de estúdio", sem as entrevistas ao vivo com a população. E Geraldinho confessou que não gostava nem de assistir aos episódios que escrevia e supervisionava:

"Eu nem via muito o programa porque eu já tinha o trabalho de tentar inventar alguma coisa. Só via quando diziam assim: 'Extraordinário'. Não ia ver pra ver coisa feia, malfeita, mal dirigida, mal produzida, tudo às pressas, como quase sempre na televisão brasileira, a gente sabe disso".

E se tudo fosse uma grande farsa da Globo?

Houve, também, segundo Denise, à medida que o programa repercutiu e se consolidou com uma boa audiência no horário da segunda linha de shows, a partir das dez e quinze da noite, o que ela chamou de "coisa ridícula de algumas pessoas, muita gente paranoica com teorias da conspiração sobre a Globo", dizendo que o *Você Decide* era "manipulado" e que suas histórias só tinham um final, independentemente da votação, que seria uma "uma impostura":

"Mas que graça teria se fosse feito dessa maneira? Seria uma coisa totalmente estúpida. No 0800 você liga e aquilo corresponde a um sinal eletrônico que computa o seu voto. É o voto digital".

E não é que não existisse interatividade, na Globo, antes do *Você Decide*. O próprio Paulo José* ressaltou que, sim, ela existia, mas informalmente, na poderosa influência que a opinião dos telespectadores exerce nos desfechos das novelas da emissora, como acontecera, por exemplo, nos dois finais gravados de *Roque Santeiro*, em 1985, nas sete alternativas de assassinato de "Odete Roitman" produzidas para o final de *Vale Tudo* em janeiro de 1989 e nos dois desfechos editados por Daniel Filho para o seriado *Quem Ama Não Mata*, em 1982, quando a protagonista Marília Pêra* se impressionou com o que chamou de "escândalo nacional" que aconteceu às vésperas do último capítulo:

"Já havia toda uma torcida: tinha gente que preferia que morresse a mulher, tinha gente que preferia que morresse o homem. Havia uma expectativa, e o que foi ao ar foi o Cláudio Marzo me matando".

O que faltava era a palavra "interatividade".

Ela estava na bagagem de volta de mais uma das viagens de trabalho de Boni ao exterior, e a apresentação da novidade, em uma reunião de diretores, autores e artistas da Central Globo de Produção, foi acompanhada de uma diretriz do chefe que o ator Cláudio Cavalcanti* não esqueceu:

– Olha, eu espero que todos vocês estejam sabendo que só existe uma saída para a televisão mundial: interatividade, tá? Quero que vocês pensem nisso.

Geraldinho, participante da reunião e defensor da tese de que "todo gênio vai aos Estados Unidos com frequência porque lá, além de muito débil mental, tem muito gênio", sabia que Boni era um executivo que também gostava de ir àquele país regularmente, "para saber o que os gênios de lá estavam pensando":

"Boni é um gênio da televisão, foi lá e leu em uma revista que o futuro da televisão era a interatividade. Chegou no Brasil e disse para o Mário Lúcio Vaz: 'Mário, eu quero um programa interativo'. No que ele disse isso, foi um pânico: o que será isso?".

Passado o susto com a nova palavra, Carlos Manga, um dos diretores envolvidos na criação do "programa interativo", em vez de mobilizar apenas os autores de novelas e minisséries da CGP, decidiu buscar ideias e dilemas fora da Globo, mais exatamente com um grupo de profissionais de criação de algumas das melhores agências de publicidade do eixo Rio-São Paulo, e com os quais convivera o suficiente para saber que eles tinham, por dever de profissão, o que a emissora precisava: sintonia com a atualidade e com o que ia pela cabeça dos consumidores, habilidade para saber contar histórias em menos de um minuto e, principalmente, familiaridade com prazos apertados.

E foi assim que, no início de 1992, de algumas reuniões de Mário Lúcio Vaz, Manga, Geraldinho, Guel Arraes, Paulo Ubiratan e Roberto Talma com os publicitários João Bosco Franco, José Guilherme Vereza, Gustavo Bastos, Álvaro Gabriel, Marcos Silveira, Marcelo Pires e Camila Amado, nasceram as primeiras histórias do *Você Decide*. Foram também eles, os publicitários, segundo

Geraldinho, que "inventaram o formato, tentando dar carne à ideia sonhada pelo gênio Boni nos Estados Unidos". Como lembrou João Bosco Franco na entrevista que deu a este autor em 2024, a referência dada pela Globo ao núcleo de publicitários foi um programa da TV americana sobre tribunais em que um júri decidia se o réu era inocente ou culpado:

"O formato de um programa com histórias interessantes, com possibilidades de finais alternativos e que seriam decididos pelo público telespectador em votação por telefone foi criado por nós. A princípio seriam vários finais diferentes, mas, depois, o pessoal de tecnologia da Globo decidiu que só era possível, além de mais simples e prático, dois finais. E levamos a ideia para a reunião na sala do Mário Lúcio Vaz".

Seria de autoria de Álvaro Gabriel, um dos integrantes daquele núcleo de publicitários que criou histórias para o programa entre abril e dezembro de 1992, a sinopse do famoso episódio da mala com cem mil dólares. O nome do programa, porém, segundo João Bosco, não foi deles:

"Subimos para a sala do Boni, apresentamos o formato e alguém na reunião falou algo assim: 'O final o telespectador decide'. E o Boni, sendo Boni, matou no peito e chutou pra gol: 'Isso! Você decide!'".

Nome escolhido, quando começou a produção, o ator Cláudio Cavalcanti*, que disse não ter "engolido muito a pílula e aquela coisa dos telefonemas", foi um dos artistas da emissora que, em graus diferentes de contrariedade, consideraram *Você Decide* "um programa menor". E a reação foi tanta que o diretor Fabio Sabag* se veria obrigado a pedir a contratação de elenco fora da Globo. A direção da CGP também não ajudava porque, segundo Sabag, "passava a mão na cabeça dos atores que não queriam trabalhar".

Paradoxalmente, entre os nomes que se sucederiam na função de âncora do programa ao longo dos anos, depois de Antonio Fagundes, estariam pesos-pesados como Walmor Chagas, Tony Ramos, Lima Duarte e Raul Cortez. Marília Pêra*, que atuou no episódio "Amor em Pedaços", exibido em 1999, também não pareceu se incomodar com a convocação para atuar em *Você Decide*:

"É uma arma extraordinária de interação. É muito boa. É tudo que se quer, por exemplo, no teatro, quando você faz um número de plateia, e você manda, e a plateia te manda de volta. É um jogo de vai e volta que é muito criativo; a resposta do público é muito calorosa".

No caso de Ana Paula Arósio*, musa instantânea da Globo aos 23 anos, assim que participou da minissérie *Hilda Furacão*, em 1998, o sentimento foi de perplexidade com o resultado da votação no episódio "Amor ou Injustiça?", exibido pelo *Você Decide* em setembro daquele ano, e no qual ela fazia o papel de uma assassina por quem um policial interpretado por Marcello Novaes se apaixonava:

"A personagem não era muito flor que se cheirasse, não. E você acredita que o público me absolveu? Porque a minha personagem deu um jeito de engravidar dele, claro, e aí ficava naquela coisa: 'Ou mando a mulher que eu amo grávida para a cadeia ou fico com ela?'. E o público votou para ele ficar com ela. Vai entender!".

Quando o último episódio do *Você Decide* foi ao ar, em 17 de agosto de 2000, após os "oito anos de sucesso e polêmica", a equipe do programa, como disse o diretor Wolf Maya* em 2005, "já não sabia mais como fazer", ao mesmo tempo que também "já não havia mais aquela excitação do telespectador, de interferir". Na entrevista, Wolf antecipou os novos tempos em que a interatividade, alternativa pouco explorada ou desconhecida na TV do início dos anos 1990, passaria, no século 21, a dispensar tramas criadas por autores experientes de televisão para serem interpretadas por atores profissionais:

"Depois do *Você Decide*, o telespectador que interferia, *voyeurizando* o artista, ganhou dimensões astronômicas nos *reality shows*, em que o telespectador não decide na ficção, ele decide na realidade dos outros. No *Você Decide*, ele decidia a ficção; nos *realities*, a verdade de cada um, o prêmio de cada um, a punição de cada um. O telespectador então virou deus, virou um grande juiz".

Os dilemas sobre os quais milhões de "grandes juízes" brasileiros se debruçariam na hora de usar a interatividade no século 21 seriam bem diferentes dos dramas humanos que tinham sido apresentados ao longo da existência do *Você Decide*. Nas votações da casa do *Big Brother Brasil* em sua edição de 2023, por exemplo, os telespectadores teriam de se posicionar, entre outras polêmicas, sobre um enfermeiro que se sentiu humilhado por outro *brother* que era médico; o relacionamento tóxico, com ameaça de cotovelada, de um casal de participantes; a desistência de um *brother* que tentou beijar à força outro homem da casa; uma denúncia de "racismo religioso" feita por um dos eliminados após deixar o programa; e a punição, com expulsão, de dois *brothers* acusados de "importunação sexual" contra uma participante que, com o programa ainda no ar, negou que tenha se sentido incomodada com a abordagem deles.

Não parecia ser o que Boni estava vislumbrando em 1992, ao introduzir a interatividade do *Você Decide* na programação da Globo, a julgar pela carta que, em abril de 2002, já fora da empresa, ele enviou a amigos, lamentando que o "Padrão Globo de Qualidade", aspas dele, estivesse "em fase explícita de extinção" com os *reality shows*. No comando do *Big Brother Brasil*, naquele ano, estreando num cargo que ocuparia por duas décadas, estava um José Bonifácio de Oliveira, mas não o Sobrinho.

Era o filho, Boninho.

Demorou

Em 1992, aos 87 anos, Roberto Marinho vez por outra era traído por imprecisões e lapsos da idade que escapavam do círculo de proteção dos filhos e de Walter Poyares, seu assessor pessoal, como aconteceu no dia em que ele reclamou com o diretor de programação da Globo, Roberto Buzzoni, e este, por tabela, com Carlos Absalão*, então editor-chefe do *Jornal Nacional*, de uma reportagem que não percebeu que tinha sido exibida pela Rede Manchete, e não pela Globo.

Ainda que os filhos, com um cuidado extremo para não deixar que o pai percebesse, estivessem aos poucos ocupando espaços e tomando decisões importantes na empresa, Marinho estava longe de perder o vigor e a autoridade, principalmente quando era contrariado. Como no dia em que Alberico de Sousa Cruz*, segundo seu próprio depoimento, ficou a um passo de ser demitido da direção de jornalismo da emissora pela forma como respondeu ao patrão, quando foi chamado ao décimo andar para tomar conhecimento das preocupações de um interlocutor não identificado de Marinho com o tom do *Jornal Nacional* em relação ao governo Collor:

– Ah, doutor Roberto, isso é uma bobagem!

– Você acha assim?

– Acho, doutor Roberto.

– Então está bom.

No dia seguinte, depois de seguir o conselho de João Roberto de subir à sala de Marinho, pedir desculpas pela forma como reagiu na conversa da véspera e dizer que a "bobagem" tinha sido dele, Alberico, e não do patrão, o então diretor da Central Globo de Jornalismo ficou sabendo, por João Roberto, que o pai tinha ido dormir "muito chateado" e disposto a demiti-lo.

Publicamente, em 1992, não houve maior demonstração de que o dono da Globo parecia continuar firme e forte no comando da emissora do que sua atitude em abril daquele ano, quando uma denúncia do jornal *O Globo* sobre supostas irregularidades em operações de publicidade do banco estatal Banerj, então sob comando do governo Brizola, com o *Jornal do Brasil*, ressuscitou antigos ódios entre ele e o diretor do *JB*, Manuel Francisco do Nascimento Brito.

A reação de Brito, genro da herdeira do *JB*, Condessa Pereira Carneiro, então recentemente falecida, foi reunir, em um editorial, uma espécie de compêndio de todas as denúncias, suspeitas e lendas que cercavam a história da Globo, relacionadas com episódios como o Caso Proconsult, a cobertura das Diretas Já e o noticiário do atentado ao Riocentro, acrescentando acusações de supostas ligações da Globo com crimes financeiros e até com atividades vinculadas ao jogo do bicho e ao narcotráfico. Em resposta, na edição d'*O Globo* de 30 de abril, Marinho devolveu o veneno como nos velhos tempos:

"A edição de ontem do *Jornal do Brasil* foi a primeira em que MF Nascimento Brito ousou introduzir um texto de sua lavra desde quando ali entrou credenciado pelo seu feliz casamento com a herdeira dos condes Pereira Carneiro [...] É conhecida no meio a situação comatosa em que se encontra o sistema *Jornal do Brasil* desde que o trágico desaparecimento da Condessa Pereira Carneiro deixou a empresa entregue ao arbítrio e à incompetência do genro".

Escrever um petardo como aquele era o de menos. Naquele primeiro semestre de 1992, o dono da Globo era desafiado, para valer, por uma tempestade perfeita: o velho inimigo Brizola, que sempre renovava a promessa de, na "primeira manhã" como eventual presidente da República, "questionar o monopólio do doutor Roberto Marinho, restaurando o primado do interesse público", não só governava o estado do Rio pela segunda vez como havia se tornado um protegido do velho concorrente *Jornal do Brasil*, e os dois, Brizola e o *JB*, cultivavam, na época, altas conversas e compromissos com o presidente Collor, que, por sua vez, envolvia-se cada vez mais com sócios ocultos e explícitos da Rede Record do bispo Edir Macedo.

Ainda assim, logo depois da entrevista em que Pedro Collor denunciou, na revista *Veja*, edição de 27 de maio, os malfeitos do irmão Fernando em parceria com PC Farias, Marinho, ao ser consultado por Alberico* sobre qual deveria ser o comportamento do jornalismo da Globo em relação ao movimento pelo *impeachment* do presidente, deixou claro que ainda não queria abandonar Collor:

"Nós entramos devagar. Eu fui ao doutor Roberto e tive a seguinte instrução: que era uma coisa de irmão, e que a gente tivesse muito cuidado com isso, e que ele acreditava no Fernando, e não no Pedro. Mas que eu podia noticiar".

Nesse período em que a Globo ainda fazia uma cobertura na linha de "muito cuidado" recomendada pelo dono a Alberico, o repórter Alexandre Garcia* disse que cometeu "o pecado da ingenuidade, pecado mortal para repórter". Foi quando, ao orçar a reforma de sua própria piscina, entrou em contato com fornecedores que também atendiam à Casa da Dinda e que disseram a ele que quem pagava tudo, na residência do presidente, e muitas vezes com preços muito acima do mercado, não era Collor, mas "uma empresa":

"Eu ficava sabendo das coisas da Dinda, mas pensava que aquilo fazia parte. Eu pensei que fosse alguma empresa dando dinheiro de campanha, agradando o candidato para depois tirar vantagem, isso no Brasil todo mundo faz [...] Não tinha percebido que tinha alguma coisa atrás disso e no fundo era aquele dinheiro de campanha que ele estava lavando e pondo lá na Casa da Dinda. Eu achava que era uma coisa assim, normal. Na hora que apareceu que eu liguei as coisas".

Na redação da Globo, ingenuidades à parte, a percepção geral, como lembrou o então repórter e futuro apresentador Carlos Tramontina*, era a de que o jornalismo da emissora, mais uma vez, estava demorando para entrar na cobertura. Enquanto isso, na concorrência, Boris Casoy, âncora do *TJ Brasil*, telejornal do SBT, capitalizava o prestígio e a audiência de 12 a 14 pontos que então obtinha no Ibope com a cobertura da crise política e, em entrevista à *Veja*, conjecturava:

"O *Jornal Nacional* tem mais investimento que *TJ Brasil*, mais repórteres, recursos técnicos e é plasticamente melhor que o *TJ Brasil*. Na sua linha, é muito bem-feito, mas em alguns momentos ele é uma ilusão de ótica [...] A Globo opta por uma linha oficialista. É a escolha de cada um. Mas ainda tem as amarras das quais o SBT já se libertou há pelo menos quatro anos. Nós não temos as armas e o dinheiro da Rede Globo. Nossa arma é a liberdade".

O estilo abertamente opinativo e adjetivo do âncora da rede de Silvio Santos, cujo emblema era uma virada para um plano forte de câmera ao final das reportagens, seguida da formação de um enérgico círculo com os lábios e a frase "Isso é uma vergonha!", era impensável na Globo. E, por razões diferentes, também nas redes americanas, tidas por alguns analistas como inspiradoras de Casoy, onde âncoras como Dan Rather, da CBS, Tom Brokaw, da NBC, e Peter Jennings, da ABC, mais analisavam do que emitiam opiniões.

A Globo só experimentaria uma versão semelhante e mais elaborada da ancoragem altamente editorializada de Casoy a partir de 2005, quando William Waack, com uma autonomia que jamais fora concedida a nenhum apresentador ou editor em toda a história do jornalismo da emissora – de Hilton Gomes a William Bonner, à parte o boletim político-militar *Ordem do Dia*, do coronel Edgardo Erickson, no ar na emissora nos anos 1960 –, passaria a preceder as manchetes do *Jornal da Globo* com editoriais fulminantes e diários contra todos os quadrantes das administrações dos presidentes Lula e Dilma Rousseff.

Menos adjetiva que Casoy e mais volumosa que o SBT na cobertura da política, contribuindo para evidenciar a diferença em relação à abordagem da Globo, que falava mais de *impeachment* só tarde da noite, no *Jornal da Globo*, a Bandeirantes também dava um espaço nobre à crise nos programas de entrevistas e telejornais da emissora. Na Record, àquela altura, a então diretora de jornalismo em Brasília, Marilena Chiarelli*, ex-repórter política da Globo, tentava fazer, com o programa *Brasília ao Vivo*, uma cobertura independente que duraria pouco e não resistiria ao que ela chamou de "negociações de Collor com o bispo Macedo".

O tempo fecharia de vez no final de junho, quando a revista *IstoÉ* publicou, no dia 28, uma entrevista na qual o motorista Eriberto França afirmou que pegava dinheiro com PC para pagar despesas da Casa da Dinda. À denúncia do motorista se seguiu a revelação, pelo repórter Jorge Bastos Moreno, d'*O Globo*, que uma perua Fiat Elba, comprada para a primeira-dama Rosane Collor, tinha sido paga por um cheque do esquema de PC Farias. A essas evidências se juntavam as revelações sobre a Operação Uruguai, um suposto empréstimo de cinco milhões de dólares que teria sido feito pelo presidente para tentar justificar seus rendimentos e seu padrão vida.

Depois das denúncias, enquanto o jornalismo da Globo se continha, fosse pelo limite dos fatos ou pela linha de "muito cuidado" da emissora, uma edição inteira do *Casseta & Planeta, Urgente!*, baseada nas denúncias que se acumulavam contra Collor, chegou a ser gravada, mas acabou sendo vetada, no que Bussunda chamou de "censura jurídica":

"Foi quando começaram a pipocar as denúncias todas. Censuraram 80% do programa, que botava a Rosane Collor como presidiária. O jurídico da Globo falou: 'Olha, não tem nada provado contra os caras. As acusações estão muito sérias, vocês estão chamando de ladrão, não pode nada disso'. Aí a gente correu e, em uma semana, refizemos o programa. No mês seguinte, os caras já estavam totalmente desmoralizados, e foi ao ar esse programa que tinha sido censurado. E era legal. O Collor era bom de bater".

Não ainda para o jornalismo da Globo.

A virada

Primeiro, foi a ideia:

"Nós temos que dar um sinal ao país de que as nossas cores são as cores da nossa bandeira: verde, amarelo, azul e branco. Essas são as nossas cores. Vamos mostrar a essa minoria que intranquiliza diariamente o país que já é hora de dar um basta a tudo isso".

Depois, o formato:

"Afixem nas suas antenas, ou em qualquer outro lugar, a fita verde e amarela. Peçam às suas famílias para que, no domingo, saiam de casa com alguma peça de roupa numa das cores da nossa bandeira, exponham nas suas janelas toalhas, panos, o que tiverem nas cores da nossa bandeira".

E a mensagem misteriosa:

"De uma vez por todas reafirmo a vocês neste instante que, custe o que custar, doa a quem doer, eu serei o primeiro a estar na defesa e no embate da nossa Constituição e da nossa democracia".

Apesar das semelhanças, não era o presidente Jair Bolsonaro em um palanque, com medo de perder a eleição de 2022 para Lula, antes da tentativa de golpe de 8 de janeiro de 2023. Era o presidente Fernando Collor, na tarde de 13 de agosto de 1992, uma quinta-feira, num improviso surpreendente acrescido ao discurso que fazia durante uma cerimônia no Palácio do Planalto, no auge da crise política e da tramitação do pedido de *impeachment* desencadeado pelas denúncias sobre o esquema de corrupção pilotado por PC Farias.

Na noite daquela quinta-feira, depois de o *Jornal Nacional* noticiar a conclamação de Collor, o décimo nono e penúltimo capítulo da minissérie *Anos Rebeldes* prenunciou, do começo ao fim de seus 54 minutos, que a história escrita por Gilberto Braga não teria um final de novela das oito. Principalmente para "Heloísa", a jovem militante de esquerda interpretada por Cláudia Abreu que ingressara na luta armada e tentava escapar ao cerco da repressão da ditadura com a ajuda corajosa de "Maria Lúcia", a amiga de juventude "alienada" vivida por Malu Mader, esta determinada a tirar do país, junto com "Heloísa", o ex-namorado e agora também militante "João Alfredo", papel de Cássio Gabus Mendes.

No dia seguinte, antevéspera do tira-teima nacional proposto por Collor, uma manifestação ocupou as manchetes com imagens que remeteram à histórica "Passeata dos Cem Mil", realizada em junho de 1968. E entre as cerca de vinte mil pessoas a favor do *impeachment* do presidente, estavam, como registrou uma reportagem do jornal *O Globo*, veteranos da militância de esquerda identificados, no texto, como pertencentes aos "anos rebeldes": Vladimir Palmeira, à época deputado federal pelo PT; Alfredo Sirkis, autor do livro *Os carbonários*, uma das fontes de referência de *Anos Rebeldes*; e o jornalista e ex-guerrilheiro Fernando Gabeira, então com 51 anos e convencido de que a exibição da minissérie estava "ajudando na mobilização dos jovens" pelo *impeachment*.

Na noite daquela sexta-feira, o último capítulo de *Anos Rebeldes*, além de revelar a retomada da relação de "Maria Lúcia" com "João Alfredo", uma paixão renascida após ser interrompida pelos anos de chumbo da ditadura, mostrou o desfecho trágico da história da personagem de "Heloísa", morta a tiros em uma blitz por um soldado do Exército que interpretou seu gesto de tirar a identidade da bolsa como uma tentativa de atirar contra ele.

Anos Rebeldes terminava mesclando o destino dos personagens com imagens reais dos acontecimentos que culminaram com a anistia, a volta dos exilados e a redemocratização do país, editadas pelo cineasta Silvio Tendler e ao som de "O Bêbado e o Equilibrista" e "Como Nossos Pais", ambas as canções na voz de Elis Regina. Para quem estava sintonizado na Globo, e não era pouca gente na época, o dia terminava de uma forma inédita, com a política presente tanto no jornalismo quanto na dramaturgia da emissora.

"Impulso fatal." Com este título, na edição d'*O Globo* do dia seguinte, enquanto entidades estudantis espalhavam, na base do contato pessoal, por telefone e em entrevistas, a décadas da velocidade das redes sociais do século 21, a proposta para que todos saíssem às ruas de preto em resposta a Collor, a colunista Tereza Cruvinel revelava a preocupação de políticos ligados ao presidente com sua decisão de desafiar e medir forças com uma oposição que, até aquele momento, nem estava conseguindo levar gente às ruas pelo *impeachment*:

"Na verdade, pouco se sabe sobre o que o povo está pensando de toda a crise. Pode ser que até nem responda a qualquer dos chamados. A primeira resposta é amanhã".

A resposta, no domingo, foi espantosa.

"Fracassa o apelo verde e amarelo de Collor."

Em São Paulo, onde milhares de pessoas de luto foram ao Parque Ibirapuera, a manchete principal da *Folha* remetia a uma reação em cadeia em âmbito nacional, como a que aconteceu, por exemplo, em Belo Horizonte, onde uma multidão "enlutada" participou de um abraço simbólico na Praça da Liberdade. Era o fenômeno batizado imediatamente pela imprensa como o "movimento dos *caras-pintadas*", num dia em que as únicas manifestações favoráveis a Collor registradas pela grande imprensa aconteceram em Brasília: uma carreata de apenas 22 veículos e uma concentração que reuniu entre trezentas e quinhentas pessoas na frente da Casa da Dinda.

Com a manchete de capa "Multidões vestem luto nas capitais" e uma cobertura de seis páginas cujo título principal foi "Preto vence a guerra das cores", *O Globo* também mostrou que, em todas as capitais, "a batalha das cores que o próprio presidente pediu aconteceu, mas o resultado não foi o esperado por Collor". E teve mais:

É ou não é
Piada de salão
O governador do Rio
Apoiando um ladrão?

O destaque dado pelo jornal de Roberto Marinho, em uma das reportagens, aos manifestantes que usaram uma paródia de marcha carnavalesca para ironizar o apoio então dado por Leonel Brizola a Collor deixava claro que, no Rio, o dono da Globo usava o naufrágio político do presidente para bater com força em Brizola. Já na cobertura jornalística em rede nacional, a Globo ainda mantinha a linha de "muito cuidado", enquanto a Rede Bandeirantes abria espaço em sua programação para transmitir, ao vivo, os depoimentos importantes à CPI para investigar o esquema de PC Farias, chegando a ocupar o segundo lugar no Ibope, com *share* de 24%, contra 17% do SBT e 40% da Globo.

Um novo passo do jornalismo da Globo foi dado no dia 24 de agosto, quando a emissora transmitiu, ao vivo, a leitura das duzentas páginas do relatório final da CPI que enquadrou os integrantes do esquema de PC Farias em vários crimes, incluindo os de falsificação, sonegação e formação de quadrilha. Mais tarde, o *Jornal Nacional* contou com a participação do repórter Carlos Nascimento, também ao vivo, no estúdio da emissora em Brasília. E, no início da noite de 31 de agosto, duas semanas após o final emocionante de *Anos Rebeldes*, a dramaturgia da Globo saiu atirando de novo, agora no horário da novela das sete, e foi um Deus nos acuda.

Uma caneta usada para assinar um cheque milionário começava a soltar uma lama acinzentada que, aos poucos, inundava ambientes chiques onde grã-finos tomavam champanhe com mulheres provocantes, até tudo e todos serem engolfados por um redemoinho de lama, dólares, carros importados, lanchas, helicópteros e jatinhos que afundavam, até formarem um gigantesco buraco com os contornos do Brasil, no mapa da América do Sul. Tudo ao som do samba "Canta Brasil", de Alcyr Pires Vermelho e David Nasser, interpretado por Gal Costa, a mesma voz de *Vale Tudo*, e cujo refrão ufanista soava diferente:

No céu, no mar, na terra
Canta, Brasil!

Foi com essa vinheta de abertura criada pelo designer Hans Donner e sua equipe que, durante 178 noites do Brasil, entre agosto de 1992 e março de 1993, a Globo exibiu *Deus Nos Acuda*, novela de Silvio de Abreu em que a comediante Dercy Gonçalves era "Celestina", um anjo responsável pelo Brasil e que, ao ser punido por Deus por não cumprir sua obrigação, recebeu, como castigo, a missão de transformar a trambiqueira contumaz "Maria Escandalosa", papel de Claudia Raia, em uma cidadã honesta, digna e solidária.

Não demorou para que a novela, dirigida por Jorge Fernando, se tornasse tema de uma reportagem da revista *Veja* na qual, mais uma vez, o filme queimado foi o da Central Globo de Jornalismo. Um trecho da matéria sobre *Deus Nos Acuda*, por exemplo, dizia:

"Esse Brasil enlameado é o da era Collor, que até a semana passada só aparecia nos telejornais de uma emissora concorrente da Globo, o SBT, e no horário eleitoral gratuito. Agora virou novela".

Embora sem a intensidade e a gravidade das críticas feitas durante a campanha presidencial de 1989, as queixas e desconfianças em relação ao jornalismo da Globo continuavam na imprensa e nos círculos da oposição ao governo Collor até os primeiros dias de setembro, quando o dono da emissora foi a Brasília para um encontro com o presidente na Casa da Dinda. Sabendo da reunião e, também, que a *Veja* preparava uma matéria sobre os gastos milionários que tinham sido feitos na residência do presidente, Alberico* disse que alertou Marinho sobre o risco de se expor, mas, ainda assim, o patrão manteve o compromisso.

"O jardim do marajá da Dinda."

"As mentiras de Collor sobre a reforma de 2,5 milhões de dólares em sua casa."

A reportagem de capa da edição de 9 de setembro da *Veja* agravou ainda mais a crise política e, segundo Alberico*, fez com que o dono da Globo perdesse a "confiança" no presidente. No dia seguinte à publicação, ao ser convocado à sala de Marinho, no Rio, Alberico disse que encontrou o dono da Globo com um exemplar da *Veja* na mão, furioso e com um inédito palavrão na ponta da língua:

– Passei a manhã inteira ouvindo música clássica com ele. Você acredita que esse... não me mostrou nada disso na casa? Quer dizer, eu entrei por uma outra entrada, Alberico! Ele não me mostrou nada disso.

11 de setembro de 1992.

Cinco dias depois da chegada às bancas da reportagem da *Veja* sobre a Casa da Dinda, *O Globo* publicou uma foto de Roberto Marinho e Lula sorridentes, sentados com o então deputado petista Aloizio Mercadante num sofá da diretoria, na sede do jornal situada no centro do Rio, e acompanhada de um título que avisava aos leitores e assinantes eventualmente incrédulos que ambos estavam abrindo "um diálogo pelo Brasil".

Na página interna, o jornal publicava outra foto do encontro e uma longa matéria sob o título "Lula e Roberto Marinho debatem a crise", na qual o líder petista e o dono da Globo expunham divergências, mas também objetivos comuns de "duas pessoas sérias e interessadas em resolver os problemas do país". A cordialidade incluiu, segundo a matéria do jornal sobre o encontro, uma frase surpreendente de Marinho:

"Quer saber de uma coisa, Lula? O Collor só existe na vida da República por sua causa".

Como assim? Lula com Roberto Marinho?

Dias antes, nos bastidores do lento desmanche do governo Collor, o então presidente do PSDB, Tasso Jereissati, tinha procurado Alberico* e o sondara sobre a possibilidade de Marinho se encontrar com Lula. À época, como Tasso confirmou em entrevista ao *G1* em 15 de maio de 2007, tucanos do PSDB e petistas menos radicais, Lula incluído, articulavam uma aliança política que, para muitos cientistas políticos e eleitores, poderia ter dado outro rumo ao Brasil nas décadas que viriam: uma coligação entre o PT e o PSDB para as eleições presidenciais de 1994, com Lula encabeçando a chapa e Tasso como candidato a vice.

Conversar sobre aquela aliança com o dono da Globo seria uma iniciativa óbvia para articuladores de qualquer projeto político nacional no Brasil daqueles tempos. E, dias depois, durante um almoço, Alberico disse ter mantido o seguinte diálogo com Marinho:

– Doutor Roberto, o senhor conhece bem o Lula?

– Não, Alberico, não. Eu tenho uma certa antipatia por ele, porque ele se aliou ao Brizola e, se tivesse ganhado a eleição, ele tinha prometido ao Brizola destruir a TV Globo.

– Doutor Roberto, eu acho que ele pode até ter se aliado ao Brizola, prometido isso, mas o Lula não tem perfil pra fazer isso nem nada. O senhor admitiria ter um encontro com ele?

Para a surpresa de Alberico, Marinho levantou-se da cadeira e, em mais um dos lapsos de seus 87 anos, ainda achando que o petista, então com 47, era um líder sindical, aceitou:

– Pode ser até lá no sindicato. Eu vou ao encontro dele.

Não foi no Sindicato dos Metalúrgicos do ABC, entidade quase sempre proibida ou escondida nos scripts dos telejornais da Globo dos anos 1980. Foi na sala de Marinho n'*O Globo*, onde o encontro de cerca de três horas foi acompanhado, de um lado, pelo então editor-chefe do jornal, Luis Erlanger, e de outro, por Mercadante. Alberico, informado anteriormente por Lula de que havia "muita gente brava" com ele no PT, e não é difícil concluir que era por causa da edição distorcida do debate entre Lula e Collor na eleição de 1989, achou melhor não aparecer.

Não apareceu, mas a partir daquele momento liberou a Central Globo de Jornalismo para fazer uma cobertura que, nas palavras que o próprio Alberico* usou em seu depoimento, "liquidou com o Collor". E, já ao cobrir as manifestações realizadas em várias capitais em 18 de setembro, a onze dias da votação do *impeachment* pela Câmara dos Deputados, a Globo era outra emissora.

Foi durante uma das reportagens dessa nova fase que um cinegrafista da emissora gravou, durante uma das manifestações realizadas no Rio, duas imagens marcantes que se tornariam relíquias do arquivo da Globo, dois contrapesos positivos em um histórico de cobertura política que até então acumulava um longo passivo de omissões, suspeitas e edições controversas: uma jovem *cara-pintada*, em vez de gritar "o povo não é bobo, abaixo a Rede Globo", primeiro pintou carinhosamente as duas bochechas do repórter Marcelo Canellas de verde e amarelo. Depois, passou os dois dedos de tinta na lente da câmera, formando uma espécie de filtro arco-íris verde-amarelo, marco insuperável da entrada, para muitos só então sem restrições, da emissora na cobertura do *impeachment*.

Toninho Drummond*, então diretor da Globo em Brasília, não viu "nada que pudesse ter manchado a cobertura". E Leilane Neubarth*, então com 34 anos e uma das repórteres que viveram, na Globo, as duas experiências, a das Diretas Já e a do *impeachment* de Collor, foi testemunha da diferença:

"No *impeachment* do Collor, a gente cobriu com muito mais liberdade, abordava todos os aspectos. Ao contrário do que aconteceu nas Diretas Já, as pessoas paravam a gente na rua para elogiar, para falar bem, para dizer que a cobertura estava muito boa".

Houve também momentos de medo de ódios passados, como no caso da repórter Ana Luiza Guimarães*, ao final de um dos comícios pró-*impeachment* realizados na Candelária, no centro do Rio, quando, já de noite, depois gravar entrevistas com jovens *caras-pintadas* e também com Lula, dezenas de pessoas cercaram e impediram a saída do carro da Globo em que ela estava com a equipe, num espaço entre a parte traseira do palco e a igreja:

"A gente não tinha como sair. Então eu disse: 'Vamos acender o pisca-alerta e vamos devagarinho, abrindo espaço no meio das pessoas'. E olha, foi muito difícil: as pessoas reagiram muito mal àquele carro da TV Globo tentando passar e começaram a bater no carro. Tivemos que fechar o vidro e alguns subiram no capô, e a gente andando devagarinho. E eu dizendo: 'Se cai uma pessoa de cima do carro e acontece um acidente, a gente vai ser, sei lá, linchado aqui pela população, vamos muito devagar'. Foram momentos de muita tensão. Foi muito difícil sair dali".

Alexandre Garcia*, personagem constante da Globo nos dois momentos daquela cobertura, o de "muito cuidado" do primeiro semestre e o que "liquidou" Collor do segundo, lembrou de uma reportagem que produziu para o *Jornal Nacional* no Supremo Tribunal Federal, e na qual fez uma comparação de Collor com Al Capone, sugerindo que o presidente poderia acabar sendo incriminado, como o legendário bandido americano, por sonegação ao Imposto de Renda no caso dos cinco milhões de dólares da Operação Uruguai. Ainda segundo Alexandre, o próprio Collor ligou para ele horas depois, queixando-se de o repórter estar "tornando mais pesada a cruz do calvário". Resposta:

– Não adianta o senhor ligar para mim, ligue para o doutor Roberto.

Anos Rebeldes tinha terminado havia 45 dias quando, na noite de 29 de setembro, "Alegria, Alegria", de Caetano Veloso, trilha da abertura da minissérie que se tornara um dos hinos dos *caras-pintadas*, voltou ao horário nobre da Globo, agora em um clipe feito pelo editor Fernando Gueiros para o encerramento da edição do *Jornal Nacional* que registrou a aprovação da abertura do processo de *impeachment* contra Collor pela Câmara dos Deputados. Três décadas depois, o editor Ricardo Pereira, integrante da equipe daquele *JN*, descreveu a edição a este autor como "um dos mais belos jornais que foram feitos", mas ressalvou:

"A Globo apanhou muito e demorou ainda a perceber o que estava acontecendo na rua. Ficou muito presa à realidade de Brasília e a população na rua estava dando um basta para o Collor, o mesmo processo que a emissora passou nas Diretas. Seriam ali quatro, cinco anos em que a Globo teve que aprender, mas aprendeu, à base de bordoada, que o país tinha se modificado e como é que você faz jornalismo numa democracia".

Ao longo daquela terça-feira, segundo retrospecto feito pelo jornalista Thell de Castro, editor do site TV História e autor do livro *Dicionário da televisão brasileira*, mais de 120 milhões de brasileiros assistiram, ao vivo, entre 17h20m e 18h45m, a votação do *impeachment*. Em uma época em que não havia internet ou canais de notícias por assinatura, o SBT entrou no ar, ao vivo de Brasília, a partir das dez da manhã, já com Boris Casoy, que ficaria onze horas no ar:

"Nas transmissões, teve de tudo: Marília Gabriela chorando na Band, Alexandre Garcia emocionado na Globo e Boris Casoy aos gritos no SBT".

Thell de Castro também mostrou como a cobertura das redes de televisão dividiu opiniões na imprensa escrita. Nelson de Sá, da *Folha de S.Paulo,* por exemplo, decretou que Boris Casoy, com seu bordão que defendia a necessidade de "passar o Brasil a limpo", foi quem se saiu melhor:

"A Globo, quando desistiu de Collor, deu um banho de notícia. Mas já era tarde. A votação do *impeachment* estabeleceu o âncora Boris Casoy, do *TJ Brasil*, como o grande vencedor de uma cobertura que mudou a televisão".

Já para o repórter de cultura Luís Antônio Giron, da mesma *Folha*, também mencionado no retrospecto de Thell de Castro, "a vencedora foi a Globo, que bateu longe o petismo da Bandeirantes, o ao vivo sem sal da Manchete e a tagarelice do SBT". Ainda segundo Giron:

"Chico Pinheiro e Marília Gabriela fizeram da Bandeirantes a tribuna do PT. Todos choraram, se emocionaram, Lula deu tapinha nas costas de um Pinheiro lacrimejante depois da votação. A rede não logrou distanciamento jornalístico".

Giron também dedicou um comentário à parte a Alexandre Garcia, que, além de ser o rosto mais emblemático e escrutinado da equipe de cobertura política da Globo, foi o responsável pela narração, ao vivo, da votação dos parlamentares:

"O melhor desempenho ficou para Alexandre Garcia, que atuou feito um deputado ausente que resolveu assumir o *impeachment* no último instante. Exibiu incrível talento para explicar os trâmites do processo e os passos da política. Só um problema o afetou. Ele tem um impulso animal pelo ufanismo. Soltou foguetes pela queda do homem que defendeu durante dois anos".

Em sua primeira entrevista, realizada em fevereiro de 2004, Alexandre*, ao celebrar "a maravilhosa lição" dada pelo Brasil, "uma república sul-americana", ao "tirar do poder um presidente de 35 milhões de votos ainda frescos sem que nenhum *cara-pintada* tivesse quebrado uma vitrine, sem que nenhum general tivesse passado bombril na espada", fez uma profissão de fé nas urnas eletrônicas que seria repetida na segunda entrevista, em 2018, mas abandonada logo depois, quando ele se tornou um dos porta-vozes do bolsonarismo na imprensa:

"A gente tirou na lei e na ordem. Naquele dia em que tiramos o Collor nós caímos na maioridade democrática. Por isso que hoje a gente pode dar lição com a nossa urna eletrônica para o senhor Bush, para os americanos que ainda estão furando cartãozinho holerite".

O tombo feio da Globo foi acontecer logo no dia do capítulo final daquele ano crítico do *impeachment* de Collor, 29 de dezembro de 1992, quando o que deveria ser uma noite histórica do *Jornal Nacional*, o fecho de ouro de mais uma cobertura marcante com a assinatura de Alberico de Sousa Cruz no comando da Central Globo de Jornalismo, acabou se tornando um pesadelo operacional transmitido ao vivo para todo o país. E tudo por causa de uma tentativa desastrada da direção da emissora de conciliar o desejo de Alberico de comandar o telejornal a partir de Brasília com a determinação da Central Globo de Engenharia de transmitir o *JN* a partir do Rio de Janeiro, como sempre.

Alberico estava em Brasília para comandar a cobertura do início do julgamento do processo de *impeachment* pelo Senado, ao qual por sinal Collor se anteciparia, renunciando em carta lida no plenário por seu advogado. William Bonner também estava no estúdio da Globo Brasília para ancorar os blocos de política do *JN*, sob comando do editor-executivo Carlos Amorim, igualmente deslocado do Rio para a capital.

Como a área de engenharia da emissora não queria abrir mão da operação do *JN* no Rio, foi montada uma estrutura de transmissão de altíssimo risco operacional: todas as reportagens sobre o *impeachment* daquela noite seriam aprovadas em Brasília por Alberico, mas geradas previamente para o Rio para serem exibidas a partir da sede da emissora. Ao vivo, em Brasília, só William Bonner, ancorando as reportagens.

A receita do desastre tinha um ingrediente de risco adicional: além de transmitir ao vivo para o Rio, na hora do *JN*, apenas a apresentação das matérias por Bonner, a partir do estúdio, caberia também à área operacional de Brasília o papel de *stand-by*, ou seja, o sistema reserva de transmissão. Ou seja: ao contrário do que acontecia rotineiramente, num atentado aos padrões de segurança operacional da Globo, as cópias idênticas de *stand-by* que sempre eram feitas de cada matéria do *JN*, para exibição imediata no caso de algum problema com as respectivas fitas titulares, "rodariam" em paralelo, a partir de Brasília, e não no Rio, operadas pelo mesmo profissional, como acontecia normalmente.

O que não poderia acontecer de jeito nenhum, portanto, era alguém mexer no conteúdo das fitas geradas para o Rio. E foi exatamente o que aconteceu quando, na correria do fechamento, a equipe do *JN* no Rio, comandada pelo editor-executivo Xico Vargas, reeditou e diminuiu algumas matérias sem que a equipe comandada por Alberico e Carlos Amorim em Brasília fosse avisada. O resultado, no ar, naquele dia de grande audiência, foi uma série de *blacks* e de falta de sincronia de matérias que desapareciam do vídeo antes da hora e que levaram as equipes de Brasília e do Rio ao desespero, até a origem do problema ser identificada, ainda durante a exibição do *JN*.

Possesso, Alberico convocou uma reunião geral na redação de Brasília, minutos após o "boa-noite" do *JN*. Já informado sobre a razão dos tropeços, Bonner pediu a palavra, no começo da reunião, para defender a equipe de Brasília, e Alberico, que nunca fez questão de entender muito os aspectos técnicos da televisão, reagiu com uma das maiores broncas que Bonner já recebeu em sua longa carreira na emissora, mas por pedir desculpas aos telespectadores durante os momentos de pane naquele *JN*.

Sobre a maluquice operacional, nenhuma palavra.

Tropeços e vaidades à parte, para Carlos Amorim, que anos depois de participar daquele *JN* e da cobertura do *impeachment*, já fora da Globo, seria um dos autores do livro *No próximo bloco... O jornalismo brasileiro na TV e na internet*, não existiriam palavras melhores para descrever o que aconteceu com Fernando Collor de Mello ao longo daquele ano do que as da viúva Lily de Carvalho Marinho aos jornalistas, por ocasião do lançamento de seu livro de memórias, *Roberto & Lily*, em fins de 2004:

"O Roberto colocou ele lá, mas depois tirou".

Capítulo mortal

– *Cadê* a minha filha?

A pergunta angustiada da autora Gloria Perez, na noite de 28 de dezembro de 1992, aos colegas de sua filha Daniella no elenco da novela *De Corpo e Alma*, teve uma resposta que não poderia ser mais terrível: por volta das nove e meia daquela noite, no momento em que ia ao ar o capítulo 127 da novela, e apenas algumas horas depois de encerrada a gravação da cena que mostrava o rompimento de "Yasmin", papel de Daniella, e "Bira", um namorado ciumento vivido por Guilherme de Pádua, a jovem atriz de 22 anos estava sendo assassinada com mais de quinze facadas, oito delas no peito, num matagal próximo a um condomínio da Barra da Tijuca, pelo próprio Guilherme e pela mulher dele, Paula Thomaz, então grávida de quatro meses.

"A realidade invadiu aquela novela com o assassinato de Daniella. Foi um acontecimento que ultrapassou todas as medidas. E a ficção ficou completamente destruída por aquela brutal invasão da vida real."

O choque e a perplexidade de José Mayer*, assim como de outros integrantes do elenco, seriam ainda maiores quando as investigações revelaram qual tinha sido a motivação do casal de assassinos confessos: Guilherme, que até chorou depois da gravação em que "Bira" e "Yasmin" se separavam, estava inconformado com a supressão de outras cenas suas em alguns capítulos da novela e convencido de que Daniella vinha influenciando a mãe para que os cortes fossem feitos.

O que aconteceu no país, nas horas e dias seguintes, foi uma demonstração inédita e poderosa, ainda que traumática, de como as novelas da Globo continuavam causando grande impacto na vida dos brasileiros, no início dos anos 1990. E um indício inegável da força do fenômeno foi a maneira como a imprensa se comportou ao noticiar o crime junto com a cobertura da renúncia do presidente Fernando Collor, na noite do dia 29.

"Que Collor que nada. O papo do dia é a morte da menina."

O comentário de Feliciano Oliveira, jornaleiro da Praça Vilaboim, em Higienópolis, região central de São Paulo, ilustrava a reportagem intitulada "Crime passional bate renúncia de Collor", uma das dezesseis matérias que ocuparam, com oito fotografias, as quatro páginas dadas ao crime, no dia 30 de dezembro, pela *Folha de S.Paulo*, um jornal historicamente crítico em relação à Globo. Naquela edição, o assassinato de Daniella foi a única notícia que, com duas fotos e o título "Galã da novela das 8 mata com tesoura atriz Daniella Perez", dividiu a capa com as fotos e manchetes que remetiam ao caderno especial de doze páginas dedicadas pelo jornal à renúncia de Collor.

Entre os destaques da cobertura da *Folha*, estavam o registro do recorde de 66 pontos no Ibope do *Jornal Nacional* na hora do noticiário sobre o crime, em uma época em que a média do telejornal girava em torno de 55 pontos: a decisão de Gloria Perez de continuar escrevendo a novela; a cronologia ilustrada do assassinato em formato de história em quadrinhos; e a última entrevista de Daniella à colunista Cristina Padiglione, e na qual a atriz dizia que não ligava para a fama de "gostosinha".

No "caderno" do jornal paulistano sobre a tragédia de Daniella havia ainda um artigo sob o título "A vida nunca será processada por plágio", do crítico Sérgio Augusto, sobre tragédias semelhantes ao crime contadas pelo cinema; um depoimento do psicólogo Jacob Goldberg intitulado "Ator rompeu com realidade"; outro de um médico do IML de São Paulo dizendo que golpes de tesoura eram os que causavam mais sofrimento às vítimas; e um artigo no qual o colunista José Simão, veneno contido, observava que "nunca houve na história da telenovela brasileira um crime tão hediondo".

O Globo deu, sem fotos, a manchete "Collor renuncia mas deve perder seus direitos" no alto da primeira página, remetendo a uma cobertura de sete páginas, com vinte e cinco matérias e dez notas curtas. E noticiou o crime com o título "'Bira' matou Daniella com 16 facadas" e quatro fotos na primeira página que mostravam amigas chorando abraçadas perto do corpo da atriz ainda no local do crime; a chegada de Guilherme de Pádua, preso, à delegacia; o abraço de Gloria Perez ao genro Raul Gazolla no velório; e os personagens "Yasmin" e "Bira" também abraçados, em *De Corpo e Alma*, com a legenda "Amor difícil na novela".

Menos volumoso que a cobertura da *Folha*, o noticiário do jornal dos Marinho sobre o crime teve três páginas, com dezessete matérias que destacavam, entre outros assuntos: a confissão de Guilherme de Pádua e sua tentativa de culpar Daniella; a informação de que o assassino foi ao velório da vítima antes de confessar o crime; o laudo pericial segundo o qual não houve relação sexual; o enterro marcado por momentos dramáticos; as entrevistas com as testemunhas que ajudaram a elucidar o crime em poucas horas; o impacto da tragédia no elenco da novela e no meio artístico; e um perfil de Daniella e informações sobre o que aconteceria com a novela *De Corpo e Alma*.

O impacto da morte de Daniella não se restringiria à cobertura dos dias que se seguiram ao crime: incluiu um *Globo Repórter* sobre a pena de morte no qual uma pesquisa de opinião por telefone com 91 mil pessoas, e que a emissora teve o cuidado de dizer que não tinha validade estatística, indicou que 84% delas eram favoráveis à adoção da pena capital no Brasil.

E o mais impressionante: sensibilizados por uma campanha liderada pela própria Gloria Perez* para, em suas palavras, "colocar os assassinos de Daniella na cadeia", cerca de um milhão e trezentos mil brasileiros assinaram uma proposta pela qual o homicídio qualificado, aquele praticado por motivo torpe ou fútil, ou cometido com crueldade, passou a ser tratado, a partir de 1994, com os rigores da Lei dos Crimes Hediondos.

Não era difícil identificar, naquela repercussão popular, o tipo de reação que levaria o sociólogo francês Dominique Wolton, especialista em ciências da comunicação, a definir a TV brasileira como "a primeira televisão de massa interativa do mundo". Em seu livro *Elogio do grande público: uma teoria crítica da televisão*, de 1996, Wolton fez um perfil dos telespectadores brasileiros:

"Todos conversam sobre as novelas, o que mostra à perfeição a tese do laço social que é a televisão. Mas não é só a realidade que inspira as novelas; são também as novelas que influenciam a realidade por uma espécie de ida e volta entre ficção e realidade, talvez a única no mundo".

O que não queria dizer que todos, no Brasil, no calor dos debates sobre a morte de Daniella, estivessem satisfeitos com a interação "única no mundo" dos brasileiros com as novelas, especialmente as da Globo. Em 13 de janeiro de 1993, por exemplo, na coluna cativa que tinha à época no *Jornal do Brasil* e cujo apelido era *tijolaço*, o governador Leonel Brizola reproduziu uma carta do então cardeal arcebispo de Salvador e primaz do Brasil, Dom Lucas Moreira Neves, primo de Tancredo Neves, na qual o religioso acusava a televisão de "imbecilizar faixas inteiras da população", de formar uma "geração de debiloides" e de ser a "demolidora dos mais autênticos e inalienáveis valores morais, sejam eles pessoais ou sociais, éticos religiosos e espirituais". O cardeal foi além:

"Quem matou há dias uma jovem atriz? Seria ingenuidade não indiciar e não mandar para o banco dos réus uma coautora: a TV brasileira. A novela das 8. E – sinto ter de dizê-lo – a própria novela *De Corpo e Alma*".

Gloria, da condição de autora poderosa sobre destinos de ficção para a de vítima trágica e impotente da violência, em vez de se retrair, mesmo com carta branca da direção da Globo para deixar a novela, provocou polêmica ao voltar a escrever *De Corpo e Alma* apenas uma semana após ser substituída pelos autores Leonor Bassères e Gilberto Braga. E até Walter Clark, àquela altura afastado da Globo havia quinze anos, entrevistado pela revista *Contigo*, entrou no debate e foi um dos que criticaram a autora:

"O que preocupa nisso tudo é a obsessão de sucesso da Gloria Perez, que queria fazer da filha uma estrela e a colocou em contato com um psicopata [...] A mãe puxava a brasa para a filha na novela. O garoto devia cercar a menina porque ela era duplamente importante: era bonita e tinha poder".

Em resposta a críticas como a de Clark, Gloria disse aos autores do livro *A seguir, cenas do próximo capítulo* que continuou escrevendo a novela como uma forma de ser "mais forte que a dor" e de "manter um vínculo com o real".

Decisão que alguns artistas do elenco como José Mayer, intérprete do personagem "Caíque", consideraram "um grande exercício de superação" e outros viram de forma diferente. Caso de Tarcísio Meira, que fazia o papel do protagonista "Diogo" e disse preferir, segundo a revista *Veja*, que seu personagem fosse "assassinado". Fábio Assunção*, intérprete do personagem "Caio Pastore" que compunha o triângulo amoroso com "Yasmin" e "Bira", pensou em sair da novela:

"Eu fazia par com ela. Cheguei até a pedir pra Gloria: 'Gloria, eu vou sair, entendeu?'. Você imagina: minha terceira novela, eu com 21 anos, pedir para sair de uma novela!".

Para Stênio Garcia*, a retomada das gravações, que incluiu uma homenagem do diretor Fabio Sabag e dos atores e atrizes no final do primeiro capítulo da novela sem Daniella Perez, foi traumática:

"A gente teve que regravar algumas cenas sem a presença do Guilherme e sem a presença de Daniella, e de uma certa forma não foi fácil, não. Houve cenas que a gente parou no meio para chorar, para soluçar".

De Corpo e Alma, dirigida por Roberto Talma, contava a história de "Diogo", um juiz casado e íntegro que se apaixona por "Betina", papel de Bruna Lombardi, e que, sem coragem de abandonar a mulher "Antônia", interpretada por Betty Faria, desiste na última hora de uma viagem em que os dois assumiriam a paixão. "Betina" então se desespera, sofre um grave acidente de carro e tem sua morte cerebral diagnosticada. Ao saber da morte de "Betina" e do transplante de seu coração para "Paloma", personagem de Cristiana Oliveira em sua estreia na Globo, depois de brilhar como protagonista da novela *Pantanal*, na Manchete, "Diogo", sentindo-se culpado, decide se aproximar de "Paloma", achando que assim estaria próximo do coração da mulher que amou.

Outros temas da novela, extraídos por Gloria do cotidiano do Brasil naquele início dos anos 1990, foram os conflitos da adoção, drama central do personagem vivido por José Mayer, e a moda dos "clubes de mulheres" nos quais frequentadoras de 18 a 70 anos, a exemplo do que os homens já faziam havia muito tempo, divertiam-se com dançarinos seminus. A personagem "Stella", mulher rica, ousada e independente interpretada por Beatriz Segall*, daria o que falar, mas a atriz gostou:

"A personagem era uma professora universitária que adorava ir para esses clubes de mulheres onde os homens fazem *striptease*. E ela sustentava rapazinhos. Fiz cenas que eu nunca imaginei que eu mesma fosse capaz de fazer. Mas tinha que fazer e não achei ruim, não. Acho que foi bom ter feito. Eu gostei de fazer, era uma mulher muito ousada".

Com a morte de Daniella, "Bira" desapareceu para sempre da trama, uma "viagem de estudos" foi inserida nos diálogos para explicar a inexistência de novas cenas de "Yasmin" no núcleo da família de "Paloma" e Gloria dobrou a aposta: fiel ao estilo que seria sua marca, o entrelaçamento de assuntos polêmicos ou exóticos com a realidade contemporânea, ela acrescentou, às implicações éticas e emocionais da doação de órgãos e dos transplantes – temas realistas já presentes em *De Corpo e Alma* desde o início –, dois assuntos polêmicos e obviamente inspirados no assassinato da filha: a morosidade da Justiça e a inadequação do Código Penal.

Não deu. Era assunto pesado demais para uma novela que, desde o início, nas palavras do colunista Henrique Haddefinir, "causou certa estranheza, devido ao caráter extremamente dramático de sua trama, onde perdas e sofrimentos encontravam poucos escapes e doses cavalares de realismo".

A reação de boa parte do público continuou refletindo, de certa forma, a importância das novelas da Globo para os brasileiros, mas agora com o sinal trocado da rejeição. Em matéria da *Veja* da primeira semana de março de 1993, por exemplo, *De Corpo e Alma* foi considerada "uma das piores novelas já produzidas pela televisão desde quando o 'Sheik de Agadir' cavalgou as dunas de Cabo Frio como se estivesse no deserto do Saara".

Além de criticar a decisão da autora de manter a personagem de Daniella na trama até os últimos capítulos, a revista afirmou que a novela tinha oferecido ao telespectador "uma trama insossa" com o que havia "de mais abominável no terreno da teledramaturgia", em uma história em que não havia limite "para a canastrice e o mau gosto" e cujo elenco era "repleto de modelos reprovados no teatrinho da escola e na vulgaridade do chacoalhar de nádegas femininas no Clube das Mulheres". O crítico Henrique Haddefinir, menos indignado, apenas lamentou:

"Do capítulo 128 até o 185, quando foi encerrada, aquela produção, vista como uma peça melodramática acima do tom, se tornou um desfile de coincidências funestas e uma evidência de que o trauma era grande demais para ser superado tão imediatamente. O elenco sofria para gravar, o público sofria ao assistir e as ausências de Daniella e sua personagem "Yasmin" faziam com que cada capítulo fosse uma nova experiência de tristeza e melancolia".

Gloria não desistiria. Inconformada com o não enquadramento dos assassinos de sua filha na Lei dos Crimes Hediondos, na qual assassinatos como o que eles praticaram passaram a ser enquadrados, em decorrência da campanha que ela mesmo havia liderado após a morte de Daniella, Gloria, assessorada pelo advogado Arthur Lavigne, tentaria usar, em 2000, a própria dramaturgia da Globo em sua luta pessoal, quando Guilherme de Pádua e Paula Thomaz, condenados respectivamente a 19 e 15 anos de prisão, foram soltos em 1999, após cumprirem um terço da pena prevista. O resultado, como se verá mais à frente neste livro, seria uma inédita crise interna, envolvendo as duas centrais mais poderosas da emissora.

De um lado, Daniel Filho e Roberto Talma, da Central Globo de Produção. De outro, Evandro Carlos de Andrade, da Central Globo de Jornalismo.

O padrão era outro

"Pessoas se beneficiavam, pagando mais caro, contratando fornecedores que às vezes eram elas próprias. E praticando um nepotismo negativo, empregando parentes de forma indiscriminada."

Não se tratava de nenhum ministério, empresa estatal ou autarquia de governo. A prática era costumeira na TV Globo Ltda., registrada como sociedade anônima fechada e admirada por muitos por ser um ícone da iniciativa privada brasileira em qualidade, eficiência e inovação. O diagnóstico foi feito a este autor em janeiro de 2022 por Heloísa Machado, ex-integrante do grupo de executivos que, na primeira metade dos anos 1990, sob o comando de Marluce Dias da Silva, introduziu mudanças profundas e não raro traumáticas na gestão da maior e mais poderosa rede de televisão do país.

"80% eram desperdiçadores em todos os níveis salariais e hierárquicos. Outros 20% tinham sociedade, eram sócios ocultos de fornecedores da Globo. O que incluía, por exemplo, um merchandising que não passava pelo caixa da emissora e que podia ser um take de câmera mais fechado e duradouro na marca de um carro ou de outro produto qualquer, durante uma novela."

Esse outro relato, sobre a situação encontrada pela equipe de Marluce na Central Globo de Produção dos anos 1990, foi feito, também em entrevista a este autor em janeiro de 2022, por Érico Magalhães, executivo levado por ela para a emissora, e que passaria por cargos importantes nas áreas de planejamento, recursos humanos, pesquisa, orçamento e finanças até 2013, quando deixou a empresa. Ao comentar a existência do merchandising pirata, que já vinha sendo apurado pela área comercial e reportado regularmente a Durval Honório, diretor de controle de qualidade da Central Globo de Programação, Érico fez questão de ressalvar:

"O Boni, antes da chegada de Marluce, já tentava controlar esse problema, mantendo uma equipe liderada pelo diretor Durval Honório que, com os roteiros das novelas e minisséries na mão, ficava atenta a inconsistências que apareciam no ar e que poderiam configurar o que era chamado pelo eufemismo 'perda de venda'".

Érico entrou na emissora num momento em que o que ele chamou de "Padrão Globo de Qualidade a qualquer custo" tinha criado o chamado "efeito boca de jacaré": margens muito baixas e pouco lucro, em uma rede de televisão que detinha 70% do mercado e da audiência, e que estava chegando aos trinta anos de existência tendo contabilizado, em 1991, seu primeiro prejuízo operacional.

À parte os desafios de gestão, Heloísa, ao chegar, também recebeu a informação de que, "entre os gestores e ao longo da cadeia produtiva da empresa, muitos se consideravam sócios da Globo, a partir de uma compreensão de que seria natural serem tão ricos quanto a emissora". Mas a ordem de Marluce, segundo Heloísa, era outra:

– Mantém tudo que está certo e muda tudo que está errado.

A desconfiança e o desapreço entre os que estavam nos postos importantes da Globo, todos, em alguma medida, ungidos por Boni, e a nova diretora, encaixada no organograma sem maiores cerimônias pelos irmãos Marinho, eram recíprocos. A leitura dos diretores ligados a Boni, nas palavras de um deles, era a de que Marluce estava levando para a Globo uma "patota" de executivos de fora do *show business*, sem nenhum conhecimento ou experiência em televisão, e que haviam perdido seus empregos na Mesbla, empresa que tinha falido exatamente quando era administrada por eles.

Algumas medidas foram mais fáceis, como as que Érico tomaria após identificar que, em 70% dos cerca de duzentos endereços da Globo no Rio, São Paulo, Brasília, Belo Horizonte e Recife, a empresa pagava, sem necessidade, um seguro específico para estúdios e instalações onde havia risco real e maior de acidentes de trabalho e incêndios. A economia anual, com a adequação dos impostos, passou a ser, segundo ele, de trezentos milhões de reais.

Na área de benefícios, onde os novos gestores identificaram prejuízos seguidos que antecipavam um rombo que chegaria a quatro milhões de reais, existiam duas Globos: a emissora de tradição nas horas traumáticas e difíceis de seus funcionários diante de problemas de saúde, com muitos casos em que a empresa gastou com famosos e anônimos de sua folha tudo que fora necessário, independentemente do plano de saúde, e a Globo que, na lembrança de Heloísa, responsável pelo setor de benefícios na gestão de Marluce, permitia uma "farra" na cobertura dos gastos:

"A classe médica sabia que a Globo pagava o preço que fosse. E eu até tive reuniões com médicos, hospitais e clínicas. Em algumas das palestras, eu meio que dizia para eles: 'Vocês tinham de ter vergonha!'".

Com jeito, sem dizer o nome dos médicos, geralmente integrantes da lista dos melhores da cidade, Heloísa mostrava, nas reuniões, comprovantes de preços de cirurgias, internações e visitas médicas que chegavam a aumentar vinte vezes quando, no alto do prontuário, havia a indicação de que se tratava de um funcionário da Globo. Érico Magalhães, por sua vez, encontrou pedido de reembolso para tratamento odontológico da mãe de um dos artistas da Globo com Olympio Faissol, então o dentista mais caro do Brasil. E não existia cobertura de despesas odontológicas nos planos.

Foi missão de Heloísa uma medida que ela mesmo reconheceu que provocou "um escândalo" na época: tirar mães, sogras e viúvas que representavam, segundo ela, 75% das despesas da Globo com benefícios, negociando com a empresa Amil um outro plano que os agregados excluídos pagassem.

Havia também, na época, um sistema de empréstimos para profissionais importantes da empresa que passou a ser gerido por Heloísa. Ao ser procurada pelo interessado, ela pedia a anuência dos respectivos chefes dos pretendentes aos empréstimos e, caso eles aprovassem, liberava, com juros e prazos generosos, recursos às vezes equivalentes a uma parte da compra de um imóvel. Em alguns "casos chatos", que incluíam detentores de altos salários na dramaturgia e no jornalismo, ela tinha de cobrar. E alguns não pagavam mesmo.

E como o então vice-presidente de operações da Globo estava reagindo às primeiras medidas de Marluce, a superintendente-executiva que ele conhecera e com quem se estranhara em 1982, durante uma consultoria?

Para o público externo, a julgar pela entrevista que deu em 1991 à repórter Regina Rito, do *Jornal do Brasil*, e na qual adotou uma inédita postura pública de gestor preocupado, falando de plano de demissões em massa, de contenção de gastos e de projetos suspensos, em vez de dissertar, como sempre fazia, sobre inovação, audiência e conteúdo de programação, Boni se mostrou totalmente de acordo com o que o *JB* chamou, no título da matéria, de "arrocho na Globo":

"A Vênus Platinada acabou e gerou uma pedreira. Agora todo mundo vai ter que trabalhar, e muito [...] Já passamos por isso antes quando a Globo entrou no ar [...] Os funcionários têm que acabar com a ideia de que a Globo é a CBS ou a NBC. É preciso colocar os pés no chão. As pessoas viviam num país de mentira, fazendo de conta que estávamos no primeiro mundo".

Internamente era outra história.

Boni sabia que estava em curso, conduzida por Marluce, por iniciativa dos três filhos de Roberto Marinho, insatisfeitos com a gestão quase deficitária que ele dividia com o superintendente financeiro Miguel Pires Gonçalves, uma grande mudança que, a médio e longo prazo, não o incluía. Como disse Roberto Irineu*:

"Trouxemos a Marluce com a missão de fazer um *turnover* completo na empresa e para nos ajudar a redesenhar a estrutura de cúpula das Organizações

Globo. No final, fizemos um grande trabalho, porque, a partir do fracasso da Telemontecarlo, resolvemos ver onde éramos fortes, onde éramos fracos, e olhar melhor o que estava acontecendo no mundo, onde já apareciam os primeiros sinais de globalização".

O forte da empresa, claro, estava no setor de mídia. O resto do patrimônio dos Marinho seria vendido, sem pressa, e não era pouca coisa: algumas fazendas e shopping centers; a fábrica de geleia de mocotó Inbasa; a montadora de bicicletas Peugeot; o Hotel Rio Atlântico e o banco ABC Roma. Ao mesmo tempo, os Marinho criariam outras empresas para atuar no setor de mídia, como a Globosat, a Net, a Globo Cabo, que, como se verá mais à frente, seria de triste memória no futuro, e a Sky.

Do andar da presidência da Globo para baixo, o *turnover* ia ser bem mais difícil e demorado. E seria Heloísa, executiva das áreas administrativa e de planejamento levada por Marluce para a Globo em 1993, quem estaria na linha de frente, enfrentando algumas vezes o que chamou de "véu negro da burrice", ao tentar implantar o Programa de Gestão Participativa, o PGP, novidade cujo nome já significava uma contradição com tudo que vinha acontecendo na empresa desde 1965, e que se baseava em processos de gestão nos quais as diretorias definiam orçamentos que, se fossem cumpridos, todos ganhavam uma remuneração extra, proporcional ao nível salarial.

"Por mais que me falassem, por mais que eu fosse uma profissional com trinta anos de experiência, uma pessoa precoce que leu *Crime e castigo* com 10 anos de idade e Jean-Paul Sartre aos 15, eu nunca poderia imaginar o que era aquele esquema de política e de forças dentro da empresa."

Boni sequer a recebia. Segundo Heloísa, ele mandava dizer para ela procurar diretores abaixo dele como Fernando Bittencourt, da Central Globo de Engenharia, que "era cordial, mas impunha muitas condições", e Roberto Buzzoni, da Programação, que "tentava resumir a conversa à definição de aumentos salariais para sua equipe". Boni também não se importava muito em fazer declarações hostis sobre Roberto Irineu na frente de pessoas como a própria Marluce, que disse a este autor ter ouvido dele a seguinte ironia:

– Estão querendo mexer na televisão. Roberto Irineu, de televisão, entende, quando muito, ao chegar em casa e ligar a TV para o Robertinho.

O então editor-executivo do *Fantástico* Geneton Moraes Neto*, que acompanhava o diretor do programa Luizinho Nascimento em reuniões regulares na sala da vice-presidência, disse em 2005 ter ouvido de Boni, na época, que "aquele negócio de PGP", para ele, não existia e que falassem direto com ele sobre tudo que o programa precisasse. Para Geneton, era o início de um longo período em que Boni se mostraria bem mais irritado do que já rezavam as lendas sobre ele:

"Eu via coisas que talvez hoje não ocorram da maneira que ocorreram. Alguém chegou lá falando que uma cenógrafa tinha feito alguma coisa que o Boni não tinha gostado, e ele falou: 'Pode demitir, traz aqui que eu quero assinar'. Era assim, demitiu na hora".

A hostilidade de Boni contra Marluce, pelo menos até 2023, quando, aos 87 anos, ele deu uma longa entrevista a este autor, continuava vigente e viria à tona em episódios como o ocorrido em 1995, ano do trigésimo aniversário da Globo, quando, animada pelos primeiros resultados positivos de sua gestão, Marluce levou ao comitê executivo a ideia de que cada um dos funcionários da emissora recebesse um presente de quinhentos dólares, quinhentos reais à época, mimo que totalizaria um gasto em torno de sete milhões de reais. O episódio, revelado a este autor por Heloísa Machado e confirmado por Marluce, não veio à memória de Roberto Irineu. Boni, também na entrevista a este autor, admitiu que "pode ter sido mencionado em uma reunião".

A manifestação de Boni foi radicalmente contrária à ideia, sob o argumento de que aquele dinheiro faria falta na hora dos investimentos. Nos dias que se seguiram, porém, fazendo valer o que Heloísa chamou de "genialidade em comunicação", Boni espalhou por sua rede de aliados na emissora que tinha sido voto vencido na reunião, ao propor que o presente fosse de mil dólares, e que Marluce defendera um corte do valor pela metade. Conclusão de Heloísa:

– A ideia era de Marluce, mas ela saiu na foto como a megera que cortou metade do presente.

Em 2023, ao negar a história do aumento do valor do presente para mil dólares, Boni disse que, embora o assunto "possa ter sido discutido", o projeto não chegou a ser levado aos acionistas, acrescentando que, se fosse, ele seria contra. E Roberto Irineu, também em 2023, disse a este autor não se lembrar de ter deliberado sobre o presente, ideia que considerou uma "maluquice":

"As coisas que se passavam lá embaixo no caldeirão às vezes não chegavam pra nós lá em cima".

Um ano depois, em outro episódio lembrado por Heloísa e confirmado por Marluce, agora a tradicional "reunião de janeiro", encontro anual de executivos e gerentes em torno de balanços, resultados e perspectivas da Globo, estavam à mesa-diretora, no palco de um salão do Hotel Intercontinental, em São Conrado, Zona Sul do Rio, Roberto Irineu, Marluce, Boni e Octávio Florisbal, à época superintendente comercial. Boni então inclinou-se e disse, querendo que só Marluce ouvisse, pouco antes de uma apresentação em que ela mostraria bons resultados:

– Eu vou dizer que esses números que você está apresentando estão todos errados.

A uma distância segura do microfone, quase sussurrando, Marluce respondeu:

– Se você disser isso, vou te desafiar publicamente a provar que esses números estão errados no prazo de uma semana.

Boni recuou. E, na entrevista a este autor em 2023, negou que o script do episódio tenha sido o descrito por Heloísa, mas reconheceu que pode ter "questionado" os números de Marluce à luz de dados sobre faturamento que naquele dia lhe teriam sido passados por Octávio Florisbal.

E assim seria até ambos, Boni e Marluce, perderem os cargos de poder na Globo, ele em 1998 e ela em 2002.

Alguns degraus abaixo do andar de Boni na sede do Jardim Botânico, o nono, o tiroteio contra o PGP que Heloísa tentava implantar era ainda mais pesado. Na direção da Central Globo de Jornalismo, situada no sexto andar, Alberico de Sousa Cruz, então o mais recente aliado de Boni entre os diretores, era também um dos mais estridentes críticos de Marluce, a ponto de se dar a ironias nas reuniões e até contestar fundamentos de pesquisas sobre gestão, como uma apresentada por ela, de autoria do sociólogo Amaury de Souza, do Instituto Universitário de Pesquisas do Rio de Janeiro (IUPERJ), da Universidade Candido Mendes.

Não por outro motivo, no caso da CGJ, Marluce teria de esperar até 1995 para ver Alberico ser substituído por Evandro Carlos de Andrade, seu futuro e mais poderoso aliado no desmonte do poder de Boni. E dizia a quem era de sua confiança:

– O Alberico nem eu quero...

No caso de Daniel Filho, que havia deixado a direção da Central Globo de Produção em 1991 e voltara como um dos diretores de núcleo em 1995, o abacaxi de apresentar as propostas de Marluce coube a Érico Magalhães*. De uma reunião com Daniel e onze diretores da CGP, Érico, ex-jogador de basquete "acostumado com cotoveladas no garrafão", guardou a lembrança de ter sido recebido com uma série de chacotas e brincadeiras irônicas. E também de um momento em que Daniel interrompeu sua explicação sobre um novo plano de remuneração que incluía avaliação de desempenho e, antes de se levantar e começar a deixar a sala, acompanhado por alguns dos participantes, disse:

– Eu não aceito ser avaliado. Saí da escola porque não queria ser avaliado. Estou fora.

Ao que Érico respondeu com uma carteirada:

– Eu estou aqui por orientação da Marluce, do Roberto Irineu e do Boni. Se o Boni não quisesse, não teria me mandado aqui.

Érico, ao lembrar do momento em que Daniel e os acompanhantes desistiram da bravata e voltaram aos seus lugares, disse que o diretor quis usar o mecanismo que ele, Érico, chamava de "grito de artista", referindo-se ao estilo autoritário de Daniel e de outros executivos da Globo:

"O problema é que esse tipo de grito não funciona pra cima, só pra baixo".

Na mesma época, na Globo de São Paulo, onde a força da área comercial da emissora era tanta que nem mesmo a diretora de recursos humanos Nadia Sahade, representante direta de Marluce, conseguiu, no início, seguir as orientações do Rio, houve, segundo Érico, um entrechoque mais ou menos discreto de carteiradas que remetiam à sala de Roberto Irineu.

Aconteceu quando ele pediu uma reunião com a equipe chefiada por Octávio Florisbal para também falar da nova política de remuneração e Octávio, elegante e fazendo uso do que Heloísa descreveu como "sua extraordinária capacidade de se adaptar e de fazer leitura de ambiente", disse:

– Eu não acredito que isso vá funcionar. E o Roberto me dá muita delegação pra cuidar desse assunto aqui.

– Octávio, eu também tenho uma orientação do mesmo Roberto pra fazer isso. Então me deixa apresentar o projeto. Aí você, Marluce e Roberto discutem se querem ou não querem implantar.

Octávio, segundo Érico, deu quinze minutos para ele se reunir com os diretores da área comercial. E a reunião acabou durando mais de uma hora, segundo o emissário de Marluce à poderosa sede da Globo em São Paulo. O salário? Nas centrais da área comercial, ficariam do jeito que as centrais da área comercial queriam.

Nem tudo foi rejeição à chegada de Marluce naquele sistema de poder no qual Boni, além de mandar em todos, ainda tentava medir forças com os herdeiros de Roberto Marinho: na Central Globo de Engenharia, uma das matrizes míticas do celebrado Padrão Globo de Qualidade, a julgar pelo depoimento da diretora Liliana Nakonechnyj*, as coisas não eram tão organizadas como diziam as lendas sobre a emissora:

"A grande dádiva da Marluce foi a organização. O Boni também até ajudou a organizar muito, eu acho, a parte artística, porque ele era um artista, entendia os artistas. Talvez nessa parte ele tenha sido perfeito. Mas nós não tínhamos orçamento antes, íamos vendo as necessidades e pedindo as coisas, e tinha época em que os pedidos eram engavetados e você não sabia muitas vezes por quê. Era uma gestão sem um acompanhamento, sem uma previsibilidade. Quando a Marluce chegou, ela organizou a empresa".

Marluce também teve um aliado poderoso, mas, por conta da função, sem muita influência nos embates internos da sede do Jardim Botânico:

Evandro Guimarães, à época vice-presidente e diretor da Central Globo de Afiliadas e Expansão, para quem ela foi "uma gigante na reorganização que a empresa necessitava naquele momento, apesar de ser vista por muita gente como uma pessoa que não era do ramo".

Outros aliados internos de Marluce, nos primeiros momentos, segundo Heloísa, foram João Carlos Magaldi, então bastante doente, e Luís Lara, respectivos titular e diretor da Central Globo de Comunicação, e Mário Lúcio Vaz, que, embora descrito por Heloísa como "uma aliança de muitas aspas", se tornaria diretor-geral da Central Globo de Produção mais à frente, depois de Marluce se consolidar no poder. Além de José Aleixo, diretor da área financeira que, nas palavras de Heloísa, "conhecia os processos e esquemas da emissora".

E o elenco da Globo? Como recebeu o PGP?

Heloísa disse ter se cansado de tentar mostrar, para atores e atrizes em estado constante de vigilância em relação aos respectivos salários e papéis, que "quando havia um bom relacionamento no elenco, o resultado saía na tela, e quando não havia, também saía na tela". O resultado da pregação que Marluce fazia junto aos artistas da casa, no entanto, seria quase sempre frustrante, mesmo depois de jornalistas, artistas e técnicos serem beneficiados, na gestão dela, por estúdios modernos, camarins confortáveis e condições de trabalho que Boni nunca lhes havia proporcionado. Por isso, trinta anos depois da experiência, Heloísa continuava com uma dúvida:

"Eu não sei se é viável quando você fala com uma estrela sobre o conceito de constelação. Não sei se esse conceito está na cabeça ou na personalidade de todos os artistas. Eles querem ser uma estrela única. Esse discurso do PGP tem que ser feito, mas não sei se ele é possível em empresas onde existem estrelas e celebridades".

Uma das "gigantescas exceções", que destoava completamente da resistência da maioria dos artistas da emissora ao conceito, foi um ator que, antes mesmo da chegada de Marluce à Globo, tinha se tornado o primeiro presidente da Comissão Interna de Prevenção de Acidentes, a CIPA da emissora.

Tony Ramos.

Hu! Hu! Há!... Hu! Hu! Há!

A abertura de 1 minuto e 52 segundos criada por Hans Donner em 1987, e na qual os quatro elementos da natureza, terra, ar, fogo e água, surgiam na tela ao som do arranjo vocal que se tornaria meme décadas depois, antecedendo a imagem em que a modelo Isadora Ribeiro e o bailarino Ciro Barcelos emergiam lentamente das águas do Lago Mono, na Califórnia, foi uma das poucas marcas registradas do *Fantástico* que permaneceram no ar, depois de uma reunião ocorrida em janeiro de 1993, na sala do diretor da Central Globo de Jornalismo Alberico de Sousa Cruz.

Naquele dia, autorizado por Boni, Alberico convidou, para assumir a direção do programa, Luizinho Nascimento*, ex-editor do *Esporte Espetacular* e um dos profissionais que tinham deixado a emissora logo depois da saída de Armando Nogueira do comando da CGJ, passando pela Manchete e pelo *Jornal do Brasil*, antes de ser convidado a retornar à equipe de esportes da Globo. Responsável por inovações importantes nos programas esportivos da emissora, Luizinho, que em 2024 revelou a este autor que aquela foi uma última chance dada por Boni para a CGJ mudar o *Fantástico* com o programa na órbita da CGJ, antes de transferir o comando da atração para a Central Globo de Produção (CGP), caso a mudança não desse certo, aceitou o convite, e com carta branca para montar uma equipe de sua inteira confiança:

"O Boni e o Alberico colocaram que o *Fantástico* tinha sofrido um desgaste de imagem, nem era um desgaste de audiência. O Boni considerava que pior era o desgaste de imagem. O programa tinha se voltado muito para a violência. Era marcadamente um programa das sessões clínicas de domingo à noite. E, associado a isso, ficou com a pecha da violência, um programa sanguinolento".

Perto de completar vinte anos, ao chegar à marca de 1.004 noites de domingo no ar, o *Fantástico* tinha de mudar para continuar sendo o *Fantástico*. A culpada do momento, uma gestão do diretor Carlos Amorim que durara menos de um ano, entre 1991 e 1992, muito criticada dentro e fora da emissora pela ênfase nas pautas de violência, explicava apenas parcialmente o desgaste do programa, à época sofrendo uma perda preocupante de telespectadores mais jovens. Nas palavras de Maurício Kubrusly*, futuro integrante da equipe de Luizinho, entrevistado em 2014, o *Fantástico* daquela época se transformara em uma espécie de senha de um "bode nacional":

"Quando entrava a musiquinha do *Fantástico*, que nem existe mais, tinha uma abertura gigantesca, levava não sei quantos minutos, e entrava também 'Silvio Santos vem aí. E a pessoa em casa sabia que o final de semana estava acabando. Aquilo jogava as pessoas na segunda-feira, era o sinal sonoro e visual de que acabou o fim de semana. Era o momento do bode, dava o bode nas pessoas, era negativo".

Ao assumir, sem mexer na abertura do *Hu! Hu! Há!... Hu! Hu! Há!* que substituíra a anterior "gigantesca" e precursora do "bode", Luizinho começou a mudar não exatamente a receita de revista eletrônica inventada em 1973 por Boni, e na qual ele mesclou jornalismo, entretenimento, música, alguma dramaturgia e humor. Em sua entrevista a este autor, Luizinho disse que não "queria pegar o abacaxi sozinho" e convidou Hedyl Valle Jr. e Michel Bieler, que formavam com ele um triunvirato de sucesso à frente do *Esporte Espetacular*, Hedyl com a leveza e o toque de humor que o programa ganharia, e Michel, um editor brilhante. Luizinho mudou o tom, a linguagem, a pauta e o texto com que aquela receita vinha sendo preparada e servida havia duas décadas pelo diretor José-Itamar de Freitas.

Um dos jornalistas da equipe pioneira do *Fantástico*, alçado à direção do programa em 1977, quando o comando da atração deixou de ser da área artística da emissora, José-Itamar* disse que o programa era um retrato da época:

"A gente estava numa ditadura. Então também havia a conveniência de se fazer um programa escapista que pudesse ser uma colcha de retalhos, um resumo do que é uma emissora de televisão, uma miniemissora, com todos os assuntos de uma emissora, desde o teatro, a música, notícia, tudo".

O problema, aos vinte anos de idade do *Fantástico*, era a mão pesada de José-Itamar no que Luizinho chamou de "sessões clínicas de domingo à noite", referindo-se a uma espécie de editoria informal dedicada a doenças e tratamentos de saúde cuja relevância e credibilidade nem sempre eram confiáveis ou comprovadas, e que, com certeza, jamais seriam chanceladas pelo próprio *Fantástico* sete anos depois, quando a referência do programa passaria a ser o médico Drauzio Varella e seu olhar voltado muito mais para a saúde do que para a doença.

Para vários contemporâneos de José-Itamar na CGJ, a obsessão que ele tinha, e que eles consideravam "hipocondríaca", aliada a critérios nem sempre rigorosos na hora de autorizar ou encomendar reportagens sobre tratamentos supostamente revolucionários ou milagrosos, tinha contribuído consideravelmente não só para a sensação de "bode" das noites de domingo brasileiras, mas também para o congestionamento da central telefônica da Globo e das máquinas de fax da redação do *Fantástico* nas manhãs de segunda-feira, com pedidos de contato com as clínicas e médicos mostrados pelo programa na noite anterior.

"Seriedade não é chatice."

O slogan ou mantra do novo conceito do programa criado por Hedyl seria a palavra de ordem no *Fantástico* sob o comando de Luizinho, na travessia das mais de mil e setecentas noites de domingo que se seguiriam àquele janeiro de 1993, até ele deixar a direção do programa no final de 2017, um quarto de século depois do "sim" para Boni e Alberico. E uma das matérias inaugurais da nova linha do programa, então apresentado pelo trio de âncoras formado por Fátima Bernardes, Celso Freitas e Sandra Annenberg, foi uma reportagem de Leilane Neubarth sobre os cuidados com a saúde no verão, e na qual não houve necessidade, segundo Luizinho, de se mostrar "aquele horror de imagens de câncer de pele":

CAPÍTULO 27 · 397

"Não era para fazer uma matéria alarmista. Era assim: 'Curta o verão mas tome cuidado'. Leilane foi passear com um dermatologista na praia. E, com a ajuda do pessoal da arte, a gente fez a imagem da Leilane virar um camarão. Ficou uma matéria divertida e passou uma mensagem séria sem ser alarmista".

Além de fechar as portas daquele consultório médico eletrônico que deixava muitos brasileiros insones nas noites de domingo, Luizinho reduziu drasticamente os musicais, videoclipes e shows acústicos de artistas nacionais e internacionais, outra característica marcante do *Fantástico* nos anos 1980, que só voltariam com alguma regularidade ao programa anos depois, em produções especiais geralmente acompanhadas de perfis jornalísticos dos artistas, como o show exclusivo da banda irlandesa U2 para duzentos convidados, em novembro de 2000, e, mais à frente, em "acústicos" gravados no palco que seria construído na redação cenográfica do programa em 2014.

Como consequência da redução da música no script do *Fantástico*, o programa também deixou de ser palco de uma feroz disputa semanal das gravadoras, que enviavam à redação dezenas de videoclipes de lançamentos musicais na esperança de que eles fossem exibidos no programa, o que, acontecendo, era garantia líquida, certa e imediata de vendas espetaculares já na segunda-feira.

Garantia, também, de resmungos e suspeitas, no mercado fonográfico, sobre os critérios adotados pelos diretores da área artística da Globo na escolha dos videoclipes, alimentadas tanto pela ausência inexplicável de alguns artistas quanto pela frequência intrigante de outros no script do programa. Problema que acabaria de vez em 1995, quando o futuro diretor da CGJ, Evandro Carlos de Andrade, informado sobre a ocorrência de avaliações nem sempre apenas artísticas ao longo do processo, chamou para si a decisão sobre a exibição ou, o tempo demonstraria, a não exibição de conteúdos musicais no *Fantástico*.

Outro efeito da chegada de Evandro que Luizinho, na entrevista a este autor, considerou "libertador" foi a autonomia dada pelo novo diretor ao programa para criar um quadro em que o Instituto Nacional de Metrologia, Qualidade e Tecnologia (Inmetro) testava produtos e serviços de toda espécie, e também para citar o nome de empresas que apareciam em situações negativas nas reportagens:

"Eu era do tempo na TV Globo em que, se um avião caísse, você não dava o nome da companhia, dava o modelo. Se um supermercado pegasse fogo, você não dizia qual era o supermercado, dava a localização. Havia essa preocupação comercial de não expor empresas em situações negativas – em situações positivas também não. Com o Evandro isso mudou. Os testes do Inmetro eram feitos e os reprovados citados nominalmente. Podíamos testar, por exemplo, dez marcas. Se apenas uma passasse e nove fossem reprovadas, dávamos os nomes das nove reprovadas e não somente o daquela que passou. Evandro dava essa autonomia, mas você tinha que ter a responsabilidade pela informação correta, precisa, inquestionável".

O investimento e o entusiasmo que faltaram nas atrações musicais sobrariam no empenho pioneiro do novo comando do *Fantástico* em usar uma ferramenta à qual, de acordo com muitos analistas, as áreas estratégicas da emissora, no conforto da liderança absoluta de audiência e do mercado publicitário, demorariam mais tempo do que seria desejável para aderir: a internet.

O *Fantástico* seria o primeiro programa da Globo a divulgar, no ar, em 1995, ano em que a internet comercial ainda estava sendo implantada no Brasil, um endereço diferente, além do telefone e do código de endereçamento postal, o CEP, para interagir com os telespectadores: fantastico@redeglobo.com.br. E cerca de cinco mil pessoas fariam contato com a redação pelo tal do "e-mail", nas duas primeiras semanas da novidade.

O programa também se tornaria o primeiro da televisão brasileira a ser levado, ao vivo, para o mundo inteiro, através da internet, em transmissão experimental destinada somente aos internautas fora do país, exibida em 1º de junho de 1997. E até uma apresentadora virtual chamada "Eva Byte" participaria da ancoragem do *Fantástico* a partir de 2004. Criada por computação gráfica pela equipe de arte da CGJ e interpretada pela radialista e professora de comunicação Helen Brito, "Eva Byte" foi uma espécie de avó analógica das criaturas que seriam concebidas por inteligência artificial generativa no início do século 21. E com o mesmo toque de vazio no olhar.

Outra marca registrada da gestão de Luizinho, nem sempre assimilada com simpatia pelos guardiões do Padrão Globo de Qualidade da área de engenharia da emissora, e duas décadas antes de os fabricantes de celulares transformarem seus milhões de usuários em cinegrafistas amadores, no bom e no mau sentido, seria o uso de microcâmeras que, por muitos anos, tornariam possíveis flagrantes antológicos de crimes de toda espécie, captados em investigações conduzidas por Eduardo Faustini, o "repórter secreto" do *Fantástico*, e outros jornalistas da equipe.

A adoção das microcâmeras, apesar da então notória falta de qualidade das imagens que dava coceiras nervosas nos engenheiros da emissora, permitiria ao programa flagrar, por exemplo, um médico que usava seu consultório num hospital público do Rio para assediar sexualmente as pacientes e expor problemas graves como a falta de segurança dos aeroportos brasileiros, escancarada em 1996 por Faustini, quando ele conseguiu voar quase três mil quilômetros com uma bomba falsa na bagagem sem ser descoberto, ao passar pela inspeção da Polícia Federal na área de embarque dos quatro maiores aeroportos do país.

A euforia com o novo brinquedo, no entanto, também levaria a equipe a escorregar em uma pauta impensável mesmo na época em que foi concebida, e que o repórter André Luiz Azevedo* recordou em 2003, constrangido e se dizendo merecedor da bronca inesquecível que todos na redação levaram do então diretor da CGJ Evandro Carlos de Andrade:

"No Carnaval, a gente pegou uma mulher gostosa e botou uma microcâmera na traseira dela pra ver o que as pessoas diziam. Ela ia rebolando e a câmera flagrou os caras dizendo aquelas coisas. Graças a deus essa reportagem não passou no Rio, porque era a época em que o *Fantástico*, no domingo de Carnaval, só era exibido no resto do país, por causa da transmissão dos desfiles das escolas de samba. Mas foi um absurdo aquilo, uma brincadeira, uma coisa jocosa, absurda. E o Evandro ficou pau da vida com isso quando soube, e com toda a razão".

Na hora de fazer sua leitura de como deveria ser a participação dos artistas da Central Globo de Produção, outro ingrediente da receita original do programa desde os anos 1970, Luizinho, em vez de apenas abrir espaço no script para quadros ou produções de dramaturgia tradicional, optou por fazer do *Fantástico* o que Geneton Moraes Neto, futuro editor-chefe do programa, chamou de "laboratório de formatos".

Diretores, autores e o elenco da CGP fariam de tudo no *Fantástico*, e com resultados desiguais, na década de 1990. De Lima Duarte a Regina Casé, ele contando histórias curiosas no quadro "Sem Limite", ela estrelando, em 1994, o "Na Geral", embrião de seu programa solo *Brasil Legal*; houve também o "Plantão Casseta & Planeta", com sua proposta de "jornalismo-mentira e humorismo-verdade", no ar entre 1995 e 1997; o "Vida ao Vivo", humorístico com Pedro Cardoso e Luiz Fernando Guimarães que se tornaria um programa de vida curta em 1998; e o "Repórter Por Um dia", quadro lançado em 1998 que atravessaria mais de duas décadas mostrando personalidades no papel de jornalistas.

Seria também no abrigo do script do novo *Fantástico*, ainda que a exibição fosse sempre mais tarde, perto do final do programa, que a Globo exibiria, em 1998, a ousada "A Vida Como Ela É", série antológica dirigida por Daniel Filho que adaptou histórias irresistíveis de Nelson Rodrigues situadas na fronteira do escândalo, em se tratando de conteúdo de TV aberta.

Mas também houve, segundo Luizinho, "coisas horrorosas que não deram certo", entre elas a importação de uma estrela da então bem-sucedida MTV que, ao contrário de Zeca Camargo, contratado em 1996, não se daria bem na Globo:

"O quadro do Luiz Thunderbird no *Fantástico* foi um que não deu certo. E houve também um quadro que a Regina Duarte fez e que não deu. A ideia era ressuscitar a 'Viúva Porcina'. Não deu certo, foi outro tiro n'água".

Além de continuar contando com a audiência cativa garantida pelas reportagens de Glória Maria no Brasil e no exterior, Luizinho manteria uma equipe de jornalistas sempre sintonizada com os assuntos importantes do noticiário da grande imprensa na semana, muitas vezes competindo diretamente com as revistas *Veja*, *IstoÉ* e *Época* na cobertura jornalística de fatos importantes no Brasil e no exterior.

Mas haveria ainda, para completar a receita da terceira década de existência do *Fantástico*, um outro tipo de conteúdo, outro filão tradicional do programa, fértil na época de José-Itamar, e que o novo diretor achou por bem não abandonar totalmente: os temas e personagens cultivados pela imprensa sensacionalista, à margem da ciência estabelecida e do jornalismo considerado profissional.

Muita gente continuaria perdendo o sono no domingo à noite.

O editor sobrenatural

Foi tão ou mais assustador, principalmente para as crianças, que a estreia de Michael Jackson como zumbi, no videoclipe *Thriller*, exibido com exclusividade pelo *Fantástico*, em dezembro de 1983.

O filme sobre a suposta autópsia de um extraterrestre, cujos direitos exclusivos de exibição no Brasil foram comprados pela Globo por cerca de cinquenta mil dólares, valor semelhante ao pago por outras 33 emissoras do planeta, foi apresentado em setembro de 1995 por Fátima Bernardes e Celso Freitas, ambos com o olhar em modo grave para assuntos sérios, e com sonoplastia de suspense ao fundo.

Primeiro, Fátima posicionou o *Fantástico* em cima do muro:

"Ficção ou realidade? As cenas da suposta autópsia de um extraterrestre que só agora são mostradas em redes de TV criaram uma enorme polêmica no mundo inteiro".

Depois, Celso valorizou a mercadoria:

"Agora você vai conhecer o filme. As imagens são fortes e podem impressionar pessoas mais sensíveis".

Entregue às emissoras já editado, como se fosse uma colagem bruta e sem continuidade de trechos mudos de celuloide, em preto e branco bastante granulado, o filme apresentava um corpo de "forma humanoide", com uma cabeça muito semelhante às dos extraterrestres de histórias em quadrinhos, deitado em uma maca. Havia uma lesão profunda na perna direita, "aparentemente provocada pelo acidente com a nave em Roswell", segundo o texto narrado por Celso Freitas. Seguiam-se duas incisões de bisturi para a retirada de vísceras do suposto alienígena, uma no pescoço e outra no crânio, ambas feitas por uma pessoa não identificada e vestida com roupas usadas normalmente no manejo de material radioativo.

Foi um sucesso, apesar do impacto negativo na conta de credibilidade da Globo junto à comunidade científica e aos públicos mais bem-informados que jamais levaram a história a sério, mesmo tendo o *Fantástico* tomado o cuidado de não embarcar na história e ouvir, no mesmo programa, especialistas que questionavam a seriedade do material. E também não deu outra: em 2006, onze anos depois, ficaria provado que a suposta autópsia de um suposto extraterrestre que teria sido supostamente encontrado em 1947 na cidade de Roswell, no Novo México, Estados Unidos, um local supostamente frequentado por ETs, tinha sido uma farsa completa do empresário Ray Santilli, detentor dos direitos de exibição do material.

A "autópsia do ET", do primeiro ao último fotograma de seus dezessete minutos, foi uma poderosa *fake news*, criada, produzida e dirigida por Santilli com a ajuda de uma competente equipe de filmagem, que encheu uma escultura de ET com órgãos de animais e usou a casa da namorada de Santilli para fazer milhões de pessoas no mundo acreditarem que tudo tinha acontecido em 1947, em uma base militar americana.

O tratamento nobre dado àquele material foi uma evidência de que Luizinho Nascimento não descartaria imediatamente histórias sobre discos voadores, mistérios da natureza escondidos em florestas ou no fundo do mar, experiências de "quase morte" ou de reencarnação e sobre projetos com ares de filme B de ficção científica relacionados a temas como criogenia e rejuvenescimento. Mais ou menos o tipo de assunto que, no século 21, continuaria sendo encontrado, ao lado de toneladas de maledicência sobre gente famosa, em links patrocinados que as empresas jornalísticas pendurariam em seus conteúdos sérios de internet.

"Coube a mim cuidar da parte sobrenatural do programa."

Até começar a trabalhar no *Fantástico*, contratado em 1991 pelo então diretor Carlos Amorim, o jornalista Luiz Petry*, à época com 33 anos, dedicava-se a duas atividades: a participação no grupo de poesia Os Camaleões que formou com os colegas Claufe Rodrigues e Pedro Bial – Petry com "a estética da derrota, as desventuras do amor, a dor e a perda", Claufe com "a estética dos amores na sarjeta" e Bial com seus "poemas arrebatados de amor e de heroísmo", de acordo com a descrição do próprio Petry. A outra atividade era o cargo de editor, na Rede Manchete, do programa *Acredite Se Quiser*, a famosa série americana sobre histórias extraordinárias e inexplicáveis, apresentada pelo ator Jack Palance.

"Eu caí no *Acredite Se Quiser*, eu já comecei a lidar com esse tipo de assunto lá, criogenia, Triângulo das Bermudas. E, quando fui para o *Fantástico*, acabei me tornando meio que um setorista dessa área que o programa sempre teve sobre discos voadores, ETs e revelações espantosas."

Não por outra razão, em janeiro de 1996, Petry seria enviado por Luizinho ao sul de Minas para investigar o "ET de Varginha", um caso que, com passar dos anos, se tornaria uma piada nacional, para constrangimento de uma parte dos varginhenses, até então orgulhosos da fama da cidade como um rico "porto seco" da produção de café do estado, e para alegria da outra parcela da população, que turbinaria o assunto a ponto de a cidade ganhar, em 2022, um museu e um planetário inspirados no ET.

Petry entrevistou as três jovens testemunhas que disseram ter visto, num terreno baldio da cidade, um alienígena que tinha "pernas, braços, chifres, pele marrom e olhos vermelhos":

"Quando o *Fantástico* deu a matéria, não sei se pela sonoridade, 'ET de Varginha', essa história cresceu muito e caiu no interesse popular. A gente chegou a fazer umas três matérias. Só que, anos depois, tive acesso à investigação do Exército, e a conclusão deles era a seguinte: existia, lá perto da rua onde apareceu a estranha criatura agachada, um morador que tinha algum transtorno mental, e esse transtorno mental fazia com que ele ficasse sempre agachado, encolhido, solitário".

Um outro tiro n'água, este internacional, aconteceria também em 1996, quando o *Fantástico* embarcou, junto com o escritório de Londres da emissora, à época chefiado por este autor, na sugestão do então correspondente César Tralli* de uma reportagem que causaria grande repercussão: a história de Hasna, uma jovem muçulmana libanesa que seria capaz de verter lágrimas em forma de cristais.

Em uma primeira matéria, Tralli* e o cinegrafista Paulo Pimentel, além de entrevistarem médicos de uma universidade local que estavam estudando o suposto fenômeno, foram à casa da menina e gravaram vários momentos em que os olhos de Hasna, em vez de lágrimas, punham para fora pequenas lascas de vidro:

"Era impressionante, caíam pedaços de vidro das laterais do olho da menina. E ela não pedia para ir ao banheiro, você não via nenhum movimento estranho, ou tentativa dela de forjar. Você pedia para ela chorar, ela chorava. Você pedia dez vezes, ela chorava dez pedacinhos de vidro".

A repercussão e a audiência foram tão grandes que, a pedido do *Fantástico*, Tralli voltou ao Líbano três dias depois, para uma nova reportagem sobre a menina, mas o que ele encontrou foi uma situação completamente diferente:

"A junta de médicos do Líbano tinha feito um estudo sobre a menina e comprovado que aquilo era uma farsa, que o pai dela, de alguma forma, ajudava ela a colocar lascas de vidro no olho. Até hoje eu não sei como ela chorava aqueles pedaços de vidro. O olho dela não ficava riscado, não saía sangue. Aí a gente fez a matéria contando que aquilo era uma farsa".

Por essa e outras, com o passar do tempo, o *Fantástico* deixou de produzir matérias com um pé no sensacionalismo, sem, no entanto, abandonar o filão, muito pelo contrário: Luizinho promoveu uma guinada radical e começou a agir como se estivesse pedindo que milhões de telespectadores desconsiderassem as matérias delirantes exibidas pelo próprio *Fantástico*, durante mais de vinte anos, sobre ufologia, histórias sobrenaturais, poder da mente e outros mitos e crendices limítrofes do charlatanismo e prestassem muita atenção no desmonte factual que o programa faria de muitas daquelas matérias. Missão que caberia a Luiz Petry, autodenominado "editor sobrenatural" do *Fantástico*:

"A partir de um certo momento, o jornalismo avançou, a sociedade avançou, e os jornais começaram a dar mais importância à ciência, porque é ela que constrói, que civiliza [...] A gente abandonou aquelas pautas de pseudociência, e, junto com a imprensa profissional, passou mais para o lado da ciência".

Era o início de uma fase em que Petry, além de esclarecer praticamente todos os casos conhecidos de OVNIs da ufologia nacional, mostrando que eles não eram evidências da passagem de naves alienígenas pelos céus do Brasil, passaria a se dedicar a matérias como a que desmoralizou uma reportagem anterior que o próprio *Fantástico* tinha exibido, com previsões de final de ano baseadas em búzios, tarot, astrologia, pêndulo, cristal e outros métodos mais ou menos caros à picaretagem. Petry, no caso, fez o que nunca se fazia na editoria de assuntos sobrenaturais do programa:

"A gente obviamente nunca creditou, porque a gente não vai acreditar que alguém vai adivinhar o futuro, mas as pessoas gostavam muito, a audiência era boa e a gente falava: 'Ué, mas a gente tem que atender o público'. Só que um belo dia eu tive a ideia de pegar as previsões que a gente tinha feito no ano anterior e, quando chegasse no fim do ano, fazer uma matéria comparando. Fizemos a matéria e ela mostrou que tudo que foi dito no ano anterior estava errado: tudo, não acertaram nada".

Na mesma linha, o mesmo Luiz Petry criaria, dez anos depois, em maio de 2006, a série "Operação Bola de Cristal", na qual o ator Osvaldo Mil revelaria os truques usados por falsos videntes para enganar clientes; e, em novembro de 2008, o "Detetive Virtual", um quadro pioneiro no qual o *Fantástico* antecipou o debate que incendiaria a sociedade nos anos 2020, ao mostrar, regularmente, de forma didática e bem-humorada, o que era fato e o que era falso, ou *fake*, em conteúdos audiovisuais plantados no território livre e enganoso da internet.

– Você é Seu Lúcifer?
– Sim...
– Então, fala aramaico para eu ouvir.
– Não sabeis o que estais perguntando...
– Você é capaz de matar?
– Sim, sim, sou capaz de matar...
– Então mate-me!

Não era novela. Aconteceu em uma noite do primeiro semestre de 2000, num terreiro da Baixada Fluminense pertencente ao médium "Lúcifer", então acompanhado por um grupo de "discípulos", entre eles alguns que o consideravam o próprio demônio. E quem desafiava "Lúcifer", de joelhos, provocador, era Óscar González-Quevedo Bruzón, mais conhecido como Padre Quevedo, jesuíta espanhol radicado no Brasil e personagem do quadro "O Caçador de Enigmas", dirigido por Luiz Petry e cujo objetivo, fiel à linha do *Fantástico* de expurgar as cascatas dos velhos tempos em nome da credibilidade, era desvendar fenômenos da natureza e desmascarar charlatões.

– Não, não matarei...
– Então quebre o meu dedo! Quebre o dedo, por favor, te peço de joelhos!

Aí já era esculhambação, pensou Petry, que dirigia a gravação no local e começou a ficar muito preocupado, já que Padre Quevedo já tinha sido agredido uma vez, em outra emissora, depois de desmascarar um charlatão:

"O clima foi ficando ruim. A gente estava no centro do 'Seu Lúcifer', um lugar sinistro, com um caldeirão onde as pessoas jogavam os nomes dos desafetos aos gritos de 'Queima! Queima'. E geralmente os médiuns têm, nesses centros, um cambono, uma pessoa geralmente forte que ajuda e protege o médium. As pessoas então começaram a cochichar e o único jeito que a gente teve foi pegar Padre Quevedo e correr com ele para fora, botar na van e mandar embora. Despachamos o padre. Era um negócio barra-pesada, bruxaria mesmo. Bruxaria com endereço certo".

"Esse é um caso para Padre Quevedo."

Apresentado sempre com a frase por Cid Moreira, em clima de mistério e diante de um fundo preto parcialmente iluminado, e quase sempre terminando com outra, "Isso *non ecziste*", o famoso bordão com sotaque de Padre Quevedo, "O Caçador de Enigmas" teve seu melhor momento, segundo Petry, logo no primeiro episódio, gravado num apartamento na Praia de Botafogo, no Rio, e no qual uma menina supostamente provocava *poltergeist*, o fenômeno no qual os objetos, aparentemente sem interferência de ninguém, quebram-se ou voam inexplicavelmente:

"A gente plantou câmeras na casa inteira. E aí começa a cair vidro de um lugar, entra um vidro e passa perto de mim e uma pedra atinge o cinegrafista. Dali a pouco o nosso tripé de luz começa a cair e a gente tem de segurar. Achamos aquilo estranho. Filmamos, filmamos e fomos embora".

Quando Petry foi analisar o material filmado no detalhe, não foi difícil descobrir que uma das crianças do apartamento, exatamente a menina que seria o "epicentro" do *poltergeist*, era quem tinha lançado os objetos e empurrado o tripé de luz. Caso encerrado e, preservada a identidade da criança, possivelmente vítima de algum distúrbio psicológico, Padre Quevedo pôde dizer o que repetiria nas outras edições do quadro, exibidas entre janeiro e maio de 2000:

–Isso *non ecziste*.

– *Rá!*

O grito que se alastrou no meio artístico e entre muitas celebridades do país, nos anos 1980, foi emblema de uma fraude chamada Thomas Green Morton que durou mais de uma década, até ser desmascarada, truque por truque, golpe por golpe, em momento antológico da "editoria" de Luiz Petry exibido pelo *Fantástico* em 4 de maio de 2002. Com a ajuda de uma pequena força-tarefa de especialistas, Petry desmontou, de forma irrecorrível, a farsa do ex-balconista de farmácia e mágico amador que chegou a ser considerado "maior paranormal do Brasil" com a chancela de uma legião de admiradores de sua suposta capacidade de cura e "energização", entre eles Gal Costa, Simone, Tom Jobim, Rita Lee, Baby Consuelo, Pepeu Gomes, Sérgio Reis, Elba Ramalho e o cartunista Henfil.

Ao lembrar da produção da reportagem, Petry disse que começou a investigar a suposta paranormalidade de Morton a partir de uma premissa errada: queria convocar cientistas e até um físico para o tira-teima que, ele tinha certeza, revelaria a picaretagem do "homem do *Rá!*":

"Nunca tinha me ocorrido que o único jeito de desmascarar um paranormal é usar o mágico. Os paranormais não suportam mágicos, não querem mágicos por perto porque são truques muito simples".

Outra constatação importante, na investigação de Petry, foi a de que a dificuldade de acesso cumpria um papel na farsa de Morton, sobre quem a imprensa, incluindo a Globo, dizia "maravilhas", enquanto artistas divulgavam o grito do *Rá!*:

"Ele era um cara que tinha fama de ser muito difícil de se chegar nele, ele escapava, você não encontrava. Você marcava com ele, ele fugia. Depois é que vim a descobrir que isso faz parte do número: quanto mais difícil é você chegar no paranormal, mais você vai achar que ele é um paranormal mesmo".

A investigação seria bem diferente, por sinal, do que o *Fantástico* tinha feito 24 anos antes, em 1976, quando apresentou, ao vivo, no Teatro Fênix, como se tratasse de um fenômeno desafiador, o israelense Uri Geller, ilusionista que se passou por paranormal capaz, entre outros prodígios, de dobrar objetos metálicos ou consertar relógios apenas com seus supostos poderes mentais.

Com a ajuda, quem diria, do ufólogo Ubirajara Rodrigues, responsável pela "descoberta" do "ET de Varginha", e também autor de uma investigação sobre os tempos em que o jovem Morton não passava de um mágico de boate em Três Corações, a menos de quarenta quilômetros de Varginha, Petry começou a trabalhar, contando com uma pequena força-tarefa formada pelo mágico profissional Kronnus, pelo psicólogo e mágico Wellington Zangari, pelo especialista em paranormalidade Jayme Roitman e pelo desenhista de joias José Carlos Guerreiro.

O resultado exibido pelo *Fantástico* não deixou dúvidas: as luzes misteriosas que surgiam sempre no entorno de Morton, aos gritos de *Rá!*, fosse num lugar público ou na chamada "sala de energização" de sua casa e por onde muita gente famosa e inteligente passou, eram originárias de pequenos aparelhos de *flash* fotográfico que ele escondia na própria roupa, ou que auxiliares vestidos de preto acionavam por perto; o perfume que ele fazia pingar das mãos vinha de pequenas esponjas embebidas da essência espremidas entre seus próprios dedos; os garfos que ele entortava ou partia em dois eram, na verdade, resultado do truque primário de mágica conhecido como "troca", perceptível no simples *replay* das supostas façanhas.

Para Petry, Morton foi "um cara nocivo" que tirou vantagem da confiança e da proximidade de pessoas em situação dramática de doença como o cartunista Henfil, à época sofrendo com o agravamento da aids adquirida em uma transfusão de sangue, e a atriz Dina Sfat, que morreu de câncer aos 51 anos, em 1989:

"A Dina Sfat, uma tremenda artista, foi, infelizmente, parar nas mãos do Thomaz Green Morton. Ele desfilava com ela e a exibia, porque isso trazia dividendos para ele, dizendo que ia curar e claro que não ia curar ninguém".

O grande ponto negativo de Morton, segundo Petry, era o curandeirismo que, no caso de clientes que tinham sinais exteriores de riqueza, chegava a custar vinte mil dólares:

"A pessoa chegava lá e já estava com uma doença grave. Quando estive lá na primeira matéria, ele tinha acabado de receber um carro de presente de Ângelo Maria Longa, o 'Tio Patinhas', um bicheiro muito conhecido no Rio".

No caso de um escritor cujo nome Petry* não revelou e que foi convidado a acompanhar a reportagem do *Fantástico* por ter sido autor de um texto sobre Morton, a descoberta foi assustadora: Morton drogava seus clientes durante as ditas "sessões de energização", bebendo muito e estimulando as pessoas a fazerem o mesmo:

"Ele tinha um número em que ele dizia que energizava açúcar e que aquilo era bom para as pessoas. Na verdade, ele pegava o açúcar e misturava com algum calmante, algum negócio estranhíssimo que ele botava à força na boca das pessoas e que eu consegui evitar que ele botasse na minha. Mas ele serviu esse açúcar para o escritor que eu tinha levado comigo. Esse escritor foi dormir na sexta-feira à noite e só acordou domingo de manhã".

Thomas Green Morton não conseguiu fazer mágica com o próprio destino: foi preso em junho de 2010 por homicídio culposo e também acusado de envenenar bezerros. Em julho de 2021, foi preso novamente em flagrante em Pouso Alegre, no sul de Minas, por posse ilegal de arma de fogo, ao ser investigado pela acusação de manter uma alemã em cárcere privado em seu sítio.

O que ninguém poderia imaginar, nem Luizinho Nascimento, nem o xará Petry, é que em meio à busca da excelência jornalística para o *Fantástico*, depois de duas décadas de escorregões na hipocondria, no misticismo rasteiro e na pseudociência, surgisse, em 1999, um fenômeno inexplicável e completamente inesperado de popularidade cuja dimensão Geneton Moraes Neto*, então editor-chefe do programa, num exagero escandaloso de humildade sobre seu próprio currículo, definiu assim:

"A coisa mais conhecida que eu fiz para o *Fantástico* e provavelmente na minha vida profissional foram duas palavras: 'Mister M'".

A ideia do quadro nascera quando Zeca Camargo, já integrante da equipe do *Fantástico*, de volta de uma de suas viagens ao exterior, chamou a atenção de Luizinho para uma atração da Fox Television que estava fazendo grande sucesso, dentro e fora dos Estados Unidos, e que já tinha sido vista por 24 milhões de pessoas: o *Breaking the Magician's Code*, quatro programas especiais de uma hora de duração nos quais, como o nome dizia, o mágico de cassinos de Las Vegas Val Valentino revelava segredos dos colegas de profissão, a uma média de sete a oito números de mágica desvendados por episódio.

Direitos comprados pela Globo, o desafio passou a ser criar um título brasileiro para o quadro que, em tradução direta do inglês, era fora de cogitação: *Quebrando o Código do Mágico*. Foi quando Geneton, no que chamou de "um estalo que saiu da boca para fora", propôs a Luizinho:

– Que tal se a gente chamar esse cara de "Mister M"?
– Por quê?
– "M" de mágica...

Nome definido, a tarefa seguinte seria definir o texto de adaptação, que Petry achou que deveria ser "algo bem *kitsch*", uma brincadeira óbvia. Ao revelar segredos dos mágicos, "Mister M" seria "o príncipe negro dos sortilégios" e "o senhor de todos os segredos", entre outros títulos clichês ressuscitados por Petry e que remetiam à atmosfera mágica dos circos do passado. Mas quem seria a voz de "Mister M"? Quem? Quem?

– Por que a gente não bota o Cid Moreira?

Diante da sugestão de Petry*, logo depois de assistir a um trecho da edição do quadro, Geneton inicialmente achou que o apresentador, à época já dispensado da bancada do *Jornal Nacional* por Evandro Carlos de Andrade, recém-empossado no comando da Central Globo de Jornalismo, era "muito sério" para ser a voz do "príncipe negro". Mas Petry insistiu e, na hora de falar com Cid, cheio de dedos e temendo o pior, propôs o que seria "uma narração com uma pegada radiofônica". E Cid* adorou a ideia:

"O 'Mister M' eu encarava como uma brincadeira".

Brincadeira que na semana de estreia, em janeiro de 1999, já quando as chamadas do novo quadro estavam no ar, provocou uma reação imediata da comunidade de mágicos profissionais de todo o Brasil, que enviaram à Globo centenas de cartas de protesto, lideraram uma corrente de e-mails pela internet contra o quadro e entraram na Justiça para tentar impedir a exibição, acusando a Globo, sem sucesso, de abuso de direito e concorrência desleal.

Como não poderia deixar de ser, a turma do humorístico *Casseta & Planeta, Urgente!*, em mais uma paródia antológica, criou um sósia chamado "Mister PM" e cuja "mágica" era outra, como lembrou o "casseta" Helio de La Peña:

"O 'Mister PM' fazia desaparecer corpos, fazia as pessoas confessarem as coisas mais absurdas. E tudo na base do cacete".

O sucesso foi tão grande que Val Valentino adotou o nome oficial de "Mister M" e viveu momentos de celebridade ao visitar o Brasil a passeio. Quando, porém, ele achou que o sucesso seria garantia de uma temporada solo de shows no país, não houve mágica que evitasse o fiasco. E Luizinho sabia a razão:

"Ele veio ao Brasil a passeio e foi aquele sucesso. Depois, veio em turnê que já foi um fiasco no Rio e em São Paulo. Mas era um fiasco porque ele não era nada sem o Petry, era só um mágico mascarado. Não tinha o texto, nem tinha a voz do Cid Moreira emprestando personalidade a ele. Ele existia no *Fantástico* e só existiu no *Fantástico*".

Faltava o *Hu! Hu! Há!... Hu! Hu! Há!*

Renascimentos

Só com inteligência artificial talvez fosse possível localizar e quantificar, nos arquivos da mídia brasileira, todos os obituários categóricos do gênero telenovela em geral, e das novelas da Globo em particular, decretados entre os anos 1990 e a última semana de fevereiro de 2024, mais de três décadas depois, quando o instituto Kantar Ibope deu ao repórter Gabriel Vaquer, da *Folha de S.Paulo*, uma informação então exclusiva e surpreendente.

Só nas duas primeiras semanas de exibição do *remake* da novela *Renascer* produzido pela Globo, mais de 311 milhões de horas do folhetim tinham sido consumidas pelos brasileiros, um número 40% maior do que a quantidade de horas consumidas, em todo o planeta, no mesmo período, de *O Agente Noturno*, ou *The Night Agent*, a série mais vista da Netflix naquele momento. Desde a estreia, em 5 de fevereiro daquele ano, ainda segundo o Kantar Ibope, o alcance semanal do *remake* de *Renascer* tinha chegado a setenta milhões de pessoas, índice que *streamings* como Netflix e Amazon Prime Video demoravam à época quase um ano para conseguir para um determinado conteúdo.

E se, em vez das horas consumidas, que passaram a ser computadas pelo Kantar Ibope na medição de audiência devido à explosão do *streaming*, a partir de meados dos anos 2010, a régua utilizada fosse a resposta instantânea da TV aberta, medida pelo tradicional "reloginho" do instituto, os números de *Renascer* também eram expressivos: na Grande São Paulo, as cinco primeiras semanas da novela tinham obtido uma média de 26 pontos, o melhor resultado do horário desde o início da reprise da novela *Império*, ainda durante os tempos de confinamento compulsório da pandemia da Covid-19, em 2021.

Aquele desempenho confirmava a previsão feita um mês antes, pelo repórter Silas Martí, também da *Folha*, quando, mesmo com a ressalva de que a Globo vivia "uma crise de audiência sem precedentes", ele apostou: a saga do personagem "José Inocêncio", vivido pelo ator Humberto Carrão até a segunda fase da história, quando o papel passaria a ser de Marcos Palmeira, era "um acerto deslumbrante" e "na medida certa" que tinha tudo para "conquistar uma nova geração desconectada do chamado Brasil profundo":

"*Renascer* renasce mais de três décadas depois da novela original alguns tons abaixo da selvageria de outrora. Se na década de 1990 era Luiz Fernando Carvalho quem conduzia o clássico de Benedito Ruy Barbosa com todos os requintes de sua linguagem barroca, agora a trama, nas mãos de Gustavo Fernandez, parece ajustada aos tempos atuais. Não que o mundo tenha se pacificado de lá para cá. Mas o telespectador da telenovela antiga, já de olhos calejados por tantos anos de *streaming* e a linguagem pasteurizada das séries, talvez não aceitasse a lentidão ousada e os horizontes saturados de então".

Trinta e um anos antes, a estreia da primeira *Renascer*, trama de 213 capítulos dirigida por Luiz Fernando Carvalho que a Globo exibiu entre março e novembro de 1993, marcou a volta gloriosa de Benedito ao time de autores da casa, depois da hecatombe provocada no Jardim Botânico por sua *Pantanal*. Uma volta por cima completa.

Marcava também, trinta anos antes da "crise de audiência sem precedentes" de 2024, a retomada consistente da hegemonia das novelas da emissora, com uma média geral de 61 pontos, o maior índice da faixa das oito da noite durante toda a década de 1990, e com uma repercussão que colocaria *Renascer* em sétimo lugar, na pesquisa feita pela *Folha* em 1996, com cem profissionais de televisão, sobre as melhores novelas de todos os tempos até então, atrás apenas, pela ordem, de *Roque Santeiro*, *Vale Tudo*, *Beto Rockfeller*, *Gabriela*, *Dancin' Days* e *O Rei do Gado*.

"O início era tão forte que tivemos que reduzir o número de capítulos, pois haveria possibilidade de rejeição da segunda parte da novela."

Assim Boni registrou, em sua autobiografia, o que o crítico Nilson Xavier chamou de "inesquecível primeira semana de exibição de *Renascer*": quatro capítulos que mostravam a chegada, às roças de cacau de Ilhéus, na Bahia, do jovem "José Inocêncio", interpretado por Leonardo Vieira, este transformado em "galã instantâneo" e destinatário imediato de mais de mil e duzentas cartas de fãs de todo o país, depois de momentos antológicos como a sequência em que ele finca seu facão ao pé de um jequitibá, prometendo não morrer, nem de "morte matada" nem de "morte morrida".

Antonio Fagundes*, intérprete de "José Inocêncio" que contribuiria muito para que *Renascer* não fosse rejeitada na segunda fase, muito pelo contrário, reconheceu:

"O Luiz Fernando levou talvez uns três ou quatro meses para gravar aqueles quatro primeiros capítulos. E aí a novela, quando entrou no ar, era diferente. O tratamento era diferente, a primeira fase, aqueles quatro primeiros capítulos foram excepcionais. Isso não quer dizer que depois não tivesse qualidade, mas ele gravava um capítulo por dia. Então, as pessoas me paravam na rua e falavam assim: 'Fagundes, que novela maravilhosa. E aquela primeira fase, hein?'".

Malu Mader*, que não tinha nada a ver com *Renascer* e à época gravava a novela das sete *O Mapa da Mina*, de Cassiano Gabus Mendes, no papel da personagem "Wanda Machado", confessaria, em 2002, que sentiu até ciúme do investimento da Globo na novela que levou Benedito Ruy Barbosa de volta para a emissora:

"Eu fiquei enciumada porque as imagens de *Renascer* nas chamadas, lançadas meio que juntas com *O Mapa da Mina*, em termos de produção, era uma coisa assim muito distante uma da outra, de luz, o cuidado técnico da novela. *O Mapa da Mina* tinha alguma coisa errada ali, tinha alguma coisa sombria, estranha. Porque *Renascer* vinha com uma promessa de uma nova linguagem de fotografia, e quando eu vi as duas chamadas eu falei: 'Existe uma distância muito grande. Eu mesma vou me sentir fazendo o segundo produto'".

O ator Marcos Palmeira, ao contrário de Malu, teve tudo a ver, e com as quatro novelas de Benedito, as duas originais, *Pantanal* e *Renascer*, e os dois respectivos *remakes*: primeiro como "Tadeu", filho enjeitado na primeira *Pantanal*, depois como "João Pedro", outro filho enjeitado na primeira *Renascer*. Em seguida, trinta anos depois, como "José Leôncio", no *remake* de *Pantanal* e, logo depois, como "José Inocêncio", no *remake* de *Renascer*.

À parte os elencos repetidos, críticos e noveleiros percebiam, já em 1993, que as duas histórias originais, *Pantanal* na Manchete e *Renascer* na Globo, tinham muitas semelhanças: o protagonista de ambas as tramas, "José Leôncio" em *Pantanal* e "José Inocêncio" em *Renascer*, era dono de uma vasta propriedade e possuía um vizinho mal-intencionado, "Tenório" em *Pantanal* e "Teodoro" em *Renascer*. "Guta", filha de "Teodoro" em *Renascer*, e "Sandra", filha de "José Leôncio" em *Pantanal*, envolviam-se com os respectivos filhos enjeitados, "João Pedro" e "Tadeu". E havia ainda as esposas submissas, tratadas pelos respectivos maridos machistas com apelidos depreciativos, "Maria Bruaca" em *Pantanal* e "Dona Patroa" em *Renascer*.

"Eu rodei três mil quilômetros no sertão baiano para escrever *Renascer*, por exemplo. Fiquei mais de dez anos com aquela ideia enfurnada, até conseguir trazer à tona e fazer a novela. Também fiquei mais de sete anos ruminando até conseguir escrever *Pantanal*. Fui muito ao Pantanal, eu me habituei ao linguajar pantaneiro, e me familiarizei até com as cobras e os jacarés."

Além dos cenários físicos e da fauna que mencionou em 2000, Benedito* fez, em 1993, algo impensável na versão de *Renascer* que seu neto Bruno Luperi escreveria em 2024 para um Brasil radicalmente dividido: para falar do desencanto com a política, incluiu na trama o então recente processo de *impeachment* do presidente Fernando Collor, em diálogo reproduzido pela *Veja*, edição de 11 de novembro daquele ano, entre o "José Inocêncio" de Antonio Fagundes, o "Padre Lívio" de Jackson Costa e o "José Bento", filho de "José Inocêncio", interpretado por Tarcísio Filho, pela ordem:

– Não sei com que moral esse Congresso cassou o presidente.

– Não foi o Congresso que cassou o presidente, foi o povo!

– O Congresso agiu pressionado pelos *caras-pintadas* que saíram nas ruas...

Diante da referência do filho aos *caras-pintadas* e do padre ao "povo", "José Inocêncio" questiona:

– Mas pelo que *tô* sabendo só prenderam uma pobre secretária [...] *Tô* lembrado que em 1964 fecharam o Congresso e o povo *tava* tão desanimado com a democracia, como *tá* hoje, que até bateu palma.

"Padre Lívio" intervém:

– E deu no que deu, *né*? Vinte anos de silêncio. O povo infelizmente tem memória curta, menos aqueles que tiveram seus entes queridos desaparecidos, torturados e mortos nos porões da ditadura.

"José Inocêncio" reage:

– O negócio não é fechar o Congresso: é limpar, tirar de lá tudo quanto é safado e desonesto.

A *Veja* também lembrou que o fato de Benedito ter criado uma personagem que participava de uma greve de professores por melhores salários levou o então governador de São Paulo, Luiz Antônio Fleury Filho, a sugerir, sem mostrar provas, que o autor recebia dinheiro "por merchandising da Central Única dos Trabalhadores". "Padre Lívio" foi apresentado por Benedito na novela como um sacerdote em dúvida sobre seu voto de castidade, em meio à tentação encarnada pela personagem "Joaninha", papel de Tereza Seiblitz, e aconselhado por outro personagem a deixar a batina, virar "um pastor sério" e "seguir a Deus de verdade", mudando de religião. O que levou Jesus Hortal, padre de verdade, teólogo e vice-reitor da PUC-Rio, a reagir:

"É um desejo de apresentar a religião católica de forma negativa, de questionar o celibato e mostrar de maneira positiva as superstições e credos de caráter espírita e afro-brasileiro".

Não deixou de ser surpreendente e, para muitos, ousada, a inclusão, por Benedito, em uma novela ambientada no sertão do chamado Brasil profundo, e não em um folhetim urbano supostamente mais cosmopolita e tolerante, da primeira personagem intersexo das novelas brasileiras: "Buba", interpretada pela atriz Maria Luísa Mendonça, e cujo nome de batismo, em *Renascer*, era "Alcides". Na história, "Buba" começava a namorar "José Venâncio", papel de Taumaturgo Ferreira, sem revelar a condição cujo nome à época remetia quase ao bizarro, principalmente no interior retratado por Benedito: hermafrodita. No *remake*, três décadas depois, "Buba" seria interpretada pela atriz paulistana Gabriela Medeiros, uma mulher trans de 22 anos.

Além de Osmar Prado, que teve de cometer "suicídio" na novela, após ser desligado do elenco por causa de desentendimentos com a direção da Central Globo de Produção, apesar do sucesso de seu personagem "Tião Galinha", a atriz Adriana Esteves, então uma revelação de 24 anos, também não guardou boas lembranças do papel de "Mariana", a jovem que se envolvia com os personagens de Antonio Fagundes e Marcos Palmeira, "José Inocêncio" e "João Pedro", pai e filho.

Criticada por sua interpretação do principal personagem feminino de *Renascer*, apenas o segundo papel de destaque de sua carreira após viver, no ano anterior, a "Marina" da novela *Pedra Sobre Pedra*, Adriana não deu conta da pressão e enfrentou um período que chamou de "o mais difícil" de sua vida, e que incluiu um afastamento voluntário da televisão por dois anos. Em entrevista ao programa *Espelho*, do Canal Brasil, em julho de 2013, ela explicou:

"Eu era muito nova e fazia uma protagonista muito grande e complexa em *Renascer*. Claro que eu não tinha muita maturidade para lidar com o sucesso tão grande de uma protagonista de novela das oito".

Benedito, por sua vez, foi salvo e ficaria devendo, à rotineira capacidade de Boni de criar títulos criativos e marcantes, o veto e a substituição imediata, com o nome *Renascer*, do título original que ele tinha dado à novela.

Era pra ser *Bumba Meu Boi*.

CAPÍTULO 28

Aquela manhã de domingo

Não é necessário lembrar. Cada brasileiro sabe. E muitos continuaram lembrando, dez, vinte, trinta anos depois, como foi aquele 1º de maio de 1994: o lugar onde estava, as palavras que pronunciou, o vazio que o capacete imóvel abriu no peito, a angústia do resgate inútil, os pés alinhados e caídos, a mancha vermelha no chão de cimento branco, o domingo desfeito em perplexidade e o baque definitivo, no meio da tarde, direto do Hospital Maggiore, em Bolonha.

Galvão Bueno, na cabine de transmissão da Globo no autódromo de Ímola, perdeu o grande amigo no decorrer de uma frase:

"Passa rasgando na reta Ayrton Senna. Seis voltas completadas. Aí ele tenta fazer falar mais alto seu motor Renault, em relação ao motor Ford. É a parte de maior velocidade...".

As duas últimas palavras da frase se tornaram um grito, com a visão do impacto:

"...eles vão atingir os 330 quilômetros *por hora!*".

Depois, a narração do fim, a segunda frase já com um toque de desalento: "Senna bateu forte!... Senna bateu muito forte!".

Ao lado de Galvão, na cabine, Reginaldo Leme, então com duas décadas de experiência como intérprete dos riscos da Fórmula 1, ficou esperando o de sempre: que Ayrton batesse a mão no botão do peito para liberar o cinto de segurança e saltar logo de sua Williams-Renault.

Nada.

"Aí vi que a cabeça estava caída para o lado. E pensei: 'Tá bom, está desmaiado, a coisa é um pouco mais grave...'. Aí, mesmo sem ter a informação, a gente começa a perceber, no ar, na expressão dos comissários de pista."

No estúdio da Globo, no centro de São Paulo, o locutor Cléber Machado, narrador reserva para uma transmissão *off tube*, em caso de problemas com o sinal de áudio de Ímola, recebeu, segundo contou a este autor, um aviso assustador do coordenador Alain Vignais:

– Se prepara que eu não sei se o Galvão segura a transmissão.

Àquela altura, enquanto a Williams destruída de Ayrton era cercada por paramédicos e comissários que, estava claro, não tinham a menor ideia do que fazer, e Reginaldo fazia breves e cuidadosos comentários, Galvão foi para o lado de fora da cabine para se recompor, o que faria várias vezes ao longo daquelas que seriam, segundo ele, as duas horas mais difíceis de sua vida profissional:

"Vi o sangue, mas não tive coragem de falar na transmissão. Continuei narrando, fora do ritmo normal. Estava muito abalado, à espera de um milagre".

Na equipe que estava no *switcher* da Globo no Rio, Cicinio Cardoso Maia, supervisor da equipe de engenharia, contou a este autor que começou a chorar quando Reginaldo, pelo canal de voz, fora do ar, avisou:

– Pessoal, ele morreu. Mas não dá pra falar agora.

Estava começando uma das mais longas e dramáticas operações de transmissão jornalística da história da Globo. Assim que terminasse a corrida, reiniciada e vencida por Michael Schumacher com sua Benetton-Ford, a programação da Globo seria interrompida nove vezes, o maior número de plantões em um único dia na história da emissora, um a mais que os oito que seriam veiculados em 7 de abril de 2018, quando o então ex-presidente Lula foi preso em São Paulo.

Roberto Cabrini, o repórter contratado pela Globo para acompanhar Ayrton na Fórmula 1, no auge da guerra pública entre Senna e Nelson Piquet, depois da crise em que o Ayrton decidiu não mais falar com Reginaldo Leme, foi quem disse, ao vivo, pelo telefone, para milhões de telespectadores sintonizados na emissora naquele início de tarde, a frase que ele confessou depois ter estudado com cuidado, e que, nos anos seguintes, seria muitas vezes repetida por brasileiros que o cercavam na rua para lembrar que estavam escutando e sofrendo, junto com ele, aquele momento de dor coletiva:

"Uma notícia que a gente nunca gostaria de dar: morreu Ayrton Senna da Silva".

Em Londres, minutos antes do acidente, Pedro Bial, assistindo à transmissão da BBC, ao ver a Benetton de Schumacher no vácuo do carro de Ayrton, tinha pensado:

– Pela primeira vez o Senna tem um Senna atrás dele.

Assim que a Williams bateu na curva Tamburello e ficou claro que era um acidente grave, Bial correu para o segundo andar da casa em que morava no bairro de Camden Town, a poucas quadras do escritório da Globo, para fazer a barba e a mala. Logo se juntaria ao produtor Gonçalo Gomes e ao cinegrafista Sergio Gilz para embarcar para Bolonha.

No Rio, enquanto a redação do *Fantástico* se mobilizava para uma noite de domingo que seria histórica em todos os sentidos, o apresentador

Fausto Silva* se veria obrigado a improvisar diante das câmeras sem fazer suas piadas e brincadeiras, ao vivo, durante cerca de quatro horas. Ironicamente, foi naquela tarde que a direção da Globo se convenceu, de forma definitiva, de que ele poderia, sim, como sempre quis, fazer o *Domingão do Faustão* ao vivo, e não pré-gravado, como acontecia até então:

"Imagina, você tem um programa pronto e, meia hora, uma hora antes, acontece uma tragédia como aquela. Você joga todo o programa fora, e é um programa de quatro horas, não é uma atração de meia hora. E aí você tem que dar um outro tratamento. E tem que ter certo equilíbrio, você também não pode se desesperar e mostrar um desequilíbrio. No caso do Ayrton, ele era meu amigo, eu era sócio dele em algumas coisas. E você tem que segurar isso nessa hora".

O que pouquíssimas pessoas sabiam e não seria notícia, nem na Globo, onde Ayrton era tratado como alguém "da casa", nem em qualquer outro veículo da imprensa brasileira ou estrangeira, no caso, por desconhecimento, era que no sábado, véspera da tragédia, ele vivera mais um capítulo desconfortável da crise familiar deflagrada cerca de um ano antes, quando ele começou a namorar a então jovem modelo Adriane Galisteu.

Na noite daquele sábado, em seu quarto no Hotel Castello, na pequena cidade de Castel San Pietro Terme, Ayrton tomara conhecimento do conteúdo de gravações de ligações que tinham passado pelo telefone de seu apartamento em São Paulo, uma delas entre Adriane e um antigo namorado dela. A conversa gravada, de acordo com o empresário Antônio Carlos de Almeida Braga, o Braguinha, amigo de Senna, e outras fontes consultadas por este autor para o livro *Ayrton: o herói revelado*, era resultado de uma série de grampos feitos nos endereços do piloto no Brasil e em Portugal, a pedido do pai de Senna, Milton da Silva.

A operação fazia parte do esforço de "Miltão", como era conhecido, para dissuadir o filho de continuar mantendo uma relação amorosa que a família não acreditava ser boa nem confiável para ele. E a determinação do pai era tal que nem mesmo os acontecimentos trágicos do fim de semana até aquele início de noite, o gravíssimo acidente de Rubens Barrichello, na sexta, e a morte do austríaco Roland Ratzenberger, horas antes, fizeram com que ele recuasse da ordem que deu, pelo telefone, de São Paulo, ao filho Leonardo, então com 28 anos, de mostrar o conteúdo do grampo ao irmão.

Betise Assumpção, assessora de imprensa de Senna, presenciou, naquele dia, uma tentativa inútil e dramática de Leonardo de convencer o pai a deixar a revelação sobre a fita para outro dia. Não adiantou. Como Milton queria,

Leonardo acabou apresentando o conteúdo do grampo a Ayrton no início da noite, no quarto do piloto. Foi uma conversa que, embora muito difícil para os dois irmãos, não impediu que eles, vida que segue, fossem juntos para o autódromo no dia seguinte.

De acordo com Braguinha, o diálogo de Adriane com o ex-namorado se resumia a um entremeado de provocações não muito sutis dele, dizendo que era melhor na cama do que Ayrton, sem que a namorada de Senna cortasse a conversa de forma enérgica. Na descrição que faz, em seu livro *Caminho das borboletas*, de um telefonema de Ayrton, de Ímola para o Algarve, em Portugal, no sábado à noite, Adriane fala de "juras apaixonadas" temperadas de "saudade" e "amor", mas há um momento em que o texto talvez se refira ao grampo.

"Nem imaginei que houvesse espaço para intriga e veneno. De nossa parte, não havia."

Na manhã de domingo, ao encontrar Ayrton, a impressão de Braguinha, uma das poucas pessoas no *paddock* de Ímola que sabiam da história do grampo, foi a de que Senna não ficara abalado com o grampo, e que teria uma conversa com a namorada, mas não de ruptura, muito pelo contrário, assim que os dois se reencontrassem em Portugal, onde estavam morando juntos. A curva Tamburello, no entanto, levaria Ayrton.

Mas Adriane continuaria sendo um problema para a família Senna.

Choro de jornalista

Fátima Bernardes* estava em seu segundo ano de apresentação do *Fantástico* e sua missão, coincidente com a reformulação em curso comandada pelo diretor Luizinho Nascimento, era mostrar que "domingo não é só doença, desgraças e extraterrestres". A caminho da redação da Globo, em estado de choque com a morte de Senna, ela se lembrou da assustadora experiência que vivera no início daquele ano, ao fazer um tipo de reportagem que estava com os dias contados no programa: as previsões e profecias de uma cartomante cigana chamada Esmeralda, que supostamente lia cartas de baralho e o olhar dos clientes num quarto de empregada. Antes de entrar, Fátima tinha pensado:

– Se ela lê mesmo os olhos, vai chegar à conclusão de que eu não acredito em nada disso.

No momento seguinte, porém, uma intensa vermelhidão tomou conta do rosto de Fátima quando Esmeralda começou a fazer comentários certeiros sobre um assunto muito pessoal dela. O cinegrafista chegou a desligar a câmera e perguntar se Fátima queria que ele aguardasse um pouco do lado de fora.

Ela dispensou a gentileza, recompôs-se e iniciou a entrevista, pedindo as previsões de Esmeralda para o Brasil, seus ídolos e seus desafios políticos e esportivos. E, na leitura de uma das cartas, Esmeralda se referiria a um "rapaz corredor". Fátima ajudou:

– O Senna?

– É, ele tem de tomar muito cuidado numa curva que pode ser fatal. Aliás, não é só ele, não. Todo corredor brasileiro tem de tomar cuidado na curva.

A conclusão geral de Luizinho e da equipe do *Fantástico*, incluindo a da própria Fátima, durante os preparativos para a edição sobre a morte de Ayrton, foi de que a inclusão do alerta de Esmeralda no script daquele domingo trágico seria algo de muito mau gosto. Fora o fato, considerado pela própria Esmeralda, de não ser exatamente difícil prever que um piloto de Fórmula 1 estava sempre correndo risco de morte, antes de entrar em qualquer curva.

Decidir sobre a cigana Esmeralda, cuja previsão sobre o "rapaz corredor" acabaria indo ao ar meses depois, em recaída do programa ao estilo sensacionalista dos primeiros anos, era o menor dos problemas de Luizinho, de editores do programa como Geneton Moraes Neto, Luiz Petry e Ricardo Pereira e de outros profissionais da CGJ que se apresentaram, como este autor, à época integrante da equipe do *Jornal Nacional*. Em seis horas, chefiados por Carlos Schroder, o então diretor de produção da Central Globo de Jornalismo, que comandou toda a operação da emissora naquele dia, eles teriam de fazer algo inédito na história da Globo: montar outro *Fantástico*.

Luizinho, de acordo com a entrevista que deu a este autor em 2003, não era exatamente um fã de Fórmula 1, e até achava Nelson Piquet "jornalisticamente muito mais atraente do que Senna", por ser mais "provocador", mais "apimentado" e por causar "mais repercussão", enquanto Ayrton tinha "um perfil de bom moço, comportado e previsível". O diretor do *Fantástico* também não costumava acordar cedo para assistir às corridas e chegou à redação do programa por volta das duas da tarde, no momento em que Roberto Cabrini dava, ao vivo, a notícia da morte de Senna.

As únicas reportagens do script original daquele dia que Luizinho manteve foram um episódio com Regina Casé para o quadro "Na Geral" e uma matéria especial de Glória Maria no Pantanal, que entrou no ar mais por causa de seus longos oito minutos, tempo precioso para todos os envolvidos na operação darem uma respirada, do que pela beleza das imagens do lugar. O resto das matérias foi guardado ou cortado definitivamente para dar lugar às reportagens sobre a morte de Ayrton.

O programa, aberto com um arranjo solene e triste do maestro Roger Henri inspirado no "Tema da Vitória" com que a Globo marcava as vitórias brasileiras na Fórmula 1, teve um link para entradas ao vivo na porta do prédio da família Senna, em São Paulo, e a participação de Pedro Bial e Sergio Gilz direto de Bolonha, já entrando pela madrugada de segunda-feira na Itália, para apresentar as matérias junto com Fátima Bernardes, Celso Freitas e Sandra Annenberg, o trio oficial de âncoras do *Fantástico* naquela época.

Entre as matérias que ocupariam a noite daquele domingo no Brasil, o programa exibiu uma reportagem sobre a famosa imagem que o cinegrafista Armand Deus fez de Ayrton, triste e preocupado, ainda no box da equipe, momentos antes da largada, as mãos apoiadas no aerofólio traseiro de sua Williams, como se querendo empurrá-lo para o chão para ganhar mais pressão aerodinâmica. Imagem que alimentaria uma crença persistente e jamais confirmada de que ele estava tendo uma premonição, mas que, para quem o conhecia, como Reginaldo Leme, era apenas preocupação com o carro ruim que teria nas mãos e concentração para não perder o foco na vitória, em meio às sombras daquele estranho fim de semana da Fórmula 1.

O script incluiria ainda uma retrospectiva dos acidentes sofridos por Senna e das grandes tragédias do automobilismo, flagrantes da reação popular à sua morte pelo país, matérias com os perfis pessoal e esportivo do piloto, a reação de Rubens Barrichello, já em casa, na Inglaterra, e ainda meio grogue por causa do acidente que sofrera na sexta-feira, uma homenagem de Milton Nascimento durante um show e depoimentos de Emerson Fittipaldi, Galvão Bueno e Adriane Galisteu, além de um clipe de encerramento com imagens icônicas de sua carreira embaladas pela versão original do "Tema da Vitória".

A exibição do programa teria momentos de alto risco operacional, devido às mudanças no script e às entradas de Pedro Bial, Reginaldo Leme e Roberto Cabrini, ao vivo, da Itália. Foi também a primeira vez que Brasil e Portugal ficaram no ar, em rede, a Globo de um lado do Atlântico, a rede SIC do outro. A média do Ibope, 50 pontos, foi uma das maiores da história do programa, considerando-se o universo de telespectadores e os mais de 31 milhões de domicílios do país à época com aparelhos de TV.

Aquela edição do *Fantástico* marcaria o início de uma intensa cobertura jornalística que, na Globo, duraria cinco dias. E de um fato que Carlos Augusto Montenegro, diretor-presidente do Ibope, considerou o de maior impacto na opinião pública brasileira, à frente da posse de Lula em 2003, da morte de Tancredo Neves em 1985, da campanha das Diretas em 1982 e da conquista do tetracampeonato pela seleção naquele mesmo 1994.

Para Montenegro, a perda de Tancredo Neves, por exemplo, teve grande impacto, mas foi também "uma agonia amortecida" ao longo dos quarenta dias do calvário hospitalar a que o presidente eleito havia sido submetido. Da mesma forma, a conquista do tetra do futebol foi, segundo ele, "uma festa imensa que explodiu e acabou em um dia":

"A morte de Ayrton foi inesperada, dificílima de assimilar para milhões de brasileiros".

O desafio de Fátima Bernardes e Sandra Annenberg era não desabar, aos prantos, no meio da apresentação ao vivo, ao lado de Celso Freitas. Elas decidiram, quase por instinto, que não se olhariam nem conversariam muito nos momentos em que estivessem fora do ar, nos comerciais e durante a exibição das reportagens. Não que quisessem passar frieza. Era medo de perder o controle. A cada momento em que tinha de introduzir ou assistir, no monitor do estúdio gelado, as reportagens cada vez mais emocionantes que iam chegando, Fátima repetia internamente:

– Eu tenho de conseguir dar essas notícias!

Mesmo com todos esses cuidados, as duas apresentadoras não conseguiram evitar o embargo da voz no encerramento do programa. À esquerda de Celso, mãos postas sobre a bancada, Fátima foi a primeira:

"A imagem do acidente não vai ser a única lembrança numa carreira de dez anos de glória na Fórmula 1".

Na outra ponta da bancada, repetindo o gesto de Fátima, Sandra completou, à beira do descontrole:

"A imagem que fica é a de um supercampeão, um herói nacional, o nosso Ayrton Senna".

Era a deixa para o estúdio sair do ar e, logo depois, para que Sandra e Fátima se abraçassem, enfim, aos prantos. A poucos metros dali, na redação, a exibição do clipe final do programa, ao som do "Tema da Vitória", foi a senha para um momento raro na história da Globo ou de qualquer redação de jornalismo: uma equipe praticamente inteira, dezenas de editores, repórteres, produtores, editores de imagem, contínuos e chefes, entregou-se finalmente ao pranto, imóvel diante de computadores, arrastando os ombros pelos corredores ou escondendo as lágrimas na penumbra das ilhas de edição.

O *Fantástico*, como muitos domingos, às vezes era triste.

Mas jamais haveria um *Fantástico* tão triste como aquele.

Engasgos no ar

– Você é brasileiro?

A pergunta foi feita a Sergio Gilz na terça-feira, 3 de maio, na porta do Instituto Médico Legal de Bolonha, por um homem de aparentes 40 anos que usava um jaleco branco sobre uma calça preta. Quando Sergio confirmou que era, o homem pôs um rolo de filme fotográfico em sua mão e disse:

– Vocês deviam ver isso. É lá de dentro. Mostra Senna e Ratzenberger. Quero dez mil dólares.

Gilz, ao reconstituir o episódio para este autor, respondeu que antes de levar a questão para a direção da empresa, no Brasil, precisava revelar o filme. O homem concordou, Gilz levou o filme para revelar em uma loja próxima ao hospital e, uma hora depois, voltou, acompanhado de Pedro Bial e Roberto Cabrini.

Visto por Gilz e Cabrini numa rua de Bolonha, o filme tinha registros de família e, a partir de um determinado fotograma, cinco ou seis fotos dos corpos de Senna e Roland Ratzenberger. Roland, coberto com um lençol branco até a cintura, não tinha nenhum sinal do acidente. Ayrton, com o macacão dobrado até a cintura, estava irreconhecível, a cabeça deformada, inchada e roxeada. Gilz, então com mais de quinze anos de experiência cobrindo guerras e tragédias pelo mundo, ficou impressionado. Bial foi chamado, viu as fotos dentro do carro alugado pela equipe da Globo e também sentiu o choque:

"As fotos eram repugnantes. Não dava para reconhecer. Aquilo era uma atitude desprezível daquele sujeito".

De acordo com Bial, Cabrini chegou a defender a compra das fotos "para evitar que alguém as usasse", e para a investigação que ele efetivamente faria nos meses seguintes sobre o acidente. Mas nenhum dos três jornalistas da Globo acreditava ser possível, ou sequer apoiaria, a exibição das fotos. Ainda assim, por dever profissional, decidiram consultar a direção de jornalismo da emissora no Brasil. E a resposta de Carlos Schroder, então diretor de produção, em nome do diretor da CGJ Alberico de Sousa Cruz, foi a esperada. Não interessava. Gilz então devolveu as fotos ao funcionário do hospital, que desapareceu, frustrado.

Embora criminosa e repugnante, a oferta do homem do necrotério de Bolonha tinha relação com o que estava acontecendo no Brasil naqueles dias: juntas, as redes de televisão brasileiras chegariam, na hora do enterro de Senna, à histórica marca de 73% dos aparelhos ligados em São Paulo e 63% dos ligados no Rio. Nelson Ascher, num artigo para a *Folha de S.Paulo* escrito um ano depois, interpretou o fenômeno de audiência provocado pela morte de Senna:

"Houve, sobretudo à esquerda, quem atribuísse a consternação generalizada à mídia. Ou seja, retomou-se a teoria da conspiração televisiva para manipular as consciências. Tal explicação, como sempre, nada explicava. A televisão, mais do que influenciar os sentimentos populares, sucumbiu a eles".

Junto com a televisão foi toda a imprensa brasileira. Em seu livro *Ayrton Senna: herói da mídia*, o jornalista Paulo Scarduelli selecionou as edições de 2 a 6 de maio dos jornais *Folha de S.Paulo*, *O Estado de S. Paulo*, *O Globo*, *Jornal do Brasil*, *O Povo*, de Fortaleza, e *Diário Catarinense*, de Florianópolis.

Descobriu que esses veículos ocuparam 340 páginas com o assunto e publicaram 208 cartas de seus leitores sobre o piloto.

Entre crônicas, artigos, colunas e comentários assinados, os seis jornais abriram 26 páginas e meia para colaboradores e jornalistas opinarem sobre a tragédia. Senna foi assunto de 924 textos, 826 fotos e 67 ilustrações. Em menos de uma semana, chegariam às bancas 2,3 milhões de exemplares de edições extras de revistas que totalizaram mais 432 páginas dedicadas a Ayrton. A maior parte das edições se esgotou e o faturamento bruto das editoras totalizou 6,2 milhões de dólares.

Quarta-feira, 4 de maio de 1994. A nação, engasgada, finalmente soltava seu pranto. E William Bonner, dois anos antes de estrear como âncora do *Jornal Nacional*, começava a enfrentar um dos maiores desafios de sua carreira: narrar, em *off-tube*, o trajeto do corpo de Ayrton Senna entre o aeroporto de Guarulhos e a Assembleia Legislativa de São Paulo. Trinta e um quilômetros, duas horas e meia de duração, filas de carros com até seis quilômetros de extensão e centenas de milhares de pessoas, num espetáculo espontâneo de palmas, gritos, lágrimas, cantos, acenos, gestos e mensagens que os brasileiros, mesmo acostumados a despedidas públicas dolorosas, jamais tinham visto.

Fã de Senna, Bonner só o tinha encontrado uma vez, a bordo de um *Electra* da ponte aérea Rio-São Paulo, os dois separados pelo corredor do avião e por uma fila de crianças, adolescentes e adultos à espera de um autógrafo do piloto. Brindado por um sorriso fraterno de Ayrton, já resignado com o assédio, Bonner nunca se perdoou por ter sido "ridículo" e não ter tido a humildade de aproveitar o momento para também pedir um autógrafo.

– Você vai narrar o cortejo.

Anos depois daquele voo do *Electra*, a frase seria a única orientação que Bonner recebeu, antes de pegar um avião para São Paulo para fazer a narração da chegada do corpo de Senna ao Brasil. O tom, a abordagem e o ritmo ele descobriria praticamente sozinho, durante as mais de cinco horas ininterruptas de transmissão, sem um *break* sequer para comerciais ou chamadas da programação.

Ao longo da transmissão, Bonner recebeu uma ou outra orientação para evitar o tom excessivamente fúnebre, e deu informações que eram passadas para ele pelo fone de ouvido. Paulistano, não teve maiores dificuldades de narrar o que as câmeras captavam, identificando as avenidas, bairros e referências geográficas que iam sendo atravessadas pelo lento cortejo.

Quando o corpo chegou na Assembleia Legislativa, no entanto, houve o primeiro grande nó na garganta: um dos cinegrafistas da emissora flagrou um policial militar num choro derramado, ao ver o caixão de Senna coberto pela bandeira brasileira. Bonner não conseguiu mais falar, também chorou muito, enquanto o diretor de TV, para compensar o silêncio e evitar o eventual vazamento de um soluço, aumentava o volume do arranjo orquestral do "Tema da Vitória", feito para o funeral pelo maestro Roger Henri. O que, claro, só fez aumentar o choro.

O silêncio de Bonner, no entanto, chegou a uma duração que, segundo ele, ficou acima do razoável, em se tratando de uma transmissão jornalística, o que levou o diretor encarregado de comandar a transmissão no *switcher* da Globo, Carlos Amorim, pelo fone, a misturar solidariedade e urgência:

– Vamos lá, amigão, vamos lá.

Bonner retomou a transmissão, mas voltaria a chorar em vários momentos. Em alguns deles, simplesmente balançaria a cabeça, como que avisando à equipe do estúdio que não tinha como dizer nada.

Já no caso do repórter Caco Barcellos e do cinegrafista Marco Antônio Gonçalves*, o "Marcão", responsáveis pela matéria que contaria a história do cortejo que iria ao ar no *JN* daquela quarta-feira, o problema foi outro: impedidos de acompanhar o cortejo depois de a picape da Globo ficar retida no tumulto ocorrido na saída do aeroporto de Guarulhos, "Marcão" e Caco viveriam emoções adicionais, algo que os jornalistas chamam ironicamente de "esforço de reportagem", até o motorista da picape da emissora conseguir alcançar o caminhão dos bombeiros que levava o corpo de Senna:

"Eu e o Caco estávamos em cima do carro, segurando no bagageiro do teto. A gente foi por cima da grama e nosso carro bateu umas seis vezes, no caminho, em carro de imprensa, carro da Record, do SBT, da *Folha de S.Paulo*. Os carros iam batendo uns nos outros e o nosso chegou na Assembleia todo amassado, eu e o Caco em cima, segurando no bagageiro. Mas a gente acompanhou o tempo todo e fez imagens espetaculares das pessoas chorando na avenida e nos viadutos".

Durante o velório que atravessou a madrugada de quarta para quinta, "Marcão" faria a diferença mais uma vez: resolveu esquecer parentes e autoridades que estavam no saguão da Assembleia Legislativa e buscou, discretamente, um novo ângulo, diferente do que era oferecido aos cinegrafistas no cercado reservado à imprensa pelos organizadores. Ficou, de repente, com o caixão de Senna em primeiro plano e, durante horas, registraria, sem ser notado, o pranto e a dor da gigantesca, paciente e organizada fila de brasileiros anônimos que foram ao velório.

Como cada pessoa tinha poucos segundos de proximidade, ao passar, sem poder parar, na frente do caixão, foram dezenas de milhares de rápidas e intensas despedidas. Crianças, adultos, homens, mulheres, pobres, remediados e abastados acenaram para o caixão como velhos amigos, lançaram beijos resignados no ar, cerraram punhos orgulhosos como se fosse final de corrida e choraram muito. Sem saber que estavam sendo filmados. Uma preciosidade jornalística.

Mais tarde, Amauri Soares, à época editor dos telejornais locais da Globo em São Paulo, e o repórter Renato Machado, um dos convocados do Rio para a cobertura, teriam de fazer, daquelas três horas de gravação, uma reportagem de quatro minutos para o *Jornal Nacional*. A edição resultante da dramática escolha das imagens foi considerada, de forma unânime, na redação, o momento mais arrebatador da cobertura da emissora naquela noite. Amauri contou a este autor que jamais se esqueceria daquela edição:

"Chorei várias vezes durante o trabalho de selecionar as imagens. Quando terminamos, queríamos apenas legendas para imagens que, na verdade, dispensavam palavras".

Fora do alcance das câmeras da Globo, durante o velório, houve mais um episódio do conflito entre a família Senna e Adriane Galisteu, e que teve Reginaldo Leme* como uma das testemunhas:

"A Adriane Galisteu foi barrada ali pela família. E no momento que aconteceu aquilo, eu estava perto, ela correu para mim. Então, acabei sendo a pessoa com quem desabafou tudo, ficou lá, abraçada, chorando um tempão. E, realmente, o que fizeram com ela foi uma baixaria muito grande".

Já Xuxa, naquele momento conciliando o contrato com a Globo com uma tentativa de carreira internacional que não daria muito certo, e eleita às pressas pela família Senna como a figura feminina que poderia ficar mais próxima ao caixão, com a credencial *F*, de família, colada na lapela, não quis dar entrevistas. A transmissão da emissora registrou a presença das duas namoradas de Ayrton no velório, mas não passou nem perto da crise entre Galisteu e a família Senna.

Boni lembrou, na entrevista a este autor, que acompanhou a transmissão e fez várias intervenções no estilo que todos na emissora conheciam. Em uma delas, mandou que corrigissem William Bonner:

– Não me diga que é o caixão. É o corpo, porra! Urna é pra voto e caixão é pra transportar cerveja!

Em outra intervenção, esta durante o sepultamento de Ayrton no Cemitério do Morumbi, na quinta-feira, endereçaria mais uma de suas broncas sísmicas ao diretor de programação Roberto Buzzoni*, primo irmão e destinatário primeiro e habitual das explosões de Boni, independentemente de quem estivesse efetivamente no comando da operação, reclamando do posicionamento das câmeras da Globo: a do helicóptero da emissora estava alta demais, e a do solo, ao contrário, estava em uma posição muito baixa, pela falta de um singelo banquinho para o cinegrafista. E com a lembrança viva do silêncio histórico da transmissão da Globo, durante o fechamento do túmulo de Tancredo Neves no cemitério de São João del-Rei em 1985, ordenou:

– Ninguém fala nada na hora do sepultamento!

A diferença de um segundo

"Quem deseja, de fato, o sucesso de Rubens Barrichello deve deixá-lo sossegado e conceder a ele o direito de falhar. Barrichello, de seu lado, precisa correr mais. Correr para longe dos aduladores de marketing, dos inventores de heróis de ocasião. Eles talvez ajudem algum mercado por aí, mas podem atrapalhar a carreira, até aqui brilhante, de um jovem piloto de Fórmula 1."

A reflexão proposta pelo jornalista e professor de comunicação Eugênio Bucci sob o título "É melhor correr deles, Rubinho Barrichello", publicada pelo jornal O Estado de S. Paulo em 1º de maio de 1995, exatamente um ano após a morte de Ayrton Senna, ecoando a queda na audiência de 46 para 29 pontos, na Grande São Paulo, do Grande Prêmio do Brasil de Fórmula 1 daquele ano, em comparação à da corrida do ano anterior, a última de Ayrton no país, aparentemente não sensibilizou o piloto, então com 23 anos, e, menos ainda, os executivos das áreas comercial e de esportes da Globo.

Barrichello, nos primeiros anos que se seguiram à morte de Ayrton, abraçaria de forma, ora confusa, ora hesitante, ora ingênua, a condição e o "destino" de sucessor de Senna, mesmo sendo piloto da Jordan, uma equipe média sem a menor condição de disputar a ponta com a Williams e a Benetton, as poderosas da Fórmula 1 da época. Bem antes de ser contratado pela poderosa Ferrari, em 2000, rendido à cobrança ainda benigna da imprensa, Globo incluída, e da torcida, Barrichello, em vez de rechaçar com determinação os otimismos irresponsáveis que o rodeavam, dava como próximas vitórias que não poderia ousar prometer.

Os executivos da área comercial e da direção de esportes da Globo, por sua vez, não tirariam facilmente o pé do acelerador na ideia da "sucessão" do herói, no tom às vezes à beira do inverossímil de certos momentos da cobertura da Fórmula 1, e também na estratégia de venda de cotas milionárias de patrocínio da transmissão das corridas.

A referência do preço das cotas era baseada no fenômeno brasileiro das pistas que, além de dar à emissora audiências semelhantes às do *Jornal Nacional* nas manhãs de domingo com suas vitórias espetaculares, tinha morrido de forma trágica, ao vivo, diante dos olhos de milhões de telespectadores, embaralhando para sempre uma definição mais precisa da fronteira entre sua genialidade e o mito incontrolável criado com seu desaparecimento.

O modelo de herói, que qualquer veículo de mídia da época seguiria com qualquer grande esportista, e que Bucci apresentou como uma suposta invenção do marketing da Globo no mesmo artigo do *Estadão*, era o seguinte:

"É o nativo, um tanto caipirão, que vai lá, supera as dificuldades, meio desprotegido, disputa com os melhores do mundo, acredita em Deus e na família, domina a melhor tecnologia, carrega a bandeira brasileira, ergue a taça, sobe no pódio, ganha milhões de dólares, namora as mulheres mais estonteantes nos cenários mais paradisíacos. O piloto de Fórmula 1 *by Globo* está fadado a lavar a nossa alma. Com champanhe".

Era até covardia com Rubinho. E o resultado, humilhante para o piloto e decepcionante para a emissora, à medida que o tempo foi passando, seria também uma demonstração do poder único que a Globo teve, por décadas, de consagrar e também de devastar reputações, pela simples exposição que as pessoas ganhavam diante das câmeras da emissora: Barrichello seria vítima de um massacre de imagem que atravessaria três décadas, incluindo os vinte anos de sua longa e muito respeitada carreira no exterior, e durante as quais ele se tornou uma piada nacional, sinônimo de todo tipo de atraso e incompetência, em memes infinitos da internet, alguns tão injustos quanto irresistíveis, e como personagem involuntário de programas de humor.

Pouco adiantariam, por exemplo, testemunhos como os dos jornalistas especializados em Fórmula 1 de vários países entrevistados na série *Brasil na Pista*, lançada em 2020, atestando o talento e a capacidade que Barrichello tinha de ser às vezes mais rápido ou de ficar a apenas a dois décimos de segundo do colega Michael Schumacher, correndo com uma Ferrari projetada do jeito que ele, Schumacher, queria. Na mesma série, Barrichello, aos 48 anos, ainda correndo e a caminho de se tornar campeão brasileiro de Stock Car dois anos depois, explicou o que o levou a pagar o alto preço que pagou pela promessa de substituir Ayrton:

"O que eu disse foi que eu ia tentar dar aos brasileiros a alegria que eles tinham tido com o Ayrton Senna. Não consegui, mas eu sou feito assim. Sou pura emoção".

Um terceiro ator, além de Barrichello e da Globo, o próprio torcedor brasileiro e seu incorrigível complexo de vira-lata, teria um papel decisivo na fenomenal desmoralização sofrida por Rubens. João Pedro Paes Leme[*], um dos correspondentes da Globo que cobriram a Fórmula 1 depois da morte de Senna, foi testemunha:

"Rubinho sempre foi tido pelos brasileiros como um cara azarado. Pois eu acho que todos os brasileiros gostariam de ter o azar dele, com duzentos milhões de dólares na conta e trabalhando vinte anos no mesmo lugar. Mas, para o brasileiro, é um misto de inveja e necessidade de substituição do Ayrton Senna, que é insubstituível. Então, o Rubinho passou a ser quase o sinônimo do patético, do ridículo, do barbeiro. Mas não é possível que um sujeito seja barbeiro, nem ruim, tendo sido piloto da Ferrari por cinco anos, vice-campeão mundial duas vezes e vencido onze corridas de Fórmula 1".

Em entrevista a este autor em 2024, já fora da Globo desde 2016, quando trocou o cargo de diretor-executivo de esportes da emissora por uma carreira na internet que culminaria com a criação da empresa Play9 em sociedade com o *youtuber* Felipe Neto, João Pedro disse que o princípio de cobertura estabelecido no passado por Armando Nogueira de "elogiar sem bajular e criticar sem humilhar" não pôde ser seguido pela equipe de esportes porque a emissora não cuidou de Barrichello como ele merecia:

"A Globo em alguns momentos passou do limite com o Rubinho. É óbvio que um programa de humor como o *Casseta & Planeta* podia fazer o que quisesse, mas acho que tem um limite até para o humor. Acho que a Globo como um todo deveria ter interferido porque o produto dela era a Fórmula 1. E era como se começasse a humilhar o Tony Ramos no auge da novela das nove. Os 'cassetas' até fizeram um personagem todo peludo sacaneando o de Tony Ramos, mas era um personagem de uma novela, de um momento. Mas 'Rubinho Pé de Chinelo' virou um sobrenome".

Ainda assim, abandonado o sonho do jovem herdeiro do herói morto, e ajustados os parâmetros do jornalismo e da área comercial da emissora à nova realidade – bem diferente da que prevalecia, por exemplo, em 1992, quando, de acordo com uma pesquisa citada no livro de Paulo Scarduelli, seis milhões de espectadores cativos paravam na frente da TV apenas por causa de Senna, derrubando a audiência em 10 pontos, em média, quando ele abandonava a prova –, a Globo, embora muitos não tenham acreditado, continuaria ganhando muito dinheiro com a Fórmula 1.

A saga brasileira na categoria continuaria na tela da Globo por mais 26 anos após a morte de Senna, até 2020, quando, em decisão que muitos analistas do mercado de televisão considerariam um erro estratégico do agora chamado Grupo Globo, a emissora abandonou, por uma diferença financeira mínima, um conteúdo de prestígio geralmente patrocinado por grandes anunciantes mesmo com audiência menor, abrindo caminho para que a Liberty Media, dona da categoria, vendesse os direitos de transmissão no Brasil para a Rede Bandeirantes.

Até então, Barrichello, apesar das piadas e do escárnio, venceria onze corridas, sofrendo como segundo piloto do multicampeão Michael Schumacher;

Felipe Massa brilharia na Ferrari, com outras onze vitórias, incluindo uma apoteótica, em Interlagos, até ser obrigado a se comportar como segundo piloto do genial espanhol Fernando Alonso; e Bruno Senna reacenderia, momentaneamente, a paixão pelo sobrenome do campeão.

Não faltaria brasileiro nem no que muitos consideram ter sido o maior escândalo da história da Fórmula 1, quando Nelsinho Piquet, filho do tricampeão, protagonizou uma farsa, revelada mais tarde, ao bater sua Renault de propósito no muro, durante o GP de Cingapura de 2008, para favorecer o mesmo Fernando Alonso, seu então companheiro de equipe.

Luiz Fernando Lima*, ex-repórter e ex-diretor de esportes da Central Globo de Jornalismo, se acostumaria a dar sempre a mesma explicação para os chamados "viúvos" de Senna, lembrando que, antes de Ayrton, Emerson Fittipaldi e Nelson Piquet, dois compatriotas do Brasil – país então do chamado terceiro mundo, sem tradição na indústria automobilística, coberto por milhares de quilômetros de estradas esburacadas e recordista em acidentes de trânsito envolvendo carros nunca tão bons quanto os americanos e europeus –, já tinham conseguido, entre 1972 e 1987, a façanha impensável de cinco títulos mundiais, estatística à época menor apenas que as dos escoceses e ingleses, pilotos de países que formam a Grã-Bretanha, o berço da Fórmula 1:

"Muita gente certamente gostava de ver Fórmula 1 por causa do Ayrton e não por causa da Fórmula 1. Mas muita gente já via Fórmula 1, antes mesmo do Senna, por causa da Fórmula 1, e não porque alguém estava pilotando o carro. E por quê? Porque a Fórmula 1 já estava aí há muito tempo".

Ao longo os quarenta anos de cobertura da Fórmula 1 pela Globo, a maior parte dos jornalistas da equipe de esportes da emissora, quase todos devotos do futebol e com experiência e conhecimentos sofríveis em automobilismo, não escondia sua antipatia pelo assunto, alguns chegando a negar até a condição de esportistas aos pilotos. Armando Nogueira*, diretor de jornalismo da emissora por 24 anos e cronista esportivo também apaixonado por futebol, embora confessando a dificuldade pessoal de se concentrar num esporte em que não podia ver "a expressão fisionômica da criatura humana" e "a alma pulsando na cara do atleta", necessitado que era de "sentir a angústia do homem na vertigem da competição", disse que admirava a coragem e a perícia dos pilotos:

"Fórmula 1, pelo menos para mim, tem o ar de caixa-preta. É impenetrável [...] Me arrepio só de imaginar que aquela máquina que passa – passou!, um relâmpago – está sendo conduzida por um homem. Sempre que vejo na TV uma corrida, me lembro de uma deliciosa reflexão de G. K. Chesterton, que disse: 'A aventura pode ser louca, mas o aventureiro deve ser lúcido'".

Torcidas e distorcidas

O jogo estava no trigésimo quinto minuto do segundo tempo quando Diego Maradona, depois de receber a bola no círculo central do campo, passou por Alemão, livrou-se de Dunga, puxou a marcação para a direita e abriu uma avenida para a bola, no passe cruzado que deu para Caniggia, livre, na entrada da área brasileira.

O então repórter Luiz Fernando Lima*, um dos poucos jornalistas que estavam a metros do lance, atrás do gol defendido por Taffarel, era um dos milhões de brasileiros àquela altura exasperados com um jogo em que a seleção brasileira tinha emparedado os argentinos durante cerca de oitenta minutos, com pelo menos vinte situações de gol, entre elas três bolas na trave, e foi testemunha impotente do drible que Caniggia deu em Taffarel e do gol que eliminou o Brasil nas oitavas de final da Copa da Itália, no Estádio delle Alpi, em Turim, no dia 24 de junho de 1990:

"A bola entrou ali a poucos metros de mim, quer dizer, dá sempre aquela vontade e depois você pensa: será que eu não tinha que ter feito algo, como aqueles repórteres do interior que entram em campo correndo e chutam a bola? Quer dizer: você salvaria não apenas a Copa mas salvaria a TV Globo, salvaria a nação desse episódio. Fica aquela coisa maluca, você vê aquela bola entrar e o Brasil perde a Copa".

No caso do repórter Marcos Uchôa*, as poderosas tentações de envolvimento emocional dos jornalistas da Globo nas coberturas esportivas foram um pouco além do remorso impotente de Luiz Fernando a metros da bola chutada por Caniggia. Encarregado de cobrir a volta daquela seleção derrotada ao Brasil, e diante da dificuldade de conseguir uma entrevista com o então técnico Sebastião Lazaroni, depois de três dias de plantão na porta do prédio em que ele morava no Rio, Uchôa teve uma ideia, a partir do comentário de um assistente de estúdio da Globo que tinha comparado a perseguição a uma das histórias do programa jornalístico-policial *Linha Direta*, à época apresentado na Globo por Hélio Costa:

"Eu fiz uma matéria a sério, como se eu fosse o Hélio Costa, dizendo do crime que foi a participação da seleção brasileira naquela Copa, que foi realmente uma desgraça. Foi muito mal. Então eu contava com aquela linguagem de crime, com aquele jeito durão do Hélio Costa [...] E acabava com você dando o telefone para as pessoas ligarem para darem pistas do paradeiro do criminoso".

A reportagem, segundo o próprio Uchôa, causou "furor" porque "as pessoas ligavam e não entendiam a piada":

"Teve gente que falou: 'Você está incitando um crime, vocês querem que matem o Lazaroni!'. Eu falei: 'Mas que é isso?!'. Mas tinha coisas engraçadíssimas, as pessoas adoraram [...] Foi uma diversão fazer uma matéria e ter uma repercussão muito grande".

Três anos depois, nas eliminatórias para a Copa que seria disputada nos Estados Unidos em 1994, o mesmo Uchôa, em vez de uma nova brincadeira arriscada, e inconformado com o desempenho "horrível" da seleção na goleada de 4 x 0 que o time tinha aplicado na fraca seleção da Venezuela em 5 de setembro de 1993, no Mineirão, estava "irritado" com o que chamou de "briga" do técnico Carlos Alberto Parreira e do coordenador técnico Mário Jorge Lobo Zagallo com o craque Romário, àquela altura não incluído na convocação para a Copa, mesmo fazendo gols espetaculares pelo Barcelona. Ao fazer a reportagem para o *Fantástico* sobre o jogo contra os venezuelanos, Uchôa entrou de cabeça na polêmica, criticando os atacantes da seleção:

"Eu fiquei tão irritado com aquilo, que, como é que pode? Esse cara tá lá e não tá aqui? Terminei a matéria dizendo: 'É, infelizmente, os atacantes brasileiros só conseguiram fazer dois gols nesse time que já tomou trinta e tantos! Enquanto isso, tem um brasileiro lá na Europa que faz três gols como esses'. E terminava mostrando os gols do Romário, que não tinha nada a ver, a matéria era da seleção".

Ao lembrar o episódio, Uchôa* não resistiu à tentação de acreditar, e dizer, que o final daquela reportagem tenha contribuído para a convocação de Romário, embora ela tenha ocorrido só no início de dezembro, cerca de dois meses depois do jogo do Mineirão, quando a inclusão do craque na seleção, mais do que uma alternativa para Parreira e Zagallo, tinha se transformado num clamor de milhões de brasileiros que não tinham assistido sua reportagem para o *Fantástico*:

"É claro que não só eu, mas todo mundo, lógico que a TV Globo, o impacto, a força da TV Globo, o *Fantástico*, sei que isso irritou muita gente! E aí o Romário foi chamado. Inventaram que o Wiliam estava machucado e chamaram o Romário, Romário fez dois gols contra o Uruguai e aí, digamos assim, foi na Copa do Mundo [...] Quer dizer, eu acho que tem momentos em que, de fato, você pode botar o seu tijolinho na parede, entendeu?".

O comportamento torcedor de Uchôa se mostrara ainda mais radical, "emoção de chorar muito", dois anos antes, durante o pré-olímpico de basquete disputado em Vigo, na Espanha, em 1992, quando o time liderado por Hortência e Paula, apesar do talento das duas jogadoras, corria o risco de não poder participar das Olimpíadas de Barcelona. Uchôa formava a equipe de cobertura da Globo com o narrador Luiz Alfredo, o então diretor de eventos Marco Mora e o cinegrafista José Melo, testemunhas, como ele, da recuperação empolgante do time brasileiro:

"Elas começaram a ganhar, ganhar, ganhar e chegou uma hora que elas tinham uma chance de ganhar, e era um jogo com a Austrália, mas não bastava.

A Tchecoslováquia, que já estava classificada, tinha que ganhar da Austrália. E a Austrália estava jogando superbem, já tinha vencido o Brasil".

Foi quando, segundo Uchôa, o então marido da Hortência, o empresário de eventos José Victor Oliva, sugeriu que a equipe da Globo desse "uma grana" para as tchecas:

"Não era uma grana para elas perderem, era uma grana para elas ganharem, pelo menos para elas jogarem a sério, porque elas já estavam classificadas. Então ele deu cinco mil dólares e a Globo, com um dinheiro que a gente tinha de produção, deu cinco mil dólares. Foi entre nós, mas era para ganhar e eu não me envergonho disso, não. E eu fiz, eu fui o intermediário, porque eu falava alemão e o técnico da Tchecoslováquia só falava alemão".

O Muro de Berlim tinha caído havia pouco tempo e, segundo Uchôa, aqueles dez mil dólares, na Tchecoslováquia, eram "uma fortuna" pra ser dividida entre as jogadoras, "uma farra homérica". E o jogo entre Tchecoslováquia e Austrália foi "superemocionante" para as brasileiras que, sem saber do incentivo em dólares, acompanharam a partida na arquibancada do ginásio de Vigo:

"As brasileiras de mãos dadas na arquibancada assistindo era uma imagem muito forte. E foi aquela coisa de emoção de basquete, se não me engano, na última cesta que as tchecas ganharam [...] Você começa a gostar das pessoas, pelo menos para mim funciona assim. Claro que eu torço para o Brasil, mas pra mim é totalmente diferente gostar de quem está jogando, gostar pessoalmente, porque você torce para a pessoa, porque você conhece ela, porque você gosta dela. Eu gostei logo de cara da Hortência, da Paula e das outras também. E para elas seria uma tristeza acabar a carreira sem uma Olimpíada".

A então repórter Glenda Kozlowski[*] também seria protagonista, em 2000, nas Olimpíadas de Sydney, de outro episódio de torcida das coberturas esportivas da Globo, neste caso ao vivo, para todo o Brasil, nos momentos que se seguiram à conquista da primeira medalha do Brasil no revezamento de 4 por 100 na natação, pelo quarteto formado por Edvaldo Valério, Carlos Jayme, Gustavo Borges e Fernando Scherer, o "Xuxa":

"Os meninos ganharam medalha e vieram correndo para mim. O Xuxa chorava, chorava, e eu comecei a chorar também. Aí, o Galvão Bueno falou: 'A repórter Glenda está na beira da piscina com os medalhistas' e mandou para mim. E eu entrei fungando e chorando no ar. Foi ridículo, né? 'Galvão, todo mundo emocionado, inclusive eu, e o Xuxa está chorando'. Botei o microfone para o Xuxa, que gaguejava e chorava, gaguejava e chorava".

Em outros eventos, em vez de serem palco de lágrimas e paixões de torcedor dos repórteres, os bastidores das coberturas esportivas da Globo foram cenário de crises que o telespectador não percebeu e nas quais o esporte foi apenas um pretexto, em meio a disputas internas de poder da emissora. Como a que foi acompanhada, durante a Copa de 1974, pelo então editor Telmo Zanini*, quando a Globo mandou para a Alemanha o narrador Geraldo José de Almeida e o comentarista João Saldanha.

Embora tivessem de dividir cabines quase sempre muito apertadas de transmissão, Geraldo José e Saldanha não se falavam e, mesmo assim, durante a transmissão do jogo Brasil e Holanda, em Dortmund, no dia 3 de julho, foram usados por Boni e Walter Clark, àquela altura mergulhados em uma disputa surda de poder dentro da emissora.

No campo, seria Rivellino contra Johan Cruyff. Na cabine do estádio Westfalen, Geraldo José e Saldanha, inimigos espremidos, com Boni direto do Rio, ao telefone, e Clark, junto com a equipe na Alemanha, num momento da luta interna em que, segundo Zanini, "Boni já estava assumindo a emissora, deixando o Walter Clark num segundo plano":

"Aí já começa a lenda de que o frio era tanto que, para aquecer antes da partida e não ficarem congelados, o Walter e o Saldanha tomaram uns conhaques e já estavam meio sob o efeito de alguns goles de conhaque a mais".

Lenda ou não, fato é que, segundo Zanini, Boni começou a reclamar que Geraldo José e Saldanha "estavam torcendo demais":

"Boni dizia que tudo bem torcer pelo Brasil, mas até um certo ponto. Quando tivesse de criticar, criticar também. E o Walter, lá na Alemanha, mandando eles torcerem mais ainda. No final, a Holanda ganhou do Brasil com toda a justiça, 2 x 0. É verdade que o Brasil podia ter feito 1 x 0, pois o Jairzinho perdeu um gol feito. Mas foi indiscutível a vitória da Holanda e, mesmo assim, a nossa dupla de comentaristas lá atribuindo à má atuação do juiz, a roubo, distorcendo um pouco o que aconteceu em campo".

Na volta da equipe da Globo ao Brasil, junto com a seleção e seu decepcionante quarto lugar, Boni venceria mais uma rodada da disputa que resultou na demissão de Walter Clark, em 1977: Geraldo José de Almeida e João Saldanha foram imediatamente afastados e não tiveram seus contratos renovados com a emissora.

A hora da verdade

Dentro e fora da Globo, a disputa seria outra durante a Copa dos Estados Unidos, entre 17 de junho e 17 de julho de 1994, quando a emissora enviou ao país uma equipe de 140 profissionais, comandados por Ciro José, diretor de esportes, e Luizinho Nascimento, diretor do *Fantástico* convocado para coordenar a cobertura jornalística. Entre jogadores, técnicos, torcedores e jornalistas brasileiros, duas correntes que vinham se bicando desde 1974, ano da primeira Copa perdida pelo Brasil depois da conquista do tricampeonato em 1970, se enfrentariam em uma espécie de tira-teima sobre as raízes e o destino do futebol brasileiro.

De um lado, espelho de setores mais próximos à esquerda e ao Partido dos Trabalhadores nas redações da imprensa e também na sociedade, estava a torcida integrada pelos órfãos inconformados das seleções dirigidas por Telê Santana, especialmente a de 1982, time de sonhos atropelado pelos demônios do futebol na Copa da Espanha. Críticos imediatos das ideias e métodos de Parreira e Zagallo, técnicos supostamente impostos pela ditadura à gloriosa seleção do tri em 1970, eles eram inimigos mortais dos cartolas de todas as etnias, moedas e latitudes, e formavam a legião de devotos do compromisso radical do Brasil com o futebol-arte acima de tudo, custe o que custar, como se não houvesse amanhã.

De outro lado, reunindo uma frente ideológica mais heterogênea que também tinha representantes nas ruas e redações, estava a torcida formada pelas vítimas cansadas da amargura de duas décadas de seleções que sequer tinham chegado a uma final de Copa do Mundo. Eram torcedores não completamente convencidos de que o festejado modelo de futebol de Sócrates e da democracia corintiana dos anos 1980, por exemplo, era garantia de vitórias e títulos dentro do campo. Resignavam-se com o nível rasteiro e quase sempre corrupto da gestão do futebol brasileiro, e não tinham maiores objeções à alternativa de a seleção se inspirar nos times europeus e adotar o pragmatismo tático e muscular que muitos à época associaram ao volante Dunga, desde que essa alternativa garantisse o que realmente importava: a conquista do tetra.

Eram os chamados "pachecos", apelido inspirado em uma animação de torcedor divertido e arrebatado criada para uma campanha publicitária das lâminas de barbear Gillette, às vésperas da Copa de 1982. Pedro Bial*, integrante da equipe enviada pela Globo aos Estados Unidos, era um "pacheco":

"Eu sou um daqueles que acham uma maldade dizer que o time de 1994 jogava feio. Você vai rever os jogos, era um time no qual ninguém conseguia fazer gol, um time muito sólido, com o Bebeto em forma, ele e o Romário, dois azougues lá na frente, fazendo e acontecendo. Seria uma maldade entrar para história dessa forma".

Boa parte da imprensa, porém, principalmente os jornalistas e radialistas de São Paulo, criticava intensamente o carioca Parreira e o gaúcho Dunga desde a difícil fase de classificação, quando o Brasil perdeu um jogo pela primeira vez em eliminatórias, 2 x 0 para a Bolívia, garantindo a vaga para a Copa apenas na última partida, o dramático 2 x 0 contra o Uruguai no Maracanã, dois gols do enfim convocado Romário.

Na Globo, jornalismo à parte, a seleção tinha se tornado uma piada da turma do programa *Casseta & Planeta, Urgente!*, que elegeu, como alvo, além dos personagens "Diego Paradona" e "Zegalo", o jogador Zinho, que vinha sendo criticado por prender muito a bola e ficar girando "como uma enceradeira", alguém disse. Missão para o humorista Claudio Manoel*:

"O José Lavigne me escalou para fazer o Zinho. Aí eu comecei a fazer o negócio do Zinho rodando, rodando, rodando, rodando no mesmo lugar. Aí a gente soube que ele ficou chateadíssimo com a gente. E pensamos: 'Pô, mas o Zinho é um camarada tão legal, a gente vai sacanear o Zinho?'. Aí alguém falou: 'Pô, mas é nosso dever! A piada acima de tudo'".

As vitórias da seleção contra os times da Rússia e de Camarões, na primeira fase, não mudaram muito a abordagem crítica e cética predominante na imprensa brasileira. Tanto que, após o empate de 1 x 1 com a Suécia no terceiro jogo, em Michigan, no dia 28 de junho, Pedro Bial foi o único dos entrevistados que disse acreditar que Parreira estava certo e que a seleção chegaria ao tetra, em uma reportagem feita pelo jornal americano *USA Today* com os jornalistas brasileiros.

Era como se pudessem existir dribles, passes, defesas, frangos, lançamentos e gols de esquerda e de direita. Na entrevista a este autor em 2024, Bial, referindo-se ao comportamento de um ex-comentarista da Globo, à época trabalhando na Rede Bandeirantes, disse que a disputa político-partidária no Brasil influenciou, e muito, a cobertura daquela Copa:

"Eu vi coisas horríveis. Eu vi Juarez Soares reagindo a um gol do Brasil, no jogo contra a Holanda, com um 'puta que o pariu'. Eram os petistas do esporte, que achavam que a conquista do tetra ajudaria na eleição de Fernando Henrique Cardoso, sem entender que o que elegeria o FHC era o Plano Real. Na época, eu tinha ido para os Estados Unidos antes do início da Copa e tinha estado com o Lula no consulado brasileiro em Nova York. Ele estava certo de que seria eleito presidente".

O clima das torcidas estava tão pesado que, no dia 9 de julho, de acordo com o relato feito a este autor pelo produtor João Ramalho, assim que acabou o jogo em que o Brasil venceu a Holanda por 3 x 2, no estádio Cotton Bowl, em Dallas, com um histórico gol de falta de Branco, o chefe de redação da equipe da Globo, Telmo Zanini, um dos "pachecos" mais exaltados, ao chegar no Centro de Imprensa da Copa, situado a cerca de trezentos metros do estádio, foi direto para a redação da Bandeirantes, a equipe mais crítica em relação à seleção de Parreira, abriu a porta com um chute e gritou:

– Vou dar uma passagem pra vocês também irem embora para Amsterdam!

Na equipe da Globo baseada nesse centro de imprensa, o International Broadcast Center, ou IBC, montado em um centro de convenções ao lado do estádio Cotton Bowl, o líder do grupo de céticos era o próprio Luizinho Nascimento. Profissional, no entanto, ele separava diariamente o azedume que deixava escapar, nos bastidores, em relação ao time de Parreira, do otimismo compulsório que a cobertura da Globo tinha de praticar diariamente, para o bem dos negócios da emissora. Não por acaso, porém, Luizinho sequer comentou sua participação na conquista do tetra, nos depoimentos que deu ao Memória Globo aos quais este autor teve acesso.

A Luizinho e aos vários editores e produtores igualmente céticos da equipe da Copa de 1994, e com os quais ele tinha trabalhado na diretoria de esportes da emissora, antes de assumir o comando do *Fantástico*, contrapunham-se "pachecos" como Bial e praticamente todos os repórteres da equipe, o chefe de redação Telmo Zanini, o editor Marco Antônio Rodrigues, o Bodão e, claro, Galvão Bueno, ainda que a meio caminho do processo pelo qual ele deixaria de se considerar jornalista para rasgar a fantasia e se tornar um autoproclamado "vendedor de emoções". Bodão resumiu o espírito dominante no grupo:

"No Brasil, o pessoal ficava dizendo que o time do Parreira era retranqueiro. Eu, que já tinha perdido tanta Copa do Mundo, queria ganhar de 0 x 0, nos pênaltis, de qualquer jeito. Eu queria ganhar uma Copa do Mundo, e saber que sabor que tinha".

Perdendo ou ganhando, uma ideia da Globo para a cobertura daquela Copa no *Jornal Nacional* durou poucos dias, depois que o comando da emissora se deu conta de que a audiência poderia ser afetada: a redação cenográfica montada ao custo de muitos milhares de dólares dentro do IBC, e que se transformou em atração para todas as televisões credenciadas pela Fifa, incluindo as redes da Europa, pelas dimensões e pelo projeto arquitetônico, foi logo abandonada pelo *JN*. Faltava a seleção naquele cenário.

Por decisão de Boni, Carlos Nascimento, o âncora enviado para ancorar a cobertura da Copa para o *JN*, teria de apresentar as reportagens a partir da posição mais próxima possível da delegação brasileira, onde quer que ela estivesse, o que, aliás, Pedro Bial já estava fazendo quando as reportagens eram especificamente sobre a seleção brasileira, e não da redação espetacular escondida num centro de convenções de uma cidade que não exibia qualquer sinal de que uma Copa do Mundo estava sendo disputada no país.

A redação cenográfica de Dallas acabou então se tornando uma espécie de vitrine estrangeira do Padrão Globo de Qualidade para ingleses e outros estrangeiros verem, além de ser usada para o noticiário de Copa do *Jornal Hoje* e do *Jornal da Globo*, a cargo de Fátima Bernardes, também enviada aos Estados Unidos.

Nascimento passaria a ser submetido a uma peregrinação quase sempre desconfortável e operacionalmente arriscada em campos de treinamento, estacionamentos, portarias de hotel e outras "locações" nas cidades por onde a seleção brasileira passou durante a campanha de 1994. Tudo em nome do objetivo de Boni de dar, aos telespectadores brasileiros, com o uso de expressões como "aqui atrás", "a poucos metros daqui" e "ali do outro lado", entre outras, evidências de proximidade com os craques da seleção.

De longe, no Brasil, William Bonner*, apresentador do *Jornal Hoje* e à época tão cotado quanto Nascimento como futuro ocupante da bancada do *JN*, primeiro não resistiu à ironia, como lembrou em 2004:

"Aparecia o Nascimento lá com um gramado e uma árvore atrás dele. A gente até brincava na época: 'Onde é que está o Nascimento?'. Eu jurava que ele estava num condomínio da Barra da Tijuca vizinho ao meu [...] Era um fato ótimo ele estar lá, mas não dizia nada ele estar lá".

Ironia à parte, Bonner então reconheceu que, quatro anos depois, ao ancorar o noticiário da Copa de 1998, "bonitinho, lá dentro de um estúdio, no Centro de Imprensa em Paris", a situação não seria muito diferente:

"Eu chamava o pessoal que estava em Lésigny, mas eu mesmo estava dentro de um estúdio como no Brasil. Se eu estivesse no Jardim Botânico, ou lá, para efeito visual, não mudava absolutamente nada".

Crítica e autocrítica feitas, Bonner concluiu então que a melhor solução seria a que consagraria a então esposa e futura companheira de bancada do *JN* Fátima Bernardes, enviada para a Copa de 2002 disputada na Coreia do Sul e no Japão:

"Não precisamos de cenário, meu deus! Precisamos de notícia. Precisamos estar onde está a notícia. Deram para a Fátima um microfone, botaram uma câmera, ela ficava postada ali. Felipão vai sair para rezar. Ela pega o Felipão e entrevista ao vivo no *Jornal Nacional*. Ao vivo. E assim, quanto custa isso em termos de prestígio? Por isso que foi o sucesso que foi o 'Onde está você, Fátima Bernardes?'".

Diferentemente, porém, da estrutura com que Fátima contaria em 2002, Nascimento*, em 1994, durante aqueles 52 dias ininterruptos de entradas ao vivo no *JN*, no *Jornal da Globo* e no *Fantástico*, teve de recorrer à antológica capacidade de improviso que demonstrara na cobertura da doença e morte de Tancredo Neves, muitas vezes sob calor causticante, recebendo dezenas de páginas do script escritas em Dallas, segundos antes de entrar no ar, sem *teleprompter*, com gente gritando à sua volta:

"Foi a primeira vez em um Mundial que a Globo tirou o noticiário do estúdio. Eu tinha que ou decorar, memorizar ou improvisar".

Com Pelé e Galvão Bueno, a dupla titular da Globo nos jogos do Brasil naquela Copa, ao lado do comentarista de arbitragem Arnaldo Cezar Coelho, o desafio do diretor Ciro José seria, basicamente, fazer com que o rei do futebol parasse de falar, enquadrando-o na gramática operacional das transmissões esportivas.

Era um problema corriqueiro e potencializado pelo stress que existe em qualquer operação ao vivo, mas que, contabilizadas as dimensões continentais do ego de Galvão e a relativa falta de experiência de Pelé com o microfone, tornou-se notícia de jornal uma suposta crise nos bastidores da equipe da Globo na Copa, quando uma antena parabólica alheia captou uma discussão de Galvão com Ciro José e o diretor de operações Fernando Guimarães, transmitida para o Brasil fora do ar, através de um dos canais de satélite alugados pela Globo para aquela Copa, logo depois do jogo em que o Brasil empatou com a Suécia, em Michigan:

– Fernandinho, o Ciro tem que vir para cá! Eu sei que vocês ficam pedindo para que eu peça pra ele diminuir. Só se eu matar ele, pô! Ele vem, mete a mão no microfone, abre e fala, pô! Cirão, quem contratou que converse com ele, pô!

Para quem ouviu a gravação pirateada ou leu a transcrição dela, no dia seguinte, nos jornais, sem dar os descontos que todos na Globo sempre deram ao tom dramático, exagerado e verborrágico adotado por Galvão nos bastidores das transmissões até para pedir um copo d'água, parecia uma crise. Nunca foi. A imagem a ser guardada de Pelé e Galvão, naquela Copa, é a do enforcamento mútuo e enlouquecido dos dois, em delírio, com Ciro José e Arnaldo Cezar Coelho, assim que Roberto Baggio isolou a bola no estádio Rose Bowl, na final contra a Itália:

"Partiu, bateu, acabou! Acabou! Acabou! É tetra! É tetra! É tetra! O Brasil é tetracampeão mundial de futebol!".

No caso do repórter Tino Marcos*, a lembrança mais forte, e que não exigiu nem que seu rosto aparecesse na transmissão, também aconteceu logo depois de Baggio isolar a bola, quando, em transgressão explícita autorizada pela direção da Globo, com um microfone sem fio escondido na roupa, ele pulou as placas de publicidade, driblou duas filas de seguranças, enfiou-se na volta olímpica da seleção e entrevistou, ao vivo, Taffarel, Romário, Ricardo Rocha e Branco, sendo o único repórter do Brasil e do mundo a conseguir o feito. Até, claro, ser descoberto:

"Dois brutamontes me tiraram, me pegaram, me levantaram, eu fui, com as pernas no ar, levitando mesmo, eu estava, assim, no céu! E pensei: 'O que mais que eu quero da vida? Estou realizado, tudo aconteceu, acabou, o Brasil foi campeão'".

Para o desprezo eterno dos órfãos de Telê Santana, tinha sido do jeito que Bodão e outros "pachecos" chegaram a imaginar: uma disputa de pênalti, depois de um 0 x 0 angustiante com os italianos, com vários gols perdidos pelo Brasil, um deles por Romário, de frente para o goleiro italiano Pagliuca, sob o sol impiedoso de Pasadena, mas com direito a uma comemoração em que Bial, Tino, Bodão, Zanini, Galvão, Arnaldo e Pelé se banharam com champanhe na festa improvisada do caminhão de externas estacionado próximo ao Rose Bowl, virando até reportagem de emissoras estrangeiras que a Globo preferiu não exibir.

Ronaldo Nazário, então com 17 anos, ainda sem a palavra "Fenômeno" acrescida ao sobrenome, então um dos reservas da seleção, estava meio perdido na noite da conquista do tetra, e acabaria participando da festa da equipe da Globo no caminhão de externas, por conta de uma preocupação que revelou logo ao se encontrar com Bodão* depois da final da Copa:

– Tio, onde é que eu vou jantar?

– Vem comigo que eu vou te levar numa festa.

Um tijolaço pela culatra

Muita gente, em casa, não entendeu de primeira quando, na noite de 15 de março de 1994, Cid Moreira, em plano forte de câmera, na bancada do *Jornal Nacional*, com a mesma gravidade com que, cerca de vinte anos antes, também no *JN*, lera um editorial sobre o golpe de 1964 no qual a Globo dizia que as Forças Armadas "foram chamadas a cumprir a missão que o momento lhes impunha, restabelecendo a ordem e livrando o país dos trapos vermelhos que ameaçavam sufocá-lo", começou a ler um texto de autoria do então governador Leonel Brizola:

"Todos sabem que eu, Leonel Brizola, só posso ocupar espaço na Globo quando amparado pela Justiça. Aqui citam o meu nome para ser intrigado, desmerecido e achincalhado perante o povo brasileiro. Quinta-feira, neste mesmo *Jornal Nacional*, a pretexto de citar editorial d'*O Globo*, fui acusado na minha honra e, pior, apontado como alguém de mente senil".

Era até estranho: Brizola, na voz de Cid Moreira, no *Jornal Nacional*, batia forte na própria Globo e dizia que a emissora atacava e tentava "desmoralizar" os homens públicos que não se vergavam diante do seu poder. Ao se referir à sua então polêmica aliança política com o presidente Fernando Collor, criticada pelo jornal e pela emissora de Marinho, Brizola acrescentou:

"Quando me insulta por nossas relações de cooperação administrativa com o governo federal, a Globo remorde-se de inveja e rancor e só vê nisso bajulação e servilismo. É compreensível: quem sempre viveu de concessões e favores do poder público não é capaz de ver nos outros senão os vícios que carrega em si mesma".

No final, Cid leu um trecho em que Brizola entrava num terreno que a maioria dos observadores da cena política e jornalística brasileira da época julgava que os dois velhos inimigos voltariam a frequentar:

"Tenho 70 anos, dezesseis a menos que o meu difamador Roberto Marinho, que tem 86 anos. Se é esse o conceito que tem sobre os homens de cabelos brancos, que o use para si. Não reconheço à Globo autoridade em matéria de liberdade de imprensa, e basta para isso olhar a sua longa e cordial convivência com os regimes autoritários e com a ditadura de vinte anos, que dominou o nosso país. Todos sabem que critico há muito tempo a TV Globo, seu poder imperial e suas manipulações".

– Puxa, Cid, tinha de caprichar tanto?

No final daquele *JN*, chegou à redação a informação de que Cid, assim que saiu do estúdio, foi cobrado por um dos executivos da Globo por ter sido tão "eficiente" na leitura do *tijolaço* imposto à emissora por Brizola, ao que ele respondeu dizendo que não conseguia ser uma versão piorada de si mesmo.

Não havia mesmo o que fazer: aquele direito de resposta tinha sido obtido pelo advogado de Brizola, Arthur Lavigne, depois de uma longa batalha judicial na qual a área jurídica da Globo tinha usado, em sucessivas derrotas, todos os recursos possíveis, até a situação chegar a um ponto em que o então diretor da Central Globo de Jornalismo, Alberico de Sousa Cruz, foi ameaçado de ser preso pela Polícia Militar se não recebesse o oficial de justiça que tentava notificar a emissora. Lavigne, em entrevista dada ao *Boletim de Notícias ConJur*, em abril de 2008, comemorou:

"Acho que foi um momento muito bonito da democracia brasileira os tribunais determinarem a resposta no momento em que se via a Globo como a senhora todo-poderosa".

Mais do que importante, de acordo com um artigo de Débora Pinho publicado pelo site Observatório da Imprensa em junho de 2009, a derrota jurídica da Globo no episódio da resposta de Brizola lida por Cid Moreira foi "uma espécie de divisor de águas no capítulo da liberdade de imprensa", cinco anos depois da Constituinte de 1988. Segundo ela, o desfecho do caso "soou como uma senha para a multiplicação de ações e para a escalada de condenações de jornais e jornalistas que se seguiu":

"Foi em 1988 que a liberdade de expressão passou a ter novos limites no Brasil. Mas foram necessários ao menos cinco anos para que as novas regras entrassem em vigor, de fato, e a interpretação fosse absorvida. Os números de processos por dano moral mostram esse cenário: em 1993, o Superior Tribunal de Justiça apreciou ao longo do ano 28 casos, 2 por mês. Em 2000, já eram 1.215 recursos, 101 por mês".

Ao ser ver atacado e impotente em sua própria emissora, Marinho estava pagando uma fatura que tinha assinado dois anos antes, em 6 de fevereiro de 1992, quando o mesmo Cid Moreira leu, também no *JN*, trechos de um editorial intitulado "Para entender a fúria de Brizola", e cuja íntegra seria publicada pelo jornal *O Globo*, em resposta a uma iniciativa de Brizola para impedir que a Globo transmitisse os desfiles das escolas de samba do Carnaval carioca.

Com inédita virulência, o editorial de Marinho primeiro expunha o que teria sido um malsucedido pedido de apoio político por parte de Brizola, referindo-se a encontros na primeira gestão de Brizola no governo do Rio e suas visitas a Marinho, em "cordiais almoços só interrompidos quando, infelizmente para o visitante, não foi possível apoiar-lhe a candidatura à Presidência da República", por "haver nomes mais adequados que o dele para a perspectiva de enfrentar vitoriosamente os grandes problemas nacionais".

Em seguida, o editorial ironizava a aliança de Brizola com Collor, à época acuado por denúncias de corrupção e pela ameaça de *impeachment*, a ponto de desaparecer da cena pública por cerca de duas semanas e gerar vários boatos sobre sua saúde:

"Como se não bastasse, as circunstâncias o obrigaram a ir ao Palácio do Planalto beijar a mão daquele a quem insultara e desqualificara durante toda a campanha presidencial".

Ao que chamou de "lado político da questão" o editorial de Marinho juntou outro "de natureza fisiológica": sugeriu que estava em curso o "declínio da saúde mental" de Brizola e, ao elaborar sobre a dificuldade de um diagnóstico preciso, citou o fato de o ex-presidente Delfim Moreira ter "enlouquecido" e, ainda assim, "ter sido mantido no cargo, mas privado do mando, transmitido ao então ministro Melo Franco". E acrescentou:

"Para conviver com o desvario das vítimas desse tipo de enfermidade, só a paciência".

E não acabava no *JN*. No dia seguinte, 7 de fevereiro, o destaque da capa d'*O Globo* era uma charge de Chico Caruso que ocupava o centro da primeira página, e na qual Brizola aparecia vestido de palhaço, dedos indicadores em riste apontados para o céu, e com um logotipo da Globo substituindo a bola vermelha no nariz, sob o título "Começou o Carnaval!".

A charge referia-se a outra manchete sob o título "Rio repudia a ameaça de tirar a Globo do Carnaval", e que chamava para duas páginas internas daquela edição em que o jornal publicava uma pesquisa e ouvia personalidades da cidade contrárias à tentativa de Brizola de impedir que a Globo transmitisse o desfile das escolas no sambódromo carioca. Na quarta-feira, dia 5, em carta enviada ao então prefeito do Rio e aliado político Marcello Alencar, Brizola tinha sugerido que fosse cancelado o que chamou de "privilégio" da Globo em "transmitir o Carnaval."

O que causava apreensão aos filhos e diretores mais próximos de Marinho, ante sua reação furiosa através do jornal e da Globo, era o fato de aquele novo duelo público com Brizola ser uma causa praticamente perdida desde o início para o governador. Primeiro, porque a Prefeitura do Rio, através da empresa Riotur, era apenas "interveniente anuente" no contrato assinado entre a Globo e a LIESA, a Liga Independente das Escolas de Samba do Rio de Janeiro. E, em segundo lugar, porque o contrato não significava monopólio da Globo na transmissão do desfile: a Rede Manchete também tinha direito à transmissão, com base em contrato também assinado com a LIESA.

A explicação para aquela animosidade poderia ter relação com o naufrágio, meses antes, de uma tentativa de aproximação entre Marinho e Brizola cujo intermediário foi o jornalista e então vice-prefeito do Rio Roberto D'Ávila*, que também integrava um grupo de amigos comuns que tentavam "diminuir as tensões" entre o governador e o dono da Globo, entre eles o deputado Miro Teixeira e o executivo João Araújo, fundador e diretor da gravadora Som Livre:

"Volta e meia o doutor Roberto me convidava para almoçar na TV Globo, principalmente no segundo mandato do Brizola, que foi de 1990 a 1994, quando houve, por parte da TV Globo e do doutor Roberto, uma vontade de terminar com aquela briga".

Ao ser convidado por Marinho para um almoço em data próxima à da segunda posse de Brizola como governador do Rio, em março de 1991, D'Ávila ficou sabendo que, ao ser homenageado em um evento então recente realizado no Country Club do Rio, em Ipanema, o dono da Globo tinha manifestado, em seu discurso, o desejo de um convívio mais amigável com o líder pedetista. Filiado ao PDT na época, D'Ávila achou por bem conversar antes com o governador, que não fez objeções ao encontro, a não ser pedir que ele desse um recado a Marinho:

– Vá, claro, mas diga a ele que ele é o responsável pela eleição do Moreira Franco.

Era uma referência à vitória de Moreira Franco, do PDS, contra Darcy Ribeiro, candidato do PDT à sucessão de Brizola na eleição de 1986. D'Ávila registrou e confirmou o encontro com Marinho:

"Durante o almoço, o doutor Roberto me contou sobre o discurso que tinha feito no Country e confirmou sua disposição de iniciar uma nova relação com o Brizola. Era uma bandeira branca, e é claro que eu estava servindo ali de emissário, para levar essa mensagem ao Brizola, dizendo que era o momento de terminar os conflitos".

D'Ávila deixou para o final do almoço o recado do governador:

– Bom, doutor Roberto, eu preciso lhe contar uma coisa: o Brizola pediu para eu lhe dizer que o senhor é o responsável pelo governo Moreira Franco.

– Eu? Esse Brizola não tem jeito! Quero dizer pra você que no dia que eu vi ele falando que quando se elegesse presidente da República iria entrar na TV Globo para cassá-la, não era cassar a palavra que ele usou, mas era uma ameaça. Quando eu ouvi aquilo, eu posso dizer que ele tocou o espadachim.

Fim de papo. Era Brizola, mais uma vez, chamando para a briga.

Voltaria tudo à estaca zero, cravada por sinal nos dias que se seguiram à chegada de Brizola do exílio, em setembro de 1979, quando José Roberto Marinho, ao ser convocado pelo pai para receber o então ex-governador gaúcho no estúdio da Globo, no Jardim Botânico, para sua primeira entrevista à emissora depois da anistia, ouviu do "engenheiro" a senha da longa batalha que estava começando:

– Olha, eu gosto muito do seu pai. Tenho muita admiração pelo seu pai. Aliás, eu gosto de inimigos assim.

Desfalque

"O velho ainda mandava."

A afirmação, num misto de carinho e incredulidade, de Evandro Guimarães, ex-diretor de afiliadas e expansão e ex-vice-presidente executivo da Globo, dizia respeito, ele explicou na entrevista a este autor, a uma bomba de efeito retardado plantada na Globo em 1993, com a anuência de Roberto Marinho, então com 87 anos, e que os filhos e alguns altos executivos da emissora tentaram inutilmente desarmar antes que ela explodisse, como acabou explodindo em 1996: a parceria com a Interunion Capitalização, a corretora de valores fundada pelo empresário e banqueiro Artur Falk, e cujo carro-chefe era o título de capitalização Papa-Tudo, uma cartela de jogo similar à Tele Sena operada pelo empresário Silvio Santos no SBT.

Evandro foi uma das testemunhas próximas da insegurança e da "grande preocupação" gerada, nos filhos, por certos contatos que Marinho continuou fazendo depois de completar 80 anos, e que incluíram, no caso uma apreensão apenas inicial, a "aventura amorosa" do empresário com Lily Monique de Carvalho, futura Lily de Carvalho Marinho. Era em sua extraordinária determinação de seguir no comando dos negócios das Organizações Globo que Marinho exibia, ainda segundo Evandro, uma característica complicadora:

"O doutor Roberto viveu uma fase que durou alguns anos de desaceleração progressiva da sua perspicácia, sentindo o peso da idade. E, se uma pessoa estava indo num caminho muito diferente do dele, ele se sentia um pouco mais autorizado a usar o poder que tinha. Mas, ao mesmo tempo, tinha tantos freios e contrapesos no jornal e na televisão que, muitas vezes, agradecia o fato de ter ouvido mais gente em muitas ocasiões".

Não foi o que aconteceu no caso da parceria com Artur Falk, então conhecido no mercado como "o maior acionista pessoa física" da Varig, a gigante aérea então no início da crise definitiva que a levaria à falência. Quase trinta anos depois, Evandro disse a este autor ainda ter dificuldade de entender "como Falk caiu nas graças do doutor Roberto", até porque o dono da Globo "tinha uma ideia imoral sobre a Tele Sena de Silvio Santos", e já se sentia "muito incomodado" com o sistema do Baú da Felicidade, cuja regra, nas palavras de Evandro, permitia ao "camelô" do SBT ficar com o dinheiro das três primeiras prestações dos telespectadores, em caso de inadimplência:

"Muitas vezes o doutor Roberto percebia que estava convivendo com bandidos e fingia que estava tendo interlocução. Mas, no caso de Artur Falk, ele encantou o doutor Roberto com a ideia do Papa-Tudo como forma de destruir a Tele Sena do concorrente. Aí os filhos ficaram desesperados, porque o Artur queria usar o Papa-Tudo da maneira mais agressiva possível. E demorou um tempo para o doutor Roberto perceber que Falk era uma mentira".

Quando, em 1993, a parceria saiu dos gabinetes e se tornou um conteúdo intensamente veiculado dos intervalos comerciais da Globo, com a "agressividade" que Roberto Irineu e João Roberto queriam evitar, ficou impossível para qualquer telespectador não concluir que o Papa-Tudo era uma resposta frontal da família Marinho à Tele Sena do SBT:

Já está no papo, é a maior sensação, prêmios, muitos prêmios pra você de montão. Você vai ter a chance de entrar para o time dos campeões e vai ganhar milhões.

Essa era uma das letras que embalavam uma peça publicitária do Papa-Tudo protagonizada por Xuxa, com a voz e o figurino passando pelo mesmo filtro infantilizado que ela usava em seus programas, imersa num cenário também muito semelhante ao dos infantis que ela comandava, mas acrescido do globo metálico cheio de bolas numeradas usado nos sorteios. Além de Xuxa, participavam ativamente da promoção do Papa-Tudo outras estrelas da Globo como Chico Anysio, Fausto Silva e até o matemático Oswald de Souza, então consultor regular da Central Globo de Jornalismo para todo tipo de probabilidade.

A exemplo do que acontecia na Tele Sena, no Papa-Tudo o consumidor adquiria um título de capitalização por três reais e tinha direito a resgatar metade desse valor corrigido ao final de um ano, concorrendo a prêmios sorteados como televisores, geladeiras e automóveis ao longo do mesmo período. Isso até junho de 1996, quando a Interunion sofreria intervenção da Superintendência de Seguros Privados, a SUSEP, por um calote estimado à época em cerca de 218 milhões de reais, dos quais 168 milhões eram títulos vencidos e não pagos, e outros 50 milhões eram dívidas com fornecedores.

O fiasco do Papa-Tudo e o prejuízo de milhares de consumidores que embarcaram nas cartelas recomendadas pelos astros da Globo no horário nobre da emissora seriam agravados em 1998 por um decreto de liquidação extrajudicial que colocou a Interunion sob administração da SUSEP, enquanto Falk ganhava o apelido de "Artur Desfalque" no mercado e era alvo de um processo que resultaria em uma condenação a cinco anos de prisão por crimes contra o sistema financeiro, pena posteriormente extinta por prescrição.

Adversários e inimigos não demorariam a apontar a Globo como sócia do escândalo financeiro do qual Roberto Marinho, somo sempre, usando seu poder, saiu ileso. Tecnicamente, porém, de acordo com o que disse a este autor o então diretor da Central Globo de Relações com o Mercado, Gilberto Leifert, o Papa-Tudo foi apenas um anunciante cujo dono detinha o bônus de ser amigo de Marinho:

"A história da sociedade foi uma narrativa construída a partir de fatos verdadeiros".

À reportagem de capa da *Veja* de abril de 1993, crítica em relação à jogatina no Brasil e ao lançamento do Papa-Tudo pela Globo, Artur Falk descreveu Xuxa, Chico Anysio e Faustão como "parceiros", e Roberto Marinho como a pessoa cujo "empenho", segundo ele, tornou o negócio possível. O então diretor da revista, Mario Sergio Conti, que conquistara a amizade do dono da Globo ao entrevistá-lo para seu livro *Notícias do Planalto*, lembrou, no perfil que escreveu em 2003 para a *Folha de S.Paulo*, quando o empresário morreu, que Marinho ficou contrariado com a reportagem:

"Ele me convidou para almoçar. 'Jamais esperava isso de você', disse. 'Você acha que eu quero fazer essa loteria porque preciso de mais dinheiro? O que eu quero é fazer. É ver as coisas crescerem'. Dei minhas explicações. Ele rebateu uma por uma. Reconheceu que o tema era jornalístico e polêmico. Despedimo-nos afavelmente. Nunca mais falamos do assunto".

Em 1998, de acordo com uma reportagem da *Folha* de 7 de dezembro daquele ano, a maior parte das ações do Papa-Tudo, 64%, era da BBC Serviços, que tinha à frente o advogado João Ferreira, enquanto o empresário Gilberto Bomeny, do grupo World Trade Center, detinha 2%, e Falk ficava com os 34% restantes. Ferreira e Bomeny, no entanto, segundo o jornal, estavam na Justiça tentando tirar Falk do negócio.

Chico Anysio*, sendo Chico Anysio em 2000, atribuiu o fracasso do Papa-Tudo não à falta de liquidez da empresa de Artur Falk, mas ao fato de ter sido tirado dos sorteios e das peças publicitárias da loteria. Indiretamente, também admitiu que contribuiu para criar a impressão de que o Papa-Tudo era um negócio da Globo:

"As pessoas passaram a achar que eu era o dono do Papa-Tudo, que a Xuxa e eu éramos os donos. E aí, interessava para mim dar essa impressão. Eu falei: 'A Xuxa e eu compramos a parte que era do doutor Roberto, o Papa-Tudo tem um dono, somos a Xuxa e eu'. Não era verdade. Nós éramos contratados".

A eleição invisível

Na noite de 1º de setembro de 1994, a exatos 31 dias da eleição presidencial, a estratégia do governo Itamar Franco para o candidato Fernando Henrique Cardoso, do PSDB, líder nas pesquisas, garantir a vitória logo no primeiro turno contra o segundo colocado Luiz Inácio Lula da Silva, candidato do PT, estava definida.

Resumindo, para compensar o revés da alta de 11,87% da inflação em dois meses do Plano Real, que acabara de ser divulgada "pelo covil do PT que era o IBGE", o governo tentaria conter a alta de preços com "uma pancada, liberando a importação para tudo quanto fosse bem de consumo", já que essa era a única maneira de se lidar com os empresários brasileiros, "todos eles bandidos".

Para mostrar isenção, mesmo estando o Ministério da Fazenda tomado por "um bando de assessores do PSDB", o ministro do Plano Real ia dar "um cacete" no diretor de assuntos internacionais do Banco Central, Gustavo Franco.

A Globo, por sua vez, seria "dispensada" de dar apoio ostensivo a Fernando Henrique. Bastaria "botar o ministro no ar", no lugar do candidato, falando do Plano Real, inclusive no domingo, durante o *Fantástico*, se fosse necessário, e "ninguém poderia dizer nada, alegando que era propaganda eleitoral disfarçada". Motivo:

"O Fernando Henrique é que depende de mim. Ele depende muito mais de mim do que eu dele. O grande eleitor dele sou eu".

E os riscos da estratégia?

"Eu não tenho escrúpulos. O que é bom a gente fatura; o que é ruim, esconde."

Nada do que foi descrito acima era para estar registrado nos jornais dos dias que se seguiram ou trinta anos depois, no capítulo de um livro sobre a Globo. Para o autor dos comentários, o então ministro da Fazenda Rubens Ricupero, era uma conversa privada, na confiança, em *off*, sem gravador, com o repórter Carlos Monforte*, cuja mulher era prima da mulher do ministro, enquanto os dois aguardavam, em uma sala do Ministério da Fazenda, em Brasília, o início da gravação de uma entrevista a ser conduzida pela então âncora do *Jornal da Globo*, Lillian Witte Fibe.

– O que vocês estão falando aí?

Aos dezenove minutos da conversa, cronometrados posteriormente, o primeiro alerta foi uma ligação de Alexandre Garcia para o celular de Monforte.

– Não estamos falando nada, eu não estou falando nada.

– Não! Estão ligando para cá e dizendo que o ministro está falando mal do governo e não sei o quê.

– Ué, não estou sabendo de nada. Não estou ligado, não estou sabendo direito. Ele está falando algumas coisas, mas eu não sei direito o que é.

Monforte desligou e avisou ao ministro:

– Olha, é melhor ficar quieto, porque estão ouvindo o que você está falando.

– Mas por que você não me avisou?

– Por que eu não avisei? Porque deviam ter me avisado antes.

Aconteceu logo depois do final do *Jornal Nacional* daquela noite, quando os técnicos da Globo faziam ajustes e testes com o equipamento conectado ao link de transmissão montado pela emissora na entrada do prédio do ministério, e que fora usado para uma entrevista, ao vivo, de Ricupero, no *JN*, sobre os dois meses do Plano Real, para a então repórter Ana Paula Padrão.

Já tinha acontecido antes e virado piada interna na Globo em 1990, quando, no estúdio da emissora do centro de imprensa da Copa do Mundo em Roma, pouco antes do jogo entre Brasil e Argentina, sem saber que as imagens e o áudio, embora fora do ar, estavam indo para o Brasil pelo canal de satélite da Globo, o editor Marco Antônio Rodrigues, o Bodão, tentou impressionar uma bela repórter da Telemontecarlo que quis saber o significado do apelido:

– *Perché si chiama Bodão?*

– *Perché é l'animale più virile del Brasile.*

Depois, agora em 1994, foi o vazamento da exasperação de Galvão Bueno com o tamanho dos comentários de Pelé, durante a transmissão de um jogo da seleção na Copa dos Estados Unidos, tratada no Brasil como se fosse o estopim de uma séria crise na equipe de esportes da Globo. Tudo porque, com milhares de antenas parabólicas vendidas e espalhadas pelo país, o risco de sinais privados de satélite serem pirateados sem as proteções que surgiriam depois era muito grande.

Agora era sério. O que estava em jogo era o sucesso de um plano econômico que, na lembrança do repórter Heraldo Pereira*, à época na cobertura do Palácio do Planalto, preocupara tanto o então presidente Itamar Franco que, antes do lançamento, com as lambanças da equipe econômica de Collor vivas na memória, chegou a dizer para o então ministro da Fazenda Fernando Henrique Cardoso:

– Não assino! Se eu não entender, eu não vou assinar.

O efeito da armadilha tecnológica só explodiria no dia seguinte, quando gravações em VHS da conversa de Ricupero com Monforte foram enviadas aos jornais por proprietários de antenas parabólicas que estavam na mesma frequência do sinal de satélite pelo qual o diálogo fora transmitido do link da Globo no Ministério da Fazenda, em Brasília, para a central técnica da emissora em São Paulo. No dia 3 de setembro, Ricupero se demitiria, depois de um pedido de desculpas no qual afirmou:

"Fui provavelmente vítima, além do cansaço físico, de um processo em que a excessiva exposição à mídia e ao calor popular inflou minha vaidade. Sem querer justificar o injustificável, repudio os trechos da conversa em que deixo transparecer uma opinião vaidosa e arrogante sobre mim e sobre o meu trabalho à frente do Ministério da Fazenda. Não é esse o comportamento que sempre tive, não é essa a minha regra de conduta".

Nas redações, surgiu uma polêmica imediata entre os que achavam que Monforte teria de tomar cuidado e zelar pela privacidade da conversa e os que consideravam a divulgação dos conteúdos relevantes e de interesse público do diálogo uma obrigação jornalística, independentemente da iniciativa dos donos de antenas parabólicas que o tornaram público. Monforte*, em 2002, reconheceu que passou dois dias sem dormir, acrescentando que a preocupação aumentou ainda mais quando seu comportamento passou a ser questionado, mas garantiu:

"Tenho a consciência tranquilíssima de que eu não feri a ética profissional e nem procurei atrapalhar a vida do ministro, nem provocar nenhum tipo de celeuma dentro do processo eleitoral, nem prejudicar a emissora, tenho absoluta certeza [...] Às vezes falam: 'Ah, você derrubou o ministro'. Não foi bem assim: na verdade, o ministro se derrubou".

Já a Globo, na reportagem do *Jornal Nacional* sobre a demissão de Ricupero, no dia 3 de setembro, exibiu os trechos mais fortes da conversa do ministro com Monforte que tinham sido distribuídos à imprensa pelo PT, mas também ofereceu um presente para seus críticos e inimigos: omitiu, no "compacto" de quatro minutos e dezoito segundos sobre o diálogo, exatamente o momento em que o ministro sugeria que a Globo estava à disposição do governo para apoiar a candidatura de Fernando Henrique.

A omissão acontecia num momento da vida política do país em que, passados os vinte anos de adesão comportada ao silêncio imposto pela ditadura; a traumática conversão à cobertura das Diretas Já em 1984; o desastre jornalístico da reta final da campanha presidencial de 1989; e o demorado abandono do escolhido Fernando Collor à sua própria ruína política e moral, em 1992, a Globo, mais uma vez, teria de enfrentar um desafio de complexidade crescente: administrar o impacto monolítico e a importância de sua presença na vida dos brasileiros, na hora de uma eleição presidencial, em tempos de democracia plena.

Em entrevista publicada pela *Folha de S.Paulo* em 2 de julho, dois meses antes do episódio da parabólica, Roberto Marinho dissera que contava com a vitória de Fernando Henrique, ressalvando que ainda não estava definido se o jornal *O Globo* iria declarar apoio formal ao então candidato do PSDB. No caso da Globo, teórica ou tecnicamente, como costumavam dizer os porta-vozes da empresa, quando instados a rebater a acusação de que a emissora praticava monopólio na área de comunicação, a CGJ iria apenas seguir a linha editorial que seu proprietário considerava a melhor para o Brasil, no legítimo exercício de seu direito, como dono de uma empresa jornalística legalmente estabelecida em um país democrático onde liberdade de impressa e a livre iniciativa eram garantidas pela Constituição.

Na prática, no entanto, considerando os índices hegemônicos da Globo no Ibope, especialmente os obtidos por sua programação jornalística, era como se a emissora de Marinho fosse um halterofilista de 150 quilos que, também no pleno e livre exercício de seu direito de ir e vir, se acomodasse em uma poltrona do meio da classe econômica de um avião. Seria inútil, para os outros dois ocupantes, terem a janela à direita ou o corredor à esquerda: o desconforto e a falta de espaço deles seriam inevitáveis, mesmo estando os três em poltronas que tinham idênticas dimensões. Não adiantaria dizer que a Globo não era um monopólio, como, de fato, não era. Dependendo dos movimentos que ela fizesse na poltrona durante a viagem, a reclamação seria geral, principalmente quando o destino do voo fosse Brasília.

Não por outra razão, para a surpresa de ninguém, o episódio da demissão de Ricupero, às vésperas do primeiro turno da eleição presidencial, desencadeou uma série de reportagens e artigos na grande imprensa sobre a postura da Globo naquela campanha. O jornalista Marcelo Coelho, em artigo publicado pela *Folha de S.Paulo,* no dia 7 de setembro, por exemplo, chegou a eximir Ricupero e atribuir à emissora a responsabilidade pelo vazamento da conversa:

"Foi uma injustiça demitirem Rubens Ricupero. Deviam é ter demitido a Rede Globo. Deslizes morais, numa conversa em *off*, quem não os comete? Mas a 'falha eletrônica' de que foi vítima o ex-ministro – uso de suas próprias palavras no discurso de despedida – é coisa imperdoável para a Rede Globo. Transmitir toda a conversa! Onde está o padrão de qualidade da emissora?".

No mesmo artigo, depois de chamar a Globo de "uma fábrica de mentiras", defender que as pessoas "deveriam ter deixado de acreditar em Alexandre Garcia e Cid Moreira há muito tempo" e dizer que os telespectadores da emissora "assistem a um noticiário que sabem ser dirigido à imbecilidade brasileira", Coelho acusou a Globo de manipular a cobertura daquela campanha presidencial cujos principais candidatos, pela ordem dos resultados das pesquisas eleitorais da época, eram Fernando Henrique Cardoso, antecessor de Ricupero no Ministério da Fazenda, Luiz Inácio Lula da Silva, Enéas Carneiro, Orestes Quércia e Leonel Brizola:

"A Globo nos presta esse grande serviço, o do emburrecimento coletivo, e graças a isso podemos ser burros em paz, votar em quem ela manda, aprovar o Real. Claro que o Real é ótimo. Não quero fazer aqui a defesa da candidatura Lula. As opções de voto são respeitáveis em si. Pode-se votar em FHC sem ser um manipulado pela Globo, pode-se votar em Lula sabendo dos riscos que isto implica. E é claro que toda população brasileira quer o fim da inflação".

O dirigente e futuro ministro petista Gilberto Carvalho, na entrevista que deu a este autor em 2022, não falou em manipulação por parte da Globo, como a que para ele foi evidente na disputa entre Lula e Collor em 1989, nem em telespectadores burros ou obedientes à emissora. Um dos principais assessores de Lula em 1994, e também integrante do grupo do PT que defendeu que ele não mantivesse a candidatura depois do lançamento do plano econômico de Fernando Henrique que resultaria na criação do real, Gilberto explicou:

"Houve uma baixa na hostilidade do PT em relação à Globo na eleição de 1994, até porque eles não precisaram aprontar para vencer a eleição. Foi um processo mais neutro e menos conflituoso. Depois que o Plano Real de Fernando Henrique foi lançado, bateu um desespero no PT para explicar o inexplicável, tentando uma resposta, enquanto Lula caía nas pesquisas".

Lula até chegou a dar entrevistas, publicadas no dia 3, dizendo que o episódio da parabólica revelava um "complô" da Globo contra sua candidatura, mas logo abandonou o discurso. Muitos, no entanto, continuariam querendo saber onde terminava o noticiário sobre o inegável impacto positivo do Plano Real na vida dos brasileiros e onde começava uma suposta e disfarçada campanha de apoio da grande imprensa à candidatura do responsável pelo sucesso do plano.

Para a *Veja*, na reportagem de capa que a revista produziu em setembro a partir do episódio da demissão de Ricupero, a Globo tratou o Plano Real com uma "persistência" e um "entusiasmo" que beiravam a "volúpia". Exemplo: em agosto, a menos de dois meses da eleição, Ricupero ocupou, segundo a revista, 61 minutos dos jornais da emissora "para elogiar e explicar o Plano Real". Antes dele, também segundo a *Veja*, Fernando Henrique, ainda ministro, "já recebia tratamento simpático da TV Globo". Sem citar a fonte, a revista acrescentou:

"Ao virar candidato, Fernando Henrique ocupou 14 minutos e 25 segundos nos jornais da Globo. Lula, que tinha o dobro da intenção de votos, 12 minutos e 29 segundos".

Em um texto sobre a atuação da Globo na eleição de 1994, o Centro de Pesquisa e Documentação de História Contemporânea do Brasil (CPDOC) da Fundação Getulio Vargas afirma que "embora a cobertura dos candidatos em campanha, em termos de tempo, tenha sido relativamente equilibrada, o destaque dado ao Plano Real e suas consequências benéficas, presentes diariamente nos noticiários da emissora, eram favoráveis ao candidato Fernando Henrique, que venceu o pleito já no primeiro turno, com ampla margem de votos".

E não era apenas a Globo: segundo a *Veja*, nos 150 dias decorridos entre sua posse em 5 de abril e a véspera da demissão, em 2 de setembro, Ricupero tinha aparecido 471 vezes nas cinco maiores redes de TV do país, média de três aparições por dia na Globo, SBT, Record, Manchete e TVE. Correndo por fora, a Rede Record, segundo a revista, chamava Lula de "terrorista". À parte a avalanche da cobertura jornalística do Plano Real, a sensação geral, dentro e fora da Globo, nas palavras de William Bonner*, à época âncora e editor-chefe do *Jornal Hoje*, era a de que "praticamente não houve cobertura" da emissora.

O próprio Tribunal Superior Eleitoral (TSE), com o objetivo de garantir imparcialidade, transparência e equidade no processo eleitoral, acabou contribuindo para dificultar a realização de debates, ao criar uma série de normas para a cobertura da eleição pelo rádio e pela televisão: a obrigatoriedade de as emissoras darem o mesmo espaço e tratamento aos então oito candidatos a presidente inscritos, a proibição de veiculação de propaganda política fora do horário eleitoral gratuito e o veto à divulgação de opiniões favoráveis ou contrárias a candidatos, partidos ou coligações.

O engessamento da legislação eleitoral, que acabaria levando a Globo a desistir de realizar debates entre os presidenciáveis, determinava ainda que eles só seriam permitidos se as emissoras assegurassem a presença de todos os oito candidatos. Para apertar ainda mais o gargalo, embora houvesse possibilidade de dividir o debate em dois dias, com a participação de quatro candidatos em cada um, a escolha dos nomes seria feita através de sorteio. Em entrevista ao jornal *O Globo* em junho de 1994, o então diretor da Central Globo de Jornalismo, Alberico de Sousa Cruz, explicou a decisão da emissora:

"Se fizermos um debate reunindo oito candidatos vai ficar uma loucura total, ou seja, o telespectador não conseguirá descobrir nada. Pensamos, então, em produzir dois debates [...] mas aí fica difícil, pois não saberemos se vai dar para confrontar os principais concorrentes".

E mais: caso houvesse debate, a Globo não faria nenhum tipo de edição, em decisão obviamente relacionada ao escândalo provocado pela edição distorcida feita para o *Jornal Nacional*, sob comando do mesmo Alberico, do debate final entre Lula e Collor, na eleição de 1989.

Curiosamente, em outro momento atípico daquela eleição presidencial engolida e ofuscada pelas profundas transformações na economia de um país àquela altura exaurido por uma década de crises, inflação e empobrecimento, o então candidato do PDT, Leonel Brizola, em entrevista dada à TV Verdes Mares, afiliada da emissora em Fortaleza, em 30 de junho, pouco mais de três meses após impor um impiedoso direito de resposta a Roberto Marinho lido no *Jornal Nacional* por Cid Moreira, disse estar vivendo uma "espécie de lua de mel" com a Globo.

Em resposta, ao ser entrevistado pela *Folha de S.Paulo* dois dias depois, o dono da Globo disse não acreditar em uma reconciliação com Brizola, mas afirmou que os elogios do candidato à cobertura feita pela emissora da campanha eleitoral "melhoravam" a situação entre eles.

Os números finais do primeiro turno só confirmaram a sensação generalizada, na imprensa, na oposição e no governo de que, sem contar o período em que generais se sucederam a portas fechadas no Planalto durante a ditadura, aquele seria um dos resultados eleitorais mais previsíveis da história do Brasil: Fernando Henrique Cardoso obteve 54,3% dos votos válidos, seguido por Lula, com 27,1%, Enéas Carneiro, com 7,4%, Orestes Quércia, com 4,4%, e Leonel Brizola, com 3,2%.

A tranquilidade das empresas jornalísticas com Fernando Henrique no poder era tanta que, pelo menos em público, não houve sobressaltos no setor nem com o fato de o candidato ter abraçado uma bandeira que, futuramente, seria colada pela grande imprensa no rol de riscos de um eventual governo do PT. O novo presidente pretendia implementar o que seu então futuro ministro de Comunicações, Sérgio Motta, chamava de "controle social dos meios de comunicação", como informou Clóvis Rossi em matéria publicada pela *Folha de S.Paulo* em 29 de dezembro de 1994:

"Essa expressão é uma antiga bandeira dos partidos de esquerda e sempre constou dos programas do PT. Agora, é meta do governo tucano de FHC.

A ideia do futuro ministro é convocar organismos da sociedade civil para abrir uma ampla discussão a respeito do assunto. Ao final do debate, Sérgio Motta espera que tenham nascido critérios tanto para a concessão de emissoras de rádio e televisão como para a programação, em especial a regionalização dela".

Rossi antecipava, na matéria, que a adoção do controle social dos meios de comunicação causaria um impacto "enorme" entre senadores e deputados proprietários de jornais e emissoras de rádio e TV, e também no mercado. Mas Sérgio Motta, também chamado de Serjão pela poderosa influência que tinha no comando do PSDB, estava determinado a implantar a medida e, segundo Rossi, usou como argumento uma pergunta que já trazia implícita a resposta:

"O país inteiro vai ficar repetindo uma só rede?".

O futuro ministro não parecia preocupado, na entrevista a Rossi, com uma eventual resistência da Globo, emissora que, para Motta, já tinha consolidado uma posição no mercado "graças à sua competência". Adepto de um modelo de concessões menos radical que o norte-americano, que tinha limites rígidos de porcentagem de mercado e de propriedade de veículos que, se adotados no Brasil, segundo ele, afetaria "tremendamente" a Globo, Serjão pretendia tornar efetivo o artigo 224, dispositivo constitucional que cria o Conselho de Comunicação Social como órgão auxiliar em toda a regulamentação do setor:

"Hoje, o Ministério das Comunicações regulamenta e controla o setor. A ideia é compartilhar tais funções com a sociedade civil, daí o conceito de controle social".

Serjão morreria aos 57 anos, de insuficiência respiratória, em 19 de abril de 1998, no início do quarto ano do primeiro mandato de Fernando Henrique, e não se falou mais, como proposta de governo do PSDB, em controle social dos meios de comunicação com o formato que Motta tinha antecipado a Clóvis Rossi em 1994.

Isso trinta anos antes de o mercado de televisão e rádio do planeta ser invadido e abalado pelo vale-tudo dos gigantes da internet, do *streaming* e das plataformas WhatsApp, YouTube, Instagram, Facebook e TikTok, entre outras redes sociais que Serjão dificilmente vislumbraria.

Uma espécie de descontrole social dos meios de comunicação.

Um PC pra chamar de seu

Quem, afinal, foi o responsável pelo maior furo jornalístico da imprensa brasileira na década de 1990?

Quem noticiou primeiro o encontro, no dia 20 de outubro de 1993, num apartamento em Londres, do fugitivo da Justiça e empresário Paulo César Siqueira Cavalcante Farias, o PC Farias, réu de 41 inquéritos criminais relacionados ao escândalo de corrupção que culminou com o *impeachment* do presidente Fernando Collor, e que seria assassinado em junho de 1996?

Foi Roberto Cabrini, da Globo, ou Xico Sá, da *Folha de S.Paulo*?

A polêmica, iniciada com um relato alternativo exposto à época na primeira página da *Folha* na defesa de seu repórter, com o apoio da revista *Veja* e em detrimento da equipe da Globo que se encontrou com PC Farias em Londres e gravou com ele uma entrevista, foi também um momento revelador de como a maioria dos jornalistas da imprensa escrita brasileira tratava, na época, os colegas de profissão que trabalhavam na Globo e o conteúdo que eles produziam para a emissora.

Alguns colunistas e editores do jornalismo impresso, ao analisarem o trabalho da Central Globo de Jornalismo, tomavam, como referência predominante, o noticiário político da emissora, como se só existissem clones de Alexandre Garcia na redação. E o faziam sem preocupação de mostrar as diferenças de conteúdo entre a fase oficialista e subalterna da Globo dos anos 1970, a atrofia hesitante que marcou a cobertura política da distensão política dos anos 1980 e a produção mais profissional e volumosa, ainda que de viés nitidamente conservador, adotada pela editoria política da Globo no início dos anos 1990.

Era um olhar que se espalhava para outras editorias da emissora. Fosse cobertura internacional, esporte, saúde, inovação tecnológica, defesa do consumidor, problemas urbanos, economia popular, escândalos de corrupção, criminalidade ou violência policial, certos autores do impresso quase sempre levavam seus leitores a concluírem que os jornalistas que trabalhavam na Globo, muitos deles recrutados nas próprias redações da grande imprensa por salários impensáveis no mercado do impresso, ao passarem com o crachá pela roleta da portaria em direção à redação, inoculavam-se com uma espécie de vírus metastático e imediatamente se tornavam seres superficiais, ignorantes, incompetentes e manipuladores, meros executores da tarefa de promover o que o colunista Marcelo Coelho, por exemplo, em artigo da *Folha de S.Paulo* de 7 de setembro de 1994, chamou de "emburrecimento coletivo dos brasileiros".

Além de não diferenciar o histórico raquitismo da editoria política dos demais conteúdos da Globo, boa parte dos críticos do jornalismo da emissora nos anos 1990 recorria à opção de nunca citar nomes, cargos ou editorias ocupadas pelos colegas para xingá-los à vontade, por atuarem na "fábrica de mentiras" e produzirem telejornais ou programas destinados à dita "imbecilidade brasileira", para citar duas outras expressões de Coelho no mesmo artigo.

Também omitiam, por falta de intimidade ou preconceito, o fato de o telejornalismo diário, independentemente do conteúdo, ser, por natureza, em redes de TV aberta de grande audiência como a Globo, a BBC britânica e a NBC americana, um formato de comunicação condenado à síntese dos minutos, escravo dos textos objetivos, dependente mortal de imagens, parceiro eterno do ecletismo, refém do mediano e nunca dos extremos, avesso ao hermético e refratário a devaneios da intelectualidade.

Não explicavam que o risco de todas essas características do telejornalismo resultarem em superficialidade, desinformação, conteúdos irrelevantes, baixo índice de conscientização e utilidade limitada era parte do cotidiano de qualquer redação de TV aberta, não necessariamente pelo fato de as equipes das emissoras serem formadas por profissionais medíocres, sem preparo cultural e vendidos ao "sistema". Assim como o conteúdo ininteligível, a irrelevância elitista, o exibicionismo intelectual e a desconexão com o Brasil profundo eram armadilhas diárias nas redações do jornalismo impresso, não necessariamente pelo fato de elas serem eventualmente dominadas por confrarias autoindulgentes de esquerdistas preconceituosos e contrariados com a teimosia ignorante das massas.

E havia um antigo complicador, na época da "caçada" a PC Farias empreendida pela imprensa brasileira junto com a polícia: os profissionais da Globo que se sentiam atingidos pelos ataques dos colegas da imprensa escrita não eram autorizados pela emissora a reagir publicamente. Uma situação que só começaria a mudar alguns anos depois, com a chegada, à direção da emissora, de dois jornalistas seguidores da linha do "bateu, levou": Luis Erlanger e, depois, Ali Kamel.

Com Fernando Collor já apeado do poder havia dez meses, encontrar PC, ainda que sua prisão pudesse ter importantes e graves desdobramentos políticos, era um assunto eminentemente policial, e o investimento da Globo na busca jornalística do paradeiro do ex-tesoureiro do ex-presidente não combinou, na época, com a foto queimada que a redação da emissora tinha na imprensa escrita.

Diferentemente do antecessor Armando Nogueira, um diretor avesso à cobertura política de gabinete, mais dedicado à evolução da gramática do telejornalismo e aos temas gerais, Alberico de Sousa Cruz, quase sempre lembrado apenas por seu protagonismo na edição distorcida do debate entre Lula e Collor em 1989, nem sempre foi reconhecido pelo esforço que fez, assim que se tornou executivo da emissora em 1987, para que a Central Globo de Jornalismo saísse do conforto da hegemonia e se dedicasse mais à busca diária de furos jornalísticos. Não por acaso, o apoio total, financeiro e logístico que ele deu, já como diretor da CGJ, à busca por PC foi decisivo.

"Eu fui pra Argentina buscar o PC Farias. Quando eu cheguei lá ele já tinha fugido pra outro lugar."

O repórter Tonico Ferreira* foi o primeiro da emissora a correr atrás do foragido, seguindo uma pista descoberta pelo colega Fábio Pannunzio, da

Bandeirantes, que reconstituiu a rota da fuga ocorrida em 19 de julho de 1993, quando PC Farias voou para o Paraguai a bordo de um bimotor da Brasil Jet, empresa de táxi aéreo na qual era sócio. Mas a informação que levaria a Globo a chegar mais perto de PC foi de um anônimo motorista de táxi do Rio de Janeiro que, semanas depois da fuga, intrigado com os movimentos e conversas de dois estrangeiros que o tinham contratado para deslocamentos na cidade, apresentou-se na portaria da emissora, pediu para falar com alguém da direção e foi recebido pelo então diretor de produção da CGJ Carlos Schroder*:

"Esse motorista queria dizer que achava que os dois estrangeiros tinham algo a ver com o PC Farias e aí a gente conseguiu contato com esse pessoal, marcamos encontro e descobrimos se tratar do advogado José Ramon Irribarra, o chileno a quem o PC pediu ajuda na fuga e que conduziu o PC para fora do Brasil e depois para a Europa".

O furo da Globo que surpreendeu os concorrentes da imprensa escrita foi construído ao longo do terceiro trimestre de 1993 e teve um momento importante quando o produtor Edson Nascimbeni, do escritório da Globo em Londres, em conversa com o dono de uma loja da cidade que PC Farias costumava frequentar, soube que o empresário poderia estar usando os serviços da Sanal, empresa de turismo com sede em Paris que atendia brasileiros endinheirados na Europa. Ao saber da pista, Roberto Cabrini, repórter também baseado em Londres, e que já vinha conciliando a missão de cobrir as corridas de Ayrton Senna na Fórmula 1 com uma investigação do paradeiro de PC, pediu a Alberico para ser dispensado de viajar para Suzuka, onde seria disputado o Grande Prêmio do Japão.

Conhecido pelo comportamento distante dos colegas, por ser inadministrável pelos chefes imediatos em sua obsessão pelo sigilo e por investigações misteriosas que não comentava com ninguém, e também por levar Alberico e Schroder à beira do desespero com telefonemas no meio da noite e pedidos incessantes para ficar fora da pauta, em troca de furos espetaculares que às vezes acabava entregando, Cabrini tinha protagonizado um episódio controverso um ano antes, durante a cobertura da Globo nas Olimpíadas de Barcelona, em 1992, quando relatou, em uma matéria para o *Jornal Nacional*, que o medalhista canadense dos cem metros rasos Ben Johnson, que tivera a medalha de ouro cassada após um caso escandaloso de *doping*, tinha dito a ele, Cabrini, que "era melhor perder de cara limpa do que vencer dopado".

Encarregado de fazer uma matéria para o *Fantástico* sobre a confissão espetacular e supostamente exclusiva, o repórter Ernesto Paglia*, também integrante da equipe da Globo em Barcelona, ao lembrar o episódio, disse que não encontrou a frase de Johnson no material gravado por Cabrini, mas apenas uma sequência de "*no, no, no, no*" durante a abordagem que ele fizera ao atleta na vila olímpica. E tentou esclarecer o mistério:

– Então, colega, cadê aquela famosa frase que entrou ontem?

– Ah, não, isso ele me disse antes de eu ligar a câmera.

Apesar da controvérsia, que não repercutiu bem na redação da emissora, e principalmente por causa da obstinada insistência de Cabrini em ficar no caso, Alberico* autorizou a montagem de um esquema de investigação em Londres que durou semanas e do qual, a pedido de Cabrini, nem o então chefe do escritório da emissora, Silio Boccanera, tomou conhecimento. E explicou:

"Eu já não aguentava mais o Cabrini; consegui botar o Schroder falando com ele também, pra me aliviar um pouco daquilo. Eu já não acreditava mais na história e falei: 'Cabrini, a partir da semana que vem você está fora disso'. Ele falou: 'Tá bom, semana que vem está maravilha'. Aí aconteceu: ele me ligou à noite, o *Jornal Nacional* já tinha ido para o ar. Ele me avisa assim: 'Alberico, estou no prédio'".

Já era noite em Londres, no dia 20 de outubro, quando Cabrini e o cinegrafista Sergio Gilz* foram recebidos para o que seria um encontro que duraria algumas horas com PC, então acompanhado de dois homens, num pequeno apartamento do andar térreo de um prédio do bairro de Maida Vale. Era o fim de semana de uma complexa apuração que envolvera até um blefe confessado por Cabrini anos depois, em 2018, ao colunista Daniel Castro, e no qual ele mentiu aos funcionários da empresa Sanal, dizendo que já tinha imagens de PC Farias e que queria apenas ouvir o empresário antes de levá-las ao ar.

Inicialmente, PC, sem o vasto bigode que exibia até fugir do país meses antes, tirou do bolso do paletó um "bilhete aos brasileiros" em que dizia não poder dar entrevistas "por respeito à Justiça", que, segundo ele, poderia tomar sua atitude como uma "afronta". Ainda citando o bilhete, disse que tinha "todo respeito" pelo Supremo Tribunal Federal, mas fora obrigado a se resguardar "diante das decisões arbitrárias do juiz da 10ª Vara Federal de Brasília".

Em seguida, avisou:

– Eu deixo vocês fazerem imagens, falo com vocês, mas não vou gravar.

Gilz tinha entrado no apartamento com sua câmera Sony ligada e captado ângulos diferentes da conversa inicial de Cabrini com PC num sofá da sala, incluindo o momento em que ele tirou o "bilhete aos brasileiros" do bolso e o exibiu para a câmera. Diante da advertência feita pelo empresário, Gilz, sem desligar o equipamento, agora sentado em uma poltrona diante dos dois, apoiou a câmera na perna direita como se estivesse parando de gravar, pôs o microfone com o tradicional logotipo da Globo na canopla em uma mesa de centro, junto a dois copos de uísque e um maço de cigarros Marlboro, e aceitou um copo da bebida oferecido por um dos acompanhantes de PC.

Àquela altura, contribuiu para PC se convencer de que a conversa não seria mesmo gravada o fato de Gilz, um veterano de coberturas internacionais às vezes arriscadas, nunca trabalhar com a luz vermelha do modo de gravação acesa, na parte frontal da câmera. Em 2024, ao lembrar o episódio em entrevista a este autor, Gilz disse:

"Eu segurei a câmera sobre a perna com o meu braço e gravei toda a conversa tomando meu uísque. O PC Farias e o Cabrini sequer desconfiaram que estavam sendo gravados".

Completamente à vontade, PC falou sem restrições, durante cerca de vinte minutos, sobre a fuga que completava três meses; a vida de fugitivo; os dias tranquilos como cidadão comum em Londres; as relações com o ex-presidente Collor; o desejo de se apresentar à Justiça brasileira; o receio de ser assassinado e a preocupação com represálias contra sua família.

No final da conversa, de acordo com o relato de Cabrini a este autor em 5 de abril de 2024, PC presenciou o momento em que o repórter mandou, para a redação da Globo, em São Paulo, um audiotape, texto transmitido por telefone no qual ele informou, sem dar a pistas do local do encontro, que tinha encontrado PC. Assim que terminou o audiotape, segundo Cabrini, PC pediu licença para fazer uma ligação telefônica e explicou:

– Olha, Cabrini, agora que você me descobriu e já noticiou para o Brasil, vou pedir sua licença e ligar para um jornalista que é meu amigo de longa data.

Cabrini disse a este autor que não se opôs e que se afastou, enquanto PC falava com o repórter Xico Sá. E, ao deixarem o apartamento de PC, já na madrugada londrina, Gilz e Cabrini, este entusiasmado ao ficar enfim sabendo que toda a conversa fora gravada, levaram a fita para a agência de notícias Visnews, na Newman Street, onde a Globo comprou uma transmissão de satélite para enviar o material bruto imediatamente para o Rio de Janeiro.

Àquela altura, o *Jornal da Globo*, então apresentado por Lillian Witte Fibe, já tinha ido ao ar aos trinta minutos da quinta-feira, 21 de outubro, garantindo o furo jornalístico com o audiotape de Cabrini sobre a descoberta de PC Farias. Mas era preciso manter a exclusividade da entrevista ao longo do dia, enquanto a matéria que teria nove minutos de duração era editada em Londres com narração de Cabrini.

O então gerente de operações da CGJ no Rio, Luiz Henrique Rabello*, temendo o risco de antenas parabólicas captarem a reportagem quando ela fosse transmitida para as antenas do Jardim Botânico no final da tarde, comprou sessenta minutos de geração paralela de satélite e, para disfarçar, identificou a operação, no relatório interno da emissora, como "Ligação de sessenta minutos para a Espanha". Uma operação de despiste semelhante estava sendo feita em Londres, como lembrou Carlos Schroder*:

"Nós tínhamos um receio enorme desses circuitos internacionais, que pudesse vazar a imagem do PC. Por isso, em vez de o Cabrini editar o material no escritório da Globo em Londres, a gente, para disfarçar, mandou que a edição fosse feita em uma produtora inglesa onde ele passou o dia inteiro, e onde, evidentemente, ninguém sabia quem era PC Farias. E, no final da tarde, em vez de usar a Embratel, nós usamos a linha de satélite paralela que tínhamos comprado. Fizemos uma confusão para ter o material e o resultado foi um show".

Não para a *Folha de S.Paulo*.

Em manchete de oito colunas com a tarja "Exclusivo", ilustrada por uma caricatura do fugitivo, um mapa com a localização da capital inglesa no mapa da Europa e o título "PC telefona e diz estar em Londres", a edição do jornal paulistano que começou a sair das rotativas da Alameda Barão de Limeira, região central de São Paulo, no final da madrugada daquela quinta-feira, ignorou o furo jornalístico que tinha sido dado horas antes, pouco depois da meia-noite, em rede nacional, para milhões de telespectadores, pelo *Jornal da Globo*. Em texto assinado pelo repórter Xico Sá, o jornal informou:

"Em telefonema à *Folha* por volta das sete e meia da noite de ontem, o empresário Paulo César Farias afirmou que está em Londres. 'Não posso dar entrevistas por respeito à Justiça, que pode tomar isso como afronta. Como digo num bilhete endereçado ao Brasil, tenho todo respeito ao Supremo Tribunal Federal, mas fui obrigado a me resguardar diante das decisões arbitrárias do juiz da 10ª Vara Federal de Brasília', disse".

Era o conteúdo do bilhete exibido para Cabrini e filmado por Gilz no apartamento de Maida Vale. Não havia mais nenhuma informação nova, fosse no texto que acompanhou a manchete da capa ou na notícia repetida e ilustrada com uma foto antiga, de arquivo, de PC ainda de bigode, na página interna do jornal. E não havia qualquer referência, naquela edição da *Folha*, ao endereço exato de PC em Londres, nem à presença, no apartamento dele, de uma equipe da Globo.

Na edição de domingo, 24 de outubro, dois dias depois de o *Jornal Nacional* exibir uma reportagem de nove minutos com PC Farias dizendo para Cabrini o que não dissera para ninguém até então, o que fez o Ibope saltar da média de 49 para um pico histórico de 80 pontos, a *ombudsman* Junia Nogueira de Sá, jornalista contratada para analisar regularmente, e de forma independente, o conteúdo da própria *Folha*, optou por dedicar sua coluna dominical ao comportamento da Globo no episódio.

Primeiro, baseada em um "há quem diga", encosto do jornalismo preguiçoso que um *ombudsman*, em tese, costuma condenar, sugeriu que tinha havido uma gravíssima infração ética da emissora na qual a reportagem de Cabrini fora, na verdade, resultado de uma troca de favores entre a Globo e a INTERPOL, esta interessada em informações sobre o advogado José Ramon Irribarra. Versão que a própria *ombudsman* considerou "fantasiosa", mas com a ressalva de que "nada é impossível".

A *ombudsman* também contrapôs, de um lado, a "relação modelar de fonte e jornalista" de Xico Sá com PC, e de outro, um "golpe de sorte de Cabrini". E criticou o *Jornal da Globo* por não comprovar "com imagens" o furo da descoberta de PC em Londres, tirando do telefonema do repórter da Globo a credibilidade que concedeu à ligação também telefônica de PC para Xico Sá no mesmo dia. Condenou ainda a Globo por guardar a entrevista para o *Jornal Nacional*, fazendo chamadas ao longo do dia, como "uma atitude indefensável do ponto de vista ético do jornalismo" que só se explicava como "uma tática de marketing dispensável na maior televisão do país", acrescentando:

"Desta vez, a emissora pagou o preço de sua prática de 'editar' informações para o público, mas já ocorreu o contrário outras vezes, e quem se lembra do debate presidencial entre Lula e Collor veiculado à beira do segundo turno, em 1989, sabe disso".

Junia Nogueira de Sá sugeriu ainda, sem mostrar evidências, que PC sabia que estava sendo gravado e que o telespectador da Globo, por isso, foi "enganado". Mas também contemplou a hipótese de a emissora, ao exibir uma gravação não autorizada, ter ultrapassado os limites do interesse público, desrespeitando a privacidade do empresário:

"Se PC não sabia mesmo que estava sendo filmado, o enganado foi ele. Mas não é o fato de PC ser um foragido da Justiça que justifica a atitude da Globo. Mesmo os bandidos têm direito à privacidade garantido por lei".

Trinta anos depois, Sergio Gilz não hesitou em justificar a decisão que tomou no apartamento de Maida Vale:

"Em primeiro lugar, se não fosse para gravar, eu não iria. Iria o Cabrini sozinho pra bater um papo com o PC Farias. Em segundo lugar, porque a vida inteira eu trabalhei com uma técnica que poucos colegas usam que é a de apagar minha câmera o tempo todo, para captar a verdade das pessoas e das situações. Em terceiro lugar, porque cumpri o meu papel que foi o de gravar. A decisão de exibir foi da emissora".

Carlos Schroder, em entrevista a este autor em 2024, justificou a decisão:

"Não houve nada de invasão de privacidade. A equipe foi recebida por ele. E o país inteiro queria saber onde estava o PC e o que ele tinha a dizer. Foi um belo furo de reportagem".

A revista *Veja*, no mesmo final de semana, sob o título "PC se entrega à Globo", elogiou o furo de Cabrini, mas também duvidou das investigações que ele fez junto à empresa Sanal e não acreditou que PC não soubesse que sua conversa no apartamento de Maida Vale estava sendo gravada. O que levou Alberico* a lamentar, em maio de 2003:

"Olha, isso dói na gente, no profissional. O trabalho foi exclusivo do Cabrini, com a minha conivência, a do Schroder, mas você ver uma revista da importância da *Veja* dizer que o PC havia procurado a TV Globo, porque ele precisava falar alguma coisa. Olha, é de uma desonestidade, e aí eu vi em todos os jornais: é o ciúme que a TV Globo provoca".

Xico Sá, em entrevista à revista *Trip*, em 16 de junho de 2014, confirmaria que a Globo também estava atrás de PC "com um batalhão de repórteres". Mas em artigo publicado um ano antes, em 7 de maio de 2013, sob o título "Como encontrei PC Farias", também tinha ignorado o furo dado pelo *Jornal da Globo* horas antes de sua manchete sair das rotativas da *Folha* para as bancas e assinantes. E disse que devia o suposto furo de encontrar PC "um dia antes da TV Globo" ao acaso. Mas ressalvou, irônico:

"Devo a uma cachaça – marca Divininha – com caldinho de sururu. Uma cachaça e espumas flutuantes, obviamente, em um boteco da Praia de Guaxuma. Foi lá que ouvi, de uma profundíssima garganta, que o tesoureiro do Collor estaria em *London London*. Corri para confirmar com minhas fontes na família Farias e arredores. Batata".

Já Alberico, ao lembrar os bastidores da reportagem, disse que chegou a trocar algumas palavras ao telefone com PC, a pedido dele, logo depois da entrevista no apartamento de Londres. E também tinha uma explicação bem-humorada para o êxito da operação jornalística. Uma certeza que manifestou ao próprio Cabrini no início da noite de 20 de outubro, quando o repórter disse que estava prestes a ser recebido por PC:

– Cabrini, ele vai te receber pra se livrar de você, porque você é muito chato, Cabrini. Ele não vai aguentar e ele vai te receber.

Concorrência, preconceitos, ciumeiras do jornalismo, satélites e rotativas à parte, se a entrevista com PC Farias acontecesse em 2024, trinta anos e uma revolução tecnológica depois, Cabrini e Gilz poderiam ter ido dormir mais cedo em Londres. A entrevista, inteira, áudio e vídeo, estaria disponível quase que imediatamente nas plataformas da Globo na internet. Assim como a ligação telefônica que PC fez para Xico Sá no Brasil.

Depois da entrevista.

CAPÍTULO 29

Pátria de quem?

– Fica aqui, quieto. Vou abrir o cofre. Se estiver faltando alguma coisa, eu vou te entregar para a polícia. Tá com medo por quê? Não tinha razão pra ter medo de polícia, negro insolente! Você pensa, rapaz, que você ia conseguir aprender alguma coisa? Então você não sabe que o cérebro de vocês é diferente do nosso?

– Não foi à toa que ela não aguentou e corneou o senhor. E já não foi sem tempo: ela devia ter corneado muito antes. Se houver justiça nesse mundo, doutor Raul, a outra vai cornear também.

– Negro sem vergonha! Vai se arrepender do dia em que nasceu. Negro!

Foi muito difícil. Em 2005, ao comentar a cena da novela *Pátria Minha* em que, no papel de "Raul Pelegrini", dono de um conglomerado de empresas envolvido em negócios inescrupulosos criado por Gilberto Braga, agride "Kennedy Lopes dos Santos", jardineiro de sua mansão interpretado pelo ator Alexandre Moreno, Tarcísio Meira* sentiu um grande desconforto:

"Eu não gosto de falar. Eu não vou falar, mas me machucou, foi difícil para mim. Uma cena de preconceito que foi uma violência contra mim. Quer dizer, o personagem às vezes submete você a experiências difíceis. Essa cena foi uma delas".

Moreno, citado em uma reportagem especial de André Carlos Zorzi sobre a presença do negro em novelas, publicada pelo jornal *O Estado de S. Paulo* em novembro de 2019, disse que Tarcísio ficou tão "desesperado" que os dois atores não paravam de se abraçar, emocionados, depois da gravação da cena. No caso do jovem intérprete de "Kennedy", o sentimento que o ator guardou daquele momento marcante da trama, exibida pela Globo no horário das oito e meia da noite entre julho de 1994 e março de 1995, foi contraditório:

"Fiz a cena com muita vontade de ser representante dessa denúncia. Ao mesmo tempo, pintou um certo constrangimento por estar ouvindo aquelas coisas".

A exibição da cena, trinta anos antes de a inclusão identitária se tornar um critério mandatório na escalação de elencos da Globo, provocou uma reação imediata de líderes e entidades do então chamado "movimento negro". Como lembrou Zorzi em sua reportagem, a advogada Vera Lucia Vassouras, de São Paulo, entrou com uma liminar, negada dias depois pela 15ª Vara Cível de São Paulo, pedindo a suspensão das cenas que contassem com "referências racistas". O argumento era o de que a novela atentava "contra a honra e a imagem dos cidadãos negros no país".

O SOS Racismo de São Paulo foi outra entidade que recorreu à Justiça, acusando os autores da novela de terem criado uma cena que "feria a autoestima da comunidade negra". E o sociólogo Luiz Carlos dos Santos, colaborador do Núcleo de Consciência Negra da Universidade de São Paulo, também protestou:

"Não adianta os autores da novela dizerem que queriam denunciar o racismo com aquela cena absurda, porque o negro da novela não está discutindo nada, está quieto, é vítima sem voz".

Sueli Carneiro, à época coordenadora-executiva do Geledés, Instituto da Mulher Negra, de São Paulo, pediu "direito de resposta" na Justiça pelo fato de a Globo veicular "imagens arcaicas" dos negros. Pediu também que Gilberto Braga fosse obrigado a inserir, na novela, uma cena em que, ao reagir à humilhação imposta por "Raul", "Kennedy" prestaria queixa em uma delegacia especializada em crimes raciais. Seu argumento:

"Essa atitude tão moderna da emissora e de seus autores de enfrentar o problema do racismo se apoia em imagens arcaicas e ultrapassadas dos negros, que até ao nível da historiografia oficial estão sendo objeto de críticas e revisões. Impossível que os globais não o saibam. Os personagens brancos da novela são ricos, pobres ou de classe média. Generosos, egoístas, progressistas, reacionários, ou seja, refletem a multiplicidade de situações e atitudes presentes na sociedade. Diferentemente, os personagens negros estão congelados num único estereótipo: são humildes, indefesos e servis".

Moreno, porém, também de acordo com a reportagem de Zorzi, considerou que a cena polêmica de seu personagem foi "a primeira oportunidade" em que se discutiu racismo "de uma forma verdadeira, não caricata":

"É preciso que as pessoas saibam que há muitos 'Raul Pelegrini' por aí, e que tomem posição a respeito. Fundamental, na questão do racismo, é encarar os preconceituosos de cabeça erguida, olhando dentro dos olhos para questionar a prepotência [...] Mas nada é sutil hoje em dia, e o choque é uma maneira de despertar as pessoas".

Além dele, outros atores negros que atuaram em papéis modestos na novela saíram em defesa de Gilberto Braga. Caso de Chica Xavier, a servente "Zilá":

"O racismo na nossa sociedade é bem pior. Entre patrão e empregado, nem se fala. O que o autor está fazendo só nos ajuda, porque leva as pessoas a se questionarem".

Clementino Kelé, intérprete do mecânico de automóveis "Avelino", marido de "Zilá", foi na mesma linha:

"Gilberto foi audacioso. As pessoas querem esconder quando um branco é preconceituoso, como o 'Raul', porque se negam a acreditar que ainda exista gente assim. Mas existe".

E Zeni Pereira, a "Isaura", personagem descrita no site da Globo como cozinheira "de mão cheia" da casa dos "Pelegrini", celebrou:

"Gilberto está lavando a alma de muitos negros gloriosos. Eu sei o que é o racismo".

Ouvido pela revista *Veja*, em reportagem sobre a repercussão da cena, o ator e diretor Milton Gonçalves, então com 61 anos e à época já um ícone tanto das conquistas quanto das frustrações dos artistas negros da Globo em décadas, criticou os ativistas por serem "muito desorganizados" e por não exigirem "papéis melhores". Mas confirmou a prática de racismo na definição de elencos da emissora, ressalvando, porém, que a luta deveria ser para que os negros tivessem "mais poder político e econômico". Zezé Motta, na época com 50 anos e uma atriz negra que, a exemplo da veterana Ruth de Souza, costumava ser convocada para papéis mais importantes no cinema e na televisão, não atuou em *Pátria Minha*, mas também participou da polêmica:

"Entendo o motivo que levou pessoas do movimento negro à revolta. Também gostaria que o caminho do 'Kennedy' fosse outro, mas sei que o que aconteceu com ele nada mais é do que o reflexo do que se passa no país".

E havia muito tempo que era assim, Zezé Motta poderia dizer. Dez anos antes, em *Corpo a Corpo*, folhetim das oito e meia exibido entre novembro de 1984 e junho de 1985, e que Artur Xexéo e Mauricio Stycer, autores do livro *Gilberto Braga: o Balzac da Globo*, consideraram "a primeira novela da era moderna a colocar em destaque entre os personagens principais um casal inter-racial", Zezé fez o papel da arquiteta "Sônia", que se apaixonava pelo engenheiro "Cláudio", vivido por Marcos Paulo, o que à época causou grande repercussão, ainda que não da maneira que seria desejável, como registraram Xexéo e Stycer:

"O que mais repercutiu não foi a corajosa forma encontrada pelo novelista para falar do assunto, mas a reação do público. A imprensa especializada preferiu destacar os ataques aos atores envolvidos na trama, em especial Zezé Motta e Marcos Paulo. O ator relatou que sua secretária eletrônica ficou entupida de recados racistas. Já a atriz revelou que foi muito assediada nas ruas por fãs que diziam que ela era uma sortuda por ter conquistado 'um gatão branco'. Zezé também ouviu ameaças e ofensas mais pesadas, como a de que não tinha o direito de beijar um homem branco bonito".

E quem poderia imaginar, nos mesmos anos 1980, um *happy ending* de novela das oito em que a heroína branca, estrela máxima do elenco da Globo, se entregasse a um beijo apaixonado de um ator negro de um metro e noventa de altura?

Esse foi, em 1985, de acordo com entrevista de Boni a este autor em 10 de abril de 2024, um dos finais alternativos gravados para *Roque Santeiro*, fenômeno de audiência que terminou, como o Brasil inteiro viu, com uma citação do clássico do cinema *Casablanca* na qual a "Viúva Porcina" interpretada por Regina Duarte se despedia de "Roque", personagem de José Wilker, na porta de um avião, e voltava sorridente para os braços do "Sinhozinho Malta", papel antológico de Lima Duarte.

Além do final "oficial" que foi ao ar em 21 de fevereiro de 1986, e de um outro no qual "Porcina" embarcava no avião e partia com "Roque", este posteriormente exibido pelo *Fantástico* como curiosidade, houve um terceiro, nunca exibido pela emissora, gravado por Regina Duarte e Tony Tornado, intérprete de "Rodésio", o empregado fiel e tratado como um escravizado pela "Viúva Porcina", e que também aparecia em cena nos desfechos gravados com Lima Duarte e Wilker. Mas era um final inter-racial tão impossível que, segundo Boni, não houve nem preocupação com roteiro ou acabamento:

"Foi só pró-forma. Não sei nem o que foi gravado. Era *fake*, nada pra valer. Eu e o Daniel já sabíamos o que seria".

Ao confirmar sua participação no final supostamente alternativo de *Roque Santeiro* tanto para o Memória Globo quanto para o documentário *A Negação do Brasil*, lançado em 2000 pelo diretor Joel Zito Araújo, Tornado fez mistério sobre o que aconteceu, ou não, em cena:

"Quem estava na cena sabe. Fizeram... eu não sei se foi para enganar o telespectador também, mas tem um final em que o 'Rodésio' fica com a 'Viúva Porcina'. Mas não foi ao ar".

Se Tony Tornado não teve como avaliar quais seriam as reações da sociedade a um suposto final de *Roque Santeiro* em que seu personagem ficava com "Porcina", o papel de "Capitão do Mato" interpretado por ele também em 1985, na novela *Sinhá Moça*, foi alvo de hostilidade dos próprios negros. Seu papel, descrito no site da Globo como o de "um cão perdigueiro cuja vida foi dedicada à perseguição de escravos fujões", teve um preço pago na vida real:

"Sofri historicamente, claro, pelo personagem, e sofri na vida particular, que era uma coisa de transferência. O povo fazia transferência mesmo, de que eu era um negro branco, que eu dava porrada na negrada e que eu não gostava de preto. Nessa época eu tive problemas, meu carro vivia arranhado".

Ao contextualizar seu personagem e falar sobre os capitães do mato dos tempos da escravidão, Tony fez uma referência à situação dos negros no Brasil dos anos 1980:

"Não é que eles fossem contra negros, era meio de sobrevivência, de subsistência. Se você olhar direito, até hoje ainda tem. Todo carro de polícia tem um negão, por quê? Porque tem mais gente negra do que branca no ponto de ônibus".

Na mesma década de 1980, até na Central Globo de Jornalismo, vez por outra, brotavam manifestações do que futuramente seria definido como racismo estrutural. A apresentadora Leda Nagle*, por exemplo, lembrou o susto que tomou ao ouvir, pelo ponto eletrônico, durante uma entrevista ao vivo com o cantor Otávio Henrique de Oliveira, o Blecaute, para o *Jornal Hoje*, a reclamação de um chefe então recém-chegado de São Paulo à Globo carioca e que ela não quis identificar. Incomodado com a fala às vezes arrastada de Blecaute, decorrente da medicação que ele tomara após uma internação hospitalar, um dos assuntos da entrevista, o diretor, segundo Leda, perguntou:

– Por que você continua insistindo em entrevistar esse negão maluco, bêbado?

Sem poder reagir no ar, Leda apenas imaginou a resposta que acabaria não tendo coragem de dar ao chefe, depois daquela edição do *Jornal Hoje*:

"Minha vontade era de falar: 'Olha aqui, você que é o ignorante, não sabe com quem eu estou falando, não vê que eu estou falando com o Blecaute, que ele não está bêbado? Você não lê jornal?'".

Evidências das tensões e contradições de natureza racial nunca deixariam de acontecer ao longo dos anos, logo abaixo da superfície, no cotidiano da emissora, incluindo, por exemplo, o palco do programa *Xuxa Park*, no ar na mesma época em que *Pátria Minha* foi exibida. Sobravam "paquitas" louras como a apresentadora, e não havia sequer uma menina negra entre elas. E até por esse motivo, as expectativas, em março de 1995, como registrou Mauricio Stycer, em reportagem da *Folha de S.Paulo* do dia 18 daquele mês, giravam em torno da possibilidade de a estudante Michelle Martins ser escolhida como a primeira "paquita" negra do programa.

Mais de duas mil e quinhentas garotas, segundo Stycer, tinham feito inscrição para disputar meia dúzia de vagas e, depois de um primeiro corte, restaram cento e vinte. Após uma segunda seleção, sobraram vinte e, antes mesmo do resultado que acabaria não a contemplando, Michelle, futura atriz profissional, defendeu a apresentadora:

"Não é preconceito da Xuxa. As meninas é que nunca se candidataram".

Cobrada posteriormente, nas redes sociais, acusada de hipocrisia por fazer campanha contra o racismo, Xuxa, segundo o site do Geledés, transferiu a responsabilidade pela escolha das paquitas à "diretora do programa", sem se referir explicitamente a Marlene Mattos, com quem estava rompida.

No caso das cobranças em relação à cena de Tarcísio Meira e Alexandre Moreno em *Pátria Minha*, Gilberto Braga, dizendo-se "pasmo" com as reações, viu-se obrigado a dizer que era "antirracista" e a avisar, como lembrou Nilson Xavier, que os militantes do movimento negro estavam sendo precipitados por não esperarem, no desenvolvimento da trama, um momento em que o personagem "Avelino", padrinho de "Kennedy", confrontaria o racista "Raul":

"Essas cenas vão mostrar o confronto que os negros estão pedindo".

Sérgio Marques, colaborador de Braga e coautor da novela, também citado na reportagem de Zorzi para o *Estadão*, reagiu em defesa da trama:

"Uma coisa é protestar contra algo que se julga injusto. Outra é querer determinar como se deve tratar um personagem numa história. Isso é um despropósito".

A direção da Globo, porém, em uma postura que se repetiria ao longo dos anos em polêmicas relacionadas ao racismo, a de não esticar muito a corda nem na defesa irredutível de seus autores com base na liberdade de criação e expressão, nem na capitulação automática às queixas da militância que ainda não era chamada de movimento identitário, prometeu às entidades negras, como compensação, incluir em *Pátria Minha* uma cena em que a personagem de Chica Xavier, a "Zilá", condenava o racismo.

Um ano depois de *Pátria Minha*, o autor Silvio de Abreu, ao definir um dos principais núcleos da novela *A Próxima Vítima*, adotaria um olhar diferente para a temática do racismo: criou uma família de classe média de negros, os "Noronha", composta por "Cléber", papel de Antônio Pitanga, "Fátima", interpretada por Zezé Motta, e pelos filhos "Sidney", "Jefferson" e "Patrícia", vividos respectivamente por Norton Nascimento, Lui Mendes e Camila Pitanga. E na família Noronha, o assunto principal não era o preconceito:

"Eu achava que toda a vez que o negro aparecia na televisão, ele vinha para reclamar. E aí ninguém gostava porque ninguém gosta de gente reclamando. Toda vez que aparecia uma família de negros, falavam: 'Ah! Meu Deus, ninguém gosta da gente!'. É muito chato. Eu disse para o Pitanga, para a Zezé Motta e para os outros atores que eu queria uma família que desse identificação do público".

E deu, de acordo com uma pesquisa encomendada pela Globo na época, citada em reportagem de Armando Antenore para a *Folha de S.Paulo*, e na qual a maior parte dos telespectadores do Rio e de São Paulo se identificava e batia palmas para os personagens negros da novela. O mesmo Antenore destacou, em seu texto, como um exemplo do então chamado "racismo cordial" que Silvio de Abreu expôs na novela, um diálogo de "Sidney", no início de um tórrido romance com "Carla", papel da atriz branca Mila Moreira, em uma casa noturna de São Paulo. Começava com ela:

– Nunca pensei que iria me interessar por um cara como você...
– Um negro?
– Nada disso. Um gerente de banco.
– O que você tem contra gerentes de banco?
– O salário.
– Ninguém é perfeito...
– Nós somos... pelo menos dançando. Está todo mundo nos olhando.
– Não é para menos... Fred Astaire e Ginger Rogers em *black and white*. Um negro e uma branca dançando num *nightclub* destes só podem chamar a atenção.
– Eu devo ter algum tipo de personalidade frustrada, porque adoro chamar atenção.

A sutileza de Silvio de Abreu, na abordagem da questão racial, seria uma exceção e praticamente desapareceria das salas de roteiro da Globo a partir da década de 2010, quando o engajamento radical da dramaturgia da emissora na temática e na militância identitária se tornou dominante. Mas 1994, com a exibição de *Pátria Minha*, como registraria a colunista Cristina Padiglione na *Folha de S.Paulo* em janeiro de 2021, será lembrado como o ano em que os brasileiros aprenderam a "admitir que racismo existe no Brasil". E Cristina acrescentou:

"Um sistema de cotas no ensino superior foi criado para que se começasse a corrigir distorções seculares, mas isso não tem sido suficiente para entendermos a perseguição sistemática que os negros sofrem em situações que aos brancos parecem tão banais. Oxalá as novelas de grande alcance continuem a martelar sobre o tema. Há muito o que mostrar, há muito o que debater, há muito o que corrigir. Só não vê quem não quer enxergar".

O ator Fábio Assunção foi testemunha e protagonista do que a história da Globo ensinou se tratar de um dilema racial por enquanto insolúvel da dramaturgia da emissora. Intérprete do personagem "Rodrigo Thompson Laport", um arquiteto recém-formado contratado como estagiário na empresa do vilão "Raul Pelegrini" em *Pátria Minha*, Fábio tinha 23 anos quando gravou outra cena da novela em que o racismo foi exposto, sem anestesia, por Gilberto Braga.

Um carro onde estão dois brancos, "Rodrigo" e a irmã "Alice", interpretada por Cláudia Abreu, e "Kennedy", o jardineiro negro, aproxima-se de uma blitz policial e "Rodrigo", que está ao volante, avisa que se trata de uma rotina e que eles não serão parados. "Kennedy", no entanto, sabe que sua presença no carro fará os policiais pedirem a revista, e é o que acontece. E mais: os agentes, muito gentis com "Rodrigo" e "Alice", comportam-se de forma bem mais agressiva com "Kennedy", mesmo sob protestos da personagem de Cláudia Abreu.

Em abril de 2006, ao comentar a questão da representatividade dos negros nas novelas da Globo, Fábio* expôs, em poucas linhas, e talvez tivesse de pensar duas vezes antes de fazê-lo nos anos 2020, a desafiadora equação da temática e da política de elenco de novelas e minisséries da emissora, na questão do racismo:

"Dizem que em novela o motorista é sempre negro. Eu acho que a Globo, a gente, está num país onde os negros têm menos acesso do que os brancos à educação. É uma coisa que você vê. Então, não adianta a Globo colocar motoristas brancos, empregadas brancas. Acho que o que a gente faz nas novelas é um retrato do que os autores e os diretores estão vendo na sociedade. Acho que tem que mudar o país para mudar a dramaturgia. Mas é um tema difícil, também, porque às vezes, pensando assim, você pode estar contribuindo também para alimentar o racismo".

– Negro sem vergonha! Vai se arrepender do dia em que nasceu. Negro!
O país ou a dramaturgia?

Quero ver quem fala

Ele já tinha escrito *Vale Tudo* e *O Dono do Mundo*.

Com *Pátria Minha*, completaria a trilogia na qual, como registraram Artur Xexéo e Mauricio Stycer em *Gilberto Braga: o Balzac da Globo*, pretendia "expor a elite predadora sem consciência social e com aversão aos pobres, negros e gays" do país. Por parte da Globo, embora a emissora tenha determinado, em comunicado oficial, que em 1994, ano de eleição presidencial, estavam proibidas "quaisquer referências à campanha eleitoral ou a partidos, bem como entrevistas com candidatos e políticos, nos programas de entretenimento", o caminho estava livre para que os autores da dramaturgia da emissora criassem à vontade em temas relacionados à realidade brasileira.

Antes, em *Fera Ferida*, exibida entre novembro de 1993 e julho de 1994, e que seria substituída por *Pátria Minha* no horário das oito e meia, Aguinaldo Silva, Ana Maria Moretzsohn e Ricardo Linhares tinham feito, da fictícia "Tubiacanga", segundo Linhares, "uma grande metáfora do Brasil", ao reconstituir na trama o histórico escândalo dos "anões do orçamento", versão anos 1990 das fraudes escondidas no "orçamento secreto" do Congresso nos anos 2020. Com personagens e tramas inspiradas na obra do escritor Lima Barreto e elementos de realismo mágico, os 204 capítulos de *Fera Ferida* mergulharam fundo nos temas da vingança e da cobiça. Nas palavras de Linhares:

"A elite política e intelectual de 'Tubiacanga' manipulava a população. Todos eram ladrões, corruptos e gananciosos, e alguns eram assassinos. Nós brincávamos com isso para falar de Brasília e do Brasil".

Aquele momento do horário nobre da Globo levou Antonio Medina, crítico, professor e doutor em língua e literatura gregas da USP, a dizer à *Veja* algo que não se ouvia com frequência, no mundo acadêmico, sobre as telenovelas, gênero quase sempre carimbado como alienante:

"Há muito tempo o telespectador deixou de ver a novela como evasão. Sabe que está assistindo a uma crônica de sua época e, nesse sentido, se sente afetado pelo que a crônica mostra".

A ideia de *Pátria Minha* nascera nesse contexto, a partir de um poema homônimo de Vinicius de Moraes, em momento de entusiasmo de Gilberto Braga com o *impeachment* de Fernando Collor e no qual, como ele disse ao jornal *O Globo* em julho de 1994, percebia "uma gana geral de pôr fim à impunidade e aos abusos", sentimento que não cultivava em 1988, quando escreveu *Vale Tudo*:

"Começamos a falar de amor à pátria e eu lembrei do poema do Vinicius. Li em voz alta e todos acabamos achando que era um bom tema".

O que aconteceu, então, de errado, com *Pátria Minha*, para que a novela terminasse com uma média 43 pontos no Ibope, índice abaixo do esperado pela Globo na época? Qual a explicação para o revés, no terço final da trilogia em que, em vez do olhar impiedoso e desencantado dominante de *Vale Tudo* e de *O Dono do Mundo*, Gilberto abraçara uma visão que Nilson Xavier chamou de "ufanista", como se o autor estivesse dizendo que, sim, valia a pena viver honestamente no Brasil? No balanço feito em 2001, Gilberto[*] reconheceu:

"Eu acho que foi um erro, eu nunca mais quero, se eu tiver um assunto assim como esse de *Pátria Minha*, eu vou fazer uma minissérie [...]. Por uma série de fatores, acabou que a novela saiu uma bela porcaria no final e eu queria morrer".

Gilberto juntava, no combo "série de fatores", a decisão de explorar a relação entre o empresário "Raul Pelegrini" vivido por Tarcísio Meira com "Lídia Laport", uma alpinista social decadente interpretada por Vera Fischer que arma um plano para separá-lo de sua esposa e casar-se com ele; os graves problemas conjugais da própria Vera, que levaram a direção da Globo a determinar que o autor eliminasse a personagem num incêndio, junto com o então marido Felipe Camargo, um papel menor na trama; a quantidade inadministrável de núcleos e personagens; e o que Gilberto chamou de "seriedade demais":

"Não sei como eu entrei numa novela com tanta gente, porque estava errado, seriedade demais. Acho que em novela de televisão a gente tenta comover, tenta fazer uma coisa com alguma substância, mas o tema principal de *Pátria Minha* eu acho que eu não devia ter posto numa novela porque era sério demais".

A novela, como lembrou Nilson Xavier, abordava a questão dos brasileiros que buscavam trabalho nos Estados Unidos, problemas de moradia, racismo, adultério feminino e virgindade, entre outros temas. Boni, de acordo com o livro de Xexéo e Stycer, queria que *Pátria Minha* fosse uma espécie de "*Vale Tudo 2*" e achou que Gilberto, além de mudar o rumo original da história e se arriscar, tratando a realidade brasileira de modo explícito em ano eleitoral, carregou demais num tom considerado por alguns "panfletário", com muitas menções à Ação da Cidadania Contra a Fome, a Miséria e pela Vida, movimento então criado pelo sociólogo Herbert de Souza, e mensagens frequentes de pregação do uso de preservativos contra a aids.

O Brasil de 1994 talvez estivesse mais dividido do que Gilberto Braga desejava ou imaginava. Por um lado, sim, um presidente tinha renunciado havia pouco tempo para fugir de um *impeachment* iminente por corrupção; o Plano Real dera um basta na inflação que vinha devastando o bolso dos brasileiros por anos a fio; a seleção finalmente conquistara o tetra no futebol; e a televisão vivia, além de uma fase marcada por várias novelas e minisséries importantes, um momento que alguns à época chamaram de "*boom* libertário" e no qual, como lembrou o colunista Tony Goes, da *Folha de S.Paulo*, "apresentadoras de programas infantis usavam figurinos dignos de *chacretes*, Carla Perez dançava na boquinha da garrafa em horário vespertino, e a criançada a imitava; Claudia Raia mergulhou nua no mar, na novela *Rainha da Sucata*; e uma modelo exibia os seios na abertura de *Mulheres de Areia*".

Por outro lado, nem todos os telespectadores aprovavam a quantidade de sexo então exibida pelas emissoras, muito pelo contrário; a eleição fácil de Fernando Henrique havia sido resultado mais dos alívios do Plano Real do que da paixão política dos tempos da minissérie *Anos Rebeldes*; Ayrton Senna tinha morrido tragicamente, traumatizando milhões de brasileiros; e uma parcela dos telespectadores, independentemente do contexto político ou social do país naquele momento, não levava mesmo muito a sério tramas dicotômicas que demonizavam os ricos e idealizavam os pobres. Nas palavras do autor Antonio Calmon à *Veja*:

"É como diz Joãozinho Trinta: ninguém quer ser pobre. Ninguém acha honesto e justo ser pobre. É só na televisão que ser pobre é uma coisa digna".

Pelo lado dos "demonizados", a edição da *Veja* de 16 de novembro de 1994 registrava que os ricos de São Paulo também se sentiam "uma classe rotulada" pelas novelas, e que o fundador da empresa aérea TAM, "comandante"

Rolim Amaro, por exemplo, contrariado com o personagem "Raul Pelegrini" de Tarcísio Meira, queixava-se de "preconceito contra os empresários" em *Pátria Minha*.

Esther Hamburger, em sua coluna da *Folha de S.Paulo* de 13 de março de 1995, depois de elogiar a sensibilidade de Gilberto em *Vale Tudo* e na minissérie *Anos Rebeldes*, disse que em *Pátria Minha* o autor não teve a mesma capacidade de interpretar o momento que o país vivia. Para ela, a novela que "parecia chamar atenção para uma certa responsabilidade de todos com a construção de um país mais justo" sofreu uma "lenta agonia" até sair do ar por causa de um risco inerente ao próprio formato dramatúrgico:

"Por ser escrito e gravado ao mesmo tempo que vai ao ar, o folhetim eletrônico é capaz de estabelecer uma sintonia fina com o público. Quando 'pega', constitui-se em um verdadeiro repertório nacional, através do qual vários debates e conflitos políticos e morais se atualizam. Mas 'antenar' tensões e expectativas de telespectadores, mulheres e homens dos mais variados segmentos sociais, é uma função delicada".

Delicada era apelido.

Na primeira metade dos anos 1990, a porção mais conservadora do público, que reclamava mas continuava assistindo às novelas da Globo, encontrou eco em várias edições da então poderosa e influente revista *Veja*. Na de 8 de janeiro de 1992, por exemplo, a *Veja* oferecia um olhar com toques de Sigmund Freud para os folhetins de todas as emissoras:

"A novela serve pra deixar fluir todas as fantasias escondidas da classe média e do povão, como, por exemplo, o incesto. Nas novelas há sempre o filho que não sabe quem é a mãe, um irmão se apaixona pela irmã sem saber. São fantasias, instintos humanos, não são coisas condenáveis. O incesto, na maioria das novelas, porém, está presente de uma maneira muito mais sutil. São os casos dos filhos que não sabem quem são os pais, os mistérios do passado, a procura da paternidade. A novela sublima esses conteúdos reprimidos. O incesto realizado é uma tragédia grega, mas a fantasia do incesto é permitida e até a lúdica".

Em outra edição, agora em 24 de junho daquele ano, em reportagem sobre a exibição, pela rede OM, do filme *Calígula*, do diretor Tinto Brass, a revista afirmava que as emissoras brasileiras vinham recorrendo a "cenas e referências mais explícitas de sexo". Criticava o personagem "Jorge Tadeu", então protagonizado por Fábio Jr. na novela *Pedra Sobre Pedra*, que despertava o apetite sexual das mulheres mesmo depois de morto; os planos ousados nas cenas de Alexandre Frota e Silvia Pfeifer na minissérie *Boca do Lixo*; e o nu masculino que seria, segundo a *Veja*, a "atração principal" da novela *Despedida de Solteiro*, de 1992. Até a *Sessão Aventura* foi criticada por supostamente exibir "filmes cheios de cenas de sexo".

Com o título "João que era Maria" e um subtítulo em que antecipava que *Renascer*, de Benedito Ruy Barbosa, apelaria para "uma aberração sexual", a edição da *Veja* de 3 de março de 1993 não escondia a contrariedade com a personagem hermafrodita "Buba", papel da atriz Maria Luísa Mendonça, trinta anos antes do *remake* da novela feito pela Globo e no qual a mesma personagem seria interpretada pela atriz trans Gabriela Medeiros, agora lutando contra os estigmas de sua identidade de gênero. A revista fez ainda uma sugestão irônica de "possibilidades" a serem exploradas pelos autores da Globo:

"Marília Pêra viver um caso tórrido de amor com um canguru, Francisco Cuoco fazer o papel de irmãos siameses, Glória Menezes vivendo um travesti cego, surdo e ninfomaníaco, e Tarcísio Meira como um homem-tronco tarado".

A revista fazia ainda uma comparação depreciativa de "Buba" com "Diadorim", personagem do romance *Grande Serão: Veredas*.

"Com a diferença que Guimarães Rosa, na sua complexa obra-prima, estava fazendo arte, descobrindo a vida. Nas novelas, o que se faz, cada vez mais, é sensacionalismo vulgar".

Restaria, aos autores da Globo dos anos 1990, o consolo de saber que, também em Hollywood, como mostrou Ruy Castro em sua coluna de 6 de fevereiro de 2022 na *Folha de S.Paulo*, demorou muito até que suas estrelas, por exemplo, tirassem a roupa na tela:

"Em 1934, quando Clark Gable tirou a camisa em *Aconteceu Naquela Noite*, de Frank Capra, houve um *frisson* na plateia ao descobrirem que ele não usava camiseta por baixo. Mas levaria 26 anos para que uma grande estrela americana aparecesse 'nua' na tela em 1960 (embora não se visse nada): Janet Leigh, na cena do chuveiro em *Psicose* de Hitchcock. E outros cinco para Hollywood mostrar nitidamente um par de seios. Foi em *O Homem do Prego* (1965), de Sidney Lumet, e, mesmo assim, era uma figurante sem crédito. No resto do mundo era bem diferente. Brigitte Bardot em *E Deus Criou a Mulher*, de Roger Vadim, em 1956, e Norma Bengell em *Os Cafajestes*, de Ruy Guerra, em 1962, já tinham mostrado tudo – e o mundo vibrou".

Vai entender

Cerca de um ano antes de o mestre Gilberto Braga querer morrer com os tropeços de *Pátria Minha* na loteria das preferências dos telespectadores da estratégica "novela das oito", à época já entrando no ar às oito e meia, um *remake* cuja inspiração incluiu até uma história do cinema americano de 1946 conseguia obter, no horário das seis da tarde, uma média histórica de 50 pontos no Ibope da Grande São Paulo, um fenômeno para a faixa de dramaturgia apelidada de "prima pobre" na Central Globo de Produção, e da qual as principais estrelas do elenco da emissora fugiam de forma sistemática.

Era *Mulheres de Areia*, cujos 201 capítulos, exibidos entre fevereiro e setembro de 1993, a então veterana Ivani Ribeiro baseou, convém prestar atenção para não se perder, em um combinado múltiplo de obras anteriores suas: a novela *O Espantalho*, exibida pela Record em 1977; uma versão de *Mulheres de Areia* exibida pela Tupi em 1973 e inspirada em uma radionovela de sua autoria, *As Noivas Morrem no Mar*, de 1965, por sua vez inspirada no filme *Uma Vida Roubada*, ou *A Stolen Life*, dirigido pelo alemão Curtis Bernhardt e estrelado por Bette Davis. O eterno fascínio do tema da rivalidade entre gêmeos, segundo o diretor Wolf Maya*, explicava, em parte, o fenômeno de audiência:

"A melhor história do mundo é aquela que se consegue descrever em uma linha. Você fala: 'duas irmãs disputando o amor de um mesmo homem e ali valia tudo para uma delas'. Pronto. É a *storyline* de *Mulheres de Areia*".

A trama se passava na fictícia "Pontal D'Areia", cidade litorânea onde "Ruth", descrita na sinopse da novela no Memória Globo como "uma professora doce, calma e de bom coração", ao retornar à terra natal, reencontra a irmã "Raquel", "gêmea egoísta, agressiva e má" que lhe rouba o namorado "Marcos", um empresário bem-sucedido interpretado por Guilherme Fontes.

Mas não foi apenas a atração irresistível pelo conflito entre gêmeos. Wolf Maya também teve, à sua disposição, além de Gloria Pires em uma dupla interpretação que críticos como Nilson Xavier situaram entre as melhores de sua carreira, um processador de vídeo chamado Ultimate e um microcomputador *Memory Head* capaz, como o nome sugeria, de memorizar os takes e os enquadramentos, dispensando a equipe técnica da obrigação de "travar" a câmera, como tinha acontecido na edição das cenas em que os gêmeos interpretados em 1981 por Tony Ramos, por exemplo, interagiam na novela *Baila Comigo*. Foi um presente para Maya, especialmente na hora de gravar as cenas em que as duas irmãs, Gloria e a atriz dublê Graziela de Laurentis, brigavam:

"Você via a 'Ruth' e a 'Raquel', uma sacudindo a outra, e batendo na cara uma da outra. Mostrávamos as duas mesmo. Foi uma delícia. Não era como os gêmeos de Tony Ramos [...] Estávamos no auge de Spielberg, toda a interferência da tecnologia dentro da arte dramática. E eu estava fascinado por isso. O mundo estava fascinado por isso. E quisemos trazer isso para a televisão".

Wolf Maya também se impressionou com a capacidade de memorização, no caso, de Gloria Pires, para garantir a continuidade de suas personagens, sabendo exatamente onde estava com a mão ou de que forma havia mexido nos cabelos, durante as cenas em que as gêmeas conversavam. Além da disciplina de Gloria, ao dialogar com fitas-crepe pregadas nas paredes do cenário pela equipe técnica como referências, a atriz era fiel à sua própria decisão de inspirar sua "Ruth" na atuação de Eva Marie Saint no filme em *Sindicato de Ladrões*, do diretor Elia Kazan.

Dava mais audiência que *O Mapa da Mina*, novela das sete que à época enfrentava problemas de produção que levaram a direção da Globo até a cogitar a troca de posição com *Mulheres de Areia* na grade de programação da emissora. E, exatamente por esse motivo, algumas estrelas do elenco da Globo reformularam suas posições a respeito das novelas das seis. O ator Raul Cortez*, intérprete do ambicioso e prepotente "Virgílio Assunção", rico empresário que era pai do personagem "Marcos", contou em 2002 que ficou impressionado:

"A repercussão foi extraordinária, foi um grande sucesso. Eu lembro que tinha sido convidado pra participar da novela e não tinha muita vontade porque era um horário meio ingrato, novela das seis, horário péssimo pra qualquer ator fazer novela, muito, muito chato. E não tinha repercussão nenhuma. De repente, houve um pico de audiência fantástico, houve esse levantamento do horário das seis e acho que devido a esse sucesso de *Mulheres de Areia*. Foi ótimo ter feito, um marco. Eu viajo até hoje e falam do tal 'Virgílio'".

"Se pudesse, Gloria Pires votava em Yeltsin."

A intérprete das gêmeas "Ruth" e "Raquel" mal poderia imaginar que, em 1996, durante as eleições gerais da Rússia, então coincidentes com o auge do sucesso de *Sekret Tropikanki*, ou '*O Segredo de uma Mulher Tropical*', versão de *Mulheres de Areia* em exibição pela emissora estatal do país, os dirigentes da campanha de reeleição do presidente Boris Yeltsin, na época à beira de ser aposentado com apenas 2% das preferências nas pesquisas eleitorais, deturpariam completamente, com a manchete mentirosa, uma entrevista que Gloria concedera inocentemente à imprensa oficial russa por intermédio de José Roberto Filippelli, executivo de vendas da Globo no exterior.

O episódio, contado no livro de memórias de Filippelli, *A melhor televisão do mundo: meus tempos de Globo na Europa*, foi apenas uma das imoralidades que o antecessor de Vladimir Putin promoveu para vencer o candidato do Partido Comunista Guennadi Ziuganov, e que, fora outros golpes eleitoreiros, incluíram, no campo da comunicação, a programação de três capítulos seguidos de *Sekret Tropikanki* no domingo do feriadão eleitoral para, desse modo, evitar que os russos viajassem para suas casas de campo, permanecendo na cidade e aumentando a frequência das zonas eleitorais. A Gloria Pires restaria o consolo de negar enfaticamente seu envolvimento na campanha russa, em um depoimento para o *Jornal Nacional*, a onze mil e quinhentos quilômetros de Moscou.

No Brasil, o sucesso do *remake* de *Mulheres de Areia* levaria a Globo a encomendar a Ivani Ribeiro a reciclagem de outra de suas novelas, *A Viagem*, inspirada na filosofia de Allan Kardec, o codificador do espiritismo, e exibida originalmente pela Tupi entre 1975 e 1976. O *remake*, exibido pela Globo entre abril e outubro de 1994 no horário das sete da noite, além de atenuar as dores da CGP com os problemas de *Pátria Minha* no horário nobre, seria um dos grandes sucessos da dramaturgia da emissora nos anos 1990, tornando-se, também, o recordista de reapresentações da Globo, com duas exibições no *Vale a Pena Ver de Novo* e três no canal Viva.

Em caso de dúvida, portanto, na hora de fazer uma aposta dramatúrgica na loteria do Ibope, para evitar a vontade de morrer que acometeu Gilberto Braga em *Pátria Minha*, o melhor então seria optar por um bom *remake*? Em 2002, Carlos Lombardi*, veterano de treze novelas da Globo, relembrando e antecipando reciclagens malsucedidas que não pouparam clássicos como *Guerra dos Sexos*, *Irmãos Coragem*, *Pecado Capital*, *Selva de Pedra* e *Saramandaia*, ofereceu uma receita em forma de banho de água fria:

"Não é uma questão de talento este assunto. Este assunto é química. Aí você joga e vê se dá certo. É como fazer receita nova que você acabou de pegar no programa de televisão. Você nunca sabe na primeira vez se vai dar certo. Televisão é assim. Se você fizer três vezes o mesmo macarrão, o público começa a enjoar. Então, você precisa apelar para receita nova, mas faz parte da receita nova se perguntar: 'Será que esta merda vai dar certo?'".

O balanço da academia

"Família. Honra. Terra. Estas eram as três únicas justificativas para uma mulher brasileira viver no século 19. Maria Moura tinha apenas 17 anos quando perdeu, uma a uma, as razões de sua existência. Primeiro, encontrou sua mãe morta. Depois, foi seduzida pelo padrasto e provável assassino da mãe. Finalmente, teve a posse de suas terras ameaçada por primos gananciosos. Mesmo diante da desgraça, Maria Moura se recusou a aceitar o papel submisso reservado à mulher na sociedade patriarcal e opressora da época."

A sinopse, postada no site do crítico e pesquisador Nilson Xavier, não era sobre *Memorial de Maria Moura*, último romance de Rachel de Queiroz, lançado em 1992, quando a autora cearense, considerada por muitos a maior escritora do Brasil, tinha 81 anos. Era sobre a minissérie *Memorial de Maria Moura*, adaptação do livro em 24 capítulos, escrita por Jorge Furtado e Carlos Gerbase e exibida pela Globo entre maio e junho de 1994, sob direção artística de Carlos Manga, e tendo Gloria Pires em outro dos grandes momentos de sua carreira na televisão.

"Eu exigi deles um atestado que dizia que era uma adaptação livre do original homônimo. Aceitei tudo porque eles pagavam em *cash* para a gente, e em dólar. De uma única vez, foram sessenta mil dólares. Eles abusaram de duas coisas de que eu não gosto, sexo e violência, que não existem no meu romance."

"Eles" eram a Globo. Mas o descontentamento da autora, mesclado ao pragmatismo financeiro da escritora, em uma das respostas de Rachel de Queiroz, na entrevista que ela deu às páginas amarelas da *Veja* em 1996, dois anos depois da exibição da minissérie, foi um pouco diferente do que a ela dissera logo após o capítulo final, exibido em 17 de junho de 1994. Na época, apesar das modificações feitas na adaptação de Furtado e Gerbase, entre elas o final diferente, com o assassinato de "Maria Moura", em vez do desfecho vitorioso do romance, ela disse:

"Eles não mudaram a história; adaptaram, e muito bem. O texto escrito diverge frontalmente daquele destinado à imagem. Mas tudo o que divulga o trabalho de um autor deve ser recebido com agrado".

A contradição da imortal remetia a um debate aberto nos anos 1980 e ainda longe do fim nos anos 2020, e no qual, de um lado, a dramaturgia da Globo, em busca de qualidade e prestígio sem perder audiência, investia em adaptações de obras de escritores brasileiros no horário menos estratégico das dez e meia da noite, gastando entre três e cinco vezes mais por capítulo do que o que gastava em novelas. De outro, a intelectualidade e a academia brasileira, ainda divididas, balançavam entre o reconhecimento da importância da teledramaturgia e o próprio direito que a televisão teria, ou não, de frequentar o universo da literatura.

Ao longo da exibição de *Memorial de Maria Moura*, a Globo e a maioria dos críticos de televisão na imprensa escrita não tiveram do que reclamar: a minissérie foi descrita pela revista *Veja*, por exemplo, como "um faroeste brasileiro com todos os ingredientes de um bom folhetim", resultado de "um trabalho de equipe fantástico" que incluiu a gravação de 80% de suas quase novecentas cenas em locações nas cidades fluminenses de Maricá, Campos e Teresópolis, e um elenco preparado previamente em seminários sobre temas como o panorama social do século 19, a chamada "condição jagunça", e o arquétipo da mulher guerreira e do heroísmo feminino, além de aulas práticas de equitação e de manejo de armas de fogo e facões.

Com a média final de 36 pontos que conquistaria no Ibope, *Maria Moura* se tornaria vice-líder de audiência entre as outras 37 minisséries produzidas até então pela emissora, perdendo apenas para *Anos Dourados*, de 1986, com

37 pontos. Um resultado que premiou a ideia do diretor Carlos Manga de se inspirar no cinema:

"Eu me baseei no *spaghetti* italiano, eu quis fazer um *western spaghetti* italiano".

Em 19 de maio de 1994, a então repórter Fernanda Scalzo, futura autora e roteirista da Globo, ao registrar na *Folha de S.Paulo* que havia muito tempo "os espectadores de TV não assistiam a um produto tão impecável" como o primeiro capítulo de *Maria Moura*, disse que a obra reafirmava "a soberania das minisséries, mais enxutas e, portanto, fortes, por isso mesmo bem mais dispendiosas que as novelas e talvez fadadas à extinção". E também destacou o protagonismo de "Maria Moura" que a atriz Gloria Pires* chamou de "uma heroína cheia de defeitos, mas humana":

"Neste primeiro capítulo, todas as cenas em que 'Maria Moura' comete, como se diz, 'o pecado da carne' com o padrasto são acompanhadas de um silêncio que pode ser interpretado como 'quem cala consente'. O que não tira a legitimidade do ódio que a personagem irá dedicar ao padrasto. Sua 'ignorância', no melhor sentido da palavra, é sua melhor arma".

Ao elogiar o uso das paisagens, Fernanda afirmou ainda que "ao contrário do riacho-enrolação ou do campo-embromação, cada cena da minissérie, pés, patas de cavalos ou montanhas, contribuem para a narrativa". Maria Ester Martinho, então editora do caderno "TV Folha", foi na mesma linha: classificou a minissérie como descendente das "melhores do gênero", referindo-se a *Grande Sertão: Veredas* e *Lampião e Maria Bonita*:

"*Maria Moura* reúne as melhores descobertas 'cinematográficas' da Globo – um legado que deve ser creditado, basicamente, a Walter Avancini – em um produto com alma própria, luz sensível, diálogos secos, atuações surpreendentes. Há tempos que a alma das boas minisséries rurais da casa não dava o ar da graça. Antes tarde".

Não seria com tanto entusiasmo que a minissérie seria analisada em boa parte dos círculos literários e acadêmicos, mais de vinte anos depois de sua exibição. Mas em trabalhos como o intitulado "A opção pela literatura na televisão brasileira: o exemplo das minisséries da Rede Globo", de 2018, conteúdo emblemático da lenta mudança à época em curso no olhar da intelectualidade para a teledramaturgia, a professora Maria Tereza Amodeo, doutora em linguística e letras pela PUC do Rio Grande do Sul, identificaria, na adaptação do romance de Rachel de Queiroz e em outras minisséries, evidências de um processo que ela chamou de "dessacralização da literatura".

Ao admitir que "alguns equívocos na análise de tais manifestações muitas vezes tendem a generalizações depreciativas, quando se verifica o rompimento dos limites tradicionalmente estabelecidos pelas formas de arte canônicas", a professora Amodeo propôs:

"A dessacralização da literatura [...] deve ser entendida no contexto de final do século 20, em que se começam a neutralizar os limites estabelecidos entre as artes, bem como entre as diferentes áreas do conhecimento humano. Desautoriza-se o conceito de obra de arte como algo sagrado, que permite uma vivência única, reatualizada a cada apreciação – como uma experiência mítica".

Guel Arraes*, ao falar sobre o desafio de adaptar literatura à televisão, acrescentaria:

"O grande público não vai saber que é de Machado de Assis. Ele vai ver se aquela história é boa ou não, se ele está se divertindo ali ou não".

Outra acadêmica que ignorou o preconceito vigente nas universidades em relação às incursões dramatúrgicas da Globo na literatura brasileira foi a doutora em comunicação da USP Maria Cristina Palma Mungioli, que, em seu trabalho intitulado "A função social da minissérie *Grande Sertão: Veredas* na construção de um sentido identitário de nação", afirmou que a Globo fez mais do que "levar aos brasileiros letrados e iletrados o mundo de Guimarães Rosa" pelas "veredas às vezes desérticas da programação televisiva":

"O êxito de crítica e de audiência obtido pela minissérie *Grande Sertão: Veredas* não ocorreu devido à adoção de um estilo didático de apresentar as lutas de poder e de amor de 'Riobaldo', mas sobretudo pela capacidade de seus autores de transformar a linguagem polifônica do romance rosiano em linguagem televisual, criando/recriando o universo sertanejo numa perspectiva ao mesmo tempo brutal e humana do jagunço".

Tony Ramos*, intérprete de "Riobaldo", considerado por ele um dos papéis mais difíceis de sua carreira, não discordaria:

"A linguagem de Guimarães Rosa foi muito respeitada, e foi difícil porque tínhamos de transportá-la para um veículo popular como é a televisão, e torná-la palatável. Você precisava fazer com que as pessoas entendessem; não podia ficar só naquela rítmica da linguagem sertaneja, sob pena de não entenderem".

Em abril de 2016, na tese *A minissérie Grande Sertão Veredas: de entretenimento a registro memorialístico*, Andrea Cristina Martins Pereira, mestre em literatura brasileira e doutora em estudos de linguagem pela Universidade Federal Fluminense, também afirmaria:

"Mais do que uma obra de entretenimento de qualidade, no entanto, três décadas depois do lançamento da minissérie, os registros imagéticos e sonoros, feitos em locações predominantemente norte mineiras, se configuram como documentos da memória de um sertão autêntico, em vias de extinção".

Que ninguém esperasse, no entanto, uma unanimidade sobre as "minisséries literárias da Globo" no meio acadêmico, onde *Grande Sertão: Veredas* seria alvo, em 2017, de questionamentos sobre a ausência de temas de gênero na história de "Diadorim".

O romance, não a minissérie.

Rubem Fonseca, talvez o escritor mais recluso da história da literatura brasileira, autor de *A grande arte, Bufo & Spallanzani* e *Vastas emoções e pensamentos imperfeitos*, entre outros romances, até morrer aos 94 anos, em abril de 2020, passou décadas sem dar entrevistas sobre sua obra, por achar que não havia nada a acrescentar ao que estava escrito em seus livros. Não surpreende, portanto, que não se saiba, com precisão, quanto dinheiro ele ganhou da Globo, ou se conheça sua opinião sobre *Agosto*, minissérie de dezesseis capítulos baseada em seu romance do mesmo nome, escrita por Jorge Furtado e Giba Assis Brasil, e exibida pela emissora entre agosto e setembro de 1993.

Embora os fãs da franqueza e do culto radical e inegociável de Rubem Fonseca à palavra pudessem apostar que ele detestou ver sua obra na tela da TV, se é que viu, a crítica e os telespectadores em geral acompanharam com aplausos a história que mescla a investigação de um comissário de polícia sobre o assassinato de um empresário com os acontecimentos do traumático mês de agosto de 1954, quando o atentado contra o político Carlos Lacerda, em Copacabana, agravou de forma definitiva a crise política que resultaria no suicídio do então presidente Getúlio Vargas.

Dirigida por Paulo José, com a colaboração de Denise Saraceni e José Henrique Fonseca, este um dos filhos do autor, e com direção artística de Carlos Manga, *Agosto* foi mais um inequívoco investimento da Globo em conteúdos de qualidade para o horário menos rentável das dez e meia da noite, e com números hollywoodianos: 136 atores e atrizes; gravações em 70 locações; cerca de 400 pessoas envolvidas na produção; 4 mil peças de época resgatadas em antiquários do Rio e de São Paulo; e 40 automóveis das décadas de 1930, 1940 e 1950.

Além da reconstituição de época considerada impecável e da direção de fotografia a cargo de Walter Carvalho, uma grife do cinema brasileiro, *Agosto* contou com participações especiais marcantes de Lima Duarte, Mário Lago, Milton Gonçalves, Ary Fontoura e Paulo Gracindo, este em seu último trabalho na televisão, antes de morrer aos 84 anos, em setembro de 1995. Tony Tornado, por sua vez, considerou o melhor momento de sua carreira de ator sua interpretação de "Gregório Fortunato", personagem central da crise política, chefe da guarda pessoal de Getúlio e então conhecido como "Anjo Negro", devido ao seu porte físico e à sua pele negra.

Uma dissertação de mestrado baseada em uma análise detalhada de *Agosto*, intitulada *Entre a literatura e o audiovisual televisivo: gêneros e formato na adaptação de* Agosto, *de Rubem Fonseca, para minissérie* e escrita por Fabrício Barbosa Cassiano, da Universidade Federal de Mato Grosso do Sul, manteve o padrão de criticar primeiro e depois elogiar com reservas, predominante em outros trabalhos do mundo acadêmico sobre as minisséries literárias da Globo. Embora reconhecendo ter sido impecável a reconstituição histórica, Cassiano ressalvou que "o posicionamento mais crítico de Rubem Fonseca sobre o período teve uma ênfase menor do que a trama policialesca".

Feita a ressalva, o autor reconheceu que, na adaptação feita pela Globo, "permanece a forte crítica em relação à corrupção em instituições como a polícia e o governo, e não são poucos os comentários dos personagens em tom de ceticismo acerca dos aspectos sociais e econômicos do país". Cassiano também delimitava a importância de *Agosto* e das outras minisséries literárias da emissora, considerando-as resultado mais da liberdade maior de abordagem do horário de veiculação e da relativa independência dos índices de audiência do que de uma transgressão ou inovação, de fato, diante do que se produzia na televisão da época.

Na conclusão sobre a adaptação de *Agosto*, Cassiano, a exemplo de outros acadêmicos que se debruçaram sobre as minisséries produzidas pela Globo nos anos 1990, revelava a dificuldade comum a todos, em graus diferentes, de entender a teledramaturgia como um formato único de manifestação artística, com gramáticas, ferramentas, potenciais e limitações que jamais poderão reproduzir a experiência literária:

"Mesmo uma obra com alto teor de ironia e ceticismo como é o romance de Rubem Fonseca acaba tendo de se dobrar à exigência de um veículo que segue sua trajetória histórica de maneira quase inalterada, incorporando textos e os repropondo segundo sua natureza num ciclo interminável que possivelmente ainda se estenderá por muito tempo".

E muito provavelmente nunca terminará, diria Paulo José, um diretor que, nas palavras de Hugo Carvana*, dirigia atores e atrizes como se estivesse fazendo "um bordado chinês", e que não via as minisséries como uma espécie de trampolim para a literatura, muito pelo contrário:

"É a melhor literatura que vai para as minisséries. Mas não é no sentido de levar as pessoas para o hábito da leitura. Eu acho que televisão ensina as pessoas a verem televisão. Se você assiste televisão do Jorge Amado, televisão do Guimarães Rosa, televisão do João Cabral de Melo Neto, do Ariano Suassuna, do Erico Verissimo, certamente você aprende a ver melhor televisão, você passa a ser mais exigente também. Obriga a televisão a se melhorar, também para atender ao público de uma forma mais rica".

O que não quer dizer, como também diria Paulo José, que muitos telespectadores, impactados pelas minisséries, não fossem em busca dos originais da literatura. *Memorial de Maria Moura*, por exemplo, que vendera apenas cinco mil exemplares até maio de 1994, quando a minissérie estreou na Globo, tornou-se um dos dez livros mais vendidos naquele ano e um dos cem best-sellers da década. E o livro *Agosto* teve mais de trinta mil exemplares vendidos, uma façanha no mercado brasileiro, no mês em que a minissérie foi exibida pela emissora.

"O mundo intelectual, e por isso que eu tenho ódio de intelectual, considera até hoje a novela uma coisa inferior. Só param de dizer isso quando pegam um romance e eles recebem cinquenta, cem mil contos pra ceder. Aí, eles não falam nada. Faz como Jorge Amado: quando foi ao ar *O Sorriso do Lagarto*, Jorge disse ao João Ubaldo: 'Ubaldo, não assista a nenhum capítulo, faça como eu. Porque vai sair uma coisa completamente diferente do seu romance'".

O escritor João Ubaldo Ribeiro até tentou seguir o conselho que recebeu na conversa que teve com Jorge Amado e que foi relatada pelo veterano Mário Lago* em 2000, mas, quando os 52 capítulos da minissérie *O Sorriso do Lagarto* começaram a ser exibidos pela Globo, em junho de 1991, não houve mesmo jeito de o autor ficar satisfeito.

De acordo com Geraldinho Carneiro*, responsável pelo roteiro em parceria com Walther Negrão*, para quem o romance era "difícil de adaptar", Ubaldo tinha toda a razão, e não mudou de opinião nem depois das muitas rodadas de uísque na lendária churrascaria Plataforma, no bairro do Leblon, cercado por amigos ilustres que tinham gostado da minissérie, como Antonio Carlos Jobim e os atores Antônio Pedro e José Lewgoy, este integrante do elenco da minissérie:

"Ele ficou achando aquilo horrível, viu na televisão algumas vezes e achou horrível. Mas ele achou horrível porque era uma violência em todos os sentidos. O sotaque era falso baiano, porque ninguém aqui é baiano, quer dizer, poucas pessoas são baianas, só ele, ou o Caetano Veloso ou o Gilberto Gil. A gente não sabe como se fala o baiano, a gente tenta reproduzir, o ator, todos atores do sul falando aquela fala baiana errada. Toda a sintaxe errada, fingindo que era baiano, e quando ele viu ele achou aquilo horrível".

À parte o baianês *fake* do elenco, para Tony Ramos*, intérprete de "João Pedroso", protagonista de *O Sorriso do Lagarto*, o problema das adaptações literárias era "a tal da licença poética":

"São situações-limite que você tem que usar para despertar conflito e despertar interesse no telespectador para que ele queira seguir aquilo no dia seguinte".

Entre as "situações-limite" mencionadas por Tony, Walther Negrão incluiu uma encruzilhada narrativa do romance que exigiu uma intervenção mais radical:

"Foi muito complicado *O Sorriso do Lagarto*, a ponto de que, quando você chega no fim do livro, o prefeito ou o delegado, não me lembro bem, não conhecia o padre. É impossível você viver numa ilha e o prefeito ou o delegado e o padre não se conhecerem. Então, foi muito delicado e a gente teve que sair muito da trilha do João Ubaldo. Ele não reclamou, acho que ele entendeu que precisava sair um pouco, senão não dava teledramaturgia".

Maitê Proença, intérprete "Ana Clara", mulher de "João Pedroso", não se lembrou de nenhuma dificuldade especial de adaptação de obra literária, durante as gravações da minissérie em Paraty, no litoral fluminense:

"A hora do almoço era muito quente. Então a gente gravava das oito até às dez e meia, ou até às onze, aí parava. Parava tudo e ficava até às quatro da tarde descansando. Todo mundo ia dormir, descansar e *tererê*. Quando chegava quatro da tarde, a gente voltava e gravava até às dez. E dava, porque fazia noites americanas, magníficas, com aquela coisa azul, planos extraordinários. Todo mundo feliz da vida. Às dez, a gente ia para o pagode, a gente ia dançar, cantar e *tererê*. Ficava até às três".

A relação dos escritores brasileiros com as adaptações feitas pela Globo de suas obras continuaria imprevisível com o passar do tempo. Em 2017, por exemplo, ao entrevistar o amazonense Milton Hatoum, autor de *Dois Irmãos*, livro em que se baseou a minissérie homônima de dez capítulos escrita por Maria Camargo, dirigida por Luiz Fernando Carvalho e exibida pela emissora em janeiro daquele ano, a colunista Cristina Padiglione contou em sua coluna na *Folha de S.Paulo* que perguntou a Hatoum se ele tinha gostado da minissérie.

Diante da resposta de que, sim, Hatoum tinha gostado, mas sem esperança de "ganhar dinheiro com televisão", Cristina comentou com ele o conselho que Jorge Amado, a exemplo do que fizera com João Ubaldo Ribeiro, também tinha dado para Rachel de Queiroz, na época em que ela vendeu para a Globo os direitos do romance *Memorial de Maria Moura*:

– Se tiver que vender algum livro para a TV, venda caro, peça uma fortuna e não assista para não se decepcionar.

Ao que Milton Hatoum reagiu, resignado:

"Ih! Mas eu fiz o contrário: vendi por pouco, assisti e gostei. Rico eu já sei que não vou ficar mesmo".

Nem sempre o ruído partiria do lado dos escritores. Houve, em 1994, um caso em que foram os próprios realizadores, especialmente os integrantes do elenco estelar que a Globo convocou para a minissérie, que não ficaram muito satisfeitos, principalmente ao verem o Ibope despencar de 42 para 28 pontos, já do primeiro para o segundo capítulo, antes do mergulho para 21 pontos, no sétimo dos doze capítulos da trama.

– Fernanda, será que é um problema nosso?
– Não sei, Paulo. Não sei, não sei!

O diálogo nervoso entre Paulo Goulart* e Fernanda Montenegro, relatado por ele, aconteceu em meio às aflições que ambos viveram em *Incidente em Antares*, adaptação de Nelson Nadotti e Charles Peixoto para a obra homônima de Erico Verissimo com direção de Paulo José, e que contava a história de sete personagens que morrem, no mesmo dia, na fictícia cidade de "Antares", no Sul do Brasil, e que, por não serem enterrados, devido à adesão dos coveiros locais a uma greve, começam a assombrar a população com revelações cada vez mais cabeludas sobre falcatruas e segredos sexuais indizíveis dos moradores.

Pudera, poderiam dizer os telespectadores que derrubaram o Ibope da minissérie: ao longo dos capítulos, após jornadas extenuantes nos camarins da maquiagem da Globo, onde eram transformados em mortos-vivos que ainda mantinham no corpo os sinais das respectivas *causa mortis*, de aneurisma e tuberculose a tortura e envenenamento, Fernanda Montenegro, Paulo Betti, Rui Rezende, Diogo Vilela, Elias Gleizer, Marília Pêra e Gianfrancesco Guarnieri assombraram os finais de noite do Brasil do início de dezembro no papel de cadáveres.

Goulart*, intérprete do "Coronel Tibério Vacariano", o chefe político de "Antares" que se aproveita da rebelião dos cadáveres para dar um golpe político e esmagar o movimento operário da cidade, uma referência da obra de Erico Verissimo à ditadura de 1964, ao fazer um balanço da minissérie oito anos depois, em 2002, resignava-se:

"Poderia ter sido melhor. Acho que caímos todos numa armadilha. Mas é tão difícil a gente falar sobre isso, só depois que a coisa passa. *Incidente em Antares* era uma minissérie para oito capítulos. Aí ficaram tão entusiasmados que passaram para doze, quando, na realidade, ela deveria ser uma minissérie para quatro capítulos. Este foi o grande erro, na minha opinião. Ninguém quer ver muito cadáver exposto".

Marília Pêra*, que fez a personagem "Erotildes", uma prostituta ingênua que morre vítima de tuberculose, guardou uma lembrança bem-humorada e tons de realismo fantástico dos bastidores da minissérie: o trajeto, pelas ruas do Rio, da Kombi da Globo que levava os cadáveres, os sete atores já maquiados, para a cidade cenográfica que a emissora montou no bairro de Jacarepaguá:

"Eu me lembro que passava uma Kombi e eram os mortos de *Incidente em Antares*. As duas mulheres mortas éramos Fernanda Montenegro e eu. Tinha o Diogo Vilela, que é outro engraçadíssimo. E Paulo José, completamente louco, dirigindo aquilo tudo".

Em outro cruzamento da ficção com a realidade, este ocorrido em Itaboraí, a cerca de trinta quilômetros do Rio, os moradores da cidade se assustaram ao ver sete caixões na porta do cemitério local. Pensaram que se tratava de mais uma chacina, ocorrência comum na região, mas era uma gravação da minissérie, com todo o elenco estelar de defuntos dentro dos caixões.

Diogo Vilela*, no papel do pacifista e idealista "João da Paz", que tinha sido torturado e morto em uma delegacia, acusado injustamente de ser subversivo, além do drama de ser maquiado com uma máscara mortuária asfixiante que causava nos atores o que Paulo Goulart chamou de "sensação de morte", enfrentou um problema que só superou ao observar a performance de Fernanda Montenegro como morta-viva:

"O problema é que eu tive que entrar num caixão e ficar com o caixão fechado até abrirem. Então eu pedia para o contrarregra, sempre: 'Ah, deixa um pouquinho aberto assim, só para eu respirar depois'. Isso porque o Paulo José exigia, a imagem era de cima, da grua. Aí, depois que eu vi Fernanda Montenegro no seu esquife, confortável, felicíssima, depois de fechada a tampa, eu falei: 'Ah não! Eu tenho que me tocar porque, se Fernanda Montenegro está no caixão, eu também vou estar'".

Apesar das vitórias do elenco contra a claustrofobia, nem a participação especial de Regina Duarte, como a telefonista fofoqueira "Shirley", espécie de narradora da história, evitou a audiência decepcionante, o único fantasma verdadeiro de "Antares". E, não por acaso, os problemas de roteiro e direção da minissérie levaram o jornalista e escritor Daniel Piza a dizer, em crítica publicada pela *Folha de S.Paulo* logo depois da estreia, que já estava na hora de se decretar "a falência do Padrão Globo de Qualidade ou, pelo menos, do uso imprudente da expressão".

Sonhos de classe média, alta

Erico Verissimo, falecido em 1975, não viveu para opinar sobre as adaptações que a Globo fez de suas obras *Incidente em Antares* e *O Tempo e o Vento*, esta adaptada em minissérie épica exibida pela emissora em 1985. Mas o filho de Erico, o escritor, humorista, cartunista, autor de teatro e romancista Luis Fernando Verissimo, para quem a adaptação de *Incidente* foi "caricata", teve todo o tempo do mundo para saborear a transformação de crônicas suas em episódios antológicos de *A Comédia da Vida Privada*, programa que levou o cotidiano da classe média urbana brasileira, a descolada, para o horário das dez da noite da Globo, entre abril de 1995 e agosto de 1997.

– Você dorme demais, meu filho. O filhote de um búfalo, quando nasce, tem que ficar em pé em meia hora. Senão a manada vai embora e ele fica de comida pros coiotes.

A bronca de "Dona Regina", mãe interpretada por Marieta Severo em um dos episódios do programa, leva a nora "Claudinha" a tomar as dores do namorado "Marco Antônio":

– A senhora está comparando seu filho a um búfalo, Dona Regina? Cuidado, porque isso faz da senhora quase uma vaca.

– Pode ser, Claudinha. Talvez seja por isso que eu não queira que o Marco Antônio seja boi de *piranha*!

Em outro episódio, este intitulado "Como Destruir seu Casamento", o personagem de Pedro Cardoso é admoestado por um amigo:

– Se você tivesse ficado mais tempo em casa, teria aprendido o nome dos seus próprios filhos.

– Não. Se eu tivesse ficado mais tempo em casa, eu teria tido mais filhos.

No mesmo episódio, em um cenário que reproduz Nova York, uma personagem interpretada por Debora Bloch aconselha a amiga vivida por Giulia Gam:

– Teu erro foi ter casado. Homem é igual a computador: cada ano sai um melhor.

A mesma Debora, em outro momento da personagem, cobra um casal de amigos:

– Que vergonha, Clarinha! Sete anos de casada e você ainda não se separou?

Eram assim os episódios: diálogos curtos e certeiros, um humor cortante e irreverente e o que Marieta Severo* chamou de "material maravilhoso, brilhante, rico de observação humana", originário das crônicas de Verissimo, e que era transposto para a tela da TV em uma linguagem na qual, segundo o diretor-geral Guel Arraes*, os atores faziam uma retomada criativa da teatralidade da teledramaturgia, com diálogos "um tom acima", como na *TV Pirata* e no seriado *Armação Ilimitada*. Marco Nanini*, um dos integrantes do elenco, celebrou a experiência:

"Eu até comentava com o Guel que, nessa época d'*A Comédia da Vida Privada*, parecia que eu não estava trabalhando, porque era tão *fluss*. Eu estava acostumado a sofrer por causa do personagem e não podia isso. Ao contrário, tinha que ser mais leve, e parece que eu não gravei".

Com episódios de cerca de 45 minutos, o programa passou a ter diversos autores a partir de abril de 1996, entre eles Pedro Cardoso, João Falcão,

Adriana Falcão, Alexandre Machado, Fernanda Young, Jorge Furtado e o próprio Guel Arraes. E foi festejado principalmente pelos telespectadores das classes A e B e pelos jornalistas da grande imprensa que escreviam para eles, estes sem disfarçar o convívio difícil ou, em alguns casos, a repulsa que sentiam em relação às novelas e a outros conteúdos mais populares da emissora.

Caso de vários colunistas da *Folha de S.Paulo*, de longe o jornal brasileiro mais atento e crítico à Globo ao longo de décadas. Em resenha publicada em abril de 1995 pelo jornal, sob o título "'Vida Privada' nasce clássico como pizza", o crítico Ricardo Calil, por exemplo, chegou a apostar:

"*A Comédia da Vida Privada* promete se tornar um clássico instantâneo, como Roberto Carlos, macarronada ou fim de semana no litoral. Isto, é claro, se a classe média aprender a rir de si mesma".

Em 8 de outubro de 1995, o futuro diretor de redação da *Folha* Sérgio Dávila também se encantava, dizendo que *A Comédia da Vida Privada* era "mais que o melhor programa no ar na televisão brasileira". Além de indicar "caminhos", o programa, segundo ele, dava "exemplo de respeito ao telespectador" e era "uma ilha de excelência que de vez em quando a TV oferece a seu incauto público, acostumado com qualquer – qualquer mesmo – coisa". Mais de um ano depois, na edição de 5 de maio de 1997, já perto do fim do programa, Esther Hamburger elogiou, contrapondo o programa às novelas:

"O ritmo arrastado e repetitivo do plano e contraplano, praga das novelas, em que câmera e edição são escravas do que se diz em cena, está aqui definitivamente enterrado. *A Comédia da Vida Privada* vem criando uma TV distante da linguagem clássica para tratar de temas que não deixam de ser clássicos. O trabalho é hipercarregado de intervenções visuais. O excesso de informações exige intensidade de leitura e beira algo como um rococó *high tech*".

Marcelo Coelho, outro crítico da *Folha*, concordava e, antes de elogiar, em coluna sob o título "Há exceções no deserto da televisão" de agosto de 1995, primeiro contextualizou, classificando a TV como um meio de comunicação que não exigia "receptores muito atentos":

"O telespectador vai ao banheiro, atende ao telefone, é interrompido pelas crianças, tem de pagar o entregador de pizza. Claro, assim, que não pode prestar atenção a tudo o que é dito ou feito na tela. Claro, também, que então se repitam as frases e os feitos, no caso de alguém ter perdido o que deveria ver ou ouvir. Isso vale para brasileiros, alemães ou chineses. A TV tem de ser a mesma porcaria em todos os lugares".

Feita a ressalva à "porcaria", veio o elogio à exceção:

"*A Comédia da Vida Privada*, com texto de Luis Fernando Verissimo e direção de Guel Arraes, na Globo, produziu em mim o efeito inverso ao descrito acima: eu não queria perder uma frase que fosse do que diziam os atores. Havia, naquela chanchada, uma densidade de mensagens rara em TV".

Em sua reflexão sobre a qualidade do programa, o diretor Guel Arraes* inverteu o sinal usado pelos colunistas da *Folha* e usou, em uma comparação, os próprios jornais diários:

"A televisão é um pouco o primo pobre. E, evidentemente, na televisão, muitas coisas são feitas para serem descartáveis. Você não pode achar que um jornal é igual a *Grande Sertão: Veredas*. Também é escrito, mas não é. Mas você vai ter coisas, no jornal, que são pérolas, coisas geniais. N'*A Comédia da Vida Privada*, os textos saíam do jornal, eram crônicas do Verissimo no jornal".

Fernanda Young, atriz, escritora e uma das roteiristas de *A Comédia da Vida Privada*, então com 26 anos, em entrevista à mesma *Folha* publicada em novembro de 1996, ofereceria ao debate uma outra perspectiva, fora do nicho das minisséries, menos relacionada aos 21 episódios do programa muito admirados de Higienópolis ao Leblon, mas que, comparados ao processo industrial da teledramaturgia das emissoras, representavam um soluço, quase um devaneio, perto das mais de seiscentas novelas e dos milhões de horas de folhetins transmitidos até aquele momento, no horário nobre da televisão brasileira, desde 1951:

"Eu adoro escrever para a televisão. Ainda hei de escrever uma novela das oito. Tenho a história todinha e vai ser um sucesso, vai ser daquelas de parar o Brasil. Só falta o convite".

Fernanda se tornaria uma importante autora de conteúdos para a TV muito apreciados pela classe média, principalmente a alta e descolada, entre eles os seriados *Os Normais* e *Minha Nada Mole Vida*, além de apresentar programas como *Irritando Fernanda Young* e *Saia Justa*. Mas morreu em agosto de 2019, aos 49 anos, vítima de uma crise de asma seguida de parada cardíaca, sem realizar o sonho de escrever uma novela das oito.

Pecados da capital

– Preciso tirar o Paulo Henrique Amorim daqui. Vou dar para ele a chefia do escritório de Nova York.

A bordo de um avião com destino a Brasília, no início de 1990, dias depois de assumir a direção da Central Globo de Jornalismo no lugar de Armando Nogueira, Alberico de Sousa Cruz revelara ao então diretor de produção da CGJ, Carlos Schroder, que já vinha sendo seu braço direito havia dois anos, o plano de manter bem longe do círculo de comando da central, mas sem demitir, o único jornalista que todos na emissora consideravam um candidato então sempre pronto e disposto a substituí-lo. A exportação de Amorim, como lembrou Schroder na entrevista a este autor, era o que faltava para garantir o comando efetivo do jornalismo da Globo, sem sustos ou sucessores à vista.

Cinco anos depois da conversa no avião, na tarde de 11 de julho de 1995, o concorrente continuava mantido à distância em Nova York, mas Alberico, conhecido por ser um homem muito bem-informado, foi uma das últimas pessoas a saber, depois inclusive da redação da CGJ, alguns andares abaixo, perplexa com a notícia àquela altura já divulgada pela própria Agência Globo, que estava sendo demitido do cargo de diretor da CGJ. Nem Boni, em mais um chega pra lá dos filhos de Marinho, tinha sido avisado.

Alberico acabara de almoçar com Schroder no restaurante da Globo, à época situado no décimo primeiro andar da sede do Jardim Botânico, e ligou pedindo que ele fosse imediatamente à sua sala. Schroder relatou a este autor, em 2024, que o encontrou ainda atordoado pela conversa em que Roberto Irineu confirmou a demissão da qual tinha ficado sabendo por Boni, ligando de Ibiza, no litoral da Espanha, igualmente surpreso. Era o fim de uma gestão que, se dependesse dos herdeiros da Globo, nunca teria acontecido:

– Schroder, arruma suas gavetas. Acabo de ser demitido.

– Então eu vou começar a arrumar as minhas coisas.

– Mas não peça demissão. Você é um profissional. Quem está saindo sou eu. Você deveria continuar na Globo porque ainda tem muita coisa pra fazer aqui. Pelo menos deixe que te demitam.

Schroder voltou para sua sala e, logo depois, quem ligou foi Roberto Irineu:

– Preciso que você fique.

Para o público externo, o marco inaugural daquele período do jornalismo da Globo que estava chegando ao fim tinha sido a atuação de Alberico como responsável pela edição distorcida do debate entre Lula e Collor, exibida pelo *Jornal Nacional* às vésperas do segundo turno da eleição presidencial de 1989. Para quem trabalhava na emissora, foi a disputa de poder que ele venceu e que culminou com a demissão traumática de Armando Nogueira por Roberto Marinho, após duas décadas no comando do jornalismo da Globo.

Assim que foi oficialmente designado diretor da CGJ, para tentar se consolidar e, ao mesmo tempo, compensar seu conhecido déficit de intimidade com os processos técnicos, a estética e a própria linguagem do telejornalismo, Alberico investiu ainda mais na aposta que fizera em 1980, quando o próprio Armando o convidara para ser diretor de jornalismo da Globo em Belo Horizonte e, dois anos depois, ao ser transferido para o Rio como diretor de telejornais comunitários da central: queria mais notícia e menos obsessão com o formato de televisão.

O discurso de Alberico*, que ele não seguiria completamente na cobertura de governo e política em Brasília, era o de melhorar a apuração, dar mais qualidade jornalística às reportagens, impor um compromisso diário da equipe com a busca de conteúdos exclusivos e privilegiar a informação, com ou sem o acabamento visual impecável, a perfeição técnica, a narração cristalina, o figurino chique dos repórteres e a edição obediente aos mandamentos estéticos adotados pela Globo e aplicados com rigor, anos a fio, por Alice-Maria, até 1990. Em 2003, já depois de ser demitido da emissora, ele explicou:

"A Globo tinha, do ponto de vista formal, o melhor do mundo: equipamentos, capacidade das pessoas que estavam lá. O que faltava? Era cuidar um pouco do conteúdo, de abrangência nos assuntos, gente que sabia apurar, telefonar, tinha cadernetinha. Eu exigia de todo mundo uma cadernetinha de telefone".

Já antes de chegar ao comando da CGJ, Alberico dera início a uma caça de talentos nos jornais e revistas que, com o tempo, faria aumentar a proporção de repórteres, produtores e editores originários do jornalismo impresso nos quadros da Globo, em relação aos profissionais advindos do radiojornalismo e aos que saíram direto das faculdades de comunicação para a televisão. Xico Vargas, com passagens pelo *Jornal do Brasil*, *O Globo*, *Veja* e *O Dia*, e um dos integrantes da leva de profissionais da imprensa escrita contratados por Alberico, por exemplo, chegaria a editor-chefe do *Jornal Nacional* em 1992. Houve, porém, um problema, apesar da ênfase da nova gestão na qualidade da apuração e na busca de furos, como lembrou Luiz Cláudio Latgé*:

"Teve realmente mais notícia, mas tinha também uma perda, porque o Alberico não tinha a metade do acabamento, do refinamento de linguagem de televisão que tinham o Armando, a Alice e o grupo deles".

Nas páginas d'*O Pasquim*, o jornalista Palmério Dória, ao comentar a falta de conteúdo genuíno de televisão na CGJ comandada por Alberico, provocou, dizendo que a obsessão do novo diretor para "encher os telejornais de notas" já estaria se tornando uma preocupação da multinacional Sony com a possibilidade de seus equipamentos de TV se tornarem "obsoletos".

Ao lado e, principalmente, por baixo do discurso de defesa da competitividade jornalística de uma equipe então acomodada no conforto da hegemonia absoluta, antes mesmo de assumir a direção da CGJ e aos poucos, Alberico já vinha desidratando o poder de diretores, chefes e editores ligados a Armando e Alice-Maria, especialmente a partir de 1987, quando conseguiu trocar de posição com Woile Guimarães e passou a ser diretor de telejornais de rede. E, assim que assumiu, esvaziou completamente o até então poderoso Centro de Produção de Notícias (CPN), sediado no Rio.

Era o CPN que decidia, diariamente, na prática, o que as redações do Rio, São Paulo, Brasília, Belo Horizonte, Recife, Porto Alegre e afiliadas produziriam para o *Jornal Nacional*, já a partir das dez da manhã, durante a chamada "reunião da caixa", nome referente ao terminal de linha telefônica privada que tinha o formato de uma caixa de sapato e era usado para a teleconferência diária com as redações da Globo espalhadas pelo país.

O passo seguinte de Alberico, ainda como subordinado de Armando, havia sido o de criar editorias para que elas fizessem exatamente o que o CPN fazia, mas dentro do *Jornal Nacional*, sob seu controle absoluto, com Henrique Coutinho no comando da cobertura internacional; Ronald de Carvalho, um dos responsáveis pela edição distorcida do debate entre Lula e Collor, na editoria de política; Paulo Henrique Amorim com a economia; e, na editoria Brasil, Carlos Schroder, futuro diretor-geral da Globo e então um jovem integrante do mesmo CPN, originário da RBS gaúcha e sem grandes laços com a equipe de diretores que Armando e Alice-Maria haviam formado com profissionais do Rio e de São Paulo.

Para Woile Guimarães*, transferido para São Paulo como diretor de telejornais comunitários, as mudanças foram "um retrocesso":

"A primeira coisa que o Alberico fez foi acabar com a reunião de pauta. Isso está na biografia dele e ele vai ter que explicar. Foi uma concentração de decisão que eu achei indevida, porque, à medida que você tem liberdade, editores competentes, não vejo jeito de fazer telejornalismo denso, concreto, objetivo e responsável sem que você distribua responsabilidades".

Sem espaço e isolado em São Paulo, Woile, que chegara a ser considerado, na redação, um possível sucessor de Armando Nogueira, deixou a Globo em 1990, e o CPN se tornou uma sigla do passado da empresa. No caso específico de Paulo Henrique Amorim, Alberico preferiu esperar a posse efetiva na direção da CGJ para executar o plano de enviar, para a chefia do escritório da Globo em Nova York, o concorrente com quem, segundo Mario Sergio Conti, não se dava bem desde os anos 1970, quando ambos trabalharam no *Jornal do Brasil*.

Originário da equipe de Armando, Paulo Henrique tinha construído um espaço próprio de poder como editor e comentarista de economia da CGJ, a ponto de ter, antes da chegada de Alberico ao comando da central, o privilégio de uma sala particular, separada por um biombo do resto da redação do *JN*, e duas editoras-assistentes, as jornalistas Kristina Michahelles e Angela Santangelo. Ao se livrar do rival, Alberico ainda fez a alegria do então presidente Collor ao provocar, com a ida de Amorim para Nova York, a saída da Globo de Lucas Mendes, o então chefe do escritório que, durante a campanha eleitoral, em entrevista à revista *IstoÉ*, chamara o candidato Collor de "jagunço yuppie".

No desembarque daquele voo com Schroder em Brasília, portanto, tudo estava sendo encaminhado do jeito que Alberico queria, do discurso da competitividade como marca registrada de sua gestão à montagem de uma equipe de executivos de sua total confiança. Mas, no palco que ele mais apreciava, e no qual mais gostava de exibir o poder que havia conquistado na Globo, a marca registrada de sua gestão seria outra:

– Melhor não.

A expressão, usada regularmente por alguns chefes da era Alberico para desoxigenar as reportagens de política e governo, era a senha da frustração de muitos repórteres, produtores e editores da CGJ com o desperdício diário de oportunidades de o *Jornal Nacional* oferecer, a milhões de telespectadores, um retrato mais preciso e fiel dos acontecimentos em Brasília. Um contraste que ficou flagrante na cobertura tímida e em alguns momentos omissa que a Globo fez, se comparada à da maioria dos outros veículos, do naufrágio de Fernando Collor nas denúncias que o levariam a renunciar.

"Foi um período muito difícil de se trabalhar. Os nossos entrevistados no *Bom Dia Brasil* eram escolhidos com base numa lista de pessoas e submetidos à avaliação da direção nacional de jornalismo. Os convidados não eram determinados pela importância jornalística ou pelo fato de eles naquele dia serem notícia. Eram escolhidos levando em consideração outros critérios, que eram os do diretor nacional de jornalismo."

As lembranças são do repórter e apresentador Carlos Tramontina*, que durante a gestão de Alberico se deslocou várias vezes de São Paulo para Brasília com a missão de substituir temporariamente o colega Carlos Monforte na ancoragem do *Bom Dia Brasil*. De acordo com Tramontina, na gestão Alberico, "a CGJ passou a ser muito mais política" e a condição de "amigo da casa" tinha, à época, um peso decisivo na definição da pauta do telejornal. E, mesmo longe de Brasília, no Rio, por exemplo, a apresentadora Fátima Bernardes* percebia que muita gente nem mandava denúncias para a Globo:

"A gente começava a perguntar: 'Por que alguns órgãos de imprensa recebem denúncias e a gente não recebe? Por que, com o canhão que a gente tem para divulgação, isso não chega?'. Era porque as pessoas começavam a duvidar se a gente ia divulgar aquilo ou não".

Os militares já tinham voltado aos quartéis, a censura nos moldes da ditadura não existia mais, a liberdade de imprensa havia sido recuperada e uma nova Constituição estava em vigor, mas produzir, editar e exibir reportagem política, na Globo, continuava sendo uma atividade tensa e sujeita a temores e tremores que, guardadas as proporções e as diferenças de método, remetiam ao tempo em que oficiais do Exército ou seus emissários se intrometiam com truculência no trabalho dos jornalistas da emissora.

O poder de Alberico, as pessoas sabiam no comando da empresa, tinha uma espécie de prazo de validade que corria junto com a capacidade cognitiva do dono da Globo. Com 85 anos, ao escolher Alberico para o lugar de Armando, Marinho tinha ignorado o desejo de Roberto Irineu, João Roberto e José Roberto, manifestado a ele antes mesmo da crise da CGJ ocorrida às vésperas do segundo turno da eleição presidencial de 1989, de que o sucessor fosse Evandro Carlos de Andrade, à época diretor de redação do jornal *O Globo*. Em sua entrevista ao repórter Geneton Moraes Neto em 2001, pouco antes de morrer, Evandro confirmou:

"Houve dois momentos, antes da eleição do Collor. O Armando Nogueira queria deixar o cargo de diretor da Central Globo de Jornalismo, queria separar a CGJ, criar uma Central Globo de Esportes da qual ele seria diretor, e o candidato dele para sucedê-lo na CGJ era eu. Roberto Irineu também desejava que fosse eu e me convidou. Isso foi em 1990, antes da posse do Collor, por aí. Eu me lembro de ter dito que só tinha uma exigência que era que a Alice continuasse. E eu queria contar com a Alice sendo o meu apoio".

O próprio Evandro, no entanto, na mesma entrevista, disse não acreditar que Roberto Marinho concordasse com sua ida para a televisão naquele momento:

"Ele tinha paixão pelo *Globo* e, se ele estava satisfeito com meu desempenho, ele não ia querer que eu saísse. E encerrou aí".

E não foram apenas o desejo dos filhos e as limitações da própria idade que Marinho atropelou. Já contrariado com a crítica pública que Boni tinha feito à edição do *Jornal Nacional* sobre o debate entre Lula e Collor, atitude que repreendeu publicamente no dia seguinte, o dono da Globo também dispensou o vice-presidente de operações da emissora da responsabilidade pelo conteúdo editorial, nomeando Alberico seu principal interlocutor nas questões editoriais.

A desenvoltura de Alberico em Brasília com o apoio do patrão inspirava duas interpretações: os amigos que conquistou na cidade o consideravam uma raposa apaixonada pela cobertura política, como lembrou o então diretor da Central Globo de Afiliadas e Expansão, Evandro Guimarães, executivo íntimo dos entroncamentos de interesses que convergiam para o Planalto:

"Alberico era bem agressivo, uma águia de habilidade nos contatos. O pessoal não gostava do fato de ele ser muito vaselina com políticos, mas ele tinha uma habilidade que usava em benefício da Globo".

Os inimigos que não eram poucos o qualificavam como um arrivista que se preocupava sempre mais com o poder pessoal do que com a força do jornalismo. Contribuía para essa controvérsia o fato de Alberico não se preocupar muito em separar as ligações pessoais que cultivava do prestígio e da importância que o cargo de diretor da CGJ lhe dava, ao se relacionar com políticos e autoridades dos três poderes. Caso, por exemplo, de Antonio Carlos Magalhães, àquela altura sem procuração de João Roberto e Roberto Irineu para continuar posando de eminência parda da Globo em Brasília e, como o próprio Alberico, dependente da carga horária então decrescente de Roberto Marinho no comando da empresa.

Corajoso para alguns e descuidado para outros, neste caso levando em consideração a discrição que a família Marinho já recomendava a seus executivos, principalmente a partir do episódio da demissão de Walter Clark em 1977, Alberico, em suas idas frequentes a Brasília, não escondia a proximidade com João Carlos Di Genio, médico e empresário que fundou o Grupo Objetivo, então uma das maiores empresas de educação privada do país, em festas que reuniam políticos, mulheres famosas e jornalistas importantes da capital.

De acordo com uma reportagem de Thaís Oyama e Bruno Paes Manso, publicada pela *Veja* em 1º de setembro de 1999 sob o título "O dono do ensino", Di Genio mantinha em Brasília a Mansão das Palmeiras, também chamada de "Circo Di Genio". Erguida num terreno de quarenta mil metros quadrados, a casa tinha no jardim uma área coberta com lona com capacidade para receber mil e quinhentas pessoas. Era lá que, segundo a reportagem, Di Genio costumava promover "animadas recepções às quais boa parte dos convidados comparecia sem a companhia de suas mulheres".

Muito ligado a Jorge Bastos Moreno, outro jornalista que reunia a corte de Brasília em festas com elenco e script semelhantes aos de Di Genio, Alberico e seu chamado "séquito" de amigos também frequentavam, com uma exuberância impossível de não ser percebida, o restaurante Piantella, outro reduto onde os poderosos da capital alinhavam agendas e egos. A consequência inevitável desse modelo de gestão era a existência, na Globo de Brasília, dos citados "amigos da casa", ainda que muitas vezes não ficasse muito claro, nem fosse recomendado que se esclarecesse, se a "casa" era de Alberico ou da família Marinho. Como no caso da então deputada federal capixaba Rita Camata, cuja frequência como personagem de matérias produzidas em Brasília inspirava boatos e especulações na redação e nas salas da direção da emissora.

E havia também o "amiguinho", tratamento padrão usado com os colegas da Globo pelo jornalista José Amílcar Tavares Soares, chefe de reportagem da emissora em Brasília a partir de 1990, espécie de operador de bastidores de Alberico nos círculos do poder na capital, e personagem influente na elaboração do "quem é quem" dos convidados para as cobiçadas entrevistas no *Bom Dia Brasil*, assim como na oferta diária de matérias para o *JN*.

Na entrevista que deu a este autor em 2024, Pedro Bial, ex-estagiário da TV Aratu, disse que, como diretor de jornalismo da emissora na época em que a Aratu era afiliada da Globo, Amílcar deixou a impressão de ser "um gângster daquela política baiana" que, durante o estágio, deu "uma aula do jornalismo mais manipulado que se pudesse conceber". Amílcar trabalhara com Alberico no Rio e, mesmo depois de ser transferido para Brasília, continuou sendo um frequentador da sala do diretor da CGJ na sede do Jardim Botânico e da redação do *JN*, onde tratava a todos como "amiguinho", enquanto misturava amabilidades com rápidas passadas de olhos nos textos das matérias de política que ainda estavam sendo escritas.

Alexandre Garcia, então diretor de jornalismo em Brasília, formava à época, com Amílcar, uma espécie de unidade à parte na hierarquia da CGJ que despachava diretamente com Alberico, geralmente sem dar satisfação aos editores dos telejornais da emissora. E produzia, regularmente, no vídeo, em suas participações como repórter, comentarista e apresentador, uma incontornável sensação de *déjà-vu* da cobertura política da Globo dos tempos do general presidente Figueiredo.

Não é exagero inferir que foi com Amílcar e Garcia que Alberico planejou e executou, por exemplo, o massacre de cinquenta dias de matérias negativas a que o então ministro da Saúde Alceni Guerra foi submetido na Globo, e também no resto da imprensa, até pedir demissão em 23 de janeiro de 1992, depois de se tornar público seu papel de cupido de uma aliança política inaceitável para Roberto Marinho: a do então presidente Fernando Collor com Leonel Brizola.

A vaidade de Alberico já o levara a mudar uma tradição da CGJ e determinar que seu nome e seu cargo de diretor de telejornais de rede fossem os primeiros a aparecer nos créditos finais dos programas da central. Como diretor da CGJ, seu gosto pelo protagonismo na política resultou em atitudes como a de encomendar um *Globo Repórter* de homenagem a Itamar Franco quando ele estava prestes a passar o cargo a Fernando Henrique Cardoso, chegando, de acordo com o editor Jotair Assad*, responsável pelo programa, a ligar para o presidente para avisar que o programa, com reportagens de Beatriz Thielmann, estava "muito bom". Em outra ocasião, logo depois da posse de Collor, o então editor-chefe do *Fantástico* Geneton Moraes Neto* presenciou, no Rio, uma cena que também dizia muito, segundo ele, sobre o estado de espírito de Alberico na época:

"Eu estava na antessala do Alberico, esperando, mas lá dentro eu vi ele falando alto como se quisesse mostrar que estava falando com o presidente, que o Collor estava no telefone. E ele perguntando: 'Quando é que o senhor vem ao Rio?'. Era uma relação com presidente que o Evandro Carlos de Andrade, por exemplo, não tinha".

Boni, em sua entrevista a este autor em 2023, ao confirmar a "aproximação exagerada" de Alberico com Fernando Collor depois da posse na Presidência da República, ressalvou:

"Foi uma aproximação antes desejada e depois condenada pelos Marinho. Alberico era uma pessoa simples, eu gostava muito dele, mas era traído pela vaidade. Ele se arvorava como o dono do editorial da TV Globo, mas os donos eram o doutor Roberto e os filhos. Ele se passava pela figura que controlava a linha política da TV Globo".

Com a derrocada de Collor, Alberico, nas palavras de uma veterana das redações de Brasília, "evitou cair no abismo com ele e se reposicionou", aproximando-se rapidamente do então senador José Serra, um político que gostava de se relacionar com jornalistas, e do à época ministro da Fazenda Fernando Henrique, ambos cardeais do PSDB que, a partir do processo sucessório de Itamar Franco, articulavam o que viria a ser a era de oito anos de poder dos tucanos em Brasília.

Aquela aproximação faria de Alberico uma peça-chave em uma discreta operação realizada após a eleição presidencial de 1994 para transferir, da Globo Brasília para a Europa, a jornalista Mirian Dutra, personagem dos bastidores da cena política da época cujo filho Tomás teve a paternidade assumida, também discretamente, pelo então presidente Fernando Henrique, fato omitido na época por todos os veículos da grande imprensa, Globo incluída.

Mirian, amiga de Toninho Drummond, à época diretor regional da Globo em Brasília, integrante do séquito de Alberico e detentora de boas relações com políticos poderosos como Antonio Carlos Magalhães, embora não fizesse parte da lista de possíveis promoções para os escritórios da Globo em Londres ou Nova York, foi transferida por Alberico para Lisboa, onde, de forma esporádica, passou a produzir reportagens que quase nunca seriam aproveitadas pelo *Jornal Nacional* e que terminariam cedidas aos outros telejornais ou descartadas.

Em 1996, Evandro Carlos de Andrade, já no lugar de Alberico e, segundo Carlos Schroder, disposto a encerrar aquele laço considerado "institucionalmente desconfortável" da repórter com a emissora, determinaria que Mirian não mais fizesse matérias para o *JN*, transferindo-a para Barcelona, onde ela permaneceria ligada à Globo por mais vinte anos, praticamente desaparecendo da pauta da emissora, até ser desligada em 2016 pelo à época diretor-geral Carlos Schroder, em um momento em que um teste de DNA já tinha descartado a possibilidade de que Fernando Henrique fosse o pai de Tomás. O envolvimento da Globo na operação para manter em sigilo o caso extraconjugal do então presidente da República foi confirmado a este autor por Roberto Irineu em junho de 2023, com uma ressalva:

"Quem era amigo do Fernando Henrique era eu. Mas pra mim ele não pediu nada sobre a Mirian Dutra. Acho que pediu ao Alberico diretamente, se é que pediu".

O episódio foi um dos momentos da gestão Alberico que causaram desconforto até em outras áreas da emissora. Antonio Athayde, à época superintendente comercial e amigo de Armando Nogueira, por exemplo, descrevia a atuação do diretor da CGJ na capital como "indevidamente próxima da promiscuidade". Para um outro executivo da área comercial, a proximidade de Alberico com o poder federal lhe dava uma espécie de "aura de imunidade", como se o adereço o tornasse virtualmente indemissível. João Roberto, mesmo fazendo uma contextualização na entrevista que deu a este autor, confirmou:

"Essa história de proximidade com Brasília sempre a fofoca exagera, mas tem um fundo de verdade. O Alberico tinha muitas relações e prezava isso".

Roberto Irineu não destoava do irmão:

"Nós estávamos nos sentindo cada vez mais desconfortáveis com o jornalismo chapa-branca que vinha sendo feito pelo Alberico. Além disso, também nos incomodava a frequência de certos personagens no noticiário que sabíamos que não estavam aparecendo a pedido do nosso pai".

Para completar o desconforto do comando da empresa com os rumos e movimentos de seu diretor de jornalismo, uma pesquisa realizada pelo Datafolha em 1995, último ano da gestão Alberico, e que está citada no livro *A deusa ferida: por que a Rede Globo não é mais a campeã absoluta de audiência*, indicou que os telespectadores em geral consideravam que a cobertura de política da Globo era "a que mais apoiava o governo federal". No meio jornalístico, também não era difícil encontrar análises que definiam sua gestão como uma versão pós-ditadura do governismo até então crônico da emissora. Em artigo para a *Folha de S.Paulo* de 23 de janeiro daquele mesmo ano, a crítica Esther Hamburger, por exemplo, ao descrever o conteúdo do *Jornal Nacional* do período, disse que "a legitimidade do programa foi tropeçando nas conhecidas demonstrações de parcialidade e má-fé durante a redemocratização".

Schroder, o executivo à época mais próximo de Alberico, em entrevista a este autor em julho de 2022, já tendo saído da empresa, disse que, além do relacionamento constrangedor que seu chefe direto mantinha com os políticos de Brasília, pesaram na decisão dos irmãos Marinho a postura abertamente solidária de Alberico a Boni e hostil às medidas que a então superintendente-executiva Marluce Dias vinha implantando na empresa; o tom considerado esquerdista da série *Cem Anos Luz*, exibida à época sob a responsabilidade da CGJ; e a exibição de uma matéria com Leonel Brizola no *Jornal Nacional*, dias antes da demissão. Na visão de Schroder, o gesto de abrir espaço ao grande inimigo de Marinho teria sido uma última e tardia cartada de Alberico, uma ousadia para mostrar aos formadores de opinião que ele era um diretor politicamente autônomo.

Motivos reais ou imaginados não faltavam, mas a gota d'água, segundo Roberto Irineu, foi uma reportagem exibida pelo *Fantástico* no início de julho sobre os bicheiros do Rio de Janeiro, à época presos, e na qual aparecia, dando entrevista, o bicheiro Castor de Andrade, amigo que Boni visitou na cadeia, que levou os irmãos a se falarem e, logo depois, a marcarem uma reunião com o pai na qual Roberto Irineu insistiu:

– Papai, está na hora de aposentar o Alberico...
– Mas quem vai para o lugar?
– Vamos botar o Evandro na TV Globo.

Um dos diálogos da conversa de despedida de Alberico com Roberto Marinho, logo depois da demissão, de acordo com a reconstituição do encontro feita em 2003 por Alberico*, teria sido um lamento duplo:

– Pois é, doutor Roberto, acabou a nossa coisa.
– É, Alberico, eu estou muito chateado, mas, você sabe: eu estou passando o comando, mas você é uma pessoa que eu quero cultivar porque você é um profissional.

Em seu depoimento, Alberico dedicou palavras de gratidão, elogios e mérito irrestritos a Roberto Marinho e a Boni, e a apenas eles. O "resto", segundo Alberico, apenas "participou". Mas sobraram acusações, insinuações e suspeitas generalizadas sobre seus críticos e inimigos. Quem teve acesso ao depoimento se espantou ao ver Alberico, logo ele, acusar Armando Nogueira de omissão diante da censura imposta à emissora na ditadura, e dizer que essa suposta omissão era merecedora de uma "investigação da imprensa brasileira".

Alberico também atribuiu ao que chamou de "ciúme natural" as críticas feitas à Globo por jornalistas e veículos concorrentes, e condenou os diretores que venceu na disputa interna de poder na emissora, Woile Guimarães, Wianey Pinheiro, Luiz González e Gilnei Rampazzo, por se tornarem assessores de imprensa e donos de produtoras de campanhas políticas, depois de saírem ou terem sido demitidos da empresa. E indicou o seu próprio comportamento como parâmetro de dignidade profissional:

"Ao contrário de alguns inimigos meus, entre aspas, que vivem me dizendo que eu não fui profissional, eu vivo exclusivamente da minha profissão, até hoje eu vivi exclusivamente da minha profissão e de algumas coisas que eu adquiri, que eu gosto também muito e que eu adquiri com a minha profissão, que é ser fazendeiro, que é a minha maior alegria, hoje".

Morto em 2022, aos 84 anos, vítima de leucemia, Alberico não viu necessidade de fornecer a informação de que, nos cinco anos em que comandou o jornalismo da Globo, recebeu, como salário, 0,3% do lucro operacional da emissora.

"Baixo Guta"

Marília Pêra*, mesmo sendo quem era, não escondia uma discreta preocupação com o fato de não ter uma foto sua espetada na parede do departamento de elenco da Globo, mas se tranquilizava com o tratamento sempre "gentil" que recebia da dona da sala.

José Wilker*, quando Dias Gomes sugeriu que ele conversasse com "aquela senhora pequenininha que tinha um problema de coluna e estava sempre encolhida", desconversou e foi embora, convicto de que ela "não ia resolver nada" e só depois se tornou um dos seus "filhos" que, na conta dela, somavam quatrocentos artistas.

Tonico Duarte*, incomodado com o fato de todo o elenco da Globo depender das boas relações com uma única pessoa e ainda resistindo a trabalhos na televisão, ignorou por cerca de três anos os convites dela para conversar, até começar a ter que "dividir média com pão com manteiga" em casa e aceitar um papel na novela *O Espigão*, em 1974.

Bete Mendes*, no momento em que ainda se acostumava com a frustração de não ter sido reeleita deputada federal pelo Partido dos Trabalhadores em 1990, recebeu dela, além de um telefonema de consolo, um convite imediato para participar da novela *Lua Cheia de Amor*.

Paulo Goulart*, chamado por ela para trabalhar na Globo logo depois de ser dispensado pela TV Excelsior, em 1969, ano em que o desemprego grassava no meio artístico, só soube depois que ela sabia que ele tinha acabado de se endividar para comprar uma casa.

Aguinaldo Silva dizia que era ela quem "mandava e desmandava no elenco da Globo", e com "seus favoritos", entre os quais, segundo ele declinou em seu famoso blog, "um agente da Polícia Federal, que tratava muito bem os amigos dela chegados do exterior e, embora não sendo ator, adorava aparecer de vez em quando e dizer algumas falas nas novelas".

Francisco Cuoco*, desde o início um dos integrantes da lista de favoritos que incluía Tony Ramos, Walmor Chagas, Aracy Balabanian, Eva Wilma e Carlos Zara, entre muitos outros, não perdia o sono por causa do privilégio, dizendo ser normal "as pessoas procurarem homenagear os amigos", e dizia que ela sabia de tudo no elenco da Globo: quem estava passando fome, os que enfrentavam dificuldades, os despejados, os usuários de drogas e os que tinham problemas com os filhos. Referindo-se ao conceito dramatúrgico da "parede imaginária invisível" que separa os atores do público, Cuoco acrescentou:

"Ela conhecia, ela tinha esse raio-x da quarta parede".

Maria Augusta Barbosa de Mattos, a Guta, foi atriz, apresentadora de auditório e locutora da PRA-7 Rádio Clube de Ribeirão Preto até passar para a área administrativa e começar a trabalhar na agência de publicidade Lintas, em São Paulo, onde Boni, em 1955, então com 20 anos, era chefe do departamento de rádio e TV. Em 2024, ele explicou a este autor o que o levaria a convidar Guta para trabalhar com ele na Globo e se transformar em uma das pessoas mais poderosas da história da teledramaturgia da emissora:

"Guta era adorada por artistas da Rádio Clube de Ribeirão Preto, como o Moacyr Franco e o Rogério Cardoso. E os artistas que iam lá fazer apresentações voltavam apaixonados por ela. Eu a conheci lá e, quando precisei de uma chefe para o elenco na Globo, eu a convidei".

Ela começou na emissora em 1970, como supervisora de produção da novela *Pigmalião 70*, e inicialmente sua função era apenas a de observar o comportamento e o desempenho dos atores. Mas não demorou muito para que começasse a receber sinopses das novelas e minisséries e, a pedido dos diretores, opinar sobre a escalação dos elencos, além de receber as correspondências dos atores. Com o tempo, seu poder aumentaria, alimentado por sua condição de intermediária única entre os atores, em sua maioria reféns satisfeitos de salários impensáveis fora da Globo, e um comando artístico baseado na mistura de autoritarismo e paternalismo estabelecida por Boni e mantida por Daniel Filho desde os anos 1970.

Apenas a cenografia do local de trabalho de Guta não acompanhava o requinte e o conforto das instalações da emissora já apelidada de Vênus Platinada, como mostrou o ator e humorista Marcelo Mansfield em artigo publicado pela *Folha de S.Paulo* em 1997, e no qual descreveu a iniciação a que tinha se submetido quatro anos antes, quando chegou para trabalhar na dramaturgia da Globo:

"Guta me indicou onde morar, onde comer, onde estacionar. Me fez um mapa para chegar à cidade cenográfica e, brincando, me disse quais atrizes da minha idade estavam disponíveis".

A sala de Guta, segundo Marcelo, "mais parecia uma repartição pública, sem janelas, mas com ar-condicionado constantemente ligado, um pequeno guichê, uma parede coberta de notas de produção, escaninhos de onde os atores pegavam seus textos e roteiros da semana e, se estivessem fazendo algum sucesso, cartas de fãs".

Em rara entrevista concedida à *Veja*, Guta, que nunca se casou nem teve filhos, atribuiu seu poder "à própria natureza psicológica dos artistas" que, com o consentimento deles, ela controlava, quase como se fossem crianças:

"Os atores estão acostumados a viver vidas alheias. Têm a sensibilidade à flor da pele. Quanto mais sensíveis, mais problemáticos. Mas eu sei lidar com eles. E eles aprenderam a confiar em mim".

Aquele tipo de relação, definido por Christiane Torloni* como a de "uma grande babá", um formato individual e personalizado impensável nos tempos futuros do Projac, a partir de 1995, e menos ainda nos Estúdios Globo do século 21, só era possível, segundo José Wilker, porque os artistas que se concentravam fisicamente nos estúdios do prédio da emissora, entre as ruas Lopes Quintas e Von Martius, no Jardim Botânico, "eram poucos, num espaço pequeno onde todo mundo se conhecia e todos sabiam os nomes de todos":

"O corredor que ligava os estúdios A, B, C e D era uma espécie de ponto de encontro. Sabíamos um da novela do outro, um da vida do outro. E ficávamos nos estúdios seis, sete dias por semana, doze horas por dia, pelo menos. As saídas eram para o que chamávamos de 'Baixo Guta', que era a salinha do elenco, na Rua Von Martius".

A própria direção da Globo, nas palavras de Wilker, "não era uma entidade abstrata" à qual as pessoas se referissem "como um ser superior qualquer". Estava, segundo ele, "ao lado, no andar de cima, e, frequentemente, estava no corredor também". O "Baixo Guta", como lembrou em 2002, nostálgico, Flávio Migliaccio*, além de ser um lugar onde o elenco tinha uma pessoa que "era um pouco mãe dos atores e atrizes", era também onde se podia "saber das coisas que estavam acontecendo na televisão":

"A gente não tem mais contato com uma pessoa que possa informar a gente do que está acontecendo. Quem é quem? O que eu devo fazer? Fica uma coisa impessoal [...] Guta pegava o telefone imediatamente e ligava pra não sei quem, para o Boni, para o Daniel, e resolvia a situação. Hoje a gente não tem muito isso".

Por trás da angústia crescente das "crianças" estava a natureza cada vez mais industrial da Central Globo de Produção. Com a experiência de ter participado da direção de 29 folhetins marcantes de 1968 a 1995, entre eles *O Sheik de Agadir*; *Anastácia, a Mulher sem Destino*; *Pigmalião 70*; *Minha Doce Namorada*; *O Bem-Amado*; *Estúpido Cupido*; *Anjo Mau*; e *Locomotivas*, o diretor Régis Cardoso, por exemplo, em sua entrevista à revista *O Ópio do Povo* em 1976, já dizia que atuar em televisão era uma atividade "quase impossível" para muitos atores consagrados no teatro e no cinema, acostumados com períodos de ensaio que duravam de trinta a quarenta dias:

"Há atores que decoram não só as falas, como até a inflexão, mas, para mim, isso tem um valor que não serve pra nada. Não é falta de inteligência. É falta de reflexo! Na televisão não há tempo, a televisão exige imediatismo".

Nem todos os diretores e atores iam tão longe na adesão cega ao modo de produção industrial da CGP, mas, ainda assim, de acordo com Boni, não havia ninguém melhor do que Guta para manter o "reflexo" do elenco em dia:

"A missão de Guta era promover o bem-estar no nosso *cast* e me trazer problemas ou dificuldades que impactassem a produção. Ela não tinha rigorosamente nenhum poder de decisão mas tinha portas abertas para me trazer reivindicações. Não interferia e nem pedia para alguém ser escalado. Não contratava ninguém e não negociava nada. Mas fazia um belo meio de campo. Era a porta-voz dos artistas. Um poder maior do que qualquer executivo".

Durante muitos anos, como observou Luís Lara*, um dos diretores da Central Globo de Comunicação entre 1989 e 1997, Guta também foi a principal fonte de informações, na relação da Globo com a imprensa:

"Minha primeira fonte foi a Guta porque tudo passava pela Guta, tudo. Todos os atores iam à sala dela, toda correspondência dos atores ia para a sala dela. Os autores também iam. Só depois eu comecei a procurar, também, os demais diretores, Daniel Filho, Walter Avancini, Gonzaga Blota, Régis Cardoso, Herval Rossano e Walter Campos".

Francisco Cuoco, insuspeito, no caso, reconheceu, por outro lado, que Guta era também "um ser humano" que "pecava sobre muitos aspectos":

"Ela era muito rude com algumas coisas que ela não gostava, fazia questão de ser muito franca. Não é que ela imaginasse que ela pudesse ferir, mas ela não podia, digamos, obstruir a sua franqueza. Pessoas que pediam tanto uma oportunidade e, quando surgia a oportunidade, chegavam atrasadas ou não cumpriam com a sua parte. Ela era uma fiscal muito dura em relação a isso e a outras coisas também. E, lógico, muitas vezes ela provavelmente magoou e foi magoada, como todo ser humano".

Aquele "belo meio de campo" entre a direção da Globo e seu elenco estelar deixaria de existir na emissora a partir de dezembro de 1992, quando Guta precisou se licenciar para tratar o que se descobriu ser o tumor cerebral que tiraria sua vida meses depois, em julho de 1993, aos 73 anos.

Com sua saída de cena, os autores e diretores de teledramaturgia da CGP, que já davam a palavra final na escalação de elencos, mesmo na época do "Baixo Guta", passariam, uns mais e outros menos, a cuidar das "crianças" da CGP com o apoio de produtores de elenco designados para cada novela ou minissérie, enquanto diretores de recursos artísticos como Ary Nogueira, até 2014, e Mônica Albuquerque, depois dele, administrariam um elenco que chegaria a somar cerca de mil e quatrocentos contratos de longo prazo com artistas em 2020, quando a emissora deu início a uma drástica redução daquele tipo de vínculo, ficando apenas com os chamados "atores estratégicos".

Guta se foi, mas os problemas que desaguavam em sua sala continuariam. Betty Faria*, por exemplo, lembrou em 2001 que se viu desprestigiada e em "total infelicidade" em 1994, um ano depois de encantar o Brasil com sua personagem na novela *Tieta*:

"Uma atriz que faz um sucesso feito o que eu fiz com *Tieta* acha que vai ser prestigiada na próxima obra da emissora [...] Mas era uma rede de intrigas ali e eu me senti um marido traído. Eu disse: 'Gente, o que está acontecendo? O que foi que eu fiz? Eu sou boa profissional, eu não sacaneio ninguém, eu não traio ninguém. O que foi que eu fiz?'. Sem contar que eu fiquei ameaçadíssima que estava terminando o meu contrato e eu ia ficar desempregada".

Na mesma época do desencanto de Betty, a revista *Veja*, citando cenas de estrelismo protagonizadas por Fábio Assunção durante um voo da ponte aérea Rio-São Paulo, entrevistou o psiquiatra Miguel Chalub, que comandava uma oficina para preparar jovens atores para os percalços da profissão, na esperança de evitar que o deslumbramento ou a depressão destruísse carreiras:

"Para o ator é mais difícil lidar com o sucesso do que com o fracasso".

Chalub chamava atenção para a inveja desenvolvida em relação aos outros e para os casos em que atores tentavam interferir no trabalho dos autores das novelas da emissora. Cecil Thiré, falecido em 2020, aos 77 anos, entrevistado pela revista, admitiu;

"Eu mesmo já fiz isso várias vezes. Hoje até posso discordar, mas respeito o trabalho do autor".

Neuza Amaral, atriz veterana, com 37 participações em novelas, minisséries e programas da Globo entre 1967 e 2007, e falecida em 2017, aos 86 anos, manteve um diálogo revelador com os entrevistadores do Memória Globo dez anos antes de sua morte:

"Eu não fiquei fora da emissora. A emissora é que ficou fora de mim. A emissora se esqueceu de mim. Não sei explicar o porquê. Porque eu era vereadora, o Francisco Milani era vereador, desenvolvíamos paralelamente um trabalho político, mas em qualquer escalação a gente estaria lá. Só que tinha também o senhor Paulo Ubiratan, que era meio danado, que não ia comigo [...] Eu não sei explicar, só sei que é uma tristeza muito grande, depois de tantos sucessos – não posso ser modesta –, a Globo ter se esquecido de mim. É uma grande dor que eu tenho".

Os entrevistadores tentaram então lembrar das participações de Neuza nas novelas *Senhora do Destino* e *Cobras & Lagartos*:

"Pequenos personagens, nada significativos".

E *Pé na Jaca*?

"Também insignificante o papel. Não comprometia. Vim para matar a saudade".

E *Força de um Desejo*?

"É, mas também não acrescentou, foi mais um trabalho".

A receita, uma espécie de versão anos 2020 do espírito do "Baixo Guta", foi dada pelo então diretor do núcleo de teledramaturgia da TV Globo, José Luiz Villamarim, em entrevista a este autor em 2024:

"O limite, para o artista, é fundamental. O artista, em um certo sentido, é uma criança. Quer tudo. A questão da vaidade existe, mas um bom diretor é um psicanalista. E uma das funções nossas é a de dar segurança aos atores e autores, para que eles façam o melhor que eles podem fazer. A insegurança deles é necessária".

Orgulhoso de ter vivido "momentos epifânicos" com grandes atores e atrizes desde 1995, quando estreou como assistente de direção da emissora, e convencido de que os artistas merecem, sim, uma atenção especial, Villamarim acrescentou:

"Você tem que discutir os narcisismos, as vaidades, as ambições. Para um artista, ser ambicioso, ser vaidoso é necessário. Imagine você se olhando todo dia na tela da televisão, se você não se cuida, se você não tem vaidade. Eles põem a cara deles a tapa todo dia. Eu, por exemplo, não aguento mais ver minha cara nessas reuniões de Zoom. Temos de cuidar deles".

A era e o lugar onde Guta Mattos cuidava das "crianças" da Globo desapareceram diante dos olhos de Marcelo Mansfield. Em seu artigo para a *Folha*, ele observou que, no final, as paredes da sala de Guta pareciam ser de "uma sala de milagres de Aparecida do Norte", cheias de "nomes que ninguém mais lembra" e "sorrisos Kolynos". Olhar para aquelas fotos, segundo ele, era como "rever uma antiga revista *Ilusão* ou *Amiga*":

"Lá estavam as camisas de florezinhas miúdas que João Carlos Barroso usou em *Locomotivas*, o corte *Pigmalião* de Tônia Carrero, o cabelo tigelinha de Maria Cristina Nunes e a eterna gargalhada de Terezinha Sodré. Pepita Rodriguez pendurada no alto com o original 'Beijão Guta... da Pepita'. Uma foto amarelada de Mário Gomes com o colarzinho de macarrão que usou em *Duas Vidas*. Muitos cílios postiços, dezenas de bochechas avermelhadas com muito *blush* e lábios brilhando. Isso falando dos mais conhecidos, mas havia muitos outros. Nomes perdidos nos elencos de apoio das muitas novelas da casa, cujas fotos na parede eram maiores que suas carreiras. Verdadeiro obituário".

A "mais estranha das coisas" aconteceu depois da morte de Guta, segundo Mansfield:

"Em pouquíssimo tempo a sala foi transformada. Sumiram os pôsteres 'beijão', as fotos debaixo do vidro, o guichê. Pintaram as paredes, rearranjaram a mobília. Não sobrou nada. Nem uma foto da própria Guta para contar a história da TV que ela ajudou a construir. Só me resta dizer uma coisa: Beijão, Guta!".

Àquela altura, o complexo do Projac estava pronto para ser inaugurado.

CAPÍTULO 30

A fita roubada

– Ainda existe aquele programa dos desaparecidos políticos?

A pergunta, feita por Carlos Schroder no meio do terremoto provocado na redação da Globo nos dias que se seguiram à substituição de Alberico de Sousa Cruz por Evandro Carlos de Andrade no comando da Central Globo de Jornalismo, pegou de surpresa este autor, então coordenador do escritório da emissora em Londres.

Tecnicamente, não deveria mais existir cópia alguma de um *Globo Repórter* censurado internamente que este autor tinha dirigido e editado cinco anos antes, entre agosto e setembro de 1990, a partir de uma investigação feita pelo repórter Caco Barcellos sobre a ocultação, no Cemitério de Perus, periferia de São Paulo, de corpos de presos políticos assassinados. A única hipótese era a de que a fita com a edição finalizada do programa tivesse sido roubada.

– Por que, Schroder?

– O Evandro quer um material forte para marcar a chegada dele e mostrar que acabaram os tabus no jornalismo da Globo.

Tecnicamente, também, em iniciativa unilateral, este autor tinha tomado emprestado e levado para o apartamento em que morava no Rio, em 1990, uma cópia em fita Betacam com os 43 minutos da edição final do programa que acabara sofrendo autocensura na última hora, sem maiores explicações do então editor-chefe do *Globo Repórter*, Jorge Pontual, ou de Alberico, à época em seus primeiros meses à frente do jornalismo da emissora, substituindo Armando Nogueira.

– Existe, sim, Schroder. Tem uma cópia do programa com o Maurinho Tertuliano aí no Rio e outra comigo aqui em Londres.

Cinco anos antes daquele telefonema de Schroder para Londres, em setembro de 1990, tinha entrado em vigor, nas três salas ocupadas à época pela equipe do *Globo Repórter* no terraço da sede da emissora no Jardim Botânico, uma espécie de lei do silêncio sobre a investigação então conduzida por Caco Barcellos e pelo produtor Mauricio Maia, com o apoio entusiasmado do veterano Narciso Kalili, à época recém-nomeado chefe de redação do programa, falecido em 1992, aos 56 anos. E os poucos que ficaram sabendo da investigação de Caco mal acreditavam que o tema dos desaparecidos políticos pudesse ter entrado na pauta da Globo. Um momento inesquecível para Jorge Pontual*, então editor-chefe do *Globo Repórter*:

"Era uma coisa sigilosa, só a direção sabia, mesmo dentro do programa a gente tentava manter a coisa em segredo para não criar problema com os militares".

O espanto da equipe só diminuiu quando Pontual explicou que, antes que a primeira câmera pudesse ser ligada, Alberico tinha determinado que a reportagem, qualquer que fosse o resultado da produção em campo, não faria menção alguma aos torturadores vivos ou mortos à época já acusados pelo desaparecimento daqueles presos políticos. E que, no texto, os mortos escondidos pela repressão na vala de Perus deveriam ser tratados como "guerrilheiros", nomenclatura intermediária entre "militantes" e "terroristas" cuidadosamente negociada com a direção.

Outra ordem explícita de Alberico, ao dar o sinal verde para o início das gravações, era a de que a reportagem só poderia se transformar em uma edição do *Globo Repórter* se tivesse uma inquestionável base factual. Em outras palavras, a investigação de Caco teria de dar a ele condições de afirmar, categoricamente, com chance zero de erro, que havia pelo menos um preso político assassinado escondido entre as centenas de ossadas de supostos indigentes jogadas na vala.

Caco* e Mauricio já tinham nas mãos uma sólida investigação, a partir de um meticuloso levantamento sobre as circunstâncias de cerca de sessenta mil mortes violentas envolvendo a polícia de São Paulo. A vertente sobre os desaparecidos políticos, segundo Caco, surgira por acidente:

"Um funcionário do cemitério, embriagado, me procurou, pediu pra conversar atrás de uns túmulos e me contou que foi testemunha da chegada de uns carros do Exército e de como os militares fizeram escavações em vários pontos do cemitério".

– Como é que é? A Globo quer fazer uma reportagem sobre desaparecidos políticos?

Perguntas como a de Alice Fortes, mãe do militante assassinado Hélcio Fortes, sintetizavam uma certa incredulidade que tomava conta do ambiente quando Mauricio Maia, em São Paulo, e a produtora Ana Helena Gomes, no Rio, começaram a localizar e marcar entrevistas com famílias cujas perdas se diferenciavam pelo tipo de dor: as que tinham evitado que seus mortos fossem parar em Perus; as que tinham conseguido exumar seus entes levados para a vala; as que apenas suspeitavam; as que só torciam muito para que os seus estivessem lá; e as que não tinham a menor ideia de onde os restos de seus filhos e filhas poderiam estar.

Ao final de algumas entrevistas, Caco tinha ouvido, mais de uma vez, outra pergunta:

– Você acha mesmo que vão passar isso na Globo?

Em mais de uma ocasião, também, ao responder que sim, traídos por uma ponta de incerteza, os integrantes da equipe do *Globo Repórter* prometeram que, caso a emissora desistisse de exibir o programa, eles mesmos providenciariam cópias em VHS para as famílias.

Montado pelo editor de imagens Mauro Tertuliano, o programa continha depoimentos impensáveis para jornalismo da Globo da época, como o do coronel da reserva do Exército João Luiz de Moraes, pai da desaparecida Sônia Maria de Moraes Angel Jones, mulher de Stuart Angel Jones, o filho da estilista Zuzu Angel morto sob tortura no Rio de Janeiro:

"Caco, o problema é que a morte de um filho não tem conserto. Não há psicólogo, psicanalista, psiquiatra que consiga trabalhar a morte de um filho, muito menos nas circunstâncias da morte dos nossos filhos".

Outro depoimento que levara às lágrimas os poucos que tiveram permissão para entrar na ilha de edição do *Globo Repórter* naqueles dias de 1990 foi o de Adalgisa Gomes de Lana, mineira de Ouro Preto, ao recordar, num pranto contido, a noite de novembro de 1973 em que a morte do filho Antônio Carlos Bicalho Lana foi noticiada pelo *Jornal Nacional*:

"Eu ajoelhei no chão e queria pedir a Deus que protegesse as outras mães, que elas não tivessem de passar pela dor que eu estava passando naquele momento, de ter perdido um filho tão querido que eu amava tanto".

No final da produção, as entrevistas feitas por Caco e filmadas pelo cinegrafista Aloisio Araújo tinham transcendido a investigação sobre a vala, expondo alguns episódios representativos do estrago doloroso feito pela ditadura em famílias de classe média de São Paulo, do Rio e de Minas Gerais. Tanto que Chico Buarque, ao ser procurado por Ana Helena Gomes, abriu uma exceção ao veto que à época impôs ao uso de suas músicas pela Globo e autorizou que a trilha sonora principal daquele programa fosse "Angélica", a canção composta por ele em homenagem a Zuzu Angel e cuja primeira estrofe dizia:

Quem é essa mulher
Que canta sempre esse estribilho?
Só queria embalar meu filho
Que mora na escuridão do mar

Participaram do programa famílias como a de Luiz Eduardo da Rocha Merlino, jornalista de *O Estado de S. Paulo* e militante do Partido Operário Comunista (POC), preso e levado para o DOI-CODI em 15 de julho de 1971; de Gelson Reicher, morto em 1972 e enterrado em Perus com o nome falso de "Emiliano Serpa"; de Luiz Eurico Tejera Lisbôa, executado em uma pensão em São Paulo; e de outros desaparecidos como Ísis Dias de Oliveira, Thomaz Antônio da Silva Meirelles Netto, Flávio Carvalho Molina e Hiroaki Torigoe, filho de um casal de imigrantes japoneses radicados em Piracicaba, interior de São Paulo. Anos depois, Jorge Pontual diria ao *Memória Globo*:

"Este foi um dos melhores, talvez o melhor *Globo Repórter* da minha época".

O mais difícil havia sido feito: com o pretexto não exatamente verdadeiro de fazer um programa sobre a violência urbana, a equipe do *Globo Repórter* teve permissão para gravar na sala das geladeiras de cadáveres e no arquivo do Instituto Médico Legal de São Paulo, onde conseguiu filmar, secretamente, livros de óbitos que tinham folhas marcadas em vermelho com a letra "t", de terrorista. A equipe tinha feito gravações, também secretamente, no Cemitério de Perus, onde o funcionário Antônio Carlos de Oliveira, que só tinha coragem de confirmar a história das ossadas quando bebia, apontou para Aloisio, com sóbria precisão, o local exato da vala clandestina.

No final da tarde do dia 3 de setembro de 1990, véspera do dia em que, provocada em sigilo pela produção do *Globo Repórter*, a Prefeitura de São Paulo, então sob o comando de Luiza Erundina, filiada na época ao Partido dos Trabalhadores (PT), escavaria um gramado do Cemitério de Perus para confirmar ou não a existência da vala clandestina, a surpresa: Pontual, cumprindo ordem de Alberico, ligou do Rio e passou à equipe uma recomendação insólita:

– A Globo não pode dar isso sozinha. É uma decisão da direção. Temos de chamar toda a imprensa na hora de abrir a vala. Vocês chamam os jornais e as outras TVs, Caco faz uma matéria sobre a vala para o *Jornal Nacional* e, no final, o *JN* chama o *Globo Repórter* com a história toda da vala.

No início da manhã seguinte, em São Paulo, já resignada com a ordem de abrir mão de um furo jornalístico que seria histórico, a equipe continuava entusiasmada com a perspectiva de levar ao ar, para milhões de telespectadores, aquela que seria, comprovadamente, a primeira grande reportagem não apenas da Globo, mas da televisão brasileira, sobre os desaparecidos da ditadura militar. Antes, a história das "desovas" no Cemitério de Perus tinha sido tema de *Vala Comum*, um filme de curta metragem e curta exibição no circuito de festivais de cinema, lançado em junho daquele ano pelo diretor João Godoy.

Antes de chamar a concorrência, a equipe do *Globo Repórter* documentou, com exclusividade, o primeiro golpe de pá, a abertura da vala e o aparecimento das ossadas. Depois, num tempo em que não havia celulares, usou os telefones da administração do cemitério para oferecer a pauta a todas as redes de televisão e aos principais jornais do país. Como era esperado, o *JN* daquela noite, uma terça-feira, deu a reportagem de pouco mais de um minuto e meio feita também por Caco sobre a abertura da vala, mas não houve chamada para o *Globo Repórter* da sexta-feira seguinte, 7 de setembro, como tinha sido combinado.

Como Pontual não foi categórico sobre os motivos do cancelamento do programa, os integrantes da equipe chegaram a pensar que o problema era uma involuntária coincidência de datas. Só naquele momento todos se deram conta de que aquele *Globo Repórter* cairia na Semana da Pátria, e que sua exibição, num dia de desfiles militares por todo o país, poderia ser interpretada como uma provocação. Anos depois, porém, em seu depoimento ao Memória Globo, a explicação de Pontual seria outra:

"O programa acabou não indo ao ar porque houve realmente uma dúvida da direção sobre se era o momento adequado. Era uma coisa muito delicada porque coincidiu, quando o programa ficou pronto finalmente, com uma campanha eleitoral em que esse tema estava sendo explorado por algum partido".

O PT de Luiza Erundina, na verdade, só tentaria capitalizar eleitoralmente a abertura da vala de Perus quase dois anos depois daquele 7 de setembro de 1990, quando tentou e não conseguiu eleger Eduardo Suplicy, tendo de entregar a prefeitura paulistana a Paulo Maluf.

Em 13 de janeiro de 2025, em entrevista a este autor, Carlos Schroder, diretor de produção em 1990, disse que Alberico não dividiu com ele a decisão de não exibir o programa. Boni, consultado por este autor na mesma data, disse que também não teve conhecimento do programa na época, e que Roberto Marinho, então com 86 anos, não se envolvia com aquele tipo de decisão. Roberto Irineu, indagado sobre a existência daquele *Globo Repórter* sobre os desaparecidos políticos desde 1995, também disse duvidar de que o pai àquela altura tenha sido consultado sobre o assunto, acrescentando:

"Eu e João Roberto nunca soubemos".

O 7 de Setembro passou, seguiram-se outras sextas-feiras sem nenhuma explicação oficial da direção da CGJ e o chamado "programa de Perus", aos poucos, foi deixando de ser assunto na redação do *Globo Repórter*. E como as dezenas de fitas Betacam usadas na produção e na edição da reportagem seriam apagadas, como era rotina, assim que fossem reutilizadas em novas produções, este autor providenciou, com a ajuda de Mauro Tertuliano, as duas cópias da edição censurada internamente cuja existência ele confirmaria, cinco anos depois, a Carlos Schroder.

– O Evandro assistiu e nós vamos dar nesta sexta! Temos de atualizar o texto do Caco. Já falei com o *Globo Repórter*!

Quando Schroder confirmou a decisão de Evandro de exibir o programa, Caco, por coincidência, acabara de desembarcar em Londres, de volta de uma entrevista que ele e o cinegrafista Luiz Demétrio tinham gravado para o *Fantástico*, num local secreto da Europa, com Tommaso Buscetta, o famoso mafioso italiano que nos anos 1980 fizera um acordo de delação cujas revelações levaram à prisão e à condenação mais de trezentos integrantes da Cosa Nostra. A entrevista exclusiva custara à Globo, ainda na gestão Alberico, o pagamento de um cachê de quarenta mil dólares ao mafioso, expediente incomum na CGJ.

Com a participação da equipe do *Globo Repórter* no Rio, que usou as imagens da cópia guardada pelo editor Mauro Tertuliano em seu armário particular na emissora, o "programa de Perus" foi atualizado em Londres com uma nova narração de Caco e informações sobre a perícia das ossadas então a cargo da equipe do legista Fortunato Badan Palhares, da Unicamp.

No Brasil, seguindo determinação de Evandro para que o programa tivesse alguma novidade sobre a questão dos desaparecidos, Alexandre Garcia acrescentou dois furos à reportagem: uma entrevista com Eunice Paiva, viúva do deputado Rubens Paiva, morto sob tortura em 1971, e o anúncio, pelo então ministro da Justiça, Nelson Jobim, de um projeto do presidente Fernando Henrique que determinava o pagamento de indenização às famílias de 152 presos políticos desaparecidos, a partir do reconhecimento das mortes e do registro delas em cartório.

Após a exibição daquele *Globo Repórter*, na noite de 14 de julho, o grupo Tortura Nunca Mais, segundo reportagem da *Folha de S.Paulo* de 26 de julho, criticou a Globo, alegando que o programa "não esclareceu as reivindicações dos familiares dos desaparecidos". A entidade também reproduziu a queixa do pai da desaparecida Sônia Maria de Moraes Angel Jones de que a emissora "só apresentou a solução do governo".

Para a equipe que fez o programa e para os colegas da CGJ ainda sob o impacto da chegada de Evandro Carlos de Andrade à direção da CGJ, o que ficou na memória foi o marco na história do jornalismo da Globo, sintetizado na frase de abertura daquele *Globo Repórter*, escrita por Jorge Pontual e lida pelo apresentador Celso Freitas:

"A tampa do silêncio que encobre os anos de chumbo começa a ser levantada".

A turma de sempre

Luis Erlanger estava vivendo suas últimas horas como editor-chefe do jornal *O Globo* e já se preparando para se juntar a Evandro Carlos de Andrade e fazer parte do comando da Central Globo de Jornalismo na manhã de

14 de julho de 1995, o dia em que o *Globo Repórter* sobre os desaparecidos políticos seria exibido, quando ligou do Rio para este autor no escritório da emissora em Londres:

– O Evandro está chegando e não conhece ninguém. Preciso que você mande um "quem é quem" do jornalismo.

No Brasil, decisões importantes tinham sido tomadas, envolvendo jornalistas que seriam os executores da linha editorial do grupo nas duas décadas que viriam, de Lula em 2002 a Bolsonaro em 2018. Erlanger pedira para sair d'*O Globo* junto com Evandro, depois de se frustrar com a decisão de João Roberto Marinho de escolher Merval Pereira, e não ele, para o cargo de diretor de redação do jornal. Em entrevista a este autor em maio de 2021, Merval disse que João Roberto, para atenuar a "mágoa" de Erlanger, pediu que ele fosse mantido editor-chefe com aumento de salário, mas a nova configuração do chamado "aquário" onde ficava o comando do jornal não resistiu a uma edição sequer: "No primeiro fechamento de primeira página, Erlanger fez tudo sozinho sem me consultar. Chamei-o no dia seguinte e disse que ele teria que agir da mesma forma que agia com o Evandro. Ele não gostou e pediu para o Evandro para ir para a Globo. Peguei o Ali Kamel e o nomeei editor-chefe do jornal".

O jornalismo de televisão "era uma coisa menor". Foi assim, contagiado por um preconceito que só diminuiria com o tempo, que Evandro chegou à Globo, na lembrança de Marcelo Matte*, ex-repórter d'*O Globo* e ex-editor da emissora promovido em 1997 ao comando do jornalismo da Globo Minas. Impressão semelhante teve Sérgio Rodrigues, futuro escritor e colunista da *Folha de S.Paulo*, contratado em 1995 por Evandro para ser chefe de redação da Globo Rio juntamente com Fábio Altman, este como editor regional.

Sérgio e Fábio trabalhavam na revista *Veja* e a contratação da dupla era uma das evidências de que Evandro – à época impedido de desfalcar a redação d'*O Globo* de jornalistas de sua confiança por força de um acordo com João Roberto Marinho – não queria contar, no início, com profissionais de telejornalismo da Globo para os cargos de chefia. O que não daria muito certo, como lembrou Sérgio:

"Fiquei dois anos lá, e, assim que terminou a quarentena negociada pelo Evandro com o *Globo*, nós fomos dispensados. Nunca fomos da turma, tínhamos vindo da *Abril* para suprir uma lacuna. O Evandro dizia que jornalistas de verdade eram os da imprensa escrita, queria dar um choque de jornalismo na TV. O que tinha uma certa razão de fundo, eu acho, mas tinha bastante equívoco também. Foi uma época bem rica pra mim, aprendi à beça e conseguimos resgatar o prestígio da editora Rio com a rede, que àquela altura andava no chão".

Evandro, claro, já conhecia a maioria dos diretores da Globo, de reuniões e conversas no restaurante e nas salas dos andares superiores da sede do Jardim Botânico. O que ele e Erlanger conheciam muito pouco, a exemplo da quase totalidade dos jornalistas da imprensa escrita da época, eram as pessoas e, principalmente, os processos e técnicas básicas do telejornalismo que vinham sendo praticados pela Globo havia três décadas. Até pagariam um certo preço pela falta de intimidade com o veículo cuja produção depende fundamentalmente de imagens e rigor no controle de tempo.

A importância de Evandro era outra: pela primeira vez, os profissionais da Globo receberiam uma espécie de carta branca para serem jornalistas em tempo integral e, principalmente, de forma integral. Tudo escrito, detalhado e assinado de forma solene por Evandro, no memorando inaugural distribuído "aos companheiros da CGJ" em 7 de julho de 1995, e no qual informou que tinha sido "convocado" pela família Marinho para ser "um fiel executor da orientação do doutor Roberto, diretamente ou através de seus filhos".

Difícil de acreditar, porém, quanto mais antigo fosse o registro do contrato com a Globo na carteira de trabalho dos profissionais da CGJ, era que, junto a posturas básicas que a equipe já perseguia como a exatidão da informação, a clareza do texto e da imagem, a agilidade e o respeito ao "direito alheio", fossem para valer alguns outros "deveres do jornalista" que Evandro listou e numerou no segundo parágrafo do memorando.

As sobrancelhas da equipe se ergueram quando o novo diretor não apenas prescreveu "isenção", "imparcialidade" e "impessoalidade" como ainda definiu esta última como "a atitude que nos distancia de amizades ou inimizades na hora de avaliar o grau de idoneidade, de dignidade, das pessoas com quem lidamos e agir segundo essa avaliação". Outra surpresa do memorando foi a determinação de que os jornalistas da Globo deveriam praticar "a independência face a todo tipo de poder", dessem "espaço equânime para os lados confrontantes de qualquer questão" e preservassem "a desvinculação de partidos e ideologias".

– Conta outra.

A reação inicial de muitos leitores do memorando, calejados em jornadas sofridas sob a mão pesada do dono da Globo na política, era dos que não sabiam que, pela primeira vez, a Central Globo de Jornalismo teria, no seu comando, um executivo ainda mais poderoso junto à família Marinho do que Boni ou qualquer outra pessoa da empresa. E com a vantagem de Evandro não ter mais que se indispor com o próprio Roberto Marinho em situações nas quais, como contou em sua entrevista a Geneton Moraes Neto, esteve prestes a se demitir "já de gaveta esvaziada para ir embora". Uma relação às vezes difícil, como lembrou o xará, o ex-diretor de afiliadas e expansão Evandro Guimarães:

"O doutor Roberto gostava do Evandro, mas às vezes brigava feio com ele nos tempos d'*O Globo*. Eu o vi chamando atenção do Evandro mais de uma vez. Isso porque o Evandro era um grande jornalista, voltado a fazer o jornalismo da forma correta".

Ao chegar à Globo no dia 6 de julho para ser apresentado à diretoria como o novo diretor da CGJ, após 23 anos no comando d'*O Globo*, Evandro, então com 64 anos, gozava de uma condição semelhante à de um experiente irmão mais velho dos filhos de Marinho, só que com um poder ainda maior do que o que tinha no jornal da família. Mas não conhecia praticamente nenhum dos jornalistas do escalão intermediário da CGJ, e não tinha, como sonhara ainda em 1989, ao ser sondado pela primeira vez para o cargo, o apoio de Alice-Maria, demitida pelo dono da Globo na crise que tinha resultado na saída de Armando Nogueira em 1990. Resolveu então esperar Roberto Irineu fazer uma consulta a Carlos Schroder, uma autoridade no assunto em que Evandro não passava de um aprendiz poderoso: televisão.

Convidado por Roberto Irineu em nome do pai, Schroder contou a este autor que teve com Evandro uma conversa de cinco horas e cujo desfecho foi sua decisão de continuar no cargo de diretor de produção da CGJ por um período de "experimentação mútua" de noventa dias que, com o passar dos anos, evoluiria para uma relação de profunda confiança.

Do cargo de Schroder para baixo, Evandro herdava uma redação na qual conviviam, nem sempre de forma amistosa, egressos da equipe de Armando Nogueira e os jornalistas formados na mídia impressa que Alberico contratara antes mesmo de se tornar diretor da CGJ. No comando do *Jornal Nacional*, ele tinha colocado Xico Vargas, um quadro respeitado no jornalismo impresso, ainda se adaptando aos telejornais e em notória rota de colisão com Schroder.

No grupo dos jornalistas orientados por Alberico a desmontar o círculo de editores e chefes órfãos de Armando Nogueira em 1990, o diretor Carlos Amorim, um ex-repórter formado na redação d'*O Globo* que adquirira grande experiência em postos de chefia na TV Manchete, era o que tinha colecionado mais desafetos, principalmente ao ocupar a chefia de reportagem do *Globo Repórter*. Chegou a encontrar seus objetos pessoais jogados no chão de uma sala do programa, ao voltar de férias.

Jorge Pontual, futuro correspondente da GloboNews, profissional de absoluta confiança de Armando e Alice-Maria e então editor-chefe do *Globo Repórter*, vivia o drama de comandar o único programa da CGJ que, na época, estava correndo risco de ser tirado do ar por Boni, em meio aos escombros da guerra de audiência que chegara ao horário nobre para nunca mais sair. Pontual e Mônica Labarthe, chefe de redação do programa, tinham sido mantidos quase a contragosto, porque substituí-los seria uma manobra arriscada para Alberico, um diretor que entendia mais de cobertura política do que de telejornalismo.

William Bonner, então com 32 anos, editor-chefe e apresentador do *Jornal Hoje*, e Carlos Nascimento, 41, à época apresentando o *SPTV Segunda Edição* e cobrindo ausências de Cid Moreira e Sérgio Chapelin no *Jornal Nacional*, eram os âncoras jornalistas mais destacados que, além de saber o que liam, também escreviam. Na equipe do *Fantástico* da época, uma profissional não estava se entendendo com o diretor Luizinho Nascimento: a então chefe de redação Silvia Sayão, futura editora-chefe do *Globo Repórter* que seria responsável, durante duas décadas, pela radical adaptação do programa originalmente dedicado a documentários às exigências não raro popularescas da guerra de audiência.

Em Nova York, Paulo Henrique Amorim colocava o escritório inteiro da Globo na cidade para trabalhar para ele, com notórios prejuízos para o então colega correspondente Hermano Henning e, especialmente, para Paulo Francis, contra quem sustentava uma intensa e agressiva guerra pessoal. Mesmo à distância, era sabido, nas redações da Globo no Rio e em São Paulo, que Paulo Henrique cultivava duas perspectivas na emissora: ser âncora do *Jornal Nacional* ou ocupar o cargo que Evandro assumia naquele momento.

O caso de Paulo Henrique Amorim, como este livro mostrará mais à frente, só seria resolvido por Evandro em 1996. De imediato, considerando os cargos mais importantes da CGJ, Evandro agiu rápido ao aceitar, na hora, o cargo de editor-chefe do *JN* entregue por Xico Vargas, e ao tirar Alexandre Garcia da direção da Globo Brasília, mantendo-o apenas como repórter, sem maiores comentários, nos dois sentidos. Também demitiu Carlos Amorim e Paulo Roberto Leandro, este o então diretor da CGJ em São Paulo, convidando para o cargo o jornalista Roberto Müller, à época diretor da *Gazeta Mercantil*, e que acabaria não ficando mais que um mês na emissora.

Nos altos cargos da CGJ, a chegada de Evandro agregou, ao pequeno grupo de executivos que a emissora importaria do jornal *O Globo* como Luis Erlanger e, em 2001, Ali Kamel, o paulista Amauri Soares, então um dos editores da redação de São Paulo e futuro diretor da Globo e dos Estúdios Globo nos anos 2020. Erlanger, Ali e Amauri nunca se entenderiam muito bem ao longo dos anos, para dizer o mínimo.

Descrito no "quem é quem" enviado de Londres para o Rio, a pedido de Erlanger, como "o melhor editor de rede do jornalismo no eixo Rio-São Paulo", Amauri estava à época prestes a decidir entre um convite que recebera para trabalhar no escritório do SBT em Nova York e a contraproposta então oferecida ainda por Alberico de se transferir para a sucursal da Globo na mesma cidade, quer Paulo Henrique Amorim gostasse ou não da ideia.

Evandro não sabia muito bem o que era um "editor de rede". Amauri, a exemplo de duas ou três dezenas de jornalistas responsáveis pelos conteúdos de rede da CGJ, era um "editor de texto", profissional cujo nome, para aflição da mãe e dos amigos, só escapava do anonimato completo porque disparava em velocidade cômica nos créditos finais dos programas e telejornais da Globo. Aos editores de texto cabia avaliar e, muitas vezes, em maior ou menor grau, escrever, reescrever, vetar, corrigir, enxugar, desmembrar, aumentar, checar, lapidar ou simplesmente aprovar o que era apresentado pelos repórteres e âncoras do jornalismo da Globo.

Na segunda-feira, 17 de julho, sem nunca ter se encontrado anteriormente com Amauri, Evandro surpreendeu a redação ao nomeá-lo, imediatamente, editor-chefe do *JN*, em substituição a Xico Vargas. Vinte e seis anos depois, na entrevista que deu a este autor em outubro de 2021, Amauri lembrou o diálogo que mudou sua vida, depois de desembarcar no Rio sem saber por que estava sendo chamado, e subir até a sala da direção da CGJ:

– Mas Evandro, você não me conhece e me convida para ser editor-chefe do *Jornal Nacional*?

– Não se esqueça de que sou um jornalista. E já sei tudo que precisava sobre você.

Não houve muitas demissões na chegada de Evandro. A rigor, aliás, quando ele chegou, a maioria dos jornalistas que ocupariam postos de chefia na Globo nas duas primeiras décadas do século 21 já trabalhava na emissora naquele histórico julho de 1995. Caso de cargos futuros como os de Luiz Cláudio Latgé na direção da CGJ em São Paulo e na GloboNews; Renê Astigarraga, editor regional em Belo Horizonte; Jô Mazzarolo, editora regional em Recife; Ricardo Pereira, editor-chefe do *Esporte Espetacular*; Geneton Moraes Neto, diretor de programas e documentários na GloboNews; Renato Ribeiro, diretor de Esportes; Leticia Muhana, diretora do canal GNT; e Rosa Magalhães, diretora da GloboNews, entre outros.

Com o tempo, Evandro começaria a se dar conta do que muitos na CGJ já sabiam havia muito tempo: a fragilidade do telejornalismo não residia necessariamente na falta de qualidade do texto ou do conteúdo, mas no que ele mesmo chamaria de "feira de vaidades" na entrevista a Geneton, ao fazer um balanço da experiência de comandar o jornalismo da Globo:

"São aqueles fatores de televisão, que atuam de maneira peculiar; empatia, aparência física, a imagem de sinceridade e essas coisas se sobrepõem ao conteúdo da informação. Isso é um fator perverso na televisão. E não existe em jornal. Então aqui você pode encontrar casos em que o sucesso do repórter não corresponda a uma grande capacidade nem de apuração dos fatos, nem de tratamento dos fatos. Aqui é um trabalho coletivo a apresentação e formação de uma reportagem. A não ser aqueles repórteres excepcionais que geralmente vieram mesmo de jornais".

Na mesma entrevista, ele confirmou ter dito que "se deus entrasse na redação da TV Globo ia se sentir humilhado porque ninguém ia olhar para ele". E, ao se mostrar "chocado" com a vaidade dos repórteres da emissora, disse que os efeitos negativos só não eram piores que os apresentados pelos artistas do Projac:

"A vivência ajuda você a lidar com isso. O que é chamado de estrela da televisão é uma coisa esquizofrênica, ele sai na rua e pedem autógrafo. Ele se acha ou quer se achar um ser de exceção. Ao mesmo tempo, ele conhece grau da demissibilidade dele. E se ele for demitido ele desaparece, e depois de um tempo ninguém mais menciona [...] Essa coisa esquizofrênica, é com isso que você tem que lidar e, ao mesmo tempo, você não quer magoar, não quer dizer: 'Meu amigo, cai na real, você não é nada disso que você está bancando aqui'".

A "feira de vaidades" do jornalismo da Globo, como se verá, era o menor dos problemas.

O irmão mais velho

Qualquer que fosse o rumo que o novo diretor desse à Central Globo de Jornalismo, ninguém na emissora tinha dúvida, em 1995, de que não havia na empresa nenhum executivo com o seu poder, como o próprio Roberto Irineu deixou claro em sua entrevista em 2000, quando, de forma involuntária, comparou Evandro, a quem considerava "um irmão mais velho", à diretora-geral Marluce Dias da Silva, à época a pessoa formalmente mais poderosa no organograma:

"Além dos meus pais, que foram, cada um à sua maneira, fundamentais na minha vida, Evandro Carlos de Andrade é um personagem que tem uma importância muito grande também. A Marluce também tem uma importância muito grande, embora mais recente. A Marluce esteve muito presente nos últimos oito anos; o Evandro, nos últimos trinta. Eu diria que esses dois foram as duas influências mais marcantes entre as pessoas que trabalham conosco".

Por sua vez, como ficou claro na entrevista que deu a Geneton Moraes Neto entre 2000 e 2001, meses antes de morrer, Evandro também não deixava dúvidas sobre o tamanho da confiança que desfrutava junto aos irmãos Marinho, desde os tempos em que era diretor de redação d'*O Globo*:

"O Roberto Irineu é uma pessoa por quem eu me afeiçoei logo no começo, ficava na minha sala. Eu imagino até que o pai dava ordem para ficar e ver como era 'aquele comunista'. Não sei se era isso. O fato é que Roberto Irineu se tornou um dos três maiores amigos meus e é até hoje".

Comunista?

Ideologicamente, Evandro ironizava a lenda que carregou para a Globo, não por iniciativa própria, de que era um dos integrantes da célula do Partido Comunista Brasileiro (PCB) protegidos por Roberto Marinho na redação d'*O Globo*, junto com o então chefe de redação Henrique Caban, que contribuía regularmente com o partido, e Milton Coelho da Graça, editor-chefe do jornal na década de 1980 e comunista de carteirinha.

Evandro não era. E, se faltava alguma evidência, pelo menos em suas leituras preferidas, de que ele não era um marxista ou mesmo um simpatizante do PCB, ele deixou claro também na entrevista a Geneton, quando se permitiu fazer algumas revelações sobre afinidades literárias e intelectuais. Em certo momento da conversa, Geneton perguntou:

"Você gostaria de citar algum nome dos bons textos jornalísticos, de imprensa escrita, como você citou o Verissimo, alguém que te dá prazer de ler?"

"João Ubaldo, Verissimo, Pedreira [Fernando] são os que escrevem n'*O Globo*, do Marcito [Márcio Moreira Alves], da Míriam Leitão, eu gosto muito destes. Luiz Garcia, quando escreve, escreve muito bem. O Roberto Pompeu, sem dúvida alguma. Alguns colaboradores da *Veja* que não são exatamente jornalistas, mas que escrevem para a *Veja*. O Olavo de Carvalho, que eu acho brilhante e corajoso, esse é do tipo que eu gosto, nada contra a maré, não tem nada de ficar repetindo baboseira de politicamente correto, pensa com a cabeça dele, brilhante".

A morte em 2001 pouparia Evandro de conhecer a fase proctológica do filósofo que seria adotada anos depois por Jair Bolsonaro e seus seguidores. Estilos de texto e filosofia à parte, Marluce, ao comentar com um dos seus executivos de confiança à época, resumiu em uma frase o que muitos na Globo achavam de Evandro:

"Ele era autoritário e mercurial e eu não gostava disso, mas era um símbolo da ética, da inteligência e do compromisso".

A parte do diretor autoritário e mercurial pesaria mais na lembrança da ex-diretora de recursos humanos Heloísa Machado, em sua entrevista a este autor. Segundo ela, "quando Evandro chegava para participar de uma reunião, a sala ficava gelada". O âncora Carlos Nascimento também deixou claro para este autor, em 2024, que não estava entre os admiradores do diretor:

"O jornalismo da Globo foi estruturado por Armando Nogueira e Alice-Maria tendo como principais valores, além da competência e do mérito, o reconhecimento e o respeito aos profissionais. Prepotência e arrogância não fizeram parte da escola que frequentei por dez anos, além dos cinco anos em que trabalhei com o Alberico".

A editora e futura executiva da Globosat Leticia Muhana*, ao contrário, considerava Evandro "um homem extraordinário" que, para a "sorte" dos jornalistas da Globo, deu "régua e compasso" na criação do canal GloboNews. Mas também reconheceu que quando era chamada, junto com a então recontratada Alice-Maria, para o que elas chamavam, brincando, de "reuniões do Pelourinho" na sala de Evandro, era porque ele estava querendo "brigar":

"Mas ele me ensinou tanto. E ele deu tanto norte. Que seriedade, que qualidade de direção que aquele profissional fez pra mim, para a gente, para o jornalismo, para a TV Globo!".

Dependia, e muito, no caso de Evandro, da ótica. Refratário a contestações, ele tinha especial aversão, por exemplo, a cobranças de origem sindical, e não escondeu, para Geneton, a satisfação de lembrar do que fez quando o sindicato dos jornalistas do Rio de Janeiro abriu um processo para expulsá-lo, depois de ele demitir três editores d'*O Globo* por participação em uma greve. Ao saber que uma carta de desligamento que tinha enviado como resposta fora ignorada pelo sindicato e que, para a jornalista Beth Costa, presidente da entidade e ex-editora de internacional da Globo, o que valia era o processo de expulsão, ele voltou à carga:

"Aí eu mandei um telegrama para ela dizendo: 'Sra. Beth Costa, vá à merda! Evandro Carlos de Andrade'. E assim eu me desinteressei do sindicato. Um bando de fracassados na profissão".

O jornalista e ator Marcelo Tas, famoso pelo personagem "Ernesto Varela" e pela criação ou participação em dezenas de programas da televisão brasileira ao longo de quatro décadas, incluindo o *Vídeo Show*, onde atuou em 1987 como apresentador, conheceria o estilo imperial do diretor em outubro de 1998, quando Evandro viu exposto, em uma reportagem do *Jornal do Brasil*, seu veto ao quadro "Fora do Ar", criado inicialmente por Tas para o *Fantástico* e, depois de não aprovado por Evandro, reformulado para o *Jornal da Globo* a pedido de sua então editora-chefe e apresentadora Lillian Witte Fibe. Procurado pelo *JB*, Tas disse:

"Em janeiro último, recebi do diretor Guel Arraes a deliciosa encomenda de criar e apresentar um quadro de humor batizado profeticamente de 'Fora do Ar', para ser exibido naquela emissora. Em abril, o primeiro programa-piloto, que curiosamente falava sobre mentira, foi 'rejeitado' pelo sr. Evandro para ser exibido no *Fantástico*. Fui então convidado pessoalmente pela sra. Lillian Witte Fibe, com a anuência da sra. Marluce Dias da Silva, a apresentar a proposta de uma versão diária do 'Fora do Ar', no *Jornal da Globo*. Os novos pilotos receberam aprovação entusiasmada da sra. Witte Fibe, mas foram mais uma vez 'rejeitados' pelo sr. Evandro. Assim, encerrei prematuramente sem nenhum litígio o contrato com a emissora".

Dois dias depois, Evandro enviaria uma carta ao *JB* na qual, além de deixar claro, indiretamente, que Marluce não mandava mesmo no jornalismo da

Globo, e que só devia satisfações à família Marinho, exibiu mais uma vez o estilo de argumentação que constrangia até seus mais arrebatados admiradores:

"Eu não vetei o produto que o sr. Marcelo Tas tentou impingir ao *Fantástico*, primeiro, e depois ao *Jornal da Globo*. Vetar seria muito. A oferta do sr. Tas foi apenas rejeitada, porque, embora bem redigida e produzida, era sem graça, chata. Um programa como o *Fantástico*, em que o humor só é aceito com base na inteligência, como aconteceu com o *Casseta* ou o *Vida ao Vivo*, não pode decair para uma simples exibição de melancólicas caretas, mais apropriadas para circo ou praça. [...] Aqui não há censura, a não ser ao mau gosto e à burrice".

Outra faceta da personalidade ao mesmo tempo arisca, solene e intimidadora de Evandro era sua disposição incontida para demitir, sempre que possível. Era, por sinal, uma característica reveladora do perfil de alto executivo a quem Roberto Marinho gostava de delegar o comando de suas empresas, caso de Boni, por exemplo, e temida mesmo pelos jornalistas que celebravam o poder, a experiência e a extrema devoção ao jornalismo de qualidade que Evandro levou para a Globo.

Amauri Soares*, futuro diretor-executivo da TV Globo e dos Estúdios Globo e um dos executivos que cresceram na hierarquia da CGJ sob o comando de Evandro, disse que nunca trabalhou com alguém tão exigente e implacável. E reproduziu o momento de uma conversa que os dois tiveram sobre uma postura que considerava "uma coisa desumana" de Evandro, mas que depois compreendeu, dando razão ao diretor:

– Mérito não acumula. Acerto não acumula. Acertou, acertou; quando errar vai ser punido exemplarmente.

– Evandro, mas não é possível, o cara acertar dez vezes, errar uma?

– Os dez acertos não valem nada. Se errar uma vez, tem que ser punido exemplarmente, nós não podemos errar, o jornalismo não pode errar, a TV Globo não pode errar, é um vexame, é uma humilhação um erro nosso.

Marluce, fiel a seu projeto de uma gestão participativa e não autoritária, à época tinha estipulado uma regra que se resumia a uma frase: "Não pode dar esporro". Valia para executivos remanescentes da era dos pioneiros lideradas por Boni e para recém-chegados à emissora. No caso específico das explosões de fúria de Evandro, no entanto, restaria a ela uma série de pedidos impotentes:

– Pelo amor de deus, Evandro, não seja truculento!

Desencontro marcado

Faltava acertar a chegada de Evandro com o personagem que os íntimos gostavam de chamar de "Bonifácio". Em momento oposto ao de Evandro, na descendente, Boni, àquela altura dispensado de responsabilidades editoriais desde o início da gestão de Alberico, limitava seu envolvimento com a Central Globo de Jornalismo aos aspectos técnicos, operacionais e estéticos prescritos pelo Padrão Globo de Qualidade, enquanto media forças com a superintendente-executiva Marluce Dias no comando das outras centrais, mais perdendo do que ganhando.

De férias em Ibiza, totalmente alijado do processo que tinha culminado na demissão de Alberico, Boni desconfiou quando, na manhã do dia 6 de julho de 1995, início da tarde na Espanha, recebeu mais de um recado de que Roberto Irineu queria falar com ele. Certo de que não seria procurado se algo muito importante não estivesse acontecendo, não quis retornar a ligação antes de saber, por fontes de sua confiança, o que estava acontecendo no Brasil.

Ligou primeiro, como sempre, para seu primo-irmão Roberto Buzzoni, diretor da Central Globo de Programação, que nada sabia. Depois, para Fernando Bittencourt, diretor de engenharia, que também não tinha a menor ideia. Resolveu, então, ligar direto para o patrão e ficou "danado da vida", segundo Evandro contou a Geneton Moares Neto, quando se deu conta de que o dono da Globo não sabia que ele, Boni, não sabia da demissão de Alberico.

Roberto Irineu, por seu lado, supondo que não teria dificuldade de falar com Boni, acertara com João Roberto um script da mudança de comando na CGJ que incluiria a divulgação de um comunicado oficial, pela Agência Globo, no final da manhã seguinte, 7 de julho, e marcou, para o mesmo horário, uma reunião de toda a diretoria da emissora, com previsão das presenças de Evandro e Alberico.

Não era difícil concluir que Boni queria evitar o enfrentamento de uma situação que tornava evidente sua perda de poder. Mas avisá-lo a tempo sobre a demissão de Alberico estava longe de ser o compromisso mais importante de Roberto Irineu naquele dia. Principalmente depois de uma sequência de telefonemas e recados que incluíram, em suas palavras, "todos os restaurantes e bares de Ibiza".

No final, quem pagou a conta, na moeda do constrangimento, por aquele desencontro telefônico revelador do que se passava nos bastidores do comando da Globo, foi mesmo Alberico*, como ele próprio contou, ao reconstituir, desta vez sem que ninguém contestasse sua versão, o telefonema que recebeu de Boni, "bebendo em Ibiza":

– Alberico, você está sabendo de alguma coisa que está acontecendo aí na TV Globo?

– Nada, Boni.

– É porque você está sendo demitido.

– Ué, mas o que é isso, Boni?

– É, o Roberto Irineu já era pra ter conversado com você. E não conversou.

Constrangido, mas sem ser deselegante, Alberico não se negou a participar do ritual diplomático de passagem de comando, no auditório da presidência então situado no décimo andar da sede da Globo. Até porque não havia o que fazer. Não tinha mais nada a ver com ele uma mudança irreversível no telejornalismo forjado na emissora durante a ditadura, desgastado por episódios como os ocorridos nas eleições de 1982, na campanha das Diretas Já e na cobertura dos debates da campanha presidencial de 1989, e depois muito criticado pelo formato governista e pouco transparente encomendado por Roberto Marinho e implantado por ele, Alberico, durante cinco anos.

De forma semelhante, "sempre muito atencioso", de acordo com o que Evandro revelou a Geneton Moraes Neto, Boni o convidou para as reuniões da vice-presidência de operações e chegou a propor que o novo diretor da CGJ fizesse "um curso de seis meses no exterior antes de assumir", hipótese descartada no ato. Ao contrário, o que houve foi uma determinação de Roberto Irineu para que Marluce fizesse uma sólida "imersão" de Evandro no cenário político e administrativo que ele encontraria na diretoria da Globo.

Foram mais de cinco reuniões na intimidade da casa de Evandro, e que resultariam em uma afinidade decisiva dos dois no processo de consolidação do poder da então superintendente-executiva da emissora. Da experiência, Marluce guardaria a sensação de que Evandro já nutria alguns amores e ódios no comando da Globo, e a firme determinação dela de entrar sempre com muito cuidado, se necessário, nas questões relacionadas à Central Globo de Jornalismo. Conteúdo, nem pensar.

Com Evandro na Globo, os irmãos Marinho davam início ao que para os íntimos Marluce chamou de "forma escalonada de esvaziamento do poder de Boni", tática que não deixava de ser uma medida da importância que ele ainda tinha na empresa. Primeiro, o então vice-presidente de operações deixaria de ter qualquer responsabilidade em relação à Central Globo de Jornalismo, sendo também afastado do comando da Central Globo de Produção quando a central começasse a se transferir para o complexo do Projac, ainda em 1995. Num segundo momento, ele perderia, para Marluce, o comando das centrais de programação e engenharia. Mais algum tempo e Boni ficaria sem assento no comitê executivo da emissora, passando depois à condição de consultor, até deixar a empresa, o que aconteceria em 1998.

O que não quer dizer que seria fácil. Com o próprio Evandro*, Boni ainda tentou empurrar a cerca, na primeira reunião que os dois tiveram com Roberto Irineu:

– Olha, Evandro, o Roberto Irineu sabe que o meu candidato, quando o Armando saiu, era você.

Roberto Irineu confirmou com um "é verdade" e Boni continuou:

– Agora, eu não posso te ajudar, porque notoriamente você está vindo à minha revelia. Então, se amanhã o telejornalismo da Globo der um grande salto de qualidade, vão dizer que isso aconteceu apesar de mim, contra mim. Quer dizer, não aconteceu antes porque eu não fui capaz de contribuir.

Naquele que foi o primeiro de "alguns pequenos incidentes" que passariam a acontecer entre os dois, Evandro tentou mostrar que tinha que fazer as coisas "conforme a família Marinho queria que fossem feitas", e que só devia explicações de seus atos e decisões a Roberto Irineu:

– Bom, paciência, nós vamos tocar o barco de qualquer maneira, não é? Porque não há mais nada a fazer.

Sobraria até para J. B. Brasil de Oliveira, o Boninho, filho de Boni, à época um dos diretores de entretenimento da CGP, e que tinha, entre suas atribuições, oferecer quadros para o *Fantástico*, logo o programa da CGJ que o pai mais cercava de carinho e ciúmes, entre todas as suas criações para a Globo. De acordo com o que Evandro relatou a Geneton*, um dos tais "pequenos incidentes" aconteceu no dia em que Boninho entrou em sua sala e anunciou:

– Olha, vai ter um quadro com o Renato Aragão no *Fantástico*.

Evandro respondeu que achava Renato Aragão "excepcional, um humorista engraçadíssimo", mas não concordou com a ideia por considerá-la inadequada para o *Fantástico*. Boninho então insistiu, dando a entender que o quadro era um desejo ou ideia do pai. Evandro emendou:

– Olha, diga ao Boni o seguinte: se ele quiser, tudo bem; agora, tem que tirar o meu nome lá no final dos créditos como diretor responsável. Se quiser, bota o Renato Aragão e tira o meu nome.

Nunca mais se falou no quadro de Renato Aragão no *Fantástico*.

O que não queria dizer, também, que Evandro e Boni tenham se tornado inimigos. Salvo a "massa infernal de notinhas diárias na imprensa" hostis à sua chegada à Globo cuja origem Evandro disse acreditar que não era Boni, mas "assessores e puxa-sacos dele", os dois continuaram se frequentando como antes, e Evandro não deixou de ser convidado regular, por exemplo, das famosas festas do agora ex-todo-poderoso da Globo em torno de novas safras do vinho Beaujolais Nouveau.

E quanto a Evandro e Alberico?

Ambos se consideravam amigos e mantiveram a relação, mesmo depois da atitude que Evandro teve e revelou em sua entrevista a Geneton. Como "homem de empresa", característica que se atribuiu no memorando de chegada à

CGJ, disse que a amizade com Alberico não foi mais forte que seu compromisso com os Marinho de manter sigilo sobre sua ida para o lugar do amigo na Globo. Alberico, por sua vez, pelo menos em seu depoimento ao Memória Globo, não cobrou Evandro pelo segredo guardado.

À parte as páginas mais ou menos gratificantes que os acontecimentos de julho de 1995 na cúpula da Globo acrescentaram às suas respectivas biografias, Boni, Roberto Irineu, Evandro e Alberico ficaram todos muito bem e com a vida efetivamente ganha, sendo desnecessário, no caso, falar da situação específica de Roberto Irineu. Já nas redações da Globo no Rio, em São Paulo e em Brasília, as emoções seriam fortes e existencialmente mais decisivas, tanto nas comemorações dos desafetos de Alberico com sua demissão quanto nas angústias profissionais e financeiras dos que tinham subido ao poder na CGJ com ele e só por causa dele.

Evandro morreria cinco anos depois, em junho de 2001, aos 69 anos, vítima de policitemia vera, uma doença hematológica rara. Embora seja impossível prever como ele se comportaria como diretor da CGJ diante dos rumos tomados pela política brasileira depois de sua morte, não é absurdo especular que seu desaparecimento pode ter contribuído para que a Globo deixasse de cumprir, em todo o seu alcance e integralidade, como será possível se avaliar no terceiro volume desta trilogia, os compromissos que ele enumerou no memorando de sua chegada à emissora, e que fizeram erguer sobrancelhas na redação.

Tela quente

Uma porta que não podia ser aberta separava a atriz Alessandra Negrini*, então com 24 anos, do ator Ângelo Antonio, no papel de "Sílvio", o primo pelo qual ela estava perdidamente apaixonada. Tomada pelo desejo, na cena que disse ter sido um momento de "beleza e sofrimento", ela se aproximava da porta e, excitada, começava a esfregar o peito na fechadura.

Em outro momento, a personagem de Negrini entra na biblioteca de um casarão durante uma festa, desfaz-se do vestido de gala, tira calcinha e sutiã e, nua em pelo e descalça, tudo filmado em take aberto, corpo inteiro delineado pela luz que invadia a penumbra, posta-se junto a um sofá à espera de "Sílvio", que ao entrar corre enlouquecido para abraçá-la.

Não eram cenas de mais uma versão para o cinema de obras de Nelson Rodrigues, dirigida por Leon Hirszman, Neville d'Almeida ou Arnaldo Jabor. Eram cenas da minissérie de vinte capítulos escolhida pela direção da Globo para comemorar os trinta anos do início das transmissões da emissora: *Engraçadinha, Seus Amores e Seus Pecados*, adaptação de Leopoldo Serran para o folhetim *Asfalto selvagem*, de Nelson Rodrigues, dirigida por Denise Saraceni e exibida entre abril e maio de 1995, no horário das dez e meia da noite, com direção artística de Carlos Manga.

– Ô Manga, o Nelson é proibido até 21 anos em teatro, em cinema não exibe, em televisão muito menos. Como que você vai fazer *Engraçadinha*, se ninguém tem roupa?

– É, Boni, não tem. O doutor Roberto vai me puxar a orelha, mas eu gostaria de tentar. Se você me deixar tentar, não vai dar esse aborrecimento.

A conversa na sala de Boni que antecedeu o sinal verde para que Manga* fosse em frente na produção da minissérie resultaria, na tela da Globo, em uma história recheada de incesto, lesbianismo, adultério, religião e morte, e que, no mínimo, daria o que falar se fosse escolhida para celebrar os aniversários da emissora nas décadas seguintes, especialmente a de 2020.

Na primeira fase da minissérie que se passa na Vitória nos anos 1940, "Engraçadinha", a jovem de 18 anos vivida por Negrini, embora noiva do personagem "Zózimo", interpretado por Pedro Paulo Rangel, além de viver um romance com o primo "Sílvio", desperta uma intensa paixão lésbica na amiga "Letícia", noiva de "Sílvio" vivida por Maria Luísa Mendonça. É um quadrilátero amoroso que se rompe tragicamente quando "Sílvio", ao descobrir que na verdade é irmão de "Engraçadinha", castra-se com uma navalha e morre diante dela.

– E se de repente eu mudo de assunto e começo a elogiar os peitinhos dessa menina? Amigos, orai por esses dois seios pequeninos!

O comentário só acontece no pensamento do personagem do ator Paulo Betti, "Doutor Odorico Quintela", durante o capítulo do enterro de "Sílvio", enquanto ele imagina e vê, junto com o telespectador, "Engraçadinha" vestida de luto, sim, mas com os seios de Negrini inteiramente à mostra, insinuante, sob a chuva que cai no cemitério. A cena antecede a segunda fase da minissérie na qual "Engraçadinha", agora com 38 anos e interpretada por Claudia Raia, reencontra o prazer do sexo às escondidas com o personagem "Luiz Cláudio", papel de Alexandre Borges, enquanto mantém a fachada de mãe de família religiosa, vivendo com "Silene", a filha nascida do incesto, num subúrbio carioca, casada com o flamenguista "Zózimo", corno eterno, e desejada, como sempre, por "Letícia".

Nos bastidores da pré-produção da minissérie, Manga tinha uma preocupação diferente com a nudez da personagem, e que levaria Negrini* a viver um conflito angustiante, ao tentar se enquadrar no que o diretor queria:

"Primeiro fui orientada a emagrecer, fiz dieta e fiquei magrinha. Quando o Manga viu, falou: 'Está tão sem graça assim, magrinha. Mulher na minha época não era magrinha assim, era rechonchudinha. Como é que você ficou tão magra?'. Então eu fiquei com medo, não sabia se estava fazendo certo, não sabia se eu era atriz, se não era atriz, se tinha talento, se não tinha talento".

Para se manter no papel que na obra original é de uma menor de idade, Negrini, em seu depoimento ao Memória Globo em 2011, disse que contou com a diretora Denise Saraceni:

"Eu já tinha um elo com a Denise. E ela me bancou, falou assim: 'Eu quero essa menina, tudo bem que ela seja mais velha que a idade de 15 anos'. Tenho muito orgulho, porque levar Nelson Rodrigues para o grande público é uma coisa muito bonita que a Rede Globo teve coragem de fazer".

No final, Manga, Negrini, "rechonchudinha" como ele queria, e também os críticos tiveram mais alegrias do que tristezas. Praticamente desconhecida até então, com duas participações em novelas da Globo, dois curtas e um papel na peça teatral *Beckett in White: A Comédia*, em cartaz durante a exibição da minissérie, Negrini, recebida na imprensa com adjetivos como "primorosa" e "surpreendente", disse à *Folha de S.Paulo*, em junho daquele ano, que *Engraçadinha* "acordou coisas" dentro dela.

"As Engraçadinhas deram um show de *intertrepação*!"

O trocadilho, feito à época pelo colunista José Simão, referindo-se às altas taxas de sexo da minissérie, incluía, além de Negrini, a atriz Mylla Christie, então com 23 anos, e que em entrevista citada por Sérgio Dávila em artigo publicado pela *Folha* em 4 de junho daquele ano, entusiasmada com o papel de "Silene", filha adolescente de "Engraçadinha" na segunda fase da história, celebrou:

"Hoje, comunicação é sexualidade!".

Descrita por Dávila como "pura reencarnação de Lolita" que passava boa parte da trama nua, Mylla disse na entrevista que teve de quebrar barreiras de formação e família, e que a personagem de Nelson Rodrigues "ensinou muito" para ela. Entre as lições que soariam talvez anacrônicas em reuniões de leitura de roteiro dos Estúdios Globo dos anos 2020, estavam a de que "toda mulher tem uma santa e uma perversa dentro dela"; que a mulher que escancara sua sexualidade fica mais próxima da "versão feminina" do que Mylla chamou de "*Homo sapiens*", e que isso era bom:

"Somos todas uns anjinhos pornográficos, uma contradição entre ingenuidade e sedução".

O impacto, apesar do horário de exibição, chegou a mobilizar até a redação do jornal paulistano cujo público estava no nome, *Notícias Populares*, e que promoveu, na última semana de exibição da minissérie, uma enquete telefônica para que o público elegesse a atriz "mais apetitosa" de *Engraçadinha*. Resultado: Mylla Christie em terceiro lugar, com 31 votos, Alessandra Negrini em segundo, com 58, e Claudia Raia, com 66 ligações, em primeiro, mesmo tendo sido uma personagem desafiadora para a figurinista Gogoia Sampaio*:

"A 'Engraçadinha' da fase 1 é fogosa, filha de rico, bonitona, anos 1940.

E a 'Engraçadinha' fase 2 é da Igreja Batista, mora no subúrbio do Rio, é pobrinha e triste. Mas você tinha que ver que ali dentro tinha uma mulher fogosa, não podia ser um bucho. Então, aquele corpo da Claudia Raia contribuiu muito para o nosso trabalho. Porque qualquer roupinha caidinha que a gente botava na Claudia Raia dava para ver que ali dentro morava um corpo".

Manga, quem diria, chegou a discordar, como Claudia contou em seu livro *Sempre raia um novo dia*, escrito com Rosana Hermann, dizendo que considerava a atriz "uma comediante bonita demais para fazer uma mulher comum, como são as personagens de Nelson Rodrigues". E foi mais uma vez Denise Saraceni, a protetora de Negrini, quem apostou em Claudia, gravando com ela, às escondidas, um teste a cujo resultado Manga se renderia completamente.

Nas linhas de Nelson Rodrigues, lembradas por Sérgio Dávila em seu artigo, *Engraçadinha* era "só sexo e seu olhar, seu sorriso, seu andar, seus quadris, vinham pesados de voluptuosidade". Nas palavras de Claudia, como também reproduziu Dávila, "um grande seio, que tenta escapar de um sutiã apertado". No depoimento dado ao Memória Globo em 2002, ao celebrar a importância do papel em sua carreira, Claudia disse que sua "Engraçadinha" foi um instrumento de Nelson Rodrigues para "falar de coisas que ninguém fala":

"Ele fala da sexualidade de uma maneira doente, mas absolutamente interessante de se escutar, de se ver".

Saudada com elogios raros de quem não gostava muito de televisão, como o cineasta Domingos de Oliveira, que considerou *Engraçadinha* "um filme do nível do Visconti, uma maravilha", a minissérie levou o crítico de cinema Inácio Araujo a produzir algo que, à luz de seu repertório de críticas à televisão, poderia ser considerado um elogio, ainda que com a esperada ressalva:

"Havia ousadias em que a TV não costuma investir. A Globo peitou a coisa, literalmente e em todos os sentidos. Mas havia uma coisa estranha, como se os personagens de Nelson Rodrigues tivessem caído por engano num cenário de novela. Ficou uma mistura de perversão com 'padrão de qualidade', sem que se soubesse exatamente quem servia a quem".

Esther Hamburger, outra crítica do jornal escassa em elogios à emissora, mesmo com o título "*Engraçadinha* perde força claustrofóbica" para seu artigo de 1º de maio daquele ano, referindo-se ao deslocamento para outros cenários de ações originalmente situadas na casa da protagonista, reconheceu que a minissérie foi "fiel ao espírito de seu criador", confirmando, em cadeia nacional, "o interesse contemporâneo pela escrutinação pública de intimidades consideradas escabrosas".

Sérgio Dávila, em seu artigo, interpretou a exibição de *Engraçadinha* e suas "personagens pérfidas, licenciosas, inescrupulosas e amorais" pela Globo como um sinal de que a "namoradinha do Brasil" que floresceu nos anos 1970, principalmente na figura da atriz Regina Duarte, tinha ganhado um "algoz" involuntário:

"Foi preciso um romance escrito em 1959 pelo obsessivo pornógrafo pernambucano para telespectadores, atrizes, psicólogos referendarem uma tendência. Ingênua, pura e sofredora, a velha namoradinha do Brasil morreu. Ou, por outra: o conceito fenece. Em seu lugar, surge a mulher-amante, decidida, sedutora".

A hipótese do fenecimento temporário, e não a da morte da "namoradinha", como os anos seguintes demonstrariam, prevaleceu. Um indício do grau da afronta que *Engraçadinha* poderia representar para setores à época influentes da sociedade brasileira já tinha ficado claro no ano anterior, quando a Globo foi proibida de gravar em igrejas pela Arquidiocese do Rio de Janeiro por causa de dois episódios quase infantis, se comparados com a octanagem sexual da minissérie: a cena de um casamento da novela *Vereda Tropical* em que a certa altura o personagem vivido pelo ator Mário Gomes tirava a roupa e ficava só de cuecas, e o fato de o diretor Ricardo Waddington ter gritado palavrões e fumado dentro de uma igreja durante uma gravação.

Como explicar, então, o fato de *Engraçadinha* ter passado praticamente a salvo de ataques das brigadas moralistas, mesmo parcialmente protegida delas pelo horário mais adulto de exibição? O cineasta Leopoldo Serran, autor da adaptação, e Carlos Manga, cada um a seu modo, podem ter contribuído.

Serran, descrito em perfil feito por Luiz Carlos Merten, do jornal *O Estado de S. Paulo*, como um crítico da pobreza dos roteiros do cinema brasileiro e dos filmes de autor que tendiam a "não se preocupar muito com o público", conseguiu adaptar momentos de *Asfalto selvagem* assimiláveis pelo telespectador médio da Globo, de um livro que continha petardos rodriguianos que muita gente considerava repugnantes, tais como:

"Nenhuma mulher trai por amor ou desamor. O que há é o apelo milenar, a nostalgia da prostituta que existe ainda na mais pura."

"Mulher entende mais o grito, entende mais a ameaça do que o argumento, o fato. Todas gostam de sofrer na carne o espasmo do medo."

"O ginecologista é o adultério da mulher fiel."

"O homem mais íntegro pode desejar a irmã da esposa. Ele sente que possui esse direito."

No caso de Manga, a estratégia para cumprir a promessa feita a Boni de que *Engraçadinha* não criaria um problema sério para a família Marinho foi mostrar que, no final da história, toda nudez seria castigada:

"O Nelson Rodrigues era um grande moralista. Você vê que ele sempre condena violentamente a pessoa que faz excessivo sexo na história. Ele não admite aquilo. E o pessoal ainda acha ele pornográfico".

Mas o pessoal no fundo gostava, como mostrou José Simão, em outra de suas colunas da época da exibição da minissérie, ao registrar o apelido da gripe da vez:

"Engraçadinha, aquela que leva todo mundo para a cama".

A vida como ela era

José Wilker* devia um favor a Nelson Rodrigues. Em 1968, época em que ia estrear, no Rio, seu primeiro texto para teatro, *O Trágico Acidente que Destronou Tereza*, certo de que sua participação em uma montagem então recente de *Álbum de Família*, terceira peça de Nelson, faria a diferença, Wilker, então com 24 anos, o procurou com um pedido:

– Nelson, vamos ver a peça, e aí você escreve sobre ela. Dá uma força, estamos precisando de divulgação.

– Como é a peça?

Wilker fez então um resumo da história da peça e, dias depois, Nelson, à época trabalhando no jornal *O Globo*, escreveu uma crônica cheia de elogios ao espetáculo, chegando a dizer que a montagem era "uma obra-prima". Surpreso, Wilker o procurou novamente:

– Nelson, você não foi ver!

– Que importância tem se eu fui ver ou não? Eu gostei.

No início de 1996, Nelson já tinha morrido havia dezesseis anos, mas Wilker teve oportunidade de lhe fazer um tributo que se tornaria antológico, depois de Boni decidir que um novo quadro do *Fantástico*, roteirizado por Euclydes Marinho a partir das colunas que o "anjo pornográfico" escrevera para o jornal *Última Hora* entre 1951 e 1961, no embalo do sucesso obtido pela minissérie *Engraçadinha* no ano anterior, teria que ser narrado por ele. Foi quando, a partir de 31 de março daquele ano, o banzo de milhões de brasileiros nos finais de noite de domingo começou a ser regularmente sacudido pela voz derramada de Wilker, mistura de cinismo e sedução, ao apresentar histórias tão perturbadoras quanto irresistíveis:

"Muitas vezes uma mãe pode parecer tão jovem e mais sedutora que a filha... Acontece! E muito...".

"Chamava-se Sinhorinha, Dona Sinhorinha! Enviuvara cedo, com 20 anos. Amara o marido com a violência de um primeiro e último amor..."

"Um casal do subúrbio carioca descobriu um modo de driblar o tédio de um casamento e a monotonia sexual que tantas e tantas vezes pode desabar sobre qualquer um de nós..."

Dos 39 episódios com tempo médio de dez minutos de "A Vida Como Ela É..." que narrou, Wilker confessou ao Memória Globo que não assistiu 60%. Escolhido contra a vontade de Euclydes Marinho, que brigou inutilmente pela escalação do obsceno Paulo César Pereio para substituir Hugo Carvana, narrador do primeiro episódio que não agradou a Boni, Wilker ressalvou que não era necessário assistir por dois motivos: a "confiança absoluta" que tinha na direção de Daniel Filho ao gravar a narração e o texto de Nelson Rodrigues:

"Não tinha ensaio, também: eu chegava no estúdio e narrava. O texto do Nelson é tão bom que basta você respeitar o que ele escreveu. Como ator, acho que você tem que pegar um texto e tomar aquele texto como uma partitura, e tocar aquilo. Meu método é inspirado numa frase do Drummond: 'Penetre surdamente no reino das palavras'. Vai por ali, alguma coisa acontece".

E aconteceu não apenas com o que se ouvia, quando "A Vida Como Ela É..." entrava no ar, na parte final do *Fantástico*. Pela primeira vez, ainda que apenas em um quadro de dez minutos, Daniel teve como fazer desaparecer, na dramaturgia da Globo, desde sempre refém das limitações das câmeras de videoteipe, o abismo de qualidade que sempre existira entre a arte do cinema e a teledramaturgia, independentemente do talento de roteiristas, diretores, atores e diretores de fotografia do cinema ou da televisão: a série foi totalmente filmada com uma câmera cinematográfica de 35 milímetros pelo diretor de fotografia Edgar Moura, com resultados inéditos, na CGP, em textura, enquadramento, alcance e profundidade de campo.

"Eu nunca tinha visto nada tão maravilhoso em televisão. A gente tinha direito a dois takes, no máximo, e o Daniel avisou: 'Ninguém pode errar porque nós só temos dois takes, e eu quero fazer no primeiro, quero que valha o primeiro'. Então todo mundo ensaiava, a equipe técnica ensaiava junto com os atores, e os atores ajudavam a equipe técnica. E ficou maravilhoso".

Era Maitê Proença*, uma das atrizes que pulsaram na tela naquelas noites de domingo, deslumbrantes, percorridas pelas lentes de Edgar Moura, em histórias de adultério, amores passionais e desejos secretos. Ela e outros integrantes do elenco fixo do quadro, entre eles Malu Mader, Cláudia Abreu, Giulia Gam, Cássio Gabus Mendes, Guilherme Fontes, José Mayer e Antonio Calloni protagonizaram outra façanha em "A Vida Como Ela É...": a de interpretar as histórias de Nelson praticamente na mesma locação, já que o que mudava, de um episódio para outro, como lembrou Wilker, eram a cenografia, a disposição dos móveis e os objetos de cena.

Em seu livro *O circo eletrônico*, Daniel explicou que os cenários em tons pastéis do quadro, assinados por Mário Monteiro, "eram atemporais, nem atuais nem explicitamente nos anos 1950". O guarda-roupa criado pela figurinista

Marília Carneiro também foi simples, uma "arara comunitária" na qual os atores partilharam as mesmas roupas. Até a equipe de maquiagem conseguiu façanhas, como a de transformar Maitê Proença no que ela chamou, num exagero irresponsável, de "a pessoa mais feia do universo":

"Era uma mulher muito mesquinha, e que trocou a filha por uma geladeira, praticamente. E também era uma mulher muito feia. O Daniel falou assim: 'Quero botar você sem peito, com coque e uma prótese no dente'. Na hora que botaram a prótese, eu vi que é muito fácil você deixar uma pessoa feia, basta você entortar os dentes. Aí eu gostei da brincadeira".

Acima de tudo, o que tornava "A Vida Como Ela É..." especial era a volta do mundo de Nelson Rodrigues à tela da Globo, 29 anos depois do inusitado quadro de entrevistas que ele manteve em 1967 no programa *Noite de Gala*, com a participação especial de uma cabra que ele chamava de "vadia". E muitos não poderiam imaginar, naquele 1996, que, ao longo dos 28 anos que viriam até pelo menos 2024, a obra de Nelson só voltaria à grade da Globo, em novas adaptações, apenas duas vezes: em crônicas sobre futebol adaptadas para o *Fantástico* em 1998 pelo autor George Moura e em "Nelson, Por Ele Mesmo", outra série do programa, exibida em 2017, com Otavio Muller e Fernanda Montenegro.

Uma ausência inadmissível para muitos, mas explicável e não necessariamente compreensível para outros, como Denise Bandeira, diretora de *Engraçadinha* e admiradora rasgada da obra rodriguiana que mergulhou em cerca de mil histórias da coluna de Nelson, após os direitos serem adquiridos pela Globo em longa negociação do então diretor artístico do *Fantástico*, Maurício Sherman, com a família Rodrigues. Em seu depoimento ao Memória Globo, Denise escolheu um dos episódios de "A Vida Como Ela É..." para exemplificar o tamanho do abalo que Nelson causava nas fundações da moralidade brasileira.

Em "Casal de Três", ela lembrou, um homem interpretado por Guilherme Fontes não entende por que é muito maltratado pela mulher vivida por Malu Mader, que o insulta até na frente dos amigos, enquanto seu próprio sogro explica que ela é assim, amarga, por ser honesta, por não traí-lo. Até o dia em que o homem chega em casa e a esposa está maravilhosa, tratando-o como um rei e ele, a princípio, não entende nada. Denise continuou a saborear:

"Ele descobre que a mulher tem um amante e que ele é o seu melhor amigo. Então, ele pensa, pensa, pensa, e resolve aturar porque a mulher tornou-se uma deusa do sexo, uma vênus, uma mulher irresistível, sexy, cheia de truques e de coisas, e ele é tratado feito um deus. E um dia ele descobre que o amante vai se casar com outra moça. A mulher fica desesperada. E aí ele pega um revólver, sai de casa e a gente acha que ele vai matar o amante da mulher. Ele chega, coloca o revólver na boca do cara e diz: 'Se você largar a minha mulher eu te mato! Você vai desmanchar esse casamento imediatamente e voltar para a minha mulher'".

A cena final do episódio, um dos momentos mais lembrados de "A Vida Como Ela É...", acontece na mesa de jantar do casal onde o amante interpretado por Marcos Palmeira, já de casamento desfeito, recebe uma ordem do personagem de Guilherme Fontes:

– A partir de hoje, você janta aqui em casa todos os dias.

Não foram surpresa para ninguém, portanto, manifestações como uma carta enviada à *Folha* em dezembro de 1996, na qual o então coordenador da Renovação Carismática Católica de São Paulo, Adilson Carvalhal, reclamou:

"O quadro 'A Vida Como Ela É...' é um exemplo de deformação. O adultério é mostrado como uma coisa bonita e quem assiste se sente atraído pela ideia".

Denise, mesmo se confessando uma "rodriguiana nata", reconheceu que, durante sua imersão nas colunas escritas por Nelson para o jornal *Última Hora*, encontrou histórias impossíveis de serem contadas na televisão:

"O Nelson às vezes baixava um bicho nele, tinha um bicho terrível, não é? Um bicho que todos nós temos, mas às vezes o bicho dele falava, com força, de coisas como recém-nascidos enterrados vivos. A gente lia porque a gente tinha que ler aquele material, e saía daquilo meio zonza. Então, a gente, claro, escolheu histórias que pudessem ir ao ar sem matar as pessoas do coração, não é? Porque uma coisa é você ler, outra coisa é você mostrar".

Para a esquerda brasileira e seus numerosos simpatizantes e militantes espalhados pela classe artística e pela intelectualidade brasileira, "A Vida Como Ela É..." foi um momento em que uma parte deles, Denise incluída, voltou a separar o gênio Nelson Rodrigues do homem conservador que apoiou abertamente a ditadura, o inimigo dos "padres de passeata" e de Dom Hélder Câmara, a quem chamava de "falsário, ex-católico e arcebispo vermelho", o autor de críticas devastadoras aos comunistas e que, num drible da vida que lhe causou grande sofrimento e o levou a defender e entrar na campanha pela anistia, teve o filho Nelsinho, militante de uma organização clandestina, torturado e preso entre 1972 até 1979:

"O Nelson apoiou os primeiros governos da ditadura, e muitos de nós, tacanhamente, misturamos isso com a sua obra artística e resistimos ao enorme fascínio que ele tinha como escritor e à imensidão de sua obra. Ele tinha posições políticas que curiosamente reviu no final da vida. E nós também revimos porque nem tudo que ele achava, nem tudo com que ele se comprometeu ele manteve, e nem tudo com que nós éramos comprometidos nós mantivemos também. Então mudou ele e mudamos nós. E todo mundo pode gritar: 'Nós te adoramos!'".

Faltaria combinar esse sentimento de Denise com os públicos e com a indústria brasileira do audiovisual da década de 2020. E prestar atenção no que a roteirista de televisão Tati Bernardi escreveu, por exemplo, em sua coluna na *Folha* de 10 de maio de 2024, enquanto seguia "aturando o mesmo enfadonho e desestimulante papo de que precisamos criar séries *feel good*, de preferência com personagens leves e histórias de amor sem grandes complexidades e maldades":

"Escrever sobre um personagem misógino não significa que você o defenda ou seja igual a ele. Significa, justamente, escancarar, criminalizar e ridicularizar. Ou ser livre para criar (e espelhar a vida real). Você não acha que tais argumentos deveriam ser óbvios para profissionais de cinema e televisão? Não são. A graça de séries geniais como *Succession* e *The White Lotus* é que ninguém presta. NINGUÉM. E isso não é apenas ousado, isso é a vida como ela é. Aliás, essa frase me lembra aquela saudosa minissérie da Globo, baseada na obra de Nelson Rodrigues. Quem duvida que seria reprovada pelo crivo esterilizado dos *streamings* de hoje?".

Nelson, muito provavelmente, não duvidaria, e talvez contemplasse a encruzilhada de Tati e da cultura brasileira com um de seus adjetivos preferidos:
– Patético!

A volta do que não foi

"A TV Globo é igual cocaína. Você sabe que faz mal, mas não consegue largar."

Era Daniel Filho, em entrevista para a 149ª edição da *Revista Domingo* do *Jornal do Brasil*, em 1988, e na qual, depois de expor as mágoas acumuladas em quatro anos à frente da Central Globo de Produção, procurava justificar o fato de continuar trabalhando na emissora.

Três anos depois da entrevista ao *Jornal do Brasil*, era outra pessoa:

"Você fica muito tempo em um lugar conforme eu fiquei na TV Globo e, depois, você passa a sentar numa cadeira que é a cadeira de diretor-geral e fica com o nome de todo-poderoso, sempre vindo após o seu nome. Você perde a dimensão de sua pessoa. Então, eu não sabia mais quem era eu e quem era a cadeira".

Era Daniel Filho* ao explicar os motivos que, em junho de 1991, o levaram a deixar o cargo de diretor da CGP para se dedicar, como se veria depois, à produção da série *Confissões de Adolescente*, exibida pela TV Cultura de São Paulo, e posteriormente assumir, em 1994, a superintendência de operações e programação da TV Bandeirantes.

E ele mudou de novo: quatro anos após deixar a "cadeira" na Globo, em 1995, Daniel voltava à emissora na condição de consultor de *Cem Anos Luz*, série de oito programas da Central Globo de Jornalismo em homenagem ao centenário do cinema, e que seria apresentada em dezembro daquele ano por Fátima Bernardes e Renato Machado, com direção de Jorge Pontual. A explicação:

"Produção independente é o tempo de morrer de fome. Eu fiquei até ser chamado de volta pela TV Globo. O Boni perguntou que programas eu tinha em mãos. Abri minha maleta de mascate com coisas a oferecer".

Ele voltava à Globo mais como artista do que como executivo. Tanto que, depois da consultoria para a série *Cem Anos Luz*, considerada fundamental por todos os participantes do projeto por conta de sua gigantesca cultura cinematográfica, ele tirou de sua "maleta de mascate" a ideia de a emissora adaptar, para o *Fantástico*, as crônicas da coluna "A Vida Como Ela É..." de Nelson Rodrigues.

Na adaptação para a televisão de quarenta crônicas de Nelson que fariam do quadro do *Fantástico* um marco na história da dramaturgia da Globo, ao usar praticamente o mesmo cenário e apenas uma câmera de cinema, Daniel, na verdade, estava pondo em prática o que já tinha aprendido na Tupi décadas antes, no período em que foi assistente de produção e de direção do programa *Câmera Um*, apresentado entre 1957 e 1964 pelo diretor e ator Jacy Campos. Foi também com Jacy que ele aprendeu a marcação mais sofisticada de atores que usou nas histórias de Nelson exibidas no quadro do *Fantástico*.

Era assim, no modo artista, que amigos como o ator e diretor Paulo José* preferiam falar dele:

"Era o Daniel mais autêntico, muito criativo, grande diretor de atores e de dramaturgia de televisão, fazendo o que fazia de melhor, menos ligado ao poder e mais ligado à criação".

Outro fã, o cineasta Domingos de Oliveira*, pródigo em vaticínios, para o bem e para o mal, em seu depoimento ao Memória Globo, cunhou mais um:

"Não é Boni, nem Walter Clark, é Daniel Filho. Daniel Filho é um homem muito importante da TV, ele criou praticamente tudo de importante que a TV moderna tem, tudo passou pela criação dele".

Na página 182 de sua autobiografia *O livro do Boni*, lançada em 2011, ao resumir quem foi João Carlos Daniel Filho, aquele homem de múltiplos nomes próprios e versões de si próprio, entre elas as de ator, diretor, cineasta, produtor, roteirista, dublador, apresentador e autor, Boni não deixou dúvidas:

"O Daniel implantou a moderna novela na Globo e deu a ela a forma que persiste até hoje. Daniel Filho foi, na televisão, o meu maior e mais importante parceiro artístico. Nunca demoramos muito para saber o que fazer".

A amizade de Boni e Daniel vinha dos tempos de penúria da TV Tupi nos anos 1960 e teve de tudo: desde a sociedade que os dois fizeram na compra de um microfone direcional Sennheiser, preciosidade tecnológica da época que eles mantinham trancada em uma gaveta da emissora para só usarem nos programas que dirigiam, até algumas brigas, uma delas feia a ponto de os dois irem para a rua "sair no braço", o que só não aconteceu porque houve quem os apartasse.

O modo artista passional de Daniel atribuiu, em sua entrevista ao Memória Globo, à inquietação aquecida no sangue de antepassados como Juan Ferrer, um tio-avô anarquista que ele disse ter sido fuzilado durante um levante na Espanha, em 1910, e às origens circenses de sua bisavó materna, cujo filho recém-nascido, avô de Daniel, "mijou no colo de Dom Pedro II" em 1876, no momento em que o imperador o segurava para que ela, a bisavó de Daniel, montasse o cavalo do monarca brasileiro e fizesse "um número de amazona".

Ao reconstituir sua carreira desde os tempos de ex-"ajudante de palhaço" e, depois, de dublador em *Patrulha Rodoviária* e *Os Intocáveis*, seriados americanos de grande sucesso exibidos no Brasil pela TV Tupi na virada dos anos 1960, Daniel se apresentou como um artista múltiplo ou, de outro ponto de vista, dividido. Mas o ego parecia oscilar, indeciso, entre a sala em que foi o diretor de dramaturgia mais poderoso da história da Globo, os *switchers* em que dirigiu dezenas de novelas, minisséries e programas e as câmeras diante das quais atuou em quase sessenta papéis no cinema e na televisão. Era esse Daniel Filho que, ao deixar a Globo depois de cinco anos à frente da CGP, chegara à conclusão de que tinha "esticado a cama para muita gente deitar e rolar":

"Todo mundo levava fama, todo mundo ficava contente, mas meu trabalho passava em brancas nuvens. Ao sair eu estava assumindo aquilo de que eu tinha fugido, das vezes em que eu tinha assumido ser diretor de seriados. Eu tive muito grilo, mas o destino me mandava fazer essa coisa".

Nem todos os contemporâneos de Daniel na Globo acharam que foi só por razões ditadas pelo destino de artista que ele tinha saído. Não se podia afastar, segundo eles, a possibilidade de a saída ter tido relação, também, com a chegada à direção da emissora, na mesma época, 1991, da então superintendente Marluce Dias da Silva, com quem ele e seus aliados tinham tido atritos precoces. Fato é que Daniel deixou mesmo vaga a cadeira com a qual disse ter confundido sua própria identidade nos tempos de poder, e abdicou de um salário que outros executivos da emissora, na época, sabiam que girava em torno de 0,8% do lucro líquido da Globo.

Ao entregar o comando da CGP, Daniel também estava pondo um ponto-final na trajetória do executivo que, durante 24 anos, segundo o mesmo Domingos de Oliveira, fora "poderoso demais para ter amigos" e tinha um poder que acabava "criando uma armadura em relação às pessoas", nas palavras de Paulo José. Um diretor que tomava decisões e atitudes que pareciam conter o gélido pragmatismo do jovem de 16 anos que, trabalhando para o tio veterinário em

Copacabana, em 1953, tinha a função de, nas palavras de Daniel, "cobrar conta de cachorro morto", ou seja, receber os honorários pelos tratamentos que não evitavam a morte dos animais:

"Teve até uma em que o cachorro ficou bom e, quando a mulher saiu tão feliz com o cachorro, ela deixou o cachorro correr e ele foi atropelado na porta da veterinária. E eu era quem tinha que ir à casa da pessoa para dizer: 'Eu vim aqui cobrar a conta'".

E cobrava.

Décadas depois daqueles dias de cobrador, Daniel se tornaria o mais temido integrante da "escola do grito" que imperou nos estúdios da Globo, em temporadas sucessivas de chiliques, grosserias e atitudes que seriam facilmente identificáveis, no futuro, como assédio moral, tudo embutido no preço que praticamente todos os empregados da CGP, de uma forma ou de outra, viam-se obrigados a aceitar e pagar para trabalhar na emissora.

Ele afastava sem cerimônia diretores como Reynaldo Boury*; deportava autores como Carlos Lombardi* para "geladeiras" angustiantes de tempo indeterminado; e ignorava ou se aproveitava, dependendo das necessidades dramatúrgicas no set, de problemas pessoais do elenco. A ponto de a atriz Betty Faria* se perguntar, sem que ninguém pedisse, durante seu depoimento ao Memória Globo, como tinha conseguido ficar casada com ele durante quatro anos, entre 1973 e 1977.

Na extremidade oposta das opiniões, como registraram Artur Xexéo e Mauricio Stycer em seu *Gilberto Braga: o Balzac da Globo*, Daniel tinha seus "ferrenhos defensores". Caso de Gilberto, que, em 1979, ao ler o conteúdo de um perfil devastador que pintava Daniel como um cafajeste sob o título "O poderoso chefão da Rede Globo", na edição de fevereiro de 1979 da *Status*, escreveu uma longa carta de protesto à revista, relatando inúmeras vezes em que foi ajudado pelo diretor e na qual disse:

"Se não fosse Daniel Filho, em vez de estar escrevendo *Dancin' Days*, eu estaria agora dando aulas de francês na Aliança Francesa".

A veterana Zilka Salaberry, em seu depoimento ao Memória Globo, também se derramava:

"Eu, nas mãos do Daniel Filho, sou uma coisa diferente! Eu pareço argila na mão do Daniel. Um diretor maravilhoso".

E assim, enquanto aprontava com as pessoas, Daniel, entre outros feitos inegáveis da história da televisão brasileira, extirpou o DNA mexicano da dramaturgia da Globo; desenvolveu e consolidou os formatos brasileiros de seriado e minissérie; abriu caminhos, na emissora, para a literatura brasileira ser traduzida para milhões de pessoas; e garantiu luz, câmera e ação para o melhor da música brasileira do século 20. Uma presença tão avassaladora que muita gente, dentro e fora da emissora, nem se deu conta de que, por mais de quatro anos, ele tinha estado fora da Globo.

Em espírito, Daniel tinha deixado a emissora no início de 1991, mas, física e contratualmente, devido ao acordo financeiro que fez com Boni e os Marinho, foi obrigado a continuar no comando da CGP por mais quatro meses, até junho daquele ano. Resultado: não houve comando no período, e o diretor Mário Lúcio Vaz*, substituto provisório, herdou uma central cuja autoridade estava "diluída em atritos, algumas confusões e algum mal-estar em diversas áreas" enquanto Daniel já trabalhava em seus projetos pessoais. Entre os problemas, segundo reportagem de Roni Lima publicada na época pela *Folha de S.Paulo,* havia "a ciumeira de alguns diretores", provocada, naquele momento, pelo sucesso de *Engraçadinha*, sucesso de crítica e de audiência do núcleo de minisséries dirigido por Carlos Manga.

Até que Mário foi chamado para uma conversa com Roberto Irineu, já no segundo semestre de 1991:

– Mário, você está interino na central desde quando?

– Tem uns quatro, cinco meses, desde junho.

– Nós estamos satisfeitos com o seu trabalho. Você deu tranquilidade para a casa, a central está calma, está sem crise já. Você quer assumir oficialmente, definitivamente?

Mário sabia que estava começando um período que seria longo e delicado, uma transição que prometia ser complexa e desafiadora, e na qual a CGP aos poucos perderia a liderança ao mesmo tempo genial, carismática, autoritária e verticalizada de Boni, para ser dirigida de acordo com um modelo ainda em construção, sob orientação de uma superintendente-executiva que não entendia nada de televisão e que ainda tateava, politicamente, a central mais identificada com o poder e o carisma de Boni e Daniel. Mário então deixou de lado o tom cerimonioso daquele tipo de conversa e respondeu, com franqueza:

– Claro que eu quero!

Quatro anos depois, em dezembro de 1995, quando Daniel Filho voltou, a Globo já era outra emissora e o poder de Mário Lúcio Vaz tinha aumentado, mas não existia mais uma cadeira com o poder que a de Daniel tinha quando ele saiu. E Roberto Irineu confirmou para este autor, em 2023, que havia "pessoas", na direção, que "não desejavam a permanência de Daniel", mas não hesitou quando foi informado de que o diretor que chegara a comparar a emissora ao vício da cocaína estava querendo voltar:

"Daniel Filho foi uma pessoa importantíssima para a Globo. Ele quis parar de trabalhar e eu não gostaria que ele parasse. Por isso aprovei. Ele é genial".

Como se verá adiante neste livro, Daniel, além, claro, de continuar aprontando com as pessoas, ainda ia escrever páginas importantes na história da Globo, nos vinte anos em que permaneceria ligado à emissora, até deixá-la definitivamente em 2015, aos 78 anos. A começar pela segunda novidade que ele pinçou de sua "maleta de mascate", após propor a Boni o resgate da obra de Nelson Rodrigues nas noites de domingo. O nome da novidade, como também se verá mais à frente, não poderia ser outro.

Sai de Baixo.

Chega de realidade

Não foi o que o autor Silvio de Abreu disse em público em março de 1995, na semana da estreia da novela. Mas foi o que ele revelou sete anos depois, em junho de 2001, na entrevista que deu ao Memória Globo:

"Eu disse pra mim mesmo: não vou mais mexer com essas histórias de país, de crítica social, não sei o quê, não sei o que lá, porque o público não está querendo ver isso. Eu vou fazer uma coisa mais ficção, uma coisa que eu sempre quis fazer".

O que Silvio queria fazer, no horário das oito e meia da noite da Globo, não era tão radical quanto o plano do colega Bráulio Pedroso, que em 1971, ao escrever *O Bofe* para o horário das dez da emissora, flertara com a ideia de uma sequência de crimes cujas testemunhas iam sendo eliminadas, uma a uma, até a novela acabar por falta de personagens. Silvio ficou feliz com a ideia de matar, misteriosamente, um personagem por mês, em média. Por alto, um total de nove defuntos, ou nove enigmas intrigantes para os lares do Brasil, entre março e novembro de 1995.

Assim nasceu a histórica *A Próxima Vítima*, mistura de *thriller* e folhetim cujos 200 capítulos, além de garantirem a expressiva média de 51 pontos no Ibope, 10 acima do trilho de audiência considerado satisfatório para a Globo na época, hipnotizaram milhões de telespectadores em torno de uma sequência de assassinatos cujo prenúncio era sempre o surgimento de um misterioso Chevrolet Opala preto por perto das vítimas, nas ruas dos bairros paulistanos da Mooca e do Bixiga.

Em sua porção folhetim, a novela dirigida por Jorge Fernando contava a história de "Ana Carvalho", uma obstinada dona de cantina italiana interpretada por Susana Vieira, seu amante mau-caráter de longa data "Marcelo", papel de José Wilker, e "Juca Mestieri", um homem apaixonado e rejeitado por "Ana", vivido por Tony Ramos. Além, claro, das vilãs "Filomena Ferreto", papel de Aracy Balabanian, e a filha "Isabela Ferreto", vivida por Claudia Ohana. Eles e boa parte do resto do elenco se entrelaçavam em uma história de suspense, traições e romances que desafiava o telespectador a descobrir, diariamente, não apenas quem matou, mas quem seria a próxima vítima e por quê?

Do meu esconderijo no milésimo andar
Espio noite e dia sua vida secreta
O frio de São Paulo me faz transpirar
Sou vítima da sua janela indiscreta

Ao som de "Vítima", música de Rita Lee e Roberto de Carvalho intercalada por sete disparos de arma de fogo que faziam desaparecer, subitamente, da cena urbana de São Paulo, anônimos e integrantes do elenco da novela alcançados por uma espécie de mira de reconhecimento facial, a abertura de Hans Donner mostrava, desde o primeiro instante, que *A Próxima Vítima* seria uma novela diferente: a maioria dos personagens estava na lista de suspeitos de matar, mas, à medida que a trama avançasse, os próprios suspeitos começariam a morrer.

O problema de Silvio*, e de Alcides Nogueira e Maria Adelaide Amaral, os autores que colaboraram com ele na novela, era evitar que a imprensa, com o interesse turbinado pelo sucesso imediato despertado pela trama, descobrisse quem ia morrer ao longo da história:

"Muitas vezes a gente tinha que escrever capítulos falsos e mandar para a emissora. E quando alguém descobria e publicava, a gente mudava. Minha grande preocupação, nessa briga com a imprensa, era a divulgação de coisas que eu teria que mudar e, ao mudar, estar traindo a coerência. Se eu não tivesse coerência, eu não teria uma história policial convincente. Eu precisava dessa coerência".

Não adiantou escrever capítulos falsos. Momentos importantes da novela continuaram sendo antecipados nas rádios, jornais e revistas, e Silvio, no que chamou de "um trabalho de cão", chegou a pedir a Jorge Fernando para ele "gravar uma coisa e depois botar outra no ar". Também combinou com o diretor o uso de uma numeração codificada das cenas que nem os atores conheciam, sempre para confundir os jornalistas que tentavam revelar a vítima da vez. Inútil.

Até que, como revelou Fábio Costa em seu livro com o título sugestivo de *Novela: a obra aberta e seus problemas*, a direção da CGP descobriu que quatro funcionários da área administrativa da emissora, antecipando os futuros *hackers* da internet, vendiam para a imprensa cópias dos roteiros que reproduziam às dezenas em máquinas Xerox para serem distribuídos ao elenco e à produção da novela.

"Porca miséria na Globo! Porca miséria global! Cariocas fazendo teatro paulista!"

A ironia do colunista José Simão, na *Folha de S.Paulo* de 15 de março, dois dias depois da estreia, referia-se a um senão que *A Próxima Vítima* provocou especialmente entre os telespectadores de São Paulo: o sotaque paulistano apresentado pelos personagens da novela. Na mesma coluna, Simão tripudiou:

"Ê belo! Falou em São Paulo lá vem cantina! Novela com cantina é bom porque já pode receber merchandising da Pomarola. *A Próxima Vítima* é a tua orelha! Cantina da Mamma Urgente! Silvio de Abreu troca Hollywood com chanchada pelo suspense com macarronada. Conseguirá Susana Vieira passar pelo teste da Mooca? Chupar espaguete sem fazer barulho!".

No que não deixava de ser um reconhecimento, com sinal trocado, da repercussão da novela, Marcelo Coelho, colega de Simão na *Folha*, foi outro colunista que reclamou dos "chiados cariocas sob a fala dos atores". Mas *A Próxima Vítima* também chamou atenção por outros motivos: o núcleo formado pelos "Noronha", a incomum família negra de classe média alta protagonizada por Antônio Pitanga, Zezé Motta, Norton Nascimento, Lui Mendes e Camila Pitanga, e o amor com diferença de idade entre "Cacá" e "Adriano", personagens de Yoná Magalhães, então com 60 anos, e Lugui Palhares, com 28, e entre "Zé Bolacha" e "Irene", respectivamente, Lima Duarte, 65, e Vivianne Pasmanter, 24.

A cena em que "Sandro", filho de "Ana Carvalho" interpretado por André Gonçalves, revela à mãe sua orientação sexual, e que o pesquisador Nilson Xavier considerou "emblemática na discussão sobre a homossexualidade no Brasil", foi precedida de um truque de Silvio de Abreu para driblar o preconceito da época. Primeiro, como disse aos autores do livro *Biografia da televisão brasileira*, ele fez o público se encantar com a amizade de "Sandro" e "Jeferson", personagem de Lui Mendes. O truque:

"Só fui dizer que eles eram gays no capítulo 100".

Até por se confessar um pouco decepcionado com a recepção morna de *Deus nos Acuda*, a sátira política que escreveu para o horário das sete, exibida três anos antes pela Globo, Silvio não queria dores de cabeça de origem identitária, mas contraiu pelo menos uma em *A Próxima Vítima*, depois de uma cena com a "Isabela" de Claudia Ohana. Ao flagrá-la com o amante sobre a mesa de uma cozinha, "Marcelo", o marido traído interpretado por José Wilker, desfigurava o rosto da jovem com um facão.

A cena provocou uma reunião do Conselho Nacional dos Direitos da Mulher em Brasília, no dia 11 de outubro. Ouvida pela *Folha*, a presidente do conselho, Rosiska Darcy de Oliveira, protestou:

"Os meios de comunicação têm o dever de lutar contra todo tipo de violência. *A Próxima Vítima* fez o oposto. Estimulou um comportamento bastante arraigado na cultura brasileira: o de que o macho só limpa sua honra com sangue".

Também ouvido pelo jornal, Silvio reagiu sem medo aparente de sofrer um patrulhamento, nome que se dava, na época, para a intolerância com a liberdade artística alheia:

"'Isabela' levou uma facada no rosto porque é a vilã da história. Só por isso. Em um folhetim, o vilão precisa sofrer para que o público se delicie. Punir 'Isabela' representa punir o mal. E o mal não tem sexo".

Silvio aproveitou a entrevista para falar de uma espécie de isonomia de gênero que já vinha praticando em cenas violentas de suas novelas: lembrou que, em 1990, quando escreveu *Rainha da Sucata*, também castigou, de maneira exemplar, um vilão detestável interpretado logo por quem? Daniel Filho:

"Era um personagem nefasto, adúltero como 'Isabela', mas do sexo masculino. Chamava-se 'Renato Maia' e morreu queimado".

Polêmicas identitárias e sotaques à parte, a reta final de *A Próxima Vítima*, no ano do trigésimo aniversário da Globo, foi uma poderosa evidência da capacidade que as novelas da emissora continuavam tendo de impactar o cotidiano dos brasileiros. Os vazamentos na imprensa especializada continuaram, mas a audiência só aumentou com as saídas espetaculares de cena de alguns personagens da história.

Entre outras baixas do caminho, "Hélio", papel de Francisco Cuoco, foi envenenado por um uísque na sala VIP do aeroporto; "Julia", personagem de Glória Menezes, foi-se depois de ser atropelada pelo famoso Opala preto; "Leontina", vivida por Maria Helena Dias, teve a sela do cavalo afrouxada para que levasse um tombo fatal; "Josias", papel de José Augusto Branco, foi empurrado na linha de um trem; "Ivete", interpretada por Liana Duval, foi-se na base de pauladas; "Cléber Noronha", personagem de Antônio Pitanga, terminou empurrado para o poço de um elevador; "Eliseo", interpretado por Gianfrancesco Guarnieri, morreu asfixiado por monóxido de carbono; e o "Ulisses", vivido por Otávio Augusto, foi pelos ares na explosão de uma pizzaria.

– Eu não vou dizer para você, porque, se eu disser, sua mulher vai te encher o saco, você vai contar para a sua mulher, sua mulher vai contar para a mãe dela e não vai adiantar nada. Ou é um segredo ou não é segredo.

Essa foi a justificativa que Silvio, em seu depoimento ao Memória Globo, disse ter dado a Boni para que o próprio vice-presidente de operações da emissora não soubesse com antecedência quem, afinal, era o assassino responsável por aquela mortandade sem precedentes na dramaturgia das oito da noite na Globo. Em 30 de outubro, a quatro dias do último capítulo, José Simão registrou mais uma vez, em sua coluna, a expectativa dos telespectadores, agora com uma referência à guerra pública então travada entre a emissora e o bispo proprietário da Rede Record:

"Próxima Vítima Urgente! O culpado é o Edir Macedo. Que 'Filomena', que 'Zé Bolacha' que nada. Em se tratando de uma novela da Globo, o culpado só pode ser o Edir Macedo".

Na véspera do capítulo final, de um lado, adversários políticos como o líder metalúrgico Vicentinho e o senador Antonio Carlos Magalhães fizeram suas apostas sobre quem seria o assassino da novela. De outro, Silvio de Abreu foi chamado a opinar sobre quem teria matado, no caso, de verdade, o então recém-assassinado PC Farias, ex-chefe do esquema de corrupção do entorno do ex-presidente Collor.

O publicitário Duda Mendonça, na época à frente de uma campanha da Prefeitura de São Paulo para consolidar a proibição de fumo nos restaurantes da cidade, produziu um anúncio em que o título "Quem será a próxima vítima?" era ilustrado pela foto de um cigarro, e seguido de uma pergunta sobre quantas vítimas o vício ainda faria para que as pessoas tomassem consciência de que o fumo matava mesmo.

No dia da exibição do último capítulo, 3 de novembro de 1995, uma sexta-feira como sempre, a julgar pelo comentário registrado pela *Folha*, a paciência de José Wilker com a excitação do público também estava no final:

"As pessoas me paravam para saber quem era o assassino ou a próxima vítima. Eu tinha vontade de dizer: é a sua mãe!".

Em São Paulo, na hora da exibição da novela, os supermercados ficaram, nas palavras da crítica Esther Hamburger, "às moscas", e bares e restaurantes recorreram a telões e fizeram até promoções relacionadas ao desfecho de *A Próxima Vítima*. Explicação: nove entre dez telespectadores, segundo o livro *A deusa ferida*, ficaram ligados na Globo entre oito e meia e dez horas da noite. Ou seja: 62 pontos no Ibope, ou cerca de 6,2 milhões de telespectadores. Só na Grande São Paulo.

"A gente teve que gravar na emissora às cinco da tarde, com todas as emissoras de rádio e televisão, ali, esperando a gente sair para ver se conseguia arrancar alguma traição nossa, a gente cair em traição sem querer e dizer quem era o assassino."

Exatamente para evitar o risco relatado por Tony Ramos[*] de a identidade do assassino ser revelada pela imprensa antes da exibição do último capítulo, Silvio de Abreu e a direção da CGP chegaram a pensar em uma jornada operacional inédita, pelo menos desde os tempos das novelas ao vivo dos anos 1950, antes da chegada do videoteipe às emissoras brasileiras:

"A primeira ideia que a gente tinha era fazer ao vivo três cenas da novela. A gente editaria o capítulo inteiro e as três cenas em que se revelaria quem era o assassino a gente faria ao vivo, às oito horas da noite".

Prevaleceu o temor de um problema técnico que levasse à interrupção da novela, e a cena reveladora da identidade do assassino – o personagem "Adalberto

Vasconcelos", milionário falido e pai da vilã "Isabela", interpretado por Cecil Thiré – foi gravada às sete horas da noite para ir ao ar às oito e meia. A briga de gato e rato de Silvio de Abreu com a imprensa, no entanto, ainda teria novos capítulos.

Dois dias antes do fim de *A Próxima Vítima*, sem que ninguém da imprensa soubesse, a atriz Claudia Raia, como ela conta em seu livro *Sempre raia um novo dia*, acordou cedo com um telefonema de Silvio de Abreu:

– Preciso que você vá a um clube que tem em São Conrado, o Gávea Golf Club. Põe um vestido preto, curto, tipo tubinho, bota um escarpim, se maquia. Você entra no clube e vai ter uma câmera lá para você. O Jorginho não vai estar lá, só com o câmera. Você vai indo normal, em direção à câmera, e, de repente, você leva um tiro e pá! Cai morta no chão! O resto deixa comigo.

Foi a última cena da novela, um novo mistério deixado no ar e um drible final de Silvio na imprensa, depois de quase nove meses de um duelo com os repórteres da área de entretenimento em torno dos segredos da novela que ele considerou seu maior sucesso, ao lado de *Guerra dos Sexos*.

Novas emoções, no entanto, ainda estavam para acontecer: três meses depois do fim de *A Próxima Vítima* no Brasil, parte do elenco foi reconvocada e cenários imprescindíveis foram remontados no estúdio do Jardim Botânico. A pedido do então diretor de vendas da Globo Internacional Jorge Adib, Silvio fez uma revisão do roteiro e reescreveu o necessário para que o assassino da versão portuguesa da novela, exibida pela emissora SIC, e acompanhada com três meses de atraso em Portugal, fosse o personagem "Ulisses", interpretado por Otávio Augusto. Motivo: a manchete do jornal lisboeta *A Capital* em 5 de novembro, um dia depois do último capítulo ser exibido no Brasil, mostrava na capa uma foto de Cecil Thiré e um título:

"É o assassino".

Quem riu no final

Em vez de responder, Paulo Silvino*, inconformado com o estigma que ele acreditava existir contra humoristas como ele, primeiro desabafou para Ana Cristina Figueiredo e Juliana Saba, que o entrevistavam para o Memória Globo no dia 6 de junho de 2005:

"Existe esse estigma do comediante. Não é só no Brasil, é no mundo todo. Diga-me um comediante que tenha ganho um Oscar! O Chaplin, o grande Charles Chaplin, ganhou um Oscar pelo conjunto da obra como diretor, como compositor, etc. O "Carlitos", que é, vamos dizer, a maior marca de comédia do mundo, nunca ganhou prêmio de nada porque existe um ranço contra a comédia, contra o riso".

Feito o desabafo, Silvino partiu para o ataque:

"Se passa uma comédia no teatro: 'Ah, é uma comediazinha...'. Agora, o cara bota Édipo Rei furando os olhos, comendo a mãe: 'Ah, mas que coisa maravilhosa!'. Eu, por exemplo, não assisto novela, porque dá vontade de jogar um tijolo na televisão. Você liga a novela e está todo mundo chorando, porra! Como se chora na novela, é incrível!".

Não se pode dizer que a amargura de Silvino tenha sido uma exceção entre os humoristas pioneiros que, da fundação da emissora à virada do século 21, passaram boa parte de suas vidas fazendo milhões caírem na gargalhada de norte a sul do país, diante da tela da Globo. Antes de Silvino, falecido em 2017 aos 78 anos, depois de quatro décadas como destaque nos elencos de *Faça Humor, Não Faça Guerra* (1970), *Satiricom* (1973), *Planeta dos Homens* (1976) e *Zorra Total* (1999), entre outros programas, o próprio Chico Anysio, um gigante do riso, havia morrido em 2012 mergulhado em mágoas infinitas com tudo e todos ao seu redor. E Agildo Ribeiro morreria em 2018, aos 86, aparentemente sem perdoar Jô Soares por ter vetado sua participação no elenco de *Viva o Gordo*, exibido pela emissora entre 1981 e 1987.

No caso de "Didi", "Dedé", "Mussum" e "Zacarias", a mágoa contaminou o grupo, multiplicada por quatro, muito antes de 27 de agosto de 1995, o último domingo de *Os Trapalhões*, que entrou para o *Guinness Book*, o livro dos recordes, como o humorístico brasileiro com mais tempo de exibição, dezoito anos no ar, desde 13 de março de 1977, sem contar os três primeiros anos na Tupi.

Antes mesmo de completar cinco temporadas, no início dos anos 1980, o quarteto já se desentendia seriamente, a ponto de Antônio Carlos Bernardes Gomes, o "Mussum", Mauro Faccio Gonçalves, o "Zacarias", e Manfried Sant'Anna, o "Dedé Santana", romperem com a Renato Aragão Produções, empresa pertencente ao dono do personagem "Didi Mocó Sonrisal Colesterol Novalgino Mufumbo", e que cuidava dos negócios do grupo. Formaram sua própria empresa, a DeMuZa, e passaram a interpretar quadros separados dos esquetes de Renato Aragão dentro de *Os Trapalhões*:

"Você fica muito tempo junto, com muito sucesso, muito dinheiro, muito ciúme, muito ser humano junto. É como casamento: briga, volta, briga, é tudo igual".

Gracindo Jr.*, autor do comentário e diretor d'*Os Trapalhões* na época da primeira crise, testemunhou as brigas; o período dos quadros gravados separadamente dentro do programa; o afastamento de seis meses do trio dissidente; e a volta do quarteto em 1983, após uma reconciliação que, o tempo mostraria, apenas congelou, por quase dez anos, as diferenças cuja origem "Mussum" tinha na ponta da língua:

"O Ceará só pensa no dele".

O comentário de "Mussum", referindo-se ao estado natal de Renato, e citado em reportagem da *Folha de S.Paulo* de 2019 sobre os problemas do grupo, dava a medida do contraste entre a fria discórdia dos "trapalhões" nos bastidores e os momentos memoráveis de humor palhaço do quarteto que marcaram várias gerações de brasileiros. Longe das câmeras, fervia um conflito de egos que era mais comum aos artistas da dramaturgia e sobre o qual Renato fez um breve comentário na entrevista que deu ao Memória Globo em setembro de 2005:

"Eu não pude impedir que eles quisessem criar personalidade própria, cada um tem que seguir o seu destino. Aí, eles mesmos saíram, eu não tirei ninguém, foram fazer o filme deles sozinhos e pediram pra fazer outro programa na Globo, mas não demorou seis meses e eles voltaram. Eu fiquei segurando a barra sozinho, eu e os outros atores ali segurando o índice porque depois de uma ruptura dessa era pra ninguém segurar a barra. Até que eles mesmos voltaram, eu não fui atrás. Viram que não dava certo, que não era bom pra eles aquilo tudo, aí eu acolhi e começamos a trabalhar".

Do ponto de vista do chamado "da poltrona", tratamento usado por "Didi" quando ele se voltava para a câmera e falava direto para o telespectador, era difícil imaginar que havia algum problema sério entre os protagonistas de centenas de quadros e esquetes nos quais, muitas vezes, eles mesmos não conseguiam controlar o riso, ao protagonizarem o que Renato, na mesma entrevista, arriscando um olhar antropológico, considerou uma espécie de retrato da alma brasileira:

"Ali estava formado o perfil do Brasil sem querer. Tinha o 'Didi' que era o nordestino, aquele sofredor que vem para o Sul e passa por todas as dificuldades. Tem o galã da periferia que era o 'Dedé Santana', aquele que se julga um galã, galã ridículo, ele mesmo se definia assim. E tinha o crioulo do morro, que coisa mais graciosa, era a vivência do morro, malandragem do morro, a inocência do morro. Depois veio aquele mineirinho que é o centro ali do Brasil, mineirinho desconfiado, só ria por trás daquele sorriso dele de criança. Então era formado o perfil do brasileiro".

Na memória do telespectador, foram sempre "Didi", "Dedé", "Mussum" e "Zacarias", e não qualquer um deles em separado, os responsáveis por momentos de sintonia absoluta em cena, como a paródia antológica que o quarteto fez do seriado americano *SWAT*; as sátiras dos heróis Super-Homem, Batman, Robin, Homem-Aranha e Mulher-Maravilha; os números "musicais" nos quais contracenaram com cantores de verdade como Ney Matogrosso e Elba Ramalho; o "quartel" onde faziam o diabo com o estressado "Sargento Pincel", interpretado pelo ator Roberto Guilherme; e videoclipes como o clássico de 2 minutos e 38 segundos em que "Didi", "Zacarias" e "Mussum" encenaram a música "Teresinha", de Chico Buarque, na voz de Maria Bethânia.

Somado à atmosfera ingênua e circense que se via na tela, havia o fato de Renato ter se tornado um símbolo de união e generosidade a partir de 1985, quando liderou uma campanha de doações para os flagelados da seca no Nordeste, e, depois, de 1986 em diante, como figura inspiradora da campanha de doações do projeto *Criança Esperança*, da Globo.

Nos bastidores, porém, o clima era outro. A própria posição que o programa ocupava na grade, em disputa direta de audiência com Silvio Santos no estratégico início de noite de domingo, o dia da semana em que as redes concorrentes mais fustigavam a liderança da Globo no Ibope, certamente não ajudava a desanuviar o ambiente. E explicava o fato de, ao longo dos anos, sempre de olho no "relroguinho" da audiência, pelo menos dez diretores da Globo, entre eles Augusto César Vannucci e Carlos Manga, terem se sucedido no comando do humorístico, com diferentes propostas de quadros, cenários, locações, linguagens, temas, personagens, elenco de apoio e paródias que tinham em comum apenas a obrigatoriedade de serem submetidas ao crivo de Renato. Quisessem ou não os outros "trapalhões".

A morte de "Zacarias" em março de 1990, aos 56 anos, vítima de insuficiência respiratória, em meio a especulações sobre sua sexualidade e a uma suposta condição de soropositivo para HIV, só fez aumentar o peso do clima nos camarins do programa. Foi quando Renato usou o poder que tinha para reforçar o elenco com o ator, dançarino e drag queen Jorge Luiz Souza Lima, o "Lafond", e o comediante Tião Macalé, conhecido pelo bordão "Tchan, nojento!". Até o tempo fechar de novo cerca de três anos depois, quando José Lavigne, diretor de sucessos como *Armação Ilimitada*, *TV Pirata* e *Casseta & Planeta, Urgente!*, ao ser convocado pela direção da emissora para dar novos rumos ao trio remanescente de humoristas, fez modificações profundas que não agradaram a Renato.

"A Globo vira e mexe, e mexe com você!"

Incluída com destaque na chamada da nova programação da emissora em 1993, ao lado da volta do *Casseta & Planeta*, do *Você Decide*, apresentado por Tony Ramos, e do seriado *Família Dinossauros*, entre outras atrações, a nova versão d'*Os Trapalhões* passou a não ter mais claque, plateia, cambalhotas ou palhaçadas. Foi também dividida em duas partes para que, na segunda metade, sem a participação de "Dedé" e "Mussum", entrasse a comédia "Nos Cafundós do Brejo", mistura de *sitcom* com história em quadrinhos que Lavigne encomendou aos integrantes do *Casseta & Planeta* e ao autor Carlos Lombardi, e na qual Renato protagonizava o personagem "Zé do Brejo", um homem da roça.

Não deu certo. A audiência foi abaixo da expectativa e Renato*, ao lembrar daquele período em entrevista à *Veja*, disse que as mudanças de Lavigne serviram apenas para mostrar que o público gostava mesmo era do que ele chamou de "fórmula ingênua" do programa:

"Foi a pior fase d'*Os Trapalhões*, a pior porque era um tipo de humor totalmente diferente do que a gente fazia, a redação era diferente. Eu fazia o 'Zé do Brejo', que vivia num lugar que não existia, na lama, no brejo, mas não tinha nada a ver comigo aquele personagem".

O domínio de Renato, nos últimos anos do quarteto que virou trio e depois dupla, foi ainda maior e incluiu a obrigatoriedade de todos os textos do programa passarem por ele, segundo entrevista de Lavigne à *Folha de S.Paulo* em julho de 2019. Na mesma entrevista, o diretor disse que, ainda em 1993, um ano antes de a Globo interromper as gravações de *Os Trapalhões* e passar a exibir reprises do programa, Renato tinha tentado "tirar 'Mussum' e 'Dedé'", responsabilizando o próprio Lavigne pela decisão:

"Ele falou que não tinha problema, e que depois explicaria a eles. Mas não explicou. Ele não é bobo [...] Renato era o dono do circo, e todos nós, empregados".

Em novo capítulo amargo da história d'*Os Trapalhões*, "Mussum" morreu aos 53 anos, em julho de 1994, vítima de infecção hospitalar, após o transplante de coração a que foi submetido na sequência do tratamento de uma grave miocardiopatia. Um problema de saúde provocado ou no mínimo agravado por um hábito que ele não escondia nem nos esquetes do programa em que praticava o *dialétis* de "is" que inventou, e num dos quais "Zacarias" perguntou:

– Mussum, o que você está examinando aí no mapa?
– São os bares onde a gente toma *mé* mais *baratis*.

Com a morte de "Mussum" o formato d'*Os Trapalhões* só não acabou devido ao sucesso que "Didi" e "Dedé" fizeram com uma versão do programa gravada e exibida em Portugal pela emissora SIC entre 1995 e 1998, o que deu uma sobrevida a "Dedé". Até Renato abrir mais uma ferida na história familiar do quarteto, ao excluir o velho parceiro do elenco de *A Turma do Didi*, seu voo solo de quarenta minutos de duração que a Globo exibiu no horário menos arriscado de meio-dia e meia do domingo, entre outubro de 1998 e março de 2010, e com a receita de sempre: *gags* visuais, referências à comédia pastelão e piadas ingênuas.

"A gente se dá muito bem trabalhando junto, a gente se entende com um olhar. Já pedi ao Renato para trabalhar de novo com ele, que disse que topava, mas nunca fez nada."

O lamento de "Dedé", tratado como "o mais famoso escada do Brasil" em entrevista à *Folha de S.Paulo* em março de 2001, três anos depois da estreia de *A Turma do Didi*, somava-se à sua queixa sobre a "geladeira" que estava se amargando na Globo em uma época em que a emissora mantinha centenas de artistas sob contrato e sem trabalhar. Não tendo conseguido "emplacar" um quadro no humorístico *Zorra Total* e à época esperançoso de ser convidado por Chico Anysio para integrar o elenco da *Escolinha do Professor Raimundo*, "Dedé" também cobrou, mas sem apertar muito, a própria emissora:

"Acho que a Globo poderia ter um pouco mais de consideração comigo. Faço parte da história da emissora. Não tenho reclamações da empresa, mas é um desperdício eles me pagarem para eu não fazer nada".

Três anos depois, em entrevista dada também à *Folha* em fevereiro de 2004, Renato respondeu às cobranças do ex-parceiro com uma explicação, mencionando um período em que "Dedé" trocou a Globo pela Record, e também com mágoas:

"O problema do 'Dedé Santana' é com a Globo, não tenho nada a ver com isso. Ele foi ser pastor e fazer shows evangélicos, a Globo não quis mais ele. Eles já explicaram isso para o 'Dedé' [...] Uma vez ele foi a um programa vespertino e falou coisas que não eram verdade. Depois se arrependeu e veio a mim pedir desculpas, pessoalmente. Isso fica ruim. Ele fala publicamente e vem pedir desculpas em particular?".

Vinte anos depois, em maio de 2024, o assunto *Os Trapalhões* voltaria a frequentar o noticiário com uma nova temporada de mágoa e recriminação, e no momento em que o musical *Adorável Trapalhão* estava em cartaz em São Paulo, contando a história de Renato. A polêmica da vez era entre Lílian Taranto, segunda esposa e assessora do humorista, então com 56 anos; Vitor Lustosa, roteirista, produtor ou diretor de dezesseis filmes do quarteto; e Rafael Spaca, autor do livro *Os Trapalhões: modo de ser, de pensar e se expressar*.

Em entrevista ao repórter Guilherme Luis, publicada pela *Folha de S.Paulo* em 14 de maio, Lustosa disse que Lílian "ridicularizou a figura do Renato, que envelheceu mal para caralho, fazendo coisas ridículas no TikTok". Spaca, na mesma reportagem, afirmou que Renato era "odiado por muita gente" porque Lílian o assessorava "muito mal".

Aos 89 anos, aparentemente alheio ao barraco armado em seu entorno, falando ao repórter da *Folha* "com a voz fraca e certa lentidão" e "sem o vigor de outrora", Renato mostrou que, a exemplo de "Dedé", "Mussum" e "Zacarias", "Didi", o maior beneficiário, em todos os sentidos, e para muitos de forma egoísta e maquiavélica, do sucesso d'*Os Trapalhões* na televisão e no cinema, também tinha mágoas em seu pote: reclamou da Globo por não ter sido chamado para a festa anual do projeto *Criança Esperança* e, ao falar da televisão, lamentou, ainda que sem o veneno de Paulo Silvino:

"Ela está mais contida. Na televisão, você vê passando novela, jornal, mas não tem programa de humor".

Humoristas.

CAPÍTULO 31

Revolução industrial

– Governador, meus amigos lá estão precisando da licença. A TV Globo precisa começar a funcionar.

– Não, espera...

Foi uma das maiores saias-justas da longa carreira do jornalista Roberto D'Ávila*. De um lado, ele queria preservar os laços de amizade com Roberto Irineu, João Roberto e José Roberto, construídos a partir de 1986, quando a mãe deles, Stella, já separada de Roberto Marinho e com o apoio de Darcy Ribeiro, correligionário de D'Ávila e à época secretário de Cultura do primeiro mandato de Leonel Brizola no governo do Estado do Rio, tornou-se a primeira presidente da Casa de Cultura Laura Alvim, um centro cultural localizado em Ipanema. De outro, a antiga amizade e o compromisso político que D'Ávila teve com Brizola entre 1992 e 1994, como secretário de Meio Ambiente e de Projetos Especiais do segundo mandato do grande inimigo do dono da Globo à frente do Estado do Rio de Janeiro.

– Roberto, pelo amor de Deus, o que é poluente aqui?

– Secretário, como está a nossa licença?

– João, calma, porque isso está no gabinete do governador e ainda não posso assinar. É melhor você contar comigo aqui, porque se eu sair daqui vai ser pior.

Os telefonemas quase semanais que Roberto Irineu e João Roberto, respectivamente, faziam à época para D'Ávila referiam-se a um relatório de impacto ambiental que lastrearia a licença para o funcionamento do então chamado Projac, abreviação do Projeto Jacarepaguá, situado em uma área total de 1 milhão e 730 mil metros quadrados, comprada por Roberto Marinho em 1986 ao lado do Parque Estadual da Pedra Branca, na Zona Oeste do Rio de Janeiro, e que se tornaria, com o nome posterior de Estúdios Globo, o maior complexo de produção de conteúdo audiovisual da América Latina.

Confiante nas boas relações que tinha com Wellington Moreira Franco, o antecessor de Brizola no Palácio Guanabara entre 1987 e 1991, e com a certeza de que o empreendimento não provocaria nenhum dano ambiental à região, a direção da Globo dera início às obras de construção do Projac em 1988, ainda durante a tramitação do pedido de licença na Secretaria de Estado de Meio Ambiente, sem esperar o sinal verde oficial do governo.

Só que Brizola venceu a eleição e, assim que assumiu, no início de 1991, providenciou que o pedido de licença do projeto que se tornara um sonho de Roberto Marinho, ao pousar em seu gabinete, entrasse em um período de hibernação que, entre idas e vindas, demoraria cerca de dois anos, seguindo uma espécie de padrão de comportamento do governador que afetaria, também, a área da emissora supervisionada pelo diretor Evandro Guimarães:

"Brizola conseguia até reter, no aeroporto do Galeão, equipamentos importados pela TV Globo e destinados às nossas afiliadas. Ele queria cobrar ICMS, embora aquele tipo de importação fosse legalmente isenta do imposto".

O governador não era exatamente um ambientalista do Partido Verde, e a notória motivação política, como lembrou Roberto Irineu em entrevista a este autor, chamou atenção de outro político, Paulo Maluf, então prefeito de São Paulo, que ofereceu uma série de facilidades para que a Central Globo de Produção (CGP) fosse transferida para a cidade, o que, se acontecesse, exigiria uma área quase do tamanho do Parque Ibirapuera:

"O Maluf realmente ligou para o papai e fez a oferta. Ele agradeceu muito mas disse que a Globo estava no Rio e que seria muito difícil levar a produção para São Paulo. Na realidade, como não havia nenhuma razão real para o bloqueio que Brizola fazia a não ser a birra política, nós tínhamos certeza de que o terreno seria liberado. Além disso, a luz do Rio é melhor que a de São Paulo, e no Rio temos mais diversidade de cenários naturais".

– Governador, não dá mais para esperar. O Projac precisa começar a funcionar.

– Pode assinar.

Ao lembrar com humor o diálogo com Brizola que em 1994 marcou o desfecho da saia justa e no qual o governador enfim desistiu de bloquear o projeto do complexo da Globo, D'Ávila, satisfeito por ter continuado "amigo leal dos Marinho e de Brizola", disse que foi como se o governador dissesse:

– Você não gosta mesmo de brigar com ninguém. Assina isso.

Se Brizola foi um obstáculo, o então presidente Fernando Collor, com as medidas que tomou em 1990 para reduzir barreiras comerciais e facilitar a entrada de produtos estrangeiros no mercado brasileiro, foi indiretamente decisivo para que o Projac se tornasse uma realidade. Palavra da engenheira Liliana Nakonechnyj*, à época diretora de telecomunicações da Central Globo de Engenharia (CGE):

"Um Projac na época anterior ao Collor teria sido impossível, impossível. Foi muito bom para a gente quando surgiu a possibilidade de trazer equipamentos de compressão e de digitalização de TV para a gente poder equipar o nosso parque. Não é que eu esteja tecendo uma ode. É claro que o homem fez milhares de coisas erradas, mas nesse ponto ele foi um visionário, porque ele trouxe uma mudança total para a indústria brasileira".

Bem antes da inauguração do complexo que marcaria o início de um novo capítulo na história da teledramaturgia brasileira, no entanto, a área já tinha sido carimbada com o apelido de "Projaquistão", por conta do calor e dos sapos de verdade cuja superpopulação, no terreno das futuras cidades cenográficas do Projac, chegou a atrapalhar, em 1989, as gravações de externas da novela *Que Rei Sou Eu?*, como lembrou a atriz Marieta Severo*, a "Madeleine" do folhetim de Cassiano Gabus Mendes, consternada com o sofrimento imposto a Daniel Filho pelas roupas pesadas de seu personagem, o conselheiro "Bergeron Bouchet":

"Foi inesquecível o sofrimento do Daniel, que transpirava muito. Em cinco minutos tinha que parar a gravação pra secar a gente. E a gente parava também porque tinha muito sapo no Projac. Poin! Poin! Poin! Quando chovia, no dia seguinte a gente ia gravar e: 'Parou, olha o sapo, vamos esperar o sapo! Vamos lá, dá um susto aí nos sapos!'. Parava muito a gravação".

Além dos sapos e do calor, às vésperas daquele salto industrial que deixaria no passado o que o diretor José Luiz Villamarim, em entrevista a este autor, chamou de "espírito guerreiro e desbravador" das primeiras décadas da emissora, boa parte do elenco temia o fim do que, para a atriz Aracy Balabanian*, era "aquela muvuca, aquele aperto, aquele desespero em estúdios e camarins apertados", referindo-se a um flerte logístico diário da CGP com o caos: a gravação, externas à parte, de todas as novelas, minisséries e programas de entretenimento da Globo na estrutura então formada pelos quatro estúdios de dramaturgia da sede no Jardim Botânico, o Teatro Fênix, no mesmo bairro, e os estúdios Tycoon, na Zona Oeste do Rio, e Herbert Richers, no bairro da Tijuca.

Ante a inevitabilidade da mudança da CGP para o novo endereço, a trinta quilômetros do Jardim Botânico, Glória Menezes*, a exemplo de Aracy, preferia a muvuca porque "era mais gostoso quando era menorzinho", e Tony Ramos* sofreu por antecipação com a perda do "pão quentinho das quatro da tarde" da Padaria Século XX, situada em frente à portaria da Rua Von Martius, e onde muitos outros atores como José de Abreu*, por exemplo, tomavam chope enquanto os estúdios eram preparados. E onde também eram servidas, fresquinhas, algumas com pimenta e veneno a gosto, inconfidências sobre os bastidores das novelas, sonho de consumo das revistas de fofoca.

Mesmo entre diretores houve quem, no início, estivesse determinado a não trabalhar no Projac, como foi o caso, segundo o produtor Ruy Mattos*, de Paulo Ubiratan. Outra recusa radical, no caso para a surpresa de muitos, foi a do designer austríaco Hans Donner*, criador da identidade visual platinada em alto relevo que foi a marca da Globo por mais de quatro décadas, e que na entrevista que deu em 2000 explicou por que não aceitou a transferência de seu "departamentozinho":

"O Projac é um lugar em que eu não gostaria de estar. Isso tem muito a ver com a minha paixão pelo Rio, que para mim não é Barra da Tijuca. Fui pego de surpresa. Vocês acreditam que a Globo teria chegado aonde ela chegou se não tivesse o Cristo, lá do Corcovado, me dando as costas durante 25 anos? Sem dúvida, era mágica. Como poderiam me colocar numa máquina, uma fábrica de produção? Eu provavelmente não iria ficar".

À parte nostalgias e exceções como a de Donner, que ficou no Jardim Botânico, prevaleceu o investimento inicial de setenta milhões de dólares dos Marinho: o Projac, devidamente licenciado pela Secretaria de Estado de Meio Ambiente, e com um projeto de proteção e preservação ambiental que se tornaria referência no país, foi inaugurado no dia 2 de outubro de 1995, em cerimônia realizada num dos novos estúdios, e na qual Roberto Marinho, aos 91 anos, emocionado a ponto de quase chorar no meio de seu breve discurso, bateu a claquete da cena de abertura de *Explode Coração*, de Gloria Perez, primeira novela que a emissora produziria no complexo que a área de comunicação da Globo passaria a apresentar com outro nome.

"Fábrica de sonhos."

A batalha de Curicica

Para perceber, era só mudar de canal, como admitiam, ainda que contrafeitos, até mesmo os telespectadores que sentiam uma antipatia automática ao simples surgir, na tela, de imagens e sons característicos da Globo: com o Projac, as novelas e as minisséries da emissora começaram a ficar mais próximas do cinema de Hollywood, ao mesmo tempo que aumentavam, ainda mais, a distância que já mantinham em relação à teledramaturgia das concorrentes Record e SBT.

Operadores passaram a "abrir câmera" sem medo de enquadrar as paredes ou o grid de iluminação do estúdio; diretores puderam criar planos-sequência ousados para marcar momentos capitais das tramas; iluminadores foram autorizados a explorar limites maiores de luz e sombra; cenógrafos, livres da obrigação de montar e desmontar cenários diariamente, puderam dar vida a qualquer época ou lugar que passasse pela imaginação dos autores; diretores-gerais se sentiram incentivados a levar adiante o que o ator Hugo Carvana* chamou de "todos os desejos dramatúrgicos possíveis"; e o elenco, quase todo ele órfão crônico da glória financeiramente insustentável da ribalta do teatro, ganhou palcos para ego nenhum botar defeito.

Não havia nada parecido na América Latina. O novo parque de equipamentos digitais com dezenas de ilhas de edição e estações de computação gráfica, os grandes estúdios com tratamento acústico, as cidades cenográficas e as fábricas de cenários e de figurinos do Projac formavam uma estrutura que, já na virada do ano 2000, estaria mobilizando mais de seis mil funcionários, entre prestadores de serviço e elenco, e consumindo uma quantidade de energia elétrica equivalente à de uma cidade de setenta mil habitantes para produzir, por ano, segundo dados da emissora, duas mil e quinhentas horas de conteúdo audiovisual, em média. Algo equivalente a um longa-metragem por dia.

Em casa, na tela da TV, um dos sinais visíveis da entrada em operação do Projac foi uma novidade que acabaria somada à tradição da Globo de iniciar novelas em locações espetaculares no exterior: o uso da capacidade total dos novos estúdios para cenários grandiosos das tramas em seus primeiros capítulos, uma espécie de *showroom* da emissora no horário nobre, como aconteceria, para citar um exemplo marcante, com as mansões dos personagens "Shankar", de Lima Duarte, e "Opash", de Tony Ramos, em *Caminho das Índias* (2009).

No caso do "Castelo de Queluz", cenário montado em 2002 para a minissérie *O Quinto dos Infernos*, uma das primeiras produções em que o *showroom* do Projac foi usado, o autor Carlos Lombardi* ficou com a sensação de que, considerando as necessidades rotineiras das novelas, os novos estúdios poderiam ser até divididos em dois, de tão grandes que eram. Mas também não esqueceu de um plano-sequência, em especial, da minissérie dirigida por Wolf Maya:

"Era um treco imenso aquilo. Você botava o trilho, a câmera vinha andando. Eu me lembro: o Wolf fez uma cena que durou um minuto e quarenta segundos com os atores andando e dialogando. Eles andaram o cenário inteiro sem parar".

A informatização do sistema de iluminação e da própria montagem de cenários, tornando possível o armazenamento dos ajustes em computador, além de permitir a duplicação da capacidade de produção da CGP em poucos anos, também deixou a dramaturgia da Globo menos sujeita a imprevistos e externas canceladas por mau tempo, como constatou, impressionado, o ator José de Abreu*, no dia em que "Onofre", seu personagem na minissérie *A Casa das Sete Mulheres* (2003), não teve como morrer na locação:

"Era um acampamento e a minha morte foi feita dentro do estúdio, num riozinho que corria no meio das pedras. Era um acampamento, a câmera vinha, pegava o cavalo, saía, descia do cavalo, saía, fazia um plano-sequência genial. Uma luz louca. Você olhava no ar e dizia: é externa".

O seriado *Tapas & Beijos*, exibido a partir de 2011, foi uma das primeiras produções em que uma cidade cenográfica do Projac contou com uma evolução da técnica de *chroma key* na qual o fundo da imagem era completado por computação gráfica, em perspectiva e com realismo inéditos, no caso com a paisagem das ruas de Copacabana. E Fernanda Torres*, intérprete da protagonista "Fátima", sentiu a perfeição da novidade no dia em que pegou um táxi no Rio e o motorista, depois de reconhecê-la, perguntou, intrigado:

– Onde é essa rua que vocês filmam? Eu fico rodando aqui em Copacabana, já tentei achar várias vezes, e não encontro.

Por essa e outras, Luis Gustavo*, protagonista da primeira revolução da teledramaturgia brasileira, a histórica *Beto Rockfeller*, exibida pela Tupi entre 1968 e 1969, sentiu-se participando de outro momento revolucionário, a julgar pelo calibre do comentário que fez em 2005 sobre o Projac:

"Não há necessidade de muito talento pra fazer televisão. Você larga o teu corpo na mão deles, fala o que eles quiserem que você fale, faz o que eles mandarem você fazer e você será o melhor ator do mundo, porque eles fazem você ficar bonito, o teu tom de voz, eles regulam tudo, eles fazem tudo".

Fora do ar e longe da rotina das gravações, no entanto, não seria tão simples. Roberto Irineu*, ao recordar o período que antecedeu a implantação do Projac, um modelo de produção adotado depois de dezenas de viagens do diretor da Central Globo de Engenharia (CGE), Fernando Bittencourt, e de outros executivos para avaliar estúdios e emissoras da Europa, dos Estados Unidos e do Japão, disse que se viu obrigado a manter o complexo fechado, mesmo pronto e acabado, por cerca de três meses, entre maio e outubro de 1995:

"Escondi a chave do Projac. Tínhamos feito toda a parte de estúdio, obras civis, equipamentos, tudo. Mas não havia sido feita a reengenharia de produção, que foi encomendada e implicava um novo desenho de produção, diminuindo o número de níveis de cinco para três. Os americanos, por exemplo, produziam filmes, e nós um produto diário, que são as novelas. Então, tomei a decisão de não inaugurar o Projac. Isso criou um certo problema dentro da casa, mas estou convencido de que foi uma boa decisão. Se ele tivesse sido inaugurado, nunca mais se faria a reengenharia do processo".

Traduzido de forma menos diplomática, o que aconteceu no período em que Roberto Irineu "escondeu" as chaves do Projac foi a conclusão de um grande desmonte comandado por Marluce Dias, e durante o qual foram revistos mais de quarenta processos de gestão da época de Boni então a cargo de gerentes e executivos da CGP. À frente daquela que seria uma drástica cambalhota na estrutura da área de dramaturgia da emissora, estavam os então jovens executivos da CGP Edson Pimentel, Manoel Martins e Eduardo Figueira, com o apoio entusiasmado de Bittencourt e dos engenheiros da CGE, a área pioneira e mais combativa da Globo na defesa da construção do Projac.

Os críticos internos do Projac eram quase sempre profissionais ligados a Boni que, em vez de "fábrica de sonhos", chamavam o complexo de "fábrica de macarrão", como lembrou Heloísa Machado, ex-diretora da área de recursos humanos da Globo, em entrevista a este autor. Daí ter surgido, na época, uma piada interna sobre uma suposta necessidade de se trocar a segunda sílaba da abreviação do nome do complexo, o "jac" de Projac, devido ao fato de a verdadeira localização do número 6.700 da Estrada dos Bandeirantes, o endereço oficial, não ser em Jacarepaguá, mas em Curicica. A suposta nova sigla não ia soar bem.

Àquela altura Boni era um executivo cujo poder real continuava em franca desidratação, apesar do cargo de vice-presidente de operações e de sua presença no comitê que tomava as decisões finais sobre o Projac, juntamente com Roberto Irineu, Marluce e Pedro Roza, diretor de desenvolvimento de negócios da emissora. As próprias imagens oficiais que ficaram para a posteridade sobre a inauguração do Projac, no dia 2 de outubro, não refletiam com precisão o que estava acontecendo no comando da Globo naquele momento.

Boni aparecia ao lado de Roberto Marinho e dos filhos, e a explicação para a ausência de Marluce na foto ela mesma deu a este autor em 2022. Disse que foi um desejo dela de não criar atrito, e também de não constranger o executivo que todos, naquela cerimônia, ela sabia, consideravam o mais importante da história da emissora.

A rigor, antes mesmo de o debate técnico sobre a conveniência ou não do Projac ser contaminado pela disputa interna de poder na emissora, Boni já não era um grande entusiasta da ideia, por acreditar que a televisão brasileira deveria avançar como a americana, que desde sempre compra conteúdos de produtores independentes, em vez de produzi-los. Só depois, com o Projac já implantado, Boni reconheceria que, diferentemente das redes de TV americanas, que contavam com Hollywood como fornecedora de conteúdo, as emissoras brasileiras, na época, simplesmente não tinham a quem encomendar novelas, seriados ou minisséries.

Foi por sinal essa indigência da indústria audiovisual independente brasileira que, duas décadas antes da era dos gigantes planetários do *streaming*, permitiu a Marluce criar uma espécie de bordão com o qual ela adornaria, orgulhosa, os inúmeros tours que promoveu na virada do ano 2000 pelas instalações do Projac para empresários, anunciantes, autoridades públicas, formadores de opinião e outros *stakeholders* da Globo. Em algum momento do tour, ela sempre dizia:

"Ninguém produz tanto no país quanto nós e ninguém produz no mundo uma quantidade tão grande tendo um só canal de televisão. Mais do que a Rede Globo de Televisão no mundo, só a mexicana Televisa produz, mas a Televisa tem quatro canais de TV aberta e nós temos um. E de jeito nenhum eles produzem quatro vezes mais do que nós".

O jeito de produzir, na Globo, no entanto, já tinha começado a mudar radicalmente antes mesmo da inauguração do Projac, a partir de *História de Amor*, novela das seis escrita por Manoel Carlos e que foi exibida entre julho de 1995 e março de 1996. Sempre atento ao que acontecia à sua volta além das falas de seus personagens, o ator José de Abreu, intérprete do médico "Daniel Veloso" na trama, sentiu como seriam os novos tempos ao comparar dois acontecimentos singelos, um ocorrido durante a própria *História de Amor*, e outro na novela *As Três Marias*, exibida pela Globo entre 1980 e 1981, também no horário das seis, e na qual ele interpretava um ex-marinheiro chamado "Leonel":

"O Marco Nanini e eu fomos gravar *As Três Marias* num sábado em Botafogo. Eram doze Kombis, dois ônibus, tinha umas setenta pessoas para dar almoço, para gravar com dois atores. Ele falava: 'Isso é uma loucura. Vocês vão quebrar a Globo. Não precisa disso. Pra que ônibus?'. E responderam que um ônibus era para o camarim e o outro era para a maquiagem".

Quinze anos depois, na novela cuja produção começou nos tempos da CGP de Boni e terminou no Projac comandado, na prática, por Marluce, José de Abreu percebeu a mudança histórica em curso na maneira como seu personagem "Daniel Veloso" e sua paixão "Sheila", interpretada por Lilia Cabral, foram tratados pela produção de *História de Amor*:

"O personagem da Lilia Cabral fazia sempre um jantar para o meu personagem. A partir do momento em que o Ricardo Waddington deixou de ser só diretor artístico e passou a tomar conta da verba, esse jantar das quartas-feiras que a gente tinha, no cenário, com vinhos chilenos e franceses verdadeiros, com uma comida que vinha de restaurante, que Lilia tirava do forno como se fosse ela preparando, passou a ser um coquetelzinho com azeitonas e amendoins".

Um restaurante, este imenso, construído no coração do Projac e cuja administração foi entregue à rede gastronômica pertencente a Eurico Carvalho da Cunha, marido de Marluce, se tornaria, a propósito, um dos maiores símbolos da gestão da executiva a quem os irmãos Marinho confiaram, além da tarefa de aumentar a rentabilidade da Globo, a missão de desidratar o poder e a influência de Boni. Em sua entrevista ao Memória Globo, ao justificar a opção pelo restaurante que seria a única alternativa de alimentação no Projac durante quatro anos, antes da diversificação da oferta, Marluce reconheceu que houve polêmica, mas comemorou:

"Foi uma grande discussão. Diziam: 'Não vai dar certo se fizer um restaurante só. Vai ser um problema. Como é que vai botar o marceneiro e Tarcísio Meira e Glória Menezes no mesmo lugar?'. E a gente resolveu fazer uma aposta: vamos fazer um restaurante único, um bandejão. E o Projac viveu assim durante seus quatro primeiros anos. Sem nenhuma outra opção. Hoje ele tem uma série de outras coisas. É impressionante como foi fantástico! Como comiam todos no mesmo bandejão. E as pessoas se aproximaram, ficaram íntimas".

Ou confinadas, compulsoriamente, como diriam Fernanda Montenegro*, Antonio Fagundes*, Cláudio Marzo* e Otávio Augusto*, entre outros artistas para quem o preço pago pelo conforto de ter o trabalho concentrado no mesmo lugar foi um confinamento que Fagundes, em 2002, saudoso da liberdade de usar os intervalos para "ir ao banco e tomar um sorvete", comparou a uma mistura de prisão com o "tédio" da casa do *Big Brother Brasil*, mesmo reconhecendo que o Projac tinha agências bancárias e locais onde se poderia comprar um sorvete.

Houve ainda um outro episódio simbólico de cunho gastronômico associado àquele momento de mudanças profundas na emissora, e que aconteceu num dos almoços que Marluce teve, na época, com Roberto Marinho. Ela gostava de contar para os íntimos que o fundador da Globo, ao comentar os desafios que se anunciavam com a implantação do Projac, a alertou sobre um obstáculo que ele disse conhecer bem:

– Eu sei que o Roberto Irineu botou você para tomar conta do Projac, mas toma cuidado com esses moços. Eles não querem que o Projac dê certo porque lá perto não tem bons restaurantes. E eles gostam muito de sair pra beber.

Em nome da justiça, talvez fosse o caso de refrescar a memória de Marinho com a lembrança de que havia sido também em muitas saídas para beber uísque e vinho no bar Antonio's, no famoso 297 da Rua Bartolomeu Mitre, no Leblon, a trinta intermináveis quilômetros de distância de Curicica, que Boni, Walter Clark, Daniel Filho, Armando Nogueira e outros pioneiros da Globo criaram alguns programas e tiveram ideias que fizeram a história da emissora. Por óbvio, no entanto, também não seria razoável esperar que Marluce, logo ela, fizesse a ressalva.

Era o tempo, passando.

A ocupação do Benedito

– O agro é uma das riquezas do país. Quantos empregos a gente não gera? Quantas bocas a gente não alimenta? Toda hora que eu planto soja ou milho, eu tô fazendo um país melhor, mais forte. Tudo o que a gente planta a gente até exporta. Traz riqueza pro nosso país.

Foi com declarada tristeza que o crítico Mauricio Stycer transcreveu, em sua coluna publicada pela *Folha de S.Paulo* em 18 de maio de 2023, uma das falas que ele considerou "pura publicidade, sem nenhum valor dramatúrgico", durante um diálogo de cerca de três minutos entre o protagonista "Caio Moura La Selva", interpretado por Cauã Reymond, e o tio "Ademir", papel de Charles Fricks, em *Terra e Paixão*, novela das nove escrita por Walcyr Carrasco e exibida pela Globo entre maio de 2023 e janeiro de 2024.

A citação era um exemplo do "preço" que as novelas da emissora, na visão de Stycer, estavam à época tendo que pagar por causa dos "acenos da Globo" para "os evangélicos e empresários do agronegócio que apoiaram abertamente o governo Bolsonaro e votaram pela sua reeleição":

"A novela de Walcyr Carrasco também trata de temas sensíveis como violência doméstica, alcoolismo e dependência de remédios, entre outros. Mas é a tentativa de pintar um retrato positivo do agro que desperta atenção".

Vinte e sete anos antes, também no horário nobre da Globo, a conversa era outra. Em uma trama que os autores do livro *Biografia da televisão brasileira* classificaram como "bem distante do maniqueísmo tão comum aos folhetins" e que não tinha "vilões ou mocinhos, mas personagens tão bem construídos que ficava impossível para o público não se envolver com todos os ângulos", "Regino", um líder dos sem-terra interpretado por Jackson Antunes, em desabafo para "Luana", militante do movimento vivida por Patricia Pillar, prometia:

– Se for preciso eu vou ter que sair por aí de novo para conseguir mais terra pros companheiros que ainda não têm. E são tantos!

Em outro momento da novela, o latifundiário pecuarista "Bruno Mezenga" interpretado por Antonio Fagundes, no comando de seu próprio avião, em conversa com o piloto, esbravejava contra o MST, Movimento dos Trabalhadores Rurais Sem-Terra:

– E o direito de propriedade, como é que fica? Como tem o sem-terra, tem os sem-teto na cidade, os sem-educação, os sem-saúde, os sem-comida. E aí quero ver quem vai decidir se é justo ou não a invasão de apartamento, de supermercado, de feira livre. Onde é que vai parar isso?

Era *O Rei do Gado*, uma das maiores audiências da televisão brasileira nos anos 1990, escrita por Benedito Ruy Barbosa, e cujos 209 capítulos, dirigidos por Luiz Fernando Carvalho e exibidos pela Globo entre junho de 1996 e fevereiro de 1997, levaram para o horário nobre, com 70% de *share*, além do romance entre o "Bruno" de Fagundes e a "Luana" de Patricia Pillar, dois temas até então mais que raros na dramaturgia da emissora: a reforma agrária, ausente das novelas da casa desde 1973, quando compôs a trama de *Cavalo de Aço* por um breve período antes de ser vetada pela censura, e o MST.

Se a expressão "lugar de fala" existisse em 1996, um dos óbvios detentores, em se tratando dos sem-terra brasileiros, seria o então já dirigente do movimento João Pedro Stédile, à época com 43 anos, e que em depoimento publicado pela revista *Teoria e Debate*, no início de 1997, revelou a sua medida do impacto de *O Rei do Gado*:

"Politicamente, para nós, a novela foi muito importante. Ela contribuiu para a reforma agrária de uma maneira positiva. Pela primeira vez, colocou a questão em horário nobre para milhões de brasileiros [...] Nem o MST, nem a Igreja Católica chegariam a essa faixa se não fosse por intermédio da novela".

Outro líder do movimento, José Rainha, então com 36 anos, e que para muitos foi o inspirador do personagem "Regino", ao ser entrevistado em julho daquele ano pela *Folha*, disse que a Globo tinha conseguido, pela primeira vez, fazer a ficção se aproximar da realidade:

"Até que a novela está parecida com vida real. Claro que tem umas cenas meio forçadas. Mas acho que o Benedito pode fazer isso, já que é novela".

Entre as questões "mal explicadas" da novela, Rainha reclamou do fato de *O Rei do Gado* não ter deixado claro que os sem-terra não invadiam "terra produtiva", e de a trama mostrar uma paixão amorosa para ele inverossímil entre os personagens de Fagundes e de Patricia Pillar, e não pelo fato de os dois serem descendentes, respectivamente, dos Mezenga e dos Berdinazi, as famílias fictícias de imigrantes italianos rivais que fizeram fortuna no Brasil com criação de gado e plantações de café:

"Fazendeiro do porte do 'Bruno Mezenga' não é bonzinho daquele jeito. E se uma sem-terra se apaixonasse por um fazendeiro, ela seria considerada uma traidora".

Depois de uma primeira fase que foi, nas palavras de Nilson Xavier, "uma espécie de *Romeu e Julieta* que teve como pano de fundo a decadência do ciclo do café e a inserção do Brasil na Segunda Guerra Mundial", *O Rei do Gado* exibiu a segunda "bem num momento em que Brasília ardia em discussões sobre a reforma agrária e o Movimento Sem-Terra crescia", como observou Silas Martí, em artigo sobre a novela para a *Folha* em janeiro de 2021, acrescentando:

"É mais um retrato de uma época que não acabou".

Benedito, em entrevista às vésperas da estreia, em abril de 1996, ao falar sobre o personagem de Fagundes que a *Folha* chamou de "um fazendeiro cosmopolita que toca berrante e pilota jatinho", defendia um novo olhar para o interior do Brasil, e uma dramaturgia que abrisse espaço para o que ele chamou de "anticoronel":

"Chega de sinhozinhos folclóricos. Está na hora de a televisão retratar o moderno empresário do campo, que sabe transitar pelo universo urbano e não se fecha em feudos".

Além de retratar o "moderno empresário do campo", Benedito incluiu na novela, sem mencionar na sinopse que foi lida por Boni, a questão que se tornara explosiva em 17 de abril, dois meses antes da estreia de O Rei do Gado, quando um grupo de trezentos trabalhadores sem-terra impediu a passagem de carros e caminhões na rodovia PA-150, em Eldorado dos Carajás, no extremo-sul do Pará, em protesto contra a demora do Instituto Nacional de Colonização e Reforma Agrária (Incra) em desapropriar a Fazenda Macaxeira, de quarenta mil hectares.

A polícia tentara desbloquear a estrada com bombas de efeito moral, mas, diante da reação dos sem-terra com pedras e pedaços de pau, reagiu com rajadas de metralhadoras, matando dezenove trabalhadores e ferindo dezenas de outros manifestantes. Stédile, no mesmo depoimento à revista Teoria e Debate, disse que O Rei do Gado, por ter estreado logo depois do massacre, impediu que a questão agrária "voltasse a cair no ostracismo".

Na novela, em evidente referência ao massacre de Eldorado dos Carajás, o líder "Regino" e o "Senador Caxias", *alter ego* declarado de Benedito e um defensor apaixonado da reforma agrária, este em papel marcante de Carlos Vereza*, são assassinados em uma emboscada num acampamento no Pontal do Paranapanema, em São Paulo. Boni, segundo Benedito contou ao livro Biografia da televisão brasileira, ligou para ele "muito bravo" por não ter sido informado sobre a inclusão do tema dos sem-terra, mas se acalmou depois do compromisso do autor de "tratar a temática com cautela". Vereza, ao lembrar da novela em 2002, não quis ser cauteloso com as palavras:

"Eu fazia um personagem extraterrestre que era um senador honesto. Extraterrestre porque, até que provem o contrário, eu não achei nenhum por enquanto [...] O Benedito consegue fazer uma coisa incrível, levantar um problema que hoje é gravíssimo: o do Movimento dos Sem-Terra. Ele avisava, através do senador, que aquele movimento poderia virar massa de manobra, como virou, na minha opinião. E o senador, ele é de uma solidão incrível".

Vereza antecipava, na entrevista, o discurso contra os políticos que marcaria o radical rompimento com a esquerda que o levaria a ser, duas décadas depois, ao lado de Regina Duarte, um dos cabos eleitorais mais atuantes de Jair Bolsonaro no meio artístico. Foi o seu "Senador Caxias", no entanto, que levou O Rei do Gado para Brasília, tanto na ficção da novela quanto na vida real.

Na trama, em um auditório que reconstituía o plenário do Senado, seu personagem fez um discurso emocionado para apenas três colegas, um deles cochilando, outro lendo jornal e um terceiro falando ao celular. Na vida real, Vereza e Benedito, ao mesmo tempo que receberam críticas de senadores sobre a forma como O Rei do Gado estava retratando a classe política, contaram com a participação de dois senadores de verdade, os petistas Benedita da Silva e Eduardo Suplicy, este às lágrimas, na cena do velório do personagem de Vereza. Em sua entrevista, Benedito* disse que o assassinato era a "única saída honesta" para o "Senador Caxias":

"Essa foi a única novela minha que saiu das páginas dos cadernos de TV e de cultura para os de política e economia, porque discutia política, discutia economia, várias dessas questões, como os juros cobrados pelos bancos. E o senador era um personagem querido, porque não roubava".

E a crítica, como reagiu à chegada da reforma agrária ao horário nobre?

Entre os cadernos de cultura da grande imprensa, o da *Folha de S.Paulo*, tanto nas reportagens quanto na temática de seus colunistas, manteve a tradição de ser o regularmente mais atento e crítico aos conteúdos e acontecimentos da Globo, e deu destaque àquele momento histórico em que um tema proibido na ditadura permeou a novela das oito e meia da noite por oito meses, com um elenco de primeira grandeza, em mais uma saga rural do autor que vinha sacudindo a dramaturgia brasileira, primeiro com *Pantanal*, exibida pela Rede Manchete em 1990, e depois com *Renascer*, de volta à Globo, em 1993.

Mas havia um problema. A entrada da Globo no tema da luta pela emancipação do campesinato, um dos mitos sagrados da liturgia revolucionária da esquerda latino-americana, despertara notória contrariedade entre alguns colunistas. Como os intelectuais e jornalistas que à época se escandalizavam com as adaptações feitas pela dramaturgia da Globo de clássicos da literatura, eles pareciam convencidos, em graus diferentes, da incompatibilidade de um assunto tão grave com o veículo, a emissora, o gênero, para eles em franco processo de extinção, e com uma presumida falta de senso crítico dos telespectadores noveleiros para assimilar corretamente a questão agrária.

Nelson de Sá, um dos colunistas, foi além do registro das supostas incompatibilidades: em texto sob o título "Paz no campo" publicado em 14 de fevereiro de 1997, ele identificou, no desfecho "sem conflitos" do último dos 209 capítulos de *O Rei do Gado*, uma operação do comando da Globo para resguardar o então governo Fernando Henrique do risco de ter que enfrentar uma "versão brasileira" do levante de indígenas e camponeses ocorrido em 1994 no estado mexicano de Chiapas, sob a liderança do Exército Zapatista de Libertação Nacional, e que resultou na morte de cerca de quatrocentas pessoas:

"O Movimento dos Sem-Terra era então a versão brasileira da revolta de Chiapas, que assustou governos pelo continente. Não mais, com a ajuda da televisão. A novela *O Rei do Gado* termina hoje, ao que parece, com a paz no campo, paz entre as famílias em conflito, mas também paz após a morte do líder sem-terra, a versão virtual de José Rainha. A novela, como é regra na televisão destes anos 1990, desbotou a divisão entre realidade e ficção, para dano da primeira e audiência da segunda".

Fernando de Barros e Silva, em sua coluna de 24 de agosto de 1997, inicialmente deu a impressão de que faria uma crítica elogiosa, ao afirmar que *O Rei do Gado* "humanizou" os sem-terra, "vistos basicamente como primitivos, baderneiros, porta-vozes extemporâneos do 'perigo vermelho'", mostrando, "por trás da carranca de um Stédile" e das "vociferações de um Rainha", a figura "ao mesmo tempo doce e arredia, tímida e corajosa da boia-fria 'Luana', a musa da justa causa, a mártir dos oprimidos". Mas não era um elogio. O colunista queria revolução, e não romance, no acampamento e no folhetim:

"Não havia, no entanto, razões para comemorar essa metamorfose. O preço que o MST pagou para chegar regenerado ao horário nobre foi o de ver suas reivindicações transformadas em pouco mais que chantilly de um melodrama como outro qualquer. O verniz realista, a pretensão épica da novela esconderam o essencial, 'Luana' era uma mocinha e queria se casar; terminou 'salva' nos braços de 'Bruno Mezenga', o homem do latifúndio".

Barros e Silva, em outra coluna, considerou o capítulo final de *O Rei do Gado* "uma obra-prima na arte de iludir incautos bem-intencionados". Esther Hamburger, em artigo publicado no dia 17 de fevereiro, também traindo o mesmo desconforto intelectual com a inclusão inédita de um assunto como as lutas camponesas em uma novela da Globo, perguntou-se, cética, sobre quais seriam "os limites da elasticidade do folhetim".

Embora reconhecendo que "as referências diretas à reforma agrária, ao movimento dos sem-terra e ao Congresso Nacional garantiram uma repercussão excepcional à novela", Esther preferiu desconfiar do significado do Ibope histórico de *O Rei do Gado*, média de 51,7 pontos em São Paulo, e apostar que o público "cativo" do gênero estava gostando mesmo, silenciosamente, era da mexicana *Marimar*, à época exibida pelo SBT e tirando lascas da audiência do *Jornal Nacional*. Era como se a colunista quisesse dizer que política e lutas sociais não eram assunto para ser tratado em novela:

"O espaço conquistado no noticiário e no Ibope camufla a falta de empolgação do público cativo. E contrasta com o sucesso silencioso da novela mexicana [...] *Marimar* e *O Rei do Gado* não concorrem. Mas o contraste é interessante. Com poucos personagens e atenta ao estilo do dramalhão excessivo, choroso, apelativo, a novela da Televisa agrada aos que desejam assistir à atualização permanente da trajetória da Cinderela e ponto".

Benedito revelou à mesma *Folha*, em janeiro de 1997, que não enfrentou apenas as críticas de colunistas de esquerda. Disse que escreveu os últimos dezesseis capítulos da novela "cambaleante", tal a quantidade de cobranças feitas "de todos os lados": fazendeiros o acusavam de incentivar a invasão de terras, indignados com as circunstâncias incriminatórias da morte do "Senador Caxias"; militantes sem-terra elogiavam a novela, dizendo que a história ajudaria a causa deles; outros sem-terra consideravam a novela ruim por estar "pregando a não invasão de propriedades produtivas"; e telespectadores tradicionais, do tipo que Esther Hamburger considerou hegemônico, mostravam que realmente estavam insatisfeitos com o fato de O Rei do Gado estar tentando fugir das regras básicas do folhetim. Nas palavras de Benedito:

"Quando recebo os resultados das pesquisas realizadas pela Globo com o telespectador, percebo que eles querem sempre a mesma coisa: só pedem para fulana casar com beltrano".

Mas Benedito não se rendia:

"A 'Luana' não é apenas uma mulher pobre que se relaciona com um homem rico. Resolvi seguir esse caminho para tratar de valores. Ela prefere ficar sem nada do que compartilhar do ódio entre os Mezenga e os Berdinazi".

Em outros setores do campo político e ideológico, a novela também dividiu opiniões. Ao fazer uma análise retrospectiva, publicada pelo jornal O Estado de S. Paulo em 21 de janeiro de 2014, o ex-ministro Raul Jungmann, então já filiado ao Partido Popular Socialista (PPS), sucessor do antigo Partido Comunista Brasileiro (PCB), e principal responsável por questões fundiárias durante os dois mandatos do presidente Fernando Henrique, lamentou que o MST, "um movimento autoritário e profundamente antidemocrático", tenha sido "emblematizado e glamourizado" em O Rei do Gado.

Ouvidos pela Folha em março de 1997, dois prestigiados sociólogos brasileiros discordaram entre si: Muniz Sodré disse que O Rei do Gado tentou "controlar a discussão sobre a reforma agrária". Já o colega Herbert de Souza, o Betinho, achou que a novela conseguiu tornar o tema conhecido da maior parte da população:

"Não podíamos esperar uma novela feita pelos sem-terra. Seria demais. Mas a novela e a Patricia Pillar conseguiram mais do que as entidades da área em dez anos".

Na reta final da trama, início de 1997, e no embalo do protagonismo que O Rei do Gado vinha dando ao MST, outro episódio envolvendo a imagem pública do movimento causou desconforto em parte da esquerda quando a militante Débora Cristina Rodrigues, então com 29 anos, posou nua, para a revista Playboy, e com uma chamada de capa que proclamava: "Finalmente! Débora Rodrigues, a sem-terra mais bonita do Brasil".

Descoberta numa entrevista coletiva dos sem-terra, Débora, que posteriormente chegaria a apresentar um programa com a cantora Carla Perez no SBT e se aventurar como piloto da Fórmula Truck, disse ao jornal *Extra*, em fevereiro de 2019, duas décadas depois do ensaio para a *Playboy*, que não se arrependeu da decisão. Mas, ao contrário de Vera Fischer, Letícia Spiller e Luciana Vendramini, para citar três atrizes do elenco de *O Rei do Gado* e de origem de classe média que, ao posarem nuas para a *Playboy* em outros momentos, não tinham sido criticadas por faturar com o próprio corpo, Débora, embora não tenha nem aparecido na novela, não escapou de um pito moral semelhante ao dos que condenaram a forma como a Globo inseriu a temática dos sem-terra no horário nobre:

"Débora Cristina representa a figura contemporânea da 'negrinha'. Será acolhida e desejada desde que seja 'privatizada' e não tenha o mau gosto de trazer para o convívio das elites o lado abjeto da 'senzala' de onde saiu. Vivemos uma época em que a miséria se tornou uma questão sobretudo estética".

Era mais uma coluna de Barros e Silva, sob o título "Débora Cristina leva o MST ao banheiro da classe média", na *Folha* de 24 de agosto de 1997, seis meses depois do fim de *O Rei do Gado*, mas sob efeito da onda de popularidade dos sem-terra provocada pela novela. Em 12 de outubro daquele ano, ao ser entrevistada pela mesma *Folha*, Débora mais uma vez recebeu um tratamento diferente ao ter que responder a algumas perguntas que não costumavam ser feitas a outras mulheres que posavam nuas para a *Playboy*:

"Acha que o seu relacionamento com os homens do acampamento vai mudar?"

"De jeito nenhum. Independente da opinião pessoal de cada um, que eu respeito, somos todos companheiros. Eles sabem que fiz as fotos pelo dinheiro, que tenho dois filhos para criar."

"Mas eles são homens…"

"Antes disso, eles são seres humanos."

"E ser humano não tem tesão?"

"Eu falo que a gente é um movimento social, entendeu? Não tem essa. Não vai ter gracinha, a gente se respeita."

Outro impacto de *O Rei do Gado* na sociedade da época, este também indireto e involuntário, não demorou muito a resultar num péssimo negócio: empresas e investidores que tinham dado origem ao fenômeno à época conhecido como "os cowboys do asfalto" e que embarcaram nas promessas de rentabilidade da campanha veiculada durante a novela pela empresa Fazendas Reunidas Boi Gordo, a um custo que teria chegado a cinco milhões de dólares, se descobririam vítimas de um dos maiores casos de falência envolvendo pirâmides financeiras no Brasil.

De acordo com o jornal *O Estado de S. Paulo*, com a falência da Boi Gordo em 2004, mais de trinta mil pessoas terminaram lesadas com a fraude, entre eles conhecidos como a atriz Marisa Orth, o técnico Luiz Felipe Scolari e os jogadores Evair e Vampeta. Segundo o jornal, cerca de 70% dos investidores eram gente comum e desconhecida que aplicou, em média, 25 mil reais, confiando em altos retornos com a engorda de bois.

À parte o debate político e ideológico, a trilha sonora de O Rei do Gado também se tornaria o marco de um momento de fraternidade na música sertaneja, antes de o gênero tomar conta do mercado musical e se consolidar como uma indústria milionária profundamente identificada com o agronegócio e, mais tarde, com o bolsonarismo. Autores de quase todas as músicas do volume 2 da trilha, e cuja venda ultrapassou um milhão e meio de cópias, os cantores sertanejos Almir Sater e Sérgio Reis protagonizaram, na novela, a dupla andarilha fictícia "Pirilampo e Saracura", adornando os capítulos do folhetim com canções que celebravam, principalmente, a liberdade.

O campo e o país ainda não tinham visto nada: mais de duas décadas depois, em agosto de 2021, Sérgio Reis se destacaria não apenas por ser um fervoroso seguidor de Jair Bolsonaro, mas também por organizar um protesto de caminhoneiros e agricultores a favor da permanência do então presidente no cargo, da destituição dos ministros do Supremo Tribunal Federal e da volta do voto impresso. Na mesma época, Almir Sater pedia respeito às eleições, que as pessoas fossem "civilizadas" e que pensassem no Brasil.

Quando O Rei do Gado foi exibida, alguns intelectuais e colunistas, em vez de condenar a apropriação temática da questão agrária, destacaram a inserção do tema dos sem-terra na novela como mais um momento em que a dramaturgia da Globo se antecipou e substituiu os jornalistas da empresa na missão de retratar a realidade brasileira. Era, no mínimo, uma imprecisão, à época bastante comum no abismo de desconhecimento e, em alguns casos, de profunda antipatia que havia entre as redações do jornalismo impresso e os departamentos de comunicação das universidades, de um lado, e a redação da Globo, de outro.

Os jornalistas e professores Eugênio Bucci e Maria Rita Kehl, em Videologias: ensaios sobre televisão, lançado em 2004, afirmaram que "O Rei do Gado falou mais sobre a luta pela terra no Brasil do que todo o telejornalismo reunido":

"O Rei do Gado tinha uma sem-terra como protagonista: uma certa 'Luana', moça bonita, tristonha e pobre. Como sempre acontece com as novelas de TV, a história foi um reempacotamento da fábula de Cinderela – tanto que a mocinha sem-terra acaba se casando do com o latifundiário –, mas contribuiu em grande medida para divulgar a causa do movimento dos trabalhadores rurais".

Na ponta do lápis, à parte o desafio de comparar a assimilação de um mesmo tema quando tratado pela ficção e pelo jornalismo, ainda faltavam dois anos e três meses para a estreia de *O Rei do Gado* quando o *Jornal Nacional*, ainda na gestão de Alberico de Sousa Cruz, mergulhou no assunto, em 25 de outubro de 1994, com uma reportagem de 4 minutos e 23 segundos, um tempo de matéria especial em qualquer época da história do telejornal, à exceção do padrão que vigoraria duas décadas depois, quando ministros do Supremo Tribunal Federal chegariam a ocupar mais de meia hora do *JN* com seus votos nos processos da Operação Lava Jato.

Ao longo de 1994, como lembrou em entrevista a este autor o então editor do *JN* em São Paulo Amauri Soares, a redação paulista já abastecia o *JN* com matérias factuais sobre a ação do MST no interior do estado, limitando-se, porém, a registrar as ocupações e as retomadas de propriedades pela polícia, no cumprimento de ordens da Justiça. Até que o então editor-chefe do telejornal, Xico Vargas, encomendou a Amauri uma reportagem especial sobre os sem-terra e o então principal líder do movimento, José Rainha.

"Uma organização comanda invasões de terra em todo o Brasil. Pela primeira vez, uma equipe de televisão mostra reuniões e documentos secretos do Movimento dos Sem-Terra."

Apresentada por Sérgio Chapelin, a matéria começou com imagens de um cerco da PM paulista a uma ocupação no Vale do Paranapanema e a narração era do então repórter Marcelo Rezende, à época contido num figurino jornalístico que décadas depois seria irreconhecível no temível apresentador de programas policialescos das redes concorrentes. Além de dar as dimensões nacionais do movimento, então envolvendo 22 mil famílias em cerca de 90 invasões em 21 estados, a reportagem mostrava, sem adjetivos, com a anuência dos líderes sem-terra, a sede do MST, a rotina das reuniões, o ritual sigiloso que precedia as invasões e documentos que demonstravam a origem da receita do movimento: o dinheiro proveniente da venda da produção agrícola das ocupações e de doações de sindicatos e de ONGs da Europa.

Ao mostrar que a Igreja Católica fazia o papel de "mediadora" dos conflitos, além de liderar campanhas de doação de alimentos, roupas e remédios para os sem-terra, a reportagem apresentou um padre da região que justificava a participação do clero dizendo que "não dá para a Igreja, como portadora do Evangelho, deixar de participar de uma luta tão justa para a libertação do povo que é a conquista da terra". Em seguida, ao explicar o sigilo que precedia as invasões de fazendas que o movimento considerava "improdutivas", José Rainha referiu-se à União Democrática Ruralista, a UDR, predecessora da bancada ruralista do Congresso Nacional:

"Trata-se de uma questão de princípio e tática porque, na ocupação de terras, enfrentamos o outro lado, o braço armado do latifúndio, no caso, a UDR, que pode estar prevenida à espera de nós com a repressão".

A reportagem terminava com a transcrição de um texto distribuído entre os sem-terra para aumentar a união do movimento, e que dizia que "a luta pela reforma agrária é uma bandeira herdeira a ser carregada por todos aqueles que querem mudanças profundas na sociedade". Na lembrança de Amauri*, aquela cobertura foi um momento "histórico" da CGJ e durante a qual Marcelo Rezende passou várias semanas no Pontal do Paranapanema produzindo outras reportagens sobre "o aspecto político e ideológico e também a organização do movimento":

"A repercussão foi enorme, porque o Brasil não sabia o que era o MST; a gente não sabia o que era o MST e tampouco tinha a dimensão do alcance do movimento. Quando nós mostramos tudo isso no *Jornal Nacional*, nós surpreendemos o país, surpreendemos o governo, a população, o setor agrícola, os fazendeiros".

As redações de jornalismo das redes de televisão, portanto, ao contrário do que sugeriam algumas análises de *O Rei do Gado*, não foram surpreendidas no dia 17 de abril de 1996, quando dezenove trabalhadores sem-terra foram mortos pela PM em Eldorado dos Carajás, no extremo-sul do Pará. Houve, ao contrário, um *pool* acidental da Globo com o SBT no momento de registrar o massacre: a repórter Marisa Romão, da TV Liberal, afiliada da Globo, sem o cinegrafista cuja câmera tinha dado defeito, e que chegou a gritar com os policiais para que parassem de atirar, e o cinegrafista Osvaldo Araújo, da TV Eldorado, afiliada do SBT, que estava sem a companhia de repórter no momento do tiroteio. E a TV Liberal ainda teve de usar sua influência no estado para que a PM devolvesse a fita tinha que apreendido com o flagrante do massacre para que as duas redes exibissem as imagens no dia seguinte para todo o país.

E para quem fez *O Rei do Gado*? O que ficou, afinal, da experiência da novela que, de acordo com o ranking das melhores de todos os tempos, atualizado em dezembro de 1996 pelo júri de cem profissionais ligados a televisão reunidos pela *Folha*, ocupou o quinto lugar, junto com *Dancin' Days*, atrás apenas de *Roque Santeiro*, em primeiro, *Vale Tudo*, em segundo, e *Beto Rockfeller* e *Gabriela*, juntas, em terceiro?

"Eu acho que *O Rei do Gado* é um monumento. Se você juntar aquilo ali vai dar umas quatro horas de projeção e seria um filme extraordinário. Você poderia passar onde você quisesse e é perfeito aquilo."

Antonio Fagundes* não estava sozinho, na forma especial com que lembrou dos sete capítulos iniciais da primeira fase de *O Rei do Gado*: Tarcísio Meira* considerou uma das melhores cenas de sua vida o momento em que seu personagem, "Giuseppe Berdinazi", enterra num cafezal a medalha que acabara de receber no lugar do filho, morto nos campos da Itália, na Segunda Guerra Mundial; Patricia Pillar* se disse marcada pelo mergulho que deu na personagem "Luana", mulher dividida entre o "bicho" em que se transformou para se defender dos homens e as cenas de amor com Fagundes que os telespectadores acompanharam ao som da música "Correnteza", de Djavan; e Raul Cortez* viu-se transformado no próprio avô, ao interpretar "Geremias Berdinazi":

"Bastava eu pegar a bengala para começar a sentir dores nas costas e na coluna, como se tivesse a idade do personagem, que era da idade do meu avô".

Na entrevista que deu a este autor em 2024, já no cargo de diretor de teledramaturgia dos Estúdios Globo, José Luiz Villamarim, que juntamente com Emilio Di Biasi e Carlos Araújo dirigiu a segunda fase de O Rei do Gado, sob comando do então diretor de núcleo Luiz Fernando Carvalho, que dirigiu sozinho a primeira, atribuiu a promoção que teve logo depois da novela ao texto de Benedito Ruy Barbosa:

"Quem filmou Benedito se destacou. Porque o Benedito trabalhava com a cinematografia e tinha personagens apaixonantes. De Jayme Monjardim a Luiz Fernando Carvalho que, para mim, foi o maior intérprete dele, os diretores sempre aparecem nas novelas de Benedito".

Assim como na temática, Villamarim disse que O Rei do Gado, gravada no Projac, em três cidades paulistas, Itapira, Ribeirão Preto e Amparo, na cidade mineira de Guaxupé e em Aruanã, Goiás, com direção de fotografia de Walter Carvalho, também foi um marco de ousadia na linguagem, com cenas como as da cerimônia de casamento que ele dirigiu em Ribeirão Preto e que durou cerca de dez minutos, sem diálogos, apenas com a música de Samuel Barber.

Também foi especial para Villamarim ter dirigido uma sequência do personagem de Carlos Vereza caminhando pela Esplanada dos Ministérios, em Brasília, fazendo-o parecer "um mosquitinho" com uma grua cujo braço tinha 24 metros de extensão. Assim como "a emoção e o privilégio" de ter dirigido dois duelos inesquecíveis de talento em cena de Fagundes com Raul Cortez.

Benedito Ruy Barbosa* não esqueceu dois episódios pontuais e reveladores do impacto de O Rei do Gado. No primeiro, relatado a ele por uma professora universitária que percorreu vários estados pesquisando a repercussão da novela na sociedade, um participante da pesquisa, morador de uma pequena cidade no interior do Ceará, disse que gostava da novela porque ela não apenas retratava sua vida, mas também por ter mudado seu comportamento.

Antes de O Rei do Gado, ele estava determinado a expulsar de casa a filha de 16 anos que tinha ficado grávida, mas depois de ver o "Senador Caxias" de Carlos Vereza pegando num berço o neto que a filha também tinha gerado sem se casar, mudou de ideia:

– Se um senador da República pode ter um neto de um pai vagabundo, por que eu não posso? Não vou botar minha filha para fora, ela vai ter meu neto na minha casa.

Outro momento inesquecível para Benedito foi a gravação da cena em que o personagem de Raul Cortez, então com 64 anos, e a doméstica "Judite" interpretada pela atriz Walderez de Barros, à época com 56, finalmente se entregam ao sexo, após "uma relação de amor bonita e respeitosa". Ao receber a cena escrita por Benedito em que "Geremias" vai para a cama com "Judite" e ela pede pra ele "ir devagar", explicando que era virgem, Raul ligou para o autor no meio da madrugada:

– Você ficou louco? Não sei como fazer!

– Raul, essa cena está em cima da risca, no fio da navalha. Ela pode ser fantástica ou uma droga.

Gravaram. E Benedito disse que, dias depois, recebeu uma carta da direção de uma instituição que ele chamou de "um asilo de alto nível" de São Paulo com um convite para ele "dar uma palestra para os velhinhos e ensinar como eles poderiam esquentar uma relação".

Ficção e realidade, misturadas, como sempre, em um gênero que continuaria, pelas três décadas que viriam, condenado a buscar "fórmulas para escapar de seu lento e inevitável esgotamento", para usar as palavras de Barros e Silva, em outro obituário da telenovela e publicado na *Folha de S.Paulo*.

Em 23 de fevereiro de 1997.

A sucessora

O último dia, antes de a Globo voltar a entregar suas manhãs da semana a uma jovem loura, foi 3 de janeiro de 1997. Até então, durante quatro anos, desde a estreia em abril de 1993, muitas famílias brasileiras que dispunham de comida na mesa regularmente e de pelo menos um aparelho de televisão em casa já começavam a salivar assim que um boneco com cara de cachorro e vestido de mestre-cuca francês surgia esbaforido na tela e dizia:

"*Atentión, pessoaaaaal, tá na horrra de matarr a fomê! Tá na mêss, pessoaaaaal!*".

Era o encerramento de *TV Colosso*, programa infantil que ocupou o lugar do *Xou da Xuxa* nas manhãs da Globo com uma estação de TV comandada por fantoches fantasiados de cachorros criados pelo grupo teatral gaúcho Cem Modos. Àquela altura, para não ter sua carreira de múltiplos projetos milionários atrapalhada por um programa diário na TV, Xuxa, então com 31 anos, só ia ao ar na Globo aos sábados com seu *Xuxa Park*, programa que, ao ser lançado em

1994, levara a revista *Veja* a pedir uma resposta da apresentadora aos críticos que diziam que ela incentivava a competição entre as crianças de forma exagerada e prejudicial. Resposta:

"Vai continuar. Eu acho que na vida você compete. Se não fizer o melhor, não vai ter solidariedade, não vai ter nada na vida. As crianças vão ganhar prêmios. Quem não ficar em primeiro lugar na brincadeira, não vai ganhar prêmios tão bons. A vida toda é uma competição. Por que no nosso programa não vai ser? Porque os pedagogos não gostam. Eles que façam programas para eles, dando prêmios para todo mundo. Não dá para ficar passando a mão na cabeça da criança por solidariedade. Que coisa mais idiota".

A polêmica também ia continuar porque a outra jovem loura, Angélica Ksyvickis, com 24 anos em 1996, apresentadora do programa *Angel Mix* e já um fenômeno midiático e comercial de dimensões e cifras semelhantes às de Xuxa antes mesmo de ser tirada da Rede Manchete pela Globo, já vinha dividindo o horário matinal da emissora dos Marinho com outra apresentadora: "Priscila", a fantoche de uma cadela sheepdog que era "produtora" da *TV Colosso*, personagem tão presente nas manhãs dos brasileiros que sua dubladora, a atriz Mônica Rossi, enquanto o infantil esteve no ar, era constantemente reconhecida pelas pessoas apenas pela voz.

Longe de ser um programa problemático na audiência, com médias em torno de 10 pontos, desempenho à época considerado mais que satisfatório para o horário, *TV Colosso* tinha uma equipe de redatores que incluía artistas como os cartunistas Laerte, Angeli, Glauco e Luiz Gê, então consagrados pela revista *Chiclete com Banana*, e mesclava quadros que faziam "paródias caninas" dos programas da própria Globo estreladas por um *cast* de 28 fantoches, entre cachorros e pulgas, com a exibição de desenhos animados como *As Tartarugas Ninja*, *Caverna do Dragão*, *Onde está Wally*, *Thundercats* e *He-Man*, e séries como *Família Dinossauros* e *Power Rangers*.

A diferença de Angélica era sua capacidade de gerar muito dinheiro à sua volta. Com pouco mais de uma década de carreira ao ser contratada pela Globo, ela já detinha, segundo reportagem da *Folha de S.Paulo* de junho de 1996, cerca de 30 contratos de cessão de uso de sua imagem em mais de 120 produtos, entre brinquedos, gêneros alimentícios e artigos de vestuário. Uma trajetória que, no início, foi muito semelhante à de Xuxa, pela emissora em que ela estreou e também pelo diretor que a descobriu.

– Me arruma outra Xuxa!

Foi assim que, em 1987, Maurício Sherman[*], o "criador" de Xuxa, recebeu de Adolpho Bloch, o dono da Manchete, a missão que cumpriria logo depois de cruzar nos bastidores da emissora com um conjunto musical de cinco crianças cujo empresário ele abordou com a franqueza que era quase uma regra nos estúdios de TV daquele tempo:

– Olha, esse teu conjunto é uma merda, eu não quero, não. Mas essa loirinha eu quero, eu quero conversar com ela.

Angélica*, a "loirinha" à época com 14 anos, confirmou o episódio em entrevista que deu em 2006, e acrescentou que no mesmo dia fez um teste de vídeo no qual Sherman pediu para ela "chorar, rir, dar uma voltinha, falar alguma coisa engraçada, fazer cara de triste e cara de feliz". E embora a Manchete, naquele momento, estivesse fazendo demissões que incluíam a cantora mirim Simony e a própria equipe dos programas infantis da emissora, Sherman disse que conseguiu manter Angélica.

Apresentada a Bloch dentro de um "vestido deslumbrante" que Sherman mandou fazer para que ficasse como "uma boneca", e identificada como se fosse de origem ucraniana, como o empresário, e não polonesa, Angélica, ao entrar na sala do dono da Manchete, de acordo com o relato de Sherman, deixou Bloch exultante:

– Que coisa deslumbrante! Vem cá, minha filha, entra aqui. Você vai ser a nova Xuxa, que bom, que beleza, que coisa linda. Como é teu nome?

– Angélica...

– Muito grande! Eu vou te dar outro nome: Lolita.

Ninguém mexeria nem no nome, que Bloch queria trocar pelo da ninfeta perturbadora do romance de Vladimir Nabokov, nem em outra característica pessoal de Angélica, cuja importância Sherman só entenderia nos preparativos para as primeiras gravações, quando pediu a um maquiador que apagasse uma mancha, ou pinta, do tamanho de uma moeda grande, na coxa esquerda da nova contratada:

– Não! A mancha é minha, eu quero ela.

À parte a pinta ou mancha que até inspiraria mais um adesivo posteriormente incluído no portfólio de produtos comercializados por Angélica, as semelhanças entre as trajetórias das louras, cujas idades eram separadas por dez anos, continuariam: após comandar o *Clube da Criança* e o *Milk Shake* na Manchete, vender 1,2 milhão de cópias da música "Vou de Táxi" e passar três anos no SBT, onde apresentou os programas *Passa ou Repassa* e *TV Animal*, Angélica aceitou a proposta da Globo. E se Xuxa tinha as "paquitas", Angélica, em seu *Angel Mix*, contaria com quatro meninas chamadas "angels" e dois meninos, os "angélicos".

Eram tantas as semelhanças, no início, com o antigo e encerrado *Xou da Xuxa* que, na última hora, às vésperas da estreia, Boninho, o então diretor do programa, vetou, por estar parecida demais com a da antecessora, a abertura na qual Angélica entraria em cena envolta por uma nuvem de fumaça, em uma grande letra A com asas. Plágio amigo total.

Seriam cinco anos ao longo dos quais, além do *Angel Mix*, típico programa de auditório com brincadeiras, números musicais, quadros, conversas com o público e desenhos animados, Angélica também estrelaria, no mesmo horário da manhã, a "novelinha" *Caça-Talentos*, na qual ela interpretava uma fada chamada "Bela", tudo num ritmo que incluía até o uso regular de um helicóptero entre o Teatro Fênix, no Jardim Botânico, e o Projac, na Zona Oeste do Rio, em jornadas de gravação que duravam o dia inteiro.

A chegada de Angélica à Globo, ninguém esperava o contrário, chamou atenção da intelectualidade, e as primeiras críticas também não surpreenderam. A escritora e jornalista Marilene Felinto, futura militante na trincheira midiática da luta contra o racismo, viu a estreia de *Angel Mix* e identificou, em artigo publicado pela *Folha* em 19 de setembro, o que chamou de "pérola de preconceito e despropósito seguida da necessária dose de maniqueísmo típico das manhãs angelicais": um comentário discriminatório de Angélica, desejando que um dos personagens-robô do programa não fosse "um Robocop Gay". Marilene também criticou a apresentadora por quase nunca mostrar crianças negras, ao mesmo tempo que exibia suas assistentes, "as angeletes seminuas, todas brancas, reproduzindo discriminação que se perpetua em programas de TV e suplementos jornalísticos para crianças".

Esther Hamburger, também na *Folha*, e, no caso, muito provavelmente, tendo como referência de programa infantil o trabalho do próprio irmão, Cao Hamburger, diretor do premiado *Castelo Rá-Tim-Bum*, exibido pela TV Cultura de São Paulo a partir de 1994, também não gostou, como deixou claro em sua coluna de 14 de outubro de 1996:

"Angélica não se atreve a discutir nenhum assunto sério. Mantém a crueza da estrutura original dos programas da Xuxa. As semelhanças são constrangedoras. Angélica talvez seja mais energética. Seus olhos brilham mais. Mais moderna, trabalha com times mistos. [...] Xuxa e Angélica apresentam versões parecidas de uma fórmula repugnante, barata, lucrativa e pouco engraçada".

Não era fácil ter tanta certeza, no entanto, como nunca tinha sido, se fosse perguntado às próprias crianças o que elas achavam dos programas de televisão dedicados a elas: uma pesquisa feita pelo Ibope e divulgada pela *Folha* em fevereiro daquele ano, por exemplo, indicava que os pimpolhos se interessavam mais por novelas, telejornais e seriados do que por programas infantis.

De acordo com o levantamento, o humorístico *A Comédia da Vida Privada*, exibido à época pela Globo, tinha sido o programa mais visto pelo público infantil no período entre de 9 de outubro a 5 de novembro de 1995, com 27% de audiência entre crianças da Grande São Paulo com idade entre 2 e 9 anos. O primeiro programa infantil que aparece na pesquisa sobre aquele público, então estimado pelo Ibope em 2.572.489 pimpolhos, ou 17,11% da população, só aparecia na vigésima segunda posição, e era o mexicano *Chapolin*, do SBT, com 12% da audiência infantil.

Embora até o espaço à época reservado ao horário político tivesse conseguido na pesquisa um índice de 16%, maior portanto que o de *Chapolin*, o próprio diretor de mídia do Ibope, Flavio Ferrari, ao interpretar os resultados, fazia uma ponderação que aumentava ainda mais a complexidade do debate, referindo-se à forma diferente de assimilação das crianças:

"Isso acontece porque as crianças ficam mais em casa à noite e costumam assistir à TV com os pais. A pergunta é se elas estão ou não prestando atenção".

Não se pode dizer, também, por quaisquer que fossem as razões da emissora, e em vista das suspeitas externas sobre uma suposta mentalidade selvagem e mercantilista da área comercial da emissora, que não houvesse, na direção da Globo, uma preocupação com o conteúdo da programação infantil da casa. Um memorando interno de Boni para a diretoria com data de 22 de agosto daquele mesmo ano de 1995, sob o título "Respeito ao público e à credibilidade da emissora", por exemplo, alertava:

"Os cuidados que a produção deve manter em relação à criança não podem se limitar a evitar cenas que possam chocar o público infantojuvenil do horário ou prejudicar sua formação. É preciso também não apresentarmos cenas ou diálogos que fujam das campanhas constitucionais e comunitárias que a emissora promove [...] Atenção especial deve ser mantida em relação às cenas ou diálogos que possam confundir pessoas menos informadas sobre questões de alimentação e saúde infantil. O aleitamento natural, por exemplo, deve estar presente sempre que possível. Em contrapartida, mamadeiras e chupetas e outros devem ser evitados".

O memorando refletia a preocupação recorrente e estratégica da direção da emissora com iniciativas frequentes no âmbito jurídico e político por parte de alguns setores e entidades da sociedade, algumas mais e outras menos determinadas a controlar o conteúdo das emissoras, em nome da preservação do público infantil de conteúdos prejudiciais à formação das crianças como o incentivo ao consumismo, a exposição à violência e a sexualização precoce dos telespectadores mirins.

Por essa e outras razões, na prática e no vídeo, o que se veria no *Angel Mix* ao longo dos anos seria uma sucessão de conteúdos bem diferentes da apologia darwinista da meritocracia feita na época por Xuxa, ao defender seu programa semanal. Em março de 1998, por exemplo, com diretores experientes da emissora como Jorge Fernando e Ricardo Waddington, o *Angel Mix* passaria a adotar uma linha mais educativa com a ajuda de especialistas em pedagogia para desenvolver quadros e brincadeiras, e que incluiu a participação da psicóloga Rosely Sayão.

Na mesma linha, Angélica protagonizaria uma professora que dava aulas para vinte crianças com o auxílio de um *video wall* com imagens de arquivo e entrevistas. E, a partir de setembro de 1998, o programa sofreria novas mudanças que incluíram a contratação do próprio Cao Hamburger como consultor para os conteúdos chamados de *edutainment*, nos quais a televisão educa entretendo. Em março de 1999, o *Angel Mix* passou a contar com Mônica, Cebolinha, Magali, Cascão, Bidu, Franjinha e os demais personagens criados por Mauricio de Sousa, na forma de desenhos animados sob a direção de criação de Carlos Manga.

E tome *edutainment*: de consultor, Cao Hamburger passaria a colaborador com o quadro "Capitão Sardinha". E, a partir de janeiro de 1999, também na linha de educar e entreter ao mesmo tempo, o *Angel Mix* começaria a exibir os *Teletubbies*, série da BBC premiada internacionalmente destinada ao público pré-escolar de um 1 a 5 anos de idade. Àquela altura, além do público dos *Teletubbies*, o programa, inicialmente voltado para crianças e adolescentes, teria uma parte direcionada a crianças de 2 a 9 anos, e outra dirigida ao público de 10 a 14 anos. E foi com os mais velhos que Angélica passou a sentir uma dificuldade em especial:

"O adolescente é um público um pouco mais difícil. Não vou dizer que eu fique muito à vontade [...] Quando eu fazia programa infantil, eu usava minissaia muito curtinha, e elas entravam embaixo da saia e ficando olhando, passavam a mão na minha bunda, mas tudo muito natural, muito ingênuo. Adolescente, não. Tem malícia o tempo inteiro. Qualquer coisa que você fale, qualquer insinuação, ouve-se aquele *haaaa!* Então, é mais difícil trabalhar".

"O império das apresentadoras infantis louras ruiu de vez. Na nova programação infantil da Globo, que estreia no dia 14 de agosto, a loira Angélica perde o status de âncora. O novo programa para crianças da emissora ainda não tem nome, mas não será mais *Angel Mix*."

Ao anunciar o fim do *Angel Mix* em sua coluna de 25 de julho de 2000, o colunista Daniel Castro não noticiou apenas o fim do "reinado" de Angélica, que, depois de mais alguns conteúdos infantis pontuais que jamais teriam a repercussão obtida nos anos 1990, passaria a se dedicar a trabalhos dentro e fora da TV dirigidos mais aos jovens e adultos, entre eles o *Estrelas*, programa de entrevistas e quadros exibido aos sábados pela Globo entre 2006 e 2018.

A partir daquele momento, como se verá mais à frente neste livro, os próprios conteúdos infantis começariam a minguar, tanto na grade de programação da Globo quanto nas das redes concorrentes, carregando junto, primeiro para a TV por assinatura, e depois para a internet, as crianças, as verbas publicitárias e os adolescentes assanhados.

Bancadas em chamas

– Se você estivesse no meu lugar, o que faria?

A pergunta, feita na tarde de 6 de julho de 1995, nos momentos finais da conversa de cerca de cinco horas em que o novo diretor da Central Globo de Jornalismo (CGJ), Evandro Carlos de Andrade, convidou Carlos Schroder para continuar no cargo de diretor de produção da central, dizia respeito à preocupação de Evandro com a credibilidade do jornalismo da emissora. Schroder, ao lembrar do diálogo em entrevista a este autor em julho de 2022, disse que não hesitou:

– Eu tiraria o Cid Moreira e o Sérgio Chapelin do *Jornal Nacional* e colocaria dois jornalistas no lugar deles.

Evandro achou a ideia "interessante" e, junto com Schroder, num dos primeiros encontros de trabalho que teve com Boni, quis saber o que o então vice-presidente de operações da Globo achava da ideia. Também não houve hesitação na resposta:

– Maluquice.

O assunto voltaria à mesa em outra reunião, dias depois, agora na fazenda de Roberto Irineu localizada no sul de Minas, onde Boni, já voto vencido na questão dos âncoras, e Evandro, determinado a substituí-los, discutiriam com o patrão qual seria a melhor dupla de jornalistas para ocupar os lugares de Cid e Sérgio, dois ícones absolutos da Globo em quase três décadas. Na entrevista que deu a este autor em dezembro de 2023, Boni disse que foi no desfecho dessa discussão, na manhã da segunda-feira que se seguiu ao encontro dos três na fazenda, que informou a Roberto Irineu e a Evandro que não mais se responsabilizaria ou se envolveria em decisões relacionadas ao jornalismo da emissora.

Até então, sem ameaçar a condição de titulares dos apresentadores Cid Moreira, Sérgio Chapelin e Celso Freitas, este substituindo Chapelin entre 1983 e 1989, alguns jornalistas profissionais já vinham ocupando a bancada do *JN* de forma regular, e com mais intensidade a partir de 1989, como comentaristas de economia, no caso do trio formado por Paulo Henrique Amorim, Joelmir Beting e Lillian Witte Fibe, e de política, posição ocupada por Alexandre Garcia. Mas eram colunistas e não âncoras. Naquele início de 1996, as especulações e apostas eram sobre quais jornalistas ocupariam a bancada do *JN*.

"Nunca, antes, nenhum repórter tinha passado nem perto do estúdio do *Jornal Nacional*, só apresentadores."

Foi com orgulho que Carlos Nascimento*, um dos nomes imediatamente cogitados dentro e fora da Globo para uma das vagas, lembrou ter sido o primeiro jornalista a sair da reportagem da Globo para se sentar ao lado de Cid e Sérgio na bancada do *JN*, cerca de três anos antes, em julho de 1992, aos 38 anos, designado por Alberico de Sousa Cruz como um dos substitutos oficiais dos dois titulares em férias e folgas. Um mês antes Nascimento tinha ancorado, ao vivo, a ECO-92, Conferência das Nações Unidas sobre Meio Ambiente e Desenvolvimento, realizada no pavilhão do Riocentro.

A seu favor Nascimento tinha uma sólida formação de repórter; uma capacidade rara de processar e transmitir informações ao vivo com serenidade e segurança, demonstrada em suas antológicas entradas ao vivo durante a internação do presidente Tancredo Neves em 1985; a experiência de editor-chefe e âncora do telejornal *São Paulo Já*, na Globo São Paulo; e a capacidade de ancorar, por quase dois meses, ao vivo, sem *teleprompter*, em locações externas nem sempre confortáveis, a participação da seleção brasileira na Copa de 1994, o ano da conquista do tetra.

– É jornalista?
– Não.
– Você é radialista?
– Não.
– Que porra você é?
– Eu sou estudante de publicidade e propaganda, concluí o curso ano passado, mas não fiz o trabalho de conclusão e não tenho ainda o meu diploma da USP.

Foi assim que outro cotado para o *JN*, William Bonner*, então com 23 anos e recém-contratado como locutor e apresentador pela Rede Bandeirantes, descreveu, quinze anos depois, o início da conversa que teve em junho de 1986 com Raul Bastos, editor regional da Globo em São Paulo, na primeira vez em que pisou na redação da emissora para receber, surpreso, uma proposta de trabalho cujo padrinho, ele soube por Bastos, não poderia ser mais poderoso:

– Deixa eu te dizer aqui uma coisa: você aqui vai aprender a editar, não tem como não apreender a editar. Porque senão eu vou botar você para fora. Você está sendo chamado aqui porque foi o Boni que decidiu que você seria contratado. Você conhece o Boni? Eu vou te contratar, mas se eu não gostar de você e se você não virar um jornalista aqui dentro, eu vou te mandar embora, ok? Quanto você ganha?

Bonner ganhava tão pouco que a proposta que aceitou para começar a trabalhar na Globo, comparável ao salário de um editor na emissora, "nada de excepcional", segundo ele, era equivalente a trinta vezes o salário que estava recebendo na Bandeirantes. E o motivo que levou Boni a dar o empurrão inicial decisivo na carreira daquele que se tornaria um dos mais importantes âncoras da televisão brasileira foi um palpite de sua mulher, Lou de Oliveira, durante um jantar no restaurante Tatini, nos Jardins, em São Paulo. Ele comentou que precisava contratar um substituto para Dárcio Arruda, apresentador do *SPTV Terceira Edição* que estava indo para a Voz da América, em Washington, e Lou sugeriu um jovem apresentador que tinha visto na tela da Band. Era Bonner.

Dado o empurrão, o contratado não parou mais: enquanto foi apresentador do *SPTV Terceira Edição*, telejornal local de final de noite da Globo São Paulo que acabaria sendo extinto, seguiu o conselho de Raul Bastos e aprendeu a editar, habilidade que seria testada logo depois de apresentar o primeiro *Jornal Hoje* de sua vida, no Rio, cobrindo férias do titular Marcos Hummel, e participar como editor do *Globo Repórter* relâmpago que a emissora fez em 30 de junho de 1988, o dia da morte de Chacrinha.

Nos anos seguintes, com diploma de publicidade e propaganda da USP garantido, sempre conciliando as funções de apresentador e editor e fugindo como podia da imagem do leitor bonitão de notícias, Bonner primeiro ocupou a bancada do *Fantástico* até 1990, depois a do *Jornal da Globo*, entre 1989 e 1993, até dividir a contragosto com o editor Carlos Absalão o comando do *Jornal Hoje*, que também ancorava ao lado da colega gaúcha Cristina Ranzolin.

– Ministra, quanto vai render a caderneta de poupança em março?

Foi com essa pergunta que Lillian Witte Fibe, o terceiro e não necessariamente o último nome cogitado para o *JN* em 1996, se tornara porta-voz da perplexidade de milhões de brasileiros diante da incapacidade da então ministra da Fazenda Zélia Cardoso de Mello explicar o confisco que estava em curso em 16 de março de 1990, o primeiro dia do governo Collor. A segurança e o conhecimento que Lillian demonstrou naquele dia diante das câmeras, como sempre acontecia, e ao contrário de uma parte das repórteres e apresentadoras da televisão brasileira na época, relegavam sua beleza pessoal à categoria do detalhe.

Querida e respeitada na imprensa escrita, com passagens pela *Folha de S.Paulo* e pela *Gazeta Mercantil*, além do programa *Crítica & Autocrítica*, exibido pela Bandeirantes, Lillian, nos dois períodos em que trabalhou na Globo, além de dividir o espaço de comentários de economia nos telejornais da emissora com Joelmir Beting, e, não sem alguns atritos, com Paulo Henrique Amorim, tinha ocupado a função de editora-chefe do *Jornal da Globo* a partir de 1993, o que dera a ela intimidade com a linguagem e os conteúdos não econômicos predominantes na TV aberta. A pergunta era se haveria espaço fixo para uma mulher na bancada do *Jornal Nacional*.

"Deus criou a mulher e o *Jornal Nacional* só descobriu agora."

A ironia do colunista José Simão, ao registrar a estreia de Sandra Annenberg aos 23 anos como "a moça do tempo" do *JN* em 8 de julho de 1991, tornando-se

▪ Malu Mader, Cássio Gabus Mendes, Pedro Cardoso e Cláudia Abreu em *Anos Rebeldes* (1992), a minissérie sobre a ditadura que surpreendeu e dividiu a esquerda telespectadora: uma parte aplaudiu o ineditismo do tema na tela da Globo; outra achou que as histórias de amor deveriam dar lugar a uma análise marxista e revolucionária do período.

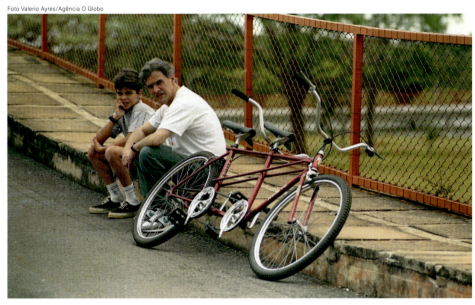

▪ O massacre imposto em 1992 pela mídia, Globo incluída, contra o ministro Alceni Guerra, cupido político da aliança entre o então presidente Fernando Collor e Leonel Brizola, teve seu auge na perseguição fotográfica durante um passeio dele com o filho em Brasília e marcou o rompimento de Roberto Marinho com o governo.

Foto cedida por Roberto Irineu Marinho ao autor

▪ Os filhos João Roberto, Roberto Irineu e José Roberto, discretos e não tão vaidosos e midiáticos como o pai, construíram sem alarde uma sucessão baseada no que chamaram de "harmonia na diferença", devidamente vacinados contra fofocas e profecias sussurradas no entorno do império.

Avani Stein/TV Globo

■ Com o *Você Decide*, que teve Tony Ramos entre seus apresentadores, a Globo permitiu, pela primeira vez, que o telespectador não apenas opinasse posteriormente, em pesquisas, sobre os conteúdos de sua dramaturgia: o público passou a ter o poder de decidir, na hora, ao vivo, como as histórias deveriam terminar.

■ Em 1992, a comoção provocada pelo assassinato de Daniella Perez por um ator que contracenava com ela em *De Corpo e Alma*, novela escrita por Gloria Perez, mãe da atriz, foi tão intensa que disputou espaço na imprensa com a cobertura da renúncia do presidente Fernando Collor, no dia seguinte ao crime.

Paulo Jares/Abril Comunicações S.A.

Chacina de Vigário Geral (1993). No rastro do trágico atraso social do país, apesar da orientação para que suas equipes fizessem uma cobertura policial mais cidadã e menos chocante, a Globo seria regularmente arrastada, e às vezes até escorregaria, para onde os programas policialescos da concorrência se esbaldavam: os cenários sangrentos da guerra civil não declarada das cidades brasileiras.

■ Em junho de 1994, ao lançar o Plano Real, Fernando Henrique Cardoso começou a pavimentar a candidatura que o levaria à Presidência da República, e a Globo voltaria a ter que administrar o impacto de sua cobertura em uma eleição presidencial, tentando e nem sempre conseguindo controlar a vontade de apoiá-lo.

"Negro sem vergonha! Vai se arrepender do dia em que nasceu!" Cometer essa agressão contra o personagem do ator Alexandre Moreno, mesmo se tratando de uma cena de ficção, foi um dos momentos difíceis da longa carreira de Tarcísio Meira, o canalha "Raul Pelegrini" de *Pátria Minha* (1994), novela que deflagrou uma polêmica sobre racismo na TV.

Julio Cesar Guimarães/Agência O Globo

■ Sem saber, Gloria Pires, intérprete das gêmeas "Ruth" e "Raquel", foi transformada em cabo eleitoral do presidente da Rússia Boris Yeltsin, quando os telespectadores russos, a exemplo dos brasileiros, se deixaram fascinar pela trama de *Mulheres de Areia* (1993).

▪ A sala apertada, decorada com dezenas de fotografias de atores e atrizes, não dizia tudo sobre o poder da diretora de elenco Guta Mattos, amiga de Boni que se tornou uma temida e festejada curadora do ego e da carreira das estrelas do elenco da Globo, até morrer dois anos antes do início da era industrial do Projac.

■ A configuração do comando e da face do jornalismo da Globo na segunda metade dos anos 1980: Cid Moreira, Boni, Alice-Maria, Alexandre Garcia, Roberto Marinho, Joelmir Beting, Armando Nogueira, Lillian Witte Fibe, Sérgio Chapelin e Paulo Henrique Amorim.

■ Difícil de imaginar para alguns, mas o primeiro programa da TV aberta brasileira sobre os desaparecidos políticos da ditadura de 1964 foi um *Globo Repórter* produzido a partir de uma reportagem de Caco Barcellos, exibido em julho de 1995, cinco anos depois de ter sua transmissão cancelada em cima da hora pelo então diretor de jornalismo Alberico de Sousa Cruz.

Convidado pela família Marinho para substituir o desgastado Alberico de Sousa Cruz no comando do jornalismo da Globo, Evandro Carlos de Andrade (centro) promoveu mudanças editoriais cuja consolidação seria afetada por sua morte em 2001, aos 69 anos. Na época, ele contou com o auxílio de Carlos Schroder (esquerda), futuro diretor-geral da Globo, e de Luis Erlanger (direita), jornalista d'*O Globo* que ele levou para a emissora.

■ Marco Nanini e Fernanda Torres em *A Comédia da Vida Privada*, um "clássico instantâneo" exibido entre 1995 e 1997 e saudado com entusiasmo pela crítica por levar para a tela da Globo o cotidiano da classe média urbana brasileira em sua porção "mais descolada".

■ Antonio Fagundes e Alessandra Negrini na minissérie *Engraçadinha, Seus Amores e Seus Pecados* (1995), um coquetel recheado de incesto, lesbianismo, adultério, religião e morte na última fronteira entre a TV aberta e o universo assustador e ao mesmo tempo irresistível da obra de Nelson Rodrigues.

Jorge Baumann /TV GLOBO

■ "Luana", militante do movimento dos sem-terra interpretada por Patrícia Pillar, foi uma das personagens marcantes de *O Rei do Gado* (1996-1997), que teve uma das maiores audiências da televisão brasileira nos anos 1990 e que alguns críticos condenaram por considerarem que a questão fundiária era assunto sério demais para ser tratado em novela.

■ José Wilker como o controverso "Marcelo Rossi", personagem marcante de *A Próxima Vítima* (1995), mistura de thriller e folhetim escrita por Silvio de Abreu cujos 203 capítulos hipnotizaram milhões de telespectadores em torno de uma sequência de assassinatos cujo prenúncio era sempre o surgimento de um misterioso Chevrolet Opala preto próximo das vítimas, nas ruas de São Paulo.

■ Quatro anos depois de deixar a Globo, Daniel Filho voltou à emissora em 1999, mais como artista do que como executivo. Muita gente, dentro e fora da empresa, acostumada com sua importância avassaladora na história da Globo, nem se deu conta de que ele tinha saído.

■ Poucos tinham dúvida de que Paulo Henrique Amorim era o mais forte candidato a substituir Alberico de Sousa Cruz no comando do jornalismo da emissora. Com a escolha de Evandro Carlos de Andrade pelos Marinho, Amorim, que já estava na "embaixada" da Globo em Nova York e sem poder, acabaria saindo da empresa para se tornar um de seus maiores inimigos na imprensa brasileira.

■ Ninguém, na equipe do *Fantástico*, imaginava nem conseguiria explicar depois como o quadro que revelava truques de mágicos apresentado por Val Valentino, ele também um mágico, se transformaria no fenômeno inexplicável de popularidade chamado "Mister M".

■ Boni, já sem poder, sugeriu Carlos Nascimento e, depois, Pedro Bial, em dupla com William Bonner, para substituir Cid Moreira e Sérgio Chapelin, em etapas, no *JN*. Evandro Carlos de Andrade, diretor de jornalismo recém-chegado d'*O Globo*, decidiu que seria Lillian Witte Fibe e Bonner, nesta ordem, e de uma vez. A dupla se resistiu mutuamente por dois anos antes de acabar.

a primeira mulher a aparecer diariamente no programa em 22 anos de existência do telejornal, é um recorte guardado com carinho por ela, e também um marco de como, diferentemente do que houve nos outros programas da CGJ, foi muito mais difícil para as mulheres fazerem parte do mais importante noticiário de TV do país. E não exatamente pela experiência de Sandra, que ficaria como "moça do tempo" no *JN* até abril de 1993, quando foi convidada a dividir a bancada do *Fantástico* com Celso Freitas e Fátima Bernardes, no início de sua longa e bem-sucedida carreira como titular de telejornais e programas da emissora.

A mulher que teve lugar pela primeira vez, não em um quadro de previsão do tempo, mas na bancada mesmo, ao lado de Cid ou de Sérgio, pagando um preço especialmente alto, considerando seus à época 27 anos de idade, foi Valéria Monteiro, a então apresentadora do *Fantástico*, musa do jornalismo da Globo desde sua estreia no *RJTV*, aos 21, em 1986, e cuja experiência como editora era praticamente inexistente. Foi Alberico de Sousa Cruz* quem decidiu experimentar Valéria num *JN* de sábado de 1992:

"Foi uma decisão que todo mundo pensa assim: 'Isso aí deve ter sido pesquisa, deve ter sido resultado de várias reuniões', essa glamourização das decisões da Globo. Não aconteceu nada disso. Foi num dia em que disseram que um apresentador não vinha e eu disse para o Schroder: 'Vamos colocar uma mulher, vamos colocar a Valéria'. Foi sem avisar Boni, sem avisar Roberto Marinho, sem avisar ninguém. E foi a primeira vez que uma mulher apresentou o jornal".

Valéria já tinha entrado no *JN* em 1988, apresentando, de um cenário especial, o noticiário da Olimpíada de Seul, em dupla com Sérgio Ewerton, mas foi a partir daquele sábado e por cerca de um ano, como substituta de Cid e Sérgio apenas nas edições de sábado do *JN*, que viveria "dias difíceis e às vezes chocantes", como revelaria em entrevistas posteriores a veículos como a revista *Marie Claire* e o programa *Identidade Geral*, da Rede Novo Tempo.

Na redação, colegas dos dois sexos que, em suas palavras, consideravam-se "mais merecedores da bancada do *JN*", sequer a cumprimentavam. Outros, incógnitos, deixavam em sua mesa recortes com críticas negativas da imprensa ao seu desempenho, sempre adornadas por mensagens ofensivas. No comando da CGJ, um diretor que Valéria não quis nomear, mas que, por exclusão, não sendo Carlos Schroder, que negou a este autor ter sido ele, foi Ronald de Carvalho, então diretor editorial, só contribuía para tornar sua experiência ainda mais sofrida:

"Teve um 'boa noite' do *JN*, após uma matéria de futebol, pelo qual eu fui repreendida por esse diretor, que disse: 'Valéria, você não pode rir desse jeito. Isso aqui é jornalismo, é o *Jornal Nacional*'. Passaram alguns sábados e esse mesmo diretor veio me dizer que era para eu voltar a sorrir no *JN*. Os telespectadores não paravam de ligar para a emissora querendo saber o que tinha acontecido comigo e por que eu estava tão triste".

Egos como os que se incomodaram com Valéria já pulsavam entre os apresentadores da Globo bem antes da sucessão do *JN*, embora sem a intensidade e a repercussão geralmente causada pela fogueira do *star system* das novelas da emissora. Era uma ciumeira que o telespectador não percebia em casa, geralmente em torno de uma espécie de termômetro de prestígio para esses profissionais: a quantidade de reportagens que cada um apresentava ao longo do telejornal, e o privilégio de abrir o noticiário com a primeira manchete, na escalada.

No início dos anos 1980, por exemplo, como lembrou em entrevista a este autor o então editor-chefe do *Jornal Hoje* Carlos Schroder, a âncora e editora Leda Nagle surpreendeu a equipe do estúdio faltando três minutos para o telejornal entrar no ar:

– Não dá pra apresentar o jornal assim! O Marcos Hummel vai ler dezessete páginas e eu vou ler treze. Assim eu não apresento.

– Azul, a Leda não vai apresentar o jornal. Bota todas as páginas para o Marcos Hummel.

O coordenador do *Jornal Hoje* Azul Ruiz, ao lado de Schroder no *switcher*, não precisou cumprir a ordem. Leda também a ouviu, voltou às pressas para a bancada e apresentou o jornal normalmente, lendo suas páginas. Treze, no total.

Até um "casal vinte" de verdade já tinha existido no jornalismo da Globo, e com uma história de bastidores que inspiraria um quadro do humorístico *TV Pirata* interpretado por Luiz Fernando Guimarães e Regina Casé, o "Casal Telejornal", paródia dos jornalistas Eliakim Araújo e Leila Cordeiro, apresentadores titulares do *Jornal da Globo* entre 1986 e 1989, e um caso no qual o estúdio da CGJ foi agitado não apenas por ciumeira profissional.

Até 1984, quando conheceu e se casou com a colega repórter Leila Cordeiro, então com 28 anos, Eliakim, à época com 43, vinha apresentando o *Jornal da Globo* desde o ano anterior, sem maiores problemas, com Leilane Neubarth, 26 anos, por sua vez às vésperas de se casar com Olivio Petit, colega que trabalhava no Cedoc, o arquivo da emissora. De uma hora para outra, de acordo com a entrevista de Leilane*, o que era "uma interação maravilhosa" com Eliakim, profissional com quem ela disse ter aprendido a apresentar telejornal, tornou-se um problema:

"Dividir o vídeo junto com alguém, apresentar um jornal junto com alguém é uma coisa muito delicada. Muito boa, mas muito delicada. A gente começou a ter problemas, enfim, uma série de coisas que não vale a pena a gente ficar aqui citando. O fato é que ficou, era visível para o público que a gente não estava se dando bem, que a gente estava se desentendendo".

Depois de muito insistir com Armando Nogueira e Alice-Maria, Leilane, convém prestar atenção, conseguiu se transferir para o *Globo Repórter*, abrindo espaço para que Leila Cordeiro assumisse seu lugar na bancada do *Jornal da Globo* ao lado do marido, em uma configuração que duraria três anos, até 1989, quando Leila foi convocada para dividir a apresentação do *Jornal Hoje* com a jornalista Márcia Peltier, sendo substituída no *JG* por Fátima Bernardes, 27 anos, então apresentadora do telejornal local *RJTV*, recém-separada do engenheiro Marcelo Carvalho e namorando o colega William Bonner, com quem se casaria no ano seguinte.

"Eliakim Araújo não olhava para a cara da Fátima Bernardes, porque se olhasse a Leila Cordeiro brigava com ele. Isso não é fofoca, isso é fato, ele disse isso para a Fátima Bernardes, portanto é um documento histórico. O fato é que eles não se olhavam, tinha um clima e a imprensa publicava: 'Eliakim não olha para a menina que entrou'. Era uma coisa engraçadíssima."

O relato de Bonner*, em sua entrevista de 2001, foi confirmado por Fátima* em seu depoimento no mesmo ano. A exemplo de Leilane, Fátima era uma admiradora e aprendiz de Eliakim por sua capacidade de "respirar como ninguém" e pela tranquilidade e o domínio que demonstrava ao fazer as pausas de narração, "a coisa mais difícil que existe em televisão". Mas a situação, na hora de apresentar o *JG*, ficou, segundo ela, insustentável:

"No ar, o Eliakim resolveu manifestar que não estava muito satisfeito. Então, no final do jornal eu olhava para conversar com ele e ele olhava para o outro lado como se fosse para conversar com alguém. Não dava para sustentar aquela história, ficou muito complicado. Eu acho que na verdade eles já tinham optado por continuar trabalhando juntos. Apostaram nesse marketing, que era uma coisa que dava muita popularidade a eles realmente. Eram um casal muito simpático, muito querido, dois belos profissionais".

Não deu outra. Em poucos meses, Eliakim e Leila trocariam, juntos, a Globo pela Manchete, e Fátima passaria a ter Bonner como parceiro na bancada do *JG*. Em um eventual desdobramento, ou *spin-off*, na perspectiva do que aconteceu com cada um dos apresentadores ao longo dos anos, ficaria claro que, na vida pessoal das celebridades do jornalismo da Globo, estúdio de televisão não era necessariamente nem uma incubadora de casamentos, nem um forno autoclave esterilizador de paixões incontroláveis. Aplicava-se, nessa suposta relação muito cultivada pelas revistas de fofoca, o ditado meio estúpido mas verdadeiro segundo o qual "uma coisa é uma coisa e outra coisa é outra coisa completamente diferente".

A saber: Leilane Neubarth, depois de ter dois filhos com Petit, separou-se e, em 2024, autointitulando-se jornalista bissexual, se tornaria militante das causas LGBTQIAPN+ e todas as novas letras que viessem; Bonner e Fátima, depois

CAPÍTULO 31 · 579

de 26 anos, três filhos e duas décadas dividindo bancadas de telejornal, se separariam em 2006; Sandra Annenberg se casaria com o repórter Ernesto Paglia, sem nunca ter dividido uma bancada com ele; o casal Leila e Eliakim passaria por vários veículos sem jamais se separar, no estúdio e na vida, até a morte de Eliakim em julho de 2016, aos 75 anos, em Fort Lauderdale, nos Estados Unidos. E Valéria Monteiro, que não teve nada a ver com a história da sucessão do *JN*, largou a Globo em 1993, casou-se com o diretor de novelas Paulo Ubiratan, teve com ele a filha Vitoria e se mudou para os Estados Unidos depois da morte do marido aos 51 anos, vítima de um infarto agudo do coração.

Boni gostava de Lillian Witte Fibe mas disse a este autor em 2023 que não a colocaria na bancada do *Jornal Nacional*. Chegou a dizer para Carlos Nascimento, num almoço que tiveram no Rio tempos depois, que ele, Nascimento, teria de ser um dos ocupantes da bancada, mas só em 2010, em novo almoço, desta vez no restaurante Tre Bicchieri, no bairro de Vila Olímpia, em São Paulo, e na presença do jornalista José Nêumanne Pinto, Boni revelou a Nascimento que sua indicação não tinha sido aceita por Evandro e, "talvez", também pelos irmãos Marinho. Na reunião ocorrida na fazenda de Roberto Irineu, às vésperas da decisão, ainda contrário à escolha de Lillian, Boni, de acordo com sua entrevista a este autor em 2023, propôs que a nova dupla do *JN* fosse formada por Bonner e Pedro Bial, este à época ainda baseado no escritório da Globo em Londres.

A proposta de Boni era a de que primeiro Cid fosse substituído por Bonner e, depois de mais ou menos um ano, Chapelin desse lugar a Bial; mas, como Evandro queria Lillian e Bonner de uma vez, os dois executivos voltaram da fazenda do patrão com a combinação de que o martelo seria batido na manhã de segunda-feira, na sala de Roberto Irineu. Só que não foi assim, segundo Boni:

"Quando eu cheguei na minha sala, antes de ir para a reunião definitiva na sala do Roberto Irineu, tinha um bilhete na minha mesa que dizia 'Já resolvi com o Roberto Irineu', assinado com as iniciais ECA".

O que aconteceu em seguida Bonner* disse em sua entrevista que foi o único segredo que conseguiu manter na vida durante o período solicitado: de volta de uma "viagem maravilhosa" de férias que tinha feito no final de janeiro de 1996 com Fátima Bernardes a Cancun, Nova Orleans e Key West, mas desanimado e inconformado com os boatos segundo os quais Lillian Witte Fibe, e não ele, ia dividir a bancada do *JN* com Cid Moreira, Bonner disse que estava tentando se resignar com a volta ao trabalho na bancada do *Jornal Hoje* quando Evandro ligou num final de tarde, convidando-o para ser um dos âncoras do *JN*, ao lado de Lillian. Antes de dizer sim, o convidado tinha uma preocupação:

– Quem seria o editor-chefe?
– O Amauri Soares.
– A Lillian vai mandar em mim?
– Não.
– Alguém vai mandar em alguém?
– Não.
– Então acho que eu não sou louco a ponto de dizer que eu não gostaria de ir para o *Jornal Nacional*.

Ficou então decidido que Chapelin cederia seu lugar na bancada para que Lillian fizesse dupla com Cid durante algumas semanas, e em primeiro de abril Bonner assumiria o lugar de Cid. Assim que essas mudanças foram concluídas no *JN*, os preteridos mais óbvios reagiram de forma diferente. Nascimento, ressalvando a "ótima convivência" que teve com Renato Machado no *Bom Dia Brasil*, para onde foi transferido na época por Evandro, disse a este autor que a solução não fez justiça à sua trajetória na Globo e que só não deixou a emissora, adiando sua saída até 2004, depois de ser designado editor-chefe e apresentador do *Jornal Hoje*:

"Eu reconheço que o Evandro foi uma figura importante na história da TV Globo e que se ele não estivesse ali, como esteve e onde esteve, nós não teríamos avançado o que avançamos naquele período. Mas ele não me tratou bem e em alguns momentos me prejudicou diretamente. Ele me achava paulista demais e nunca fiz nada para esconder isso. Eu também vinha da gestão Alberico como um dos principais jornalistas da Globo, e o Boni queria me levar para o *JN*. Eu também era a cara do jornalismo da emissora em São Paulo, e o Evandro passou a me esconder, me tirou do horário nobre e das coberturas importantes, inclusive a Copa de 1998".

Sérgio Chapelin*, que por sinal era formado em jornalismo mas não exercia a profissão na Globo, não esqueceu que soube pela revista *Veja* que estava saindo do *JN*, e, depois de recusar uma posição de apresentador de editoriais da Globo que Evandro lhe ofereceu, aceitou a proposta de ancorar o *Globo Repórter*, onde permaneceria por mais 23 anos, até 2019, sempre requisitado para interpretar textos dos colegas jornalistas, fiel ao princípio de que "correria não é ritmo".

Jamais, porém, Chapelin deixaria de demonstrar sua amargura em gestos como o de participar, visivelmente a contragosto, da festa de despedida do *JN* promovida na redação, "aquelas coisas ridículas a que a gente tem que se submeter na vida", e em vários momentos de sua entrevista ao Memória Globo. Num deles, duvidou de que a chegada de dois colegas com diploma e registro de jornalista tenha feito diferença no conteúdo final do *JN*, e atribuiu a mudança ao que chamou de "subserviência" da Globo ao modelo de ancoragem da TV americana. Também se declarou um admirador do estilo opinativo do âncora Boris Casoy, deixando no ar que poderia ter tentado fazer o mesmo que ele:

"Se eu quisesse, pensasse na minha formação, se eu quisesse ser editor poderia ter tentado. Não sei se conseguiria, mas não houve no *JN* mudança no formato, no espírito da coisa, na filosofia do que seria um âncora. Não houve mudanças, houve mudança de pessoas".

Cid Moreira, que também continuaria na Globo até os anos 2020, como uma das vozes do *Fantástico* em inúmeras matérias e quadros, incluindo o do fenômeno de popularidade chamado "Mister M" em 1999, não se importou, ao contrário de Chapelin, com a missão de ser o apresentador oficial de editoriais da Globo, mas fez uma exigência: queria voltar a ler, no final do *Fantástico*, textos de "boa-noite" como os que o então diretor do programa, José-Itamar de Freitas, escreveu para ele interpretar durante anos, na década de 1970:

"Eu falei: 'Eu vou, mas tem que ter aquela mensagem, senão eu não vou'. Daí ficou combinado que teria a mensagem. E teve, durante uns meses. Depois, como não tinha ninguém que quisesse assumir a redação daquilo, um empurrava para o outro, acabei ficando sem a mensagem".

Para Bonner, bem mais complicado do que guardar por dois meses, até da mulher, o segredo cuja quebra anularia o convite, tal a determinação de Evandro de não magoar Cid Moreira, seria administrar o clima pesado já na primeira semana da nova dupla, e, como o próprio Bonner reconheceu, por causa da velha questão da ordem de entrada e do número de páginas de cada um:

"O primeiro jornal foi ela que abriu, a segunda noite foi ela que abriu de novo, e aí eu saí do estúdio batendo a porta e dizendo que eu não ia aceitar aquela palhaçada. Porque me disseram que não havia hierarquia".

A franqueza de Bonner em sua entrevista de abril de 2001, cinco anos depois da estreia no *JN*, ao descrever aquela situação com as cores de um chilique, era proposital, uma espécie de gancho, no sentido jornalístico, para falar da imprensa, naquela época, segundo ele, "sempre muito generosa com a Lillian Witte Fibe" e "muito pouco generosa" com ele por motivos que sabia serem "fáceis de explicar":

"Lillian é uma pessoa que transitou pelo meio de jornalistas e da imprensa escrita e eu era um produto de telejornalismo [...] Então, era natural que parecesse assim. Aos olhos dos caras que não sabiam que eu era editor-chefe do *Jornal Hoje*, e das pessoas que não ficam sabendo de nada, tinham botado lá um cara que era um apresentador meio padrão para contrabalançar a revolução que era botar a Lillian".

Amauri Soares, à época editor-chefe do *JN*, reconheceu que, em entrevista a este autor em 2024, 28 anos depois, que nos primeiros momentos da nova bancada do *JN*, Lillian era mesmo "a grande aposta" da direção para estrear a "era dos âncoras" do telejornal:

"Até então, tínhamos apresentadores. Excelentes, mas apresentadores. Lillian foi a primeira âncora. Depois, quando Bonner chegou, todos nós tivemos que nos adaptar à presença de dois âncoras. E isso pode ter levado alguns dias, algumas edições".

Na avaliação posterior do barraco da estreia, Bonner disse que "foi bom bater o pé", mas aquela dupla, nunca um casal, jamais se entenderia. Novas emoções tomariam conta do estúdio, mas, para quem participou das decisões naquele momento marcante da história do *JN*, como Carlos Schroder revelou em sua entrevista em 2000, o que valia mais, com todo respeito ao ego e à competência dos âncoras ou apresentadores, seriam pesquisas como a que a direção fez antes e depois da saída de Cid Moreira e Sérgio Chapelin:

"A gente fez uma pesquisa um pouquinho antes de o Cid sair e 98% não queriam a saída dele. Aí o pessoal de pesquisa disse pra nós: 'Não se impressionem com o número porque o povo não gosta, reage sempre à troca de alguém, reage muito. A não ser que a pessoa seja muito ruim, ele vota sempre por manter uma situação. O povo não gosta de mudança'. Muito bem, foi então decidida a troca no *JN* e a gente fez uma avaliação do Bonner um mês depois. Deu aprovação de noventa e tantos por cento. Aliás, a aprovação dele, hoje, ano 2000, é maior que a de Cid Moreira na época da troca".

Entre os chamados formadores de opinião da mídia impressa, uma reação em especial à mudança na bancada do *JN* mostrou que, na primeira reunião que Evandro e Schroder tiveram, em julho de 1995, o novo diretor da CGJ estava muito certo quando elegeu a busca de credibilidade como objetivo de sua gestão, e Schroder mais certo ainda quando sugeriu, como primeiro passo, a substituição de Cid e Sérgio no *JN*: em um artigo publicado na *Folha de S.Paulo* no dia 5 de abril de 1996, após apenas duas edições do *JN* nas quais William Bonner e Lillian Witte Fibe apresentaram o *JN*, o colunista Marcelo Coelho concluiu:

"Nunca tive muita simpatia por Cid Moreira e Sérgio Chapelin, e chego ao ponto de não me convencer com as pesquisas de opinião que mostram a popularidade da dupla [...] Não haveria melhor final para a novela em curso. Tendo a ficar contente, não só pela solução do caso, mas pelos sinais de que o jornalismo da TV Globo está melhorando; torna-se menos oficial, mais inteligente [...] Escrevo este artigo na noite de terça-feira. Acabo de ver o *Jornal Nacional*. Pela primeira vez, o que surge não são as versões do governo, mas uma mostra de problemas do dia. Tudo ficou mais complexo, mais jornalístico. O progresso é visível".

Curioso: havia dez meses, ou cerca de 240 edições, o *JN*, com Cid e Sérgio ainda na bancada, vinha apresentando a mesma linha editorial, em conteúdos preparados pelos mesmos produtores, repórteres e editores do telejornal, e seguindo as mesmas orientações expressas do mesmo diretor, Evandro Carlos de Andrade. Ou seja:

Para o povão supostamente teleguiado, o que importava, no *JN*, era o conteúdo.

Para o crítico supostamente atento, aparentemente, era a imagem dos âncoras.

Mistérios da televisão.

Planos e contraplanos

O repórter André Luiz Azevedo*, então com 45 anos, quinze deles trabalhando na redação da Globo no Rio de Janeiro, decidiu que o discurso de mudança de Evandro Carlos de Andrade ao assumir a direção da Central Globo de Jornalismo abria uma oportunidade para ele tornar público, em um artigo para a revista *Veja* sob o título "Contra as caras de bobo", um protesto em relação a uma norma imposta às equipes de reportagem da emissora, e que ele considerava responsável pelo que chamou de "artificialismo grotesco" de muitas matérias do jornalismo da Globo: a obrigatoriedade de os entrevistados olharem o tempo todo para a lente da câmera, em vez de responderem ao repórter que fazia as perguntas.

"Era a busca excessiva da forma. Quer dizer, em vez de você buscar a verdade, buscar a sinceridade, você quer buscar a forma. Como se dissesse: 'Olha pra lente, olha pra lente e chora!'. E isso se espalhou pelo Brasil como uma verdade: no país inteiro começaram a adotar essa postura, os políticos e autoridades começaram a dar entrevistas olhando para a lente. Uma coisa superfalsa."

No artigo para a *Veja*, André relatava a situação absurda que ele próprio vivera por conta da regra quando, ao fazer uma reportagem sobre uma biblioteca para cegos, em braile, localizada no bairro carioca de Laranjeiras, foi interpelado pelo cinegrafista no meio da pergunta que tinha feito para o diretor da instituição:

– André, vamos parar a entrevista.

– Por quê?

– É porque ele não está olhando pra lente, e se eu gravar assim vou levar a maior bronca.

À sua própria experiência André acrescentou, no artigo, o relato de outro momento inusitado, este vivido pela colega Fátima Bernardes durante a produção de um *Globo Repórter* sobre Frei Damião, o religioso que era venerado como um santo no Nordeste, e cuja cifose, aguda, o obrigava a ficar com a cabeça sempre voltada para o chão:

"O Frei Damião ficava olhando para a ponta da chinela e o cinegrafista querendo que ele olhasse para a lente".

O repórter Ernesto Paglia, em entrevista a este autor, disse que sempre considerou a regra "um equívoco decorrente do período de experimentação, aquela fase áurea do jornalismo da Globo em que tudo era novo e havia uma direção preocupada em criar uma linguagem própria, espelhada no modelo do telejornalismo americano". E que até funcionava em certas situações:

"A regra funcionava, apesar do estranhamento da maioria dos entrevistados. Até gente como Paulo Salim Maluf se apropriar da técnica. O 'doutor Paulo' ignorava os repórteres, olhando através das lentes grossas dos óculos diretamente para a lente das câmeras. Eu sempre achei que o entrevistado era prejudicado quando a câmera estava em *close-up*, mas quando o enquadramento era mais aberto e incluía o entrevistador, o sujeito parecia soberbo, ignorando o interlocutor até mesmo durante as perguntas. O repórter lhe dirigia a palavra e o entrevistado mantinha o olhar fixo na câmera. Era ridículo".

Na reunião que André pediu a Evandro para informar sobre o artigo para a *Veja*, o novo diretor da CGJ começou a ler o texto, mas logo interrompeu a leitura para explicar:

– Você fala aqui que isso é uma determinação da Central Globo de Jornalismo. Já não é mais essa determinação, eu já mandei mudar.

Em seguida, concluiu a leitura e André quis saber se estava autorizado a enviar o texto, que acabaria sendo publicado na seção "Ponto de Vista" da edição de *Veja* de 15 de maio de 1996:

– O senhor acha que eu devo publicar o artigo?

– Isso é uma decisão sua. Eu só acho o artigo, como um todo, muito ruim.

Outras regras seriam revogadas ou modificadas por Evandro. Uma delas, típica armadilha do telejornalismo, então vigente na Globo desde meados dos anos 1980, tinha o objetivo de evitar que qualquer notícia sobre um famoso mafioso arrependido se transformasse, instantaneamente, em uma piada, ao simples pronunciar de seu sobrenome pelos apresentadores ou repórteres: Tommaso Buscetta.

A direção da CGJ determinara que o sobrenome seria pronunciado como "Busqueta", o que levou Chico Anysio a até fazer uma piada em seu programa sobre "o perigoso mafioso 'Tomasso Xoscota'". Para os jornalistas, a solução aprovada por Evandro, como lembrou Pedro Bial*, foi a de usar a pronúncia original italiana, carregada no som de "ch" para o "ce" de Buscetta.

Bial, à época ainda sediado no escritório da Globo em Londres, também já se vira obrigado a evitar outra piada compulsória em 1995, quando fez uma reportagem especial na região do Mar de Aral, na qual o problema não era nem pronunciar o nome desafiador da República de, pela ordem, Karakalpakstan:

"A gente foi numa cidade chamada Nukus, isso mesmo, a cidade se chama Nukus. Aí, para a televisão, a gente deu uma disfarçada e falou 'Nocuso'".

Adaptações à parte, e para a provável surpresa dos jornalistas do "impresso" que consideravam os colegas da Globo um aglomerado bovino de iletrados, a rigidez e o cuidado do comando da CGJ com o texto e com a padronização da pronúncia, esta semelhante à das redações de jornais e revistas com a grafia dos nomes, chegava a extremos inimagináveis, como aconteceu em 1979, quando o *Jornal Nacional* deixou de exibir uma série de reportagens que o então correspondente Roberto Feith* fez no Irã sobre a volta do aiatolá Khomeini ao país devido, no final das contas, a uma pronúncia diferente do nome do líder da revolução xiita:

"Os franceses pronunciavam tudo com acento no final. No mundo inteiro, fora o Brasil e a França, era diferente. Aí o *Jornal Nacional* botou lá 'aiatolá Khomeiní', durante meses, todo dia. Aí, quando eu fui cobrir a chegada dele em Teerã, vi que todo mundo chamava ele de Khomeini e que não era 'aiatolá', era 'aiatola', sem acento no final. Aí comecei a usar esse padrão".

Somente ao voltar para Londres, Feith se daria conta não apenas de que todas as suas matérias feitas no Irã tinham sido vetadas no *JN* e entregues aos outros telejornais da emissora, como também de que estava suspenso por "rebeldia" e "insubordinação". E tudo devido a mais uma das quedas de braço editoriais que, a exemplo da crise durante a cobertura da emissora na Guerra das Malvinas, já contada no primeiro volume desta obra, ocorriam regularmente entre os escritórios da Globo de Londres e Nova York e o comando do jornalismo no Rio. No caso, a discordância tinha sido entre o então chefe de redação do *JN*, Luís Edgar de Andrade, e o chefe do escritório londrino na época, Carlos Castilho. E sem que Feith soubesse de nada:

"O Luís Edgar era quem cuidava dos padrões de português no *Jornal Nacional* e era muito rigoroso. Achou que nós tínhamos que manter o padrão e mandava instruções nesse sentido pra Paris, pra Londres, para o Castilho. Só que essas instruções nunca foram passadas pra mim".

Fora as armadilhas fonéticas, evitáveis ou não, havia heranças estruturais das gestões anteriores da CGJ à espera de Evandro, estas decorrentes de cacoetes do tempo da ditadura em que anônimos oficiais militares interferiam no noticiário e da rígida disciplina editorial imposta à redação pela direção da Globo. Uma dessas heranças era uma "entidade" que a repórter Sandra Moreyra*, falecida em 2015 aos 61 anos, chamava de "eles", muito citada pelos chefes intermediários para justificar vetos ou cortes no material produzido em campo pelas equipes da emissora:

"Essa entidade chamada 'eles' a gente não sabia quem era, mas mandava pra caramba. E o Evandro acabou com 'eles'. Foi muito bom ele ter entrado: as coisas passaram a ser assumidas. Linha editorial passou a ser uma coisa que era explicada para as pessoas, em todos os níveis".

Carlos Schroder*, então diretor de produção da CGJ, e único alto executivo do jornalismo convidado a permanecer no cargo na saída de Alberico de Sousa Cruz, em julho de 1995, foi uma das primeiras testemunhas da substituição dos "eles" do passado, por ele, Evandro Carlos de Andrade, quando o novo diretor explicitou, ao lado Roberto Irineu, a nova linha editorial da Globo:

– A partir de hoje não existe assunto proibido aqui dentro. Não somos nem a favor nem contra ninguém, não temos amigos e nem inimigos.

O recado público já tinha sido dado com a exibição, dias depois da chegada de Evandro à emissora, como foi contado no Capítulo 30, do *Globo Repórter* sobre os desaparecidos políticos cujos corpos foram escondidos pela ditadura no Cemitério de Perus, em São Paulo; programa que tinha sido censurado internamente em setembro de 1990. Mas houve outra edição do *Globo Repórter*, esta sobre o atentado contra o Riocentro ocorrido em 30 de abril de 1981 cuja inclusão na pauta do programa, segundo Caco Barcellos*, autor da reportagem, foi do próprio Evandro:

"A pauta não era minha. Logo depois da chegada dele eu já fui recebendo a missão de fazer uma reportagem sobre o caso emblemático do Riocentro".

Na lembrança de Silvia Sayão*, então estreando na direção do *Globo Repórter* no lugar de Jorge Pontual, transferido para o escritório de Nova York, voltar ao assunto Riocentro, o que acabou acontecendo em março de 1996, era "uma das obsessões do Evandro". Caco contou com a ajuda do repórter Fritz Utzeri, que ainda na época da ditadura, em reportagens para o *Jornal do Brasil*, já tinha feito revelações importantes sobre as contradições na suposta investigação do caso pelos militares:

"Quinze anos depois, nós encontramos facilmente testemunhas que nunca haviam sido ouvidas no inquérito do Exército. Quer dizer, ou foi má-fé ou foi incompetência".

Aqueles movimentos iniciais de Evandro, na interpretação de Pedro Bial, em entrevista a este autor quase três décadas depois, atendiam a uma necessidade histórica da emissora:

"Eu tenho de dizer que o jornalismo começou ali. O Armando Nogueira inventou e implantou a linguagem. Perdemos nosso complexo de inferioridade, mas a empresa tem um tamanho e uma importância incomparável no mundo.

Principalmente no pós-ditadura, quando o Sarney, pra montar o governo, consultava o Roberto Marinho para cada pasta. Era uma televisão que tinha ficado associada ao regime e que precisava se dissociar do regime, ainda tendo muitos compromissos e rabos presos".

Houve, porém, indícios de que as transformações à época em curso na CGJ não deveriam ser entendidas, nem de longe, como o estabelecimento de uma espécie de território livre de controle editorial na tela da Globo, inclusive pelo conhecido apetite que Evandro sempre teve pelo exercício imperial da autoridade. Como aconteceu, por exemplo, no *Fantástico* de 14 de abril de 1996, quando, sem assistir à edição, ele mandou cortar dois minutos de uma reportagem de pouco mais de seis sobre o vigésimo aniversário da morte suspeita de Zuzu Angel, a estilista mineira que enfrentou a ditadura denunciando o assassinato do filho Stuart Angel Jones nas dependências da Aeronáutica. O mesmo estilo ele, com o apoio da então nova editora-chefe do *Globo Repórter*, Silvia Sayão, tinha demonstrado na maneira como administrou, no final de 1995, um programa feito pelo repórter Marcelo Canellas sobre o Movimento dos Trabalhadores Rurais Sem-Terra.

Em sua entrevista, em 2001, Sayão, coerente com a obsessão pela audiência e por temáticas descomplicadas que marcariam os 24 anos em que comandou o *Globo Repórter*, lembrou que nem era a favor daquela produção sobre os sem-terra, uma pauta em outros tempos quase obrigatória, mesmo sob a vigilância da censura, quando o programa tinha uma forte conotação de documentário de atualidade. Para ela, os sem-terra eram notícia importante, mas inconveniente para o programa:

"Para um *Globo Repórter*, um programa que aprofunde e discuta a questão talvez não seja conveniente, porque é uma questão tão complicada e nós não estamos escondendo nada em não fazer um programa sobre os sem-terra [...] É uma questão para o país, mas não é uma questão de interesse generalizado das pessoas que vão assistir, entendeu? Crianças não têm interesse. Muita gente que não está envolvida com essa questão não consegue entender".

Mas era Evandro quem queria exibir aquele *Globo Repórter*, coerente com sua determinação de mostrar que não haveria mais nenhum tema tabu no jornalismo da emissora. Pelo menos até assistir à edição que foi enviada para ele em Nova York, onde estava às vésperas da data inicialmente prevista para exibição, e se indignar, mandando "mudar tudo", como lembrou Sayão, ao reconstituir a conversa que os dois tiveram quando o diretor voltou para o Brasil:

– Silvia, eu fiquei chocado com o programa porque os sem-terra, se tem alguém nesse país que passa fome, não são eles. A gente está mostrando esses sem-terra de forma muito emocional. Eu tomei uma decisão de nunca mais ter música em jornalismo. Acabou a música. Porque emocionalizou. Só de você colocar aquela música e ver aquelas imagens, você fica emocionalmente comprometido com a causa dos sem-terra e eu acho isso discutível.

Silvia, à época envolvida com a edição da retrospectiva de 1995 que seria exibida como sempre na virada do ano, nem tinha assistido ao programa, mas concordou, e também ponderou:

– Olha, Evandro, eu concordo com você. Mas essa é uma decisão na qual a gente tem que pensar muito porque não estamos competindo com telejornal quando nós vamos ao ar. Tudo bem, a música emocionaliza, talvez ela tenha sido usada nesse caso de uma forma equivocada. Mas ela tem que emocionalizar porque o nosso programa tem que emocionar.

– Mas o que você faria no programa? O que você faria numa questão como essa dos sem-terra?

– Você quer que eu seja bem franca? Eu não daria o programa.

– Mas como você não daria o programa?

– Porque o meu papel aqui não é impedir nada. Se a equipe quer dar o programa, eu dou. O meu papel é garantir que o assunto vá com isenção.

– É, eu vou pensar.

Evandro não levou à frente a decisão de "acabar com a música no jornalismo" e o programa dos sem-terra foi ao ar, ainda que, nas palavras de Sayão, a equipe envolvida com a edição tenha ficado "um pouco traumatizada" com as mudanças determinadas pelo diretor. Nas palavras de Canellas*, aquele *Globo Repórter* teve "uma condução um pouco tensionada" pelo fato de Evandro ter discordado do enfoque original, mas, mesmo diante das discordâncias e da edição modificada, Canellas elogiou os novos tempos:

"É uma postura que aliás eu acho que derruba um pouco a lenda do controle da Globo sobre seus profissionais. É que embora seja prerrogativa da direção cortar, vetar, é prerrogativa do repórter fazer a reportagem como ela deve ser feita, com objetividade, ouvindo todo mundo. Ninguém me pediu para reescrever uma reportagem, ou escrever aquilo que eu não gostaria, que eu não pensei, que eu não achei que era o correto. Então, essa foi uma postura que passou a ser clara por parte da direção da Globo".

Mas eram outros tempos e outros humores na relação do jornalismo da Globo com o MST. Principalmente na comparação do tipo de discussão jornalística que envolveu aquele *Globo Repórter* com o clima que se seguiu à entrevista do então candidato Luiz Inácio Lula da Silva ao *Jornal Nacional* 27 anos depois, no auge da polarizada campanha presidencial de 2022, depois que a âncora Renata Vasconcellos fez quatro perguntas seguidas, nas quais contrapôs

CAPÍTULO 31 · 589

o que considerava ser o compromisso do agronegócio com o desenvolvimento e o meio ambiente à "desconfiança" causada, segundo ela, pelas relações de Lula com o MST, supostamente prejudiciais, ainda segundo ela, ao então candidato do PT.

Um clima tão ruim que, no dia seguinte, uma comitiva de cinco integrantes do MST que pretendia entregar duas cestas só com produtos cultivados pelos sem-terra a Renata e William Bonner, corroborando com a resposta dada na véspera por Lula de que os sem-terra também eram uma força produtiva da economia, em vez de ser recebida por um representante da redação, não conseguiu fazer a entrega nem passar por uma barreira de agentes de segurança perfilados na porta da emissora, no Rio, a pedido de Ali Kamel, o então ocupante do cargo que Evandro estava assumindo em 1995.

Intervenção federal

"Alexandre Garcia é e continuará a ser um dos nossos mais expressivos homens de vídeo. Como diretor de jornalismo da Globo em Brasília, no entanto, ele não dispunha do tempo necessário, devido ao acúmulo de atribuições, para comandar a equipe. Por outro lado, não há como negar que, até como resultado do seu acesso às fontes palacianas, Alexandre acabou sendo onerado pela imagem de uma espécie de porta-voz do governo, o que seguramente não atende aos objetivos de qualquer jornalista zeloso de ter reconhecida a sua isenção."

O refinado sotaque institucional e a elegância na tradução do que, na prática, foi um tombo no currículo, perceptíveis em cada palavra do e-mail que Roberto Irineu enviou à *Folha de S.Paulo* em 23 de julho de 1995, em resposta a uma reportagem do jornal sobre as mudanças na redação da Globo em Brasília após a demissão de Alberico de Sousa Cruz, não evitaram a conclusão geral de que seria na sucursal da emissora na capital do país, palco principal da ascensão e queda do antecessor de Evandro Carlos de Andrade, que a mudança de comando na Central Globo de Jornalismo se mostraria mais radical.

O tipo de jornalista que Evandro queria em Brasília, desde sua época como diretor de redação d'*O Globo*, era outro. Nas conversas de bastidores da imprensa da capital sobre o "quem é quem" no comando do jornal dos Marinho no início dos anos 1990, Merval Pereira, Luis Erlanger e Ali Kamel eram os três executivos que "disputavam o coração" de Evandro. Mas quando ele foi para a Globo, em 1995, um dos profissionais mais representativos do padrão estabelecido por ele na sucursal brasiliense da emissora, ao longo de sua gestão de pouco mais de cinco anos, seria o jornalista Franklin Martins, politicamente um ex-militante do MR8 e adversário histórico do PT no campo da esquerda, mas um editor político de confiança de Evandro, e que depois de uma passagem de onze anos pela Globo se tornaria ministro dos governos Lula e Dilma Rousseff.

Repórter político escanteado no *Jornal do Brasil* em Brasília, onde, segundo entrevista de Franklin a este autor, não esqueciam seu protagonismo no sequestro do embaixador americano Charles Burke Elbrick em 1969, ele foi convidado por Evandro, primeiro para ser repórter político da sucursal d'*O Globo* na capital, depois, em junho de 1994, para ser editor de política do jornal no Rio. Nessa condição, Franklin tinha evitado que o jornal passasse por um grande embaraço, às vésperas da eleição para governador de 1994 no Rio, ao descobrir, com a ajuda de suas fontes na política, que um dossiê sobre corrupção altamente comprometedor para o então candidato do PSDB Marcello Alencar, comprado pelo candidato pedetista Anthony Garotinho por trezentos mil dólares e entregue a Franklin, era uma farsa.

Aconteceu então a mudança de comando no jornalismo da Globo e, ao se transferir para a emissora, Evandro, segundo Franklin, o indicou aos Marinho para a direção da sucursal d'*O Globo* em Brasília. Algum tempo depois, porém, quando Merval Pereira, o novo diretor do jornal, cobrou Franklin por um conflito de interesses representado pelo fato de sua mulher, funcionária pública, ser assessora da liderança do PSDB na Câmara dos Deputados, ele decidiu pedir demissão, incomodado com a situação, mesmo depois de sua mulher deixar o cargo.

E foi ao sair do jornal, quando procurou Evandro na Globo para uma ligação de despedida, que Franklin acabou sendo convidado, na hora, para trabalhar na emissora, onde começou como comentarista, função que já vinha desempenhando na rádio CBN e na GloboNews. Era o início de uma trajetória na Globo que continuaria mesmo depois da morte de Evandro, em 2001, e na qual Franklin acumularia as funções de comentarista do *Jornal Nacional* e diretor da Globo Brasília na gestão de Carlos Schroder, só saindo da empresa em 2006, como se verá no terceiro volume desta obra, depois de entrar em rota de colisão com Ali Kamel durante a cobertura do escândalo do Mensalão.

– Vocês acabaram com o nosso programa!

Foi assim que vários políticos de Brasília reagiram ao cruzar com o repórter e apresentador Carlos Monforte* a partir de 1995, quando o telejornal *Bom Dia Brasil* – até aquele momento um espaço praticamente cativo de parlamentares e autoridades federais, e então comandado por editores e repórteres políticos da sucursal de Brasília desde sua estreia, no início de 1983 – mudou completamente, e por uma combinação de dois motivos.

Evandro, além de mudar o comando da sucursal da Globo em Brasília, estava determinado a dar o menor espaço possível aos políticos nos telejornais e programas sob sua responsabilidade, incluindo a cobertura da campanha presidencial de 1998, como se verá mais à frente neste livro. E o *Bom Dia Brasil*, já sem as restrições da censura mas ainda refém do oficialismo da capital, não dava mais conta, havia muito tempo, de mostrar como o país e o mundo amanheciam de segunda a sexta. Monforte concordava:

"Mudou e eu acho que para melhor".

Os políticos e burocratas de Brasília eram tão desacostumados com outros tipos de abordagem da Globo que, em 1992, por exemplo, Regina Casé e Luiz Fernando Guimarães, os apresentadores do *Programa Legal*, depois de gravarem por cerca de duas horas com deputados sobre o lado místico da capital federal, foram expulsos das dependências da Câmara dos Deputados e impedidos de entrar no Senado Federal, após um diretor de comunicação do Congresso Nacional decidir que os parlamentares não podiam ser expostos em um "programa de deboche". E não era nem a turma do *Casseta & Planeta, Urgente!* que tinha viajado para Brasília.

A Globo, para os poderosos personagens da capital, era o *Bom Dia Brasil*, formato dos tempos da ditadura encomendado no final de 1982 ao então diretor de jornalismo da Globo de Brasília, Toninho Drummond, por Roberto Irineu, à época preocupado em atenuar a mágoa de Drummond por ter sido alijado do comando da cobertura que resultaria desastrosa das eleições daquele ano. E já no script de estreia, em 3 de janeiro de 1983, o programa exibiu as dimensões desanimadoras de sua liberdade editorial: o primeiro entrevistado, embora o fato não deixasse de representar um furo jornalístico para a época, era o então general presidente João Figueiredo. Em entrevista gravada previamente.

O próprio deputado Ulysses Guimarães, líder da oposição consentida pela ditadura, foi um entrevistável vetado pela direção da emissora por algum tempo no programa. Políticos do então recém-fundado Partido dos Trabalhadores, nem pensar. Ainda assim, como disse o ex-diretor Woile Guimarães*, o programa foi uma oportunidade de se fazer, a partir de Brasília, "um jornal que refletisse um pouco mais a situação política, ainda com pressões muito grandes".

Mesmo comportado, como lembrou Antônio Britto*, o *Bom Dia Brasil*, além de se tornar uma fonte diária de pautas da imprensa escrita, pela repercussão que os temas e entrevistados ganhavam pelo simples fato de aparecerem na tela da Globo, servia como uma espécie de termômetro da abertura política, aferido diariamente em reuniões comandadas por Drummond com os editores Ronan Soares e Wilson Ibiapina, e com a participação de repórteres políticos como Álvaro Pereira, Carlos Henrique e o próprio Britto:

"A gente levava duas, três horas medindo cada passo: qual é o próximo avanço que a gente pode conquistar? Quem seria o entrevistado?".

Praticamente confinado no estúdio da emissora em Brasília, o programa tinha duração de uma hora e começava com notícias, previsão do tempo e o tradicional resumo dos jornais do dia, seguido de um bloco com uma longa entrevista ao vivo. E a não ser no caso de uma ou outra entrada ao vivo extraordinária, a maior distância que as câmeras do *Bom Dia Brasil* costumavam alcançar, fora do prédio da Globo, enquanto o país e o mundo amanheciam fervendo de notícias, eram residências nobres da capital onde mesas de café da manhã tão apetitosas quanto quase sempre intocadas eram montadas para servir de cenários de novas e longas entrevistas, gravadas por volta de seis da manhã, para que houvesse tempo de serem editadas e exibidas no mesmo dia.

No caso de Brasília, apesar dos semblantes marcados pelo despertar precoce, as vozes ainda em aquecimento, as sinapses comprometidas por neurônios retardatários e um ou outro bocejo, o formato da entrevista-café da manhã durou anos, sem maiores problemas, a não ser a sonolência sempre à espreita, tanto na mesa do entrevistado quanto nos lares brasileiros sintonizados. Mas adotar o formato no telejornal local *Bom Dia Rio*, por exemplo, como lembrou o ex-editor Fabio Watson*, foi difícil devido talvez à natureza mais eclética e menos disciplinada dos entrevistados do Rio de Janeiro:

"Às vezes o entrevistado não acordava. A gente teve o Tim Maia, foi fazer um café da manhã com o Tim Maia. Ele não acordou de jeito nenhum pra fazer o café. As pessoas tocaram muito a campainha da casa dele, mas ele não apareceu e a equipe acabou voltando. Esse dia não teve café da manhã".

Com a chancela de Evandro, a partir de 1996, o *Bom Dia Brasil* passaria a ser transmitido do Rio para o resto do país completamente repaginado. Apresentado por Leilane Neubarth e Renato Machado, que também era editor-chefe, junto com a editora Rosa Magalhães, o programa ganhou colunas diárias de Ricardo Boechat e Miriam Leitão e participações de Arnaldo Jabor; Ana Maria Bahiana, esta falando sobre cinema direto de Hollywood; Maurício Torres, colunista de esportes; Sandra Moreyra, titular da coluna de gastronomia "Arte da Mesa"; e Sandra Passarinho, com sua "Abra o Olho", coluna sobre os direitos dos cidadãos e consumidores.

Em futuras reformulações, o programa ficaria ainda mais distante do formato engravatado e sonolento dos primeiros tempos, com quadros e colunas dedicados a temas diversos como moda masculina e novidades eletrônicas; relação de pais com crianças e adolescentes; polêmicas do futebol, com Arnaldo Cezar Coelho; crônicas da vida urbana escritas pelo repórter Edney Silvestre; matérias sobre curiosidades e comportamento conduzidas por

Renata Vasconcellos; e política internacional com o então correspondente Marcos Uchôa. Seria assim até o formato começar a ser espremido na grade de programação da manhã, como se verá adiante neste livro, em meio à guerra de audiência da TV aberta.

Brasília, claro, continuaria presente, sempre, no *Bom Dia Brasil*, mas apenas como um dos assuntos do programa.

E sem café da manhã.

New York, New York

Paulo Henrique Amorim, 54 anos, e Evandro Carlos de Andrade, 65, caminhavam por uma rua do bairro de Manhattan, em Nova York, no segundo semestre de 1995, quando, segundo o relato do encontro feito por Evandro em sua entrevista a Geneton Moraes Neto no final de 2000, o então chefe do escritório da Globo nos Estados Unidos resolveu mudar de assunto e disse que queria voltar para o Brasil e ser âncora do *Jornal Nacional*, àquela altura ainda sendo apresentado por Cid Moreira e Sérgio Chapelin. A referência de Paulo Henrique era o âncora Peter Jennings, da rede americana ABC:

"Foi até curioso. Paulo Henrique me chamou atenção para a credibilidade que os jornalistas que apresentavam telejornais nos EUA tinham. Disse que era impossível se cogitar sobre o voto de um apresentador como o Peter Jennings, por exemplo. E que se alguém publicasse que o Peter Jennings votou no Partido Democrata ou no Partido Republicano, ele certamente processaria essa pessoa".

Até aquele momento, durante cerca de cinco anos, com uma competência e uma dedicação que nem seus críticos e inimigos poderiam negar, Paulo Henrique construíra um portfólio de reportagens que tinham feito sucesso e obtido bons índices de audiência nos programas e telejornais da Globo, de modo especial no *Fantástico*, cujo diretor, Luizinho Nascimento, além de um amigo dos tempos em que ambos tinham trabalhado no *Jornal do Brasil*, era um entusiasta de suas pautas. O problema, Evandro descobriria, era que, para obter tal desempenho jornalístico, de acordo com a maioria de seus contemporâneos de Nova York entrevistados pelo Memória Globo ou ouvidos por este autor, Paulo Henrique tinha transformado o escritório da emissora em uma espécie de produtora particular de suas matérias.

Evandro viajara para os Estados Unidos com Carlos Schroder e Alice-Maria para visitar a CNN International, em busca de referências para o projeto da GloboNews; e, antes daquela conversa com Paulo Henrique, também tinha se encontrado com outras pessoas do escritório, e de forma concentrada durante um churrasco organizado pela equipe na casa do cinegrafista Paulo Zero, quando, segundo o que o então chefe de redação da sucursal nova-iorquina, Fabio Watson, como contou a este autor em 2024, ficou espantado com o que ouviu:

"Praticamente todos os participantes do churrasco, e eu não era uma exceção, tinham histórias horríveis de perseguições feitas pelo Paulo Henrique, mudando as vítimas de um mês para o outro, num ambiente não apenas tóxico e nocivo nas relações pessoais, mas que chegava até na questão de dinheiro: ele alterava por conta própria o valor dos bônus salariais, tirando de um para dar para outro, uma coisa horrorosa. E o que mais chocou Evandro foi a maneira como o Francis, uma pessoa que ele adorava, estava sendo tratado".

Ninguém discordava. Quem mais sofria com Paulo Henrique no escritório era Paulo Francis, um jornalista importante sob qualquer ótica: o algoz implacável de Roberto Marinho e da Globo em artigos agressivos à beira da grosseria nas páginas d'*O Pasquim* nos anos 1970; o colunista da *Folha* e do *Estadão* que colecionara desafetos no meio político, artístico e cultural brasileiro em sua guinada radical do trotskismo para a direita conservadora; o hilariante comentarista internacional, avesso irresistível do figurino ideal de empostação e postura diante da câmera; o funcionário cuja contratação o dono da Globo aprovou, para surpresa até dos articuladores da proposta, Armando Nogueira, Lucas Mendes* e Hélio Costa*; e o colega adorado por todos no escritório de Nova York, menos Paulo Henrique Amorim, a quem Francis deu um apelido de prima-dona: "Anastácia".

"Tadinho do Paulo Francis. Eu fumava na época. E eu ficava muito no fumódromo, que era uma outra salinha. E o Paulo Francis ia me fazer companhia lá, tão esculhambado e maltratado que ele era pelo Paulo Henrique."

Às lembranças como essa que a repórter Ilze Scamparini guardou dos meses que passou no escritório em 1991 somavam-se situações como a de Paulo Zero, que em entrevista a este autor contou que foi suspenso por uma semana e ficou perto de ser demitido por ter saído para gravar com Paulo Francis em uma tarde em que estava livre na redação:

"O gerente financeiro do escritório, Raul Perlicz, chegou a me alertar que o Paulo Henrique, além da suspensão, estava louco para construir uma situação trabalhista que permitisse a minha demissão por justa causa. E apenas porque, sem nada para fazer na redação, eu gravei com o Francis num horário não permitido pelo Paulo Henrique".

Foi "o pior período do escritório da Globo em Nova York", segundo Orlando Moreira*, o mais antigo cinegrafista do jornalismo da emissora. Evandro, na entrevista que deu a Geneton, além de mencionar a recusa de Paulo Henrique em pagar o que a Globo devia a Francis, uma "coisa doentia" da qual já tinha conhecimento da época em que era diretor d'*O Globo*, disse que ficou impressionado com os relatos que ouviu sobre como funcionava a produção de reportagens:

"Ele se apropriava de pautas alheias, tudo que fosse interessante, mesmo quando fossem assuntos propostos por outros, sufocando qualquer um que estivesse lá também no papel de correspondente".

Com Alberico no comando da CGJ, Paulo Henrique "fazia o que queria e ia para onde quisesse, só avisando quando já tinha viajado", na lembrança de Paulo Zero. E foi assim que, em maio de 1995, ele também não tomou conhecimento de que o escritório de Londres sempre havia sido o ponto de partida de coberturas da Globo na África por razões logísticas, financeiras e de ordem operacional, na hora das transmissões por satélite: viajou para o Zaire com o mesmo Paulo Zero para cobrir um assustador surto do vírus ebola no país, atropelando os colegas de Londres, entre eles Pedro Bial, que, em entrevista a este autor, disse ter tido um motivo a mais para ficar indignado:

"Eu descobri que o Paulo Henrique disse a um amigo, o jornalista Nirlando Beirão, e o Beirão botou isso num livro, que eu tinha me recusado a ir cobrir a epidemia do ebola por estar com medo de ir para a África. Na verdade, do outro lado do Atlântico tinha um carreirista, uma péssima pessoa".

Julho de 1995. O outro Evandro poderoso na história da Globo, o ex-diretor de afiliadas e expansão e então vice-presidente de relações institucionais do grupo, Evandro Guimarães, contou a este autor que, por coincidência, foi testemunha, em Nova York, do "atordoamento" e do "estardalhaço" de Amorim com a notícia da ida de Evandro Carlos de Andrade para o lugar de Alberico:

"O Paulo Henrique ficou dizendo que Alberico caiu por ciúme dos Marinho com a relação que ele tinha com os poderosos de Brasília. O Paulo achava que Alberico era uma âncora dele na empresa. E, pelos contatos pessoais que tinha com Roberto Irineu quando ele ia a Nova York, achava que estava completamente dentro da estrutura de poder da Globo. Isso nunca existiu. O que valia, naturalmente, era a vontade dos donos. Quem não compreendia isso dos Marinho ficava magoado ou chateado".

Passado o choque com a queda de Alberico, aconteceu a caminhada em Manhattan, durante a qual Paulo Henrique se candidatou à bancada do *Jornal Nacional*. No relato que fez a Geneton sobre a conversa, Evandro primeiro ressalvou que considerava Amorim "um grande correspondente, um grande repórter, e corajoso". Depois, disse que os "defeitos" do pretendente como apresentador eram "flagrantes, ostensivos e óbvios". Finalmente, com a gélida naturalidade que costumava demonstrar quando se via diante da oportunidade de enquadrar um subordinado, concluiu:

"Foi nessa conversa que eu destituí o Paulo Henrique, curiosamente. Andando na rua, no dia em que ele me pediu para ser apresentador do *Jornal Nacional*".

Na lembrança de Fabio Watson, interlocutor compulsório e diário, Paulo Henrique ficou "deprimidíssimo" após ser substituído na chefia por Jorge Pontual, mesmo sendo prestigiado com a construção de uma sala para ele, na sucursal da Globo então localizada no décimo nono andar de um prédio da Terceira Avenida. Ainda assim, continuou agindo como chefe e tentou mais uma vez atuar fora da área de cobertura do escritório de Nova York.

Em 5 de janeiro de 1996, ligou para a Globo de Londres, então chefiada por este autor, requisitando apoio de produção para cobrir a morte de Iahia Aiach, chefe importante do grupo terrorista Hamas cujo celular, sabotado por agentes do Mossad, explodira durante uma ligação. Informado de que, se a direção decidisse por uma viagem a Israel, a pauta era para Pedro Bial ou Silio Boccanera, os correspondentes de Londres, Paulo Henrique, antes de bater o telefone, disse que ia resolver a questão com Evandro. Ligou para o Rio e Evandro decidiu. Ninguém foi para Israel. Sinal do que viria.

No final daquele ano, com a demissão de Paulo Henrique, começaria a surgir, no cenário da mídia brasileira, até sua morte em julho de 2019, aos 76 anos, vítima de um infarto, um dos mais agressivos e encardidos inimigos da Globo. Para Fabio Watson, um admirador do profissional e da "pessoa fantástica" que Paulo Henrique era como chefe, no tempo em que os dois trabalharam juntos na editoria de economia do *Jornal Nacional* e do *Jornal da Globo*, no Rio – antes da "espécie de surtada" que testemunhou em Nova York e que, de alguma forma, contribuiu segundo ele para o infarto que sofreu em julho de 1995, aos 37 anos, quando coordenava a produção do escritório –, ficou uma dúvida:

"Desde os tempos na Globo do Rio, até o período de cinco anos em que Paulo Henrique chefiou Nova York, ele nunca deu a menor indicação de que fosse um cara de esquerda. Muito menos de que se tornaria o ícone que virou para a esquerda".

CAPÍTULO 32

Véspera do pesadelo

Chegou um momento, na segunda metade dos anos 1990, em que o problema para autores e diretores da dramaturgia da Globo deixaria de ser apenas o ângulo e o tempo de decolagem de suas novelas para o topo das planilhas do Ibope, como acontecia nas décadas de 1970 e 1980. Estavam para entrar em cena, e para não mais deixar a disputa de audiência, como se verá mais à frente neste livro, concorrentes que não hesitariam em usar sangue, violência, mentira, humilhação e o mais rasteiro sensacionalismo policialesco para invadir o horário nobre da TV aberta brasileira, um deles, inclusive, empunhando um porrete diante das câmeras.

O problema de Aguinaldo Silva*, a partir de 17 de fevereiro de 1997, por exemplo, ainda era apenas não fazer feio, junto com o autor Ricardo Linhares, com a novela que substituiria a saga *O Rei do Gado*, mergulho realista com ecos no cenário político do país, e que tinha consagrado de vez Benedito Ruy Barbosa como um dos magos da dramaturgia da Globo no horário estratégico das oito da noite. Aguinaldo* diria depois, em 2000, que, diferentemente de Benedito, para ele um autor de histórias "sertanejas" com personagens da fazenda e do campo, escrevia novelas sobre "cidadezinhas" com um único objetivo:

"Novela é pra divertir as pessoas. O cara chega em casa, cansado do trabalho, senta ali, vê uma novela, morre de rir, chora, se emociona, pensa um pouquinho, mas só um pouquinho, né?".

Não surpreendeu, portanto, que *A Indomada*, a resposta de Aguinaldo para mais um desafio das oito da noite, fosse uma história tematicamente bem distante do mundo de Benedito, ambientada em "Greenville", mais uma "cidadezinha" fictícia do litoral do Nordeste que mantinha, em pleno século 20, uma hilariante mistura de costumes britânicos e nordestinos surgida no século 19, durante a construção de uma ferrovia chamada Great Western Railway.

A trama, que começava com a volta da Europa da protagonista interpretada por Adriana Esteves para tomar posse da fortuna da família, sem saber que o patrimônio tinha sido perdido numa mesa de jogo pelo tio, papel de Cláudio Marzo, era "uma sátira da pasteurização do mundo globalizado, levando o *five o'clock tea* ao sol tórrido dos engenhos de açúcar", nas palavras de Silas Martí, da *Folha de S.Paulo*. Uma novela que foi, para Mauro Alencar, um dos maiores estudiosos da teledramaturgia do país, "uma crítica muito correta e pertinente à colonização americana no Brasil".

"*Óxente, my God!*"

"Eu fico *crazy, crazy for you!*"

Bordões bilíngues como, respectivamente, o da vilã "Altiva", papel de Eva Wilma, e de seu cúmplice "Pitágoras William Mackenzie", chefe político interpretado por Ary Fontoura, e personagens com nomes incomuns como "Dorothy", "Scarlet" e "Carolaine", da família "Mackenzie Pitiguary", pontuaram os 203 capítulos do folhetim dirigido por Paulo Ubiratan, e nos quais Aguinaldo e Linhares, fiéis ao costume de recorrer ao realismo fantástico, como tinham feito em *Tieta* (1989), *Pedra Sobre Pedra* (1992) e *Fera Ferida* (1993), criaram algumas situações sobrenaturais: José de Abreu, que fez o papel do "Delegado Motinha", foi parar no Japão depois de cair num buraco; "Emanuel", personagem de Selton Mello, transformou-se em um anjo; e "Altiva", depois de morrer queimada em uma cabana, sobrevoou "Greenville" e ameaçou a cidade no dialeto local:

"*I'll be back!*".

Na imprensa, houve quem recebesse a novela com pedras. O colunista José Simão, dois dias depois da estreia, em 19 de fevereiro, sugeriu à Globo mudar o nome da trama para *A Requentada* ou *A Reciclada*, pelo fato de a emissora estar sendo "politicamente correta" ao fazer "reciclagem de lixo". Fernando de Barros e Silva, que meses antes tinha condenado Benedito Ruy Barbosa por usar de modo supostamente irresponsável o tema da reforma agrária em sua *O Rei do Gado*, sugerindo que as tramas da emissora voltassem a ser descoladas da realidade, alienantes e superficiais como no passado, além de propor outros dois títulos alternativos à novela de Aguinaldo Silva, "Vale a Pena Ver de Novo" e "O Primeiro Clone da TV Brasileira", compartilhou mais uma vez com seus leitores, na *Folha* de 23 de março daquele ano, os fortes sentimentos que o acometiam quando em contato com o gênero para ele moribundo:

"As pessoas querem isso mesmo: personagens conhecidos, emoções baratas, casos melados de amor, risadas fáceis, enredos óbvios e lineares, além de um pouco de suspense ou desconforto afetivo só para preparar o momento da reconciliação feliz – que sempre vem no final, certa como a morte".

Como sempre, também, houve quem não deixasse dúvida de que tinha gostado muito da novela, como Cristina Padiglione, em sua coluna publicada na mesma *Folha* de 4 de agosto de 1997, ao registrar o domínio absoluto de *A Indomada* no Ibope no sexto mês de exibição, com 57 pontos de pico e 54 de média, em noite na qual a média do *Jornal Nacional* tinha sido de 43, números todos de sonho, por sinal, na Globo dos anos 2020:

"Não foi bem um capítulo de novela, mas sim uma aula para os aspirantes a autor, diretor e principalmente ator. Em *A Indomada*, Eliane Giardini, Eva Wilma e Cláudio Marzo estiveram perfeitos. E, ao encerrar o capítulo com um tiro no escuro, Aguinaldo Silva e Ricardo Linhares mostram como se garante a plateia do dia seguinte".

Ou como Silas Martí, também da *Folha*, que em janeiro de 2021, 24 anos depois de *A Indomada* ir ao ar, além de elogiar Eva Wilma por "talvez um dos maiores papéis de sua sólida carreira", disse que a novela, "se não se tornou um clássico como *Tieta*", teve um enredo que foi "um dos mais deliciosos construídos pelo autor passados nesses microcosmos de Brasil, uma terra teimosa atolada no passado".

Mas eram tempos sem maiores preocupações com a concorrência, uma época em que, para fazer ajustes nas tramas e manter a liderança no Ibope, as ferramentas continuavam sendo as da própria dramaturgia, e nos quais os autores da Globo, uns menos, como Gilberto Braga, outros mais, como Aguinaldo, tornavam-se reféns assumidos dos desejos do público. No caso de *A Indomada*, convencido desde sempre de que "novela é uma grande fofoca que se torna parte do cotidiano do telespectador", Aguinaldo até aprovou a ideia de a Globo abrir linhas 0900, solução depois abandonada por razões técnicas, para saber quem deveria ser o "Cadeirudo", um personagem misterioso da novela. E dizia não ter vergonha de ser considerado um autor conservador:

"Eu me preocupo muito com isso. Eu me orgulho de ser um autor conservador. Fato é que você tem que se preocupar o tempo inteiro com o que você está escrevendo. Às vezes, eu tinha até pesadelos. Já aconteceu, assim, de madrugada, eu acordar assustado por causa de alguma coisa que eu escrevi e pensar assim: 'Amanhã, eu tenho que tirar isso'. Às vezes, o capítulo já tá sendo gravado, eu ligo: 'Corta essa cena, vou mandar um adendo'".

Pelas mesmas razões, Aguinaldo não hesitou em mudar o destino de uma personagem que poderia fazer história: "Zenilda", a dona de um bordel de "Greenville" interpretada por Renata Sorrah, cujo relacionamento com a personagem "Sebastiana Vieira", vivida por Catarina Abdalla, sugeria, ainda que discretamente, no início da novela, o que poderia se tornar uma relação homoafetiva. O "núcleo" do bordel até mereceu, à época, elogios da escritora feminista Marilene Felinto e da própria Renata*, esta com um comentário que estaria perfeitamente adequado à luta identitária do século 21:

"Acho importante que a 'Zenilda' seja uma dona de bordel e uma mulher que pode ser uma homossexual ou que pelo menos é aberta a isso. Acho bacana, porque são minorias que estão aí sendo espancadas, isoladas, tratadas de maneira fascista. O bom de novela é o número de pessoas que ela atinge".

Pois era esse o problema: os milhões de pessoas do Brasil dos anos 1990 que a novela alcançava diariamente e cuja reação Aguinaldo, um homem que nunca fez de sua homoafetividade uma bandeira pública, levou em conta, ao decidir alterar o destino de "Zenilda" e "Vieira". A justificativa, explicada por ele em sua entrevista ao Memória Globo, deixava evidentes os critérios que a Globo levava em conta para decidir sobre seus conteúdos do horário nobre, pelo menos até aquele final da década de 1990:

"O meu gosto não é tão assim mais apurado do que o do espectador. Isso já me dá uma certa tranquilidade. Quando eu não gosto, acende a luz vermelha. A Renata Sorrah tinha um caso secreto com outra personagem da novela. Desde o começo eu vi que não estava funcionando, e quando eu saía na rua eu via que as pessoas não estavam gostando daquilo. Aí, tranquilamente, fui jogando a Renata Sorrah pra cima do Cláudio Marzo. Aí, explodiu, as pessoas adoraram. É loucura você insistir. Você está fazendo a novela por quê? Pra conseguir audiência, pra agradar o telespectador. É pra fazer sucesso, não é por outra razão. Então, é uma loucura você se colocar contra o que o telespectador quer. Isso é um absurdo. Eu posso fazer isso nos meus livros, nas minhas peças de teatro. Na novela, não".

Aguinaldo ainda não tinha enfrentado um certo Ratinho.

E não era o "Topo Gigio".

Videocassetadas

"O Boni tinha liberado cinco minutos e o Carlos Manga deixou no ar meia hora. E aí, quem segura? Quem está com a cara lá."

Fausto Silva*, na entrevista que deu ao Memória Globo em 2006, no décimo oitavo dos trinta anos de seu programa, fez questão de se eximir e apontar os responsáveis pelo histórico final de tarde de domingo de 26 de outubro de 1997, quando, a partir das 17h20, o *Domingão do Faustão* garantiu um pico de 29 pontos no Ibope ao apresentar o quadro "Sushi Erótico", atração transmitida ao vivo do restaurante Kazumi, no bairro da Liberdade, e na qual os atores Márcio Garcia, Oscar Magrini e Mateus Rocha se serviram de comida japonesa espalhada por corpos de mulheres nuas focalizadas sem pudor pelas câmeras. As imagens também mostravam que Faustão, mesmo não tendo sido o autor da ideia do quadro, estava à vontade no espetáculo que se tornaria um escândalo imediato, e até perguntou aos atores:

"Onde serve a sobremesa?".

Com muito mais intensidade do que o "romance" dos macacos do zoológico de Brasília e a cobertura deslumbrada e desproporcional do nascimento da filha de Xuxa, que seriam exibidos meses depois pelo *Jornal Nacional*, aquele sushi se tornou um símbolo inseparável da guinada sensacionalista dada pela Globo durante a baixaria que tomou conta da disputa de audiência da TV aberta em 1997, quando os milhões de televisores adquiridos pelas classes C, D e E a partir da estabilidade econômica propiciada pelo Plano Real começaram a fazer diferença nas planilhas do Ibope.

Como de praxe, não seriam tão lembradas as atrações com as quais o programa *Domingo Legal*, do SBT, apresentado por Gugu Liberato, estava vencendo a Globo, até o início do "Sushi Erótico": o cantor, compositor, palhaço, humorista e futuro deputado Francisco Everardo Oliveira Silva, o Tiririca, e a atriz Luiza Ambiel entraram na "Banheira do Gugu", uma disputa em que convidados famosos tentavam encontrar sabonetes espalhados pela banheira, atrapalhados por modelos em trajes de banho. Em outro momento do programa, durante uma apresentação do grupo É o Tchan!, um produtor da emissora tirou demoradas medidas do traseiro da cantora Carla Perez.

Também naquele domingo, Gugu tinha estreado o quadro "Sentindo na Pele", no qual se disfarçava de mendigo e que tinha garantido ao SBT um placar de 33 a 17 no Ibope, o que contribuiria para que seu programa terminasse à frente do *Domingão* com um placar de 26 a 23 na média geral. Números, como sempre, relativos apenas à audiência instantânea medida pelo Ibope entre os telespectadores da Grande São Paulo.

No resto do país, como quase sempre, a Globo liderava sem sustos. E era o foco praticamente exclusivo da mídia impressa de circulação nacional, predominantemente paulista, no dia a dia da disputa da Grande São Paulo, muitas vezes omitindo as médias da Globo em todo o Brasil, um olhar apelidado de "cosmopaulista" pelo carioca Sidney Garambone, editor da equipe de esportes da emissora, que deixava Faustão inconformado:

"Na verdade, só houve um ano em que o programa empatou na audiência nacional, e perdeu em São Paulo. São dezoito anos de liderança absoluta. Não tem outro caso na história. Outra coisa: nesse horário, na Globo, era enlatado ou filme, e hoje tem mais de trezentas pessoas com emprego, envolvidas direta ou indiretamente nesse projeto".

Mas trauma houve na época. Para a equipe do *Domingão*, o marco inicial daquela fase difícil do programa tinha sido outro domingo, 2 de março de 1996, um ano e sete meses antes do sushi, quando o *Domingo Legal* disparou para a maior audiência de sua história até então, com a cobertura da morte num acidente aéreo dos integrantes do grupo Mamonas Assassinas. De 12h20 a 15h30, o SBT alcançou média de 37 pontos contra 13 pontos da Globo no mesmo horário, na Grande São Paulo. Na redação da Globo, o então recém-contratado Álvaro Pereira Júnior, jornalista egresso da imprensa escrita e futuro chefe de redação do *Fantástico*, viveu um domingo inesquecível:

"A Globo foi a primeira a dar o acidente dos Mamonas, a primeira a chegar ao local, foi superbem. Só que à tarde ficou um buraco de umas quatro, cinco horas: entrou o programa do Gugu, que virou um programa inteiro dos Mamonas. Aí o SBT foi massacrando a Globo, em audiência, massacrando. Aí, quando veio o *Fantástico*, obviamente a gente fez uma supercobertura consolidada, completa. Mas teve aquele buraco à tarde, horário em que na Globo era o Fausto e um filme. Você olhava nos monitores, o Gugu com os Mamonas e a gente com um filme gelado. Foi punk".

Não se cogitava, nem na época, nem nos mais de vinte anos de Faustão que ainda viriam, a hipótese de a Globo fazer com o *Domingão* o que fazia, de forma implacável e sem hesitação, com quase todos os conteúdos da emissora que não conseguiam a liderança no horário em que eram exibidos: tirar o programa do ar.

Faustão, definido por um ex-diretor da área comercial da Globo como "um excelente vendedor, cujos cachês valiam cada milhão que ganhava, e que sabia como ninguém se relacionar com jornalistas e anunciantes", era uma peça-chave na responsabilidade do *Domingão* de gerar um faturamento mensal que, em 1999, era de 150 milhões de dólares, o equivalente, segundo reportagem da *Folha de S.Paulo* em 6 de março daquele ano, a todo o faturamento da Rede Record em 1998. E, faturamento à parte, todos sabiam, no comando da emissora, que a tarde de domingo era tão estratégica quanto desafiadora para qualquer equipe de programação. A começar pelo próprio Faustão:

"Todo mundo acha que entende de televisão, assim como acontece com o futebol, porque isso é entretenimento. Então, todo mundo dá palpite [...] Todos os diretores que passaram pelo programa, nenhum deles pode dizer: 'O Fausto é contra, não deixa mexer no programa'. Muito ao contrário, todos fizeram o que quiseram. Eu dei liberdade total a eles. Nesses dezoito anos, nunca teve uma entrevista, nenhum desabafo: os problemas internos sempre foram discutidos internamente. Em nenhum momento, nem nos piores".

Outro sério arranhão sofrido pela Globo naquela fase crítica do *Domingão* aconteceu em setembro de 1996, seis meses depois do "buraco" de audiência na tarde da tragédia dos Mamonas Assassinas, quando o executivo da vez para enfrentar as derrotas completas ou parciais que o programa vinha sofrendo na disputa com Gugu era o experiente diretor de núcleo Carlos Manga*, então com

68 anos e dono de um respeitado currículo de diretor de cinema e de televisão que incluía 26 filmes e 15 programas, entre eles *Chico City* e *Os Trapalhões*. Em sua entrevista, Manga disse que só aceitou o cargo por muita insistência da direção, e que o episódio que resultaria no seu afastamento do *Domingão* teve início em uma informação errada que alguém da produção do programa que ele não identificou passou para ele:

– Manga, tem um anãozinho, é impressionante, ele tem setenta centímetros de altura, canta e imita o cantor Latino, é igualzinho ao Latino.

– Mas ele é deformado?

– Não, é absolutamente normal, faz sexo normal ele.

– Ah, então eu quero.

Não era um anão. No domingo, 8 de setembro, quem apareceu no palco do *Domingão* de blusão de couro, óculos pretos e jeans foi o adolescente Rafael Pereira dos Santos, de Colatina, Espírito Santo, à época com 15 anos, portador de síndrome de Seckel, condição causada por um severo retardo de crescimento intrauterino. Tinha 87 centímetros de altura, oito quilos de peso, e, de acordo com retrospecto do episódio feito por André Carlos Zorzi para *O Estado de S. Paulo*, "idade mental de criança".

"Você que quer fazer um show em quitinete, um show em creche, pode contratar essa fera aqui. O menor Latino do mundo, o glorioso Latininho."

Era Faustão, referindo-se ao apelido dado ao menino pelo fato de ele ser fã do cantor Latino, que também estava no palco e interpretou a música "Louca" junto com Latininho. Alvo da maioria das piadas feitas no programa, Rafael, segundo Zorzi, não parecia entender a maior parte dos comentários sobre ele. Manga*, que num primeiro momento chegou a "sentar pra rir" e até apostou que a atração seria uma "paulada" no Ibope a favor da Globo, demorou para se dar conta do que estava levando ao ar:

"O menino era anormal e eu não sabia, confiei na indicação. Quando ele entrou no palco, ai-ai-ai-ai, foi uma mancha negra na minha vida profissional. Acho que foi um momento ruim. E não deu Ibope, não".

Em entrevista à *Folha de S.Paulo* três dias depois do programa, em meio à repercussão negativa do episódio, Manga pediu desculpas, disse estar passando por "dias atormentados" com o caso, mas também tentou contextualizar:

"A todas as pessoas que se ofenderam eu peço desculpas. O tiro saiu pela culatra, agora vou guardar o revólver e tomar mais cuidado. Esse público já está acostumado a ver coisas assim no programa do Gugu. O Flávio Cavalcanti fazia isso no programa dele. Também quando colocaram o anão 'Ferrugem' na televisão ninguém falou nada. Mas faz parte da profissão, graças a Deus que a gente pode errar e consertar. Com um médico isso não pode acontecer".

O que não impediria, quatro anos depois, a juíza Simone Gastesi Chevrand Folly, da 36ª Vara Cível do Rio de Janeiro, de condenar a Globo a pagar um milhão de reais à família de Latininho a título de danos morais, por expor o menino de maneira "vexatória" na TV, e "de forma desrespeitosa à sua dignidade, submetendo-o a situação constrangedora". A defesa da emissora alegou que Latininho não sofreu "abalos psicológicos" e teria até se divertido durante o programa.

Entre as intervenções sofridas pelo programa naqueles anos críticos, uma deixou Faustão* especialmente irritado: a do período de cerca de cinco meses em que Luizinho Nascimento, então diretor do *Fantástico*, foi o executivo da vez convocado para levantar a audiência do *Domingão*, com o aval da então superintendente-executiva Marluce Dias e o apoio, ainda que contrafeito, do chefe Evandro Carlos de Andrade, diretor da Central Globo de Jornalismo. Em uma época em que Boni já era apenas um consultor pró-forma da presidência prestes a sair da empresa, Luizinho acumulou o comando dos dois programas a partir de janeiro de 2001, com a missão de investir no que foi chamado de "jornalismo-show", uma aposta na estrutura incomparável da CGJ. Mas Faustão* não gostou nem um pouco:

"Um chegou lá e tirou o balé, colocou um repórter. Foi obrigado a ouvir o Boni, no dia seguinte, dizer: 'Agora arrebentaram de vez o programa'. Olha que coisa imbecil: você pega um show e tira o balé. É aquela velha história: gente de show, quando vai fazer jornalismo, faz merda; e gente de jornalismo, se vai fazer show, a merda é pior ainda, porque é a merda com credibilidade".

Ouvido por este autor em 2024, Luizinho não deixou por menos: disse que depois de hesitar em aceitar a missão pelo fato de a CGP ser "um mundo totalmente diferente", e de até chamar para trabalhar com ele, e se "cercar politicamente", um amigo em comum com Faustão, o jornalista Marco Mora, constatou que a intervenção não iria dar certo, fosse com ele, Luizinho, fosse "com o mané da esquina" na direção do programa:

"O Faustão vinha ladeira abaixo, com aquelas bizarrices que enojam qualquer um, que nem sushi na mulher pelada, o anãozinho que ficou no colo. Se isso é show, não sei o que podemos definir como show. Eu limei mesmo o balé, falei que aquilo de botar mulher de biquíni mostrando as pernas era coisa dos anos 1950, velho demais, e chamei o grupo Intrépida Trupe pra fazer o plano de fundo do programa. E o Fausto amarrou a cara porque ele que selecionava as mulheres do balé, era audição com ele, e já ficou puto".

Pelo lado da equipe do *Fantástico*, as lembranças também não seriam boas, como contou a então produtora Renata Rodrigues*, para quem Faustão se revelou "um cara difícil pra caramba":

"O *Fantástico* ia muito bem, mas o Faustão rateava na audiência. E aí era uma coisa difícil, até pelo temperamento, porque o Luizinho é um cara superintrospectivo, na dele, quietão, caladão. Era difícil também pela logística: eram dois programas completamente diferentes, enormes e importantes".

Na tentativa de melhorar o clima, Marluce convidou o veterano Maurício Sherman para ser diretor artístico, ao lado de Luizinho, o que na lembrança do diretor do *Fantástico* só fez piorar a situação:

"O Sherman chegou lá com uma banca e dizendo: 'Vocês do jornalismo têm que entender que a linguagem aqui é diferente'. Eu disse que não queria impor nada, mas começou um processo de desgaste em que o Sherman pensava uma coisa, eu pensava outra. Até que um dia ele viu o espelho que eu tinha feito com as atrações do programa e disse que estava tudo errado. Eu disse: 'Está tudo errado? Então foda-se! Faz você'. Depois, liguei para a Marluce, me desencanei do Fausto Silva e fui cuidar do *Fantástico*".

Em sua entrevista, Faustão disse que tirou, do episódio com Latininho e do "Sushi Erótico", o que chamou de "grande reflexão que tem que ficar para a posteridade", a partir da comparação daqueles dois momentos com tudo o que aconteceu na história do *Domingão*:

"São quase mil programas, dezoito anos no ar, e o índice de desvio de rota não chega a 1%. É isso que você tem que ver. As pessoas vão se lembrar desses dois, são dois. Quantas vezes as capas de revistas, os jornais que se autointitulam sérios, derrapam? Ninguém olha para o próprio umbigo. Se tivesse sido uma coisa sistemática, se tivesse chegado a 10% seria ridículo. E não chega a 1%. A gente fez quase mil programas, alguns com 540 minutos, todos ao vivo, e você tem dois exemplos que foram ruins".

O problema é que, em 1997, não foram só "os jornais que se autointitulam sérios" que se incomodaram com os dois episódios "ruins" do *Domingão*: Marluce Dias distribuiu mensagens aos diretores alertando-os para o risco de baixarem o nível da programação; Roberto Marinho, de acordo com reportagens do *Jornal do Brasil* e da *Folha de S.Paulo*, pediu para assistir à fita com o quadro do sushi e ficou "horrorizado"; um documento circulou na equipe do programa vetando "a transformação em espetáculo do erótico, do pornográfico, do bizarro, da tragédia e da miséria humanas"; e Roberto Irineu se reuniu com Boni para discutir caminhos para recuperar a audiência do *Domingão* sem baixaria. Ao lembrar daquele momento da emissora, o ator e diretor Paulo José*, sempre atento aos caminhos da televisão, disse que só havia um caminho:

"O momento do Faustão de querer competir com o Gugu, com as mesmas armas, botar uma mulher nua, com sushi em cima, e os caras comendo sushi e sashimi em cima da mulher, isso é uma coisa indecorosa. A tentação é você usar as mesmas armas. E tem acontecido isso, mas o que acontece infelizmente é o seguinte: cria uma relação negativa dentro da própria Globo, perde o público dela e não ganha outro".

"Baixaria nunca mais" foi a mensagem de Faustão em entrevista ao jornal *O Globo* em 29 de outubro de 1997. Na entrevista em 2001, atribuiu as dificuldades crônicas do *Domingão* ao que considerou ser uma deficiência histórica da Globo:

"A Globo nunca fez show, especialmente esse tipo de programa. Tanto que quando o Silvio Santos saiu da TV Globo foram quinze anos sem a liderança. Você acha que eles me contrataram por quê? É só consultar o Boni e o Daniel: para tentar, depois de quantas mil tentativas, recuperar essa liderança, o que não conseguiram durante todo esse tempo. Isso porque na Globo é tudo dramaturgia, 99%. E tem até motivos, a dramaturgia é um sucesso. Agora, o show? Com a morte do Augusto César Vannucci, então, que era o único cara que entendia do assunto, você não tem ninguém rigorosamente de show".

A sorte da Globo, na época, como mostrou a reportagem de Francisco Martins da Costa e Mariana Scalzo, publicada pela *Folha* em 15 de dezembro de 1997, era o fato de o SBT do mesmo Silvio Santos, então a segunda maior rede do país, em sua "instabilidade crônica", não conseguir superar uma rotina de demissões, projetos cancelados e programas que entravam ou saíam do ar sem aviso-prévio. Além de iniciativas malsucedidas do SBT, como a de tentar, em 1993, construir, no complexo da emissora na Via Anhanguera, em São Paulo, cenários idênticos aos do quadro "Olimpíadas do Faustão", para ser logo depois impedido de fazê-lo pela Globo por via judicial, sob pena de uma multa de mil dólares por segundo de exibição, em caso de desobediência.

Após ajustes que incluíram o abandono do vale-tudo sensacionalista que continuaria na pauta do *Domingo Legal* de Gugu, o *Domingão do Faustão* começaria a reagir nas planilhas do Ibope a partir de 2002, mas as tardes de domingo, acrescidas de atrações e transmissões esportivas das redes concorrentes, jamais seriam totalmente tranquilas no palco do *Domingão* e nos bastidores da Globo. Viriam pela frente períodos alternados de altos e baixos na audiência e nos quais o *share*, a porcentagem de aparelhos ligados na TV aberta, diminuiria de forma irreversível, situação que perduraria até junho de 2021, quando Faustão deixou a emissora, insatisfeito com uma proposta de trocar o domingo pelo comando de uma nova atração nas noites de quinta-feira.

Passados os traumas com o "Sushi Erótico" e Latininho, como observou o repórter Ricardo Kotscho, no perfil que fez de Faustão publicado pela *Folha* em 19 de junho de 2001, o apresentador se mostraria indiferente ao estresse da equipe no *switcher* do *Domingão*, todos "com um olho nos monitores e outro nos números do Ibope". Pelo contrário: fazia questão de não ser informado sobre as oscilações do "reloginho", justificando:

"Se eu não me divirto, como é que posso divertir os outros?".

Legião estrangeira

A madrugada do dia 31 de agosto de 1997, um domingo, estava pelo meio quando o telefone tocou no apartamento do bairro de Hampstead, norte de Londres, onde morava a repórter Ana Luiza Guimarães*, então recém-integrada à equipe do escritório da Globo na cidade. Não era nada do Brasil: era o produtor Edson Nascimbeni, ligando do escritório londrino da emissora em Camden Town, a dez minutos dali, com uma frase que dispensava explicações:

– Ana, vem pra cá agora porque a princesa morreu.

Ana se vestiu "voando", pediu pelo telefone um carro da empresa de *minicabs* que costumava atendê-la e, em minutos, quando já estava no carro a caminho de Camden Town, percebeu que o motorista, que a conhecia pelo nome, já sabia que a princesa Diana tinha sofrido o acidente e estava mal num hospital em Paris:

– Ana, por que você está indo tão cedo para o escritório? Você tem notícias da princesa? Como ela está?

– A princesa morreu...

Assim que respondeu, Ana foi surpreendida por uma freada violenta do carro, que lançou seu corpo para a frente, e se deu conta, quando o motorista parou o carro completamente para se virar para trás, de que ele não sabia que Diana tinha morrido:

– Morreu a princesa?

– Morreu. O senhor me desculpe dar essa notícia assim.

Ana nunca esqueceria: o motorista abriu a porta do carro e saiu pela rua, no meio da madrugada, chorando, mãos na cabeça, desesperado, repetindo pra ninguém "meu deus, a princesa, a princesa", enquanto ela pedia, aflita, no banco traseiro do *minicab*:

– Moço, volta pelo amor de Deus, que eu tenho de ir para o escritório.

Para os jornalistas do escritório da Globo em Londres, parecia que o século 20, como notícia, tinha acabado antes da hora, ali pelo final dos anos 1980, com a queda do Muro de Berlim, em 1989, a primeira Guerra do Golfo, em 1990, e o fim da União Soviética, em 1991. A sensação era agravada pelo fato de o *Jornal Nacional* há muito já não precisar tanto de reportagens do exterior para compensar a ausência de assuntos nacionais importantes vetados pela censura ou pela própria direção da emissora, como acontecia na ditadura militar.

"Era uma sensação de inutilidade, perto das matérias semelhantes das emissoras da Europa e dos Estados Unidos e que tinham repercussão, causavam impacto. No Brasil, continuavam sendo as reportagens da editoria de internacional, a primeira a cair no *Jornal Nacional*, salvo em situações excepcionais."

O comentário de Pedro Bial, feito na entrevista que ele deu a este autor em 2024, referia-se aos quinze dias de 1994 que ele passou com o cinegrafista Sergio Gilz em Sarajevo, capital bósnia então sitiada havia trinta meses por tropas sérvias. Uma cobertura da qual ele levou, para o resto da vida, além de perdas parciais de audição nos dois ouvidos, por estar próximo a um local atingido por uma bomba, a frustração com a falta de um interesse maior, no Brasil, pelo drama de uma cidade que tinha perdido dez mil cidadãos naquela guerra, muitos deles alvejados em uma rua que ficou famosa pelo apelido de "Alameda dos *Snipers*", símbolo da barbárie étnica que se seguiu ao fim da antiga Iugoslávia.

"Não tinha bandido e mocinho naquela guerra. Era uma guerra muito difícil de contar, porque todo mundo era bandido, um bando de oportunistas políticos disputando o espólio da Iugoslávia e mexendo com tudo que o ditador Tito conseguiu segurar durante cinquenta anos, os sentimentos nacionalistas mais arcaicos."

Quantos telespectadores brasileiros fariam questão dessa síntese de Bial para a Guerra da Bósnia? Ele e Gilz, passadas as hecatombes históricas do século 20 concentradas na virada dos anos 1990, e que os dois também haviam coberto junto com outros colegas da Globo de Londres, estavam tentando manter, em Sarajevo, a tradição que muitos da imprensa estrangeira consideravam, como Bial costumava ouvir, uma "excentricidade": a presença de uma equipe da televisão brasileira em coberturas internacionais importantes nas quais só costumavam estar emissoras da Europa e dos Estados Unidos. Mesmo sendo cada vez menor a certeza de que o *Jornal Nacional* aproveitaria todas as reportagens.

As pautas estavam mudando no período menos espetacular que se seguiu às grandes coberturas internacionais daquela época, e em uma delas Bial e o cinegrafista Paulo Pimentel viveram uma situação dramática que o *JN*, mesmo que quisesse, não teria como mostrar, e que começou na cidade angolana de Caxito em novembro de 1992, logo após a eleição nacional que foi seguida do chamado Massacre do Dia das Bruxas, quando milhares de partidários da União Nacional para a Independência Total de Angola (UNITA) foram mortos por forças Movimento Popular de Libertação de Angola (MPLA).

Os dois já encontraram um cenário de terra devastada ao desembarcarem na capital, Luanda: ninguém na rua, corpos espalhados por todos os lados, o hotel em que ficariam abandonado pelo dono, um francês, e nada de grave, aparentemente, no condomínio fechado onde moravam funcionários brasileiros das obras da empreiteira Odebrecht no país. Em busca de "ação", Bial, Pimentel e o repórter Leão Serva, da *Folha de S.Paulo*, com o apoio de um motorista local, decidiram "ir ao encontro da UNITA" na região de Caxito, e o primeiro obstáculo que encontraram foi uma barreira guarnecida com dois soldados do MPLA que, na lembrança de Bial, "fumavam maconha, completamente doidos, empunhando fuzis Kalashnikov" e ouviam a música "A Tonga da Mironga do Kabuletê", com Toquinho e Vinicius de Moraes, num rádio portátil:

"Nem quiseram saber: disseram 'vai em frente', estavam doidaços. Mas a gente não sabia que aquele era o último posto da MPLA. O próximo já era da UNITA".

Na chegada à área controlada pela UNITA em Caxito, Pimentel gravando tudo de forma discreta com sua câmera, o choque: jovens armados, desesperados e sem liderança identificaram o motorista que acompanhava os brasileiros como pertencente a outra etnia e o arrancaram do carro para uma execução ali mesmo, agora para desespero também de Bial, que tentou intervir, Pimentel gravando:

"Eu seria o coautor daquele assassinato por ter tido a irresponsabilidade de levar o cara. Comecei a falar, falar, saiu uma torrente de palavras e eu não me lembro exatamente o que eu falei, ele com o revólver engatilhado na cabeça do motorista e eu dizendo: 'Eu sei que você não vai fazer isso, eu sei que você é bom, que não vai fazer isso'. Aí ele deixou cair no asfalto o cartucho que já estava engatilhado. Só que não ficou por aí: levaram nosso motorista para ser interrogado num casebre na beira da estrada, e que estava com as paredes cobertas de sangue fresco".

O que definiria a sorte do motorista era um teste insólito: se ele tivesse calos, era sinal de que tinha usado botas, e se usou botas era porque tinha servido ao exército. Morreria na hora, portanto, se tivesse calos. Passado algum tempo, Pimentel sempre gravando, o motorista voltou do casebre lívido e trêmulo, e, mesmo não sendo fumante, pediu um cigarro a Bial. Não tinha calos, mas a liberdade ainda ia demorar cerca de seis horas para ele, Bial, Pimentel, Leão Serva e oito jornalistas de outros países que também tinham sido detidos na área.

Ao contrário do que sempre acontecia, foi inútil, daquela vez, em Caxito, uma espécie de passaporte que os repórteres brasileiros sempre usavam em situações difíceis no exterior: nenhum daqueles soldados desesperados e sem rumo conhecia Pelé, e tudo que Pimentel tinha gravado naquela viagem foi perdido quando eles confiscaram, para nunca mais devolver, a câmera, o microfone, as fitas e as baterias da equipe da Globo. Restaria a Bial e a Pimentel voltar para Londres com muito o que contar e nada para ser exibido no Brasil.

Era um tempo em que os repórteres, produtores e editores da emissora envolvidos com as coberturas no exterior se adaptavam a um novo momento em que a história do século 20 tinha voltado a caminhar mais devagar, menos espetacular, tornando a cobertura internacional clássica menos atraente para os telejornais e programas da Globo.

Menos atraente, sim, mas não menos importante e dramática, como no dia em que Bial acompanhou, em 1995, as tentativas do brasileiro Sérgio Vieira de Mello, futuro alto-comissário das Nações Unidas para os Direitos Humanos, morto um atentado no Iraque em 2003, e então chefe da missão de paz da organização na Guerra da Bósnia, de pelo menos atenuar o banho de sangue étnico na região, em negociações com um líder sérvio que também era um criminoso de guerra: "A cobertura era ver Sérgio Vieira de Mello passar três horas conversando com um psicopata como Radovan Karadžić, tentando convencê-lo a passar de um 'não' para um 'talvez' que poderia significar muitas vidas humanas salvas".

Mas como até as piores atrocidades, se repetidas indefinidamente, aos poucos deixam de ser notícia, menos por culpa dos jornalistas e muito mais por causa dos políticos e nações que as produzem e as mantêm, o conflito da Bósnia, assim como aconteceria com a invasão da Ucrânia pela Rússia em 2023, foi perdendo espaço nos noticiários.

Nas demandas ao escritório de Londres que chegavam do Brasil em meados dos anos 1990, o que se pedia mais eram matérias sobre ciência, tecnologia, comportamento, lugares e personagens exóticos, além de cobertura obrigatória de todo e qualquer acontecimento de alguma importância que envolvesse o Brasil ou os brasileiros em qualquer parte do mundo. Para o bem ou para o mal, como lembrou Bial:

"Às vezes fazia todo o sentido o nosso trabalho, como no dia em que fomos cobrir uma manifestação em frente a uma empresa que comprava madeira não certificada originária de desmatamento ilegal na Amazônia e cujo representante teve coragem de dizer para mim, gravando, que a madeira poderia estar manchada pelo sangue de pessoas que morreram por isso. E ele ainda disse: 'Eu compro porque a vida no Brasil é mais barata'. Isso entrou no *JN* e o telefone da redação no Rio não parou de tocar".

Em outros momentos, como em junho de 1993, além de fazer a reportagem, Bial pôs de lado o microfone, quando, em meio à repercussão da Chacina da Candelária, no Rio, a Anistia Internacional publicou um anúncio de página inteira em vários países da Europa dizendo: 'O Brasil arrumou um jeito de resolver o problema das crianças de rua'. Ao entrevistar, em Londres, o representante da Anistia, "um sujeito acostumado com a imprensa que só babava o ovo deles", Bial disse que cobrou:

– Como é vocês dizem que o Brasil arrumou um jeito? Que história é essa? Temos bandidos que fizeram isso, mas não foi um país que fez isso.

Os correspondentes da Globo, nos anos 1990, não tinham muito com o que se preocupar, no exterior, com as redes concorrentes do Brasil. Isso antes, claro, de a internet e a telefonia celular tornarem obsoletos os investimentos em produção e em estrutura de transmissão por satélite que garantiram à emissora, por décadas, sem concorrência, uma cobertura internacional ágil e abrangente.

Mas houve pelo menos um susto, no dia 4 de novembro de 1995, quando o então jovem César Tralli, 24 anos, uma das promessas da nova geração de repórteres da Globo em São Paulo, em sua viagem de estreia como substituto de Silio Boccanera no escritório de Londres, e o cinegrafista Paulo Pimentel* ficaram sabendo, no aeroporto de Tel Aviv, pelo próprio concorrente, no caso o repórter Roberto Cabrini, à época trabalhando para o SBT, que a Globo seria "furada" no Brasil.

– Olha, quando você voltar para Londres, fala para o seu chefe que eu estou voltando para o Brasil com uma fita com a entrevista com o Arafat, ok?

Tralli e Pimentel desembarcavam para cobrir a retirada das tropas israelenses de Israel de Belém, na Cisjordânia, cumprindo antecipadamente o acordo de paz firmado em setembro daquele ano entre Israel e a Organização para a Libertação da Palestina (OLP), para permitir que os palestinos preparassem a cidade para o Natal.

Cabrini, além de já ter na bagagem um material gravado sobre aquele momento histórico do processo de paz em curso no Oriente Médio, embarcava para o Brasil levando um bônus precioso: uma entrevista com o líder da OLP, Yasser Arafat, personagem que era uma espécie de obsessão dos correspondentes estrangeiros da época, e que recebera o Prêmio Nobel da Paz do ano anterior, juntamente com o então ex-primeiro-ministro israelense Shimon Peres e Yitzhak Rabin, seu sucessor que estava no poder.

Pimentel entendeu o recado de Cabrini. Meses antes, ainda trabalhando para a Globo e se adaptando a uma nova função após a morte de Ayrton Senna, motivo pelo qual tinha sido contratado pela emissora, ele estava determinado a se tornar um correspondente internacional com carta branca, fora da pauta diária do escritório de Londres, para só fazer grandes investigações e entrevistas.

Enviado a Israel para tentar uma entrevista com Arafat, depois de mais de uma semana de tentativas sem sucesso, relutava em atender ao pedido da chefia para que retornasse à Inglaterra. Foi quando Pimentel, vivendo uma situação oposta à que vivera com Bial em Angola, agora com equipamento, mas sem uma história, foi chamado de volta a Londres por este autor, então chefe do escritório, em incidente que contribuiria para a decisão de Cabrini de deixar a Globo, trocando-a pelo SBT.

Ainda não seria, porém, naquele dia, que a Globo tomaria um furo internacional importante de uma rede concorrente. A entrevista de Cabrini com Arafat se tornou uma curiosidade inútil a dez mil metros de altitude, a partir do momento em que, naquela mesma noite de 4 de novembro, Yitzhak Rabin foi assassinado com dois tiros pelo ultranacionalista judeu Yigal Amir, durante um evento que reunia cerca de cem mil pessoas em Tel Aviv em defesa dos acordos de paz. Ao lembrar do episódio, Pimentel disse que a sorte dele e de Tralli foi dupla:

"A gente estava lá e o Cabrini já estava no avião, com uma entrevista que ficou irrelevante. E existia a imagem do momento dos tiros, feita por uma câmera de segurança. Como a diferença de horário do Brasil pra Israel é muito grande, a gente ganhou por aí".

Tralli ainda aproveitou a viagem para fazer reportagens do tipo que tirava de letra: uma em Belém, aproveitando a época do Natal, sobre a Basílica da Natividade, local do suposto nascimento de Jesus, e outra num hospital que tratava distúrbios psicológicos da chamada síndrome de Jerusalém, que acometia pessoas comuns que sofriam delírios e diziam ter visões bíblicas durante excursões em Israel para conhecer lugares sagrados e marcos da religião cristã.

Mesmo tendo sido beneficiado pelo acaso naquela "bala de canhão" que pegou pela frente logo na primeira viagem, Tralli* tinha consciência de que estava longe de ter o perfil clássico de um correspondente internacional, e viveu momentos de angústia nos primeiros meses de trabalho em Londres:

"O meu conhecimento era muito pequeno de política internacional para a responsabilidade de uma cobertura daquele porte. Sofri muito no começo, porque eu comprava livros, pegava jornais, tentava a todo custo me preparar da melhor maneira possível. Virava noites lendo e às vezes nem dormia: saía para fazer a matéria de manhã, editava, gerava para o Brasil por satélite e depois ficava as madrugadas lendo, para não cometer nenhum vacilo, para não falar nenhuma besteira".

O diferencial a favor de Tralli*, além do domínio da linguagem de televisão que já tinha demonstrado no programa *Aqui Agora*, do SBT, era a sintonia que ele tinha com o cardápio preferido dos telejornais e programas da Central Globo de Jornalismo naqueles tempos de incômoda concorrência do SBT e da Record no "reloginho" do Ibope. E foi certamente por aquela sintonia que, em maio de 1997, ao folhear os jornais no escritório de Londres, ele ficou intrigado com um anúncio na seção de classificados de um deles:

"Procura-se mulher. Povo de Villamiel faz uma festa para receber mulheres".

O anúncio virou pauta imediata para Tralli* e Pimentel, aprovada com entusiasmo pela direção do *Fantástico*, no Rio, depois que o prefeito da pequena cidade espanhola de cerca de quinhentos habitantes, situada na província de Cáceres, perto da fronteira portuguesa, confirmou que Villamiel estava mesmo oferecendo facilidades para mulheres que se dispusessem a conhecer os homens da cidade:

"A gente foi para Villamiel e mostrou os homens pedindo mulher e dizendo: 'Pelo amor de deus, tem que aparecer mulher aqui'. Estavam fazendo festas, contratando ônibus de Portugal para ir para lá nas touradas. E foi um acontecimento, aquela matéria, no Brasil".

Na segunda-feira que se seguiu ao *Fantástico* em que a reportagem foi exibida, os telefones dos consulados e da embaixada da Espanha no Brasil ficaram congestionados, o *Jornal Nacional* fez reportagem e a equipe de Londres acabou sendo mandada de volta a Villamiel para, nas palavras de Tralli, "mostrar a avalanche de mulheres brasileiras querendo ir para a Espanha".

Para aquela segunda reportagem, o *Fantástico* produziu um vídeo que foi exibido por Tralli e Pimentel em uma escola de Villamiel, onde os solteiros da cidade puderam assistir a uma espécie de correio sentimental eletrônico produzido e editado pela equipe do programa no Rio, com imagens e depoimentos de brasileiras que se apresentavam aos varões espanhóis. Uma reportagem "hilária", na lembrança de Tralli:

"Os caras, babando, botavam a mão na cabeça quando era muito feia e ficavam doidos quando era muito bonita: 'Eu quero essa, eu quero essa'. Era uma televisão na escola lotada de homem, e os caras vendo a mulherada: 'Eu quero o telefone dela, anota o telefone, pega pra mim'".

A história terminou, segundo Tralli, quando o próprio prefeito de Villamiel, exasperado com a quantidade de telefonemas, ligou para o escritório de Londres pedindo "pelo amor de deus" que não fosse mais ninguém para a cidade. Os solteiros do lugar começavam a ficar "incomodadíssimos" e, segundo ele, "não queriam mais saber de mulher". Tralli até pensou em fazer mais uma reportagem na cidade dez anos depois, mas não houve clima:

"Os caras diziam: 'Vamos morrer solteiros'. Villamiel era agora a vila dos solteiros. Passados dez anos, o que se sabia era que duas brasileiras que tinham ido para lá se casaram com espanhóis. A gente até quis voltar, mas eles não deixaram. Eles morriam de medo de começar tudo de novo, porque só tinha gente maluca".

Amenidades à parte, guerra continuava sendo notícia naquele final de século, nem que fosse nos primeiros combates. E seria na eclosão de mais um conflito armado, em janeiro de 1999, que Tralli*, mesmo já com a experiência adquirida de quatro anos como correspondente, tremeu, quando se viu diante da possibilidade de ser convocado para a cobertura:

"O conflito de Israel é mais simples de você explicar, pela história toda que já tem por trás, e que as pessoas de alguma forma conhecem: a criação do Estado de Israel, a briga por Jerusalém. Mas o Kosovo, pô? Aquelas brigas étnicas, o conflito da antiga Iugoslávia, na Macedônia, era muito difícil de conseguir explicar para as pessoas. Naquela cobertura seria mais difícil conseguir transformar aquela confusão étnica em reportagens compreensíveis do que propriamente ir para a região e cobrir o conflito".

Explicar o Kosovo era exatamente o que sabia fazer, e como poucos jornalistas brasileiros, William Waack*, então correspondente da revista *Veja* na Europa, contratado pela Globo em 1996, aos 44 anos, para substituir Pedro Bial, àquela altura de volta ao Brasil, estreando como apresentador do *Fantástico*. Ainda estavam longe os dias futuros em que Waack atrairia legiões de críticos e admiradores como âncora da Globo e da GloboNews, com um estilo que o próprio Bial assim definiria em 2024:

"William Waack é o oposto da Glória Maria. Antes de entrevistar alguém, ele faz questão de dizer que sabe muito mais que o entrevistado. Depois de deixar isso claro, ele consegue fazer uma pergunta. E deixa o entrevistado falar um pouco".

O desafio de Waack no final dos anos 1990, como um dos correspondentes do escritório de Londres, seria transformar sua sólida formação política, econômica e cultural em reportagens de televisão que dificilmente passariam de dois minutos, exceto em matérias maiores e eventuais para o *Globo Repórter* e o *Fantástico*, e sabendo que as grandes transformações históricas do período já tinham acontecido alguns anos antes de sua chegada à emissora.

Uma prova do que Waack sabia sobre Kosovo?

"Kosovo era parte da Albânia, por isso que a Sérvia não aceitava que o Kosovo fosse independente, muçulmano [...] Para quem, como eu, leu os poetas românticos do século 19, que participaram das guerras de independência da Grécia, a Albânia de certa maneira traz uma atmosfera que nunca mais existiu, talvez nem nas guerras de independência da Grécia, quando a Grécia se liberta do império otomano e desperta, sobretudo na Inglaterra, e nos poetas ingleses, aquele senso de guerra cultural, de libertação."

Mas e o conflito do Kosovo em si?

"A anarquia na Albânia foi extraordinariamente, como se fala em inglês, *bloodless*, com pouco derramamento de sangue. Era mais a situação absolutamente inédita da Europa, de um país que volta pelo menos uns quatrocentos, quinhentos tempos atrás, e se restabelece como aquilo que era antes dos estados nacionais, uma série de feudos divididos por montanhas, vales autônomos, cada um armado por si. Acho que esse é o fio da cobertura da Albânia."

O próprio Waack reconhecia, na entrevista que deu em 2017, quando já havia se tornado âncora do *Jornal da Globo*, e meses antes de ser demitido da emissora em circunstâncias que serão tratadas no terceiro volume desta obra, que o conflito de Kosovo teria vida curta não apenas nos telejornais da Globo, mas em toda a imprensa, naquele início do século 21:

"O tempo de cobertura de uma situação era mais longo, mais estendido. Ele veio se reduzindo, é uma boa tese hoje para se discutir com o público de comunicação. Hoje em dia a capacidade de um assunto de perdurar no noticiário é de horas. Antigamente era um pouco mais longo. O Kosovo estava nessa transição: em quatro dias, ninguém mais tinha interesse na matéria".

Waack e Tralli, contemporâneos no escritório da Globo em Londres, cobriram conflitos armados dos anos 1990 para a emissora. Produziram, com os cinegrafistas do escritório de Londres, em Kosovo e no Líbano, respectivamente, por exemplo, conteúdos tão diferentes quanto complementares, e situados, também respectivamente, nos dois extremos da capacidade do telejornalismo de provocar reflexão e emoção.

Com o confessado "ranço acadêmico" que disse ter herdado do padrasto, um professor de ciências políticas e editorialista-chefe do jornal *O Estado de S. Paulo*, da mãe socióloga e professora da USP, e que ele próprio aprofundou com sua formação acadêmica em política, sociologia e relações internacionais na mesma USP e na Alemanha, Waack levou para as coberturas de guerra de que participou a obsessão nem sempre recompensada, segundo ele, de "estabelecer um marco teórico" para tudo o que se passava diante de seus olhos:

"Cada vez menos, eu dou importância às coberturas de que eu participei, nas quais era perigoso, e cada vez mais importância dou às coberturas nas quais eu fui desafiado intelectualmente como profissional".

Embora tenha se emocionado na entrevista ao lembrar, por exemplo, a "cena chocante" de uma menina que teve as bochechas atravessadas por um tiro dado "de graça" por um soldado sérvio em Kosovo, Waack, um especialista apaixonado pela história das guerras e das armas de todos os tempos, disse que sua memória das coberturas é muito mais "política" do que "afetiva":

"Eu sempre preferi, como correspondente que participou de cobertura de conflito, ter a ver com alguém que é responsável por algo, um comandante militar, um chefe de milícia – tudo bem, é alguma autoridade no setor –, do que com um bando de indivíduos armados, bêbados, de noite. Não é seguro, não é bom entrar numa situação dessas [...] Em determinado momento, fomos colocados sob a mira de armas na beira da estrada, aí veio um jipe com soldados ingleses e nos tirou daquela situação. Não era uma situação de correr risco de vida, mas os caras faziam isso pra te chatear, pra te prejudicar. Eram uns brutamontes, todos. Como eu já tinha visto no começo da guerra, as pessoas esquecem que muitas vezes a motivação do combatente é droga, álcool e pornografia".

Tralli* guardou outro tipo de lembrança da cobertura que fez, por exemplo, em 1996, com Sergio Gilz, da chamada Operação Vinhas da Ira, nome dado pelos israelenses à campanha militar de dezesseis dias contra o Líbano para tentar acabar com os ataques do grupo Hezbollah ao norte de Israel, e que resultou em centenas de mortos e feridos e em mais de trezentos mil refugiados. Disse não ter conseguido evitar "aquela coisa bem brasileira" do envolvimento com a situação, e se viu comprando remédio, pacotes de biscoito, sacos de arroz e "dando o que tinha dentro do carro" para as pessoas:

"O que me marcou muito foram os campos de refugiados, o desespero daquelas pessoas todas ali na fronteira, completamente desamparadas, sem a menor condição humanitária, sem nada. Ao mesmo tempo, a gente fazia reportagens que mostravam as crianças rindo, jogando futebol, as mães cantando, os pais fazendo oração. Então, você olhava para aquilo e falava: 'Isso aqui não tem saída'. Mesmo assim, você enxergava nas pessoas e via que elas ainda queriam acreditar que aquilo ia mudar".

Mais do que se envolver emocionalmente, Tralli, apesar de mais jovem e de ter uma formação diferente, já sabia o que Waack acabaria aprendendo com os cinegrafistas Sergio Gilz, Luiz Demétrio e Paulo Pimentel: fazer reportagens de televisão para a Globo e, em última análise, para os brasileiros, fosse no Líbano conflagrado em 1996 ou no terremoto que matou mais de dezessete mil pessoas na Turquia em 1999:

"Era uma situação pesadíssima. E a gente trabalhava com o objetivo de tentar passar, para quem estava assistindo à Globo, o que aquelas pessoas estavam passando ali. Então, a gente subia nos escombros, descia, acompanhava, pegava criança perdida, ia atrás da família dela, ia para os hospitais atrás dos órfãos do terremoto, ia entrevistar gente que ainda estava fazendo escavação pra ver se encontrava alguém com vida".

Para Tralli, era até difícil entender o estilo de trabalho dos repórteres de outras emissoras naquele cenário, com câmeras presas em tripés e entrevistas feitas fora ou longe dos locais atingidos:

"A gente comparava a nossa cobertura com as reportagens feitas pela BBC, pelas TVs alemãs, francesas, a RAI italiana e até pelos americanos e era outra coisa: a cobertura deles é muito distante do que está acontecendo ali. Quando muito, fazem uma passagem caminhando na frente de uma família dentro de uma barraca que não tinha nada. A gente, não: a gente entra com a câmera, senta do lado da pessoa, e grava, e põe ela para escrever uma carta, pede para a criança cantar. Por onde você anda você vai vendo uma situação diferente, deixa a câmera gravando, captando tudo. A gente tem uma característica de fazer televisão muito diferenciada das outras televisões".

Gilz, que esteve tanto com Tralli quanto com Waack em várias coberturas, tinha uma explicação para a preocupação constante dos cinegrafistas da Globo no exterior de "colocar o repórter em cena". Para ele, o estilo performático de praticamente todos os repórteres e cinegrafistas da emissora se devia a uma necessidade que as equipes tiveram, nos anos 1980 e 1990, de mostrar, de forma inquestionável, que, sim, uma rede de televisão do Brasil mandava mesmo seus correspondentes para coberturas onde só costumavam estar equipes das redes da Europa e dos Estados Unidos:

"Embora os correspondentes da BBC e das três grandes americanas usassem, da mesma forma que a TV Globo, o material fornecido via satélite pelas agências de notícias para ilustrar e complementar suas reportagens nos cenários de guerra ou tragédia, eles não sentiam necessidade de carimbar a própria presença nos locais e trabalhavam boa parte do tempo desacompanhados dos colegas cinegrafistas".

A exceção radical entre os repórteres brasileiros, de acordo com Gilz e outros ex-integrantes das equipes da Globo no exterior, era Silio Boccanera, um repórter originário, como Waack, da imprensa escrita, mas tão econômico no uso da linguagem da televisão que não achou necessário tirar as mãos dos bolsos nem no dia em que testemunhou, para a câmera do colega Pimentel, a queda do Muro de Berlim.

William Waack, ao contrário, mergulharia com vontade na gramática do telejornalismo e, a exemplo de Bial na cobertura da tentativa de golpe contra Boris Yeltsin, em 1991, também subiria em um tanque durante a guerra do Kosovo, microfone em punho, para gravar uma passagem. Aprendeu rápido e a tempo de participar, em 6 de setembro de 1997, junto com outros profissionais da emissora, da cobertura de um evento a algumas quadras do escritório londrino da Globo e que, mais do que qualquer batalha ou revolução do século 20, reuniu diante da TV cerca de dois bilhões e meio de pessoas, até então a maior audiência da história: o funeral da princesa Diana.

"Foi a coisa mais impressionante que eu já vi em toda a minha vida. As pessoas andavam na rua, literalmente aos prantos. Não era um ou outro, não. Era a maioria: velho, criança, pobre, rico, trabalhadores, turistas. Foi uma reação coletiva, eu nunca vi nada igual. Eu acho que eu vou morrer sem ver nada igual. E foi impressionante o esquema de guerra que nós tivemos que montar no escritório."

O balanço de Ana Luiza Guimarães* sobre o "esquema de guerra", que começou naquela madrugada de domingo em que foi deixada no banco traseiro do *minicab* pelo motorista desesperado com a notícia da morte de Diana, dizia respeito a uma semana única nas então duas décadas de funcionamento da sucursal da Globo em Londres, quando a equipe do escritório produziu 35 reportagens e cerca de 70 entradas ao vivo para os programas *Bom Dia Brasil, Jornal Hoje, Jornal Nacional, Jornal da Globo, Esporte Espetacular, Domingão do Faustão* e *Fantástico*, além de um *Globo Repórter* sobre o que se tornou um dos maiores fenômenos de comunicação de massa da história.

Ao longo daquela semana em que Diana tomou conta do noticiário do planeta, William Waack, fascinado com o que chamou de "estado coletivo" provocado pelo acidente, fez reportagens sobre o intenso debate que a tragédia da princesa desencadeou sobre o trabalho de fotógrafos *paparazzi*, como os que perseguiram seu carro pelas ruas de Paris, e os limites éticos da imprensa na abordagem da vida privada das celebridades.

Ana Luiza e Marcos Uchôa acompanharam os acontecimentos na Inglaterra; Beth Lima, a maior especialista em nobreza britânica da imprensa brasileira, revelou bastidores da reação fria da rainha Elizabeth II à morte da nora; e César Tralli, que pegou o primeiro trem para Paris depois de fazer entradas ao vivo para o Brasil na madrugada de segunda-feira, 1º de setembro, cobriu as investigações da polícia francesa sobre o acidente e conseguiu entrevistar o médico brasileiro Leonardo Esteves Lima, que havia socorrido Diana assim que ela chegou ao Hospital Pitié-Salpêtrière.

Para o *Globo Repórter* que foi exibido na sexta-feira, 5 de setembro, véspera do enterro da princesa, Tralli*, o cinegrafista Paulo Pimentel, o produtor Edson Nascimbeni, em Paris, e a equipe do escritório, em Londres, produziram, em três dias, o que nenhuma emissora da Europa ou dos Estados Unidos fez naquela semana: uma reconstituição em linguagem de docudrama que incluiu até a contratação de uma sósia de Diana. Baseados nas informações da polícia, Tralli e Pimentel refizeram, gravando, o trajeto entre o Hotel Ritz e a pista subterrânea perto da Pont de l'Alma, na margem norte do Rio Sena, onde a Mercedes que levava a princesa bateu de frente em uma pilastra, matando Diana, o namorado Dodi Al-Fayed e o motorista, além de ferir gravemente o segurança de Dodi:

"A gente contratou motoqueiros e alugou uma Mercedes igual à do acidente. Foi uma reconstituição muito fiel, com motos atrás e do lado, *flashes* fotográficos, tudo filmado de dentro e de fora do carro. E também terminamos o trajeto que a princesa faria se não tivesse morrido, ao longo do Rio Sena, passando pelo Arco do Triunfo, até o apartamento de Dodi Al-Fayed, tudo editado ao som de 'You Are So Beautiful', música que o Joe Cocker cantou para ela num show depois do acidente. Foi muito emocionante".

William Waack*, em Londres, e Pedro Bial, no Rio, repetindo o que os então correspondentes Ricardo Pereira e Hélio Costa tinham feito para a Globo em 29 de julho de 1981, ao transmitirem ao vivo o casamento de Diana com o príncipe Charles III na Catedral de São Paulo, ancoraram a transmissão de setenta minutos para 187 países do cortejo fúnebre que começou na Abadia de Westminster e atravessou uma Londres silenciosa, onde praticamente só se ouvia o tropel dos cavalos da carruagem que levava o corpo da princesa e as badaladas do Big Ben:

"Eu nunca tinha transmitido um funeral na minha vida. O Bial no Rio, e eu em Londres, imagens da BBC, narrando o funeral da princesa Diana: confesso que eu não sei como eu consegui fazer aquilo. Deve ter sido ridículo. Eu cobri muito a família real quando estava na Inglaterra, tanto que eu estava cansado já. Mas essa cobertura, realmente, sou obrigado a dizer para a posteridade: achei ela linda".

Ana Luiza, que fez uma das reportagens no dia do funeral, teve grande dificuldade para gravar uma passagem diante da câmera, assim que começou a ecoar, na transmissão da cerimônia realizada na mesma Abadia de Westminster, a voz de Elton John cantando sua "Candle in the Wind":

"Eu nunca chorei tanto em toda a minha vida. Não tinha condição de gravar, de entrar em lugar nenhum, porque eu estava deformada: meu nariz era um nariz vermelho enorme, os olhos inchados, o rímel era preto, na bochecha. Eu falava: 'Gente, o que eu vou fazer? Eu tenho que gravar uma passagem' e tentava limpar a maquiagem. Eu pegava gelo, lembro que botava gelo no olho, para desinchar e ficar com uma cara normal. Porque não tinha como não se envolver naquela comoção coletiva, não tinha. Foi muito impressionante".

Não faltariam críticas, no Brasil e no exterior, àquela concentração gigantesca e planetária da mídia na cobertura, até pela ocorrência de um fato revelador: naquele mesmo domingo, mergulhada no mar de reportagens, artigos e imagens sobre Diana, a mídia mundial praticamente ignorou a morte por infarto, aos 87 anos, na cidade que virou seu sobrenome, de Madre Teresa de Calcutá, símbolo mundial de fraternidade por seu trabalho junto aos doentes pobres da Índia. Mas até ela, que, em vez das joias e grifes que Diana ostentava em seu périplo midiático por campos minados e crianças pobres do terceiro mundo, escondia o corpo minúsculo e as marcas da idade num hábito religioso de cores sempre neutras, disse às pessoas que a acompanhavam que pretendia assistir a uma missa em homenagem à princesa Diana, pouco antes de começar a se sentir mal.

A imprensa escrita brasileira, ainda que tenha publicado textos escandalizados como o de Alberto Dines, que em artigo na *Folha de S.Paulo* classificou a cobertura da morte de Diana como "um circo da notícia", foi mais tímida do que em outras ocasiões. Talvez porque, para muitos articulistas, o episódio representou algo maior do que um surto mundial de sensacionalismo piegas da mídia. O próprio diretor de redação da *Folha*, Otavio Frias Filho, em artigo publicado naquele 1º de setembro, ocupou-se do assunto e ofereceu aos leitores uma visão do que estava acontecendo:

"A princesa Diana é uma personagem tão carregada de simbolismos que a violência de sua morte – análoga à de outra princesa 'plebeia', Grace Kelly – irradia sentidos em todas as direções. Eles podem ser resumidos em algumas perguntas que deverão ocupar o noticiário durante os próximos dias. Qual será a profundidade da revolta internacional contra supostos abusos da mídia? Qual o legado que a princesa deixa na mentalidade de milhões de mulheres que a tinham como modelo? Qual o efeito de sua morte sobre o ânimo dos ingleses, cansados de sustentar o aparato de uma realeza que só os decepciona?".

Eram perguntas que continuariam sendo feitas por muito mais tempo do que os dias previstos por Frias, falecido em 2018, aos 61 anos, e que em 19 de setembro de 2022, 25 anos depois da morte de princesa, voltariam a mobilizar a imprensa mundial, incluindo o escritório da Globo em Londres, na cobertura daquele que se tornaria o acontecimento de maior audiência de televisão da história: o funeral da ex-sogra de Diana, a rainha Elizabeth II, aos 96 anos de idade, assistido por cerca de 4 bilhões de pessoas.

Assuntos mais graves também não faltariam para os escritórios da Globo em Londres e em Nova York quando o século 20, enfim, terminasse. E um deles, como se verá no terceiro volume desta obra, sequestraria as manchetes da mídia e a escalada do *Jornal Nacional* nos vinte anos que estavam por vir.

O terrorismo islâmico.

A Copa do Mundo dos boatos

"Estou 100% e com muita vontade de arrebentar amanhã."

"Num jogo assim, final de Copa do Mundo, é a cabeça que decide, não?"

Houve uma hesitação de três segundos de Ronaldo Luís Nazário de Lima, então com 21 anos, antes de responder à pergunta de Pedro Bial, no dia 11 de julho de 1998, véspera da final da Copa do Mundo entre as seleções do Brasil e da França:

"Também... Você tem que ir muito tranquilo para o jogo".

Ronaldinho, como era chamado na época, não foi tranquilo para o jogo. Ao contrário, na hora da final, entrou por último no gramado do Stade de France, puxado pela mão pelo lateral Leonardo, cabisbaixo, meio grogue e sob efeito de dois comprimidos do ansiolítico Valium que havia tomado, após a crise de pânico que sofreu horas antes, e ainda assim fazendo questão de jogar para dar uma resposta a jornalistas e torcedores que, como ele temia, não esperariam muito para acusá-lo de "amarelar" ou de dar "piti" na hora da decisão.

Para a equipe da Globo, foi assim que começou o último ato de uma Copa que muitos tinham vislumbrado como "uma cobertura de sonho": uma seleção abalada pela crise de Ronaldo, derrotada pelos franceses por 3 x 0 e envolta em uma espécie de onda ainda analógica de *fake news* sobre uma suposta mão corrupta da patrocinadora Nike no resultado do jogo e uma série de especulações sobre o que aconteceu com o jogador, uma delas um boato segundo o qual sua então namorada, Susana Werner, estaria tendo um caso com o próprio Pedro Bial.

– Todas as Copas tinham que ser na França.

A frase, atribuída a Armando Nogueira, foi dita e ouvida muitas vezes entre os cerca de 160 profissionais que integraram a equipe enviada pela Globo à França, naquela que foi a última Copa em que a emissora dividiu os direitos de transmissão com o SBT, a Band, a Manchete e a Record, antes de começarem a valer os contratos cujos valores passariam das centenas de milhares de dólares até então pagos à Organização da Televisão Ibero-Americana (OTI) para os milhões de dólares que seriam cobrados pela International Sport and Leisure (ISL), empresa de marketing esportivo contratada em 1987 pela Fifa na gestão do brasileiro João Havelange.

Pela primeira vez, em coberturas esportivas, especialmente para os cerca de cinquenta profissionais concentrados no complexo apelidado de "tenda da Globo", montado a cerca de cem metros da concentração brasileira em Ozoir-la-Ferrière, a quarenta quilômetros de Paris, a equipe da emissora não teve de participar às cegas das transmissões ao vivo.

Às cegas?

Antes daquela Copa, eles conversavam com os âncoras dos telejornais e programas sem ter monitores à sua frente mostrando o que estava sendo levado ao ar no Brasil, e tendo como referência apenas um produtor com um telefone conectado à emissora, atento à hora de dizer "Vai!". Era assim porque, para ter a chamada "imagem de retorno", ou seja, a programação da emissora exibida num monitor no local do exterior onde estivesse o repórter, o comentarista ou o entrevistado, o preço da transmissão por satélite, salgadíssimo na era pré-internet, era multiplicado por dois: o do sinal que saía do exterior para ser assistido por milhões no Brasil e o do sinal que ia do Brasil para ser visto apenas pelos profissionais da emissora envolvidos na operação ao vivo, no local da transmissão no exterior.

Mas não foi apenas para atenuar a angústia dos repórteres e comentaristas que estavam fora do país que a emissora comprou espaço exclusivo nos dois satélites que ficaram à disposição da equipe 24 horas por dia, ao longo da competição. Foi também para ter um diferencial a mais, além do miniestúdio, do set de entrevistas, das ilhas de edição e da redação da "tenda da Globo": a possibilidade de os jogadores brasileiros conversarem com seus familiares no Brasil durante os programas da emissora dedicados à Copa.

Aquele modelo intenso de cobertura da Globo na França, com programas de "aquecimento" que exibiam, antes e depois dos jogos, reportagens, entrevistas e entradas ao vivo com as torcidas dos países que se enfrentavam em campo, era uma evolução do que já vinha sendo feito pela emissora desde a Copa da Espanha em 1982, com exceção do esquema drasticamente reduzido imposto pelo Plano Collor no mundial da Itália em 1990. Um modelo que, segundo Telmo Zanini*, então chefe de redação da equipe de esportes da Globo na Copa de 1998, inspiraria os conteúdos que a própria Fifa passaria a oferecer, com seu pacote de transmissão, o Host Broadcast Services, às emissoras de todo o mundo, a partir das Copas de 2002 e 2006. Até então, a entidade limitava-se a abrir o chamado sinal internacional cinco minutos antes do início das partidas, encerrando a transmissão cinco minutos depois do apito final.

Na distribuição de gêneros, a equipe de repórteres da Globo na França tinha uma configuração que soaria jurássica, se comparada às das Copas futuras: Ana Paula Padrão, então recém-transferida de Brasília para o escritório da emissora em Londres, era a única mulher no time de repórteres "de rua" baseado na "tenda da Globo". E, diante daquela situação de inferioridade, tendo de conviver por cerca de cinquenta dias com manifestações regulares do machismo típico do mundo do futebol, a postura de Ana Paula, segundo Zanini, em avaliação carinhosa em 1998, mas talvez candidata ao carimbo de sexista nas redes sociais da década de 2020, foi "um exemplo de dedicação e de espírito de equipe", sem "nenhuma frescura" na hora de pautas difíceis e de pouco glamour, como as entrevistas com torcedores, e até na hora de dirigir:

"Quando nós fomos para Nantes fazer Brasil e Dinamarca, um jogo sofrido que o Brasil ganhou de 3 x 2, já era noite, e aí quem ia dirigir? A Ana disse: 'Pode deixar que eu levo. Vocês trabalharam mais do que eu, eu só fiz uma matéria e estou legal, pode deixar que é comigo mesmo'. Pegou uma das peruas alugadas por nós e foi embora por quase quatrocentos quilômetros. A gente só acordava de vez em quando para perguntar se estava tudo bem. Chegamos de manhã com Ana Paula no volante, uma excelente motorista por sinal".

Apesar da notória minoria de mulheres na equipe, Marluce Dias, já no cargo de diretora-geral da emissora, determinada a atrair o público feminino para as transmissões de futebol, tinha pedido ao então diretor da Central Globo de Jornalismo, Evandro Carlos de Andrade, que a cobertura da Copa da França também tivesse conteúdos atraentes para as mulheres. Em uma época na qual os conteúdos femininos de televisão eram geralmente escolhidos por homens, sem maiores polêmicas, a atração aprovada por Evandro foi um quadro com um *chef* conhecido por ser um homem muito bonito ou, dependendo das preferências, um homem muito bonito conhecido por ser um *chef*: Olivier Anquier, francês radicado no Brasil e um dos pioneiros em programas de televisão voltados para gastronomia.

Faltou combinar, porém, com Maria Thereza Pinheiro*, a Terezoca, a editora da Globo convocada para dirigir o quadro de Olivier, que mesclava crônicas sobre o cotidiano e os aspectos culturais da França com receitas da cozinha mais admirada do mundo. Terezoca não aguentou o convívio com ele, abandonou as gravações pelo meio no sul da França e preferiu voltar para o Brasil, sendo substituída, a pedido, pela xará Teresa Cavalleiro. Motivo:

"Ele era muito chato. Ele me encheu muito a paciência. Falei assim: 'Por que eu vou aguentar?'. Aí ele começou a discutir português comigo. Ele mal fala francês. Olha, foi uma experiência traumática".

A proximidade física e o envolvimento da equipe da Globo com a seleção, antecipando o clima do *Bem, Amigos!*, programa do canal SporTV que Galvão Bueno comandaria a partir de 2003, geraram alguns protestos e suspeitas de favorecimento. Em um dos episódios que incomodaram as redes concorrentes, Pedro Bial, em vez de acompanhar o treino da seleção num pequeno estádio situado a cerca de seis quilômetros de Ozoir-la-Ferrière, resolveu fazer um plantão no portão da concentração, apostando que Romário, com quem tinha uma boa relação desde a Copa de 1994 e ausente dos treinamentos por causa de uma dor na panturrilha, poderia, quem sabe, dar uma entrevista que ficara devendo a Bial.

Deu certo. Ao final de um plantão de mais de uma hora, Bial gravou para o *Jornal Nacional*, com exclusividade, um prognóstico otimista de Romário que, mesmo não se confirmando já no dia seguinte, 1º de junho, quando o craque foi cortado e caiu num pranto inesquecível diante do microfone, gerou suspeitas, entre jornalistas de outros veículos brasileiros, de que o atacante tinha sido pago para dar aquela exclusiva à emissora. Pago Romário até seria, confirmou

Telmo Zanini*, mas depois do corte, quando, de volta para o Brasil, foi contratado para comentar a Copa a partir dos estúdios da Globo no Rio:

"Jamais se deu um centavo para qualquer atleta, nem se prometeu. O máximo que se fazia era conseguir para o jogador uma fita com um gol que ele tinha feito e queria rever. É lógico que não custa nada e a gente arrumava para eles".

Mas era tanta a proximidade e eram tantos os profissionais da Globo que acabaria havendo, sim, uma situação de clara interferência, ainda que acidental, de pessoas da emissora no comando da seleção, durante uma das partidas da Copa, envolvendo o editor Marco Antônio Rodrigues*, o Bodão, e o técnico Zagallo, no Stade Vélodrome, em Marselha, em 7 de julho, durante a semifinal em que o Brasil venceu a Holanda nos pênaltis.

Bodão, Bial, Zanini, os narradores Cléber Machado e Luis Roberto e os integrantes do humorístico *Casseta & Planeta, Urgente!* tinham dado a sorte de ficarem em cadeiras a poucos metros do banco da seleção e, naquele que foi considerado pela crônica esportiva como o grande jogo da Copa da França, houve um momento em que, exasperado, Bodão não se conteve e gritou para o banco brasileiro:

– Zagallo, o Leonardo está morto, só você não enxerga, Zagallo! Mexe, Zagallo!

Cerca de cinco minutos depois, aos 25 minutos do segundo tempo, para a surpresa do grupo de profissionais da Globo, Zagallo substituiu Leonardo por Emerson. Mas o jogo continuava duríssimo, mesmo com o Brasil vencendo por 1 x 0, gol de Ronaldo, e Bodão se exasperou novamente, reclamando do esquema tático da seleção:

– Zagallo! Se coça, Zagallo! Só você não vê que tem que mexer no time!

A surpresa nas cadeiras da equipe da Globo foi ainda maior quando Zagallo olhou para trás e respondeu:

– Espera um pouco!

Minutos depois, aos quarenta do segundo tempo, o técnico brasileiro substituiu Bebeto por Denílson, para delírio do "banco" da Globo. Ao lembrar do episódio em 2007, Bodão, um dos profissionais da emissora que reeditaram, na França, o comportamento dos "pachecos", jornalistas que torceram abertamente pela então criticada seleção tetracampeã de 1994, disse, sorrindo, que aquele foi seu momento de "consagração" no futebol.

Os "cassetas" Reinaldo, Claudio Manoel, Hubert, Bussunda, Helio de La Peña e Beto Silva também conheceram a intimidade com a seleção proporcionada pela "tenda da Globo", mas preferiram o que um deles, Claudio Manoel*, chamou de "sábia opção estratégica de não ficar em Ozoir-la-Ferrière", levando em conta que o programa tinha de ser produzido sem roteiros ou textos definidos, pautado em cima dos acontecimentos e editado no mesmo dia em que era exibido:

"Ozoir-la-Ferrière era como falou Ricardo Boechat, que trabalhava na Globo na época. Não é elegante também, mas ele disse: 'É o cu do mundo com grama'. Era um lugar que fechava duas horas da tarde, e você ficava naquela obsessão de seleção e não tinha fato todo dia. Ficava todo mundo falando as mesmas coisas: 'Ronaldinho fez cocô mole', 'Ronaldinho fez cocô duro'. A gente não precisava daquilo. E a gente ficou em Paris, que foi uma delícia também, porque Paris é uma delícia, né?".

Galvão Bueno era apenas mais um entre dezenas de narradores e comentaristas que estavam no Stade de France, em Saint-Denis, na noite de 12 de julho, e que tinham recebido, faltando cerca de uma hora para o início da final da Copa, a escalação das seleções do Brasil e da França sem o nome do então chamado Ronaldinho. Ao entrar no ar, olhos arregalados, quase gritando, ladeado pelos comentaristas Paulo Roberto Falcão e Arnaldo Cezar Coelho, ele disse:

"Eu torço para que, pela primeira vez, isso esteja errado. Vai ter Edmundo com a número 21. Ronaldinho está fora!".

Ronaldo, como todo mundo viu, acabou entrando para jogar, e o que aconteceu em campo, diante de 75 mil pessoas, os milhões de telespectadores brasileiros, assustados com a situação do craque, não esqueceram: um time igualmente tenso com seu estado físico e psicológico, e uma tensão que beirou o pânico no choque violento do craque com o goleiro francês Barthez, quando o Brasil já perdia por 1 x 0, gol de Zidane. Depois, mais dois gols da França, um de Zidane nos acréscimos do primeiro tempo e outro de Petit, aos 47 do segundo. Final, França campeã pela primeira vez, o sonho do penta brasileiro adiado e a imprensa brasileira, Globo incluída, levando na bagagem de volta para o Brasil talvez a maior bobeada coletiva da história do jornalismo esportivo nacional.

"Não foi só a Globo: todo mundo caiu naquela história. Nós literalmente não sabíamos. O Tino Marcos recuperou toda a história para o *Jornal Nacional* do dia seguinte, mas ali, naquele momento, a gente tomou uma rasteira bacana. Acho que foi uma lição: você tem que estar antenado mesmo, e acho que também foi um esquema em que os caras da comissão técnica foram perfeitos. Era uma história para vazar, mas eles fizeram de um jeito que não vazou."

O balanço feito por Ricardo Pereira*, então editor do *Fantástico* que integrou a equipe da Globo baseada em Paris, dizia respeito às cerca de cinco horas que se passaram entre a crise sofrida por Ronaldo no hotel e a distribuição da escalação em que seu nome foi substituído pelo de Edmundo. Nem na hora do embarque no ônibus que levou a seleção de Ozoir-la-Ferrière para o estádio, no final da tarde – tudo mostrado ao vivo, com imagens da concentração e do trajeto acompanhado por um helicóptero –, alguém notou que Ronaldo não estava com o grupo. Naquele momento, para os jornalistas brasileiros, não havia qualquer motivo para se conferir se faltava algum jogador no ônibus, muito menos o principal craque daquela seleção.

O que aconteceu com o time, antes da final, o repórter Tino Marcos*, à época com 36 anos, treze deles na Globo, não foi o único a apurar. Dezenas de jornalistas brasileiros e estrangeiros – que no dia seguinte correram para o hotel Château de Grande Romaine, a concentração da seleção em Paris, para a clínica Des Lilas, onde Ronaldo foi examinado, e para a casa que ele alugou para a família na cidade – também fizeram reportagens sobre o episódio, mas dificilmente enfrentaram o que Tino passaria a enfrentar regularmente ao longo dos restantes 23 anos em que permaneceu na Globo, até deixar a emissora em 2021:

"Depois daquela Copa, surgiram mil versões de que a seleção tinha sido comprada e as pessoas me alugavam demais com esse negócio, dizendo: 'Ah, você deve saber o negócio do Ronaldo...'. Até um ponto em que quando me alugavam muito eu falava assim: 'Sabe que eu sei mesmo, mas eu não posso falar para ninguém'. Mas o fato é que muito se falou sobre aquele episódio e eu tenho convicção de que a verdade já foi dita, quer dizer, o que era para ser dito já foi dito".

O que Tino disse, na reportagem de 4 minutos e 50 segundos exibida pelo *Jornal Nacional* em 13 de julho de 1998, foi que logo depois do almoço, no quarto 290 do hotel, após folhear uma revista masculina, e no meio de uma conversa com o lateral Roberto Carlos, colega de quarto, Ronaldo começou a sofrer uma forte convulsão que o levou a se contorcer e a babar muito, em uma cena assustadora que mexeu com os nervos dos jogadores, entre eles o atacante Edmundo, que começou a gritar que Ronaldo estava morrendo, o lateral Leonardo, que caiu no choro, e o volante César Sampaio, que começou a rezar, enquanto desenrolava a língua do craque.

Ainda segundo a reportagem de Tino, logo após a crise que Ronaldo inicialmente calculou ter sido de trinta segundos, mas que posteriormente ficou sabendo que durou cerca de três minutos, o craque, mesmo ainda descontrolado, disse que queria jogar a final. Na entrevista a Tino, incluída na reportagem, ele explicou:

"Já joguei muitas decisões. Acho que essa era a que eu mais esperava na minha vida. Eu não ia amarelar numa partida como essa. Eu vi alguns jornalistas escrevendo que eu amarelei".

Mas e a decisão do técnico Zagallo de voltar atrás no corte de Ronaldo?

Em outra reportagem do *JN* do dia 13 de julho, o repórter Marcos Uchôa foi até a clínica Des Lilas e mostrou as instalações e os equipamentos de onde Lídio Toledo, o médico da seleção, tirou a certeza de que Ronaldo poderia jogar, se quisesse: os resultados normais dos exames de tomografia computadorizada, da ressonância magnética, do eletroencefalograma e do eletrocardiograma, além da conclusão de que o craque tinha sofrido um "estresse emocional". E como não poderia deixar de ser, logo instalou-se um debate nacional sobre a participação do jogador na final.

Como sempre, João Havelange, naquele momento passando o cargo de presidente da Fifa para o recém-eleito Joseph Blatter, não ia a vestiários. Mas, na entrevista a este autor para o livro *Jogo duro: a história de João Havelange*, disse ter sido informado de que "houve uma imprudência dentro do vestiário":

"A verdade é que o time se dividiu antes de jogar e dentro de campo, entre Ronaldo e Edmundo. Uma metade era a favor de o Ronaldo entrar e a outra era contra. E eles não se entrosaram. É só ver o videoteipe da partida".

Havelange se referia aos jogadores e integrantes da comissão técnica que defenderam que Ronaldo deveria ser impedido de participar, devido ao estado emocional em que se encontrava ao entrar em campo. Mas a outra corrente, majoritária, apoiou a decisão do técnico Zagallo de atender ao pedido do craque para jogar, depois de os exames não acusarem nada de grave. O técnico passaria anos dando a mesma explicação:

"O melhor jogador do mundo pede para jogar, os médicos liberam, vou fazer o quê? Escalei. Foi a decisão mais difícil da minha vida".

Lídio Toledo, em mais de uma entrevista, também se defendeu da crítica por ter liberado Ronaldo para o jogo com uma frase que ficou famosa:

"Se com aqueles resultados de exames eu impedisse o Ronaldo de participar e o Brasil perdesse, eu teria de mudar para o Polo Norte".

Mas houve ainda os que deram a entender, como Marcos Uchôa, em sua matéria para o *JN*, que a conduta de Lídio Toledo de submeter o craque a tantos exames na clínica Des Lilas tinha sido equivocada, já que se tratava, segundo o repórter, de "uma tecnologia assustadora para quem precisava tanto se acalmar". Não ficava claro, porém, no caso desta última corrente, quem aceitaria se responsabilizar por escalar Ronaldo naquela noite sem um *check-up* prévio.

O detalhe decisivo que Lídio Toledo não contou aos jornalistas no dia da final seria revelado pela equipe da Globo na volta de Ronaldo ao Brasil, dias depois do jogo, em uma entrevista exclusiva do craque para Fátima Bernardes*, realizada, para despistar, em uma suíte do Hotel Caesar Park, em Copacabana. A gravação até já tinha sido encerrada quando, depois de receber pelo celular uma informação da redação segundo a qual o jogador, muito nervoso, tinha tomado dois comprimidos de "um tranquilizante azul", identificado posteriormente como o ansiolítico Valium, quando estava a caminho da clínica Des Lilas, Fátima decidiu retomar a entrevista:

"Eu falei para a equipe: 'Monta aqui porque faltou uma coisinha'. Aí o Ronaldo contou que tomou o tranquilizante, um comprimidinho azul, e que o doutor Lídio teria dito que não haveria problema. E aí a gente editou a entrevista com imagens daquela entrada da seleção em campo: o Leonardo dá uma sacolejada nele, ele está meio bobo, meio paradão mesmo. Foi a primeira vez em que ele assumiu ter tomado um tranquilizante, ou seja, que ele não tinha, por mais que quisesse, condição normal de estar jogando".

Naquela espécie de *avant-première* mundial da terra de ninguém da informação em que as futuras redes sociais da internet se transformariam no século 21, um boato absurdo circulou com força: o de que o corte de Ronaldo teria sido parte da suposta "compra" do resultado da Copa da França pela multinacional Nike, em troca de um "caminho facilitado" para o penta em 2002. O boato, atribuído a um suposto jornalista chamado Gunther Schweitzer, prosperaria a ponto de ser incluído nas investigações da CPI que seria instaurada em 1999, na Câmara dos Deputados, para apurar o contrato entre a multinacional e a Confederação Brasileira de Futebol (CBF), então presidida por Ricardo Teixeira.

Em reportagem publicada no site do canal SporTV em setembro de 2019, o repórter Lucas Strabko descobriu que a "única verdade" do boato era a existência de Gunther Schweitzer. Só que, além de nunca ter sido um jornalista, e sim um professor de educação física que trabalhava como analista da Volkswagen do Brasil, Gunther, localizado pelo repórter, disse que fez apenas o que se tornaria um esporte mundial com o crescimento da internet. Passou para a frente uma história que mandaram para ele por e-mail:

"Nunca escrevi esse texto. Eu recebi no meu e-mail. Vi que era uma coisa meio absurda, meio louca, então decidi repassar para todo mundo ficar sabendo. Repassei para umas quinhentas pessoas pelo e-mail corporativo, alguém colocou meu nome na assinatura e trocou minha função. Fui de analista de produção para jornalista. Só não tiraram meu telefone. Não parou de tocar por umas duas semanas".

Boatos à parte, em mais um cochilo do jornalismo esportivo internacional, os brasileiros e a Globo incluídos, a verdadeira possibilidade de corrupção nos bastidores da Copa da França e da Fifa tinha acontecido, muito provavelmente, no Equinox Centre, sul de Paris, em 8 de junho, dois dias antes do jogo inaugural do mundial, durante o congresso da entidade no qual os cartolas do planeta elegeram Blatter como sucessor de Havelange no comando do futebol mundial, em mais uma derrota do sueco Lennart Johansson, então presidente da UEFA e candidato da oposição.

Praticamente esquecido pela imprensa em meio à contagem regressiva para o início da Copa, aquele congresso da Fifa em Paris, diferentemente do que acontecera nos anos em que Havelange era reeleito por aclamação, havia sido cenário de muita discussão, alguns boatos sobre traições de última hora e sérias suspeitas de aliciamento em vários níveis que só aflorariam quatro anos depois, quando o então presidente da federação de futebol da Somália, Farah Addo, adversário de Blatter, disse ter recebido uma proposta financeira para abandonar o candidato Johansson em 1998, acrescentando que a mesma abordagem teria sido feita com outros dezoito delegados africanos ao congresso cujos nomes não revelou.

Addo apontou, como financiador dos aliciamentos, o milionário saudita Bin Hammam, aliado de Blatter, membro do comitê executivo da Fifa, candidato a presidente da entidade em 2011 afastado por denúncias de suborno de delegados e banido do comitê executivo da Fifa no mesmo ano. Hammam seria um dos personagens dos escândalos que explodiriam no século 21, envolvendo pagamentos de propinas milionárias a intermediários e dirigentes da Fifa, na escolha das futuras sedes da Copa do Mundo e nos contratos dos direitos de transmissão dos jogos comprados pelas redes de televisão, incluindo, como se verá no terceiro volume desta obra, os da Globo.

Houve ainda quem acreditasse que Ronaldo, na verdade, passou mal por estar abalado pelos boatos de que sua namorada, a modelo e atriz Susana Werner, então com 21 anos e contratada pela Globo para participar da cobertura da Copa, estaria tendo um caso com Bial, àquela altura casado com a atriz Giulia Gam e pai de Theo, filho recém-nascido do casal.

Em sua entrevista a este autor em 2024, Bial disse que de nada adiantou a atitude que ele tomou logo após o episódio que deflagrou o boato: suas entradas ao vivo, substituindo Maurício Kubrusly ao lado de Susana, durante o segundo jogo da seleção, Brasil e Marrocos, no Stade de la Beaujoire, em Nantes, no dia 16 de junho.

Incomodado com a quantidade de entradas ao lado de Susana durante a transmissão, Bial disse que chegou a pedir ao coordenador-geral da cobertura, o diretor Luizinho Nascimento, que diminuísse as participações da dupla, alegando que a frequência das inserções não estava "pegando bem", mas Luizinho, segundo ele, manteve as inserções. Em entrevista a este autor em 2024, Luizinho disse que não se lembrava do apelo de Bial, mas que, procurado na época por Susana, incomodada com "os boatos", sugeriu que ela não desse importância para eles e continuasse fazendo seu trabalho na cobertura. Inútil: não demorou até que uma voz amiga, a do jornalista Oldemário Touguinhó, do *Jornal do Brasil*, o alertasse durante um treino da seleção, depois daquela transmissão:

– Bial, você está sabendo do que estão falando de você e da Susana?

No mesmo treino, Bial disse que procurou Ronaldo para dizer:

– Ronaldo, está rolando essa história. Não tem nada a ver, não tenho nada a ver com isso.

Inútil. A imagem de galã que já havia rendido ao repórter a criação do personagem "Pedro Miau", o "repórter gato", pela turma do *Casseta & Planeta*, somada à condição literalmente invejável de Susana como a bela atriz que havia se tornado namorada do então maior craque do futebol brasileiro, foram mais fortes, na hora de alguns jornalistas tentarem explicar a crise sofrida por Ronaldo, depois de serem "furados" de forma constrangedora pela comissão técnica da seleção. Bial constataria, dias depois do encerramento da Copa, que pelo menos uma pessoa acreditou no boato sobre seu caso com Susana Werner.

A sogra, Ana-Daysi Gam.

Distância polêmica

Em 14 de maio de 1998, faltando quase cinco meses para a eleição presidencial, o candidato à reeleição Fernando Henrique Cardoso não estava nada satisfeito com a maneira pela qual estava sendo tratado nas reportagens do jornal *O Globo*, como ele mesmo contou, ao reconstituir, no volume dedicado ao biênio de seu livro *Diários da presidência* (1997-1998), uma ligação telefônica que fez naquele dia:

– Desta vez é sozinho que eu vou ganhar, está tudo contra. Eu não quero nada pra mim, mas desse jeito até se perde.

Quem estava do outro lado da linha era João Roberto Marinho e o presidente tinha ligado porque estava contrariado com a cobertura que considerava "agressiva" d'*O Globo*, que para ele "se excedeu" ao criticá-lo por ter chamado de "vagabundos" os brasileiros que se aposentavam com 50 anos de idade. Ainda segundo o presidente, João Roberto, ao ouvir a queixa, "ficou meio sem graça" e sugeriu que Fernando Henrique lesse o editorial elogioso que o jornal tinha publicado sobre o discurso feito naquela mesma semana pelo presidente na sede do BNDES.

Fernando Henrique disse ter reconhecido que o editorial tinha sido "bom", mas ressalvou que "todas as matérias" d'*O Globo* eram "contra" seu governo. Em outro registro, na mesma página do livro, o presidente mencionou que a diretora Marluce Dias tinha almoçado com a primeira-dama Ruth Cardoso e estava "muito indignada" com o tom das matérias dos jornais sobre a votação da idade mínima para aposentadoria dos trabalhadores da iniciativa privada, mulheres aos 48 anos, homens, aos 53, e que acabaria sendo aprovada pelo Congresso, em vitória com folga do governo tucano. Fernando Henrique incluía o próprio João Roberto na "indignação" com o noticiário, mas pode não ter sido bem assim:

"Não tem um presidente da República que não vá se queixar da gente. É um dado da nossa realidade. Fernando Henrique era charmoso, uma conversa deliciosa e achava que ia conseguir coisas que não conseguiu. Não sei o que ele imaginava".

Era João Roberto, em sua entrevista a este autor, em junho de 2023, ao relativizar os sinais vitais e notórios da relação fraterna que a família Marinho tinha com Fernando Henrique em 1998, ano em que o presidente se reelegeu. O irmão Roberto Irineu, na mesma entrevista, também enfatizou que a amizade não significava compromisso político e, para explicar o relacionamento que tinha com o então senador e ex-ministro Fernando Henrique quatro anos antes, em 1994, lembrou o diálogo que os dois tiveram em 3 de outubro daquele ano, ao ser convidado para um almoço no dia em que o amigo foi eleito presidente da República:

– Roberto, quero que você venha aqui de quinze em quinze dias pra me ajudar. Preciso de pessoas que me informem, me deem uma exposição da realidade.

– Presidente, não existe amigo de presidente. Existem interesses. Se eu vier, será para defender os interesses da Globo diante do governo. Então esquece. Não virei aqui toda semana.

– Então me dê uma lista de pessoas sérias do setor de telecomunicações.

Roberto Irineu, à época presidente do conselho de administração da NEC do Brasil, um ano antes de a empresa de produtos e sistemas de telecomunicação ser vendida pela Globo de volta para a japonesa NEC Corporation, pediu dez nomes ao executivo Gilberto Geraldo Garbi, ex-presidente brasileiro da companhia. Recebida a lista, Roberto Irineu disse que passou os nomes a Fernando Henrique com uma ressalva:

– Eu não recomendo nenhum porque muitos aí eu nem conheço.

Roberto Irineu disse que esperou o presidente sair do governo para retomar a amizade. O que não quer dizer que não tenha feito intervenções na cobertura política da Globo. Em 23 julho de 1995, por exemplo, em entrevista à *Folha de S.Paulo* logo após fazer a mais importante delas, a substituição de Alberico de Sousa Cruz por Evandro Carlos de Andrade no comando da Central Globo de Jornalismo, ele reconheceu que uma notícia dada pelo

Jornal Nacional sobre um pedido de *impeachment* de Fernando Henrique, feito pelo que a *Folha* chamou de "um obscuro instituto catarinense", contribuiu para a queda de Alberico:

"A nota nos aborreceu. Foi um lastimável erro de avaliação, o que em televisão pode causar efeitos especialmente danosos. Tratava-se de episódio irrelevante e que de modo algum mereceria entrar no *Jornal Nacional*. Insisto, porém, que a demissão de Alberico não decorreu de qualquer episódio isolado. A demissão, na verdade, foi o desfecho de um processo relativamente demorado, já que desde novembro do ano passado eu e o Boni vínhamos concordando sobre a qualidade insatisfatória do jornalismo da Globo".

João Roberto, por seu lado, insistiu que sabia, como os irmãos Roberto Irineu e José Roberto, como se "comportar" com os políticos, e que embora tenha sido sempre "um bom ouvinte das reclamações", não prometia ou reconhecia nada, apenas "deixava as pessoas desabafarem". No caso do governo Fernando Henrique, lembrou que essa postura "tirava do sério" o então ministro das Comunicações Sérgio Motta, o poderoso Serjão, falecido em 1998, e que, em uma das reuniões que tiveram, depois de uma longa argumentação em torno de um pleito do qual João disse não se lembrar, desabafou:

– João, falando sério: eu não aguento mais esse seu olhar de paisagem. Assim não é possível!

Amizade, afinidade, influência, aliança ideológica ou um acordão impublicável?

Qualquer que fosse o exercício semântico para traduzir a relação dos irmãos Marinho com o presidente, no início da campanha de Fernando Henrique para se reeleger, o que importava saber, mesmo, considerando-se a influência e a autoridade que Evandro Carlos de Andrade tinha sobre os herdeiros da Globo, num momento em que Roberto Marinho continuava saindo discretamente de cena com seus então 94 anos, era o que ele, Evandro, faria em sua primeira cobertura de eleição à frente da CGJ.

A disputa seria entre Fernando Henrique, pela coligação formada pelos partidos PSDB, PFL e PMDB; Luiz Inácio Lula da Silva, do PT; e Ciro Gomes, do PPS; os três candidatos que somariam 95,7% dos votos, deixando os 4,3% restantes para outros oito inscritos, os chamados "*nanicos*". Na entrevista que deu a Geneton Moraes Neto em 2000, concluída poucos meses antes de sua morte, Evandro garantiu:

"Não há hoje ninguém que seja editorialmente influente junto a qualquer dos irmãos Marinho. Não existe quem chegue lá e sugira isso ou aquilo. Quem pode sugerir é o conselho editorial. Às terças-feiras todo mundo conversa livremente, mas ninguém chega lá e fica sussurrando esse ou aquele rumo para nenhum dos três. Isso eu tenho certeza que não existe".

Ou seja: quem decidiria se e como a emissora ia ou não cobrir aquela campanha presidencial – considerando que nenhum integrante do conselho formado pelos diretores de todos os veículos de comunicação do grupo se sentia empoderado o suficiente para influir no jornalismo da Globo – era ele, Evandro. William Bonner, em sua entrevista ao Memória Globo em 2001, lembrou, contrafeito, que a decisão foi de não cobrir a eleição:

"Eu defendi a cobertura de eleições mas eu era apenas uma voz. Eu e o Amauri Soares, em São Paulo, queríamos cobrir, mas o Evandro não quis. Ele dizia assim: 'É impossível fazer uma cobertura correta em televisão porque a legislação não permite. Você é obrigado a dar o mesmo espaço para todos os candidatos, os 'nanicos'. Mas eu achei que faltou um pouco daquela vontade mesmo de cobrir, de tentar questionar a lei lá em Brasília com os tribunais e encontrar um caminho para fazer".

Sinais não faltavam de como os políticos seriam tratados na Globo por Evandro, um jornalista a quem não se poderia atribuir falta de experiência em cobertura política, já que, além de ter atuado como cronista dos bastidores da capital federal, ainda no Rio de Janeiro, pelo *Diário Carioca*, nos anos 1950, e depois em Brasília pelo *Jornal do Brasil*, *O Estado de S. Paulo* e *O Globo*, ele tinha trabalhado na campanha de Jânio Quadros e assessorado o presidente no Palácio do Planalto até sua renúncia, em agosto de 1961. E que considerava "se sujar" quando tinha de se relacionar com políticos, de acordo com o que disse o xará e diretor da Globo Evandro Guimarães em entrevista a este autor.

Apesar ou por causa dessa experiência, desde sua chegada à Globo, quando algum político ligava para a emissora pedindo que um determinado assunto fosse ignorado ou divulgado nos telejornais, Evandro*, personificando uma antítese absoluta do antecessor Alberico, mandava que a redação fizesse exatamente o contrário do que o político pedia, mesmo quando o pleito era de um político que ele admirava, como o então deputado Miro Teixeira, que em 1998 teve a infeliz ideia de ligar para a Globo e pedir:

– Evandro, eu estou observando nas vinhetas da GloboNews, aparecem fotografias do Genoino, Fernando Henrique, do Lula. Você não quer botar o meu retratinho lá?

– Olha, muito obrigado por me alertar. Vou tirar todos agora.

– Não, não! Então deixa como está! Não põe o meu, não, deixa como está!

– Olha, daqui cinco minutos, se tiver um retratinho em vinheta da News vai ter demissão aqui!

Ao confirmar para Geneton essa postura e antecipar o que faria na eleição que aconteceria um ano depois de sua morte, em 2002, Evandro explicou a decisão de dar "zero espaço no *Jornal Nacional*" para o "blá-blá-blá da política" e para a "conversa fiada" de políticos:

"Por que nós vamos agravar esse ônus ao nosso público botando conversa vazia e mentirosa de político? Porque isso não tem o menor cabimento. Nós não vamos cobrir. Não existe um arrependimento da empresa de ter tomado essa decisão. Ou seja, se cair um palanque, isso é fato jornalístico e nós vamos publicar. Se houver um rompimento de um candidato com o partido, ou com outro, isso são fatos que nós vamos anunciar. O que é cobrir campanha? Comício? Isso nós não vamos fazer. Não tem o menor cabimento".

Dito e não feito na eleição de 1998.

Em pesquisa publicada pela *Dados – Revista de Ciências Sociais* em 2003 sob o título "A eleição visível: A Rede Globo descobre a política em 2002", o cientista político Luis Felipe Miguel, ao comparar a cobertura do *Jornal Nacional* nas campanhas de 1998 e 2002, mostrou que ao longo das doze semanas entre a final da Copa da França, em 1998, e a data da votação o *JN* dedicou, ao todo, 1 hora, 16 minutos e 34 segundos à cobertura das eleições, ou 4,6% do seu tempo total. Em 2002, durante as catorze semanas entre o término da Copa do Japão e Coreia do Sul e o primeiro turno, as eleições presidenciais ocuparam 12 horas, 55 minutos e 50 segundos do noticiário, equivalentes a 29,4% do tempo total do telejornal. Seis vezes mais tempo e espaço.

No dia 4 de outubro, Fernando Henrique, que contribuiu para a não campanha ao se recusar a participar de debates, alegando que o país enfrentava "uma grave crise econômica" que absorvia todas as suas atenções, seria reeleito ainda no primeiro turno, com quase 35 milhões de votos, ou 53,6%, seguido por Lula com mais de 21 milhões, ou 31,71%, e Ciro Gomes, com mais de 7 milhões de votos, equivalentes a 10,97% do eleitorado.

A disposição de Evandro de enxugar ao máximo o noticiário político seria ainda maior em relação a pautas posteriores à eleição de 1998 e sentida em 2000 no "forão" que a editora Mônica Labarthe tomou, juntamente com o então diretor editorial Luis Erlanger, quando os dois propuseram um *Globo Repórter* sobre o vigésimo aniversário de fundação do PT, sob o argumento de que o partido era, como Mônica lembrou em entrevista a este autor, "a grande novidade da política brasileira do pós-ditadura". A ideia era aproveitar um volumoso material produzido pela emissora sobre o PT para um *Globo Repórter* que seria editado sobre Lula, caso ele vencesse Fernando Collor na eleição de 1989. A reação de Evandro, segundo Mônica:

– De jeito nenhum! E o PDT? E o PSDB? Também não merecem um programa? Não merecem. E nem o PT!

Se Evandro não tivesse morrido antes da eleição de 2002, o futuro presidente Lula enfrentaria no comando do jornalismo da Globo um jornalista que, na entrevista a Geneton em 2000, deixou claro que apesar de considerar o líder petista "uma pessoa extremamente simpática" e dono de um "sorriso cativante", nutria em relação a ele uma série de restrições que, em sua opinião, não qualificariam o petista para ser "o governante":

"Pode ser até preconceituoso da minha parte, mas é uma pessoa que não se exprime bem no seu idioma. Como pode ser presidente da República? É uma deficiência muito grave. Se ele não sabe falar bem o português, ele sofre aí uma deficiência gravíssima [...] É uma responsabilidade para pessoas muito bem formadas que conheçam o mais profundamente possível o mundo, o passado, as causas, as consequências da história do Brasil e as perspectivas que se abrem. Isso o Lula não tem e não terá nunca porque isso não se adquire no espaço de dez, quinze anos".

Ocorre que, em 1998, Lula, além de já ter se tornado um personagem da mencionada história do Brasil na segunda metade do século 20, era candidato e, como tal, em uma discussão que teve com Evandro num jantar durante a campanha, queixou-se de uma suposta omissão da Globo na cobertura da seca no Nordeste:

– Vocês acabaram com a seca do Nordeste.

A acusação também tinha sido feita publicamente por Lula num comício realizado no Ceará em 15 de agosto. E a julgar pela forma como Evandro* respondeu à reclamação, o futuro presidente da República teria levado um pito desconcertante:

– Acabamos, não! Nós começamos. Foi no *Jornal Nacional* que o país tomou conhecimento da seca. Nenhum jornal impresso estava mexendo em seca. Nós é que fizemos. E fizemos pelo tempo que achamos jornalisticamente interessante fazer. Agora, nós não vamos fazer editoria de seca para eleger ninguém. Isso você não se iluda.

Ao lembrar de outro diálogo que teve no mesmo jantar, agora com o dirigente e futuro ministro petista José Dirceu, que reclamou de a Globo estar dando "muita exposição" para a gestão do então ministro da Saúde José Serra, Evandro puxou da memória outro pito:

– Olha aqui: quem resolveu que tinha direito de reeleição foram vocês, políticos. Não sei se vocês do PT foram a favor ou contra. Não me interessa. Foram os políticos, no Congresso, atendendo a desejos do Fernando Henrique. A regra é essa. Agora, se pode ter reeleição, eu não posso excluir do noticiário os atos de governo que têm reflexo na vida do cidadão só porque vai aparecer o ministro fulano ou beltrano.

Para quem achava que a Globo tinha uma dívida com a sociedade por conta de seu comportamento na cobertura da disputa entre Collor e Lula em 1989, Evandro argumentou, também na entrevista a Geneton, que seu modelo de cobertura para o pleito de 1998 não tinha nada a ver com o que chamou de "herança dramática" daquela eleição, mas com "uma mudança evidente, uma mudança dos tempos, da maneira de ver dos filhos do doutor Roberto".

Daí um documento interno intitulado "Regras das Eleições 98", assinado por Roberto Irineu e cuja "palavra-chave" era "isenção", e que determinava que, como muitos governantes eram candidatos à reeleição, as solenidades de inauguração de obras públicas do período deveriam ser cobertas "com foco exclusivo na importância das obras e reduzindo-se ao mínimo a presença das autoridades". Evandro foi além:

"É uma posição empresarial, uma posição de princípios, de valores e de isenção. Embora a TV Globo declare o seu direito de optar por uma candidatura, eles têm claramente esse direito, mas têm optado por não manifestar essa preferência".

À parte essa defesa solene que Evandro fez do direito da emissora de se comportar do jeito que seus proprietários queriam naquela eleição, e da sugestão implícita de que os Marinho estariam sendo até generosos em não assumir preferências por candidatos, o resultado, na tela da Globo, para dezenas de milhões de eleitores brasileiros, e não para as centenas de milhares de leitores com os quais Evandro estava acostumado a lidar nos tempos de diretor de redação d'*O Globo*, foi uma cobertura que ficou sempre na fronteira entre a distância e a omissão.

Era uma postura que, como se verá no terceiro volume desta obra, soaria como uma ausência escandalosa se comparada à das grandes operações jornalísticas, aos debates de candidatos e às séries especiais que Ali Kamel, um dos sucessores de Evandro no comando da CGJ, montaria nos anos em que Lula e Dilma Rousseff disputaram a reeleição à Presidência da República. O próprio Geneton Moraes, um dos jornalistas da emissora que ficaram impressionados com a falta de cobertura na eleição de 1998, costumava dizer que, no futuro, se alguém buscasse registros daquela campanha presidencial no arquivo da Globo, o resultado seria frustrante. O editor Ricardo Pereira*, outra testemunha próxima dos acontecimentos na redação da CGJ, resumiu:

"Acho que o *Jornal Nacional* ignorou um pouco o que estava acontecendo, preocupado em não dar espaço para a politicagem. Houve uma preocupação que eu acho que foi um pouco excessiva. E aí eu acho que foi um defeito, ainda que não tão grave quanto os que aconteceram nas Diretas Já, na edição do debate entre Collor e Lula e na cobertura do *impeachment* do Collor".

A repórter Zileide Silva* sentiu nas ruas, durante a campanha eleitoral, como os efeitos positivos do Plano Real contribuíram para que não houvesse uma disputa acirrada pelos votos daquela eleição presidencial:

"Nós tínhamos quase certeza de que Fernando Henrique Cardoso seria reeleito. Era quase automático, difícil que o candidato não conseguisse se reeleger; ainda mais havendo um momento tranquilo como o caso do real, que deu absolutamente certo. Fernando Henrique autografava nota de um real, eu me lembro disso".

Mas Zileide também não demorou para perceber qual seria o preço da decisão do presidente de "segurar" a desvalorização do real para não ter nenhum risco de perder a eleição:

"Cobrimos preocupados com o que aconteceria no início do outro governo e não deu outra: houve a posse, imediatamente depois veio uma maxidesvalorização do real. A economia voltou a pesar e a cobertura econômica dos jornais passou a ter novamente um destaque no país".

Para a oposição, o expediente de "segurar" o real e a série de acordos políticos com altas doses de fisiologismo feitos por Fernando Henrique com vistas à reeleição compuseram o que no governo José Sarney tinha sido batizado de "estelionato eleitoral", quando o então presidente adiou uma série de medidas impopulares para garantir a vitória do PMDB nas eleições de 1986. Mas em 1998 a oposição era bem menor, a cobertura da imprensa em geral, Globo incluída, foi bem mais amigável e Roberto Irineu não teve de ouvir de Fernando Henrique o que revelou a este autor que costumava ouvir de Sarney:

– Você gosta de mim, mas seu jornalismo não gosta.

Barraco na cobertura

Embora não tenha sido só o *Jornal Nacional* que se manteve à distância, como constatou Luis Felipe Miguel em sua pesquisa, ao mostrar que nenhuma das emissoras nem sequer realizou debates com os candidatos à Presidência em 1998, a Globo, quisessem ou não Evandro e os Marinho, ainda atraía o escrutínio desconfiado de setores da opinião pública representados, na imprensa escrita, principalmente por colunistas e repórteres da *Folha de S.Paulo*.

Cerca de dois anos antes do início da campanha presidencial, em 8 de dezembro de 1996, por exemplo, Fernando de Barros e Silva, ao analisar a "longa participação" de Roberto Carlos no *Domingão do Faustão*, chamou o cantor de "principal cabo eleitoral da reeleição" ao descrever um momento da conversa:

"Foi uma jogada de mestre. No meio daquela baderna de auditório, entre as bajulações de praxe do apresentador, piadas e sacanagens de almanaque, uivos histéricos da plateia e outras tantas 'emoções', Faustão cava a pergunta e já abre o caminho para a resposta. O 'rei', imbuído de seu papel histórico, sempre 'ao lado do povo', diz que não entende nada de política (no que aliás tem toda razão) e faz a defesa da reeleição em nome da continuidade do que está dando certo e blá-blá-blá".

Conspiratória ou não, a leitura de Barros e Silva continuaria meses depois, em 16 de fevereiro de 1997, quando, ao comentar o que considerou uma "melhora" do conteúdo do *Jornal Nacional*, ressalvou:

"O *JN* não mostra o mesmo empenho investigativo em relação ao governo FHC que exibe, por exemplo, quando denuncia a prostituição infantil no país ou alguma fraude na Previdência comprometendo funcionários obscuros de escalões subalternos da administração pública. A estratégia ainda parece ser a de preservar os 'tubarões' e conquistar a confiança do público atazanando a vida dos 'peixinhos'".

Nem a investigação feita para o *Globo Repórter* por Caco Barcellos – e que tinha resultado no primeiro programa da TV aberta brasileira sobre os desaparecidos da ditadura, exibido em julho de 1995, uma espécie de recado de Evandro sobre o fim dos tabus no jornalismo da Globo – havia desarmado alguns críticos como Armando Antenore, que em 3 de setembro daquele ano, na mesma *Folha*, apostou que a "onda revisionista" da emissora não ia durar e receitou:

"O melhor caminho para a emissora apagar a fama de parcial não é remexer o passado. É deixar de corromper o presente".

Não foram apenas ataques de colunistas.

Em setembro de 1996, as duas empresas, *Folha de S.Paulo* e Globo, tinham se envolvido num bate-boca público durante a campanha para prefeito de São Paulo, iniciado quando o jornal noticiou uma denúncia da coligação da candidata petista Luiza Erundina de que a emissora tinha incluído indevidamente, no último intervalo comercial do *Jornal Nacional* do dia 16, às 20h23, uma inserção da propaganda eleitoral do candidato tucano José Serra que, de acordo com a tabela elaborada pela Justiça Eleitoral, só deveria ser inserida após as nove da noite, horário em que o *JN* já tinha terminado.

A resposta da Globo foi dupla: o *JN* do dia seguinte negou a irregularidade, mencionando o que chamou de "atestado" em que a diretora do cartório da 1ª Zona Eleitoral de São Paulo, Maria Aparecida Dias Lima de Oliveira, afirmava que a Globo vinha cumprindo fielmente as determinações da Justiça Eleitoral. E a edição d'*O Globo* do dia 19, com o título "A *Folha* calunia e difama" e um texto que exalava o combustível que Evandro gostava de despejar nas polêmicas em que se envolvia, atacou:

"A *Folha de S.Paulo*, um jornal que torce pelo fracasso, está claramente decidida a difamar a TV Globo, ainda que para isso recorra à distorção deliberada dos fatos [...] É bom que se esclareça que a propaganda eleitoral gratuita é da inteira responsabilidade de cada Tribunal Regional Eleitoral, não tendo as redes de televisão qualquer interferência nesse processo [...] Já é hora de a *Folha* perceber que atos tão desonestos, violadores das mais rudimentares regras da ética jornalística, só servem para desmoralizar a ela própria, por desvendar os maus propósitos com que calunia deliberadamente, tentando assim enganar seus leitores".

No troco publicado no dia seguinte, a *Folha* ofereceu aos seus leitores uma excursão pelos pecados e controvérsias da história da emissora dos Marinho. Com um editorial sob o título "O que é bom para a Globo não convém ao Brasil – Resposta ao monopólio", e no qual afirmava que era normal que a "imprensa independente" levasse controvérsias do tipo denunciado pelo PT ao conhecimento do eleitor, o jornal dos Frias afirmava que a Globo não estava "acostumada com democracia"; era "especialista em manipulação eleitoral"; "fez campanha contra o movimento Diretas Já"; e praticou "a edição criminosamente deformada do debate dos candidatos Collor e Lula, com vistas a eleger o primeiro".

Teve mais: a Globo, segundo a *Folha*, "no desespero de evitar uma vitória de Leonel Brizola na eleição para governador do Rio", "já havia se envolvido no escândalo Proconsult, uma das maiores vergonhas na história política recente"; "foi feita com capital estrangeiro em flagrante violação da lei"; e "cresceu no apoio subserviente aos governos militares". Além do editorial, o jornal deu destaque ao fato de o juiz titular da 1ª Zona Eleitoral, Dyrceu Aguiar Cintra Júnior, ao desautorizar publicamente a diretora do cartório, sua subordinada, por ter respondido à Globo no dia anterior sem o seu conhecimento, decidir multar a emissora e conceder direito de resposta à candidata Luiza Erundina no *JN*, afirmando que a Globo "efetivamente transgrediu a lei, no que se refere à propaganda eleitoral".

O ato seguinte foi do então presidente do Tribunal Regional Eleitoral paulista, desembargador Nelson Fonseca, que concedeu liminar à Globo suspendendo a decisão do juiz Dyrceu Aguiar Cintra Júnior de multar a emissora e conceder direito de resposta à campanha de Erundina, lamentando se ver "constrangido a reconhecer que o douto juiz da 1ª Zona Eleitoral extrapolou a competência no exercício de suas nobres funções jurisdicionais".

Para se ter uma ideia do grau de desconfiança que persistia na relação do PT com a Globo, aparentemente não houve ninguém, na época, na coligação de Luiza Erundina, que tenha feito as contas de audiência resultantes daquela alteração no horário da inserção de José Serra, uma mudança que a defesa da Globo reconheceu ter ocorrido, mas "sem interesse de prejudicar ninguém" e dentro de uma margem de ajustes na grade de programação que era permitida pela Justiça Eleitoral. Na ponta do lápis, a audiência média na Grande São Paulo da novela *O Rei do Gado*, em exibição no horário das oito e meia naquela semana de 16 a 21 de setembro de 1996, foi de 54 pontos. Na mesma época, a audiência média do *JN* situava-se na faixa dos 40 pontos. Teoricamente, portanto, o candidato José Serra perdeu em alcance, em vez de ganhar, ao ter uma de suas inserções antecipada para o último intervalo do *JN*, às 20h23.

Aquele tiroteio, como reconheceu Marcelo Leite, o então *ombudsman* da *Folha*, em sua coluna de 22 de setembro, o domingo que se seguiu à polêmica, continha um ingrediente que "teve algum peso no tom da polêmica quando esta atingiu seu ponto máximo": o fato de os grupos Folha e Globo à época participarem de consórcios para exploração de telefonia celular, sendo concorrentes também no futuro fornecimento de serviços via internet.

O tempo mostraria que as eventuais sequelas daquele enfrentamento público seriam menores que o interesse dos Frias e dos Marinho pela sociedade que fizeram na base de 50% para cada um, pouco mais de três anos depois, em maio de 2000, e que resultou na criação do jornal *Valor Econômico*, publicação que seria controlada pelos dois grupos por dezesseis anos, até setembro de 2016, quando a Globo adquiriu a participação do grupo Folha no jornal.

Em se tratando de cobertura de eleições, à parte o duelo no andar de cima da mídia brasileira da época, em 1998, do ponto de vista de imagem, pelo menos junto aos setores mais esclarecidos da sociedade, o jornalismo da Globo ainda estava longe de navegar em um mar de prestígio e credibilidade. Para muitos, precisava dar, agora sob a direção de Evandro e talvez, lá no fundo, contra a vontade dele, demonstrações inequívocas de que a cobertura política da emissora não seria enviesada.

Em São Paulo foi o contrário. A eleição para governador daquele ano, no estado, acrescentou mais um episódio ao prontuário de atritos do PT com a Globo, agora envolvendo o comportamento da emissora na hora de divulgar uma pesquisa do Ibope que dava 26% para Paulo Maluf, do PPB, 18% para Francisco Rossi, do PDT, 14% para Mário Covas, do PSDB, e 13% para Marta Suplicy, do PT.

A Globo mostrou, no *SPTV Segunda Edição* e no *Jornal Nacional*, os três primeiros colocados, não mencionando a quarta colocada Marta Suplicy. Como lembrou Carlos Augusto Montenegro, diretor-presidente do Ibope, em entrevista a este autor em março de 2022, a íntegra da pesquisa, com os percentuais de todos os então dez candidatos e publicada pelos jornais impressos no dia seguinte, mostrava, estatisticamente, pelos números de Marta, Covas e Rossi, que os três estavam tecnicamente empatados:

"A pesquisa poderia ser importante para a definição da população. E foi, já que Covas cresceu e foi para o segundo turno com Maluf e Marta ficou para trás".

A direção do PT reagiu, sugerindo que o Ibope tinha escondido os números de Marta, e Montenegro, acompanhado de Márcia Cavallari, diretora do instituto, foi levado pelo então senador petista Jorge Viana para uma reunião com Lula, José Dirceu e outros dirigentes do partido no Instituto da Cidadania, em São Paulo. De acordo com o relato de Montenegro, o clima esquentou quando ele foi cobrado pelo advogado Márcio Thomaz Bastos:

– Vocês não poderiam ter feito isso.

– A gente não fez porra nenhuma. A gente entregou um relatório para a TV Globo.

Márcia Cavallari, indignada com a desconfiança dos petistas depois de quase três horas de reunião, reagiu dizendo que o Ibope não tinha responsabilidade pela decisão da Globo de mostrar apenas os três primeiros colocados na pesquisa. Foi quando Lula, segundo Montenegro, entrou em ação:

– Para, para, para!

Silêncio no recinto.

– Vamos comer uma pizza.

O que se seguiu foi uma esticada para uma pizzaria que marcaria o início da admiração de Montenegro pela forma como Lula, segundo ele, "entendia de tudo, de Brasil e de eleição". Lula entendeu também que o Ibope não tinha nada a ver com um fato que, na opinião de Montenegro, também não tinha "nada de maldade da Globo contra o PT", já que a decisão da emissora de mostrar apenas os três primeiros colocados tinha valido para todas as disputas, em todos os estados brasileiros. Tanto que, após mais esse incidente na relação historicamente conflituosa da Globo com o PT, a emissora decidiria mostrar, sempre, nas eleições seguintes, todas as situações de empate técnico nas disputas eleitorais, o que Montenegro classificou como "uma chatice".

A maior prova de que Lula não acreditava em nenhum conluio do Ibope com a Globo, de acordo com Montenegro, foi o próprio Lula quem deu, ao contar, no encontro da pizzaria, como foi o momento em que sentiu a própria derrota contra Fernando Henrique naquela eleição. Lula estava num botequim de Belém do Pará tomando uma cerveja, a poucos minutos de fazer o último discurso da campanha para cerca de 120 mil pessoas, quando o *JN* deu o resultado da última pesquisa do Ibope, com Fernando Henrique vencendo de longe. Lula sentou no meio-fio da praça atrás do palanque e chorou, sem a menor vontade de falar mais nada.

Dois anos antes, na eleição municipal de 1996, como lembrou Chico Pinheiro*, um gesto da direção da Globo tinha surpreendido positivamente a militância do PT quando, na disputa com a mesma Luiza Erundina, o candidato patrocinado por Paulo Maluf, Celso Pitta, no que Chico chamou de "jogada dos marqueteiros", se recusou a participar de um debate previamente acertado com a emissora:

"Para grande surpresa do Pitta, do pessoal do próprio PT e de muitos de nós, a TV Globo manteve a data e fez um debate com a cadeira do candidato de Paulo Maluf vazia. Fizemos uma entrevista com a candidata Luiza Erundina com toda a isenção e o rigor que se deve ter ao cobrar ou questionar o candidato sobre suas propostas e sobre a viabilidade delas. Foi esse o primeiro fato concreto que eu tive daquilo que dizia o jornalista Evandro Carlos de Andrade: 'O jornalismo da TV Globo não tem amigos para proteger, não tem inimigos para perseguir, deve ter compromisso com o interesse público'".

Já Montenegro tinha enfrentado outro tipo de problema naquela eleição, quando um político do estado que ele preferiu não identificar chegou a ir à sua casa no Rio sem aviso-prévio, em um início de noite, na reta final da disputa. Paulo Montenegro, fundador do Ibope, então com 75 anos, apenas cumprimentou o visitante, preferindo continuar assistindo TV, e o político, depois de cerca de meia hora de conversa com Dona Désirée, mulher de Paulo, levou o filho Carlos Augusto para a varanda e deu início a um diálogo surpreendente:

– Carlinhos, preciso de um favor seu. Vai sair uma pesquisa no sábado e essa é fundamental pra mim. Eu precisaria, pelos meus cálculos, de dois ou três pontos. Quanto custa isso?

– Olha, isso está em torno de novecentos milhões. É o preço do Ibope. Você compra e faz o que quiser, bota o número que quiser.

– Dois, três pontinhos? Novecentos milhões?

Montenegro disse que ainda teve de explicar que, se aceitasse vender os "dois ou três pontinhos", o Ibope perderia completamente a credibilidade. O político, segundo ele, desistiu da investida, ainda conversou mais uns dez minutos com Dona Désirée e se retirou para continuar sendo "um puta cliente" do Ibope.

Adeus em capítulos

Foi uma sexta-feira, 13. Novembro de 1998.

Os detalhes da reunião de todos os diretores das dezoito empresas que formavam as então chamadas Organizações Globo seriam relatados três dias depois pela jornalista Heloisa Magalhães, em reportagem para a *Gazeta Mercantil*, e a principal novidade, menos por ser algo inesperado e muito mais pelo significado histórico, era o desaparecimento de José Bonifácio de Oliveira Sobrinho, o Boni, no organograma do grupo. No comunicado distribuído durante a reunião, assinado por Roberto Marinho e seus três filhos, estava sendo cumprida, naquele dia, a etapa mais importante de um processo que vinha sendo delineado havia mais de dois anos, e no qual os três filhos do patriarca então com 94 anos deixavam as funções executivas.

Cinco novos diretores-gerais ficariam à frente de quatro núcleos de negócios do grupo: o chamado Núcleo de Mídia Impressa e Rádios passaria a ser dirigido por Luiz Eduardo Vasconcelos, então diretor-geral dos jornais *O Globo* e *Extra*; o de Telecomunicações, que incluía telefonia celular e rede de televisão a cabo, ficaria com Moysés Pluciennik; o de negócios ligados à Globopar, holding encarregada do *funding* do grupo e controladora de empresas como a NEC, além de imobiliárias e financeiras, seria comandado por Mauro Molchansky e Pedro Carvalho; e Marluce Dias da Silva seria a diretora do então chamado Núcleo de Televisão e Entretenimento, absorvendo as funções de Roberto Irineu e substituindo Boni.

"Ela foi para lá para que eu saísse, foi um instrumento usado para que eu saísse."

Boni não demorou para soltar essa frase na entrevista a este autor, em dezembro de 2023, ao comentar a ascensão definitiva de Marluce ao poder, sacramentada naquela reunião de 1998. Mas até a decisão de "jogar a toalha", como ele disse, tinham se passado longos e desgastantes sete anos desde a chegada da executiva à Globo em 1991, período em que Boni tentou resistir ao processo que a própria Marluce chamaria posteriormente de "fatiamento" de seu poder na emissora.

Houve também momentos em que, em vez de lutar dentro da Globo, Boni ensaiou deixar a empresa, apesar da multa milionária por uma eventual rescisão de contrato antes de 2001. E um desses momentos aconteceu entre 1995 e 1996, quando os autores Benedito Ruy Barbosa, Gloria Perez e Walther Negrão pediram uma reunião com Marluce para fazer um relato que, ao lembrar do episódio na entrevista que deu a este autor em 2022, a então superintendente-executiva considerou inacreditável: comunicaram que tinham assinado contrato com o SBT, acompanhando Boni, que também estaria trocando a Globo pela rede de Silvio Santos. E a surpresa de Marluce foi ainda maior com a segunda parte da história: Benedito, Gloria e Walther queriam voltar para a Globo, após descobrirem que, ao contrário deles, Boni não tinha assinado com o SBT.

Gloria e Benedito, autores das duas novelas exibidas no horário das oito e meia da noite em 1996, *Explode Coração* e *O Rei do Gado*, respectivamente, e Walther, que escreveu *Anjo de Mim*, o 50º folhetim das seis da tarde da história da Globo, também exibida naquele ano, pediam ajuda porque, ao comunicarem ao SBT a decisão de rescindir os contratos então recém-assinados, foram informados de que, se voltassem para a Globo, teriam de pagar multas que somariam algumas dezenas de milhões de reais. Perplexa com a situação, Marluce prometeu aos três que conversaria com Roberto Irineu. Boni confirmou a história para este autor, mas deu contornos barrocos à sua versão ao explicar que sua conversa tinha sido com Luiz Eduardo Borgerth, ex-diretor da Globo à época prestando uma consultoria ao SBT, e não com Silvio Santos:

"O Borgerth falou: 'Você aceita vir conversar com o Silvio?'. Eu disse: 'Aceito' e isso extrapolou. Eu nunca disse que ia. E o Silvio também me disse que nunca disse que eu ia para o SBT. Ficou então aquele clima: 'O Boni vai para o SBT'. O Silvio então chamou os autores e a resposta comum deles foi a de que eles ficavam na Globo pela ligação que tinham comigo. Foi quando o Silvio disse pra eles: 'O Boni está vindo para cá'".

Benedito, Gloria e Walther não fizeram qualquer menção, em suas respectivas entrevistas ao Memória Globo, àquele episódio que poderia ter provocado um terremoto na teledramaturgia brasileira. Mas não é difícil imaginar, em primeiro lugar, que os três jamais assinariam com o SBT sem, antes, falar com Boni. Em segundo, que Silvio Santos, na hora de convencer o trio a "também" mudar de emissora, levando-se em conta o currículo de truques pouco ortodoxos que brota de todas as suas biografias, jamais resistiria à tentação de transformar o que era apenas uma possível conversa sua com Boni em um contrato prestes a ser assinado.

Boni disse que procurou os três autores para dizer que não estava indo para o SBT e que ajudaria na negociação do retorno deles à dramaturgia da Globo. O problema maior, porém, eram as multas rescisórias que, segundo uma reportagem do *Jornal do Brasil* da época, chegavam a 36 milhões de reais, e cujo valor final levaria as duas redes a uma longa disputa judicial. Na entrevista a este autor em 2023, Roberto Irineu, ao confirmar a decisão de pagar a multa, ainda que sem se lembrar do valor exato, disse que Silvio Santos "ficou *pê* da vida", e que na reunião com Gloria, Benedito e Walther não teve dúvidas:

– Vamos tratar de desfazer isso. Vocês têm toda uma carreira aqui dentro.

Boni, por sua vez, reconheceu, também para este autor, que aquele movimento de saída em bloco tinha relação direta com o fato de ele estar "revoltado" por não ter sido "sequer consultado" sobre a então recente decisão dos Marinho de entregar o comando da Central Globo de Jornalismo a Evandro Carlos de Andrade, em julho de 1995:

"Era inaceitável fazer aquilo na minha ausência. O problema não era a entrada do Evandro. Eu não ia discordar. O problema é que foi feito à minha revelia, com medo de que eu discordasse".

Não era só o episódio da chegada de Evandro. O movimento de saída em bloco para o SBT, segundo um ex-diretor da emissora que acompanhou os acontecimentos, era maior e incluiria, entre outros, o diretor Mário Lúcio Vaz, que na época vinha se tornando indispensável com o iminente afastamento de Daniel Filho das funções executivas que ocupou na Central Globo de Produção naquele período conturbado no comando da dramaturgia da emissora. Marluce dependeria de Mário Lúcio para conduzir a delicada relação com os autores, fazer a leitura e a crítica das sinopses das novelas e séries e decidir as que seriam produzidas. Aliás, depois do episódio da volta dos que não foram para o SBT, um contrato em novas bases blindou a posição estratégica que Mário Lúcio teria sob o comando de Marluce.

Antes da chegada de Evandro e do ensaio de debandada para o SBT, porém, Boni já vinha protagonizando rompantes de afirmação de poder e decisões teatrais que remetiam ao seu currículo de mentor genial e mais importante do sucesso e da liderança da Globo, mas produziam resultados que nem sempre impressionavam como no passado. Em 1994, por exemplo, segundo Geneton Moraes Neto*, então editor-chefe do *Fantástico*, Boni tomou uma decisão surpreendente durante uma reunião sobre novos quadros para o programa:

– Brasileiro gosta de ver bunda, mulher bonita, mas sem baixaria. Bota lá aquele monumento na piscina e grava, mas sem baixaria, que o *Fantástico* não tem baixaria.

Era uma evidência, para Geneton, de que Boni "era um gênio da televisão que acertou em muitíssimas coisas, mas errou em outras". Queria "ressuscitar" o "Garota do Fantástico", quadro não exatamente inovador que já provocava controvérsia em 1984 e no qual jovens descritas no site da própria Globo como "beldades até então desconhecidas" surgiam desfilando com roupas casuais e trajes de banho quase imperceptíveis em paisagens paradisíacas, enquanto o narrador revelava "uma biografia pitoresca que incluía passatempos, sonhos pessoais e profissionais e até o signo". Em entrevista a este autor, Luizinho Nascimento, ex-diretor do *Fantástico*, lembrou outra reunião daquele ano em que Boni propôs uma temeridade como tema das pesquisas interativas pela internet que o programa tinha adotado:

– Vocês estão usando essa interatividade para assuntos muitos bobos. Vamos botar assuntos mais relevantes para o povo opinar. Vamos perguntar quem deve ser o futuro ministro da Fazenda que entraria no lugar do Fernando Henrique, agora que ele vai disputar a Presidência.

Alberico de Sousa Cruz, que ainda era o diretor da Central Globo de Jornalismo e participava da reunião, conteve-se, mas, assim que acabou o encontro, pegou Luizinho pelo braço e deu uma ordem que levou o diretor do *Fantástico* a concluir que "a coisa estava feia para o lado de Boni":

— Olha, Luizinho, esquece esse assunto de perguntar quem vai ser o futuro ministro da Fazenda.

Dois meses depois, agora como coordenador-geral da cobertura da Globo na Copa do Mundo nos Estados Unidos, Luizinho viveu outra situação na qual ficou claro para ele que Boni já não estava mais sendo ouvido como antigamente. Foi quando, contrariado com a decisão de Alberico de posicionar o âncora Carlos Nascimento sempre próximo da seleção brasileira nas entradas ao vivo no *Jornal Nacional*, mesmo que a imagem ao fundo fosse um alambrado diante do nada e que o vento estivesse comprometendo o penteado e a qualidade do áudio, Boni resolveu intervir pessoalmente e voou para os Estados Unidos.

Era uma época em que ainda ecoava, nos bastidores da Globo, a fama de que Boni "só não passava por cima do doutor Roberto", como lembrou o ex-diretor Érico Magalhães na entrevista a este autor. Por isso, segundo Luizinho, a expectativa na equipe da Copa passou a ser a de que, com a chegada de Boni aos Estados Unidos, a redação cenográfica montada pela Globo no centro de imprensa da Copa em Dallas, no estado do Texas, e que tinha inclusive se tornado uma espécie de atração turística dos jornalistas do resto do mundo por sua dimensão e beleza, passaria a ser usada por Nascimento na cobertura da competição para o *JN*:

"O Boni chegou lá e eu pensei: vai mudar tudo. E não mudou nada. Ele chegou, conversou, e o Nascimento foi mantido fazendo cabeças para o *JN* ao vivo no meio do vendaval. Boni era contra isso, mas não prevaleceu".

Foi também um tempo em que, muitas vezes, o folclórico mau humor que às vezes vinha no pacote de decisões geniais de Boni no passado resultava apenas em mal-estar. Como aconteceu em outra reunião do *Fantástico* em que Luizinho estava presente e na qual Boni reagiu de uma maneira àquela altura anacrônica para aqueles novos tempos de orçamentos nos quais valia, mesmo, o escrito. Quando o próprio filho, o diretor Boninho, quis apresentar o piloto de um possível quadro do programa, um monólogo de humor em que a atriz Regina Duarte interpretava vários tipos de mulher, Boni interrompeu a exibição nos primeiros segundos:

— Tira essa merda. Está uma merda.

— Pelo menos assiste...

— Não preciso assistir, está uma merda. Onde já se viu fazer um quadro de humor no fundo cinza? Pode regravar essa merda e depois me traz aqui com um fundo decente, pertinente, adequado ao quadro.

A frequência das reuniões com Boni por causa do *Fantástico*, aliada à vocação jornalística de Luizinho e Geneton*, não deixou que os dois executivos do programa esquecessem episódios marcantes daquele período infeliz de Boni, como o do dia em que Mário Lúcio Vaz entrou na sala dizendo que a apresentadora Xuxa, à época mais dedicada à carreira internacional, queria um horário da grade de programação da Globo na parte da manhã. Nas palavras de Geneton, "Boni primeiro resolveu em trinta segundos que não queria mais Xuxa na TV Globo". Depois, mudou de ideia, referindo-se presumivelmente a detalhes contratuais relacionados com os direitos de comercialização da apresentadora:

– Sabe de uma coisa? Bota sábado, arruma um programa pra ela no sábado e está bom. Porque ela ganhou dez milhões de dólares ano passado, sei lá quanto, e a TV Globo não ganhou nada com isso. Então só interessa se for metade da metade, porque ela vive da TV Globo.

A surpresa de Geneton e Luizinho foi ainda maior quando, instantes depois, Boni voltou atrás novamente e tomou uma decisão que, o tempo mostrou, não se confirmaria, com a estreia do programa *Xuxa Park*, que seria exibido entre junho de 1994 e janeiro de 2001:

– Sabe de uma coisa? Não interessa mais, não. Não interessa esse negócio da Xuxa mais, não, pronto.

Para completar as fortes emoções daquela reunião na qual, como sempre, chamava atenção de Geneton "a grande mesa, asséptica e ocupada apenas por um pequeno pires com as vitaminas importadas de Boni", houve um outro momento em que Mário Lúcio informou que a mãe da então apresentadora de programas infantis Mara Maravilha estava na antessala, à espera de uma conversa com Boni:

– Quem é Mara? Que Mara?
– Mara Maravilha...
– Manda para o inferno!
– Ah, tá bom, vou dizer que você está ocupado e não pode atender.

Em entrevista ao programa *Conversa com Bial* em agosto de 2024, Boni, então com 88 anos, ao se posicionar contra o que chamou de "excessos" do comportamento politicamente correto em vigor, reconheceu que certamente seria "preso por assédio moral" em algumas ocasiões do passado. No caso do elenco da minissérie *Memorial de Maria Moura*, exibida também naquele ano difícil para Boni e considerada por Gloria Pires* um dos trabalhos mais difíceis de sua carreira, o ator Kadu Moliterno*, intérprete do personagem "Padre José Maria", chegou a pensar em encomendar uma camiseta com os dizeres "*Memorial de Maria Moura:* Sobrevivi", por conta da intervenção de Boni na produção, e explicou:

"Nós gravamos durante dez dias ou quinze dias com chuva, lama, cavalo, dificuldade, carregar câmera, no Rio e em Teresópolis. Aí, viemos pra fazer estúdio e, quando a gente estava na primeira semana de estúdio, veio uma comunicação dizendo que o Boni não gostou de nada que a gente fez, porque o *Memorial de Maria Moura* era sol e choveu, gravou-se tudo na chuva. Quando ele viu, falou: 'Não é cinza, é azul, é sol, é árido, é seco, vamos fazer tudo de novo'. Aí, na outra semana nós viajamos, ficamos mais quinze dias e fizemos novamente tudo o que a gente tinha feito. Foi um sacrifício tremendo fazer o *Maria Moura* no sol".

A equipe de *Quatro por Quatro*, novela das sete também exibida em 1994 e escrita às pressas pelo autor Carlos Lombardi para substituir um texto não aprovado de outro autor para substituir a bem-sucedida *A Viagem*, começou a sofrer com Boni quando, de volta de uma viagem ao exterior, ao ver no ar as primeiras chamadas de estreia da novela, ele mandou suspender a exibição por não reconhecer o elenco "com poucas estrelas", como destacou o crítico e pesquisador Nilson Xavier. A produção teve de parar por dois dias e, após ver os testes e cenas gravadas, Boni liberou a novela, mas não sem mandar regravar as cenas da atriz Betty Lago, a personagem "Abigail", dizendo que o cabelo dela "não estava bom". Aquelas intervenções pioraram ainda mais a vida de Lombardi, como ele contou ao site NaTelinha, em 2019:

"Eu tinha escrito apenas dezessete capítulos quando a novela estreou. Na segunda-feira da estreia, gravávamos cenas para o capítulo 4, da quinta-feira. E a novela seguiu atrasada do início ao fim. Entreguei o último capítulo e fui direto para o hospital com desidratação, lumbago, ansiedade, gripe e tudo a que tinha direito para quem tinha corrido uma maratona".

Boni desceria mais um degrau no organograma da Globo a partir de maio de 1997, passando de vice-presidente de operações a vice-presidente de coordenação estratégica, qualquer que fosse o significado da expressão, principalmente se considerando que, no comunicado oficial da mudança, Roberto Irineu, João Roberto e José Roberto informavam que o comando da emissora continuaria a cargo de um comitê formado por eles três, pela ainda superintendente-executiva Marluce Dias e pelo então superintendente comercial Octávio Florisbal.

Em novembro de 1997, uma trombada mais forte em torno da contratação do diretor Nilton Travesso para a direção de um dos núcleos artísticos da emissora, efetivada por Boni e sumariamente desautorizada por Marluce, fez o caldo entornar novamente. De acordo com uma reportagem de Cristina Padiglione publicada pela *Folha de S.Paulo* no dia 26 daquele mês, Boni só não deixou a emissora porque a direção da empresa se recusou a abrir mão da multa pela eventual rescisão de seu contrato, que continuava válido até o ano 2001.

A solução encontrada, segundo Padiglione, foi antecipar o fim da transição das funções executivas do homem que tinha sido sinônimo de poder e autoridade por três décadas da emissora para as de "consultor". Mas em março de 1998, a mesma colunista informaria, em outra matéria da *Folha* publicada no dia 24 daquele mês, que Silvio Santos estava disposto a dar a Boni o que Roberto Marinho nunca lhe tinha oferecido: uma vaga de sócio em sua rede de televisão. E, segundo a colunista, com um detalhe:

"Sabendo que Silvio Santos interfere diretamente na programação do SBT, Boni questionou se terá autonomia para comandar a emissora. 'Na programação de segunda a sábado você manda, mas o domingo é meu', respondeu o empresário".

Reportagens como essa, somadas a entrevistas e notas de jornal temperadas pela mágoa de Boni com os Marinho, levariam Roberto Irineu a compartilhar com todas as diretorias da Globo, em 9 de junho de 1998, uma troca de cartas obviamente marcadas entre os dois. Na de Boni, datada no dia anterior, ele renovava seu desejo de "pensar o futuro da Globo", visando "assegurar e proteger o reconhecido Padrão Globo de Qualidade", além de negar categoricamente as notícias de que estaria "estudando propostas de outras emissoras de televisão" e de que rescindiria seu contrato com a emissora. Em sua carta, Roberto Irineu agradecia a renovação do compromisso de Boni com a emissora, dizia que jamais tinha tido dúvidas da "lealdade" do agora consultor e enfatizava a necessidade de a sucessão de Boni se dar de forma "suave e precisa".

As juras corporativas duraram menos de cinco dias.

Em entrevista ao repórter Julio Gama publicada no "Caderno 2" do jornal *O Estado de S. Paulo* no dia 13 de junho, Boni era outra pessoa. O "leque de Roberto Irineu" era interessante, mas contemplava "apenas o aspecto financeiro da questão"; ainda não sabia o que fazer e nem tinha "depurado bem" todo o processo; "conversas muito interessantes" tinham acontecido entre ele e Johnny Saad, o então herdeiro da Rede Bandeirantes; Silvio Santos, amigo que Boni conhecia desde "antes de entrar na Globo", também o tinha procurado; não queria mais ser empregado de ninguém e o "divórcio" com a Globo ainda não tinha sido "bem compreendido". E como a "vida de solteiro" de Boni não estava "traçada", ele pretendia incluir, entre seus interlocutores, um ex-integrante da equipe de jornalismo da Globo que tinha acabado de se tornar um feroz inimigo da emissora:

"Também combinei de ir a restaurantes com Armando Nogueira, Nelson Motta, Sérgio Mendes e Paulo Henrique Amorim".

Os valores de contratos e de salários da Globo, inflacionados pela mística de poder da empresa ao longo de sua existência, sempre foram exagerados, de acordo com quem trabalhou no comando da emissora. Mas a estimativa mais citada na imprensa da época, sobre o valor do bilhete azul acertado pelos Marinho com Boni em 1998, era a de que ele receberia o equivalente a sessenta milhões de dólares ao longo de cinco anos.

Não se sabe, porém, se a cifra, "um valor que ficou muito bem guardado", nas palavras de um ex-diretor da emissora, é verdadeira, e nem que peso o acordo financeiro de 1998 teve em 2003, quando Boni se tornou um afiliado da Globo, ao comprar da família Marinho a emissora de São José dos Campos e, ainda naquele ano, conquistar em concorrência pública o controle de uma emissora em Taubaté, o que permitiu a formação da Rede Vanguarda, inicialmente com duas geradoras e dezoito repetidoras, cobrindo a região do Vale do Paraíba, no interior de São Paulo. Ele faria questão de comandar a rede até se afastar da direção em junho de 2024.

Nas 1.036 páginas dos dois livros que Boni lançou depois que saiu da Globo, *O livro do Boni*, em 2011, e *O lado B de Boni*, em 2024, Marluce Dias da Silva não é citada nominalmente nem uma vez sequer. Para o bem ou para o mal. E, em junho de 2024, um quarto de século depois de desaparecer do organograma da Globo e de desocupar a sala que ocupava na sede do Jardim Botânico, ao ser instado por este autor a escrever algumas linhas sobre como foram seus últimos momentos na emissora que projetou e ajudou a construir, Boni concordou e, alguns dias depois, enviou o texto. Das 228 palavras que usou, 153 mostravam que a conta da mágoa ainda estava em aberto, e as restantes 75 celebravam sua trajetória espetacular e incomparável:

"Eu fui saído da Globo no auge do desempenho da empresa. O Walter Clark teve problemas com o doutor Roberto e com a Globo. Mesmo assim, na saída, houve uma gentil troca de cartas. O Joe Wallach saiu por livre e espontânea vontade e foi homenageado com um grande banquete pela empresa. Na minha saída não teve nada. Nem um adeusinho simpático. Havia sido combinado que também trocaríamos cartas amáveis. Mas não aconteceu. Ao invés disso, foi publicada no jornal *O Globo* uma matéria me rebaixando ao dizer que eu passaria a ser subordinado à nova diretoria. Na verdade eu ficaria como consultor direto da vice-presidência. Mas mesmo assim somente pró-forma. Depois de 31 anos poderia ser mais amigável, porque eu compreenderia facilmente qualquer mudança. Toda empresa tem o direito de escolher e trocar seus funcionários e comandantes quando bem entender. Mas é preciso respeito e reconhecimento pelo serviço prestado. Não ocorreu comigo. Mas, sinceramente, isso não importa mais. Nenhuma mágoa. O que valeu foi o agradável tempo de convívio com o doutor Roberto, com o Roberto Irineu, João Roberto e José Roberto. O que valeu foi o trabalho que eu e meus companheiros fizemos na Globo. O que valeu é o que deixamos lá e é usado até hoje. O que valeu é que nós, os profissionais, fomos os responsáveis pela 'era de ouro' da televisão brasileira".

Em janeiro de 1982, quatro décadas antes do depoimento pedido para este livro, em uma entrevista à revista *Manchete* no auge da "era de ouro", ao ser indagado sobre o futuro da televisão brasileira, Boni previu que ela teria o formato de um quadro na parede, seria fina como uma tela, exibiria imagens de alta definição no formato retangular então chamado de *cinemascope* e ia permitir que as pessoas pagassem as contas através da TV. Quando o entrevistador perguntou como Boni sabia que seria assim, ele deu uma pista sobre como estava reinventando a televisão no Brasil:

– Eu não sabia. Eu sonho com isso.

Aviso-prévio

– Que tal montarmos aqui um campo de bocha?

Era apenas uma brincadeira de José Roberto Marinho, então com 43 anos, referindo-se aos cerca de cem metros quadrados de área atapetada, no último andar da sede da Globo no Jardim Botânico, em plena reforma para acomodar os escritórios dele, de Roberto Irineu, 51 anos, e de João Roberto, 45, naquele histórico novembro de 1998 em que os três inauguravam um novo modelo de gestão da empresa, agora definitivamente sem Boni por perto.

Como mostrou a reportagem da *Gazeta Mercantil* escrita por Heloisa Magalhães, testemunha do comentário de José Roberto, a ideia dos herdeiros de Roberto Marinho à época era deixar os cargos executivos para se dedicarem exclusivamente à estratégia das empresas da família, cujos números oficiais prometiam, naquele momento, segundo eles, resultados "muito semelhantes" ou "ligeiramente inferiores" aos 4,8 bilhões de dólares de faturamento líquido de 1997.

A bocha, esporte popularizado pelos italianos, considerado por muitos um sonífero e cujo momento de êxtase é o lançar de bolas alguns metros à frente, para situá-las o mais perto possível de uma bola menor previamente lançada, não seria, como será mostrado no terceiro volume desta obra, a melhor metáfora para as fortes emoções que estavam à espera dos irmãos Marinho e de todos na Globo em pouco mais de um ano, assim que o século virasse.

No "reloginho" do Ibope, um Brasil ainda criminosamente desigual e cheio de televisores modernos, geladeiras quase vazias e salas de aula abandonadas continuaria a crescer, com a migração sem volta de telespectadores das classes C, D e E da Globo para os programas populares das redes concorrentes, como se os índices de audiência dessem razão a Silvio Santos em sua conhecida tese de que o brasileiro "é um povo humilde que não quer ter aula ou cultura na TV", e "gosta mesmo é de diversão grátis". Ao mesmo tempo, a Globo, emissora criada à imagem e semelhança da classe média urbana brasileira do final do século 20, começaria a ver esse público trocar a TV aberta pelos serviços por assinatura e, depois, pela internet e pelo *streaming*. O Padrão Globo de Qualidade, para não se tornar um luxo inútil e caro como uma BMW em uma estrada completamente esburacada, aos poucos começaria a ser usado para envernizar os mesmos programas e estrelas populares que a emissora começaria a tirar da concorrência com propostas irrecusáveis.

No jornalismo, a emissora ampliaria ainda mais a distância em relação aos concorrentes em matéria de agilidade, estrutura técnica e capacidade de seus profissionais para documentar diariamente os fatos e acontecimentos importantes do Brasil e do mundo. Mas, na cobertura política, a Globo, que nas décadas de 1970 e 1980 tinha ocupado o último assento no último vagão do trem da abertura política, transformaria o *Jornal Nacional* num gigantesco panfleto eletrônico que seria a locomotiva mais poderosa e estridente da campanha de criminalização da política empreendida por praticamente todas as grandes empresas jornalísticas brasileiras, durante os governos do PT. Um protagonismo político cujo preço seria cobrado quando as equipes da emissora não conseguiriam sair às ruas, nas manifestações de 2013, para documentar o violento desprezo que a sociedade passaria a dedicar às instituições em geral, convencida que estava pela própria mídia da podridão do "sistema" e já entregue aos profetas ignorantes do caos nas redes sociais, na terra de ninguém da internet.

As novelas da emissora continuariam sendo uma poderosa instituição brasileira. Ao longo dos anos, desmentiriam obituários solenes e regulares do gênero na mídia, alternando fiascos memoráveis com tramas surpreendentes e inesquecíveis em audiência e popularidade, como que dando razão a outra sentença de Silvio Santos, esta proferida em 1987: "A Globo é um supermercado, o SBT é uma quitanda. Se a Globo fechasse hoje, nem em dez anos eu teria o prestígio, a qualidade e os profissionais deles".

As centrais da área comercial da emissora sediadas em São Paulo não deixariam que o declínio irreversível da audiência da TV aberta no século 21 ameaçasse a condição da Globo de detentora, com folga, da maior fatia do chamado "bolo" das receitas publicitárias brasileiras, qualquer que fosse o tamanho dele, faturando alto com cada minuto de atrações como o fenômeno *Big Brother Brasil* e com as cotas milionárias de patrocínio de eventos musicais e competições como as Olimpíadas e Copas do Mundo. Isso até o YouTube emergir do mercado pulverizado da internet, no início da década de 2020, como um concorrente mais temido pela Globo do que o SBT ou a Record.

Fora o tsunami provocado no mercado e na sociedade pelas redes sociais e plataformas da internet, entre as emoções fortes que sacudiriam a Globo nas duas décadas que viriam, uma em especial soaria absurda até as oito da manhã de 28 de outubro de 2002, a primeira segunda-feira após a vitória de Luiz Inácio Lula da Silva no segundo turno da eleição para presidente da República.

A maioria dos dirigentes da campanha petista ainda dormia no Hotel InterContinental, em São Paulo, depois de muita comemoração, mas o então coordenador do programa de governo de Lula e futuro ministro da Fazenda Antonio Palocci, atendendo a um pedido de um alto executivo da Globo, foi até o comitê de campanha, no prédio da Avenida Paulista onde funcionava o Curso Objetivo, do empresário João Carlos Di Genio, para tomar conhecimento de um fato relevante.

A Globo estava quebrando.

ÍNDICE ONOMÁSTICO

Abilio Diniz 200-202
Adalgisa Gomes de Lana 507
Adilson Pontes Malta 79-80, 243
Adolpho Bloch 72, 103, 112, 180, 251, 257, 266, 569
Adriana Esteves 413-414, 598
Adriana Falcão 487
Adriane Galisteu 282, 417, 420, 425
Aécio Neves 21
Afonso Arinos de Melo Franco 22
Afrânio Nabuco (Afrânio de Mello Franco Nabuco) 152
Agildo Ribeiro 331, 336, 543
Aguinaldo Silva 45, 174, 225-228, 255, 469, 499, 598-600
Alain Prost 281
Alain Vignais 415
Alberico de Sousa Cruz 15, 23-24, 35, 155, 182, 186-190, 199-212, 231, 257, 271-279, 288, 312, 339-340, 357-359, 370-371, 377-382, 393, 396-397, 422, 440, 452-461, 488-498, 505-510, 513-523, 565, 575-577, 581-587, 590, 596, 632-634, 646-647
Albert Alcouloumbre Jr. 54
Alberto Dines 19, 621
Alceni Guerra 204, 358-360, 495
Alcides Nogueira 193-195, 253, 259-260, 538
Alda Meneghel 101
Alessandra Negrini 523-525
Alexandre Borges 524
Alexandre Frota 472
Alexandre Garcia 21, 76, 152, 156, 198-199, 204, 207, 358, 371, 379-381, 447, 450, 454, 495, 510, 514, 574, 590
Alexandre Machado 487
Alexandre Moreno 462, 467
Alfredo Sirkis 346, 374
Ali Kamel 455, 511, 514, 590-591, 637
Alice Fortes 506

Alice-Maria Tavares Reiniger (Alice-Maria) 24, 78, 207-210, 215, 231, 273-279, 315, 340, 490-491, 513, 517-518, 579, 594
Almir Sater 564
Aloisio Araújo 507
Aloizio Mercadante 203, 377
Aloysio Legey 65
Aluízio Alves 33
Álvaro Gabriel 367-368
Álvaro Pereira 154-155, 592
Álvaro Pereira Júnior 603
Álvaro Santana 48
Amador Aguiar 148-151
Amauri Soares 204, 300, 339, 425, 514, 519, 565, 581-582, 634
Ana Helena Gomes 506-507
Ana Lúcia Torre 225
Ana Luiza Guimarães 379, 608, 619
Ana Maria Bahiana 593
Ana Maria Moretzsohn 193, 225, 243, 255, 469
Ana Paula Arósio 368
Ana Paula Padrão 270-271, 447, 623
André Bernardo 295
André Carlos Zorzi 462, 604
André de Biasi 60, 62, 64
André Luiz Azevedo 18, 24, 400, 584
André Waissman 309
Andréa Beltrão 60-63, 260
Andrea Cristina Martins Pereira 479
Ângela Carneiro 292, 348
Angela Santangelo 491
Angeli (Arnaldo Angeli Filho) 569
Angélica (Angélica Ksyvickis Huck) 111, 248, 569-573
Ângelo Antônio 523
Aníbal Ribeiro 311
Anselmo Duarte 147
Anthony Garotinho 591
Antônia Gonçalves 29

Antônio Abujamra 193
Antonio Athayde 31, 34, 83, 125-127, 131, 148, 188, 243, 317-319, 497
Antonio Bernardi 124
Antônio Britto 23-26, 74, 592
Antonio Calloni 59, 529
Antonio Calmon 62-63, 471
Antônio Carlos Bernardes Gomes ("Mussum") 543-547
Antônio Carlos Bicalho Lana 507
Antonio Carlos da Fontoura 364
Antônio Carlos de Almeida Braga 417
Antônio Carlos de Oliveira 508
Antônio Ermírio de Moraes 223
Antonio Fagundes 47, 73, 248, 260-262, 291-292, 307, 362, 368, 411-413, 556-557, 566
Antonio Gramsci 28
Antonio Medina 470
Antonio Palocci 654
Antônio Pedro 73, 482
Antônio Pitanga 467, 539-540
Aracy Balabanian 74, 262-263, 499, 537, 550
Ariano Suassuna 222, 481
Arlete Salles 228
Armando Antenore 467, 639
Armando Bógus 227
Armando Corrêa da Silva 199
Armando Nogueira 19, 26-29, 35, 114, 129, 150, 183, 203-210, 231, 243, 273-278, 312, 315, 340, 396, 428-429, 455, 488-498, 505, 513, 517, 556, 579, 587, 595, 622, 650
Arnaldo Antunes 65
Arnaldo Cezar Coelho 283, 438, 593, 626
Arnaldo Jabor 523, 593
Arthur Lavigne 387, 440
Artur Falk 330, 443-446
Artur Xexéo 291, 352, 464, 469, 535
Ary Fontoura 42-46, 226-228, 480, 599
Ary Nogueira 37, 40, 502
Astor Piazzolla 67-68, 70
Augusto César Vannucci 545, 607
Augusto Farias 356
Augusto Franco 32
Ayrton Senna 26, 106-107, 116-118, 184, 221, 279-282, 415-429, 456, 471, 612
Azul Ruiz 578

Baby Consuelo 406
Badan Palhares 510
Beatriz Segall 169, 174-176, 386
Beatriz Thielmann 495
Bel Bicalho 231, 312, 315
Belisa Ribeiro 276
Belisário Franca 309
Benedita da Silva 560
Benedito Ruy Barbosa 252-253, 256, 261, 264-269, 410-414, 473, 556-562, 567-568, 598-599, 644-645
Bernie Ecclestone 117, 281
Berta Loran 331
Bete Mendes 348, 499
Beth Costa 77, 518
Beth Filipecki 135, 139
Beth Lima 619
Betise Assumpção 417
Beto Silva 160, 324-325, 625
Betty Faria 57, 225-227, 249, 386, 502, 535
Betty Lago 649
Boni (José Bonifácio de Oliveira Sobrinho) 30, 34, 50, 62-63, 77-82, 88, 95, 103-104, 110-113, 119, 121-124, 129-134, 137, 140, 142, 144-155, 159-167, 171-173, 178, 180, 192, 202, 204, 207-214, 216-217, 220-225, 241-246, 253, 257, 260, 264-271, 276-277, 285, 290-293, 295-296, 301, 317-325, 339-340, 347, 353, 367-369, 388-397, 411, 414, 425, 433, 436-437, 465, 471, 489, 493, 495, 497-501, 509, 512-513, 519-524, 527-529, 533, 536-540, 553-556, 559, 572, 574-577, 580-581, 601, 605-607, 633, 643-652
Boninho (José Bonifácio Brasil de Oliveira) 370, 522, 570, 647
Boris Casoy 201, 372, 380, 582
Boris Yeltsin 475, 618
Branco (Cláudio Ibrahim Vaz Leal) 435, 438
Bráulio Pedroso 537
Brian Glanville 286
Bruna Dias Cangussu 194
Bruna Lombardi 37-39, 85-87, 386
Bruno Luperi 296, 412
Bussunda (Cláudio Besserman Vianna) 159-160, 165, 222, 274, 324-328, 332, 336, 338, 373, 625

Caco Barcellos 15, 341, 424, 505, 587, 639
Caetano Veloso 67-72, 154, 245, 292, 380, 482
Camila Amado 367
Camila Pitanga 467, 539
Cao Hamburger 571-573
Carla Daniel 248
Carla Marins 143
Carla Perez 471, 562, 602
Carlos Absalão 202, 273, 370, 576
Carlos Alberto Brilhante Ustra 348
Carlos Alberto de Nóbrega 130
Carlos Alberto Parreira 431
Carlos Alberto Riccelli 175, 255
Carlos Amorim 206-207, 339, 345, 381-382, 396, 402, 424, 513-514
Carlos Araújo 567
Carlos Augusto Montenegro 71, 213, 251, 258, 302, 420, 641
Carlos Augusto Strazzer 142
Carlos Castilho 586
Carlos Dornelles 231, 237, 312, 314-315
Carlos Drummond de Andrade 16, 39
Carlos Eduardo Dolabella 46
Carlos Gerbase 476
Carlos Jereissati 223
Carlos Kroeber 84, 88
Carlos Lacerda 190, 356, 480
Carlos Lombardi 143, 244, 476, 535, 545, 552, 649
Carlos Manga 161-162, 367, 477-480, 524, 527, 536, 545, 573, 601, 603
Carlos Monforte 21, 198, 273, 447, 492, 591
Carlos Nascimento 24, 30, 75, 123, 150, 302, 376, 436, 514, 517, 575, 580, 647
Carlos Peixoto 206-207, 211
Carlos Schroder 15, 99, 107, 210, 276, 312, 340, 419, 422, 456, 458-460, 488, 491, 496, 505, 509, 513, 574, 577-578, 583, 587, 591, 594
Carlos Tramontina 25, 372, 492
Carlos Vereza 44, 365, 559, 567
Carlos Zara 499
Cássia Kis 46, 176
Cássia Rita Louro Palha 28, 192
Cassiano Gabus Mendes 73, 192-193, 216, 411, 550

Cássio Gabus Mendes 173, 229, 346, 348, 353-354, 374, 529
Cauã Reymond 557
Cazuza 65, 67, 72, 170, 178
Cecil Thiré 84-85, 88, 503, 542
Celso Freitas 230-232, 303, 397, 401, 402, 420-421, 510, 574, 577
César Tralli 300, 403, 612, 619
Charles Fricks 557
Charles Peixoto 354, 484
Chica Xavier 463, 467
Chico Anysio 28, 64, 130, 160-162, 166, 233, 241-242, 256, 285, 329, 336, 444-446, 543, 547, 585
Chico Buarque 67-72, 84, 507, 545
Chico Caruso 441
Chico José 178, 181-182, 185
Chico Pinheiro 380, 642
Chico Tambasco 205
Christian Edward Cyril Lynch 85
Christiane Torloni 501
Cicinio Cardoso Maia 416
Cid Moreira 183, 234, 278, 282, 405, 409, 439-441, 450-452, 514, 574, 580-583, 594
Cintia Lopes 295
Ciro Gomes 32, 633, 635
Ciro José 281-282, 285, 433, 438
Cláudia Abreu 348-349, 374, 468-469, 529
Claudia Alencar 229, 248
Cláudia Magno 86
Claudia Ohana 260, 537-539
Claudia Raia 162, 165, 196, 260, 376, 471, 524-526, 542
Claudia Souto 327
Cláudio Cavalcanti 244, 367-368
Cláudio Corrêa e Castro 175
Cláudio Humberto 276
Claudio Manoel 159-162, 166, 230, 256, 274, 324-328, 333, 336-338, 435, 625
Cláudio Marzo 248, 367, 556, 599-601
Cláudio Mello e Souza 353
Cláudio Paiva 160-162
Claufe Rodrigues 402
Cléber Machado 415, 625
Cleber Schettini 285
Clementino Kelé 464

Cleyde Yáconis 260
Clóvis Prates 129
Clóvis Rossi 452-453
Condessa Pereira Carneiro (Maurina Dunshee de Abranches Pereira Carneiro) 370-371
Cora Rónai 71, 138, 253
Cristiana Oliveira 252, 386
Cristina Aragão 211
Cristina Padiglione 353, 384, 468, 483, 599, 649
Cristina Pereira 74, 162, 164-165
Cristina Piasentini 271
Cristina Prochaska 174
Cristina Ranzolin 576
Daniel Andrade 284-285
Daniel Castro 142, 223, 457, 573
Daniel Filho 38, 41-42, 50, 58, 61-62, 68, 85, 88, 135-140, 144-145, 159-161, 165, 169, 173-175, 192-194, 216-218, 241-244, 250-252, 260, 264-265, 291, 342, 367, 388, 393, 400, 500-502, 529, 532-536, 540, 550, 556, 646
Daniel Fontoura 59
Daniel Más 63, 73
Daniella Perez 383-388
Dárcio Arruda 576
David Nasser 376
Debora Bloch 162, 486
Débora Duarte 248
Décio Lopes 285
Décio Pignatari 86
Denise Bandeira 144, 361, 364, 530
Denise Fraga 330
Denise Saraceni 254, 323, 480, 523-526
Dennis Carvalho 169, 176, 291-292, 348, 366
Dercy Gonçalves 376
Diana Aragão 69-70
Dias Gomes 85, 141-142, 147-151, 228, 243, 255, 347, 499
Dilson Funaro 80, 84, 193
Dimitri Pinheiro 350-351
Dina Sfat 407
Diogo Vilela 63, 147, 151, 162, 166, 362, 484-485
Dionísio Poli 115, 118, 120-125, 127, 129, 158
Dirceu Rabelo 333
Doc Comparato 225, 243
Dom Eugênio Sales 173
Dom Hélder Câmara 531

Dom Luciano Mendes de Almeida 106, 203
Dom Paulo Evaristo Arns 52
Domingos de Oliveira 526, 533-534
Domingos Meirelles 199
Dóris Giesse 327
Drauzio Varella 397
Duda Mendonça 541
Dunga (Carlos Caetano Bledorn Verri) 285, 335, 430, 434
Durval Honório 388
Edgar Moura 529
Edir Macedo 97, 303-304, 357, 371, 541
Edney Silvestre 314, 593
Edson Celulari 192-193, 247
Edson Nascimbeni 312, 456, 608, 619
Edson Pimentel 554
Eduardo Faustini 399
Eduardo Figueira 554
Eduardo Suplicy 509, 560
Edwaldo Pacote 111
Eliakim Araújo 28, 163, 578-579
Eliane Giardini 600
Elias Gleizer 484
Elis Regina 375
Elmo Francfort 193
Eloir Maciel 280
Eloy Araújo 243
Elson Faxina 52
Emerson Fittipaldi 420, 429
Emilio Di Biasi 567
Eriberto França 373
Eric Rzepecki 135, 262-263
Érico Magalhães 388, 390, 393, 647
Ermelinda Rita 179
Ernesto Paglia 19, 21, 199, 283, 312, 456, 580, 585
Euclydes Marinho 62-63, 528-529
Eugênio Bucci 88, 94, 98, 145, 182-184, 329, 351, 358, 426, 564
Eunice Paiva 510
Eurico Carvalho 321, 555
Eurico Miranda 335
Eva Wilma 73, 86, 499, 599-600
Evandro Carlos de Andrade 15, 36, 57, 187-190, 204, 214, 275, 278, 388, 393, 398-400, 409,

493, 495-496, 505, 510, 516-518, 574, 584, 587, 590, 594, 596, 605, 624, 632-633, 643-645
Evandro Guimarães 30-31, 36, 50, 82-83, 89-91, 95, 152, 190, 355-357, 395, 443, 493, 512, 549, 596, 634
Evandro Mesquita 61, 67
Fabbio Perez 19, 340
Fábio Altman 511
Fábio Assunção 347, 386, 468, 503
Fábio Barreto 366
Fábio Costa 538
Fábio Jr. 178, 472
Fábio Pannunzio 455
Fabio Sabag 260, 366, 368, 386
Fabio Watson 593-597
Fátima Bernardes 163, 221, 397, 401, 418-421, 437, 492, 533, 577-580, 584, 628
Faustão (Fausto Silva) 67, 178, 216-224, 417, 444-445, 601-607, 619, 638
Felipe Camargo 57-58, 141-142, 246, 470
Felipe Massa 429
Felipe Pinheiro 162
Fernanda Montenegro 74, 255, 260, 262, 297, 484-485, 530, 556
Fernanda Scalzo 478
Fernanda Torres 70, 330, 553
Fernanda Young 487-488
Fernando Aboudib Camargo 33
Fernando Alonso 429
Fernando Bittencourt 391, 520, 553
Fernando Collor de Mello 182-184, 190, 197, 213, 269, 355, 382
Fernando de Barros e Silva 218, 335, 561, 599, 638
Fernando Gabeira 374
Fernando Gueiros 380
Fernando Guimarães 438
Fernando Henrique Cardoso 21, 29, 435, 446-448, 450-452, 495, 631, 638
Fernando Meirelles 66
Fernando Portela 122, 124
Fernando Vannucci 115, 283
Ferreira Gullar 85, 255
Fidel Castro 274, 314
Flávio Carvalho Molina 508
Flávio Cavalcanti 604
Flavio Ferrari 572
Flávio Migliaccio 263, 501
Francisco Cuoco 194, 249, 473, 499, 502, 540
Francisco Dornelles 74, 92
Francisco Milani 62, 333, 348, 503
Franklin Martins 590
Frei Betto 202-203, 345-346, 350
Frei Damião 584-585
Fritz Utzeri 587
Gabriel Chaim 238
Gabriel Priolli 289
Gabriel Vaquer 410
Gabriela Medeiros 413, 473
Galvão Bueno 112-118, 279-283, 335, 415-416, 420, 432, 436-439, 447, 624-626
Gelson Reicher 508
Geneton Moraes Neto 49, 78, 186, 190, 214, 233, 276, 288, 311, 340, 391, 400, 408, 419, 493-495, 512, 515-516, 521, 594, 633, 646
George H. W. Bush 230, 310, 381
George Moura 43, 107, 530
Gerald Thomas 336
Geraldinho Carneiro 362, 482
Geraldo Casé 110-111
Geraldo Del Rey 349
Geraldo José de Almeida 433
Geraldo Mainenti 78
Gerson Brenner 260, 263
Gervásio Baptista 23
Getúlio Vargas 26, 80, 89, 158, 257, 321, 354, 451, 480
Gianfrancesco Guarnieri 74, 142, 348, 484, 540
Gianni Agnelli 119, 120, 124, 128, 129, 357
Giba Assis Brasil 354, 480
Gil Gomes 300
Gilberto Bomeny 446
Gilberto Braga 57-59, 136-138, 142, 169-171, 174-176, 260, 290-298, 345-354, 374, 385, 462-464, 467-473, 476, 535, 600
Gilberto Carvalho 202-204, 207, 212-214, 450
Gilberto Gil 67, 194, 482
Gilberto Leifert 149-150, 157, 167, 189, 223, 445
Gilnei Rampazzo 17-18, 21, 49, 76, 210, 270, 275, 498
Giorgio Pagliari 123
Giorgio Tagliavini 128, 129

Giulia Gam 135-137, 142, 486, 529, 630
Glauber Rocha 39, 323, 330
Glauco Villas Boas 165
Glenda Kozlowski 432
Glória Magadan 131
Glória Maria 21, 113, 401, 419, 615
Glória Menezes 248, 259-264, 473, 540, 550, 556
Gloria Perez 224, 254, 383-385, 551, 644
Gloria Pires 170-173, 291, 474-478, 648
Gogoia Sampaio 525
Gonçalo Gomes 416
Gonçalves César 243-244
Gonzaga Blota (Luiz Gonzaga Blota) 502
Gracindo Jr. (Epaminondas Xavier Gracindo) 40, 110-111, 142, 260, 543
Grande Otelo (Sebastião Bernardes de Souza Prata) 331,
Graziela de Laurentis 474
Guel Arraes 62-63, 161, 166, 192, 244, 306-309, 367, 479, 486-488, 518
Gugu Liberato 217, 222-223, 602
Guido Mantega 84
Guilherme de Pádua 383-388
Guilherme Fiuza 325
Guilherme Fontes 254, 474, 529-531
Guilherme Karan 162-166
Guilhermina Guinle 45
Guimarães Rosa (João Guimarães Rosa) 37-39, 473, 479, 481
Gustavo Bastos 367
Gustavo Borges 432
Gustavo Fernandez 410
Guta Mattos (Maria Augusta Barbosa de Mattos) 499, 500-502, 504
Hamilton Mourão 169
Hans Donner 126, 142, 191, 376, 395, 538, 551
Haroldo Corrêa de Mattos 95
Hedyl Valle Jr. 283, 397
Hélcio Fortes 506
Helen Brito 399
Helena Gastal 174, 227
Helio Alvarez 314
Hélio Costa 430, 595, 620
Helio de La Peña 160, 164, 324-326, 409, 625
Hélio Garcia 22
Heloísa Machado 388, 392, 517, 554

Henfil (Henrique de Souza Filho) 406, 407
Henrique Artuni 224
Henrique Caban 517
Henrique Coutinho 491
Henrique Haddefinir 387
Henrique Walter Pinotti 24
Herbert de Souza 471, 562
Herbert Fiuza 127, 129
Hermano Henning 315, 514
Hermano Vianna 306
Herval Rossano 144, 244, 264, 265, 267, 365, 502
Hervé Berlandez Pedrosa 93
Hilton Gomes 372
Hilton Marques 131
Hiroaki Torigoe 508
Homero Icaza Sánchez (o "Bruxo") 63, 166, 193, 255, 266, 326
Horácio Carvalho 177
Hortência (Hortência de Fátima Marcari) 431, 432
Hubert Aranha 160, 324
Hugo Carvana 84, 88, 481, 529, 552
Hugo Garcia 80
Humberto Carrão 410
Hygino Corsetti 91
Ibrahim Abi-Ackel 73
Ibrahim Eris 271
Ignácio Coqueiro 63
Ilka Soares 260
Ilze Scamparini 65, 177, 179, 181, 200, 283, 284, 595
Inácio Araujo 330, 526
Inês Galvão 248
Ingo Ostrovsky 138
Irene Ravache 247
Irina Galidsyna 186
Íris Abravanel 298
Isabela Assumpção 202, 303
Isadora Ribeiro 395
Ísis Dias de Oliveira 508
Ismail Xavier 350
Itamar Franco 328, 446, 448, 495, 496
Ivan Cândido 85
Ivani Ribeiro 474, 476
Ives Tavares 78
Ivo Pitanguy 294
Jacinto Figueira Júnior 301

Jack Palance 402
Jackson Antunes 557
Jackson Costa 412
Jader Barbalho 33
Jaime Brito 237
Jair Bolsonaro 22, 156, 169, 171, 172, 269, 280, 326, 360, 374, 517, 559, 564
Jairzinho (Jair Oliveira) 108
Jairzinho (Jair Ventura Filho) 433
Jandir Ferrari 263
Janete Clair 85, 243
Jânio Quadros 142, 190, 272, 634
Jayme Monjardim 47, 248, 252, 253, 266-268, 567
Jayme Roitman 407
Jean-Luc Godard 308
Jefferson Barros 78
Jerônimo Santana 183
Jesus Hortal 413
Jô Mazzarolo 515,
Jô Soares 109, 130-134, 160, 161, 217, 331, 336, 543
Joana Fomm 227
João Araújo 170, 442
João Bosco Franco 162, 367, 368
João Cabral de Melo Neto 481
João Carlos Di Genio 494, 654
João Carlos Magaldi 50, 240, 395
João Carlos Rabello 277
João Carlos Saad (Johnny Saad) 650
João Doria 169
João Falcão 486
João Ferreira 446
João Figueiredo 67, 193, 592
João Gilberto 292
João Godoy 508
João Goulart 142
João Havelange 115, 285, 622, 628
João Luiz de Moraes 507
João Luiz Faria Netto 159
João Mata Pires 359
João Pedro Paes Leme 427
João Ramalho 282-285, 435
João Roberto Marinho 15, 17, 34, 36, 83, 98, 124, 129, 130, 148, 149, 152, 189, 201, 204-207, 210, 214, 215, 318, 320, 321, 370, 444, 493, 497, 509, 511, 520, 548, 631, 632, 633, 649, 651, 652

João Saldanha 433
João Ubaldo Ribeiro 482-483
Joe Wallach 50, 93, 319, 322, 651
Joel Zito Araújo 465
Joelmir Beting 198, 270, 574, 576
John Donohue 51
Jojo Todynho 67
Jonas Torres 62, 63, 64
Jorge Adib 320, 542
Jorge Amado 224-228, 481-483
Jorge Bastos Moreno 373, 494
Jorge Dória 193
Jorge Fernando 60, 192, 244, 259, 366, 376, 537, 538, 572
Jorge Furtado 309, 354, 476, 480, 487
Jorge Lafond (Jorge Luiz Souza Lima) 545
Jorge Pontual 28, 183, 505-506, 508, 510, 513, 533, 587, 597
Jorge Serpa 190, 318
Jorgina de Freitas 330
Jorginho Guinle 294
José Aleixo 318, 395
José Amílcar Tavares Soares 494
José Antônio de Barros Freire ("Arakem") 112, 115, 118
José Antonio de Souza 259
José Augusto Branco 540
José Carlos Martinez 357
José Dantas 284
José de Abreu 41, 57, 74, 136, 139, 244, 267-268, 550, 552, 555, 599
José Dirceu 203, 636, 642
José Dumont 39
José Geraldo Couto 39
José Guilherme Vereza 367
José Henrique Fonseca 480
José Lavigne 63, 325, 435, 545
José Lewgoy 58, 482
José Lins do Rego 255
José Luiz de Magalhães Lins 93, 319
José Luiz Villamarim 43, 504, 550, 567
José Mayer 147, 225, 228-230, 383, 386, 529
José Melo 431
José Nader 34
José Ramon Irribarra 456, 460
José Roberto Filippelli 120, 241, 475

José Sarney 20, 22, 26, 33, 76, 193, 638
José Serra 196, 496, 636, 639-641
José Simão 384, 525, 528, 539-540, 576, 599
José Vasconcellos 109
José Victor Oliva 432
José Wilker 45, 74, 229, 348, 355, 366, 465, 499, 501, 528, 537, 539, 541
José-Itamar de Freitas 339-340, 345, 397, 382
Joseph Blatter 628
Jotair Assad 495
Juarez Soares 114, 435
Juliana Carneiro 334
Juliana Saba 542
Junia Nogueira de Sá 459, 460
Jussara Freire 248
Kadu Moliterno 60, 62, 64, 648
Karol Conká 67
Kátia Maranhão 327
Kristina Michahelles 234, 491
L7nnon (Lennon dos Santos Barbosa Frassetti) 67
Lala Deheinzelin 174
Latininho (Rafael Pereira dos Santos) 221, 604-607
Laura Mattos 196, 347, 349
Lauro César Muniz 73, 85, 88, 141, 193-195, 249, 255-256, 268
Lavoisier Maia 33
Leão Serva 610
Lech Wałęsa 231
Leda Nagle 466, 578
Leila Cordeiro 163, 578, 579
Leilane Neubarth 65, 338, 379, 397, 578, 579, 593
Leitão de Abreu 21
Lennart Johansson 630
Leon Hirszman 523
Leonardo Esteves Lima 619
Leonardo Gryner 114-115
Leonardo Vieira 411
Leonel Brizola 142, 184, 187, 190, 199, 204, 275, 358, 375, 385, 439, 450, 452, 495, 497, 548, 640
Leônidas Pires Gonçalves 20, 91
Leonor Bassères 136, 138, 174, 292, 295, 385
Leopoldo Serran 523, 527

Lessa de Lacerda 246
Leticia Muhana 155, 274, 515, 517
Letícia Spiller 563
Liana Duval 540
Lídio Toledo 628
Lilia Cabral 142, 225, 227, 228, 247, 555
Lílian Taranto 547
Liliana Nakonechnyj 394, 549
Lillian Witte Fibe 198, 270, 273, 447, 458, 518, 574, 576, 580, 582-583
Lily Marinho (Lily Monique de Carvalho) 181, 177, 179, 181, 317, 443-444
Lima Duarte 194-196, 229, 249, 311, 368, 400, 465, 480, 539, 552
Lou de Oliveira 576
Louise Cardoso 162, 164, 165
Luana Piovani 333
Lucas Mendes 491, 595
Lucélia Santos 64
Lúcia Leme 292
Luciana Braga 225
Luciana Cardoso 221
Luciana Vendramini 563
Luciano Szafir 107
Lucinha Lins 294
Lúcio Rodrigues 177, 180, 343
Lugui Palhares 539
Lui Mendes 467, 539
Luís Antônio Giron 380
Luis Buñuel 135
Luis Carlos Nóbrega de Assis 237
Luís Edgar de Andrade 25, 586
Luis Erlanger 53, 55, 378, 455, 510, 514, 590, 635
Luis Felipe Miguel 635, 638
Luis Fernando Verissimo 161-162, 309, 485, 487
Luis Gonzales 275
Luis Gustavo 194, 553
Luís Lara [Resende] 55, 395, 502
Luís Mir 23
Luis Roberto 625
Luís Viana Filho 95
Luís Viana Neto 32, 95, 97
Luiz Alfredo 114, 431
Luiz Antônio Fleury Filho 201, 413
Luiz Carlos Azenha 315

Luiz Carlos dos Santos 463
Luiz Carlos Maciel 292
Luiz Carlos Merten 527
Luiz Carlos Miele 331
Luiz Carlos Santos 90-91, 94
Luiz Carlos Trabuco 148, 150, 223
Luiz Cláudio Latgé 48, 212, 340, 490, 515
Luiz Demétrio (Luiz Demétrio Furkim) 312-313, 510, 617
Luiz Eduardo Borgerth 120, 242, 645
Luiz Eduardo da Rocha Merlino 508
Luiz Eduardo Vasconcelos 644
Luiz Eurico Tejera Lisbôa 508
Luiz Felipe Scolari (Felipão) 437, 564
Luiz Fernando Ávila 19
Luiz Fernando Carvalho 410-411, 483, 557, 567
Luiz Fernando Guimarães 64, 162-165, 167, 306, 330, 400, 578, 592
Luiz Fernando Lima 113, 283-284, 429-430
Luiz Garcia 517
Luiz Gê 569
Luiz Gleiser 71, 112, 217
Luiz González 498
Luiz Guimarães 150
Luiz Henrique Rabello 458
Luiz Lobo 41, 49-51, 53-54
Luiz Petry 402, 404-406, 419
Luiz Quilião 271
Luiz Sales 148-149
Luiz Schmidt 223
Luiz Thunderbird 401
Luiza Ambiel 602
Luiza Erundina 508, 509, 639, 640, 642-643
Luiza Tomé 227, 363
Luizinho Nascimento (Luiz Nascimento) 78, 113, 340, 391, 396, 402, 408, 418, 433, 436, 514, 594, 605, 630, 646
Lula (Luiz Inácio Lula da Silva) 35, 84, 184-185, 188, 190-192, 194-200, 202-214, 232, 247, 269, 275, 277-278, 288, 328, 352, 357, 372, 374, 377-380, 416, 420, 435, 446, 450-451, 455, 460, 489, 491, 493, 511, 540, 542, 589, 590-591, 633-637, 640, 642, 654
Lula Carvalho 43
Lula Vieira 266
Madre Teresa de Calcutá 620
Maitê Proença 70, 194, 222, 245, 483, 529-530
Malu Mader 57-58, 247, 291-292, 348, 353-354, 374, 411, 529-530
Manfried Sant'Anna ("Dedé Santana") 543-544, 547
Manoel Carlos 46, 86, 163, 332, 555
Manoel de Nóbrega 145
Manoel Martins 554
Manuel Francisco do Nascimento Brito 370
Mara Maravilha 648
Marcello Alencar 442, 591
Marcello Novaes 260, 263, 369
Marcelo Adnet 163, 338
Marcelo Assumpção 81
Marcelo Canellas 343, 379, 588
Marcelo Coelho 336, 449, 454, 487, 539, 583
Marcelo Madureira 160, 167, 324, 326-327, 330
Marcelo Matte 204, 207, 211, 234, 511
Marcelo Rezende 333, 565-566
Marcelo Serrado 348
Marcelo Tas 66, 309, 518-519
Marcelo Vaz 275
Márcia Cavallari 642
Márcia Peltier 579
Márcia Prates 255
Marcílio Moraes 46, 85, 87, 141
Márcio Garcia 222, 601
Marcius Melhem 338
Marco Antônio Gonçalves 424
Marco Antônio Rodrigues (Bodão) 35-36, 436, 439, 447, 625
Marco Mora 281, 431, 605
Marco Nanini 64, 73, 162, 245-246, 486, 555
Marcos Breda 142
Marcos Caruso 248
Marcos Coimbra 357
Marcos Hummel 576, 578
Marcos Palmeira 265, 333, 410, 412-413, 531
Marcos Paulo 62, 135, 137, 225, 248, 366, 464
Marcos Silveira 367
Marcos Uchôa 430, 594, 619, 628
Maria Adelaide Amaral 538
Maria Bethânia 67, 70, 109, 545
Maria Camargo 483
Maria Carmem Barbosa 63, 68, 250, 252
Maria Cristina Nunes 504

ÍNDICE ONOMÁSTICO · 663

Maria Cristina Palma Mungioli 479
Maria Eduarda da Mota Rocha 306
Maria Ester Martinho 478
Maria Helena Dias 540
Maria Isabel de Lizandra 73
Maria Luísa Mendonça 413, 473, 524
Maria Padilha 294
Maria Paula 327-328, 333
Maria Rita Kehl 145, 564
Maria Tereza Amodeo 478
Maria Thereza Pinheiro 624
Mariana Scalzo 607
Mariano Gatti 224
Marieta Severo 486, 550
Marilena Chiarelli 372
Marilene Felinto 571, 600
Marília Carneiro 530
Marília Gabriela 380
Marília Pêra 46, 132, 135-137, 139, 196, 246, 260, 262, 367-368, 473, 484, 499
Marina Lima 65, 85
Mário Covas 184, 190, 196, 641
Mário Garnero 89-91, 94
Mário Gomes 504, 527
Mário Lago 348, 480, 482
Mário Lúcio Vaz 103, 107, 142, 162, 246, 256, 292, 327, 365, 367-368, 395, 536, 646, 648
Mário Monteiro 40, 529
Mario Prata 243-244
Mario Sergio Conti 18, 98, 189, 275, 278, 318, 359, 445, 491
Marisa Orth 163, 262, 564
Marisa Romão 566
Marita Graça 272
Marlene Mattos 105, 108, 467
Marluce Dias da Silva 54, 129, 321, 388, 516, 518, 534, 644, 651
Marta Suplicy 641
Mateus Rocha 222, 601
Matias Machline 92
Mauricio de Sousa 104, 573
Maurício Farias 338
Maurício Kubrusly 396, 630
Mauricio Maia 506
Mauricio Mattar 260
Maurício Sherman 100, 103, 106, 242, 530, 569, 606

Maurício Sirotsky Sobrinho 34
Mauricio Stycer 170, 291, 301, 304, 339, 345, 352, 464, 466, 469, 535, 557
Maurício Torres 593
Mauro Faccio Gonçalves ("Zacarias") 543-547
Mauro Mendonça 73, 292
Mauro Mendonça Filho 292
Mauro Rasi 63, 162
Mauro Rychter 122, 124-127, 129
Mauro Tertuliano 507, 509, 510
Max Nunes 133
Merval Pereira 511, 590-591
Miá Mello 337
Michael Jackson 107, 401
Michael Schumacher 416, 427-428
Michel Bieler 397
Michelle Martins 466
Miguel Chalub 503
Miguel Falabella 64
Miguel Lins 319
Miguel Pires Gonçalves 82, 93, 202, 319-322, 390
Mila Moreira 468
Milton Coelho da Graça 517
Milton Gonçalves 464, 480
Milton Hatoum 483
Mino Carta 185
Miriam Cordeiro 200
Míriam Leitão 517, 593
Miriam Pires 226
Miro Teixeira 442, 634
Moacyr Franco 500
Moema Santiago 153
Moise Safra 223
Mônica Albuquerque 502
Mônica Almeida Kornis 59, 350
Mônica Labarthe 29, 197, 205, 275-276, 278, 513, 635
Mônica Waldvogel 272
Monteiro Lobato 110
Moysés Pluciennik 644
Muniz Sodré 562
Mylla Christie 525
Nadia Sahade 394
Narciso Kalili 506
Nelson Ascher 422
Nelson de Sá 380, 560

Nelson Motta 60, 62-66, 68-69, 72, 75, 650
Nelson Nadotti 354, 484
Nelson Piquet 117, 279, 280, 416, 419, 429
Nelson Rodrigues 143-144, 219, 400, 523, 525-526, 528-533, 537
Nelson Sirotsky 34
Neusinha Brizola 188
Neuza Amaral 503
Newton Quilichini 272, 341
Newton Rodrigues 28
Ney Latorraca 73, 162-166, 245
Nicette Bruno 262
Nicolau dos Santos Neto 330
Nilson Xavier 73, 75, 142, 192, 226, 253, 256, 263, 296, 362, 411, 467, 470-471, 474, 476, 539, 558, 649
Nilton Nunes 142-143
Nilton Travesso 108, 649
Nirlando Beirão 596
Nívea Maria 58
Norma Bengell 473
Norma Blum 348
Norton Nascimento 467, 539
Nuno Leal Maia 46, 142
Octávio Florisbal 243, 321, 392-394, 649
Octavio Tostes 204, 207, 208, 211, 300
Olavo de Carvalho 517
Olivia Gonçalves 69
Omar Marczynski 76
Orlando Moreira 595
Oscar Dias Corrêa 195
Oscar Magrini 222, 601
Osmar Prado 147, 228, 248, 413
Osmar Santos 114
Osvaldo Araújo 566
Osvaldo Mil 404
Otávio Augusto 540, 542, 556
Otavio Frias Filho 621
Otávio Henrique de Oliveira 446
Otavio Muller 530
Padre Quevedo (Óscar González-Quevedo Bruzón) 405-406
Papa João Paulo II 357
Pasquale Cipro Neto 328
Patrícia França 363
Patrícia Kogut 310

Patrícia Pillar 557-558, 562, 567
Patrício Bisso 73
Patricya Travassos 62-63, 162
Paula (Maria Paula Gonçalves da Silva) 431, 432
Paula Thomaz 383, 387
Paulo Afonso Grisolli 63, 242
Paulo Araújo 102
Paulo Betti 226-228, 484, 524
Paulo Cesar Coutinho 243
Paulo César Pereio 529
Paulo Francis 231, 334, 514, 595
Paulo Gil Soares 51
Paulo Gorgulho 254
Paulo Goulart 87, 484-485, 499
Paulo Gracindo 163, 260, 480
Paulo Henrique Amorim 78, 198, 270, 273, 311, 315, 343, 488, 491, 514, 574, 576, 594-595, 650
Paulo José 40, 64, 226, 362-363, 365-366, 480-482, 484-485, 533-534, 606
Paulo Maluf 17-18, 73, 93, 509, 549, 641-643
Paulo Montenegro 643
Paulo Octávio 357
Paulo Pimentel 232, 403, 609, 612, 617, 619
Paulo Roberto Leandro 514
Paulo Silvino 166, 221, 542, 547
Paulo Ubiratan 161, 169, 224, 228-229, 242, 244, 248, 255, 267, 367, 503, 551, 580, 599
Paulo Zero 312, 594, 595-596
PC Farias (Paulo César Siqueira Cavalcante Farias) 356-357, 371, 373-374, 376, 453-461, 541
Pedro Bial 65, 108, 186, 231, 233-235, 239, 305, 312, 314, 402, 416, 420, 422, 434-436, 494, 580, 585, 587, 596-597, 609, 615, 620-622, 624
Pedro Carvalho 319, 644
Pedro Paulo Rangel 163, 524
Pedro Rogério 22
Pedro Roza 554
Pelé (Edson Arantes do Nascimento) 102-103, 106, 224, 283-284, 325, 328-329, 337 438-439, 447, 602, 610
Pepita Rodriguez 504
Perry Salles 141-142
Petrônio Corrêa 158-159
Plínio Fraga 29
Quentin Tarantino 333, 366
Rachel de Queiroz 476, 477, 478, 483

Rafaela Wiedemann 334
Ratinho (Carlos Massa) 601
Raul Bastos 24-25, 35, 575-576
Raul Cortez 568, 475, 567-568
Raul Gazolla 384
Raul Jungmann 562
Raul Perlicz 595
Raul Seixas 67, 109
Ray Santilli 402
Regina Casé 64, 162-163, 165, 167, 218, 306, 309-310, 400, 419, 578, 592
Regina Duarte 47, 130, 134, 170-172, 249, 259, 260, 262-263, 317, 401, 465, 485, 527, 559, 647
Regina Echeverria 139, 191
Regina Rito 390
Regina Varella 254
Reginaldo Faria 42, 73, 172, 228
Reginaldo Leme 117, 175, 279, 281, 415, 416, 420, 425
Régis Cardoso 501, 502
Reinaldo Campello 116
Reinaldo Figueiredo 160, 324
Reinaldo Waisman 104
Renata Rodrigues 605
Renata Sorrah 44, 174, 260, 262, 600, 601
Renata Vasconcellos 589, 594
Renato Aragão 331, 522, 543
Renato Corte Real 331
Renato Machado 177, 180, 315, 425, 533, 581, 593
Renato Ribeiro 515
Renê Astigarraga 515
Renée Castelo Branco 155, 277
Renée de Vielmond 222
Reynaldo Boury 43, 136, 224, 267, 535
Ricardo Boechat 593, 626
Ricardo Calil 487
Ricardo Linhares 225, 226, 243, 292, 349, 469, 598, 600
Ricardo Menezes 113
Ricardo Noblat 20
Ricardo Pereira 31, 120, 121, 124, 127, 129, 211, 380, 419, 515, 620, 626, 637
Ricardo Scalamandré 80, 83, 243
Ricardo Teixeira 287, 629
Ricardo Waddington 169, 292, 527, 555, 572
Risoleta Neves 27

Rita Camata 359, 494
Rita Lee 66, 67, 70, 72, 104, 406, 538
Roberto Bonfim 228
Roberto Buzzoni 129, 140, 155, 178, 258, 281, 317, 319, 370, 391, 425, 520
Roberto Cabrini 281, 300, 416, 419, 420, 422, 454, 456, 612
Roberto Carlos (Roberto Carlos Braga) 133, 487, 627, 638
Roberto D'Ávila 156, 442, 548
Roberto Falcão 626
Roberto Farias 366
Roberto Feith 586
Roberto Freire 186, 187
Roberto Guilherme 544
Roberto Irineu 15, 27, 51, 75, 83, 99, 118-125, 127-131, 148-149, 152-153, 205, 208, 211, 214-215, 241-242, 278, 319-323, 358, 391-395, 445, 490, 494, 497-499, 510, 514, 517, 521-524, 537, 549-550, 554, 557, 575, 581, 588, 591, 593, 597, 607, 633-634, 638-639, 645-646, 650-653
Roberto Marinho 15, 17, 18, 30, 31, 33, 34, 36, 50, 51, 53, 54, 73, 74, 78, 83, 89-91, 93-98, 103, 104, 115, 118, 119, 120-123, 125, 127, 128, 129, 132, 137, 139, 141, 143, 145, 146, 148, 151, 152, 158, 159, 173, 174, 177, 186, 187, 190, 194, 195, 197, 201, 204, 206-209, 214, 217, 219, 240, 241, 253, 254, 266, 274, 277, 289, 307, 316, 318-323, 325, 340, 347, 356-358, 360, 363, 370, 371, 375, 377, 378, 390, 394, 440, 443, 445, 449, 452, 489, 493-495, 498, 509, 511-513, 517, 519, 521, 548, 549, 551, 554, 556, 577, 588, 595, 606, 631, 633, 643, 650, 652
Roberto Medina 65
Roberto Müller 514
Roberto Talma 66, 68, 69, 71, 133, 141, 193, 242, 259, 366, 367, 386, 388
Rodolfo Bottino 85
Rodrigo Santoro 327
Roger Henri 419, 424
Rogério Cardoso 500
Rolim Amaro 472
Romário (Romário de Souza Faria) 431, 434, 435, 438, 439, 624
Romeu Tuma 201

Rômulo Villar Furtado 90, 92, 98
Ronald de Carvalho 28, 197, 204, 205, 207-212, 275, 277, 288, 340, 491, 577
Ronaldo Fenômeno (Ronaldo Nazário) 337, 439, 621, 622, 625-631
Ronan Soares 31, 155, 272, 592
Rosa Magalhães 515, 593
Rosana Hermann 526
Rosane Gofman 227, 228
Rose de Freitas 153
Rose Nogueira 108
Rosely Sayão 573
Rubem Fonseca 354, 480, 481
Rubens Barrichello 417, 420, 426
Rubens Furtado 72, 112
Rubens Minelli 115
Rubens Paiva 510
Rubens Ricupero 447, 450
Rui Rezende 484
Ruth de Souza 464
Ruy Castro 67, 68, 473
Ruy Guerra 473
Ruy Mattos 159, 160, 162, 551
Saddam Hussein 310-316
Sandra Annenberg 397, 420, 421, 576, 580
Sandra Bandeira 105
Sandra Moreyra 178, 179, 586
Sandra Passarinho 593
Sandro Gonzaga 351
Sandy (Sandy Leah Lima) 327
Sasha (Sasha Meneghel) 101, 107
Saulo Ramos 155, 201, 202
Sebastião Lazaroni 430
Sebastião Vasconcelos 171
Segisnando Alencar 33
Selton Mello 599
Sérgio Chapelin 183, 234, 282, 514, 565, 574, 581, 583, 594
Sérgio Dávila 487, 525, 526
Sérgio Ewerton 577
Sergio Gilz 117, 186, 230, 231, 239, 312, 314, 416, 420, 421, 457, 460, 609, 617
Sérgio Mamberti 176
Sérgio Marques 291, 292, 347, 467
Sérgio Motta (Sérgio Roberto Vieira da Motta) 452, 453, 633

Sergio Motta Mello 22
Sérgio Reis 265, 269, 406, 564
Sérgio Rodrigues 279, 511
Sergio Valente 55
Sérgio Vieira de Mello 611
Sidney Garambone 602
Sidney Magal 309
Silas Martí 410, 558, 599, 600
Silio Boccanera 232, 312, 313, 457, 597, 612, 618
Silvia Faria 155
Silvia Helena Simões Borelli 289
Silvia Pfeifer 323, 472
Silvia Sayão 514, 587, 588
Silvio Berlusconi 115, 119, 120, 122, 124-128
Silvio de Abreu 74, 75, 80, 244, 253, 259-261, 263, 332, 376, 467, 468, 537, 539, 541, 542
Silvio Santos (Senor Abravanel) 130-134, 143, 174, 216-218, 224, 297-299, 301, 304, 338, 339, 345, 372
Silvio Tendler 348, 374
Simony (Simony Benelli Galasso) 108, 570
Sócrates (Sócrates Brasileiro Sampaio de Souza Vieira de Oliveira) 116, 434
Sônia Braga 42, 255
Sônia Bridi 343
Sônia Maria de Moraes Angel Jones 507, 510
Stênio Garcia 386
Stepan Nercessian 348
Stuart Angel Jones 507, 588
Sura Berditchevsky 60
Susana Vieira 245, 249, 537, 539
Susana Werner 622, 630, 631
Susllem Tonani 229
Suzy Altman 237
Sylvia Bandeira 245
Tales Ab'Sáber 290, 294, 307
Tancredo Augusto Neves 20
Tancredo Neves 17, 23, 25, 26, 28, 29, 41, 65, 66, 74, 89, 92, 93, 95, 182, 385, 420, 426, 437, 575
Tarcísio Filho 412
Tasso Jereissati 32, 378
Tati Bernardi 532
Tati Quebra Barraco 67
Taumaturgo Ferreira 58, 413
Telê Santana 118, 434, 439
Telmo Zanini 113, 283, 433, 435, 436, 623, 625

Teresa Cavalleiro 624
Tereza Rachel 193
Tereza Seiblitz 413
Terezinha Sodré 504
Thaís Oyama 494
Thomas Green Morton 406, 408
Thomaz Antônio da Silva Meirelles Netto 508
Tiago Leifert 223
Tiago Santiago 364
Tião Macalé 545
Tim Maia 66, 68, 222
Tino Marcos 438, 626, 627
Tiririca (Francisco Everardo Oliveira Silva) 602
Tizuka Yamasaki 147, 366
Tom Jobim 67, 70, 71, 292, 307, 406
Tom Leão 66
Tommaso Buscetta 510, 585
Tônia Carrero 504
Tonico Duarte 499
Tonico Ferreira 75, 271, 455
Toninho Drummond 152, 182, 379, 496, 592
Tony Goes 337, 471
Tony Ramos 36-39, 70, 135, 139, 246, 260, 332, 334, 368, 395, 428, 474, 479, 482, 499, 537, 541, 545, 550, 552
Tony Tornado 465, 480
Ugo Santiago 81, 257
Ulysses Guimarães 20, 22, 33, 184, 190, 199, 249, 360, 592
Uri Geller 407
Úrsula Passos 86, 88, 227
Val Valentino ("Mister M") 408, 409, 582
Valéria Monteiro 577, 580
Valerie Tomsic 334
Vera Fischer 106, 141-142, 246, 254, 255, 470, 563
Vicente Pereira 162
Vinicius de Moraes 470, 610
Vitor Lustosa 547
Vittorio Boni 123
Vivianne Pasmanter 539
Wagner Moura 337
Walcyr Carrasco 557
Walderez de Barros 568
Waldick Soriano 309
Waldir Pires 97
Walmor Chagas 368, 499

Walter Avancini 36, 37, 39, 44, 138, 478, 502
Walter Campos 502
Walter Carvalho 43, 480, 567
Walter Clark 231, 242, 276, 320, 385, 433, 494, 533, 556, 651
Walter George Durst 37
Walter Hugo Khouri 106
Walter Poyares 318, 370
Walther Negrão 482, 483, 644
Washington Olivetto 118, 133, 134, 175, 268
Wellington Moreira Franco 548
Wesley Safadão 67
Wianey Pinheiro (Pinheirinho) 35, 206, 207, 210, 211, 274, 275, 498
Willem van Weerelt 246
William Bonner 156, 163, 204, 211, 311, 372, 381, 382, 423, 425, 437, 451, 514, 575, 579, 583, 590, 634
William Waack 186, 235, 372, 615, 618-620
Willy Haas 82, 223, 257, 272
Wilson Ibiapina 592
Wilton Franco 111
Woile Guimarães 35, 201, 207, 210, 490, 491, 498, 592
Wolf Maya 43, 45, 254, 323, 366, 369, 474, 552
Woody Allen 151, 263, 329, 364
Xico Sá 297, 454, 458-461
Xico Vargas 382, 490, 513-515, 565
Xororó (Durval de Lima) 196, 327
Xuxa (Fernando Scherer) 432, 444, 445
Xuxa (Maria da Graça Xuxa Meneghel) 99-111, 178, 425, 446, 467, 568-572, 602, 648
Yara Cortes 86
Yoná Magalhães 226, 539
Zagallo (Mário Jorge Lobo Zagallo) 115, 335, 431, 434, 625, 627, 628
Zeca Camargo 400, 408
Zélia Cardoso de Mello 202, 269, 270, 576
Zeni Pereira 464
Zezé Motta 464, 467, 539
Ziembinski (Zbigniew Marian Ziembinski) 60
Zilda Arns 52, 53, 358
Zileide Silva 637
Zilka Salaberry 110, 535
Zuenir Ventura 346, 354
Zuzu Angel (Zuleika Angel Jones) 507, 588

REFERÊNCIAS BIBLIOGRÁFICAS

A CPI que mostrou como a família ACM tomou a transmissão da Globo na Bahia. *Núcleo dos Petroleiros*, 13 out. 2012. Disponível em: https://nucleodospetroleirosba.wordpress.com/2012/10/13/a-cpi-que-mostrou-como-a-familia-acm-tomou-a-transmissao-da-globo-na-bahia/. Acesso em: 09 out. 2024.

A FOLHA calunia e difama. *O Globo*, 19 set. 1996. Disponível em: https://oglobo.globo.com/acervo. Acesso em: 25 nov. 2024.

A HIT Brazilian Telenovela is Updated for a Different Age. *The Economist*, Sept. 10th 2022. Disponível em: https://www.economist.com/culture/2022/09/07/a-hit-brazilian-telenovela-is-updated-for-a-different-age. Acesso em: 28 nov. 2024.

AB'SÁBER, Tales A. M. O dia que o Brasil esqueceu. *Folha de S.Paulo*, 05 out. 2003. Disponível em: https://www1.folha.uol.com.br/fsp/mais/fs0510200305.htm. Acesso em: 31 out. 2024.

ABRAMO, Bia. Série "O primo Basílio", de 1988, chega ao DVD. *Folha de S.Paulo*, 01 dez. 2007. Disponível em: https://www1.folha.uol.com.br/fsp/ilustrad/fq0112200725.htm#:~:text=Uma%20curiosidade%3A%20%C3%A0%20%C3%A9poca%20em,%2C%20de%20certa%20forma%2C%20inocente. Acesso em: 12 out. 2024.

ABRAMO, Bia. "Casseta" chega a impasse histórico. *Folha de S.Paulo*, 06 jul. 2008. Disponível em: https://www1.folha.uol.com.br/fsp/ilustrad/fq0607200817.htm. Acesso em: 05 nov. 2024.

ABRAMO, Bia. Ronaldo, do inferno ao céu. *Folha de S.Paulo*, 31 maio 2009, Ilustrada, p. 10. Disponível em: https://acervo.folha.com.br/digital/leitor.do?numero=17919&keyword=ralo&anchor=5339771&origem=busca&originURL=&maxTouch=0&pd=8796e58272243e-3b77edec649fc06cba. Acesso em: 29 nov. 2024.

ABREU, Gilberto de. "Horário nobre não é a minha praia". *Folha de S.Paulo*, 31 mar. 1996. Disponível em: https://www1.folha.uol.com.br/fsp/1996/3/31/tv_folha/8.html. Acesso em: 08 nov. 2024.

ALDÉ, Alessandra. Rede Globo. *In*: *Atlas histórico do Brasil*. [S.l.]: FGV/CPDOC; Finep, [s.d.]. Verbete. Disponível em: https://atlas.fgv.br/verbete/6348. Acesso em: 10 nov. 2024.

ALENCAR, Mauro. *A Hollywood brasileira*: panorama da telenovela no Brasil. Rio de Janeiro: Senac, 2002.

AMARAL, Zózimo Barrozo do. Briga na TV. *Jornal do Brasil*, ano 1984, edição n. 317, Caderno B, p. 3. Disponível em: https://memoria.bn.gov.br/DocReader/docreader.aspx?bib=030015_10&pasta=ano%20198&pesq=%22carta%20violenta%22&pagfis=115113. Acesso em: 08 nov. 2024.

AMARAL, Zózimo Barrozo do. Roda-viva. *Jornal do Brasil*, ano 1986, edição n. 016, Caderno B, p. 3. Disponível em: https://memoria.bn.gov.br/DocReader/DocReader.aspx?bib=030015_10&Pesq=%22bandidos%20da%20falange%22&pagfis=166791. Acesso em: 08 out. 2024.

AMARAL, Zózimo Barrozo do. Anos Rebeldes. *Jornal do Brasil*, ano 1992, edição n. 102, Caderno B, p. 3. Disponível em: https://memoria.bn.gov.br/DocReader/DocReader.aspx?bib=030015_11&Pesq=%22queimou%20a%20l%c3%adngua%22&pagfis=84364. Acesso em: 05 nov. 2024.

AMODEO, Maria Tereza. A opção pela literatura na televisão brasileira: o exemplo das minisséries da Rede Globo. *Cadernos de Comunicação*, Santa Maria, v. 22, n. 1, p. 124-141, jan./abr. 2018. Disponível em: https://periodicos.ufsm.br/ccomunicacao/article/view/29275. Acesso em: 11 nov. 2024.

AMORIM, Carlos. Travessias e travessuras de uma indústria caótica. *In*: RODRIGUES, Ernesto. *No* próximo bloco...O jornalismo brasileiro na TV e na internet. São Paulo: Loyola, 2018. p. 19-38.

AMORIM, Paulo Henrique; PASSOS, Maria Helena. *Plim-plim*: a peleja de Brizola contra a fraude eleitoral. São Paulo: Conrad, 2005.

ANTENORE, Armando. Cenas retratam "racismo cordial". *Folha de S.Paulo*, 16 jul. 1995. Disponível em: https://www1.folha.uol.com.br/fsp/1995/7/16/tv_folha/5.html. Acesso em: 10 nov. 2024.

ANTENORE, Armando. Minissérie revê disputa entre Lula e Collor. *Folha de S.Paulo*, TV Folha, 3 set. 1995. Disponível em: https://acervo.folha.com.br/digital/leitor.do?numero=12900&keyword=remexer&anchor=476662&origem=busca&originURL=&maxTouch=0&pd=dddf8369efcbc24fdf590e15590f3b81. Acesso em: 25 nov. 2024.

ANTENORE, Armando. Feministas condenam agressão a Isabela. *Folha de S.Paulo*, TV Folha, 22 out. 1995. Disponível em: https://www1.folha.uol.com.br/fsp/1995/10/22/tv_folha/7.html. Acesso em: 16 nov. 2024.

ANTENORE, Armando. "O mal não tem sexo", rebate Silvio de Abreu. *Folha de S.Paulo*, TV Folha, 22 out. 1995. Disponível em: https://www1.folha.uol.com.br/fsp/1995/10/22/tv_folha/9.html. Acesso em: 16 nov. 2024.

ANTENORE, Armando. Nova saga da Globo quer retratar moderno empresário do campo. *Folha de S.Paulo*, TV Folha, 14 abr. 1996. Disponível em: https://www1.folha.uol.com.br/fsp/1996/4/14/tv_folha/5.html. Acesso em: 17 nov. 2024.

ARAGÃO, Diana; LAGE, Miriam. Ibope confirma a decepção. *Jornal do Brasil*, ano 1986, edição n. 021, Caderno B, p. 1. Disponível em: https://memoria.bn.gov.br/DocReader/DocReader.aspx?bib=030015_10&Pesq=%22bandidos%20da%20falange%22&pagfis=167199. Acesso em: 08 out. 2024.

ARAUJO, Inácio. Fuller narra guerra pessoal. *Folha de S.Paulo*, Ilustrada, 1 jun. 1995. Disponível em: https://www1.folha.uol.com.br/fsp/1995/6/01/ilustrada/18.html. Acesso em: 15 nov. 2024.

ARAUJO, Inácio. Nada se salva no 2º filme do Casseta & Planeta. *Folha de S.Paulo*, 09 maio 2008.

Disponível em: https://www1.folha.uol.com.br/fsp/ilustrad/fq0905200840.htm. Acesso em: 05 nov. 2024.

ARÉAS, Carolina; SOARES, Mônica. Roberto Irineu condena a TV popularizada. *Jornal do Brasil*, ano 1998, edição n. 352, Caderno B, p. 4. Disponível em: https://memoria.bn.gov.br/DocReader/DocReader.aspx?bib=030015_11&Pesq=%22estrat%c3%a9gia%20da%20Record%22&pagfis=237332. Acesso em: 26 nov. 2024.

ARRUDA, Roldão. "MST é autoritário e profundamente antidemocrático". *O Estado de S. Paulo*, 21 fev. 2014. Disponível em: https://www.estadao.com.br/politica/roldao-arruda/organizado-como-partido-de-esquerda-mst-e-autoritario-e-antidemocratico/?srsltid=AfmBOorspjVBP_AhdGnDNspzIqInECurke73Z8JHahflJrSVa4eM5fRT. Acesso em: 17 nov. 2024.

ARTUNI, Henrique. Faustão estreia em 2º no Ibope reciclando fórmula conciliadora da Globo. *Folha de S.Paulo*, 17 jan. 2022. Disponível em: https://www1.folha.uol.com.br/ilustrada/2022/01/faustao-estreia-em-2o-no-ibope-reciclando-formula-conciliadora-da-globo.shtml. Acesso em: 24 out. 2024.

ATLAS histórico do Brasil. [*S.l.*]: FGV/CPDOC; Finep, [s.d.]. Disponível em: https://atlas.fgv.br/. Acesso em: 09 out. 2024.

AUTOR de novela diz sofrer ameaças: escritor Benedito Ruy Barbosa afirma que tem sido pressionado por sem-terras e por fazendeiros. *Folha de S.Paulo*, TV Folha, 26 jan. 1995. Disponível em: https://www1.folha.uol.com.br/fsp/tvfolha/tv260109.htm. Acesso em: 17 nov. 2024.

AZEVEDO, André Luiz. Contra as caras de bobo. *Veja*, Ponto de Vista, 15 maio 1996.

AZEVEDO, Eliane. Dias de ira e dor. *Veja*, n. 1.274, 10 fev. 1993, p. 64-69. Disponível em: https://veja.abril.com.br/acervo/#/edition/1274?page=68&section=1&word=TV%20Globo. Acesso em: 29 nov. 2024.

AZEVEDO, Eliane. Sem povo não dá. Entrevista com Lima Duarte. *Veja*, n. 1.316, 01 dez. 1993. Disponível em: https://veja.abril.com.br/acervo/#/edition/1316?page=8&section=1&word=TV%20Globo . Acesso em: 28 nov. 2024

AZEVEDO, Ricardo de; SOTILLI, Rogério.

Maledetto latifúndio. *Teoria e Debate*, n. 34, 14 abr. 1997. Disponível em: https://teoriaedebate.org.br/1997/04/14/maledetto-latifundio/. Acesso em: 17 nov. 2024.

BALBI, Clara. Série sobre os Trapalhões revela brigas por dinheiro e por controle criativo. *Folha de S.Paulo*, 24 jul. 2019. Disponível em: https://gauchazh.clicrbs.com.br/cultura-e-lazer/noticia/2019/07/serie-sobre-os-trapalhoes-revela-brigas-por-dinheiro-e-por-controle-criativo-cjyhv6qy500dm01mgrfefs93z.html. Acesso em: 16 nov. 2024.

BARCELLOS, Caco. *Rota 66*: a história da polícia que mata. Rio de Janeiro: Record, 2003.

BARROS E SILVA, Fernando de. Faustão mistura carolice com "show de buzanfas". *Folha de S.Paulo*, 14 jul. 1996. Disponível em: https://www1.folha.uol.com.br/fsp/1996/7/14/tv_folha/1.html. Acesso em: 23 out. 2024.

BARROS E SILVA, Fernando de. Roberto Carlos lança o Natal da reeleição. *Folha de S.Paulo*, TV Folha, 8 dez. 1996. Disponível em: https://www1.folha.uol.com.br/fsp/1996/12/08/tv_folha/1.html. Acesso em: 25 nov. 2024.

BARROS E SILVA, Fernando de. O caso Edileusa e outras baixarias. *Folha de S.Paulo*, TV Folha, 2 fev. 1997. Disponível em: https://www1.folha.uol.com.br/fsp/1997/2/02/tv_folha/1.html. Acesso em: 20 nov. 2024.

BARROS E SILVA, Fernando de. "Efeito Tequila" ameaça o "Jornal Nacional". *Folha de S.Paulo*, 16 fev. 1997, TV Folha, p. 2. Disponível em: https://acervo.folha.uol.com.br/digital/leitor.do?numero=13432&anchor=5348103&origem=busca&originURL=&maxTouch=0&pd=6f81fe36e271a-1b5f372b3e5c2655e73. Acesso em: 04 dez. 2024.

BARROS E SILVA, Fernando de. "O Rei do Gado" redime país inexistente. *Folha de S.Paulo*, TV Folha, 23 fev. 1997. Disponível em: https://www1.folha.uol.com.br/fsp/1997/2/23/tv_folha/1.html. Acesso em: 17 nov. 2024.

BARROS E SILVA, Fernando de. "A Indomada" devolve a novela a seu lugar. *Folha de S.Paulo*, TV Folha, 23 mar. 1997. Disponível em: https://www1.folha.uol.com.br/fsp/1997/3/23/tv_folha/1.html. Acesso em: 20 nov. 2024.

BARROS E SILVA, Fernando de. Cineastas brincam de TV na tela grande. *Folha de S.Paulo*, TV Folha, 29 jun. 1997. Disponível em: https://www1.folha.uol.com.br/fsp/1997/6/29/tv_folha/4.html. Acesso em: 26 nov. 2024.

BARROS E SILVA, Fernando de. Débora Cristina leva o MST ao banheiro da classe média. *Folha de S.Paulo*, TV Folha, 24 ago. 1997. Disponível em: https://www1.folha.uol.com.br/fsp/1997/8/24/tv_folha/1.html. Acesso em: 17 nov. 2024.

BARROS E SILVA, Fernando de. Onde reside a graça do estilo "casseta"? *Folha de S.Paulo*, 23 nov. 1997. Disponível em: https://www1.folha.uol.com.br/fsp/1997/11/23/tv_folha/1.html. Acesso em: 05 nov. 2024.

BARROS E SILVA, Fernando de. Quem ri de quem em "Sai de Baixo"? *Folha de S.Paulo*, TV Folha, 5 abr. 1998. Disponível em: https://www1.folha.uol.com.br/fsp/tvfolha/tv05049804.htm. Acesso em: 20 nov. 2024.

BARROS E SILVA, Fernando de. Inteligência fora do ar. *Folha de S.Paulo*, TV Folha, 4 out. 1998, p. 2. Disponível em: https://acervo.folha.uol.com.br/digital/leitor.do?numero=14027&keyword=Guel%2CArraes&anchor=698790&origem=busca&originURL=&maxTouch=0&pd=-853786d805d686f23261c50f315a87e5. Acesso em: 04 dez. 2024.

BERGAMO, Mônica. Ele é o assassino de Bia Falcão. *Folha de S.Paulo*, 19 jan. 2006. Disponível em: https://www1.folha.uol.com.br/fsp/ilustrad/fq1901200611.htm. Acesso em: 08 nov. 2024.

BERNARDI, Tati. Escrever sobre um personagem misógino não significa defendê-lo. *Folha de S.Paulo*, 9 maio 2024. Disponível em: https://www1.folha.uol.com.br/colunas/tatibernardi/2024/05/escrever-sobre-um-personagem-misogino-nao-significa-defende-lo.shtml. Acesso em: 15 nov. 2024.

BERNARDO, André; LOPES, Cintia. *A seguir, cenas do próximo capítulo*. São Paulo: Panda Books, 2009.

BIANCHI, Alvaro; ALIAGA, Luciana. Força e consenso como fundamentos do Estado: Pareto e Gramsci. *Revista Brasileira de Ciência Política*, n. 5, Brasília, p. 17-36, jan./jul. 2011. Disponível em: https://www.scielo.br/j/rbcpol/a/yDKqnY7Sf4zC7zhD334GmpS/. Acesso em: 24 nov. 2024.

BORELLI, Silvia Helena Simões; PRIOLLI, Gabriel (Orgs.). *A deusa ferida*: por que a Rede Globo não é mais a campeã absoluta de audiência. São Paulo: Summus, 2000.

BORGERTH, Luiz Eduardo. *Quem e como fizemos a TV Globo*. São Paulo: A Girafa, 2003.

BRAGA, Gilberto. *Anos Rebeldes*: os bastidores da criação de uma minissérie. Rio de Janeiro: Rocco, 2010.

BRASIL. Congresso Nacional. Câmara dos Deputados. Comissão Parlamentar de Inquérito destinada a continuar as investigações de irregularidades na cessão do controle acionário da NEC do Brasil S.A., bem como o envolvimento e a ação direta do Ministério das Comunicações e da TELEBRAS nos fatos. Relator: Luiz Carlos Santos. Brasília, 1991. 41 p.

BRAUNE, Bia; MONTEIRO, Ricardo de Goes Xavier [Rixa]. *Almanaque da TV*: histórias e curiosidades desta máquina de fazer doido. Rio de Janeiro: Ediouro, 2007.

BRAVO, Zean. Bruna Lombardi e Tony Ramos recordam bastidores de "Grande Sertão: Veredas". *O Globo*, 17 dez. 2017. Disponível em: https://oglobo.globo.com/cultura/televisao/bruna-lombardi-tony-ramos-recordam-bastidores-de-grande-sertao-veredas-22201684. Acesso em: 07 out. 2024.

BROOKE, James. Rio Journal: Brazil's Idol is a Blonde, and Some Ask "Why?". *The New York Times*, 31 jul. 1990. Disponível em: https://www.nytimes.com/1990/07/31/world/rio-journal-brazil-s-idol-is-a-blonde-and-some-ask-why.html. Acesso em: 24 nov. 2024.

BUCCI, Eugênio. É melhor correr deles, Rubinho Barrichello. *O Estado de S. Paulo*, 1 maio 1995.

BUCCI, Eugênio. *Sobre ética e imprensa*. São Paulo: Companhia das Letras, 2000.

BUCCI, Eugênio. Um humor casseta, sem dúvida. *Folha de S.Paulo*, 29 set. 2002. Disponível em: https://www1.folha.uol.com.br/fsp/tvfolha/tv2909200202.htm. Acesso em: 05 nov. 2024.

BUCCI, Eugênio. *Roberto Marinho*: um jornalista e seu boneco imaginário. São Paulo: Companhia das Letras, 2021. (Perfis brasileiros)

BUCCI, Eugênio; KEHL, Maria Rita. *Videologias*: ensaios sobre televisão. São Paulo: Boitempo, 2004. (Coleção Estado de Sítio).

CALIL, Ricardo. "Vida Privada" nasce clássico como pizza. *Folha de S.Paulo*, 27 abr. 1995. Disponível em: https://www1.folha.uol.com.br/fsp/1995/4/27/ilustrada/8.html. Acesso em: 13 nov. 2024.

CANGUSSU, Bruna Dias. Representações das Eleições de 1989 e cultura política na telenovela O Salvador da Pátria. *In*: ENCONTRO REGIONAL DE HISTÓRIA: história em tempos de crise, XX, 2016, Uberaba. *Anais*... Uberaba: UFTM, 2016. Disponível em: https://encontro2016.mg.anpuh.org/resources/anais/44/1469212790_ARQUIVO_TEXTOANPUH.pdf. Acesso em: 28 nov. 2024.

CARDOSO, Fernando Henrique. *Diários da presidência*. São Paulo: Companhia das Letras, 2016. v. 2: 1997-1998.

CARDOSO, Tom; ROCKMANN, Roberto. *O Marechal da Vitória*: uma história de rádio, TV e futebol. São Paulo: A Girafa, 2004.

CARLOS, Manoel. Novelas, até mais ver. *Veja*, n. 806, 15 fev. 84, Ponto de Vista, p. 106. Disponível em: https://veja.abril.com.br/acervo/#/edition/806?page=106&section=1&word=TV%20Globo. Acesso em: 29 nov. 2024.

CARRATO, Ângela; SANTANA, Eliara; GUIMARÃES, Juarez. *Jornal Nacional*: um projeto de poder – A narrativa que legitimou a desconstrução da democracia brasileira. Belo Horizonte: Comunicação de Fato, 2021. E-book.

CARROSSEL mexicano. *Veja*, n. 1.186, 12 jun. 1991, p. 78-84. Disponível em: https://veja.abril.com.br/acervo. Acesso em: 28 nov. 2024.

CASSIANO, Fabrício Barbosa. *Entre a literatura e o audiovisual televisivo*: gêneros e formato na adaptação de "Agosto", de Rubem Fonseca, para minissérie. 2013. 131 f. Dissertação (Mestrado em Comunicação) – Universidade Federal de Mato Grosso do Sul, Campo Grande, 2013. Disponível em: https://repositorio.ufms.br/handle/123456789/2762. Acesso em: 11 nov. 2024.

CASTRO, Daniel. Angélica perde espaço na programação da Rede Globo. *Folha de*

S.Paulo, Ilustrada, 25 jul. 2000. Disponível em: https://www1.folha.uol.com.br/fsp/ilustrad/fq2507200004.htm. Acesso em: 18 nov. 2024.

CASTRO, Ruy. *Chega de saudade*: a história e as histórias da bossa nova. São Paulo: Companhia das Letras, 2016.

CASTRO, Ruy. Umbigos e axilas. *Folha de S.Paulo*, 06 fev. 2022. Disponível em: https://www1.folha.uol.com.br/colunas/ruycastro/2022/02/umbigos-e-axilas.shtml. Acesso em: 10 nov. 2024.

CASTRO, Ruy. O novíssimo Brasil. *Folha de S.Paulo*, 21 set. 2023. Disponível em: https://www1.folha.uol.com.br/colunas/ruycastro/2023/09/o-novissimo-brasil.shtml. Acesso em: 08 out. 2024.

CASTRO, Thell de. *Dicionário da televisão brasileira*. Jundiaí: In House, 2015.

CERQUEIRA, Sofia. Xuxa Meneghel: "Fui usada e roubada". *Veja*, 22 jan. 2021. Disponível em: https://veja.abril.com.br/paginas-amarelas/xuxa-meneghel-fui-usada-e-roubada. Acesso em: 10 out. 2024.

CEZIMBRA, Marcia. Crônica da casa ameaçada. *Jornal do Brasil*, ano 1987, edição n. 83, Caderno B, p. 1. Disponível em: https://memoria.bn.gov.br/DocReader/DocReader.aspx?bib=030015_10&Pesq=%22o%20povo%20e%20o%20presidente%22%20programa&pagfis=204020. Acesso em: 25 out. 2024.

CEZIMBRA, Marcia. Novela das oito tenta reagir. *Jornal do Brasil*, ano 1991, edição n. 59, Caderno B, p. 8. Disponível em: https://memoria.bn.gov.br/DocReader/DocReader.aspx?bib=030015_11&Pesq=%22maus%20bocados%22&pagfis=43648. Acesso em: 31 out. 2024.

COELHO, Marcelo. Ricupero caiu por excesso de pureza. *Folha de S.Paulo*, 07 set. 1994. Disponível em: https://www1.folha.uol.com.br/fsp/1994/9/07/ilustrada/7.html. Acesso em: 10 nov. 2024.

COELHO, Marcelo. Globo vende eletrodoméstico psicológico. *Folha de S.Paulo*, Ilustrada, 17 mar. 1995. Disponível em: https://www1.folha.uol.com.br/fsp/1995/3/17/ilustrada/18.html. Acesso em: 16 nov. 2024.

COELHO, Marcelo. Há exceções no deserto da televisão. *Folha de S.Paulo*, Ilustrada, 16 ago. 1995. Disponível em: https://www1.folha.uol.com.br/fsp/1995/8/16/ilustrada/15.html. Acesso em: 13 nov. 2024.

COELHO, Marcelo. Cid Moreira deixa de ser a estátua agourenta. *Folha de S.Paulo*, 5 abr. 1996, Ilustrada, p. 8. Disponível em: https://acervo.folha.uol.com.br/digital/leitor.do?numero=13115&keyword=%22Cid+Moreira%22&anchor=480434&origem=busca&originURL=&maxTouch=0&pd=a702843bff-95d5e07b69aed7df1b3912. Acesso em: 04 dez. 1996.

COELHO, Marcelo. "Sai de Baixo" é rito de imposição totalitária. *Folha de S.Paulo*, Ilustrada, 25 set. 1996. Disponível em: https://www1.folha.uol.com.br/fsp/1996/9/25/ilustrada/29.html. Acesso em: 20 nov. 2024.

COELHO, Thiago. Xuxa está em paz. *Piauí*, n. 199, abr. 2023. Disponível em: https://piaui.folha.uol.com.br/materia/xuxa-esta-em-paz/. Acesso em: 10 out. 2024.

CONTI, Mario Sergio. Lembranças de Roberto Marinho. *Folha de S.Paulo*, 10 ago. 2003. Disponível em: https://www1.folha.uol.com.br/fsp/ilustrad/fq1008200317.htm. Acesso em: 16 out. 2024.

CONTI, Mario Sergio. *Notícias do Planalto*: a imprensa e o poder nos anos Collor. São Paulo: Companhia das Letras, 2012.

COSTA, Fábio. *Novela*: a obra aberta e seus problemas. São Paulo: Giostri, 2016.

COUTO, José Geraldo. Série traduz épico roseano com falhas e boas atuações. *Folha de S.Paulo*, 18 fev. 2010. Disponível em: https://www1.folha.uol.com.br/fsp/ilustrad/fq1802201021.htm. Acesso em: 06 out. 2024.

CRUVINEL, Tereza. Impulso fatal. *O Globo*, 15 ago. 1992. Disponível em: https://oglobo.globo.com/acervo/. Acesso em: 06 nov. 2024.

CRUZ, Valdo. Torre de Babel. *Folha de S.Paulo*, Opinião, 30 maio 1998. Disponível em: https://www1.folha.uol.com.br/fsp/opiniao/fz30059805.htm. Acesso em: 26 nov. 2024.

DANDO ibope até no Ibope. *Jornal do Brasil*, ano 1990, edição n. 32, Caderno B, p. 2. Disponível em: https://memoria.bn.gov.br/DocReader/DocReader.aspx?bib=030015_11&Pesq=%22boni%22&pagfis=10053. Acesso em: 26 out. 2024.

DANTAS, Rui. O "Titanic" da Globo. *Folha de*

S.Paulo, TV Folha, 24 maio 1998. Disponível em: https://www1.folha.uol.com.br/fsp/tvfolha/tv24059815.htm. Acesso em: 26 nov. 2024.

DÁVILA, Sérgio. "Comédia da Vida Privada" é um "TV Pirata" melhorado. *Folha de S.Paulo*, 30 abr. 1995. Disponível em: https://www1.folha.uol.com.br/fsp/1995/4/30/tv_folha/11.html. Acesso em: 13 nov. 2024.

DÁVILA, Sérgio. (O)caso da namoradinha. *Folha de S.Paulo*, 4 jun. 1995. Disponível em: https://www1.folha.uol.com.br/fsp/1995/6/04/revista_da_folha/3.html. Acesso em: 15 nov. 2024.

DANNEMANN, Fernanda. Metamorfoses. *Folha de S.Paulo*, TV Folha, 09 fev. 2003.

DEUS é brasileiro. *Veja*, n. 1.251, 9 set. 1992, p. 84-87. Disponível em: https://veja.abril.com.br/acervo/#/edition/1251?page=84&section=1&word=TV%20Glob. Acesso em: 29 nov. 2024.

DIAS abre fogo contra a Globo. *Jornal do Brasil*, ano 1988, edição n. 04, Caderno B, p. 3. Disponível em: https://memoria.bn.gov.br/DocReader/DocReader.aspx?bib=030015_10&Pesq=%22mutilando%22&pagfis=228428. Acesso em: 13 out. 2024.

DICIONÁRIO da TV Globo: programas de dramaturgia e entretenimento. Rio de Janeiro: Zahar, 2003. v. 1.

DIMENSTEIN, Gilberto. Salvem a Sasha. *Folha de S.Paulo*, Cotidiano, 2 ago. 1998. Disponível em: https://www1.folha.uol.com.br/fsp/cotidian/ff02089829.htm. Acesso em: 22 nov. 2024.

DINIZ, Pedro. Gilberto Braga lançou moda com meia lurex e até coleira. *Dol*, 27 out. 2021. Disponível em: https://dol.com.br/entretenimento/cultura/679521/gilberto-braga-lancou-moda-com-meia-de-lurex-e-ate-coleira?d=1#. Acesso em: 14 out. 2024.

DIVULGAÇÃO foi um fracasso de marketing. *Folha de S.Paulo*, 17 mar. 1990, Caderno B, p. 7. Disponível em: https://acervo.folha.com.br/digital/leitor.do?numero=10905&keyword=%22fracasso+de+marketing++fracasso%22&anchor=4082690&origem=busca&originURL=&maxTouch=0&pd=4a3bcf7c7935661a319f1ae6d1124909. Acesso em: 29 out. 2024.

ECHEVERRIA, Regina. Roberto Marinho. *O Estado de S. Paulo*, 05 maio 1990, Caderno 2, p. 4-5.

EM NOVO SHOW, Marisa Orth canta o amor de forma leve e divertida. *Tribuna do Grande ABC*, 29 jul. 2016. Disponível em: https://www.dgabc.com.br/Noticia/1995845/em-novo-show-marisa-orth-canta-o-amor-de-forma-leve-e-divertida. Acesso em: 20 nov. 2024.

ENCOSTADO, Dedé aguarda chance da Globo e de Didi. *Folha de S.Paulo*, TV Folha, 18 mar. 2001. Disponível em: https://www1.folha.uol.com.br/fsp/tvfolha/tv1803200118.htm. Acesso em: 16 nov. 2024.

ESCÓSSIA, Fernanda da. Elenco faz bolão de apostas sobre assassino. *Folha de S.Paulo*, Ilustrada, 3 nov. 1995. Disponível em: https://www1.folha.uol.com.br/fsp/1995/11/03/ilustrada/7.html. Acesso em: 16 nov. 2024.

ESSINGER, Silvio. "Mixto Quente": houve uma vez um verão de rock na TV. *O Globo*, 07 maio 2014. Disponível em: https://oglobo.globo.com/cultura/mixto-quente-houve-uma-vez-um-verao-de-rock-na-tv-12400465. Acesso em: 08 out. 2024.

EXÉRCITO boicotou série, diz autor. *Folha de S.Paulo*, TV Folha, 24 maio 1998. Disponível em: https://www1.folha.uol.com.br/fsp/tvfolha/tv24059807.htm. Acesso em: 28 nov. 2024.

FALCÃO, Daniela. Líder sem-terra analisa "Rei do Gado". *Folha de S.Paulo*, TV Folha, 7 jul. 1996. Disponível em: https://www1.folha.uol.com.br/fsp/1996/7/07/tv_folha/9.html. Acesso em: 17 nov. 2024.

FELINTO, Marilene. Preconceito e maniqueísmo marcam estreia de Angélica na Globo. *Folha de S.Paulo*, Ilustrada, 19 set. 1996. Disponível em: https://www1.folha.uol.com.br/fsp/1996/9/19/ilustrada/19.html. Acesso em: 18 nov. 2024.

FERNANDES, Ismael. Novela que defendeu Plano Collor volta. *Folha de S.Paulo*, TV Folha, 27 fev. 1994. Disponível em: https://acervo.folha.com.br/digital/leitor.do?numero=12347&keyword=Sucata&anchor=4947777&origem=busca&originURL=&maxTouch=0&pd=556c788337537b32011623551e5a565a. Acesso em: 26 out. 2024.

FILHO, Daniel. *Antes que me esqueçam*. Rio de Janeiro: Guanabara, 1988.

FILHO, Daniel. *O circo eletrônico*: fazendo TV no Brasil. Rio de Janeiro: Zahar, 2001.

FILIPPELLI, José Roberto. *A melhor televisão do mundo*: meus tempos de Globo na Europa. São Paulo: Terceiro Nome, 2021.

FIM do "Casseta & Planeta" gera piadas e ganha topo do Twitter. *Folha de S.Paulo*, Ilustrada, 26 nov. 2010. Disponível em: https://www1.folha.uol.com.br/ilustrada/2010/11/836811-fim-do-casseta--planeta-gera-piadas-e-ganha-topo-do-twitter.shtml?-mobile. Acesso em: 05 nov. 2024.

FIUZA, Guilherme. *Bussunda*: a vida do casseta. Rio de Janeiro: Objetiva, 2010.

FRAGA, Plínio. *Tancredo Neves, o príncipe civil*. Rio de Janeiro: Objetiva, 2017.

FRANCFORT, Elmo. *Gabus Mendes*: grandes mestres do rádio e televisão. Jundiaí: In House, 2015.

FREI BETTO. Verdade da História e hipocrisia das estórias. *O São Paulo*, jun. 1992.

FREIRE FILHO, João. Notas históricas sobre o conceito de qualidade na crítica televisual brasileira. *Galáxia*, n. 7, p. 85-110, abr. 2004. Disponível em: https://revistas.pucsp.br/index.php/galaxia/article/view/1364. Acesso em: 11 set. 2024.

FRIAS FILHO, Otavio. Do conto de fadas à implosão da realeza, Diana foi exemplo de mulher que forjou a própria imagem. *Folha de S.Paulo*, 1 set. 1997. Disponível em: https://www1.folha.uol.com.br/fsp/1997/9/01/caderno_especial/40.html. Acesso em: 23 nov. 2024.

GALISTEU, Adriane; BEIRÃO, Nirlando. *Caminho das borboletas*. São Paulo: Caras, 1994.

GAMA, Júlio. Fase mais difícil na Globo foi na época das Diretas-Já. *O Estado de S.Paulo*, 13 jun. 1998, Caderno 2, p. 3. Disponível em: https://acervo.estadao.com.br/pagina/#!/19980613-38223-spo-0091-cd2-d3-not/tela/fullscreen. Acesso em: 28 nov. 2024.

GANCIA, Barbara. Burrice desmonta time que está ganhando. *Folha de S.Paulo*, Cotidiano, 29 jan. 1997. Disponível em: https://www1.folha.uol.com.br/fsp/1997/1/29/cotidiano/8.html. Acesso em: 20 nov. 2024.

GANCIA, Barbara. +Gilbertobraguianas por Barbara Gancia. *Folha de S.Paulo*, 05 out. 2003. Disponível em: https://www1.folha.uol.com.br/fsp/mais/fs0510200306.htm. Acesso em: 31 out. 2024.

GIANNINI, Silvio. Afronta ao público. Veja, n. 1.240, 24 jun. 1992, p. 92-93. Disponível em: https://veja.abril.com.br/acervo/#/edition/1240?page=92&section=1&word=TV%20Globo. Acesso em: 29 nov. 2024.

GIANNINNI, Silvio. Romance nos porões. *Veja*, São Paulo, 15 jul. 1992.

GOES, Tony. "Casseta e Planeta" e "Pânico": a volta dos que não foram. *Folha de S.Paulo*, F5, 02 abr. 2012. Disponível em: https://f5.folha.uol.com.br/colunistas/tonygoes/1070610-casseta-e-planeta-e--panico-a-volta-dos-que-nao-foram.shtml. Acesso em: 05 nov. 2024.

GOES, Tony. A cultura brasileira começou a encaretar muito antes da eleição de Bolsonaro. *Folha de S.Paulo*, F5, 31 out. 2018. Disponível em: https://f5.folha.uol.com.br/colunistas/tonygoes/2018/10/a-cultura-brasileira-comecou-a--encaretar-muito-antes-da-eleicao-de-bolsonaro.shtml. Acesso em: 10 nov. 2024.

GOLPES de surpresa na guerra da audiência. *Jornal do Brasil*, ano 1990, edição n. 30, p. 1. Disponível em: https://memoria.bn.gov.br/DocReader/DocReader.aspx?bib=030015_11&Pesq=%22boni%22&pagfis=9896. Acesso em: 26 out. 2024.

GONZAGA, Sandro. A visão global da história: o papel da Rede Globo de televisão na (des)construção da memória nacional. In: ECONTRO ESTADUAL DE HISTÓRIA DA ANPUH/RS, XIII, 2016, Santa Cruz do Sul. Anais... Santa Cruz do Sul: Unisc, 2016. 17 p. Disponível em: https://www.eeh2016.anpuh-rs.org.br/resources/anais/46/1469058553_ARQUIVO_Artigo-AnaisdaAnpuh.pdf. Acesso em: 29 nov. 2024.

GRILLO, Cristina. "Novela é feita para vender sabonete". *Folha de S.Paulo*, 31 out. 2024. Disponível em: https://www1.folha.uol.com.br/fsp/ilustrad/fq3110201011.htm. Acesso em: 31 out. 2024.

GUERINI, Elaine. Violação de mandamentos divinos vira rotina em programas da TV. *Folha de S.Paulo*, TV Folha, 22 dez. 1996. Disponível em: https://www1.folha.uol.com.br/fsp/1996/12/22/tv_folha/5.html. Acesso em: 15 nov. 2024.

GUIBU, Fábio. Filho famoso de governador se diz "aliviado". *Folha de S.Paulo*, 14 jan. 1996. Disponível em: https://www1.folha.uol.com.br/fsp/1996/1/14/brasil/30.html. Acesso em: 04 nov. 2024.

GULLAR, Ferreira; FÉLIX, Moacyr; JAGUAR; WOLFF, Fausto; ATHAYDE, Félix de; CARUSO, Chico; DOLABELA, Carlos Eduardo. Dias Gomes, sem papas na língua: "Quem me fez marxista foi a censura". *O Pasquim*, ano 1991, edição n. 1064, p. 12-16. Disponível em: https://memoria.bn.gov.br/docreader/DocReader.aspx?bib=124745&pagfis=33930. Acesso em: 13 out. 2024.

GUNTHER Schweitzer conta a Cartolouco como surgiu meme: "Ficariam enojados". *Uol*, 16 set. 2019. Disponível em: https://www.uol.com.br/esporte/futebol/ultimas-noticias/2019/09/16/gunther-schweitzer-conta-a-cartolouco-como-surgiu-meme-ficariam-enojados.htm. Acesso em: 24 nov. 2024.

HAMA, Lia. Sandra Annenberg: a âncora do Jornal Hoje fala sobre fama e machismo na televisão. *TPM*, 2 jun. 2015. Disponível em: https://revistatrip.uol.com.br/tpm/entrevista-com-sandra-annenberg. Acesso em: 18 nov. 2024.

HAMBURGUER, Esther. "Jornal Nacional" precisa se reinventar. *Folha de S.Paulo*, Ilustrada, 23 jan. 1995. Disponível em: https://www1.folha.uol.com.br/fsp/1995/1/23/ilustrada/12.html. Acesso em: 13 nov. 2024.

HAMBURGER, Esther. "Pátria Minha" violenta tempo do folhetim. *Folha de S.Paulo*, Ilustrada, 13 mar. 1995. Disponível em: https://www1.folha.uol.com.br/fsp/1995/3/13/ilustrada/16.html#:~:text=Por%20ser%20escrito%20e%20gravado,pol%C3%ADticos%20e%20morais%20se%20atualizam. Acesso em: 10 nov. 2024.

HAMBURGER, Esther. "Engraçadinha" perde força claustrofóbica. *Folha de S.Paulo*, Ilustrada, 1 maio 1995. Disponível em: https://www1.folha.uol.com.br/fsp/1995/5/01/ilustrada/20.html. Acesso em: 15 nov. 2024.

HAMBURGER, Esther. Rainha e princesa das crianças devem humor. *Folha de S.Paulo*, Ilustrada, 14 out. 1996. Disponível em: https://www1.folha.uol.com.br/fsp/1996/10/14/ilustrada/6.html. Acesso em: 18 nov. 2024.

HAMBURGER, Esther. Final de "O Rei do Gado" foi fiel ao melodrama. *Folha de S.Paulo*, Ilustrada, 17 fev. 1997. Disponível em: https://www1.folha.uol.com.br/fsp/1997/2/17/ilustrada/33.html. Acesso em: 17 nov. 2024.

HAMBURGER, Esther. Linguagem de "Comédia" beira rococó high tech. *Folha de S.Paulo*, Ilustrada, 5 maio 1997. Disponível em: https://www1.folha.uol.com.br/fsp/1997/5/05/ilustrada/8.html. Acesso em: 13 nov. 2024.

HAMBURGER, Esther. "A Justiceira" é espelho distorcido da violência. *Folha de S.Paulo*, Ilustrada, 23 jun. 1997. Disponível em: https://www1.folha.uol.com.br/fsp/ilustrad/fq230612.htm. Acesso em: 26 nov. 2024.

HAMBURGER, Esther. "Celebridade" trafega entre crítica e cinismo. *Folha de S.Paulo*, 15 out. 2024. Disponível em: https://www1.folha.uol.com.br/fsp/ilustrad/fq1510200314.htm. Acesso em: 31 out. 2024.

HERZ, Daniel. *A história secreta da Rede Globo*. Porto Alegre: Tchê!, 1987.

IDENTIDADE sexual na rede é enigma. *Folha de S.Paulo*, Caderno São Paulo, p. 3, Entrevista com Débora Cristina Rodrigues, 12 out. 1997. Disponível em: https://acervo.folha.uol.com.br/digital/leitor.do?numero=13670&anchor=4890982&origem=busca&originURL=&maxTouch=0&pd=49b76f7e5574737fbcad5785028ab0bc. Acesso em: 04 dez. 2024.

IMPERATIVO moral. *O Globo*, 17 mar. 1990, p. 4. Disponível em: https://oglobo.globo.com/acervo/. Acesso em: 29 out. 2024.

INFORME JB. *Jornal do Brasil*, ano 1990, edição n. 32, 1º Caderno, p. 6. Disponível em: https://memoria.bn.gov.br/DocReader/DocReader.aspx?bib=030015_11&Pesq=%22boni%22&pagfis=10008. Acesso em: 26 out. 2024.

IONOVA, Ana. Glória Maria, Who Broke Barriers in Brazilian Television, Dies at 73. *The New York Times*, 22 fev. 2023. Disponível em: https://www.nytimes.com/2023/02/22/world/americas/gloria-maria-dead.html. Acesso em: 08 nov. 2024.

ITO, Marina. Entrevista: Arthur Lavigne, advogado criminalista. *ConJur*, 27 abr. 2008. Disponível em: https://www.conjur.com.br/2008-abr-27/

instancias_inferiores_sao_meros_tribunais_passagem/. Acesso em: 09 nov. 2024.

JOÃO que era Maria. *Veja*, n. 1.277, 3 mar. 1993, p. 82-83. Disponível em: https://veja.abril.com.br/acervo/#/edition/1277?page=82&section=1&word=TV%20Globo. Acesso em: 29 nov. 2024.

JORNAL DO BRASIL. Rio de Janeiro, período 1980-1989. Edições consultadas: n. 04, 08, 09, 10, 12, 16, 17, 18, 19, 20, 21, 30, 32, 34, 36, 37, 36ª, 38, 40, 41, 42, 43, 46, 47, 48, 50, 51, 52, 53, 54, 55, 56, 57, 58, 59, 62, 63, 67, 68, 69, 70, 74, 76, 78, 79, 81, 85, 86, 88, 90, 97, 108, 109, 113, 115, 116, 118, 122, 128, 129, 130, 134, 139, 146, 149, 151, 154, 155, 161, 162, 167, 170, 173, 173B, 178, 179, 186, 188, 191, 192, 193, 199, 201, 205, 206, 207, 223, 232, 234, 236, 242, 246, 248, 250, 255, 260, 261, 269A, 270, 272, 275, 276, 278, 280, 282, 289, 293, 294A, 296A, 297, 300, 302, 317, 318, 331, 332B, 334, 339, 344B, 348, 349, 352, 354B, 357, 360, 451. Disponível em: https://memoria.bn.gov.br/DocReader/DocReader.aspx?bib=030015_10&pesq=%22bandidos%20da%20falange%22&pagfis=41910. Acesso em: 17 set. 2024.

KOGUT, Patrícia. Algumas razões pelas quais "Por Amor" mantém a força. *O Globo*, 02 maio 2019, Segundo Caderno, p. 5. Disponível em: https://kogut.oglobo.globo.com/noticias-da-tv/critica/noticia/2019/05/algumas-razoes-pelas-quais-por-amor-mantem-forca.html. Acesso em: 22 nov. 2024.

KOGUT, Patrícia. Regina Casé fala sobre preconceito contra nordestinos e revela ataques que sofria nas ruas na época do "Esquenta!". *O Globo*, 03 maio 2023. Disponível em: https://oglobo.globo.com/kogut/noticia/2023/05/regina-case-fala-sobre-preconceito-contra-nordestinos-e-revela-ataques-que-sofria-nas-ruas-na-epoca-do-esquenta.ghtml. Acesso em: 04 nov. 2024.

KOGUT, Patrícia. Gloriosa para sempre. *O Globo*, 03 fev. 2023, p. 1.

KOGUT, Patrícia. Mulher coragem. *O Globo*, 03 fev. 2023, Segundo Caderno, p. 2.

KORNIS, Mônica Almeida. As "revelações" do melodrama, a Rede Globo e a construção de uma memória do regime militar. *Significação*, v. 38, n. 36, p. 173-193, 2011. Disponível em: https://revistas.usp.br/significacao/article/view/70947. Acesso em: 07 out. 2024.

KOTSCHO, Ricardo. A liturgia de Fausto Silva. *Folha de S.Paulo*, Ilustrada, 19 jun. 2001. Disponível em: https://www1.folha.uol.com.br/fsp/ilustrad/fq1906200106.htm. Acesso em: 23 nov. 2024.

LAGE, Miriam. O musical mais esperado. *Jornal do Brasil*, ano 1986, edição n. 017, Caderno B, p. 1. Disponível em: https://memoria.bn.gov.br/DocReader/DocReader.aspx?bib=030015_10&Pesq=%22bandidos%20da%20falange%22&pagfis=166852. Acesso em: 08 out. 2024.

LAGE, Miriam. Redenção. *Jornal do Brasil*, ano 1986, edição n. 042, Caderno B, p. 5. Disponível em: https://memoria.bn.gov.br/DocReader/DocReader.aspx?bib=030015_10&Pesq=%22bandidos%20da%20falange%22&pagfis=168741. Acesso em: 08 out. 2024.

LAGE, Miriam. MARIA, Cleusa; SOARES, Ricardo. A televisão está mudando.com. *Jornal do Brasil*, ano 1986, edição n. 047, Caderno B, p. 6. Disponível em: https://memoria.bn.gov.br/DocReader/DocReader.aspx?bib=030015_10&Pesq=%22bandidos%20da%20falange%22&pagfis=169026. Acesso em: 08 out. 2024.

LEÃO, Danuza. Diamante Nacional Refinado. *Piauí*, n. 4, jan. 2007. Disponível em: https://piaui.folha.uol.com.br/materia/diamante-nacional-refinado/. Acesso em: 16 out. 2024.

LEITE, Marcelo. Folha vs. Globo. *Folha de S.Paulo*, 22 set. 1996. Disponível em: https://www1.folha.uol.com.br/fsp/1996/9/22/brasil/6.html. Acesso em: 25 nov. 2024.

LEITE, Virginie. Há vampiros por aí. *Veja*, n. 1.216, 8 jan. 1992, p. 7-9. Disponível em: https://veja.abril.com.br/acervo/#/edition/1216?page=6&section=1&word=TV%20Globo. Acesso em: 29 nov. 2024.

LEMOS, Nina. Xico Sá: o escritor e jornalista fala sobre sexo, mulheres, futebol e de amizade com PC Farias. *Trip*, 16 jun. 2014. Disponível em: https://revistatrip.uol.com.br/trip/xico-sa. Acesso em: 10 nov. 2024.

LOBATO, Elvira. Globo vende a NEC para os japoneses. *Folha de S.Paulo*, 31 jul. 1999. Disponível em: https://www1.folha.uol.com.br/fsp/dinheiro/fi31079920.htm. Acesso em: 09 out. 2024.

LOUCURA, estresse e um grande fenômeno: os bastidores de Carlos Lombardi sobre Quatro por Quatro. *Na Telinha*, 24 out. 2019. Disponível em: https://natelinha.uol.com.br/novelas/2019/10/24/loucura-estresse-e-um-grande-fenomeno-os-bastidores-de-carlos-lombardi-sobre-quatro-por-quatro-135760.php. Acesso em: 28 nov. 2024.

LUIS, Guilherme. Renato Aragão, com mulher à frente da carreira, ganha musical e quer voltar à TV. *Folha de S.Paulo*, Ilustrada,14 maio 2024. Disponível em: https://www1.folha.uol.com.br/ilustrada/2024/05/renato-aragao-com-mulher-a-frente-da-carreira-ganha-musical-e-quer-voltar-a-tv.shtml. Acesso em: 16 nov. 2024.

LYNCH, Christian Edward Cyril. Novela sobre o fim da ditadura, "Roda de Fogo" parece o Brasil de hoje às avessas. *Folha de S.Paulo*, 26 jun. 2021. Disponível em: https://www1.folha.uol.com.br/ilustrissima/2021/06/novela-sobre-o-fim-da-ditadura-roda-de-fogo-parece-o-brasil-de-hoje-as-avessas.shtml. Acesso em: 09 out. 2024.

MAGALHÃES, Vera. Mulher sem barreiras. *O Globo*, 03 fev. 2023, Segundo Caderno, p. 2.

MAGIA do sertão televisivo. [Entrevista de Carlos Drummond de Andrade]. *O Globo*, 23 nov. 1985.

MANSFIELD, Marcelo. A sala da Guta. *Folha de S.Paulo*, TV Folha, 15 jun. 1997. Disponível em: https://www1.folha.uol.com.br/fsp/1997/6/15/tv_folha/13.html. Acesso em: 13 nov. 2024.

MARON, Alexandre. "TV de hoje não favorece a ousadia", diz Daniel Filho. *Folha de S.Paulo*, 19 dez. 1999. Disponível em: https://www1.folha.uol.com.br/fsp/tvfolha/tv1912199910.htm. Acesso em: 08 out. 2024.

MARTÍ, Silas. Remake de "Renascer" estreia com fôlego para salvar novelas da Globo. *Folha de S.Paulo*, 22 jan. 2024. Disponível em: https://www.acessa.com/cultura/2024/01/199215-remake-de-renascer-estreia-com-folego-para-salvar-novelas-da-globo.html. Acesso em: 08 nov. 2024.

MARTINHO, Maria Ester. Gênero renasce com "Memorial". *Folha de S.Paulo*, TV Folha, 22 maio 1994. Disponível em: https://www1.folha.uol.com.br/fsp/1994/5/22/tv_folha/11.html. Acesso em: 11 nov. 2024.

MARTINO, Telmo. "Vida ao Vivo" impõe penitência a Luiz Fernando. *Folha de S.Paulo*, Ilustrada, 27 jul. 1998. Disponível em: https://www1.folha.uol.com.br/fsp/ilustrad/fq27079812.htm. Acesso em: 28 nov. 2024.

MATTOS, Laura. Autor diz que "Brasília interferiu em novela" da Globo. *Folha de S.Paulo*, 17 maio 2002. Disponível em: https://www1.folha.uol.com.br/fsp/ilustrad/fq1705200212.htm. Acesso em: 22 out. 2024.

MATTOS, Laura; ARAUJO, Inácio. Lima Duarte critica Globo e diz que cansou de novela. *Folha de S.Paulo*, 26 mar. 2006. Disponível em: https://www1.folha.uol.com.br/folha/ilustrada/ult90u59129.shtml. Acesso em: 22 out. 2024.

MATTOS, Laura. *Herói mutilado*: Roque Santeiro e os Bastidores da censura à TV na ditadura. São Paulo: Companhia das Letras, 2019. E-book.

MATTOS, Laura. Gilberto Braga cutucou feridas da ditadura em "Anos Rebeldes". *Folha de S.Paulo*, 27 out. 2021. Disponível em: https://www1.folha.uol.com.br/ilustrada/2021/10/gilberto-braga-cutucou-feridas-da-ditadura-em-anos-rebeldes.shtml. Acesso em: 05 nov. 2024.

MEIER, Bruno. Glória Maria diz que não sabe viver na era do "politicamente correto". *Veja*, 10 abr. 2018. Disponível em: https://veja.abril.com.br/coluna/veja-gente/gloria-maria-desabafa-sobre-criticas-e-volta-a-defender-william-waack. Acesso em: 08 nov. 2024.

MEMÓRIA GLOBO. *Jornal Nacional*: a notícia faz história. 12. ed. rev. Rio de Janeiro: Zahar, 2004.

MENDES, Marcos (Org.). *Para não esquecer*: políticas públicas que empobrecem o Brasil. Rio de Janeiro: Autografia, 2022.

MERTEN, Luiz Carlos. Leopoldo Serran (perfil). *O Estado de S. Paulo*, 22 ago. 2008. Disponível em: https://www.estadao.com.br/cultura/luiz-carlos-merten/leopoldo=-serran/?srsltid-AfmBOoqRlBFx0431IAnrWQsGO8spG1Ww-Q-v3ckEI0XjTFeGdirawM0_O. Acesso em: 15 nov. 2024.

MIDLEY, Aline. Se hoje sou é porque Glória foi e

sempre será. *O Globo*, 03 fev. 2023, Segundo Caderno, p. 2.

MIR, Luís. *O paciente*: o caso Tancredo Neves. São Paulo: De Cultura, 2010.

MIRA, Maria Celeste. *Circo eletrônico*: Silvio Santos e o SBT. São Paulo: Loyola; Olho d'água, 1995.

MISTER Boni, Señor Clark. *Veja*, n. 480, 16 nov. 1977, p. 88-90. Disponível em: https://veja.abril.com.br/acervo/#/edition/480?page=88&section=1&word=TV%20Globo. Acesso em: 29 nov. 2024.

MORAIS, Fernando. *Lula*: biografia. São Paulo: Companhia das Letras, 2021. v. 1.

MORISAWA, Mariane. Fernanda Young busca a identificação. *Folha de S.Paulo*, Ilustrada, 1 nov. 1996. Disponível em: https://www1.folha.uol.com.br/fsp/1996/11/01/ilustrada/28.html#:~:text=-Tenho%20a%20hist%C3%B3ria%20todinha%20e,os%20sentimentos%20do%20homem%20ocidental. Acesso em: 13 nov. 2024.

MUDAM os hábitos do telespectador. *Jornal do Brasil*, ano 1990, edição n. 76, Caderno B, p. 5. Disponível em: https://memoria.bn.gov.br/DocReader/DocReader.aspx?bib=030015_11&Pesq=acomoda%c3%a7%c3%a3o&pagfis=13695. Acesso em: 31 out. 2024.

MUNGIOLI, Maria Cristina Palma. A função social da minissérie 'Grande Sertão: Veredas' na construção de um sentido identitário de nação. *Comunicação & Educação*, v. 14, n. 3, set./dez. 2009. Disponível em: https://dialnet.unirioja.es/descarga/articulo/8633258.pdf. Acesso em: 11 nov. 2024.

NASCIMENTO, Gilberto. *O reino*: a história de Edir Macedo e uma radiografia da Igreja Universal. São Paulo: Companhia das Letras, 2019.

NOSSA, Leonêncio. *Roberto Marinho*: o poder está no ar – Do nascimento ao Jornal Nacional. Rio de Janeiro: Nova Fronteira, 2019. *E-book*.

O EFEITO-máquina. *Veja*, n. 1.357, 14 set. 1994, p. 34-40. Disponível em: https://veja.abril.com.br/acervo/#/edition/1357?page=36&section=1&word=TV%20Globo. Acesso em: 29 nov. 2024.

O FUTURO da Globo. *Veja*, 06 out. 1976. Disponível em: https://tvbau.blogspot.com/2014/02/1976-o-futuro-da-globo.html. Acesso em: 13 nov. 2024.

O GLOBO. Rio de Janeiro, período 1982-2022. Disponível em: https://oglobo.globo.com/acervo/. Acesso em: 17 set. 2024.

O ÓPIO DO POVO. São Paulo, jan. 1968.

O PASQUIM. Rio de Janeiro, período 1969-1991. Edições consultadas: n. 009, 22, 72, 100, 116, 147, 153, 171, 173, 174, 195, 220, 255, 292, 293, 295, 306, 327, 332, 334, 337, 338, 339, 341, 342, 346, 349, 356, 357, 366, 368, 392, 405, 406, 448, 452, 462, 494, 499, 507, 565, 566, 573, 604, 614, 617, 651, 678, 715, 738, 851, 876, 955, 957, 987, 992, 993, 1005, 1022, 1038, 1039, 1044, 1046, 1059, 1064. Disponível em: https://memoria.bn.gov.br/docreader/DocReader.aspx?bib=124745&pesq=%22TV%20GLOBO%22&pagfis=22453. Acesso em: 15 set. 2009.

O SHOW da vida. *Veja*, n. 1.635, 9 fev. 2000, p. 133. Disponível em: https://veja.abril.com.br/acervo/#/edition/1635?page=132&section=1&word=-TV%20Globo. Acesso em: 29 nov. 2024.

O SHOW de variedades das oito. *Veja*, n. 1.566, 30 set. 1998, p. 46-48. Disponível em: https://veja.abril.com.br/acervo/#/edition/1566?page=46&section=1&word=TV%20Globo. Acesso em: 04 dez. 2024.

OLIVEIRA, Flávia. Ela ousou ocupar todos os espaços. *O Globo*, 03 fev. 2023, Segundo Caderno, p. 2.

OLIVEIRA, Ohana Boy. *Aspectos da colonialidade do saber, do poder e do ser: uma análise das performances de Regina Casé em sua trajetória televisiva*. 2020. 304 f. Tese (Doutorado em Comunicação) – Instituto de Arte e Comunicação Social, Universidade Federal Fluminense, Niterói, 2020. Disponível em: https://app.uff.br/riuff/handle/1/14977. Acesso em: 04 nov. 2024.

OLIVEIRA SOBRINHO, José Bonifácio de. *O livro do Boni*. Rio de Janeiro: Casa da Palavra, 2011.

OLIVEIRA SOBRINHO, José Bonifácio de. Com Roberto Marinho: minhas três décadas de trabalho na construção da Rede Globo, ao lado do dono. *Piauí*, n. 63, dez. 2011. Disponível em: https://piaui.folha.uol.com.br/materia/com-roberto-marinho/. Acesso em: 04 nov. 2024.

OLIVEIRA SOBRINHO, José Bonifácio de. *O lado B de Boni*. Rio de Janeiro: BestSeller, 2024.

OLIVETTO, Washington. *Direto de Washington*: W. Olivetto por ele mesmo. Edição extraordinária. São Paulo: Sextante, 2019. E-book.

ORSINI, Elizabeth. A vez do controle remoto. *Jornal do Brasil*, ano 1990, edição n. 43, Caderno B, p. 2. Disponível em: https://memoria.bn.gov.br/DocReader/docreader.aspx?bib=030015_11&pasta=ano%20199&pesq=ronai&pagfis=10944. Acesso em: 26 out. 2024.

OS TRÊS erros fatais. *Veja*, n. 854, 16 jan. 1985, p. 46-49. Disponível em: https://veja.abril.com.br/acervo. Acesso em: 28 nov. 2024.

OYAMA, Thaís; MANSO, Bruno Paes. O dono do ensino. *Veja*, 01 set. 1999.

PADIGLIONE, Cristina. "Indomada" alcança pico com capítulo "histórico". *Folha de S.Paulo*, Ilustrada, 06 ago. 1997. Disponível em: https://www1.folha.uol.com.br/fsp/ilustrad/fq060812.htm. Acesso em: 20 nov. 2024.

PADIGLIONE, Cristina. Silvio Santos propõe sociedade a Boni. *Folha de S.Paulo*, Ilustrada, 24 mar. 1998. Disponível em: https://acervo.folha.com.br/digital/leitor.do?numero=13833&keyword=autonomia&anchor=631244&origem=busca&originURL=&maxTouch=0&pd=f17317d3d96041b762b31862cc05745e. Acesso em: 28 nov. 2024.

PADIGLIONE, Cristina. Rede Globo cai para o 3º lugar no Ibope. *Folha de S.Paulo*, Ilustrada, 25 abr. 1998. Disponível em: https://www1.folha.uol.com.br/fsp/ilustrad/fq25049811.htm. Acesso em: 26 nov. 2024.

PADIGLIONE, Cristina. Entrevista com Denise Fraga: horário derruba "Vida ao Vivo". *Folha de S.Paulo*, TV Folha, 13 set. 1998. Disponível em: https://www1.folha.uol.com.br/fsp/tvfolha/tv13099815.htm. Acesso em: 28 nov. 2024.

PADIGLIONE, Cristina. Risos, lágrimas e texto esquecido marcam volta do Sai de Baixo. *O Estado de São Paulo*, 05 jun. 2013. Disponível em: https://www.estadao.com.br/cultura/cristina-padiglione/risos-lagrimas-e-texto-esquecido-marcam-volta-do-sai-de-baixo/?srsltid=AfmBOooKKTlM2pH1VC58H-tF5I-9Ga0uKynrhDqawxxKhBumhOEwH3A_M. Acesso em: 20 nov. 2024.

PADIGLIONE, Cristina. Milton Hatoum aprovou "Dois Irmãos" na TV, mas não espera ficar rico. *Telepadi*, 23 jan. 2017. Disponível em: https://telepadi.com.br/autor-de-dois-irmaos-milton-hatoum-aprovou-adaptacao-de-seu-livro-para-tv/. Acesso em: 11 nov. 2024.

PADIGLIONE, Cristina. "Os Dias Eram Assim" evidencia que ditadura no Brasil é pouco retratada pela TV. *Telepadi*, 18 abr. 2017. Disponível em: https://telepadi.com.br/os-dias-eram-assim-evidencia-que-ditadura-no-brasil-e-pouco-retratada-pela-tv/. Acesso em: 29 nov. 2024.

PADIGLIONE, Cristina. Sumiço de garoto em "Amor de Mãe" reforça denúncias contra o racismo. *Telepadi*, 29 jan. 2021. Disponível em: https://telepadi.com.br/sumico-de-garoto-em-amor-de-mae-reforca-denuncias-contra-o-racismo/. Acesso em: 10 nov. 2024.

PADIGLIONE, Cristina. Silvio de Abreu fala pela 1ª vez sobre censura da Globo em temáticas gays. *Telepadi*, 01 jul. 2021. Disponível em: https://telepadi.com.br/silvio-de-abreu-fala-pela-1a-vez-sobre-censura-da-globo-em-tematicas-gays/. Acesso em: 26 nov. 2024.

PADIGLIONE, Cristina. Rejeitar "Pantanal" há 30 anos foi um erro, diz Boni, chefão da Globo na época. *Folha de S.Paulo*, 14 mar. 2022. Disponível em: https://www1.folha.uol.com.br/ilustrada/2022/03/rejeitar-pantanal-ha-30-anos-foi-um-erro-diz-boni-chefao-da-globo-na-epoca.shtml. Acesso em: 29 out. 2024.

PALHA, Cássia Rita Louro. *A Rede Globo e o seu repórter*: imagens políticas de Teodorico a Cardoso. 2008. 354 f. Tese (Doutorado em História) – Programa de Pós-Graduação em História, Universidade Federal Fluminense, Niterói, 2008. Disponível em: https://app.uff.br/riuff/bitstream/handle/1/22105/Tese-cassia-rita-louro-palha.pdf?sequence=1&isAllowed=y. Acesso em: 17 out. 2024.

PALHA, Cássia Rita Louro. Televisão e política: o mito Tancredo Neves entre a morte, o legado e a redenção. *Revista Brasileira de História*, São Paulo, v. 31, n. 62, p. 217-234, 2011. Disponível em: https://www.scielo.br/j/rbh/a/rxtXS8S3Py-8j4WX7995Vf9r/?format=pdf&lang=pt. Acesso em: 17 out. 2024.

PARA JUSTIÇA ELEITORAL, Globo agiu com "má-fé" ao alterar propaganda eleitoral. *Folha de S.Paulo*, 21 set. 1996. Disponível em: https://www1.folha.uol.com.br/fsp/1996/9/21/brasil/13.html. Acesso em: 25 nov. 2024.

PASSOS, Úrsula. Por que "Roda de Fogo", do fim da ditadura, seria novela impensável na era Bolsonaro. *Folha de S.Paulo*, 25 jun. 2021. Disponível em: https://www1.folha.uol.com.br/ilustrada/2021/06/por-que-roda-de-fogo-do-fim-da-ditadura-seria-novela-impensavel-na-era-bolsonaro.shtml. Acesso em: 09 out. 2024.

PASSOS, Úrsula; MORAES, Alexandra; MATTOS, Laura, MARTÍ, Silas. Saiba como assistir a 20 novelas clássicas no streaming, de "Tieta" a "O Rei do Gado". *Folha de S.Paulo*, Guia Folha, 07 jan. 2021. Disponível em: https://guia.folha.uol.com.br/cinema/2021/01/saiba-como-assistir-20-novelas-classicas-como-tieta-e-o-rei-do-gado-no-streaming.shtml. Acesso em: 24 out. 2024.

PEREIRA, Andrea Cristina Martins. A minissérie 'Grande Sertão: Veredas': de entretenimento a registro memorialístico. *Araticum*, v. 14, n. 2, p. 1-8, 2016. Disponível em: https://www.periodicos.unimontes.br/index.php/araticum/article/view/779/770. Acesso em: 11 nov. 2024.

PEREIRA, Claudemir. Documento: um incrível editorial do tempo em que a mídia grandona brigava consigo mesma. *Claudemir Pereira*, 28 set. 2007. Disponível em: https://claudemirpereira.com.br/2007/09/documento-um-incrivel-editorial-do-tempo-em-que-a-midia-grandona-brigava-consigo-mesma/. Acesso em: 25 nov. 2024.

PIGNATARI, Décio. Roda República. *Folha de S.Paulo*, Ilustrada, 24 out. 1986, p. 46. Disponível em: https://acervo.folha.com.br/leitor.do?numero=9665&anchor=4162398&origem=busca&originURL=&pd=be49b6d3059024c59a461c-3fe601e91d&_gl=1*yr3ssg*_gcl_au*OTMyMjMzNTk3LjE3Mjg0MTQ2OTE.*_ga*MTc1NzE2NTkwLjE3MjgzMDkyNDQ.*_ga_RY1LTN-28TR*MTcyODUwMjk3NC4yLjEuMTcyO-DUwMzk4OC41LjAuMA..&_mather=849ae-846-b92d-4741-9796-112e12d78c13. Acesso em: 09 out. 2024.

PILAGALLO, Oscar. *O girassol que nos tinge*: uma história das Diretas Já, o maior movimento popular do Brasil. São Paulo: Fósforo, 2023.

PINHEIRO, Dimitri. Anos Rebeldes e a abertura da teleficção. *Sociologia & Antropologia*, Rio de Janeiro, v. 10, n. 3, p. 907-930, set./dez. 2020. Disponível em: https://www.scielo.br/j/sant/a/d3MBHRqNckwXXSzJxggwh5S/. Acesso em: 05 nov. 2024.

PINHO, Débora. O dia em que a emissora falou mal do dono. *Observatório da Imprensa*, 02 jun. 2009. Disponível em: https://www.observatoriodaimprensa.com.br/feitos-desfeitas/o_dia_em_que_a_emissora_falou_mal_do_dono/. Acesso em: 09 nov. 2024.

PINTO, Guilherme Cunha. "Não faço TV para mim" (Entrevista com Boni). *Veja*, n. 414, 11 ago. 1976, p. 3-6.

PIZA, Daniel. "Incidente" coloca em suspeita "padrão Globo". *Folha de S.Paulo*, Ilustrada, 1 dez. 1994. Disponível em: https://www1.folha.uol.com.br/fsp/1994/12/01/ilustrada/17.html. Acesso em: 11 nov. 2024.

POR QUE Claudia Jimenez saiu do "Sai de Baixo": a versão da atriz. *O Estado de São Paulo*, 20 ago. 2022. Disponível em: https://www.estadao.com.br/cultura/televisao/por-que-claudia-jimenez-saiu-do-sai-de-baixo-a-versao-da-atriz/?srsltid=AfmBOooXWT_fUHTXaNFadE8WAdJKoIeEEVnYMhqVDGTSm-6TwllIf8_u7. Acesso em: 20 nov. 2024.

PRADO, Miguel Arcanjo. Travesti Cintura Fina é atacada na volta de Hilda Furacão no Globoplay. *Notícias da TV*, 24 jul. 2021. Disponível em: https://noticiasdatv.uol.com.br/noticia/televisao/travesti-cintura-fina-atacada-na-volta-de-hilda-furacao-no-globoplay-61977. Acesso em: 28 nov. 2024.

PRESIDENTE do TRE paulista concede liminar à TV Globo. *O Globo*, 22 set. 1996, O País, p. 12. Disponível em: https://oglobo.globo.com/acervo/resultado/. Acesso em: 04 dez. 2024.

"PROBLEMA, dele é com a Globo", diz Renato Aragão. *Folha de S.Paulo*, Ilustrada, 15 fev. 2004. Disponível em: https://www1.folha.uol.com.br/fsp/ilustrad/fq1502200416.htm. Acesso em: 16 nov. 2024.

RAIA, Claudia; HERMANN, Rosana. *Sempre raia*

um novo dia: memórias. Rio de Janeiro: HarperCollins, 2020.

RICCO, Flávio; VANNUCCI, José Armando. *Biografia da televisão brasileira*. Sumaré: Matrix, 2017.

RITO, Lucia. *Ney Latorraca em muito além do script*. São Paulo: Globo, 1999.

RITO, Regina. Boni anuncia arrocho na Globo. *Jornal do Brasil*, ano 1991, edição n. 249, Caderno B, p. 6. Disponível em: https://memoria.bn.gov.br/DocReader/docreader.aspx?bib=030015_11&pasta=ano%20199&pesq=Regina%20Rito&pagfis=64453. Acesso em: 07 nov. 2024.

ROCHA, Maria Eduarda da Mota. O Núcleo Guel Arraes, da Rede Globo de Televisão, e a consagração cultural da "periferia". *Sociologia & Antropologia*, Rio de Janeiro, v. 3, n. 69, p. 557-578, jul./dez. 2013. Disponível em: https://www.scielo.br/j/sant/a/Tyv8MZwshYKRt97MGh4d6Dh/abstract/?lang=pt. Acesso em: 04 nov. 2024.

RODRIGUES, Ernesto. *No próximo bloco...O jornalismo brasileiro na TV e na internet*. Rio de Janeiro: Ed. PUC-Rio; São Paulo: Loyola, 2005.

RODRIGUES, Ernesto. *Jogo duro*: a história de João Havelange. Rio de Janeiro: Record, 2007.

ROGRIGUES, Ernesto. *Zilda Arns*: uma biografia. São Paulo: Anfiteatro, 2018.

RODRIGUES, Ernesto. *Ayrton*: o herói revelado. São Paulo: Tordesilhas, 2024.

RODRIGUES, Nelson. *Asfalto selvagem*: Engraçadinha, seus amores e seus pecados. Rio de Janeiro: HarperCollins, 2021.

RÓNAI, Cora. Entre o show e o circo. *Jornal do Brasil*, ano 1986, edição n. 261, Caderno B, p. 7. Disponível em: https://memoria.bn.gov.br/DocReader/DocReader.aspx?bib=030015_10&Pesq=%22bandidos%20da%20falange%22&pagfis=188156. Acesso em: 08 out. 2024.

ROSSI, Clóvis. FHC prepara "controle social" da mídia. *Folha de S.Paulo*, 29 dez. 1994. Disponível em: https://www1.folha.uol.com.br/fsp/1994/12/29/brasil/19.html. Acesso em: 10 nov. 2024.

SÁ, Junia Nogueira de. Sobre ovos, galinhas e exclusividade. *Folha de S.Paulo*, 24 nov. 1993. Disponível em: https://www1.folha.uol.com.br/colunas/junianogueiradesa/1993/10/1520941-sobre-ovos-galinhas-e-exclusividade.shtml. Acesso em: 10 nov. 2024.

SÁ, Nelson de. Marinho diz que seu vice não entende de política. *Folha de S.Paulo*, 18 dez. 1989, Caderno B, p. 11. Disponível em: https://acervo.folha.com.br/digital/leitor.do?numero=10816&keyword=Boni&anchor=4091942&origem=busca&originURL=&maxTouch=0&pd=2e79a5fd04aeebe1f55b2618399b2c4e. Acesso em: 23 out. 2024.

SÁ, Nelson de. Paz no campo. *Folha de S.Paulo*, 14 fev. 1997. Disponível em: https://www1.folha.uol.com.br/fsp/1997/2/14/brasil/10.html. Acesso em: 17 nov. 2024.

SÁ, Xico. PC telefona e diz estar em Londres. *Folha de S.Paulo*, 21 out. 1993, 1º Caderno, p. 1. Disponível em: https://acervo.folha.com.br/digital/leitor.do?numero=12218&anchor=4941803&origem=busca&originURL=&maxTouch=0. Acesso em: 10 nov. 2024.

SÁ, Xico. Livro discute, pela 1ª vez, "TV de autor". *Folha de S.Paulo*, 19 nov. 2002. Disponível em: https://www1.folha.uol.com.br/folha/ilustrada/critica/ult569u1040.shtml. Acesso em: 31 out. 2024.

SÁ, Xico. Como encontrei PC Farias. *Folha de S.Paulo*, 07 maio 2013. Disponível em: https://xicosa.blogfolha.uol.com.br/2013/05/07/como-encontrei-pc-farias/. Acesso em: 10 nov. 2024.

SANCHES, Neuza. Ser bajulada cansa. *Veja*, 1 jun. 1994, p. 7-10. Disponível em: https://veja.abril.com.br/acervo/#/edition/1342?page=6&searching=true&section=1&word=TV%20Globo. Acesso em: 04 dez. 2024.

SANCHES, Neuza. Blitz contra o chilique. *Veja*, n. 1.363, 26 out. 1994, p. 124. Disponível em: https://veja.abril.com.br/acervo/#/edition/1363?page=124&section=1&word=TV%20Globo. Acesso em: 04 dez. 2024.

SANCHES, Neuza. "Negro safado": uma cena de Pátria Minha abre discussão sobre estereótipos na TV politicamente correta. *Veja*, n. 1.366, 16 nov. 1994, p. 150-152. Disponível em: https://veja.abril.com.br/acervo/#/edition/33172?page=150&section=1. Acesso em: 29 nov. 2024.

"SÃO desculpas", diz teórico. *Folha de S.Paulo*, Ilustrada, 25 mar. 1997. Disponível em: https://

www1.folha.uol.com.br/fsp/ilustrad/fq250303.htm. Acesso em: 17 nov. 2024.

SCALZO, Fernanda. Primeiro capítulo de "Memorial" é impecável. *Folha de S.Paulo*, Ilustrada, 19 maio 1994. Disponível em: https://www1.folha.uol.com.br/fsp/1994/5/19/ilustrada/26.html. Acesso em: 11 nov. 2024.

SCALZO, Mariana. Carlos Manga se desculpa por atração do Faustão. *Folha de S.Paulo*, Ilustrada, 12 set. 1996. Disponível em: https://www1.folha.uol.com.br/fsp/1996/9/12/ilustrada/1.html#:~:text=%22A%20todas%20as%20pessoas%20que,tomar%20mais%20cuidado%22%2C%20completa. Acesso em: 23 nov. 2024.

SCARDUELLI, Paulo. *Ayrton Senna*: herói da mídia. São Paulo: Brasiliense, 1995.

SECCO, Duh. Nos 25 anos de "Pátria Minha", 25 curiosidades sobre a novela. *RD1*, 18 jul. 2019. Disponível em: https://rd1.com.br/nos-25-anos-de-patria-minha-25-curiosidades-da-novela/. Acesso em: 10 nov. 2024.

SIMÃO, José. Baixou uma "Porca Miséria" na Globo! *Folha de S.Paulo*, Ilustrada, p. 8, 15 mar. 1995. Disponível em: https://acervo.folha.com.br/digital/leitor.do?numero=12728&keyword=Porca&anchor=498086&origem=busca&originURL=&maxTouch=0&pd=57ebfbd2eb8e56fa92e5bf2ffb3d29ac. Acesso em: 16 nov. 2024.

SIMÃO, José. Próxima Vítima Urgente! O culpado é o Edir Macedo! *Folha de S.Paulo*, Ilustrada, 31 out. 1995. Disponível em: https://www1.folha.uol.com.br/fsp/1995/10/31/ilustrada/13.html. Acesso em: 16 nov. 2024.

SIMÃO, José. Buemba! Evita hay una sola e a Hebe meia-sola! *Folha de S.Paulo*, Ilustrada, 21 fev. 1997. Disponível em: https://www1.folha.uol.com.br/fsp/ilustrad/fq210219.htm. Acesso em: 20 nov. 2024.

SOARES, Jô. Agora, falando sério. *Jornal do Brasil*, ano 1988, edição n. 022, 1º Caderno, p. 11. Disponível em: https://memoria.bn.gov.br/DocReader/DocReader.aspx?bib=030015_10&Pesq=%22guerra%20dos%20sexos%22%20novela&pagfis=229969. Acesso em: 12 out. 2024.

SOARES, Jô; SUZUKI JR., Matinas. *O livro de Jô*: uma autobiografia desautorizada. São Paulo: Companhia das Letras, 2017. v. 1.

SOARES, Jô; SUZUKI JR., Matinas. *O livro de Jô*: uma autobiografia desautorizada. São Paulo: Companhia das Letras, 2018. v. 2.

SOUTO MAIOR, Marcel et al. *Almanaque da TV Globo*. São Paulo: Globo, 2006.

SOUSA, Paulo José de. *Humor, estereótipos e preconceitos no programa Sai de Baixo, da TV Globo*. 2020. 143 f. Dissertação (Mestrado em Comunicação) – Programa de Pós-Graduação em Comunicação e Cultura Midiática, Unip, São Paulo, 2020. Disponível em: https://repositorio.unip.br/comunicacao-dissertacoes-teses/humor-estereotipos-e-preconceitos-no-programa-sai-de-baixo-da-tv-globo/. Acesso em: 20 nov. 2024.

SOUZA, Okky de. O galã é um sofredor. Entrevista com Tarcísio Meira. *Veja*, n. 966, 11 mar. 1987, p. 5-8. Disponível em: https://veja.abril.com.br/acervo/#/edition/966?page=8&section=1&word=Tarcisio. Acesso em: 28 nov. 2024.

SOUZA, Okky de. Notícia dá audiência. *Veja*, n. 1.246, 5 ago. 1992, p. 7-8. Disponível em: https://veja.abril.com.br/acervo/#/edition/1246?page=6&section=1&word=TV%20Globo. Acesso em: 29 nov. 2024.

SPACA, Rafael. *Os Trapalhões*: modo de ser, de pensar e se expressar. Londrina: Madrepérola, 2023.

SPITZ, Eva. Nova candidata a mania nacional. *Jornal do Brasil*, ano 1991, edição n. 42, Caderno B, p. 1. Disponível em: https://memoria.bn.gov.br/DocReader/docreader.aspx?bib=030015_11&pasta=ano%20199&pesq=%22mania%20nacional%22&pagfis=42312. Acesso em: 31 out. 2024.

STIVALETTI, Thiago. Com o fim de "Velho Chico", relembre cinco novelas que se arrastaram e mataram o público de tédio. Disponível em: https://f5.folha.uol.com.br/colunistas/thiagostivaletti/2016/09/com-o-fim-de-velho-chico-relembre-cinco-novelas-que-se-arrastaram-e-mataram-o-publico-de-tedio.shtml. Acesso em: 29 out. 2024.

STYCER, Mauricio. SBT 35 anos: Silvio Santos quase sempre desprezou o jornalismo da emissora. *Uol*, 19 ago. 2016. Disponível em: https://tvefamosos.uol.com.br/blog/mauriciostycer/2016/08/19/sbt-35-anos-silvio-santos-quase-sempre-desprezou-o-jornalismo-da-emissora/. Acesso em: 13 out. 2024.

STYCER, Mauricio. *Topa tudo por dinheiro*: as muitas faces do empresário Silvio Santos. Todavia, 2018. E-book.

STYCER, Mauricio. Novelas pagam preço alto por acenos da Globo a evangélicos e agronegócio. *Folha de S.Paulo*, 17 maio 2023. Disponível em: https://www1.folha.uol.com.br/colunas/mauriciostycer/2023/05/novelas-pagam-preco-alto-por-acenos-da-globo-a-evangelicos-e-agronegocio.shtml. Acesso em: 17 nov. 2024.

TELEDRAMATURGIA. Site criado e mantido pelo crítico e pesquisador Nilson Xavier desde 2003. Acervo sobre teledramaturgia. Disponível em: https://observatoriodatv.com.br/teledramaturgia/. Acesso em: 04 dez. 2024.

THURY, Altair; CAMACHO, Marcelo; VALLADARES, Ricardo. Crise no campo. *Veja*, n. 1.469, 6 nov. 1996, p. 156-157. Disponível em: https://veja.abril.com.br/acervo/#/edition/1469?page=156&section=1&word=TV%20Globo. Acesso em: 29 nov. 2024.

TODOS os homens de Daniel Filho. *Folha de S.Paulo*, 13 fev. 1988.

'TORTURA Nunca Mais' crítica a Rede Globo. *Folha de S.Paulo*, 26 jul. 1995. Disponível em: https://www1.folha.uol.com.br/fsp/1995/7/26/brasil/42.html. Acesso em: 04 dez. 2024.

TOSTES, Octavio. De volta ao futuro. *In*: RODRIGUES, Ernesto. *No próximo bloco...O jornalismo brasileiro na TV e na internet*. Rio de Janeiro: Ed. PUC-Rio; São Paulo: Loyola, 2005. p. 39-75.

UM caminho para a TV: Boni cansou de só ser empregado. *Jornal do Brasil*, ano 1990, edição n. 76, Caderno B, p. 1 e 5. Disponível em: https://memoria.bn.gov.br/DocReader/docreader.aspx?bib=030015_11&pasta=ano%20199&pesq=ronai&pagfis=13695. Acesso em: 26 out. 2024.

VALLADARES, Ricardo. Trombada de egos. *Veja*, n. 1.474, 11 dez. 1996, p. 142-144. Disponível em: https://veja.abril.com.br/acervo/#/edition/1474?page=142&section=1&word=TV%20Globo. Acesso em: 04 dez. 2024.

VEJA. São Paulo: Abril, período 1968-2021. Edições consultadas: n. 37, 97, 190, 194, 232, 236, 243, 320, 428, 429, 467, 476, 477, 480, 484, 529, 532, 636, 642, 718, 745, 752, 856, 876, 887, 966, 1186, 1242, 1243, 1253, 1251, 1260, 1271, 1274, 1275, 1289, 1295, 1296, 1301, 1304, 1311, 1312, 1314, 1343, 1373, 1375, 1388, 1474, 1482, 1489, 1491,1524, 1550, 1563A, 1579, 1587, 1596, 1600, 1613, 1620, 1623, 1624, 1631, 1635, 1649, 1657, 1658, 1662, 1663, 1671, 1676, 1691, 1697, 1699, 1702, 1703, 1704, 1706,1714, 1717, 1718, 1725, 1727, 1739, 1742, 1745, 1751, 1755, 2288, 2319, 2334, 2348, 2349, 2352, 2356, 2367, 2375, 2382, 2392, 2405, 2449, 2527, 2528, 2539, 2656, 2661, 2664, 2721, 2762. Disponível em: https://veja.abril.com.br/acervo. Acesso em: 17 set. 2024.

VICE da Globo acha que telejornal favoreceu Collor. *Folha de S.Paulo*, Caderno B, 17 dez. 1989, p. 8. Disponível em: https://acervo.folha.com.br/digital/leitor.do?numero=10815&anchor=4090344&origem=busca&originURL=&maxTouch=0&pd=77b1c2e2f2cc5b1df9a-682dca4d3814e. Acesso em: 23 out. 2024.

VIEIRA, Márcia. O homem que não aguenta mais tanto poder. *Revista Domingo*, 1988, edição n. 149, p. 22-27. Disponível em: https://memoria.bn.gov.br/DocReader/docreader.aspx?bib=030015_10&pasta=ano%20198&pesq=%22igual%20coca%C3%ADna%22&pagfis=241654. Acesso em: 16 nov. 2024.

VILAS BÔAS, Valéria. Mulher, negra e repórter: atravessamentos entre gênero, raça, subjetividade e telejornalismo na trajetória de Glória Maria. *Revista Eco-Pós*, n. 23, v. 3, p. 165-184, dez. 2020. Disponível em: https://revistaecopos.eco.ufrj.br/eco_pos/article/view/27620. Acesso em: 08 nov. 2024.

WOLTON, Dominique. *Elogio do grande público*: uma teoria crítica da televisão. São Paulo: Saraiva, 1996.

XAVIER, Nilson. Memorial de Maria Moura. *Teledramaturgia*, [s.d.]. Disponível em: https://observatoriodatv.com.br/teledramaturgia/memorial-de-maria-moura/. Acesso em: 11 nov. 2024.

XAVIER, Nilson. Cambalacho (sinopse). *Teledramaturgia*, seção Bastidores, [s.d.]. Disponível em: https://observatoriodatv.com.br/teledramaturgia/cambalacho/. Acesso em: 24 nov. 2024.

XEXÉO, Artur; STYCER, Mauricio. *Gilberto Braga*: o Balzac da Globo – Vida e obra do autor que revolucionou as novelas brasileiras. Rio de Janeiro: Intrínseca, 2024.

YALLOP, David. *Como eles roubaram o jogo*: segredos dos subterrâneos da Fifa. Rio de Janeiro: Record, 1998.

ZORZI, André Carlos. Dia da Consciência Negra: a presença do negro em novelas da TV. *O Estado de S. Paulo*, 20 nov. 2019. Disponível em: https://www.estadao.com.br/emais/tv/dia-da-consciencia-negra-a-presenca-do-negro-em-novelas-na-tv/?srsltid=AfmBOooZloi6gTI8COUba51NjaYrE-o02_H89nFn_9AAgAbVoVMiHmxK. Acesso em: 10 nov. 2024.

ZORZI, André Carlos. "Tieta": novela teve diferenças com livro e causou atrito entre Betty Faria e Sonia Braga. *O Estado de S. Paulo*, 06 jun. 2020. Disponível em: https://www.estadao.com.br/emais/tv/tieta-novela-teve-diferencas-com-livro-e-causou-atrito-entre-betty-faria-e-sonia-braga/. Acesso em: 24 out. 2024.

ZORZI, André Carlos. "Você Decide" foi criticado por ministro e trouxe dilemas entre "certo" e "errado" nos anos 1990. *O Estado de S. Paulo*, 17 ago. 2020. Disponível em: https://www.estadao.com.br/emais/tv/voce-decide-trouxe-dilemas-entre-certo-e-errado-e-foi-criticado-por-ministro/?srsltid=AfmBOorNmhuLZ2cWDKpeobPaxgmBsxmYYXBiGhgY9vI6x0zTu4wHzVs6. Acesso em: 06 nov. 2024.

ZORZI, André Carlos. Sushi erótico, Latininho e as polêmicas de Faustão no "Domingão". *O Estado de S. Paulo*, 25 jan. 2021. Disponível em: https://www.estadao.com.br/emais/tv/sushi-erotico-latininho-e-as-polemicas-de-faustao-no-domingao/?srsltid=AfmBOoqG0yUkbPH7JMw9DUesmWftvtFq-ED6n_PZGaA8JVxAa54vRJYs. Acesso em: 23 nov. 2024.

A capa desse livro é feita
de papel certificado FSC® e
outras fontes controladas.

Este livro foi composto com tipografia Adobe Garamond Pro
e impresso em papel Off-White 70g/m² na Formato Artes Gráficas.